Josef F. Justen

Die spirituelle Seite des Todes

Reinkarnation und Christentum,
Leben nach dem Tod
und
Sinn des Lebens

*Ohne heimlichen Unglauben an die Unsterblichkeit
gäbe es weit mehr Mut gegen den Tod
und mehr Zufriedenheit mit dem Leben
und weniger Überschätzung desselben.*

*Die Menschen haben gar nicht das Herz,
sich recht unsterblich zu denken.*

Jean Paul

Allen Sphärenmenschen
aus meinem Familien-,
Freundes- und Bekanntenkreis
gewidmet

Josef F. Justen

Die spirituelle Seite des Todes

Reinkarnation und Christentum, Leben nach dem Tod und Sinn des Lebens

1. Auflage (2005)

Dieses Buch ist erstmals im Jahre 2005 im Magic Buchverlag unter dem Titel *»Die spirituelle Seite des Todes – Christus-Impuls, Reinkarnation und Leben nach dem Tod«* erschienen.

2. Auflage (2019)

In den Jahren 2018 und 2019 hat der Autor sein Werk komplett überarbeitet, erweitert und ergänzt und unter dem Titel *»Die spirituelle Seite des Todes – Christus-Impuls, Reinkarnation, Leben nach dem Tod und Sinn des Lebens«* veröffentlicht.

3. Auflage (2024)

Eine weitere komplette Überarbeitung und *ganz erhebliche* Erweiterung um etliche Themen und Aspekte führte im Jahre 2024 zu der vorliegenden Auflage.

Die vorliegende Version wurde im preiswerten »Paperback-Einband« hergestellt. Sie ist **inhaltlich völlig identisch** mit der im Februar 2024 erschienenen »Hardcover-Version«. Wegen des neuen Einbandes mussten die Seitenränder verbreitert werden, so dass sich der Seitenumfang erhöht hat.

Bibliografische Information der Deutschen Nationalbibliothek:
Die Deutsche Nationalbibliothek verzeichnet diese Publikation in der Deutschen Nationalbibliografie; detaillierte bibliografische Daten sind im Internet über dnb.dnb.de abrufbar.

© 2024 Josef F. Justen

Titelfoto: »starry-sky« © Alexas (Foto von pixabay)

Herstellung und Verlag:
BoD – Books on Demand, Norderstedt

ISBN: 978-3-7597-4954-3

Inhaltsverzeichnis

5 Das Leben nach dem Tod – Der Aufstieg durch die Planetensphären

Vorwort

> *Wer an die Quelle geistiger*
> *Wahrheiten gelangen möchte,*
> *muss gegen den Strom der*
> *vorherrschenden Meinung schwimmen.*[1]

Dieses Buch wendet sich an Leser, die auf der Suche nach spirituellen Erkenntnissen sind, insbesondere solchen Erkenntnissen, die den Sinn des Todes und alles, was der Mensch nach seinem Tod in den übersinnlichen Welten erleben und erfahren kann, ins rechte Licht setzen. Dasjenige, was ein Mensch nach seinem Tod durchzumachen hat, kann nicht verständlich werden, wenn man zuvor nicht zu klaren Gedanken über die Reinkarnation und den Sinn des gesamten menschlichen Daseins gelangt. Daher wird in diesem Buch auch diesen Themen ein breiter Raum gegeben.

Zunächst wird ausführlich dargelegt, welche Quellen, die den heutigen menschlichen Seelenkräften angemessen sind, man heranziehen kann, um zu geistigen Erkenntnissen gelangen zu können. Obwohl der Verfasser sich dem Gedankengut der *Anthroposophie* sehr verbunden fühlt, hat er, um eine zu einseitige Sichtweise zu vermeiden, den Versuch unternommen, auch andere Quellen und Denkansätze in seine Arbeit einzubeziehen. Er hat sich insbesondere bemüht, mit einem Minimum an anthroposophischen Fachausdrücken auszukommen. Lediglich in den zentralen Kapiteln sah er sich veranlasst, in *erster Linie* auf die vielen Schriften und Vorträge *Rudolf Steiners*[2] Bezug zu nehmen, die äußerst detaillierte Darstellungen des nachtodlichen Lebens beinhalten. Aber auch hier war er bemüht, Schilderungen anderer Quellen zu berücksichtigen. Insbesondere war es sein Bestreben, alle Darstellungen so zu geben, dass sie auch für einen Leser nachvollziehbar sein dürften, der sich noch nie mit dieser Thematik auseinander gesetzt hat und der insbesondere bisher noch keine Beziehung zu der Geisteswissenschaft Rudolf Steiners gewinnen konnte.

Die Darstellungen dieses Buches können auch für jemanden eine große Stütze sein, der sich von Berufs wegen oder ehrenamtlich um die Begleitung Sterbender kümmert.

Anmerkung:

»Alle im Text eingebetteten Zitate von Rudolf Steiner sind in einer anderen Schriftart gedruckt, um auf den ersten Blick als solche erkannt zu werden.«

»Zitate von anderen Persönlichkeiten, Bibelverse und dergleichen sind kursiv gedruckt.«

Alle älteren Zitate in diesem Buch sind an die heute gültige Rechtschreibung angepasst.

Eine kleine Geschichte zur Einstimmung

Das Leben »danach«

Eine Frau war schwanger. Ihr Arzt machte ihr die freudige Mitteilung, dass sie Zwillinge bekommen werde.

Die Wochen vergingen, und die Zwillinge fühlten sich im Schoße ihrer Mutter pudelwohl. »Ist es nicht wunderbar, dass wir empfangen wurden? Ist es nicht herrlich, dass wir leben?«, sprudelte es aus einem der beiden Zwillinge hervor. Der andere stimmte ihm voll und ganz zu.

Die beiden begannen, ihre vorgeburtliche Welt mehr und mehr zu entdecken und zu lieben. Als sie eines Tages die Nabelschnur bemerkten und erforschten, sagte einer der beiden: »Wie sehr muss uns unsere Mutter lieben, dass sie ihr Leben mit uns teilt und uns alles schenkt, wessen wir bedürfen!«

Es vergingen weitere Wochen. Die Zwillinge merkten, dass sie immer mehr wuchsen und sich nicht mehr so ungehindert im Mutterleib bewegen konnten. Der eine wurde nun sehr traurig und sprach: »Weißt du, was das bedeutet? – Der Aufenthalt in dieser Welt neigt sich seinem Ende entgegen!«

»Ich will aber nicht, dass dieses schöne Leben endet. Ich will nicht geboren werden«, beklagte sich der andere.

»Mir behagt die Vorstellung unserer Geburt auch nicht. Aber vielleicht gibt es ja ein Leben nach der Geburt«, meinte der erste.

»Wie könnte das möglich sein? Wie sollten wir ohne die mütterliche Nabelschnur existieren können? Außerdem ist noch keiner, der in diesem Schoße war, zurückgekommen! Die Geburt ist das Ende. Es gibt kein Leben nach der Geburt!«, entgegnete der andere.

Darauf erwiderte der erste: »Wenn es wirklich kein Leben nach der Geburt geben sollte, welchen Sinn hat dann das Leben im Schoße unserer Mutter?«

»Vielleicht gibt es gar keine Mutter. Schließlich hat sie noch keiner von uns beiden jemals zu Gesicht bekommen. Möglicherweise haben wir sie uns nur konstruiert, um unser jetziges Leben besser verstehen zu können. Es ist alles so sinnlos!«, sprach der andere.

»Wenn du nicht an die Mutter glaubst, wird sie dich nach der Geburt verstoßen!«, entgegnete der erste.

Die Zwillinge kamen überein, an ihre Mutter zu glauben, nicht mehr an die drohende Geburt zu denken und ihr Leben im Mutterschoße zu genießen.

Ihre Zweifel, Ängste und Sorgen konnten sie aber nicht immer verdrängen...

Kapitel 1

Einleitung

*Je weiter die geistige Entwicklung
der Menschheit fortschreitet,
desto mehr wird sich erweisen,
dass wir die wahre Frömmigkeit nicht in Lebensangst,
Todesfurcht und blindem Glauben,
sondern nur durch das Streben
nach rationaler Erkenntnis erreichen.*
Albert Einstein [1]

W ann immer wir in unserem Leben mit einem Todesfall konfrontiert werden, etwa dadurch, dass wir einem Menschen in seinen letzten Tagen als Angehöriger, Freund, Arzt oder Begleiter zur Seite stehen durften, sehen wir immer nur die *eine* Seite des Todes. Von dieser irdischen Seite aus betrachtet zeigt er bisweilen viele furchterregende, grausame und schreckliche Aspekte, die einen in tiefe Traurigkeit, Verzweiflung, Hilflosigkeit und Ohnmacht stürzen können.

Aus der *diesseitigen* Perspektive betrachtet stellt der Tod ein definitives und unwiderrufliches Ende dar. Der Verstorbene wird *in dieser Gestalt* nie wieder auf der Erde wandeln. Sein physischer Körper wird zerfallen und schließlich ganz verwesen. Wem von uns wären in einer solchen Situation nicht schon einmal Fragen durch den Kopf geschossen, die wir ansonsten nur allzu gern in unseren tiefsten Seelenschichten verschlossen halten, weil sie *scheinbar* so rein gar nichts mit unserem alltäglichen Leben in einer hoch technokratischen Gesellschaft mit ihren vielen sozialen Spannungsfeldern zu tun haben.

Jetzt brechen die »großen Sinnfragen« aus ihrem ›Seelenkerker‹ aus und dringen in unser Tagesbewusstsein vor:

➤ *Was ist der Sinn dieses Todes und aller damit verbundenen Leiden?*

➤ *Wo wird die Seele des Verstorbenen jetzt sein?*

➤ *Was wird der Mensch nach seinem Tod alles erleben können und durchzumachen haben?*

➤ *Wie können wir ihn als Hinterbliebene auf seinem nachtodlichen Weg unterstützen?*

… und viele mehr.

Oftmals dauert es nur wenige Tage, dass uns diese Fragen einfach keine Ruhe lassen wollen. Dann werden wir wieder vom Getöse und der Hektik unseres Alltagslebens ergriffen und von der Vielzahl unserer täglichen Pflichten in Beschlag genommen. Die Beschäftigung mit solchen Fragen scheint mit dem heute herrschenden Zeitgeist nicht vereinbar zu sein. Wir leben in einem Zeitalter, das stark von der naturwissenschaftlichen Denkweise sowie den technologischen Errungenschaften geprägt und beherrscht wird. Die Naturwissenschaftler haben bis zum heutigen Tage die uns umgebende Sinneswelt bis in die Weiten des Universums und bis ins kleinste Elementarteilchen hinein weitgehend transparent gemacht. Vieles von dem, was noch vor hundert Jahren unbekannt war, konnte mittlerweile ans Tageslicht gefördert werden. In weiteren hundert Jahren werden zahlreiche weitere Phänomene, die heute noch nicht erklärt werden können, aufgedeckt sein, wobei natürlich immer der alte Spruch gilt: »Das Wissen von heute ist der Irrtum von morgen!«

Das menschliche Wesen glauben die Wissenschaftler zur Gänze verstanden zu haben, wenn sie alle Organe und Funktionen des menschlichen *Körpers* erforscht haben. Für eine »Seele« oder gar für einen »Geist« ist in diesen Lehren kein Platz mehr. Auch diejenigen geistig-seelischen Tätigkeiten des Menschen wie Denken, Fühlen, Wollen, Vorstellen und Erinnern, die derzeit noch nicht hinreichend erklärt werden können, glaubt man, früher oder später auf heute noch nicht bekannte physiologische Wirkfaktoren und Funktionen zurückführen zu können. Im Zweifelsfall müssen das Gehirn oder das Nervensystem herhalten, wenn es darum geht, die Urheber und die Auslöser für solche Tätigkeiten zu suchen.

Unsere Wissenschaftler haben keine Hemmungen, in dem Menschen streng genommen nichts weiter als einen hochentwickelten Affen, ein Wesen, das sich nur um ein paar Gensequenzen vom Menschenaffen unterscheidet, zu sehen. Wie Sie sicher wissen, war es *Charles Darwin*, der vor rund 150 Jahren gelehrt hat, dass der Mensch vom Affen abstamme. Das lernen unsere Kinder seit etwa 40 Jahren schon in der Schule. So kann es also passieren, dass sie im Biologieunterricht hören, der Mensch stamme vom Affen ab und in der nächsten Stunde wird ihnen dann im Religionsunterricht gesagt, der Mensch stamme von Gott ab. Man kann sich leicht vorstellen, was das mit den kindlichen Seelen macht! Wie sollen sie mit diesem Widerspruch zurechtkommen? Wenn sie logisch richtig denken, müssten sie zu der Ansicht gelangen, Gott und der Affe wären ein und dasselbe!

Was die Entstehung des Universums mit unserer Erde und all ihren Wesen angeht, so bleiben die Wissenschaftler uns ebenfalls keine Theorien und Erklärungen schuldig. Für göttliche Urgründe oder Schöpfermächte ist in diesen Lehren kein Platz.

Die großen christlichen Kirchen[2] stehen den naturwissenschaftlichen Erkenntnissen und Errungenschaften recht ohnmächtig und hilflos gegenüber. Sie bedürfen schon gewaltiger Bemühungen und Anstrengungen, um ihre göttlich-geistigen Offenbarungen, die sie weitgehend aus der Bibel beziehen, noch länger stützen zu können. Sie halten nur noch eine Trumpfkarte in der Hand, nämlich die wohl allgemeine Einsicht, dass alle wissenschaftlichen Erkenntnisse und technologischen Errungenschaften nicht dazu führen konnten, die sozialen Probleme der Menschen zu mildern oder gar zu lösen.

Die Leidtragenden sind natürlich die Menschen. Für die meisten Menschen ist es heute sehr schwierig, die naturwissenschaftlichen Erkenntnisse zu relativieren oder womöglich sogar die eine oder andere Aussage anzuzweifeln. Zum einen fehlt häufig die Kompetenz, das beurteilen zu können, zum anderen würde man sich in weiten Kreisen geradezu lächerlich machen, wenn man sich in gewisser Weise gegen eine als anerkannt geltende wissenschaftliche Lehre oder Erkenntnis aussprechen würde. Die überwiegende Mehrheit der Menschen glaubt heute mit den Naturwissenschaften einen festen Boden zu haben, auf dem sie sicher stehen könne. Wenn ein solcher Mensch ganz ehrlich zu sich sein sollte, so müsste er konsequenterweise seine religiösen Vorstellungen, die er sich durch die kirchlichen Lehren gebildet hat, verwerfen. Das, was unsere Naturwissenschaftler sagen, scheint in keiner Hinsicht mit dem zusammenzupassen, was die Theologen oder Kirchenvertreter lehren. Wie könnte etwa ein Gott, der aus Himmelshöhen auf die Erde niederkam, von den Toten auferstand und wieder in den Himmel aufgefahren ist, mit modernem naturwissenschaftlichen Denken in Einklang gebracht werden! Wie könnte auf diese Art begründet werden, dass jedem Menschen ein ewiges Leben, also auch ein Leben nach seinem Tod, sowie die Auferstehung verheißen wird! Die soeben beschriebenen Ereignisse stellen aber den Mittelpunkt des christlichen Glaubens dar!

Nun verhalten sich beide Seiten, sowohl die Naturwissenschaften als auch die Kirchen, nicht unbedingt redlich. Die meisten Naturwissenschaftler sind mittlerweile so materialistisch geworden, dass sie alles rundherum für Träumereien oder Aberglauben halten, was sich ihren Forschungen und Denkmodellen entzieht. Sie sind nicht so ehrlich zuzugeben, dass sie mit all ihren Mitteln und Methoden, die an die menschlichen Sinne gebunden sind, ausschließlich Sinnliches, niemals aber Geistiges, beobachten und studieren können. Man kann etwas nicht nur deshalb für eine Illusion halten, weil man nicht die Organe hat, es wahrzunehmen. Kein Blindgeborener käme jemals auf die Idee, Licht und Farben als eine Illusion zu bezeichnen, nur weil ihm das entsprechende gesunde Wahrnehmungsorgan fehlt.

Die Vertreter der großen Kirchen rechnen weder mit dem freien Willen des Menschen noch mit seinen Erkenntniskräften. Sie argumentieren, dass man alles, was geistig-seelischer Natur ist, niemals mit menschlichem Erkenntnisvermögen erfassen könne. Somit verweisen sie alles Göttlich-Geistige in den Bereich des Glaubens. Die katholische Kirche, die traditionell für sich, was die Verkündung und Verbreitung geistiger Wahrheiten angeht, eine Monopolstellung reklamiert, betoniert ihre Lehren in Dogmen ein.

Der Verfasser hat es sich im Rahmen dieser Arbeit nicht unbedingt zur Aufgabe gemacht, aufzuzeigen, dass unsere gesamte physische Welt im Geistigen wurzelt und dass kaum eine Erscheinung in unserer Sinneswelt *wirklich* verstanden werden kann, solange man nicht die geistigen Urgründe kennt. In der Tat haben alle Erscheinungen in der Erdenwelt ihren wahren Ursprung in einer geistigen Sphäre. Wer das anzweifelt, wer glaubt, dass dasjenige, was wir in der Sinneswelt um uns haben, das Wahre, Wirkliche und Ursprüngliche wäre, gleicht jemandem, der vor einem Spiegel steht und den Ursprung des Spiegelbildes nicht vor dem Spiegel, sondern im oder hinter dem Spiegel sucht.

Es soll hier *im Wesentlichen* um diejenigen Themenkreise gehen, die uns eine Antwort auf die oben gestellten Fragen zu geben vermögen. Verlässliche Antworten sind notwendig, um uns einen sicheren Halt zu geben und eine feste Stütze für unser gesamtes Leben sein zu können. Dieses Buch wendet sich somit nicht an Materialisten oder Atheisten, die alles Geistige leugnen und alle Welterscheinungen somit folglich als das zufällige Resultat eines ›kosmischen Würfelspiels ohne Spieler‹ betrachten. Um den Rahmen, der hier gesetzt werden soll, nicht zu überschreiten, muss vorausgesetzt werden, dass der Leser zumindest davon überzeugt ist, dass alle Welterscheinungen einer großen kosmischen Ordnung unterliegen. Er sollte bereit sein, von der Existenz einer mit höchster Weisheit und Güte begabten Entität, die wir »Gott« zu nennen gewohnt sind, auszugehen. Der Leser sollte darüber hinaus möglichst von der wie auch immer gearteten Existenz eines Menschen nach seinem Tod überzeugt sein oder diese zumindest für möglich halten.

Wir sollten uns, wenn es um die großen Sinnfragen geht, nicht mehr mit Floskeln wie »Gott wird schon wissen warum!«, »Gottes Wege sind unerforschlich!«, »Über das Leben nach dem Tod kann man nichts wissen, denn es ist noch keiner zurückgekommen!« oder dergleichen begnügen und vertrösten lassen. Wir sollten auch nicht zu der Einstellung tendieren, dass wir ja nach unserem Tod schon früh genug sähen, wie es dann ›da‹ so sei. Vielmehr sollten wir uns bemühen, stimmige und wahrhaftige Erkenntnisse zu erwerben, auch wenn dieser Weg viel mühsamer und beschwerlicher ist als der des naiven Glaubens oder der des Leugnens alles Geistigen. Die in unserem Kulturraum systematisch verdrängte Furcht vor dem Tod können wir nur dadurch überwinden, dass wir ihn in unser Bewusstsein heben. Wenn wir den Tod nicht zu verstehen lernen, können wir auch das Leben, zumindest den Sinn desgleichen, nicht verstehen.

Wenn ein Mensch vorhat, in ein fernes, ihm noch unbekanntes Land zu verreisen, so wird er diese Reise über Monate sehr sorgfältig planen und vorbereiten. Er wird viele

Reiseführer lesen, im Internet recherchieren und mit Menschen reden, die dieses Land schon kennen, damit er so gut wie möglich weiß, was ihn da erwartet, mit welchen Bedingungen, Verhältnissen und Möglichkeiten er rechnen muss, usw. Auf die größte Reise, die jeder von uns eines Tages definitiv antreten wird, schickt uns der Tod. Sollten wir uns auf diese große und lange Reise nicht besonders gut vorbereiten?!

Der Verfasser möchte den Leser ermutigen, den Gedankengängen, die in diesem Buch angestellt, und den Darstellungen, die hier gegeben werden sollen, durchaus kritisch, aber vorurteilsfrei zu folgen. Da die Darstellungen dieses Buches sachlich *weitgehend* aufeinander aufbauen, ist zu empfehlen, die einzelnen Kapitel und Abschnitte in der gegebenen Reihenfolge zu lesen.

Der Leser muss auch um ein wenig Geduld gebeten werden, dass hier *nicht gleich* das Leben, das ein Mensch nach seinem Tod in anderen Welten führt, beschrieben werden kann. Es müssen in den drei folgenden Kapiteln zunächst einige Tatbestände und Aspekte beleuchtet werden, ohne die vieles von dem, was ein Verstorbener empfindet und durchlebt, unverständlich, ja nebulös anmuten müsste.

Kapitel 2

Geistige Erkenntnisse

*Anfang alles wertvollen geistigen Lebens
ist der unerschrockene Glaube an die Wahrheit
und das offene Bekenntnis zu ihr.
Auch die tiefste religiöse Erkenntnis
liegt nicht außerhalb des Denkens.*
Albert Schweitzer [1]

Unter »Geistiges« wollen wir hier alle Welten, Wesenheiten, Tatsachen und Phänomene verstehen, die unseren üblichen Sinnen, mit denen wir nur Physisches wahrzunehmen begabt sind, nicht zugänglich sind und die somit auch nicht zum Forschungsgebiet unserer offiziellen Wissenschaften gehören. Um Antworten auf die in der Einleitung formulierten Fragen gewinnen zu können, muss man ganz offensichtlich im Geistigen schöpfen, denn alles, was beispielsweise ein Verstorbener erlebt und erfährt, spielt sich nicht in der Sinneswelt ab. Wir müssen uns also um *geistige* Erkenntnisse bemühen.

2.1 Warum ist es so schwierig, Geistiges *objektiv* zu bewerten?

Die vergleichsweise eher wenigen Menschen, die sich ernsthaft mit spirituellen Fragen beschäftigen, die wirklich aufrichtig bestrebt sind, geistige Erkenntnisse zu gewinnen, die wirklich auf der Suche nach den ›großen Wahrheiten‹ sind, kommen sehr häufig zu Antworten und Meinungen, die stark voneinander abweichen. Wie kann man dieses missliche Phänomen erklären? Es könnte nun jemand sagen, das sei doch ganz klar. Es liege daran, dass man etwas Geistiges, also etwas, was nicht in der physischen Welt repräsentiert ist, eben nicht wahrnehmen und nicht mit dem Verstande erfassen könne. Somit sei es doch völlig naheliegend, dass jeder recht willkürlich phantasiere oder spekuliere.

Das scheint auf den ersten Blick durchaus plausibel zu klingen. Die große Masse der Menschheit ist in der Tat nicht in der Lage, Geistiges *wahrnehmen* zu können. Aber jeder Mensch ist sehr wohl imstande, Geistiges, das ihm in *sachgemäßer* Weise mitgeteilt wird, mit seinem Verstande zu erfassen, zu verarbeiten und nachzuvollziehen. Als Beleg für diese Aussage sollen die Begriffe und Gesetze der Mathematik herangezogen werden. Auch wenn das zunächst etwas sonderbar erscheinen mag, so muss doch gesagt werden, dass die meisten mathematischen Forschungsgegenstände *nicht* in unserer physischen Welt repräsentiert sind, dass sie also nicht etwas Physisches, Sinnliches darstellen. Sie müssen somit aus übersinnlichen Sphären entlehnt sein und folglich etwas Nicht-Physisches, also etwas Geistiges repräsentieren.

Um diese Behauptung zu verifizieren, müssen wir nicht einmal so schwierige Themen wie etwa transzendente Zahlen oder gar komplexe mathematische Strukturen wie beispielsweise Algebren oder Vektorräume betrachten. Nehmen Sie nur die elementarsten Begriffe aus der Geometrie. Dasjenige, was man in der Geometrie als »geometrische Figur« bezeichnet, werden Sie in ihrer *reinen Form* in unserer Sinneswelt nirgends vorfinden. Besonders deutlich sieht man das anhand eines »Punktes«. Was ist eigentlich ein Punkt im geometrischen Sinne? Nun, ein Punkt ist eine 0-dimensionale geometrische Figur, also ein Gebilde, das keine Ausdehnung besitzt. Ein solcher Punkt ist also definitionsgemäß gar nicht zu sehen! Denn etwas, was keine Ausdehnung besitzt, ist im Physischen nicht existent und kann daher nicht mit den Sinnen wahrgenommen werden. Jeder ›Punkt‹, den Sie zum Beispiel auf einem Blatt Papier sehen, besitzt selbst dann, wenn er mit einem noch so spitzen Bleistift aufgetragen wurde, zunächst einmal eine Ausdehnung in zwei Dimensionen, in die Längen- und in die Breitendimension. Ein solcher ›sichtbarer Punkt‹ ist also de facto ein zweidimensionales kreisförmiges Gebilde, ein Klecks, und kein Punkt im geometrischen Sinne. Durch den Abrieb des Bleistiftes, mit dem der Punkt gesetzt wurde, kommt sogar noch die dritte Dimension, die Höhendimension ins Spiel. Somit ist ein ›sichtbarer Punkt‹ eigentlich so etwas wie eine ›entartete Kugel‹. Analog dazu kann man sich klarmachen, dass es sich bei 1- und 2-dimensionalen Figuren auch eigentlich um 3-dimensionale Gebilde handelt. In einer 3-dimensionalen Raumeswelt kann es nichts geben, was weniger als drei Dimensionen hat. Bei Punkten sowie 1- und 2-dimensionalen Gebilden muss man von einer annähernden Projektion von etwas Gedachtem, also etwas Geistigem, auf unseren physischen Plan sprechen. Somit müsste man eigentlich von einem ›gedachten Punkt‹, einer ›gedachten Strecke‹ usw. sprechen. Noch deutlicher kann man sich anhand einer »Geraden« klarmachen, dass diese nicht im Physischen repräsentiert ist. Eine Gerade im geometrischen Sinne besitzt keinen Anfang und kein Ende. Sie dehnt sich in beide Richtungen bis ins Unendliche aus. Wo könnte man in dem zwar unermesslich großen, aber letztlich doch wohl endlichen, begrenzten Universum ein solches Gebilde finden? Dass die Geometrie mit all ihren Figuren und Objekten nicht etwas Physisches ist, verdeutlicht auch der Ausspruch des berühmten Astronomen *Johannes Kepler: »Die Geometrie gab es schon vor der Erschaffung der Welt. Sie ist ewig wie der Geist Gottes.«*

Nun könnte ja jemand zugeben, dass diese Dinge im Physischen zwar nicht repräsentiert seien, um dann einzuwenden, dass das aber noch kein Beleg dafür sei, dass diese Dinge aus einer geistigen Sphäre entlehnt seien. Schließlich könne es sich ja auch so verhalten, dass diese Dinge im ›reinen Sinne‹ überhaupt nicht existieren, sondern ein Produkt des menschlichen Gehirns seien. Das würde aber bedeuten, dass das menschliche Gehirn, das zweifelsohne physischer Natur ist, etwas zu produzieren imstande wäre, was selbst nicht physisch ist, das also kein Vorbild in der Welt besitzt, die dem an das physische Gehirn gebundenen Verstand zugrunde liegt. Nun, eine solche Leistung würde dem Stolz des Menschen natürlich sehr zuträglich sein. Aber bei objektiver Betrachtungsweise muss man wohl anerkennen, dass es nicht möglich ist, dass etwas Physisches etwas Nicht-Physisches hervorbringen kann.

Die meisten Studienobjekte der Mathematik stellen in der Tat etwas Geistiges dar, also etwas, für das es in der materiellen Welt keine Vorbilder gibt. Es handelt sich hierbei um die *einfachsten* geistigen Tatsachen. Das heißt also, dass den Menschen durchaus geistige Dinge und Gesetze bekannt und vertraut sind, sofern dieses in der Schule oder anderweitig gelehrt wurde. Also ist auch gezeigt, dass der Mensch sehr wohl in der Lage ist, Geistiges mit seinem Verstand zu erfassen und zu durchdringen, sofern es ihm in sachgemäßer Weise vermittelt wird und er bereit ist, sich um ein Verständnis zu bemühen. Es wurde eingangs gesagt, dass die Menschen über geistige Phänomene sehr unterschiedliche Meinungen haben. Das gilt allerdings nicht für die Wahrheiten der Mathematik. Sie werden keine zwei ernst zu nehmenden Menschen finden, die bei der Rechnung 2 plus 2 zu einem anderen Ergebnis als 4 oder bei der Frage nach der Winkelsumme eines Dreiecks zu einer anderen Antwort als 180° kommen. Warum treten im Bereich der Mathematik die skizzierten Probleme nicht auf? Sie treten deshalb nicht auf, weil uns die Ergebnisse und Gesetze der Mathematik *gefühlsmäßig* nicht berühren. Es ist uns doch einerlei, ob die Winkelsumme eines Dreiecks 180°, 190° oder etwa 210° beträgt. Es gibt wohl keinen Menschen, dem es sympathischer wäre, wenn die Winkelsumme nicht 180°, sondern beispielsweise 190° betrüge. Diese gefühlsmäßige Neutralität ist wohl auch der Grund dafür, dass viele Kinder und natürlich auch Erwachsene die Mathematik als langweilig empfinden.

Bei allen anderen geistigen Tatbeständen schaut das völlig anders aus. Hier sind unsere Gefühle, unsere Sympathien, Antipathien, Wünsche, Hoffnungen, Sehnsüchte, Befürchtungen in höchstem Maße beteiligt. Es ist doch keinem egal, ob man etwa von einem gütigen, väterlichen Gott oder aber von einem eher strengen, strafenden Gott ausgehen müsse. Die einen wünschen sich einen liebevollen und nachsichtigen Gott, der alles verzeiht, die anderen bevorzugen einen gerechten Gott, der die ›Guten‹ reich belohnt und die ›Bösen‹ hart bestraft. Insbesondere ist es kaum einem Menschen, der an ein Leben nach dem Tod glaubt, einerlei, wie dieses verläuft und was er da so alles durchzumachen hat. Hier haben die meisten ganz bestimmte Vorstellungen, die sich oftmals als Produkt ihrer ganz persönlichen Hoffnungen und Wünsche entlarven lassen. Der eine glaubt, schon bald nach dem Tod im Himmel aufgenommen zu werden und dort den Lohn für sein mühseliges, gottgefälliges Leben zu empfangen. Ein anderer hat die Vorstellung, irgendwann nach seinem Tod in einem ›irdischen Paradies‹ in trauter Eintracht mit Mensch und Tier zu leben. Einem wiederum anderen geht es im Wesentlichen darum, wieder mit allen Menschen, die er in seinem Erdenleben lieb gewonnen hat, vereint zu sein. Der nächste hofft, dass er nach seinem Tod gewisse Aktivitäten entfalten kann, weil es ihm sympathisch ist, etwas zu leisten. Einem wiederum anderen wäre es lieber, wenn er nach dem Tod eher eine beschauliche Ruhe genießen könnte, weil er im Laufe seines Erdenlebens des Arbeitens überdrüssig geworden ist.

Alle diese sehr persönlichen Vorlieben und Abneigungen machen es vielen Menschen unsagbar schwer, über diese Dinge ähnlich sachlich und nüchtern nachzudenken und zu urteilen wie über die Forschungsgegenstände der Mathematik. Viele von ihnen schließen sich denjenigen Religionen, Sekten, Bewegungen oder Gruppierungen an, die über diese Themen das lehren, was ihnen sympathisch ist. Natürlich wird kaum einer dieser Menschen sich diese Tatsache, derer er sich unter Umständen nicht einmal bewusst ist, eingestehen.

2.2 Aus welchen Quellen kann man schöpfen, um geistige Erkenntnisse – insbesondere solche, die das Leben des Menschen nach dem Tod beleuchten –, gewinnen zu können?

Es wäre also erstrebenswert, wenn es uns gelänge, mit allen geistigen Wahrheiten ähnlich sachlich und objektiv zu verfahren, wie es im Falle der mathematischen Wahrheiten ganz selbstverständlich ist. Nun muss aber die Frage aufgeworfen werden, auf welchem Wege man überhaupt geistige Erkenntnisse gewinnen kann. Wie kann man etwas Verlässliches zu den Themen finden, die uns hier beschäftigen sollen? Leider wurde uns mit Ausnahme der Mathematik in der Schule äußerst wenig über Geistiges gelehrt. Das wenige, was uns etwa im Religionsunterricht hierzu vermittelt wurde, ist häufig irgendwann durch unseren ›Verstandesfilter‹ durchgefallen. Nur allzu oft ist es doch so, dass die religiösen Lehren, die wir in einer meist trivialisierten, kindgerechten Form empfangen haben, unserem kindlichen Gemüt durchaus sympathisch waren, aber heute unseren erwachsen gewordenen kritischen Verstand nicht mehr befriedigen können und von diesem sogar als unsinnig oder zumindest höchst zweifelhaft betrachtet werden.

Nun wäre es wohl ein Einfaches, geistige Erkenntnisse zu erlangen, wenn wir in der Lage wären, übersinnliche – also geistige – Welten, Wesen und Tatsachen *selbst* wahrnehmen und beobachten zu können. Über diese Gabe verfügen aber nur verschwindend wenige Menschen. Also kann es für uns, die wir nicht »hellsichtig« sind, nur darum gehen, an die richtigen Quellen zu gelangen, die uns diese Wahrheiten zuströmen lassen können. Dabei kann es sich nur um solche Quellen handeln, in denen Menschen schildern, die über die Gabe verfügen bzw. in der Lage sind, geistige

Welten und Geschehnisse in irgendeiner Form wahrnehmen zu können. Wie im Folgenden dargestellt werden soll, gibt es eine ganze Reihe solcher Quellen, die uns von geistig-göttlichen Welten, Wesenheiten, Gesetzen und sonstigen Tatsachen und natürlich auch von dem Leben nach dem Tod berichten. Einige dieser Quellen sind den meisten Menschen durchaus bekannt. Dennoch ist es wohl so, dass die auf diese Art zu gewinnenden Botschaften und Mitteilungen bei vielen auf Unverständnis und Ablehnung stoßen, was nicht immer daran liegen muss, dass ihnen die Schilderungen nicht sympathisch sind.

Neben der schon erörterten Schwierigkeit, Mitteilungen über geistige Dinge objektiv betrachten zu können und Sympathien und Antipathien dabei schweigen zu lassen, ergibt sich, wann immer es um Berichte aus geistigen Welten geht, ein weiteres riesengroßes Problem, das sich dem Verständnis und der Akzeptanz wie ein gewaltiges, schier unüberwindliches Hindernis in den Weg zu stellen scheint. Dieses Hindernis ist die *Sprache*, mit der derjenige, der in geistigen Welten real wahrnehmen kann, seine Beobachtungen den übrigen Menschen übermitteln muss. Solche menschlichen Sprachen sind nur für unsere Erde und uns Erdenbewohner gemacht. Sie eignen sich hervorragend, um alle Geschehnisse zu beschreiben, die wir vermöge unserer physischen Sinnesorgane wahrnehmen und mit unserem an das physische Gehirn gebundenen Intellekt erfassen und verarbeiten können. Sie sind ebenfalls ganz gut geeignet, um unsere Gedanken, die wir uns über sinnliche Dinge machen, auszudrücken. Sie eignen sich aber nicht oder nur sehr bedingt für die völlig anders gearteten und viel komplexeren Geschehnisse, die sich in einer geistigen Welt abspielen.

Jeder kann sich so seine eigenen Vorstellungen über geistige Dinge bilden. Solche Vorstellungen können mehr oder weniger den Tatsachen entsprechen. Die wohl falschesten Vorstellungen bildet sich derjenige, der annimmt, dass die Beschaffenheit geistiger Welten, Wesen und Vorgänge sehr ähnlich oder zumindest ganz gut vergleichbar sei mit etwas, was wir von unserer physischen Welt kennen und wissen. Man muss ganz im Gegenteil davon ausgehen, dass das, was sich in geistigen Welten abspielt, von völlig anderer Art ist und eine ganz andere Qualität hat als alles, was wir aus unserer irdischen Erfahrungswelt kennen.[2] Insbesondere spielt in übersinnlichen Welten der Begriff »Raum« keine Rolle. In unserer Sinneswelt stellt der dreidimensionale Raum, in dem wir uns bewegen, ein sicheres Bezugssystem dar, nach dem wir es bestens gewohnt sind, uns zu orientieren und zurechtzufinden. Bedenken Sie, wie schwierig es für uns ist, irgendetwas vorzustellen, was sich nicht im Räumlichen abspielt! Auch der Begriff »Zeit« wird in höheren Welten nicht mit der Vorstellung übereinstimmen, die wir im Erdenleben damit verbinden.

Die geistige Welt offenbart sich einem Menschen, der in ihr zu ›schauen‹ begabt ist, in *Bildern*. Vor dem ›geistigen Auge‹ eines solchen *hellsichtigen* Menschen breitet sich eine lebendige und bewegliche *Bilderwelt* aus, die im Grunde mit nichts vergleichbar ist, was wir aus unserer Sinneswelt kennen. Diese Bilderwelt stellt etwas *absolut Reales* dar. Nun bleiben demjenigen, der uns seine Beobachtungen aus geistigen Welten mitteilen möchte, zwei Möglichkeiten: Entweder schweigt er, weil er sich seiner Ohnmacht bewusst ist, das Geschaute in Worte einer Sprache zu gießen, oder aber er versucht, das, was er ganz real gesehen und beobachtet hat, in solche Worte und *vergleichende* Bilder zu kleiden, die man aus dem Erdendasein kennt und welche die tatsächlichen Begebenheiten zumindest *annähernd* widerspiegeln. Wenn er sich für die zweite Möglichkeit entscheidet, so besteht immer die Gefahr, dass bei den Empfängern seiner Mitteilungen Missverständnisse entstehen können. Stellen Sie sich vor, der hellsichtige Mensch nimmt ein Bild wahr, das beispielsweise einem Tier – sagen wir einer Schlange – aus der menschlichen Erfahrungswelt ähnelt. Wenn er nun bei seinen Schilderungen auch von einer »Schlange« spricht, so könnte der Eindruck entstehen, als gäbe es in den übersinnlichen Welten solche Tiere in der gleichen Art und Gestalt wie in der Sinneswelt. Nun ist nicht jeder, der begabt ist, in geistigen Welten zu schauen, auch imstande, die okkulte Bedeutung der Bilder zu kennen und den lebendigen Zusammenhang der unzähligen Bilder zu überblicken.

Wenn der hellsichtige Mensch nun nicht um die Bedeutung dieser Bilder weiß und den Zusammenhang der Bilder nicht zu überschauen vermag, so ist seine Situation noch hoffnungsloser als die eines Kindes im Vorschulalter, das einer Theateraufführung von *Goethes* »Faust« beiwohnt und anschließend seinen Eltern davon berichten soll, oder einer Katze, welche die physikalischen Naturgesetze erfassen und verstehen soll, denen sie ja genauso unterliegt wie ein Physiker. Aber selbst wenn derjenige, der in geistigen Welten wahrnehmen kann, die Bedeutung und Zusammenhänge kennt, steht er noch immer vor dem Problem, zur Beschreibung der hellsichtig geschauten Szenarien Worte einer Menschensprache benutzen zu müssen. Somit muss man sich dessen bewusst sein, dass alle Schilderungen, die man über geistige Welten finden kann, einen mehr oder weniger gelungenen Versuch darstellen, das eigentlich Unbeschreibliche und Unaussprechliche in vergleichende Bilder und Worte zu übersetzen.[2] Es liegt sehr stark an dem Vermögen des Berichterstatters, das Geschaute so zu übersetzen, dass es einerseits die realen Begebenheiten richtig widerspiegelt und dass es andererseits den Seelenkräften des heutigen Menschen entspricht und von diesem angenommen werden kann.

Dem modernen Menschen mag ja die Vorstellung schwer fallen, dass es irgendwo etwas geben könnte, was man nicht in präzise Worte kleiden oder was man nicht durch absolut passende Bilder oder Vergleiche darstellen könnte. Dass diese Schwierigkeit aber schon dann auftreten kann, wenn wir uns auf das ganz normale irdische Dasein beschränken, mögen die folgenden Beispiele zeigen.

Stellen Sie sich einen Menschen vor, der ein fernes, exotisches Land bereist hat. Dieser möchte nun einem anderen, der dieses Land nie gesehen hat, darüber berichten. Er möchte über die Landschaft mit ihren seltenen Pflanzen und Tieren, über die Bevölkerung, ihre Sitten und Bräuche erzählen. Nur wenn ersterer es versteht, möglichst passende Bilder und Vergleiche heranzuziehen, solche, die bei dem Zuhörer die richtige Resonanz finden können – was in diesem Beispiel ja durchaus möglich ist –, wird letzterer zu einer weitgehend brauchbaren Vorstellung über dieses Land kommen können. Dennoch darf nicht unerwähnt bleiben, dass diese Vorstellung, diese Bilder, die er jetzt in seinem Inneren bewegt, vermutlich der einen oder anderen Korrektur bedürften, falls er eines Tages dieses Land selbst bereisen würde.

Um ein etwas krasseres Beispiel zu haben, nehmen wir an, irgendein Mensch, der ansonsten über gesunde Augen verfügt, könnte aus irgendwelchen Gründen nicht sehen, was sich am Firmament abspielt. Er könnte insbesondere keine Wolken sehen. Nun könnte ihm jemand mit Worten schildern, was Wolken sind, wie diese aussehen, welche wunderbaren und zum Teil bizarren Formen sie haben, wie sie diese verändern können, wie sie dahinziehen, wie sie sich auflösen usw. Das reale und wahrhafte Bild, das der Beschreibende bei der Betrachtung der Wolken hat, müsste er also übersetzen in ein solches Szenario, das nur Begriffe verwendet, die dem Empfänger bekannt sind. Er könnte als Ersatzbild vielleicht einen Wattebausch heranziehen, von dem er wissen kann, dass der Empfänger ihn kennt. Wie auch immer, selbst die beste Beschreibung mit den besten Bildern kann keinen Ersatz dafür bieten, dass man das Firmament mit seinen Wolken *selbst* sehen kann. Die Vorstellung, die sich der Empfänger aufgrund dieser Darstellung vom Firmament und den Wolken bilden könnte, müsste vermutlich sehr stark korrigiert werden, falls er eines Tages doch in die Lage versetzt werden sollte, diese Dinge mit eigenen Augen wahrnehmen zu können. Man muss wohl konstatieren, dass jeder, der in der Lage ist, Geistiges zu schauen, uns gegenüber, denen er das Geschaute mitteilen möchte, in einer ähnlichen Lage ist wie wir, wenn wir einem Blindgeborenen von Farben erzählen wollten.

Über die Schwierigkeit, etwas geistig Geschautes sprachlich zu fassen, berichtet auch die hellsichtige *Judith von Halle*, von der später noch die Rede sein soll, in einem Interview mit *Michel Gastkemper* am 19. Oktober 2014 in Zeist (Holland): *»Alles wird sichtbar wie durch ein Okular, mit einem Mal. Und dann muss man sich nur noch sehr anstrengen, wenn man das erreicht – egal zu welcher Gelegenheit, ob in der geführten Meditation, die man angestrengt tut, oder bei der Intuition [☞ S. 61f.], die blitzartig kommt –, dass man versucht dasjenige, was man erkannt hat, festzuhalten und in Begriffe zu gießen, ins Wort. Dabei geht notwendiger Weise sehr viel verloren, so dass eigentlich das, was man dort wahrnimmt und das man in einer höheren Weise begriffen hat, in dem Moment, wo man es aussprechen muss, nicht mehr genau das ist, was es als lebendige Tatsache gerade noch gewesen ist. Heute ist dies vorerst nur bei den Mantren anders. In Zukunft wird sich das aber mehr und mehr ändern, so dass das Wort, das wir sprechen, immer mehr auch dem entspricht, was sich in es hineinergießen will an geistiger Wahrheit. Das ist ein durchaus schmerzhafter Prozess. Darum ist das Ringen um eine richtige Sprache, das richtige Formulieren sehr aufwendig, aber es muss gemacht werden, sonst kann man nicht von der geistigen Welt Zeugnis ablegen.«*[3]

Vor der großen Problematik, etwas, was man in einer geistigen Sphäre geschaut oder erlebt hat, bestmöglich in eine menschliche Sprache zu übertragen, stehen keineswegs nur hellsichtige Menschen, sondern beispielsweise auch solche, die schon einmal ganz nah an der Schwelle des Todes standen und Nahtod-Erlebnisse (☞ S. 56ff.) hatten, über die sie später berichteten. Fast alle weisen explizit auf diese Problematik hin. Der amerikanische Neurochirurg Dr. *Eben Alexander*, der im Jahre 2008 aufgrund einer sehr seltenen Form von Meningitis sieben Tage lang im Koma lag und in dieser Zeit einen »ganzen Ansturm« von Nahtod-Erlebnissen hatte, beschreibt dieses Dilemma an zwei Stellen seines Buches *»Blick in die Ewigkeit – Die faszinierende Nahtoderfahrung eines Neurochirurgen«* recht plastisch:

»Dieses Wissen jetzt weiterzugeben, fühlt sich jedoch etwa so an, als sei man ein Schimpanse, der einen einzigen Tag lang Mensch geworden ist, um alle Wunder menschlichen Wissens zu erfahren, und der dann zu seinen Schimpansenfreunden zurückkehrt und ihnen verständlich zu machen versucht, wie es war, mehrere romanische Sprachen, diverse Rechenarten zu beherrschen und über das enorme Ausmaß des Universums Bescheid zu wissen.«[4]

»Aber wenn diese Menschen [die Nahtod-Erfahrungen hatten] *auf die irdische Ebene zurückkommen, geht es ihnen wie mir: Ihnen fehlen die passenden Worte, um ihre Erfahrungen und Einsichten zu vermitteln, die jenseits der Macht der Worte liegen. Es ist, als versuche man mit der Hälfte des Alphabets einen Roman zu schreiben.«*[5]

Eine Frau, die Nahtod-Erlebnisse hatte, schildert es wie folgt: *»Also wenn ich versuche, Ihnen das alles zu erzählen, stehe ich vor einem richtigen Problem – weil sich doch alle Wörter, die ich weiß, auf den dreidimensionalen Raum beziehen! Natürlich ist unsere Welt – die, in der wir gegenwärtig leben – dreidimensional, aber die folgende ist es mit Sicherheit nicht. Deshalb fällt es mir eben auch so furchtbar schwer, Ihnen dieses alles zu erzählen. Ich muss es Ihnen gegenüber in den Begriffen von Raum und Zeit ausdrücken, und damit komme ich dem Ganzen ja auch so nah, wie es überhaupt nur möglich ist, aber trotzdem ist es nicht das Richtige. Ich bin tatsächlich außerstande, Ihnen ein vollständiges Bild zu vermitteln.«*[6]

Halten wir also fest, dass uns bei unserer Suche nach geistigen Erkenntnissen unabhängig davon, auf welche Art und Weise wir diese aufnehmen, im Wesentlichen zwei Gesteinsbrocken im Wege liegen: Zum einen die Schwierigkeit, Geistiges in sachgerechter Form in Worte einer Sprache und geeignete Bilder zu kleiden und zum anderen der leidige Umstand, dass uns unsere Gefühlswelt immer wieder den Streich spielen möchte, nur diejenigen Darstellungen als Wahrheiten anzuerkennen, die uns sympathisch sind.

Werfen wir nun einen Blick auf die wichtigsten Quellen, die heute jedem zugänglich sind und die uns zu geistigen Erkenntnissen – insbesondere solchen, die in enger Beziehung zu dem Leben des Menschen nach dem Tod stehen – führen können. Dabei werden wir auch sehen, inwieweit uns diese einzelnen Quellen im Hinblick auf die Beantwortung der eingangs formulierten Fragen eine brauchbare Orientierung geben können.

Dass die naturwissenschaftlichen Lehrbücher ganz gewiss nicht zu diesen Quellen gehören, dürfte aufgrund dessen, was in der Einleitung geschildert wurde, klar sein.

2.2.1   Das große Weisheitsbuch – die Bibel

An erster Stelle müssen die »Weisheitsbücher« erwähnt werden, wie es sie in allen großen Religionen gibt. Dabei wollen wir uns hier weitgehend auf die in unserem stark vom Christentum geprägten Abendland jedem bekannte und zugängliche »Heilige Schrift«, die Bibel, beschränken.

2.2.1.1   Warum ist es heute so schwierig, die Bibel zu verstehen?

Die Bibel wird zu Recht als *Heilige* Schrift bezeichnet, weil sie von *göttlich inspirierten* Menschen verfasst worden ist. Die Bibel, sowohl das Alte wie das Neue Testament, stellt in der Tat eine schier unermessliche Fundgrube für jemanden dar, der auf der Suche nach göttlich-geistigen Erkenntnissen ist. Daher ist es absolut folgerichtig, dass die Lehren der christlichen Kirchen in erster und entscheidender Linie auf ihren Offenbarungen fußen. Kein Kirchenvertreter oder Theologe würde sich anmaßen, etwas zu lehren, was im *offensichtlichen* Widerspruch zu den Aussagen der Bibel steht. Es soll keinesfalls bestritten werden, dass der Bibel die allerhöchsten göttlich-geistigen Wahrheiten zu entlocken sind.

Nur ist das keineswegs so einfach, wie es sich anhören mag. Wohl jeder, der schon einmal ernsthaft die Bibel studiert hat, wird kaum bestreiten, dass er schon des Öfteren an so mancher Bibelstelle schier verzweifelt ist, sei es, dass er die eine oder andere Aussage überhaupt nicht zu verstehen vermochte, sei es, dass er die eine oder andere Schilderung für allzu trivial oder unglaubwürdig gehalten hat. Immer wieder muss man in unserer Zeit die Erfahrung machen, dass viele Zeitgenossen die Heilige Schrift nicht nur nicht ernst nehmen, sondern ihre Darstellungen geradezu verspotten.

Die Bibel ist nur insoweit recht leicht verständlich, als man ausschließlich an den *historischen* Tatsachen interessiert ist. Nur insoweit die Bibel Begebenheiten darstellt, die sich auf der Erde, also in der sichtbaren Welt vollzogen haben und die sich prinzipiell auch heute noch in *ähnlicher* Weise abspielen könnten, vermag man, ihr relativ leicht zu folgen. So stellt es keine Schwierigkeit dar, bestimmte alttestamentarische Schilderungen über das Volk der Israeliten, ihre Führer, deren irdische Taten und ihre Wanderungen zu verstehen. Trotz *scheinbar* etwas widersprüchlicher Schilderungen in den vier Evangelien stellt vieles von dem, was vor 2000 Jahren in Palästina auf dem physischen Plan geschah, unser Einsichtsvermögen ebenfalls auf keine allzu harte Probe. Dass *Jesus* in Bethlehem geboren wurde, als Zwölfjähriger im Tempel lehrte, im dreißigsten Jahr am Jordan getauft wurde, die Jünger um sich versammelte, lehrend und heilend in der Umgebung umherzog und den Kreuzestod erlitt, kann leicht herausgelesen und bei einigem guten Willen auch als Tatsachen anerkannt werden.

Es ist schon viel schwieriger für das heutige menschliche Bewusstsein anzuerkennen, dass er nach drei Tagen von den Toten auferstanden und vierzig Tage später in den Himmel aufgefahren ist. Hierbei handelt es sich schließlich um Ereignisse, die sich nicht in der üblichen menschlichen Erfahrungswelt abgespielt haben.

Die Bibel will eigentlich nicht so sehr *gewöhnliche* historische Tatsachen schildern. Die Bibel will kein Geschichtsbuch sein. Es handelt sich nicht um historische Dokumente, wenngleich sich die geschilderten Begebenheiten wirklich abgespielt haben und hier in keiner Weise in Abrede gestellt werden sollen. Der wahre *esoterische* Wert der Bibel liegt vielmehr darin, dass in sie allerhöchste göttlich-geistige Offenbarungen hineingeheimnisst worden sind. Unzählige Bibelpassagen berichten ja gar nicht von irgendwelchen historischen Tatsachen, die sich auf dem irdischen Plan zugetragen haben, sondern stellen Geschehnisse dar, die sich im Geistigen ereignet haben. Ein besonders markanter Beleg dafür ist die »Apokalypse« bzw. »die Geheime Offenbarung des Johannes«. Bei vielen Stellen ist man sich gar nicht immer bewusst, dass man es mit der Schilderung von etwas Geistigem zu tun hat, weil man die vergleichenden Bilder, die die Verfasser herangezogen haben, zu wörtlich nimmt. Das führt im günstigeren Fall dazu, dass man eine zu naive oder wahrscheinlich sogar falsche Vorstellung von dem gewinnt, was uns die Bibel mitteilen möchte. Im schlimmeren Fall hat das dann nur allzu oft die Folge, dass man die Darstellungen als unsinnig ablehnt, weil sie mit der Erfahrungswelt nichts gemein haben.

Dieses Dilemma soll anhand eines besonders drastischen Beispiels erläutert werden. Nehmen Sie die »Schöpfungsgeschichte« (»Erstes Buch Mose«). Die Schilderungen, wie Gott alles in sechs Tagen geschaffen hat, kann heute selbst einem Kind nicht mehr als Tatsachenbericht im *wörtlichen Sinne* gelten. Das, was dort berichtet wird, widerspricht in vielen Punkten zu offensichtlich dem, was heute ein gescheiter Mensch über die Weltenverhältnisse weiß. Es wird dort beispielsweise geschildert, Gott habe am ersten *Tag* das Licht von der Finsternis geschieden. Genauso präzise wird geschildert, was Gott an den folgenden fünf *Tagen* schuf. Was ist denn ein »Tag«, wie kann man diesen Begriff definieren? Nun, ein Tag ist der 24-stündige Zeitraum, den die Erde benötigt, um sich einmal um sich selbst zu drehen. Je nachdem wie die Erde dann zur Sonne steht, ist es in einigen Gebieten der Erde hell, in anderen dunkel. Der helle Tag beginnt mit dem Aufgang und endet mit dem Untergang der Sonne. Der Begriff »Tag« kann ohne den Begriff »Sonne« nicht erklärt werden; der eine Begriff macht ohne den anderen keinen Sinn. Laut Schöpfungsgeschichte schuf Gott die Sonne und die übrigen Himmelskörper aber erst am vierten Tag! Wie kann also an den ersten drei Tagen mit der Bezeichnung »Tag« das gemeint sein, was wir heute mit diesem Wort verbinden? Heute weiß jedes Kind, dass sich der gesamte Schöpfungsprozess, den die Genesis schildert, über einen extrem langen Zeitraum erstreckte. Also scheint für viele klar zu sein, dass die Genesis somit *insgesamt* nur ein nettes Bildermärchen sein könne, weil sich ihre Aussagen mit den bekannten physischen Weltentatsachen nicht vertragen.

Der Schreiber der Genesis hat natürlich nicht über etwas berichtet, was in der *physischen* Welt wahrzunehmen war. Wie konnte *Moses* denn wissen, was sich vor und bei der Entstehung der physischen Welt in der heutigen Form im Geistigen zugetragen hat? Nun, er wurde mit der ›seherischen Gabe‹ begnadet, die es ihm ermöglichte, diese Geschehnisse in gewaltigen »Imaginationen« zu schauen. Er ›sah‹ also mit ›geistigen Augen‹ (☞ S. 63) die majestätischen Geschehnisse in Bildern, solchen Bildern, die nicht mit Traumbildern oder Illusionen zu verwechseln sind, sondern solche, die die tatsächlichen Vorgänge in sachgemäßer Weise wiedergaben. Solche Imaginationen sind ungleich lebendiger und wirklichkeits-gesättigter als alles, was physische Augen sehen können. Moses sah in einer kurzen Geistesschau zusammengedrängt – sozusagen im Zeitraffer – Geschehnisse, die sich über unermesslich lange Zeiträume erstreckt haben. Diese Geschehnisse ›sah‹ Moses in der sogenannten *»Akasha-Chronik«*, dem großen *»Weltengedächtnis«*. Es ist zu Lebzeiten nur hochgradig begnadeten Menschen möglich, in dieser ›Chronik‹ zu ›lesen‹. Auf diese Chronik soll in Kapitel 7 (☞ S. 334ff.) noch näher eingegangen werden.

Insbesondere das Alte Testament enthält ja viele solcher Schilderungen, in denen hellsichtige oder prophetische Menschen Imaginationen von Ereignissen aus geistigen Sphären hatten. In solchen Imaginationen kann man nicht nur gegenwärtige Begebenheiten erleben, also solche, die sich in dem Augenblick, in dem man die Imagination hat, in der geistigen Welt abspielen, sondern auch vergangene und zukünftige. Es gibt auch zahlreiche Berichte, in denen gewissen biblischen Gestalten – oft nur kurzzeitig und spontan – das sogenannte *»inspirative Bewusstsein«* (☞ S. 63f.) aufleuchtete, das sie befähigte, Gottes Wort oder Anweisungen eines Engels oder sonstige geistige ›Geräusche‹ – denken Sie etwa an die ›Posaunen‹ aus der Geheimen Offenbarung des Johannes – zu ›hören‹. Wer solche Imaginationen oder Inspirationen abstreitet, würde einen sehr großen Teil der Bibel verleugnen.

Nun ergibt sich aber das eingangs ausführlich erörterte Problem, dass jeder hellsichtige Mensch ja das, was er geschaut hat, in Bilder und Worte übersetzen muss, mit denen die Empfänger der Botschaft etwas anfangen können. Selbst dann, wenn sich irgendein Geschehnis in irdischen Worten und Bildern einigermaßen gut ausdrücken lässt, so stellen diese für den Empfänger doch nur einen schwachen Abglanz von dem dar, was der Sprecher oder Schreiber empfindet und versteht, wenn er diese Schauungen hat. Nun hat Moses die Genesis in der alten hebräischen Sprache verfasst, der noch eine ganz andere Kraft innewohnte als allen heutigen, modernen Sprachen. Hinzu kommt, dass die Menschen in früheren Zeiten noch in ein völlig anderes Weltenbewusstsein eingebunden waren. Man darf ja nicht dem Fehler unterliegen zu glauben, dass die Menschen zu allen Zeiten gleiche oder auch nur allzu ähnliche geistig-seelische Fähigkeiten gehabt hätten. Es ist die Aufgabe der Menschheit, sich zu entwickeln. So gab es beispielsweise Zeiten, in denen die Menschen noch nicht die Verstandeskräfte besaßen, über die sie heute verfügen. Dafür waren in früheren Epochen, die allerdings schon sehr viele Jahrtausende zurückliegen, etwa die Gedächtniskräfte ungleich stärker als das in unserer Zeit der Fall ist. Das ganze *Bewusstsein* der Menschen hat sich im Laufe der Zeiten geändert. So war beispielsweise in alttestamentarischen Zeiten das Selbst- oder »Ich-Bewusstsein« (☞ Kapitel 4, S. 210ff.) noch nicht in dem heutigen Maße entwickelt bzw. erweckt. Die damaligen Menschen waren noch nicht zur Gänze reif, sich als eine eigene, abgegrenzte Persönlichkeit zu verstehen. Die Juden der damaligen Zeit fühlten sich noch verbunden, noch ›eins‹ mit ihren Blutsverwandten bis hin zu ihrem Stammvater *Abraham*. Das Bewusstsein, das die Autoren der Bibel hatten und aus dem heraus sie notwendigerweise ihre Formulierungen schöpften, ist seit vielen Jahrhunderten den Menschen nicht mehr zu eigen. Wenn beispielsweise die alten Hebräer die Offenbarungen der Genesis hörten und auf sich wirken ließen, so taten sich vor ihren Seelenaugen die gleichen Imaginationen auf, die ansonsten nur der Seher hat. Sie sahen also die gleichen gewaltigen Bilder, ohne dass diese durch Worte oder Ersatzbilder verzerrt worden wären. Sie ›sahen‹ also gewissermaßen, was passierte und wie die Welt entstanden ist.[7] Dieses alte *»Bilder-«* oder *»imaginative Bewusstsein«* (☞ S. 63) ist seit vielen Jahrhunderten für die große Masse der Menschheit verloren gegangen. Selbst wenn ein heutiger Mensch der alten hebräischen Sprache vollends mächtig wäre, würden diese gewaltigen realen Bilder nicht mehr auftreten, wenn ihm jemand die Genesis in dieser Sprache vortragen würde.

Werfen wir nun noch einen kurzen Blick auf die Entstehung der vier Evangelien. Viele Menschen gehen davon aus, dass die Evangelisten, *Matthäus*, *Markus*, *Lukas* und *Johannes*, die Ereignisse um Jesus – von seiner Geburt bis zu seiner Himmelfahrt – nach bestem Wissen und Gewissen aus dem Gedächtnis heraus aufgeschrieben hätten. Nachdem längst erwiesen ist, dass die Evangelien erst Jahrzehnte nach Jesu Tod verfasst worden sind, kommen verständlicherweise große Zweifel auf, ob es sich hierbei wirklich um authentische Berichte handeln könne. Man fragt sich: Wie konnten die Schreiber sich nach so vielen Jahren noch so exakt an alle Ereignisse und Begebenheiten, die ja zum Teil taggenau, bisweilen sogar auf die Stunde genau geschildert werden, erinnern? Wie konnten sie insbesondere noch den getreuen Wortlaut der vielen Reden Jesu wiedergeben? Hätten die Evangelisten tatsächlich aus ihrem gewöhnlichen Erinnerungsvermögen heraus die Schriften verfasst, müsste man in der Tat allergrößte Zweifel anmelden, was Aussagekraft und Authentizität der Texte betrifft.

Natürlich haben die Evangelisten nicht aus ihrer normalen Erinnerung geschöpft. Auch sie waren mit hellseherischen Fähigkeiten begabt, die es ihnen möglich machten, die Geschehnisse von Palästina im Geistigen zu sehen und zu hören. Das, was sie auf diese Art – zum Beispiel in der Akasha-Chronik (☞ Kapitel 7, S. 334ff.) – wahrnehmen konnten, schrieben sie getreulich auf. Es entstanden die Urtexte der Evangelien. Auch hier hatten sie es wieder mit dem bereits erörterten Problem zu tun, dass es unglaublich schwierig ist, die gewaltigen Bilder, die sich ihnen im Geistigen darboten, in Worte einer Menschensprache zu gießen. Somit muss man schon bei den Urschriften in gewisser Weise von einer *ersten Übersetzung* sprechen.

Gut 300 Jahre später bekam *Hieronymus*, der große Kirchenvater und Kirchenlehrer, der von 347 bis 420 lebte, von seinem Bischof den Auftrag, die Urtexte der Bibel, die heute längst nicht mehr vorhanden sind, aus der alten hebräischen, aramäischen bzw. griechischen Sprache ins Lateinische zu übersetzen. Es entstand die »Vulgata«.

Dass bei einer solchen Übersetzung erneut große Probleme auftreten können, liegt auf der Hand. Was die Übersetzung des Matthäus-Evangeliums anbelangt, schreibt Hieronymus selbst in einem Kommentar von dieser Problematik. Er sagt, dass er die Originalfassung, die in aramäischer oder – wie einige Historiker vermuten – in hebräischer Sprache geschrieben war, von einer christlichen Sekte erhalten habe, in welcher dieses Dokument lange Zeit geheim gehalten wurde. Er erzählt weiter, dass dieses Evangelium so geschrieben sei, dass es nicht an die große Masse der Menschen gelangen sollte. Wie wir an späterer Stelle dieses Buches noch erörtern werden, gibt es in jeder Epoche geistige Wahrheiten, die der Menschheit noch nicht mitgeteilt werden dürfen, weil sie diese noch nicht fassen und vertragen kann, weil diese sogar für die meisten Menschen schädlich sein können. Das war natürlich auch Hieronymus bewusst, der weiter sagt, dass er das Evangelium so übersetzt habe, dass bestimmte Wahrheiten verhüllt bleiben. Er hat also bestimmte Inhalte ›geglättet‹, umformuliert, *vielleicht* sogar ausgelassen. Dann berichtet er noch etwas höchst Bemerkenswertes: Er sagt, er verstehe das Evangelium eigentlich gar nicht![8]

Das muss man erst einmal auf sich wirken lassen! Alle heute verfügbaren Fassungen des Matthäus-Evangeliums sind also Übersetzungen einer Übersetzung eines Mannes, der den Urtext nicht richtig verstanden zu haben zugibt und der viele Passagen ›verhüllt‹ bzw. ›geglättet‹ hat. Die Tatsache, dass man meistens vom »Evangelium *nach* Matthäus« spricht, macht ja schon deutlich, dass es sich hierbei nicht um das wirkliche, originale Evangelium *von* Matthäus handelt, sondern um eine Version, die sich an der Originalfassung orientiert, die also gewissermaßen mehr oder weniger frei *nach* der Vorlage des Textes von Matthäus wiedergegeben ist. Nun gilt das, was wir hier für das Matthäus-Evangelium dargestellt haben, im Grunde auch für viele andere

Schriften der Bibel, namentlich für das *Markus*-Evangelium.[6] Vieles, was wir in der heutigen Version der Heiligen Schrift vorfinden, ist etwas, was durch die jeweiligen Übersetzungen mehrfach gesiebt, gefiltert und geglättet worden ist. Das auf den ersten Blick ja durchaus lobenswerte Bestreben vieler Bibelübersetzer, namentlich *Martin Luthers*, die Bibel so ins Deutsche zu übersetzen, dass auch der einfachste und schlichteste Mensch sie verstehen kann, kam noch erschwerend hinzu. Das, was schließlich übrig geblieben ist, also die Reste, ist nicht immer das Beste, was in der Urfassung der Bibel vorhanden war.[9]

Die Schilderungen vieler Bibelpassagen – insbesondere die Schöpfungsgeschichte – stellen heute nur noch schwache und zum Teil verzerrte Schatten der großen wahrhaftigen Imaginationen, die die Schreiber hatten, dar. Das, was sich da wirklich im Geistigen abgespielt hat, muss heute weitgehend unverständlich bleiben. Viele Menschen kommen nicht umhin anzunehmen, dass es sich hierbei um ganz nette Geschichten handele, die aber mit Weltentatsachen nicht das Geringste zu tun hätten. Diejenigen, die sich die Überzeugung erhalten konnten oder erarbeitet haben, dass die Bibel – also selbst die Rudimente der Originalversion – ein *Wahrheits*buch ist, sind heute darauf angewiesen, solche Schilderungen zu interpretieren oder sich wieder langsam ein Verständnis für diese große religiöse Urkunde zu erwerben. Die ›geistreichsten‹ Interpretationen des klügsten Theologen sind dabei oft nicht viel mehr wert als die eines einfachen Menschen. Selbst für recht gegensätzliche religiöse Ansichten kann man in der Bibel Stellen finden, die bei einiger Findigkeit beide Sichtweisen zu bestätigen *scheinen*. Es macht aber andererseits wohl auch ein wenig von der Grandiosität der Heiligen Schrift aus, dass selbst eine recht naive Auslegung ihre Berechtigung und Bedeutung hat. Eine solche reicht allerdings nicht aus, um wirklich *tiefe* Erkenntnisse gewinnen zu können.

2.2.1.2 Was lehrt die Bibel über das Leben des Menschen nach dem Tod?

Im Hinblick auf das zentrale Thema dieses Buches müssen wir nun fragen, was man der Bibel über das Leben des Menschen nach dem Tod entnehmen kann. Es gibt sehr viele Bibelstellen, die eine Aussage darüber machen, was den Menschen nach seinem Tod erwartet. Diese sind in erster Linie in den Evangelien, den Apostelbriefen und der Geheimen Offenbarung zu finden. Dass in all diesen Schilderungen von geistigen Tatsachen berichtet wird, also von solchen, die sich der sinnlichen Anschauung entziehen, ist unstrittig. Damit sind wir aber wieder bei den bereits erörterten Problemen. Die weitaus meisten dieser Bibelverse, die hier in Betracht kommen, sind für die Seelenkräfte eines modernen Menschen ähnlich schwer verständlich wie etwa die Genesis. Die große Mehrheit der heutigen Menschheit kommt an den Geist der Bibel nicht mehr recht heran. Sie findet nur noch die toten Buchstaben vor. Heute wird die Bibel häufig von vielen Menschen in einer etwas sentimentalen Art zu verstehen gesucht. Man versucht sie so auszulegen, dass das persönliche religiöse Gemüt befriedigt wird. Die Bibel wird so zu einem ›Erbauungsbuch‹. Sie will aber ein *Erkenntnisbuch* sein. Der moderne Mensch muss heute erst wieder lernen, die Bibel in diesem Sinne zu lesen.[10]

Dennoch gibt es ein paar Kernaussagen, die durchaus von jedem verstanden und mit einigem guten Willen auch angenommen werden können. So gibt es nichts daran zu deuteln, dass allen Menschen ein Leben verheißen wird, das den leiblichen Tod überdauert. Was geschieht aber nun mit dem Menschen nach seinem Tod? Was kann er erleben und erfahren? Es gibt eine ganze Reihe von Bibelversen, die von einem »Gericht« schildern, das den Menschen nach seinem Tod erwartet.[11] In diesem Gericht wird der Mensch nach seinen irdischen Taten, Gedanken und Verhaltensweisen beurteilt. Von dieser Beurteilung sind Verlauf und Qualität seiner weiteren postmortalen Existenz abhängig. Man kann auch noch ganz gut herauslesen, dass es wohl *zwei verschiedene* Gerichte gibt, wobei es, wie auch Theologen einräumen, bei einigen Bibelstellen nicht immer ganz einfach zu entscheiden ist, von welchem der beiden Gerichte jeweils die Rede ist. Das eine findet unmittelbar nach dem Tod statt und bezieht sich nur auf diesen gerade verstorbenen Menschen. Die Kirchen sprechen hier von dem »besonderen Gericht«. Dann gibt es noch ein Gericht, das am sogenannten »Jüngsten Tage« kommt, in dessen Rahmen dann die ganze Menschheit endgültig gerichtet wird. Hier spricht man vom »allgemeinen Gericht«.

Der »Jüngste Tag« wird als derjenige bezeichnet, an dem die Erdenwelt ein unwiderrufliches Ende findet. Die Erde in der heutigen Form wird dann untergehen. Es kommt also zum »Weltenende«. Die ganze Welt sowie die ganze Menschheit werden völlig umgewandelt werden. Ein »neuer Himmel« und eine »neue Erde« werden entstehen. Für diesen Zeitpunkt wird die »Wiederkunft Christi« sowie die »Wiederauferstehung« aller Menschen vorausgesagt. Die Menschen werden mit einem speziellen Leib, den man auch »Auferstehungsleib« nennt und der eine gewisse Ähnlichkeit mit dem abgelegten physischen Körper habe, bekleidet. Soweit kann auch ein heutiger Mensch die Bibel verstehen. An diesen Ereignissen kann man durchaus festhalten, auch wenn etwa die Wiederauferstehung oder der neue Himmel und die neue Erde unseren Verstand auf eine harte Probe stellen.

Heute wird ja kein vernünftiger Mensch mehr annehmen, dass mit dem Begriff »Tag« in der Schöpfungsgeschichte der 24-stündige Zeitraum gemeint sei, den wir heute mit diesem Wort verbinden. Es scheint aber noch einige zu geben, welche die Meinung vertreten, unter dem Jüngsten Tag habe man sich aber sehr wohl einen Tag im heutigen Sinne vorzustellen. Diese Meinung scheint nicht haltbar. Mit »Jüngster Tag« ist gewiss wieder ein längerer *Zeitraum* gemeint, in dem die Weltenverhältnisse sich radikal ändern werden. Die Apostel und die Urchristen vertraten die Auffassung, dass der Zeitpunkt des Jüngsten Tages kurz bevorstehe. Sie gingen davon aus, dass es nur noch eine kurze Zeit dauern könne, bis dieser ›Tag‹ komme.[12] Auch heute gibt es ja noch einige Sekten, die den kurz bevorstehenden Weltuntergang verkünden. Daher wurde der Zeit, die zwischen dem Tod eines Menschen und dem Jüngsten Tag liegt, in früheren Zeiten keine große Bedeutung beigemessen. Erst vor einigen Jahrhunderten wurde klar, dass man sich da gewaltig geirrt hatte. Man gewann die Einsicht, dass der Jüngste Tag doch wohl erst in fernster Zukunft liegen würde.

Nun wollen wir hier zunächst gar nicht an die Ereignisse herangehen, die den Jüngsten Tag bzw. das Weltenende und alles, was danach folgt, betreffen. Wir wollen uns fragen, was der Mensch in der Zeitspanne zwischen seinem Tod und dem sogenannten Weltenende erlebt. Was geschieht also nach dem besonderen Gericht? Es wird jetzt schon viel schwieriger, aus der Bibel etwas Verlässliches über das Leben des Menschen in diesem Zeitraum, der ja unerdenklich lang sein kann, zu erfahren. Klar wird aber in jedem Fall, dass das weitere Leben des Menschen nun ganz entscheidend davon abhängig sei, wie seine Beurteilung im besonderen Gericht ausfällt.

Es gibt nun drei Möglichkeiten: Entweder kommt der Mensch sofort in den »Himmel« oder in die »Hölle« oder aber in einen Bereich, in dem er sich zunächst eine Zeit lang »läutern« muss und den man traditionell »Fegefeuer« nennt. Soweit kann man das im Großen und Ganzen durchaus der Bibel entnehmen. Jetzt wird es aber schwierig. Welche Menschen kommen etwa sofort in den Himmel? Was ist der Himmel, und was erlebt der Mensch da? Was erlebt der Mensch im Fegefeuer? Was ist die Hölle? Auf diese essentiellen Fragen gibt die Bibel kaum Auskünfte, die von dem modernen menschlichen Bewusstsein so entschlüsselt werden könnten, dass keine Zweifel übrig blieben.

2.2.1.3 Was lehrt das konfessionelle Christentum über das Leben des Menschen nach dem Tod?

Wie sieht es in diesen Punkten und Fragen mit der heutigen Lehrmeinung der *katholischen* Kirche aus, wie man sie ihrem »Katechismus« entnehmen kann? Zunächst kann man finden, dass die katholische Kirche auch von diesen drei möglichen Wegen, die der Mensch nach dem Tod nehmen kann, ausgeht. *»Jeder Mensch empfängt im Moment des Todes in seiner unsterblichen Seele die ewige Vergeltung. Dies geschieht in einem besonderen Gericht, das sein Leben auf Christus bezieht – entweder durch eine Läuterung hindurch oder indem er unmittelbar in die himmlische Seligkeit eintritt oder indem er sich selbst sogleich für immer verdammt.«*[13]
Wer tritt nun nach katholischer Lehrauffassung unmittelbar in die himmlische Seligkeit ein? *»Die in der Gnade und Freundschaft Gottes sterben und völlig geläutert sind, leben für immer mit Christus. Sie sind für immer Gott ähnlich, denn sie sehen ihn, ›wie er ist‹ (1 Joh. 3,2) ›von Angesicht zu Angesicht‹ (1 Kor. 13, 12).«*[14]

Was lehrt die katholische Kirche über den Himmel und das Leben, das sich dort abspielt? *»Dieses vollkommene Leben mit der allerheiligsten Dreifaltigkeit, diese Lebens- und Liebesgemeinschaft mit ihr, mit der Jungfrau Maria, den Engeln und allen Seligen wird ›der Himmel‹ genannt. Der Himmel ist das letzte Ziel und die Erfüllung der tiefsten Sehnsüchte des Menschen, der Zustand höchsten, endgültigen Glücks.«*[15] Weiter kann man dort lesen: *»Durch seinen Tod und seine Auferstehung hat uns Jesus Christus den Himmel ›geöffnet‹. Das Leben der Seligen besteht im Vollbesitz der Früchte der Erlösung durch Christus. Dieser lässt jene, die an ihn geglaubt haben und seinem Willen treu geblieben sind, an seiner himmlischen Verherrlichung teilhaben. Der Himmel ist die selige Gemeinschaft all derer, die völlig in ihn eingegliedert sind.«*[16] und *»Dieses Mysterium der seligen Gemeinschaft mit Gott und all denen, die in Christus sind, geht über jedes Verständnis und jede Vorstellung hinaus. Die Schrift spricht zu uns davon in Bildern, wie Leben, Licht, Frieden, festliches Hochzeitsmahl, Wein des Reiches, Haus des Vaters, himmlisches Jerusalem und Paradies: ›Was kein Auge gesehen und kein Ohr gehört hat, was keinem Menschen in den Sinn gekommen ist; das Große, das Gott denen bereitet hat, die ihn lieben‹ (1 Kor. 2, 9).«*[17]

Zwei Aspekte können daraus abgeleitet werden. Zum einen scheint es durchaus möglich zu sein, sich sogleich nach einem Leben, das von der Liebe zu Gott getragen war, für dieses hohe himmlische Ziel ›qualifizieren‹ zu können. Eine solche Möglichkeit wird vielen Christen als große Hoffnung und Ansporn dienen können. Es ist doch wohl ein sympathischer Gedanke, diese ewige Seligkeit schon sehr bald und für immer erleben zu dürfen. Zum anderen kann man nicht umhin einzugestehen, dass man aus diesen Glaubenssätzen keine halbwegs konkrete Vorstellung davon gewinnen kann, wie sich das Leben im Himmel abspielt, was es da zu tun gibt usw. Wir werden in den Kapiteln 5 und 7 allerdings sehen, dass man von diesem gemeinschaftlichen Zusammenleben, von dieser Lebensgemeinschaft, die in den Lehrsätzen der katholischen Kirche nur ganz schemenhaft angedeutet wird, für bestimmte Phasen des nachtodlichen Lebens durchaus sprechen kann. Es soll auch mit keinem Wort gesagt werden, dass die Darstellungen, die man den Kirchenlehren entnehmen kann, falsch seien. Das können sie ja auch eigentlich nicht, weil sie ganz wesentlich auf den – allerdings zum Teil sehr interpretierbaren – Aussagen der Bibel basieren. Sie sind lediglich viel zu grob und zu schwammig, so dass sie Spekulationen Tür und Tor öffnen und dem suchenden Menschen keine wirkliche Orientierung zu geben vermögen.

Das Gegenstück des Himmels ist die Hölle. Welche Menschen erwartet sie und wie kann man eine Vorstellung von dieser Sphäre gewinnen? *»Wir können nicht mit Gott vereint werden, wenn wir uns nicht freiwillig dazu entscheiden, ihn zu lieben. Wir können aber Gott nicht lieben, wenn wir uns gegen ihn, gegen unseren Nächsten oder gegen uns selbst schwer versündigen: ›Wer nicht liebt, bleibt im Tod. Jeder, der seinen Bruder hasst, ist ein Mörder, und ihr wisst: Kein Mörder hat ewiges Leben,* *das in ihm bleibt‹ (1 Joh. 3,14-15). Unser Herr macht uns darauf aufmerksam, dass wir von ihm getrennt werden, wenn wir es unterlassen, uns der schweren Nöte der Armen und Geringen, die seine Brüder und Schwestern sind, anzunehmen. In Todsünde sterben, ohne diese bereut zu haben und ohne die barmherzige Liebe Gottes anzunehmen, bedeutet, durch eigenen freien Entschluss für immer von ihm getrennt zu bleiben. Diesen Zustand der endgültigen Selbstausschließung aus der Gemeinschaft mit Gott und den Seligen nennt man ›Hölle‹.«*[18] Weiter heißt es: *»Die Lehre der Kirche sagt, dass es eine Hölle gibt und dass sie ewig dauert. Die Seelen derer, die im Stand der Todsünde sterben, kommen sogleich nach dem Tod in die Unterwelt, wo sie die Qualen der Hölle erleiden, ›das ewige Feuer‹. Die schlimmste Pein der Hölle besteht in der ewigen Trennung von Gott, in dem allein der Mensch das Leben und das Glück finden kann, für die er erschaffen worden ist und nach denen er sich sehnt.«*[19]

Es ist nicht zu übersehen, dass bei diesen kirchlichen Lehren immer noch das alte Prinzip von »Belohnung und Bestrafung« durchscheint. Belohnung und Bestrafung mögen im Erdenleben eine Bedeutung haben, etwa wenn man an die Dressur von Tieren denkt. Auch in der Kindererziehung mag dieses Prinzip eine gewisse Berechtigung haben. Zumindest verfahren viele Eltern nach diesem Muster. Dass die großen christlichen Kirchen dieses Prinzip immer noch hochhalten, macht deutlich, dass sie ihre Gläubigen auf der Kindheitsstufe halten möchten. Sie rechnen nicht mit den Erkenntniskräften der Menschen. Damit soll nicht gesagt sein, dass ein Kirchenvertreter sich dessen wirklich bewusst sein müsste.

Kommen wir schließlich zu dem, was üblicherweise als Fegefeuer bezeichnet wird. Diesen ›Zwischenzustand‹ werden vermutlich die meisten Menschen nach ihrem Tod durchzumachen haben. Wer kommt nach katholischer Lehrauffassung ins Fegefeuer und was erwartet ihn da? *»Wer in der Gnade und Freundschaft Gottes stirbt, aber noch nicht vollkommen geläutert ist, ist zwar seines ewigen Heiles sicher, macht aber nach dem Tod eine Läuterung durch, um die Heiligkeit zu erlangen, die notwendig ist, in die Freude des Himmels eingehen zu können.«*[20] *»Die Kirche nennt diese abschließende Läuterung der Auserwählten, die von der Bestrafung der Verdammten völlig verschieden ist, Purgatorium [Fegefeuer]. Sie hat die Glaubenslehre in Bezug auf das Purgatorium vor allem auf den Konzilien von Florenz und Trient formuliert. Im Anschluss an gewisse Schrifttexte spricht die Überlieferung der Kirche von einem Läuterungsfeuer.«*[21]

Dasjenige, was hier dargestellt wurde, ist im Grunde *alles*, was die katholische Kirche über das Leben des Menschen nach dem Tod bis zum Weltenende weiß bzw. zu sagen hat!

Die katholische Kirche hat ihre Nachtod-Lehren im Laufe der Jahrhunderte immer wieder einmal etwas modifiziert. So ist es noch gar nicht allzu lange her, dass viele Kleriker ihren ›Schäfchen‹ permanent mit der *ewigen* Verdammnis gedroht und auch die Leiden im Fegefeuer mit den drastischsten Worten beschrieben haben, ohne sie *wirklich und wahrheitsgemäß* zu lehren, wie man dieses Schicksal vermeiden bzw. abmildern kann. Das war natürlich geeignet, die Gläubigen in Angst und Schrecken zu versetzen. Sie waren bereit, alles zu tun, um diesen Strafen zu entgehen. Aus der *Froh*botschaft wurde eine *Droh*botschaft. Zu welchen Verirrungen und Missbräuchen bis hin zu den absurdesten Ablasspraktiken, die letztlich den Grund für die Glaubensspaltung lieferten, das geführt hat, muss hier wohl nicht mehr erwähnt werden. Heute kann man den Menschen mit solchen Androhungen nicht mehr kommen. Da würden sie sich eher von ihrer Kirche abwenden. Die katholischen Priester verwenden heute kaum noch den Begriff »Fegefeuer«, weil er zu sehr an unsägliche Qualen erinnert. Sie bevorzugen den Begriff »Purgatorium«, um zum Ausdruck zu bringen, dass es sich hierbei lediglich darum handele, sich von gewissen Fehlern und »lässlichen Sünden« zu läutern bzw. zu reinigen.

In der protestantischen Theologie wurde vor gut einem Jahrhundert der Begriff »eschatologische Lücke« geprägt. Damit soll zum Ausdruck gebracht werden, dass man über »die letzten Dinge«, also über das Leben nach dem Tod bis hin zum Jüngsten Tag, eigentlich nichts Genaues wissen könne. Wie die katholische Kirche diese Lücke zu füllen sucht, haben wir soeben gesehen. In protestantischen Kreisen sowie auch in einigen Sekten christlichen Ursprungs scheint die sogenannte »Ganztodthese« bzw. »Ganztodtheorie« immer mehr Verfechter und Anhänger zu finden. Gemäß dieser These ist der Mensch nach seinem Tod wirklich ›tot‹, also ohne ein wie auch immer geartetes Bewusstsein und somit gar nicht mehr existent, bis er endlich am Jüngsten Tage wieder ›auferweckt‹ und mit einem neuen, unverweslichen Leib ausgestattet wird. Somit ist auch für das Fegefeuer bzw. Purgatorium in der Lehre der evangelischen Kirche kein Platz.

Es fällt sehr schwer, diese Ganztodtheorie nachzuvollziehen. Wie kann man damit einen Sinn verbinden, dass ein Wesen gewissermaßen ausgelöscht wird, um dann vielleicht nach Abertausenden von Jahren durch die ›Auferweckung‹ wieder mit einem Bewusstsein begabt zu werden? Was hätte dieses neue Wesen noch mit dem ausgelöschten zu tun? Müsste man da nicht eher von einer Neuschöpfung reden?

Die evangelische Kirche weiß also *überhaupt nichts* über das Leben, das ein Mensch nach seinem Tod bis zum Weltenende führt! Immerhin ist sie so ehrlich, das zuzugeben.

Nun soll den großen christlichen Kirchen gar kein Vorwurf gemacht werden, dass ihre Lehren über das postmortale Leben dem suchenden und fragenden Menschen so wenig hilfreich sein können. Die einzige Quelle, die sie für authentisch halten, ist die Bibel. Und diese stellt nun einmal das moderne Bewusstsein auf eine äußerst harte Probe. Es sei noch kurz angemerkt, dass es in anderen Religionen durchaus Weisheitsbücher gibt, die zu dieser Thematik detailliertere Informationen beinhalten. Hier sind insbesondere die sogenannten »Totenbücher« – etwa das *»Tibetische* Totenbuch«

– zu nennen, das im Buddhismus eine große Rolle spielt.[22] Auch wenn diese Bücher dem Leser durchaus zur Lektüre empfohlen werden können, soll ihnen im Rahmen dieser Arbeit kein großer Raum gegeben werden, weil ihre Darstellungen für einen Abendländer nicht immer leicht verständlich sind. Außerdem fehlt in solchen Büchern die ungeheuer große Bedeutung, die der *Christus* im Hinblick auf den Tod des Menschen und allem, was danach geschieht, hat. Es soll aber noch kurz angemerkt werden, dass sich in unseren Tagen eine ganze Reihe von ursprünglich christlich orientierten Menschen dem Buddhismus zuwendet. Diese Menschen finden in den sehr geistigen Lehren dieses Bekenntnisses eher eine Befriedigung ihrer Sehnsucht nach Spiritualität und geistigen Erkenntnissen. Man muss in der Tat leider feststellen, dass es vielen Vertretern der großen christlichen Kirchen nicht mehr gelingt, die erhabenen geistigen Botschaften und Hintergründe des Christentums zu durchschauen und zu vermitteln. Sie sind nicht in der Lage, den Menschen die Orientierung zu geben, derer sie so dringend bedürfen. Wenn man so manche Predigt hört, könnte man fast den Eindruck gewinnen, als hörte man eine sozial-politische Rede. Das Spirituelle bleibt nur allzu oft auf der Strecke.

2.2.1.4   Das Gleichnis »Vom reichen Mann und vom armen Lazarus«

Zum Abschluss dieses Abschnittes wollen wir uns aber noch ausführlich mit einer Bibelstelle auseinandersetzen, die eine recht umfassende und konkrete Schilderung aus der »Welt der Toten« darstellt. Gemeint ist das Gleichnis *»Vom reichen Mann und vom armen Lazarus«*, das im Lukas-Evangelium erzählt wird.[23]

Diese Verse lauten:

19   *»Da war ein reicher Mann, der kleidete sich in Purpur und feine Leinwand und vergnügte sich prunkend, Tag um Tag.*

20   *Doch ein Armer namens Lazarus lag an seinem Tor, mit Geschwüren bedeckt;*

21   *der hätte sich gern von dem gesättigt, was vom Tisch des Reichen abfiel. Ja, sogar die Hunde kamen und leckten seine Geschwüre.*

22   *Und es geschah: Als der Arme starb, wurde er von den Engeln in den Schoß Abrahams getragen. Doch auch der Reiche starb und wurde begraben.*

23   *Als er in der Unterwelt in Qualen die Augen hob, sieht er Abraham von fern und Lazarus in seinem Schoß.*

24   *Und er rief: Vater Abraham, erbarme dich meiner und sende Lazarus, dass er die Spitze seines Fingers in Wasser tauche und meine Zunge kühle; denn ich leide Pein in dieser Flamme.*

25   *Doch Abraham sprach: Mein Sohn, bedenke, dass du in deinem Leben Gutes erhalten hast, und Lazarus in gleicher Weise Übles. Nun wird er hier getröstet, du aber musst leiden.*

26 *Und überdies ist zwischen uns und euch eine große Kluft, dass jene, die von hier zu euch hinüberwollen, es nicht vermögen, und auch von dort sie nicht zu uns herüberkommen können.*

27 *Da sagte er: Ich bitte dich, Vater, dass du ihn in das Haus meines Vaters sendest;*

28 *ich habe ja noch fünf Brüder. Er möge ihnen Kunde bringen, damit nicht auch sie an diesen Ort der Qual kommen.*

29 *Abraham aber sagte: Sie haben Moses und die Propheten, auf die sollen sie hören.*

30 *Er aber antwortete: Nein, Vater Abraham! Doch wenn einer von den Toten zu ihnen käme, dann werden sie umkehren.*

31 *Er aber sprach zu ihm: Wenn sie auf Moses und die Propheten nicht hören, werden sie sich, auch wenn einer von den Toten aufersteht, nicht überzeugen lassen.«*

Viele Zeitgenossen nehmen diese Schilderung nicht ernst. Sie sagen, dass es sich ja *nur* um ein *Gleichnis* handele und dass solche nicht von Tatsachen berichten.

Ist es wirklich ein Gleichnis?

Es gibt ja in den synoptischen Evangelien, also in denen nach Matthäus, Markus und Lukas, eine ganze Reihe von Gleichnissen. In allen Fällen wird zuvor explizit darauf hingewiesen, dass es sich um ein Gleichnis handelt, indem es etwa heißt:

»Ihr aber, hört nun das Gleichnis vom Sämann.«[24]

»Und ein weiteres Gleichnis stellte er vor sie hin.«[25]

»Lernt vom Feigenbaum das Gleichnis:«[26]

»Und er sprach in einem Gleichnis zu ihnen:«[27]

»Nun wandte er sich an das Volk und sprach folgendes Gleichnis:«[28]

Mit einer solchen Formulierung wird die Erzählung vom reichen Mann und vom armen Lazarus *nicht* eingeleitet! Der Begriff »Gleichnis« taucht gar nicht auf. Somit ist anzunehmen, dass Jesus Christus wirklich mit wenigen Worten schildert, was ein Verstorbener in der ersten Zeit nach dem Tod erlebt. Dass er nur eine ›nette Geschichte‹ erzählt hat, die mit den Weltentatsachen nichts zu tun hat, wird ja wohl keiner behaupten!

Aber selbst wenn es ein Gleichnis wäre, würde das die Authentizität der Schilderung keineswegs mindern. Was sind eigentlich Gleichnisse im biblischen Sinne? Gleichnisse sind Schilderungen, die sich der Tatsachenerzählung nur deshalb bedienen, um eine *tiefere Wahrheit* zu versinnbildlichen, um diese leichter verständlich zu machen. Mit den Gleichnissen wandte sich der Herr meistens ans Volk. Seinen Jüngern legte Er sie anschließend oftmals in einem tieferen esoterischen Sinn aus. Gerade in den Gleichnissen kann man meistens die allertiefsten Wahrheiten finden!

Wie wir in den Kapiteln 5 bis 8 noch sehen werden, ist alles, was nach dem Tod in den übersinnlichen Welten geschieht, so radikal verschieden von dem, was wir aus unserem Erdenleben gewohnt sind, dass es nur annähernd, also *gleichnishaft* in eine Erdensprache übertragen werden kann.

Dieser Erzählung aus dem Lukas-Evangelium kann man einige wichtige Anhaltspunkte dafür entnehmen, was den Menschen schon kurze Zeit nach seinem Tod in der ›jenseitigen Welt‹ erwartet. Insbesondere sind diese Schilderungen aber mehr als nur ein Indiz dafür, dass der Mensch nach seinem Tod – auch vor dem sogenannten ›Jüngsten Tag‹! – mit einem Bewusstsein begabt ist. Sie widerlegen die Ganztodtheorie!

Freilich werden auch in dieser Erzählung einige Bilder bzw. Formulierungen verwendet, die dem Verstand eines modernen Menschen Schwierigkeiten bereiten und richtig gedeutet werden müssen (beispielsweise: *»Schoß Abrahams«*, *»in Qualen die Augen hob«*). In diesen Versen sind aber auch viele präzise Schilderungen zu finden, die man *nahezu* wörtlich verstehen kann. Daher soll hier der Versuch einer Interpretation gewagt werden.

In den Versen 19 bis 21 skizziert Jesus in knappen, trefflichen Worten das Erdenleben der beiden. Der reiche Mann führte ein Leben im Überfluss und hatte nur Interesse für sinnliche Freuden und Genüsse. Er war also, wie man heute sagen würde, ein Lebemann, der nur um sein persönliches Wohl besorgt war. Dass vor seinem Tor ein hilfsbedürftiger und hungriger Mensch lagerte, interessierte ihn nicht. Er sorgte offensichtlich nicht einmal dafür, diesem zumindest die Tischabfälle zukommen zu lassen. Selbst die Hunde kümmerten sich mehr um den kranken Lazarus. Der von Geschwüren geplagte Lazarus führte hingegen ein äußerst ärmliches und erbärmliches Leben. Nun stirbt zunächst der arme Lazarus, dann der reiche Mann.

Wie unterschiedlich beschreibt Jesus das Todesszenario der beiden! Wie verschieden sind die Erlebnisse, die die beiden unmittelbar nach ihrem Tod haben (Vers 22)! Lazarus wird *von Engeln* in den Schoß Abrahams *getragen*. Beim reichen Mann heißt es lapidar, dass er *begraben* wurde. Beim reichen Mann gibt es zunächst nichts anderes zu berichten, als sein Begräbnis zu erwähnen, also etwas, was in der Sinneswelt stattfindet. Aus der übersinnlichen Welt, in der sich nun beide befinden, gibt es von ihm *anfangs* nichts zu schildern, was bedeutet, dass sein Bewusstsein noch nicht entfacht ist. Diesem wichtigen Satz kann entnommen werden, dass es nicht unbedingt selbstverständlich ist, dass man nach dem Tod sofort und unmittelbar das für diese neue Welt angemessene Bewusstsein besitzt. Das was Lazarus erlebt, wird mit erhabenen Worten beschrieben. Er wird von Engeln in den Schoß Abrahams getragen. Sein Bewusstsein war schon bald ein sehr helles. Es wird angedeutet, dass höhere Geistwesen den Menschen nach seinem Tod unterstützen und führen können. Vielleicht wurde der reiche Mann auch von einem Engel in seine Region geführt. Nur waren sein Bewusstsein und sein Wahrnehmungsvermögen noch nicht hinreichend erwacht, so dass er das nicht gewahr werden konnte.

Wie kann man bewerten, dass Lazarus sich in »Abrahams Schoß« aufhalten darf? Man kann zunächst einmal vermuten, dass damit bildlich die Region der geistigen Welt gemeint ist, in die sich der gläubige Jude gezogen fühlte. Man kann aber auch noch zu einer anderen Deutung finden. Wie an einer anderen Stelle ja schon erläutert wurde, verfügten die Juden der damaligen Zeit noch nicht über ein so ausgeprägtes Selbst- oder Ich-Bewusstsein, wie es den heutigen Menschen zu eigen ist. Sie fühlten sich noch eins mit ihren Blutsverwandten bis hin zum Vater Abraham. Somit kann man diesen Vers auch so interpretieren, dass Lazarus sofort nach dem Tod sein Selbstbewusstsein wiedergefunden hatte. Der reiche Mann findet erst später zum Bewusstsein seiner selbst. Das wird dadurch angedeutet, dass er die *»Augen hob«* (Vers 23).

Jetzt wird er sich seiner misslichen, qualvollen Lage bewusst. Nun sieht er Lazarus und bittet Abraham, dass er diesen schicken möge, damit er ihm die Qualen ein wenig lindern könnte (Verse 23, 24). Es wird also deutlich berichtet, dass der Mensch nach seinem Tod auch andere Verstorbene wahrzunehmen vermag, sobald das Bewusstsein dafür erwacht ist, und dass er mit ihnen einen gewissen ›Kontakt‹ aufnehmen kann. Abraham sagt dem reichen Mann unmissverständlich, dass er diese Leiden als eine zwangsläufige Folge seines unmoralischen und egoistischen Lebens selbst ertragen müsse (Vers 25). Abraham sagt ferner, dass zwischen der ›Region‹, in der sich Lazarus befindet, und der, in welcher der reiche Mann sich aufhält, eine Kluft bestehe, die von keiner Richtung aus überschritten werden könne (Vers 26). Das ist ein klarer Hinweis darauf, dass alles, was der Mensch nach seinem Tod erlebt und erfährt, stark davon abhängig ist, wie er sein Erdenleben verbracht und genutzt hat. Dieses Schicksal kann nicht umgangen werden. Es kann aber den Schilderungen nicht entnommen werden, dass dieser qualvolle Zustand *ewig* währt. Somit wird im Falle des reichen Mannes wohl eher das Fegefeuer und nicht das, was man als Hölle bezeichnet, dargestellt.

Nachdem der reiche Mann sich in sein Schicksal gefügt hatte, bittet er Abraham, er möge den Lazarus in das Haus seines Vaters schicken, damit er seinen Brüdern berichten könne, wie es ihm ergeht, damit sie ihre Gesinnung noch so ändern könnten, dass ihnen das gleiche Schicksal erspart bliebe (Verse 27, 28). Diese Stelle weist darauf hin, dass auch ein Verstorbener zumindest eine Zeit lang noch in der Lage ist, sich seines abgelaufenen Lebens und der zurückgebliebenen Menschen zu erinnern. Zum anderen scheint es wohl so zu sein, dass Verstorbene noch ein Interesse an dem Schicksal ihrer Hinterbliebenen haben. Schließlich kann man ablesen, dass es möglich sein könnte, dass ein Verstorbener Kontakt zu Lebenden aufnehmen kann. Abraham weist auch diese Bitte zurück (Verse 29–31). Er verweist darauf, dass es nicht die Aufgabe der Toten sei, Einfluss auf das Verhalten der Lebenden zu nehmen. Diese haben die Gesetze und die Lehren von Moses und den Propheten. Sie müssen aus ihrer eigenen Freiheit und Kraft heraus ihr Leben einrichten. In diese Freiheit hat kein Toter einzugreifen.

Man muss klar sehen, dass hier nicht das gesamte nachtodliche Leben beschrieben wird, sondern nur ein wichtiger Ausschnitt, eine bestimmte frühe Phase. Fassen wir die wichtigsten Anhaltspunkte, die dieser Schilderung zu entnehmen sind, noch einmal kurz zusammen:

➢ Es ist keine Selbstverständlichkeit, dass bei jedem Menschen bereits in der ersten Zeit nach seinem Tod ein angemessenes Bewusstsein und eine hinreichende Wahrnehmungsfähigkeit für die ›jenseitige Welt‹ erwacht.

➢ Das, was der Mensch nach seinem Tod erlebt, kann eine sehr unterschiedliche Qualität haben. Er kann – zumindest temporär – sehr Beglückendes, aber auch sehr Qualvolles erleben. Das ist offenbar von seinen sittlich-moralischen Taten und Einstellungen abhängig.

➢ Hohe Geistwesen – beispielsweise Engel – können den Menschen nach seinem Tod führen und unterstützen.

➢ Die Verstorbenen können andere Verstorbene wahrnehmen.

➢ Der Verstorbene hat – zumindest einige Zeit lang – noch Erinnerungen an sein Erdenleben und die Menschen, die er zurückgelassen hat.

➢ Der Verstorbene scheint – zumindest einige Zeit lang – noch ein Interesse an dem Schicksal seiner Hinterbliebenen zu haben.

➢ Es scheint möglich, dass ein Verstorbener Einfluss auf die Lebenden nehmen kann.

Dieses Gleichnis kann uns wirklich *einige* recht konkrete und erstaunliche Hinweise auf die erste Zeit des nachtodlichen Lebens geben. Wenn wir möglichst ausführliche und präzise Informationen über das Leben des Menschen nach dem Tod gewinnen möchten, kommen wir allerdings nicht umhin, andere Quellen aufzusuchen, wobei wir die Kernaussagen der Bibel sowie die Anhaltspunkte, die wir dem Gleichnis »Vom reichen Mann und vom armen Lazarus« entnehmen konnten, nicht außer Acht lassen wollen. Der Kürze wegen wollen wir diese Erzählung dann einfach das »Lazarus-Gleichnis« nennen.

2.2.2   Geistdurchsagen in spiritistischen Sitzungen und Jenseitsbotschaften

Sie haben sicher schon davon gehört oder gelesen, dass es Menschen gibt, die Botschaften von Wesen aus der geistigen Welt empfangen können. Ein dazu befähigter

Mensch wird üblicherweise als »Medium« bezeichnet. Auch wenn es im Allgemeinen keine *wesentlichen* Unterschiede gibt, auf welche Art bzw. mit welcher Technik solche Mitteilungen empfangen werden, sollte man vielleicht zwischen den »Geistdurchsagen«, wie sie in den sogenannten »spiritistischen Sitzungen« früherer Tage gemacht wurden, und den »Jenseitsbotschaften« aus neuerer und heutiger Zeit unterscheiden.

2.2.2.1   Spiritismus und Geistdurchsagen

Bis weit ins 19. Jahrhundert hinein war für die große Mehrheit der abendländischen Bevölkerung das Tor zur geistigen Welt verschlossen. Ihre Sehnsucht nach geistigen, übersinnlichen Erkenntnissen konnten die Menschen nur dadurch stillen, dass sie die offiziellen Kirchenlehren vernahmen. Diese schienen aber immer mehr dem zu widersprechen, was die Wissenschaften, die nun ihre erste große Blütezeit erlebten, lehrten. Den großen und namhaften Wissenschaftlern war es gelungen, vieles von dem, was noch wenige Jahrzehnte oder gar Jahrhunderte zuvor unbekannt, unerforscht, ja von einem ›mystischen Schleier‹ umhüllt war, ans Tageslicht zu fördern und des Schleiers zu entkleiden. Sie begannen, unsere physische Welt mehr und mehr zu verstehen und erklären zu können. Die Welt begann immer transparenter zu werden und schien für Geistiges oder Göttliches keinen Raum mehr zu lassen. Man glaubte in zunehmendem Maße, *alles* erklären zu können, ohne nebulöse göttliche Schöpferkräfte voraussetzen zu müssen. Für Geistiges schien kein rechter Platz mehr zu sein. Die Menschen – zumindest insoweit die Leistungen und Ergebnisse der Wissenschaften in ihr Leben drangen – mussten erkennen, dass es offensichtlich gewaltige Diskrepanzen zu geben schien zwischen dem, was die Kirchen lehrten, und allem, was die Wissenschaft zu sagen hatte. Es entstand der große Zwiespalt zwischen *Wissen* und *Glauben*.

In der Mitte des 19. Jahrhunderts kam nun wie ein Blitz aus heiterem Himmel der »Spiritismus« auf. In dieser ersten Hochzeit des Materialismus hatte es plötzlich den Anschein, als wollte die geistige Welt mit Gewalt ein Gegengewicht schaffen. Immer mehr Menschen traten hervor, die plötzlich erkannten, dass sie über gewisse außergewöhnliche Fähigkeiten verfügten, die sie in die Lage versetzten, die erstaunlichsten spirituellen Phänomene auftreten zu lassen bzw. wahrnehmen zu können. Man konnte wirklich den Eindruck gewinnen, als wollten die Wesen der geistigen Welt mit allem Nachdruck auf ihre Existenz aufmerksam machen, als wollten sie die Menschen eindringlich ermahnen, dass es außer allem, was die Wissenschaftler zu erfassen vermochten, noch andere, wichtigere Tatsachen gebe, die sich deren Forschungsmethoden entziehen. Es hatte den Anschein, als wollten die geistigen Wesenheiten den Menschen aus erster Hand von ihrer Welt Kunde geben. Insbesondere waren es die Medien, die an vielen Orten auftraten. Solche Medien verstehen sich als Vermittler zwischen der geistigen und unserer physischen Welt. Wenn diese sich in einen bestimmten Trancezustand versetzen, sind sie in der Lage, Botschaften von Wesen aus der geistigen Welt zu empfangen. Einige, sogenannte »Schreibmedien«, schreiben die empfangenen Botschaften auf. Es ist wirklich so, als wenn ihre Hand beim Schreiben geführt würde. Die meisten bekommen von diesem Aufschreiben, das oft in übernatürlicher Geschwindigkeit verläuft, gar nichts mit und können sich hinterher an nichts mehr erinnern. Die wohl meisten Medien sprechen die Botschaften aus. Die geistigen Wesen benutzen also die Sprechwerkzeuge des Mediums; das Medium wird zum Sprachrohr der geistigen Welt. Auch während einer solchen Geistdurchsage bekommt das Medium wenig bis gar nichts von dem mit, was da geschieht.

Solche Medien erregten natürlich in einigen Kreisen Aufsehen. In mehr und mehr Menschen wurde ein brennendes Interesse geweckt, von diesen Botschaften aus geistigen Welten zu erfahren. So entstanden viele – häufig eher private – spiritistische Zirkel. Um das jeweilige Medium versammelten sich bestimmte Menschen, die den spiritistischen Sitzungen beiwohnten. Diese Sitzungen, die häufig auch »Séancen« genannt werden, fanden meistens in irgendwelchen abgedunkelten Nebenräumen oder Hinterzimmern statt. Die Durchsagen wurden häufig mitstenographiert und – oftmals erst sehr viel später – in Buchform veröffentlicht. In vielen Sitzungen war auch ein als seriös oder kritisch anerkannter Wissenschaftler, Arzt oder Pfarrer zugegen, der gewissermaßen als Aufsichtsbeamter fungierte und darüber wachte, dass alles mit rechten Dingen zuging und man nicht etwa einem Betrug oder einer Scharlatanerie aufgesessen ist. Auf diese Art wurden natürlich einige Scharlatane entlarvt. Bei den meisten medialen Praktiken konnte man aber keine Manipulationen oder Tricks entdecken, so dass man hier wohl in der Tat von einer redlichen Vorgehensweise ausgehen musste. Es waren nicht so sehr die einfachen Menschen, denen allerdings die spiritistischen Zirkel oftmals auch gar nicht bekannt oder zugänglich waren, sondern die Gebildeten, darunter auch durchaus der eine oder andere namhafte Wissenschaftler, die sich im Laufe der Zeit zum Spiritismus bekannten.

Es soll hier nicht daran gezweifelt werden, dass es sich häufig um wirkliche Durchsagen bzw. Botschaften von Wesen aus einer geistigen Welt gehandelt hat. Diese gaben sich meistens als Menschen, die vor einigen Jahren oder Jahrzehnten verstorben waren, zu erkennen. In einigen Fällen gaben sich die ›Sender‹ auch als große historische Persönlichkeiten früherer Tage oder gar als höhere übermenschliche Wesen, etwa als Engel oder Erzengel, aus. Viele Verstorbene ergriffen die Gelegenheit, ein Medium zu benutzen, um auf sich aufmerksam zu machen und der Welt gleichsam zuzurufen: »Hallo ihr Lebenden, unsere Existenz ist nicht ausgelöscht! Uns gibt es noch! Vergesst uns nicht!« Die Botschaften selbst sind sehr unterschiedlicher Natur. Manchmal berichteten die Verstorbenen lediglich von banalen Begebenheiten aus ihrem abgelegten Erdenleben. Dabei kamen aber immer wieder Dinge ans Tageslicht, die das Medium niemals wissen konnte, die also nicht aus den unbewussten Seelentiefen des Mediums oder einer sonstigen anwesenden Person auf telepathischem Wege

›abgezapft‹ worden sein konnten. Manchmal wollten die Verstorbenen ihren Hinterbliebenen noch etwas Wichtiges mitteilen, wozu sie vor ihrem Tod keine Gelegenheit mehr gefunden hatten. Selbstverständlich war es auch möglich, dass man den jenseitigen Wesen konkrete Fragen stellen konnte, die sie dann mehr oder weniger präzise beantworteten.

Im Rahmen unseres Themas sind natürlich die Durchsagen von größerem Interesse, in denen die Geistwesen versuchten, die geistige Welt und das nachtodliche Leben zu beschreiben. Wenn man solche Berichte studiert, muss man feststellen, dass diese nicht unbedingt ein einheitliches Bild von der geistigen Welt und dem Leben nach dem Tod abgeben. Das ist aber keineswegs verwunderlich. Stellen Sie sich ein fiktives Marswesen vor, das den Planeten Erde nicht kennt. Wenn dieses nun Berichte von Menschen hören würde, die ihm die Erde und das irdische Leben beschreiben, so würden diese Schilderungen auch ziemlich unterschiedlich ausfallen, je nachdem auf welchem Fleck der Erde der Berichterstatter lebt, welchen Beruf er ausübt, welchen Bildungsstand er aufweist, welche Hobbys er hat, usw. Trotz vieler Unterschiede in den Schilderungen der Verstorbenen fällt als Tenor auf, dass sie die Welt, in der sie sich befinden, als eine wunderschöne schildern und dass sie das Leben, das sie dort führen, als sehr friedvoll und angenehm beschreiben. Bei sehr vielen spiritistischen Botschaften aus älteren Zeiten wird die jenseitige Welt so beschrieben, dass man sich an ein ›irdisches Paradies‹ erinnert fühlt. Da ist die Rede von saftig grünen Wiesen mit herrlichen Blumen, sanften Hügeln, Wäldern und Seen. Auch die Geistwesen und deren Tätigkeiten werden oftmals so dargestellt, dass man zwangsläufig an ganz normale irdische Verhältnisse denken muss. Sogar von dem Genuss köstlicher Speisen und erlesener Getränke wird berichtet. Eine so geschilderte ›geistige Landschaft‹ wird in der einschlägigen Literatur »Sommerland« genannt.[29]
    Es gibt aber auch ein »Winterland«, von dem allerdings eher selten die Rede ist. Die Szenen, die aus dieser Sphäre berichtet wurden, lassen durchaus Assoziationen an das Fegefeuer aufkommen.

Bei ein und demselben Medium meldeten sich über längere Zeiträume meistens dieselben Wesen, so dass diese in vielen, mehr oder weniger zusammenhängenden Berichten einen recht vollständigen Überblick über bestimmte nachtodliche Phasen geben konnten. Einige der sendenden Wesen gingen in ihren Erzählungen weit über die Darstellung des nachtodlichen Lebens hinaus. Sie versuchten, große kosmische Wahrheiten und Zusammenhänge darzulegen, wobei diese Schilderungen bisweilen etwas banal und naiv anmuten. Dabei können die Darstellungen durchaus einen sehr belehrenden, fast dogmatischen Charakter aufweisen. Wie kann man diesen naiven Anstrich, der solchen Schilderungen anhaftet, erklären? Auch die Wesen, die uns unmittelbar aus einer geistigen Welt heraus über diese Zeugnis ablegen wollen, stehen vor dem gleichen Problem, vor dem auch ein hellsichtiger Erdenmensch steht, wenn er das, was er in gewaltigen Imaginationen zu schauen vermag, den Menschen mitteilen möchte. Er ist genötigt, das, was er wahrnimmt und erlebt, in Worte einer menschlichen Sprache zu kleiden und durch möglichst brauchbare und geeignete Bilder vergleichend auszudrücken. Diese Problematik wurde ja schon an früherer Stelle dieses Buches ausführlich beleuchtet. So sind dann möglicherweise auch eher platt anmutende Analogien wie »saftig grüne Wiesen«, »köstliche Speisen und erlesene Getränke« usw. zu verstehen. Außerdem kann man nicht bei jedem Wesen einer höheren Welt – insbesondere wenn es sich um einen *normalen* Verstorbenen handelt – voraussetzen, dass es in der Lage wäre, dasjenige, was es wahrnimmt und erlebt, richtig beurteilen und einordnen zu können.

Wenn Sie es dazu bringen können, mediale Botschaften aus früheren Zeiten als Fakt zu akzeptieren, und möglichst viele dieser Berichte aufmerksam studieren, können Sie gewiss viele stimmige Einblicke in die geistige Welt und das Leben, das sich dort abspielt, gewinnen. Dennoch soll hier dem Spiritismus nicht das Wort geredet werden. Es gibt eine ganze Reihe von Gründen, die es ratsam erscheinen lassen, medialen Botschaften mit einem gesunden Maß an Skepsis zu begegnen. Selbst *Allan Kardec*, einer der führenden Spiritisten des 19. Jahrhunderts, mahnt zu größter Vorsicht, wenn es darum gehe, den Inhalt von Geistdurchsagen auf seine Glaubwürdigkeit hin zu überprüfen.[30] Grundsätzlich skeptisch sollte man sein, wenn eine ›jenseitige Kontaktperson‹ vorgibt, ein erst vor wenigen Jahren oder Jahrzehnten verstorbener Mensch zu sein, und dann über höchste geistig-göttliche Weisheiten referiert. Wenn ein Menschenkind auf die Erde kommt, braucht es nahezu zwei Jahrzehnte, um sich in der physischen Welt einigermaßen orientieren und sicher bewegen zu können. Dazu bedarf es liebevoller Eltern und guter Lehrer. Dann dauert es weitere Jahrzehnte, bis es die Welt mit all ihren Gesetzen und Spielregeln zumindest ein Stück weit verstehen kann. Wie könnte man da von einem Verstorbenen erwarten, dass er die geistige Welt, die gewiss ungleich komplexer als die irdische ist, schon nach kurzer Zeit so gut verstehen gelernt hat und dass er die größten Geheimnisse so durchschaut hat, dass er in sachgemäßer Weise von ihnen berichten könnte? Sogar in spiritistischen Lehrbüchern wird eingeräumt, dass die Geistwesen, die sich durch die Stimme des Mediums kundtun, an moralischen Eigenschaften und an Kenntnissen sehr unterschiedlich veranlagt seien.[31]

Wenn man viele solcher Sitzungsprotokolle, bei denen auch meistens die anwesenden Personen beschrieben und ein wenig charakterisiert werden, liest, fällt auf, dass sich die Botschaften oftmals sehr an den Vorstellungen, Wünschen und Neigungen der Anwesenden orientieren. Selbst dasselbe Wesen wählt unter Umständen völlig andere Worte und Bilder in Abhängigkeit davon, ob beispielsweise Wissenschaftler, Theologen oder eher schlichte Leute zugegen sind. Das mag zum einen verständlich sein, da eine gewisse Anknüpfung an das Weltbild des Empfängers diesem das Verständnis erleichtern kann. Andererseits erschweren solche unterschiedlichen Darstellungen aber ein objektives Verstehen.[32] In der Literatur, die dem Spiritismus eher kritisch gegenüber steht, wird allerdings auch von recht schwerwiegenden Verfälschungen berichtet. Gegen Ende des 19. Jahrhunderts sind hier von Skeptikern gewisse Experimente gemacht worden. Der Versuchsleiter hat sich jeweils zwei ihm bekannte Persönlichkeiten ausgesucht, von denen er wusste, dass sie zu einer bestimmten Jenseitsfrage eine konträre Meinung hatten. Nun wurden zwei Sitzungen bei demselben Medium durchgeführt. In beiden Sitzungen meldete sich dasselbe Geistwesen durch die Stimme des Mediums, dem nun diese Frage vorgelegt wurde. Bei der einen Sitzung war die erste der beiden Persönlichkeiten zugegen. Die Frage wurde im Sinne dieser Persönlichkeit beantwortet. Bei der zweiten Sitzung, bei der die andere Persönlichkeit anwesend war, fiel die Antwort im Sinne dieser aus. Auch in einem der führenden spiritistischen Lehrbücher wird dieses Problem eingeräumt, wie man der folgenden dort angeführten Durchsage eines Geistwesens entnehmen kann: *»Sind diese Leute* [die Teilnehmer an der spiritistischen Sitzung] *zu sehr von gewissen Vorstellungen eingenommen, so wollen sie* [die Geistwesen] *bei denselben nicht Anstoß erregen, um sie nicht in ihren Überzeugungen zu verletzen.«*[33]

Es gibt aber noch einen gewichtigen, prinzipiellen Grund, warum spiritistische Botschaften mit Vorsicht zu genießen sind. Wie schon erwähnt, befinden sich die Medien während der Durchsagen in einem Trancezustand. Ihr normales Tages-Bewusstsein ist während der Sitzungen ausgeschaltet oder zumindest stark herabgedämpft. Sie bekommen also von dem, was da geschieht, nichts mit. Ihr kritischer Verstand muss schweigen. Sie sind von dem Geistwesen ›besetzt‹, um nicht zu sagen ›besessen‹. Das ist natürlich mit größten Gefahren verbunden. Manipulationen jeglicher Art sind Tür und Tor geöffnet. In einem etwas extremen Fall könnte es sich durchaus so verhalten, dass sich das jenseitige Wesen etwa als Erzengel oder ›Geist Gottes‹ ausgibt, obwohl es sich bei ihm nur um einen normalen Verstorbenen oder gar um einen ›Dämonen‹ handelt, der sich, um mit irdischen Worten zu sprechen, nur wichtig machen oder gar einen Schabernack treiben möchte.

Auch wenn die geistige Welt im Zuge des Spiritismus mit seinen Botschaften aus der jenseitigen Welt und seinen Materialisationsphänomenen vielleicht zum Teil in einer etwas grobschlächtigen Weise auf sich aufmerksam machte, so waren diese Sensationen wohl notwendig, um zumindest einen kleinen Teil der Menschheit aus dem Wahn der geist- und seelenlosen materialistischen Weltanschauung zu reißen. Viele esoterische bzw. spirituelle Strömungen, die heute eine Rolle spielen, wären ohne den Spiritismus möglicherweise nicht aufgekommen. In der heutigen Zeit sind die spiritistischen Methoden nicht mehr angebracht. Heute sollte bei jedem wie auch immer gearteten Zugang zur geistigen Welt das Ich-Bewusstsein mit dem daran gebundenen kritischen, prüfenden Verstand voll aufrechterhalten werden. Alle Praktiken, bei denen dieses Bewusstsein ausgeschaltet oder herabgedämpft wird, müssen als fragwürdig betrachtet werden.

Es gibt im Übrigen heute etliche spirituelle Vereinigungen und Gruppierungen in aller Welt, welche die Durchsagen solcher Medien, die sie für besonders seriös und integer halten, zunächst sorgsam gesammelt und ausgewertet und dann daraus ihr spirituelles Weltbild gezimmert haben.

2.2.2.2   Jenseitsbotschaften aus heutiger Zeit

Nachdem es in der Mitte des vorigen Jahrhunderts den Anschein hatte, als wäre die Welle des Spiritismus verebbt, traten in den 1960er Jahren in vielen Teilen der Welt wieder zahlreiche Menschen auf, die über außergewöhnliche Fähigkeiten verfügten und diese zur Schau stellten. Denken Sie etwa an die Phänomene der Telepathie, der Präkognition und der Psychokinese, die allerdings im Rahmen unserer Thematik nicht von Bedeutung sind. Diese Phänomene konnten mit den üblichen Methoden der Physik und Psychologie nicht erklärt werden. Das führte letztlich dazu, dass eine neue Wissenschaft, die »Parapsychologie«, begründet wurde. Parapsychologen nehmen diese Erscheinungen sehr ernst und schließen im Gegensatz zu Psychologen und Physikern okkulte geistige Ursachen nicht aus. Im Rahmen ihrer Forschungen setzen sie aber im Wesentlichen äußere, physische Methoden ein, so dass sie an das wirklich Geistige nicht herankommen.

Insbesondere sind seit dieser Zeit auch wieder etliche Medien, vor allem in den USA, aber auch in Mitteleuropa, hervorgetreten, die durch die Möglichkeiten, die das beginnende Zeitalter der Massenmedien bot, schnell in den Blickpunkt einer breiten Öffentlichkeit getreten sind. Einige dieser Medien erreichten schon bald einen fast weltweiten Bekanntheitsgrad. Die prinzipielle Vorgehensweise und Technik dieser Übermittlungen sind die gleichen wie vor über hundert Jahren. Allerdings differenziert man heute bei diesen Botschaften, die über ein menschliches Medium aus dem Jenseits durchgegeben werden, begrifflich je nachdem ob es sich bei dem sendenden Geistwesen um einen ›normalen‹ Verstorbenen oder aber um ein ›höheres geistiges Wesen‹ handelt. Im ersten Fall spricht man nach wie vor von »spiritistischen Geistdurchsagen« oder manchmal auch von »Sittings«. Kommen die Botschaften von einem höher entwickelten Wesen, so spricht man heute meistens von »Channeling«. Das Medium versteht sich als ein Kanal zur geistigen Welt. Als jenseitige Kontaktwesen melden sich hier im Regelfall keine ›normalen‹ Verstorbenen, sondern höher entwickelte ›geistig-seelische Wesen‹, die sich als »geistige Führer«, »Schutzgeister« bzw. »Guides« des Mediums oder einer Person, der die Durchsagen gelten, ausgeben. Nach deren Aussagen sei jedem Menschen ein solcher geistiger Führer zugeordnet. Sie berichten weiter, dass manche Menschen sogar mehrere Guides hätten. Ihre wesentliche Aufgabe sehen diese geistigen Führer darin, die Menschen im Allgemeinen und ihre Schützlinge im Besonderen in ihrer geistig-seelischen Entwicklung zu fördern sowie der Menschheit zu einer spirituellen Weltanschauung zu verhelfen. Wenn sich Menschen mit irgendwelchen Fragen oder Problemen an ein Medium wenden, so sind die Guides durchaus auch bereit, Ratschläge und Hilfestellungen zu geben. Es ist äußerst schwierig, das wahre Wesen dieser Guides zu durchschauen. Auf entsprechende Nachfragen geben sie häufig Antworten, die sehr interpretierbar sind. Manche verweisen auch darauf, dass ein menschlicher Verstand ihre Wesenheit nicht fassen könne. Einige sagen zumindest, dass sie vor einigen Jahrhunderten oder Jahrtausenden als Mensch auf der Erde gewandelt seien. Diesem Thema werden wir uns am Ende dieses Buches (Anhang A.1, Exkurs 1, S. 458ff.) noch etwas näher widmen.

Das jenseitige Kontaktwesen, das weltweit vermutlich den größten Bekanntheitsgrad erreicht haben dürfte, nennt sich *Seth*. Es gab zu Beginn des letzten Drittels des 20. Jahrhunderts in vielen Hundert Sitzungen Kunde von der geistigen Welt über das amerikanische Medium *Jane Roberts*, die diese Botschaften in einigen Büchern veröffentlichte. Ein bekanntes und absolut seriöses deutsches Medium unserer Tage ist *Uta Hierke-Sackmann*. Ihre Guides, von denen in diesem Buche auch noch öfter die Rede sein soll, nennen sich *Elia* und *Josef*. Es fällt im Übrigen auf, dass sich viele dieser Geistführer mit alttestamentarischen Namen vorstellen.

Wo liegt nun der Unterschied zwischen einer typischen Jenseitsbotschaft aus neuerer und einer aus älterer Zeit? Auch wenn man sich tunlichst vor Verallgemeinerungen hüten sollte, so fällt doch auf, dass die Botschaften vieler Guides nicht so schlicht und banal klingen, wie das bei zahlreichen Geistdurchsagen aus früheren Zeiten der Fall war. Auch wählen sie zur Verdeutlichung bestimmter Tatsachen eher selten solche platten Bilder oder Vergleiche, die sehr stark interpretierbar wären und Raum für uferlose Spekulationen lieferten. Vieles von dem, was sie mitteilen, klingt stimmig und kann der Bewertung des kritischen Verstandes durchaus standhalten. Aus manchen Mitteilungen strömt sogar ein ungeheures Wissen und eine große Weisheit, eine Weisheit, die dem Verstand durchaus wahrhaft und glaubwürdig erscheinen kann, obwohl sie ihn nicht selten auf eine harte Probe stellt.

Heute dürfte es weltweit wohl etliche Hundert Medien geben, die von solchen Guides oder anderen geistigen Wesen spirituelle Botschaften empfangen. Viele haben diese Botschaften in Büchern oder im Internet veröffentlicht, so dass sie jedermann zugänglich sind. Natürlich ist auch hier wieder die Spreu vom Weizen zu trennen. Auch in der heutigen Zeit kann man immer wieder Geistdurchsagen hören oder nachlesen, die man wohl als wertlos oder gar unsinnig bezeichnen muss. Es gibt zweifellos ein paar Kriterien, die man zumindest als *grobe* Anhaltspunkte heranziehen kann, um zu beurteilen, ob man es mit einem ›seriösen‹ Geistwesen bzw. seriösen Botschaften zu tun hat.

Ein seriöses Geistwesen würde beispielsweise niemals etwas sagen, was seinen Schützling oder irgendein anderes menschliches oder übermenschliches Wesen herabsetzen würde. Es würde aber seinen Schützling auch nicht über andere Menschen erheben. Alles, was mitgeteilt wird, sollte von größter Liebe und Wohlwollen gekennzeichnet sein und dazu beitragen, den Schützling zu ermutigen und zu ermuntern, an seiner spirituellen Entwicklung zu arbeiten. Ein seriöses Geistwesen würde niemals in den freien Willen des Schützlings eingreifen, indem es ihm etwa rät, unbedingt etwas ganz Bestimmtes zu tun oder zu unterlassen. Alle seine Empfehlungen und Ratschläge wird es so formulieren, dass es im Ermessen des Schützlings liegt, ob er diesen folgen möchte oder nicht. Es wird auch in keinem Fall den Anschein erwecken wollen, allwissend zu sein, sondern bei entsprechenden Fragen auch durchaus einmal einräumen, diese nicht beantworten zu können. Die Geistwesen, die in diesem Buch zitiert werden sollen, kann man gemäß diesen Kriterien als durchaus seriös bezeichnen.

Nach allem, was hier über die Jenseitsbotschaften aus heutiger Zeit gesagt wurde, könnte der Eindruck entstehen, als handele es sich dabei um die beste und authentischste Quelle, die uns ein Wissen über geistige Wahrheiten, insbesondere diejenigen, die zumindest mittelbar mit dem nachtodlichen Leben des Menschen zu tun haben, zuströmen lassen könnte. Man könnte sich ja auf den Standpunkt stellen, dass diese hochentwickelten Geistwesen schließlich selbst in der Welt, aus der sie berichten, leben. Das klingt ja durchaus plausibel. Dennoch müssen hier auch wieder einige Vorbehalte angemeldet werden, ähnlich wie bei den Geistdurchsagen der alten Spiritisten.

Zunächst einmal muss man konstatieren, dass auch ein Wesen der geistigen Welt nicht annähernd alles kennen, wissen und durchschauen kann, was dort an Weisheit ausgebreitet liegt. Wenn ein solcher Guide redlich ist, wird er das auch einräumen. Elia sagt beispielsweise: »*Nehmt mich bitte nicht als jemand, der Allwissenheit besäße, denn das tue ich nicht. Mir sind sehr viele Dinge unbekannt oder sie sind mir verschlossen, weil sie nicht meiner Energie entsprechen.*«[34] Dann kommt wieder das schon im Zusammenhang mit der Bibel erörterte Problem hinzu, dass die geistigen Tatsachen in Worte und vergleichende Bilder einer menschlichen Sprache gegossen werden müssen. Bei den medialen Botschaften kommt noch verschärfend in Betracht, dass der Sender nicht seine *eigenen* Worte und Bilder wählen kann. Er kann nur das benutzen, was das Medium in sich trägt. Er ist also auf den Wortschatz und möglicherweise sogar auch auf das Wissen bzw. die Vorstellungen und Anschauungen des Mediums angewiesen. Elia drückt das mit den Worten von Frau Hierke-Sackmann so aus: »*Die Bilder, die ich benutze, sind die Bilder eurer Welt, und die Worte, die ich benutze, sind die Worte eures Geistes. Gleichwohl berichte ich die Wahrheit, meine Wahrheit. Sie ist ein Teil einer Wahrheit, die so umfassend ist, so wunderbar, so vielfältig, dass es niemals ein Ende haben wird, darüber zu berichten.*«[35] Seth wird noch deutlicher: »*Mag ein Medium in Trance so tief wie der Atlantik sein, ein reiner Kanal wird es nie.*«[36] »*Dazu kommen dann noch all die Verzerrungen, die sich aus der*

Übersetzung in Worte ergeben müssen.«[37] Jane Roberts gilt als eine äußerst gebildete Frau mit einem kristallklaren Verstand. Entsprechend könnte man bei den Botschaften Seths häufig den Eindruck gewinnen, als dozierte eine Physik- oder Philosophieprofessorin. Das legt ein wenig die Vermutung nahe, dass es sich bei den Guides nicht um selbständige Individuen, sondern um einen gewissen ›seelischen Aspekt‹ des jeweiligen Mediums handeln könnte. Selbst wenn es so wäre, würde das – wie wir an viel späterer Stelle dieses Buches noch sehen werden – den Wert der Botschaften nicht unbedingt schmälern.

Es dürfte heutzutage wohl einige Hunderttausend Menschen in der westlichen Welt geben, die man fast schon als ›Jünger‹ solcher Jenseitsbotschaften bestimmter Medien bezeichnen könnte. Das soll hier überhaupt nicht kritisch bewertet werden. Trotz aller Weisheiten, die man in diesen Mitteilungen finden kann, ist ein Grund nicht zu übersehen, der für diese Tatsache ausschlaggebend sein könnte: Alles Geistige wird in diesen Botschaften mit äußerst erhabenen, die Seele ergreifenden Worten beschrieben. Insbesondere werden bei der Schilderung des nachtodlichen Lebens die angenehmen Seiten so stark betont, dass man sich fast wünschen möchte, möglichst bald dieses Leben antreten zu können. Die ›Schattenseiten‹ des Lebens nach dem Tod werden von vielen Guides verschwiegen oder nur am Rande erwähnt. Wer schon einmal selbst ein Medium aufgesucht und dann Botschaften von seinem persönlichen Guide erhalten hat, wird vermutlich besonders stark beeindruckt gewesen sein. Das liegt im Wesentlichen daran, dass diese Geistwesen ihre Schützlinge in einer derart liebevollen, warmen und herzlichen Art ansprechen, dass selbst jemand, der eigentlich ein nüchterner, kopfgesteuerter Mensch ist, eine gewisse Ergriffenheit nicht verbergen kann. Das, *was* sie sagen und *wie* sie es sagen, dringt direkt ins Herz. Solche innigen Worte bekommt man von Menschen nur äußerst selten zu hören.

Auch wenn also bei den Jenseitsbotschaften der Neuzeit ähnliche Bedenken angemeldet werden müssen wie bei denen aus früheren Zeiten, so können diesen zum Teil sehr ausführlichen Schilderungen möglicherweise doch viele wichtige Erkenntnisse über das nachtodliche Leben entnommen werden. All diesen Mitteilungen – ob sie nun aus neuerer oder aus älterer Zeit stammen – kommt in jedem Fall ein großer Verdienst zu: In vielen Zeitgenossen ist durch solche Schilderungen die Einsicht gewachsen, dass es mit dem Leben nach dem Tod wohl doch etwas auf sich haben müsse. Etliche, die zuvor nicht an eine Existenz nach dem Tod zu glauben vermochten, halten diese nun zumindest für wahrscheinlich. Dennoch muss man einräumen, dass die Jenseitsbotschaften nicht unbedingt ein als objektiv anzuerkennendes Bild vom nachtodlichen Leben geben können. Dazu sind die Schilderungen oftmals zu schwärmerisch und sympathieheischend. Es wäre allerdings höchst vermessen, wenn man diese Botschaften in Bausch und Bogen als unbrauchbar oder gar unsinnig verwerfen würde. Andererseits müsste man es als eine große Einseitigkeit werten, wenn jemand seine gesamten geistigen Erkenntnisse aus den Jenseitsbotschaften ableiten würde.

Schon die Tatsache, dass man nicht so genau weiß, *welche Instanz* die Botschaften übermittelt, sollte zu einer gewissen Vorsicht mahnen. In diesem Zusammenhang muss schon an *dieser* Stelle mit Nachdruck darauf hingewiesen werden, dass in der geistigen Welt nicht nur solche Wesenheiten leben, deren Ziel es ist, die Entwicklung der Menschen im Sinne der göttlichen Weltenordnung zu fördern. Für uns Menschen ist es nicht ganz leicht zu unterscheiden, ob eine gute geistige Entität die jeweilige Botschaft übermittelt oder ob es sich um Mitteilungen einer Wesenheit handelt, deren Bestreben es ist, die göttlichen Pläne zu durchkreuzen und somit der Menschheit gewaltigen Schaden zuzufügen.

2.2.3 Nachtodliche Mitteilungen von *Botho Sigwart August* Graf *zu Eulenburg*

Im Jahre 1884 wurde ein gewisser *Botho Sigwart August* Graf *zu Eulenburg*, den wir der Kürze wegen im Folgenden immer nur »Sigwart« nennen wollen, geboren. Sigwart hatte eine große musikalische Begabung. Schon in seiner Kindheit schrieb er Lieder nach dem Gehör auf. Er komponierte selbst und verstand es, am Klavier zu improvisieren, oft auch wenn der Kaiser zu Besuch weilte. Als junger Mann starb er am 2. Juni 1915 drei Wochen nach einer schweren Verwundung, die er sich im 1. Weltkrieg zugezogen hatte.

Mit seinen geliebten Geschwistern blieb er auch nach seinem Tod in enger Verbindung. In der Zeit von Juli 1915 bis Februar 1950 gab er ihnen – anfangs fast täglich – ›Mitteilungen‹ aus der übersinnlichen Welt. Er berichtete ihnen, wie es ihm erging und was er alles wahrnahm und erlebte. Da ihn mit seinen Schwestern ein enges Band der Liebe verband und da insbesondere seine Schwester *Augusta*, genannt *Lycki*, über eine große geistige Wachheit und Klarheit verfügte, konnte sie seine Worte ›hören‹ und gleichzeitig aufschreiben.

Als Sigwart einmal den Gedanken seiner Schwester wahrnehmen konnte, *wie das* funktioniere, sagte er in einer Mitteilung: *»Denke nicht, dass ich deine Hand führe, ich halte sie, aber ich schiebe sie nicht. Ich sage dir jeden Satz vor, den du dann aufschreiben musst, so ist der Vorgang meiner Übermittlung.«*[38]

Die Familie zu Eulenburg war mit Rudolf Steiner persönlich bekannt. Sigwart studierte dessen Grundwerke und besuchte einige seiner Vorträge. Die Geschwister legten Sigwarts Mitteilungen Rudolf Steiner vor, der diese mehrere Wochen behielt sowie ernst und gewissenhaft prüfte. *»Er* [Rudolf Steiner] *erklärte sie als völlig authentisch und von ungewöhnlichem Niveau. Er war selbst so interessiert gewesen, dass er bat, auf dem Laufenden gehalten zu werden.«*[39]

Auch nach 1950 sprach Sigwart noch zu besonderen Anlässen mit seinen Schwestern. Mit dem Tod von Lycki und *Tora* sowie seiner Schwägerin *Marie* in den 1960er Jahren endete diese Verbindung, da niemand in der Familie oder im Kreise der Freunde in der Lage war, den Kontakt zu Sigwart aufrecht zu erhalten oder neu aufzubauen. Erst rund 70 Jahre später wurden diese Aufzeichnungen in Buchform unter dem Titel *»Brücke über den Strom – Sigwarts Mitteilungen aus dem Leben nach dem Tod«* veröffentlicht.

Sigwarts Mitteilungen unterscheiden sich aus zwei Gründen ganz wesentlich von den Botschaften, welche die meisten Verstorbenen über ein ›gewöhnliches‹ Medium geben.

Zum einen befasste sich Sigwart zu Lebzeiten sehr intensiv mit spirituellen Themen. Auch die Anthroposophie war ihm vertraut. Zum anderen waren seine ebenfalls höchst spirituell gesinnten Geschwister, insbesondere Lycki, geistig sehr wach und sogar ›hellhörig‹, so dass sie seine Kundgebungen inspirativ empfangen konnte, ohne dass sie in Trance fiel. Somit kam es auch nicht zu den ansonsten üblichen Verzerrungen und Verfälschungen des Mitgeteilten.

Nachdem Sigwart schon etliche Mitteilungen gemacht hatte, erklärte er seinen Geschwistern, wie er von hohen Geistwesen die Erlaubnis für diesen Verkehr erhielt und wie sich seine Kundgebungen von den gewöhnlichen Geisterkundgebungen, die über ein Medium vermittelt werden, unterscheiden: *»Ihr müsst wissen, dass ich alle Kundgebungen, die im Allgemeinen von Verstorbenen gegeben werden, für sehr gefährlich halte. Sie bringen oft vom Wege ab, wenn sie auch echt sind. Denn wie selten ist ein Berufener darunter. Sowie ein Geist eine gewisse Stufe erreicht hat, wird er nie große Mitteilungen an Menschen geben, außer er hat die Erlaubnis von seinen Meistern bekommen.*

Auch ich habe im Anfang über alles geschrieben und nicht erst gefragt. Dann trat der Augenblick ein, wo meine Mitteilungen normalerweise aufgehört hätten. Da kam für mich die Prüfzeit, ob man mich für würdig genug hielte, in eine andere Art Verkehr mit euch zu treten und auch, ob ihr reif dazu wäret. Das waren schwere Zeiten für mich, als ich das nicht wusste und nun plötzlich vor der Entscheidung stand.

Als diese nun für beide Teile günstig ausgefallen war, begann der vollkommen andere Verkehr zwischen uns. Ihr werdet es wohl kaum so gemerkt haben, aber es wurde von da an etwas fast Heiliges, Hohes, das wirklich nur selten stattfindet.

Die ersten Male, als ich unter höherer Kontrolle schrieb, war wie eine Art Vorführung vor unendlich vielen anderen Geistwesen, meist höherer Stufen. Ihr könnt euch nicht vorstellen, wie ernst das alles genommen wurde. Mir ist es die ersten Male sehr schwer geworden, und doch durfte ich den Faden dabei nicht verlieren. Eine ungeheure Willensanstrengung bedeutete dieses erste höhere, geistige Mitteilen für mich.

Dann wurde alles für richtig und gut befunden. Ich durfte in dieser Art weiter mit euch in direkter Verbindung bleiben. Doch von da ab wurden uns strenge Grenzen gezogen; wenn ich darüber hinausgegangen wäre, hätte ich alles verspielt.

Das musste ich euch doch einmal sagen, damit ihr den Verkehr zwischen mir und euch nicht mit gewöhnlichen Geisterkundgebungen verwechselt.«[40]

Sigwarts Mitteilungen sind die umfangreichsten, beeindruckendsten und authentischsten Kundgebungen eines *Verstorbenen*, die uns bekannt sind. Da er schon auf einer sehr hohen Stufe seiner geistig-seelischen Entwicklung stand, kam er schon nach wenigen Jahren in die höheren Sphären der übersinnlichen Welt. Einem Durchschnittsmenschen erschließen sich diese Sphären erst nach Jahrzehnten, bisweilen gar erst nach Jahrhunderten.

2.2.4   Engelsbotschaften aus heutiger Zeit

Es treten in unserer Zeit immer mehr Menschen auf, die über eine große geistige Offenheit und Stärke sowie eine gewisse Sensibilität bzw. »Hellfühligkeit« verfügen, so dass sich ihnen insbesondere auch höhere geistige Wesenheiten offenbaren können. Man spricht hier meistens von »Engelsbotschaften«.

Im entscheidenden Unterschied zu den meisten Medien empfangen diese Menschen die Botschaften nicht in einem Trancezustand, sondern unter Aufrechterhaltung ihres vollen Tagesbewusstseins, wie das für unsere heutige Zeit angemessen und notwendig ist. Während diese Botschaften mal in Worten, mal in Bildern in ihrem Inneren aufsteigen, können sie diese mit ihren Denkkräften durchdringen und abwägen. Dadurch unterscheiden sich Engelsbotschaften ähnlich wie die von Lycki inspirativ empfangenen Mitteilungen Sigwarts ganz wesentlich von den medialen Botschaften.

Es soll nicht daran gezweifelt werden, dass das eine oder andere Medium auch die Mitteilungen eines *Engels* zu empfangen vermag. Der Mediumismus ist allerdings heute nicht mehr zeitgemäß. In einer Engelsbotschaft aus dem Buch *»Was Engel uns heute mitteilen wollen«* von *Irene Johanson* heißt es dazu: *»Trance ist ein verschwommenes Mittel. Man sollte damit nicht arbeiten. Der wahre Geist verlässt den Körper, und es kann leider jeder Schabernack damit treiben. Es gibt einige wenige Menschen, die nur in Trance Engel empfangen können. Das hat aber mehr mit ihrer eigenen seelisch-körperlichen Verfassung zu tun. Das ist schwierig zu beschreiben. Diese Menschen waren auserwählt, Mittler zu sein, aber sie sind zu schwach. Sie konnten es körperlich und geistig nicht ertragen, mit uns direkt zu sprechen. Die innere Zentriertheit ist wichtig. [...] Trancemeldungen gehören nicht mehr in diese Zeit. Der Geist muss im Körper sein. Das ist das Wichtigste. Der Geist muss wach sein. In Trance verlässt der Geist den Körper und legt sich schlafen. Das kann nicht richtig sein.«*[41]

Die Mitteilungen, die von einem Engel oder gar Erzengel kommen, unterscheiden sich in mancherlei Hinsicht von den meisten Botschaften, die ein Medium von einem

Verstorbenen oder einem Guide empfängt. Ein Engel wird nicht einfach drauflosplaudern oder sich als Lehrmeister aufspielen. Viel eher ist es so, dass er darauf wartet, dass ihm die ›richtigen‹ Fragen gestellt werden. Diese ist er dann gern bereit zu beantworten, soweit er erkennt, dass der Fragesteller die für die Antwort notwendige geistige Reife hat und dass diese ihn nicht in seiner persönlichen Freiheit beschränkt. So kommt es durchaus häufig vor, dass er keine Antwort gibt, was er allerdings auch sehr wohl begründet. Zwei Beispiele für eine solche Begründung sind dem bereits erwähnten Buch von Frau Johanson entnommen. In einem Fall heißt es: *»Diese Frage hat mit dem ganz persönlichen Karma* [Schicksal] *des Fragenden zu tun. Er braucht dieses Problem und muss selber damit zurecht kommen. Wir geben keine Antwort.«* In einem zweiten Fall spricht der Engel: *»Nur ein reifer, runder Mensch kann mit uns in Verbindung treten. Unsere Antworten würde dieser nicht verkraften. Wir halten den Spiegel vor und stellen auch Forderungen. Es ist nicht immer erfreulich, mit uns zu verkehren.«*[42]

Wer sich näher mit dem Thema »Engelsbotschaften« befassen möchte, sollte bei der einschlägigen Literatur sowie den entsprechenden Internetseiten die Spreu vom Weizen trennen lernen. Nicht in allen Fällen handelt es sich um zeitgemäße Mitteilungen von Engeln in dem zuvor charakterisierten Sinn.

2.2.5 Schilderungen von Nahtod-Erlebnissen

Es gibt mittlerweile viele Millionen Menschen, die allein in den letzten sieben, acht Jahrzehnten aufgrund einer lebensbedrohlichen Krise, eines Unfalls oder eines Unglücks als klinisch tot galten und dann meistens dank der Möglichkeiten, welche die moderne Medizintechnik bietet, reanimiert, also wieder ins Leben zurückgeholt werden konnten. Diese Menschen standen bereits an der Schwelle des Todes und hatten diese – bildlich gesprochen – schon mit einem Bein überschritten. In diesem Zustand zwischen Leben und Tod verweilten sie meistens mehrere, selten länger als zehn bis fünfzehn Minuten. Während dieser Zeitspanne haben die sogenannten Vitalfunktionen, also lebenswichtige Vorgänge wie Atmung und Funktion des Herz-Kreislauf-Systems versagt. Ihr Herz hatte aufgehört zu schlagen, und der Körper wurde nicht mehr mit Sauerstoff versorgt. Es kam zu Bewusstlosigkeit, Atem- und Herzstillstand. Die Gehirnfunktionen waren häufig völlig außer Kraft gesetzt. Eine solche Situation kann verschiedene Ursachen oder Auslöser haben, etwa: Herzinfarkt oder schwere Herzrhythmusstörungen, Schädel-Hirn-Trauma durch einen Verkehrsunfall oder einen Sturz, Koma (z.B. durch Gehirnschädigung), starker Stromschlag, interzerebrale Blutung, schwerer Allergieschock oder fehlerhafte Narkose. In eher seltenen Fällen können auch noch folgende Ursachen in Frage kommen: schwere epileptische Anfälle, Drogenmissbrauch, starke Unterkühlung, missglückter Suizidversuch.

Nun kommt das Spannende! Sehr viele dieser Menschen gaben später an, sich noch sehr gut daran erinnern zu können, was sie in dieser kurzen Zeitspanne, in der sie mehr tot als lebendig waren, wahrgenommen haben, was sie in den zumeist nur wenigen Minuten erfahren und erlebt haben. Man spricht hier von *»Nahtod-Erlebnissen«* bzw. *»Nahtod-Erfahrungen«*. Auch die Begriffe *»Todesnähe-Erfahrungen«* oder *»Schwellen-Erlebnisse«* sind für dieses Phänomen gebräuchlich. Hiermit sind also solche Erlebnisse bzw. Erfahrungen gemeint, die ein Mensch haben kann, wenn er dem Tod schon sehr, sehr nahe gekommen ist, wenn er aufgrund einer der oben angeführten Ursachen sogar bereits als »klinisch tot« gilt. Etliche dieser Menschen waren anschließend – manchmal erst Jahre später – bereit, ihre Wahrnehmungen und Erlebnisse zu schildern. Diese Berichte sind in vielen Fällen von Wissenschaftlern, namentlich von Ärzten und Psychologen, sorgfältig studiert, analysiert und interpretiert worden.

Bis weit ins letzte Jahrhundert hinein konnte man nahezu nichts über Menschen, die Nahtod-Erlebnisse hatten, hören oder lesen. Einer der ersten, der durch äußerst ausführliche und höchst beeindruckende Schilderungen seiner *eigenen* Nahtod-Erfahrungen Aufsehen erregte, war der amerikanische Arzt und Psychiater Dr. *George G. Ritchie*. Er erlitt als junger Soldat im Alter von zwanzig Jahren während des 2. Weltkrieges im Jahre 1943 eine schwere Lungenentzündung. Als man ihn röntgen wollte, kollabierte er und wurde kurz darauf für tot erklärt. Während er schon im Sterbezimmer des Lazaretts aufgebahrt wurde, hatte er sehr intensive Nahtod-Erlebnisse, die er dann drei Jahrzehnte später in seinem Buch *»Return from Tomorrow«* veröffentlichte. Der Titel des ins Deutsche übersetzten Buches lautet: *»Rückkehr von morgen«*.

Ritchies Berichte fanden bei einigen amerikanischen Wissenschaftlern großes Interesse, so dass sie sich von nun an sehr intensiv der Sterbeforschung und namentlich der Auswertung und Analyse von Nahtod-Erlebnissen widmeten. Hier sind in erster Linie Dr. *Raymond A. Moody*, Dr. *Michael B. Sabom* und Dr. *Maurice S. Rawlings* zu nennen.

Die wohl namhafteste und bedeutendste Persönlichkeit, die schon Ende der 1960er Jahre das Tabuthema »Tod« brach, war die in Zürich geborene Ärztin Dr. *Elisabeth Kübler-Ross*. Sie ›wagte‹ es, sich an die Betten unzähliger Sterbender zu setzen, sie mit größter Liebe zu begleiten, mit ihnen zu reden und den Sterbeprozess zu studieren. Daraus entstand im Laufe der Zeit eine Sterbeforschung, die höchsten wissenschaftlichen Anforderungen genügt. Neben vielem, was sie seitdem auf diesem Gebiet leistete, beschäftigte sie sich auch intensiv mit den Berichten von Nahtod-Erlebnissen. Die Tatsache, dass sie anfangs wegen ihrer Forschungen auf diesem nach Ansicht vieler Kollegen so ›unseriösen‹ Gebiet und ihren angeblich unwissenschaftlichen Resultaten von der Fachwelt verspottet wurde, hielt sie nicht davon ab, ihre Lebensaufgabe zu erfüllen. Zu diesen Anfeindungen und Diskreditierungen sagte sie später einmal: *»Meiner Meinung nach ist derjenige wissenschaftlich ehrenhaft, der* *das niederschreibt, was er herausgefunden hat, und außerdem darlegt, wie er zu seiner Schlussfolgerung gelangt ist. Man müsste mir volles Misstrauen entgegenbringen und mich geradezu der Prostitution zeihen [bezichtigen], wenn ich nur das veröffentlichen würde, was der allgemeinen Meinung gefällt. Ich denke nicht daran, Leute zu überzeugen oder gar zu bekehren. Meine Arbeit sehe ich hauptsächlich darin, das Erforschte weiterzugeben. Jene, die dafür bereit sind, werden mir Glauben schenken. Und jene, die es nicht sind, werden mit den unglaublichsten Vernünfteleien und Besserwissereien argumentieren wollen.«*[43]

Es dauerte noch ein paar Jahre, bis Dr. Kübler-Ross zu einer weltweit anerkannten Expertin auf dem Gebiet der Sterbe- und Nahtod-Forschung wurde. Zusammen mit ihren Mitarbeitern hat sie 20.000 Fälle von Menschen studiert, die man bereits für klinisch tot erklärt hatte und die dann wieder ins Leben zurückgeholt werden konnten. Man wird auf der ganzen Welt kaum eine zweite Wissenschaftlerin finden, der ebenso viele Ehrendoktortitel verliehen wurden. Elisabeth Kübler-Ross, die selbst einige Nahtod-Erlebnisse hatte, hat ihre Erfahrungen in etlichen Vorträgen und 24 Büchern dargestellt. Ihrer Initiative ist auch zu danken, dass in vielen Teilen der Welt die Hospizbewegung (☞ auch Kapitel 9, S. 386) ins Leben gerufen wurde. Dr. Moody und Dr. Kübler-Ross, die sich 1976 persönlich kennenlernten, kamen im Übrigen unabhängig voneinander zu weitgehend übereinstimmenden Forschungsergebnissen.

Mittlerweile gibt es eine Fülle an Literatur zu diesem Thema, so dass den wohl meisten Menschen der zivilisierten Welt einigermaßen bekannt und vertraut sein dürfte, worum es sich bei diesen Nahtod-Erlebnissen handelt.[44] Dennoch sollen im Folgenden kurz einige Merkmale sowie typische Motive der Nahtod-Berichte aufgezeigt werden:

Die zeitliche Dauer dieser Erlebnisse variiert im Durchschnitt von wenigen Sekunden bis zu dreißig Minuten. In dieser kurzen Zeit hatten die Betroffenen so viele Einzelheiten ›erlebt‹, dass dazu unter irdischen Zeitverhältnissen Tage, Wochen oder sogar Monate nötig gewesen wären. Trotz gewisser individueller Unterschiede fällt bei diesen Berichten auf, dass die Schilderungen sehr, sehr ähnlich sind. Fast alle sagen aus, dass sie keinerlei Angst oder Furcht verspürten. Die Gefühle, die sie empfanden, seien vielmehr äußerst beglückend gewesen. Viele haben einen tiefen inneren Frieden empfunden. Den meisten wäre es sogar lieber gewesen, in diesem Zustand, der mit nichts aus dem normalen irdischen Leben vergleichbar sei, zu verweilen, anstatt wieder ins Leben zurückgeholt zu werden. Sie hatten den Eindruck, sich außerhalb ihres Körpers, den sie von ›oben‹ beobachten konnten, zu befinden. Die meisten machten die Erfahrung, zunächst einen dunklen Tunnel passieren zu müssen, an dessen Ende ein unbeschreiblich warmes und helles Licht zu sehen gewesen sei. Die Aussage von diesem Licht zieht sich durch fast alle Berichte. Kaum einer hatte den leisesten Zweifel, dass dieses Licht ein lebendiges Wesen sei, ein

›Lichtwesen‹. Viele interpretierten es als Gott, Jesus, Christus, einen Engel oder als Maria, die Mutter Jesu.

Viele begegneten verstorbenen Verwandten oder Freunden, von denen sie herzlich in Empfang genommen worden seien. Dann berichten fast alle, dass sie irgendwelche Erlebnisse, die sie in ihrem Leben hatten, nochmals in großen Bildern gesehen oder durchlebt hätten. Einige sagen, dass sie einen Teil ihres bisherigen Lebens wie auf einer Filmleinwand gesehen hätten. Manche geben an, Geräusche wie beispielsweise Glockenklang oder eine geradezu himmlische Musik gehört zu haben.

Es fällt auf, dass die weitaus meisten Berichte ausschließlich oder zumindest vorwiegend äußerst angenehme Erlebnisse und Erfahrungen beinhalten, die zum Teil fast den Eindruck erwecken könnten, dass diese Menschen schon die ›Himmelsschwelle‹ überschritten hätten. Insbesondere bei den von Kübler-Ross und Moody untersuchten Fällen findet man kaum Schilderungen von furchterregenden Erlebnissen, die etwa an ein Fegefeuer oder gar die Hölle erinnern. Das schaut bei denen von Rawlings und Ritchie etwas anders aus. Rawlings schildert sogar von einem Mann, der sich in der Hölle wähnte. Ritchie berichtet, dass er zwar selbst nichts Furchterregendes erlebt, aber durchaus schreckliche Wahrnehmungen gemacht habe. Von Ritchies Bericht sowie auch von Nahtod-Schilderungen anderer Persönlichkeiten soll an späterer Stelle dieses Buches noch öfter die Rede sein.

Wie jede Quelle, aus der man Erkenntnisse über das nachtodliche Leben gewinnen kann, spalten auch die Publikationen der Nahtod-Erlebnisse die Zeitgenossen, die sich eingehend damit befassen, in zwei Lager. Die einen sagen, bei diesen Erlebnissen handele es sich um Halluzinationen, die in extrem lebensbedrohlichen Situationen etwa durch Sauerstoffmangel oder durch im menschlichen Körper freigesetzte biochemische Substanzen erzeugt würden. Die anderen vertreten die Auffassung, dass man bei den Schilderungen von *realen* Erlebnissen ausgehen müsse und dass man diese durchaus als einen Beweis auffassen könne, dass der Mensch nach dem Tod weiterlebt. Die zweite Gruppe hat im Laufe der letzten Jahrzehnte viele Anhänger gefunden. Sogar der eine oder andere, der vorher davon überzeugt war, dass der Tod das Ende der menschlichen Existenz darstelle, hält nun ein Leben nach dem Tod für möglich. Insbesondere die großen christlichen Kirchen spannen die Resultate der Nahtod-Forschung vor ihren Karren. In vielen Kirchenschriften werden diese Berichte als wissenschaftlicher Beleg dafür herangezogen, dass die kirchlichen Lehren insoweit richtig seien, als die menschliche Existenz nicht durch den Tod ausgelöscht werde.

Es gibt kaum eine andere Quelle, die so breite Bevölkerungsschichten für einen glaubwürdigen Beweis eines Lebens nach dem Tod ansehen wie die Schilderungen von Nahtod-Erlebnissen. Das mag zum großen Teil daran liegen, dass diese Forschungen von Wissenschaftlern betrieben werden, die man vielleicht von Hause aus für objektiver und vertrauenswürdiger hält als etwa ein Medium oder den einen oder anderen Kirchenvertreter. Zum anderen dürfte aber auch die Tatsache eine Rolle spielen, dass diese Berichte und ihre Analysen und Interpretationen frei von religiösem Fanatismus und mystischer Schwärmerei sind. Dennoch sollte man so redlich sein einzuräumen, dass diese Schilderungen nicht von Menschen stammen, die *wirklich* verstorben sind. Es ist ja zumindest nicht ganz auszuschließen, dass die Erlebnisse, die man nach dem *tatsächlichen* Tod haben kann, von den Nahtod-Erlebnissen abweichen. Auch darf man hier wieder nicht außer Acht lassen, dass die Menschen, die Nahtod-Erlebnisse hatten, vor dem nun schon bekannten Problem stehen, ihre Erfahrungen aus geistigen Sphären in Worte und Bilder einer natürlichen Sprache gießen zu müssen. Es sollte vielleicht auch noch eingeräumt werden, dass vielen diese *vorwiegend* angenehmen Erlebnisse sehr sympathisch sind. Sie sind schon ein wenig geeignet, die Furcht vor dem Tod verlieren zu können.

Trotz aller – *wenigstens zum Teil* berechtigten – Vorbehalte muss man sagen, dass die weitaus meisten Nahtod-Berichte im Kern mit den Schilderungen aus anderen Quellen und insbesondere mit den geisteswissenschaftlichen Forschungsergebnissen Rudolf Steiners über das Leben des Menschen nach dem Tod in Einklang stehen. Das konnten wir selbst feststellen, als wir für unser 2023 erschienenes Buch *»Blick hinter die Schwelle des Todes«* (☞ S. 577) rund 400 Nahtod-Berichte recherchiert und ausgewertet haben. Somit können uns auch diese Quellen sehr ausführliche und stimmige Einblicke in die Welt der Toten sowie in dasjenige, was diese in den höheren Welten erleben und zu leisten haben, geben. Diesen Menschen, die schon ganz nah an der Schwelle des Todes standen, wurde ein ganz realer Einblick in bestimmte Bereiche der übersinnlichen Welt gewährt. Judith von Halle schreibt über den großen Nutzen, den Menschen durch ihre Nahtod-Erfahrungen gewinnen konnten, *»bei denen die Menschenseele über den Erkenntnisabgrund, der zwischen der Sinnes- und Geistwelt liegt, hinübergetragen und zur bewussten Wahrnehmung der geistigen Wirklichkeit und nicht selten zum Gewahren Christi in Seiner ätherischen Erscheinung erweckt wird.«*[45] Frau von Halle ›adelt‹ die Schilderungen von Nahtod-Erlebnissen, indem sie weiter schreibt, dass man sich durch diese krisenhafte Spontan-Einweihung wissend gewordener Seelen durchaus belehren lassen dürfe.

2.2.6   Schilderungen von Hellsehern und die Anthroposophie Rudolf Steiners

Der Begriff *»Hellseher«* ist in unserer heutigen Zeit eher negativ belegt. Selbst bei solchen Menschen, die noch nicht der materialistischen Weltanschauung anheimgefallen sind, haben Hellseher keinen allzu guten Ruf. Das liegt einerseits ganz gewiss daran, dass man solche aus Unwissenheit meistens mit Wahrsagern, wie man sie etwa auf Jahrmärkten oder Esoterikmessen erleben kann, verwechselt oder zumindest in einen Topf wirft. Einigen mag auch im Ohr klingeln, dass Hellseherei bzw. Wahrsagerei von den Kirchen für Teufelswerk erklärt wird. Die Hellseher, von denen hier die Rede sein soll, haben nichts mit *zum Teil* suspekten Wahrsagern oder solchen, die ihre Fähigkeiten auf Jahrmärkten oder sonst wo zur Schau stellen, zu tun.

2.2.6.1 Hellseher und Eingeweihte

Vor vielen Jahrtausenden war die Hellsichtigkeit, also die Fähigkeit, geistige Welten und Wesen wahrnehmen zu können, noch eine ganz normale Gabe, die *allen* Menschen zu eigen war. Die Menschen konnten also genau wissen, was die geistig-göttliche Welt von ihnen erwartete. Als »gut« konnten sie alles erkennen, was die geistigen Wesen, die ›guten Götter‹ (☞ Kapitel 3, S. 127ff.), wollten. Sie lebten viel mehr im Bewusstsein der geistigen als der irdischen Welt. Die geistigen Welten erschienen den damaligen Menschen ungleich realer als die Erdenwelt. Dass unsere materialistischen Wissenschaften davon nichts wissen bzw. wissen wollen, muss wohl nicht betont werden.

Diese Fähigkeit, diese ganz natürliche Hellsichtigkeit *musste* nach und nach verloren gehen, damit die Menschen sich mehr der physischen Erde zuwenden und sich durch die Loslösung von den Weisungen der Götter ihre Unabhängigkeit, Selbständigkeit und Verstandeskräfte erwerben konnten. Dass die große Mehrheit der Menschen dadurch letztlich sogar das Wissen von der geistigen Welt gänzlich verloren hat und diese sogar als nicht existent betrachten kann, ist heute nicht zu übersehen. Die Menschheit ist mittlerweile also ins andere Extrem verfallen.

Allerdings gab es auch in späterer Zeit, also in den letzten zwei, drei, vier Jahrtausenden einige Persönlichkeiten, die zumindest noch mit Resten dieses atavistischen Hellsehens begabt waren. Denken Sie etwa nur an die alten Propheten. Auch in den nachchristlichen Jahrhunderten sind immer wieder Menschen aufgetreten, die begnadet waren oder wurden, bis zu einem gewissen Grad in geistigen Welten wahrnehmen zu können. Die meisten sind noch heute einer breiten Öffentlichkeit durchaus bekannt. Viele von ihnen sind sogar von der katholischen Kirche heiliggesprochen worden, sofern ihre Schilderungen dem Weltbild und den Dogmen der Kirche nicht widersprachen.

Nachdem in unserer Zeit die Menschen ihre Selbständigkeit und ihre Unabhängigkeit von den Weisungen der geistigen Welt längst erreicht – vermutlich sogar überschritten – und ihre intellektuellen Fähigkeiten längst auf ein hinreichendes Niveau erhoben haben, ist es von großer Bedeutung, dass sie sich früher oder später wieder einen unmittelbaren, persönlichen Zugang zur geistigen Welt erwerben. Es muss also mehr und mehr Menschen geben, die zu einem *zeitgemäßen* Hellsehen fortschreiten. Es dürfte heute wohl bereits viele Tausend Menschen in der Welt geben, die hellsichtig sind und somit mit einem gewissen Recht als »Hellseher«, »Geistesseher« oder kurz »Seher« bezeichnet werden können.

Die Hellsichtigkeit darf gewiss als eine hohe Gabe betrachtet werden. Bei manchen hellsichtigen Menschen tritt diese Fähigkeit im Laufe des Lebens recht spontan auf. Zahlreiche Geistesseher bringen ihre Gabe, in übersinnlichen Welten wahrnehmen zu können, bereits ins Erdenleben mit. Diese vermögen dann schon im Kindesalter, geistige Wesen zu ›sehen‹, die für ihre Eltern, Geschwister, Freunde und Erzieher nicht zu existieren scheinen. Häufig werden ihre Wahrnehmungen und die darauf fußenden Erzählungen nicht ernst genommen. In gar nicht einmal so seltenen Fällen werden solche Kinder als psychisch krank abgestempelt. Ihre Gabe wird ihnen dann bisweilen durch die Verabreichung starker Psychopharmaka ›ausgetrieben‹. Es gehört schon viel Kraft dazu, sich diese Fähigkeit nicht ausreden und nicht nehmen zu lassen. Oftmals kommen sie mit dieser Problematik nur dadurch zurecht, dass sie sich über ihre übersinnlichen Schauungen und Erlebnisse in Schweigen hüllen.

Man darf aber nicht alle heutigen Hellseher in einen Topf werfen. Genau wie bei anderen Fähigkeiten, über die ein Mensch verfügen kann, verhält es sich auch hier so, dass diese Begabung bei unterschiedlichen Hellsehern unterschiedlich stark ausgeprägt sein kann. Schließlich tritt ja auch nicht jeder Sänger in der Mailänder Skala auf, und nicht jeder Fußballer spielt in der Nationalmannschaft.

Wir wollen hier noch kurz die Frage aufwerfen, wodurch heute eigentlich ein Mensch zum Hellseher werden kann und was einen solchen auszeichnet. Die ganz große Masse der heutigen Menschheit verfügt ja ganz offensichtlich nicht über diese Gabe. Warum können die weitaus meisten Menschen nicht in der geistigen Welt wahrnehmen? Warum können sie nicht Geistiges sehen oder hören? Nun, die Antwort ist einfach – und vielleicht zunächst doch schwer verständlich: Wir Durchschnittsmenschen nehmen die geistige Welt nicht wahr, weil wir in ihr *schlafen*. Diese vielleicht etwas sonderbar klingende Antwort ist im wortwörtlichen Sinne zu verstehen, wie man sich leicht klarmachen kann. Wenn wir nachts im Bette schlafen, so wird uns die Sinneswelt doch auch nicht bewusst. Sie scheint für uns in dieser Zeit nicht zu existieren. Wir nehmen nichts Physisches wahr; wir sehen, hören, fühlen, riechen und schmecken nichts. So wie wir nachts in der physischen Welt schlafen, so schlafen wir *permanent* in der geistigen Welt. Wie für uns nachts die Sinneswelt nicht zu existieren scheint, so scheint für uns die geistige Welt *grundsätzlich* nicht zu existieren, obwohl wir uns – wie wir an späterer Stelle noch beleuchten wollen – immer in ihr befinden. Die physische Welt nehmen wir erst wieder wahr, nachdem wir morgens aufgewacht sind. Dann wird sie uns wieder bewusst. Sie kann uns deshalb bewusst werden, weil wir über die dazu nötigen *physischen Sinnesorgane* verfügen. Diese Organe waren aber im Urbeginn noch undifferenziert und nicht so entwickelt, dass der Mensch durch sie Wahrnehmungen haben konnte. Erst durch die Einwirkungen des Lichtes und des Schalls konnten sich im Laufe der Zeit die Augen und Ohren zu solchen Organen entwickeln, die den Menschen befähigen, Sinnliches zu sehen bzw. zu hören. Um in der geistigen Welt wirklich aufwachen zu können, brauchen wir andere Organe, »geistige Organe«. Diese Organe, »geistige Augen«, »geistige Ohren«, usw., werden in fernöstlichen Traditionen »Chakren« oder »Lotosblumen« genannt. Dass sich diese Organe den physischen, materiellen Forschungsmethoden unserer Wissenschaftler entziehen und somit von ihnen für nicht existent gehalten werden, muss wohl nicht erwähnt werden. Über diese Organe verfügt *jeder* Mensch. Bei jedem sind sie *keimartig* veranlagt. Sie sind bei der großen Mehrheit der Menschen allerdings noch nicht ›geöffnet‹, so dass man mit ihnen nicht wahrnehmen kann. Sie befinden sich quasi noch im Embryonalzustand – ähnlich wie das im Urbeginn mit unseren heutigen Sinnesorganen auch der Fall war. Erst nach dem Tod, wenn wir mit unserem physischen Leib die Sinnesorgane ablegen, wird uns diese Wahrnehmungsmöglichkeit erschlossen. Diese geistigen Organe *können* aber auch prinzipiell bei jedem Menschen zu Lebzeiten durch eine langjährige geistige Schulung geöffnet werden.

Wenn ein Hellseher geistig wahrnimmt, also geistige Welten und Wesen beobachtet, versetzt er sich, während er gewissermaßen ›außerhalb seines Körpers‹ ist, in einen anderen Bewusstseinszustand, der ihm eine *höhere* Erkenntnismöglichkeit eröffnet. So spricht man vom »*imaginativen Bewusstsein*«, wenn er geistig *schaut* und vom »*inspirativen Bewusstsein*«, wenn er geistig *hört*. Nun kommt noch etwas Entscheidendes hinzu: Der hellsichtige Mensch der heutigen Zeit muss in der Lage sein, während seiner geistigen Beobachtungen sein übliches »Ich-« oder »Tages-Bewusstsein« voll aufrechtzuerhalten, das ihm stets eine kritische Instanz sein muss.

Vielen Zeitgenossen – selbst denjenigen, die von der Existenz höherer Welten sowie einem Leben des Menschen nach dem Tod überzeugt sind – mag es nicht ganz leicht fallen, diese übersinnlichen Wahrnehmungs- bzw. Erkenntnismöglichkeiten, also die »*Imaginationen*« bzw. »*Inspirationen*« als eine Wahrheit anzuerkennen. Vermutlich liegt das einfach daran, dass diese Fähigkeiten so weit entfernt von allem sind, was sie selbst kennen und erfahren können. Diese Skeptiker könnten allerdings unzählige Stellen der Bibel nicht richtig deuten, an denen Ereignisse geschildert werden, welche sich im Geistigen abgespielt haben und vom Schreiber imaginativ geschaut wurden. Man würde die Heilige Schrift gar nicht verstehen können, ja geradezu verleugnen, wenn man diese Tatsache nicht anerkennen würde. Viele Bibelleser bemerken allerdings nicht, dass es sich bei sehr vielen Schilderungen um die Darstellung von etwas Geistigem handelt, sondern fassen diese als etwas auf, was sich im *äußerlich* Sichtbaren, also in der Sinneswelt ereignet habe. Betrachten wir dazu ein Beispiel. Im Zusammenhang mit der Taufe Jesu am Jordan schreibt der Evangelist Markus: »*Und sobald er aus dem Wasser heraufkam, sah Johannes die Himmel aufreißen und den Geist wie eine Taube auf ihn herabkommen.*«[46] Viele neigen dazu, solche Sätze materialistisch auszulegen. So glauben sie, dass mit der Formulierung »*die Himmel aufreißen*« gemeint sei, dass die Wolken aufrissen. Vielmehr ist diese Formulierung aber so zu verstehen, dass sich der Schleier, der die Sinneswelt von den übersinnlichen

Welten trennt, für Johannes öffnete, so dass dieser in die Geisteswelt schauen konnte. Weiterhin glauben viele, dass eine Taube, so wie wir sie aus der Erdenwelt kennen, herabgeschwebt sei. Dass Johannes nicht etwa eine wirkliche Taube sah, wird schon durch die Formulierung *»wie eine Taube«* deutlich. Das, was da als Geistiges vom Himmel herniederkam, nahm Johannes als imaginatives Bild wahr, das er mit Worten einer Menschensprache am ehesten und besten mit einer Taube vergleichen konnte. Was ist bei der Taufe eigentlich geschehen? Die leiblichen Hüllen (☞ Kapitel 4, S. 196ff.) des *Jesus von Nazareth* waren jetzt in seinem 30. Lebensjahr so reif, so vollendet, so veredelt, dass sie zu einem tragfähigen Gefäß für den hohen und über alle Maße erhabenen Christus-Geist geworden waren. Der Christus konnte aus geistigen Höhen herabsteigen und sich in dieses Gefäß hineinsenken. Von nun an haben wir also den *Christus-Jesus* oder *Jesus Christus* vor uns, der Christus-Geist in der Leiblichkeit des Jesus von Nazareth. Dieser Christus-Jesus wandelte und wirkte von da an drei Jahre auf der Erde bis zum Mysterium von Golgatha.

Von der inspirativen Wahrnehmung ist in der Bibel ebenfalls häufig die Rede. Bleiben wir bei der Schilderung von der Taufe am Jordan, der Menschwerdung des Gottes Christus. Wie es bei Matthäus, Markus und Lukas heißt, ertönte eine Stimme vom Himmel, die zweifelsohne dem göttlichen Vater, dem Vatergott, zuzuordnen ist. Bei Matthäus und Markus heißt es: *»Dieser ist mein geliebter Sohn, in dem ich mich offenbare.«*[47] Lukas schreibt: *»Mein Sohn bist du. Heute habe ich dich gezeuget.«*[48]

Auch an zahlreichen anderen Stellen der Heiligen Schrift ist von der inspirativen Wahrnehmung die Rede. Wenn es etwa heißt: *»Als er das bei sich erwog, siehe, da erschien ihm ein Engel des Herrn im Traum und sprach: Joseph, Sohn Davids, scheue dich nicht, Maria, deine Frau, zu dir zu nehmen; denn das Kind, das sie erwartet, ist unter dem Walten des heiligen Geistes empfangen. Sie wird einen Sohn gebären, und du sollst ihm den Namen Jesus geben«*[49] oder *»Und ein Ruf ertönte aus den Himmeln: Du bist mein geliebter Sohn, in dir bin ich offenbart«*[50] oder *»Aber der Engel des Herrn redete zu Philippus und sprach: Steh auf und geh nach Süden auf die Straße, die von Jerusalem nach Gaza hinabführt und öde ist«*[51], so ist das natürlich nicht so zu verstehen, dass die Worte Gottes bzw. des Engels an die physischen Ohren der Angesprochenen gedrungen wären. Da göttliche Wesen keinen physischen Leib und somit auch keine Sprechwerkzeuge haben, können sie sich nicht durch eine sinnliche Sprache ausdrücken. Die ›Göttersprache‹ ist eine rein geistige Sprache oder – wie man vielleicht auch sagen könnte – eine Gedankensprache. Die in den obigen Versen der Heiligen Schrift angesprochenen Persönlichkeiten konnten die Worte durch Inspiration ›hören‹. Wenn ein anderer, der nicht inspirativ wahrnehmen kann, in der Nähe gewesen wäre, so hätte er nichts vernommen.

Die höchste Form der übersinnlichen Wahrnehmungsmöglichkeit, die sich nur wenigen Geistessehern erschließt, ist das *»intuitive Bewusstsein«*. Die intuitive Erkenntnismöglichkeit ist so umfassend, dass der Seher, der intuitiv wahrzunehmen vermag, die

Geschehnisse im Kosmos mit*erleben* kann. Er ›steckt‹ ganz in den geistigen Wesen ›drin‹ und kann sich mit ihnen quasi ›eins‹ fühlen. Der Geistesseher muss gewissermaßen aus sich selbst heraustreten und ganz selbstlos werden, um sich mit einer anderen Wesenheit verschmelzen zu können. Rudolf Steiner sagte dazu einmal: **»Das Leben der Dinge in der Seele ist nun die Intuition. Es ist eben ganz wörtlich zu nehmen, wenn man von der Intuition sagt: man kriecht durch sie in alle Dinge hinein.«**[52] Auf diese Weise kann ein Geistesseher beispielsweise das Leben der Seele eines Verstorbenen bis in die höchsten Sphären der geistigen Welt verfolgen und gewissermaßen miterleben. Die Intuitionen entsprechen dem, was die Mystiker als die »Einswerdung mit Gott« anstrebten. Alles wird mit voller Gedankenklarheit und nicht bloß gefühlsmäßig erlebt.

Im Leben zwischen Tod und neuer Geburt werden Imaginationen, Inspirationen und Intuitionen zur normalen Wahrnehmungsform des Menschen. Im ersten Drittel dieser langen Zeitspanne wird der Mensch vorwiegend imaginativ, im zweiten Drittel mehr inspirativ und im letzten Drittel zusätzlich intuitiv wahrnehmen. Wenn man die Nahtod-Berichte studiert, kann deutlich werden, dass auch den Menschen, die schon einmal ganz nah an der Todessschwelle standen, die imaginative und die inspirative Wahrnehmungsmöglichkeit eröffnet wurden.

Wie in Kapitel 5 dieses Buches noch ausführlich dargestellt werden soll, gibt es mehrere übersinnliche Welten und in diesen viele verschiedene ›Ebenen‹, ›Regionen‹ bzw. ›Sphären‹. Nicht jedem Hellseher ist es möglich, in allen Welten bzw. Sphären wahrnehmen zu können; vielen offenbaren sich nur die untersten. Das liegt nicht zuletzt daran, dass sich diesen ›nur‹ das imaginative, bestenfalls noch das inspirative Bewusstsein erschließt. Solchen ist es – um bei dem zentralen Thema unseres Buches zu bleiben – nicht möglich, dasjenige wahrzunehmen, was die Verstorbenen in den höchsten Sphären der übersinnlichen Welten empfinden, erleben und durchmachen. Das würde nämlich die Fähigkeit voraussetzen, *»sich in ihr Wesen hineinversetzen zu können. Dies wird erst auf der Stufe der Intuition möglich.«*[53] Auch die Fähigkeit, in der Akasha-Chronik, dem großen Weltengedächtnis (☞ Kapitel 7, S. 319ff.) zu lesen, ist nicht jedem Hellseher gegeben. Außerdem gibt es durchaus Hellseher, die nicht immer unterscheiden können, ob sie Imaginationen von geistigen Realitäten wahrnehmen oder ob sich ihnen lediglich illusionäre bzw. halluzinatorische Bilder darbieten.

Auf einer noch deutlich höheren Stufe als die Hellseher stehen die sogenannten *»Eingeweihten«* oder *»Initiierten«*. In fernöstlichen Ländern werden sie auch als *»Erleuchtete«* bezeichnet. Eingeweihte hat es zu allen Zeiten der Menschheitsentwicklung in allen großen Kulturen gegeben. Diese konnten die Aufgabe übernehmen, geistige Führer ihres Volkes zu werden. Die zu dieser besonderen Mission für würdig befundenen Menschen mussten einen sehr langen Schulungsweg beschreiten, um schließlich von einem Meister, dem *»Hierophanten«*, die Einweihung, die es in verschiedenen Graden gibt, zu empfangen. In früheren Zeiten wurde das in den sogenannten *»Mysterienstätten«* vollzogen. Diese Stätten wurden streng geheim gehalten. Die Art und Weise, wie diese Einweihungsprozedur vollzogen wurde, kann hier vernachlässigt werden. Ein Eingeweihter, der meistens von den übrigen Menschen nicht als solcher erkannt wird, ist – zumindest im Normalfall – nicht nur im hohen Grade hellsichtig, sondern er hat sich durch seinen langjährigen Schulungsweg sowie die eigentliche Einweihung auch ein profundes Wissen über geistige Wesen und Welten angeeignet, so dass er das, was er zu schauen vermag, weitgehend verstehen und in große Zusammenhänge bringen kann. Bei vielen Hellsehern sind diese Kenntnisse nicht vorhanden, was die große Gefahr birgt, dass sie ihre Schauungen falsch bewerten und einordnen oder im Extremfall gar nicht verstehen. Um besonders tiefe geistige Schauungen – etwa solche, die in die fernste Zukunft deuten – haben zu können, bedarf es unbedingt eines sehr hohen Einweihungsgrades.

Eingeweihte, die nahezu jeder kennt, waren die vier Evangelisten – allen voran Johannes, der Schreiber des Johannes-Evangeliums und der Geheimen Offenbarung. Somit kann man die Evangelien durchaus auch als »Einweihungsschriften« bezeichnen. Es ist gerade in unserer heutigen Zeit sehr wichtig, dass initiierte Persönlichkeiten über einen scharfen und wissenschaftlich geschulten Verstand verfügen und somit sehr wohl in der Lage sind, das Geistige, das sich ihnen offenbart, wirklich verstehen und beurteilen zu können (☞ auch 2.2.6.4, S. 72f.).

Auch für unser Zeitalter gibt es neue, moderne Einweihungswege, die prinzipiell von jedem Menschen beschritten werden können, wenngleich dazu ein sehr hohes Maß an sittlich-moralischer Reife, emotionaler Ausgeglichenheit, Willenskraft und Geduld vonnöten ist. Es liegt auf der Hand, dass es in der Gegenwart *deutlich* weniger Eingeweihte als Hellseher gibt.

Um den Unterschied zwischen einem Hellseher und einem Eingeweihten zu verdeutlichen, wollen wir einen einfachen und etwas plakativen Vergleich heranziehen.

Stellen Sie sich einen Menschen vor, der am Rande eines Meeres steht. Nehmen wir nun einmal hypothetisch an, dass die große Masse der Menschheit, zu der auch er gehört, nicht in der Lage ist, ins Meer einzutauchen. So wie die meisten Menschen nicht in der Lage sind, in die geistige Welt zu schauen, wäre er nicht imstande nachzuschauen, ob bzw. was sich unter dem Meeresspiegel verbirgt. Er sieht also nur die Wasseroberfläche. Er nimmt das Kräuseln und die Wellen, die das Meer aufwirft, wahr. An dem, was er sieht, kann er seine Beobachtungen anstellen und sich erfreuen. Das kann ihm genügen. Falls er Wissenschaftler ist, wird er allerlei Theorien bezüglich der Ursachen für das Kräuseln und das Spiel der Wellen begründen. Wenn er nicht materialistisch gesinnt ist, wird er vielleicht daran glauben, dass unter der Oberfläche irgendetwas, was er weder wahrnehmen noch begreifen kann, existiert. Vielleicht wird er sich erkundigen, was Menschen, die in der Lage sind, ins Meer einzutauchen, darüber berichten. Ist er aber Materialist, so wird er behaupten, dass unter der Meeresoberfläche nichts sei.

Einen hellsichtigen Menschen kann man nun vergleichen mit einem, der die Fähigkeit besitzt, ins Meer einzutauchen. Dort wird er dann mannigfaltige Dinge wahrnehmen. Je tiefer er zu tauchen in der Lage ist, desto mehr Einzelheiten wird er sehen und beobachten können. Er wird sie aber möglicherweise nicht verstehen und einordnen können. Er weiß vielleicht nicht, ob es sich um Gestein, Pflanzen, Fische oder sonstiges Getier handelt. Wenn ein Hellseher aber auch ein Eingeweihter ist, so wird er das, was er wahrnimmt und studiert, sehr wohl verstehen und in große Zusammenhänge einordnen können. Er lernt verstehen, um welche Lebewesen es sich handelt, wie sich diese fortpflanzen, was sie fressen usw. Wenn dieser nun anderen Menschen seine Forschungsergebnisse mitteilt, so können diese alles fast genauso gut verstehen, wie wenn sie diese Beobachtungen selbst gemacht hätten.

2.2.6.2   Anthroposophie – die Geisteswissenschaft Rudolf Steiners

Der wohl höchste Eingeweihte, der in der neueren Zeit im Abendland aufgetreten ist, war *Rudolf Steiner*, der Begründer der *»Anthroposophie«*. Da viele Ausführungen in späteren Kapiteln ganz stark auf seinen Erkenntnissen und Forschungsergebnissen basieren, soll er hier in aller Kürze vorgestellt werden.

Rudolf Steiner wurde am 25. Februar 1861 in Kraljevec (damals Österreich-Ungarn) geboren.[54] Schon in seiner Kindheit, die er an verschiedenen Orten Österreichs verbrachte, erlebte er, dass sich ihm eine übersinnliche Welt eröffnete, die, wie er bald erkennen musste, für alle anderen Menschen aus seinem Umfeld nicht vorhanden war. Über seine reichhaltigen übersinnlichen Erfahrungen und Erlebnisse hüllte er sich aber vier Jahrzehnte lang in Schweigen. In seinen späteren Lebensjahren sagte er einmal, dass es ein okkultes Gesetz gebe, dass man über geistige Erkenntnisse erst dann öffentlich reden dürfe, nachdem man alles, was andere an solchen Erkenntnissen schon aufgenommen und dargestellt haben, selbst aufgenommen und verarbeitet habe.

Schon sehr früh wurde ihm klar, dass man alle Erscheinungen und Tatsachen der physischen Welt nur dann im wahren Licht sehen kann, wenn man ihre Ursachen und Hintergründe kennt, die ausschließlich in geistigen Welten zu finden sind.

Nach dem Abitur studierte Rudolf Steiner von 1879 bis 1882 an der Technischen Hochschule in Wien Mathematik, Naturwissenschaft, Literatur, Philosophie und Geschichte. Zehn Jahre später promovierte er zum Doktor der Philosophie an der Universität Rostock. In seinen ersten Lebensjahrzehnten ging er durch mancherlei seelische Prüfungen, bis es um die Wende zum 20. Jahrhundert zu einem für sein weiteres Leben entscheidenden Erlebnis kam, zu dem er in seinem Buch *»Mein Lebensgang«* (GA 28) schreibt: **»Auf das geistige Gestanden-Haben vor dem Mysterium von Golgatha in innerster ernstester Erkenntnis-Feier kam es bei meiner Seelen-Entwickelung an.«**[55]

Wir können uns vorstellen, dass diese innere Christusbegegnung wie eine gewaltige Frage vor seiner Seele stand, die Frage, ob er bereit sei, sein weiteres Leben in den Dienst Christi zu stellen. Wenn man auf seine rastlose Tätigkeit, seinen aufopfernden Dienst an der Menschheit in den folgenden rund 25 Jahren schaut, ist klar, dass er diese Frage mit einem uneingeschränkten »JA, ich will!« beantwortet hat.

Rudolf Steiner musste sich die Frage vorlegen, wie seine übersinnlichen Einsichten und Erkenntnisse mit den naturwissenschaftlichen Methoden und Ansichten, die das Bewusstsein der modernen Menschen beherrschten, zu vereinbaren seien. Zunächst knüpfte er an die bis dahin nur wenig gewürdigten Erkenntnis-Ansätze in Goethes naturwissenschaftlichen Schriften an, bevor er mit der Darstellung seiner eigenen Erkenntnistheorie begann, die 1894 mit der Fertigstellung seines Werkes *»Philosophie der Freiheit«* ihren Abschluss fand. Mit dieser rein philosophischen Arbeit, in der er noch nicht auf irgendwelche okkulte Tatbestände Bezug nahm, zeigte er einen Weg auf, der die moderne Wissenschaft zur Anerkennung des Übersinnlichen führen könnte.[56]

Erst nach vielen Studien und vorbereitenden Tätigkeiten beendete er kurz nach der Jahrhundertwende im Alter von nun 40 Jahren sein Schweigen über seine übersinnlichen Erfahrungen und Erkenntnisse. Zunächst fand er nur in den Reihen der 1875 von *Helena Petrowna Blavatsky*, geb. *Hahn* und *H. St. Olcott* begründeten *»Theosophischen Gesellschaft«* eine geeignete Zuhörerschaft. Steiner wahrte stets seine völlige Selbständigkeit und stellte im Gegensatz zur üblichen theosophischen Lehre das »Christus-Ereignis« als den Mittelpunkt des Weltgeschehens dar. 1913 trennte er sich von der Theosophischen Gesellschaft und gründete die *»Anthroposophische Gesellschaft«*. Nun konnte er seine geistige Unabhängigkeit und Selbständigkeit auch im Äußeren bewahren. In der Zwischenzeit hatte er eine Reihe von Büchern geschrieben, in denen er seine geistigen Forschungsergebnisse der Öffentlichkeit zugänglich machte. Das Arbeitspensum, das er sich von nun an bis an sein Lebensende auferlegte, übersteigt jedes menschliche Vorstellungsvermögen. Dabei wurde er von der Einsicht angetrieben, dass es eine Notwendigkeit der gegenwärtigen Zeit sei, gesicherte geistige Erkenntnisse in die Welt zu bringen. Neben seinen weiteren permanenten Forschungen in der geistigen Welt und unzähligen anderen Betätigungen und Verpflichtungen fuhr er zu Vortragsreisen durch ganz Europa. Insgesamt hat er rund 6.000 Vorträge gehalten, in denen er seine umfassenden übersinnlichen Erkenntnisse und Forschungsergebnisse darstellte. Die Vorträge, die der breiten Öffentlichkeit zugänglich waren, wurden zum Teil von bis zu 2.000 Menschen besucht. Über intime Erkenntnisse sprach er nur im Kreise der Anthroposophischen Gesellschaft, wo er davon ausgehen konnte, dass die Zuhörer schon durch andere Vorträge oder Kurse für diese Themen vorbereitet waren. Dutzende seiner Vorträge hielt er für bestimmte Berufsgruppen, die ihn darum baten, zu ihnen zu sprechen: Ärzte, Lehrer, Theologen, Landwirte usw. Hier sorgte er immer wieder mit seinem höchst erstaunlichen Fachwissen für Verwunderung. Neben allen seinen sonstigen Verpflichtungen nahm sich Rudolf Steiner in seinen letzten Lebensjahren noch nahezu täglich die Zeit, unzählig vielen Menschen, die mit ihren kleinen und großen Sorgen zu ihm kamen, Rat zu geben.

Rudolf Steiner starb am 30. März 1925 in Dornach (Schweiz). Er hinterließ ein so umfassendes Lebenswerk, dass es noch Jahrhunderte dauern wird, bis es in seiner Gänze und all seinen Auswirkungen von der Menschheit überschaut und hinreichend gewürdigt werden kann. Zu seiner Hinterlassenschaft gehören etliche von ihm geschriebene Werke und mehr als 300 Bücher, die mittlerweile herausgegeben worden sind und Mitschriften seines Vortragswerkes darstellen. Mit seiner Anthroposophie hat er der Welt etwas Einzigartiges vermacht.

Dass Rudolf Steiner gerade zu Beginn des 20. Jahrhunderts von der geistigen Welt beauftragt wurde, den Menschen die Geisteswissenschaft zu bringen, ist gewiss kein ›Zufall‹. Im Jahre 1899 endete das sogenannte »Kali Yuga«, das »Finstere Zeitalter«, wie es in allen okkulten Traditionen genannt wird. Dieses Menschheitszeitalter dauerte insgesamt etwa 5.000 Jahre. In dieser Zeitspanne war es wichtig, dass der ›Schleier‹, der die geistige Welt von der Erdenwelt trennt, immer dichter, immer undurchsichtiger wurde. Die Menschen sollten – wie ja bereits kurz erwähnt wurde – immer mehr vor die Aufgabe gestellt werden, die Erde zu bearbeiten sowie die gesamte physische Welt zu ergreifen und zu verstehen. Somit musste auch das alte Hellsehen, das zuvor noch eine ganz natürliche menschliche Fähigkeit war, nach und nach verloren gehen. Die Menschen mussten von den Göttern unabhängig werden und ihre Selbständigkeit und Verstandeskräfte erringen.

Dazu war es auch notwendig, dass die Naturwissenschaften in die Welt kamen. Vor rund 2.400 Jahren war es *Aristoteles*, der mit seiner Begründung der »Logik« die Voraussetzungen bzw. Grundlagen für eine präzise und folgerichtige Erforschung der Natur schuf. Die Naturwissenschaften erreichten im 19. Jahrhundert ihren ersten großen Höhepunkt. Nun, nach Ablauf des Kali Yuga, wurde es notwendig, dass auch eine geistige Wissenschaft in die Welt kam.

Das war die gewaltige Lebensaufgabe Rudolf Steiners. Seine Anthroposophie ist keine okkulte Lehre im herkömmlichen Sinne. Sie verbindet das, was man über das

Sinnliche wissen kann, mit dem, was an Erkenntnissen nur aus geistigen Welten geholt werden kann. Anthroposophie stellt gewissermaßen die *Synthese* zwischen den Lehren der großen christlichen Kirchen (These) und denen der Wissenschaften (Antithese) dar. Im Gegensatz zu den anderen Wissenschaftlern war Steiner einer, der die Grenze, welche die übersinnliche von der sinnlichen Welt trennt, zu überschreiten vermochte. Seine Darstellungen sind daher nicht nur wissenschaftlich, sondern *über*wissenschaftlich. Somit kann die Anthroposophie auch mit Recht als »Geistes*wissenschaft*« bezeichnet werden. Sie ist eine ebenso präzise Geisteswissenschaft wie die Mathematik.

Rudolf Steiner sprach sich immer wieder entschieden gegen Dogmatismus aus, weil er jedwede Form von autoritativen Belehrungen als unzulässigen Eingriff in die menschliche Freiheit ansah. Daher wollte er für seine Anhänger auch niemals als ›Guru‹ gelten, dem man alle Aussagen nur aufgrund seiner persönlichen Autorität abnehmen sollte. Er forderte vielmehr immer wieder auf, seine Schilderungen mit allen zur Verfügung stehenden Mitteln kritisch zu hinterfragen und zu überprüfen. Die Lehren der Anthroposophie stehen weder im Widerspruch zu den Erkenntnissen der modernen Naturwissenschaften noch zu den Lehren des Christentums. Sie machen ganz im Gegenteil letztere erst so recht verständlich. Die Anthroposophie vermag es somit, die eingangs geschilderte Kluft zwischen Wissen und Glauben zu überbrücken.

Es gibt heute im Übrigen eine ganze Reihe von Errungenschaften und Einrichtungen, die aus der Anthroposophie geflossen sind. Hierzu sind insbesondere die »Waldorfpädagogik« und die »Waldorfschulen«, die »anthroposophisch orientierte Medizin«, die »Eurythmie«, der »biologisch-dynamische Anbau« in der Landwirtschaft und die »Christengemeinschaft« (»Bewegung für religiöse Erneuerung«) zu zählen.[57] In all diesen Fällen stand Rudolf Steiner denjenigen, die als Gründer auftraten, mit Rat und Tat zur Seite.

2.2.6.3 Anthroposophisch orientierte Hellseher und Eingeweihte in unserer Zeit

Jedem Anhänger und Verfechter der Anthroposophie kann es nur eine große Freude und Befriedigung sein, wenn er gewahr wird, dass es auch in unserer Zeit einige hellsichtige und zum Teil sogar eingeweihte Menschen gibt, die ihre Geistesforschungen ganz im anthroposophischen Sinne betreiben. Rudolf Steiner hat immer wieder gefordert oder zumindest gehofft, dass sich genügend Persönlichkeiten finden, die mit dieser Gabe im Sinne der anthroposophisch orientierten Geisteswissenschaft arbeiten und forschen, um diese weiterzutragen. In diesem Zuge hat er einen ganz konkreten Schulungsweg beschrieben, der nach geraumer Zeit den Schüler zu geistigem Schauen führen kann. In seinem Buch *»Wie erlangt man Erkenntnisse der höheren Welten?«* (GA 10) hat er insbesondere zunächst die Vorbereitungen und schließlich die Übungen und Meditationen angegeben, die auf diesem Wege erforderlich sind.

Wenn es darum geht, Hellseher unserer Tage, die auf dem sicheren Boden der Anthroposophie stehen, vorzustellen, kommt man an einer Persönlichkeit nicht vorbei: *Judith von Halle.* Es ist ein nahezu unmögliches Unterfangen, einen so herausragenden Menschen dem Leser nahe zu bringen, ohne den Rahmen dieses Kapitels zu sprengen. Dennoch soll der Versuch gewagt werden – wohl wissend, dass es nur ein unzureichender sein kann.

Judith von Halle wurde 1972 in Berlin geboren. Schon als Kind und Jugendliche erschloss sich ihr nach und nach die geistige Welt, die sie schon bald als eine viel realere wahrnahm als die sie umgebende Sinneswelt. Sie musste zu ihrem großen Leidwesen erkennen, dass es in ihrem Umfeld keinen weiteren Menschen gab, der für das, was sie zu schauen vermochte, Interesse zeigen oder gar ähnliche Wahrnehmungen machen konnte. So konnte sie ihre Schauungen nur in ihrem Inneren bewegen und verarbeiten, was bisweilen zu großem seelischen Leid führte. Nach dem Abitur studierte sie in Berlin Architektur. Ihr Studium schloss sie 1998 als Diplom-Ingenieurin ab.

Zwei Jahre zuvor kam es zu einer schicksalhaften Begegnung mit ihrem ehemaligen Universitätsdozenten und späteren Ehemann. Durch ihn wurde sie auf Rudolf Steiner und seine Werke aufmerksam. Zu ihrer unbeschreiblichen Freude erkannte sie, dass es bereits einen Menschen gegeben hatte, der sein Leben dem Erforschen der geistigen Welt sowie dem Vermitteln des von ihm Geschauten und Erkannten gewidmet hatte. In Steiners Büchern fand sie vieles von dem, was sie selbst geistig wahrnehmen konnte, in einer begrifflich präzisen, strukturierten Form wieder. Durch ihren Ehemann wurde sie auch mit der Anthroposophischen Gesellschaft in Berlin bekannt gemacht, wo sie später viele Vorträge über ihre eigenen geistigen Erkenntnisse hielt.

In der Passionszeit des Jahres 2004 – sie war in ihrem 33. Lebensjahr! – sind an ihr die Stigmata, die Wundmale Christi, aufgetreten, die bis heute nahezu unverändert vorhanden sind. Durch die Stigmatisierung ergab sich auch eine Umwandlung ihres gesamten physischen Organismus. Seit dieser Zeit bedarf sie nicht mehr der Nahrungsaufnahme. Der verwandelte physische Körper wehrt jede irdische Nahrung – mit Ausnahme geringer Mengen Wassers – strikt ab. Trotz der radikalen Nahrungskarenz kam es bis zum heutigen Tage zu keiner Gewichtsveränderung. Auch zeigte sich eine Steigerung der Sensibilisierung ihrer Sinneswahrnehmungen. So kann sie etwa Gespräche hören, die in einer Entfernung von Hundert Metern geführt werden. Sie kann riechen bzw. fühlen, ob im Blut eines anderen Menschen beispielsweise zu viel oder zu wenig Eisen enthalten ist, was dieser Mensch gegessen hat, usw.

Darüber hinaus hat sie seit der Stigmatisierung eine weitere höchst erstaunliche Gabe: Sie kann – zumindest an bestimmten Tagen – bis in alle Einzelheiten wahrnehmen und erleben, was sich vor ca. 2.000 Jahren in Palästina ereignet hat, insbesondere die Kreuzigung des Erlösers, seine Auferstehung und Himmelfahrt. Sie nimmt dabei alle Details wahr – sowohl diejenigen, die sich im Sichtbaren, also auf der Erde, als auch die, welche sich im Geistigen vollzogen haben. Sie ist also imstande, wie ein Augenzeuge über das Erdenleben Christi und seiner Zeitgenossen zu berichten.

Judith von Halle darf ganz gewiss als eine der höchsten Eingeweihten der Gegenwart betrachtet werden. Was ihr seherisches Vermögen angeht, kann man sie fast mit Rudolf Steiner in einem Atemzug nennen. Sie sieht es als ihre Mission an, ihren Menschenbrüdern die geistige Welt als eine Wirklichkeit darzulegen und sie ihres geistig-seelischen Wesenskerns bewusst zu machen. In diesem Zuge hat sie bereits über 20 Bücher geschrieben und viele Vorträge gehalten.

Eine zweite Persönlichkeit, auf deren Erkenntnisse wir in diesem Buch auch des Öfteren zurückgreifen werden, soll noch kurz vorgestellt werden: *Iris Paxino*. Sie wurde 1970 in Bukarest geboren und verbrachte ihre Kindheit in Rumänien, Griechenland und Deutschland. Sie studierte Psychologie, Literaturwissenschaft und Pädagogik in Stuttgart und Tübingen. Sie promovierte über das Thema »Nahtod-Erfahrungen«. Aufgrund ihrer Hellsichtigkeit ist es ihr möglich, das, was ein Verstorbener in den höheren Welten durchmacht, wahrzunehmen und zu erforschen.

Frau Paxino hat in Stuttgart eine psychologische Beratungspraxis und hält Vorträge auf dem Gebiet einer anthroposophisch orientierten Psychologie. Zu den Schwerpunkten ihrer Tätigkeit gehört eine meditative Arbeit mit Verstorbenen. In ihren Kursen versucht sie, anhand von Übungen nicht-hellsichtigen Menschen Möglichkeiten aufzuzeigen, wie diese Verstorbene differenziert wahrzunehmen lernen können. Ein besonderes Anliegen ist ihr, Wege zu weisen, wie man die vielen Verstorbenen, die sich im nachtodlichen Leben nicht zurechtfinden und somit zu einer großen Belastung für ihre Hinterbliebenen werden können, ›erlösen‹ kann.

2.2.6.4 Wege zum geistigen Schauen und wichtige Voraussetzung

Es gibt viele spirituell sehr interessierte und aufgeschlossene Zeitgenossen, die sich nichts sehnlicher wünschen, als *selbst* hellsichtig zu sein oder es plötzlich zu werden. Zunächst einmal ist es durchaus wichtig, dass immer mehr Menschen zu einem zeitgemäßen Hellsehen fortschreiten sollen. Es ist aber nicht ungefährlich, wenn eine solche Fähigkeit unvorbereitet einem Menschen zuteil wird. Wenn ein Durchschnittsmensch plötzlich hellsichtig würde und in geistige Welten schauen könnte, so würde ihn das völlig überfordern; er könnte mit den unzähligen imaginativen Bildern, die er dann wahrnehmen würde, nichts anfangen, er könnte sie nicht verstehen und nicht einordnen. Wenn ein solcher sich dann entschließen würde, anderen Menschen von seiner Geistesschau zu berichten, so könnte er im Grunde nur Nebulöses und Unverständliches berichten. Das wäre so ähnlich, wie wenn sich ein Mensch, der sich bislang nicht mit der Astronomie befasst hat, ein leistungsfähiges Teleskop besorgt und nun in einer klaren Nacht den Sternenhimmel beobachtet. Natürlich sieht er die unzähligen Sterne, die Sternbilder, vielleicht auch den einen oder anderen Planeten. Er wird das, was er beobachtet, aber nicht einordnen, nicht benennen und nicht präzise beschreiben können, da er das vorher nicht gelernt hat. Wenn er nun einem anderen von seinen Beobachtungen erzählen möchte, so wird er vermutlich nur von ›Punkten‹, die unterschiedlich groß und unterschiedlich hell sind, sprechen.

Heute kann jeder Mensch die Naturwissenschaften *studieren* und deren Erkenntnisse nach eigenem Nachdenken – und in vielen Fällen auch durch eigenes Überprüfen – zu seinem Wissen machen. Das Gleiche gilt auch für die Anthroposophie! Auch die unfassbare Fülle der geisteswissenschaftlichen Erkenntnisse kann jeder heute *studieren* und nach eigenem Nachdenken in seinen Wissensschatz aufnehmen. Nur mit dem Überprüfen ist es nicht ganz so einfach, denn dazu müsste man im Idealfall in einem hohen Grade hellsichtig sein. Viele Menschen, zu denen sich auch der Verfasser rechnen darf, können aus ihrem jahrzehntelangen Studium der Anthroposophie allerdings bezeugen, dass man durchaus zu einem Verständnis gelangen kann, ohne selbst hellsichtig zu sein. Im Grunde verhält es sich nicht anders, wie wenn wir etwa die Erkenntnisse der Astronomie studieren. Auch hier kann ein Mensch, der nicht selbst Astronom ist und somit nicht über die entsprechenden Gerätschaften und deren Handhabung sowie über die Kenntnis der Messmethoden verfügt, die Erkenntnisse sehr wohl verstehen und nachvollziehen, ohne sie selbst überprüfen zu können.

Es ist also von elementarer Wichtigkeit, dass man zunächst die Geisteswissenschaft *studiert*. Das muss immer der erste Schritt sein. Wenn man dann später – zum Beispiel durch einen bestimmten Schulungsweg – zum Hellseher aufsteigen sollte oder wenn wir später durch die Pforte des Todes schreiten und dadurch in gewisser Weise wie selbstverständlich Geistiges wahrnehmen können, können wir das Gesehene und Erlebte weitgehend verstehen und einordnen.

Nun gibt es allerdings sehr viele Hellseher, die ihre Gabe schon mit ins Erdenleben gebracht haben, die also bereits in ihrer Kindheit und frühen Jugend in geistige Welten schauen können. Ihnen stehen im Wesentlichen zwei Wege offen. Der eine Weg ist, dass sie sich ihre Fähigkeit von den Erwachsenen ausreden lassen oder sich diese gewissermaßen selbst wegsuggerieren, dass sie diese verleugnen, so dass diese hohe Gabe früher oder später wirklich verloren geht. Der andere Weg ist viel schwieriger. Sie müssen sich das, was sie geistig wahrnehmen können, in ein eigenes kindgerechtes Begriffssystem kleiden und in eigene Zusammenhänge bringen, die natürlich aufgrund ihrer Kindheit nur recht naiv und unvollkommen sein können. Wenn sie dann später erwachsen werden, müssen sie das Studium der Geisteswissenschaft nachholen. Dann können sie früher oder später das, was sie schon als Kind geschaut haben und immer noch zu schauen vermögen, *richtig* verstehen sowie ein- und zuordnen. Ein herausragendes Beispiel für eine Persönlichkeit, die diesen Weg beschritten hat, ist Judith von Halle.

Abschließend sei noch kurz erwähnt, dass es unzählige Menschen gibt, die dadurch, dass sie plötzlich und unvorbereitet hellsichtig geworden sind, völlig aus der Bahn geworfen wurden. Viele von ihnen werden als psychisch krank eingestuft und befinden sich in der Tretmühle der Psychiatrie.

2.2.7 Fazit

Wir haben gesehen, dass es eine ganze Reihe von Quellen gibt, aus denen man geistige Erkenntnisse gewinnen kann. Es möge heute also kein Zeitgenosse mehr sagen, man könne über geistige Tatsachen im Allgemeinen sowie über das Leben nach dem Tod im Besonderen nichts wissen! Eine solche Aussage wäre genauso unsinnig, wie wenn jemand etwa behaupten würde, man könne über die Astronomie oder die Quantenmechanik nichts wissen!
Wenn es darum geht, ein Wissen über das Leben des Menschen nach dem Tod zu erwerben, kann man zunächst einmal aus dem riesigen Fundus der Anthroposophie schöpfen. Wie bereits ausführlich dargelegt, ist es für jemanden, der übersinnliche Wahrnehmungen hat, sehr schwierig, diese in geeignete Worte oder Bilder zu kleiden. Diese Schwierigkeit stellt sich nur bedingt, wenn man die Ausführungen von Rudolf Steiner liest. Er fasste seine Darstellungen in einer Sprache ab, die mit den Verstandeskräften rechnet, die dem modernen Menschen eigen sind. Auch die vergleichenden Bilder, die er zwangsläufig des Öfteren verwenden musste, sind dem Vorstellungsvermögen, das der Mensch heute hat, angepasst. Steiners Schilderungen über das nachtodliche Leben sind frei von Schwärmerei, Gefühlsduselei, religiösem Fanatismus und jedweder Form von Dogmatismus. Daher werden wir uns auch insbesondere in den zentralen Kapiteln 5, 6, 7 und 8 dieses Buches, in denen das nachtodliche Leben ausführlich geschildert werden soll, ganz wesentlich an den geisteswissenschaftlichen Erkenntnissen Rudolf Steiners orientieren. Die umfassenden Ergebnisse, die wir den geisteswissenschaftlichen Forschungen Judith von Halles und Iris Paxinos verdanken, können uns ebenfalls viele wertvolle Hinweise liefern.

Es wäre aber sehr hochmütig und fahrlässig, wenn jemand, der sich mit dem Gedankengut der Anthroposophie durchdrungen hat, alle anderen Quellen, aus denen man Erkenntnisse über das nachtodliche Leben gewinnen kann, verwerfen würde. Neben den geisteswissenschaftlichen Erkenntnissen bzw. Forschungsergebnissen können uns ja noch die Schilderungen von Nahtod-Erlebnissen, sowie die eine oder andere Engelsbotschaft, die auf für die heutige Zeit rechtmäßige Weise übermittelt wurde, hilfreich sein. Selbstverständlich werden wir auch die Mitteilungen Sigwarts berücksichtigen, die ja von Rudolf Steiner – soweit sie ihm noch vorgelegt werden konnten – als völlig authentisch bezeichnet wurden.

Die Schilderungen von Nahtod-Erlebnissen bereiten einem Anthroposophen die wenigsten Schwierigkeiten. Das liegt zum einen daran, dass diese von seriösen Wissenschaftlern überprüft, analysiert und ausgewertet worden sind und dass sie frei von mystischer Schwärmerei sind. Zum anderen stimmen diese Berichte zu einem sehr großen Teil mit dem überein, was Rudolf Steiner selbst erforscht hat. Diese Berichte kann man also als eine Bestätigung dessen auffassen, was Steiner schon viele Jahrzehnte zuvor mitgeteilt hat. Es könnte nun jemand einwenden: »Diese Berichte können ja höchstens die aller-allerersten Phasen des nachtodlichen Lebens erhellen. Schließlich waren diese Menschen ja meistens nur wenige Minuten klinisch tot. Zu dem, was der Verstorbene später erleben und erfahren kann, können sie nichts beitragen. Sie können also nicht als Maßstab für das *gesamte* Leben nach dem Tod herangezogen werden!«

Nun ist es aber so, dass man vielen Nahtod-Schilderungen entnehmen kann, dass jemand, der – sagen wir – zehn Minuten klinisch tot war, in dieser kurzen Zeitspanne häufig deutlich mehr erlebt und erfahren hat als jemand, der unwiderruflich gestorben ist, in diesen wenigen Minuten erlebt. Einige der Motive, von denen Menschen, die Schwellen-Erlebnisse hatten, schildern, wird ein Mensch, der tatsächlich gestorben ist, nicht schon in der allerersten Zeit nach dem Tod, sondern erst später, teilweise deutlich später erleben. Es macht den Eindruck, dass manchen im Rahmen ihrer Nahtod-Erfahrungen bereits gewisse Erlebnisse und Eindrücke ›zeitlich‹ vorausgespiegelt werden. Außerdem kann man im Nachtodlichen ohnehin nicht von »Zeit« gemäß unserem Verständnis sprechen. Man kann in den übersinnlichen Welten unsere übliche lineare Zeitachse nicht zugrundelegen. Einige dieser Wahrnehmungen bzw. Erlebnisse finden in gewisser Weise gleichzeitig statt. Hinzu kommt, dass zahlreiche Menschen, die fast die Schwelle des Todes überschritten hätten, von Erlebnissen und Erfahrungen berichten, die sie bei *anderen* Verstorbenen, die schon vor langer Zeit gestorben waren, wahrnahmen.

Somit ist der obige Einwand im Grunde entkräftet.

Jede geistige Erkenntnis, die man auf welchem Wege auch immer gewinnen kann, muss sich letztlich an den Aussagen der Bibel messen lassen. Dass es in der heutigen Zeit sehr schwierig ist, diese richtig lesen und verstehen zu können, haben wir schon erörtert. Hier ist es gerade die Geisteswissenschaft Rudolf Steiners, die wieder zu einem rechten Verständnis der Bibel führen kann. Steiner ist bei all seinen Forschungen nie von den religiösen Urkunden *ausgegangen*. Erst jeweils im Nachhinein fand er die Resultate seiner Geistesschau sowie seines ›Lesens‹ *in der* Akasha-Chronik, für das er genau wie die Autoren der Bibel begnadet war, durch die Texte dieser Urkunden bestätigt. In einigen Fällen sah er sich veranlasst, Bibelverse etwas zu modifizieren oder neue Erkenntnisse hinzuzufügen. Somit hat er einen neuen Zugang zum Verständnis der Bibel erschlossen. Folglich werden wir auch immer wieder bestimmte Bibelverse – insbesondere das Lazarus-Gleichnis – berücksichtigen.

Viele Anthroposophen, also Anhänger der Lehren Rudolf Steiners, tun sich schwer, den medialen Jenseitsbotschaften ihre Anerkennung zu zollen. In der Tat scheinen die beiden ›Welten‹, die Anthroposophie und die Lehren, die durch Jenseitsbotschaften entstanden sind, miteinander nur schwer vereinbar zu sein. Dass den Geistdurchsagen aus unterschiedlichen Gründen mit gesunder Skepsis zu begegnen ist, haben wir bereits ausführlich erläutert. Dennoch sollte man aber die Jenseitsbotschaften – insbesondere die aus neuerer Zeit – nicht unberücksichtigt lassen, wenn es darum geht, Erkenntnisse über das nachtodliche Leben zu gewinnen. Genau wie jede Religion ihre gute Bedeutung und Berechtigung in der Welt hat, so muss man wohl auch die unterschiedlichen Arten und Methoden, wie die geistige Welt uns Menschen ihre unermesslichen Weisheiten zuströmen lässt, als berechtigt ansehen. Die Wahrheit ist unteilbar, aber jeder Mensch, der nach ihr strebt, kann nur immer wieder ein bestimmtes ›Fenster‹ finden, durch das er einen Blick auf sie werfen kann. Je nach dem Vermögen und der spirituellen Reife des Suchenden kann er unterschiedlich viele und unterschiedlich große Fenster finden. Trotz aller Vorbehalte gegenüber den medialen Jenseitsbotschaften, von denen hier gar nicht abgerückt werden soll, muss man anerkennen, dass es mittlerweile sehr viele Medien gibt, die Botschaften empfangen haben, die im Kern sehr ähnlich sind. Viele Jenseitsbotschaften aus neuerer Zeit klingen auch nicht mehr so platt und banal, wie das häufig bei den spiritistischen Geistdurchsagen aus früheren Tagen der Fall war. Außerdem sind die Übereinstimmungen mit den Lehren der Anthroposophie in vielen Punkten nicht zu übersehen. Vielleicht hat Rudolf Steiner auch diese Quellen gemeint, als er sagte: **»Wir müssen uns wirklich mit aller gesunden Vernunft auch den Aussagen über das Geistige gegenüberstellen. Wenn wir aber Dogmatiker werden wollen, können wir nicht Geisteswissenschafter werden. Wenn wir entweder vergöttern oder verketzern wollen, können wir nicht Geisteswissenschafter werden. Es werden unendlich wertvolle Beiträge zur Charakteristik der geistigen Welt auch von Seiten kommen, auf die man nicht unbedingt schwören will.«**[58] Somit sollen in den zentralen Kapiteln dieses Buches auch Jenseitsbotschaften immer wieder herangezogen und berücksichtigt werden.

Eine Bemerkung erscheint in diesem Zusammenhang noch sehr wichtig zu sein:

Wenn jemand geistige Erkenntnisse erwerben möchte, so sollte er niemals unreflektiert das Wissen oder die Botschaften irgendwelcher Quellen oder Menschen einfach übernehmen. Alles, was man hört, liest oder auf welchem Wege auch immer in Erfahrung bringen kann, sollte man stets mit seinen eigenen Seelenkräften durchleuchten. Man sollte es abwägen mit dem, was die eigene ›innere Stimme‹ bzw. ein gewisses ›inneres Gespür‹, das sich jedweder Sympathie und Antipathie zu enthalten vermag, sagen.

Kapitel 3

Die wiederholten Erdenleben – Reinkarnation und Karma

Die Ursache aller Dinge ist der Geist.
Er bringt einen Körper hervor,
durch den er seine Wunder vollführt.
Ist der Körper zerstört,
schafft sich der Geist einen neuen Körper,
der ähnliche oder höhere Eigenschaften hat.
Paracelsus [1]

Zunächst einmal soll hier nur ganz grob und ohne schon ins Detail gehen zu wollen skizziert werden, was man unter »Reinkarnation« und dem in engster Weise damit zusammenhängenden Begriff »Karma« versteht.

Betrachten wir zunächst den Begriff »Inkarnation«, den man mit »Fleischwerdung« übersetzten kann. Hierunter versteht man, dass eine Menschenseele sich in einem physischen, also fleischlichen Leib verkörpert, wie das bei der Geburt bzw. Empfängnis der Fall ist. Entsprechend bedeutet *»Reinkarnation«* – was mit »Wieder-Fleischwerdung« oder auch »Wiederverkörperung« übersetzt werden kann – eine *wiederholte* Inkarnation, also eine wiederholte oder erneute Geburt. Daher wird auch oftmals der Begriff *»Wiedergeburt«* verwandt. Rudolf Steiner sprach meistens von den *»wiederholten Erdenleben«* bzw. von dem *»Gesetz der wiederholten Erdenleben«*. Gemeint ist damit, dass ein Menschenwesen nicht nur ein einziges Mal als körperlicher bzw. verkörperter Mensch den irdischen Schauplatz betritt, dass er nicht nur einmal geboren wird, sondern viele Male. Zwischen zwei Verkörperungen, also zwischen zwei Erdenleben, verweilt er als rein ›geistig-seelisches Wesen‹ in ›geistigen Sphären‹.

Der Mathematiker und Anthroposoph *Axel Burkart* bezeichnet in seinen Vorträgen die Menschen plakativ als »Terranauten«. Damit bringt er durchaus treffend zum Ausdruck, dass die Menschen ihre wahre Heimat in der geistigen Welt haben und immer wieder die Erde aufsuchen, um dort ihre Mission zu erfüllen. So wie ein Astronaut sich einen Astronautenanzug anzieht, wenn er seinen Heimatplaneten verlässt und mit einem Raumschiff ins Weltall aufsteigt, bekleidet sich der Mensch mit einem ›Terranautenanzug‹, einem physischen Körper, wenn er seine wahre Heimat, die geistige Welt, verlässt und ins erneute Erdenleben hinuntersteigt.

Der Begriff »Erde« muss hier betont werden. Diese mit ihren Naturreichen sowie das gesamte Sonnensystem mit allen Planeten und Naturgesetzen ist ganz nach Maßgabe des Menschen geschaffen. Die Erde ist der einzige Weltenkörper im unermesslich riesigen Universum, auf dem der Mensch leben kann.

Der Tod, den viele so fürchten, ist ein großes Geschenk der göttlichen Weltenordnung. Würde der Mensch nicht sterben, so würde er sich immer mehr von allem Geistigen entfernen und entfremden. So aber wird uns allen nach jeweils durchschnittlich 70, 80 Jahren die Gnade zuteil, wieder in unsere eigentliche Heimat, die geistige Welt, zurückkehren zu können, wo wir uns während eines langen Zeitraums das geistige Rüstzeug für unsere nächste Inkarnation erwerben können.

Nichts von dem, was ein Mensch in einem Erdenleben an Gutem wie an Schlechtem erfährt, ist als göttliche Willkür oder als Zufall zu werten. Alle Erlebnisse und Erfahrungen, die ein Mensch haben kann, sind die Wirkungen ganz bestimmter Ursachen. In vielen Fällen sind diese Erlebnisse oder Erfahrungen die gesetzmäßige Folge seiner Taten aus einem früheren Leben. Seine Taten im derzeitigen Leben werden ihre Folgen – sowohl gute als auch schlechte – im nächsten Leben haben. Diese geistige Gesetzmäßigkeit wird als *»Karma«* bezeichnet. Gemäß dem Karmagesetz hängt das Schicksal eines Menschen also ganz entscheidend von seinen Handlungen in einer früheren Inkarnation, in einem früheren Erdenleben, ab.

Die Reinkarnations- und Karmalehre sind ein ganz wesentlicher Bestandteil der buddhistischen und hinduistischen Religion. In unserem stark vom Christentum geprägten Abendland spielen sie immer noch keine große Rolle. Noch vor knapp 60 Jahren war den meisten Menschen der westlichen Welt der Begriff »Reinkarnation« völlig unbekannt. Natürlich konnten die Menschen auch mit dem Begriff »Karma« nichts verbinden. Einige hatten zwar mehr oder weniger nebulöse Vorstellungen von dem, was man damals unter »Seelenwanderung« verstand, mit der Vorstellung einer gesetzmäßigen Wiederverkörperung konnten sie aber nichts Konkretes verbinden.

Das änderte sich Ende der 1960er, Anfang der 1970er Jahre, als die ersten populärwissenschaftlichen Bücher zu diesem Thema erschienen, die von Millionen Menschen gelesen wurden. Es dürfte heute in der zivilisierten Welt kaum noch einen Menschen geben, der nicht zumindest eine *grobe* Vorstellung davon hat, was man als »Reinkarnation« bezeichnet. Es hat den Anschein, dass immer mehr Menschen die wiederholten Erdenleben als eine Wahrheit anerkennen. Gemäß *verschiedener* Meinungsumfragen aus den letzten Jahren glauben immerhin 27 bis 43 Prozent der Menschen in der Bundesrepublik Deutschland an die Reinkarnation. Selbst unter den gläubigen Christen sind es erstaunliche 17 bis 26 Prozent, die eine Wiedergeburt für wahrscheinlich halten. Unter den Jugendlichen sind es sogar deutlich über 50 Prozent, die von der Reinkarnation ausgehen.

Man kann sich leicht vorstellen, dass die in diesem Kapitel gestellte Frage nach der Reinkarnation gewaltige Auswirkungen auf viele andere esoterische bzw. spirituelle und religiöse Fragestellungen hat. Insbesondere wird doch wohl das, was der Mensch nach seinem Tod in der geistigen Welt erlebt und durchzumachen hat, ganz wesentlich davon abhängen, ob das abgelegte Erdenleben sein erstes und letztes, also einziges war, oder ob er womöglich schon viele Male auf der Erde gelebt hat und noch viele Male dort wieder erscheinen wird. Sollte Letzteres zutreffen, kann man sich denken, dass er beispielsweise in der ersten Zeit seines nachtodlichen Lebens mit der Verarbeitung seiner letzten sowie später mit der Vorbereitung seiner nächsten Inkarnation beschäftigt sein wird. Auch viele andere Fragestellungen müssten wohl unterschiedlich behandelt und beantwortet werden, je nachdem ob man die Wiederverkörperung für ein Märchen bzw. Wunschdenken oder aber für eine Tatsache hält. Daher muss die Reinkarnationsfrage als eine der ganz zentralen Fragen bereits aufgeworfen werden, bevor wir uns nähere Gedanken über das Leben des Menschen nach seinem Tod machen können. Da die Reinkarnationslehre nicht ohne den Karmabegriff verstanden werden kann, müssen wir auch darüber zu konkreten Vorstellungen kommen.

3.1   Der Glaube an die Reinkarnation – früher und heute

Die Zeitgenossen, welche die Lehre von den wiederholten Erdenleben ablehnen oder gar für einen Unsinn halten, sind immer noch in der Mehrheit. Wir wollen uns in diesem Abschnitt die Frage vorlegen, ob das in früheren Zeiten genauso war. Glaubte die große Mehrheit der Menschen in früheren Epochen auch nicht an die Reinkarnation?

3.1.1   Bis etwa 1860 vor Christus

Noch bis vor knapp 4.000 Jahren waren die Menschen davon *überzeugt*, dass jeder Mensch viele Male den irdischen Schauplatz betritt, dass er sich also viele Male auf der Erde verkörpert. Hierbei handelte es sich nicht etwa um einen frommen Wunsch oder einen naiven Glauben, sondern um eine ganz klare *Erkenntnis*.

Woher nahmen die Menschen diese Gewissheit?

Nun, während es *heute* nur eine vergleichsweise kleine Schar von Menschen gibt, die *hellsichtig* ist, war – wie bereits erwähnt – die Gabe, in übersinnliche Welten schauen sowie geistige Geschehnisse wahrnehmen zu können, in früheren Epochen, die schon einige Jahrtausende zurückliegen, eine ganz natürliche Fähigkeit, über die *alle* Menschen verfügten. Für sie waren die geistigen Welten und Wesen mindestens genauso real wie es die Erdenwelt und die Erdenmenschen waren. Somit wäre es den Menschen dieser Zeit noch absolut absurd erschienen, wenn jemand nicht nur gesagt hätte, es gäbe kein Leben *nach dem Tod*, sondern auch wenn er die Meinung vertreten hätte, es gäbe kein Leben *vor der Geburt*. Die damaligen Menschen wären gar nicht erst auf die Idee gekommen, den Tod als einen *radikalen* Übergang von einer Daseinsform in eine andere und schon gar nicht als ein Ende ihrer Existenz aufzufassen. Sie hatten noch ein deutliches Bewusstsein, dass sie vor ihrer Geburt aus einer geistigen Welt herabgestiegen waren, in die sie nach dem Tod wieder hinaufsteigen werden. Das vorgeburtliche, das irdische und das nachtodliche Dasein war für sie *ein* großer *gemeinsamer* Lebensstrom. Diese Fähigkeit und dieses Bewusstsein mussten die Menschen nach und nach verlieren, um sich von der straffen Führung der ›Götter‹, derer sie einstmals bedurften, zu lösen. Nur so konnten sie ihr Erdenleben mehr und mehr ergreifen lernen und zu selbständig denkenden und frei handelnden Geschöpfen werden.

Also, in früheren Zeiten der Menschheitsentwicklung hatten die Menschen noch ein durchaus lebendiges *Wissen* von der Reinkarnation. Der Gedanke der Wiederverkörperung ist ein sehr alter. Man findet ihn in der einen oder anderen Form in allen Kulturen der vorchristlichen Zeit. Wie man der *»Bhagavad Gita«* entnehmen kann, war er den alten Indern, die etwa sechs bis acht Jahrtausende vor unserer Zeitrechnung lebten, geläufig. Ebenso kannten ihn etwa die alten Perser, die Ägypter und die frühen Griechen. In allen Mysterienstätten des Altertums wurde die Wiederverkörperung gelehrt.[2]

3.1.2   Ab etwa 1860 vor Christus bis zur Zeitenwende und noch kurz danach

Ab etwa 1860 vor Christus endete die Zeit, in der die Reinkarnation noch als eine reale Erkenntnis vorhanden war. Es begann eine Zeit, in welcher der Reinkarnationsgedanke nur noch als ein immer dumpfer werdendes, mehr instinktives Gefühl wirkte, bis er schließlich bei der Mehrheit der Menschheit ganz im Dunkel des Unterbewusstseins verschwand. **»In vorchristlichen Zeiten ist die Reinkarnation als Gefühl vorhanden gewesen, denn eine Erkenntnis war sie nur vor dem Jahre 1860 vor dem Christentum; nach dem Jahre 1860 war sie im ganzen Ägypten, in vorderasiatischen, römischen Zeiten nur ein instinktives Gefühl.«[3]**

Dennoch gab es auch in diesem Zeitraum durchaus Menschen, denen der Gedanke einer Wiederverkörperung nicht fremd war. Davon legen nicht zuletzt viele Sagen aus den germanischen und nordischen Gebieten Zeugnis ab. Vielen Hebräern, die in der Zeit lebten, als Christus-Jesus auf der Erde wandelte, war die Lehre von den wiederholten Erdenleben ebenfalls bekannt, wenngleich sie von den meisten nicht mehr als Wahrheit anerkannt und in ihrem ganzen Ausmaß erfasst wurde.

3.1.3 In den ersten nachchristlichen Jahrhunderten bis ins 18. Jahrhundert

Spätestens in den ersten nachchristlichen Jahrhunderten nahm die Bedeutung der Reinkarnationslehre – zumindest im Abendland – mehr und mehr ab. Bei den weitaus meisten Menschen war diese Erkenntnis völlig ins Unterbewusstsein getaucht. Sie hat im Christentum zu keinem Zeitpunkt eine tragende Rolle gespielt. In der Dogmengeschichte ist von ihr nirgends die Rede. Dass zumindest noch einige Menschen in dieser Zeit diese Lehre vertraten, kann man den Schriften der Gnostiker und der ersten Kirchenväter entnehmen. Von dem berühmten Schriftsteller und Kirchenlehrer *Origines* (um 185 bis 254) ist überliefert, dass er zumindest die Überzeugung von der *Präexistenz* der menschlichen Seele, die ja eine notwendige Voraussetzung für den Reinkarnationsgedanken ist, vertrat. Origines war noch der festen Überzeugung, dass die menschliche Seele aus einer geistigen Welt herabsteigt, wenn sie sich in einem Erdenleib verkörpert. Es ist sehr wahrscheinlich, wenngleich nicht mehr ganz eindeutig zu belegen, dass er auch von der Reinkarnation wusste. Er gewann sehr viele Anhänger, die auch noch Jahrhunderte nach seinem Tod an seinen Lehren festhielten. Vermutlich nahm die Schar seiner Anhänger solche Ausmaße an, dass die Kirche sich genötigt sah, die Lehren dieses großen Denkers auf dem zweiten Konzil zu Konstantinopel im Jahre 553 zu verurteilen. Hier wurden viele Lehren, von denen die meisten auf ihn zurückgingen, mit dem *Kirchenbann* belegt. Einer dieser Bannsprüche lautete: *»Wenn einer die erdichtete Präexistenz der Seelen und ihre daraus folgende phantastische Wiederherstellung vertritt – so sei er im Bann.«*[4]

Im gesamten Mittelalter spielte das Reinkarnationsthema in der *westlichen* Welt ebenfalls keine nennenswerte Rolle, was gewiss nicht zuletzt daran lag, dass die Wiederverkörperung von der Kirche als ketzerisch erklärt wurde, dass sie die Reinkarnationslehre nicht nur abschaffte, sondern sogar verdammte. Aus dieser Zeit sind nur wenige Dokumente erhalten, in denen der Reinkarnationsgedanke aufgegriffen wurde. Bekannt ist, dass diese Lehre von den von der Kirche als »Ketzergruppen« diffamierten Gnostikern, Manichäern, Tempelrittern und Rosenkreuzern gepflegt wurde. In diesen esoterischen Kreisen war überhaupt ein tiefes Wissen über spirituelle Wahrheiten vorhanden.

Von dem bekannten Schweizer Arzt, Astrologen und Philosophen *Paracelsus* (1493 bis 1541) ist eine Aussage überliefert, die ganz deutlich zeigt, dass er von den wiederholten Erdenleben überzeugt war: *»Die Ursache aller Dinge ist der Geist. Er bringt einen Körper hervor, durch den er seine Wunder vollführt. Ist der Körper zerstört, schafft sich der Geist einen neuen Körper, der ähnliche oder höhere Eigenschaften hat.«*[1]

Giordano Bruno (1548 bis 1600) hat mit seiner Menschenbetrachtung die Wiederverkörperung des Seelischen als sein Glaubensbekenntnis ausgesprochen.[5]

3.1.4   In der Zeit des deutschen Idealismus

Erst wieder in der Zeit des deutschen Idealismus traten insbesondere einige große Dichter und Denker auf, in deren Seelen eine *Ahnung* von dieser Weltentatsache aufleuchtete, über die sie zumindest zarte Andeutungen machten. Hier ist allen voran an *Gotthold Ephraim Lessing* (1729 bis 1781), aber auch an *Johann Gottfried Herder* (1744 bis 1803), *Jean Paul* (1763 bis 1825), *Friedrich Schiller* (1759 bis 1805) und *Johann Wolfgang von Goethe* (1749 bis 1832) zu denken. Die Zeit war allerdings noch nicht reif, dass die Reinkarnationsidee gedanklich *klar* ergriffen und zu einer Lehre ausgebaut werden konnte.

Lessing war der wohl größte Verfechter des Reinkarnationsgedankens im 18. Jahrhundert. Im Jahre 1778 machte er eine interessante Bemerkung: *»Ist es denn schon ausgemacht, dass meine Seele nur einmal ein Mensch ist? Ist es denn schlechterdings so ganz unsinnig, dass ich auf meinem Wege der Vervollkommnung wohl durch mehr als eine Hülle der Menschheit hindurch müsste? Vielleicht wäre auf diese Wanderung der Seele durch verschiedene menschliche Körper ein ganz neues eigenes System zu gründen? Vielleicht wäre dieses neue System kein anderes als das älteste...«*[6] Er vermochte es sogar bereits, den *Entwicklungsgedanken* des Menschen und der Menschheit, der – wie wir noch sehen werden – den wesentlichen Grund bzw. Sinn des Reinkarnationsgesetzes darstellt, zu erfassen. In seinem Werk *»Die Erziehung des Menschengeschlechts«*, das er in seinen reifsten Jahren schrieb, zeigte er auf, dass das ganze menschliche Leben gar keinen Sinn machen würde, dass es gar nicht erklärbar wäre, wenn man *nicht* von den wiederholten Erdenleben ausgehen würde.

Friedrich der Große (1712 bis 1786), König von Preußen äußerte sich wie folgt: *»Ich fürchte nun, dass es mit meinem irdischen Leben bald aus sein wird. Da ich aber überzeugt bin, dass nichts, was einmal in der Natur existiert, wieder vernichtet werden kann, so weiß ich gewiss, dass der edlere Teil von mir darum nicht aufhören wird zu leben. Zwar werde ich wohl im künftigen Leben nicht König sein, aber desto besser: Ich werde doch ein tätiges Leben führen und noch dazu ein mit weniger Undank verknüpftes.«*[7]

Der deutsche Philosoph *Arthur Schopenhauer* (1788 bis 1860) schrieb in seinem Werk *»Parerga und Paralipomena«*: *»Wenn mich ein Asiate früge, was Europa ist, so müsste ich ihm antworten: Es ist der Weltteil, der gänzlich von dem unerhörten und unglaublichen Wahn besessen ist, dass die Geburt des Menschen sein absoluter Anfang, und er aus dem Nichts hervorgegangen sei.«*[8]

3.1.5   An der Wende zum 20. Jahrhundert

Erst an der Wende zum 20. Jahrhundert war die Zeit reif, dass die Reinkarnations- und Karmaidee gedanklich klar und geisteswissenschaftlich exakt erfasst und zu einer umfassenden Lehre ausgebaut werden konnten.

Zunächst waren es insbesondere die Theosophen um *Helena Petrowna Blavatsky*, geb. *Hahn* (1831 bis 1891), die darüber schrieben, sprachen und lehrten.

Vor rund 100 Jahren war es dann allen voran der große Geisteslehrer und Eingeweihte *Dr. Rudolf Steiner*, der diese Weltentatsachen in einer äußerst umfassenden Weise erforschte und der Öffentlichkeit zugänglich machte. Das Bewusstsein für die Reinkarnation wieder zu erwecken, war eine – wenn nicht sogar die zentrale – Lebensaufgabe, die sich Rudolf Steiner vornahm.

Allerdings war es genauso wie im Zeitalter des Idealismus, als erst wieder allmählich eine Ahnung von diesen Gesetzen aufkeimte, dass die Mehrheit der Menschen davon keine Kenntnis bekam oder damit nichts anfangen konnte. Es waren vorwiegend die Gebildeten, namentlich Dichter, Schriftsteller, Künstler und Philosophen, die von dieser Lehre Kunde erhielten und sich damit befassten. In diesen Kreisen wurde häufig über die vielfältigen Aspekte und Auswirkungen der Reinkarnationsidee diskutiert. So bekannten sich nun viele große Geister zu dieser Idee, über die sich etliche auch schriftlich äußerten.

Der deutsch-schweizerische Schriftsteller, Dichter und Maler *Hermann Hesse* (1877 bis 1962) schrieb in einem Brief an die Schriftstellerin *Lisa Wenger*: *»An etwas wie eine Seelenwanderung glaube auch ich, ich halte das eigentlich für selbstverständlich, sobald man anfängt zu denken. Dieser Glaube hat manches Beruhigende, aber er enthält auch die Erkenntnis, dass alles, was wir erleben, von uns selbst gewollt und herbeigerufen ist, und dann gibt es keine Ausflüchte und keinen Trost mehr gegen das bittere Schicksal, als sich damit einverstanden zu erklären und ›ja‹ dazu zu sagen, und das ist immer schwer.«*[9]

Der deutsche Dramatiker *Gerhart Hauptmann* (1862 bis 1946) schrieb in seinem Tagebuch: *»Wie kommen Menschen dazu, durch Worte gegebene Darstellungen von Dingen zu verstehen, die sie selbst nie erlebt haben? Man muss an unendlich viele Vorleben dabei unbedingt denken. – Ich zum Beispiel: Wie kann ich so stark fühlen, wie ein reuiger Mörder fühlt? Ich brauche mir nur vorzustellen, wie alt er ist, welcher Art und welchen Ursprungs seine Tat, und ich fühle, was er fühlen muss. Also: Der übrigens keineswegs neue Gedanke erschließt sich mir vom Erlebnis aus, dass nämlich der Richter, der Henker und der Gehenkte ihre Plätze wechseln und dass du aus Erinnerung früherer Leben alle in dir hast.«*[10]

In seinem Werk *»Mein Recht auf Leben«* schrieb der deutsche Philosoph *Heinrich Spitta* (1849 bis 1929): *»Zeiten folgen auf Zeiten, was bedeutet das? ... Da denke ich mir nun, dass ich nach meinem Tode werde wiedergeboren werden zu einem neuen irdischen Leben; meine Seele, der Innbegriff des Geistigen an mir, wird einen neuen irdischen Leib erhalten, den ich zu führen habe, bis auch er wieder aufgelöst wird in jene Bestandteile, von denen er genommen ist, und wiederum wird meine Seele einen neuen Leib empfangen, bis endlich, endlich alles erfüllt ist, was ich soll. [...] Ich werde nicht notwendig haben noch einmal zu betonen, dass es sich hier gar nicht um* *irgendeine wunderliche Metaphysik handelt, die ich auf verbotenen Umwegen einzuschmuggeln vorhabe, es handelt sich lediglich um einen vernünftigen Glauben, den ich mir zu eigen mache, weil er mir die kräftige Hilfe für die Durchführung meines sittlichen Lebens zu bieten scheint.«*[11]

Der englische Biologe und Anatom *Thomas Henry Huxley* (1825 bis 1895) sagte: *»Die Lehre der Seelenwanderung gestattet es dem Menschen, eine einleuchtende Erklärung für die Phänomene und Gesetzmäßigkeiten des Kosmos zu finden. [...] Nur äußerst voreilige Denker würden sie als absurd abtun.«*[12]

Der englische Erzähler und Dramatiker *William Sommerset Maugham* (1874 bis 1965) schrieb in seinem Werk *»Auf Messers Schneide«*: *»Ist dir aufgefallen, dass die Seelenwanderung eine unmittelbare Erklärung und Rechtfertigung des Bösen in der Welt bietet? Wenn das Schlechte, unter dem wir leiden, das Ergebnis unserer Sünden ist, die wir in unserem vergangenen Leben begangen haben, so können wir es mit Ergebung und mit Hoffnung ertragen, dass unsere zukünftigen Leben weniger leidvoll sein werden, wenn wir im jetzigen nach Tugend streben.«*[13]

Der belgische Schriftsteller *Maurice Maeterlink* (1862 bis 1949) schrieb in seinem Werk *»Vom Tode«*: *»Nie gab es einen Glauben, der schöner, gerechter, reiner, moralischer, fruchtbarer, tröstlicher und in gewissem Sinne wahrscheinlicher ist, als der Wiederverkörperungsglaube.«*[14]

Der österreichische Arzt und Schriftsteller *Arthur Schnitzler* (1862 bis 1931) ließ in seinem Drama *»Der einsame Weg«* Johanna die Worte sagen: *»Ich für meinen Teil kann mir alles andere eher vorstellen als dies: dass ich nun zum ersten Male auf der Welt sein sollte. Und es gibt Augenblicke, in denen ich mich ganz deutlich an allerlei erinnere.«*[15]

Der deutsche Dichter und Schriftsteller *Christian Morgenstern* (1871 bis 1914), der mit Rudolf Steiner gut bekannt und mit der Anthroposophie sehr vertraut war, schrieb in seinem Werk *»Mensch Wanderer«*:

> *»Wie oft wohl bin ich schon gewandelt*
> *auf diesem Erdball des Leids,*
> *wie oft wohl hab' ich umgewandelt*
> *den Stoff, die Form des Lebenskleids?*
> *Wie oft mag ich schon sein gegangen*
> *durch diese Welt, aus dieser Welt,*
> *um ewig wieder anzufangen,*
> *von frischem Hoffnungstrieb geschwellt?*
> *Es steigt empor, es sinkt die Welle –*
> *so leben wir auch ohne Ruh';*
> *unmöglich, dass sie aufwärts schnelle*
> *und nicht zurück – dem Grunde zu.«*[16]

Die Liste der Geistesgrößen der letzten zwei Jahrhunderte, die ihrer Überzeugung von der Reinkarnationslehre Ausdruck verliehen haben, könnte noch lange fortgesetzt werden.

3.1.6 Seit dem letzten Drittel des 20. Jahrhunderts

Selbst bis weit ins 20. Jahrhundert hinein erreichte die Idee der wiederholten Erdenleben vorwiegend diejenigen Menschen, die man der gehobenen Bildungsschicht zurechnen kann. Somit war es in dieser Zeit immer noch so, dass die weitaus meisten Menschen in der europäisch-amerikanischen Welt mit den Begriffen »Reinkarnation« und »Karma« nichts verbinden konnten, falls sie diese überhaupt schon einmal gehört haben sollten.

Wie bereits gesagt änderte sich das fast schlagartig ab Ende der 1960er Jahre, als die ersten von Esoterikern, Parapsychologen und medial veranlagten Zeitgenossen geschriebenen *populär-wissenschaftlichen* Bücher zu diesem Thema erschienen, die eine rasante Verbreitung fanden. Heute gibt es unzählige Werke, die diese Thematik aufgreifen und zum Teil in seriöser, zum Teil aber auch in populistischer oder sehr seichter Weise darstellen. Sie werden heute nur noch wenige Menschen finden, die noch nie etwas von der Reinkarnation gehört haben. In fast allen Bevölkerungsschichten ist die Wiederverkörperung bei denjenigen Zeitgenossen, die sich zumindest *ein wenig* damit auseinandergesetzt haben, zu einem Thema geworden, über das man seine persönliche Meinung gebildet hat. Es gibt heute überzeugte Anhänger und erbitterte Gegner dieser Lehre. Wie schon erwähnt ist es immer noch eine Minderheit, welche keinen Zweifel an der Lehre von den wiederholten Erdenleben hat. Allerdings kursieren unter ihnen teilweise sehr absurde Ideen wie etwa die, dass ein Mensch auch als Tier wiedergeboren werden könnte.

Es ist eine unbestreitbare Tatsache, dass heute ungleich mehr Menschen an ein wie auch immer geartetes Leben nach dem Tod als an die Reinkarnation glauben. Dass ein Mensch, der die Reinkarnation für eine Weltentatsache hält, auch von einem Leben nach dem Tod überzeugt ist, liegt auf der Hand. Es gibt aber unzählige Zeitgenossen, die glauben, dass der Mensch nach dem Tod weiterlebt, die aber die Wiederverkörperung für Wunschdenken, Märchen oder gar Schlimmeres halten. So kann man heute als Begründung dafür, dass man sich doch etwas gönnen, dass man das Leben genießen solle, immer wieder den Satz hören: »Man lebt nur einmal!«

Die Tatsache, dass heute immer noch viele unserer Mitmenschen das Gesetz der wiederholten Erdenleben nicht annehmen können oder wollen, liegt im Wesentlichen daran, dass es zwei gewaltige Gegenströmungen gibt.

Auf der einen Seite ist es die Ideologie des Materialismus, die sich mehr und mehr ausbreitet. Im Grunde sind alle heutigen Wissenschaften materialistisch gefärbt. In dieser Weltanschauung ist kein Platz für irgendetwas, was sich der sinnlichen Anschauung nicht erschließt. Alles, was übersinnlicher, also geistiger Natur ist, wird als ein längst überwundener Aberglaube abgetan und verspottet.

Auf der anderen Seite ist es das konfessionelle Christentum, das in seiner dogmatischen Verbohrtheit die Lehre von der Reinkarnation immer noch als Irrlehre bezeichnet.

Dabei ist es heute von unermesslicher Bedeutung, dass die Menschen diese Lehren annehmen können und verstehen lernen. Die Gesetze der Reinkarnation und des Karma gehören zu den fundamentalen spirituellen Wahrheiten, ohne die man im Grunde den Sinn der ganzen menschlichen Existenz nicht verstehen kann. Wir müssen uns bewusst machen, was den Menschen früherer Jahrtausende aufgrund ihrer Hellsichtigkeit klar war: Das vorgeburtliche, das irdische und das nachtodliche Dasein ein und derselben menschlichen Individualität als ein *geistiges Wesen* bildet *einen* großen *gemeinsamen* Lebensstrom. »Jetzt aber kommt die Zeit, wo die Anschauung von dem Menschen als einem geistigen Wesen, das eine Entwickelung durchmacht zwischen dem Tode und einer neuen Geburt, ein lebendiges Gefühl, eine lebendige Empfindung wird, wo man in der Vorstellung leben muss von der überirdischen Bedeutung der Menschenseelen. Denn ohne diese Vorstellung wird die Kultur der Erde ertötet. Man wird nicht eine praktische Tätigkeit entfalten können in der Zukunft, ohne dass man aufblicken kann zu der geistigen Bedeutung der Tatsache, dass jeder Mensch ein geistiges Wesen ist. Und man wird hinzufügen müssen, so paradox das dem heutigen Menschen noch erscheint – paradox weniger der Theorie nach, denn ich will nicht theoretisieren, aber parallelisieren, dem Gefühle nach, es ist aber doch so –, dass man wird lernen müssen, nicht nur sich zu sagen: Wir freuen uns als Eltern, dass uns ein Kind geboren wird, wir freuen uns über diesen Zuwachs unserer Familie, weil uns dieses Kind geboren wird –, sondern man wird sagen müssen: Nein, wir sind bloß das Werkzeug dafür, dass eine geistige Individualität, die wartet, auf der Erde ihr Dasein fortzusetzen, durch uns Gelegenheit dazu findet!«[17]

3.2 Welche Argumente *scheinen* gegen die Reinkarnationslehre zu sprechen und wie kann ihnen begegnet werden?

E s muss gewiss nicht mehr betont werden, dass materialistisch gestimmte Zeitgenossen Gedanken an ein Leben nach dem Tod oder gar an die Reinkarnation strikt ablehnen. Wie schaut es aber bei solchen aus, die spirituell oder religiös gesinnt sind, die also zumindest an ein Leben nach dem Tod glauben? Auch in diesen Kreisen will man vielfach von den wiederholten Erdenleben nichts wissen. Immerhin haben viele von ihnen diesen Gedanken zumindest schon einmal bewegt, um ihn dann wieder aus unterschiedlichen Gründen zu verwerfen.

Bevor wir im weiteren Verlauf dieses Kapitels nähere Details über das Reinkarnations- und das Karmagesetz in Erfahrung bringen wollen, sollen erst einmal Argumente unter die Lupe genommen werden, die etliche Menschen, die sich – zumindest ein wenig – mit der Idee der wiederholten Erdenleben befasst haben, häufig als Belege dafür verwenden, dass Reinkarnation und somit natürlich auch Karma keine Weltentatsachen seien. Wir werden uns hier ausschließlich um solche Argumente kümmern, die man als *objektiv* oder zumindest einigermaßen objektiv bezeichnen kann. Die Argumente, um die es in den folgenden Abschnitten gehen soll, werden von vielen Menschen vorgebracht, die die Reinkarnationslehre ablehnen.

Natürlich darf nicht übersehen werden, dass es auch eine ganze Reihe von *subjektiven* Gründen geben kann, warum ein bestimmter Mensch nichts von der Reinkarnationslehre wissen will. Wie wir schon in Kapitel 2 erarbeitet haben, sind viele Menschen ja nur allzu leicht bereit, das zu glauben, was ihnen sympathisch ist, und das abzulehnen, was ihnen unsympathisch ist. Wenn beispielsweise jemand ein schweres, mühseliges Leben führt und dieses schon ein wenig überdrüssig geworden ist, oder wenn er viel Not und Elend, vielleicht sogar einen Krieg mitmachen musste, so kann ihm der Gedanke, dass er Ähnliches vielleicht noch einmal durchmachen muss, nicht gerade angenehm sein. Da erscheint die Verheißung auf einen ewigen Aufenthalt in himmlischen Sphären doch sehr viel verlockender zu sein. Selbst Menschen, die mit ihrem Leben rundherum zufrieden sind, möchten sich nicht gern vorstellen, nochmals die Unbeholfenheit des Kleinkindalters durchleben zu müssen, erneut zur Schule gehen zu müssen, usw. Viele Menschen, insbesondere wenn sie schon ein gewisses Alter erreicht haben, tun sich zudem schwer, sich mit neuen Gedanken auseinanderzusetzen, die so ganz im Gegensatz zu allem stehen, was sie bisher geglaubt und angenommen haben.

Wenn man von den eher wenigen Menschen absieht, die durch ein äußerst mühseliges und verdrießliches Leben oder durch schlimme Schicksalsschläge derart verzweifelt sind, dass sie sich nichts anderes als ihre ›ewige Ruhe‹ wünschen, so möchte doch wohl jeder, dass seine Existenz nicht durch den Tod beendet wird, sondern dass sie in einer anderen Form nach dem Tod weitergeführt werden kann. Dieser Wunsch entspringt doch dem ganz ›natürlichen‹ Egoismus. Der Gedanke der *Unsterblichkeit* ist wohl den weitaus meisten sympathisch. Die Möglichkeit, dass sie aber schon einmal auf der Erde gelebt haben könnten, interessiert viele gar nicht. Dieser Gedanke ist nicht sonderlich anziehend. Vielleicht sagt man sich, das sei ohnehin vorbei und habe keine Auswirkungen mehr auf das heutige Leben. Dass sich im Bewusstsein der meisten Menschen ein »ewiges« Leben nur in eine Richtung auszudehnen scheint, sieht man daran, dass es zwar den Begriff »Unsterblichkeit«, nicht aber einen Begriff »Ungeborensein« oder »Ungeborenheit« gibt.

Die weitgehend *objektiven* Argumente, um die es im Folgenden geht, sind sicherlich – auch für jemanden, der von der Reinkarnationslehre überzeugt ist – bis zu einem gewissen Grad nachvollziehbar. Auch ein Verfechter dieser Lehre hat sich möglicherweise einmal über diese Argumente, die ja im Grunde genommen nur *Meinungen* sind, Rechenschaft ablegen müssen. Daher soll auch zugleich gezeigt werden, wie diesen begegnet werden kann.

3.2.1 Im konfessionellen Christentum wird die Reinkarnation nicht gelehrt.

<u>Meinung:</u>

> Alles, was mit dem Thema »Tod« zu tun hat, ist Sache der Kirchen. Sie haben uns das zu lehren, was in diesem Zusammenhang richtig ist. Da sie die Reinkarnationslehre ablehnen, muss man sie wohl für falsch erachten.

Die wohl meisten modernen Menschen werden jeden Verdacht, autoritätsgläubig zu sein, strikt von sich weisen. Vielmehr werden sie behaupten, sich über alle wichtigen Themen gründlich und vielseitig zu informieren, um sich schließlich eine eigene fundierte Meinung bilden zu können.

Dass das aber bei der Mehrheit unserer Mitmenschen nicht den Tatsachen entspricht, wird heute spätestens seit der sogenannten »Corona-Krise« deutlich. Etliche haben die Narrative der Politiker und der von ihnen als kompetent ausgewiesenen Experten, die über die Systemmedien verbreitet wurden, ungeprüft übernommen. Es wurde immer propagiert: »*Die* Wissenschaft sagt...«. Damit wurde suggeriert, alle Wissenschaftler wären sich einig. Das war aber nie der Fall. Denjenigen, die eine andere Meinung vertraten, wurde nur keine Bühne gegeben. Eine Formulierung wie »*die* Wissenschaft« ist genauso unsinnig wie etwa »*die* Religion«. Viele Menschen haben sich so, ohne es zu bemerken, manipulieren lassen und sind den Autoritäten gefolgt.

Es sind aber nicht nur Politiker und insbesondere Wissenschaftler, die viele als Autoritäten anerkennen und denen sie alles unreflektiert abnehmen, ohne sich dessen so recht bewusst zu sein. Obwohl in der Gegenwart nicht einmal mehr halb so viele Menschen in Mitteleuropa regelmäßig oder überhaupt in die Kirche gehen wie noch vor 50 Jahren, so sind bei vielen älteren Menschen die kirchlichen Indoktrinationen, denen sie früher ausgesetzt waren, noch tief im Unterbewusstsein verwurzelt. Etliche verfahren noch immer nach dem alten Motto: Alles, was das Leben angeht, ist Sache des Staates bzw. der Regierung, und alles, was den Tod betrifft, ist Sache der Kirche. Die Reinkarnationslehre wird von dem heutigen konfessionellen Christentum rundherum abgelehnt. Im Katechismus der katholischen Kirche heißt es unmissverständlich: *»Der Tod ist das Ende der irdischen Pilgerschaft des Menschen, [...] Wenn unser einmaliger irdischer Lebenslauf erfüllt ist, kehren wir nicht mehr zurück, um noch weitere Male auf Erden zu leben. [...] Nach dem Tod gibt es keine ›Reinkarnation‹.«*[18]

Die Verfasser dieses Glaubenssatzes berufen sich dabei auf die Bibel, die nach ihrer Auffassung keine Hinweise auf die Reinkarnation gäbe. Inwieweit diese These richtig ist, werden wir im nächsten Abschnitt noch zu erörtern haben. Folglich werden solche Zeitgenossen diese kirchliche Lehrmeinung erst gar nicht hinterfragen, weil sie sich – meistens unbewusst – der kirchlichen Autorität unterwerfen. Es soll hier gar nicht einmal daran gezweifelt werden, dass die Kirchen und ihre Vertreter in der heutigen Zeit nur gute und redliche Gründe zu haben *glauben*, um die Reinkarnationslehre abzulehnen. Dennoch fällt es schwer, sich eines Gedankens zu erwehren: Eine wohlverstandene Reinkarnationslehre würde die Machtposition der Kirchen erheblich untergraben. Sie könnten dann ihren Gläubigen nicht mehr – wie es noch bis vor einigen Jahrzehnten gang und gäbe war und sicherlich auch in der heutigen Zeit noch nicht völlig überwunden ist – vorschreiben, was sie zu tun und zu lassen haben.

Es ist im Übrigen nicht damit zu rechnen, dass die katholische Kirche jemals ihr Dogma, es gäbe keine Reinkarnation, aufhebt. Im Jahre 1870 hat sie sich selbst in ein fatales Dilemma extremster Inflexibilität gebracht, indem sie das Dogma von der »Unfehlbarkeit des Papstes« formuliert hat. Demzufolge ist die kirchliche Lehrverkündigung frei von Irrtümern. Träger sind die Gesamtheit der Bischöfe und insbesondere der Papst. Das heißt, alles was die Kirche zu spirituellen bzw. theologischen Themen lehrt – wie man es etwa ihrem Katechismus entnehmen kann – ist über jeden Irrtum erhaben. Das Unfehlbarkeitsdogma erinnert ein wenig an den spaßigen und absolut paradoxen Spruch, den man an den Wänden vieler Büros finden kann:

§ 1:   Der Chef hat immer Recht.

§ 2:   Sollte der Chef einmal nicht Recht haben,
so tritt automatisch § 1 in Kraft.

Nun ist die Kirche in einer Zwickmühle. Würde sie ein Dogma oder einen Lehrsatz – beispielsweise den oben angeführten Lehrsatz über die Reinkarnation – aufheben, so würde sie implizit das Unfehlbarkeitsdogma ad absurdum führen. Aufheben kann sie letzteres aber eigentlich nicht, da in diesem Fall alle Lehr- und Glaubenssätze in Frage gestellt werden müssten! Das gesamte Lehrgebäude der katholischen Kirche drohte einzustürzen.

3.2.2   In der Bibel gibt es keine Hinweise auf die Reinkarnation.

<u>Meinung:</u>

> In der Bibel lassen sich keine eindeutigen Hinweise darauf finden, dass der Mensch wiedergeboren wird. Wenn die Reinkarnation eine wichtige Wahrheit wäre, so wäre in der Bibel in aller Deutlichkeit auf sie hingewiesen worden.

Dieses Argument tragen insbesondere diejenigen Zeitgenossen vor, die immer noch die Bibel für die *einzige* authentische Quelle halten, der man geistig-göttliche Wahrheiten entnehmen kann. Insbesondere die großen christlichen Kirchen stellen sich auf diesen Standpunkt. Wie bereits erwähnt sind in der Heiligen Schrift in der Tat die allerhöchsten göttlich-geistigen Wahrheiten hineingeheimnisst. Allerdings ist es in vielen Fällen alles andere als einfach, ihr diese Geheimnisse zu entlocken und diese mit Verständnis zu durchdringen. Die Bibel ist von einer schier unendlichen Tiefe, die nach und nach ergründet werden will. Wie tief man auch immer in sie eingedrungen sein mag, hält sie immer noch neue Aspekte und Erkenntnisse bereit. Das gestand auch *Martin Luther*: »*Ich hab' nun 28 Jahre, seit ich Doktor geworden bin, stetig in der Bibel gelesen und daraus geprediget, doch bin ich ihrer nicht mächtig und finde noch alle Tage etwas Neues drinnen.*«

Es ist durchaus richtig, dass es in der Bibel kaum Stellen gibt, die man als *eindeutigen* und *unwiderlegbaren* Hinweis auf die Reinkarnation betrachten kann. Somit soll den Theologen und Kirchenvertretern auch gar kein Vorwurf gemacht werden, wenn sie behaupten, in der Bibel keine klaren Belege für das Reinkarnationsgesetz zu finden. Allerdings kann man sich nicht ganz des Eindruckes erwehren, dass sie diese Belege nicht finden, weil sie erst gar nicht nach ihnen suchen.

Trotz der Schwierigkeit, die Bibel – bzw. die Rudimente der einstigen großen religiösen Urkunde – heute richtig verstehen zu können, soll zunächst einmal auf eine Stelle des Alten Testaments hingewiesen werden, die zeigt, dass schon den alten Hebräern der Reinkarnationsgedanke nicht fremd gewesen zu sein scheint. Im letzten der Prophetenbücher heißt es: *»Siehe, ich will euch senden den Propheten Elia, ehe denn da komme der große und schreckliche Tag des Herrn.«*[19] Könnte das etwa nicht besagen, dass man die Vorstellung hatte, der Elias könne *wiedergeboren* werden? Es wird häufig eingeworfen, Elias könne gar nicht wiedergeboren werden, weil er nicht gestorben wäre. Man verweist auf das Alte Testament, wo es heißt, Elias sei *»in den Himmel entrückt«*[20] worden, was dann so ausgelegt wird, dass er, ohne seinen physischen Leib abzulegen, was ja beim Tod zwangsläufig eintreten muss, zu Gott in den Himmel aufgenommen worden wäre. Wie auch immer diese ›Entrückung‹ zu verstehen ist, kann man doch wohl nicht ernsthaft annehmen, dass bei Elias, und möglicherweise nur bei ihm, die kosmischen Gesetze aufgehoben worden wären! Selbst wenn dem so sein sollte, wie kann ein physischer Leib in einer geistigen Welt (Himmel) existieren?

Im Neuen Testament gibt es einige Stellen, die deutlich machen, dass den Zeitgenossen Jesu der Gedanke der Wiederverkörperung ebenfalls nicht fremd war. Bei allen vier Evangelisten[21] können Sie nachlesen, dass Jesus von vielen für einen der alten Propheten, etwa für Elias oder Jeremias, gehalten wurde. Den damaligen Juden war natürlich klar, dass diese längst verstorben waren. Somit liegt die Vermutung nahe, dass sie glaubten, Jesus wäre der *wiedergeborene* Elias oder Jeremias. Gegner der Reinkarnationslehre interpretieren diese Bibelverse natürlich anders. Sie sagen, die Juden hätten damit zum Ausdruck bringen wollen, Jesus wäre in dem Geiste bzw. in der Gesinnung dieser alten Propheten erschienen oder er wäre von diesen inspiriert worden. Dass die Zeitgenossen Jesu die Reinkarnation offensichtlich für möglich gehalten haben, kann Christus-Jesus zweifelsohne nicht verborgen geblieben sein. Falls diese Lehre nicht der Wahrheit entspräche, hätte Er dann nicht mit Nachdruck darauf verweisen müssen? Hätte Er dann nicht deutlich gesagt, dass eine Wiederverkörperung keine Weltentatsache sei? Das tut der Herr aber nicht, Er weist ganz im Gegenteil zwei Mal ganz vorsichtig auf das Gesetz der Reinkarnation hin.

Im Johannes-Evangelium wird eine Begebenheit geschildert, die auch wieder zu zeigen scheint, dass die Gesetze der Reinkarnation und des Karma den Juden zumindest bekannt waren. Es geht um die Heilung des Blindgeborenen. Seine Jünger fragen Jesus: *»Meister, wer hat gesündigt, dieser oder seine Eltern, dass er blind geboren ist?«*[22] Was könnte es für einen Sinn haben, dass die Jünger fragen, ob der Blindgeborene selbst gesündigt hat, wenn sie es nicht für möglich gehalten hätten, dass dieser schon einmal verkörpert war. Wo hätte er, der ja blind geboren wurde, sündigen können, wenn nicht in einem früheren Leben? Den Jüngern war also klar, dass ein Schicksal wie eine Blindheit nicht zufällig oder aus einer göttlichen Laune heraus auftritt. Sie wussten, dass es dafür einen konkreten Grund geben musste, dass es dazu eine Ursache geben musste, die in einer begangenen Sünde bzw. einem Fehlverhalten liegt. Die Antwort des Herrn *»Weder dieser hat gesündigt noch seine Eltern [...]«* wird von Gegnern der Reinkarnationslehre so aufgefasst, dass Er damit eindeutig sagen wollte, dass es so etwas wie Reinkarnation und Karma nicht gäbe. Dieser Schluss ist aber nicht nachvollziehbar. Wenn Jesus Christus sagt »Weder *dieser* hat gesündigt [...]«, räumt Er doch wohl eher die Möglichkeit ein, dass die Tatsache seiner Blindheit eine karmische Folge eines früheren Lebens sein *könnte*. Hätte der Gottessohn klarstellen wollen, dass es keine Reinkarnation gäbe, so hätte Er sinngemäß doch in etwa sagen müssen: »Wie, wo und wann könnte dieser gesündigt haben! Er wurde doch schon blind geboren!«

Man muss die angeführten Passagen wohl zumindest als ein starkes Indiz dafür werten, dass den Zeitgenossen Jesu der Reinkarnations- und auch der Karmagedanke nicht unbekannt waren. Man könnte vielleicht noch weitergehen und schließen, dass sie sogar davon überzeugt waren, dass die Menschen sich wieder verkörpern. Jesus Christus hat dieser Lehre nicht widersprochen.

Im Evangelium nach Matthäus[23] finden wir eine Schilderung, in der Christus-Jesus sogar *ganz eindeutig* von der Wiederverkörperung sprach. Es geht um die sogenannte »Verklärungsszene«. Er nahm Petrus, Jakobus und Johannes mit auf einen ›hohen Berg‹. Es ist ja an mehreren Stellen der Evangelien – denken Sie etwa an die »Bergpredigt«, von der Matthäus in den Kapiteln 5 bis 7 berichtet – davon die Rede, dass Jesus *»auf einen (hohen) Berg stieg«*. Bei dieser Formulierung handelt es sich um einen technischen Ausdruck, der im Okkultismus früherer Zeiten durchaus bekannt war. Damit ist gemeint, dass der Herr diejenigen, die er ›mit auf den Berg nahm‹, in besonders tiefe esoterische Weltengeheimnisse einweihte. Nachdem also Christus-Jesus mit den drei Jüngern auf ›den Berg gestiegen war‹, wurden die Jünger begnadet, mit ihren Seelenaugen gewaltige Imaginationen wahrzunehmen. Der Gottessohn wurde vor ihnen ›verklärt‹, das heißt Er erschien in seiner wahren ›Geistgestalt‹; neben ihm erschienen Moses und Elias, ebenfalls in ihrer Geistgestalt. Es fand also eine Überwindung von Zeit und Raum statt. Später, nachdem diese Imaginationen vorüber waren, fragen die drei Jünger: *»Was sagen denn die Schriftgelehrten, Elia müsse zuvor kommen?«* Der Herr antwortete: *»Doch ich sage euch: Es ist Elia schon gekommen, und sie haben ihn nicht erkannt, sondern haben an ihm getan, was sie wollten.«* Dann heißt es: *»Da verstanden die Jünger, dass er von Johannes dem Täufer zu ihnen geredet hatte.«* Christus-Jesus sagt also in unmissverständlicher Deutlichkeit, dass Johannes der Täufer der wiedergeborene Elias war![24] Das ist wohl die einzige Bibelstelle, bei der man schon übel herumdeuteln müsste, um sie nicht als klaren Beleg dafür aufzufassen, dass der Täufer der wiedergeborene Elias war und dass somit die Reinkarnation eine Weltentatsache ist. Diese Wahrheit verkündet der Gottessohn nicht einmal *allen* seiner Jünger, sondern nur den Dreien, die Er wohl als einzige für hinreichend reif hielt, diese Erkenntnis fassen und vertragen zu können.[25] **»In ein Mysterium sind wir geführt. Drei Jünger hat der Christus nur für würdig gehalten, dieses Mysterium zu erfahren. Und welches ist dieses Mysterium? Mitgeteilt hat er, dass der Johannes der reinkarnierte Elias ist. Die Wiederverkörperung wurde zu allen Zeiten gelehrt innerhalb der Mysterientempel. Und keine andere als diese okkulte theosophische Lehre hat der Christus seinen vertrauten Jüngern mitgeteilt.«**[26]

3.2.2.1 Das notwendige Vergessen der Reinkarnation

Der Christus, der bei der Taufe am Jordan in die leiblichen Hüllen des Jesus von Nazareth einzog und dann drei Jahre als Christus-Jesus oder Jesus Christus auf der Erde wandelte und wirkte, hat der Reinkarnation nicht widersprochen. Er hat diese Lehre aber auch nicht in aller Deutlichkeit verbreitet. Lediglich den drei auserkorenen Jüngern sagte Er, dass Johannes der Täufer der wiedergeborene Elias war.

Nun könnte man ja fragen, warum Jesus Christus die Reinkarnation nicht so unmissverständlich *lehrte*, dass *jeder* ihre Gültigkeit einsehen konnte. Wenn Sie die Reden und auch die Gleichnisse des Herrn, von denen die Evangelien berichten, heranziehen, werden Sie feststellen, dass Er bei seinen Lehren sehr stark in Abhängigkeit von seinen Zuhörern differenzierte. Er sprach über sehr viel intimere Wahrheiten, wenn Er im Kreise seiner Jünger war, bei denen Er davon ausgehen konnte, dass sie diese verstehen und vertragen konnten. Vieles von dem, was Er nur seinen Jüngern anvertraute, hätte das Volk nicht nur nicht verstehen können, sondern es wäre möglicherweise sogar schädlich für die meisten Menschen gewesen. Es ist geradezu ein okkultes Gesetz, dass bestimmte geistige Wahrheiten nur einigen, dazu besonders vorbereiteten Menschen mitgeteilt werden dürfen. Solche Wahrheiten dürfen der großen Masse der Menschheit erst sehr viel später offenbart werden, wenn sie die dazu nötige Reife erworben hat. Die Wahrheit, dass Johannes der Täufer der wiedergeborene Elias ist, verkündet Er nicht einmal *allen* seiner Jünger, sondern nur den Dreien, die Er wohl als einzige schon für reif hielt, diese Erkenntnis verstehen und vertragen zu können. Er weist sie sogar ausdrücklich an, darüber vorerst mit keinem anderen zu reden. Er verbietet ihnen geradezu, diese Lehre zu verbreiten. In seinen Abschiedsreden sagt der Herr ja ganz deutlich, dass es noch vieles gäbe, was Er seinen Jüngern sagen könnte, dass sie dieses jetzt aber noch nicht ertragen könnten.[27] Dazu gehörte auch die Reinkarnationslehre.

Wenn man das soweit annehmen kann, stellt sich die Frage, warum die drei Jünger Stillschweigen bewahren sollten. Inwieweit hätte die Reinkarnationslehre für die Masse der Menschen – ja womöglich sogar für die übrigen Jünger – schädlich sein können? Nun, es hätte die große Gefahr bestanden, dass die Menschen ihr Erdenleben nicht wichtig genug genommen hätten. Im alten Ägypten war das Gesetz der Reinkarnation noch ein allgemeines Wissensgut. So waren selbst die Sklaven davon überzeugt, wiedergeboren zu werden. Sie hatten die Hoffnung, in einem der späteren Leben angenehmere Bedingungen vorfinden oder sogar selbst einmal Herrscher sein zu können.[28] Diese Überzeugung ließ sie alle Mühen und Plagen ertragen. Darum war ihnen dieses eine Leben nicht so wichtig. Hätten die Jünger also die Lehre im Volk verbreitet, so hätte die Gefahr bestanden, dass die Menschen sich vielleicht gesagt hätten, warum sollen wir dieses oder jenes erstreben, wenn wir dazu noch in vielen weiteren Leben Zeit haben. Jedes einzelne Erdenleben ist aber von unschätzbarem Wert. Zum einen kann man in keiner anderen Sphäre die Erfahrungen machen, die man auf der Erde machen kann. Andererseits kann man das in einem Leben Versäumte nicht so ohne Weiteres in einem nächsten nachholen. *Jedes* Leben stellt etwas Einzigartiges dar. Aus diesem Grund durfte die Lehre von den wiederholten Erdenleben für lange Zeit nicht mehr zu den Menschen dringen. Die Menschen sollten sich ganz auf dieses *vermeintlich* einzige Leben konzentrieren. Daher war es auch gut, dass die katholische Kirche im 6. Jahrhundert diese Lehre entschieden ablehnte, wenngleich sie dafür wohl andere Motive hatte.

Spätestens mit der Zeitenwende vor 2.000 Jahren brach also eine Zeit an, ab der die Menschen – zumindest die große Masse der Menschen – für viele Jahrhunderte die Reinkarnationslehre vergessen *mussten*. Jeder Mensch sollte in dieser Zeitspanne *wenigstens* ein Erdenleben durchlaufen, in dem er nichts von den wiederholten Erdenleben wissen durfte. Er sollte glauben, dass seine irdische Existenz mit diesem einen Leben erschöpft sei. Er sollte sich klarmachen, dass eine ganze Ewigkeit davon abhängt, was in diesem einen Leben geschieht, was er da leistet und wie er sich verhält. Dieses vermeintlich einzige Leben sollte also als äußerst wichtig und entscheidend angesehen werden. **»Die Menschen sollten aber nun lernen, festen Boden unter den Füßen zu gewinnen, darum sollte während einer Inkarnation die Reinkarnation unbekannt bleiben. Christus hat deshalb geradezu verboten, dass etwas von Reinkarnation gelehrt werden solle. Aber von 800 vor Christus bis ungefähr um 1800 nach Christus war der Zeitraum vergangen, da fast alle Menschen durch die eine Inkarnation hindurchgegangen waren, ohne von Reinkarnation etwas zu erfahren. Die großen Meister haben die Aufgabe, nicht immer gleich die ganze Wahrheit zu lehren, sondern nur das, was die Menschen brauchen.«**[29]

Die Zeiten, in denen die Menschen nicht von der Reinkarnation wissen durften, sind aber seit rund 200 Jahren vorbei! In unscrcm materialistischen und geistlosen Zeitalter ist es notwendig, dass die Menschen wieder zu geistigen Erkenntnissen kommen. Dazu gehören insbesondere auch die Lehren über Reinkarnation und Karma, ohne die man kaum eine Weltentatsache im rechten Licht sehen kann. Die Gefahr, dass heute noch jemand sein Erdenleben nicht wichtig nimmt, sofern er die Reinkarnationslehre richtig versteht, kann wohl als sehr gering eingestuft werden.

Von Anfang seines Wirkens an war es eines der Hauptbestreben Rudolf Steiners, die Reinkarnations- und Karmalehre öffentlich zu verbreiten. **»Soweit die Geisteswissenschaft sich wirklich ausbreiten wird und eine Wiedergabe okkulter Erkenntnisse sein wird, wird sie sich zunächst bemühen, die großen Wahrheiten von Reinkarnation und Karma über die ganze Erde hin zu verbreiten. Denn diese Wahrheiten werden zunächst das Schicksal haben, dass auch die religiösen Vorurteile welche über die Erde hin verbreitet sind, sozusagen die Segel vor ihnen streichen.«**[30] Er sagte, dass in nicht allzu ferner Zukunft niemand mehr ohne eine gewisse Erinnerung an frühere Erdenleben auskommen könne und dass es ab dem 3. nachchristlichen Jahrtausend, das ja bereits begonnen hat, von größter Bedeutung sei, dass jeder ein deutliches Bewusstsein davon haben müsse, dass er auch in der Zukunft wieder inkarniert werde. **»Ich habe öfter darauf hingedeutet, dass in der Zukunft wieder ein Zeitpunkt zu erwarten ist, und ganz besonders bedeutsam wird er sich im 3. Jahrtausend zeigen, wo niemand wird ohne einen gewissen Rückblick an frühere Erdenleben sein können, und namentlich nicht ohne ein deutliches Bewusstsein, dass er künftige Erdenleben haben kann. Aber gerade dieses Bewusstsein wird in verschiedener Weise auf verschiedenen Gebieten der Erde auftreten, und das zu verstehen, ist außerordentlich wichtig.«**[31]

3.2.3   Die Reinkarnation widerspricht der Auferstehung am Jüngsten Tage.

<u>Meinung:</u>

> Die Bibel verheißt den Menschen, dass sie am »Jüngsten Tage« mit einem unsterblichen Leib ausgestattet werden. Wenn der Wiederverkörperungsgedanke richtig wäre, so würde ihnen aber immer wieder nur ein sterblicher Leib zukommen, den sie wie ein Kleidungsstück wechseln würden.

Ein solcher Einwand wird häufig von solchen Menschen vorgetragen, die sich der kirchlichen Lehrmeinung verpflichtet fühlen und nun krampfhaft nach Argumenten suchen, welche die These, es gebe keine Reinkarnation, untermauern könnten.

Dass ein Mensch bei jeder erneuten Inkarnation nur einen sterblichen Leib bekommt, ist natürlich richtig. Es ist zum einen aber nicht richtig, dass er *immer wieder* nur einen sterblichen Leib erhält, denn die Notwendigkeit der irdischen Verkörperungen wird eines fernen Tages überwunden sein. Zum anderen bestreiten die Verfechter der wohlverstandenen Reinkarnationslehre ja *nicht*, dass der Mensch eines fernen Tages sehr wohl diesen unsterblichen Leib erhalten wird. Letzteres gehört zum elementarsten christlichen Glaubensgut.

Den Unterschied zwischen einem Christen, der die Reinkarnationslehre ablehnt, zu einem, der sie vertritt, kann man, was diesen Punkt angeht, wie folgt skizzieren: Während ersterer davon ausgeht, dass jeder Mensch nur einmal einen sterblichen Leib tragen wird, bevor er seinen unsterblichen erhält, geht der andere davon aus, dass jeder Mensch sehr häufig einen sterblichen Leib tragen muss, bis er eines sehr fernen Tages reif ist, um mit dem unsterblichen bekleidet werden zu können. Es liegt somit eigentlich kein großer Widerspruch vor.

3.2.4   In den wissenschaftlichen Lehrbüchern steht nichts von Reinkarnation.

<u>Meinung:</u>

> Die Leistungen unserer Wissenschaftler sind beeindruckend und bewundernswert. Sie haben unsere Welt bis in ihre letzten Winkel weitgehend erforscht und erklärt. Sie haben den menschlichen Organismus und seine Funktionsweise fast zur Gänze offengelegt. Wenn es eine Wiederverkörperung gäbe, hätten sie das längst herausgefunden und darüber gelehrt.

Während die bisher erörterten Argumente oder Meinungen, die ein Beleg dafür seien, es gäbe keine Reinkarnation, insbesondere von solchen Zeitgenossen vorgetragen werden, die sich – zumeist ohne sich dessen bewusst zu sein – der Autorität der Kirche beugen, werden die folgenden von solchen ins Feld geführt, die sich der Autorität der Wissenschaft unterwerfen.

In der Tat sind die meisten modernen Menschen geneigt, dasjenige zu glauben und in ihren Wissensschatz aufzunehmen, was man als ›gesicherte Resultate‹ unserer offiziellen Wissenschaften, also etwa der Physik, der Chemie, der Biologie, der Geologie, der Astronomie, der Medizin bezeichnet. Sie glauben mit den Erkenntnissen und Lehren der Wissenschaften einen festen Boden zu haben, auf dem sie sicher stehen könnten. Da man diesen Wissenschaften absolut nichts über geistige Welten, Wesen und Tatbestände – also insbesondere auch nicht über die Reinkarnation – entnehmen kann, fühlen sich viele genötigt, solche als Phantastereien anzusehen und abzutun.

Es soll zunächst einmal in keiner Weise bestritten werden, dass das, was unsere Wissenschaftler in den letzten zwei, drei Jahrhunderten geleistet, entdeckt und herausgefunden haben, höchste Bewunderung und Anerkennung verdient. Insbesondere die technologischen Errungenschaften der letzten Jahrzehnte sind so gigantisch und atemberaubend, dass wir Mühe haben, mit dieser Entwicklung Schritt zu halten.

Nun ist es aber keineswegs so, dass alle unsere heutigen wissenschaftlichen Erkenntnisse auf einem unumstößlich sicheren Fundament basierten, wie das vielleicht allgemein unterstellt werden mag. Die meisten Resultate, die unsere Wissenschaften liefern, basieren letztlich auf »Axiomen«, also auf grundlegenden Annahmen, auf Basisaussagen, die nicht verifizierbar sind, die man als elementar richtig unterstellt, also *glauben* muss. Ähnlich wie die katholische Kirche ihren Gläubigen ihre fundamentalen Lehrsätze als Dogmen vorsetzt, setzen die Wissenschaften uns ihre Axiome als Dogmen vor. Sollten sich eines Tages diese Axiome als falsch erweisen, so müsste man mit ihnen auch alle darauf fußenden Erkenntnisse revidieren. Gegen diese Vorgehensweise soll hier überhaupt kein Einwand angemeldet werden. Um sich eine komplexe, kaum überschaubare Welt verständlich machen zu können, benötigt man ein Fundament, auf das man seine weiteren Erkenntnisse bauen kann. Man muss von irgendwelchen Voraussetzungen ausgehen, die mit hoher Wahrscheinlichkeit richtig zu sein scheinen. Sollte sich aber eines Tages das Fundament als unsicher oder gar brüchig herausstellen, so wird zwangsläufig das ganze Wissensgebäude einstürzen. Außerdem bringt jedes Axiomensystem von vornherein die große Einschränkung mit sich, dass man alle möglichen Gedanken und Ideen abweisen muss, die mit diesen Basisaussagen nicht verträglich sind. Es besteht also die große Gefahr, dass man eine durchaus richtige Idee nur deshalb verwirft, weil sie nicht zu einem – womöglich völlig falschen – Axiom passt.

Bis vor gut 500 Jahren basierten die wissenschaftlichen Lehren, die in dieser Zeit im Wesentlichen noch von der Kirche vertreten wurden, ganz entscheidend auf folgenden Axiomen bzw. Dogmen:

1. Die gesamte Welt mit der Erde und all ihren Wesen bis hin zum Menschen wurde von Gott in sechs Tagen – also in 144 Stunden – erschaffen.

2. Die Erde ist eine Scheibe.

3. Die Erde bildet den Mittelpunkt unseres planetarischen Systems. Die Sonne dreht sich um die Erde.

Wer sich damals öffentlich gegen diese Axiome bzw. Dogmen aussprach, musste dafür unter Umständen mit seinem Leben bezahlen. Heute lacht jedes Kind darüber, dass selbst die gescheitesten Menschen der damaligen Zeit so ›dumm‹ waren, die Erde für eine Scheibe zu halten. Es gibt allerdings selbst in unserer Zeit noch immer eine ganze Reihe fundamentalistischer Christen, Juden und Muslime, die Axiom 1 für eine unumstößliche Wahrheit halten.

Heute beherrschen andere *Dogmen* das wissenschaftliche Weltbild:

1. *Alles* ist Materie. Auch das sogenannte ›Geistig-Seelische‹ des Menschen entsteht aus der Materie, aus der Chemie und Physik seines Körpers. Folglich existiert nichts, was immaterieller, also geistiger Natur ist. Es gibt keine geistigen Welten, Wesen, Entitäten oder Instanzen. Es existiert nichts, das nicht mit technischen Geräten und Messmethoden erforscht werden könnte.

2. Der Mensch hat sich im Laufe einer Millionen Jahre langen Evolution aus der Tierheit entwickelt. Sein unmittelbarer Vorfahre ist der Affe.

3. Die Entwicklung des Menschen ist *ausschließlich* eine Folge der Evolution. Hinter den Kräften der Evolution wirkt nur der Zufall.[32]

Vieles von dem, was die Wissenschaften heute lehren, sind Folgerungen bzw. Deduktionen aus diesen Axiomen. So ist etwa die heute in weiten Kreisen als gesicherte wissenschaftliche Erkenntnis geltende These, dass alle geistig-seelischen Betätigungen und Empfindungen eines Menschen letztlich auf Funktionen des Gehirns und des Nervensystems basierten, eine konsequente Folgerung aus Axiom 1. Das Gleiche gilt für die Theorie, dass alle individuellen intellektuellen und kreativen Fähigkeiten eines Menschen eine Frage seiner Gene wären. *Wäre* Axiom 1 richtig, so *wären* natürlich auch die daraus abgeleiteten Behauptungen richtig.

Die Physiologen haben in den vergangenen Jahrzehnten unfassbar viel über das physische Gehirn des Menschen und seine Funktionen erforscht und publiziert. So haben sie etwa längst herausgefunden, welche Partien des Gehirns benötigt werden, damit der Mensch bestimmte Verrichtungen machen kann. Sie kommen aber über das Mineralisch-Stoffliche nicht hinaus und vermögen es nicht, den Gedankenfaden, der ins Geistige führt, zu verfolgen. Da die Wissenschaftler gemäß Axiom 1 keine immaterielle Instanz im Menschen anerkennen, bleibt ihnen nichts anderes übrig, als die *Ursachen* für alle geistig-seelischen Tätigkeiten des Menschen in diese Areale des Gehirns oder ins Nervensystem zu verlegen. Diese vermeintliche Tatsache, die heute wissenschaftlicher Konsens ist, gilt für sie als unumstößlich bewiesen. Freilich bedarf der Mensch, solange er im Erdenleben weilt, des Gehirns mit all seinen Arealen und des Nervensystems. Aber diese sind lediglich die Werkzeuge der Seele bzw. des seelischen Erlebens – beispielsweise des Denkens. Die Geistesseherin Judith von Halle schreibt dazu: *»Die Naturwissenschaft wird zwar das physische Gehirn als in die materielle Erscheinung getretenes Organ immer gründlicher erforschen können, wird jede Nervenzelle in ihrem stofflichen Aufbau und ihrer physiologischen Zuordnung auf den Grund gehen. Sie wird allerdings nicht die im Gehirn verborgenen, in der ganzen Erscheinung und Funktion des Denkapparats als zum Gehirn sich verfestigten übersinnlichen Schöpferkräfte und somit auch nicht die eigentlichen Kapazitäten des Denkens entdecken können, welche jenseits der physischen Funktion des Gehirns liegen. Denn das Gehirn ist letztlich allein für die physisch-sinnlichen Belange nützlich. Die Kapazitäten selbst oder Kräfte liegen aber jenseits der auf die Sinneswelt bezogenen Funktionen des Gehirn-Apparrats. [...] Da sich die Ausgestaltung, die einzelnen Funktionsbereiche und genauen Abläufe innerhalb des Gehirns aus dem lebendigen kosmischen Weltendasein heraus entwickelt haben, ist es nicht verwunderlich, dass die Naturwissenschaft im Vergleich zu anderen Bereichen des physischen Leibes gerade über das Gehirn letztlich recht wenig zu sagen weiß.«*[33]

Trotz zahlloser Gegenbeweise aus der Nahtod-Forschung gilt es heute immer noch als wissenschaftlich fundierte Erkenntnis, dass das menschliche Bewusstsein auf ein funktionierendes Gehirn angewiesen sei, dass es kein vom Gehirn unabhängiges Bewusstsein geben könne. Mit diesem Totschlagargument werden auch von vielen Wissenschaftlern die Erlebnisse der Menschen, die Todesnähe-Erfahrungen hatten, als Phantasien oder Halluzinationen abgetan. Dr. Eben Alexander, der sich als Neurochirurg in seiner wissenschaftlichen Praxis viele Jahre mit der Erforschung des menschlichen Gehirns und seiner Funktionen beschäftigt hatte, war, *bevor* ihn seine eigenen Nahtod-Erfahrungen eines Besseren belehrt haben, ebenfalls davon überzeugt, dass das Bewusstsein an das Gehirn gebunden sei und dass es kein Bewusstsein geben könne, wenn das Gehirn nicht mehr funktioniert. Das, was er dazu in seinem Buch schreibt, dürfte heute noch der Konsens unter den Gehirnforschern sein: *»Wenn man kein funktionierendes Gehirn hat, kann man nicht bewusst sein. Das liegt daran, dass das Gehirn die Maschine ist, die das Bewusstsein überhaupt erst erzeugt. Wenn diese Maschine ihre Funktion einstellt, kommt auch das Bewusstsein zum Erliegen. So ungemein kompliziert und mysteriös die tatsächliche Mechanik der im Gehirn* *ablaufenden Prozesse auch sein mag, im Prinzip ist es einfach: Wenn man den Stecker zieht, geht der Fernseher aus. Die Vorstellung ist zu Ende, wie sehr sie Ihnen auch gefallen haben mag. So oder ähnlich hätte ich es Ihnen erklärt, bevor mein eigenes Gehirn abstürzte.«*[34]

Wie so viele Mitmenschen der Gegenwart schlug sich Eben Alexander ganz auf die Seite der Wissenschaft, so dass er seinen Glauben an etwas Höheres, an etwas Göttlich-Geistiges immer mehr verlor. *»Auch wenn ich von meiner Erziehung her gern an Gott, den Himmel und ein Leben nach dem Tode glauben wollte, so war die Existenz dieser Dinge durch meine Jahrzehnte in der rein rationalen Welt der wissenschaftlichen Neurochirurgie zutiefst infrage gestellt worden. Die moderne Neurowissenschaft gestattet keinen Zweifel daran, dass das Gehirn das Bewusstsein hervorbringt – den Verstand, die Seele, den Geist oder wie immer Sie diesen unsichtbaren, immateriellen Teil von uns nennen wollen, der uns wirklich zu dem macht, was wir sind –, und ich war fest davon überzeugt, dass diese Lehrmeinung stimmte. [...] Wie das Meer, das den Strand permanent auswäscht, hatte mein wissenschaftliches Weltbild im Laufe der Zeit langsam, aber sicher meine Fähigkeit untergraben, an etwas Größeres zu glauben. Das beständige Bombardement an wissenschaftlichen Beweisen erweckte zunehmend den Eindruck, dass unsere Bedeutung im Universum gegen Null ging. Glaube wäre schön gewesen. Aber die Wissenschaft beschäftigt sich nicht mit dem, was schön wäre. [...] Ich respektierte, dass sie [die Wissenschaft] keinen Raum für Phantasie oder nachlässiges Denken ließ. Wenn sich eine Tatsache als greifbar und vertrauenswürdig erwies, wurde sie akzeptiert. Wenn nicht, wurde sie abgelehnt. Dieser Ansatz ließ sehr wenig Raum für die Seele und den Geist sowie für das Weiterexistieren einer Persönlichkeit, nachdem das Gehirn, das diese unterstützte, seine Arbeit eingestellt hatte. Und noch weniger Raum ließ er für das, wovon ich in der Kirche immer und immer wieder gehört hatte: für das ›ewige Leben‹.«*[35]

Die These, dass das Bewusstsein an das Gehirn gebunden ist und dass es somit bei einem Gehirn, das nicht mehr arbeitet, das also quasi tot ist, kein Bewusstsein geben könne, ist aber im Grunde nicht haltbar, wenn man weiß, dass viele Menschen, die Nahtod-Erfahrungen hatten, schildern, dass sie gewissermaßen außerhalb ihres Körpers, auf den sie von ›oben‹ schauten, waren und – obwohl sie bewusstlos und keine Gehirnaktivitäten mehr messbar waren – alles mitbekamen, was geschah. Sie hatten den Eindruck, über ihrem Körper zu schweben, den sie beispielsweise am Unfallort, auf dem Operationstisch oder im Krankenbett liegen sahen, und konnten genauestens wahrnehmen, was die Sanitäter bzw. Ärzte sowie die Umherstehenden machten und sprachen. Man spricht hier von *»autoskopischen Beobachtungen«* oder *»außerkörperlichen Wahrnehmungen«*.

Es ist ja unbestritten, dass alles, was die Naturwissenschaftler über das physische Gehirn des Mensch herausgefunden haben, durchaus richtig ist. Allerdings gehen sie dabei so vor wie jemand, der eine Computer-Applikation erklären möchte und dazu den Rechner bis in die kleinsten Bauteile zerlegt, ohne dabei das von einem Menschen erstellte Programm zu berücksichtigen.

Aufgrund der falschen Annahmen, welche die Wissenschaftler als gesichert voraussetzen, können alle geistig-seelischen Tätigkeiten des Menschen *von ihnen* nicht im rechten Licht gesehen und nicht richtig beurteilt werden, weil sie deren Ursachen im physischen Leib suchen. Alles, was die Wissenschaftler über die Wesenheit des Menschen zu sagen haben, bezieht sich *ausschließlich* auf den physischen Leib – etwas überspitzt formuliert sogar nur auf den menschlichen Leichnam. Man geht davon aus, dass der Mensch nichts anderes ist als das, was man mit Augen sehen, mit Ohren hören, mit Händen greifen und mit Apparaten durchleuchten bzw. untersuchen kann. Somit ist es auch durchaus konsequent, dass es wissenschaftlicher Konsens ist, dass ein Mensch nichts weiter ist als ein Konglomerat von physisch-mineralischen Substanzen.

Wenn diese Wissenschaftler redlich wären, würden sie sinngemäß sagen: »An etwas Geistiges im Menschen und in der Welt, was wir nicht mit unseren Sinnen und Geräten erfassen können, glauben wir nicht. Damit wollen wir aber nicht seine zwar unwahrscheinliche, aber doch nicht ganz auszuschließende Existenz leugnen. Vielleicht fehlen uns ja nur die Möglichkeiten, Geistiges zu beobachten.«

Nur allzu leicht werden die obigen Axiome mit definitiven, wissenschaftlich erwiesenen Tatsachen verwechselt. Es muss nochmals betont werden, dass es sich hierbei um Grundaussagen handelt, die man als richtig unterstellen muss, an die man *glauben* muss. Nun werden es sicherlich die meisten Menschen unserer Zeit für unmöglich halten, dass auch diese Axiome eines Tages ad absurdum geführt werden könnten, ähnlich wie das etwa mit der Scheibentheorie der Erde der Fall war. Eine solche Vermutung lässt der Stolz eines heutigen, ach so aufgeklärten Menschen wohl nicht zu. Wenn man heute diese Axiome anzweifeln oder gar abstreiten sollte, so bräuchte man natürlich nicht mehr fürchten, hingerichtet zu werden. Heute wird man auf eine andere Art bestraft oder mundtot zu machen versucht, beispielsweise dadurch, dass man als Spinner, Phantast oder weltfremd abgestempelt wird. **»Heute denkt man, mit der Zuchtrute des Hohnes, mit der Zuchtrute der Verspottung oder, wie man es oftmals nennt, der Zuchtrute der Kritik, zu begegnen demjenigen, der versucht, aus den geisteswissenschaftlichen Erkenntnissen die Wahrheit zu sagen«**[36] Es gibt allerdings erste Anzeichen dafür, dass es eines Tages sehr wohl zu einem Meinungsumschwung kommen *könnte*. Schon heute existiert in der Quantenphysik die Materie nicht mehr. Also dasjenige, was eigentlich das einzig Existente sein sollte, gibt es für einige Wissenschaftler gar nicht!

Das Dogma, alles sei Materie, es gebe nichts Geistiges, hat uns letztlich in die Ideologie getrieben, die man als »Materialismus« bezeichnet. Es ist dies die gefährlichste und folgenschwerste Weltanschauung, die es jemals auf unserer Erde gegeben hat! Nicht Aids, nicht Krebs, sondern der Materialismus ist die große Krankheit unseres Zeitalters! Für einen Materialisten ist etwas Nicht-Materielles, also etwas Geistiges, genauso wenig existent wie es für einen Blindgeborenen Licht und Farben sind. Nur würde ein Blindgeborener wohl kaum die Existenz dieser Phänomene bestreiten! Unsere offiziellen Wissenschaften sind also nicht die geeigneten Juroren, die in der Lage wären zu entscheiden, wie es sich etwa mit geistigen Welten und Wesen, mit dem Leben nach dem Tod oder mit der Reinkarnation verhält. Diese Themen fallen nicht in ihr Kompetenzgebiet, das sie sich mit ihren selbst gegebenen Einschränkungen als ein sehr eng begrenztes vorgegeben haben. Da ein solcher Wissenschaftler also nur an die Materie glaubt und somit alles Geistige für nicht existent hält, wird er auch keinen Gedanken daran verschwenden, ›geistige Organe‹, mit denen man Geistiges wahrnehmen könnte, für etwas zu halten, das zumindest im Bereich des Möglichen liegt. Wie könnte es etwas geben, mit dem man etwas beobachten kann, was es seiner Meinung nach gar nicht gibt?!

Was die Erforschung des Menschen mit seinen körperlichen Funktionen und seinen seelischen Eigenschaften angeht, kommen viele Wissenschaftler heute nicht darüber hinaus, in diesem nichts anderes als eine komplizierte ›Maschine‹, als einen komplizierten ›biologischen, emotionsbegabten Roboter‹, der von einer anderen, nicht ganz so komplizierten ›Maschine‹, dem Affen, abstamme, zu sehen. Dass diese Ansicht sich schon zumindest ins Unterbewusstsein vieler Menschen eingenistet hat, sieht man an zahlreichen Formulierungen, die sich in unsere Umgangssprache eingeschlichen haben. Wenn sich jemand etwas sonderbar verhält, so sagt man: »Du hast wohl eine Schraube locker!« oder »Du tickst nicht mehr richtig!« Wenn ein Mensch plötzlich ermüdet, hört man oft: »Mein Akku ist leer!« oder »Mir hat jemand den Stecker gezogen«. In Sportreportagen heißt es häufig: »Der Spieler oder die Mannschaft muss jetzt mehr Gas geben.« Wenn ein Sportler als »Maschine« bezeichnet wird, so gilt das sogar als ein großes Kompliment. Man möchte damit zum Ausdruck bringen, dass er über eine große Kampfkraft sowie eine derart außergewöhnliche Ausdauer verfügt, dass er niemals müde wird. So ist es auch nicht verwunderlich, dass die ›Maschine Mensch‹ an andere Maschinen bzw. Apparate angeschlossen wird, wenn es etwa um lebensverlängernde Maßnahmen oder um bestimmte Diagnoseverfahren geht.

Halten wir noch einmal fest: Alles, was die Wissenschaftler an der menschlichen Wesenheit zu erforschen und zu untersuchen vermögen, beschränkt sich auf das Materielle, das Stofflich-Mineralische, also auf dasjenige, was sich nach dem Tod vollständig auflöst und verschwindet. Dass der Mensch noch andere, feinstoffliche bzw. geistig-seelische Wesensglieder (☞ Kapitel 4, S. 206ff.) haben könnte, die sich ihren Forschungsmethoden entziehen, schließen sie aufgrund von Axiom 1 aus. Somit ist es nur konsequent, dass sie ein Leben nach dem Tod für unmöglich halten. Wie sollten sie da etwas über Reinkarnation aussagen können?!

Wir Menschen befinden uns heute regelrecht zwischen den Mühlsteinen zweier *völlig unterschiedlicher* dogmatischer Systeme, die uns zu zerreiben drohen: Auf der einen Seite sind es die Dogmen der großen christlichen Kirchen, namentlich der katholischen, auf der anderen Seite sind es die Dogmen unserer Wissenschaften. Das mag alles sehr deprimierend klingen. Wie könnte es einen Ausweg aus diesem Dilemma geben? Der Ausweg kann nur darin bestehen, dass wir uns mit geistigen, mit spirituellen Wahrheiten vertraut machen, dass wir uns mit den im letzten Kapitel erörterten Quellen – insbesondere der Anthroposophie – beschäftigen, die uns zu geistigen Erkenntnissen führen können. Dazu möchte auch dieses Buch einen kleinen Beitrag leisten. Wem es gelingen mag, auch nur die elementarsten geistigen Tatsachen als solche anzuerkennen, der wird den Materialismus schon bald als das erkennen, was er ist: eine hohle Fassade, ein Hirngespinst!

Man muss mit großer Genugtuung feststellen, dass es in den letzten Jahrzehnten immer mehr Menschen – auch in der europäisch-amerikanischen Welt – geworden sind, die einen ›spirituellen Weg‹ beschritten haben. Auch wenn viele von ihnen vielleicht noch nicht den ›richtigen Weg‹, sofern es einen solchen überhaupt geben sollte, gefunden haben, so können ihnen die Fangstricke des Materialismus nicht mehr gefährlich werden. Jeder spirituelle Weg ist beschwerlich und mühsam. Man darf kaum hoffen, dass man bereits in *einem einzigen* Erdenleben an sein Ziel gelangt.

3.2.5   Die Reinkarnation kann keiner beweisen.

<u>Meinung:</u>

> Wenn die Menschen wirklich mehrmals auf der Erde leben würden, so müssten diejenigen, die davon überzeugt sind oder es gar lehren, das auch beweisen können.

Diesen Einwand hört man sehr häufig. Er stellt für materialistisch gesinnte Gemüter, also für solche Menschen, denen die wissenschaftlichen Dogmen zum Glaubensinhalt geworden sind, das vermeintlich schwerste Geschütz dar, um ihren Standpunkt, die Reinkarnationslehre sei Wunschdenken oder ein Märchen, zu vertreten.

Im Grunde ist es ein ›Totschlagargument‹, ein Argument, das man ins Feld führt, wenn einem keine besseren einfallen. Freilich lässt sich die Reinkarnation nicht *beweisen*. Genauso wenig lässt sich *beweisen*, dass es ein Leben nach dem Tod gibt und dass es geistige Welten gibt. Nicht einmal die Existenz Gottes lässt sich *beweisen*. Man ist heute bei allen Behauptungen, die nicht jedem einleuchten müssen, schnell bei der Hand, einen Beweis zu fordern. Diese Skeptiker sagen, alles, was man nicht beweisen könne, sei nicht existent oder zumindest in höchstem Maße unwissenschaftlich. Als wissenschaftlich bezeichnen sie nur die Lehren der Wissenschaftler, die man alle zweifelsfrei beweisen könne. Möglicherweise erwarten diese Leute, dass man die Reinkarnation oder das Leben nach dem Tod auf eine ähnlich zwingend logische Art beweisen müsste, wie man mathematische Lehrsätze, etwa den »Satz des Pythagoras«, beweisen kann. Diese Art der eindeutigen Beweisführung, die bei einem verständigen und sachkundigen Menschen keine Zweifel übrig lässt, ist grundsätzlich nur in der Mathematik, vielleicht noch in einigen verwandten Disziplinen möglich, was an der ganz spezifischen Struktur dieser Wissenschaft liegt. Das meiste, was die anderen Wissenschaften lehren, ist nicht in dem Maße beweisbar, wie es für das Gebiet der Mathematik gilt.

Natürlich lassen sich viele wissenschaftliche Aussagen, namentlich solche der Physik, Chemie oder Biologie auf eine andere Art beweisen oder – wie man vielleicht besser sagen sollte – *nachweisen*, so dass man diese als absolut korrekt und gültig anerkennen kann. Es handelt sich dabei um solche Phänomene, die jeder Sachkundige jederzeit im Rahmen eines bestimmten Experiments, das immer unter gleichen Bedingungen und Voraussetzungen durchgeführt wird, auftreten lassen und beobachten kann. Aber selbst in diesen Fällen muss man gewisse Zweifel an der Aussagekraft der bewiesenen Phänomene anmelden, sofern sich das zugrundeliegende axiomatische Bezugssystem eines Tages doch als falsch erweisen sollte. Es gibt aber auch eine Fülle von Aussagen, die vielen als wissenschaftliche Tatsachen gelten, obwohl sie weder im formal-logischen Sinne bewiesen noch durch ein jederzeit wiederholbares Experiment nachgewiesen werden können. Man denke hierbei an den einen oder anderen astronomischen Tatbestand. Hier sind bestimmte Dinge in ganz offensichtlicher Weise weder im Experiment nachzubilden noch jederzeit am Firmament zu beobachten.

Um ein viel krasseres Beispiel zu wählen, sei an die Medizin bzw. Pharmazie gedacht. Viele medizinische Behauptungen, die heute den meisten als unumstößliche Tatsachen gelten, sind nach folgendem Muster gestrickt: »Die Einnahme des Medikamentes X beseitigt Symptom Y«. Nun ist es aber eher selten so, dass es den Medizinern gelungen wäre, wirklich zweifelsfrei *nachzuweisen*, wie das Medikament X im Organismus umgewandelt wird, wie es genau wirkt und warum es aufgrund dieser Wirkung zwangsläufig das Symptom Y beseitigen muss. Wenn es beispielsweise darum geht, die Wirksamkeit eines neuen Medikamentes zu erproben, das gegen bestimmte Beschwerden oder Symptome – sagen wir Bluthochdruck – entwickelt wurde, so geht man üblicherweise folgendermaßen vor: Man sucht eine bestimmte Anzahl von Personen, die Bluthochdruck haben und freiwillig, meistens gegen ein kleines Entgelt, an einer Studie teilnehmen wollen. Diese teilt man in zwei gleichgroße Gruppen. Denen der einen Gruppe verabreicht man über einen bestimmten Zeitraum das neue Medikament, denen der anderen gibt man ein Placebo. Wenn sich nun herausstellt, dass sich bei einem hohen Prozentsatz der ersten Gruppe der Blutdruck gesenkt hat, während er bei der Placebogruppe weitgehend unverändert hoch geblieben ist, so betrachtet man es als bewiesen, dass das neue Medikament wirksam ist. Viele medizinische Aussagen sind lediglich solche, die sich aufgrund empirischer Untersuchungen, Studien oder Modellrechnungen ergeben haben, die also eigentlich nicht als erwiesen, sondern nur als *wahrscheinlich* oder *plausibel* gelten dürften.

Wie ungenau, fehleranfällig und manipulierbar Studien und Statistiken allerdings prinzipiell sein können, hat man in der Corona-Zeit sehen können. Gemäß einer Studie wurden die Vakzine eines bestimmten Herstellers mit 95-prozentiger Wahrscheinlichkeit als wirksam und sicher bezeichnet. Auf dieser Aussage basierte dann später das Narrativ, dass sich alle unbedingt impfen lassen sollten. Heute weiß man, dass die Studie ein völlig falsches Ergebnis produziert hat. Die Impfstoffe haben nicht nur nicht vor Ansteckung und Weitergabe des Virus geschützt, sondern bei Millionen Menschen schwere und schwerste Nebenwirkungen bis hin zum Tod hervorgerufen. Da fällt einem sofort das berühmte Zitat von *Benjamin Disraeli* ein: *»Es gibt drei Arten von Lügen: Lügen, infame Lügen und Statistiken.«*

Dennoch soll hier gegen empirische Versuchsreihen, sofern diese seriös und vor allem ergebnisoffen durchgeführt werden, nichts eingewendet werden. Beachten Sie aber, dass man nicht so leichtgläubig wäre, wenn es um geistige Dinge geht.

Nun aber zurück zu der mangelnden Beweisbarkeit von Tatbeständen, die man nur durch hellsichtige Forschung in geistigen Sphären finden kann. Dass man solche nicht in einem formal-logischen Sinne beweisen kann, mag aufgrund obiger Ausführungen verständlich geworden sein, zumal das ja auch für die Lehren der meisten anderen Wissensgebiete gilt. Nun könnte jemand aber doch zumindest noch so etwas wie einen experimentellen Nachweis fordern. Er könnte sagen, wenn das stimmt, was die hellsichtigen Menschen sagen, wenn es also etwa wirklich geistige Welten, ein Leben nach dem Tod, die Reinkarnation usw. geben sollte, so könnte man doch beispielsweise folgendes Experiment planen: Man bestelle zwei, drei oder auch mehr Menschen, die von sich behaupten, hellsichtig zu sein, und fordere sie auf, in der geistigen Welt etwas Bestimmtes zu beobachten und den Anwesenden anschließend das mitzuteilen, was sie da imaginativ geschaut oder inspirativ gehört haben. Wenn diese Berichte, die sie natürlich unabhängig voneinander geben müssten, dann übereinstimmen, wolle man ihnen und ihren Schilderungen glauben.

Eine solche Versuchsanordnung scheint auf den ersten Blick eine ganz vernünftige Idee zu sein. Doch warum würde ein solches Experiment nicht dazu führen können, dass anschließend alle Skeptiker überzeugt sein könnten? Die erste Schwierigkeit mag sich schon dadurch ergeben, dass nicht jeder Geistesseher in der Lage ist, seine Gabe zu jeder beliebig festgesetzten Zeit und unter von außen vorgegebenen Bedingungen zur Entfaltung zu bringen. Man würde ja von Astronomen auch nicht erwarten, dass sie an einem bewölkten Tag ihre Beobachtungen machen und darüber berichten. Dieses Problem mag vielleicht noch vernachlässigbar sein. Die viel größere Schwierigkeit, die sich bei einer solchen Vorgehensweise fast zwangsläufig ergeben würde, ist völlig anderer Natur: Die Beschreibungen der einzelnen Seher würden sich höchstwahrscheinlich mehr oder weniger unterschiedlich – vielleicht sogar widersprüchlich – anhören, obwohl jeder etwas schildert, was er *real* gesehen hat und was *realen Gegebenheiten* entspricht! Diese Tatsache lässt sich vielleicht am besten nachvollziehen, wenn wir ein vergleichendes Beispiel betrachten. Stellen Sie sich dazu eine kleine Ortschaft, ein Dorf oder eine Kleinstadt vor, die von einigen Hügeln umgeben ist. Nun postieren wir auf jeden dieser Hügel einen Menschen, der diese Ortschaft betrachten und anschließend das Gesehene beschreiben soll. Dass solche Schilderungen dann recht unterschiedlich ausfallen *müssen*, wird keinen verwundern. Je nachdem auf welchem Hügel der Beobachter stand, hatte er eine ganz andere Perspektive. Aus der einen Perspektive waren vielleicht einige Bauwerke verdeckt, so dass dieser Beobachter sie gar nicht sehen und somit natürlich auch nicht beschreiben konnte. Aus einer anderen Perspektive sah irgendein Objekt vielleicht viel größer aus als aus einem wiederum anderen Blickwinkel. So verhält es sich erst recht, wenn jemand in geistige Welten schaut. Auch hier gibt es verschiedene *Blickwinkel*. Meistens ist es sogar so, dass man irgendetwas Geistiges erst dann hinreichend beobachtet und verstanden hat, wenn man es aus allen möglichen Blickwinkeln angeschaut hat, wozu natürlich viel Zeit vonnöten sein kann. Aus jeder Perspektive, die man wählen kann, ergeben sich neue Gesichtspunkte, die dazu beitragen, das gesamte Phänomen abzurunden. Hinzu kommt noch das bekannte Problem, dass die Seher ja wieder alles, was sie beobachten, in Worte und vergleichende Bilder verpacken müssen, die von einem anderen Menschen verstanden werden können. Also selbst dann, wenn die Versuchspersonen das gleiche Phänomen aus der gleichen Perspektive beobachten würden, dürften ihre Beschreibungen aufgrund der unterschiedlichen Art der Darstellungen möglicherweise widersprüchlich *erscheinen*.[37] Also kann ein solches Experiment keinen Sinn machen. Einen Skeptiker würde das Ergebnis niemals überzeugen.

Ein ganz konkretes und vielen Lesern sicher bekanntes Beispiel für diese Problematik stellen die vier Evangelien dar. Wenn man etwa zu einem *einigermaßen* vollständigen Bild über das Leben Jesu Christi kommen möchte, so muss man die Schilderungen *aller vier* Evangelisten, die diese Ereignisse aus ihrem hellseherischen Bewusstsein schauten, *zusammen* betrachten. Viele wichtige Begebenheiten wurden nur von einem oder zwei der Schreiber berichtet. Erst durch diese Gesamtbetrachtung der vier Evangelien kann man zu einem zumindest *halbwegs* vollständigen Bild dessen kommen, was sich vor 2.000 Jahren in Palästina ereignet hat.

Die Notwendigkeit eines Beweises oder Nachweises geistiger Tatsachen ist aus noch anderen Gründen häufig nicht nur nicht möglich, sondern sogar in gewisser Weise unsinnig. Stellen Sie sich vor, ein Mensch, der über gesunde Sinnesorgane verfügt, sollte beweisen dass die Sonne jeden Morgen im Osten aufgeht, tagsüber Licht und

Wärme spendet und schließlich abends wieder im Westen untergeht. Was könnte ein solcher Beweis – sofern er überhaupt geführt werden könnte – für einen Sinn machen? Dieser Mensch sowie alle anderen, welche die gleichen Voraussetzungen erfüllen, können schließlich Tag für Tag *selbst* diese Beobachtung machen. Etwas anders schaut die Sache aus, falls dieser Mensch den Lauf und die Wirkung der Sonne einem anderen Menschen, der nicht über die skizzierten Voraussetzungen verfügt, weil er etwa blind geboren wurde, beweisen sollte. In diesem Fall wäre es wohl nahezu unmöglich, ihm in einer wie auch immer gearteten formal-logischen Weise diesen Tatbestand beweisen zu wollen. Sie – und viele andere Menschen auch – können ihm aber von der Sonne, ihrem Lauf und ihrer Wirkung berichten. Sofern das in einer einleuchtenden und nachvollziehbaren Weise geschieht, kann der betreffende Mensch ihre Schilderungen annehmen und verstehen. Er kann das, was Sie mitzuteilen haben, zunächst glauben, um es dann später – nach eigenem Nachsinnen – zu seinem Wissen zu machen. Ähnlich ergeht es uns doch auch, wenn es sich darum handelt, bestimmte wissenschaftliche Forschungsresultate aufzunehmen. Denken Sie etwa an solche Aussagen der Astronomie, in denen es um die Entfernung zwischen zwei Planeten geht. Als Nicht-Wissenschaftler fehlen uns doch in den meisten Fällen die Mittel und Möglichkeiten, das, was die Wissenschaftler erforschen und berichten, selbst zu erforschen. Wir vertrauen aber im Allgemeinen ihrer Integrität sowie ihren Forschungs- und Messmethoden, so dass wir ihre Resultate in unseren *Wissen*sschatz aufnehmen können, obwohl wir – streng genommen – ihnen nur *Glauben* schenken können.

Genauso verhält es sich in solchen Fällen, in denen uns besondere Menschen, die wir Hellseher oder Eingeweihte nennen, Mitteilungen aus geistigen Welten machen. Wenn diese Menschen, die in geistige Welten schauen und deren Wesen und Vorgänge beobachten und erforschen können, uns dann von ihren Forschungsresultaten in sach- und zeitgemäßer Weise berichten, so verhält sich das nicht anders, als wenn ein Astronom uns von seinen Entdeckungen und Forschungsergebnissen berichtet oder als wenn wir einem Blinden von der Sonne oder von Farben oder dergleichen erzählen. Einem solchen Hellseher käme das Ansinnen, das zu beweisen, was er berichtet, ähnlich sonderbar vor, wie wenn jemand Sie bitten würde zu beweisen, dass die Sonne im Osten auf- und im Westen untergeht. Schließlich hat er das, was er mitzuteilen hat, gewissermaßen real und lebhaft vor sich.

Nun könnte aber etwa ein Astronom einwenden, jemand, der an seinen Aussagen Zweifel hege, könne sich ja mit den entsprechenden wissenschaftlichen Methoden vertraut machen und dann die gleichen Messungen anstellen, die ihn gewiss zum gleichen Resultat führten. Das ist prinzipiell richtig, wenngleich da vermutlich ein langjähriges Studium vonnöten wäre. Ein anthroposophisch orientierter Hellseher wird aber sinngemäß das Gleiche sagen: »Wenn du mir nicht glaubst, versuche doch die gleichen seherischen Kräfte, die in *jedem* Menschen schlummern, in dir rege zu machen. Wenn du zunächst die Geisteswissenschaft studierst, dich zu einem hohen

Maß an Moralität erziehst und wenn du schließlich bestimmte ›Übungen‹ und Meditationen machst, können diese Kräfte in dir eines Tages erweckt werden, so dass du das Gleiche beobachten und verstehen kannst wie ich heute schon.«

Es würde uns ach so gescheiten Menschen gut zu Gesicht stehen, wenn wir gewisse wissenschaftliche Behauptungen mit der gleichen gesunden Skepsis aufnähmen, wie wir Behauptungen von Geisteswissenschaftlern aufzunehmen pflegen und wenn wir den geisteswissenschaftlichen Lehren genauso aufgeschlossen und unvoreingenommen gegenüberstünden wie den naturwissenschaftlichen!

3.2.6   Die Menschen können sich nicht an ihre möglichen früheren Leben erinnern.

<u>Meinung:</u>

> Wenn wir wirklich schon einmal gelebt haben sollten, müssten wir uns doch an frühere Leben erinnern können.

Es ist wohl unbestreitbar, dass sich die große Mehrheit der Menschen unserer Zeit im Allgemeinen nicht an ihre früheren Leben erinnern kann. Wenn ein Mensch wirklich schon einmal auf der Erde inkarniert war, so hat er sich zwischen der letzten und der jetzigen Verkörperung lange Zeit in der geistigen Welt aufgehalten. Auch daran hat er keinerlei Erinnerung mehr. Die fehlende Erinnerung ist für viele Menschen, die ansonsten durchaus offen für spirituelle Themen und Ideen sind, die sich weder durch kirchliche noch durch wissenschaftliche Dogmen in ihrem Erkenntnisdrang einschränken lassen, ein starkes Indiz, das ihrer Ansicht nach gegen die Reinkarnationslehre zu sprechen scheint.

Es wäre aber sehr voreilig, aus dem fehlenden Erinnerungsvermögen an den letzten Aufenthalt in der geistigen Welt sowie an das letzte Erdenleben zu schließen, dass es diese nicht gegeben hätte. Diese *scheinbar* missliche Tatsache, diese fehlende Erinnerung darf man keineswegs als Indiz oder gar als Beweis dafür verwenden, dass es frühere Leben bzw. Aufenthalte in der geistigen Welt nicht gegeben hätte. Kein Mensch würde auf die Idee kommen zu behaupten, er sei niemals als Embryo etwa neun Monate lang im Leibe seiner Mutter gewesen, nur weil er an diese Zeit überhaupt keine Erinnerung mehr hat! Kein Mensch würde behaupten, er sei erst mit zwei oder drei Jahren auf die Welt gekommen, nur weil er sich an das, was sich in seinen ersten etwa zwei Lebensjahren abgespielt hat, nicht mehr erinnern kann! Kein Mensch würde sagen, während seines traumlosen Schlafes sei er tot oder nicht existent gewesen, nur weil er nach dem Aufwachen keine Erinnerung mehr an das hat, was er in dieser Zeit ›erlebt‹ hat! Als Argument dafür, dass man über das Erleben, Fühlen und

Empfinden der Seele nach dem Tod nichts wissen könne, hört man häufig: »Es ist noch keiner zurückgekommen, der uns davon berichten könnte!« Über das einstmalige Erleben, Fühlen und Empfinden als Embryo im Leib seiner Mutter wird allerdings auch keiner berichten können.

Das ganz normale überschaubare menschliche Leben zeigt, dass man sich nicht an alle Phasen seiner Existenz erinnern kann. Im Leben eines Menschen setzt das uns bekannte Erinnerungsvermögen erst ab dem Zeitpunkt ein, wo dieser ein Empfinden dafür bekommt, dass er eine *eigenständige* menschliche Individualität ist. Das ist etwa die Zeit, in der er nicht mehr sagt »Maxi möchte ein Bonbon«, sondern »*Ich* möchte ein Bonbon«. Bei den meisten Menschen geschieht dieses wichtige Ereignis, das Aufleuchten des *Ich-Bewusstseins*, im Alter von etwa drei Jahren (☞ 4.1.4, S. 210ff.).

Nun können wir ja ganz konkret werden und fragen, warum wir uns nicht an unsere früheren Leben zu erinnern vermögen. Das können wir deshalb nicht, weil uns eine ganz wichtige Voraussetzung fehlt: Wir haben uns in früheren Verkörperungen unseren »ewigen Wesenskern«, der von Inkarnation zu Inkarnation schreitet (☞ Kapitel 4, S. 210ff.), nie richtig zur Vorstellung bringen können. Erinnern kann man sich doch offensichtlich nur an etwas, was man bewusst in die Welt seiner Vorstellungen aufgenommen hat, über das man sich Begriffe gebildet hat. Wenn es uns in diesem Leben wieder nicht gelingen sollte, hier zu einer richtigen Vorstellung zu kommen, werden wir uns im nächsten Leben an das derzeitige auch nicht erinnern können![38] Überhaupt ist es notwendig, sich nicht im Sinnlichen zu verlieren, sondern sich viel mehr in das geistige Leben zu vertiefen, damit wir uns in unserer nächsten Inkarnation an die gegenwärtige und auch frühere erinnern können. **»Erst wenn der Mensch ein Leben führt in seinem göttlichen Selbst, dann erinnert er sich in demselben Maße an das, was er in den früheren Inkarnationen erlebt hat, und diejenigen, welche sich in das geistige Leben vertiefen, werden sicher mit einer Rückerinnerung an das geistige Leben wiederverkörpert werden.«**[39]

Dass es bis vor etwa 200 Jahren im Sinne der göttlichen Weltenordnung war, dass die Menschen die Reinkarnation vergessen mussten und sich so folglich auch nicht mehr an ihre früheren Inkarnationen erinnern konnten, haben wir bereits erörtert. Die Tatsache, dass sich die weitaus meisten Menschen *heute* noch nicht an ihre früheren Leben zu erinnern vermögen, ist nicht unbedingt als misslich anzusehen. Dieses Vergessen unserer früheren Biografien kann man *heute* vielleicht noch als eine gewisse Schutzfunktion betrachten. Wie sehr würde es uns schon belasten und regelrecht überfordern, wenn wir nur alle – insbesondere auch die unangenehmen – Erlebnisse unseres *jetzigen* Erdendaseins in unserem Bewusstsein tragen würden. Wie viel größer wäre dieses Problem erst, wenn wir auch noch Erinnerungen früherer Inkarnationen mit uns herumtragen müssten. Wie wir an späterer Stelle dieses Buches noch erläutern werden, ist es eine zwangsläufige Folge des Karmagesetzes, dass wir in einem Erdendasein wieder mit denjenigen Menschen zusammenkommen werden, mit denen wir bereits in früheren Erdenleben zu tun hatten. Somit werden wir auch wieder auf diejenigen Individualitäten treffen, denen wir oder die uns Übles angetan haben. Wie belastend wäre das für alle Beteiligten, wenn sie sich noch daran erinnern könnten, was da im letzten Leben passiert ist! Wie schwierig wäre es, zu einem solchen Menschen ein unvoreingenommenes Verhältnis pflegen zu können. Dass wir unsere früheren Lebensläufe vergessen haben, ist gewissermaßen als eine Gnade, die uns die geistige Welt zuteil werden lässt, zu werten. Das meinte wohl auch Goethe, der im Jahre 1781 an *Charlotte von Stein* schrieb: *»Wie gut ist's, dass der Mensch sterbe, um die Eindrücke* [der Vergangenheit] *auszulöschen und gebadet wiederzukommen.«*[40] Gotthold Ephraim Lessing formuliert es in seinem Werk *»Die Erziehung des Menschengeschlechts«* wie folgt: *»Sollte ich etwa nicht wiederkommen [...], weil ich vergesse, dass ich schon dagewesen? Wohl mir, dass ich vergesse! Die Erinnerung meiner vorigen Zustände* [Leben] *würde mir nur einen schlechten Gebrauch des gegenwärtigen zu machen erlauben. Und was ich auf jetzt vergessen muss, habe ich denn das auf ewig vergessen?«*[40]

Selbstverständlich sind bei jedem Menschen die Erinnerungen an seine letzten Erdenleben *nicht* verschwunden. Sie stecken in den Seelentiefen und können lediglich von einem Durchschnittsmenschen nicht abgerufen werden. Allenfalls kann – wie wir noch sehen werden – in besonderen Situationen eine hauchzarte Ahnung davon aufblitzen. Erst nach dem Tod werden die Erinnerungen an frühere Erdenleben frei.

✶✶✶✶✶✶✶✶✶✶✶✶✶✶✶

Fassen wir noch einmal kurz zusammen:

Vor vielen Jahrtausenden war die Reinkarnation noch in nahezu allen Völkern eine klare *Erkenntnis.* Die Menschen wussten, dass sie vorher schon (mindestens) einmal auf der Erde gelebt haben und hatten daran auch gewisse konkrete Erinnerungen. Ab etwa 1860 vor Christus konnte die Idee der Wiederverkörperung nicht mehr gedanklich klar erfasst werden; sie wurde immer dumpfer. Dann wurde es notwendig, dass diese Idee ganz im Dunkel des Unterbewusstseins verschwand. Die Menschen sollten glauben, dass dieses vermeintlich einzige Leben für sie von entscheidender Bedeutung sei. Daher lehrte der Christus-Jesus auch die Reinkarnation nicht. Lediglich drei Jüngern vertraute er an, dass Johannes der Täufer der reinkarnierte Elias war. Laut Rudolf Steiner war sich Johannes selbst dieser Tatsache nicht bewusst.

In unserer Zeit ist es aber von großer Wichtigkeit, dass die Menschen wieder von der Reinkarnation wissen und dass schon in naher Zukunft mehr und mehr Menschen wieder die Fähigkeit erlangen, sich an ihre früheren Inkarnationen zu erinnern.

Rudolf Steiner sagte dazu: »[Es wird] **das Normale sein, dass immer mehr und mehr in die künftigen Zeiten hinein die Menschen eine Rückerinnerung an ihre früheren Erdenleben haben werden. Man könnte ebenso gut sagen: Geisteswissenschaft ist die rechte Vorbereitung dazu, in der richtigen Weise die Rückerinnerung an die früheren Erdenleben zu haben. Diejenigen aber, welche Geisteswissenschaft fliehen, die werden so mit dieser Rückerinnerung leben, dass sie sie eben nicht heraufbringen können in ihre Seele. Innerlich wird ihnen etwas fehlen. Das heißt, die Menschen werden zerfallen in zwei Klassen. Die einen werden wissen: Wenn ich das Innerste meiner Seele hervorkehre, führt mich das zurück in frühere Erdenleben. Die anderen werden einen inneren Trieb fühlen, der sich ausdrückt in einer Sehnsucht. Und es wird etwas nicht heraufkommen wollen, die ganze Inkarnation durch wird etwas nicht heraufkommen wollen, bleibt wie ein Begriff, den man sucht und nicht finden kann. Das wird die mangelnde Vorbereitung auf die Rückerinnerung an die früheren Erdenleben sein.«**[41]

3.2.7   Die Bevölkerungsexplosion widerspricht der Reinkarnationslehre.

<u>Meinung:</u>

> Die heutige Bevölkerungsexplosion ist mit der Reinkarnationslehre nicht vereinbar. Wenn man diese Lehre als stimmig ansehen sollte, so müssten doch immer etwa gleich viele Menschen die Erde bewohnen.

Auch diese auf den ersten Blick schlüssig erscheinende Meinung kann leicht entkräftet werden.

Freilich ist es völlig richtig, dass die Weltbevölkerung im Laufe der Zeit drastisch zugenommen hat. Vor 100 Jahren lebten etwa 2,5 Milliarden Menschen auf der Erde. Heute sind es rund 8 Milliarden. Vor einigen Jahrhunderten konnte man die Bevölkerung der Erde noch in Millionen messen. Zahlen über die Weltbevölkerung aus früheren Jahrhunderten sind allerdings immer mit einer gewissen Vorsicht zu genießen, da vor zwei, drei Jahrhunderten noch keine flächendeckenden Erhebungen gemacht wurden. Insgesamt muss man sehen, dass in früheren Jahrtausenden nicht so wenige Menschen auf der Erde lebten, wie vielfach angenommen wird. Das liegt nicht zuletzt daran, dass viele Landstriche noch gar nicht entdeckt waren.

Dennoch ist es unstrittig, dass die Weltbevölkerung kontinuierlich immer mehr gestiegen ist. Was könnte das für Gründe haben?

Zunächst einmal ist es so, dass unterschiedliche Menschenseelen zu unterschiedlichen Zeiten mit ihrer ersten Inkarnation begonnen haben. Es ist also nicht so, dass *alle* Seelen etwa zeitgleich ihr erstes Erdenleben angetreten hätten. Vielmehr gab es in gewisser Weise ›Vorläufer‹ und ›Nachzügler‹.

Dann kommt *ganz entscheidend* in Betracht, dass sich die Inkarnationsintervalle, also der zeitliche Abstand zwischen zwei aufeinanderfolgenden Inkarnationen, im Laufe der Jahrtausende und Jahrhunderte im Durchschnitt verkürzt haben. Während in früheren Zeiten ein Mensch sich durchschnittlich vielleicht erst nach zwei Jahrtausenden wiederverkörperte, kommt es in der heutigen Zeit durchaus vor, dass er schon vielleicht wenige Jahrhunderte, manchmal schon einige Jahrzehnte, in Extremfällen bereits wenige Jahre nach seinem letzten Tod wieder den irdischen Schauplatz betritt. Somit ›drängen‹ also immer mehr Seelen, sich in einem bestimmten Zeitraum zu verkörpern. Die Gründe dafür werden wir an späterer Stelle dieses Kapitels beleuchten (☞ 3.6.3, S. 144f.).

3.3 Welche Indizien könnten für die Reinkarnationslehre sprechen?

Nachdem es nun vielleicht ein wenig gelungen sein mag, die üblichen Argumente, die gegen die Reinkarnationslehre zu sprechen *scheinen*, zu widerlegen, wollen wir uns zunächst einigen Phänomenen widmen, die ein *Indiz* für die wiederholten Erdenleben sein könnten. In den Abschnitten 3.4 (☞ S. 116ff.) und 3.5 (☞ S. 123ff.) wollen wir dann ein paar starke *Argumente* erörtern, welche die Gültigkeit der Reinkarnations- und Karmalehre zwar nicht beweisen, aber doch sehr stark untermauern können.

3.3.1 Unerklärliche Antipathie und Sympathie

Die Situation, die im Folgenden geschildert werden soll, haben Sie mit Sicherheit auch schon einige Male erlebt. Man kommt im privaten oder beruflichen Umfeld erstmals mit einem fremden Menschen zusammen, von dessen Existenz man zuvor nicht wusste. Noch bevor man dazu kommt, ihn zu begrüßen oder mit ihm zu reden, empfindet man diesem gegenüber eine abgrundtiefe Abneigung. Am liebsten würde man sich aus der Szene ›wegbeamen‹, damit ja kein Kontakt zustande kommen kann. Man kann die Antipathie fast körperlich spüren; es ist wie wenn zwei starke gleich gepolte Magnete aufeinanderprallen würden. Später versucht man dann mögliche Gründe für die zunächst nicht zu erklärende Abneigung zu finden. Man überlegt, ob dieser Mensch durch sein Aussehen, seine Kleidung, seinen Gang, seine Mimik oder Gestik einen vielleicht an einen unsympathischen *bekannten* Zeitgenossen erinnert, so dass man eventuell seine Antipathie, die eigentlich dem bekannten Menschen gilt, unbewusst auf den fremden projiziert haben könnte. In manchen Fällen mag man da fündig werden, in vielen aber nicht. Natürlich kann ebenso gut der umgekehrte Fall eintreten. Man fühlt sich von dem Menschen, den man definitiv zum ersten Male sieht, magisch angezogen. Man empfindet vom ersten Augenblick an eine starke

Sympathie. Obwohl es eigentlich keine Gründe dafür gibt, tut man alles, um mit dem Fremden in Kontakt zu treten. Wir alle kennen doch den Ausspruch: »Liebe auf den ersten Blick«.

Lernt man dann diese Menschen später etwas besser kennen, ist es häufig so, dass man seinen ersten Eindruck, sein Gefühl der Antipathie oder Sympathie, nicht revidieren muss und auch nicht kann. Wäre es bei solchen Phänomenen nicht zumindest *möglich*, dass man den ›Fremden‹ sehr wohl ›kennt‹, nämlich aus einem oder mehreren früheren Leben, in denen man mit ihm zu tun hatte?

3.3.2 Déjà-vu-Erlebnisse

Dann gibt es die berühmten »Déjà-vu-Erlebnisse«, von denen viele Zeitgenossen berichten. »Déjà vu« kommt aus dem Französischen und heißt »schon gesehen«. Was hat man sich unter solchen Erlebnissen vorzustellen? Ein typisches und häufig geschildertes Déjà-vu-Erlebnis liegt vor, wenn ein Mensch zum ersten Mal in seinem Leben einen Ort, eine fremde Stadt oder ein fremdes Land, das er nicht einmal aus Filmen, Büchern oder Erzählungen kennt, bereist und dabei den starken Eindruck empfindet, dass er diesen Ort schon kennt, dass er schon einmal dort gewesen ist. Oftmals sind solche Leute dann erstaunlich ortskundig; sie wissen genau, wo bestimmte alte Bauwerke stehen, welchen Weg man einschlagen muss, um zu einem bestimmten Ziel zu gelangen, usw. Hin und wieder erzählen sie sogar davon, dass sie ein tiefes Gefühl der Vertrautheit und Verbundenheit mit diesem Ort überkommen habe. Wäre es da nicht möglich, dass diese Vertrautheit daraus resultiert, dass diese Menschen in einem früheren Leben an diesem Ort gelebt haben? Etwas Ähnliches liegt auch vor, wenn man erstmals einer fremden Person begegnet und sogleich den Eindruck gewinnt, dass man diese schon lange kennt. Das hat weder mit Sympathie noch mit Antipathie zu tun. Man fühlt sich diesem Menschen einfach vertraut und irgendwie verbunden.

Um eine besondere Art von Déjà-vu-Erlebnissen handelt es sich, wenn man in eine ganz bestimmte Situation gerät, in der man definitiv noch nie gesteckt hat. Das muss keinesfalls eine dramatische Situation sein. Für den Bruchteil einer Sekunde schießt einem der Gedanke durch den Kopf: »Das kennst du doch! Das hast du doch schon einmal erlebt!« Man weiß dann oft ganz genau, wie es weitergeht, wie die Sache ausgeht. Die Situation bekommt dann irgendwie einen merkwürdig irrealen Charakter. Man gewinnt den Eindruck, als sähe man einen Film, an dem man selbst mitgewirkt hat. Dass es solche Erlebnisse gibt, wird keiner abstreiten. Nur machen es sich die Psychologen oft etwas leicht, indem sie sagen, dass der Betreffende in solchen Fällen Erinnerungen an vergleichbare, real erlebte Situationen aus dem Unterbewusstsein abrufe und diese mit der neuen Situation verknüpfe. Bis dahin ist ja gegen diese Einschätzung nichts einzuwenden. Allerdings geben sich die Psychologen dann häufig mit der Erklärung, alles entspringe dem Unterbewusstsein, zufrieden. Nur wie und woher kommen diese Erinnerungen in diesen inneren ›Informationsspeicher‹? Wäre es nicht wenigstens möglich, dass sie nicht aus diesem, sondern aus einem früheren Leben stammen? Wir werden an späterer Stelle noch zwei andere spirituelle Erklärungen für solche Déjà-vu-Erlebnisse zu erörtern haben.

Betrachten wir ein weiteres Phänomen, das auch in die Rubrik der Déjà-vu-Erlebnisse eingeordnet werden kann. Manche Menschen haben zu irgendeiner Sache oder irgendeinem Tier ein ganz merkwürdiges, außergewöhnliches, vielleicht sogar widersprüchliches Verhältnis. Dem Verfasser ist eine Frau persönlich bekannt, der das von frühester Kindheit an mit Pferden so erging. Einerseits fühlte sie sich in starkem Maße zu diesen Geschöpfen hingezogen; sie übten auf sie eine gewaltige Faszination aus. Andererseits hatte sie vor Pferden einen überzogenen Respekt, ja Angst, obwohl sie definitiv niemals von einem solchen Tier in irgendeiner Weise attackiert wurde. Nie wäre sie einem dieser Vierbeiner zu nahe getreten. Als diese Frau sich später von einem Reinkarnations-Therapeuten rückführen ließ, wurde ihr merkwürdiges Verhältnis aufgedeckt: In einem früheren Leben fiel sie von einem Pferd und kam dabei zu Tode.

3.3.3   Rückführungen in frühere Leben

Sie haben vermutlich schon davon gehört oder gelesen, dass es – zum größten Teil äußerst seriöse – Menschen gibt, sogenannte »Reinkarnations-Therapeuten«, die es verstehen, andere Menschen in ein früheres Leben ›zurückzuführen‹. Bis vor wenigen Jahrzehnten wurde diese »Rückführung« oder – wie man auch sagt – »Regression« fast ausschließlich mit Hilfe einer Hypnosetechnik durchgeführt. In neuerer Zeit vertraut man eher auf eine spezielle, recht anstrengende Atemtechnik des Rückzuführenden, die diesen in einen besonders ruhigen und entspannten Zustand versetzt, ohne dass das normale Tagesbewusstsein ausgeschaltet wird.

Um die Rückführungstherapie hat sich seit den späten 60er Jahren des letzten Jahrhunderts in erster Linie der Münchener *Thorwald Dethlefsen* verdient gemacht. Auch er begann bei seiner Arbeit zunächst mit der Hypnosetechnik, die er aber später aufgab, weil er es als unzulässigen Eingriff in die Freiheit des Patienten auffasste.

Solchen Rückführungen unterzieht man sich vorwiegend aus therapeutischen Gründen, weniger, um seine Neugierde zu befriedigen. Viele Menschen werden von schwerwiegenden gesundheitlichen, meistens psychischen Problemen heimgesucht, deren Auslöser Ärzte oder Heilpraktiker nicht finden können. Diese Leiden sind meistens solche, deren Ursache irgendwo in den Tiefen der Seele vergraben ist. Es gibt viele dokumentierte Fälle, in denen diesen Menschen von Reinkarnations-Therapeuten geholfen werden konnte. Diese Therapeuten versetzen die Patienten durch die schon erwähnte Atem- oder Hypnosetechnik in einen besonders entspannten Zustand und versuchen, sie durch gezielte Fragen oder Aufforderungen zunächst in eine Situation des jetzigen Lebens zurückzuversetzen, in der etwas vorgefallen ist, was das Leiden verursacht haben könnte. Häufig sind aber die Auslöser nicht im gegenwärtigen Erdenleben zu finden, so dass der Therapeut den Patienten in ein früheres Leben zurückführt, um irgendwann – oft erst nach sehr vielen Sitzungen – an die Ursachen heranzukommen.

Es ist wirklich so, dass derjenige, der sich einer Rückführung unterzieht, zuerst etwas vor seinem ›geistigen Auge‹ sieht, was wie ein Film erscheint. Er sieht Personen, Orte und Handlungen. Etwas später ›weiß‹ er dann, dass eine dieser Personen *er selbst* war. Ab diesem Zeitpunkt steckt er voll in dieser Person drin. Er weiß genau, um was es in dieser Szene geht, wer die anderen Personen sind, um welchen Ort und welche Zeit es sich handelt. Durch gezieltes Einlenken ist es dem Therapeuten jederzeit möglich, den zeitlichen Rahmen zu variieren. Der Patient hat ab einem bestimmten Augenblick nicht mehr den Eindruck, als würde er nur einen Film sehen, in dem er selbst mitwirkt. Er ›erlebt‹ die Situationen erneut, was von sehr starken Gefühlsregungen begleitet sein kann. Zu diesem Thema gibt es heute eine Vielzahl an Büchern, die in eindrucksvoller Weise schildern, was einige Patienten und Therapeuten bei solchen Sitzungen, die früher manchmal unter Aufsicht neutraler Wissenschaftler durchgeführt und protokolliert worden sind, erlebt haben.[42] Besonders beeindruckend sind immer wieder die Fälle, in denen die Patienten während der Rückführung plötzlich in der Sprache redeten, die sie in dem Leben gesprochen haben, in dem sie sich gerade ›befanden‹. Das waren zumeist Sprachen, die sie in dieser Inkarnation nachweislich nie gelernt und gesprochen haben. In einigen Fällen handelte es sich dabei sogar um sehr alte, längst ausgestorbene Sprachen oder Dialekte, die erst von Sprachwissenschaftlern identifiziert werden konnten. Es muss wohl nicht erwähnt werden, dass die Patienten nach der Sitzung kein Wort dieser Sprachen mehr verstanden. Überhaupt ist es in vielen Fällen so, dass wirklich ausgeschlossen werden kann, dass der Rückzuführende das, was er ›sieht‹ und schildert, in diesem Leben schon einmal erlebt oder irgendwo gehört oder gesehen hat. Die Bilder steigen aus seinen Seelentiefen empor.

Es gibt sehr viele Zeitgenossen, die aufgrund solcher beeindruckender Schilderungen von Rückführungen die Reinkarnation für eine Tatsache halten. Es gibt in der Tat viele seriös verbürgte Berichte von Rückführungen, bei denen man beim besten Willen zu keiner anderen Ansicht gelangen kann, als dass der Betreffende das, was er schildert, wirklich in einem früheren Leben erlebt hat. Es gibt aber auch eine ganze Reihe von Fällen, in denen klar ist, dass die dargestellten Erlebnisse nicht aus früheren Leben, sondern aus irgendwelchen ›Seelengründen‹ abgerufen worden sind. So

kommt es immer wieder vor, dass *mehrere* Patienten vorgeben, in einem früheren
Leben eine bekannte historische Persönlichkeit, etwa *Napoleon, Alexander der Große*
oder *Maria Magdalena*, verkörpert zu haben. Aber selbst wenn Tausende solcher
Schilderungen nicht aus einem früheren Leben stammen, so ist das ja noch lange kein
Beweis dafür, dass *alle* Berichte nichts mit früheren Leben zu tun hätten.

Ein Reinkarnations-Therapeut legt im Übrigen überhaupt keinen Wert darauf, inwieweit es sich bei den Rückführungen um authentische Berichte handelt. Ihm geht es
nur darum, die Ursache für das Leiden seiner Patienten herauszufinden. Dabei macht
es für alle Beteiligten keinen Unterschied, ob diese Ursachen aus einem früheren
Leben stammen oder ob sich in den Seelentiefen irgendetwas ›festgesetzt‹ hat, was
seinen Grund in diesem Leben hat.

In unserem Buch *»Zeitreise durch meine früheren Erdenleben«* (☞ S. 578) haben wir
von den sehr beeindruckenden Rückführungen einer Frau geschrieben, die durch diese Erlebnisse ihr Leben zu verstehen lernte.

3.3.4 Spontan-Erinnerungen an frühere Leben

Schließlich gibt es noch das Phänomen der »Spontan-Erinnerung«, von dem insbesondere in den letzten Jahrzehnten sehr viel zu hören und zu lesen war. Von solchen
Erinnerungen spricht man, wenn sich ein Mensch – in den meisten Fällen handelt es
sich dabei um Kinder – spontan, oft ohne erkennbaren Anlass an ein früheres Leben
erinnern kann. Prinzipiell lassen sich diese Phänomene auf folgenden Nenner bringen:
Der sich Erinnernde beschreibt plötzlich konkrete Ereignisse, nennt Orte, Personen
und sonstige Details, die er nachweislich nicht aus seinem jetzigen – zumeist noch
sehr jungen – Leben kennen kann. Häufig ist es so, dass er sich mit der Persönlichkeit, die er im vorigen Leben verkörpert hat, mehr identifizieren kann als mit der jetzigen.

Allein in den letzten vier, fünf Jahrzehnten sind weltweit einige Tausend dieser Fälle
registriert worden. Die meisten davon sind mit strengen wissenschaftlichen Methoden
untersucht und protokolliert worden. Um die Überprüfung dieser Phänomene hat sich
in erster Linie *Ian Stevenson* verdient gemacht.[43] Der amerikanische Professor für
Psychiatrie ist mit seinem Team rund 600 Fällen nachgegangen. Nach zahllosen
Gesprächen mit den Betroffenen, strengen Untersuchungen und gewissenhaften Über-
prüfungen der Aussagen und Detailschilderungen gelangte er in den weitaus meisten
Fällen zu der Überzeugung, dass die Informationen auf paranormalem Wege überliefert worden seien und dass es als sehr wahrscheinlich anzusehen sei, dass es sich
um wirkliche Erinnerungen an frühere Leben handelt.

3.4   Wie kann man die Gültigkeit der Reinkarnationslehre erkenntnistheoretisch begründen?

Wir haben schon gesehen, dass es nicht möglich ist, geistige Tatsachen so zu beweisen oder nachzuweisen, dass sie von jedem als gültig und wahr anerkannt werden müssten. Wir haben des Weiteren gesehen, dass das auch für viele Tatsachen gilt, die uns die Wissenschaften lehren. Dennoch sollte es möglich sein, auf erkenntnis-theoretischem Wege Argumente zu finden, welche die wiederholten Erdenleben fast zwingend notwendig erscheinen lassen. Machen wir uns also auf den Weg.

Wohl jeder irgendwie religiös gesinnte Zeitgenosse wird zugeben, dass der Mensch, so wie er auf der Erde wandelt, aus *mindestens* zwei ›Wesensgliedern‹ besteht. Zum einen besitzt der Mensch seinen *physischen* Körper, der aus Erdenstoffen aufgebaut und den Gesetzen der Physik und Chemie unterworfen ist. Dieser Körper, den jeder vermöge seiner üblichen Sinne wahrnehmen kann, ist von unseren Wissenschaftlern bis zu einem hohen Grad erforscht. Seinen Organismus und seine Funktionsweise können sie weitgehend erklären. Die besondere Gestalt dieses Körpers ist in hohem Maße vom Erbgut der Vorfahren abhängig. Dieser Leib ist sterblich. Nach dem Tod seines Trägers löst er sich durch Verbrennung oder Verwesung auf und wird in die Erdsubstanz einverwoben. Darüber hinaus besitzt jeder Mensch noch ein ›geistig-seelisches Wesensglied‹, das man als den »ewigen Wesenskern«, den »göttlichen Funken« oder – um einen im Christentum üblichen Ausdruck zu benutzen – als »Seele« oder auch »Geist-Seele« bezeichnen könnte (☞ Kapitel 4, S. 210ff.). Dieser Wesenskern ist immaterieller Natur und daher den physischen Sinnesorganen und den naturwissenschaftlichen Forschungsmethoden nicht zugänglich. Die Seele ist unsterblich. Sie überdauert den Tod des Menschen und den Verfall des physischen Körpers, um dann in andere Welten zu treten. Bis zu diesem Punkt dürfte auch ein Vertreter der großen christlichen Kirchen, also einer, der die Reinkarnationslehre ablehnt, keine Einwände anmelden. Von Einwänden materialistisch gesinnter Wissenschaftler, die alles negieren, was geistig-seelischer Natur ist und geistig-seelische Betätigungen als Produkt irgendwelcher Gehirnfunktionen auffassen, sollten wir uns jetzt nicht mehr in die Irre führen lassen.

Nun ist ja nicht zu leugnen, dass zwei unterschiedliche Menschen, die man auf dem physischen Plan beobachten kann, recht verschieden voneinander sein können. Hierbei soll nicht so sehr an solche Unterschiede gedacht werden, die sich dem bloßen Auge des Beobachters offenbaren. Es geht also nicht darum, dass der eine klein, der andere groß gewachsen ist, dass der eine blaue, der andere braune Augen hat usw. Solche rein *körperlichen* Unterschiede sind ja weitgehend mit den unterschiedlichen Erbanlagen zu erklären. Sie stellen also kein Mysterium mehr dar. Denken Sie vielmehr an solche Unterschiede, die eher *geistig-seelischer* Art sind und die sich nicht zwingend notwendig auf unterschiedliche Vererbungsströme zurückführen lassen. Wie unterschiedlich sind die Menschen, wenn Sie etwa an intellektuelle Fähigkeiten, spezifische Begabungen und Talente, Temperamente, Neigungen und dergleichen denken.

Betrachten wir ein sehr extremes Beispiel: Nehmen Sie auf der einen Seite einen Menschen eines unzivilisierten Naturvolkes oder auch einen sehr einfältigen, schlichten Menschen aus unserem Kulturkreis und auf der anderen Seite eines der großen Genien wie etwa *Goethe* oder *Mozart*. Neben diesen jedem bekannten großen Persönlichkeiten der Menschheitsgeschichte kann man auch an die vielen »Wunderkinder« denken, die meistens schon sehr früh starben und nicht zuletzt daher nie in den Fokus einer breiten Öffentlichkeit getreten sind. In der einschlägigen Literatur und im Internet kann man zahlreiche Berichte über solche Persönlichkeiten nachlesen, deren Leistungen, zu denen sie schon in früher und frühester Kindheit fähig waren, mehr als erstaunlich und geradezu unfassbar sind. Hier sollen in aller Kürze nur zwei dieser Wunderkinder vorgestellt werden.

Am 6. Februar 1721 wurde in Lübeck *Christian Heineken* geboren. Bereits mit wenigen Monaten konnte er komplizierte Sätze in Plattdeutsch und in Hochdeutsch, die er aufschnappte, fehlerfrei wiedergeben. Etwas Gehörtes vergaß er nie wieder, auch wenn es in Französisch oder Latein gesprochen war. Mit 14 Monaten kannte er das Alte Testament auswendig, einige Wochen später auch das Neue Testament sowie 200 Kirchenlieder. Der Wunderknabe wurde nur vier Jahre alt. *Immanuel Kant* hatte von ihm Kenntnis und bezeichnete ihn als »frühkluges Wunderkind von ephemerischer Existenz«.[44]

Nahezu zeitgleich, am 19. Januar 1721 kam *Jean Philippe Baratier* in Schwabach als Sohn eines reformierten Pfarrers zur Welt. Dieser konnte mit drei Jahren lesen und schreiben. Im Alter von acht Jahren beherrschte er mehrere Sprachen perfekt, darunter auch Latein, Griechisch, Arabisch, Hebräisch, Chaldäisch und Syrisch. Etwas später erwies er ungeahnte Fähigkeiten in der Religionsphilosophie, Mathematik und Astronomie. Mit 14 Jahren wurde er zum jüngsten Mitglied der Preußischen Akademie der Wissenschaften ernannt. Gleichzeitig begann er in Halle ein Jurastudium. Als 17-jähriger hielt er Vorlesungen an der Universität. Er starb mit 19 Jahren.[45]

Aber auch in unserer heutigen Zeit gibt es junge Menschen, die über höchst erstaunliche Fähigkeiten verfügen. Vielleicht haben Sie schon von der jungen Schweizerin *Christina von Dreien* gehört. Sie ist nicht nur in hohem Grade hellsichtig und medial begabt, sondern hält seit ihrem 17. Lebensjahr in voll besetzten Sälen Vorträge – sowohl über komplizierte spirituelle Themen als auch über Quantenphysik, Neurophysiologie und andere wissenschaftliche Themen. Mit großer Selbstverständlichkeit vermag sie es, sich an ihre früheren Erdenleben zu erinnern.

Wie kann man ein solches Genie erklären? Wie kann es möglich sein, dass etwa ein Mozart schon im Kindesalter ein virtuoser Pianist war und der Welt die großartigsten Kompositionen schenkte? Wie kann man eine Erklärung dafür finden, dass der 8-jährige Baratier etliche Sprachen fließend sprechen oder dass der 14 Monate alte Heineken die Bibel auswendig aufsagen konnte? Wie kann man erklären, dass ein Universaltalent schon mit 17 Jahren gestandene Wissenschaftler mit seinen Erkenntnissen und Denkansätzen in Erstaunen versetzt? Sofern man nicht gerade von einem nebulösen Zufallsprinzip ausgehen möchte, gibt es *drei* Ansätze, solche Phänomene zu erklären.

3.4.1 Die Lehre des Generatianismus

Im altchristlichen »Traduzianismus« wurde, namentlich durch *Tertullian*, die Meinung vertreten, dass die menschliche Seele durch die elterliche Zeugung entstehe. Man war der Auffassung, dass dem Menschen durch ein menschliches »Fortpflanzungsmittel materieller Art« die Seele aus der Seele der Eltern mitgegeben werde. Diese These wird »Generatianismus« genannt.[46] Somit wurde auch unterstellt, dass alle geistig-seelischen Fähigkeiten, die einen Menschen auszeichnen, von denen der Vorfahren abzuleiten seien, also ererbt würden. Leib und Seele wurden als eine *untrennbare* Einheit aufgefasst. Diese Lehre wurde von der katholischen Kirche mehrfach verurteilt. Im christlichen Glauben spielt diese Hypothese seit geraumer Zeit keine Rolle mehr. Allerdings wird sie in der heutigen Zeit noch von vielen Wissenschaftlern in etwas modifizierter Form vertreten. Die Modifikation besteht im Wesentlichen darin, dass sie die Seele nicht so sehr als eigenständiges Wesensglied, das immaterieller Natur ist, anzuerkennen bereit sind, sondern dass sie eher geneigt sind, alle geistig-seelischen Fähigkeiten und Ausprägungen als etwas zu betrachten, das physischer Natur ist und letztlich etwa mit Funktionen des Gehirns oder des Nervensystems zu erklären sei. Ein Verfechter dieser Theorie führt also auch die genialen Fähigkeiten eines Goethe oder Mozart sowie die der vielen Wunderkinder auf Erbanlagen zurück, die sie ihren Vorfahren verdanken.

Wenn diese These unzweifelhaft richtig sein sollte, müsste man das doch im Einzelfall nachweisen können. Man müsste also zeigen können, dass etwa die Eltern, Großeltern oder Urgroßeltern von Goethe oder Mozart oder all der anderen großen Genien über ähnlich geniale Anlagen verfügt hätten. Vererben kann man doch wohl nur das, was man selbst besitzt. Man kann beispielsweise nicht erwarten, dass ein Kind später einmal eine große, stattliche Figur bekommt, wenn seine Vorfahren klein und zierlich waren. Wenn Sie nun die Biografien einiger Genien studieren, werden Sie feststellen, dass deren Vorfahren sehr häufig nicht einmal ansatzweise über diejenigen Fähigkeiten verfügten, die solche Genien in hohem Maße auszeichneten. Die Vorfahren vieler großer Musiker wiesen keine sonderliche musikalische Begabung auf. Auch die Eltern Goethes besaßen nicht die denkerischen und dichterischen Fähigkeiten, die ihn berühmt machten.

Es soll nicht bestritten werden, dass eine *gewisse* Art der Vererbung sehr wohl vonnöten ist, damit sich etwa solche genialen Fähigkeiten manifestieren können. So ist zum Beispiel jemand, der mit einer großen musikalischen Begabung auf die Welt kommt, darauf angewiesen, dass er von seinen Vorfahren ein gutes Gehör vererbt bekommt, damit er sein Talent ausleben kann. Ein Klaviervirtuose bedarf zusätzlich vielleicht noch der Vererbung besonders langer, zartgliedriger Finger.[47] Dass Talent nicht vererblich ist, stellte auch Goethe 1831 in seinen »Gesprächen mit Eckermann« fest, als er sagte: *»Das Talent ist freilich nicht erblich, allein es will eine tüchtige physische Unterlage.«*

Um zu untermauern, dass die Lehre des Generatianismus nicht haltbar ist, muss man nicht unbedingt auf so extreme Situationen verweisen, wie sie sich im Falle eines Genies ergeben. Wie unterschiedlich können etwa zwei Geschwister sein, was ihre geistig-seelischen Fähigkeiten angeht! Es kommt doch nur allzu oft vor, dass eines von zwei Geschwistern, obwohl beide in der gleichen Umgebung aufgewachsen und von den gleichen Menschen erzogen und umsorgt worden sind, geistig sehr rege ist, in der Schule gut vorankommt, an allem, was die Welt bietet, reges Interesse zeigt, während das andere geradezu stumpfsinnig ist. Wenn wir auf uns selbst, unsere Eltern, Partner, Kinder oder Freunde schauen, werden wir bei fast allen gewisse Begabungen feststellen, die vielleicht nicht so spektakulär sind wie die eines Genies oder Wunderkindes, die aber doch höchst bemerkenswert und nicht so ohne Weiteres erklärbar sind und die bei ihren Vorfahren definitiv nicht vorhanden sind, also nicht auf dem Wege der Vererbung erworben sein können. Oftmals handelt es sich dabei um ganz *natürliche*, sozusagen angeborene Fähigkeiten, die nicht in einer Ausbildung oder einem Studium erworben wurden.

So hat einer vielleicht einen besonders ausgeprägten »grünen Daumen« und kann – ohne dass er es gelernt oder studiert hätte – mit Pflanzen so gut umgehen, dass auch die empfindlichsten unter ihnen bestens gedeihen.

Ein anderer kann aufgrund seiner Empathie und seines Einfühlungsvermögens beruhigend – möglicherweise sogar heilend – auf Tiere und Menschen wirken.

Ein Dritter zeigt schon in den ersten Schulklassen eine so außergewöhnliche Begabung für Mathematik, dass seine Lehrer aus dem Staunen nicht mehr rauskommen.

Ein Vierter hat ein so ausgezeichnetes handwerkliches Geschick, dass er die tollsten Dinge baut oder repariert, was sogar einem gelernten Fachmann zur Ehre gereichen würde.

Diese Liste könnte man fast endlos fortsetzen. Man muss gewiss nicht lange suchen, um in seiner eigenen Familie oder seinem Bekanntenkreis Menschen zu finden, die über ein ganz besonderes Talent verfügen, das ihre Eltern und Großeltern *nicht* aufweisen.

Das, was ein Mensch von seinen Vorfahren erben kann, sind im Grunde nur physische, körperliche Anlagen. Es ist von wenigen Ausnahmen abgesehen, auf die wir noch zu sprechen kommen werden (☞ Kapitel 4, S. 207), nur die gesamte physische Konstitution eines Menschen, die er – zumindest bis zu einem hohen Grad – von seinen Vorfahren auf dem Wege der Vererbung erhält. Anlagen und Fähigkeiten, die geistig-seelischer Natur sind, können nicht mit Vererbung erklärt werden. Die in unserer heutigen Zeit weit verbreitete These, *alles* sei eine Frage der Gene, entspringt einer ebenso bequemen wie falschen Denkrichtung. Auch die Meinung vieler Psychologen, dass bestimmte Fähigkeiten vom Umfeld oder der Umgebung abhängig seien, in denen die jeweilige Person aufgewachsen ist, kann in den meisten Fällen nicht als ausschlaggebende Erklärung in Betracht gezogen werden, wie das Beispiel mit den Geschwistern zeigt.

3.4.2 Die Lehre des Kreatianismus

Der Lehre des Generatianismus wurde von der katholischen Kirche die des »Kreatianismus« entgegengestellt. Sie stellt auch heute die lehramtliche Auffassung der Kirche dar.[48] Gemäß dieser Theorie erzeugt Gott jede einzelne Seele aus dem ›Nichts‹ und verbindet sie mit den *»durch die Zeugung verschmolzenen elterlichen Zellen«*.[49] Eine Präexistenz der Seele wird ausdrücklich ausgeschlossen. Somit können die Menschen also offenbar Gott durch einen Zeugungsakt zur ›Arbeit‹ zwingen! Der amerikanische Autor *James Morgan Pryse* drückt die Fragwürdigkeit dieser These wie folgt aus: *»Das Seltsame dieser Theorie wird sofort offensichtlich, weil sich natürlich darin, dass sterbliche Körper die zeitlichen Wohnungen für unsterbliche Seelen werden, eine lächerliche Widersinnigkeit zeigt insofern, als zugunsten jedes sterblichen Körpers, der zufällig gezeugt wird, eine unsterbliche Seele geschaffen werden muss.«*[50]

Wenn Gott wirklich jede Seele aus dem Nichts heraus schaffen sollte, so muss man ja wohl unterstellen, dass jede Seele zunächst ein völlig unbeschriebenes Blatt darstellt. Eine so geschaffene Seele kann im Sinne dieser Lehre noch keine Erfahrungen gesammelt haben und noch keine spezifischen Fähigkeiten besitzen. Jede Seele beginnt ihren Lebensweg am gleichen Startpunkt, sozusagen bei »Null«. Umso dringlicher stellt sich dann die Frage, woraus diese unterschiedlichen geistig-seelischen Fähigkeiten, die wir bei den Menschen beobachten können, resultieren. Wie kann man unter diesen Voraussetzungen etwa das Genie Goethes oder die unglaublichen Fähigkeiten der vielen Wunderkinder erklären? Man könnte jetzt natürlich wieder Gedanken des Generatianismus hinzumischen, etwa in der Art, dass man sagt, die Seelen würden zwar alle ohne Erfahrungen und spezielle Fähigkeiten von Gott geschaffen, sie besäßen aber die Disposition, das Erbgut ihrer Vorfahren aufzunehmen. Dann wären wir aber wieder bei der bereits verworfenen These, dass auch geistig-seelische Fähigkeiten vererblich seien.

Wie kann man mit dieser Frage zurechtkommen, nachdem man die Vererbungs-Phantasien verworfen hat? Wenn man ausschließt, dass geistig-seelische Fähigkeiten auf dem Vererbungswege entstehen können, andererseits aber annimmt, die Seelen seien neu geschaffen, besäßen also noch keine Erfahrungen und Vorleistungen oder dergleichen, so kann man doch nicht umhin zu unterstellen, Gott habe den Seelen bei ihrer Schaffung unterschiedliche Voraussetzungen mit auf den Weg gegeben. Dieser Schluss, so hart er auch klingen mag, erscheint zwingend, sofern man nicht an ein Zufallsprinzip oder an ein Wunder glauben mag. Diese These verträgt sich aber in keiner Weise mit dem christlichen Glauben, der mit Recht von einem gütigen, väterlichen und *gerechten* Gott spricht. Was könnte das mit Gerechtigkeit zu tun haben, wenn die eine Seele mit den Dispositionen geschaffen würde, die es ihr ermöglichen, als großes Genie aufzuleuchten, während eine andere so erschaffen wird, dass ihr im Extremfall ein Leben – wohlgemerkt *ein einziges* Leben! – in Dumpfheit nicht erspart bleiben kann? Wie könnte man solche Fragen beantworten, ohne zu Floskeln wie »Gottes Wege sind unergründlich!« zu greifen?

3.4.3   Die Präexistenz der Seele

Wenn man sich zu der Ansicht durchgerungen haben sollte, dass die beiden diskutierten Möglichkeiten doch mehr als unlogisch, ja geradezu unsinnig erscheinen, bleibt nur noch ein Erklärungsmodell übrig. Wenn geistig-seelische Fähigkeiten nicht erblich sind, und wenn das Erschaffen der Seelen, die von Beginn an mit unterschiedlichen Fähigkeiten begabt sind, mit der Vorstellung eines gerechten Gottes unvereinbar ist, bleibt nur folgende Variante: Die menschliche Seele muss sich ihre Fähigkeiten bzw. die Voraussetzungen dafür, dass sich diese Fähigkeiten manifestieren können, irgendwoher mitgebracht haben; sie muss sie in früheren Zeiten erworben haben; es muss eine Präexistenz der Seele geben. Das ist aber genau der Kern der Reinkarnations- und Karmalehre.

Kein Mensch würde behaupten, dass sich irgendwelche Tierarten aus dem Nichts entwickelt hätten. Wie jeder weiß, haben sich im Laufe der Evolution höhere Tierarten aus niedrigeren entwickelt. Es ist also kein Wunder, dass plötzlich ein Löwe, ein Elefant oder ein Affe auf der Erde auftauchte. Der erste Löwe, Elefant oder Affe ist nicht von Gott aus dem Nichts geschaffen worden. Allerdings haben immer noch viele Menschen keine Scheu zu behaupten, die menschlichen Seelen seien durch ein Wunder aus dem Nichts entstanden. Genau wie eine Tierart schon vorher in einer anderen Form da gewesen ist, so hat sich auch die Seele des Menschen aus einer Form entwickelt, die schon vorher da gewesen ist. Die Biografie eines Menschen ist in gewissem Maße die Wirkung einer vorausgegangenen, aus der sie erklärt werden kann. Die Kernaussage des Karmagesetzes ist, dass alles, was ein Mensch in seinem gegenwärtigen Leben kann und macht, nicht als ein abgesondertes Wunder zu betrachten ist, sondern als Folge mit der Daseinsform seiner Seele in früheren sowie als Ursache mit folgenden Leben zusammenhängt. Das macht einen ganz wesentlichen Unterschied zwischen Tier und Mensch aus. Einen Menschen kann man in all seinen Eigenarten und Fähigkeiten erst dann verstehen, wenn man seine individuelle Entwicklung berücksichtigt, die sich schon über viele Inkarnationen erstreckt.[51] Der Mensch ist eben doch kein hochentwickelter Affe, wie uns die Naturwissenschaft glauben machen möchte!

Rudolf Steiner drückte es folgendermaßen aus: **»Als physischer Mensch stamme ich von anderen physischen Menschen ab, denn ich habe dieselbe Gestalt wie die ganze menschliche Gattung. Die Eigenschaften der Gattung konnten also innerhalb der Gattung durch Vererbung erworben werden. Als geistiger Mensch habe ich meine eigene Gestalt, wie ich meine eigene Biografie habe. Ich kann also diese Gestalt von niemand anderem haben als von mir selbst. Und da ich nicht mit unbestimmten, sondern mit bestimmten seelischen Anlagen in die Welt eingetreten bin, da durch diese Anlagen mein Lebensweg, wie er in der Biografie zum Ausdruck kommt, bestimmt ist, so kann meine Arbeit an mir nicht bei meiner Geburt begonnen haben. Ich muss als geistiger Mensch vor meiner Geburt vorhanden gewesen sein. In meinen Vorfahren bin ich sicher nicht vorhanden gewesen, denn diese sind als geistige Menschen von mir verschieden. Meine Biografie ist nicht aus der ihrigen erklärbar. Ich muss vielmehr als geistiges Wesen die Wiederholung eines solchen sein, aus dessen Biografie die meinige erklärbar ist.«[52]**

Nun könnte ja jemand sagen: »Also, aufgrund dessen, was hier geschildert wurde, leuchtet mir ein, dass jeder Mensch sich seine Fähigkeiten und Anlagen, die er in seinem Erdenleben hat, schon vor seiner Geburt erworben haben muss. Aber das ist noch lange kein Beweis dafür, dass er schon einmal *auf der Erde* gelebt hat. Schließlich könnte er sich diese ja aus der geistigen Welt mitgebracht haben.« Diesen Fall räumt Rudolf Steiner wie folgt aus: **»Der andere *zunächst* denkbare Fall wäre der, dass ich die Ausgestaltung dessen, was Inhalt meiner Biografie ist, nur einem geistigen Leben vor der Geburt (beziehungsweise der Empfängnis) verdanke. Zu dieser Vorstellung hätte man aber nur Berechtigung, wenn man annehmen wollte, dass, was auf die Menschenseele aus dem physischen Umkreis herein wirkt, gleichartig sei mit dem, was die Seele aus einer nur geistigen Welt hat. Eine solche Annahme widerspricht der wirklich genauen Beobachtung. Denn was aus dieser physischen Umgebung bestimmend für die Menschenseele ist, das ist so, dass es wirkt wie ein später im physischen Leben Erfahrenes auf ein in gleicher Art früher Erfahrenes. Um diese Verhältnisse richtig zu beobachten, muss man sich den Blick dafür aneignen, wie es im Menschenleben wirksame Eindrücke gibt, die so auf die Anlagen der Seele wirken wie das Stehen vor einer zu verrichtenden**

Tat gegenüber dem, was man im physischen Leben schon geübt hat; nur dass solche Eindrücke eben nicht auf ein in diesem unmittelbaren Leben schon Geübtes auftreffen, sondern auf Seelenanlagen, die sich so beeindrucken lassen wie die durch Übung erworbenen Fähigkeiten. – Wer diese Dinge durchschaut, der kommt zu der Vorstellung von Erdenleben, die dem gegenwärtigen vorangegangen sein müssen. Er kann denkend nicht bei rein geistigen Erlebnissen vor diesem Erdenleben stehenbleiben. – Die physische Gestalt, die Schiller an sich getragen hat, die hat er von seinen Vorfahren ererbt. Sowenig aber diese physische Gestalt aus der Erde gewachsen sein kann, sowenig kann es die geistige Wesenheit Schillers sein. Er muss die Wiederholung einer andern geistigen Wesenheit sein, aus deren Biografie die seinige erklärbar wird, wie die physische Menschengestalt Schillers durch menschliche Fortpflanzung erklärbar ist. – So wie also die physische Menschengestalt immer wieder und wieder eine Wiederholung, eine Wiederverkörperung der menschlichen Gattungswesenheit ist, so muss der geistige Mensch eine Wiederverkörperung desselben geistigen Menschen sein. Denn als geistiger Mensch ist eben jeder eine eigene Gattung.«[53]

Kommen wir noch einmal darauf zurück, dass geistige Wahrheiten im Allgemeinen und die Reinkarnation im Besonderen nicht im üblichen Sinne beweisbar sind. Rudolf Steiner schrieb dazu in seinem Grundlagenwerk »Theosophie« (GA 9): **»Man kann gegen das hier** [über die Reinkarnation] **Gesagte einwenden: das seien reine Gedankenausführungen; und man kann äußere Beweise verlangen, wie man sie von der gewöhnlichen Naturwissenschaft her gewohnt ist. Dagegen muss gesagt werden, dass die Wiederverkörperung des geistigen Menschen doch ein Vorgang ist, der nicht dem Felde äußerer physischer Tatsachen angehört, sondern ein solcher, der sich ganz im geistigen Felde abspielt. Und zu diesem Felde hat keine andere unserer gewöhnlichen Geisteskräfte Zutritt als allein das Denken. Wer der Kraft des Denkens nicht vertrauen will, der kann sich über höhere geistige Tatsachen eben nicht aufklären. – Für denjenigen, dessen geistiges Auge erschlossen ist, wirken die obigen Gedankengänge genau mit derselben Kraft, wie ein Vorgang wirkt, der sich vor seinem physischen Auge abspielt. Wer einem sogenannten ›Beweise‹, der nach der Methode der gewöhnlichen naturwissenschaftlichen Erkenntnis aufgebaut ist, mehr Überzeugungskraft zugesteht als den obigen Ausführungen über die Bedeutung der Biografie, der mag im gewöhnlichen Wortsinn ein großer Wissenschafter sein: von den Wegen der echt geistigen Forschung ist er aber sehr weit entfernt.«[54]

3.5 Entstehung, Entwicklung und Ziel des Menschen und der Menschheit

D ass die großen christlichen Kirchen auch heute noch die Reinkarnationslehre ablehnen und sogar als Irrlehre verwerfen, haben wir schon gesehen.

Um diese Einstellung vielleicht etwas begreifen zu können, müssen wir noch einmal einen kurzen Blick darauf werfen, was diese Kirchen über das »Ziel der Menschen« bzw. den »Sinn des menschlichen Lebens« lehren. Dann werden wir diesen Lehren die geisteswissenschaftlichen Erkenntnisse gegenüberstellen.

3.5.1 Das Ziel des Menschen aus Sicht der kirchlichen Lehren

Die Vertreter der großen christlichen Kirchen sagen, durch den Sündenfall sei der Mensch vor Urzeiten aus dem Paradies bzw. aus den himmlischen Gefilden vertrieben worden, so dass jede menschliche Seele, die bei der elterlichen Zeugung bzw. Empfängnis von Gott neu geschaffen werde, nun *genau ein* Erdenleben als verkörperter Mensch durchmachen müsse. Dieses Leben betrachten sie als ein großes Prüfungsfeld für den Menschen. Je nachdem wie er sich nun auf der Erde verhält, wird er nach seinem Tod und noch einmal am Weltenende gerichtet. Die Urteile dieser Gerichte entscheiden darüber, wie sein weiteres ewiges Leben verlaufe, ob er *letztlich* die ewige Seligkeit oder aber die ewige Verdammnis erfahren werde. Das höchste und endgültige Ziel, das der Mensch erreichen könne, wird also als ›ewige Seligkeit‹ bezeichnet. Die Frage, wie man sich diesen Zustand vorzustellen habe, beantworten die meisten katholischen Theologen und Kirchenvertreter in etwa wie folgt: »Die guten und gerechten Menschen, die dieses Ziel erreicht haben, werden sich schon nach ihrem Tod mit allen Engeln und Heiligen im Himmel aufhalten, wo sie Gott ›von Angesicht zu Angesicht‹ schauen, die wahre Glückseligkeit und den tiefsten Frieden empfinden sowie Gott freudig preisen und dienen dürfen. Am Jüngsten Tage werden eine neue Erde und ein neuer Himmel geschaffen. Dann wird das Reich Gottes vollendet sein. Dann werden die Menschen mit einem unverweslichen Leib ausgestattet. Die Gerechten werden an Leib und Seele verherrlicht werden und für immer mit Christus herrschen. Die beseligende Schau, in der sich Gott den Auserwählten unerschöpflich öffnet, wird die nie versiegende Quelle von Glück, Frieden und Gemeinschaft sein.«[55]

Gegen diese Formulierungen soll hier überhaupt kein Einwand erhoben werden, zumal diese ja zum großen Teil der Heiligen Schrift entlehnt sind. Damit sind wir aber wieder bei dem eingangs geschilderten Problem. Die meisten Bibelstellen, die über das nachtodliche Leben des Menschen berichten, schildern zwangsläufig etwas Geistiges in einer zumeist bildhaften Form, die für den Verstand eines modernen Menschen schwer zu fassen ist. Nun kann man aber immer wieder die Erfahrung machen, dass die Vertreter des konfessionellen Christentums sich bei der Interpretation dieser Bilder zu sehr an Vergleichbares anlehnen, das aus der physischen Welt bekannt ist. Insbesondere den Passus »Gott freudig preisen und dienen« legen sie häufig so trivial aus, dass die wohl jedem bekannten Assoziationen entstehen, dass die Himmelsbewohner sich um Gottes Thron scharen und den ganzen lieben langen Tag auf der Harfe spielen und »Hallelujah« singen. Mit solchen Interpretationen stellt man Gott auf eine Stufe mit einem *weltlichen* Herrscher, dem solche Huldigungen und Ehrerbietungen wohl schmeicheln würden. Goethe sagte einmal: *»Wie einer ist, so ist sein Gott; darum ward Gott so oft zum Spott.«*[56]

Ein solches Ziel, eine solche ewige Seligkeit in Glück, Frieden und Gemeinschaft mit anderen Gerechten, ohne sich dann noch anstrengen, mühen und plagen zu müssen, dürfte vielen Menschen sehr erstrebenswert und sympathisch erscheinen, zumal jeder aufgrund der recht dürftigen Darstellungen, die viel Raum für Spekulationen lassen, noch seine ganz persönlichen Wünsche und Hoffnungen hineinmischen kann.

Wenn das wirklich das Endziel der Menschen *wäre*, so könnte man sich *auf den ersten Blick* durchaus auch vorstellen, dass zu seiner Erreichung *ein einziges* Erdenleben ausreichend sein könnte, sofern man sich weitgehend an die üblichen christlichen Normen hält, also wenn man sich zu Gott und Christus bekennt, die »Zehn Gebote« beachtet, nach dem höchsten christlichen Gebot der Nächstenliebe lebt und vielleicht noch die anderen Auflagen und Kriterien beachtet, die von der katholischen Kirche als sogenannte »Kirchengebote« vorgegeben werden. Dagegen kann natürlich überhaupt nichts eingewendet werden, wenngleich bei den Kirchengeboten nicht zu übersehen ist, dass diese weder mit der Eigenverantwortlichkeit noch mit dem freien Willen der Gläubigen rechnen.

Aber selbst wenn das soweit alles wahr sein sollte, ergäben sich immer noch Fragen über Fragen, die ein Vertreter dieser Anschauung wohl kaum befriedigend beantworten könnte. Wenn beispielsweise dieses *eine* Erdenleben für die Menschen das Prüfungsfeld darstellt, das über ihr *ewiges* Schicksal entscheidet, müssten dann nicht alle gleiche oder zumindest vergleichbare Chancen haben? Betrachten wir etwa einen Menschen, der das ›Glück‹ hat, getauft worden zu sein und dann schon in seinen ersten Lebenstagen stirbt. Nehmen wir einen zweiten Menschen, der in ein sozial übles Milieu hineingeboren wird und nicht die ›Gnade‹ erwiesen bekommt, früh zu sterben. Der erste hat überhaupt keine Möglichkeit, gegen die ihm von Gott oder wem auch immer gemachten Auflagen zu verstoßen, er kommt gar nicht dazu, zu sündigen. Er müsste also in den Himmel aufgenommen werden, obwohl er nichts dazu beigetragen hat, obwohl er keine Verdienste erworben hat. Der andere hat vielleicht trotz aller Bemühungen aufgrund seiner Herkunft, seiner Erziehung und seines sozialen Umfeldes gar nicht die Möglichkeit, sich an all diese Gebote und Auflagen zu halten. Diesem wäre doch wohl der Himmel – zumindest zunächst – versperrt. Wir müssen gar nicht so ein extremes Beispiel wählen, um die fehlende Chancengleichheit zu dokumentieren. Betrachten wir einen ganz normalen, durchschnittlichen Menschen, der in eine moderne Großstadt hineingeboren wird. Selbst wenn dieser sich zum Christentum bekennt, ist er doch ganz anderen Anfechtungen und Verlockungen ausgesetzt als jemand, der schon als Kind stirbt oder in solchen Verhältnissen aufwächst, in denen es ein Leichtes ist, gottgefällig zu leben. Von Chancengleichheit kann doch wohl nicht die Rede sein. Jeder gute und vernünftige (menschliche) Vater bzw. Lehrer gibt seinen Kindern bzw. Schülern die gleichen Chancen und Möglichkeiten. Umso mehr darf man das von einem gütigen, gerechten Gott erwarten. Auf solche Ungereimtheiten angesprochen, flüchten sich Kirchenvertreter gern wieder einmal in nebulöse Ausreden wie »Gottes Wege sind unergründlich« oder »Gott wird dann später nach dem Tod der Menschen schon irgendwie die unterschiedlichen Startchancen kompensieren«. Vielleicht führt Gott ja ein Bonussystem ein!

Um wie viel weniger vergleichbar sind erst die Voraussetzungen, welche die Menschen hatten, die vor Tausenden oder Zigtausenden Jahren auf der Erde weilten, von denen, die wir heute haben oder von jenen, welche die Menschen in weiteren Tausenden von Jahren erwarten werden? Wie kann man etwa das Leben eines Steinzeitmenschen mit dem eines heutigen Menschen vergleichen? Welche Auflagen musste ein Neandertaler erfüllen, um sich für die ewige Seligkeit zu qualifizieren? Sollten wir etwa nach dem Jüngsten Tage noch am Auferstehungsleib erkennen können, dass jemand sich als Neandertaler verkörpert hat? Wie wollte man erklären, ohne die Vorstellung an einen gerechten Gott aufgeben zu müssen, warum manche Menschen so schwere Schicksalsschläge ereilen, während andere ohne große Sorgen und Nöte durchs Leben gehen können?

Selbst wenn man das Ziel, das die Menschen erreichen können, so ›niedrig‹ ansiedelt, kann man all diese Fragen nicht befriedigend beantworten, ohne von einer wie auch immer gearteten Präexistenz der Seele ausgehen zu müssen. Vielleicht mag es den einen oder anderen Leser irritiert haben, dass das oben skizzierte Menschheitsziel, das beseligende und beglückende Leben in einer himmlischen Sphäre erreichen zu können, hier als »niedrig« bezeichnet wurde. Ja kann man sich denn wirklich vorstellen, dass die göttlichen Schöpfermächte vor Urzeiten den Menschen als ursprünglich geistiges Wesen geschaffen haben, diesen dann seine Erdenlaufbahn absolvieren lassen, um dann in fernster Zukunft wieder ein geistiges Wesen zu haben, das nicht sehr viel mehr zu tun hat, als seinen Schöpfer in dem oben skizzierten trivialen Sinne zu preisen und ihm zu dienen? Kann das wirklich alles sein, wozu der Mensch vor Urzeiten geschaffen wurde? Die Theologen und Kirchenvertreter sehen in dem Menschen zu sehr das armselige Geschöpf, das durch den Sündenfall aus geistigen Höhen vertrieben wurde, um eines fernen Tages durch eigenes Verhalten, aber insbesondere durch göttliche Gnade – und womöglich sogar durch die Vermittlung der ›heiligen‹ Kirche – wieder in diese Höhen aufgenommen werden zu können.

Diese naive Anschauung vom Endziel der Menschen kann hier nicht gestützt werden. Das Ziel, das die Menschen erreichen *können*, ist so unvorstellbar hoch und erhaben, dass man sich fast geniert, es in Worte zu fassen. Man kann es allerdings nicht so einfach in den Raum stellen, ohne sich, zumindest tastend und stammelnd, an die größten Mysterien des Weltenseins heranzuwagen. Wir müssen die Frage aufwerfen, was der Sinn der menschlichen Existenz ist. Wo kommt der Mensch her, wo geht er hin? Was ist seine Bestimmung? Auch wenn man sich bewusst sein muss, dass diese gewaltigen Daseinsfragen im Rahmen dieses Buches nur sehr grob und unzureichend gestreift werden können, soll der Versuch gewagt werden.

3.5.2 Die Evolution des Menschen aus geisteswissenschaftlicher Sicht

Man muss sich zunächst einmal von der recht naiven Anschauung lösen, die auch heute noch weit verbreitet ist, nach welcher der Mensch von Gott sozusagen ›in einem Zuge‹, quasi ›von heute auf morgen‹, in einem ›Arbeitsgang‹ geschaffen worden wäre. Viele Menschen gehen davon aus, dass die Schaffung des Menschen, wie sie uns die biblische Schöpfungsgeschichte erzählt, so zu verstehen sei, dass Gott in dieser Zeit den Menschen aus dem Nichts heraus geschaffen hätte und dass der Mensch dann sofort in einer ähnlichen Gestalt existiert hätte, wie er in der heutigen Zeit vor uns steht. Alles, was sich viele unter »Entwicklung« des Menschen vorstellen können, bezieht sich fast ausschließlich auf die Ausgestaltung seines physischen Leibes. So wird etwa keiner bestreiten, dass ein Steinzeitmensch vor vielen Tausend Jahren eine ganz andere Kopfform aufwies und noch einen weniger aufrechten Gang hatte als der heutige Mensch. Ansonsten verbindet man mit dem Entwicklungsbegriff nur das, was sich durch den kulturellen Fortschritt der Menschheit ergeben hat. Die Fortentwicklung des Menschen, so sagen viele, sei daran abzulesen, dass er nicht mehr Sammler und Jäger sei und nicht mehr in primitiven Hütten oder Höhlen hause.

Das ist aber viel zu eng gedacht. Die Entwicklung des Menschen ist in einem sehr viel umfassenderen Sinne zu verstehen. Nicht nur seine intellektuellen und kulturellen Fähigkeiten sowie seine physische Leiblichkeit unterliegen einem gewaltigen Entwicklungsprozess, auch alle ›Glieder‹, die seine gesamte geistig-seelische Wesenheit ausmachen, sowie sein *Bewusstsein* haben sich seit urferner Vergangenheit bis zum heutigen Tage weiterentwickelt und werden sich vom heutigen Tage an bis in die fernste Zukunft hinein weiterentwickeln (☞ Kapitel 4, S. 217ff.). Der geistig-seelische Mensch macht genauso wie der physische Mensch einen unerdenklich langen Evolutionsprozess durch.

3.5.2.1 Die geistigen Wesen der höheren Hierarchien *(Exkurs)*

Es gehört zu den elementarsten Glaubensgrundlagen *aller großen Religionen*, dass es ein mit höchster Weisheit und Güte begabtes Wesen, das wir »Gott« zu nennen gewohnt sind, sowie zahlreiche weitere geistige Entitäten wie Engel, Erzengel usw. gibt. Noch vor gut fünfzig Jahren hätte man kaum einen Christen getroffen, der daran gezweifelt hätte, wenngleich die Vorstellungen, die man sich über diese Wesen gebildet hatte, recht dürftig und bisweilen sehr naiv waren. In unserem heutigen geistlosen materialistischen Zeitalter nimmt die Zahl der *sogenannten Christen* stetig zu, die zwar noch ein nebulöses Gottesbild haben, aber an der Existenz von Engeln Zweifel anmelden, weil sie das Verständnis für diese Wesen völlig verloren haben.

Bis vor wenigen Jahrtausenden war in den alten Kulturen noch ein vitales Bewusstsein für diese Wesen vorhanden. Man wusste etwa noch, dass sich kein Stern am Firmament halten könnte, dass kein Planet seine exakte Umlaufbahn absolvieren könnte, dass kein Blitz und kein Donner möglich wären, wenn es nicht durch die Macht bestimmter Geistwesen, die sie als Götter verehrten, bewirkt würde. Wenn heute jemand vom »Wettergott« redet, so ist das natürlich zumeist scherzhaft, bestenfalls allegorisch gemeint. Heute sieht man in den Naturkräften und Naturgesetzen nur wesenlose Kräfte oder Energien und lacht über die Naivität der Menschen früherer Epochen. Im gesamten Kosmos gibt es aber keine wesenlosen Kräfte oder Energien. Das, was es in großer Mannigfaltigkeit gibt, sind keine wesenlosen Kräfte, sondern vielmehr *kraftvolle Wesen*. Alles, was wir als Wirkungen in der Welt wahrnehmen können, sind *Offenbarungen*, die letztendlich von geistigen Wesenheiten ausgehen. In dem Bewusstsein dieser Wesen liegt der Ursprungsquell und die eigentliche Substanz, aus der die Wirklichkeit gewoben ist.

Selbstverständlich gibt es auch heute noch etliche religiös gesinnte Menschen, die sehr wohl an eine göttliche Schöpfermacht glauben. Viele von ihnen kommen allerdings nicht darüber hinaus, sich unter der »Gottheit« ein *einziges* und völlig ergründliches Wesen vorzustellen. Dieses *eine Wesen* – so glauben sie – habe sozusagen im Alleingang alle Welten und alle anderen Wesen geschaffen, dieses Wesen lenke und leite die ganzen Weltenverhältnisse, beschütze die Menschen vor Unheil usw. Diese Vermutung ist genauso eine leere Abstraktion, wie wenn jemand die Frage, wer den Kölner Dom gebaut habe, mit »Die Menschheit« beantworten würde.[57] Auch wenn man diese Antwort nicht als völlig falsch bezeichnen kann, so trägt sie nicht sonderlich zum Verständnis bei. Wie jeder weiß, musste es zunächst einmal einen Menschen – vielleicht auch mehrere – geben, der die Idee zu diesem Bauprojekt hatte. Man könnte hier vom Bauherrn sprechen. Dieser hat dann einen oder mehrere Architekten beauftragt, die seine Vorgaben in einen Bauplan umgesetzt haben. Dann bedurfte es zur Realisierung des Projektes vieler weiterer ganz *konkreter* Menschen, solcher Menschen, die ganz bestimmte Berufe oder Fähigkeiten hatten: Maurer, Zimmerer, Steinmetze, Stuckateure, Maler, Bildhauer, Handlanger usw. Alle diese menschlichen Persönlichkeiten, die an dem Schaffungsprozess des Kölner Domes beteiligt waren, hatten einen Namen und eine ganz bestimmte Aufgabe im Rahmen des Gesamtprojektes. Auch heute bedarf es noch ganz konkreter Menschen, die etwa dafür sorgen, dass notwendige Restaurierungen oder bauliche Änderungen, Erweiterungen und Verbesserungen am Kölner Dom vorgenommen werden können.

Ähnlich verhält es sich auch in den übersinnlichen Welten. Hier webt und west eine schier unfassbar große Anzahl *ganz konkreter* göttlich-geistiger Wesen, die alle ihre Aufgaben im göttlichen Weltenplan (☞ Anhang A.1, Exkurs 3, S. 476ff.) haben. Diese hohen und erhabenen Wesenheiten sind permanent schöpferisch und schaffend tätig und tragen damit entscheidend dazu bei, die göttlichen Ziele zu verwirklichen. Zur Realisierung eines großen Menschenprojektes – denken Sie etwa wieder an den Bau des Kölner Domes – sind viele menschliche Wesen vonnöten, die je nachdem, was sie konkret zu leisten haben, in verschiedene Hierarchien oder Stufen eingeteilt werden können. So steht etwa der Architekt, der ja das gesamte Projekt überblicken muss, auf einer viel höheren Stufe als etwa ein Bildhauer, der für seine Arbeit vielleicht lediglich eine ganz bestimmte Heiligenfigur oder dergleichen im Blickpunkt hatte. Während der Bildhauer nur ein Bewusstsein von seiner Figur hat, hat der Architekt ein Bewusstsein von dem gesamten Dom.

Analog verhält es sich bei den ›Götterprojekten‹. Auch hier sind unzählige göttlich-geistige Wesen notwendig, um ein solches Projekt verwirklichen zu können.

Diese göttlich-geistigen Wesen, die zur Realisierung der Götterziele benötigt werden, bezeichnet man meistens mit einem sehr pauschalen Begriff als »Engel«. Dieser Begriff wird heute häufig recht undifferenziert verwandt, so dass der Eindruck entstehen könnte, als wäre er eindeutig, als gäbe es nur *eine* Art oder *eine* Ordnung von Engeln, als gäbe es nur *ein* Engelreich. Würde man *alle* Engel *einem einzigen* Reich zuordnen, so wäre das eine genauso unzulässige Vermischung bzw. Gleichschaltung, wie wenn man sagen würde: Mineralien, Pflanzen, Tiere und Menschen gehören auf der Erde zu ein und demselben Reich und es gibt keine Notwendigkeit zwischen diesen vier Wesenheiten zu differenzieren; sie sind im Grunde alle gleich oder zumindest ähnlich und haben gleiche oder ähnliche Fähigkeiten und Aufgaben.

Eine solche Behauptung käme vermutlich jedem absurd vor.

Vielmehr muss man nicht weniger als *neun* verschiedene Arten von Engeln bzw. neun verschiedene Engelreiche unterscheiden. Auch wenn der Vergleich etwas grob sein mag, so kann doch gesagt werden, dass der Unterschied zwischen den Wesen zweier benachbarter Engelreiche ebenso groß ist wie der zwischen Menschen und Tieren oder zwischen Tieren und Pflanzen. In der Tat müssen diese Wesen in Abhängigkeit von ihren Fähigkeiten und dem Umfang dessen, was sie mit ihrem Bewusstsein überblicken können, in verschiedene Hierarchien sowie Reiche, Stufen oder Kategorien eingeteilt werden. Mit diesen Reichen werden die vier Reiche von Wesenheiten, die in der physischen Welt vertreten sind – Mineral-, Pflanzen-, Tier- und Menschenreich – nach ›oben‹ fortgesetzt. Daher bezeichnet man diese Wesen als »geistige Wesen der *höheren* Hierarchien«. In der kirchlichen Tradition sind diese Engel-Hierarchien oder Engelchöre durchaus bekannt, wenngleich viele damit heute nichts Rechtes mehr zu verbinden verstehen.

Da diese geistigen Wesen für den Menschen nicht zuletzt im Leben nach dem Tod von unermesslicher Bedeutung sind, müssen wir hier in einem kleinen Exkurs diese neun Engelreiche ein wenig kennenlernen. Im Christentum ist durchaus bekannt, dass es beispielsweise »Erzengel« gibt. In einigen liturgischen Texten und Kirchenliedern ist zudem von »Cherubim« und »Seraphim« die Rede. Die Begriffe »Cherub«, das ist der Singular von Cherubim, sowie »Cherubim« kommen in der Bibel immerhin 72 Mal vor. Damit haben wir neben den ›normalen‹ Engeln, schon drei weitere ›Arten‹ von Engelwesen, die alle in vielerlei Hinsicht sehr verschieden voneinander sind.

Die Bezeichnungen für diejenigen Engelwesen, die zu den noch nicht genannten fünf Reichen gehören, sind vielen gar nicht bekannt, zumal in der Kirche und im Religionsunterricht kaum etwas von ihnen zu hören ist. Dennoch werden sie in der Bibel, und zwar in den »Paulusbriefen«, erwähnt. Um das zu dokumentieren, sollen drei Verse in der Übersetzung von Martin Luther zitiert werden, in denen von ihnen die Rede ist. [Hinter ihren Bezeichnungen sind in eckigen Klammern die Begriffe, die im griechischen Originaltext stehen, angeführt.]

Im Brief an die Kolosser heißt es: *»Denn durch ihn ist alles geschaffen, was im Himmel und auf Erden ist, das Sichtbare und das Unsichtbare, es seien Throne* [Thronoi] *oder Herrschaften* [Kyriotetes] *oder Fürstentümer* [Archai] *oder Obrigkeiten* [Exusiai]; *es ist alles durch ihn und zu ihm geschaffen.«*[58]

Im Römerbrief lesen wir: *»Denn ich bin gewiss, dass weder Tod noch Leben, weder Engel noch Fürstentümer* [Archai] *noch Gewalten* [Exusiai], *weder Gegenwärtiges noch Zukünftiges, weder Hohes noch Tiefes noch keine andere Kreatur mag uns scheiden von der Liebe Gottes, die in Christo Jesu ist, in unserm Herrn.«*[59]

Dann werfen wir noch einen Blick auf das, was Paulus im Brief an die Epheser schreibt: *» [...] welcher gewirkt hat in Christo, da er ihn von den Toten auferweckt hat und gesetzt zu seiner Rechten im Himmel über alle Fürstentümer* [Archai], *Gewalt* [Exusiai], *Macht* [Dynamis], *Herrschaft* [Kyriotetes] *und alles, was genannt werden mag, nicht allein auf dieser Welt, sondern auch in der zukünftigen.«*[60]

Wie gesagt – diese Paulusbriefe werden in der Kirche selten verlesen, so dass sie vielen Christen gar nicht bekannt sind. Aber selbst wenn jemand diese Verse hört oder liest, wird er mit Begriffen wie »Herrschaften«, »Obrigkeiten«, »Gewalten« usw. vermutlich alles Mögliche verbinden, nur nicht, dass es sich um Bezeichnungen ganz konkreter geistiger Wesenheiten handelt. Dieses Problem hat seine Ursache nicht zuletzt in den vielleicht etwas unpassenden Übersetzungen, die Luther gewählt hat.

Die Tatsache, dass es mehrere Rangstufen von Engeln gibt, war zumindest den Eingeweihten schon immer bekannt. Im ersten nachchristlichen Jahrhundert bekam *Dionysius Areopagita*, ein in Athen lebender Schüler und Freund des Apostels Paulus, von diesem den Auftrag, die Lehre von den Engelchören bzw. Engelreichen zu begründen und diese bestimmten Eingeweihten von Mund zu Ohr mitzuteilen. Da diese Lehre erstmals im 6. Jahrhundert aufgeschrieben wurde, zweifeln heutige Theologen die Existenz des Dionysius Areopagita an und sprechen von den Schriften des ›Pseudo-Dionysius‹.[61] Dionysius brachte diese mannigfaltigen Wesenheiten erstmals in ein System, das dann später von Rudolf Steiner bestätigt und verfeinert wurde.

Wenn man die von Steiner gewählten Bezeichnungen für die Wesen der neun Engelreiche heranzieht (z.B. *»Geister der Bewegung«* anstelle von »Mächte« oder *»Geister der Form«* statt »Gewalten« bzw. »Obrigkeiten«), wird deutlich, dass es sich hier um *Wesenheiten*, um *Geistwesen* handelt (☞Anhang A.2, Tabelle 1, S. 528). Auch kann man aus diesen Bezeichnungen schon zumindest *ein wenig* ableiten oder zumindest ahnen, worin die wichtigsten Aufgaben dieser verschiedenen Wesen bestehen.

Die Engelwesenheiten lassen sich in Abhängigkeit von ihrem Entwicklungsstand, ihrem Bewusstsein, ihren Fähigkeiten sowie ihren Aufgaben in drei Hierarchien unterteilen. Jede der drei Hierarchien wiederum lässt sich in drei Stufen oder Reiche untergliedern, so dass man insgesamt von neun Reichen sprechen muss. So wie das *Reich der Menschen* in der physischen Welt noch drei Reiche unter sich hat (*Tierreich, Pflanzenreich* und *Mineralreich*) hat es im Geistigen neun Reiche über sich.

Das unterste dieser geistigen Reiche ist das der ›eigentlichen‹ *»Engel«* oder *»Angeloi«*. Das Engelreich steht genau so um eine Stufe über dem Menschenreich wie dieses um eine Stufe über dem Tierreich steht. Darüber stehen die »Erzengel« oder »Archangeloi«, dann die *»Urbeginne«* oder *»Archai«*, die von Luther als »Fürstentümer« bezeichnet wurden. Das Reich der Archai steht somit um drei Stufen über dem Reich der Menschen, genau wie das wiederum um drei Stufen über dem Mineralreich steht. Diese drei Reiche ergeben die dritte, die unterste Hierarchie.

Die zweite Hierarchie beginnt von unten mit den *»Exusiai«* (gemäß Luther »Gewalten« oder »Obrigkeiten«). Es folgen die *»Dynamis«*, die Luther mit »Mächte« oder »Tugenden« übersetzte. Auf der höchsten Stufe der zweiten Hierarchie stehen die *»Kyriotetes«* (gemäß Luther »Herrschaften«).

Die höchste Engelhierarchie, die erste Hierarchie, beginnt auf der untersten Stufe mit den *»Thronen«*. Dann kommen die *»Cherubim«* und schließlich noch die *»Seraphim«*. Die Wesenheiten der ersten Hierarchie haben aufgrund ihrer Entwicklung einen Vorzug vor allen anderen Wesenheiten in der Welt: Sie sind in der Lage, die Gottheit in ihrer wahren Gestalt zu sehen. Sie haben also – wie man es im Christentum nennt – den »unmittelbaren Anblick Gottes«. Diese Möglichkeit haben selbst die Wesen der zweiten Hierarchie nicht mehr. Sie sehen die Gottheit nicht mehr in der ursprünglichen Gestalt, sondern nur in ihren Offenbarungen.

Es sei noch kurz angemerkt, dass über den Seraphim noch weitere göttliche Wesenheiten stehen, die von einer solchen Erhabenheit sind, dass der menschliche Verstand sie nicht erfassen und begreifen kann. Wenn man diese ›aufsuchen‹ wollte, käme man bereits in den ›über-kosmischen‹ oder ›trans-devachanischen‹ Bereich, in das Gebiet der *»göttlichen Trinität«* hinein.

Alle diese erhabenen geistigen Wesen der höheren Hierarchien, alle diese »Himmelswesen« könnte man durchaus auch als »Götter« oder »gut-göttliche Wesen« bezeichnen, um zum Ausdruck zu bringen, dass sie hoch über dem Menschen stehen, dass sie eine größere Macht und Weisheit sowie viel höhere Fähigkeiten aufweisen als der Mensch sie *heute* hat. Diese Wesenheiten haben im Übrigen keine Kenntnis von dem, was wir »Tod« nennen. Sie kennen nur verschiedene Bewusstseinszustände.

Das einzige göttliche Wesen, das den menschlichen Tod durchlitt, war der Christus, der nach seiner dreijährigen Erdenmission durch den Tod ging und diesen nach drei Tagen überwand. Wenn wir diese Wesen hier als »Götter« bezeichnen, so soll damit keineswegs einem falsch verstandenen Polytheismus das Wort geredet werden. Diese Bezeichnungsweise widerspricht nicht der Tatsache, dass der »Vatergott« bzw. der »göttliche Vater« als höchster und einzig »wahrer Gott« voll anerkannt werden kann. Dieser Vatergott, wie ihn die Christen nennen, ist in des Wortes zweifacher Bedeutung der *Grund* alles Daseins, des Daseins aller Welten und Wesen. **»Im Bewusstsein unserer Menschheit erfühlen wir den göttlichen Vater. Er ist in allem, was wir sind. Unsere Substanz ist seine Substanz. Unser Sein ist sein Sein. Er geht in uns durch alles Dasein.«**[62], heißt es in der *»trinitarischen Epistel«* der *»Christengemeinschaft – Bewegung für religiöse Erneuerung«*.

3.5.2.2 Die Entstehung des Menschen und der Menschheit

Werfen wir zunächst einmal einen kurzen Blick auf die Entstehung oder – besser gesagt – Erschaffung unserer heutigen Erde sowie des gesamten planetarischen Systems. Sinnbefreite materialistische Narrative, denen zufolge alles quasi von selbst durch einen Zufall entstanden sei, müssen wir wohl nicht mehr berücksichtigen.

Im konfessionellen Christentum wird gelehrt, *Gott,* also der höchste Gott, der *Vatergott,* habe die Welt einschließlich des Erdenmenschen erschaffen. Entsprechend heißt es im ersten Satz des Apostolischen Glaubensbekenntnisses: *»Ich glaube an Gott, den Vater, den Allmächtigen, den Schöpfer des Himmels und der Erde [...]«.* Woher rührt dieser Glaube? Der Grund für diese These ist, dass es in der Schöpfungsgeschichte gleich zu Beginn heißt: *»Am Anfang schuf Gott Himmel und Erde.«*[63] Treffender müsste es anstelle von »Gott« allerdings »Götter« heißen. In der Tat waren im Grunde alle geistigen Wesen der höheren Hierarchien unter der Führung des Christus an diesem Schöpfungsprozess beteiligt. Dass es also letztlich der Christus war, der die Erde und das gesamte Universum geschaffen hat, geht auch eindeutig aus dem »Prolog« des Johannes-Evangeliums hervor. Hier wird von dem »Wort« gesprochen, das im Urbeginne bei Gott war und das selbst ein Gott war. Dann heißt es: »*Alles ist durch dasselbe* [das Wort] *geworden.*«[64] Dass mit dem »Wort« der Christus gemeint ist, wird in Vers 14 deutlich, in dem es heißt: »*Und das Wort ist Fleisch geworden, und hat unter uns gewohnt.*« Freilich ist es nicht völlig falsch zu sagen, der göttliche Vater habe alles erschaffen. Schließlich sagt der Christus: »*Ich und der Vater sind eins.*«[65]

Kommen wir nun auf die Schaffung des Menschen zu sprechen, die hier mit einigen Strichen gezeichnet werden soll.

Wenn man vom Menschen oder vom Menschenwesen spricht, muss man von einem *zweifachen Ursprung* ausgehen. Man muss zunächst einmal zwischen dem *geistig-seelischen Wesenskern* und den *körperlichen Hüllen* des Menschen unterscheiden (☞ auch Kapitel 4, S. 204ff.). Der geistig-seelische Wesenskern – man könnte hier auch vom »*höheren*« oder »*geistigen Menschen*« sprechen – wurde vor unerdenklich langer Zeit aus der göttlichen Substanz ›ausgegossen‹. Der höchste Gott, der Vatergott, der das gesamte kosmische Bewusstsein in sich trägt, hat sich aus reinster und alle menschlichen Maßstäbe übertreffenden Liebe in die Schöpfung *emaniert*. Bei dieser unvergleichlichen Opfertat der göttlichen Ur-All-Einheit muss man wohl eher von einem Prozess der »Teilung« als der »Erschaffung« sprechen. Man könnte vielleicht auch sagen, dass Er dadurch Abbilder seiner selbst hervorgebracht hat. Aber auch die körperlichen Hüllen des Menschen – also der »*physische Mensch*« – wurden in ihren ersten *keimhaften Anlagen* bereits in einer Zeit *geschaffen*, die sehr lange vor der liegt, von der die Genesis erzählt. In dieser Zeit war von der Tier- und Pflanzenwelt noch nichts vorhanden. Es bedurfte unermesslich langer Zeiträume, bis der körperliche Mensch, nachdem er dann sehr viel später als fleischlicher Mensch auf die Erde kam, so weit ausgereift war, dass er fähig wurde, den geistig-seelischen Wesenskern aufzunehmen (☞ auch Anhang A.1, Exkurs 3, S. 476ff.).

Wer hat nun diesen körperlichen Menschen, den Erdenmenschen geschaffen? In der Schöpfungsgeschichte lesen wir im Zusammenhang mit dem sogenannten »sechsten Schöpfungstag«: »*Und Gott sprach: Lasset uns Menschen machen, ein Bild, das uns gleich sei [...]*«[66] Schon die Tatsache, dass hier jeweils die Pluralform »*Lasset uns*«, »ein Bild, das *uns* gleich sei« gewählt wurde, kann stutzig machen. Im hebräischen Original steht an der Stelle, die Luther recht unglücklich mit »Gott« übersetzt hat, »Elohim«. Das ist die Pluralform von »Eloah«. Bei den Elohim hat man es also mit *mehreren* Göttern zu tun. Die meisten Bibelübersetzer haben das später von Luther mehr oder weniger unkritisch übernommen und »Elohim« auch mit »Gott« übersetzt. Die Elohim sind keine anderen Geistwesen als die Exusiai oder Geister der Form, welche die unterste Stufe der zweiten Hierarchie bilden. Sieben führende Elohim, deren Anführer der Christus war, sind die *eigentlichen* Schöpfer des Erdenmenschen. Man darf sich das aber nicht so vorstellen, dass der Mensch, als er erstmals auf der

Erde auftrat, einem heutigen ähnlich gewesen wäre. Mit den heutigen Sinnen hätte man ihn nicht wahrnehmen können. Auch kann gar keine Rede davon sein, dass der Mensch vom Affen abstammt. Dass eine solche irrwitzige These überhaupt in die Welt gesetzt und von vielen Menschen für wahr gehalten werden konnte und auch heute noch von vielen als Tatsache angesehen wird, liegt an der weit verbreiteten materialistischen Weltanschauung unseres Zeitalters, die das Geistig-Seelische des Menschen ignoriert und das menschliche Wesen lediglich auf seinen physischen Körper reduziert. Was das Körperliche, das Fleischliche angeht, muss man freilich eine gewisse Verwandtschaft zwischen Mensch und Affe konstatieren. Es lässt sich ja nicht übersehen, dass es viele anatomische Gemeinsamkeiten gibt. Das liegt aber keineswegs daran, dass es eine Abstammung des Menschen vom Affen gäbe. Der Mensch hat sich nicht aus dem Affen entwickelt. Vielmehr haben Mensch und Affe, was ihre *physischen Körper* angeht, einen gemeinsamen Vorfahren. Es gab – wie wir aus den Forschungsergebnissen Rudolf Steiners heute wissen können – in der Tat ein ›Urwesen‹, einen gemeinsamen physischen Stammvater von Erdenmensch und Affe. Der Affe ist der herabgekommene, der Mensch der höher hinaufgestiegene Bruder.[67] Nur letzterer war reif, schließlich den geistig-seelischen Wesenskern in sich aufzunehmen.

Seit diesen urfernen Zeiten sind alle göttlich-geistigen Wesen der höheren Hierarchien damit befasst, an dem Menschenwesen zu ›arbeiten‹ und die Evolution des Menschen zu fördern. Alle diese göttlich-geistigen Wesen, die man auch als »Schöpfermächte« bezeichnen könnte, sind in den menschlichen Evolutionsprozess involviert. Für unsere Zwecke ist es nicht notwendig, zu differenzieren, welcher Wesenheit dabei genau welche Aufgabe zufällt, wenngleich das schon ein klein wenig aus den zusätzlichen Bezeichnungen (z.B. »Geister der *Form*«), die von Rudolf Steiner gewählt wurden, abgeleitet werden könnte. Mit dem Begriff »Schöpfermächte« soll hier angedeutet werden, dass eben diese hohen und erhabenen Wesen ganz wesentlich an dem Schöpfungs- und Entwicklungsprozess beteiligt waren und es im Grunde immer noch sind.[68]

Mit dem Menschen sollte der Welt eine völlig neue Wesenheit eingegliedert werden. Der Mensch sollte nach dem Schöpferwillen auch ein geistiges Wesen in geistigen Höhen bleiben und dort das unterste himmlische Reich, unmittelbar unterhalb des Engelreiches, bilden. Das Menschenwesen sollte aber nicht einfach eine ›Kopie‹ der höheren Wesenheiten darstellen. Vielmehr sollte mit dem Menschen etwas völlig Neuartiges den Weltentatsachen hinzugefügt werden: ein Wesen, das einen freien Willen besitzt, das selbständig zwischen »Gut« und »Böse« unter- und entscheiden kann.

Nun soll noch kurz angerissen werden, wie es eigentlich dazu kommen konnte, dass die Menschen über viele Jahrhunderte glaubten, Gott habe die Welt in sechs Tagen geschaffen. Selbst heute gibt es ja noch religiöse Fundamentalisten, welche die Auffassung vertreten, mit dem Begriff »Tag« in der Genesis sei der 24-stündige Zeitraum gemeint, den wir heute damit verbinden. Dass diese These nicht haltbar, ja geradezu unsinnig ist, haben wir bereits in Kapitel 2 erläutert. Was sind aber die Gründe für diese Fehlinterpretation? Nun, das entscheidende hebräische Wort in der Genesis, in der Schöpfungsgeschichte Mose, ist der Begriff »Jom« (Plural »Jamim«). Dieses Wort wird bis heute üblicherweise mit »Tag« übersetzt und in diesem Sinne verwendet. Denken Sie etwa an »Jom Kippur«, die Bezeichnung für den höchsten jüdischen Feiertag.

Den alten Hebräern wäre aber, wenn sie diesen Begriff hörten, gar nicht in den Sinn gekommen, dabei an einen Tag im Sinne eines 24-stündigen Zeitraums zu denken. Mit »Jom« – die Gnostiker nannten es »Äon« – ist kein Zeitraum im *abstrakten* Sinne gemeint; es ist vielmehr etwas Wesenhaftes, etwas lebendig Wesenhaftes. Seit der heute üblichen Zeitrechnung, also seit der Geburt Jesu, ist es ja so, dass man Zeiträume benennt, indem man abstrakte Jahreszahlen angibt, z. B.: 350 v. Chr. oder 730 n. Chr. oder 30 v. Chr. bis 45 n. Chr. Das war in der vorchristlichen Zeit ganz anders. Damals hat man Zeitspannen nach der Regentschaft eines Herrschers, eines Pharaos, Königs oder Kaisers, bemessen. Zeitangaben hatten also etwas Wesenhaftes, sie orientierten sich an einem konkreten menschlichen Wesen. Auch in der Bibel finden Sie solche Angaben, etwa: *»In der Zeit, als Herodes König von Judäa war [...]«*[69] oder *»Dies war die erste Volkszählung, sie fand statt, als Quirinius Statthalter von Syrien war.«*[70]

Man kann die Bezeichnung »Jom« also ganz konkret als Name für eine geistige Wesenheit, für eine Gottheit auffassen. Gemeint sind die geistigen Wesenheiten, die in der Hierarchie um eine Stufe unter den Elohim stehen, die Archai, Urbeginne, Geister der Persönlichkeit oder auch *Zeitgeister* genannt werden (☞ Anhang A.2, Tabelle 1, S. 528). Dieser Jamim, also dieser Zeitgeister bedienten sich die Elohim als untergeordnete Geister zur Erfüllung ganz bestimmter Aufgaben. Das, was gemäß Genesis am ersten ›Tag‹ geschaffen wurde, wurde wesentlich vom ersten Jom, also vom ersten Zeitgeist nach Maßgabe dessen, was die Elohim vom höheren Gesichtspunkt aus anordneten, ausgeführt. Entsprechend wurden für die nächsten fünf ›Tage‹ weitere dienende Zeitgeister von den Elohim beauftragt. Selbstverständlich bedurfte es für all dasjenige, was die einzelnen Jamim zu leisten hatten und was uns in der Schöpfungsgeschichte in groben Zügen erzählt wird, extrem langer Zeiträume. Man könnte hier vielleicht von ›*Welten*tagen‹ sprechen.[71]

Es ist im Übrigen interessant, dass es einige Sprachen gibt, in denen die Verwandtschaft zwischen den Worten für »Gott« und »Tag« nicht zu übersehen ist (zum Beispiel »deus« und »dies« im Lateinischen, »dios« und »dia« im Spanischen, »deus« und »dia« im Portugiesischen oder »déu« und »dia« in der Katalanischen Sprache).

3.5.2.3   Die Versuchung des Menschen – der Sündenfall

Schauen wir nun auf die Situation, in der sich der Mensch befand, als er noch im »Paradies«, wie es in der Genesis genannt wird, weilte. In dieser Epoche lebte der Mensch noch als makelloses, unschuldiges göttlich-geistiges Wesen in einer erdnahen *geistigen* Sphäre.[72] Er ruhte als ein noch *nicht* selbstbewusstes Wesen gewissermaßen im ›göttlichen Schoße‹, vergleichbar mit einem Kind, das sich im Schoße seiner Mutter geborgen fühlt.[73] Er wäre gar nicht imstande gewesen, gegen die göttlichen Absichten zu handeln. Er war noch nicht mit einem *Selbstbewusstsein* begabt und besaß noch keine *Erkenntniskräfte*. Diese Fähigkeiten und Kräfte waren ihm aber in Aussicht gestellt worden; diese sollte er sich erwerben, sobald es dafür an der Zeit gewesen wäre. Nun trat aber, wie uns in der Bibel berichtet wird, der ›Teufel‹, der in der Genesis durch die Schlange repräsentiert wird, an ihn heran. Dieses Wesen, das von alters her *Luzifer* genannt wird, verführte den Menschen, indem er ihm einsäuselte*: »[...] sondern Gott weiß, dass, welches Tages ihr davon esset, so werden eure Augen aufgetan, und werdet sein wie Gott und wissen, was gut und böse ist.«*[74] Durch die Verheißung, so sein zu können wie Gott, wurden der Hochmut und der Egoismus angefacht und der Mensch wurde in die Begierden und Leidenschaften verstrickt. Der Mensch war zu diesem Zeitpunkt noch nicht reif, die Erkenntniskräfte auszubilden. Das war ihm von den Schöpfermächten erst zu einem viel späteren Zeitpunkt vorbestimmt. Viel zu früh begann er durch die Verführung Luzifers mit diesem Prozess.

In der Genesis heißt es nun, dass der Mensch aus dem Paradies vertrieben wurde. Der Mensch wurde auf die Erde verbannt, wo er sich viel stärker in die Materie verstrickte, als es von den Schöpfermächten beabsichtigt worden war. Sein ursprünglicher physischer Leib, der ein sehr feinstofflicher war, wurde mehr und mehr mit Materie angefüllt, wodurch er immer dichter und verhärteter wurde.[75] Dieser materielle, fleischliche Leib wurde nun erstmals *sichtbar*. Das schildert die Genesis damit, dass Adam erkannte, dass er nackt war.[76] Sein ursprünglich unsterblicher, spiritueller Leib war nun zu einem sterblichen, verweslichen geworden. Der Kreislauf der irdischen Inkarnationen nahm seinen Anfang. Die Frau musste von nun an unter Schmerzen ihre Kinder gebären. Krankheit, Leiden und Tod traten erstmals in die menschliche Erfahrungswelt. Das Menschenreich wurde nicht das unterste Reich in der geistigen, sondern das höchste in der irdischen Welt, unmittelbar über dem Tierreich.

Bis zu diesem Punkt muss man die Entwicklung des Menschen als *Abstieg* werten. Die Tatsache, dass er von nun an in gewisser Gottesferne auf dem irdischen Plan weilte, brachte es mit sich, dass er seine göttlich-geistige Heimat vergessen und sich gegen den göttlichen Willen stellen konnte, was ihm unmöglich gewesen wäre, wenn er im göttlichen Schoße verblieben wäre. Da der Mensch viel zu früh in die Situation kam, ein Selbstbewusstsein sowie Erkenntniskräfte zu entwickeln, war es ihm von nun an auch möglich, dem Irrtum anheimzufallen und völlig von der Wahrheit abzuirren. Er konnte von nun an *sündig* werden. Das Wort »Sünde« ist verwandt mit dem Wort *»(ab)sondern«*. Der Mensch sonderte sich von seiner göttlichen Herkunft ab; er entwickelte ein Sondersein. Nur dadurch kam er überhaupt in die Gefahr, Sünden zu begehen. Die Menschen konnten im Verlaufe der Jahrtausende nicht mehr zu den Göttern finden. Die geistige Welt verfinsterte sich für sie immer mehr.

Dennoch war dieser Abstieg auf die materielle Erde notwendig. Die Tatsache, dass der Mensch von nun an seine Erdenlaufbahn beginnen und ab einem bestimmten späteren Zeitpunkt für lange, lange Zeit ohne *unmittelbare* Führung der geistigen Welt zurechtkommen musste, war eine Voraussetzung dafür, dass der Mensch frei werden konnte, die Gesetze seines Handelns zu erkennen und seine Entscheidungen darauf zu gründen. Diese Freiheit, über die nicht einmal die Wesen der höheren Hierarchien in diesem Maße verfügen, ist das höchste Gut des Menschen. Vermöge seiner Freiheit, von der er heute im Grunde erst einen Zipfel ergriffen hat, kann der Mensch jederzeit das tun, von dem er überzeugt ist, dass es im Sinne der geistigen Welt ist und letztlich ihm selbst und der Menschheit im spirituellen Sinne zum Segen gereicht. Diese Freiheit bedeutet auch, dass der Mensch eigene geistige Erkenntnisse gewinnen kann und muss, ohne irgendwelchen Autoritäten folgen zu müssen.

Somit ist es *auch* Luzifer zu danken, dass wir freie Wesen werden konnten bzw. in der Zukunft werden können.

3.5.2.4   Der Menschheitsrepräsentant – *»Gott will Götter«*

Vor 2.000 Jahren hatte die Menschheits- und Erdenentwicklung einen dramatischen Tiefstand erreicht. Die Menschen hatten von sich aus nicht mehr die Möglichkeit, sich in der notwendigen Weise weiterzuentwickeln. Das ganze Erdendasein war zum Absterben verurteilt. Das große Götterprojekt, Menschen im oben skizzierten Sinn zu schaffen, drohte zu scheitern.

Jetzt musste ein Gott, der *Christus*, zu den Menschen kommen. Er musste aus den höchsten Höhen der geistigen Welt herabsteigen und sich in einem menschlichen Leib verkörpern, um die Erde und die Menschheit zu retten. Wie bereits geschildert zog der Christus, der Sohn Gottes, bei der Taufe am Jordan in die leiblichen Hüllen des zu diesem Zeitpunkt 30-jährigen Jesus von Nazareth ein. Natürlich musste der Leib Jesu über viele, viele Generationen hinweg, so vorbereitet, so ›präpariert‹ werden, dass er diesem hohen und erhabenen göttlichen Geist ein würdiges, tragfähiges Gefäß sein konnte. Nicht umsonst legen die Evangelisten Matthäus und Lukas so großen Wert darauf, die Ahnenreihe Jesu darzulegen.[77]

Neben all seinen bedeutenden Reden, Lehren und Aussagen, sagt Christus zwei Mal etwas höchst Erstaunliches. Er bezieht sich auf Psalm 82, 6 und sagt: *»Ihr seid Göt-*

ter«[78] und *»Darum sollt ihr vollkommen sein, gleichwie euer Vater im Himmel vollkommen ist«*[79]. Das hat Luzifer den Menschen viel zu verfrüht auch schon eingeflößt. Nun aber sagt der Christus das Gleiche. Es kommt also nicht so sehr darauf an, *was* gesagt wird, sondern *wer* es sagt und *wann* es gesagt wird.[80] Christus will uns Menschen ermahnen, dass wir uns nicht selbst dafür verdammen, dass wir aufgrund des Abfalls in den tiefsten, gottfernsten Niederungen der materiellen Welt gelandet sind, aus denen es keinen Ausweg zu geben scheint, sondern Er will uns ermutigen, auf das unvorstellbar hohe Ziel zu schauen, das von uns allen eines fernen Tages erreicht werden *kann*. Die Schöpfermächte wollten mit dem Menschen keine schlichten ›dienstbaren Geister‹ in die Weltenverhältnisse hineinstellen. Sie haben mit dem Menschen ein Wesen in die Weltentatsachen gestellt, das das Göttliche in sich aufnehmen kann. Sie haben ein Wesen geschaffen, dem es in urferner Zukunft vorbestimmt ist, selbst ein schöpferisches, selbstbewusstes, freies, göttlich-geistiges Wesen sein zu können. Das ist das, was als Geheimnis des Werdens betrachtet werden kann, dass jedes Wesen emporsteigen kann von einem, das nur aus der göttlichen Gnade empfangen kann, zu einem, das selbst produktiv werden kann, das selbst schöpferisch tätig werden kann.[81] Das Ziel aller Wesen ist es, selbst Schöpfer zu werden. *»Gott will Götter«* sagten schon *Jakob Böhme* und *Novalis*.[82] Durch seine Freiheit, die letztlich der Christus der Menschheit ermöglicht hat, kann der Mensch auch im wahrsten Sinne frei sein, das Gute aus eigenem Entschluss und ohne äußere Nötigung zu wollen. Dieses unvorstellbar hohe und erhabene Ideal haben die Götter ausgegeben. Diese Möglichkeit, diese Aussicht stellt der Christus den Menschen in eindeutigen Worten vor die Seele. Diese Entwicklung in die Hand zu nehmen und voranzutreiben, ist die Aufgabe jedes einzelnen Menschen!

In völliger Freiheit und aus absoluter Liebe verband sich Christus durch seine Leiden mit dem Leid der Menschheit und ging durch den Tod. Er musste als *der* Menschensohn den Tod und das Schicksal, das der Menschheit ohne seine Tat bevorgestanden hätte, besiegen. Mit Christi Tat kam ein neuer und einzigartiger Impuls in die Erdenwelt und die Menschheit. Durch seine Auferstehung eroberte Er gewissermaßen der Menschheit wieder den Leib zurück, der ihr ursprünglich zugedacht war. Dieser unverwesliche Auferstehungsleib, in dem sich der Christus bis zu seiner Himmelfahrt vielen offenbarte, kann auch von den Menschen in urferner Zukunft getragen werden. Christus ist, wie Paulus sagt, der »zweite Adam«.[83] Vom ersten Adam haben wir Menschen unseren heutigen sterblichen Leib. Von Christus können wir den unsterblichen haben. Dann ist das, was wir heute Tod nennen, nicht mehr möglich.

Bevor der Mensch eines fernen Tages diesen Auferstehungsleib, der nicht mehr an Raum und Zeit gebunden ist, tragen kann, werden sich die kosmischen Verhältnisse gewaltig verändert haben. Es kommt zum viel zitierten »Weltenende« bzw. zum »Jüngsten Tag«. Bei diesen Begriffen gehen viele davon aus, dass es ab diesem Zeitpunkt keinen unserer heutigen Erde vergleichbaren Weltenkörper mehr gäbe und dass sich das weitere Leben des Menschen dann nur noch in himmlischen Sphären abspielte. Auch glauben viele, dass dann die Entwicklung endgültig abgeschlossen, das Endziel der Menschheit erreicht wäre. Das ist aber nicht der Fall. Die heutige Erde wird in der Tat untergehen, aber es wird nach einer gewissen Übergangsphase eine *neue Erde* entstehen. Diesen neuen Weltenkörper hat Rudolf Steiner als »Jupiter-Erde« oder »neuer Jupiter« bezeichnet. Dieser ist im Grunde das »himmlische« bzw. das »neue Jerusalem«, wie es in der Bibel und den kirchlichen Lehren genannt wird. Dieser Weltenkörper wird nicht etwa – zumindest nicht nur – von Christus oder den geistigen Wesen der höheren Hierarchien erschaffen werden, so wie es bei unserer heutigen Erde der Fall war. Der Mensch muss vielmehr an seiner neuen Wohnstatt ›mitbauen‹. Es würde den Rahmen dieses Buches sprengen, dieses Mitwirken des Menschen näher zu erläutern. Die Jupiter-Erde, die nicht als Teil der geistigen Welt betrachtet werden darf, wird viel feinstofflicher sein als unsere heutige Erde, insbesondere wird es hier kein Mineralreich mehr geben. Auf dieser neuen Erde könnte ein dichter, materieller Leib, wie wir ihn heute tragen, nicht mehr existieren. Nur diejenigen Menschen, die sich über extrem lange Zeiträume dafür vorbereitet haben, sich mit dem Auferstehungsleib zu bekleiden, können auf der Jupiter-Erde eine Wohnstatt finden. Da sie dann diesen Auferstehungsleib tragen, kann man in gewisser Weise auch davon sprechen, dass sie auferstanden sind. Aber selbst wenn der zukünftige Mensch den Auferstehungsleib tragen und auf der neuen Erde leben wird, hat er erst sein erstes großes Etappenziel erreicht. Die Entwicklung ist damit noch lange nicht abgeschlossen. Der Mensch wird auch dann noch *kein* schöpferisches göttliches Wesen sein.

Ohne die Erlösungstat Christi wäre uns diese Entwicklungschance nicht möglich geworden. Das was sich vor 2.000 Jahren auf Golgatha vollzog, ist ein großes Mysterium, dem wir uns mit unserem Denken und Fühlen mehr und mehr nähern, für das wir mehr und mehr ein Verständnis erwerben müssen. Davon sollte uns auch die Tatsache, dass alles, was in jenen Tagen geschah, sowie die segensreichen Folgen dieser einzigartigen Erlösungstat Christi schier unerschöpflich sind, nicht entmutigen. Man versteht im Übrigen Jesus Christus nicht, wenn man in ihm nur einen großen Führer der Menschheit sieht, der die Menschen gelehrt hat. Nicht seine Lehren, die ja zu einem großen Teil auch schon von bedeutenden Menschheitsführern, etwa von *Buddha*, vermittelt worden sind, waren das Wesentliche, was Er den Menschen gebracht hat. Das Wesentliche, was Er den Menschen gebracht hat, war *Er Selbst*. Er ist der *»Menschheitsrepräsentant«*. Er hat in seiner kurzen Erdenzeit die Entwicklung vorweggenommen, die den Menschen in unerdenklich langen Zeiträumen möglich sein kann. Das, was der Christus in kürzester Zeit urbildlich vorgelebt und in die Weltenentwicklung hineingestellt hat, ist etwas, was jeder Mensch in einer unerdenklich langen Zeitspanne *selbst* erreichen *kann*.[84]

3.5.2.5 Das Menschheitsideal

Wenn man dieses erhabene *»Menschheitsideal«* annehmen kann, wenn man annehmen kann, dass jeder Mensch die Möglichkeit und die Aufgabe hat, sich so zu entwickeln, sich so zu *bild*en, dass er ein wirkliches Eben*bild* der Gottheit sein kann, in das die erhabenen Wesen der höheren Hierarchien ihre besten Kräfte gießen, wird es noch unmöglicher zu glauben, dass diese gewaltige Entwicklung in einem einzigen Leben bewältigt werden könnte. Was hätte es angesichts dieses unvorstellbar langen Zeitraumes für einen Sinn, nur einmal – vielleicht, wenn es gut geht, siebzig, achtzig oder neunzig Jahre – auf der Erde zu verweilen? Was sind diese paar Jahrzehnte im Verhältnis zu der unvorstellbaren Zeitspanne, die der geistig-seelische Entwicklungsprozess benötigt! Natürlich könnte jemand einwenden, dass die Entwicklung ja auch in der geistigen Welt – also in der Zeit nach dem Tod – vorangetrieben wird. Das ist in einem gewissen Sinne sicher richtig, nur was spielen dann die wenigen Jährchen auf unserer Erde noch für eine Rolle? Das wäre das Gleiche, wie wenn wir unsere Kinder nur für den Bruchteil einer Sekunde zur Schule schicken würden! Könnte dann nicht die gesamte Entwicklung in der geistigen Welt erfolgen? Die Menschen haben die großartige Chance, sich in absoluter Freiheit und in vollem Selbstbewusstsein wieder ihres eigentlichen Ursprungs zu erinnern und sich ihren göttlichen Schöpfern anzuvertrauen. Dazu bedarf es natürlich eines unerdenklich langen *Entwicklungs-* und *Läuterungsprozesses*.

Es liegt nun ganz wesentlich an uns, ob wir bereit sind, diesen Entwicklungsweg zu beschreiten. Jeder Mensch hat selbst die außergewöhnliche Gelegenheit, an diesem großen göttlichen Plan mitzuwirken. Über viele Leben hinweg müssen wir an unseren Schwächen und Unvollkommenheiten arbeiten, bis wir sie eines fernen Tages überwunden haben. Genau mit diesem Verhalten *dienen* wir Gott, in dem wir mit dazu beitragen, das von ihm ersonnene Schöpfungsziel, das Menschheitsideal, zu vollenden.

Man sollte im Übrigen nicht sagen, dass wir uns zu dem ursprünglichen Status, den die Menschen vor der Versuchung hatten, *zurück* entwickeln sollten, sondern dass wir uns zu dem Menschheitsideal *hin* entwickeln sollen. Es ist uns möglich, ja geradezu vorbestimmt, als *freie* und ihrer *selbst bewusste schaffende* Geister unter schaffenden Geistern zu leben. Das macht den großen Unterschied zu dem ursprünglichen Zustand aus, als die Menschen in einer gewissen Dumpfheit im göttlichen Schoße ruhten. Auch wenn die durch den Sündenfall bedingte Verstrickung in die Materie mit all ihren Gefahren und Mühseligkeiten wie eine große Abwärtsentwicklung erscheint, so war sie doch notwendig, um das Menschheitsideal eines urfernen Tages in die Tat umsetzen zu können. Das Inaussichtstellen dieses hohen Ideals ist die eigentliche *frohe* Botschaft der Evangelien.

3.6 Besondere Aspekte der Reinkarnationslehre

N achdem wir im bisherigen Verlauf unserer Betrachtungen schon implizit einiges über die Reinkarnation erfahren und vielleicht auch ein wenig die Einsicht gewonnen haben, dass man wohl von der Tatsache, dass sich ein Mensch mehrmals auf der Erde verkörpert, ausgehen muss, um viele Weltentatsachen im richtigen Lichte sehen zu können, sollen nun ein paar wichtige Aspekte dieser Lehre beleuchtet werden.

Einiges von dem, was zu diesem Thema noch erörtert werden soll, kann bereits aus dem zuvor Gesagten abgeleitet werden. Das meiste, was im Folgenden gesagt werden soll, kann sicherlich von allen Vertretern der Reinkarnationslehre mitgetragen werden. Es gibt jedoch einige Strömungen, die beispielsweise die große Bedeutung, die Christus für die gesamte menschliche Entwicklung hat, nicht genügend berücksichtigen. Es soll uns hier nicht unbedingt darum gehen, absolut alles, was es über die Reinkarnations- und auch die Karmalehre zu erwähnen gäbe, anzuführen. Wir wollen uns insbesondere mit denjenigen Aspekten befassen, die diese Lehren hier in gewisser Weise abrunden sowie mit solchen, die vonnöten sind, um bestimmte Phasen des nachtodlichen Lebens richtig verstehen und einordnen zu können.

3.6.1 Anfang und Ende des Inkarnationskreislaufes

In einigen esoterischen Kreisen herrscht die Auffassung vor, die Notwendigkeit, dass sich der Mensch auf der Erde inkarnieren muss, hätte weder einen Anfang noch ein Ende. Das entspricht aber nicht den Tatsachen, wie man sowohl der Bibel als auch den Forschungsergebnissen Rudolf Steiners entnehmen kann. Die These, dass der Inkarnationskreislauf endlos sei, widerspricht in hohem Maße den Schilderungen der Genesis sowie all denjenigen Bibelversen, welche das Leben des »auferstandenen Menschen« in ganz neuen Weltverhältnissen am sogenannten »Weltenende« beschreiben. Wie bereits an anderer Stelle dieses Kapitels erläutert wurde, begann für den Menschen die Notwendigkeit, sich in einem sterblichen Leib in der materiellen Welt zu verkörpern, als er – wie es ja die Schöpfungsgeschichte schildert – der luziferischen Versuchung erlegen ist und aus dem sogenannten »Paradies« vertrieben und auf die Erde geschickt wurde.

Trotz des Sündenfalls und des damit verbundenen Abstiegs der Menschen in die Materie haben die Schöpfermächte ihr Ziel, mit dem Menschen eine völlig neuartige Wesenheit den Weltentatsachen einzugliedern, nicht aufgegeben. Es wurde schon darauf hingedeutet, dass die Mission zu scheitern drohte, und inwieweit die Tat des Christus einen Wendepunkt in der Entwicklung der Menschheit eingeleitet hat. Das Schicksal der Menschen ist nicht für alle Zeiten an den irdischen Plan gekoppelt.

Wenn die Menschen auf ihrem langen Weg, der sie zum Erreichen des Menschheitsideals führen soll, ihr erstes großes ›Etappenziel‹, das Leben auf der Jupiter-Erde, bekleidet mit dem Auferstehungsleib, erreicht haben werden, wird die Notwendigkeit, sich in einem dichten physischen Leib inkarnieren zu müssen, überwunden sein. Der Mensch wird dann schon in einem viel geistigeren Zustand sein. Ab diesem fernen Zeitpunkt wird es auch den Tod im heutigen Sinne nicht mehr geben.[85] Das Phänomen, das wir heute als Tod bezeichnen, ist ja ein sehr *abrupter* und *radikaler* Übergang von einer Daseinsform in eine andere, von einem Bewusstseinszustand in einen anderen, bei dem ein Teil unseres Wesens, der physische Leib, mit dem wir uns nur zu sehr identifizieren, unwiderruflich abgelegt werden muss. Auf der Jupiter-Erde wir es keinen großen Unterschied mehr zwischen den Lebenden und den sogenannten Toten geben.[85]

Die Notwendigkeit der Wiederverkörperung im heutigen Sinne wird gemäß Rudolf Steiner bereits aufhören, bevor die Erde in den Jupiterzustand übergehen wird. »Es wird ein Jahr kommen in der physischen Erdenentwickelung, dieses Jahr wird, sagen wir, ungefähr das Jahr 5700 und einiges sein, in diesem Jahre, oder um dieses Jahr herum, wird der Mensch, wenn er seine richtige Entwickelung über die Erde hin vollzieht, nicht mehr die Erde so betreten, dass er sich verkörpert in Leibern, die von physischen Eltern abstammen. Ich habe öfters gesagt, die Frauen werden in diesem Zeitalter unfruchtbar. Die Menschenkinder werden dann nicht mehr in der heutigen Weise geboren, wenn die Entwickelung über die Erde hin normal verläuft.«[86]

3.6.2 Was ist der Sinn dieser vielen Erdenleben?

Im Grunde wurde der Sinn der wiederholten Erdenleben schon beleuchtet. Jedem Menschen ist es in Aussicht gestellt, das bereits skizzierte Entwicklungsziel erreichen zu können. Dazu ist es notwendig, dass er alle Erfahrungsschätze sammelt, die man *nur* auf der Erde sammeln kann. Alles, was unsere materielle Welt an Möglichkeiten bietet, muss von ihm aufgenommen und durchlebt werden. Dazu gehören natürlich auch die sehr unangenehmen Erfahrungen sowie die Gefahr, Fehler zu begehen und sündig zu werden. Die Sünde muss der Mensch eines Tages gänzlich überwinden.

Bedenken Sie, wie unterschiedlich die Erfahrungen waren, die etwa ein Steinzeitmensch machen konnte, von denen, die ein Mensch heute machen kann. Wie verschieden war das, was die Seele eines alten Ägypters durchziehen konnte, von dem, was etwa eine Seele, die sich im Mittelalter verkörperte, erleben konnte. Das, was ein heutiger moderner Mensch an Impulsen, Ideen und Lehren aufnehmen kann, ist wiederum völlig verschieden von dem, was man im Mittelalter lernen konnte.

Mit »lernen« ist hier im Übrigen nicht – oder zumindest nicht nur – der Erwerb oder gar das Anhäufen von Wissen über die äußere, materielle Welt gemeint. Es geht also nicht etwa darum, ein Gelehrter zu werden. Was aber ganz wesentlich zu diesem

»lernen« gehört, ist, dass der Mensch bestrebt ist, die spirituellen Erkenntnisse und Lehren der großen Eingeweihten und Geisteslehrer des jeweiligen Zeitalters, die man gewissermaßen als Sendboten der geistigen Welt bezeichnen kann, aufzunehmen und diese in ihr alltägliches Leben zu integrieren. Auch wenn die großen »kosmischen Wahrheiten« ewig gültig sind, so müssen diese doch den Menschen unterschiedlicher Epochen und Kulturen auf jeweils etwas andere Art und Weise mitgeteilt werden. Für die Gegenwart – und auch noch für die nächsten Jahrhunderte – ist es die Anthroposophie Rudolf Steiners, die den Menschen die geistigen Erkenntnisse in einer zeitgerechten Form, die mit den seelischen Kräften der heutigen Menschheit rechnet, schenkt. Damit sollen allerdings – wie ja bereits in Kapitel 2 erörtert wurde – andere Erkenntnisquellen keineswegs verworfen werden.

Selbst das, was ein heutiger Mitteleuropäer erleben und erfahren sowie an spirituellen Lehren und Erkenntnissen aufnehmen kann, unterscheidet sich in vielerlei Hinsicht sehr stark von dem, was etwa einem Inder oder Araber möglich ist. Auch vieles von dem, was man als Mann erfahren kann, ist völlig anders, als wenn man sich als Frau inkarniert hätte. Wenn man diesen Gedanken ernst nimmt, wird klar, dass ein oder auch nur wenige Erdenleben niemals ausreichen könnten, um diese notwendigen Erfahrungen sammeln und die unterschiedlichen Lernprozesse durchmachen zu können. Dieses Ziel kann nur erreicht werden, wenn jeder Mensch sich viele, viele Male auf der Erde inkarniert.

Die wiederholten Erdenleben sind also – um es auf einen kurzen Nenner zu bringen – notwendig, damit sich der Mensch und die gesamte Menschheit in der für sie erforderlichen und von den Göttern angedachten Weise entwickeln kann.

Die *christliche* Reinkarnationslehre, wie sie in diesem Buch vertreten wird, unterscheidet sich in manchen Punkten von der, die im Buddhismus lebt. Ein Buddhist wird dabei von dem Gedanken beherrscht, dass dieses Hineinwerfen in die materielle Welt als ein ›Vertreiben‹ aus geistigen Höhen anzusehen ist, durch das er seinem eigentlichen geistigen Wesen entfremdet wurde. Die irdische Welt betrachtet er als einen Ort der Gottesferne und der mannigfaltigsten Versuchungen. Für ihn besteht eine Inkarnation, also eine Verkörperung als Erdenmensch, in erster Linie aus *Leiden*. Hierbei denkt er nicht nur an so krasse Beispiele wie körperliche Gebrechen, Krankheiten oder schwere Schicksalsschläge. Auch etwa die Notwendigkeit, seine elementarsten Bedürfnisse wie Essen und Trinken befriedigen zu *müssen*, betrachtet er als Leiden. Das Gleiche gilt für alle Wünsche, die ein Mensch haben kann, sofern sie sich auf Irdisches beziehen. Ihm ist es also wichtig, sich solcher Wünsche und – soweit es möglich ist – der Befriedigung seiner Bedürfnisse zu entwöhnen. Dadurch wird er dann seiner Meinung nach deutlich eher an einen Punkt seiner Entwicklung kommen, der ihm weitere Inkarnationen erspare. Der Buddhist hat also das ernsthafteste Bestreben, auf diese Weise so bald wie möglich aus dem Inkarnationskreislauf ›auszubrechen‹, um dann wieder ganz in einer geistigen Sphäre leben zu dürfen. Alle Leiden werden im Buddhismus letztlich auf Unwissenheit und Unvollkommenheit zurückgeführt. Die Buddhisten gehen im Übrigen nicht von einer menschlichen Individualität aus, die als *bewusste Entität* von Inkarnation zu Inkarnation schreitet.

3.6.3   Der zeitliche Abstand zwischen zwei Inkarnationen

Aus dem soeben Gesagten kann auch schon ein wenig geschlossen werden, wie oft sich eine menschliche Seele im *Durchschnittsfall* inkarniert. Eine Menschenseele bedarf *insbesondere* dann einer neuen Inkarnation, wenn sich die Verhältnisse auf der Erde so verändert haben, dass sie völlig neuartige Erfahrungen machen, dass sie völlig neue Impulse aufnehmen kann. In erster Linie sind es neue Kulturen oder neue Kulturerrungenschaften, die einer Seele neue Eindrücke und Erfahrungen bescheren können. So hätte es beispielsweise im Allgemeinen keinen großen Sinn gemacht, wenn sich ein Mensch etwa im Zeitalter der alten ägyptischen Kultur oftmals verkörpert hätte. Da hätte er nicht mehr viel Neues aufnehmen können. Andererseits waren wohl sehr viele Seelen in dieser Zeit inkarniert, weil sie die Erfahrungen brauchten, die ihnen nur diese Zeit zu geben vermochte. Es ist nicht zu übersehen, dass die äußere kulturelle, wissenschaftliche und technologische Entwicklung immer rasanter verläuft. Während es in fernster Vergangenheit vielleicht hinreichend war, dass sich eine Seele erst nach zwei, drei Jahrtausenden wiederverkörperte, werden die Inkarnationsintervalle im Durchschnitt immer kürzer. Dennoch ist es selbst heute so, dass ein Mensch meistens erst nach einigen hundert Jahren wieder den irdischen Schauplatz betritt. Es kommt allerdings auch vor, dass sich eine Seele vielleicht schon nach einigen Jahrzehnten, in Extremfällen bereits nach wenigen Jahren wieder verkörpert. Auch in ein und demselben Zeitalter kann eine Seele in Abhängigkeit von dem Volk, in das sie sich inkarniert, ganz unterschiedliche Erfahrungen machen. Selbst innerhalb desselben Volkes kann sie noch Unterschiedliches lernen, je nachdem, in welchen Verhältnissen die Familie lebt, in die sie hineingestellt wird.

Der zeitliche Abstand zwischen zwei Inkarnationen ist auch noch von anderen Faktoren abhängig. Wenn etwa ein Mensch schon im Kindesalter stirbt, so wird er in den übersinnlichen Welten, in denen er nach dem Tod weilt, nicht allzu viel an Erfahrungen und Erlebnissen aufzuarbeiten haben, so dass er im Durchschnitt deutlich eher zu seiner nächsten Verkörperung schreiten kann als jemand, der viele Jahrzehnte auf der Erde gelebt hat. Ein Mensch, der sich in seinem Leben gar nicht mit spirituellen Gedanken befasst hat, hat nichts in die ›himmlische Welt‹ mitzubringen. Auch ein solcher kann bzw. muss sich häufig sehr viel schneller reinkarnieren als ein anderer, der viele solcher Gedanken und Impulse aufgenommen hat. **»Aber das Gesetz der Reinkarnation für unsere Zeit ist so, dass in der Tat für die Menschen, welche jetzt** dumpf durch die Welt gehen und sich nicht von den Erlebnissen sagen lassen, dass man den Rätseln des Daseins nachforschen muss, verhältnismäßig bald ein nächstes Leben eintritt, dass sie sich bald wieder inkarnieren, dass sie also reichlich Gelegenheit finden werden, sich mit den geisteswissenschaftlichen Wahrheiten bekannt zu machen.«[87] Ein Mensch, der sich in seinem Leben viel und intensiv mit geistigen Themen beschäftigt hat, wird meistens erst deutlich später wieder den irdischen Schauplatz betreten. »Solche Leute, die sich hier viel mit der geistigen Welt beschäftigt haben, können sich dort besser entwickeln, bleiben dort länger und kommen später wieder zurück. Dagegen derjenige, der sich nur mit der materiellen Welt beschäftigt, der kommt verhältnismäßig wiederum bald.«[88]

Es wird häufig die Frage gestellt, was eigentlich der *Sinn* des Lebens sei. So komplex diese Frage auch immer sein mag, so kann man doch einen ganz wichtigen Aspekt anführen, mit dem man sich der Antwort zumindest annähert: Der – oder ein ganz wesentlicher – Sinn eines jeden menschlichen Lebens besteht darin, dass der Mensch in seiner spirituellen Entwicklung, in seiner geistig-seelischen Evolution einen Schritt vorwärts kommt. Dazu ist es neben vielem anderen erforderlich, dass er alle Impulse, insbesondere die spirituellen, aufnimmt, die ihm das Zeitalter, das Volk und die Kultur, in die er hineingeboren wird, geben können.

3.6.4 Wie ist zu erklären, dass die Menschen heute so große Unterschiede in ihrer geistig-seelischen Entwicklung aufweisen?

Es wäre ganz gewiss fatal, wenn es objektive Kriterien gäbe, an denen man ablesen könnte, wie es mit dem geistig-seelischen Entwicklungsstand eines heutigen Menschen bestellt ist. Das, was hier mit »Entwicklungsstand« gemeint ist, hat nichts mit hoher Intelligenz oder umfassender Bildung zu tun. Vielmehr handelt es sich hier um geistig-seelische Qualitäten oder Fähigkeiten sowie eine hohe Moralität, die ein anderer – wenn überhaupt – nur mit dem Herzen erspüren kann.

Dass beispielsweise ein Eingeweihter auf einer sehr hohen Stufe steht, ist unstrittig. Das Gleiche gilt sicher auch für das eine oder andere Genie, so etwa für Goethe. Ansonsten sind es vielmehr die nach äußeren Maßstäben eher unauffällig wirkenden Menschen, die bereits in ihrer geistig-seelischen Evolution recht fortgeschritten sind.

Auch wenn man einem Menschen seinen Entwicklungsstand nicht an der Nasenspitze ansieht, dürfte klar sein, dass die Menschen, welche heute auf der Erde wandeln, auf sehr unterschiedlichen Stufen ihrer geistig-seelischen Evolution stehen. Nun könnte jemand fragen, warum nicht alle heutigen Menschen einen zumindest sehr ähnlichen Entwicklungsstand aufwiesen, da sie ja alle schon sehr, sehr oft auf der Erde inkarniert waren.

Das stellt aber keineswegs einen Widerspruch zur Reinkarnationslehre dar. Jeder Mensch hat in jedem seiner Erdenleben die Aufgabe, alles aufzunehmen, was ihm das jeweilige Leben bieten kann. Er muss *jedes* Leben nutzen, um sich zu vervollkommnen. Somit ist es wohl auch klar, dass ein Mensch, der – zumindest in den meisten – seiner bisherigen Inkarnationen wirklich bestrebt war, alles zu erfahren und sich zu erarbeiten, was diese Leben ihm bieten konnten, einen ungleich höheren geistig-seelischen Entwicklungsstand haben wird als einer, der zwar ähnlich viele Inkarnationen durchlebt hat, diese aber nicht so sehr genutzt und im Extremfall vielleicht sogar vergeudet oder ›verschlafen‹ hat. Das ist der wesentliche Grund dafür, dass es heute Menschen gibt, die in ihrer geistig-seelischen Entwicklung himmelweite Unterschiede aufweisen. Ein Goethe etwa hat sich in früheren Leben und bei seinen ›Zwischenaufenthalten‹ in der geistigen Welt die Voraussetzungen geschaffen bzw. erworben, durch die er zu einer solchen Geistesgröße reifen konnte. Nichts, aber rein gar nichts von dem, was wir in einem Leben denken, tun, lernen oder erfahren, geht verloren.

Erst die Erkenntnis, dass jeder Mensch schon viele Leben hinter sich hat, macht verständlich, woher es rührt, dass man so unterschiedlich entwickelte Menschen auf der Erde vorfinden kann. Der spirituelle Entwicklungsstand eines Menschen ist eine gesetzmäßige Konsequenz seiner Bemühungen und Anstrengungen in früheren Verkörperungen.

Es wäre dennoch in höchstem Maße hochmütig, wenn man einem schlichten, unreif oder gar sonderbar erscheinenden Menschen unterstellen würde, er habe seine bisherigen Inkarnationen nicht genutzt. Das wäre ein grobes Vorurteil, denn das muss nämlich keineswegs der Fall sein. Keine Entwicklung auf dem geistig-seelischen Felde verläuft stetig aufwärts. Wenn ein bestimmter, vorläufig höchster Stand erreicht ist, kommt häufig erst eine gewisse Abwärtsentwicklung, eine ›Talsohle‹, die sehr unterschiedliche Ursachen haben kann. Diese ist nicht etwa als göttliche Willkür oder Strafe aufzufassen, sondern absolut notwendig. Eine solche Talsohle verlangt besonders viel Kraft und Aufwand, um überwunden werden zu können. Die Überwindung setzt aber schließlich neue Kräfte frei, die zur Erreichung des nächsten Gipfelpunktes führen können, der ohne diese nicht hätte erreicht werden können. **»Aber im großen und ganzen folgen auf tiefe ›Fälle‹ des Menschen oft starke Aufstiege, indem nach dem Tode das Furchtbare eintrifft, dass wir auf das zurückschauen, was wir als ein tiefes Unrecht verübt haben, oder was uns als große Unvollkommenheit angehaftet hat, und dass wir dadurch nach dem tiefen Fall einen großen Aufstieg erleben werden.«**[89]

Eine geistig-seelische Entwicklung muss man sich eher *spiralförmig* denken. Trotz der einen oder anderen Abwärtstendenz hat man es also insgesamt dennoch immer mit einer Aufwärtsentwicklung zu tun, die von den Menschen *mittlerweile bewusst* angestrebt werden muss. Dieser spiralartige Verlauf gilt sowohl für die Entwicklung jeder einzelnen menschlichen Individualität als auch für die der ganzen Menschheit.

In der heutigen Zeit verliert sich die große Masse der zivilisierten Menschheit im finsteren Sumpf der materialistischen Weltanschauung. Dennoch stellt der Materialismus eine Weltnotwendigkeit dar. Es ist den Menschen aufgegeben, diesen zu überwinden und wieder zu einer spirituellen Gesinnung zu finden. Wenn sie sich eines Tages aus eigenem Antrieb aus diesem Geistesdunkel befreit haben werden, so werden dadurch besonders starke Kräfte freigesetzt, die eine deutliche Aufwärtsentwicklung ermöglichen, die ohne die Überwindung des Materialismus nicht erreicht werden könnte. Auch bei einem Menschen, der uns schlicht, vielleicht sogar stumpfsinnig und spirituell völlig uninteressiert erscheint, *könnte* es sich durchaus so verhalten, dass er in diesem Leben nicht auf einem vorläufigen Höchststand angelangt ist, sondern dass er sich in einer Talsohle befindet. Für diese Seele, die unter Umständen schon recht hoch entwickelt ist, könnte es etwa so sein, dass für sie ein solches Leben eminent wichtig ist, um sich durch das, was sie in dieser Verkörperung durchmachen muss, in weiteren Leben wieder zu großen Höhen aufschwingen zu können.

Wenn uns also die Weltentatsachen Menschen hinstellen, die einen sehr unterschiedlichen Entwicklungsstand aufweisen, so liegt das – von den skizzierten Ausnahmen abgesehen – daran, dass die einen ihre bisherigen Inkarnationen besser genutzt haben, dass sie mit größerem Ernst an ihrer Veredelung gearbeitet haben und dass sie nach ihrem Tod in der geistigen Welt die richtigen Schlüsse aus ihrer letzten Inkarnation gezogen haben. Bei einigen sehr wenigen Menschen liegt die Sache ein wenig anders. Diese haben ihren außergewöhnlichen Entwicklungsstand *nicht nur* ihren eigenen Bestrebungen zu verdanken. Sie sind von den Weltenmächten mit ihren ganz besonderen Fähigkeiten begnadet worden. Zu allen Zeiten der Erdenentwicklung bedurfte es solcher außergewöhnlicher Menschen, die der Entwicklung der Menschheit weit vorausgeeilt sind. Diese Menschen verfügen schon über spirituelle Fähigkeiten und Bewusstseinszustände, welche die Mehrheit der Menschen erst in urferner Zukunft ihr Eigen nennen wird. Diese Vorreiter der Menschheit konnten als deren Führer auftreten. Zu ihnen sind beispielsweise Zarathustra, Moses und Buddha, aber auch die Propheten des Alten Testaments, viele der sogenannten Heiligen und die großen Eingeweihten zu rechnen. Viele von ihnen sind schon an dem Punkte ihrer Entwicklung angelangt, dass sie es nicht mehr nötig haben, sich zu inkarnieren. Dennoch nehmen es einige von ihnen auf sich, sich sogar noch recht häufig zu verkörpern, um die Menschheit oder bestimmte Völker weiter zu lehren und zu leiten. Sie treten meist im Verborgenen auf und werden von der Masse der Menschheit nicht als das erkannt, was sie eigentlich sind.

3.6.5 Warum ist das Erreichen der Entwicklungsziele so schwierig?

Vermutlich wäre es für uns Menschen nur halb so schwierig, das Erreichen der einzelnen ›Etappenziele‹ mutig und vertrauensvoll anzustreben, wenn wir in der Lage wären, die Pläne der göttlichen Schöpfermächte mit vollem Bewusstsein zu überschauen, wenn uns also der Sinn unseres Daseins, so wie er hier skizziert worden ist, in vollstem Ernst vor der Seele stünde.

3.6.5.1 Die Abirrungen des Menschen

Dass wir – insbesondere in unserer heutigen Zeit – weit von der Erreichung des Entwicklungszieles entfernt sind, kann keiner übersehen. Da haben die sogenannten *»Widersachermächte«*, die Repräsentanten des »Bösen«, ganze Arbeit geleistet.

Dadurch, dass wir begabt wurden, freie Entscheidungen treffen zu können, ist es uns möglich, gegen die göttlichen Absichten zu handeln. Wir können jederzeit das tun, was lediglich der Befriedigung unserer ureigensten Wünsche und Interessen dient. Wir können uns ganz in unserem Egoismus verlieren. Diese Mächte haben uns so tief in die Materie verstrickt, dass es möglich werden konnte, unsere geistige Herkunft nicht nur zu vergessen, sondern sogar zu verleugnen. Die materialistische Weltanschauung, die heute in weiten Teilen der Erde vorherrschend ist, konnte ihren Siegeszug antreten. Diese Ideologie hat einen großen Teil der Menschheit so infiziert, dass viele alle geistigen Lehren als baren Unsinn abtun. Durch unseren freien Willen wurden wir fehlbar. Wie oft verfehlen wir uns gegen andere Menschen! Dabei muss es sich gar nicht einmal um etwas ganz Offensichtliches wie etwa ein Verbrechen handeln. Es vergeht kaum ein Tag, an dem wir uns nicht gegenüber unseren Mitmenschen und unserer Umwelt verschulden. In der jüngsten und jüngeren Vergangenheit und Gegenwart wird die Menschheit in brutalster und schonungslosester Weise mit der Macht des Bösen konfrontiert. Denken Sie etwa an die vielen Kriege und das daraus resultierende Flüchtlingselend; ganz zu Schweigen von dem Holocaust vor rund 80 Jahren! Nicht immer ist es so einfach, das Böse zu durchschauen wie in den angeführten krassen Beispielen. Häufig versteckt es sich hinter ›edlen‹ Zielen, schönen Masken und wohlklingenden Worten oder Namen. Hierbei ist auch das unsägliche Leid, das wir der Tierwelt zufügen, zu erwähnen. Man kann in diesem Zusammenhang beispielsweise an die grausamen Tierversuche, an die inakzeptable Massentierhaltung oder an die fürchterlichen Bedingungen, die in vielen Schlachthöfen herrschen, denken. Schuld tragen nicht nur diejenigen Menschen, die unseren Mitgeschöpfen diese Qualen bereiten, sondern auch alle, die nicht ihre Stimme gegen diese Missstände erheben! Auf einige weitere Missstände der gegenwärtigen Zeit werden wir an späterer Stelle zu sprechen kommen (☞ Anhang A.1, Exkurs 4, S. 490ff.).

Eine der schlimmsten Sünden, die ein Mensch begehen kann, ist, wenn wir versuchen, in den heiligen freien Willen eines anderen Menschen einzugreifen. Das tut natürlich jemand in drastischem Maße, wenn er versucht, physische oder psychische Gewalt oder Macht über einen anderen auszuüben. Aber auch jeder Versuch, einem anderen Menschen die eigene Meinung aufzudrängen oder Vorschriften machen zu wollen, stellt einen unzulässigen Eingriff in dessen Freiheit dar. Daher sollte man sich auch – oder sogar ganz besonders – in spirituellen bzw. religiösen Fragen jeder Form von Dogmatismus und Missionierungseifer enthalten. Man muss es dem Ermessen und den Erkenntniskräften des anderen überlassen, was er anzunehmen bereit ist und was er schon vertragen kann.

3.6.5.2 Das Wesen des Bösen

Wenn man heute über das »Böse« spricht, so kommt man häufig nicht darüber hinaus, darin etwas sehr Abstraktes zu sehen. Zunächst einmal ist es in unserer Zeit so, dass man von einer Polarität zwischen »gut« und »böse« ausgeht. Man sagt, auf der einen Seite sei das Gute und auf der anderen, entgegengesetzten Seite sei das Böse. In den Lehren der großen christlichen Kirchen personifiziert man das Gute mit Gott oder Christus und das Böse mit dem »Teufel«.

Wenn man zu einem tieferen Verständnis des Bösen gelangen möchte, muss man diese duale Anschauung aufgeben und zu einer *Dreiheit* übergehen. Das Böse äußert sich in *zwei* gegensätzlichen Polen. Das Gute stellt die verbindende, vereinigende Mitte zwischen diesen beiden Extremen dar. Dieses soll anhand eines Beispiels näher erläutert werden. Nehmen Sie etwa den Begriff »Geiz«. Es ist nicht zu bestreiten, dass Geiz eine negative, destruktive, also »böse« Eigenschaft ist. Geiz repräsentiert das eine Extrem des Bösen. Das Gegenteil von Geiz ist die »Verschwendungssucht«. Diese stellt aber keineswegs eine gute Eigenschaft dar. Sie repräsentiert vielmehr das andere Extrem des Bösen. Was wäre in diesem Zusammenhang eine positive, konstruktive, also »gute« Eigenschaft? Dafür gibt es eigentlich kein angemessenes Wort. »Gut« wäre in diesem Kontext eine Eigenschaft, die die Waage zwischen Geiz und Verschwendungssucht hält, also so eine Art Mischung aus Sparsamkeit und Freigiebigkeit (weitere Beispiele: ☞ Anhang A.2, Tabelle 2, S. 529). Wenn man die Thematik »Gut und Böse« betrachtet, muss man also von einer Dreiheit, einer Trinität ausgehen: den beiden extremen Polen des Bösen und die »goldene Mitte«, die das Gute repräsentiert. Somit ist es also die große Aufgabe des Menschen, diese goldene Mitte zu finden und zu halten.[90] Diese Mitte, das Gute, wird repräsentiert durch Christus, den *Sohn* Gottes, der sozusagen die beiden Extreme ausgleicht und ver*söhnt*. Alles, was man als »Sünde« bezeichnet, basiert letztlich auf einer Abirrung zu einem der beiden Extreme.

Das Böse spielt also eine Doppelrolle. In seiner einen Ausprägung zeigt es die Tendenz, den Menschen in unrechtmäßiger Weise in geistige Höhen zu erheben (»Erdflucht«); in der anderen Ausprägung ist es bestrebt, den Menschen noch tiefer in die Materie und die Erdenverhältnisse zu verstricken (»Erdsucht«). Schon der Bibel kann man entnehmen, dass hinter dem Bösen zwei verschiedene Wesenheiten stecken, von denen die eine »Teufel«, manchmal auch »Beelzebub« und die andere »Satan« genannt wird. Der »Teufel« ist kein anderer als *Luzifer,* von dem hier schon die Rede war. Luzifer wird mit einem gewissen Recht oftmals als »gefallener Engel« bezeichnet. In der Tat hat er sich aus dem Reich der Engel abgesondert und auf seine rechtmäßige Weiterentwicklung verzichtet. Seitdem geht er seine eigenen Wege. Luzifer hat viele ›Anhänger‹ gefunden, die ihm gefolgt sind und ihm nun zuarbeiten. Wie wir schon gesehen haben, war es dieser Luzifer, der die Menschen vor urfernen Zeiten verführt hat. Schon damals war es sein Bestreben, den Menschen einzuflößen, dass sie ihr großes Ziel sehr viel schneller und leichter erreichen könnten, als es von den Schöpfermächten beabsichtigt war. Auch heute noch sind die luziferischen Wesenheiten bestrebt, die Menschen durch mancherlei Illusionen und Täuschungen möglichst schnell wieder in geistige Sphären zu führen. Sie wollen verhindern, dass der Mensch sein großes Ziel, die Verwirklichung des Menschheitsideals, erreicht. Somit kann man sie als ›Gegenspieler‹ Christi sowie der geistigen Wesen der höheren Hierarchien auffassen. Menschen, die eine spirituelle Gesinnung aufweisen, die aber von Schwärmerei und allerlei Illusorischem durchzogen ist, oder auch Menschen, die ihre Religionsausübung nur zur Erbauung oder zur Erhöhung ihrer eigenen Wohlfahrt treiben, sind häufig solche, die recht einseitig auf der Waagschale des luziferischen Prinzips stehen. Man muss also die übliche Meinung, Luzifer bzw. der »Teufel« – wie er in den kirchlichen Lehren genannt wird – sei ein erbitterter Feind der Religionen bzw. der Religionsausübung, als nicht ganz zutreffend bezeichnen.

Das geistige Wesen, das die andere Seite des Bösen repräsentiert, wurde bereits in der ur-persischen Kultur vor über 5.000 Jahren von den Eingeweihten erkannt und *Ahriman* genannt. Dieses Wesen, das eine für menschliche Maßstäbe unfassbare, eiskalte, sprichwörtlich ›teuflische‹ Intelligenz besitzt, ist ein noch gefährlicherer Widersacher. Er ist mächtiger als Luzifer, da er sich aus einem höheren Reich, nämlich dem der Erzengel, abgesondert hat. Das Bestreben Ahrimans und seiner Genossen ist es, den Menschen von allem Geistigen fernzuhalten und ihn ganz fest an die Materie zu ketten. Dass heute der Materialismus so weit verbreitet ist, dass es heute so viele Menschen gibt, die alles Geistig-Göttliche leugnen, ist der ›Verdienst‹ der ahrimanischen Wesenheiten. Menschen, denen wir gewisse intellektuelle, namentlich technologische Errungenschaften verdanken, sind in vielen Fällen von Ahriman, den man als »Herr des Intellekts« bezeichnen könnte, inspiriert und gewissermaßen zu seinen Helfern gemacht worden. Zu den mehr kurzfristigen Zielen Ahrimans gehört ein Szenario, von dem wir in der Gegenwart nicht mehr weit entfernt sind: eine seelen- und geistlose, vollständig mechanisierte und automatisierte Welt, eine Welt, in der Computer und Roboter die Menschen in ihre Knechtschaft zwingen. Schon heute ist unsere ganz alltägliche Welt weitgehend entseelt. Unser Alltagsleben ist durch die hochgradige Technisierung derart kompliziert geworden, dass wir einen unverhältnismäßig großen Teil unserer Zeit darauf verwenden müssen, um mit allen diesen Dingen zurechtzukommen, um mit der technologischen Entwicklung einigermaßen Schritt halten zu können. Es bleibt viel zu wenig Zeit für wirklich Wichtiges, etwa für die Pflege der Beziehungen zu unseren Mitmenschen. Insbesondere scheint keine Zeit mehr übrig zu bleiben, um sich mit spirituellen Themen zu befassen.

Ahrimans langfristiges Ziel ist es, die Entwicklung der Menschheit, wie sie von den guten Götter angedacht ist, in eine völlig andere Richtung zu lenken. Auch setzt er alles daran zu verhindern, dass eines fernen Tages die Jupiter-Erde als neue Wohnstatt für die Menschen entstehen kann. Er will, dass das große Götterprojekt scheitert.

Luzifer und Ahriman arbeiten häufig ›Hand in Hand‹. So entflammt Luzifer die Menschen etwa für neue technologische Errungenschaften, indem er ihnen einflößt, dass diese ihnen ein bequemeres und angenehmeres Leben bereiten könnten. Diesen Enthusiasmus nutzt Ahriman als Anknüpfungspunkt, um die Erfinder intellektuell zu inspirieren. Um ein konkretes Beispiel zu haben, könnte man an die Auswüchse unseres heutigen Digitalisierungs-Zeitalters denken. Die in diesem Zuge entwickelte Technologie bringt neben einem vergleichsweise überschaubaren Segen ungleich mehr Fluch für die Menschen. So gibt es schon erschreckend viele Zeitgenossen, die sich kaum noch von ihren sogenannten »intelligenten Handys« wie etwa Smartphones trennen können. Insbesondere Jugendlichen scheint das, was ihnen das Internet mit seinen virtuellen Welten bietet, realer und erstrebenswerter zu sein, als alles, was das *wirkliche* Leben ihnen bieten kann.

Es gehört zu den großen Zukunftsaufgaben der Menschheit, das Böse zu besiegen und seine Repräsentanten zu erlösen. Heute sind die Menschen noch nicht stark genug, um allein mit den Widersachern fertig zu werden. Dazu bedarf es der vermittelnden Kraft des Christus. Aber auch in unserer Zeit können wir schon vieles tun, um den Bestrebungen Luzifers und Ahrimans entgegenzutreten. Wir müssen zunächst einmal ganz real ihre Existenz anerkennen und ihre Pläne zu durchschauen versuchen.

Insbesondere Ahriman setzt alles daran, dass uns das meistens nicht gelingt. Seine perfide Intelligenz kann man schon daran ablesen, dass er es war, der uns letztlich die materialistische Weltanschauung gebracht hat. Ein Materialist hält geistige Wesen – und somit auch Ahriman – für nicht existent. Und bei etwas, was es nicht gibt, macht es auch keinen Sinn, es erkennen zu wollen! Eine genialere ›Tarnkappe‹ hätte sich Ahriman nicht überziehen können! Dass dieser Schachzug von Erfolg gekrönt ist, sieht man nicht nur daran, dass die Mehrheit der Menschheit mittlerweile Materialisten geworden sind; selbst in vielen esoterischen, spirituellen und kirchlichen Kreisen werden die Widersacher nicht anerkannt oder zumindest nicht ernst genommen. Damit leistet man ihren Intentionen Vorschub.

Die beiden Widersacher sind nämlich nur dann gefährlich, wenn sie *nicht erkannt* werden. Sobald man sie mit ihren Ambitionen durchschaut, verringert man schon ihre schädliche Einflussnahme ganz erheblich. Freilich läuft der Teufel nicht mit Hörnern, Pferdeschweif und Pferdehuf herum, so dass ihn jeder gleich erkennen könnte. *»Den Teufel spürt das Völkchen nie, auch wenn er sie beim Kragen hätte«* heißt es in Goethes *»Faust«*.[91] In der Tat ist es – sofern man überhaupt geneigt sein sollte, von der Existenz der Widersacher auszugehen – nicht ganz einfach, sie zu erkennen. Natürlich ist mit »Erkennen« hier nicht gemeint, dass wir sie in irgendeiner Form sehen könnten, was nur einem hellsichtigen Menschen möglich ist. Gemeint ist damit vielmehr, dass wir bemerken, wann und mit was sie uns gerade am Kragen haben, was sie mit uns vorhaben, zu was sie uns verführen wollen.

Wie können wir bemerken, dass uns Luzifer am Kragen packt? Wenn wir uns selbst wieder einmal zu sehr in den Mittelpunkt stellen, wenn unser Egoismus aufflammt, wenn wir eitel oder hochmütig werden, uns selbst überschätzen und uns für wichtiger halten als unsere Mitmenschen oder wenn uns zügelloser Ehrgeiz packt, können wir sicher sein, dass Luzifer uns gerade am Wickel hat. Wenn wir beispielsweise mit Feuereifer und überzogenem Enthusiasmus oder gar Fanatismus zu irgendeiner Handlung schreiten, so können wir darin ebenfalls das Wirken Luzifers erkennen und uns dann ein wenig zurücknehmen oder vielleicht sogar die Berechtigung der geplanten Handlung hinterfragen. Damit soll natürlich nichts gegen die grundsätzliche Berechtigung von Enthusiasmus gesagt sein. Wenn wir etwa wieder einmal nicht abwarten können, bis irgendein Ereignis eintritt, bis wir die Früchte unserer Arbeit oder Bemühungen, auch solche auf der Ebene der spirituellen Entwicklung, ernten können, dürfen wir sicher sein, dass es Luzifer ist, der uns einflößt, alles ginge nicht schnell genug. Auch wenn wir wieder einmal himmelhoch jauchzend sind und alles durch die rosarote Brille sehen, ist Luzifer gewiss nicht weit. Selbst wenn wir Gottesdienste oder spirituelle Veranstaltungen nur deshalb besuchen, um unser Gemüt zu befriedigen oder um ein wohliges Behagen zu verspüren, dürfen wir sicher sein, auf der Seite des luziferischen Prinzips zu stehen.

Das wirksamste Gegenmittel, das wir gegenüber Luzifer haben, ist tiefste *Demut* und *Selbstbescheidenheit*. Wenn wir vor dem Schlafengehen auf unser Tagwerk schauen, so sollten wir nicht stolz auf das Vollbrachte sein, sondern den Göttern danken, die unser Tun und Handeln ermöglicht und geleitet haben.

Wie können wir bemerken, dass uns Ahriman am Kragen packt? Wenn wir zwar nicht gerade Materialisten sind, aber ungeprüft irgendwelche materialistischen Dogmen – seien es kirchliche oder wissenschaftliche – übernehmen, so ist es ganz sicher, dass er uns am Kragen hat. Wenn wir etwa wieder einmal zu trocken und abstrakt über eine

Naturerscheinung, die sich den äußeren Sinneseindrücken darbietet, nachsinnen, können wir darin das Wirken Ahrimans erkennen und uns bemühen, das Geistige, das sich hinter jedem Sinnesschein verbirgt, ahnend zu ergreifen, ohne dabei ins Schwärmerische abzugleiten. Wenn wir von übertriebener Furcht, von Sorgen und Zukunftsängsten verzehrt zu werden drohen, ist Ahriman auch nicht weit. Mit jeder Lüge machen wir ihm eine große Freude. Auf Lügen bewusst zu verzichten, ist viel schwerer, als man glauben mag. Eine Lüge liegt nicht nur dann vor, wenn man absichtlich und voll bewusst etwas behauptet, von dem man weiß, dass es nicht der Wahrheit entspricht und das im schlimmsten Fall dem Belogenen sogar großen Schaden zufügen kann. Zu den Lügen zählen auch die sogenannten Notlügen und Ausreden. Selbst unaufrichtige Komplimente, die man aus Höflichkeit oder Konvention ausspricht und von denen man sich vielleicht einen Vorteil erhofft, sind nichts anderes als Lügen. Zur Unwahrheit gehört auch, wenn wir etwas tun, was unserer inneren Überzeugung widerspricht. *Novalis*, von dem wir aus der Anthroposophie wissen, dass er der wiedergeborene *Johannes der Täufer*, und dieser wiederum der reinkarnierte *Elias* war, wies darauf wie folgt hin:

Der Mensch besteht in der Wahrheit.
Gibt er die Wahrheit preis, so gibt er sich selbst preis.
Wer die Wahrheit verrät, verrät sich selbst.
Es ist hier nicht die Rede vom Lügen,
sondern vom Handeln gegen Überzeugung.

Die meisten Menschen in der zivilisierten Welt sind heute beruflich in einem hochtechnokratischen Umfeld tätig, in dem sie ständig mit Computern, Robotern und dergleichen zu tun haben. Natürlich sollten sie diesen ›ahrimanischen Errungenschaften‹ nicht fliehen, was in unserer Zeit auch gar nicht möglich wäre. Allerdings sollten sie sich auch nicht an diese ›Wunderwerke der Technik‹ verlieren, sondern sich immer wieder einmal klarmachen, dass ein solches technisches Szenario die ›Spielwiese‹ Ahrimans ist. Er ist der eigentliche Urheber. Wenn man mit dem richtigen Bewusstsein eine solche Arbeit ausführt, so kann sie keinen großen Schaden anrichten. Auch ist es wichtig, dass man sich bemüht zu erkennen, was die Technologie, insbesondere die Künstliche Intelligenz mit den Menschen macht bzw. machen will.

Ein wirksames Gegenmittel gegenüber Ahriman ist *Zufriedenheit*. **»Indem man zufrieden ist mit dem, was einem beschieden ist: Erfreue dich dessen, was dir gewährt ist, entbehre gerne, was dir nicht beschert ist! – Dann kann Ahriman nicht an uns heran. Man soll nicht wunschlos sein, kein Asket, der die Welt flieht, aber auch nicht voller Freude nur, sondern die Waage halten zwischen beiden.«**[92]

Die Theologen werden seit Jahrhunderten an Fragen wie »Warum hat Gott nur das Böse zugelassen?« und »Wie lässt sich das Böse mit der Güte und Gerechtigkeit Gottes in Einklang bringen?« irre. In der Tat ist es so, dass die Widersacher, so gefährlich sie auch tatsächlich sind, ihre *gute* Berechtigung haben. Ansonsten hätten die göttlichen Weltenlenker ihr Wirken nicht zugelassen.

Wir wollen zunächst der Frage nachspüren, wodurch es möglich wurde, dass diese Widersacher überhaupt auf dem Weltenplan auftreten konnten. Nun, auch die Wesenheiten der höheren Hierarchien befinden sich in einem steten Entwicklungsprozess.[93] Auf *jeder* Stufe bleiben Wesen zurück; d.h. sie entwickeln sich nicht in der geplanten, rechtmäßigen Weise und erreichen daher ihr Ziel nicht. Somit gibt es neben den neun Reichen der Wesen, die sich in der rechtmäßigen Weise entwickelt haben, unzählige ›Zwischenreiche‹, zu denen diejenigen gehören, die mit ihrer Entwicklung in einer bestimmten Epoche nicht fertig geworden sind. Man könnte hier von »zurückgebliebenen« oder »unfortschrittlichen Geistern« sprechen. Auch könnte man sie als »abgefallene Geister« oder »Gegengeister« bezeichnen (☞ auch Anhang A.1, Exkurs 3, S. 476ff.). In vielen Fällen verhält es sich so, dass die Wesen, die zurückblieben, damit ein Opfer bringen, um dann ganz bestimmte Aufgaben im Weltensein wahrnehmen zu können, welche diejenigen, die sich rechtmäßig entwickelt haben, nicht vollbringen könnten.

Nun ist nicht zu leugnen, dass Luzifer und insbesondere Ahriman uns Menschen sehr gefährlich werden können. Wir müssen uns also die Frage stellen, worin der Sinn dieser Widersacher und ihres Wirkens besteht.

Es gibt heute in allen Schichten der Gesellschaft unglaublich viele Naivlinge und Bequemlinge, die sehr sonderbare Vorstellungen von dem haben, was man ein erfülltes und sinnvolles Leben nennen könnte. Diese haben als höchstes Ideal, ein angenehmes und sorgenfreies Leben zu führen, das ihnen viel Spaß und Freude bereitet. Sie wünschen sich, nur von netten Menschen umgeben zu sein, die ihnen keine Schwierigkeiten bereiten, immer gesund zu sein und möglichst bei klarem Verstand und körperlicher Fitness mindestens 90 Jahre alt zu werden. Wenn sie religiös gesinnt sind, beten sie zu Gott, dass er ihnen diese Wünsche erfüllen möge und hoffen, nach ihrem Tod, der möglichst ohne Schmerzen und Leiden erfolgen möge, ewige himmlische Freuden genießen zu können. Wie ja bereits dargestellt wurde, geht es aber im menschlichen Dasein, das sich über sehr viele Erdenleben erstreckt, ganz wesentlich darum, an der eigenen geistig-seelischen Entwicklung zu arbeiten, diese mit heiligem Ernst zu betreiben. Um dieses Ziel zu erreichen, sind aber Widerstände bzw. unangenehme und schwierige Erlebnisse und Erfahrungen nicht nur hilfreich, sondern sogar *notwendig*. Wenn ein Kleinkind nicht dauernd auf irgendwelche Widerstände treffen würde, indem es hinfällt oder sich an irgendetwas stößt, könnte es niemals sein Ich-

Bewusstsein (☞ Kapitel 4, S. 210ff.) entwickeln. So muss man sich auch den Sinn der beiden Widersacher denken. In Goethes *»Faust I«* sagt der Mephisto: *»Ich bin ein Teil von jener Kraft, die stets das Böse will und stets das Gute schafft!«*[94] Die beiden Widersacher sind ihrem Ursprung nach keine bösen Wesen. Sie wollen zwar das Böse, schaffen aber letztendlich doch das Gute. Dass sie uns permanent Schwierigkeiten bereiten und uns Steine in den Weg legen, sollten wir als eine große Chance auffassen, durch die Überwindung dieser Widerstände reifen zu können. Als Beispiel könnte man an einen Gewichtheber denken. Wenn dieser sich im Training nicht anstrengt, wenn er immer nur mit den gleichen Gewichten trainiert, wird er niemals stärker werden, sich niemals verbessern können. Stärker werden kann er nur, wenn er sich im Training sehr anstrengt, sich vielleicht sogar quält, indem er immer höhere Gewichte (Widerstände!) auf die Hantel packt und in die Höhe wuchtet.

Es ist also keineswegs so, dass Luzifer und Ahriman, die man auch »Götter der Hemmnisse« nennen könnte, ausschließlich böse und gefährlich wären. Beide haben ihre Berechtigung im göttlichen Weltenplan. In gewisser Weise haben sie sich geopfert, indem sie sich der Entwicklung hemmend in den Weg gestellt haben. Dass eine unberechtigte, böse Tat auch ihre gute und segensreiche Seite haben kann, sieht man ja etwa ganz deutlich an dem Verrat des *Judas*. Durch diesen Verrat wurde Christus ausgeliefert und schließlich gekreuzigt. Dieser Kreuzestod und die Auferstehung stellen aber letztlich einen in seiner Bedeutung kaum zu überblickenden Segen für die ganze Menschheit dar. Auf der einen Seite konnten die Menschen sich durch das Aufkommen des Bösen von ihrer geistigen Heimat entfremden und gänzlich von ihrem von den guten Göttern vorgegebenen Plan abirren. Auf der anderen Seite konnten sie dadurch aber zu einer gewissen Freiheit finden, die es ihnen gestattet, aus eigenem Antrieb und Entschluss heraus wieder zum Göttlichen zurückzufinden. Auch der Materialismus hat seine Aufgabe in der Welt. Die Menschheit wird einer gewaltigen Anstrengung bedürfen, um diesen eines Tages überwinden zu können. Durch diese Anstrengungen werden Kräfte freigesetzt, die zu einer gewaltigen geistig-seelischen Aufwärtsentwicklung verhelfen können.

Wenn man diese Darstellungen soweit annehmen kann, erscheint die Frage, warum Gott all dieses zulasse, die man im Zusammenhang mit menschlichem Leid, Elend und Tod immer wieder hören kann, mindestens genauso absurd wie die Frage, warum Gott uns überhaupt auf die Erde gesandt habe. Freilich erscheint es wie ein großes Paradoxon, dass das Böse und seine Repräsentanten einerseits sehr gefährlich und schädlich, andererseits und letztendlich aber äußerst förderlich für die Menschen sind.

In fernster Zukunft wird es die Aufgabe der Menschen sein, Luzifer und Ahriman zu *erlösen,* damit diese sich wieder in den rechtmäßigen Strom der Evolution einordnen können. Was können wir schon heute zur Erlösung der beiden beitragen? **»Die Erlösung des Luzifer geschieht durch die Liebe, durch die höhere Liebe, welche frei von Egoismus ist.«**[95] **»Die Erlösung des Ahriman geschieht durch das Denken. – Als Mittel** gegen zu starke ahrimanische Angriffe ist das Durchdenken des ersten Kapitels des Johannes-Evangeliums sehr zu empfehlen: ›Im Anfang war das Wort…‹ und das achte Kapitel.«[95]

3.6.6 Fernziel und Nahziel der Menschheit

Wenn das Weltenende bzw. der Jüngste Tag in urferner Zukunft eintreten wird, wird die Menschheit in der Tat in gewisser Weise gerichtet werden. Diejenigen, die das Ziel, das die Menschen bis dahin erreicht haben sollen, nicht erreicht haben, werden nun allerdings nicht einer ewigen Verdammnis anheimfallen. Sie haben aber ihr Ziel nicht erreicht und müssen unter sehr erschwerten Bedingungen in späteren Zeiten das Versäumte nachzuholen versuchen. Sie fallen aus der geraden Entwicklungslinie der Menschheit heraus.

Auch das sogenannte »Weltenende« stellt natürlich nicht das Ende in der Weltenentwicklung dar. Die Entwicklung hört im Grunde niemals auf! Im Weltengeschehen gibt es niemals Stillstand! Das Weltenende stellt einen Markstein dar, an dem der Mensch ein erstes großes Etappen- oder Entwicklungsziel erreicht haben soll. Selbstverständlich ist er auch dann, wenn er dieses Ziel erreicht haben sollte, noch meilenweit davon entfernt, das Menschheitsideal verwirklicht zu haben. Auch nach dem Weltenende, das ja – wie bereits erläutert – so zu verstehen ist, dass es die uns bekannte Erde nicht mehr geben wird und dass der Mensch dann seine Entwicklung auf einer neuen Erde, der Jupiter-Erde, fortsetzen wird, geht die Evolution der Menschen und aller anderen Wesen weiter. Diejenigen Menschen, die ihre große Aufgabe erfüllt haben, können nun an der geradlinigen und gottgewollten Weiterentwicklung teilhaben. Sie werden das Böse bis zu einem gewissen Grad verwandelt und erlöst haben. Sie haben durch ihre vielen Erdinkarnationen den anderen geistigen Wesen, die niemals auf der Erde verkörpert waren, etwas Entscheidendes voraus: Sie bringen all die Schätze – zum Beispiel den freien Willen – mit, die man nur durch die Erfahrungen auf der Erde sammeln kann. Diese Schätze werden sie mit in die geistigen Welten tragen. Dadurch wird auch der Himmel ein anderer werden. Die Menschen werden dann einen gewaltigen Schritt weiter sein als vor Urzeiten, als sie noch wie unmündige Kinder in der geistigen Welt verweilten.

Nachdem wir jetzt ganz vorsichtig dieses Fernziel der Menschheit, das noch in fernster Zukunft liegt, berührt haben, sollten wir den Fokus auf das *Nahziel* richten. Dieses besteht darin, dass jeder Mensch die heilige Pflicht hat, sein gegenwärtiges Erdenleben mit größtem Ernst zu betrachten und zu führen. Wir müssen uns bewusst machen, dass wir an jedem Tag unseres jetzigen Lebens die Möglichkeit haben, auf das ganz große Ziel hinzuarbeiten. Es wäre fatal zu sagen, dass wir noch viele Leben Zeit hätten, unsere Entwicklung voranzutreiben. Was wir in diesem Leben versäumen, können wir nicht so ohne weiteres in einem späteren nachholen. Zunächst einmal müssen wir uns so ›annehmen‹, wie wir aufgrund unserer bisherigen Entwicklung geworden sind. Dann geht es ganz wesentlich darum, alle notwendigen Erfahrungen und Lernprozesse zu machen, die uns dieses Leben bietet. Dazu gehört auch die Konfrontation mit dem Bösen und seinen Repräsentanten, den Widersachermächten. Noch sind – wie schon erwähnt – die Menschen nicht stark genug, das Böse zu verwandeln bzw. ihre Repräsentanten zu erlösen. Verwandeln kann man nur etwas, was man kennt. Also geht es im Moment ganz wesentlich darum, das Böse mit all seinen Schattierungen, Masken und Fratzen kennen zu lernen und auszuhalten, ohne in Verzweiflung oder Fatalismus zu verfallen. Das darf natürlich nicht so verstanden werden, dass man nicht auch heute schon alles leisten sollte, was dem Bösen Einhalt gebietet. Die eigentliche Verwandlung des Bösen sowie die Erlösung der Widersacher ist uns in einer viel späteren Menschheitsepoche vorbehalten, einer Epoche, in der wir mit den Erfahrungen, die wir heute machen, die Überwindung und Verwandlung des Bösen schaffen und uns dadurch zu ungeahnten geistig-seelischen Höhen aufschwingen können. Das, was wir an Erfahrungen sammeln und uns an göttlich-geistigen Erkenntnissen strebend erwerben, sind die ›Schätze‹, denen Rost und Motten nichts anhaben können;[96] diese können wir nach unserem Tod mit in die Himmelswelt tragen.

Was wir in unserem Leben *im Einzelnen* und *ganz konkret* leisten können bzw. zu leisten haben, werden wir erörtern, wenn wir an etwas späterer Stelle dieses Kapitels die »Lebensaufgaben« des Menschen und der Menschheit behandeln (☞ 3.8.4, S. 172ff.).

3.7 Was versteht man unter »Karma«?

D ie Reinkarnationslehre ist allenfalls bedingt verständlich, solange man nicht auch die Karmalehre heranzieht. Reinkarnation und Karma sind in engster Weise miteinander verknüpft. Die Karmalehre ist die ›Zwillingslehre‹ der Reinkarnationslehre.

Auch wenn der Mensch, während er auf der Erde lebt, nichts von seinen früheren, namentlich von seinem letzten Erdenaufenthalt mehr weiß, muss es ja wohl einen gewissen *kausalen Zusammenhang* geben zwischen dem, was er im letzten Leben gemacht hat, und dem, was jetzt so auf ihn zukommt. Wenn man den Gedanken der Entwicklung, die sich über viele Inkarnationen erstreckt, berücksichtigt, ist doch wohl nicht zu erwarten, dass etwas, was wir in einem früheren Leben gemacht oder gedacht haben, so gar keine Auswirkungen auf unser heutiges Leben haben könnte. Goethe wäre nicht der große, berühmte Denker und Dichter geworden, wenn er in seinen früheren Verkörperungen nicht die dazu notwendigen Voraussetzungen geschaffen hätte. Damit sind wir beim Begriff »Karma«. Ohne das Gesetz vom Karma würden die wiederholten Erdenleben nicht zum angedachten Ziel führen können, ja sie wären sogar ziemlich sinnlos.

Doch was versteht man eigentlich unter Karma? Manche setzen dieses Wort mit »Schicksal«, andere mit »Schuld« gleich. »Karma« kommt aus dem Sanskrit und muss wörtlich mit »Tun« oder »Machen« übersetzt werden. Wichtig und richtig ist, dass Karma sowohl mit »Schicksal« als auch mit »Schuld« als auch mit »Tun« bzw. »Machen« zu tun hat. Karma ist das große *»kosmische Gesetz von Ursache und Wirkung«*. Es äußert sich in bestimmten Wirkungen, die uns Menschen widerfahren und deren Ursachen in unseren Taten oder Verhaltensweisen aus einem früheren Leben liegen. **»Das Karma ist das Gesetz von Ursache und Wirkung für die geistige Welt, wie die Mechanik das Gesetz von Ursache und Wirkung in der materiellen Welt ist.«**[97]

Wenn ein Mensch durch die Geburt ins physische Dasein schreitet, so betritt er den irdischen Schauplatz *nicht* als ein ›unbeschriebenes Blatt‹. Vielmehr bringt er alle seine Erfahrungsschätze, die er in seinen früheren Inkarnationen gewonnen hat, sowie sein ganz individuelles Karma bzw. Schicksal mit. Dieses Schicksal hat er in seinem vorigen Leben selbst zubereitet und in seinem vorgeburtlichen Leben in der geistigen Welt weitgehend selbst gewählt! In dieser Zeit war er noch ungleich weiser, als er es im Erdenleben jemals sein könnte. Wenn der Mensch wieder im Erdensein ist, wirkt in seiner Seele der Drang, dieses selbst gewählte Schicksal zu leben bzw. zu erfüllen.

3.7.1 Ursache und Wirkung

Bevor es zu abstrakt wird, sollen zur Verdeutlichung einige Analogien aus unserer Alltagserfahrung angeführt werden.

Um ein besseres Verständnis für die wiederholten Erdenleben und das eng damit verbundene Karmagesetz gewinnen zu können, kann man ein durchaus passendes Gleichnis heranziehen, indem man den Schlaf mit dem Tod vergleicht. Der Schlaf wurde im Okkultismus schon immer als der »kleine Bruder des Todes« bezeichnet. Wenn wir bei diesem Bild bleiben wollen, sind zwei aufeinanderfolgende irdische Tage mit zwei aufeinanderfolgenden Leben zu vergleichen. Während wir nachts schlafen, wird die physische Außenwelt unserer Wahrnehmung entzogen. Aber das äußere Leben bleibt nicht stehen; sein Lauf geht weiter. Viele Dinge geschehen, während wir im Bette liegen. Erst wenn wir am nächsten Morgen wieder erwachen, wird uns die äußere Welt wieder bewusst. Wir können wieder an dem äußeren Leben teilnehmen. Wir finden nun alles vor, was wir am Vortag veranlasst, getan oder zu tun begonnen haben. Wenn es in unserem Leben einen sinnvollen Zusammenhang geben soll, so können wir jetzt nicht den Tag verbringen, ohne Rücksicht auf das zu nehmen, was wir am Vortag gemacht haben. »Ich stehe des Morgens auf. Meine fortlaufende Tätigkeit war des Nachts unterbrochen. Ich kann diese Tätigkeit des Morgens nicht in beliebiger Weise wieder aufnehmen, wenn Regel und Zusammenhang in meinem Leben sein soll. Mit dem, was ich gestern getan habe, sind die Vorbedingungen geschaffen für das, was ich heute zu tun habe. Ich muss an das Ergebnis meines Wirkens von gestern anknüpfen. In vollem Sinne des Wortes gilt es: meine Taten von gestern sind mein Schicksal von heute. Ich habe mir selbst die Ursachen geformt, zu denen ich die Wirkungen hinzufügen muss. Und ich finde diese Ursachen vor, nachdem ich mich eine Weile von ihnen zurückgezogen habe. Sie gehören zu mir, auch wenn ich einige Zeit von ihnen getrennt war.«[98]

Wenn wir also beispielsweise am Vortag damit begonnen haben, einem Freund einen langen Brief zu schreiben, so finden wir den angefangenen Brief wieder vor und können ihn jetzt – vielleicht aber auch erst am folgenden Tag – fortsetzen oder fertig schreiben. Wenn uns vor dem Einschlafen bewusst geworden ist, dass wir uns an diesem Tag einem Mitmenschen gegenüber ungerecht oder lieblos verhalten haben, so können wir das am nächsten Tag wieder gutmachen, indem wir ihn um Verzeihung bitten oder ihm jetzt mehr Zuwendung schenken.

Natürlich kann in der Nacht auch etwas geschehen sein, das nichts oder allenfalls bedingt mit dem zu tun hat, was *wir* tagsüber getan haben, das aber nun dennoch unseren Tag ein Stück weit bestimmt. Vielleicht hat uns jemand am späten Abend noch eine E-Mail geschrieben, auf die wir reagieren müssen. Möglicherweise hat es nachts sehr heftig geschneit, so dass wir einen Teil des Morgens mit Schneeschaufeln verbringen müssen. Diese Beispiele könnte man endlos fortsetzen.

Die meisten Wirkungen, die uns im Laufe eines Tages entgegentreten, haben aber ihre Ursachen gewiss schon viele Tage oder sogar Jahre zuvor. Wenn wir einen Brief aus dem Briefkasten holen, so ist dieser gewiss schon mindestens einen Tag zuvor abgeschickt worden. Häufig ist eine ganze Kette von Ursachen vonnöten, um bestimmte Wirkungen erzielen zu können. Wenn wir von einer Reise zurückkommen und am Bahnhof oder Flughafen von einem Menschen erwartet und herzlich willkommen geheißen werden, liegen die Ursachen für die freundliche Begrüßung sicherlich darin, dass wir über einen langen Zeitraum hinweg zu diesem Menschen ein inniges Verhältnis aufgebaut haben. Um uns nach getaner Arbeit gemütlich in unserem Wohnzimmersessel niederlassen und die Lektüre eines guten Buches genießen zu können, bedurfte es einer ganzen Reihe von Ursachen, von Vorbereitungen, die wir schon sehr viel früher getroffen haben müssen. Wir mussten uns zunächst eine passende Wohnung suchen, Möbel und dergleichen nach unserem Geschmack kaufen usw. Umgekehrt ist klar, dass wir keine Wirkungen erwarten dürfen, die nicht ursächlich veranlasst worden sind. Wenn wir einen Brief schreiben, aber vergessen, ihn einzuwerfen, dürfen wir nicht annehmen, dass dieser am nächsten Tag seinen Adressaten findet.

Die Wirkungen oder Folgen unserer Erlebnisse des Vortages oder der Vortage gehören noch in einem anderen Sinne zu uns. Wir selbst sind durch sie in gewisser Weise verändert worden, wenngleich diese Änderungen bisweilen so geringfügig sein mögen, dass man sie gar nicht bemerkt. **»Man nehme an, ich habe etwas unternommen, das mir nur halb gelungen ist. Ich habe nachgedacht, warum dies teilweise Misslingen mich getroffen hat. Wenn ich etwas Ähnliches wieder zu verrichten habe, so vermeide ich die erkannten Fehler. Also ich habe mir eine neue Fähigkeit angeeignet. Dadurch sind meine Erlebnisse von gestern die Ursachen meiner Fähigkeiten von heute. Meine Vergangenheit bleibt mit mir verbunden; sie lebt in meiner Gegenwart weiter; und sie wird mir in meine Zukunft hinein weiter folgen. Ich habe mir durch meine Vergangenheit die Lage geschaffen, in der ich gegenwärtig mich befinde. Und der Sinn des Lebens verlangt, dass ich mit dieser Lage verknüpft bleibe. Sinnlos wäre es doch, wenn ich unter regelmäßigen Verhältnissen ein Haus, das ich mir habe bauen lassen, nicht beziehen würde. Nicht erwachen müsste ich heute morgen, sondern neu, aus dem Nichts heraus, geschaffen werden, wenn die Wirkungen meiner Taten von gestern nicht mein Schicksal von heute sein sollen. Und neugeschaffen, aus dem Nichts heraus entstanden, müsste der Menschengeist sein, wenn nicht die Ergebnisse seiner früheren Leben verknüpft blieben mit seinen späteren.«**[99]

Das, was für unterschiedliche Tage eines irdischen Lebens gilt, hat auch in sehr viel größerem Rahmen, eben für unterschiedliche Leben, seine Gültigkeit. Nichts von dem, was wir in einem Leben durch Gedanken, Worte oder Taten verursachen, bleibt wirkungslos. *Nichts* bleibt ohne Folgen. Nichts von dem, was wir uns an guten, nützlichen seelischen Eigenschaften erringen, geht verloren. Alle Ursachen, für die ein Mensch durch seine Taten oder Gedanken verantwortlich ist, werden in der Akasha-Chronik (☞ Kapitel 7, S. 334ff.) aufgezeichnet, und sie werden früher (im gleichen Leben) oder später (in einem der nächsten Leben) ihre Wirkung zeigen. Alles, was wir heute als Wirkungen erfahren, ist irgendwann einmal – im jetzigen oder in einem früheren Leben – von *uns* verursacht worden. Diese Kausalzusammenhänge sind es, die man mit »Karma« bezeichnet. Natürlich weisen nicht alle Erlebnisse eine karmische Dimension auf. Wenn wir beispielsweise unsere Brille suchen, weil wir diese verlegt haben, so hat das möglicherweise nichts mit Karma zu tun, sondern allenfalls mit unserer Schusseligkeit. Diese könnte aber durchaus mit Karma zu tun haben, sofern sie uns häufig zu eigen ist. Ohne Frage erleben alle Menschen viele Wirkungen, die ihre Ursache im gegenwärtigen Leben haben. Bei vielen Wirkungen ist es im Einzelfall nicht oder nur schwer zu entscheiden, ob deren Ursache im jetzigen oder aber in einem vergangenen Leben zu suchen ist. Von einer *»karmischen Wirkung«* spricht man streng genommen nur dann, wenn die Ursache in einem *früheren* Leben liegt.

Wenn ein Mensch durch die Geburt erneut ins physische Dasein schreitet, so betritt er keinen fremden Schauplatz. Allerdings haben sich in der langen Zeit, die er nach seinem letzten Tod in den höheren Welten durchgemacht hat, die Verhältnisse der Erdenwelt gründlich verändert. Hinzu kommt nun vielleicht noch, dass er dieses Mal auf einem ganz anderen Fleck der Erde geboren wird. Dennoch sind die Spuren seiner Taten aus seiner letzten Inkarnation in der Welt vorhanden. Hierbei ist keineswegs nur an so unübersehbare Spuren zu denken, wie sie etwa jemand hinterlassen hat, der im alten Ägypten in entscheidender Rolle am Bau der Pyramiden beteiligt war, oder jemand, der beispielsweise im Mittelalter eine Schrift verfasst hat, die für viel Aufsehen gesorgt hat und die auch heute noch von vielen Menschen gelesen wird. Die weitaus meisten Spuren, die ein Mensch in früheren Inkarnationen der Erdenwelt eingeprägt hat, sind nicht so offensichtlich wie die in den beiden Beispielen genannten und erst recht nicht so leicht auffindbar wie die des Vortages nach einer durchschlafenen Nacht. Diese Spuren, welche der Mensch durch seine Taten ursächlich hinterlassen hat, werden ihn im nächsten Erdenleben in der einen oder anderen Weise wieder als Wirkungen in Form bestimmter Schicksalserlebnisse treffen.

3.7.2 Die Verbindung zwischen zwei Inkarnationen

Wir müssen nun die Frage klären, wie sich die Verbindung zwischen zwei Inkarnationen ein und desselben Menschenwesens denken lässt. Jedes vor Urzeiten von den Schöpfermächten geschaffenes geistiges Menschenwesen, das wir hier zunächst nach wie vor als »Seele« bezeichnen möchten, stellt etwas Einzigartiges, Einmaliges und Individuelles dar. Jeder Seele ist es bestimmt, ewig zu existieren. Diese Seele, die durch viele Erdinkarnationen geht, stellt die menschliche *»Individualität«* dar. Der sichtbare Mensch, der auf der Erde umhergeht, der diese Seele bekleidet und von dieser belebt und durchpulst wird, ist die *»Persönlichkeit«*. Eine Individualität, eine menschliche Seele, geht also durch viele Persönlichkeiten hindurch. Das, was stirbt und verschwindet, ist die Persönlichkeit. Es stirbt eines Tages der Hans Müller aus München. Aber die Seele, die den Leib dieser Persönlichkeit bewohnt hat, lebt zunächst in der geistigen Welt weiter, um sich dann später wieder in einem anderen menschlichen Leib zu verkörpern, der dann eine andere Persönlichkeit darstellt. Dieser Hans Müller hat in seiner vorigen Inkarnation vielleicht vor – sagen wir – vierhundert Jahren in einem arabischen Land gelebt. Dort wandelte er möglicherweise als die Persönlichkeit Fatima Al Mosa umher.

Nun haben wir schon gesehen, dass von wenigen Ausnahmen abgesehen wir Menschen uns nicht an unsere früheren Leben erinnern können. Auch unser Hans Müller wird nicht wissen, dass er schon einmal als Fatima Al Mosa auf arabischem Boden lebte. Folglich kann er sich auch an nichts erinnern, was er damals so alles getrieben hat. Es besteht also offensichtlich eine riesengroße Kluft zwischen zwei Inkarnationen, zwischen zwei Persönlichkeiten ein und derselben Individualität. Stellen Sie sich vor, Sie wüssten nach einer durchschlafenen Nacht am nächsten Morgen nicht mehr, was sie am Vortag gemacht, gedacht, gefühlt und gewollt hätten. Vielleicht haben Sie am Tag zuvor gerade damit begonnen, eine wichtige Arbeit in Angriff zu nehmen, die Sie an den nächsten Tagen fortsetzen wollten. Da Sie sich am nächsten Tag an nichts mehr erinnern könnten, wäre es Ihnen unmöglich, jemals dieses Werk zu vollenden. In einem solchen Leben, in dem Sie sich nicht mehr an die vergangenen Tage erinnern könnten, wäre es Ihnen unmöglich, jemals etwas zustande zu bringen, wozu die Arbeit von mehreren Tagen vonnöten wäre. Ihr Leben könnte sich niemals zu einem sinnvollen Ganzen abrunden. Es wäre zerrissen in viele unvollendete Tagwerke.

Genauso scheint es doch auch im Großen zu sein, wenn wir unsere gesamte bisherige Existenz, die sich schon über sehr viele Inkarnationen erstreckt, ins Auge fassen. Wie können wir etwas aufgreifen, weiterpflegen, vollenden, das wir in früheren Leben in Angriff genommen haben, wenn wir daran keine Erinnerung mehr haben? Die derzeitigen menschlichen Seelenkräfte sind noch nicht stark genug, diese Erinnerungen abrufen zu können. Den ›roten Faden‹, der unsere Erfahrungen und Erinnerungen aus früheren Verkörperungen zusammenhält und zu einem Ganzen verbindet, vermögen wir heute noch nicht zu spinnen.

Es wäre jetzt ein Desaster, wenn *niemand* diesen Faden zu spinnen vermöchte. Da haben aber die Weltenlenker Vorsorge getroffen. Im Christentum und vielen anderen Religionen kennt man den Begriff *»Schutzengel«*, den man auch *»persönlicher Schutzgeist«* oder *»Genius«* nennen könnte. Leider wird dieser heute selbst in christlichen Kreisen entweder gar nicht ernst genommen oder sehr stark trivialisiert und verniedlicht. Es ist in der Tat so, dass jeder menschlichen Individualität ein Wesen aus dem Reich der *Engel* zugeordnet ist. Das Reich der Engel bildet – wie wir schon wissen – die dritte Stufe der dritten Hierarchie der höheren Geistwesen (☞ auch Anhang A.2, Tabelle 1, S. 528) und steht eine Stufe über dem Menschenreich, genau wie das Reich der Menschen eine Stufe über dem Tierreich steht. Die Engel haben schon in urferner Vergangenheit eine Entwicklung absolviert, die mit der *vergleichbar* ist, die wir Menschen gerade durchmachen. Man darf sich das aber nicht so vorstellen, dass diese in ähnlicher Form wie wir heute auf der Erde oder sonst wo gewandelt wären. Engel haben sich zu keinem Zeitpunkt inkarniert, sie haben nie einen stofflich-mineralischen Leib angenommen. Sie leben als Geistwesen in der geistigen Welt und arbeiten am Weltendasein mit. Ihre Aufgaben sind sehr vielfältig. Zu diesen gehört, dass sie damit betraut sind, die menschlichen Individualitäten zu führen. Das geschieht natürlich in sehr zarter und subtiler Weise, so dass die meisten Menschen sich dieser Führung nicht bewusst werden. Es ist dieser persönliche Engel, der einer Menschenseele schon bei ihrer allerersten Inkarnation an die Seite gestellt wurde, der diesen Faden spinnt und somit den Zusammenhang der einzelnen Inkarnationen festhält. Die Engel haben ein inkarnations-übergreifendes Bewusstsein, so dass sie die ihnen anvertrauten menschlichen Individualitäten, über die sie ein ›wachendes Auge‹

haben, von Inkarnation zu Inkarnation leiten können.[100] Friedrich Schiller kleidete diese Wahrheit in die Worte: *»Es führt das Schicksal an verborgnem Band den Menschen auf geheimnisvollen Pfaden. Doch über ihm wacht eine Götterhand, und wunderbar entwirret sich der Faden.«*

Diese Notwendigkeit ergibt sich so lange, bis die menschlichen Seelenkräfte eines Tages stark genug sind, um diesen Zusammenhang selbst festhalten zu können. **»Was würde nun für eine Zusammengehörigkeit sein zwischen den Inkarnationen eines Menschen auf der Erde, der sich noch nicht erinnert an seine früheren Verkörperungen, wenn nicht gewisse Wesenheiten da wären, die sozusagen die einzelnen Inkarnationen zusammenschließen, die da wachen über das Fortentwickeln von einer Inkarnation zur anderen? Für jeden Menschen müssen wir voraussetzen eine Wesenheit, welche dadurch, dass sie um eine Stufe höher ist als der Mensch, die Individualität von einer Inkarnation zur andern hinüberleitet. [...]; das sind einfach wachsame Wesenheiten, die sozusagen das Gedächtnis bewahren von einer Inkarnation zur anderen, solange der Mensch selber es nicht kann. Und diese Wesenheiten sind eben die Angeloi oder Engel. So dass wir sagen können: Jeder Mensch ist in jeder Inkarnation eine Persönlichkeit, aber über jeden Menschen wacht eine Wesenheit, welche ein Bewusstsein hat, das von Inkarnation zu Inkarnation geht.«**[101]

Wie im Weiteren noch ausführlich dargestellt werden soll, ist es dem Menschen dann nach seinem Tod möglich, insbesondere seine letzte Inkarnation zur Gänze zu überschauen und daraus seine Schlüsse zu ziehen.

3.8   Besondere Gesichtspunkte der Karmalehre

Mit den *besonderen Gesichtspunkten* der Reinkarnations- und insbesondere der Karmalehre könnte man dicke Bücher füllen. Wir wollen hier im Wesentlichen nur diejenigen Aspekte beleuchten, die für die Zwecke dieses Buches absolut hinreichend sind. Diese werden uns dann in den Kapiteln 5, 6, 7 und 8 auch dazu dienen können, vieles von dem, was der Mensch nach seinem Tod durchzumachen hat, richtig einordnen und verstehen zu können. In diesen Kapiteln werden wir auch noch auf einige weitere karmische Gesichtspunkte eingehen. Wir werden dort insbesondere sehen, wie das Karma im Leben nach dem Tod ›gestrickt‹ wird.

3.8.1   Schwere Schicksale

Wohl jeder von uns kennt aus seinem Lebensumfeld den einen oder anderen Menschen, der ein sehr schweres Schicksal zu tragen hat. Denken Sie etwa an ein Kind, das mit einer schweren körperlichen oder ›geistigen‹ Behinderung geboren wurde und das niemals ein normales Leben führen kann. Genauso gut könnte man in diesem Fall an die Eltern denken, deren Los ja auch sehr hart ist. Oder denken Sie an einen Menschen, der Opfer eines Verbrechens oder einer Naturkatastrophe wurde. Oder nehmen wir einen Menschen, der ein Kind durch frühen Tod verliert, oder jemanden, der aufgrund häufiger oder schwerer Krankheiten kaum ein geregeltes und normales Leben führen kann.

Bevor wir solche Fälle karmisch beleuchten wollen, sollten wir uns vielleicht zunächst die Frage stellen, wie jemand, der nicht mit der Reinkarnations- und Karmalehre rechnet, solche Schicksale erklären könnte. Wie würde also etwa ein Pfarrer, der fest auf dem Boden seines katholischen oder evangelischen Glaubens steht, erklären, warum Gott ein schwer behindertes Kind zur Welt kommen ließ? Aus menschlicher Sicht scheint das ja eine große Ungerechtigkeit, ein Akt göttlicher Willkür zu sein. Nun wird aber keiner, erst recht kein Pfarrer, Gott unterstellen, er sei ungerecht. Und schon ist er in der Zwickmühle! Jetzt muss er sich eine Erklärung regelrecht aus den Fingern saugen. Vermutlich wird er dann sagen, dass dieses Kind, wenn es später einmal sterbe, sofort mit der ewigen Seligkeit belohnt werde. Wenn er sehr bibelfest ist, wird er auch noch einen passenden Vers zitieren, der diese Erklärung zu untermauern *scheint*. Etwas wesentlich anderes kann er eigentlich gar nicht sagen.

So unsagbar hart und beschwerlich auch immer das Leben eines Menschen sein mag, der mit einer schweren Behinderung geboren wird, wäre das aber letztlich ein eher ›einfacher Weg‹, um sich für die *ewige* Seligkeit zu qualifizieren. Außerdem wäre die Gerechtigkeit Gottes nach wie vor in Frage gestellt. Man könnte ja zumindest fragen, warum Gott es diesem Menschen so ›leicht‹ mache, sich die ewige Seligkeit zu verdienen, während die große Mehrheit der Menschen sich Tag für Tag abmühen muss und den verschiedensten Verlockungen, Anfeindungen und Versuchungen ausgesetzt ist. Wie auch immer – solche Schicksale kann man nicht erklären, ohne die Lehren über die Reinkarnation und das Karma heranzuziehen. Wenn man diese Gesetze nicht kennt und nicht berücksichtigt, müsste man an solchen Fragen eigentlich geradezu verzweifeln.

3.8.1.1 Die zwei karmischen Pole: Ursache und Wirkung

Wie ist aber nun ein solcher Fall, ein solch schweres Schicksal karmisch zu erklären? Hat es überhaupt etwas mit Karma zu tun? Im Grunde hat alles Bedeutsame, was wir in einem Erdenleben erfahren dürfen oder müssen, mit Karma zu tun. Es wäre also schon höchst sonderbar, wenn gerade ein solch schweres Schicksal nicht mit dem kosmischen Gesetz von Ursache und Wirkung zusammenhinge, sondern etwa einer göttlichen Laune oder einem ›Zufall‹ entspränge.

Es gibt ja nun zwei karmische Pole: Ursachen und Wirkungen bzw. Saat und Ernte. Selbstverständlich ist es möglich, dass ein schweres Schicksal, etwa eine Behinderung, das einen Menschen in einem Erdenleben ereilt, eine karmische *Wirkung* darstellt. Das würde natürlich bedeuten, dass dieser Mensch in seinem letzten oder einem seiner letzten Leben die dazu notwendige *Ursache* geschaffen hat. Was nun genau in einem früheren Leben die Ursache war, lässt sich natürlich nicht präzise angeben. Das müsste schon ein äußerst fähiger Geistesseher in einem konkreten Einzelfall erforschen. Dieser Mensch hat in jedem Fall in einem früheren Leben irgendwelche Handlungen begangen oder irgendwelche Verhaltensweisen an den Tag gelegt, aus denen sich nun ganz gesetzmäßig die karmische Folge ergibt, die sich beispielsweise als Behinderung auswirkt. Bei dieser ursächlichen Handlung oder Verhaltensweise muss es sich allerdings nicht unbedingt um eine drastische Verfehlung gehandelt haben. – Das ist die *eine* Möglichkeit.

Die *andere* Möglichkeit ist, dass die Behinderung keine karmische Wirkung, die durch irgendein Verhalten in einem vorigen Leben hervorgerufen wurde, darstellt, sondern eine karmische *Ursache*. Diese neue, karmisch unverursachte, aus freiem Willen entsprungene ›Tat‹ stellt dann karmisch gesehen eine neue, *erste* Ursache dar. Diese wird dann in einem weiteren Leben natürlich eine karmische Wirkung nach sich ziehen. **»Das Karmagesetz wirkt unbedingt überall; aber man darf nicht glauben, dass man überall bloß Wirkungen hat, zu denen die Ursachen in der Vergangenheit liegen; ebenso kann man es mit Ursachen zu tun haben, deren Wirkungen in der Zukunft liegen werden.«**[102] Wenn nun ein Mensch mit einer Behinderung geboren wird, so *könnte* es sich so verhalten, dass er dieses harte, in vielerlei Hinsicht stark beeinträchtigte Leben als eine ganz wichtige Erfahrung benötigt, um dann im nächsten Leben einen großen Entwicklungsschritt machen zu können.

Halten wir also fest: Jedes Schicksal, das uns ereilt, kann entweder eine karmische Wirkung oder aber eine neue karmische Ursache sein. Es wäre also ein fürchterlicher Fehler, wenn jemand denken würde, dass ein schicksalsgeprüfter Mensch dieses Los verdient hat, weil er es sich aufgrund einer großen Schuld, die er in einer früheren Inkarnation auf sich geladen hätte, selbst zuzuschreiben hätte. Selbst wenn das auf welchem Wege auch immer als gesichert anzusehen wäre, so wäre diese Sichtweise immer noch äußerst unchristlich. Es wäre auch ein grober Irrtum, wenn jemand kranken oder leidtragenden Menschen nicht jedwede Art von Hilfe zuteil werden ließe, weil er etwa glaubt, sich in dessen Karma nicht einmischen zu dürfen. Das Karma eines anderen wird sich schon von selbst erfüllen. Wir aber haben alles zu tun, um sein Karma im günstigen Sinne umzuändern. Die Hilfe, die wir aus freien Stücken einem anderen Menschen angedeihen lassen, eröffnet einen neuen Abschnitt in dessen Schicksal.[103] Überhaupt kann man durch liebevolle Hilfe und Unterstützung seiner Mitmenschen auch das *eigene* karmische Konto positiv beeinflussen. Es wäre ein absoluter Unsinn, wenn jemand sagen würde, die Menschen, die in Elend leben, hätten dieses verdient, weil sie in einem früheren Leben böse Taten begangen hätten. Heute kann man auf der Welt unsagbar viel Elend sehen. Dieses stellt im Normalfall *keine* karmische Wirkung dar. Ein solches Elend kann für die Menschen, die es erleiden müssen, eine große Erziehung für künftige Inkarnationen sein, in denen sie die Früchte dieses misslichen Lebens ernten können.

Auch wenn einen Menschen ein schweres Unglück trifft, so muss das keineswegs im vorhergehenden Leben durch irgendetwas verursacht worden sein. Es kann durchaus spontan, also als erste Ursache, auftreten; es wird aber seine ausgleichenden Folgen in einem späteren Leben haben. Diese Folgen können sich aber auch schon in dem Leben, das er nach seinem Tod in der geistigen Welt führt, in Form eines anders gestalteten, höheren Bewusstseins zeigen.

Karma ist kein Gesetz, das wir fürchten müssten! Wir sollten ganz im Gegenteil den Schöpfermächten dafür dankbar sein, dass sie dieses in die Weltentatsachen gestellt haben! Ohne das Karmagesetz gäbe es keine allwaltende Gerechtigkeit. Ohne das Karmagesetz könnten wir niemals in unserer Entwicklung voranschreiten. Das Karma erweist uns die Wohltat, dass wir alle begangenen Fehler und Irrtümer wieder gutmachen, wieder ausgleichen können und dass wir aus freien Stücken jederzeit neue positive Akzente setzen können. Dass das Walten des Karma überhaupt in die Welt gekommen ist, verdanken wir dem Christus. **»So erscheint der Christus als diejenige Macht, welche es dem Menschen möglich machte, das Erdendasein in der entsprechenden Weise auszunützen, das heißt, gerade Karma in der entsprechenden Weise zu gestalten. Denn Karma muss auf der Erde ausgewirkt werden. Dass der Mensch die Kraft findet, in dem irdisch-physischen Dasein sein Karma in der entsprechenden Weise zu verbessern, dass er die Möglichkeit bekommt, eine fortschreitende Entwickelung zu finden, das verdankt er der Wirkung des Christus-Ereignisses, der Anwesenheit des Christus in der irdischen Sphäre.«**[104]

Auch wenn es ganz gewiss nicht immer leicht fallen mag, sollten wir ein schweres Schicksal, das uns trifft, niemals als eine Strafe oder als etwas, was nichts mit uns zu tun hätte und einfach zufällig über uns hereingebrochen wäre, auffassen. Vielmehr sollten wir es als etwas begreifen, das wir selbst gewählt haben und das für unsere geistig-seelische Entwicklung notwendig oder zumindest förderlich ist. **»Es ist sehr schwierig, wirklich die Empfindung zu entwickeln, dass man sein Schicksal mit dem eigenen Ich [☞ Kapitel 4, S. 210ff.] heranträgt. Wahr ist es aber: Wir tragen unser Schicksal mit unserem eigenen Ich heran, und die Impulse bekommen wir nach Maßgabe unserer früheren Inkarnationen in dem Leben zwischen dem Tode und einer neuen Geburt, so dass wir da unser Schicksal selber an uns herantragen. Und wir müssen danach streben, zusammenzuwachsen mit unserem Schicksal, müssen immer mehr und mehr, statt antipathisch einen schweren Schicksalsschlag abzuwehren, uns sagen: Dadurch, dass dieser Schicksalsschlag dich trifft, das heißt, dass du dich triffst mit dem**

Schicksalsschlag, dadurch machst du dich in gewisser Beziehung stärker, kräftiger, kraft-
voller.«[105]

3.8.1.2   Schweres Schicksal als Opfertat

Man muss schwere Schicksale, die ein Mensch zu tragen hat, auch noch aus einer
anderen Perspektive beleuchten, nämlich aus der der betroffenen Mitmenschen, also
der Eltern, Geschwister, Ehepartner usw. In einigen Fällen kann es sich durchaus so
verhalten, dass ein Mensch, den ein hartes Schicksal ›trifft‹, dieses vor seiner Inkarnation *selbst* gewählt hat, um dadurch beispielsweise seine Eltern in ihrer Entwicklung
zu fördern, auch wenn diese das mit ihrem begrenzten Erdenbewusstsein nicht zu
erkennen vermögen. Das bekannte Medium Jane Roberts, von dem schon in Kapitel 2
die Rede war, beschreibt in ihrem Buch »Das Seth-Material« einen solchen konkreten
Fall, der hier in aller Kürze geschildert werden soll.[106]

Ein Ehepaar, das völlig verzweifelt war, weil ihr geliebtes Söhnchen im Alter von
drei Jahren gestorben war, suchte Frau Roberts auf und bat um eine Sitzung, von der
es sich Aufschluss über den Sinn dieses frühen Todes erhoffte. Durch die Stimme des
Mediums meldete sich das Geistwesen *Seth* und teilte den trauernden Eltern mit, dass
ihr Sohn schon eine sehr hochentwickelte Individualität sei, die es eigentlich gar nicht
mehr nötig gehabt hätte, sich zu inkarnieren. Er habe seine Inkarnation so ›vorbereitet‹, dass er nur wenige Jahre in seinem Körper leben konnte. Dieser frühe Tod sollte
der Auslöser sein, dass seine Eltern, die zuvor mit Spiritualität nicht viel im Sinn
hatten, nun ihren Weg in diese Richtung antreten könnten. Ohne die große Trauer und
Verzweiflung über den Tod des Kindes wären sie gewiss in ihrem alten Trott verblieben und hätten sich nicht in der notwendigen Weise weiterentwickeln können. Der
kleine Sohn hat also ein regelrechtes Opfer für diese beiden Menschen vollbracht!

In der Gegenwart kann man immer wieder von Menschen hören oder lesen, die einige
Zeit nach dem frühen Tod eines Kindes regelrecht aufgewacht sind. Bei aller berechtigten Trauer haben sie gespürt, dass die Seele ihres Kindes noch da ist. Nachdem sie
bisher nie Gedanken über spirituelle Themen im Allgemeinen und über ein Leben
nach dem Tod im Besonderen bewegt hatten, gewannen sie durch dieses Schicksal die
Überzeugung von einer geistigen Welt, an die sie zuvor nicht zu glauben vermochten.
Dadurch änderte sich ihr gesamtes Leben von Grund auf.

Auch wenn beispielsweise ein Kind mit einer schweren Behinderung zur Welt
kommt, *kann* es so sein, dass dieses sein Schicksal bewusst gewählt hat, um seinen
Eltern eine für sie notwendige Aufgabe zu stellen, deren Bewältigung sie in ihrer Entwicklung einen großen Schritt vorwärts bringen kann. Ähnlich wie ein Sportler in
seiner Leistungsentwicklung viel weiterkommt, wenn er im Training sehr hohe Belas-
tungen wählt, kommt auch ein Mensch in seiner geistig-seelischen Entwicklung viel

besser voran, wenn er in seinem Erdenleben vor sehr schwierige und belastende Aufgaben gestellt wird.

Häufig ›pfuschen‹ die Menschen heute den Schicksalsmächten regelrecht ›ins Handwerk‹. Denken Sie etwa an die pränatale Diagnostik, die allgemein als großer Fortschritt und Segen aufgefasst wird. Viele Schwangere, die auf diesem Wege erfahren, dass ihr Kind mit einer schweren Behinderung geboren werde, entscheiden sich für einen Schwangerschaftsabbruch. Damit verhindern sie den notwendigen Fortgang des Schicksals ihres Kindes sowie des eigenen Schicksals. Möglicherweise sparen sie sich damit ihr Schicksal für das nächste Erdenleben auf, in dem sich eigentlich etwas ganz anderes vollziehen sollte (☞ auch Anhang A.1, Exkurs 4, S. 490ff.).

3.8.2 Geschenke des Schicksals

Wir Menschen sind, solange wir im Erdendasein stehen, regelrecht blind, wenn es darum geht, Einschläge des Schicksals, die uns treffen, richtig zu bewerten. Jemand, der nichts vom Karmagesetz weiß oder wissen will, ist schnell bei der Hand, solche Ereignisse einem blinden, wütenden Zufall oder einem doch nicht so gerechten und liebevollen Gott zuzuschreiben. Viele, die die Karmaidee aufgegriffen haben, sind geneigt, diese Schicksalsschläge *unbedingt* als karmische Wirkung früherer Verschuldungen aufzufassen. Dass die ersten beiden Thesen Unsinn sind und dass die dritte keineswegs immer zutreffend sein muss, haben wir bereits hinreichend erörtert.

Wann immer den Menschen ein schweres Unglück trifft, spricht man von einer »Katastrophe«. Ein Unglück oder ein wie auch immer gearteter Schicksalsschlag ist in der Tat eine Katastrophe. Nur sollten wir verstehen lernen, was die alten Griechen, aus deren Sprachbereich das Wort stammt, mit diesem Begriff meinten. Das Substantiv »Strophe« bedeutet »Wende« oder »Wendung«, die Vorsilbe »Kata« kann mit »abwärts« oder »von oben herab« übersetzt werden. Somit bedeutet »Katastrophe« etwa: »Eine Wendung von oben herab«. In genau diesem Sinne verstanden die Weisen unter den alten Griechen dieses Wort. Eine Katastrophe ist also ein Ereignis, das »von oben herab«, also von den Göttern, geschickt wird, damit das Leben des betroffenen Menschen eine für seine Entwicklung positive Wendung nehmen kann.

Wir haben gesehen, dass sich ein anderer Mensch in manchen Fällen regelrecht opfert, damit uns ein hartes Schicksal treffen kann, an dessen Bewältigung wir wachsen und reifen können. Daran kann man bereits ersehen, dass einige Einschläge des Schicksals, die uns ereilen, regelrecht als Geschenke aufgefasst werden können, auch wenn das unserem begrenzten Erdenverstand wie ein Hohn erscheinen mag. Es sollen nun noch weitere konkrete Beispiele für solche Schicksalsgeschenke betrachtet werden, ohne dass hier die Frage, wer oder was uns beschenkt, behandelt werden soll.

Wohl jeder von uns ist schon einmal mit einer Krankheit, die uns tage-, wochen- oder gar monatelang ans Bett gefesselt hat, ›beschenkt‹ worden. Während wir krank dalagen, haben wir diese Krankheit sicherlich nicht als Geschenk zu würdigen gewusst. Vielen ist es aber später, nachdem sie wieder genesen waren, klar geworden, wie wertvoll es war, eine Zeit lang ›außer Gefecht‹ gewesen zu sein. Vielleicht haben sie erkannt, dass sie eine ungesunde Lebensweise, die schließlich zu der Krankheit führte, aufgeben sollten. Vielleicht haben sie jetzt eingesehen, dass sie ihren überzogenen beruflichen Ehrgeiz zügeln sollten. Möglicherweise haben sie erkannt, dass sie aus ihrem Alltagstrott ausbrechen und ihrem Leben eine ganz andere Richtung geben sollten. Vielleicht hat die Seele auch nur dieser Ruhe bedurft, um wieder zu sich selbst zu finden, um sich wieder neue Ziele setzen zu können.

Kommen wir einmal ganz allgemein auf den Sinn von Krankheiten zu sprechen. Selbst viele durchaus spirituell gesinnte Zeitgenossen betrachten Krankheiten als ein großes Übel. So sonderbar es klingen mag, kann gesagt werden, dass es vielmehr ein Geschenk ist, überhaupt krank werden zu können! In vielen Fällen ereilt uns eine Erkrankung, um einen karmisch notwendigen Ausgleich herbeizuführen oder um uns die Gelegenheit zu schenken, über unser bisheriges Leben sowie das menschliche Leben im Allgemeinen nachzusinnen und sogar spirituelle Einsichten gewinnen zu können. Judith von Halle schreibt: *»Denn eine Erkrankung ist oftmals das einzige Mittel, um zu einem tieferen Verständnis des eigenen Daseinsgrundes, zur Erkenntnis einer höheren Welt und der aus ihr stammenden Ideale und Ziele zu gelangen.«*[107] Freilich ist das nicht etwa so zu verstehen, dass keine therapeutischen Maßnahmen, die zu einer Heilung führen können, ergriffen werden sollten. Diese müssen selbstverständlich ergriffen werden, solange Aussicht auf Genesung besteht! *»Doch die Möglichkeit, durch eine Erkrankung und das Durchleben ihres wie auch immer sich ausgestaltenden Verlaufes Einsichten auf den Gebieten des Lebenssinns, der geistigen Wirklichkeit, der Selbstlosigkeit und des Mitleids sowie des Willens zur ethischen Wandlung und zur selbstlosen Tat erlangen zu können, darf dem Menschen in dieser entscheidenden Phase seiner Besinnung zur höheren Bestimmung nicht genommen werden.«*[107]

Nun gibt es ja eine ganze Reihe von Krankheiten, die zwar als unheilbar gelten, unter günstigen Umständen aber dennoch geheilt werden können. Denken Sie etwa an Krebs. In vielen Fällen wird diese Krankheit schon recht bald zum Tode führen. In manchen Fällen tritt jedoch eine Heilung ein, und der betreffende Mensch stirbt dann erst im hohen Alter – vielleicht an allgemeiner Altersschwäche. Selbstverständlich liegt es im Karma des Erkrankten, ob es – unabhängig von der konkreten Krankheit – zu einer Heilung kommt oder nicht. Die Krankheit hat den Menschen ereilt, um ihn zu fördern und ihn in seiner geistig-seelischen Entwicklung zu vervollkommnen. Zu einer Heilung wird es nur kommen, wenn sie ›Sinn‹ macht. Sinn macht sie nur, wenn der Geheilte durch die neuen Kräfte, die er sich durch die Krankheit und deren Überwindung errungen hat, sowie durch das während des Krankheitsverlaufes Erkannte in diesem Leben noch weiterkommen und zum eigenen Nutzen und dem anderer Menschen wirken kann. **»Nehmen wir an, die Sache liege so, dass der Mensch in dem Leben, das er noch zubringen kann, vermöge seiner sonstigen Organisation und seines übrigen Karma die Kräfte hat, mit dem, was er durch die Krankheit errungen hat, in diesem Leben selbst weiterzukommen. Dann hat die Heilung einen Sinn. Dann tritt Heilung ein und der Mensch hat in diesem Falle das errungen, was er erringen sollte und was sich an dem Vorhandensein der Krankheit zeigte. Durch das Überwinden der Krankheit hat er sich instand gesetzt, dort vollkommene Kräfte zu haben, wo er früher unvollkommene Kräfte hatte. Ist er durch sein Karma mit solchen Kräften ausgerüstet und durch die günstigen Umstände seines früheren Schicksals so in die Welt gesetzt, dass er die neuen Kräfte anwenden kann und wirken kann, um sich und andern von Nutzen zu sein, dann tritt die Heilung ein; dann windet er sich durch die Krankheit hindurch.«**[108]

Ein Schicksalsgeschenk kann auch dann vorliegen, wenn jemand durch einen Unfall oder eine schwere Krankheit schon an der Schwelle des Todes stand. Viele Menschen, die nach einer solchen Lebenskrise wieder zurück ins Leben finden konnten, berichten, dass sie dieses Ereignis als einen großen Wendepunkt ihres Lebens erkannt hätten. Häufig gelingt es ihnen dann aus eigenem Antrieb heraus, ihrem Leben einen neuen Sinn zu geben und es völlig neu zu organisieren.

Einige dieser Menschen, die dem Tod schon sehr nahe waren, hatten die bereits geschilderten Nahtod-Erlebnisse. Diese kann man durchaus als ein besonders großzügiges Geschenk der geistigen Welt auffassen. Wenn jemand diese erhabenen Erlebnisse hatte, so stand gewissermaßen mit riesigen Lettern vor seinem Seelenauge, dass es noch andere Sphären gibt als die irdische, der er bisher möglicherweise sein ganzes Leben untergeordnet hatte. Judith von Halle schreibt: *»Keine Macht der Welt wird solchen Menschen ihren intimen Erkenntnis-Schatz, die lebendige Erinnerung an den Geist der Weisheit und der Liebe aus dem Herzen, aus dem Bewusstsein reißen können, den sie als unumstößlich authentische Offenbarung der alles durchstrahlenden und alles zum Leben und zur freien Entfaltung erweckenden Wahrheit erlebt haben.«*[109] Nicht wenige Menschen, die zuvor überzeugte Atheisten waren, sind aufgrund ihrer Nahtod-Erfahrungen zu tief gläubigen Menschen geworden, die ihr Leben nicht mehr nur den alltäglichen Belangen unterordneten, sondern es völlig neu ergriffen und ihm von nun an eine ganz andere Zielsetzung gaben. Wir wollen hier nur einen Mann zu Worte kommen lassen, der es nach seinen Nahtod-Erlebnissen Dr. Moody gegenüber wie folgt ausdrückte: *»Ich bemühe mich neuerdings, Dinge zu tun, die mehr Sinn haben. Und das bekommt meinem Geist und meiner Seele viel besser. Ich fühle mich wohler. Ich versuche, keine Vorurteile mehr zu haben und die Menschen nicht mehr durch die Schwarzweißbrille zu sehen. Ich will jetzt etwas tun, weil es etwas Gutes ist, und nicht mehr, weil es etwas für mich Gutes ist. Und es scheint* *so, als ob ich die Dinge heute doch viel klarer sehe. Ich denke, das kommt von dem, was mir passiert ist da, wo ich gewesen bin und was ich während dieser Erfahrung gesehen habe.«*[110]

Wir sollten es vielleicht dazu bringen, bei allen schweren und leidvollen Erlebnissen und Erfahrungen, die uns in unserem Leben treffen, darüber nachzusinnen, was uns ›der Himmel‹ damit sagen möchte, um daraus die richtigen Schlüsse ziehen zu können. Wir sollten uns nicht fragen: »*Warum* ist mir das passiert?«, sondern vielmehr: »*Wozu* ist mir das passiert?«

Die wohl meisten Zeitgenossen wünschen sich nichts sehnlicher, als ein Leben führen zu können, das ihnen vorwiegend Freuden bereitet und sie vor Leiden verschont. Auch Freuden darf man durchaus als Schicksalsgeschenk auffassen. Leiden hingegen können zu einer wichtigen Erkenntnisquelle in der Zukunft werden. **»Freuden sind Geschenke des Schicksals, die Ihren Wert in der Gegenwart erweisen. Leiden dagegen sind Quellen der Erkenntnis, deren Bedeutung sich in der Zukunft zeigt.«**[111] **»Gerade wer Leid und Schmerz erfahren hat, wird immer sagen, dass zwar Freuden und Lust dankbar hingenommen werden, dass man aber die Schmerzen und Leiden nie missen möchte. Alle unsere Weisheit verdanken wir den Leiden und Schmerzen der verflossenen Erdenleben.«**[112]

3.8.3   Zusammentreffen mit Menschen im Erdenleben

Jeder Mensch geht in seinem Leben mehr oder weniger enge und innige Verbindungen mit anderen Menschen ein. Hier ist zunächst einmal an Familienmitglieder wie Eltern, Geschwister, Ehepartner und Kinder, dann aber auch an manche Freunde, Lehrer, Mitschüler, Arbeitskollegen, Nachbarn usw. zu denken. Man könnte nun fragen, ob es anzunehmen sei, dass man diese Menschen bereits aus einem früheren Leben kenne.

Diese Frage muss deutlich bejaht werden. Die Tatsache, dass wir in vielen Leben *weitgehend* immer wieder mit denselben menschlichen Individualitäten zusammenkommen, stellt geradezu eine karmische Notwendigkeit dar. In jedem Leben verschulden wir uns in irgendeiner Form an unseren Mitmenschen. Auch unsere Mitmenschen bleiben uns in jedem Leben vieles schuldig. Wer von uns hätte, als ein naher Verwandter oder Freund gestorben ist, nicht schon einmal das Gefühl gehabt, dass zwischen ihm und uns noch etwas Wichtiges unausgesprochen, dass noch eine ›Rechnung‹ offen geblieben wäre! Es muss sich hierbei keineswegs immer um eine gewichtige Verschuldung oder Verfehlung handeln, die jedem sofort als solche deutlich werden müsste. Es kann sich etwa um die Einsicht handeln, dass wir dem anderen nicht genügend Aufmerksamkeit und Zuneigung geschenkt haben oder dass wir ihn nicht genügend unterstützt und gefördert haben. Eine Verschuldung gehen wir nicht nur dadurch ein, dass wir Handlungen *begehen*, die einem anderen schaden, sondern viel häufiger dadurch, dass wir Handlungen *unterlassen*, die einen anderen fördern könnten. Dieses Schuldigwerden erfordert, dass wir in einem nächsten Leben die Möglichkeit bekommen, für einen Ausgleich zu sorgen. Die Verschuldungen, die wir einer Individualität gegenüber aufweisen, können wir auch nur im Zusammenleben mit dieser wieder gutmachen. Je enger wir mit einem Menschen zusammenleben, desto größer sind die Möglichkeiten, ihm gegenüber schuldig zu werden oder ihm seine Schulden ›zurückzuzahlen‹. Somit ist es der absolute Normalfall, dass wir unsere Eltern, Geschwister, Ehepartner, Kinder und guten Freunde bereits aus vielen Leben ›kennen‹ und noch in vielen weiteren Leben treffen werden. Das heißt natürlich nicht, dass wir in früheren oder zukünftigen Leben mit diesen Individualitäten wieder in der gleichen Beziehung stünden. So wäre es beispielsweise möglich, dass diejenige Individualität, die im jetzigen Leben unser Vater ist, in einem folgenden Leben etwa unsere Tochter, unser Ehepartner oder unser Freund wird.

Selbstverständlich besteht nicht zu allen Menschen, mit denen wir in unserem Leben zu tun haben, ein karmischer Zusammenhang. Manche Menschen haben ein sehr feines Gespür dafür, mit welchen anderen sie irgendetwas verbindet, was man aus der Sicht seines gegenwärtigen Lebens nicht erklären kann. Oftmals ist es doch so, dass uns irgendwelche Menschen, mit denen wir eigentlich nur ganz selten – vielleicht sogar nur ein einziges Mal – zusammengekommen sind, eine Anregung oder einen Impuls gegeben haben, der für unser weiteres Leben von eminenter Bedeutung war. Oder stellen Sie sich einen Menschen vor, der ein ihm völlig unbekanntes Kind vor dem Ertrinken rettet. Selbstverständlich hat das mit Karma zu tun. Es wäre allerdings *möglich*, dass durch diese Anregung oder diese Rettung die karmische Bilanz zwischen diesen beiden Individualitäten ausgeglichen wäre, so dass es keine Notwendigkeit mehr gäbe, dass die beiden sich in einem nächsten Leben wieder begegnen.

Natürlich gibt es auch den Fall, dass wir mit Menschen zusammenkommen, mit denen wir *bisher* nicht karmisch verstrickt waren. Durch unser jetziges Zusammentreffen werden aber neue karmische Ursachen gelegt, die es notwendig machen, dass wir diesem Menschen in späteren Inkarnationen wieder begegnen werden.

3.8.4 Die Lebensaufgabe

Wir müssen nun schon ein klein wenig auf das vorgreifen, was der Mensch nach seinem Tod an Erfahrungen und Erlebnissen in den höheren Welten haben wird. Während der Mensch, der durch die Pforte des Todes geschritten ist, zunächst eine Phase durchläuft, in der er ganz wesentlich damit beschäftigt ist, sein abgelegtes Leben zu verarbeiten, wird er in einer gewissen Zeitspanne vor der neuen Inkarnation bestrebt sein, dieses neue Leben zu ›planen‹. Die Seele ist jetzt natürlich viel weiser und weitsichtiger als im Erdenleben. Sie weiß nun, was im letzten Leben nicht so gut gelaufen ist und wird ernsthaft bestrebt sein, im neuen Leben solches zu erleben und zu erfahren, was zu einer positiven Weiterentwicklung führen kann. Die Seele weiß nun insbesondere, welche Erlebnisse sie haben und welche Erfahrungen sie machen muss, um ihre alten Verschuldungen karmisch ausgleichen und um in ihrer Evolution voranschreiten zu können.

Sie nimmt sich auch vor, ihrem neuen Leben ein ganz bestimmtes Ziel zu geben. Sie stellt sich eine Aufgabe, die sie erfüllen muss und auch erfüllen *will*, um in ihrer Entwicklung, in ihrer geistig-seelischen Evolution vorwärts zu kommen. Diese Aufgabe nennt man »Lebensaufgabe«, »Sendung« oder *»Lernaufgabe«*. Das Karma beinhaltet dann auch diese Lebensaufgabe. *»Denn eine Lebensaufgabe ist eine Schicksalsfügung des Menschen, sie ist der karmische Kern der Individualität für das vorliegende Leben und birgt alle Schicksalsbeziehungen zu jenen Menschen, die mit dieser Lebensaufgabe zu tun haben.«*[113]

3.8.4.1 Die *individuelle* Lebensaufgabe

Diese Aufgabe, die sich die Seele vor ihrer Inkarnation stellt, bezeichnet man als *individuelle* Lebensaufgabe, da sie nur diese spezielle Seele angeht, wenngleich sie meistens mit der Interaktion anderer Seelen zusammenhängt. Der Normalfall dürfte wohl der sein, dass es um mehrere Aufgaben geht, wobei häufig eine als *zentrale* Sendung bezeichnet werden kann.

Wie könnte eine solche Aufgabe aussehen? Nun, das lässt sich so pauschal kaum beantworten. Fest stehen dürfte, dass diese Aufgaben individuell sehr verschieden sind. Sie müssen ganz genau auf die Bedürfnisse der einzelnen Seele zugeschnitten sein. Sie müssen so gestaltet sein, dass ihre Erfüllung diese individuelle Seele weiterbringt und vielleicht sogar zum Segen vieler anderer Menschen werden kann. Wenn mehrere Menschen ein fremdes Land bereisen, so stellen diese sich auch völlig unterschiedliche Aufgaben, was sie in diesem Land zu tun gedenken, Aufgaben, die ihren individuellen Interessen, Neigungen und Bedürfnissen, aber auch ihren spezifischen Fähigkeiten entsprechen oder ein bestimmtes Ziel erreichen lassen. Der eine nimmt sich vielleicht vor, viel zu fotografieren oder zu filmen, um nach seiner Rückkehr das Gesehene den Daheimgebliebenen vorführen zu können und diese damit zu erfreuen. Ein anderer setzt sich zum Ziel, seine Sprachkenntnisse aufzufrischen oder zu vertiefen. Wieder ein anderer möchte vielleicht Land und Leute kennenlernen.

Bei den Lebensaufgaben muss es gewiss nicht immer um die ganz großen, heroischen Taten gehen. Es muss nicht unbedingt darum gehen, dass sich die Seele vornimmt, im Bereich der Wissenschaften Großes zu leisten oder daran mitzuwirken, das viele Elend dieser Welt zu lindern. Die Aufgaben müssen zu dem passen, was die Seele sich bisher an Erfahrungen und Reife erworben hat. Die meisten Seelen sind noch nicht so weit, dass sie bereit wären, sich in einem Leben ganz in den Dienst der Menschheit zu stellen, wie es beispielsweise eine *Mutter Teresa* oder ein *Albert Schweitzer* getan haben. Umgekehrt kann es sicherlich für eine Seele auch keinen Sinn ergeben, sich auf einem Gebiet – zum Beispiel einer bestimmten Kunstrichtung – auszuleben, wenn sie dies in früheren Inkarnationen schon getan hat. Diese Erfahrungen hat sie schon gesammelt. Eine neuerliche intensive Beschäftigung mit diesem speziellen Bereich würde diese Seele vermutlich nicht mehr weiterbringen. Natürlich muss eine Lebensaufgabe auch karmisch passend sein. Es kann nur etwas fortgeführt werden, was in einer früheren Inkarnation veranlagt wurde. Im *Extremfall* kann es für eine Seele in einem Erdenleben sogar im Wesentlichen nur darum gehen, eine ganz bestimmte gravierende karmische Schuld abzutragen.

Für eine Durchschnittsseele sind es eher die kleinen, unauffälligen Dinge, die sie sich zur Aufgabe macht. Ein Mann, der sich im Übrigen nicht sonderlich mit esoterischen Themen befasst, erzählte einmal, dass er in seinem Beruf schon bei vielen Firmen gearbeitet habe. In jeder Firma habe er sehr gute Leistungen erbracht. Er sei immer davon überzeugt gewesen, viel besser und fähiger als seine Kollegen und einige seiner Vorgesetzten gewesen zu sein. Dennoch habe man ihn immer übergangen, wenn Beförderungen anstanden. Abschließend meinte er: »Ich glaube, ich bin wohl dazu bestimmt, unten zu bleiben und das zu tun, was andere mir auftragen.« Möglicherweise hat dieser Mann seine Lebensaufgabe messerscharf erkannt. Vielleicht war er in früheren Leben eine sehr dominante Führernatur, so dass er in diesem die Erfahrung eines sich unterordnenden Menschen, eines Dieners machen muss.

Lebensaufgaben müssen auch keineswegs eine ganz klar umrissene Struktur aufweisen. Sie sind schließlich keine Klassenarbeiten oder Klausuren. So ist es durchaus denkbar, dass eine Seele sich bisher vorwiegend in geordneten, überschaubaren Verhältnissen verkörpert hat. Sie nahm dabei eine menschliche Persönlichkeit an, die ihr privates und berufliches Leben im Griff hatte, die alles auf die Reihe bekam. Damit diese nun auch einmal die andere Seite der Medaille erfahren kann, könnte sie sich die Aufgabe gestellt haben, in ein Leben einzutauchen, in dem es eher chaotisch zugeht, in dem sie nicht alles in den Griff bekommen kann. Um ein Beispiel zu haben, könnte man da an eine alleinerziehende Frau denken, der die Arbeit, die ihr ihre Kinder und ihr Haushalt machen, über den Kopf zu wachsen droht. Auch so etwas Banales kann sehr wohl eine Lebensaufgabe sein.

Man könnte auch an recht extreme Beispiele denken. So ist es durchaus möglich, dass eine Seele sich nur deshalb verkörpert, um erneut das Eintauchen in die Materie zu erfahren, um sich dann – vor, während oder kurz nach der Geburt – wieder in die geistige Welt zurückzuziehen. Wie wir schon erörtert haben, könnte es sich auch so verhalten, dass sich eine Seele regelrecht opfert, um den Eltern eine für sie notwendige Erfahrung zu schenken, an der sie wachsen können. Wenn ein Kind mit einer Behinderung geboren wird, so könnte es durchaus aber auch so sein, dass die Seele sich das in der geistigen Welt vorgenommen hat, um in einem solchen Leben recht radikale Erfahrungen machen zu können, die sie aber letztlich einen entscheidenden Schritt in ihrer Entwicklung voranbringen können.

Man kann immer wieder von Menschen hören oder lesen, denen ihre Lebensaufgabe – bisweilen schon in sehr jungen Jahren – als eine Ahnung oder verschleierte Gewissheit aufdämmert. Ein besonders markantes Beispiel für diese Tatsache soll aus dem Buch *»Was Engel uns heute mitteilen wollen«* von Irene Johanson zitiert werden: *»Das Kind einer bürgerlichen Familie wurde von einem christlichen Priester getauft, der ein bekannter Indologe und ein Kenner des Buddhismus war. Nach der Taufe sagte er zu den Eltern: ›Dieses Kind wird einmal eine Brücke bauen zwischen Ost und West.‹ Es war der einzige Sohn seiner Eltern, und es war ihnen gar nicht angenehm, sich vorzustellen, dass ihr Kind womöglich einmal sehr weit von ihnen entfernt leben würde. Sie sagten dem Knaben darum nichts von den Worten des Priesters.*

Als das Kind mit fünf Jahren im Gespräch der Erwachsenen das Wort ›Japan‹ auffing, rief es : ›Japan, da bin ich zuhaus'.‹ Der Vater meinte nur, er wisse doch gar nicht, wo Japan liege. Das irritierte den Knaben, und er sagte nichts mehr. Aber mit 13 Jahren begann er, Japanisch zu lernen. Nach dem Abitur bekam er in Bonn eine Anstellung an der japanischen Botschaft. Er fuhr zum ersten Mal nach Japan und merkte gleich, wie wahr sein Wort aus Kindermund gewesen war. Er wurde der erste europäische Meister in der zenbuddhistischen Teezeremonie. Er kam nach Deutschland zurück und teilte seinen Eltern mit, dass er den Ruf an die Waseda-Universität in Tokio angenommen habe, um dort als Deutschprofessor bis zu seinem 70. Lebensjahr zu wirken. Erst auf dem Bahnhof beim Abschied von seinen Eltern erzählten ihm diese, was der Priester nach seiner Taufe zu ihnen gesagt hatte.

Nun begann sich das Schicksal zu erfüllen, und der junge Mann fühlte sich ganz und gar identisch damit. Er verband sich tief mit der japanischen Kultur und mit den Wurzeln dieses Volkes. Er war wohl selber als Individualität schon mit diesen Wurzeln verbunden gewesen. In diesem Leben vermittelte er dem japanischen Wesen ein Christentum, das die spirituellen Tatsachen, die im Buddhismus leben, einbezieht. Und Europäern vermittelte er einen Buddhismus, der sich seit Buddhas Zeiten im Sinne des Christuswirkens weiterentwickelt hat. Er wurde als überzeugter Christ buddhistischer Priester. Darin erlebte er seine Identität, die schon bei seiner Taufe vom Taufenden wahrgenommen worden war. Die Engelsführung geht über alle konfessionellen Grenzen hinaus. Das war die unausgesprochene Botschaft dieses Erdenlebens.«[114]

Selbstverständlich *kann* auch der Beruf, den ein Mensch wählt, ganz wesentlich mit seiner Lebensaufgabe zu tun haben. Damit soll natürlich nicht gesagt sein, dass sich die Seele schon im Vorgeburtlichen vornimmt, später genau diesen oder jenen und keinen anderen Beruf zu ergreifen. Dennoch ist es häufig so, dass ein bestimmter Beruf am besten oder zumindest besonders gut geeignet ist, um die Lebensaufgabe erfüllen zu können.

Bis vor einigen Jahrzehnten hat man den Begriff »Beruf« noch als etwas aufgefasst, zu dem man sich *berufen* fühlte. Schon im Schüleralter wussten viele ganz genau, welcher Beruf für sie der passende ist. Möglicherweise hatte man noch eine instinktive Ahnung, dass man sich für diese Art der Tätigkeit in der geistigen Welt entschieden hatte. Einen solchen Beruf übten die meisten Menschen bis zum Erreichen des Rentenalters aus, ohne ihre Entscheidung jemals in Frage gestellt zu haben.

Heute verwendet man in der Alltagssprache kaum noch den Terminus »Beruf«. Vielmehr spricht man von »Job«. Mit diesem ist im Grunde eine ganz andere Bedeutung verbunden. Einen Job nimmt man an, weil man vielleicht nicht weiß, welche Tätigkeit eigentlich zu einem passt oder weil dieser besonders lukrativ ist. Einen Job wird man häufig wechseln, sofern man einen anderen findet, der besser dotiert ist. Es gibt heute nur noch wenige Berufe, zu denen sich viele, die sie ausüben, wirklich berufen gefühlt haben. Hier ist insbesondere an Priester, Ärzte und Lehrer zu denken.

Da in unserer Zeit die wohl weitaus meisten Menschen keinen Beruf ausüben, sondern einem Job nachgehen, treten immer mehr Probleme auf, die man früher nicht kannte. Etliche Menschen sind mit ihrer Tätigkeit unzufrieden, fühlen sich durch das, was sie Tag für Tag machen, unbefriedigt, was zu psychischen Störungen bis hin zum Burnout führen kann. Mit einem ähnlichen Phänomen hat man es bei der Midlife Crisis, in die heute insbesondere viele Männer im vierten oder fünften Lebensjahrzehnt fallen, zu tun. Diese muss nicht unbedingt, zumindest nicht zwangsläufig damit zusammenhängen, dass man mit seiner beruflichen Tätigkeit unzufrieden ist. Vielmehr haben diese Menschen ganz allgemein das Gefühl, dass ihr bisheriges Leben sie nicht befriedigt oder gar glücklich gemacht hat. In beiden Fällen ist es häufig so, dass es in der Seele rumort. In ihren Seelentiefen spüren diese Menschen, dass sie ihrer Lebensaufgabe bisher nicht gerecht geworden sind. Freilich wird ihnen das nicht bewusst, da sie vermutlich gar nicht ahnen, dass sie sich schon vor ihrer Geburt etwas Bestimmtes vorgenommen haben – sofern sie überhaupt eine vorgeburtliche Existenz für möglich halten.

Auf die Frage, was das Wichtigste im Leben sei, antworten die meisten Zeitgenossen stereotyp: »Natürlich die Gesundheit!« Dem könnte man nun entgegnen: »Falsch! Viel wichtiger ist es, dass wir unserer Lebensaufgabe gerecht werden. Dazu sind wir auf dem physischen Plan angetreten.« Gesundheit ist allenfalls häufig eine Voraussetzung dafür, dass wir unsere Lebensaufgabe zunächst erkennen, dann ergreifen und schließlich erfüllen können. Mark Twain drückte es so aus: *»Die zwei wichtigsten Tage in deinem Leben sind der Tag, an dem du geboren wirst, und der Tag, an dem du herausfindest, wozu.«*

Es gibt immer wieder Menschen, denen es am Lebensende, wenn sie unbefangen auf ihr Leben zurückblicken, zu erkennen gelingt, dass diesem ein Plan zugrunde lag.

So schrieb der deutsche Lyriker *Karl Ludwig von Knebel* (1744 bis 1834), der häufig als »Urfreund« Goethes bezeichnet wird, sechs Wochen vor seinem Tod im Rückblick auf sein Leben über die innere Stimmigkeit des Schicksals, durch die sich das menschliche Leben als eine sinnvolle Ganzheit erkennen lässt: *»Man wird bei genauerer Beobachtung finden, dass in dem Leben der meisten Menschen sich ein gewisser Plan findet, der, durch eigene Natur, oder durch die Umstände, die sie führen, ihnen gleichsam vorgezeichnet ist. Die Zustände ihres Lebens mögen noch so abwechselnd und veränderlich sein, es zeigt sich doch am Ende ein Ganzes, das unter sich eine gewisse Übereinstimmung bemerken lässt. Ich habe dieses, bei meinem hohen Alter, unter den mancherlei Umständen, die mein Leben leiteten, sonderlich bemerkt. Es ist nicht meine Absicht, und würde sich eben auch nicht sonderlich belohnen, solche einzeln hier anzuführen; aber wenn ich nun zusammenrechne, was mein und der Meinigen Los im Leben also gewürfelt hat, so finde ich in dem Fazit meist überall vollkommene Übereinstimmung. Die Hand eines bestimmten Schicksals, so verborgen sie auch wirken mag, zeigt sich auch genau, sie mag nun durch äußere Wirkung oder innere Regung bewegt sein; ja, widersprechende Gründe bewegen sie oftmals in ihrer Richtung. So verwirrt der Lauf ist, so zeigt sich doch immer Grund und Richtung durch.«*[115]

3.8.4.2   Die *globalen* Lebensaufgaben

Neben dieser individuellen Lebensaufgabe gibt es auch solche Aufgaben, die einen umfassenderen, globaleren Charakter haben, die für ein *ganzes Volk* oder sogar für die *ganze Menschheit* einer bestimmten Epoche gelten. Auch hier hat man es im Normalfall mit mehreren Aufgaben zu tun, die von Epoche zu Epoche sehr unterschiedlich ausfallen können. Was könnten die großen Aufgaben sein, vor denen die heutige Menschheit steht?

Auf zwei große Aufgaben, mit deren Bewältigung die heutige Menschheit von den Weltenlenkern beauftragt ist, wurde schon hingewiesen. Zum einen geht es darum, das Wesen des Bösen, das sich spätestens seit den 30er Jahren des letzten Jahrhunderts mit seinen schlimmsten Fratzen und Schattierungen zeigt, erkennen und aushalten zu lernen, damit es in einer späteren Epoche besiegt und erlöst werden kann. Zum anderen kann es als eine Aufgabe der Menschheit betrachtet werden, die heute in vielen Teilen der Welt vorherrschende Ideologie des Materialismus zu überwinden. Dazu ist es notwendig, dass die Menschen mehr und mehr die geisteswissenschaftlichen Lehren aufnehmen, um wieder zu einer spirituellen Weltanschauung gelangen zu können.

Eine weitere ganz konkrete Aufgabe, mit der es die Menschheit der Gegenwart zu tun hat, führt uns mitten in das zentrale Thema dieses Buches. Es geht darum, den »Tod« und alles, was mit diesem zusammenhängt, verstehen zu lernen. Dieses Thema ist lange Zeit von den meisten Menschen verdrängt worden. Heute hat es den Anschein, als wollte die geistige Welt uns mit der Nase auf diese Problematik stoßen. Das Sterben wird immer ›öffentlicher‹. Es vergeht kaum einmal eine Woche, in der nicht irgendwo in der Welt Dutzende, Hunderte oder gar Tausende von Menschen durch eine Naturkatastrophe, einen Terroranschlag oder einen Krieg aus dem Leben gerissen werden. Durch die Berichterstattungen in den Medien ist man gewissermaßen hautnah dabei. Nahezu täglich wird man auf diese Art an Sterben und Tod erinnert. Man kann heute diesem Thema fast nicht mehr entkommen; man kann es kaum noch verdrängen.

Dann gibt es in der heutigen Zeit in der Medizin zahlreiche technische Möglichkeiten, ein Menschenleben künstlich zu erhalten bzw. zu verlängern. Denken Sie an die gegenwärtig viel und kontrovers diskutierte »Apparatemedizin«. Viele Menschen befassen sich heute sehr intensiv mit den sogenannten »Patienten-Verfügungen«, in denen man festlegen kann, welche lebenserhaltenden Maßnahmen man in Krisensituationen wünscht und welche man ablehnt. Schließlich wird heute in der Gesellschaft sehr heftig über die genau entgegengesetzten Möglichkeiten, nämlich das Leben eines Menschen auf künstlichem Wege zu beenden, diskutiert und gestritten. Das Töten eines werdenden Lebens, das man mit dem recht neutral klingenden Wort »Schwangerschaftsabbruch« benennt, ist zumindest unter gewissen Voraussetzungen – etwa bei einer pränatal diagnostizierten Behinderung – in den meisten Staaten schon legalisiert worden. Selbst in kirchlichen Kreisen gibt es einige Befürworter der Abtreibungspraxis. Auch die »aktive Sterbehilfe« gilt vielen Menschen als ein Ideal. In einigen Staaten stellt sie schon kein strafbares Delikt mehr dar. Ein Arzt glaubt heutzutage, über Leben und Tod entscheiden zu können. Das Thema »Sterben und Tod« ist auf dem besten Wege, enttabuisiert zu werden. Und das ist gut so! Alle diese einzelnen und ganz konkreten Fragen, die sich in diesem Zusammenhang stellen und die hier kurz angerissen worden sind, lassen sich nicht beantworten, wenn man diese Thematik nicht aus spiritueller Sicht beleuchtet. Das Thema »Tod« kann als eine große Denkaufgabe für die Menschheit aufgefasst werden.

Vielleicht kann man aus den heutigen Zeitgeschehnissen noch eine weitere konkrete Aufgabe ablesen, die den Menschen gestellt ist. Fast täglich können wir heute den entsprechenden Nachrichtensendungen das große Leid entnehmen, das viele Mitmenschen heimsucht. Denken Sie etwa an die Überlebenden einer Naturkatastrophe, die ihr ganzes Hab und Gut verloren haben, oder an die vielen Millionen Menschen, die aufgrund von Kriegen aus ihrer Heimat fliehen mussten und nun vor einer höchst ungewissen Zukunft stehen, oder denken Sie an die Millionen von Menschen in der sogenannten »Dritten Welt«, die permanent vom Hungertod bedroht sind. Genauso gut kann man an die vielen Mitbürger denken, die ihren Arbeitsplatz verloren haben und nun mit dem Existenzminimum auskommen müssen. All diese Schicksale können uns nicht mehr verborgen bleiben. Wir können – selbst wenn wir es wollten – die Augen nicht mehr vor ihnen verschließen. Man könnte fast den Eindruck gewinnen, als wollten die Wesen der geistigen Welt uns in riesigen Lettern auf unsere Verantwortlichkeit für unsere Mitmenschen hinweisen. Wenn man sieht, wie in vielen solcher Fälle sich Menschen einsetzen, um die Hilfsbedürftigen zu unterstützen – und sei es ›nur‹ durch Geld- oder Sachspenden – kann man die Hoffnung haben, dass das schon ein ganz klein wenig gefruchtet hat. Dennoch können und müssen wir alle in dieser Hinsicht noch ungleich mehr tun. Von ganz wenigen Ausnahmen abgesehen sind wir alle noch weit davon entfernt, wahre Nächstenliebe und Brüderlichkeit zu praktizieren. Wir müssen einsehen lernen, dass kein Mensch auf Kosten oder zu Lasten eines anderen sein persönliches Wohlergehen begründen darf. Jeder Mensch trägt eine hohe Verantwortung für *jeden* seiner Mitmenschen. Auch wäre es wünschenswert, wenn wir nicht nur durch besonders schwere Schicksale, von denen wir über die Massenmedien erfahren, zur Hilfe bereit wären. Im Umkreis eines jeden von uns leben Menschen, die unserer Hilfe bedürfen. Wir müssen nur richtig hinschauen!

Viele Menschen, die von dem großen Leid und Elend in der Welt hören, sind oft schnell mit der Frage bei der Hand: »Wie kann Gott nur so etwas zulassen?« Es wäre ein ungleich besserer Ansatz, wenn man die Frage so stellen würde: »Was will Gott uns damit sagen? Was sollen wir daraus lernen?«

Schließlich wollen wir noch eine ganz herausragende Aufgabe, vor die die Menschheit von den Weltenlenkern gestellt ist, betrachten. Diese Aufgabe umfasst im Grunde alle übrigen; sie schließt sie gewissermaßen mit ein. Sie ist allerdings so gewaltig, dass die große Mehrheit der Menschheit vermutlich noch viele weitere Inkarnationen benötigt, um sie wirklich erfüllen zu können. Worum geht es dabei?

Es geht für uns Menschen darum, *wirklich freie* Wesen zu werden, Wesen, die aus freiem Entschluss, ohne jedwede Nötigung und ohne dem blind zu folgen, was *menschliche* Autoritäten vorschreiben, dasjenige tun, was der geistigen Welt angemessen ist, Wesen, die in absolut uneigennütziger Liebe ihren Mitmenschen und Mitgeschöpfen begegnen. Wie können wir letztlich diese Freiheit, derer wir uns voll bewusst sein können und müssen, gewinnen? Die Antwort gibt uns der Christus, der überhaupt erst die Möglichkeit geschaffen hat, dass wir zur *wahren* Freiheit kommen können. Er hat ja verheißen, den »Geist der Wahrheit« zu senden. Wie man bei Johannes im 8. Kapitel nachlesen kann sagt Er: *»Und ihr werdet die Wahrheit erkennen, und die Wahrheit wird euch frei machen.«* Offensichtlich ist das Erkennen der Wahrheit eine absolut notwendige Voraussetzung, damit wir Menschen wirklich und wahrhaft frei werden können. Diese Wahrheit müssen wir immer mehr zu erkennen und zu erfassen lernen.

Auch hierbei kommen uns wieder die beiden Widersachermächte, Luzifer und ganz besonders Ahriman, die wir ja schon kennengelernt haben, in die Quere. Sie setzen alles daran, uns das Auffinden und das Erkennen der Wahrheit gewaltig zu erschweren. Luzifers Bestreben ist es, uns zu verblenden und uns in allerlei Illusionen und Täuschungen zu führen. Ahriman möchte uns zu Lügnern machen. Er ist nicht nur der Herr des Intellekts, sondern – wie bereits in der Bibel steht – auch der »Vater der Lüge«.[116] Wenn man heute mit wachen Sinnen in die Welt schaut, so lassen sich die Versuche der beiden Widersacher, uns Menschen zu beeinflussen und zu manipulieren, nicht übersehen, unabhängig davon, ob man dabei an die Politik, die Wirtschaft, die Wissenschaft, die Religion oder das ganz normale private Leben eines jeden einzelnen Menschen denkt. Wohl noch nie wurde die Welt von einem derartigen Lügengeflecht überzogen wie in der Gegenwart. Es ist oftmals alles andere als einfach zu unterscheiden, was Wahrheit und was Lüge ist. Auch die Tatsache, dass Bürger, welche die politischen Narrative in Frage stellen, auf das Übelste beschimpft und diffamiert werden, was mittlerweile zu einer gewaltigen Spaltung der Gesellschaft geführt hat, spielt Ahriman in die Karten. Das Verbreiten von Angst und Panik gehört ebenfalls zu seinen Waffen, wodurch er die Menschen verunsichern und sie von ihrer normalen Lebensführung abbringen will. Wie viel Angst und Panik wurde in der sogenannten »Corona-Pandemie« von allen Seiten geschürt! Das Virus wurde als »Killer-Virus« bezeichnet, das Millionen Menschen töten würde.

Das sollte uns aber nicht verzweifeln lassen. Wir sollten es vielmehr als eine große Chance, als eine große Herausforderung auffassen. Nur durch unsere gewaltigen Anstrengungen, das gigantische Netz der Illusionen, Täuschungen, Heucheleien, Lügen und Panikmache zu durchschauen und die Ambitionen Luzifers und Ahrimans zu erkennen, kann es uns letztlich möglich werden, zur *Wahr*heit und somit auch zur *wahren* Freiheit zu finden.

Der Geist der Wahrheit, den Christus verheißen hat, wurde uns bereits gesandt! Die Wahrheit ist seit rund 100 Jahren in Form der Geisteswissenschaft, die uns Rudolf Steiner im Auftrage der geistigen Welt in einer *für unsere Epoche gemäßen* und verständlichen Gestalt gebracht hat, in der Welt. Diese Geisteswissenschaft kann jeder studieren und zumindest ein Stück weit verstehen und zu seinem geistigen Eigentum machen, sofern er sich darum bemüht, sofern er ernsthaft bestrebt ist, sich ein Verständnis zu erwerben. Natürlich darf man nicht glauben, dass das einfach wäre. Es sollte keiner die Hoffnung haben, dass irgendein geistiges Wesen – beispielsweise Christus oder der Heilige Geist – uns diese Wahrheit ›über Nacht eintrichtert‹. Diese müssen wir uns selbst mühsam und mit ringender Seele erwerben. Dass uns Luzifer und Ahriman die Wahrheits- und Erkenntnissuche so unsagbar schwer machen, liegt gewiss im Plan der Weltenlenker. Etwas wirklich Großes können wir uns nur dadurch erringen, dass wir möglichst gewaltige Widerstände überwinden. Wir dürfen also nicht etwa erwarten, dass uns die Wahrheit schon dann zufließen würde, wenn wir nur ein paar geisteswissenschaftliche Bücher lesen. Wir müssen uns ein Leben lang mit dieser Wissenschaft befassen und ihre Erkenntnisse in unser alltägliches Leben integrieren. Auch die Tatsache, dass für die meisten von uns dieses Leben zu kurz ist, um ans Ziel zu kommen, darf uns nicht entmutigen. Die Schritte, die wir in diesem Leben auf diesem Wege gehen, müssen wir in unserer nächsten Inkarnation nicht nachholen; vielmehr können wir unseren Weg dann fortsetzen. Dieser Weg, dieses hohe Ziel ist eine notwendige Voraussetzung dafür, dass wir eines urfernen Tages das Menschheitsideal, das Ziel der Götter verwirklichen können.

Auch wenn es gewiss noch sehr lange dauern wird, bis wir durch die Wahrheit zu wirklich und wahrhaft freien Menschen, zu »Geistern der Freiheit« werden, können wir schon deutlich früher einen gewissen Teilerfolg erzielen. Wenn wir geisteswissenschaftliche Erkenntnisse bis zu einem gewissen Grad gewonnen und verinnerlicht haben, ist für uns die Zeit des blinden und naiven Glaubens endgültig vorbei. Dann können wir uns von religiösen, wissenschaftlichen und politischen Dogmen bzw. Führern, die uns gängeln, bevormunden und auf der Kindheitsstufe halten wollen, *frei*machen. Dann werden wir den Materialismus und den Atheismus als das durchschauen, was sie in Wahrheit sind – Hirngespinste.

3.8.5   Aufgaben unseres persönlichen Engels und sein Einwirken

Wie bereits erläutert ist jedem Menschen ein Wesen aus dem Reich der Engel zugeordnet, das stets an seiner Seite ist und ihn von Inkarnation zu Inkarnation führt. Erst dadurch können die wiederholten Erdenleben des Menschen ein sinnvolles Ganzes ergeben. Dieser Engel, dieser Genius ist die ›Instanz‹, die unser Schicksal leitet und von Karl Ludwig von Knebel als »verborgene Hand des Schicksals« bezeichnet wurde. Wir wollen in diesem Abschnitt erörtern, was unser persönlicher geistiger Führer für uns *während einer Inkarnation* leistet und woran man sein Wirken erkennen oder zumindest erahnen kann.

3.8.5.1   Warum spricht man bei diesem persönlichen Engel vom ›Schutzengel‹?

Zu den zentralen Aufgaben dieses persönlichen Engels gehört es, seinen Schützling unter bestimmten Voraussetzungen vor Gefahren und Unglücksfällen zu bewahren, zu beschützen. Daher hat sich auch schon seit Jahrhunderten der Begriff *»Schutzengel«* eingebürgert. In einem von Rudolf Steiner gegebenen Meditationsspruch wird dieser Engel eines Menschen mit **»Geist deiner Seele, wirkender Wächter«** (☞ Kapitel 10, S. 424f.) angesprochen.

Dass der Schutzengel seinen Schutzbefohlenen nicht vor *allem* Unheil bewahrt, liegt auf der Hand. Wie könnte man sonst eine Erklärung dafür finden, dass so viele

Menschen Schlimmes und Schlimmstes erleiden müssen. Etliche Zeitgenossen, die sehr unangenehme Erlebnisse haben und schwere Schicksalsschläge ertragen müssen, zweifeln an der Existenz ihres Schutzengels. »Mein Engel hat mich nicht vor diesem Unglück bewahrt. Er hat mir nicht geholfen. Vermutlich gibt es ihn gar nicht!«, kann man immer wieder hören.

Es ist natürlich eine höchst naive Vorstellung, dass die Engel ein Interesse daran haben könnten, die Menschen vor *allem* zu bewahren, was diese als schmerzlich oder zumindest als höchst unerfreulich empfinden. Wenn wir Menschen nur immer Erfreuliches und Angenehmes erleben würden, so kämen wir in unserer geistig-seelischen Entwicklung niemals voran. Ähnlich wie ein Kleinkind immer wieder hinfallen oder sich an etwas stoßen muss, damit sein Ich-Bewusstsein erwachen kann, brauchen auch Erwachsene Widerstände, an denen sie reifen können. Jeder Mensch bringt sein ganz individuelles Karma bzw. Schicksal in sein Erdenleben mit, das nicht zuletzt eine Folge bzw. Wirkung seiner früheren Inkarnationen darstellt. Dieses Schicksal, zu dem auch Erfahrungen gehören können, die sehr schmerzlich sind, will angenommen und gelebt werden, weil es den Menschen in seiner Entwicklung vorwärtsbringt.

Nun kann auch verständlich werden, warum ein Engel nicht in allen Fällen schützend eingreift. Der Engel kennt natürlich das Schicksal des ihm anvertrauten Menschen. Er weiß welche Erfahrungen für ihn wichtig und sogar notwendig sind. Würde er nun den Menschen etwa vor einem Unglück oder einer sonstigen schlimmen Erfahrung bewahren, das in seinem Karma begründet ist, so würde er ja in höchstem Maße *gegen* die Interessen seines Schützlings handeln. Er würde ihm die Möglichkeit entziehen, etwas für ihn höchst Fruchtbares und Förderliches zu erleben. Es mag für viele wie ein Hohn klingen, dass ein Unglück etwas Fruchtbares sein kann. Das liegt aber einzig und allein daran, dass unser Bewusstsein, das wir im Erdenleben haben, viel zu beschränkt ist.

Der führende Engel würde sich zunächst einmal grundsätzlich *nicht* einmischen, wenn wir eine Entscheidung treffen oder eine Handlung ausführen, die im Bereich dessen liegt, was wir erkennen, in seinen Auswirkungen überblicken und über das wir selbst vernünftig nachdenken und urteilen können. Sie kennen sicher den Spruch »Fahre nie schneller, als dein Schutzengel fliegen kann«, den man auf vielen Autoaufklebern sieht. Auch wenn dieser Spruch gewiss spaßig gemeint ist, so enthält er doch mehr als nur ein Körnchen Wahrheit. Wenn wir viel zu schnell, leichtsinnig und unvorsichtig fahren, so kann uns bewusst sein, dass dadurch die Gefahr eines Unfalls sehr hoch ist. In einem solchen Fall wird unser Engel *im Allgemeinen* nicht eingreifen, da uns die möglichen Auswirkungen bekannt sind. Unser Engel greift nur dann ein, wenn es außerhalb unserer Seelenkräfte liegt, die Folgen zu überschauen. Somit ist auch klar, dass der Engel eines Kleinkindes besonders wachsam sein muss und oftmals eingreifen wird, um es vor drohenden Gefahren, die es noch nicht zu erkennen vermag, zu bewahren.

Viele Menschen verlieren spätestens dann den Glauben an ihren Schutzengel – und manchmal auch an Gott –, wenn sie ein schwerer Schicksalsschlag ereilt. In einem solchen Fall sollte man sich zunächst einmal klarmachen, dass es gute Gründe hatte, dass der Engel es nicht verhindert hat – auch wenn es meistens schwer einzusehen ist. Aber auch dann hilft er dem Menschen. Er kann ihm die Kraft und die Stärke geben, das Schicksal anzunehmen und ertragen zu können. Vielfach ist es so, dass er ihm andere Menschen schickt, die ihm wieder Hoffnung und Lebensfreude schenken können. Manchmal macht er diese Menschen auch auf Bücher oder Filme aufmerksam, aus denen sie neuen Mut schöpfen können.

Wir wollen uns nun die Frage vorlegen, woher unser Engel überhaupt wissen kann, dass uns Gefahren drohen, vor denen er uns bewahren muss und will, weil sie *nicht* in unserem Schicksal liegen. Kann er in die Zukunft schauen? Bevor wir diese Frage klären, wollen wir zunächst ein Beispiel aus dem ganz alltäglichen Leben betrachten, welches das, was im Folgenden erläutert werden soll, zumindest vergleichsweise abbildet.

Stellen Sie sich eine Mutter vor, die gerade beobachtet, dass ihr – sagen wir – sechsjähriges Kind auf einen Stuhl gestiegen ist, um mit einem Feuerzeug die Kerzen am Weihnachtsbaum zu entzünden. Innerhalb kürzester Zeit werden der Mutter jetzt einige mögliche Szenarien, also Situationen, die eintreten *könnten*, durch den Kopf schießen: Mein Kind könnte sich die Finger verbrennen. – Es könnte vom Stuhl fallen und sich verletzen. – Der Weihnachtsbaum könnte Feuer fangen. – Das ganze Zimmer könnte in Flammen aufgehen. – usw. Jedes dieser Ereignisse *könnte* eintreten. Die Mutter weiß aufgrund ihrer Lebenserfahrung, was jetzt alles passieren *könnte*, wenn sie ihr Kind gewähren ließe. Wenn sie nun ihrem Kind zutraut, die Kerzen zu entzünden, so wird sie ihm vielleicht sagen, dass es vorsichtig sein soll, es aber nicht von seinem Vorhaben abhalten. Allerdings wird sie in seiner Nähe bleiben, um notfalls helfend eingreifen zu können. Wenn sie es ihrem Kind nicht zutraut, wird sie es auffordern, von dem Vorhaben abzulassen.

So ähnlich ist das auch im Großen, wenn wir unser Leben mit allem, was wir machen oder unterlassen, betrachten.

Wenn man etwas intimer und genauer auf sein alltägliches Leben schaut, so wird einem aufgehen, wie vielen Erlebnissen und Begebenheiten man Tag für Tag *entgeht*. Jeden Tag erwarten uns unzählige Ereignisse, die eintreten *könnten*. Die meisten treten eben deshalb nicht ein, weil wir bestimmte Dinge zu ganz *bestimmten Zeitpunkten* machen – oder aber, weil wir sie unterlassen. Alles, was wir in unserem Leben ganz konkret und höchst real erleben und erfahren, ist nur ein Bruchteil dessen, was wir erleben und erfahren *könnten*. Also, das Spektrum der wirklich in unserem Leben eingetretenen Ereignisse ist geradezu armselig gegenüber der ungeheuren Summe derjenigen, die *möglich* gewesen wären. Wir könnten unendlich viel mehr erleben, als wir letztlich *wirklich* erleben. »Wenn wir uns ein bisschen mit einem Gefühl davon durchdringen, was für ein kleiner Teil die Welt der physischen Wirklichkeiten von dem ist, was wir erleben könnten, wie unsere Welt der Erlebnisse nur ein herausgeschnittenes Stück der Möglichkeiten ist, dann kann uns das den ungeheuren Reichtum, das Sprudelnde des geistigen Lebens nahelegen, das hinter unserem physischen Leben ist.«[117]

Wir müssen Tag für Tag tausendfach Entscheidungen treffen! Je nachdem, welche Entscheidung letztlich zum Tragen kommt, erleben wir jeweils *eine* ganz konkrete Wirklichkeit. Oft sind es *scheinbar* recht banale Wahlmöglichkeiten, die wir mehr unbewusst treffen, ohne darüber nachzudenken, wie etwa: Was ziehe ich heute an? Was, wann und wo esse ich heute? Möchte ich mich heute mit meinem Freund treffen oder bleibe ich lieber daheim? Wann und wohin fahre ich heute mit dem Auto? Mache ich jetzt dieses oder jenes?

In den meisten Fällen sind dann unsere tatsächlichen Erlebnisse, die wir aufgrund der von uns gefällten Entscheidung als Wirklichkeit erfahren, nicht sehr viel anders als die, die im Bereich der Möglichkeiten verschleiert bleiben, die wir also nur dann als Wirklichkeit erlebt hätten, wenn wir uns anders entschieden hätten. Aber sie sind anders! Und in manchen Fällen können sie völlig anders – vielleicht sogar dramatisch anders – sein. Das möge ein einfaches Beispiel verdeutlichen: Stellen Sie sich vor, Sie müssen mit dem Auto irgendwohin fahren. Jeder Augenblick, den Sie früher oder später losfahren, führt Sie in eine andere Wirklichkeit. Das Gleiche gilt, falls Sie irgendeine andere Strecke fahren als die, welche Sie üblicherweise wählen. Fahren Sie etwa – sagen wir – um 8 Uhr los, geschieht vielleicht nichts Besonderes, nichts Ungewöhnliches. Vermutlich passiert auch nichts Bemerkenswertes, wenn Sie eine andere Startzeit wählen. Dennoch erleben Sie dadurch eine jeweils andere Wirklichkeit, auch wenn diese sich nicht sehr von der unterscheidet, die Sie erleben, wenn Sie um Punkt 8 Uhr starten.

Nun kann es aber durchaus so sein, dass Sie in Abhängigkeit von der Abfahrtszeit oder der gewählten Strecke sehr wohl etwas ganz Besonderes erleben, dass Sie durch diese Konstellation eine Wirklichkeit erleben, die für Sie sehr unangenehm, aber auch sehr erfreulich werden könnte. Starten Sie etwa eine Minute – oder auch vielleicht nur ein paar Sekunden – früher, werden Sie möglicherweise in einen schweren Unfall verwickelt. Fahren Sie eine Minute später, lernen Sie vielleicht einen Menschen kennen, der sich für Ihr weiteres Leben als sehr wichtig erweist. Starten Sie fünf Minuten später, werden Sie vielleicht auf irgendetwas aufmerksam, wodurch sie eine Anregung bekommen, die sich für Sie als sehr wertvoll herausstellt. Wählen Sie für Ihre Fahrt eine andere Strecke, sehen Sie womöglich am Straßenrand einen schwerverletzten Menschen, dem Sie nun helfen und dessen Leben Sie retten können. Diese Varianten könnte man fast endlos fortsetzen. Alle diese Möglichkeiten sind in gewisser Weise sehr real. Sie können aber in Abhängigkeit von der Entscheidung, die Sie getroffen haben, nur *eine* als Wirklichkeit erfahren. Alle anderen bleiben Ihnen verborgen. Unser Bewusstseinshorizont ist zu klein, um diese möglichen Konsequenzen zu überblicken. Sie bleiben eine Fiktion.

Jetzt kommt der Punkt, der für uns Menschen nur sehr schwer zu begreifen ist: Im Bewusstsein der Engel sind die *möglichen* Ereignisse ebenso ausgebreitet wie die *tatsächlichen*. Diese sind für sie genauso real! Die Engel können sie in vollem Umfang überschauen. Sie können also – um im obigen Beispiel zu bleiben – genauestens überblicken, welche Wirklichkeit Sie in Abhängigkeit von dem Zeitpunkt, zu dem Sie losfahren, sowie der Strecke, die Sie wählen, erleben werden. Anhand eines konstruierten Beispiels soll das Eingreifen der Schutzengel noch einmal verdeutlicht werden:

Nehmen Sie einmal an, ein Mann hätte sich – wie an nahezu jedem Werktag – dazu entschieden, um Punkt 7 Uhr auf seiner Standardstrecke mit dem Auto zur Arbeit zu fahren. Sein Engel *weiß* nun um zwei wichtige Dinge: Zum einen kennt er die Schicksalsnotwendigkeiten seines Schutzbefohlenen, und zum anderen weiß er, welche Wirklichkeit der Mann erfahren würde, falls er seine Entscheidung in die Tat umsetzt. Nun könnte es beispielsweise so sein, dass er einen schweren Unfall erleidet, durch den er sehr schwer verletzt würde, falls er um Punkt 7 Uhr die gewählte Strecke fahren sollte.

Nun gibt es zwei Möglichkeiten: Es liegt im Schicksal des Mannes, schwer verletzt zu werden. Dann hätte diese Unfallfolge einen guten Sinn für den Mann, auch wenn ein Mensch das kaum verstehen kann. In diesem Fall würde der Engel natürlich nicht eingreifen, damit der Mann sein notwendiges Schicksal leben kann.

Wenn ein solcher Unfall mit seinen Folgen aber nicht zu den Schicksalsnotwendigkeiten des Mannes gehört, wird sein Engel alles tun, um ihn zu verhindern.

Das Schicksal eines jeden Menschen ist verwoben mit denen vieler anderer Menschen. Natürlich muss es in einem solchen Fall wie dem eben geschilderten auch zu den Schicksalsnotwendigkeiten des Unfallgegners gehören, einen Unfall zu erleiden. Da müssen sich also beide Schutzengel in gewisser Weise beraten. Es wäre ja etwa auch denkbar, dass der andere am Unfall Beteiligte sich nicht oder nur leicht verletzt. Dennoch wäre es für ihn ein Schock. Also, es muss alles zusammenpassen, es muss alles sorgfältig aufeinander abgestimmt werden. Welcher Weisheit und Weitsicht solche Planungen bedürfen, übersteigt unser Vorstellungsvermögen.

Man macht sich im Leben normalerweise ja nie so richtig klar, welche Folgen und Auswirkungen etwa an einem Unglücksfall mit tödlichem Ausgang hängen, je nachdem, ob er wirklich eintritt oder aber nur im Bereich der Möglichkeiten verschleiert bleibt. Stellen Sie sich etwa vor, ein Mann hätte vor einigen Jahrzehnten, als er frisch verheiratet und noch in seinen jungen Jahren war, ein Flugzeug verpasst, weil er beispielsweise auf dem Weg zum Flughafen in einen Stau geraten ist. Nun stürzt das Flugzeug, das ohne ihn losflog, ab. Hätte er das Flugzeug erreicht, wäre er unter den Toten gewesen. Da ihm also dieses Schicksal erspart geblieben ist, konnte er sein Leben weiterführen. Er bekam Kinder und später Enkel. Alle diese Nachkommen wären niemals *in dieser Form* auf der Erde erschienen, wenn er damals den Flieger erreicht hätte. Was haben nun diese Nachkommen – und natürlich auch er selbst – in all dieser Zeit an Taten und Handlungen in die Welt geschrieben! Wie hat sich durch ihre Existenz das Karma der Welt verändert! Wäre er bei dem Absturz ums Leben gekommen, hätte seine Frau vielleicht erneut geheiratet und dann ›andere‹ Kinder bekommen. All diese Schicksalsfäden, die diese gesponnen hätten, sind heute in der Welt nicht vorhanden. Das Spektrum der wirklich eingetretenen Ereignisse ist geradezu armselig gegenüber dem Spektrum derjenigen, die möglich gewesen wären. In unserer heutigen Zeit scheinen immer mehr Menschen ein Gespür für diese Thematik zu bekommen, was man nicht zuletzt daran ablesen kann, dass in den letzten Jahren einige Romane und Filme entstanden sind, die diese aufgreifen.

Auf welche konkrete Art und Weise unser Engel uns führt und uns vor einem Unglück bewahren kann, werden wir im Folgenden erläutern.

3.8.5.2   Begegnung mit Menschen aus unserem Schicksalskreis

Wie wir insbesondere in Kapitel 6 ausführlich schildern werden, gehörte es im Leben nach unserem letzten Tod in der geistigen Welt zu unseren Aufgaben, unser derzeitiges Erdenleben zu planen und vorzubereiten. Das war uns nur möglich, weil wir in dieser Zeit eine ungleich größere Weisheit und Weitsicht hatten, als das im Erdenleben der Fall ist. Dennoch hätten wir diese äußerst komplexen Planungen niemals *allein* bewerkstelligen können. Unser Engel und auch Engel der höheren Reiche sowie die Seelen der Menschen, die zu unserem Schicksalskreis gehören, haben uns dabei kräftig unterstützt. In dieser Zeit war uns bewusst, mit welchen Menschen wir aus einer karmischen Notwendigkeit heraus in diesem Leben zusammenkommen müssen. Insbesondere haben wir uns in dieser Zeit schon gewissermaßen mit der Individualität, die unser Ehe- oder Lebenspartner werden soll, ›verabredet‹. So ist auch das Sprichwort zu verstehen: *»Ehen werden im Himmel geschlossen, aber auf Erden gelebt.«*

Nun ergibt sich aber ein großes Problem: Wir können uns an unser letztes Erdenleben und an das, was wir uns in der geistigen Welt vorgenommen haben, bevor wir durch die Geburt ins erneute Erdenleben getreten sind, nicht mehr erinnern. Somit haben wir auch keine Ahnung, dass irgendwo auf der Erde ein Mensch lebt, mit dem wir zusammenkommen müssen. Jetzt kommt uns unser Schutzengel zu Hilfe, der für uns den Zusammenhang zwischen unseren Inkarnationen festhält und der weiß, dass wir *diesem* Menschen begegnen müssen. Er wird uns auf eine sehr subtile und für uns kaum wahrnehmbare Art mit diesem Menschen zusammenbringen. In den wohl meisten Fällen müssen sich die Engel zweier Menschen – trivial gesprochen – ›absprechen‹ und einen gemeinsamen Plan entwerfen, damit diese beiden zusammenkommen können.

Es ist ja häufig so, dass wir unsere Ehepartner oder auch unsere Freunde auf scheinbar sehr merkwürdigen und geradezu verworrenen Wegen kennengelernt haben. In vielen Fällen war es wirklich unser Engel, der uns mit diesen Menschen zusammengeführt hat. Da wir das nicht bemerken, neigen wir natürlich zu der Auffassung, dass es sich entweder um unsere eigene Entscheidung oder aber um eine ›Verkettung von Zufällen‹ gehandelt hätte, wenn wir etwa unseren Ehepartner oder besten Freund auf ›wundersame Weise‹ kennengelernt haben oder wenn wir uns doch dazu entschlossen haben, eine bestimmte Arbeitsstelle anzunehmen, obwohl wir eigentlich mit einer ganz anderen geliebäugelt haben.

Zufälle gibt es nicht! Wenn irgendetwas geschieht, für das es keine Ursache zu geben *scheint*, etwas, das man sich nicht erklären kann, ist man geneigt, von einem »Zufall« zu sprechen. Es geschieht allerdings *niemals* etwas, für das es keine Ursache gibt. Nur sind diese in den höheren Welten, im Wirken geistiger Wesen zu finden. Dort werden die meisten aber nicht suchen, weil sie nicht an etwas Geistiges glauben. Selbst wenn man dort suchen würde, so würde es ein nicht-hellsichtiger Mensch auch kaum finden können. Er könnte es höchsten erahnen.

Auch wenn es darum geht, unsere Lebensaufgabe anzupacken, von der wir ja ebenfalls nichts mehr wissen, ist unser Engel wieder bereit, uns den einen oder anderen zarten ›Schubser‹ zu geben. Ein einfaches gleichnishaftes Beispiel aus dem Erdenleben kann vielleicht verdeutlichen, wie unser Engel uns dabei unterstützt, unsere Lebensaufgabe erkennen und ergreifen zu können. Stellen Sie sich einen Mann vor, der nach reiflicher Überlegung den Entschluss gefasst hat, in seiner Heimat alle Zelte abzubrechen, um in einem fremden Land neu anzufangen. Sein Plan ist es, sich dort ein Häuschen zu kaufen und Schafe zu züchten. Nun hat der Mann aber ein Problem: Sein Kurzzeitgedächtnis ist nicht das beste. Er vergisst viele Dinge wieder sehr schnell – so wie das etwa bei einer Demenzerkrankung der Fall sein kann. Jetzt kommt er in dem fremden Land an. Er kann sich aber gar nicht mehr so richtig erinnern, was er hier wollte. Nun gibt es zwei Möglichkeiten: Entweder führt er jetzt ein recht unorientiertes, vielleicht sogar chaotisches Leben und fragt sich andauernd nach dem Sinn seines Aufenthaltes in der Fremde – oder er hat Glück! Das Glück bestünde nun darin, dass er einen Freund zur Seite hat, der ihn immer wieder einmal ganz vorsichtig daran erinnert, welche Ziele er mit seiner Auswanderung verbunden hat. Der Freund würde ihm aber niemals vorschreiben, was er zu machen hat. Er würde ihn nur ganz behutsam an seine *eigenen* Absichten erinnern und nicht enttäuscht sein, wenn der andere diese Anregungen verwerfen würde.

Fragen wir uns noch, wie wir bemerken können, dass unser Engel uns vor etwas bewahren oder zu etwas führen will. Natürlich dürfen wir nicht erwarten, dass er in einer Weise zu uns spricht, dass es unsere Ohren vernehmen könnten. Man darf also nicht annehmen, dass ein Engel den Menschen in einer grobschlächtigen Weise vor einem Unglück bewahren oder die notwendige Begegnung mit einem anderen Menschen arrangieren würde, so dass man es ganz unmissverständlich erkennen könnte. Er führt den Menschen vielmehr auf eine äußerst zarte und subtile Weise, so dass es jederzeit möglich ist, sich gegen seine ›Eingebungen‹ zu entscheiden oder – was leider häufig vorkommt – sie gar nicht erst wahrzunehmen.

Wenn man auf sein Inneres sorgfältig achtgibt, ist es vielleicht gar nicht einmal ganz so schwierig, das Wirken seines Engels zu bemerken. Es gibt besondere Situationen im Leben, in denen man etwas wahrnehmen kann, was man üblicherweise nicht wahrnimmt. Wir wollen es zunächst einmal ganz pauschal ein ›Etwas‹ nennen. Dieses Etwas kann ein Gedanke, eine Idee, ein Geistesblitz, eine innere Stimme oder ein Impuls sein, der einem empfiehlt, etwas Bestimmtes zu tun oder zu unterlassen. Oft nimmt man es auch als ein Gefühl oder eine Empfindung wahr, die sich von den Gefühlen und Empfindungen, die man gewöhnlich hat, unterscheiden, die eine ganz andere Qualität und Intensität haben. Diese Eingebungen kommen fast immer ganz urplötzlich und unvermittelt und haben meistens mit dem, was man gerade gedanklich bewegt hat, nichts zu tun. Manchmal erscheinen sie einem sogar unsinnig oder zumindest unlogisch zu sein. Sie können aber eine solche Kraft und Eindringlichkeit haben, dass man sie meistens befolgen wird.

Kommen wir noch einmal auf das Beispiel mit dem Mann, der mit dem Auto zur Arbeit fahren möchte, zurück. Sollte sein Engel erkennen, dass dieser, falls er wie üblich um Punkt 7:00 Uhr losfahren und seine Standardstrecke wählen würde, in einen schweren Unfall, der nicht in seinem Karma liegt, geraten würde, hätte er unzählige Möglichkeiten, das zu verhindern. So könnte er etwa dem Mann den Gedanken eingeben, etwas eher oder auch ein wenig später loszufahren. Er könnte ihm die Idee vermitteln, heute mal eine andere Strecke zu wählen. Er könnte dafür sorgen, dass der Mann etwas Wichtiges vergisst, was er kurz nach dem Verlassen des Hauses bemerkt, so dass er noch mal ins Haus zurück muss, um es zu holen. Es gäbe etliche weitere Möglichkeiten, den Unfall und somit die schweren Verletzungen zu verhindern.

Auch etwas Ähnliches wie das, was in der folgenden kleinen Geschichte berichtet werden soll, haben viele Menschen schon erlebt: Eine Frau saß am Steuer ihres Autos, mit dem sie in angemessener Geschwindigkeit über eine Landstraße fuhr. Weit und breit war kein anderes Fahrzeug zu sehen. Die Straßen- und Witterungsverhältnisse mahnten ebenfalls nicht zu besonderer Vorsicht. Plötzlich durchzuckte die Frau ein ›Impuls‹, der ihr einzugeben schien, langsamer zu fahren. Obwohl es keine erkennbare Veranlassung gab, trat sie leicht auf die Bremse. Unmittelbar danach sah die Frau, dass wenige Meter vor ihr ein Auto aus einem kleinen Seitenweg, den sie vorher nicht sehen konnte, ohne auf die Vorfahrt zu achten, in die Hauptstraße einbog, auf der sie fuhr. Hätte die Frau nicht leicht gebremst, wäre sie voll mit diesem Fahrzeug kollidiert!

Oftmals ist es auch so, dass unser Engel uns einen Impuls gibt, während wir im Schlaf mit ihm zusammen sind. Wenn wir eine wichtige Frage, die uns bewegt, ›überschlafen‹ haben, finden wir am nächsten Tag häufig die richtige Antwort, die zu einer angemessenen Entscheidung führen kann. Diese Impulse des Engels können auch im Traum in bildhaft verschleierter Form auftauchen. Charakteristisch für solche Träume ist, dass man sich am nächsten Tag noch gut an sie erinnern kann und dass sie einen nicht loslassen wollen. Man ahnt häufig, dass in diesen Träumen eine verschlüsselte Botschaft enthalten war, die man allerdings oftmals nicht zu verstehen vermag.

In eher seltenen Fällen kann der Schutzengel uns auch auf eine etwas ›gröbere‹ Weise einen Wink geben. So gibt es hin und wieder Situationen, in denen ein Mensch von außen – also mit seinen physischen Ohren – eine Stimme hört, die ihn auf etwas aufmerksam macht oder hinweist. Meistens sind das nur wenige Worte, nur ein Satz. Das Gesagte mag dem Betreffenden durchaus sonderbar und ohne einen Zusammenhang mit dem erscheinen, was er gerade in seinem Bewusstsein hat. Es kann nun so sein, dass der ›Sprechende‹ gar nicht zu sehen ist. Manchmal tritt er aber auch in Form eines normalen Menschen auf, der von seinem Engel inspiriert wurde, dem anderen etwas Bestimmtes zu sagen. Womöglich kann sich dieser gar nicht erklären, was und warum er das dem anderen gesagt hat.

Die Möglichkeiten, die ein Engel hat, um etwa einen Menschen vor einem Unglück, das nicht in seinem Karma liegt, zu bewahren, sind äußerst mannigfaltig. Über einen besonders eindrucksvollen Fall, der deutlich zeigt, wie manchmal sogar eine ganze Reihe *scheinbar* zufälliger und oftmals ganz banaler Ereignisse eintreten *muss*, damit durch das Engelwirken einem Menschen ein karmisch nicht notwendiges Schicksal erspart bleiben kann, berichtet Guide Josef durch die Stimme von Frau Hierke-Sackmann: *»Nehmen wir als Beispiel das World Trade Center. Hier spielten* [am 11. September 2001] *ungeheuer viele Einzelheiten eine Rolle. Als Beispiel nehmen wir den Fall Peter Miller* [Name hier geändert]. *Er sollte pünktlich um 9.45 Uhr im WTC an einer Verhandlung über Schuhkäufe teilnehmen. Üblicherweise ist Peter ein sehr gewissenhafter Mann. Er kommt nie zu spät und so sollte es auch an diesem Tag sein. Er stand sehr früh auf und da er sich gerne etwas Zeit nahm für seine Toilette und sich gerne ausgiebig vorbereitete, war er auch an diesem Morgen sehr früh mit seiner Toilette fertig. Doch an diesem Morgen fand er seinen linken Schuh nicht, der war einfach weg. Dann stellte er fest, dass sich ein Eichhörnchen gerade an den Schnür-*

bändern seines Schuhes vergnügte. Er fand das Tier an seinem Schuh nagend im Schlafzimmer. Es war durch das offene Fenster eingedrungen. Die Jagd nach dem Tier und das Suchen nach passenden, neuen Schnürsenkeln hatten Miller 25 Minuten seiner Zeit gekostet. Er rief ein Taxi an, das ihn üblicherweise zur Arbeit brachte. Doch wenig später rief das Taxi-Unternehmen an, es bat ihn, die Subway zu nehmen. Das Taxi, das unterwegs war, hatte Probleme mit dem Kühler und sei liegen geblieben. Also eilte er zur Subway-Station. Auf halbem Wege bemerkte er, dass er seine Papiere liegen gelassen hatte. Also lief er zurück.

Normalerweise wäre er zu diesem Zeitpunkt schon im WTC gewesen, um sich auf die Sitzung vorzubereiten. Er rief seine Sekretärin an, um ihr mitzuteilen, dass er sich verspäten würde und um sie zu bitten, ihn bei seinen Verhandlungspartnern zu entschuldigen.

In diesem Augenblick stürzte das erste Flugzeug ins WTC. Alles dies geschieht in feinster Abstimmung unendlich vieler Bewusstseinseinheiten.

Es war nicht Millers Plan zu sterben oder auch nur verletzt zu werden. Vom Eichhörnchen, das plötzlich das absurde Bedürfnis verspürte, in das Fenster einzusteigen und dann an Millers Schuh zu nagen bis hin zum Taxifahrer, der vor Tagen versäumt hatte, nach dem Kühlwasser zu sehen und dann exakt genau so viele Fahrten machte, dass der Kühler genau zur vorbestimmten Zeit anfing zu kochen, waren sämtliche Impulse aller Beteiligten aufeinander abgestimmt bis hin zu Millers Fehler, seine Brieftasche zuhause liegen zu lassen. Hätte auch nur ein Detail nicht gestimmt, wäre Miller noch rechtzeitig gekommen, um am Unglück teilzunehmen. Hätte er nicht den Impuls gehabt, das Fenster zu öffnen, wäre das Eichhörnchen nicht eingestiegen. [...] Hätte der Taxifahrer auch nur eine einzige Fahrt mehr oder weniger gemacht, wäre er nicht zu dieser Minute im Verkehr liegen geblieben usw. [...] Jedes Detail dieses Zeitablaufes war festgelegter Plan.«[118]

Wir sollten uns viel öfter bewusst machen, dass unser Schutzengel, unser ›unsichtbarer Freund‹ immer an unserer Seite ist, insbesondere wenn wir vor oder in einer entscheidenden Situation in unserem Leben stehen. Er ist immer bereit, uns zu helfen. Natürlich darf man das nicht – wie bereits erwähnt – so trivial auffassen, als ginge es ihm ausschließlich darum, uns vor Schaden und schlimmen Erfahrungen zu behüten. Vor solch unangenehmen Erlebnissen wird er uns nur dann bewahren, wenn diese nicht in unserem Karma liegen. Aber auch wenn er uns eine schlimme Erfahrung nicht ersparen kann, so kann er uns Kraft, Mut und Stärke verleihen, dass wir Lebenskrisen mit Gelassenheit und Vertrauen durchstehen können. Wenn wir das soweit annehmen können, sollten wir uns viel häufiger mit Gedanken der Dankbarkeit und der Liebe an unseren Engel wenden. Es ist für ihn sehr wichtig, dass er sich von uns angenommen weiß. Viele Menschen haben es sich zu einer schönen und durchaus empfehlenswerten Gewohnheit gemacht, ihrem Engel abends vor dem Einschlafen für seine Begleitung und schützende Kraft zu danken.

Wenn Sie einmal die Muße haben, können Sie sich ja vielleicht die Zeit nehmen und darüber sinnieren, in welchen Situationen *Ihres* Lebens *Ihr* Engel inspirierend eingegriffen haben könnte.

Wenn wir auf die oben skizzierte Weise vor einem Unglück bewahrt oder zu einer karmisch notwendigen Begegnung mit einem anderen Menschen geführt werden, so muss es sich übrigens *nicht unbedingt* um das Wirken unseres Engels handeln. Wie wir in Kapitel 7 (☞ S. 350ff.) noch sehen werden, kann es in manchen Fällen auch von der Seele eines Verstorbenen aus unserem Schicksalskreis bewirkt worden sein, der auch – genau wie ein Engel – die *möglichen* Ereignisse bis zu einem gewissen Grad zu überblicken vermag.

Wenn wir beispielsweise in unserem Leben erstmals einen für uns wichtigen Menschen, der mit uns karmisch verbunden ist, treffen, so muss es sich nicht unbedingt um unseren persönlichen Engel oder einen Verstorbenen handeln, der die Begegnung arrangiert hat. Es können unsere *Neigungen* sein, die wir als eine karmische Wirkung mit ins Leben gebracht haben, durch welche die *Gelegenheiten* herbeigerufen werden, die unser Schicksal bilden können. Jeder Mensch bringt einen unbewussten Drang mit ins Erdenleben, sein Karma ausleben zu können. Dieses unbewusste Gefühl kann als *»spiritueller Hunger«* bezeichnet werden.[119] Dieser Hunger drängt ihn unbewusst in die Situationen, die ihn zu karmisch notwendigen Ereignissen, Erlebnissen oder Erfahrungen führen können. Der Engel bzw. ein Verstorbener braucht also häufig nur noch einen ganz kleinen Anstoß zu geben. Das kann einem durchaus plausibel erscheinen, wenn man bedenkt, wie stark es doch von unseren Neigungen oder Interessen abhängig ist, mit welchen Menschen wir verkehren, wie wir mit ihnen umgehen, welche Orte oder Veranstaltungen wir aufsuchen usw.

An dieser Stelle sei noch kurz erwähnt, dass kleine Kinder im Vorschulalter noch eine ganz enge, natürliche und völlig unverkrampfte Beziehung zu ihrem Engelwesen haben, die häufig sogar die Bewusstseinsschwelle überschreitet. Sicherlich haben auch Sie schon einmal ein Kind dabei beobachtet, wie es sich mit einem Menschen oder einem Tier angeregt zu unterhalten scheint. Dieser Kommunikationspartner ist nur für das Kind wahrnehmbar, ein erwachsener Durchschnittsmensch kann ihn weder sehen noch hören. Die Psychologen nennen dieses vermeintliche ›Phantom‹ »unsichtbarer Freund« oder »unsichtbarer Spielkamerad«. Natürlich mag es sich in manchen Fällen wirklich um eine Fiktion handeln. In vielen Fällen ist es aber in der Tat der Schutzengel oder ein anderes geistiges Wesen – vielleicht auch die Seele eines verstorbenen Menschen aus dem Lebensumfeld des Kindes –, welches das Kind wahrzunehmen vermag. Diese Fähigkeit, eine natürliche Verbindung mit einem Engelwesen zu pflegen, verliert das Kind in den weitaus meisten Fällen, wenn es etwas älter wird. Es verliert sie umso eher, je eindringlicher die Eltern oder andere Menschen ihm einreden, er habe lediglich eine blühende Phantasie und ihm weismachen wollen, es gäbe weder Engel noch Geister.

3.8.6   Karma und Freiheit – kein Widerspruch!

Nach allem bisher Gesagten *scheinen* das Gesetz vom Karma und die damit eng verbundene individuelle Lebensaufgabe mit der menschlichen Freiheit nur schwer vereinbar zu sein. Man könnte den Eindruck gewonnen haben, dass letztlich alles vorherbestimmt wäre. Dass Karma und Freiheit sich nicht widersprechen, soll im Folgenden zu zeigen versucht werden.

Es könnte etwa der Anschein erweckt worden sein, dass man in seinem ganzen Leben zu kaum noch etwas anderem kommen könne, als seine karmischen Wirkungen aus früheren Leben ›auszubaden‹. Das ist aber ganz gewiss nicht der Fall. Das wäre ja geradezu so, wie wenn ein Bauer im Spätsommer und Herbst nichts anderes mehr täte, als das zu ernten, was er im Frühjahr ausgesät hat. Selbstverständlich wird dieser auch noch ganz andere Dinge tun. Er wird etwa schon die Saat für das nächste Jahr vorbereiten, seine landwirtschaftlichen Maschinen warten und vieles mehr.

So ist es auch insgesamt im Leben eines Menschen. Jeder Mensch hat Tag für Tag aus seiner menschlichen Freiheit heraus die Möglichkeit, Handlungen zu begehen oder Erfahrungen zu machen, die nicht karmisch bedingt sind, sondern einen ganz neuen Einschlag in seinen ewigen Lebenslauf bringen. Diese neue, karmisch unverursachte, aus freiem Willen entsprungene Tat stellt dann karmisch gesehen eine neue, erste Ursache dar. Diese wird dann in einem weiteren Leben natürlich eine karmische Wirkung nach sich ziehen, die je nach Art der Tat als etwas Positives oder aber etwas Negatives auftreten wird. Wenn jemand Disteln sät, kann er natürlich nicht erwarten, Rosen ernten zu können. Im Erdenleben eines jeden Menschen treten fortwährend Ereignisse und Erlebnisse auf, die nichts mit seinen Verdiensten oder Verschuldungen in einem früheren Leben zu tun haben. Solche Ereignisse und Erlebnisse finden dann in der Zukunft ihren karmischen Ausgleich.

Natürlich kann der Mensch denjenigen Ereignissen im Allgemeinen nicht entgehen, die eine notwendige karmische Wirkung von Handlungen aus früheren Leben darstellen, seien es positive oder negative. Aber auch in diesem Fall darf man nicht von der Annahme ausgehen, als griffe das Karmagesetz wie eine mathematische Funktion. Der folgende Schluss ist eben *nicht* zulässig: Wenn Handlung x als Ursache veranlagt wurde, dann tritt genau Ereignis y zum Zeitpunkt t als karmische Wirkung ein. Weder der genaue Zeitpunkt, wann diese Wirkung eintrifft, noch das konkrete Ereignis, das die Wirkung repräsentiert, sind voraussagbar, sondern sehr stark von den Bedürfnissen und Lebensbedingungen der jeweiligen Individualität abhängig.

Betrachten wir zur Verdeutlichung ein vergleichendes Beispiel aus dem Alltagsleben. Stellen Sie sich einen Mann vor, der eine Frau auf das Übelste beleidigt. Mit dieser Tat legt er eine Ursache, die ihn früher oder später in irgendeiner Form als Wirkung treffen wird. Nun gibt es aber doch wohl die unterschiedlichsten Möglichkeiten, *wann* und *auf welche Art* ihn diese Wirkung treffen kann. Die möglichen Reaktionen sind zwar nicht mehr unbedingt dem freien Willen des Mannes unterstellt, den er in gewisser Weise durch seine Beleidigung schon missbraucht hat, sehr wohl aber sind sie dem freien Willen der Frau unterstellt. Es könnte sein, dass die Frau ihn umgehend heftig beschimpft. Es könnte sein, dass sie ihm sofort eine schallende Ohrfeige versetzt. Genauso gut wäre es möglich, dass die Frau einfach wortlos geht und den Mann wegen Beleidigung verklagt. Des Weiteren wäre denkbar, dass der Mann ein paar Tage später von dem Gatten der Frau eine Tracht Prügel bezieht. Natürlich könnte die Wirkung auch darin bestehen, dass ihn die Menschen, die von seiner Beleidigung Kunde erhalten haben, zukünftig meiden. Zehn Seiten dieses Buches reichen nicht aus, um alle denkbaren Wirkungen aufzählen zu können. Sicher ist, dass der Mann die Wirkungen seiner Tat zu spüren bekommt. Es ist aber keineswegs sicher, wann oder wie das geschehen wird. Selbst der Verursacher hätte noch in einem gewissen Rahmen durch seinen freien Willen die Möglichkeit, die Wirkung abzumildern oder in eine ganz andere Richtung zu lenken, indem er sich beispielsweise bei der Frau aufrichtig entschuldigt.

Dass ein Mensch sich dadurch, dass ihn ein Ereignis als karmische Wirkung trifft, unfrei fühlen könnte, liegt nur an der fehlenden Erinnerung. Könnte er sich an seine Tat aus dem früheren Leben erinnern, so wäre es unsinnig, wenn er sich dadurch unfrei fühlen würde. Schließlich hat er aus eigenem Antrieb etwas getan, was eine Auswirkung nach sich ziehen *muss*. Wenn er sich dadurch unfrei fühlen würde, wäre es genauso, wie wenn er sich beispielsweise entschlossen hätte, nach Amerika zu fliegen, und sich dann, dort angekommen, unfrei fühlen würde, weil er nicht innerhalb kürzester Zeit wieder gemütlich im heimischen Wohnzimmer sitzen könnte.

Es kann bisweilen auch möglich sein, dass einem Menschen eine unangenehme karmische Wirkung dadurch erspart bleibt, dass die alte karmische Ursache gewissermaßen ausgeglichen wird, indem er aus freien Stücken eine besonders gute Tat vollbringt, die für andere Menschen einen Segen bedeuten kann. In diesem Sinne kann man auch die Bitte aus dem *Vaterunser* verstehen: *»Und führe uns nicht in Versuchung.«* Das griechische Wort im Originaltext kann nicht nur mit »Versuchung«, sondern auch mit *»Prüfung«* übersetzt werden, also: *»Und führe uns nicht in die* (karmische) *Prüfung.«* Wir können also den Vatergott bitten, dass wir einen Impuls und die Kraft erhalten, eine solche wertvolle Handlung in die Welt zu stellen, damit uns die eine oder andere harte karmische Erfahrung dadurch erspart bleibt.[120]
In eher seltenen Fällen kann es sogar so sein, dass sich die Seele – natürlich zwar unbewusst, aber doch mit aller Macht – in einem Erdenleben sträubt, die notwendigen

karmischen Wirkungen auszuleben, weil sie vielleicht spürt, dass ihr dazu die Kraft oder der Mut fehlen. Nach dem Tod wird die Seele dieses Ausweichen als ein Manko erkennen, und sie muss es in einer späteren Inkarnation nachholen. In einem solchen Fall würde also die Erfüllung des Karma nur verschoben werden, was sich im Allgemeinen negativ auf den Entwicklungsprozess auswirken dürfte. **»Wir können gewissermaßen dadurch, dass wir unser Karma in einer bestimmten Inkarnation nicht erkennen, dadurch, dass wir uns dagegen sträuben, dieses Karma verschieben auf eine spätere Inkarnation. Aber in uns war es doch, es war darinnen in uns. Aus dem einen Leben wischen wir dann gleichsam das Karma weg, weg aus den Geschehnissen des Lebens, die sich zwischen Geburt und Tod abspielen.«**[121]

Wie schaut es mit der Vorherbestimmung in Bezug auf die Lebensaufgabe aus? Stellen wir uns als Beispiel vor, eine Seele habe sich vor einer erneuten Inkarnation vorgenommen, etwas Soziales, etwas zum Wohle anderer Menschen zu tun. Ja, wie viele Möglichkeiten hat sie da in einem Leben, diese Aufgabe zu erfüllen! Der Mensch, in den die Seele einzieht, könnte sich beispielsweise dazu entschließen, Arzt, Krankenschwester, Erzieher, Altenpfleger, Seelsorger oder dergleichen zu werden, um in dieser Funktion für andere Menschen da sein zu können. Zur Erfüllung des Karma bzw. der ganz eng damit zusammenhängenden Lebensaufgabe ist der Beruf, den jemand ergreift, nur von untergeordneter Bedeutung. **»Denn das fortlaufende Karma, der fortlaufende Schicksalsfaden, der geht viel mehr in das menschliche Innere und kümmert sich wenig um äußere und innere Berufe, sondern viel mehr um die inneren Seelenkräfte und Seelenwiderstände, um die moralischen Zusammenhänge, die sich schließlich in jedem äußeren und inneren Berufe kundgeben können.«**[122] Um in obigem Beispiel zu bleiben, könnte er es aber auch bevorzugen, einen anderen, nicht-sozialen Beruf zu ergreifen und dann vielleicht in seiner Freizeit sich zum Beispiel in rührender Weise um behinderte oder ›benachteiligte‹ Mitmenschen kümmern. Er könnte sich aber durchaus auch in dem Unternehmen, in dem er tätig ist, in selbstloser Weise für die Interessen seiner Kollegen einsetzen. Auch hier sind zahllose weitere Möglichkeiten denkbar, in welcher konkreten Form er seine Aufgabe erfüllen möchte, wie sein Leben ablaufen könnte. Dazu ist ihm ja seine Entscheidungsfreiheit gegeben worden. Diese würde es ihm sogar gestatten, auf die Erfüllung einer Lebensaufgabe ganz zu verzichten, falls er den Eindruck hat, damit überfordert zu sein oder falls seine konkreten Lebensumstände sie erschweren. Natürlich würde das die Gefahr in sich bergen, dass er seine Entwicklung nicht in der beabsichtigten und notwendigen Weise vorantreiben würde und diese Aufgabe in einem der nächsten Leben nachholen müsste.

Auch die Tatsache, dass unser Engel uns führt, macht uns nicht unfrei. Bei all seinen Bemühungen würde der Engel niemals auf eine diktatorische Art in unser Leben eingreifen. Er würde es als ein schweres Sakrileg empfinden, unseren heiligen freien Willen zu beschneiden. Er führt uns vielmehr auf eine äußerst zarte und subtile Weise, so dass es jederzeit möglich ist, uns gegen seine ›Eingebungen‹, die wir etwa als ›innere Stimme‹ vernehmen können, zu entscheiden oder – was leider der Normalfall ist – sie gar nicht erst wahrzunehmen.

Nun müssen wir noch eine eminent wichtige Möglichkeit, einem *anderen* Menschen aus unserer Freiheit heraus eine unangenehme karmische Wirkung ersparen zu können, ins Auge fassen. Kommen wir nochmals auf das Beispiel mit der Frau zurück, die von einem Mann übel beleidigt worden ist. Es wäre ja in diesem Fall auch möglich, dass die Frau dem Mann *verzeiht*. Dann würde keine wie auch immer geartete ›Strafe‹ als Folge seiner Beleidigung auf ihn zukommen.

Bis ins 18. Jahrhundert wurden die Verben »verzeihen« und »verzichten« absolut synonym verwendet. Diese Worte haben also die gleiche Bedeutung und meinen »einen Anspruch aufgeben«. Wenn jemand *verzeiht* – sofern es ehrlich und aufrichtig geschieht – heißt das, dass er keinen Anspruch auf einen karmischen Ausgleich erhebt, dass er also auf eine Wiedergutmachung *verzichtet*. Eine wirklich verziehene Tat ist im ›karmischen Kontobuch‹ ausgelöscht. Natürlich ist das manchmal leicht gesagt. Stellen Sie sich vor, ein anderer Mensch fügt uns oder einem uns nahestehenden Menschen weitaus Schlimmeres zu, als der Mann es durch seine Beleidigung getan hat. Wie schwer kann es uns da fallen, diesem zu verzeihen. Dennoch gehört es zu den größten Idealen unserer Zeit, das Verzeihen zu lernen. Zu einem wahrhaften Verzeihen reicht es nicht aus, die Tat zu vergessen oder zu verdrängen und mögliche rachsüchtige Gedanken aufzugeben. Dazu gehört vielmehr, dass wir ein höchstes Maß an Liebeskraft aufbringen müssen, damit das sofort heilen kann, was ansonsten erst in ferner Zukunft durch den dann notwendigen karmischen Ausgleich heilen könnte. Wer wirklich verzeihen kann, wird zu einem Mitarbeiter der geistigen Wesen der höheren Hierarchien, die an der Ausgestaltung des Karma und seiner Erfüllung wirken. Durch unser Verzeihen werden all die Kräfte frei, welche diese Wesen ansonsten für die Planung des karmisch notwendigen Ausgleichs aufbringen müssten.[123]

Das Verzeihen hat natürlich – wie so vieles andere auch – seine zwei Seiten. Prinzipiell ist es aus den geschilderten Gründen zunächst einmal als ein hohes Ideal aufzufassen, wenn man einem anderen Menschen, der sich in eindeutiger Weise schuldhaft verhalten hat, verzeihen kann. Man sollte einem bestimmten Menschen aber vielleicht nicht absolut alles und jedes verzeihen. Stellen Sie sich einen Menschen vor, der sich sehr häufig an vielen anderen Menschen versündigt hat, der also durch fehlerhaftes Verhalten viel Schuld auf sich geladen hat. Wenn nun diesem *alles* verziehen wird, so wird er nicht vor die Notwendigkeit gestellt, dieses Fehlverhalten karmisch auszugleichen. Er wird also nach seinem Tod nicht den Impuls bekommen, sein Verhalten zu ändern. Dadurch wird ihm aber auch die Möglichkeit genommen, sich durch die ›karmische Erziehung‹ in der richtigen Weise fortentwickeln und vervollkommnen zu können. Er wird im nächsten Leben vermutlich die gleichen Fehler wieder machen.

Dass wir uns überhaupt durch das Karmagesetz unfrei fühlen *könnten*, ist lediglich darin begründet, dass wir uns nicht bewusst sind, dass wir bestimmte Erfahrungen machen müssen, um in unserer Entwicklung voranzukommen. Wenn wir diese Notwendigkeit mit vollem Bewusstsein überschauen könnten, so würden wir die karmischen Wirkungen, so unangenehm sie bisweilen auch sein können, dankbar akzeptieren, weil uns dann klar sein würde, dass wir diese Erfahrungen benötigen. Wer sich durch das Karmagesetz in seiner Freiheit eingeschränkt fühlt, gleicht einem Fisch, der sich dadurch unfrei fühlt, dass er immer im Wasser herumschwimmen muss. Wenn der Fisch die Einsicht hätte, dass er außerhalb des Wassers nicht lebensfähig ist, würde er sich nicht unfrei fühlen. **»In jedem Moment des Lebens stellt das Karma etwas dar wie die Bilanz eines Geschäftsmannes, die exakte Ziffer von Soll und Haben. Mit jeder Handlung, sie sei gut oder schlecht, vermehrt der Mensch sein Soll oder sein Haben. Wer einen Akt der Freiheit nicht zugeben möchte, würde einem Kaufmann gleichen, der nicht das Risiko einer neuen Geschäftsunternehmung eingehen möchte und sich immer auf dem gleichen Stande der Geschäftsbilanz halten würde.«**[124]

3.8.7 Wie verträgt sich das Karmagesetz mit den christlichen Lehren über »Erlösung«, »Erbsünde« und »Gnade«?

Viele Christen, die das Gedankengut der Reinkarnation und des Karma ablehnen, werfen den Anhängern dieser Lehren vor, sie seien ›Selbsterlöser‹. Sie sagen, Jesus Christus sei am Kreuz für alle Menschen gestorben und habe damit die Sünden der Welt auf sich genommen, so dass jedem Menschen, wenn er ein gutes und gottgefälliges Leben führe, das Himmelreich offen und die Wiederauferstehung in Aussicht stehe. Also könne es nicht sein, dass die Menschen sich durch Abtragen bzw. Ausgleichen ihres Karma selbst erlösen müssten.

Diese Ansicht kann doch wohl nur so verstanden werden, dass durch die Opfertat Christi vor 2.000 Jahren auch alle heutigen und zukünftigen Menschen von vornherein die Möglichkeit hätten, das ›ewige Heil‹ zu erreichen, ohne dazu allzu viel beitragen zu müssen. Selbst wenn sie ein eher liederliches Leben führten, hätten sie noch die Chance, dieses hohe Ziel zu erreichen, sofern sie noch rechtzeitig vor ihrem Tod ihre Verfehlungen bereuten und wieder zu Gott fänden. Das wäre allerdings eine sehr schnelle und bequeme Art, erlöst zu werden! Eine solche Vorstellung mag vielen ungeheuer sympathisch sein. Wer möchte nicht so schnell wie eben möglich ans Ziel kommen. Wie wir schon gesehen haben, wäre das ganz im Sinne Luzifers!

Man muss sich unter dieser Voraussetzung schon fragen, wie es sich mit den Menschen verhält, die vor vielen tausend Jahren gestorben sind. Werden die im Nachhinein auch erlöst? Wo und wie haben diese in der langen Zeit vor Christi Opfertat gelebt? Es soll gar nicht bestritten werden, dass es den Menschen unter Umständen möglich sein könnte, schon recht schnell und ohne weitere irdische Verkörperungen als geistiges Wesen in der geistigen Welt verweilen zu dürfen. Aber auf diese Weise könnte der Mensch niemals das hohe, von den Schöpfermächten vorgegebene Menschheitsideal, als voll bewusstes, freies, schaffendes Wesen in der geistigen Welt zu wirken, erreichen. Um dieses unvorstellbar erhabene Ziel in urferner Zukunft erreichen zu können, muss der Mensch in vielen Inkarnationen äußerst hart an sich arbeiten und seine Entwicklung selbst in die Hand nehmen. Dazu gehört auch, dass er seine Verfehlungen und Schwächen überwindet. Das aber wird ihm gerade durch das Karmagesetz ermöglicht.

Doch ist es keineswegs so, dass ein Vertreter einer *richtig verstandenen* Karmalehre nicht mit der Erlösungstat Christi rechnen würde. Diese besteht aber nicht darin, dass den Menschen ihre Sünden, die sie Tag für Tag begehen, vergeben würden. Christi Tat ist kein ›Freifahrtschein‹ für ein Leben, an dessen Ende das Himmelreich und ewige Freuden warten. Man muss sie sich vielmehr viel größer denken. Im Grunde haben wir ja schon einen ganz wesentlichen Aspekt der Erlösungstat Christi erläutert. Erst dadurch dass Er durch den Tod ging und diesen schließlich besiegte, hat Er uns Menschen die Möglichkeit gegeben, selbst eines fernen Tages den unsterblichen Auferstehungsleib tragen zu können. Ohne Christi Liebes-Opfer-Tat auf Golgatha hätte es für die Menschheit und die Erdenwelt kein reguläres Fortbestehen geben können. Das große Menschheitsziel hätte somit niemals erreicht werden können. **»Das Karma und der Christus ergänzen sich wie das Mittel zur Erlösung und der Erlöser. Durch das Karma wird die Tat des Christus ein kosmisches Gesetz, und durch das Christus-Prinzip, den geoffenbarten Logos, erreicht das Karma sein Ziel, nämlich die Befreiung der Seelen zum Selbstbewusstsein und ihre Wesensgleichheit mit Gott. Das Schicksalsgesetz ist die stufenweise Erlösung, der Christus ist der Erlöser. Wenn die Menschen sich mit diesen Ideen durchdringen würden, würden sie fühlen, dass sie zueinander gehören, und würden das Gesetz begreifen, das in den okkulten Bruderschaften herrscht: dass jeder für den anderen leidet und lebt.«**[125]

Man missversteht auch weder das, was in der christlichen Tradition als »Erbsünde« bezeichnet wird, noch die Gnade, wenn man den Karmagedanken vertritt. Karma und Gnade widersprechen sich in keiner Weise. Das Karma ist erst dadurch herbeigeführt worden, dass der Mensch infolge der luziferischen Versuchung die Erbsünde auf sich geladen hat. Das Karma verläuft durch die Inkarnationen der menschlichen Individualitäten hindurch und wird in ferner Zukunft wieder ausgeglichen durch den vollen **»Erfolg des Christus-Impulses, das Eintreten der vollen Gnade.«**[126] Durch den Christus ist schon zu Beginn der Menschheitsentwicklung die Möglichkeit des Karma in die Menschheit gekommen.[127] Der Christus erweist uns Menschen die Wohltat, durch das Gesetz des Karma unsere unzähligen Schwächen, Verfehlungen, Abirrungen und Sünden selbst auszugleichen, um so eines urfernen Tages das Menschheitsideal erreichen zu können. **»So wie der Mensch seinen astralischen Leib** [☞ Kapitel 4, S. 208f.]

schlechter gemacht hat durch die Erbsünde, so macht er ihn wiederum besser durch den Christus-Impuls. Da fließt etwas herein, was den astralischen Leib um ebensoviel besser macht, als er dazumal schlechter gemacht worden ist. Das ist das Äquivalent, das ist dasjenige, was man im wahren Sinne die Gnade nennt. Gnade ist das Äquivalent, der Ergänzungsbegriff zum Erbsündebegriff. So dass das Hereinströmen des Christus in den Menschen, die Möglichkeit, eins werden zu können mit dem Christus, die Möglichkeit sagen zu können wie Paulus: Nicht ich, sondern der Christus in mir –, zugleich alles das ausdrückt, was wir als den Begriff der Gnade bezeichnen.«[128]

Wir müssen uns nun noch damit befassen, was ganz konkret geschieht, wenn ein Mensch eine Schuld auf sich lädt, wenn er eine Sünde begeht. Hierbei muss man immer zwischen einem subjektiven und einem objektiven Aspekt unterscheiden. Es ist ja zunächst einmal so, dass der Sünder sich durch seine Tat ein wenig unvollkommener macht, als er ohne diese Tat gewesen wäre. Das ist das, was nur ihn betrifft, also die *subjektive* Schuld. Nun stellt diese Tat mit all ihren Folgen aber auch etwas *Objektives* in der Welt dar. Die Tatsache, dass der Mensch sich durch seine Sünde in seinem Wert verringert hat, muss er karmisch selbst ausgleichen. Die objektiven Folgen der Schuld könnte er selbst niemals auslöschen. Dazu würden seine menschlichen Kräfte und Möglichkeiten niemals ausreichen. Dazu wäre er als Mensch viel zu schwach. Betrachten wir zur Verdeutlichung ein triviales Beispiel. Nehmen Sie an, jemand wollte einem Nachbarn eins auswischen, indem er einige Nägel in dessen schöne Haustür schlägt. Wenn er seine Tat später bereut, so könnte er sich bei dem Nachbarn entschuldigen und die Nägel mit einer Kneifzange entfernen. Damit hätte er gewissermaßen den subjektiven Anteil seiner Schuld abgetragen. Aber die Tür wäre damit nicht wieder in dem unversehrten Zustand, in dem sie vorher war. Die unschönen Löcher sind immer noch vorhanden. Diese Folgen seiner Tat könnte der Verursacher bestenfalls kaschieren, aber nicht ungeschehen machen.

Was geschieht jetzt aber mit dem objektiven Aspekt einer Schuld, die wir auf uns geladen haben? Da erweist uns nun der Christus die Gnade, dass er diesen objektiven Teil der Sünde auf sich nimmt. »Es bleibt bestehen die karmische Gerechtigkeit, aber in Bezug auf die Wirkungen einer Schuld in der geistigen Welt tritt der Christus ein, der diese Schuld in sein Reich hinübernimmt und weiterträgt. Der Christus ist derjenige, der in der Lage ist, weil er einem anderen Reiche angehört, unsere Schulden und unsere Sünden in der Welt zu tilgen, sie auf sich zu nehmen.«[129] Wenn Er das nicht täte, könnte die ganze Erde sich am sogenannten Weltenende nicht in der richtigen Weise weiterentwickeln. Der Fortbestand der Erde, also der Übergang zur neuen Erde, der Jupiter-Erde, wäre in höchstem Maße gefährdet.[130] Der Christus respektiert aber immer die menschliche Freiheit. Daher wird Er auch nur dann den objektiven Anteil der Sünde tragen, wenn wir ihn oder den Vatergott darum bitten, wie das etwa durch das Beten des Vaterunser (*»Und vergib uns unsere Schulden«*) geschehen kann.

Werfen wir in diesem Zusammenhang noch einen kurzen Blick auf das Beichtsakrament, wie es im Katholizismus verstanden und praktiziert wird. Den Katholiken, die zur Beichte gehen, wird die Absolution erteilt. Dadurch wird ihnen auch die subjektive Schuld abgenommen. Man darf die Absolution der Sünden, die dann gewissermaßen von einer anderen Entität getragen werden, nicht damit vergleichen oder gar verwechseln, dass einem Menschen der karmische Ausgleich dadurch erspart bleibt, dass ein anderer Mensch aus seiner Freiheit und Liebe heraus ihm verzeiht! Dass die Absolution – insbesondere kurz vor dem Tod – in der katholischen Kirche, die ja nichts von Reinkarnation und Karma wissen will, als Ideal gilt, ist verständlich. Man muss aber schon die Frage stellen, ob das für die betreffenden Menschen, die sich auf diese Art von *allen* ihren Sünden lossprechen lassen, förderlich sein könne. Es ist wohl so, dass ihnen dann der notwendige karmische Ausgleich in einem folgenden Leben erspart bleibt. Damit entziehen sie sich aber zugleich die Möglichkeit, ihre Fehler und Schwächen *selbst* korrigieren zu können, was sie auf ihrem Weg der notwendigen Aufwärtsentwicklung und Vervollkommnung weit zurückwerfen kann. Nur dadurch, dass der Mensch mit seinen Sünden verbunden bleibt, kann auch der Christus in ihm wirken. Es wäre also eher anzuraten, sich den subjektiven Teil seiner Sünden *nicht* abnehmen zu lassen, wie das in der katholischen Beichte geschieht, sondern diese bewusst zu tragen, um sie dann selbst später wieder gutmachen zu können. Hierbei könnte es die Aufgabe eines Pfarrers oder der ganzen Gemeinde sein, denjenigen, der eine schwere Schuld auf sich geladen hat, dabei zu unterstützen und zu ermutigen, dass er die Kraft und Stärke haben möge, diese selbst zu tragen. Dennoch kann man der katholischen Beichte einen durchaus positiven Aspekt abgewinnen. Ein Katholik, der dieses Sakrament ernst nimmt, wird sich im Vorfeld einer strengen Gewissenserforschung unterziehen. Er wird sich Rechenschaft darüber ablegen, was er seit der letzten Beichte an destruktiven Gedanken, Worten und Taten in die Welt gesetzt hat. Dadurch kann sich seine Selbsterkenntnis erhöhen, die nicht nur im Erdenleben, sondern – wie wir noch in Kapitel 5 darstellen wollen – besonders auch im Leben nach dem Tod von großer Bedeutung ist. Allerdings könnte und sollte eine solche Gewissenserforschung auch immer wieder einmal angestrebt werden, ohne anschließend zur Beichte zu gehen.

Der Mensch könnte nicht einmal dann, wenn er sich eines fernen Tages unzählige Male inkarniert haben sollte, sein Karma zur Gänze ausgleichen. Am Ende der letzten Inkarnation wird immer noch so etwas wie eine ›Restschuld‹ übrig bleiben. Dann aber tritt die »volle Gnade« ein, die es den Menschen ermöglicht, zunächst in geistige Sphären eintreten und dann später auf der Jupiter-Erde, die viel feinstofflicher und vergeistigter als unsere heutige Erde sein wird, seine Entwicklung fortsetzen zu können.

Also, Vertreter der Reinkarnations- und Karmalehre verstehen sich gewiss nicht als Selbsterlöser, aber ebenso gewiss auch nicht als ›Schnellerlöste‹, die glauben, dass schon ein einziges halbwegs ordentlich geführtes Erdenleben sie von allen Bemühungen und Anstrengungen erlösen könnte.

3.8.8 Gruppen-, Volks-, Menschheits- und Erdenkarma

Das Karmagesetz ist derart kompliziert und vielschichtig, dass es den menschlichen Verstand weit übersteigt. Es ist ungleich komplexer als die Gesamtheit und das Zusammenspiel aller Naturgesetze. Nach allem bisher Gesagten kann ja schon deutlich geworden sein, dass das, was der Schutzengel und auch weitere geistige Wesen der höheren Hierarchien, die hier noch in Betracht gezogen werden müssen, zu leisten haben, für einen Menschen unfassbar und unvorstellbar ist.

Nun kommt aber noch hinzu, dass nicht nur einzelne menschliche Individualitäten ein Karma haben. Es gibt vielmehr ein allgemeines karmisches Gesetz auf allen Stufen des Daseins. So gibt es beispielsweise ein Karma für bestimmte gesellschaftliche Gruppierungen. Es gibt auch ein Volkskarma, ein Menschheitskarma, das also die ganze Menschheit betrifft, sowie ein Erdenkarma. Diese verschiedenen karmischen Strömungen kreuzen sich in mannigfaltiger Weise. Jeder Mensch steht somit in mehreren karmischen Strömungen. Daher ist es unter Umständen möglich, dass ein einzelner Mensch – im Positiven wie im Negativen – durch das Karma seiner Gruppe oder seines Volkes ›mitgerissen‹ werden kann.[131] **»Alle Wesensarten haben ihr Karma, das Karma des einen Wesens ist so, das der anderen Wesen ist anders. Aber Karma geht durch alle Reiche des Daseins, und es gibt durchaus Dinge im Menschheitskarma, in dem Karma eines Volkes, einer Gesellschaft oder einer anderen Menschheitsgruppe, die wir als ein gemeinschaftliches Karma ansehen müssen, so dass unter Umständen der einzelne mitgerissen werden kann von dem Gesamtkarma. Und es wird für den, der nicht die Dinge durchschauen kann, nicht immer leicht einzusehen sein, wo eigentlich die Einflüsse der Mächte liegen für die Menschen, die von diesem Schicksal getroffen worden sind. Es kann durchaus der einzelne, der in einer Gesamtheit drinnensteht, vermöge seines Einzelkarma ganz unschuldig sein; aber dadurch, dass er in einem Gesamtkarma drinnensteht, kann ein Unglück über ihn hereinbrechen. Wenn er aber ganz unschuldig ist, so wird sich das in späteren Verkörperungen ausgleichen.«[132]**
Auf diese karmischen Strömungen soll hier aber nicht näher eingegangen werden, da sie im Hinblick auf das zentrale Thema dieses Buches vernachlässigt werden können. Es soll lediglich kurz erläutert werden, was man sich unter »Volks-« und »Menschheitskarma« vorstellen kann.

Wenn ein Mensch von einer Krankheit getroffen wird, so hat das natürlich im Allgemeinen mit seinem *individuellen* Karma zu tun. Die ›guten Götter‹ schicken diese Krankheit, damit ein karmisch notwendiger Ausgleich erfolgen kann. Selbstverständlich muss auch hier wieder betont werden, dass eine Erkrankung nicht unbedingt eine karmische Wirkung sein muss, die als Folge einer Verschuldung oder eines Fehlverhaltens aus einem früheren Leben resultiert. Es kann sich auch wieder um eine erste Ursache handeln, die für diesen Menschen notwendig ist, damit in einer folgenden Inkarnation eine bestimmte positive Wirkung auftreten kann. Nun gibt es aber bekanntlich auch Krankheiten, die sich über größere Gebiete der Erde ausbreiten oder sogar die ganze Menschheit befallen. Eine epidemische Verbreitung, die im Wesentlichen nur einen bestimmten Landstrich betrifft, ist ein Karma des betreffenden Volkes, bei einer pandemischen Ausbreitung, die sich nahezu über die gesamte Erde erstreckt, hat man es mit Menschheitskarma zu tun. Epidemien und Pandemien stellen Beispiele für ein Schicksal dar, das viele Menschen treffen *kann*, mit deren individuellem Karma diese Erkrankungen eigentlich gar nichts zu tun haben.

Um ein Beispiel aus früheren Zeiten zu haben, kann man an die Pest, die im Mittelalter grassierte und unzählige Menschen dahinraffte, oder an die sogenannte »Spanische Grippe«, die sich gegen Ende des Ersten Weltkrieges stark ausbreitete und ebenfalls viele Todesopfer forderte, denken. Die tieferen okkulten Ursachen für solche Epidemien oder Pandemien sind häufig darin zu finden, dass ein großer Teil der Menschheit von materialistischen Vorstellungen verseucht ist und göttlich-geistige Wahrheiten ignoriert oder verzerrt. Als Beispiel für die heutige Zeit kann man etwa an AIDS denken. Judith von Halle schreibt aus ihrer Geistesschau zu den geistigen Ursachen von AIDS, der Seuche des 20. und 21. Jahrhunderts: *»Es ist bereits darauf hingewiesen worden, wie das wüste Vorstellungsleben der Menschheit, welches nicht den geistigen Realitäten entspricht, für die Erscheinung von Krankheiten verantwortlich sein kann. Gerade die [...] AIDS-Erkrankung ist im Grunde ein Beispiel für eine Seuche des Geistes. Der Mensch hat seit verhältnismäßig kurzer Zeit erst die Idee entwickelt, er stamme vom Affen ab. Erst seit einigen Jahrzehnten hat die auf Darwin zurückgehende Theorie [...] in den Schulbüchern und damit in der Gesellschaft allgemein Einzug gehalten. Damit entwickelte sich der Mensch innerhalb kürzester Zeit weg von jenem Selbstverständnis, welches seit dem Eintreten des physischen Menschen in die Stoffeswelt immer im Menscheninnern vorhanden gewesen ist: dass er nämlich dem göttlichen Schoß entsprungen ist. So negiert bereits der größte Teil der sogenannten zivilisierten Welt heute sein Göttliches und entfernt sich damit nicht allein mehr geistig, sondern durchaus auch physisch vom eigentlichen Menschsein. Seitdem dieser Gedanke real geworden ist, haben wir einen Abdruck in der physischen Außenwelt von dieser Idee: das HI-Virus. Dieser war im Affen vorhanden – vielleicht sogar schon seit Jahrtausenden. Aber erst seit etwa vierzig Jahren ist er für den Menschen zu einer tödlichen Gefahr geworden. Seit der Mensch seine Herkunft auf die genetische Verwandtschaft zum sogenannten Menschenaffen zurückführt, erkrankt er an einem diesem Menschenaffen innewohnenden Erreger. Wohlgemerkt: nicht der Affe erkrankt an diesem, sondern der Mensch. Er stirbt an seiner* *eigenen ›fixen‹ Idee, an einer anti-christlichen Vorstellung vom menschlichen Sein. Hier ist eigentlich nicht das Unreine im Menschen das HI-Virus, sondern seine Vorstellung, die er sich über sich selbst gebildet hat.«*[133]

Besonders schreckliche Beispiele für Volks- oder Menschheitskarma stellen Kriege dar, bei denen Millionen von Menschen sterben. Bei einem lokal begrenzten Krieg hat man es mit Volks-, bei einem Weltkrieg mit Menschheitskarma zu tun. In beiden Fällen kommen auch unzählige unschuldige Menschen ums Leben, mit deren individuellem Karma ihr frühzeitiger und abrupter Tod nichts zu tun hat.

3.8.9   Weiterer Hinweis in der Bibel auf das Karmagesetz

Das Karmagesetz ist ein geistiges Gesetz, das in der Erdenwelt greift und gültig ist. Es ist gewissermaßen in die Erde *eingeschrieben.*[134] Es gibt eine Stelle in der Bibel, wo Christus-Jesus auf diese Tatsache zart und vorsichtig hinweist. Es geht um die Szene mit der Ehebrecherin, von der uns im 8. Kapitel des Johannes-Evangeliums, dem spirituellsten aller Evangelien, erzählt wird. Die Schriftgelehrten und Pharisäer brachten ein Weib, das man auf frischer Tat beim Ehebruch ertappt hatte. Nach jüdischem Recht hätte die Ehebrecherin gesteinigt werden müssen, was im Normalfall zum Tod geführt hätte. Um Jesus zu prüfen, fragten sie ihn, was er dazu zu sagen hätte. Der Herr antwortete nicht, sondern bückte sich nieder und schrieb mit dem Finger auf die Erde. Als sie ihn erneut nach seiner Meinung befragten, sprach Er: *»Wer unter euch ohne Sünde ist, der werfe den ersten Stein auf sie.«*[135] Danach bückte er sich erneut und schrieb noch einmal mit dem Finger auf die Erde.

Welch intellektuellen Kräfte haben die Theologen im Laufe der Jahrhunderte darauf verwandt, diese Geste Jesu zu deuten! Welch geistreiche und auch welch triviale Erklärungen sind von ihnen gefunden worden, wie man heute noch in vielen Bibelkommentaren nachlesen kann! Lassen Sie uns versuchen, diese Geste im rechten Licht sehen zu können, indem wir Rudolf Steiners Forschungsergebnisse heranziehen.

Zunächst einmal wird klar, dass Jesus Christus nicht dazu rät, die Steinigung durchzuführen. Das mag schon etwas erstaunlich sein. Diese Art der Bestrafung hat Moses den Juden immerhin per Gesetz geboten, und der Herr macht in mehreren Reden deutlich, dass Er nicht gekommen sei, um die Gesetze aufzuheben.[136] Es heißt an anderer Stelle aber auch: *»Denn das Gesetz ist durch Mose gegeben; die Gnade und Wahrheit ist durch Jesum Christum geworden.«*[137] Was will Christus-Jesus denn nun mit seinen Worten und mit seiner Geste in der Szene mit der Ehebrecherin die Menschen lehren? Er weist damit auf das Gesetz vom Karma hin, das ja besagt, dass sich kein Mensch zum Richter über das Innerste eines Mitmenschen machen solle. Die Ehebrecherin wird die Konsequenzen ihrer Tat im nächsten Erdenleben zu tragen haben. Ihr wird die Gnade zuteil, ihre Verfehlungen selbst ausgleichen und dadurch ihre eigene Entwicklung vorantreiben zu können. Der Herr will den Umherstehenden also sinngemäß sagen: **»Kümmert euch um euch selbst! Der Erde obliegt es, die Strafe zum Ausdruck zu bringen. Schreiben wir es also in die Erde ein, wo es ja ohnehin als Karma eingeschrieben ist!«**[138] Er übergibt ihre Tat symbolisch dem Karma, der ausgleichenden Gerechtigkeit. Diese Geste konnte natürlich nur den wenigen verständlich sein, die schon reif waren, das Reinkarnations- und Karmagesetz zu verstehen, die es schon vertragen konnten. Wir haben ja schon darauf hingewiesen, dass es in der damaligen Zeit für die große Mehrheit der Menschen noch verderblich gewesen wäre, von diesen Weltentatsachen zu hören, und dass Jesus Christus deshalb diese Lehren nicht ausdrücklich und unmissverständlich verbreitete.

Dann schreibt Johannes explizit, dass die *Ältesten* zuerst fortgingen. Die Ältesten waren auch die Weisesten. Man darf annehmen, dass diese zumindest eine Ahnung von den Gesetzen der Reinkarnation und des Karma hatten und somit verstehen konnten, was Christus-Jesus sagen wollte. Die übrigen Anwesenden sind ihnen dann gefolgt.

Am Ende dieses Buches soll noch auf einige besondere Aspekte der Reinkarnations- und Karmalehre eingegangen werden, die gerade in unserer heutigen Zeit sehr aktuell sind (☞ Anhang A.1, Exkurse 4 und 5, S. 490ff.).

Kapitel 4

Das anthroposophische Menschenbild

*Das empfindende, denkende und
wollende Wesen in uns,
was wir Menschen,
sobald wir zum Bewusstsein unserer selbst gelangen,
mit dem Worte Ich bezeichnen,
das Ich ist seiner Natur nach unkörperlich,
folglich unaufhörlich und unvergänglich
und wird auch durch die Trennung vom Leibe,
seinem vormaligen sichtbaren Repräsentanten
und Lebensgehilfen in der Sinnenwelt,
in seiner eigenen Art zu leben und zu sein,
nicht unterbrochen.*

Christoph Martin Wieland [1]

Vieles von dem, was ein Mensch nach seinem Tod in den übersinnlichen Welten erleben und erfahren wird, muss unverständlich bleiben, wenn wir uns zuvor nicht ein wenig damit befassen, was den heutigen Menschen – so wie er auf der Erde wandelt – ›ausmacht‹. Viele Schilderungen über den nachtodlichen Weg des Menschen müssten wie Phantastereien anmuten, wenn man nicht wüsste, wo im Menschen etwa die Begierden, Triebe und Leidenschaften ihren Sitz haben, wer oder was der Träger des Gedächtnisses bzw. der Erinnerungen ist, was vom Menschen unsterblich ist usw. Auch müssen wir uns ein wenig näher damit befassen, was es eigentlich konkret bedeutet, wenn gesagt wird, der Mensch müsse seine geistig-seelische Entwicklung, seine spirituelle Evolution vorantreiben.

Etliche unserer Mitmenschen, die an der Reinkarnationsidee, also an der Lehre von den wiederholten Erdenleben, und vielleicht sogar an der nachtodlichen Existenz des Menschen zweifeln, stellen sich die absolut berechtigten Fragen: Was am oder im Menschen könnte überhaupt *unsterblich* sein? Welche ›Instanz‹ im Menschen ist es, die den Tod überdauert und durch die vielen Erdenleben schreiten könnte?

Nach allem, was wir bisher schon erörtert haben, dürfte klar sein, dass unsere Naturwissenschaftler und Psychologen es nicht schaffen, uns da zu klaren Vorstellungen zu bringen. In den meisten okkulten und spirituellen Gruppierungen ist zu diesen Themen ein großes Wissen vorhanden. Der Grundtenor der verschiedenen Lehren ist *einigermaßen* einheitlich. Allerdings werden gleiche ›Dinge‹ häufig mit unterschiedlichen Namen bezeichnet. Wir wollen uns hier an die Terminologie der Geisteswissenschaft Rudolf Steiners halten.[2]

4.1 Die Wesensglieder des heutigen Menschen

Es wurde ja schon angedeutet, dass das menschliche Wesen einer permanenten Entwicklung unterliegt und dass diese sich nicht nur darauf bezieht, dass er auf dem kulturellen Feld heute Größeres zu leisten imstande ist als vor Hunderten oder gar Tausenden von Jahren. Auch dasjenige, was den Menschen in seiner spezifischen Wesenheit ausmacht – sein gesamtes *»Wesensgefüge« bzw.* seine *»Wesensglieder«* – entwickeln sich ständig weiter, was man ja anhand seiner äußeren Körperlichkeit sehr gut nachvollziehen kann, wenn man etwa einen Steinzeitmenschen mit einem Menschen der heutigen Zeit vergleicht. Nicht alle Wesensglieder, die der heutige Mensch besitzt, hatte er bereits von Anfang an. Sie sind vielmehr nach und nach veranlagt worden. Wie wir noch sehen werden, wird der Mensch in ferner Zukunft weitere Wesensglieder sein Eigen nennen. Hier sollen zunächst einmal diejenigen charakterisiert werden, die ein heutiger Mensch besitzt (☞ auch Anhang A.2, Skizze 1 und Tabelle 3, S. 530).

4.1.1 Der physische Leib

Der Mensch, so wie er heute auf dem physischen Plan vor uns steht, besitzt zunächst einmal seinen *»physischen Leib«*, den man auch *»stofflich-mineralischen Leib«* nennen könnte. Das ist derjenige Körper, den wir mit unseren Sinnen wahrnehmen können und den die Wissenschaft bereits in einem hohen Maße erforscht hat und erklären kann. Dieses Wesensglied ist das einzige, das sich der sinnlichen Anschauung unverhüllt zeigt. Einen solchen materiellen Leib haben auch die Tiere, die Pflanzen und die Mineralien, wenngleich sich diese Leiber in vielerlei Hinsicht voneinander unterscheiden. Wie man am Beispiel der Menschen, Tiere und Pflanzen sieht, kann ein solcher Leib *belebt* sein. Sobald aus einem solchen Leib das Leben weicht, ist dieser dazu verurteilt, zu verfallen. Die physischen Leiber von verstorbenen Menschen oder Tieren verlieren ihre charakteristische Form und zerfallen wieder in diejenigen Stoffe, aus denen sie gebildet worden sind; sie verwesen. Das gleiche Schicksal ereilt auch eine abgestorbene Pflanze, die nach einiger Zeit verrottet. Nur Mineralien kann man weitestgehend kennen, indem man nur das Physische beobachtet und studiert.

Zeitgenossen, die der materialistischen Weltanschauung anheimgefallen sind, identifizieren ihr Wesen ganz mit ihrem Körper, ihrem physischen Leib. Diesen betrachten sie als ihr einziges Wesensglied. So ist es auch immer noch wissenschaftlicher Konsens, dass das menschliche Bewusstsein durch das Gehirn hervorgebracht werde und dass es ohne dieses gar kein Bewusstsein geben könne.

Dieser physische Leib des Menschen ist fürwahr ein absolut großartiges Wunderwerk. Wenn man etwa an den vollkommenen Bau sowie die wunderbaren Funktionen des Herzens oder des Gehirns denkt, wird keiner bestreiten, dass es sich hierbei um ganz außergewöhnlich vollkommene und verehrungswürdige Organe handelt.

Dennoch ist dieser wunderbare Leib – wie jeder weiß – sterblich. Nach dem Tode löst er sich durch Verbrennung oder Verwesung wieder in diejenigen chemischen Bestandteile auf, aus denen er gebildet wurde. Ein Materialist, der ja der Auffassung ist, dass das menschliche Wesen mit seinem physischen Leib erschöpft sei, denkt somit absolut folgerichtig! Wenn dieser stofflich-mineralische Leib alles *wäre*, was den Menschen ausmacht, wenn er sein *einziges* Wesensglied *wäre*, dann wäre es ein Unsinn, von einem Leben nach dem Tod oder gar von Reinkarnation zu sprechen, da dieser Leib nach dem Tode verwest und letztlich ganz verschwindet! Aber wie wir im Folgenden sehen werden, ist die Annahme, dass das menschliche Wesen mit seinem physischen Leib erschöpft sei, ein gewaltiger Irrtum!

Vom ›wahren‹ Menschen kennt man nur sehr wenig, wenn man ausschließlich seinen physischen Leib seziert und erforscht, wie das die Wissenschaftler machen. Um einen plakativen Vergleich zu wählen, könnte man sagen, dass man, wenn man nur diesen Leib betrachtet, so wenig vom wahren Menschen kennt, wie man von einem Eisberg kennt, wenn man nur die Spitze, die aus dem Meer ragt, betrachtet. Um verstehen zu können, *was* am Menschen unsterblich ist, also den Tod überdauert und durch die wiederholten Erdenleben schreitet, müssen wir wissen, was den Menschen in seiner *gesamten Wesenheit* wirklich ausmacht. Der Mensch ist nämlich *kein* reines »Körperwesen«; er ist *kein* »*ein*gliedriges« Wesen.

4.1.2 Der Ätherleib

Man könnte sich ja beispielsweise einmal fragen, warum Menschen, Tiere und Pflanzen im Gegensatz zu den Mineralien *Lebe*wesen sind, warum sie wachsen und zur Fortpflanzung bzw. Vermehrung fähig sind. Die dazu benötigten *ursächlichen* Kräfte sind gewiss nicht in dem physischen Leib zu finden, denn über einen solchen verfügen die Mineralien auch.

Nun besitzt der Mensch neben seinem physischen Leib zunächst noch einen »*Ätherleib*«, den man auch »*Lebensleib*« oder »*Bildekräfteleib*« nennt. Der Ätherleib ist das unterste übersinnliche Wesensglied. Ohne diesen ätherischen Leib könnte in dem stofflich-mineralischen Leib kein *Leben* sein. Somit haben nicht nur Menschen, sondern alle *Lebewesen*, also auch Pflanzen und Tiere, einen solchen Leib. Man darf übrigens den Begriff »Äther« weder mit dem vor etwa 100 Jahren von der Physik verworfenen hypothetischen Äther, der ab dem späten 17. Jahrhundert als Medium für die Ausbreitung des Lichts postuliert worden war, noch mit dem, was man in der Chemie darunter versteht, verwechseln.

Der Ätherleib ist gewissermaßen der ›Aufbauer‹ oder der ›Architekt‹ des physischen Leibes, der sich aus dem ätherischen herauskristallisiert. Der physische Mensch ist nach Maßgabe seines Ätherleibes gebildet. Dieser Leib enthält die *wirkenden* Kräfte, die jedes Lebewesen bis in seine Zellstruktur beleben und gestalten. Der Ätherleib regt alle Lebensfunktionen des physischen Leibes an, das heißt, er beschützt die Substanz des physischen Leibes dauernd vor dem Zerfall und regelt den Aufbau dieser Substanz. Er ist der Träger der Wachstums- und Fortpflanzungskräfte und insbesondere auch der des Gedächtnisses. Im Laufe der Entwicklung wird dieses ›Gewebe‹ von Erinnerungen und Urteilen zur Grundlage von Temperamenten, Gewohnheiten, Neigungen sowie des Charakters und des Gewissens. Wenn jemandem irgendeine Verrichtung so vertraut ist, dass er sie jederzeit aus einer Routine heraus ausführen kann, ohne sich darauf besonders konzentrieren zu müssen, sagt man, diese Tätigkeit sei ihm »in Fleisch und Blut« übergegangen. Diese Verrichtung ist ihm zur *Gewohnheit* geworden. Wie alle Gewohnheiten hat sich diese in den Ätherleib ›eingeschrieben‹. Richtigerweise müsste man also sagen, dass diese Tätigkeit – genauer alle Gedanken und Handgriffe, die dazu erforderlich sind – in den Ätherleib übergegangen ist.

Der menschliche Ätherleib ist wie der physische Leib bis zu einem gewissen Grad den Gesetzen der Vererbung unterworfen. Das Physische am Menschen wird meistens aus der väterlichen, das Ätherisch-Astralische aus der mütterlichen Linie vererbt. Goethe drückte das so aus: *»Vom Vater hab ich die Statur, des Lebens ernstes Führen, vom Mütterchen die Frohnatur und Lust zu fabulieren.«*

Beim *heutigen* erwachsenen Menschen hat der Ätherleib etwa die gleiche Form wie der physische Leib, den er allerdings an allen Seiten ein wenig überragt. Daher bezeichnete Rudolf Steiner ihn auch als *»Doppelgänger«* des physischen Leibes, in dem die verschiedenen Kraftgestalten des physischen Leibes zu erkennen sind. Der ätherische Leib ist durchaus ähnlich organisiert wie der physische, nur sehr viel komplizierter. Er ist nicht nur mit feinen Äderchen und Strömungen durchzogen, sondern er hat auch Organe. Jedem physischen Organ ist ein entsprechendes Ätherorgan zugeordnet, das dieses gestaltet und erhält. So kann man etwa von einem *»Ätherherzen«*, einem *»Äthergehirn«*, einer *»Ätherlunge«* usw. sprechen. Der Ätherleib weist auch Gliedmaßen auf, also beispielsweise *»Ätherarme«*, *»Ätherhände«*, *»Ätherfinger«* und so fort. Er zeigt sogar geschlechtsspezifische Unterschiede. Der Ätherleib einer Frau ist männlich, der eines Mannes weiblich.

Dem Blick eines Hellsehers stellt sich der menschliche Ätherleib als innerlich leuchtendes, durchscheinendes, aber nicht ganz durchsichtiges *»Kraftgebilde«* dar. Bei einem gesunden Menschen hat er die Farbe der jungen Pfirsichblüte. Es glänzt und glitzert alles an diesem Lichtleib in den unterschiedlichsten Farbschattierungen und Helligkeitsgraden.

Es ist ja nicht verwunderlich, dass die Wissenschaft so verhältnismäßig wenig über das Gedächtnis weiß, da sie seinen Sitz im *physischen* Gehirn sucht. Dieses Gehirn ist für den Menschen aber nur in der *physischen* Welt – also solange er im Erdenleben weilt – vonnöten, damit etwas Erinnertes, also aus dem ätherischen Gehirn Heraufgeholtes, zum Bewusstseinsinhalt werden kann. Das physische Gehirn ist nicht mehr, aber auch nicht weniger als ein Werkzeug bzw. ein ›Spiegelungsapparat‹. Zu Lebzeiten wird der ätherische Leib mit seinen Gedächtniskräften sehr stark vom physischen Leib eingeschränkt. Um etwas Erinnertes freigeben zu können, ist er auf die vermittelnden Dienste des physischen Organismus angewiesen. Die Erinnerungen sind zwar ganz wesentlich im Äthergehirn konzentriert, sie erstrecken sich im Grunde aber auf den gesamten ätherischen Leib.

Wenn das physische Gehirn einen Schaden hat – wie das etwa bei einer Demenzerkrankung der Fall ist –, so ist es kein reiner Spiegel mehr, so dass es viele Erinnerungen aus dem Ätherleib nicht mehr spiegeln und somit auch nicht zum Bewusstsein bringen kann. Das, woran sich ein Mensch in seinem Erdenleben – zumindest einigermaßen – zu erinnern vermag, bildet nur eine verschwindend geringe Teilmenge aller im Ätherleib aufbewahrten Erinnerungen. Der ätherische Leib ist ein treuer Bewahrer von *allem*, was der Mensch jemals erlebt hat. Auch solche Ereignisse bzw. Erlebnisse, die nie die Bewusstseinsschwelle überschritten haben, an die sich der Mensch also im Erdenleben niemals erinnern könnte, sind hier einverwoben.

Wenn der Mensch durch die Geburt ins physische Dasein schreitet, so hat sein *neuer* Ätherleib noch die Resultate dessen, wie er in seiner früheren Inkarnation gelebt hat. Da dieser ätherische Leib der Aufbauer der neuen physischen Organisation ist, prägt sich das jetzt alles auch in den physischen Leib ein.

Der Ätherleib bleibt während einer irdischen Inkarnation *immer*, auch im Schlafe, mit dem physischen Leib verbunden. Erst im Augenblick des Todes trennt er sich von diesem ab. Man könnte auch sagen, dass der ätherische Leib den physischen *entlässt*. Sofort weicht aus letzterem das Leben, er wird zum Leichnam.

Wie wir in Kapitel 5 sehen werden, legt der Mensch wenige Tage nach dem Tod auch den weitaus größten Teil des ätherischen Leibes ab. Nur einen eher kleinen Teil nimmt er als unvergängliche Essenz auf seinen weiteren nachtodlichen Weg sowie ins nächste Erdenleben mit.

4.1.3   Der Astralleib

Man könnte jetzt weiter fragen, warum Menschen und Tiere im Gegensatz zu Pflanzen oder gar Mineralien Gefühle, Empfindungen, Begierden und Triebe haben. Diese können offensichtlich weder im physischen noch im ätherischen Leib gefunden werden, denn solche Wesensglieder haben die Pflanzen auch.

Der Mensch besitzt über den physischen und ätherischen Leib hinaus noch ein weiteres immaterielles Wesensglied, das die ätherische Hülle umschließt: den sogenannten *»Astralleib«*, *»Empfindungsleib«* oder *»Seelenleib«*, der von manchen Esoterikern auch als *»Emotionalkörper«* bezeichnet wird. Innerhalb dieses Leibes erscheint das *Eigenleben* des Menschen. Es drückt sich dadurch aus, dass dieser Lust oder Unlust, Freude oder Schmerz usw. erlebt.

Der Astralleib ist der Träger von Gefühlen, Begierden, Trieben, Wünschen, Leidenschaften und dergleichen. Durch ihn werden Sympathien und Antipathien erregt. Die Fähigkeit, solche Empfindungen zu erleben, teilt der Mensch nur mit den Tieren, die auch einen solchen übersinnlichen Leib besitzen. Auch hier ist es natürlich wieder so, dass der Mensch, solange er auf der Erde verkörpert ist, des Nervensystems bedarf, damit er etwa Schmerzen empfinden kann.

Der astralische Leib ist auch der Träger des sogenannten Unterbewusstseins, das man auch *»astralisches Bewusstsein«* nennt und das nicht mit dem Selbstbewusstsein verwechselt werden darf. Das astralische Bewusstsein ist ungleich weiser als unser Tages- oder Oberbewusstsein.

Einem Geistesseher zeigt sich das Bild des Astralleibes als eine Art ›Lichtwolke‹, die sogenannte *»Aura«*, die den physischen und ätherischen Leib umhüllt und den Kopf etwa um zwei bis drei Kopflängen überragt. Diese eiförmige Aura glänzt in den unterschiedlichsten Farben, je nach den jeweiligen Begierden, Trieben usw. Auch der Astralleib ist im Prinzip ähnlich organisiert wie der physische und der ätherische Leib.

Der Astralleib löst sich im Schlafe aus seiner Organisation mit den beiden übrigen Leibern. Dann gehört es unter anderem zu seinen Aufgaben, den physischen Leib zu erfrischen und Abnutzungserscheinungen auszugleichen.

Der Mensch verliert nach dem Tod seinen Astralleib zunächst nicht. Im Durchschnittsfall legt er erst einige Jahrzehnte, nachdem er durch die Pforte des Todes gegangen ist, den größten Teil seines astralischen Leibes ab. Nur einen gewissen Extrakt nimmt er als Frucht seines Lebens mit auf seinen weiteren Weg durch die höheren Welten.

Die Frage, was vom Menschen unsterblich ist, was ihm in der gesamten Zeit seines nachtodlichen Lebens von seinem Wesensgefüge bleibt und durch die vielen Erdenleben schreitet, steht immer noch im Raum. Der physische Leib löst sich nach dem Tod völlig in der Erdenwelt auf, und von den beiden anderen Leibern nimmt der Mensch nur einen gewissen Teil als unvergängliche Essenz mit auf seinen weiteren Weg. Hätte der Mensch nur *diese drei* Wesensglieder, so wäre es immer noch unsinnig, wenn man sagen würde, dass er unsterblich sei und ewig existiere.

4.1.4　Das Ich bzw. der Ich-Leib

Nun besitzt aber der Mensch in der Tat noch ein viertes Wesensglied, das ihn *weit* über das Tierreich erhebt: Das *»Ich«* bzw. den *»Ich-Leib«*. Hätte der Mensch nicht dieses Ich, so hätten die von Ahriman inspirierten ›Jünger‹ Darwins recht; dann wäre er nur ein hochentwickelter Affe.

Dieses Wesensglied, das sich einem Hellseher als bläuliche Hohlkugel im Stirnbereich zwischen den Augen zeigt, ist genau wie der Astralleib ein Bewusstseinsträger. Dieses an das Ich gekoppelte Bewusstsein, das *»Ich-Bewusstsein«* oder *»Selbst-Bewusstsein«*, leuchtet im Erdendasein eines Menschen etwa im dritten Lebensjahr erstmals auf. Ab diesem Zeitpunkt kann sich ein Kind seelisch als ein *»Ich«* bezeichnen. Es wird fähig, dieses Wort richtig zu verwenden. Es wird dann nicht mehr sagen »Maxi möchte einen Keks«, sondern *»Ich* möchte einen Keks«. Die übliche Erinnerung, die ein Mensch in seinem *Erden*leben hat, reicht *höchstens* bis zu diesem Ereignis zurück.

Dieses Ich-Bewusstsein ist – zumindest wenn man von den Phasen, in denen der Mensch wacht, absieht – völlig unabhängig vom physischen Leib und somit auch nicht an das Gehirn gebunden. Es ist das entscheidende Bewusstsein, dass er in der gesamten Zeit zwischen Tod und neuer Geburt hat.

Das Ich ermöglicht es dem Menschen, sich als eigenständiges und seiner selbst bewusstes Wesen erkennen und von seinen Mitmenschen und seiner Umgebung abgrenzen zu können. Jeder Mensch kann sich selbst als ein *»Ich bin«* wahrnehmen. Das Ich, das man auch als *»Selbst«* bezeichnen könnte, erlaubt ihm, sich über seine bloßen Gefühle und Triebe hinaus selbst zu bestimmen. Dadurch kann er dazu kommen, ordnende Begriffe und Gedanken zu bilden. Das Ich macht es dem Menschen möglich, aus eigenem Antrieb heraus tätig zu werden und moralischen Idealen nachzustreben, anstatt nur blind seinen Trieben zu folgen, wie es bei den Tieren der Normalfall ist.

Nicht einmal ein krasser Materialist kann leugnen, dass es im Menschen eine ›Instanz‹ gibt, die über diejenigen Fähigkeiten verfügt, die wir dem Ich zuschreiben müssen. Allerdings wird er heftig bestreiten, dass es sich dabei um etwas Eigenständiges, Immaterielles handele. Vielmehr wird er diese Fähigkeiten auf irgendwelche Gehirnfunktionen zurückführen. Wenn ein solcher ehrlich und konsequent wäre, dürfte er aber auch nicht sagen: *»Ich* denke.« Stattdessen müsste er eigentlich sagen: *»Mein Gehirn* denkt.« Judith von Halle unterhielt sich einmal mit einem namhaften Wissenschaftler, der etliche Fachbücher verfasst hatte. Dieser erwies sich als krasser Materialist, der nicht an übersinnliche Wesensglieder, also insbesondere auch nicht an das Ich glaubte.

Darauf stellte sie ihm die treffliche Frage: »Wer hat denn Ihre Bücher geschrieben?«

Dieses Ich ist nichts Geringeres als der »geistig-seelische Wesenskern« des Menschen, der als »göttlicher Funke« in ihm lebt. **»Wir müssen uns klar sein, dass wir zunächst in uns haben den geistig-seelischen Wesenskern, den wir zusammenfassen in seinem Mittelpunkt, wenn wir ›Ich‹ oder ›Ich bin‹ sagen. Dieser geistig-seelische Wesenskern ist eingebettet in den Astral-, Äther- und physischen Leib. So wie der Mensch jetzt in der Welt lebt, leben wir eigentlich, wenn wir innerlich leben, in unserem Ich; denn alle Seelentätigkeiten sind bei dem wachen Menschen mit dem Ich in irgendeiner Weise verknüpft, erscheinen gleichsam alle auf dem Hintergrunde des Ich.«**[3]

Während die drei unteren Wesensglieder, physischer Leib, Ätherleib und Astralleib, bereits in einer urfernen Vergangenheit, von der die Wissenschaftler nicht einmal zu träumen wagen und von der auch in den religiösen Urkunden nichts zu finden ist, von den göttlich-geistigen Wesen der höheren Hierarchien geschaffen bzw. keimartig veranlagt wurden, ist das Ich noch ein sehr junges Wesensglied. **»An einem Freitag, am 3. April des Jahres 33, drei Uhr am Nachmittag fand das Mysterium von Golgatha statt. Und da fand auch statt die Geburt des Ich in dem Sinne, wie wir es oftmals charakterisiert haben. Und es ist ganz gleichgültig, auf welchem Erdenpunkte der Mensch lebt, oder welchem Religionsbekenntnis er angehört, das, was durch das Mysterium von Golgatha in die Welt kam, gilt für alle Menschen. So wie es für alle Welt gilt, dass Cäsar an einem bestimmten Tage gestorben ist, und nicht für die Chinesen ein anderer und für die Inder wieder ein anderer Tag dafür gilt, ebenso ist es eine einfache Tatsache des okkulten Lebens, dass das Mysterium von Golgatha sich an diesem Tage zugetragen hat und dass man es da zu tun hat mit der Geburt des Ich. Das ist eine Tatsache ganz internationaler Art.«**[4] Erst durch die Mission Christi kann in jedem Menschen ein *individuelles* Ich aufleuchten. Christus hat dieses menschliche Ich erweckt. Erst dadurch kann der Mensch in der Zukunft *Mensch* werden und zur wirklichen Freiheit gelangen. Wir befinden uns heute im Jahre 2024 nach Christus, genauer nach Jesu Geburt, und im Jahre 1991 nach der Ich-Geburt. Damit begann die große Zeitenwende. Das Wort »ICH« der deutschen Sprache stellt in monumentalen Lettern die Initialen des Gottessohnes dar: *I*esus *CH*ristus. Immer wenn wir »ich« sagen, sprechen wir die Anfangsbuchstaben des großen »ICH-BIN« aus.

Dass es mit diesem Ich etwas ganz Besonderes auf sich hat, kann man sich schon anhand einfacher Betrachtungen klarmachen: Mit diesem Wort kann jeder Mensch nur sich *selbst* benennen bzw. ansprechen. Kein Mensch kann einen anderen mit diesem Namen anreden. **»Das ›Ich‹ als Bezeichnung für ein Wesen hat nur dann einen Sinn, wenn dieses Wesen sich diese Bezeichnung selbst beilegt. Niemals kann von außen an eines Menschen Ohr der Name ›Ich‹ als seine Bezeichnung dringen; nur das Wesen selbst kann ihn auf sich anwenden. ›Ich bin ein Ich nur für mich; für jeden andern bin ich ein Du; und jeder andere ist für mich ein Du.‹ Diese Tatsache ist der äußere Ausdruck einer tief bedeutsamen Wahrheit. Das eigentliche Wesen des ›Ich‹ ist von allem Äußeren unabhängig; deshalb kann ihm sein Name auch von keinem Äußeren zugerufen werden. Jene religiösen Bekenntnisse, welche mit Bewusstsein** ihren Zusammenhang mit der übersinnlichen Anschauung aufrechterhalten haben, nennen daher die Bezeichnung ›Ich‹ den ›unaussprechlichen Namen Gottes‹. Denn gerade auf das Angedeutete wird gewiesen, wenn dieser Ausdruck gebraucht wird. Kein Äußeres hat Zugang zu jenem Teile der menschlichen Seele, der hiermit ins Auge gefasst ist. Hier ist das ›verborgene Heiligtum‹ der Seele. Nur ein Wesen kann da Einlass gewinnen, mit dem die Seele gleicher Art ist. Der Gott, der im Menschen wohnt, spricht, wenn die Seele sich als Ich erkennt.«[5]

Christus hat jeden Menschen zum König gemacht. So wie ein weltlicher König die Hoheit und Macht über sein Volk bzw. Reich hat, so hat jeder Mensch vermöge seines Ichs die Hoheit und die Macht über sein Seelenreich, über seine unteren Wesensglieder. Es ist von eminenter Bedeutung, dass bei allem, was ein Mensch macht und sagt, sein Ich stets die Herrschaft behält. Dennoch gibt es immer wieder Situationen, in denen das – oftmals nur für wenige Augenblicke – nicht gelingt. Man ist dann für kurze Zeit nicht Herr seiner selbst und weiß gar nicht so recht, welche Reaktionen, Taten oder Worte jetzt angemessen wären. Auslöser dafür können insbesondere schockierende Erlebnisse oder Nachrichten oder Gefahrenmomente sein. In der deutschen Sprache gibt es für dieses Phänomen sehr treffende Formulierungen. So spricht man etwa von »außer sich sein«, »nicht bei sich sein« oder »neben sich stehen.« Damit wird sehr passend zum Ausdruck gebracht, dass das Ich in diesen Momenten nicht richtig in den leiblichen Hüllen steckt, so dass es nicht die notwendige Kontrolle und Herrschaft übernehmen kann.

Das Ich, das die eigentliche menschliche *»Individualität«* repräsentiert, bleibt dem Menschen als einziges *ureigenes* Wesensglied in der gesamten nachtodlichen Zeit erhalten, wenngleich das Bewusstsein seiner selbst, also das Ich-Bewusstsein, phasenweise stark herabgedämpft sein kann und anderer Art ist, als es im Erdenleben der Fall ist. Auch Goethe wusste, dass das Ich den Tod überdauert und unauslöschlich ist. *»Der Körper wird wie ein Kleid zerreißen, aber ich, das wohlbekannte Ich, ich bin.«*[6] Das Ich ist unsterblich und unvergänglich; es schreitet von Inkarnation zu Inkarnation. Durch die unzähligen Erfahrungen, die es in jedem einzelnen Erdenleben sammelt, kann es immer reifer und vollkommener werden. Da im Buddhismus das Ich als bewusste inkarnationsübergreifende Entität nicht anerkannt wird, kann auch verständlich werden, dass ein Buddhist Mühe hat, einen Zugang und ein Verständnis für den Christus zu finden.

Nun ist auch klar, dass man bei den Wesen aus dem Tierreich weder von Reinkarnation noch von an einer nachtodlichen Existenz sprechen kann, da diese nicht über ein solches Wesensglied verfügen.

****

Das Ich ist das höchste Wesensglied, das ein heutiger Mensch besitzt. Wie wir schon gesehen haben, erhebt dieses Ich den Menschen weit über die Tierheit – selbst über die Tiere, die man zu den höheren zählt. Nun kann man sich einmal fragen, ob dieses Ich, das ja das Geistig-Seelische im Menschen repräsentiert, nicht auch am Leiblichen des Menschen tätig ist bzw. sich am Leiblichen offenbart. Dabei kann es sich nur um solche Offenbarungen handeln, die man bei einem Tier nicht beobachten kann.

Dazu muss man nur die Physiognomie des Menschen betrachten. Diese ist in sich viel beweglicher als die des Tieres. Sie ist nicht so in der Form erstarrt, wie das beim Tier der Fall ist. »Wir können das ja schon an der beweglichen Physiognomie des Menschen sehen. Sehen Sie sich die im Grunde genommen unbewegliche Physiognomie des Tieres an, wie sie Ihnen entgegentritt in ihrer Starrheit. Und sehen Sie sich dagegen die bewegliche Menschenform an mit ihren Änderungen in den Gesten, in der Physiognomie und so weiter. Sie werden sich daraus sagen können, dass der Mensch innerhalb der Grenzen, die ihm allerdings angewiesen sind, eine gewisse Beweglichkeit hat, dass es ihm überlassen worden ist in einer gewissen Weise, selber die Form sich aufzuprägen dadurch, dass sein Ich in ihm wohnt.«[7]

An dem menschlichen Antlitz kann man die Ich-Wirksamkeit sehr gut studieren. Das Antlitz des Menschen ist geradezu eine ›Offenbarungsfläche‹ des Ichs, des geistig-seelischen Wesenskerns. Im Gegensatz zu Tieren kann der Mensch erröten, wenn er etwa zornig ist, wenn er sich schämt oder wenn er sich bei einer Lüge oder einer Dummheit, die er gemacht hat, ertappt fühlt. Genauso gut kann er erbleichen, wenn er beispielsweise sehr erschrocken ist oder wenn er gerade eine erschütternde Nachricht bekommen hat. Wenn man weiß, dass das Blut gewissermaßen der äußere Ausdruck des Ichs ist, kann einem das Erröten oder Erblassen als Wirkung einer Ich-Tätigkeit klar werden. »Wenn der Mensch sich schämt, so ist es, wie wenn er bewirken wollte, dass seine Umgebung etwas nicht sieht, was in ihm geschieht; es ist wie etwas verbergen wollen, was im Schamgefühl des Menschen vor sich geht. Und was bewirkt dieses seelische Erlebnis physisch im Menschen? Es treibt die Schamröte ins Gesicht, das Blut steigt ins Gesicht. Was geschieht also unter dem Eindrucke eines seelisch-geistigen Ereignisses, wie es das Schamgefühl ist? Eine Umwandlung, eine andere Zirkulation des Blutes! Das Blut wird von innen nach der Peripherie, nach außen hin getrieben. Das Blut wird in seinem Laufe – das ist eine physikalische Tatsache – geändert durch eine geistig-seelische Tatsache! Wenn der Mensch erschrickt, so will er sich schützen gegen etwas, was er als bedrohlich ansieht: er wird blass, das Blut zieht sich zurück von der äußeren Oberfläche. Wiederum haben wir einen äußeren Vorgang, hervorgerufen durch einen geistig-seelischen, durch Furcht und Schreck. Erinnern Sie sich, dass das Blut der Ausdruck des Ich ist. Was wird denn der Mensch wollen, wenn er etwas Bedrohliches herankommen sieht? Er wird eben seine Kräfte zusammennehmen und stark werden lassen im Mittelpunkte seines Wesens. Das Ich, das sich zusammennehmen will, zieht auch das Blut in den Mittelpunkt seines Wesens zurück.«[8]

Es gibt etliche weitere physiognomische Veränderungen, die man in Abhängigkeit von dem, was das Ich erlebt und empfindet, wahrnehmen kann: etwa die gerümpfte Nase, die hochgezogenen Augenbrauen, die in Falten gelegte Stirn, das Aufreißen der Augen und viele mehr.

Dann kennen wir noch etwas Weiteres, was nur einem ich-begabten Wesen möglich ist: Lachen und Weinen. Tiere können weder lachen noch weinen. Es gibt allenfalls einige wenige Tierarten, die grinsen oder heulen können. Lachen und Weinen stellen einen feinen, intimen Ausdruck der Ichheit in der Leiblichkeit dar. Was geschieht denn eigentlich, wenn der Mensch weint? »Weinen kann nur dann entstehen, wenn das Ich sich in irgendeiner Beziehung schwach fühlt gegenüber dem, was es in der Außenwelt umgibt. [...] Der Mensch als der Besitzer einer Ichheit fühlt einen gewissen Missklang, eine gewisse Disharmonie in seinem Verhältnis zur Außenwelt. Und dieses Fühlen der Disharmonie kommt zum Ausdruck dadurch, dass er sich dagegen wehrt, dass er sozusagen ausgleichen will. Wie gleicht er aus? Dadurch, dass sein Ich den astralischen Leib zusammenzieht. Wir können sagen: In der Trauer, die sich im Weinen auslebt, fühlt sich das Ich in einer gewissen Disharmonie mit der Außenwelt, die es dadurch auszugleichen sucht, dass es den astralischen Leib in sich selber zusammenzieht, seine Kräfte gleichsam zusammenpresst. – Das ist der geistige Vorgang, der dem Weinen zugrunde liegt.«[9]

Dem Lachen hingegen liegt der entgegengesetzte Vorgang zugrunde: Das Ich dehnt den Astralleib aus. »Das Ich sucht den astralischen Leib in einer gewissen Weise schlaff werden zu lassen, seine Kräfte mehr in die Breite gehen zu lassen, ihn auszudehnen. Während durch das Zusammenziehen der weinerliche Zustand hervorgerufen wird, wird durch das Erschlaffenlassen, durch das Ausdehnen des astralischen Leibes das Lachen herbeigeführt. Das ist der geistige Befund. Jedes Mal wenn Weinen vorliegt, kann das hellseherische Bewusstsein konstatieren ein Zusammenpressen des astralischen Leibes durch das Ich. Jedes Mal wenn Lachen vorliegt, kommt ein Ausdehnen, wie ein Breiterwerden, ein Bauchigerwerden des astralischen Leibes zustande durch das Ich. Nur dadurch, dass das Ich innerhalb der menschlichen Wesenheit tätig ist, dass es nicht [...] von außen wirkt, kommt Lachen und Weinen zustande.«[10]

Alle geschilderten Phänomene spiegeln sich in leiblichen Vorgängen wider, weil eben das, was geistiger Natur ist, beim Menschen seinen Ausdruck in der Leiblichkeit findet. Die Leiblichkeit ist eben nur die Physiognomie der Geistigkeit, gewissermaßen der bis zur äußeren Sichtbarkeit ›verdichtete‹ Geist.

4.2   Körper, Seele und Geist

I n jeder Religion gehört es zu den fundamentalsten Glaubensgrundsätzen, dass der Mensch zumindest noch etwas Unsterbliches, Ewiges in sich trägt, was üblicherweise »Seele« genannt wird. Wie man etwa bei Paulus nachlesen kann, galt es in den ersten christlichen Jahrhunderten als eine Selbstverständlichkeit, dass der Mensch ein *dreigliedriges* Wesen ist, das aus *Körper*, *Seele* und *Geist* besteht. Das 8. allgemeine Konzil, das im Jahre 869 in Konstantinopel stattfand, hat die Voraussetzungen dafür geschaffen, dass diese Dreigliederung immer mehr aufgeweicht wurde, indem der Geist verleugnet wurde.[11] Durch diese ›Abschaffung‹ des Geistes wurde von der Kirche – vermutlich ohne sich dessen bewusst zu sein – eine höchst fatale Entscheidung getroffen, die Ahriman den Boden bereitete, auf dem er Jahrhunderte später den Materialismus säen konnte, der seit rund 150 Jahren auch in der Naturwissenschaft blüht. **»Der Materialismus in der Naturwissenschaft ist erst eine Folge des Materialismus in der Religion; es gäbe ihn nicht, wenn nicht das religiöse Leben vom Materialismus durchsetzt wäre. Diejenigen, die heute zu bequem sind, sich auf religiösem Gebiet zu vertiefen, sind dieselben, die in der Naturwissenschaft den Materialismus erzeugt haben.«**[12]

Nach Auffassung des konfessionellen Christentums besteht der Mensch also lediglich aus Körper und Seele, der allerdings einige geistige Eigenschaften zugestanden werden. Daher wird diese manchmal auch als »Geistseele« bezeichnet. Alles, was die großen christlichen Kirchen, aber auch Psychologen und Psychoanalytiker zum Verständnis der Seele beitragen können, ist mehr als dürftig und zum Teil stark materialistisch gefärbt. In vielen fernöstlichen Religionen wie etwa im Buddhismus ist kein Platz für die Seele. Gemäß ihren Lehren besteht der Mensch aus Körper und Geist.

Wie sind nun diese Begriffe, Körper, Seele und Geist, im Sinne der anthroposophisch orientierten Geisteswissenschaft zu verstehen? Wie passt diese *Drei*gliederung des Menschen mir der oben geschilderten *Vier*gliedrigkeit zusammen?

Ein erstes Verständnis für diese drei Glieder ergibt sich aus Rudolf Steiners Aussage: **»Durch seinen Leib** [Körper] **vermag sich der Mensch für den Augenblick mit den Dingen in Verbindung zu setzen. Durch seine Seele bewahrt er in sich die Eindrücke, die sie auf ihn machen; und durch seinen Geist offenbart sich ihm das, was sich die Dinge selbst bewahren.«**[13]

4.2.1   Körper

D er Begriff »Körper« dürfte die wenigsten Schwierigkeiten bereiten. Damit ist dasjenige gemeint, wodurch sich dem Menschen die äußeren Phänomene der Sinneswelt offenbaren. Er besteht im Wesentlichen aus dem *physischen Leib*. Durch leibliche

Sinne lernt man den Leib des Menschen kennen. **»Durch seinen Leib ist er** [der Mensch] **mit den Dingen verwandt, die sich seinen Sinnen von außen darbieten. Die Stoffe der Außenwelt setzen diesen seinen Leib zusammen; die Kräfte der Außenwelt wirken auch in ihm. Und wie er die Dinge der Außenwelt mit seinen Sinnen betrachtet, so kann er auch sein eigenes leibliches Dasein beobachten.«**[13]

Den *Ätherleib*, der ja den physischen Leib aufbaut und belebt und, solange der Mensch im Erdenleben weilt, immer mit diesem fest verbunden ist, kann man auch noch zu dem, was man den menschlichen »Körper« nennt, dazurechnen.

4.2.2   Seele

Mit dem Wort »Seele« soll auf all dasjenige hingedeutet werden, wodurch der Mensch die Dinge, die der Leib wahrgenommen hat, mit seinem eigenen Dasein verknüpft, wodurch er also etwa Lust oder Unlust, Freude oder Leid erfährt. Die Seele ist im Menschen tätig und durchdringt alle Verrichtungen des Körpers. Die wesentlichen Kräfte der Seele sind Sympathie und Antipathie.

Das *Ich* und der *Astralleib*, insbesondere soweit er die Hülle des Ichs ist, stellen – etwas vereinfacht dargestellt – die menschliche Seele dar. Der Astralleib ist der eigentliche *»Seelenleib«*, gleichsam die Substanz, aus der die menschliche Seele gewoben ist. **»In der Seele blitzt das ›Ich‹ auf«** und **»empfängt aus dem Geiste den Einschlag.«**[14]

Der Mensch kann sich in seinem Denken, Fühlen und Wollen seelisch betätigen. Alle diese Seelentätigkeiten sind beim wachenden Menschen unmittelbar mit seinem Ich verknüpft. Die Seele ist das Bindeglied von Körper und Geist, zwischen denen sie vermittelnd tätig ist. Die Seele, die zwischen beiden steht, führt ein in sich geschlossenes Eigenleben. Ihre Begierden, Wünsche und Neigungen dienen ihr. Sie stellt das Denken in ihren Dienst. **»Sie hat gleichsam eine Vermittlerrolle, und ihre Aufgabe ist erfüllt, wenn sie dieser Rolle genügt. Der Leib formt ihr die Eindrücke; sie gestaltet sie zu Empfindungen um, bewahrt sie im Gedächtnisse als Vorstellungen und gibt sie an den Geist ab, auf dass er sie durch die Dauer trage. Die Seele ist eigentlich das, wodurch der Mensch seinem irdischen Lebenslauf angehört. Durch seinen Leib gehört er der physischen Menschengattung an. Durch ihn ist er ein Glied dieser Gattung. Mit seinem Geiste lebt er in einer höheren Welt. Die Seele bindet zeitweilig beide Welten aneinander.«**[15] **»Aber unmöglich ist es, in derselben Art** [wie man die Außenwelt und das eigene leibliche Dasein betrachten kann] **das seelische Dasein zu betrachten. Alles, was an mir leibliche Vorgänge sind, kann auch mit den leiblichen Sinnen wahrgenommen werden. Mein Gefallen und Missfallen, meine Freude und meinen Schmerz kann weder ich noch ein anderer mit leiblichen Sinnen wahrnehmen. Das Seelische ist ein Gebiet, das der leiblichen Anschauung unzugänglich ist. Das leibliche Dasein des Menschen ist vor aller Augen offenbar; das seelische trägt er als seine Welt in sich.«**[13]

4.2.3 Geist

Der Geist ist unser Führer im Reich der Seele. »Durch den Geist aber wird ihm [dem Menschen] die Außenwelt in einer höheren Art offenbar. In seinem Innern enthüllen sich zwar die Geheimnisse der Außenwelt; aber er tritt im Geiste aus sich heraus und lässt die Dinge über sich selbst sprechen, über dasjenige, was nicht für ihn, sondern für sie Bedeutung hat. Der Mensch blickt zum gestirnten Himmel auf: das Entzücken, das seine Seele erlebt, gehört ihm an; die ewigen Gesetze der Sterne, die er im Gedanken, im Geiste erfasst, gehören nicht ihm, sondern den Sternen selbst an. So ist der Mensch Bürger dreier Welten. Durch seinen Leib gehört er der Welt an, die er auch mit seinem Leibe wahrnimmt; durch seine Seele baut er sich seine eigene Welt auf; durch seinen Geist offenbart sich ihm eine Welt, die über die beiden anderen erhaben ist.«[16]

Das Ich ist eigentlich bereits ein geistiges Wesensglied, das sich beim Durchschnittsmenschen seiner geistigen Wesenheit allerdings noch nicht bewusst ist. Der *Geist* besteht jedoch im strengen Sinne aus drei zukünftigen Wesensgliedern, die der heutige Mensch erst in seinen keimhaften Anlagen besitzt, die er also noch ausbilden, die er noch erwerben muss.

4.3 Zukünftige Wesensglieder des Menschen

Der heutige Mensch ist, wenn er auf dem irdischen Plan verkörpert ist, ein *viergliedriges* Wesen, das aus dem physischen Leib, dem Ätherleib, dem Astralleib und dem Ich besteht. Solange der Mensch auf der Erde lebt, sind sein physischer Leib und sein Ätherleib fest miteinander verbunden. Während der Zeiten, in denen der Mensch wacht, sind auch sein Astralleib und sein Ich fest mit den beiden anderen Leibern verknüpft. Während des Schlafes trennen sich Astralleib und Ich aus der menschlichen Organisation heraus, während der physische Leib und der Ätherleib im Bette liegen. Der Astralleib und das Ich gehen in die *»Astralwelt«* (☞ Kapitel 5, S. 226ff.), in der sie bestimmte Erlebnisse haben, die nach dem Aufwachen allerdings nicht die Bewusstseinsschwelle des Menschen überschreiten. Vieles von diesen Erlebnissen taucht nach dem Tod vor dem *»Seelenauge«* auf. Erst im Augenblick des Todes trennt sich auch der Ätherleib vom physischen Leib ab, der dann wenige Tage später bis auf ein eher kleines Überbleibsel, bis auf einen Extrakt, dem Kosmos einverwoben wird. Auch den größten Teil des Astralleibes wird der Mensch einige Jahrzehnte nach dem Tod ablegen, während ihm sein Ich als einziges ureigenes Wesensglied in der gesamten nachtodlichen Zeit erhalten bleibt, wenngleich – wie bereits angedeutet – das Bewusstsein seiner selbst, also das Ich-Bewusstsein, phasenweise stark herabgedämpft sein kann.

Der Mensch war nicht von Anfang an so organisiert. In urferner Vergangenheit wurde von den Schöpfermächten nur der physische Leib veranlagt, der damals natürlich noch eine *völlig* andere Gestalt und Stofflichkeit hatte als der, welchen die ersten Erdenmenschen, von denen die Genesis schildert, hatten. Der Ätherleib wurde erst sehr viel später zugefügt. Noch viel später kam der Astralleib hinzu – allerdings natürlich auch noch vor der Erschaffung der Erdenmenschen. Die Entwicklung dieser Leiber verdankt der Mensch ganz wesentlich den geistigen Wesen der höheren Hierarchien. Diese unteren Leiber sind als Folge der luziferischen Versuchung, von der die biblische Schöpfungsgeschichte erzählt, in gewisser Weise ›verdorben‹ worden. Der physische Leib hat sich mit dichter Erdenmaterie angefüllt. Dadurch wurde er zu einem verweslichen Leib. Auch der Astralleib wurde dadurch, dass er überschäumende oder fehlgeleitete Triebe und Begierden aufnehmen konnte, in eine gewisse Unordnung gebracht. Im Christentum spricht man hier von der »Erbsünde«. Das *individuelle* Ich sowie das daran gebundene Ich-Bewusstsein hat der Mensch erst seit der Zeitenwende vor rund 2.000 Jahren.

Die unteren drei Wesensglieder, also der physische Leib, der Ätherleib und der Astralleib, bilden gewissermaßen die Hüllen, in die das Ich sich im Erdendasein einkleidet. Diese sind ihm – etwas salopp ausgedrückt – als ›Basisausstattung‹ von den Schöpfermächten verliehen worden. Dadurch wurde er wie die gesamte ihn umgebende Natur zum Geschöpf der göttlich-geistigen Welt. Durch sein Ich ist er berufen, zum Schöpfer *seiner selbst* zu werden! Es ist die Aufgabe des Menschen, aus seiner menschlichen Freiheit und seinen Ich-Kräften heraus in voller Bewusstheit seine drei unteren Leiber umzuarbeiten, zu veredeln und zu verwandeln. Auf diese Art kann es ihm gelingen, in der Zukunft höhere Wesensglieder zu entwickeln. *Emil Bock*, Gründungsmitglied der Christengemeinschaft, schrieb dazu: *»In drei künftigen Äonen wird der Mensch drei höhere Wesensglieder dadurch in sich hereinverkörpern, dass sein Ich im irdischen Hüllenwesen nicht untätig bleibt, sondern an sich arbeitet und so die Hüllen ergreift und einer fortschreitenden Verwandlung entgegenführt.«*[17] Während der Mensch seine heutigen vier Wesensglieder ohne eigene Verdienste von den Göttern nach und nach verliehen bekommen hat, muss er sich die drei zukünftigen selbst verdienen, selbst erringen.

Diese Verwandlung – man könnte auch von Veredelung, Reinigung oder Vergeistigung sprechen – des astralischen, ätherischen und physischen Leibes geht mit dem einher, was man als die schon mehrmals angesprochene *geistig-seelische* Evolution des Menschen, die ihn schließlich eines urfernen Tages zum Erreichen des Menschheitsideals führen kann, bezeichnet.

Wir wollen nun in aller Kürze diese drei zukünftigen Wesensglieder des Menschen charakterisieren.

4.3.1 Das Geistselbst

Das nächste und erste wirklich *geistige* Wesensglied, das der Mensch zu entwickeln hat, wird von Rudolf Steiner *»Geistselbst«* genannt. In der indisch-theosophischen Tradition wird dieses mit dem Sanskritwort *»Manas«* bezeichnet.

Das Geistselbst kann sich der individuelle Mensch dadurch erwerben, dass er mit seinem Ich seinen Astralleib *bewusst* umgestaltet, vergeistigt. In dem Maße, wie er Herr über seine Triebe, Begierden, Leidenschaften usw. geworden ist, erscheint dieses Wesensglied im Astralleib. Für die Ausbildung des Geistselbst ist es zudem erforderlich, dass der Mensch sich mehr und mehr zu einem reinen Denken erhebt, das nicht an das gebunden ist, was die Sinneswelt ihm bietet.

Der Astralleib eines Menschen besteht also auch heute schon aus zwei Bereichen: dem bereits umgewandelten, veredelten und dem noch nicht umgewandelten. Das Geistselbst in seiner Offenbarung kann beim Menschen als »umgewandelter Astralleib« bezeichnet werden. Während der dem Menschen verliehene Astralleib das Ich wie eine äußere Hülle umgibt, wird das Geistselbst zu einem unverlierbaren inneren Bestandteil der menschlichen Individualität.

Erst durch das Geistselbst wird der Mensch im eigentlichen Sinne Mensch. Das Wort »Mensch« weist etymologisch deutlich auf den Zusammenhang mit »Manas« hin. Zu eigen wird dem Menschen das Geistselbst erst in ferner Zukunft sein, wenn der Mensch reif ist, mit dem Auferstehungsleib bekleidet auf der neuen Jupiter-Erde zu wandeln. Man darf sich diesen Auferstehungsleib übrigens weder als einen rein physischen noch als einen rein geistigen vorstellen. Man könnte ihn vielleicht als ätherisch-physisch bezeichnen.

4.3.2 Der Lebensgeist

Das zweite Geistglied, das der Mensch vermöge seiner Ich-Kräfte ausbilden wird, ist der *»Lebensgeist«* (indisch-theosophisch *»Buddhi«*). So wie der Mensch dadurch, dass er seinen Astralleib vergeistigt, das Geistselbst ausbildet, bildet er den Lebensgeist durch die Vergeistigung des Ätherleibes aus. Analog kann man die Offenbarung des Lebensgeistes als »umgewandelten Ätherleib« bezeichnen.

Um dieses Wesensglied bilden zu können, muss der Mensch mit seinem Ich nach und nach die Herrschaft über seine tiefergehenden Lebensgewohnheiten und Charaktereigenschaften gewinnen. Es liegt auf der Hand, dass es viel schwieriger ist und ungleich intensiverer Anstrengungen bedarf, auf dieser Ebene etwas zu bewirken, als seine Triebe, Leidenschaften und dergleichen zu veredeln. Förderlich für diese Arbeit kann es sein, wenn der Mensch von tiefen religiösen Impulsen durchdrungen ist, die er sich zum festen Bestandteil seines Lebens macht.

Keimartig veranlagt wurde der Lebensgeist – wie alle anderen Wesensglieder auch – bereits in einer ur-urfernen Vergangenheit. Erst in einer noch sehr fernen Zukunft wird er bei der Mehrheit der Menschen zur Reife kommen.

4.3.3 Der Geistesmensch

Das höchste Wesensglied, das der Mensch entwickeln muss, wurde von Rudolf Steiner *»Geistesmensch«* oder *»Geistmensch«* (indisch-theosophisch *»Atma«* bzw. *»Atman«*) genannt.

Dieses Wesensglied, den Geistesmenschen, kann der Mensch dadurch erwerben, dass er mit seinen Ich-Kräften den physischen Leib umwandelt, vergeistigt. Man kann also von einem *»umgewandelten physischen Leib«* sprechen. **»Mit der Arbeit am Astralleib und am Ätherleib ist aber die Tätigkeit des Ich noch nicht erschöpft. Diese erstreckt sich auch auf den physischen Leib. Einen Anflug von dem Einflusse des Ich auf den physischen Leib kann man sehen, wenn durch gewisse Erlebnisse z. B. Erröten oder Erbleichen eintreten. Hier ist das Ich in der Tat der Veranlasser eines Vorganges im physischen Leib. Wenn nun durch die Tätigkeit des Ich im Menschen Veränderungen eintreten in Bezug auf seinen Einfluss im physischen Leibe, so ist das Ich wirklich vereinigt mit den verborgenen Kräften dieses physischen Leibes, mit denselben Kräften, welche seine physischen Vorgänge bewirken. Man kann dann sagen, das Ich arbeitet durch eine solche Tätigkeit am physischen Leibe. Es darf dieser Ausdruck nicht missverstanden werden. Die Meinung darf gar nicht aufkommen, als ob diese Arbeit etwas Grob-Materielles sei. Was am physischen Leibe als das Grob-Materielle erscheint, das ist ja nur das Offenbare an ihm. Hinter diesem Offenbaren liegen die verborgenen Kräfte seines Wesens. Und diese sind geistiger Art. Nicht von einer Arbeit an dem Materiellen, als welches der physische Leib erscheint, soll hier gesprochen werden, sondern von der geistigen Arbeit an den unsichtbaren Kräften, welche ihn entstehen lassen und wieder zum Zerfall bringen. Für das gewöhnliche Leben kann dem Menschen diese Arbeit des Ich am physischen Leibe nur mit einer sehr geringen Klarheit zum Bewusstsein kommen. Diese Klarheit kommt im vollen Maße erst, wenn unter dem Einfluss der übersinnlichen Erkenntnis der Mensch die Arbeit bewusst in die Hand nimmt. Dann aber tritt zutage, dass es noch ein drittes geistiges Glied im Menschen gibt. Es ist dasjenige, welches der Geistesmensch im Gegensatze zum physischen Menschen genannt werden kann. [...] Man wird in Bezug auf den Geistesmenschen auch dadurch leicht irregeführt, dass man in dem physischen Leibe das niedrigste Glied des Menschen sieht und sich deswegen mit der Vorstellung nur schwer abfindet, dass die Arbeit an diesem physischen Leibe zu dem höchsten Glied in der Menschenwesenheit kommen soll. Aber gerade deswegen, weil der physische Leib den in ihm tätigen Geist unter drei Schleiern verbirgt, gehört die höchste Art von menschlicher Arbeit dazu, um das Ich mit dem zu einigen, was sein verborgener Geist ist.«**[18]

Der physische Leib wird durch die physischen Lebenskräfte des Ätherleibes aufgebaut und erhalten. In einer ähnlichen Weise wird der Geistesmensch durch *geistige* Lebenskräfte auferbaut. Daher muss man in Analogie zum Ätherleib von einem *»Äthergeist«* sprechen. Dieser Äthergeist ist der bereits erwähnte Lebensgeist.

Dieses höchste Wesensglied, der Geistesmensch, kann beim Menschen erst in ururferner Zukunft zur Reife kommen. Dann wird der Mensch vollständig vergeistigt, vollständig Geist sein. Dazu schreibt Judith von Halle: *»Geht der Mensch mit ausgebildetem Atman ins Vatergöttliche ein, würde das die Verherrlichung der Entwicklung schlechthin bedeuten, denn dann würde der Mensch selbst zu einer Leben erweckenden, schaffenden Gottheit werden und sein Planet zur Sonne, zum Leben spendenden Fixstern eines neuen planetarischen Entwicklungsstromes.«*[19]

✳✳✳✳✳✳✳✳✳✳✳✳✳✳✳✳

Vielen Zeitgenossen mag die Vorstellung, dass es die Aufgabe *jedes einzelnen Menschen* ist, aus seinem Ich heraus an der Entwicklung seiner höheren Wesensglieder zu arbeiten, sehr befremdlich sein. Ihnen wäre es vermutlich sympathischer, wenn der ›liebe Gott‹ ihnen diese gnädig verleihen würde. Man sollte es aber als eine unglaubliche Chance auffassen, dass jeder von uns diese Entwicklung selbst in die Hand nehmen kann! Natürlich werden uns die geistigen Wesen der höheren Hierarchien dabei tatkräftig unterstützen, aber der entscheidende Impuls muss von uns ausgehen.

Sie kennen sicher den viel zitierten Ausspruch des berühmten Künstlers *Joseph Beuys*: *»Jeder Mensch ist ein Künstler!«* Die meisten Menschen kommen heute nicht darüber hinaus, solche Aussagen in einer völlig trivialen Weise aufzufassen. Sie glauben, Beuys habe damit sagen wollen, dass jeder Mensch – und sei es der unbegabteste – sich sehr wohl künstlerisch betätigen könne – und wenn er nur ein paar Farbkleckse auf ein Blatt Papier schmiert. Natürlich meinte Joseph Beuys, der im Übrigen überzeugter Anhänger und Verfechter der Anthroposophie war, das in einem viel höheren Sinne. Er wollte damit genau das zum Ausdruck bringen, was hier soeben geschildert wurde: Jeder Mensch hat die Fähigkeit, ja die Aufgabe, an der Entwicklung, an dem geradezu ›künstlerischen‹ Schaffen seiner drei höheren Wesensglieder zu arbeiten.

Diese drei höheren Wesensglieder, die in jedem Menschen bereits keimartig veranlagt sind, stehen schon heute in einer gewissen Beziehung zum Menschen. Sie liegen sozusagen **»beschlossen im Schoße der göttlich-geistigen Wesenheiten«**[20] der dritten Hierarchie. Wir stehen beispielsweise in Beziehung zu den Engelwesen. Stattdessen könnte man auch sagen, wir stehen schon heute in Beziehung zu dem, was in der Zukunft als unser Geistselbst kommen soll. Wir haben mit diesen höheren Wesensgliedern bereits *wirkliche* Begegnungen. Wenn wir nicht von Zeit zu Zeit unserem

Geistselbst begegnen würden, so würden wir uns immer mehr von allem Geistigen entfernen und entfremden.

4.4 Das höhere Selbst

Wenn wir vermöge unserer üblichen Sinne die uns umgebende Welt betrachten, so erscheint sie uns aufgespalten in verschiedene, voneinander strikt getrennte Objekte, Elemente, Bausteine und Wesen, die zwar zueinander in gewissen Beziehungen stehen können, aber prinzipiell miteinander nicht viel gemein zu haben *scheinen*. Dennoch stammt alles, was wir wahrnehmen und beobachten können – vom kleinsten Sandkörnchen bis hin zum Menschen –, aus einem gemeinsamen göttlich-geistigen Urgrund. Alle Wesen und Phänomene sind lediglich Reflexionen *einer einzigen, unteilbaren Realität*, eines einzigen *»Selbst«*.[21] Dieses große gemeinsame, alles umfassende Selbst, das über den gesamten Kosmos verbreitet lebt, wird von vielen Esoterikern auch als *»gesamtes höheres Selbst«*, *»kosmisches Bewusstsein«* oder *»göttlicher Urgrund«* bezeichnet. Jedem Menschen ist ein kleiner individualisierter Teil dieses Gesamtselbstes zugeordnet, den man das *»eigene höhere Selbst«* des Menschen nennt. Dieses individuelle höhere Selbst verhält sich zu dem Gesamtselbst etwa so, wie sich ein Wassertropfen, der den Weltmeeren entnommen wurde, zu den Wassermassen aller Weltmeere verhält. Alles, was ausgegossen in der ganzen Welt liegt, ist mit unserem Ich, das nur einen schwachen Abglanz des höheren Selbst darstellt, verbunden. Daher ist auch das höhere Selbst mit uns *verbunden*.[22] Dieses höhere Selbst des Menschen ist mit ihm verbunden, obwohl es nicht in ihm, sondern in der geistigen Welt ist. Es ist diejenige Instanz, die häufig als *»göttlicher Funke«* bezeichnet wird. Das höhere Selbst, das man auch *»inneres Selbst«* bzw. *»höheres«* oder *»wahres Ich«* nennen könnte, ist natürlich ungeheuer viel weiser und weitsichtiger als unser Erden-Ich. Es inspiriert unser Karma.[23]

Dieses höhere Selbst ist im Grunde nichts anderes als das erste Wesensglied des Geistes, das Geistselbst, **»das sich herauslöst aus dem, was nur auf die irdische Welt beschränkt ist.«**[24] Das Geistselbst webt sich nach dem Tod in geheimnisvoller Weise in das menschliche Wesen hinein.[25] Diesem höheren Selbst, das wie ein Funke im Menschen lebt, muss der Mensch immer ähnlicher werden. Der dem Menschen zugeteilte führende Engel lenkt und leitet den Menschen bei seiner Arbeit, das Geistselbst auszubilden oder – wie man auch sagen könnte – zu erobern. Am Ende der Erdenentwicklung muss der Mensch sein Geistselbst bzw. sein höheres Selbst voll entwickelt haben. Das, was jetzt noch das höhere Selbst des Menschen ist, wird dann in vielen tausend Jahren sein ›normales‹ Selbst bzw. Ich sein.[26] Dann wird er ein solches Bewusstsein haben, wie es heute schon sein Engel hat, so dass er diesen von seiner Aufgabe entbinden kann.[27] Der Mensch wird dann eine Entwicklungsstufe erreicht haben, die mit der vergleichbar ist, auf welcher die Engelwesen schon heute stehen. Die endgültige Ausbildung der noch höheren Wesensglieder, Lebensgeist und Geistesmensch, ist noch urferneren Epochen vorbehalten. Erst dann kann der Mensch sein großes Ziel, die Verkörperung des Menschheitsideals, erreicht haben.

Viele Esoteriker, die dem Christentum nicht so nahestehen, bezeichnen diejenige Entität, die hier Schutzengel genannt wurde, als das »höhere Selbst«. Sie sagen also, es sei das höhere Selbst, das den Menschen leite und die Erinnerungen an seine Inkarnationen bewahre. Wenn wir folgende Aussage Rudolf Steiners heranziehen, löst sich dieser scheinbare Widerspruch möglicherweise auf: **»Und ob man sagt, der Mensch blickt auf zu seinem höheren Selbst, dem er immer ähnlicher werden soll, oder ob man sagt, er schaue zu seinem Angelos [Engel], als zu seinem großen Vorbilde hinauf, das ist im Grunde genommen geistig ganz dasselbe.«**[28] Somit kann man vielleicht auch sagen, dass es das höhere Selbst ist, das die Erinnerungen an die einzelnen Inkarnationen bewahrt und den Menschen führt.

Sobald das höhere Selbst im innersten Wesenskern des Menschen tätig zu werden beginnt, wie das in den meisten Phasen des nachtodlichen Lebens der Fall ist, erwacht der Mensch zu einem höheren Bewusstsein, das ihm ermöglicht, in der geistigen Welt durch Imaginationen wahrzunehmen.

Es wurde bisher des Öfteren von einer »fernen« oder »urfernen« Vergangenheit bzw. Zukunft gesprochen. Da es für das Verständnis des zentralen Themas dieses Buches, also das Leben des Menschen nach dem Tod, nur bedingt von Bedeutung ist, was darunter zu verstehen ist, haben wir es nicht präzisiert. Der interessierte Leser findet dazu im Anhang (☞ Anhang A.1, Exkurs 3, Seite 476ff.) nähere Ausführungen.

Kapitel 5

Das Leben nach dem Tod –
Der Aufstieg durch die Planetensphären

> *Der Tod ist schrecklich oder kann wenigstens*
> *schrecklich sein für den Menschen,*
> *solange er im Leben weilt.*
> *Wenn der Mensch aber durch*
> *die Pforte des Todes gegangen ist*
> *und zurückblickt auf den Tod,*
> *so ist der Tod das schönste Erlebnis,*
> *das überhaupt im menschlichen Kosmos möglich ist.*
>
> **Rudolf Steiner** [1]

Wir kommen nun zu dem zentralen Thema dieses Buches. In diesem sowie in den drei folgenden Kapiteln soll es also darum gehen, das Leben, das ein Mensch nach seinem Tod in den übersinnlichen Welten führt, so konkret wie möglich zu schildern. Damit das, was der Mensch nach seinem Tod durchzumachen hat, erfahren und leisten darf, verständlich werden kann, mussten in den vorausgegangenen Kapiteln zunächst einige wichtige Tatsachen und Aspekte zusammengetragen werden. Von besonderer Bedeutung war es in diesem Zusammenhang, die menschlichen Wesensglieder kennen zu lernen.

Die Schilderungen der Erlebnisse, die der Mensch nach seinem Tode hat, wie sie in diesem Buch gegeben werden sollen, lehnen sich *weitgehend* an die Darstellungen Rudolf Steiners an, die er in vielen Büchern und in Hunderten von Vorträgen gegeben hat. Es gibt wohl keine andere Quelle, der man so umfangreiche, detaillierte und für die Seelenkräfte eines modernen Abendländers verständliche Darstellungen entnehmen kann. Allerdings werden auch solche Erkenntnisse, die einigen auf dem Boden der Anthroposophie stehenden Hellsehern und Geistesforschern unserer Zeit zu verdanken sind, in den folgenden Kapiteln einbezogen.

Außerdem soll an vielen Stellen gezeigt werden, dass Steiners Forschungsergebnisse durchaus mit den Darstellungen in anderen, weniger ergiebigen Quellen in Einklang stehen. Diese vergleichenden Passagen bzw. Querverweise – etwa zur Bibel, zu den Mitteilungen Sigwarts, zu den Berichten von Nahtod-Erlebnissen, und zu den Jenseitsbotschaften – sind der besseren Übersichtlichkeit wegen eingerückt.

Wenn man dieses nachtodliche Leben mit allen Erlebnissen, Erfahrungen und Empfindungen, die der Verstorbene haben wird, schildern möchte, ergibt sich ein Problem, auf das hier kurz hingewiesen werden soll. Nehmen wir etwa an, wir wollten für
ein fiktives physisches Wesen, dem die Erdenverhältnisse nicht bekannt sind, beschreiben, wie das Leben eines Menschen während einer ganz normalen irdischen
Verkörperung verläuft, was er da so alles macht, erlebt, erfährt usw. Da ergäbe sich ja
auch schon eine gewisse Schwierigkeit. Ein Mensch erlebt und macht ja die unterschiedlichsten Dinge. Ein Erwachsener geht seinem Beruf nach, er muss sich ernäh-
ren und schlafen, er hat einige Hobbys und Interessen, denen er frönt, er kommt sehr
viel mit den unterschiedlichsten Menschen zusammen, mit denen ihn bestimmte
Erlebnisse verbinden, und vieles mehr. Hinzu kommen noch die vielen geistig-seelischen Aspekte, etwa die Art wie er wahrnimmt, fühlt und denkt. Einige dieser Tätigkeiten bzw. Erlebnisse finden gleichzeitig, also parallel statt. Es ist somit gar nicht
möglich, das menschliche Leben in einer linearen Form zu schildern. Das gleiche
Problem stellt sich erst recht für das Leben, das ein Mensch nach seinem Tod führt.
Auch ein sogenannter Toter macht die unterschiedlichsten Erlebnisse und Erfahrungen durch und kommt mit vielen verschiedenen Wesenheiten zusammen. Somit kann
man auch dieses nachtodliche Leben in all seinen wichtigen Aspekten nicht absolut
linear oder rein chronologisch schildern. Im Folgenden (Kapitel 5 und 6) soll dennoch
versucht werden, die großen Stationen, die ein Verstorbener durchläuft, in ihren wichtigsten Zügen in einer zumindest *weitestgehend* linearen, chronologischen Form zu
schildern, um dadurch so etwas wie einen ›roten Faden‹ gewinnen zu können. In
Kapitel 7 sollen dann noch einige wichtige Aspekte des nachtodlichen Lebens ergänzt
und vertieft werden. Schließlich werden wir in Kapitel 8 noch auf einige höchst
unerfreuliche und leidvolle, ja fürchterliche Erlebnisse zu sprechen kommen, die
manche Menschen im Leben nach dem Tod erwarten.

Eine weitere Schwierigkeit, die vielen diesbezüglichen Schilderungen Rudolf Steiners
hier *gegliedert* darzustellen, ergibt sich dadurch, dass er die gleichen Begebenheiten
und Erlebnisse häufig aus unterschiedlichen Perspektiven beschreibt, etwa aus der
Perspektive des *inneren Erlebens des Toten* oder aber aus der Sicht der *großen kosmischen Verhältnisse*. Es muss sicherlich eingeräumt werden, dass das innere Erleben
nach dem Tod von Seele zu Seele etwas unterschiedlich sein kann, wie das ja im
Erdenleben auch der Fall ist. Daher mag es in Einzelfällen *eher geringfügige* individuelle Abweichungen zu den folgenden Darstellungen geben, die sich auf den *Durchschnittsfall* beziehen. Die Schilderungen der großen kosmischen Verhältnisse sind
natürlich allgemeingültig. Der Verfasser möchte den schwierigen Versuch wagen, die
ungeheuer vielen Schilderungen Rudolf Steiners über das Leben nach dem Tod in
übersichtlicher und geordneter Form zusammenzustellen und durch eigene Anmer-
kungen, Erläuterungen, Querverweise zu Darstellungen aus anderen Quellen sowie
Schlussfolgerungen zu ergänzen.

Das nachtodliche Leben, das hier beschrieben werden soll, bezieht sich in erster Linie auf *Durchschnittsmenschen*, die mindestens etwa 35 Jahre alt geworden sind. Die besonderen Bedingungen, die sich im Leben nach dem Tod für einen Menschen ergeben, der in seiner geistig-seelischen Entwicklung der großen Masse der Menschheit schon weit vorausgeeilt ist, werden hier nicht berücksichtigt. Auf besondere Situationen, wie sie sich beispielsweise ergeben, wenn ein Mensch schon in jungen Jahren stirbt, wenn er Opfer einer Naturkatastrophe wird, wenn er selbst Hand an sich legt usw., werden wir in Kapitel 7 näher eingehen.

Die übersinnlichen Welten mit all ihren Wesen und das Leben, das sich dort abspielt, sind ungleich komplexer und vielschichtiger als alles, was man aus dem Erdendasein kennt. Daher kann man in jedem noch so dicken Buch nur die Grundstrukturen skizzieren. Selbstverständlich könnte man der Geisteswissenschaft Rudolf Steiners noch äußerst viele weitere Aspekte und Details entnehmen, die das Leben eines Menschen nach dem Tod beleuchten. Diese würden aber den Rahmen unseres Buches sprengen, zumal man dann ungleich tiefer in die anthroposophische Terminologie einsteigen müsste.

5.1   Die Welt der Toten – die übersinnlichen Welten

Der Mensch verlässt im Augenblick des Todes unsere physische Welt, um in eine andere ›einzutreten‹. Es soll zunächst einmal mit der auch heute in einigen Kreisen immer noch herrschenden naiven Anschauung aufgeräumt werden, dass diese Welt, die der Tote nun ›betritt‹, irgendwo fernab im Universum läge und letztlich auch materieller Art wäre. Die Welten, in denen der verstorbene Mensch nun für lange Zeit weilt, sind selbstverständlich immaterielle, übersinnliche Sphären. Diese sind mit den üblichen Sinnen eines lebenden Menschen und somit auch mit den Methoden unserer heutigen Naturwissenschaften nicht zu erreichen. Für die äußere, rein sinnliche Anschauung scheinen diese Welten nicht zu existieren.

Wie man aus der Anthroposophie – aber auch aus anderen spirituellen Quellen – wissen kann, muss man neben der physischen Welt, also unserer Erden- oder Sinneswelt, die man auch als *»Welt der (sinnlich wahrnehmbaren) Erscheinungen«* bezeichnen könnte, im Wesentlichen noch *drei weitere* Welten unterscheiden, die von einem Verstorbenen stufenweise durchlaufen und durchlebt werden: die *»Ätherwelt«*, die *»Astral-«* oder *»Seelenwelt«* und die *»Geisteswelt«* oder *»geistige Welt«*, die Judith von Halle auch als *»Welt der wahren Wirklichkeit«* bezeichnet. Bisweilen sprach Rudolf Steiner bei den beiden letztgenannten Welten auch vom *»Seelenland«* bzw. *»Geisterland«*. Allen gemein ist, dass sie mit physischen Sinnen oder Messinstrumenten nicht wahrnehmbar sind, so dass ihre Existenz von materialistisch gesinnten Zeitgenossen abgestritten werden kann. Mit einem Oberbegriff werden diese Welten als *»übersinnliche Welten«* bezeichnet. Der Begriff »übersinnliche Welten« soll zum Ausdruck bringen, dass diese *über* oder *außerhalb* dessen liegen, was wir mit unseren *physischen* Sinnesorganen erfassen können. Synonym werden auch die Bezeichnungen *»höhere Welten«* oder *»immaterielle Welten«* verwandt. Solange es keine Notwendigkeit gibt, zwischen den einzelnen übersinnlichen Welten zu unterscheiden, fasst man diese meistens zusammen und belegt sie mit dem Namen »geistige Welten«. Oft verwendet man auch den Singular »geistige Welt«, um eine einfache Abgrenzung zur Erdenwelt zu ziehen. So haben wir das in diesem Buch bisher auch bevorzugt. Das ist aber – zumindest streng genommen – nicht ganz korrekt, da ja im eigentlichen Sinne mit »geistiger Welt« eine bestimmte, nämlich die höchste der drei übersinnlichen Welten, die Geisteswelt, gemeint ist. Für die folgenden Darstellungen ist es erforderlich, zwischen den einzelnen höheren Welten sauber zu differenzieren.

Es wäre ganz falsch, wenn man bei dem, was hier als »Welten« bezeichnet wird, an irgendwelche abgegrenzte Räumlichkeiten oder Orte denken würde. Der Begriff des dreidimensionalen Raumes hat nur in unserer physischen Welt eine Bedeutung. Daher könnte man diese auch *»Raumeswelt«* nennen. Die übersinnlichen Welten sind *nicht*-räumlich. Man muss sich *alle* Welten als miteinander verwoben denken. In einer ähnlichen Weise, wie sich in der Sinneswelt verschiedene Flüssigkeiten oder Luftströmungen durchdringen und durchziehen können, wird auch unsere physische Welt von den höheren Welten durchdrungen und durchzogen. Daraus folgt, dass diese übersinnlichen Welten nicht fernab von unserer Welt sind, wie es insbesondere der in diesem Zusammenhang häufig benutzte Ausdruck »Jenseits« suggerieren könnte. Die höheren Welten sind also *überall*. Die geistig-seelischen Wesen, also auch die Verstorbenen, sind lediglich in einer Sphäre, die *jenseits* der Wahrnehmungsfähigkeit des heutigen Durchschnittsmenschen liegt.

Eben Alexander gewann nach seinen Nahtod-Erlebnissen auch die Erkenntnis, dass man sich die verschiedenen Welten nicht als strikt voneinander getrennt vorstellen dürfe. Er drückte es folgendermaßen aus: *»Die Welt aus Raum und Zeit, in der wir uns in diesem irdischen Bereich bewegen, ist eng und vielfältig mit diesen höheren Welten vernetzt. Mit anderen Worten: Diese Welten sind nicht völlig von uns abgesondert, weil alle Welten ein Teil derselben allumfassenden göttlichen Realität sind. Von diesen höheren Welten aus hat man Zugang zu jeder Zeit und jedem Ort in unserer Welt.«*[2]

Die einzelnen Welten unterscheiden sich zunächst einmal im Wesentlichen dadurch, dass die eine Welt durch eine andere Art von Organen erkennbar ist als die andere. Man könnte auch sagen, dass man zur Wahrnehmung der verschiedenen Welten ein jeweils anders geartetes Bewusstsein benötigt. Jeder Vergleich mit einer Situation aus unserem Erdendasein, den man zur besseren Veranschaulichung heranziehen könnte, kann nur sehr unzureichend sein. Dennoch soll der Versuch gewagt werden. In gewisser Weise kann in unserer ganz normalen Sinneswelt doch von einer ›Welt‹ oder ›Sphäre‹ der für das Auge sichtbaren Dinge, von einer der Töne und Geräusche, von einer der Gerüche usw. gesprochen werden. Diese offenbaren sich jedem Menschen, der über die entsprechenden gesunden Organe verfügt. Nun käme auch keiner auf die Idee zu sagen, dass etwa die Welt der sichtbaren Gegenstände fernab von der Welt der Töne sei. Dass diese sich gegenseitig durchdringen und miteinander verwoben sind, wird schon dadurch klar, dass man Seh- und Hörwahrnehmungen gleichzeitig haben kann. Allerdings bleiben diese beiden Welten einem blind und taub geborenen Menschen finster und stumm. Für ihn scheinen sie nicht zu existieren, ähnlich wie für die meisten verkörperten Menschen die Welten der Toten nicht zu existieren scheinen.

Da sich alle Welten gegenseitig durchdringen, ist es auch durchaus richtig zu sagen, dass unsere Toten immer *um uns herum* sind.[3] Auch wenn es unsere Bewusstseinsschwelle nicht überschreitet, so lebt im Grunde jeder Mensch, unabhängig davon, ob er ver- oder entkörpert ist, ständig in allen diesen Welten.[4] Die Toten sind also immer da, gewissermaßen immer in unserer Nähe. Die Trennung, die wir empfinden, wird lediglich dadurch *suggeriert*, dass wir keine Organe haben, um die höheren Welten und die Toten wahrnehmen zu können. Wenn wir während des Schlafes ein helles Bewusstsein hätten, so wäre uns die Welt der Toten nicht fremd, denn jede Nacht sind wir während eines traumlosen Schlafes in dieser Welt. Selbstverständlich sind wir auch während des Tages in der Welt der Toten. Nur entschleiert sich diese uns noch weniger, während wir in unserem normalen Tagesbewusstsein sind. Das, was wir nachts in den übersinnlichen Welten erleben, wirft zumindest hin und wieder einen schwachen und matten Abglanz in bestimmte Träume. Manchmal können wir auch unmittelbar nach dem Aufwachen, noch bevor die äußere Welt wieder an uns herandringt, so etwas wie eine hauchzarte Empfindung oder Ahnung davon haben, dass wir soeben aus einer ganz anderen Sphäre erwacht sind.

Wenn man sagt, irgendein Wesen *befinde* sich in einer übersinnlichen Welt, also etwa in der Seelenwelt, so ist das so zu verstehen, dass dieses Wesen in einem *Bewusstseinszustand* ist, der ihm erlaubt, diese Welt als solche zu erkennen und in ihr wahrnehmen zu können. Man könnte auch sagen, dass dieses Wesen jetzt die Reife hat, um in dieser Welt Wahrnehmungen und Erfahrungen sammeln zu können.

Man würde ganz fehlgehen, wenn man sich die Welten, in denen die Toten weilen, ähnlich unserer physischen Welt vorstellen würde. Auch die Erlebnisse und Erfahrungen, die die Toten in diesen Welten machen, sind völlig anderer Art und ungleich mannigfaltiger als alles, was wir auf der Erde erleben können. Schon die Vermutung, man würde nach dem Tod ähnlich denken, fühlen, wahrnehmen und erleben, wie wir es aus unserem Erdenleben gewohnt sind, erschwert das Verständnis für den nachtodlichen Weg des Menschen gewaltig. Auch sollte man nicht etwa annehmen, dass die übersinnlichen Welten einen schattenhaften, irrealen oder nebulösen Charakter hätten. Diese höheren Welten und das, was man in diesen erleben und erfahren kann, sind ungleich realer, lebendiger und wirklichkeits-gesättigter als alles, was man aus der Sinneswelt kennt. Bei allem, was man in der sichtbaren Welt wahrnehmen kann, handelt es sich nur um schwache und schattenhafte Abbilder oder Spiegelungen von Realitäten aus höheren Welten.

Sigwart verglich das Erdenleben gegenüber dem Dasein in den übersinnlichen Welten mit einem Traum: *»Glaubet mir – Leben ist Traum, denn träumend durchwandert ihr die Erde und wisst nicht, was euch in Wahrheit umgibt.«*[5]

Auch in den meisten Schilderungen von Nahtod-Erlebnissen ist davon die Rede, dass das ›jenseitige‹ Leben als etwas höchst Reales empfunden wurde. Ein Mann erzählte, dass er sein Schwellen-Erlebnis sogar als viel realer empfand als alles, was man in der Erdenwelt erleben kann: *»Mir kommt seitdem die Welt wie ein Zerrbild des wirklichen Lebens vor – wie eine Phantasiewelt. So, als ob die Menschen nur Spiele spielten, so, als ob wir auf etwas vorbereitet würden, aber nicht wissen, worauf.«*[6]

Selbstverständlich gelten in den höheren Welten auch ganz andere Gesetzmäßigkeiten als etwa die Naturgesetze, wie wir sie von der Sinneswelt kennen. Wenn jemand stirbt, so sagt man bisweilen: »Er hat das Zeitliche gesegnet.« Damit wird zum Ausdruck gebracht, dass der Verstorbene die Welt, in der die übliche Zeit eine große Rolle spielt, verlassen hat und nun in eine Sphäre eingetreten ist, auf die unser Zeitbegriff nicht anwendbar ist.

Fast alle Menschen, die an der Schwelle des Todes standen und Nahtod-Erfahrungen machten, sagen ganz deutlich, dass unser üblicher Zeitbegriff in den übersinnlichen Welten keine Geltung habe. Sie hatten in diesen meistens nur wenigen Minuten so viele Erlebnisse und Eindrücke, dass dazu in der Sinneswelt Monate nötig gewesen wären. Wir wollen hier nur einige diesbezügliche Aussagen zitieren. *»[...] Außerdem spielte sich das Ganze in Windeseile ab. Die Zeit kam dabei im Grunde gar nicht vor – andererseits allerdings schon. Sobald man sich aus seinem Körper gelöst hat, scheint sich alles zu beschleunigen.«*[7]

»Wie oft, kann ich nicht genau sagen – wieder, weil sich die Zeit, wie sie dort war, nicht in unser Verständnis von Zeit hier auf der Erde übertragen lässt.«[8]

»Die Zeit war nicht messbar. Ich weiß nicht, ob es eine Minute oder fünf oder zehn Stunden gedauert hat.«[9]

Die erste Welt, mit welcher ein Verstorbener unmittelbar nach seinem Tod Bekanntschaft macht, ist die Ätherwelt. In dieser verbleibt er nur wenige Tage, um dann in die Astral- bzw. Seelenwelt ›einzutreten‹. Sehr viel später – im Durchschnittsfall erst nach vielen Jahrzehnten – ›geht‹ er dann in die Geisteswelt, die in den meisten Religionen *»Himmel«* und in fernöstlichen Traditionen häufig *»Devachan«* genannt wird. Wie wir an späterer Stelle dieses Kapitels noch genauer sehen werden, kann man sowohl die Seelenwelt als auch die Geisteswelt in jeweils sieben Regionen unterteilen.

5.2 Das Leben in den ersten Tagen nach dem Tod

Man kann sich ja selbst dann, wenn man sich noch keine näheren Gedanken über das nachtodliche Leben gemacht haben sollte, unschwer vorstellen, wie ungeheuer verschieden die Empfindungen, Erlebnisse und Erfahrungen, die ein Mensch nach dem Tod haben wird, von denen sein werden, die er in seinem Erdenleben kennengelernt hat. Die meisten Menschen kommen während ihrer irdischen Verkörperung nicht darüber hinaus, sich ausschließlich solches zu Bewusstsein zu bringen, das sich ihren Sinnen offenbart. Auch ihre Gedanken und Vorstellungen fußen vorwiegend auf dem, was die äußere Sinneswelt ihnen bieten kann. Viele identifizieren sich zudem sehr stark mit ihrem physischen Leib, den sie als das wichtigste – vielleicht sogar als das einzige – Wesensglied betrachten.

Nun legt der Mensch, wenn er durch die Pforte des Todes schreitet, aber seinen materiellen Leib ab. Ohne diesen Leib ist es ihm auch nicht mehr möglich, *sinnlich* wahrnehmen zu können. Auch die ihm so vertrauten Gedanken und Vorstellungen, die er sich über Sinnliches gebildet hat und die an das Instrument des physischen Gehirns gebunden waren, spielen für ihn schon bald keine Rolle mehr. Alles, was er nun nach dem Tod durchmachen und erleben wird, muss also zwangsläufig gänzlich anders geartet sein als alles, was er aus dem Erdendasein kannte und noch eine ganze Zeit lang in der Erinnerung behalten wird.

5.2.1 Der Augenblick des Todes

Der Tod hat immer zwei Seiten. Uns, die wir den Sterbenden vielleicht in seinen letzten Tagen begleiten durften, eröffnet sich nur die eine Seite, die *äußere*. Diese *kann* schrecklich, abstoßend und furchteinflößend sein. Wir mussten mit ansehen, wie der bereits vom bevorstehenden Tod geprägte Mensch mehr und mehr von seinem körperlichen Verfall gekennzeichnet wurde. Wir mussten miterleben, dass seine Lebenskräfte immer mehr dahinschwanden und dass seine Schmerzen so unerträglich wurden, dass nichts anderes übrig zu bleiben schien, als ihm diese durch starke Schmerzmittel zu nehmen. Vielleicht standen wir auch seiner Unsicherheit, Verwirrtheit und Todesangst ohnmächtig gegenüber.

In manchen Fällen mögen wir, als der Tod schließlich eingetreten war, das Glück gehabt haben, zu erahnen, dass sich im Todesaugenblick für den Betroffenen etwas ganz Großes vollzogen haben mag. Das kann uns etwa dann gewahr werden, wenn der Verstorbene nach überstandenem Todeskampf plötzlich einen ganz entspannten, friedvollen, vielleicht sogar leicht lächelnden Gesichtsausdruck zeigte.

Dieses mag ein zarter Hinweis auf die *andere* Seite des Todes sein, die dem Verstorbenen jetzt allmählich offenbar wird. Man könnte fast den Eindruck gewinnen, als wollte der Verstorbene bis in seine abgelegte Körperhülle hinein die gewaltigen und erhabenen Erlebnisse und Empfindungen spiegeln, die er jetzt kennenlernt. Ähnlich wie ein farbenprächtiger Schmetterling sich der Puppe entringt und die Hülle zurücklässt, hat sich seine Seele aus dem physischen Leib befreit und diesen als Leichnam zurückgelassen. Schon kurz nachdem er sich exkarniert hat, muss er sich wie geblendet fühlen von dem alles überstrahlenden Bewusstseinslicht, das ihn jetzt erhellt. Ein solch helles, lichtes und klares Bewusstsein hätte er zu Lebzeiten nicht für möglich gehalten.

Vielleicht hat er soeben auch seinen Engel *bewusst* wahrgenommen, der schon immer an seiner Seite war und der ihn jetzt in sein neues Dasein führt.[10] Dieser persönliche führende Geist, dieser Schutzengel, wird ihn auch durch das gesamte nachtodliche Leben begleiten und ihn später wieder ins nächste Erdenleben führen. Auch von geistigen Wesen aus der Hierarchie der Erzengel wird er nun empfangen und aufgenommen.[10] Der Verstorbene ist jetzt wieder zu seinem Ursprung, in seine eigentliche Heimat, zurückgekehrt, die er im Grunde nie verlassen hatte, wenngleich ihm sein Tagesbewusstsein das stets verschleierte.

Iris Paxino schreibt über den Todesaugenblick aufgrund ihrer übersinnlichen Forschung: *»Der Sterbeaugenblick eines Menschen ist nie ein Einsamkeitsmoment. Das irdische Licht des über die Schwelle Gehenden verlöscht, doch sein geistiges Licht leuchtet auf. Die Hierarchien erwarten und empfangen ihn in einer erhabenen Feierstunde. Das, was sich für die Welt der Hinterbliebenen verdunkelt, erstrahlt auf der anderen Seite in einem lichtvollen geistigen Festakt. Der sich Exkarnierende erlebt, dass er sich aus dem Physischen ›herausatmet‹, dies bedeutet für ihn eine Befreiung und eine Ausweitung seines Wesens. Er schaut auf seinen Leib und erkennt, dass dieser Teil von ihm lediglich seine abgelegte physische Hülle ist. Sein Bewusstsein, in der geistig-ätherischen Welt, in der er sich nun befindet, ist klar und wach, er erkennt die Wesenheiten, die ihn nun empfangen. Für den Verstorbenen selbst ist es ein sakraler Augenblick, in welchem seine Individualität, eingebettet im Licht einer höheren geistigen Wirklichkeit, zu sich selbst aufersteht.«*[11] Der Schwellenübergang ist ein Augenblick größter Geisteshelligkeit, der immer mit einer Christus-Begegnung verbunden ist. *Jedem* Menschen – nicht etwa nur den Christen oder gar nur den ›frommen‹ Christen – wird der Christus erscheinen. Er kann ihn als leuchtend-strahlende Geistgestalt erleben. So wie jeder aus Gott geboren wird (*»Ex deo nascimur«*), wird er in Christo sterben (*»In Christo morimur«*). Wenn man bedenkt, dass in jeder Minute rund 120 Menschen in der Welt sterben, so mag man sich fragen, wie es möglich sein kann, dass der Christus jedem von ihnen begegnen kann. Das wesentliche Argument, um eine Antwort zu finden, ist wieder einmal, dass es in den höheren Welten keinen Zeitbegriff, wie wir ihn hier auf der Erde kennen, gibt. Unzählige Dinge können parallel geschehen. Man könnte aber auch noch einen Vergleich zur Sonne herstellen. An einem unbewölkten Tag ist es doch ein und derselbe Himmelskörper, der vielen Millionen Menschen scheint. Dieser Vergleich mag durchaus passend sein, wenn man weiß, dass der Christus bis vor 2.000 Jahren der Regent der Sonne war. Erst seit dem Mysterium von Golgatha hat er sich ganz fest und unverbrüchlich mit der Erde und den Menschen verbunden. Er ist seitdem der »Geist der Erde«. Bis ins 3. Jahrhundert war auch der Kirche bekannt, dass der Christus in einem engen Zusammenhang mit der Sonne stand. So wurde er als »wahre Sonne«, »Sonne der Gerechtigkeit« oder »unbesiegbare Sonne« bezeichnet und verehrt. Dann hat man davon Abstand genommen, weil man der Meinung war, dass diese Beziehung des Gottessohnes zur Sonne zu sehr an die alte heidnische Sonnenverehrung erinnere.

Möglicherweise sind allerdings viele Verstorbene – insbesondere wenn sie sich nie mit dem Christus befasst und zu verbinden gesucht haben – nicht in der Lage, ihn zu erkennen. Das wird ihnen dann später eher gelingen.

Im Lazarus-Gleichnis heißt es, dass es ein Engel gewesen sei, der Lazarus getragen habe.

In fast allen Nahtod-Berichten ist von der Wahrnehmung eines überaus hellen und strahlenden Lichtes die Rede, das viele als etwas Wesenhaftes, als eine ›Lichtgestalt‹, bezeichneten. Manche identifizierten es mit Gott, Jesus oder Christus, andere mit einem Engel, einem Heiligen oder Maria, der Mutter Jesu. Bei George G. Ritchie lesen wir: *»Ich war voller Erstaunen, wie die Helligkeit zunahm. Sie kam von nirgendwo her und schien überall gleichzeitig zu sein. [...] Jetzt sah ich, dass es nicht ein Licht war, sondern ein Mann, der den Raum betreten hatte, oder vielmehr ein Mann aus Licht.«*[12] In diesem »Mann aus Licht« glaubte er etwas später, Jesus erkannt zu haben. Erst Jahre danach wurde ihm aber doch ganz gewiss, dass es sich um Christus handelte. Sein enger Freund *Calvert Roszell* schreibt in seinem Buch, dass Ritchie in seinen späteren Lebensjahren nicht mehr den geringsten Zweifel gehegt hätte, dass es sich bei dem Lichtwesen um den Sohn Gottes gehandelt habe.

In den Jenseitsbotschaften aus neuerer Zeit heißt es häufig, dass es die sogenannten Guides oder andere Verstorbene, die schon über einen hohen Entwicklungsstand verfügen, seien, die dem Menschen nach seinem Tod als ›Lichtgestalt‹ erscheinen.[13]

Der Verstorbene wird schon bald von einigen vertrauten Menschenseelen, die bereits vor ihm durch die Pforte des Todes gegangen sind und ihn nun willkommen heißen, in Empfang genommen. *»Auch Gestalten verstorbener Menschen, die in der Zeit der Inkarnation mit dem soeben Exkarnierten verbunden waren, erscheinen beim Übergang in die geistige Welt. Meist sind es nahe Angehörige, enge Freunde oder Weggefährten, die bereits früher über die Schwelle gegangen sind. Ihre Stimmung ist von einer mitfühlenden, verständnisvollen und liebegetragenen Milde durchströmt. Sie empfangen den Neuankömmling mit inniger Freude und bilden für sein Seelenerleben eine Brücke zwischen den Welten.«*[14]

Die Tatsache, dass ein Toter von den Seelen Verstorbener aus seinem Schicksalskreis herzlich empfangen wird, kann auch den Berichten zahlreicher Menschen, die Nahtod-Erlebnisse hatten, entnommen werden. So schildert eine Frau: *»Und da bemerkte ich auf einmal auch die ganzen Menschen. [...] Es waren alles Leute, die ich in meinem früheren Leben gekannt habe. Ich erblickte meine Großmutter und ein Mädchen, das ich aus meiner Schulzeit kannte, und viele andere Verwandte und Freunde. [...] Es war ein freudiges Zusammentreffen, und ich hatte das Gefühl, dass sie gekommen seien, um mich zu schützen und zu führen. Fast schien es so, als ob ich nach Hause gekommen wäre und sie mich nun begrüßen und willkommen heißen wollten.«*[15]

Aufgrund ihrer eigenen Todesnähe-Erfahrungen sowie der Untersuchung zahlloser Schwellen-Erlebnisse anderer Menschen ist Elisabeth Kübler-Ross überzeugt: *»Doch zur Zeit der Verwandlung* [Übergang in die höheren Welten] *werden unsere Geistführer, Schutzengel und solche, die wir geliebt haben und die schon vor uns hinübergegangen sind, uns zur Seite stehen und uns bei unserer Umwandlung behilflich sein. Ich habe das immer wieder bestätigt gefunden, so dass ich an dieser Tatsache nicht mehr zweifle. Diese Aussage mache ich – wohl gemerkt – als Wissenschaftlerin! Immer ist jemand als Helfer zugegen, wenn wir jene Verwandlung durchmachen. In den meisten Fällen handelt es sich um die bereits ›vorausgegangenen‹ Väter oder Mütter, Großväter oder Großmütter oder auch um ein Kind, sofern dieses schon gestorben ist.«*[16]

In der ersten Zeit nach dem Tod ist es für den Verstorbenen im Allgemeinen jedoch nicht möglich, eine Seele zu finden, zu der er im gemeinsamen Erdenleben nicht in einer engen Beziehung stand.

Man kann durchaus davon ausgehen, dass der Augenblick des Todes sowie vieles, was nahezu *jeder* verstorbene Mensch in den ersten Tagen nach seinem Tod erleben darf, durchaus als erhaben, großartig und beglückend bezeichnet werden darf.

Wie wir noch sehen werden, ist vieles von dem, was der Verstorbene in späteren Zeiten in den übersinnlichen Welten erleben wird, sehr stark davon abhängig, wie er sich im irdischen Dasein verhalten und wie er dieses gestaltet und genutzt hat. Er kann nun in Abhängigkeit davon weiterhin sehr Erhabenes und Beseligendes, aber auch sehr viel Quälendes und Bedrückendes erleben. Man würde sich ja gegen alle religiösen Urkunden versündigen, wenn man glaubte, dass das *gesamte* Leben nach dem Tod für alle Menschen *nur* Angenehmes bereithielte.

5.2.2   Neue Verhältnisse, Perspektiven, Eindrücke und Empfindungen

Ein Durchschnittsmensch weiß *unmittelbar* nach Eintritt des Todes nicht, dass er schon viele Erdenleben hinter sich hat und somit auch schon viele Male in der Welt war, in die er jetzt wieder aufgenommen worden ist. Somit ist das für ihn nun wieder eine ›neue‹ Situation. Man kann sich leicht vorstellen, dass es für einen soeben Verstorbenen nicht unbedingt einfach ist, sich da zurechtzufinden. Zu verschieden sind die Empfindungen und Eindrücke, die er jetzt gewinnen kann, von denen, die er aus seinem Erdenleben kannte. Zu strahlend ist das Bewusstseinslicht, das ihn fast zu überwältigen droht. Insbesondere ein solcher Mensch, der zu Lebzeiten davon überzeugt war, dass es nach dem Tod keine Existenz mehr gäbe, wird möglicherweise geraume Zeit brauchen, um zu erkennen, dass er jetzt nicht etwa träumt, sondern wirklich in einer anderen Welt und unter gänzlich anderen Daseinsbedingungen *lebt*.

In zahlreichen Jenseitsbotschaften wird gesagt, dass viele Verstorbene sich in der ersten Zeit nach dem Tod in einem Zustand der Verwirrung befinden können.[17]

Man muss also ganz gewiss davon ausgehen, dass sich nicht jeder Mensch in der neuen Umgebung gleich schnell und gleich gut zurechtfindet. Es wurde schon gesagt, dass man sich die Verhältnisse und Bedingungen, die in den Welten herrschen, die der Tote nun ›betritt‹, nicht ähnlich denen denken darf, die wir von unserer physischen Welt her kennen. Alles, was der durch die Pforte des Todes Geschrittene nun an Eindrücken, Erfahrungen und Erlebnissen gewinnen kann, ist radikal verschieden von dem, was er von der Erdenwelt her kannte. Er hat seinen physischen Leib, den er seit seinem Eintritt ins Erdendasein nun zum ersten Mal *von außen* anschaut, hinter sich gelassen. Damit fehlt ihm das vertraute Instrument, das ihm zeit seines Erdenlebens die Grundlage für sein Selbstbewusstsein gegeben und gute Dienste geleistet hatte. Er hat nun keine Organe mehr, die ihm Eindrücke von der Sinneswelt vermitteln können. Dafür gehen ihm nach und nach höhere Sinne auf, die es ihm gestatten, in den höheren Welten Wahrnehmungen und Erlebnisse haben zu können. Zu Lebzeiten kann diese Wahrnehmungen und Erlebnisse nur ein hellsichtiger Mensch in einem ›außerkörperlichen‹ Zustand haben. Alles, was der Verstorbene im Leben durch die Sinne aufgenommen hat, kann er nur als *Erinnerung* mit durch die Pforte des Todes nehmen. Das Gleiche gilt für alle Vorstellungen, die er sich zu Lebzeiten gebildet hat, sofern diese durch Sinneseindrücke veranlasst worden sind.

Der Tote hat sofort das Gefühl, dass er jetzt in einem völlig anderen Verhältnis zur Welt steht, als es zu Lebzeiten der Fall gewesen ist. Dieses neue Verhältnis empfindet er als geradezu umgekehrt, radikal umgekehrt.[18] Als er noch auf der Erde weilte, war er es gewohnt, auf dem festen, materiellen Erdboden zu stehen. Wenn er nach oben schaute, sah er das blaue Himmelsgewölbe mit den Sternen. Er selbst fühlte sich im Inneren, mittendrin in dieser scheinbaren ›Hohlkugel‹, fest auf der Erde stehend. Nun aber muss er eine regelrecht umgekehrte Vorstellung ausbilden. Er ist jetzt außerhalb dieser blauen Kugel, in der er sich früher wähnte. Er sieht sie jetzt von außen an. Dabei erscheint sie ihm wie ein »zusammengeschrumpfter Stern«. Von der Sternenwelt, in die er sich nach und nach ausbreitet, hat er zunächst kein Bewusstsein. Er hat anfangs nur ein Bewusstsein von dem, was er verlassen hat, also von dem, was er im Erdendasein vermöge seiner Sinnesorgane und seines an das physische Gehirn gebundenen Verstandes schauen, erleben und erfahren konnte. Es ist etwas Ähnliches vorgegangen, wie **»wenn mit bewusstem Erleben ein Küchlein, das in der Eierschale darinnen ist, diese zerbricht und nachher die zerbrochene Eierschale, die es bisher umschlossen hat, seine bisherige Welt, von außen statt von innen ansieht.«**[19] Zusammengeschrumpft zu einem Stern ist das, was ihm vorher den Inhalt seines Bewusstseins gab. Von diesem Stern ausgehend breitet sich etwas aus, was man **»erstrahlende kosmische Weisheit«**[19] nennen könnte.

Während seines Erdenlebens fühlte er sich abgeschlossen in den Grenzen seiner Haut, die seinen physischen Körper einhüllte. Die ganze große Welt erlebte er als etwas, was außerhalb seiner war und mit ihm nicht viel zu tun zu haben schien. Er empfand sich als einen winzigen Punkt im riesigen Universum. Diese Sichtweise wird nun unmittelbar nach dem Tod eine völlig andere. In dem Moment, in dem er seinen physischen Körper verlassen hat, geht er in allem auf, was außerhalb dieses Leibes ist. Das Übersinnliche seines physischen Leibes ist in der ganzen Welt zu suchen, soweit man sie nur ahnen kann. Es offenbart sich dort als ein *»Kräfteorganismus«*, als ein *»Kräftekosmos«*. Der verstorbene Mensch muss sich völlig neu orientieren. Er hat schon kurze Zeit nach dem Tod das Gefühl, wie wenn er wachsen würde, wie wenn er größer und größer würde, wie wenn er sich nach allen Richtungen ausdehnen würde. Früher hat er sich als ein durch seine Haut abgeschlossenes, eng begrenztes Wesen empfunden, dem die ihn umgebende schier unendliche Welt wie eine Außenwelt erschienen ist. Jetzt wird diese Außenwelt zur Innenwelt. Seine frühere Innenwelt wird zur Außenwelt. Er breitet sein ganzes Wesen in den Kosmos aus. Er schaut sich nun von außen an. Er wird immer größer und größer. Das was früher sein Mikrokosmos war, wird nun zum Makrokosmos. Er bekommt den Eindruck, als ob sich sein Wesen über alles ergießen würde, was außerhalb seiner ist. Er taucht gleichsam in die Dinge unter und fühlt sich eins mit ihnen.[20]

Man muss sich die Tatsache, dass nun nach dem Tod die Innenwelt zur Außenwelt und die Außenwelt zur Innenwelt wird, einmal ganz klarmachen. Stellen Sie sich vor, diese Umstülpung fände in einem ganz normalen Erdenleben statt. Alles, was Sie als Ihre Außenwelt, als Ihre Umwelt erkennen und auffassen, also Berge, Seen, Bäume, Wolken, Bauwerke, sämtliche Wesen usw., wären dann gewissermaßen in Ihnen drin. Sie würden diese als Ihr Inneres empfinden. Somit ist auch nachvollziehbar, dass Ihre Wesenheit dann zwangsläufig immer größer werden würde, um die ganze Umwelt aufnehmen zu können. Andererseits würde alles, was Sie normalerweise als Ihre Innenwelt bezeichnen, also Ihre Gedanken, Gefühle, Erinnerungen, Vorstellungen usw., nach außen gekehrt. Sie würden dann auf Ihre Gedanken, Gefühle, Erinnerungen usw. so schauen können, wie Sie ansonsten auf Berge, Seen, Gebäude, andere Wesen und dergleichen schauen.

> Auch in einigen Jenseitsbotschaften ist davon die Rede, dass nach dem Tod die Innenwelt und die Außenwelt gewissermaßen vertauscht werden. Elia beispielsweise sagt: *»Nirgendwo sonst stimmt der Spruch so sehr: Wie innen, so außen. Tatsächlich ist alles, was in uns ist, im Jenseits sofort auch außen.«*[21]

Der Tote erfüllt dadurch, dass er sich immer weiter ausdehnt, also schon bald einen sehr großen Teil der Welt, mit Ausnahme eines kleinen Raumes, der für seine Anschauung immer leer bleibt. Das ist derjenige Raum, den er in seinem Erdenleben mit seinem physischen Leib ausgefüllt hat, als er die Sinneswelt verließ. Auf diese Leere kann er nun immer wieder blicken. Das führt ihn zu einer mächtigen inneren Erfahrung, zu einem gewaltigen Erlebnis. Dadurch steigt ein Empfinden auf, das einen großen Teil von dem ausmacht, was man als das nachtodliche Leben bezeichnen könnte. Es ist jenes Empfinden, das ihm klarmacht, dass er einen wichtigen Platz im Erdenleben eingenommen hatte, einen Platz, den kein anderer ausfüllen kann. Er weiß nun, dass er ein wichtiger Baustein in der Welt war, ohne den die Welt nicht das sein könnte, was sie ist. Selbst dann, wenn er nach menschlichen Maßstäben nichts Besonderes im Erdenleben vollbracht hat, weiß er nun, dass er in der Welt eine Bedeutung hatte, dass er eine wichtige Rolle gespielt hat, die von keinem anderen Menschen ausgefüllt werden kann. Ohne ihn wäre die Welt unvollständig.

Immer wieder kann er auf diese Leere schauen, die ihm dieses Gefühl vermittelt, dass er in der Welt zu etwas nütze ist. **»Und man bekommt die Empfindung, gerade aus dieser Leere, dass man einen Sinn hat für die ganze Welt, dass jedes einzelne Menschendasein – man bekommt es zunächst natürlich als Erklärung für sich selber – da sein muss. Dieser Platz würde immer leer sein, wenn ich nicht da wäre – so sagt sich jede Seele. Dass jeder, jeder als Mensch einen Platz zugeteilt hat im Weltenall, diese Empfindung, die unglaublich innerlich erwärmende Empfindung, die geht aus dieser Betrachtung hervor: dass die ganze Welt da ist, und dass diese ganze Welt herausgetrieben hat wie aus einer Symphonie die einzelne Note, die man ist, und die da sein muss, sonst wäre die Welt nicht da. Diese Empfindung, das ist diejenige, die aus der**

Rückschau auf das Todeserlebnis entsteht. Die bleibt, denn die gibt vorzugsweise das Ich-Bewusstsein, das Selbstbewusstsein zwischen dem Tod und einer neuen Geburt.«[22]

Nun muss noch ein weiterer Aspekt charakterisiert werden, der dem Verstorbenen den Eindruck vermittelt, in völlig anderen Verhältnissen zu leben. Im Erdendasein hatte er einen Zusammenhang mit den Mineralien, Pflanzen, Tieren und Menschen. Das Mineralreich bildete gewissermaßen den festen Boden, auf dem er stehen konnte. Wenn er mit den Mineralien und Pflanzen zusammenkam, hatte er es mit Wesen zu tun, die keinen Astralleib, die also nichts Seelisches haben. So konnte er beispielsweise stundenlang einen Stein behauen und bearbeiten, ohne dass dieser Schmerzen oder dergleichen empfinden und signalisieren konnte. Auch eine Pflanze konnte ihm keine Freude anzeigen, selbst wenn er sie noch so liebevoll gehegt und gepflegt hat. In diesem Fall konnte er allenfalls viel später an dem Gedeihen der Pflanze die Wirkungen seiner Handlung ablesen. Erst im Zusammenleben mit Tieren und Menschen hatte er es mit Wesen zu tun, bei denen durch seine Handlungen Gefühle ausgelöst wurden, die ihm offenbar werden konnten.

In der Seelen- bzw. Astralwelt, in die er wenige Tage nach dem Tod eintritt, ist von dem Mineral- und Pflanzenreich nichts mehr vorhanden. Das Unterste, was er hier vorfindet, ist das Seelische, das Astralische der Tiere. Natürlich befinden sich hier nicht die einzelnen Tiere, aber eben das Astralische der gesamten Tierwelt. Dann kommt schon das Seelische der Menschen und der höheren Wesenheiten in Betracht. Es gibt in der Seelenwelt nichts, was nicht selbst seelischer Natur wäre. Was hat das für den Toten für Konsequenzen? Die Folge ist, dass er jetzt absolut nichts mehr tun kann, was in seiner Umgebung nicht sofort und ganz unmittelbar Freude, Lust, Schmerzen, Leid usw. auslösen würde. Er könnte – bildlich gesprochen – jetzt nicht einmal mehr einen Finger krümmen, ohne dass andere Seelenwesen dadurch Sympathien oder Antipathien, Freude oder Schmerz empfinden würden. Er muss sich daran gewöhnen, dass *alles*, was er nun macht oder denkt, auf eine ganz ungewohnte Resonanz stößt. Diese Resonanz ist so etwas wie ein Korrektiv, das ihm hilft, sich in die neuen Verhältnisse einzugewöhnen und sich ihnen anzupassen.

5.2.3 Die Lebensrückschau – die erste Konfrontation mit der eigenen Biografie

Nachdem der Tote die höhere Welt betreten hat, bekommt er das Gefühl, wie wenn der irdische Schauplatz und alle Menschen, mit denen er verbunden war, ihn verließen. Während er zu Lebzeiten den subjektiven Eindruck haben musste, als wenn die Erde still stünde und die Himmelskörper um sie herum kreisen würden, so erscheint ihm das jetzt genau umgekehrt zu sein. Nun hat er das Gefühl, wie wenn sich die ganze Erde unter ihm wegbewegte.

Der Tote weilt zunächst für wenige Tage in der Ätherwelt, die man auch Elementarwelt nennen könnte. Angrenzend an unsere Erde befindet sich der allgemeine Weltenäther, der sich einem *Erden*menschen *äußerlich* durch die himmelsblaue Farbe des Firmaments, aber auch durch Wolkenbildungen offenbart. Die ätherische Welt umgibt die Erde wie eine übersinnliche Atmosphäre. Dieser Welt gehörte der Verstorbene dadurch, dass er einen Ätherleib besitzt, immer schon an. Nun aber überschreitet diese Tatsache langsam die Bewusstseinsschwelle. Dann fühlt er, indem er sich mit seinem Ätherleib allmählich immer mehr in dieser Welt einlebt, sich eins werdend mit ihr.

In der ersten Zeit nach dem Schwellenübertritt wird der Verstorbene *dreimal* mit seiner eigenen Biografie, also mit seinem letzten Erdenleben konfrontiert. Diese Auseinandersetzungen mit seiner letzten Inkarnation haben eine unterschiedliche Qualität, Bedeutung und Dauer. Um es auf einen gemeinsamen Nenner zu bringen, dienen alle dazu, dass ihm gewahr werden kann, welche Bedeutung bzw. welchen Wert sein Leben mit all seinen Gedanken, Worten und Taten hatte. Man könnte – insbesondere bei der zweiten und dritten Konfrontation, auf die wir an späterer Stelle zu sprechen kommen (☞ 5.3.1.1, S. 256ff. und 5.3.1.2 S. 260ff.) – von einer »Selbst-Reflexion« bzw. »Selbst-Beurteilung« sprechen. Der Verstorbene muss sein eigenes Wesen vorurteilsfrei anschauen. Dadurch soll die Selbsterkenntnis, die im Leben nach dem Tod von fundamentaler Bedeutung ist, angeregt und gefördert werden.

Die erste Konfrontation erfolgt nahezu unmittelbar nach Eintritt des Todes; es taucht etwas Gewaltiges vor seiner Seele auf: das *»Lebenspanorama«*. **»Wie mit einem Schlage steht das verflossene Erdenleben vor der Seele.«**[23] Wie in einem großen Panorama sieht er Bilder seines ganzen abgelaufenen Lebens vor sich. Alles, was er denkend oder vorstellend in seinem Leben erlebte, taucht in diesen Bildern auf. Es ist wirklich immer das *ganze* verflossene Erdenleben in dieser *»Lebensrückschau«* da, also auf einmal, nicht erst in einer zeitlichen Reihenfolge. Die Zeit wird gewissermaßen zum Raum. Er wird gewahr, dass er nun außerhalb der Erdensphäre angekommen ist. Die schier unendlich vielen Bilder dieses Panoramas umgeben ihn nun in einer *ähnlichen* Weise wie ihn im Erdenleben Berge, Wälder, Sonne, Mond und Sterne umgeben haben. In mächtigen Bildern sind *gleichzeitig* sowohl solche Ereignisse da, die erst kurz vor dem Tod, als auch diejenigen, die schon in seinen mittleren Lebensjahren oder in seiner Kindheit stattfanden. Der Tote sieht in diesen Tagen von seinem individuellen Gesichtspunkte aus insbesondere alles dasjenige, woran er selbst beteiligt war, was für ihn eine Bedeutung hatte. Er sieht die Beziehungen, die er im Leben zu anderen Menschen hatte in der Weise, dass ihm gewahr wird, welche Früchte diese Beziehungen für ihn selbst getragen haben. Er sieht auch sonstige Begebenheiten und Erlebnisse nicht ganz objektiv, sondern eher unter dem Aspekt, welche Früchte er dadurch für sich selbst davontragen konnte. Bei allem und überall sieht er sich im Mittelpunkt. In dieses Tableau sind auch die Bilder solcher Erlebnisse einverwoben, die ihm zu Lebzeiten gar nicht bewusst geworden sind, die aber doch einen Eindruck in seiner Seele hinterlassen haben. Er empfindet dieses Panorama als ein Stück seiner Wesenheit, ja als seine Welt. Das Selbsterlebte wird zu seiner Welt. In dem Maße wie ihm das irdische Dasein entschwindet, taucht alles, was er von seiner Geburt an bis zu seinem Tod in der Welt erleben konnte, auf. Dieses ganze Leben hat er nun als ein intensiv lebendiges, mit deutlichem Bewusstsein durchzogenes Bilderpanorama vor sich. Alles erscheint ihm so hell und überdeutlich, als wären es gar keine Erinnerungen, sondern etwas, was er gerade frisch erlebt.

Er sieht nicht nur diese Bilder, sondern es lebt auch alles wieder auf, was er in irgendeiner Weise jemals erlebt oder getan hat. Jedes einzelne Gespräch, das er mit Menschen geführt hat, ›hört‹ er jetzt wieder, alles das, was er mit anderen Menschen zusammen erfahren hat, was er mit ihnen ausgetauscht hat, erfährt er nun wieder. Diese Rückschau ist nicht von Gefühlen und Empfindungen durchzogen. Der Verstorbene gibt sich ganz passiv dieser Rückschau hin. Er betrachtet das Lebenspanorama mit der nüchternen Distanz eines neutralen Beobachters. **»Man steht diesem Erinnerungstableau ebenso objektiv gegenüber wie einem Gemälde. Wenn dasselbe einen Menschen darstellt, der traurig, der von Schmerzen erfüllt ist, so sehen wir ihn objektiv an. Wir können wohl seine Traurigkeit nachfühlen, doch empfinden wir nicht unmittelbar den Schmerz, den der Mensch gehabt hat. So ist es mit den Bildern dieses Tableaus unmittelbar nach dem Tode: es breitet sich aus, und man sieht in Zeiträumen, die erstaunlich sind, weil sie so kurz sind, alle Einzelheiten, die sich im Leben zugetragen haben.«**[24]

Bei allen Szenen, die er nun sieht, hat der Tote den Eindruck, als wollte Christus oder sein Engel ihn fragen, was er aus seinem Leben gemacht habe, wie er dieses genutzt habe. Während dieser Zeit wird er von seiner Lebensrückschau derart in Beschlag genommen, dass er sich noch nicht intensiv anderen Seelen – weder denen von verstorbenen noch von lebenden Menschen – zuwenden wird. Er hat mit sich und seiner Welt genug zu tun. Dennoch ist es nicht so, dass er andere Menschen nicht wahrnehmen könnte. *»Für unser Vorstellungsvermögen ist es schwer verständlich, wie eine lebensumfassende Abfolge von Bildern und Erlebnissen, also ein zeitlich dynamischer und überaus komplexer Verlauf, als fast gleichzeitiges Erscheinen wahrgenommen werden kann, zudem noch in dieser detaillierten Weise. [...] Die physische Welt ist die Welt des Getrenntseins, von daher ist die Tatsache, dass die Verstorbenen parallel zum Erleben ihres Rückblickes ihre Hinterbliebenen wahrnehmen können, ein weiterer Aspekt, der unser physisches Eingebundensein in Zeit und Raum durchbricht.«*[25]

Diese Art der Rückschau, der Rückerinnerung ist außerordentlich wichtig, da aus ihr eine Kraft fließt, die der Verstorbene benötigt, um im ganzen Leben nach dem Tod sein Ich-Bewusstsein aufrechterhalten zu können, um weiterhin ein selbstbewusstes und eigenständiges Wesen bleiben zu können. Diese Fähigkeit geht nicht nur, aber doch ganz wesentlich von diesem Anschauen des letzten Erdenlebens aus.

Die Darstellungen über die Lebensrückschau, wie sie Rudolf Steiner aus seiner geisteswissenschaftlichen Erkenntnis geben konnte, werden von zahlreichen Persönlichkeiten, die Nahtod-Erlebnisse hatten, eindrucksvoll bestätigt. So schreibt George G. Ritchie: *»Denn gleichzeitig [...] war in diesem Raum jede einzelne Episode meines Lebens eingetreten. Alles, was um mich herum geschehen war, war einfach da, in voller Sicht, gleichzeitig und fließend, so, als ob in einem Moment alles zu gleicher Zeit stattfinden konnte. [...] Dagegen war an allen Seiten um uns herum etwas, was ich nur mit einer Art Wandgemälde bezeichnen könnte – nur, dass die Gestalten dreidimensional waren, sich bewegten und sprachen. In unendlicher Geschwindigkeit rollten die Bilder des verflossenen Lebens an mir vorüber, hunderte, tausende, [...] Es hätte in normaler Zeit Wochen gebraucht, um nur einen flüchtigen Blick auf die vielen Ereignisse zu werfen, und dennoch hatte ich nicht den Eindruck, dass überhaupt Minuten vergingen [...]«*[26]

Werfen wir noch einen Blick auf drei weitere Nahtod-Berichte, die von dieser Lebensrückschau handeln: *»Dann lief mein Leben vor mir ab, als ob ich es auf einem himmlischen Panorama-Bildschirm sehen würde. Ich sah mich als Kind krabbeln, wie ich jünger als ein Jahr war, dann als Kleinkind und so weiter. Danach die Geburt meiner Kinder, der Verlust meines Mannes, bis zu dem Augenblick, als sich der Unfall ereignete.«*[27]

»Die ›Rückblende‹ lief in Form von ›geistigen Bildern‹ ab, würde ich sagen, die jedoch verglichen mit gewöhnlichen Bildern ungleich lebendiger waren. Ich erlebte nur die Höhepunkte, und zwar so rasend schnell, dass es mir vorkam, als durchblätterte ich im Lauf von Sekunden mühelos das ganze Buch meines Lebens. Es zog wie ein ungeheuer rasch ablaufender Film an mir vorüber, und doch war ich in der Lage, alles richtig aufzunehmen und zu verarbeiten. Die Bilder riefen jedoch nicht die Gefühle der Vergangenheit noch einmal in mir wach, weil es dafür viel zu schnell ging.«[28]

»Und verbunden damit war ein Gefühl von Wirklichkeit, wie ich es zuvor noch nie erlebt habe. Und es war auch das Gefühl, als würde ich zum ersten Mal in meinem Leben wirklich sehen, als ob ich all das, was ich davor für Sehen oder Wahrnehmen gehalten habe, diesen Namen eigentlich gar nicht verdient. [...] Und ... ich sah dann, und alles zur gleichen Zeit, mein gesamtes Leben. Es war alles da, es fehlte nichts, es war jedes Detail da und es war alles gleichzeitig. [...] All das kam aus diesem Bild zurück auf das Leben, es war wirklich ein Blick zurück, denn das, was ich sah, war nicht vor mir, sondern es war hinter mir, diese Lebenslandschaft. Es war hinter mir und trotzdem sah ich es, als ob es vor mir wäre. «[29]

Die Schilderungen von Nahtod-Erlebnissen bestätigen also Steiners Forschungsergebnisse im Nachhinein sehr eindrücklich.

Von der Lebensrückschau ist auch in vielen Jenseitsbotschaften die Rede. Guide Josef sagt in einer Durchsage ebenfalls, dass diese Rückschau nicht von Gefühlen durchzogen sei. *»Es ist keinesfalls eine emotionale Schau des vergangenen Lebens, lediglich eine Art Rückblende.«*[17] Auch auf die große Bedeutung, das Ich-Bewusstsein nach dem Tod aufrechterhalten zu können, geht er in einer Botschaft ein: *»Doch dieses Ich-Bewusstsein ist äußerst wichtig für die weitere Entwicklung, andernfalls würden sie* [die Verstorbenen] *sich in einem äußerst chaotischen Umfeld bewegen müssen.«*[30]

5.2.4   Blick auf den Todesmoment

Der Tote macht nun eine weitere gewaltige und bewegende Erfahrung. Während es ihm zu keiner Zeit seines Erdenlebens möglich war, dass er eine Anschauung seiner irdischen Geburt vor seinem Seelenauge haben konnte, kann er nun während seines ganzen Lebens nach dem Tod auf den Moment seines Todes schauen, der ja aus der Sicht der höheren Welten gewissermaßen als Geburt bezeichnet werden kann. Er muss die Kraft finden und aktiv einbringen, voll bewusst auf diesen Augenblick zu schauen, damit dieser ihm nicht wie ein Traum erscheint, sondern als etwas Reales deutlich wird. Nun schaut der Tote auf diesen Augenblick, aber von einer ganz anderen, von der geistigen Seite.

Von dieser Seite aus betrachtet, hat der Tod nichts Grauenvolles und Schreckliches. Von dieser Seite aus erscheint der Tod immerfort als der **»Sieg des Geistes über die Materie«**.[31] Der Tod sei – wie Rudolf Steiner sagte – **»das schönste Erlebnis, das überhaupt im menschlichen Kosmos möglich ist«**.[32] Der Tod kann jetzt als das erkannt werden, was er eigentlich ist: eine Illusion, ein Schein. In Wirklichkeit gibt es keinen Tod, zumindest nicht in dem Sinne, in dem man ihn üblicherweise auffasst. Das, was wir Tod nennen, ist lediglich ein Übergang von einer Form des Daseins in eine andere, ein Übergang von einem Bewusstseinszustand in einen anderen.

Der Moment seines eigenen Todes, also der Augenblick seines Geburtsvorganges in der übersinnlichen Welt, erscheint dem Verstorbenen als das größte, erhabenste und wichtigste Ereignis. Es ist nicht zuletzt deshalb ein wichtiges Ereignis, auf das der Tote nun immer wieder seinen Blick richten kann, weil sich daran sein Ich-Bewusstsein mehr und mehr entzündet. **»Wir haben in der ganzen Zeit zwischen dem Tode und einer neuen Geburt nicht nur in ähnlichem, sondern sogar in einem viel höheren Sinne ein Ich-Bewusstsein als hier im physischen Leben. Aber dieses Ich-Bewusstsein würden wir nicht haben, wenn wir nicht immerfort zurückblicken könnten, sehen würden, aber von der anderen Seite, von der geistigen Seite, diesen Moment, in dem wir uns herausgerungen haben mit unserem Geistigen aus dem Physischen. Dass wir ein Ich sind, wissen wir nur dadurch, dass wir wissen: Wir sind gestorben, wir haben unser Geistiges aus unserem Physischen herausgelöst. In dem Augenblicke, wo wir jenseits der Pforte des Todes nicht hinschauen auf den Moment des Todes, da ist es für dieses Ich-**

Bewusstsein nach dem Tode so, wie es für das physische Ich-Bewusstsein hier im Schlafe ist. Wie man im Schlafe nichts weiß von dem physischen Ich-Bewusstsein, so weiß man nach dem Tode nichts von sich, wenn man nicht vor Augen hat diesen Moment des Sterbens. Man hat ihn als einen der herrlichsten, als einen der erhabensten Augenblicke vor sich.«[33]

Der Tote erkennt nun, dass er wirklich gelebt hat. Nur dadurch kann er zunächst wissen, dass er nicht eines physischen Leibes bedarf, um ein Bewusstsein seiner selbst haben zu können. Sein Ich-Bewusstsein gestattet ihm, sich nicht zu verlieren, sondern wieder als eigenständige, individuelle Wesenheit begreifen zu können. Er kann nun erkennen, dass er zwar gestorben ist, aber seine wahre geistige Wesenheit aus dem Physischen herausgelöst hat. Er kann gewahr werden, dass er die Materie überwunden hat. Er fühlt, dass er die physische Umgebung nicht benötigt, um einen Halt zu haben. Er fühlt, dass er jetzt in sich selber ruht. Er spürt aber auch, dass er jetzt eine Aktivität entfalten muss, um dasjenige, was er nun ist, gewissermaßen zum Leben erwecken zu können.[34]

5.2.5 Erste Wahrnehmung der übersinnlichen Welten und Wesen

Alles, was die Sinneswelt zu bieten hat, entzieht sich schon kurz nach dem Tod der Wahrnehmungsmöglichkeit des Verstorbenen. Auch das so vertraute abstrakte Denken, das auf das physische Gehirn als sein Werkzeug angewiesen ist, kann ihm kein treuer Begleiter mehr sein. Für eine ganz kurze Zeit nach dem Tod kann es im Übrigen noch möglich sein, dass er eingeschränkte sinnliche Wahrnehmungen hat, obwohl er die physischen Organe nicht mehr besitzt. Die jahrelange Gewohnheit, sinnlich wahrnehmen zu können, hat sich gewissermaßen in seinen Ätherleib ›eingeprägt‹.

> Das erklärt wohl auch die Tatsache, dass viele Menschen, die Nahtod-Erlebnisse hatten, berichten, dass sie beispielsweise das Treiben und Sprechen der Ärzte vernehmen konnten, während sie auf dem Operationstisch lagen und schon als klinisch tot galten.

Der Tote fühlt nach einigen Tagen, **»wie wenn das äußerlich ätherisch Stoffliche, das anfangs wie der Träger dieser Bilderwelt erscheint«**,[35] ihn verließe. Diese Bilderwelt empfindet er jetzt nicht mehr wie etwas Äußerliches, das er lediglich geschaut hat. Er fühlt sich vielmehr so mit ihr verbunden und von ihr durchdrungen, dass sie jetzt sein Inneres bildet. Dadurch, dass er sie gleichsam in sich aufgesogen hat, ist er imstande, sein Bewusstsein auf die übrige übersinnliche Welt auszudehnen, die er jetzt nach und nach anfängt wahrzunehmen und zu erleben.

Ganz allmählich treten nun auch die Menschenseelen in sein Blickfeld, die er aus der Perspektive der übersinnlichen Welt in ihrer geistig-seelischen Wesenheit zu schauen vermag. Es treten sowohl die Seelen anderer verstorbener Menschen als auch solche, die noch im irdischen Dasein sind, auf. Natürlich kann er das Physische an den noch lebenden Menschen nicht wahrnehmen, da ihm die dazu notwendigen physischen Organe fehlen. Aber eben das Geistig-Seelische dieser Menschen zeigt sich seinem Seelenblick. Mit alledem, was er jetzt wahrnimmt und erlebt, fühlt er sich viel inniger verbunden als es zu Lebzeiten, wo es noch durch den physischen Leib hemmende und trennende Schranken gab, jemals möglich sein konnte. Diese Imaginationen, die jetzt heraufkommen, sind ungleich kräftiger, satter und lebendiger als irgendwelche Bilder, die durch den Prozess der Erinnerung in der Seele aufsteigen.

Man muss den Begriff »Imaginationen« richtig fassen. Mit diesem Wort wird ja heute sehr viel Schindluder getrieben. Bei sogenannten geführten Meditationen wird den Meditierenden vorgegeben, ganz bestimmte Bilder zu »imaginieren«, die sie dann als etwas sehr Schwaches und Schattenhaftes in ihre Vorstellung aufnehmen. Die wahren Imaginationen haben damit nicht das Geringste zu tun. Wie wir bereits in Kapitel 2 erläutert haben, stellen wahre Imaginationen, von denen hier die Rede ist, eine ganz wesentliche Möglichkeit dar, in höheren Welten wahrzunehmen. Diese äußerst lebendigen Bilder zeigen nichts Nebulöses oder Fiktives. Sie zeigen die realen Wesenheiten und Begebenheiten der höheren Welten. Dabei unterscheidet der Verstorbene sein Ich nicht so sehr von diesen Imaginationen, wie wir uns hier auf der Erde von der Außenwelt unterscheiden und abgrenzen. So fühlt er sich im Verein mit den Seelen anderer Verstorbener und den geistigen Wesen der höheren Hierarchien, die er *allmählich* und *stufenweise* kennenlernt, etwa so, wie er im Erdendasein die Mineralien, Pflanzen und Tiere kennengelernt hat. Die übersinnliche Welt kommt langsam **»aus dem unbestimmten Dämmerdunkel«**[36] an die Seele des Toten heran, etwa wie Erinnerungsbilder an uns herankommen, die in unserer Seele auftauchen. Allerdings sind diese Imaginationen nicht so dämmerig wie Erinnerungsbilder, die ja nur äußere physische Wirklichkeiten abbilden. Diese Imaginationen, die da auftreten, werden zu sprechenden Imaginationen, indem sie sich wesenhaft durch ihre **»im Geist sich enthüllende Sprache«**[36] ankündigen, die dann für den Toten **»zur Offenbarung der Seelen, der Geister«**[36] werden.

Mit den Seelen anderer Verstorbener kann er – insbesondere nachdem bereits einige Zeit vergangen ist, seit er die Schwelle des Todes überschritten hat – weiterhin in der mannigfaltigsten Weise zusammen sein. Dieses Beieinandersein ist ungleich wärmer und inniger als ein Zusammensein von Menschen auf der Erde jemals möglich sein könnte.

Für eine gewisse Zeitspanne nach dem Tod kann er nur die diejenigen Verstorbenen wahrnehmen, die in moralischer Hinsicht so waren wie er selbst. Das vermittelt ihm einen richtenden Eindruck: **»So wie diese, so bist du auch!«**[37] Seelen, die sich in moralischer Beziehung von ihm deutlich unterscheiden, vermag er zunächst nicht oder nur bedingt wahrzunehmen.

Auf die Art und Weise, wie der Verstorbene andere Seelen wahrnehmen kann und welche Schwierigkeiten sich ihm da in den Weg stellen können, werden wir an späterer Stelle dieses Kapitels (☞ 5.3.1.7, S. 275ff.) noch näher eingehen.

5.2.6 Der Äther- und Astralleib nach dem Tod

Die Tatsache, dass sich das Wesen des Verstorbenen immer mehr im Raume ausbreitet, dass er immer mehr zum Makrokosmos wird, geht einher mit der Ausdehnung seines Ätherleibes, der noch eine Zeit lang mit dem Astralleib verbunden bleibt. Als der Tote noch auf der Erde wandelte, war der Astralleib mit dem Ich nur während des Schlafes aus dem physischen und ätherischen Leib herausgezogen. In diesen Zeiten war dieser unter anderem damit beschäftigt, von außen die ermüdeten, abgenutzten Organe zu regenerieren. Diese Arbeit fällt nun weg. Doch die dazu benötigte Kraft bleibt dem Astralleib, der sie jetzt für andere Zwecke verwenden kann. Sie wird dazu benutzt, um die eigenen Vorgänge des Astralleibes wahrnehmbar zu machen. Solange er noch mit dem Ätherleib verbunden ist, kann er nichts Neues erleben. Was er aber besitzt, ist die Erinnerung an das abgelegte Leben. Dieses lässt der Ätherleib, der ja unter anderem der Träger der Erinnerungen ist, als ein gewaltiges Gemälde – das bereits geschilderte Lebenspanorama – erscheinen. Der Seele geht nichts verloren, was auf sie einen Eindruck gemacht hat, selbst wenn diese Eindrücke die Bewusstseinsschwelle nie überschritten hatten. Alle seine Gefühle, Gedanken, Neigungen, Worte und Taten haben in seinem Ätherleib Spuren hinterlassen; sie sind diesem eingeprägt worden.[38]

Man muss sich nun fragen, wodurch es zustande kommen kann, dass man sich nach dem Tod so unfassbar detailgetreu bis in die kleinsten Einzelheiten an sein abgelegtes Erdenleben zu erinnern vermag.

Wie gewiss jeder Leser bestätigen wird, gelingt es uns allen doch nur in einem sehr begrenzten Maße, etwas zu erinnern, was wir vor Jahren oder gar in unserer Kindheit erlebt haben. Nehmen wir ein konkretes Beispiel: Wer kann sich noch in allen Einzelheiten an seinen allerersten Schultag, den Tag seiner Einschulung erinnern? Wer kann sich noch in Erinnerung rufen, welche Kleidung er an diesem Tag trug, was er gefrühstückt hat, wer ihn auf dem Weg zur Schule begleitete, wie das Klassenzimmer beschaffen war, wie viele und welche Mitschüler er hatte, wie diese sowie sein Lehrer ausschauten, was der Lehrer alles gesagt hat, wie dieser auf ihn gewirkt hat, was er, als er wieder zu Hause war, erzählt und gemacht hat, usw.? Nicht einmal an unsere letzte Familienfeier – selbst wenn diese erst vor ein paar Tagen stattgefunden haben sollte – können wir uns, solange wir verkörpert sind, bis ins *kleinste Detail* erinnern. Die Reminiszenzen an unsere ersten etwa drei Lebensjahre, als unser Ich-Bewusstsein noch nicht erwacht war, sind im Erdenleben gar nicht abrufbar. Obwohl der Ätherleib, der ja der Träger des Gedächtnisses ist, *alle* Erinnerungen, die diesem eingeprägt sind, treulich aufbewahrt, ist die Erinnerung an unser bisher verflossenes Leben mehr als lückenhaft. Zudem sind die Erinnerungsbilder, die in unserem Inneren aufsteigen, sehr blass und schattenhaft.

Der Grund für die Schwierigkeit, sich während einer Inkarnation an sämtliche Erlebnisse erinnern zu können, ist, dass der Ätherleib mit dem physischen Leib eng und unzertrennlich verbunden ist und von diesem stark eingeschränkt wird. Insbesondere das viel zu starre physische Gehirn kann mit dem ätherischen nicht Schritt halten. Nun nach dem Tod ist der Ätherleib frei vom physischen Leib. Er bleibt aber für eine Zeit, die gerechnet vom Augenblick des Todes durchschnittlich drei Tage, selten weniger als zwei oder mehr als vier, dauert, noch mit dem Astralleib verbunden. In dieser Zeit besteht für den Toten eine nahezu *vollkommene* Erinnerung an das letzte Erdenleben, das sich ihm in Form des Lebenspanoramas darbietet. Er steht jetzt dem sich ganz in den Kosmos ausgebreiteten Ätherleib *gegenüber*.

Der Ätherleib, der ja bei einem lebenden Menschen etwa die gleiche Form wie der physische Leib hat, verliert diese Form nach dem Tod mehr und mehr. Er weitet sich immer mehr aus. Der Astralleib kann die Verbindung mit ihm nicht mehr aufrechterhalten. Die Bilder des Lebenstableaus werden immer schwächer, bis sie schließlich ganz verglimmen. Der Tote erlebt wie das, was er in seinem Leben selbst als ein Teil des Kosmos war, nun vom Kosmos aufgenommen wird. Er legt jetzt seinen Ätherleib als seinen zweiten Leichnam ab.

Der entkörperte Mensch legt aber nicht den gesamten, sondern nur den weitaus größten Teil seines ätherischen Leibes ab. Wie wir bereits erörtert haben, gehört es zu den wichtigsten Aufgaben der Menschen, ihren Äther- und Astralleib zu veredeln. Das Ich muss diese nach und nach ›umarbeiten‹, damit aus diesen in ferner Zukunft höhere Wesensglieder, Geistselbst und Lebensgeist, werden können. Es ist für den Durchschnittsmenschen heute noch sehr schwierig, in den Ätherleib ›hineinzuarbeiten‹. Denken Sie nur daran, wie schwer es beispielsweise fällt, Gewohnheiten abzulegen oder zu verändern. Insbesondere derjenige Teil des Ätherleibes, den der Mensch auf die skizzierte Art bereits veredelt hat, wird nicht dem Weltenäther übergeben. Dieser Anteil verbleibt ihm wie eine Essenz oder ein Extrakt als Erträgnis bzw. Frucht seines Lebens. In diesem Extrakt, der dem Menschen auf der Wanderung durch seine zukünftigen Erdenleben niemals verlorengehen kann, sind insbesondere die Erinnerungsbilder *sämtlicher* Erdenleben einverwoben. Man könnte ihn auch als »Lebensbuch« bezeichnen. Nach jedem Erdenleben wird dem Lebensbuch ein Blatt hinzugefügt. Daher ist es umso reichhaltiger, je öfter der Mensch schon auf der Erde inkarniert war. **»Nach jedem Leben legt sich ein neues Blatt zu dem Lebensbuch hinzu. Das vermehrt die Lebensessenz und bewirkt, wenn die vergangenen Leben fruchtbar waren, dass sich das nächste in der entsprechenden Weise entfaltet. Darin liegt die Ursache, weshalb ein Leben reich oder arm an Talenten, Anlagen und so weiter ist.«**[39]

Dieser Extrakt bildet bei der späteren Wiederverkörperung den Mittelpunkt, **»um den das andere sich herumkristallisiert«**.[40]

Solange der Tote den Ätherleib noch nicht abgelegt hat, kann er immer noch alles dasjenige denken, was er während seines irdischen Daseins denken konnte. Wenn er ihn dann nach etwa drei Tagen abgelegt hat, löst sich dieser in das Ätherische des Kosmos auf. Dieses Auflösen darf aber nicht so verstanden werden, als wäre dieser Leib danach gar nicht mehr vorhanden. Es ist vielmehr so, dass seine Substanz in den Kosmos *einverwoben* wird. Der abgelegte Ätherleib bleibt danach für den verstorbenen Menschen weiterhin wahrnehmbar; der Mensch kann nach wie vor auf und durch ihn wirken. Dasjenige, was der Verstorbene zu irdischen Lebzeiten an Gedanken in sich trug, das schaut er dann als etwas, was der Welt einverwoben wurde, so dass es jetzt zu seiner Welt, nicht zu seinem Ich gehört. Der abgelegte Ätherleib gehört jetzt etwa so zu seiner Welt, wie im Erdendasein das Firmament zu seiner Welt gehörte. Nachdem er den Ätherleib abgelegt hat, hat er im *Normalfall* vollständig zu sich selbst gefunden. Er begreift sich als eine geistige Individualität. Als er in das Erdenleben eintrat, hat er dazu einige Jahre benötigt.

Es ist unschwer einzusehen, dass in dem Astralleib auch nach der Trennung vom Ätherleib alles dasjenige vorhanden bleibt, was dieser durch seine eigene Tätigkeit während seines Aufenthaltes im physischen Leib zu seinem Eigentum gemacht hat. Der Tod ist für den astralischen Leib **»die Wurzel des Lebens, und es könnte gar kein bewusst individuelles Leben geben, wenn es nicht den Tod gäbe.«**[41]

Sehr viel später wird der Verstorbene auch noch einen Teil seines astralischen Leibes ablegen.

✶✶✶✶✶✶✶✶✶✶✶✶✶✶✶

Wie wir gesehen haben, berichten auch viele Menschen, die Nahtod-Erlebnisse hatten, von der Lebensrückschau. Wie kann man eine Erklärung dafür finden, dass sich dieses Lebenspanorama sogar Menschen darbietet, die zwar ganz nah an der Schwelle des Todes standen, aber letztlich nicht ›wirklich‹ gestorben sind?

Nun, das Ablösen des Ätherleibes erfolgt nicht notwendigerweise in einem Ruck, der vielleicht nur einen Sekundenbruchteil dauert. Wenn einem Menschen, der etwa einen Herzstillstand hat, das Schicksal droht, in wenigen Sekunden oder Minuten sterben zu müssen, so beginnt dieser Ablösungsprozess bereits. Nachdem dieser Mensch dann reanimiert worden ist, geht der Ätherleib wieder seine feste Verbindung mit dem physischen Leib ein. Aber selbst die partielle und temporäre Lösung bzw. Lockerung des ätherischen Leibes reicht aus, damit die Erinnerungen bis zu einem gewissen Grad frei werden und sich dem Menschen in Form dieses Lebenstableaus darbieten können. Bereits dann, wenn sich nur ein Teil des ätherischen Leibes lockert oder aus dem physischen Leib austritt, kann dieser Lebensrückblick, das Aufleuchten des

Lebenspanoramas einsetzen. Das tritt im Normalfall dann ein, wenn der Mensch ganz nah an der Schwelle des Todes steht. Dieses Lebenspanorama kann dadurch erlebt werden, dass der Ätherleib als Träger der Erinnerungen sich von der hemmenden Wirkung des physischen Leibes befreit, aber zugleich vom Bewusstseinslicht des Astralleibes durchzogen bleibt. Ansonsten hätte man es mit der gleichen Konstellation wie sie im unbewussten traumlosen Schlaf vorliegt zu tun, dass Äther- und Astralleib sich nicht durchdringen, sondern komplett voneinander getrennt sind. Dass jemand, der, obwohl er nur für sehr kurze Zeit exkarniert war, in dieser sehr kleinen ›Zeitspanne‹ allein so unfassbar viele Szenen aus seinem Leben wahrnehmen kann, liegt nicht zuletzt darin begründet, dass die Wahrnehmungsfähigkeit – wie auch nach dem tatsächlichen Tod – extrem gesteigert ist. Wenn man bedenkt, dass schon die Erlebnisse, die solche Menschen in ihrem Lebensrückblick wahrnahmen und beschreiben, die nur wenige Minuten klinisch tot waren, nach irdischen Verhältnissen sehr lange Zeiträume einnehmen, fällt es nicht schwer einzusehen, dass die ungefähr drei Tage nach dem Tod ausreichend sind, um alle Einzelheiten seines gesamten Lebens nochmals in dem gewaltigen Lebenstableau sehen zu können.

Man muss nicht einmal unbedingt klinisch tot sein, wie das bei Menschen die Nahtod-Erfahrungen hatten, meistens der Fall ist, um diese Lebensrückschau zu erleben. Rudolf Steiner sagt, dass dies sogar dann möglich sei, wenn nur ein eher kleiner Teil des Ätherleibes, etwa durch einen Bergabsturz oder durch die drohende Gefahr des Ertrinkens, für einen Moment aus dem Kopfe herausgedrückt werde.[42] Das erklärt dann auch, dass selbst solche Menschen von dieser Lebensrückschau berichten, die bei einem Unfall oder dergleichen zu Tode erschrocken waren. **»Nun habe ich auch schon erwähnt, dass eine solche Rückschau auf das Leben auch eintritt, wenn der Mensch in irgendeiner Todesgefahr ist oder sonst irgendein gewaltiger Schreck, ein Schock, auf ihn ausgeübt wird. Sie wissen es ja schon aus Erzählungen, dass der Mensch, wenn er dem Ertrinken oder einem Bergabsturz nahe ist und er das Bewusstsein nicht verliert, wie in einem großen Tableau sein ganzes bisheriges Leben erlebt.«[43]**

Von einem solchen konkreten Fall berichtet Michael Sabom. Ein Mann, der nach einer Minenexplosion auf dem Schlachtfeld in Vietnam schwer verwundet auf dem Boden lag und noch bei Bewusstsein, aber ganz nah an der Todesschwelle war, schilderte: *»Als ich* [nach der Minenexplosion] *auf dem Boden aufgeschlagen war, setzte ich mich auf und sah, dass mein rechter Arm und mein rechtes Bein weg waren und dass mein linkes Bein links von mir lag. Ich fiel zurück ... und mein ganzes Leben spulte sich blitzartig vor mir ab, und ich dachte an die Dinge, die ich getan oder auch nicht getan hatte.«*[44]

Hubert Knoblauch gibt in seinem Buch *»Berichte aus dem Jenseits – Mythos und Realität der Nahtod-Erfahrung«* den Nahtod-Bericht des Admirals *Francis Beaufort* wieder, der als Kind im Jahre 1795 aus einem Schiff in das Hafenbecken fiel und beinahe ertrank. Dieser Bericht wurde schon im frühen 19. Jahrhundert in den Zeitungen gedruckt. Der Admiral schilderte sein Erlebnis später mit folgenden Worten: *»Sie* [die Bilder des Lebenspanoramas] *dehnten sich sodann aus – unsere letzte Seefahrt, eine vorangegangene Reise und ein Schiffswrack, meine Schule, die Fortschritte, die ich dort gemacht hatte, und die Zeit, die ich verschwendet hatte und sogar alle meine kindischen Unternehmungen und Abenteuer. So rückwärts reisend schien jedes vergangene Ereignis meines Lebens in meiner Erinnerung in rückläufiger Reihenfolge vorüberzuziehen; nicht jedoch bloß schemenhaft, so wie ich es hier wiedergebe, sondern mit vielen minuziösen und bis in alle Einzelheiten gehenden Bildern gefüllt; kurz gesagt schien die vollständige Periode meiner Existenz vor mir in einer Art panoramische Rückschau gelegt zu werden, und jede einzelne Handlung von einem Bewusstsein von recht oder falsch oder von einer Reflexion auf deren Ursache oder dessen Konsequenzen begleitet zu sein; in der Tat viele belanglose Fälle, die lange vergessen gewesen waren, schossen dann mit dem Eindruck aktuellster Vertrautheit in meine Phantasie.«*[45]

Rudolf Steiner erwähnte ebenfalls einen solchen konkreten Fall: **»Der ausgezeichnete Kriminalanthropologe und auf vielen anderen Gebieten der Naturforschung bedeutsame Forscher Moritz Benedikt erzählt in seinen Lebenserinnerungen den von ihm selbst erlebten Fall, dass er einmal, als er dem Ertrinken in einem Bade nahe war, wie in einem einzigen Bilde sein ganzes Leben in der Erinnerung vor sich gesehen habe.**

[Es ist] kein Einwand, wenn jemand z.B. dem Ertrinken einmal nahe war und das geschilderte Erlebnis nicht gehabt hat. Man muss eben bedenken, dass dieses nur dann eintreten kann, wenn wirklich der Ätherleib von dem physischen getrennt ist und dabei der erstere mit dem Astralleib verbunden bleibt. Wenn durch den Schreck auch eine Lockerung des Ätherleibes und Astralleibes eintritt, dann bleibt das Erlebnis aus, weil dann wie im traumlosen Schlaf völlige Bewusstlosigkeit vorhanden ist.«[46]

Davon, dass durch die nahe Gefahr des Ertrinkens ein Teil des Ätherleibes losgelöst wird, wodurch es dem betreffenden Menschen möglich ist, auch andere geistige Wahrnehmungen als nur den Lebensrückblick haben zu können, berichtet die Heilige Schrift. *Matthäus* schildert im 3. Kapitel seines Evangeliums, dass viele Menschen aus der Umgebung an den Jordan kamen, um sich von *Johannes dem Täufer* taufen zu lassen. Heute ist ja kaum noch bekannt, was der Sinn dieses vorchristlichen Taufrituals war und wie dieses vor sich ging. Um was es sich dabei handelte, soll hier in aller Kürze geschildert werden.

Johannes war begnadet, zu erkennen, dass es nur noch eine ganz kurze Zeit dauern werde, bis der verheißene Messias, der Christus, auf die Erde hinabsteigen werde. Die meisten Menschen der damaligen Zeit, die ihr ganzes Sinnen und Bestreben fast ausschließlich auf die materielle Welt richteten, sollten von diesem welthistorischen Ereignis Kunde erhalten. So forderte Johannes sie in seinen Predigten dazu auf, ihren Sinn zu ändern. Das Entscheidende war aber die Taufe. Hierbei tauchte er den Täufling ganz unter Wasser, nicht nur für ein paar Sekunden, sondern für einige Minuten. Es musste so lange dauern, bis dieser dem Tod durch Ertrinken sehr nahe kam. Dadurch löste oder lockerte sich sein Ätherleib, wodurch es dem Täufling möglich wurde, einen gewissen Einblick in die geistige Welt und zumindest eine Ahnung von dem großen bevorstehenden Ereignis zu bekommen. Judith von Halle schreibt: *»Er verkündete die bevorstehende Ankunft des Christus nicht nur in seinen Predigten, in denen er die Menschen aufforderte, ihren Sinn zu ändern, welcher fast ausschließlich noch auf die sinnliche Welt gerichtet war, und hinzublicken auf die geistige Welt, aus der der Messias zur Erde hinabsteigen sollte; er verkündete die bevorstehende Ankunft durch die Taufen, die er am Volk, ja gar an den Schriftgelehrten vornahm. Denn diese waren das Mittel, um den Täufling durch ein Untertauchen und die dadurch eintretende partielle Loslösung seines Ätherleibes zu einem eigenständigen Wahrnehmen der geistigen Welt kommen zu lassen, welche der Betreffende alsdann als Geburtsstätte seines eigenen Ichs verinnerlichen konnte.«*[47]

So hatte Johannes durch die Taufe seine Täuflinge auf das große Ereignis, das Erscheinen des Christus in der Erdenwelt, vorbereitet. Dieses Gefühl, diese Empfindung hatte er in ihnen erweckt. Es konnten natürlich nur wenige sein, bei denen es fruchtete. Die meisten waren ja unreif, beim Untertauchen das zu erleben. Aber einige erkannten, dass der Geist heranrückt, der später der Christus genannt wurde.

5.3 Der weitere Weg des Menschen nach dem Tod bis zur Weltenmitternacht

B evor wir uns den weiteren Weg, den ein verstorbener Mensch in den nächsten Jahrzehnten bzw. Jahrhunderten in den höheren Welten geht, näher anschauen wollen, soll dieser zunächst einmal in seinen wesentlichen Phasen und Etappen *überblicksartig* skizziert werden. Während wir bisher den Menschen, der durch die Pforte des Todes geschritten ist, immer als »Verstorbenen« oder »Toten« bezeichnet haben, wollen wir ab jetzt einfach von dem »Menschen« oder der »Seele« reden. Denn ein Mensch bzw. eine Seele ist und bleibt er auch nach seinem Tod. Wie wir noch sehen werden, könnte man auch vom *»Sphärenmenschen«* sprechen.

Wenige Tage nach dem Tod, wenn also der Mensch den größten Teil seines Ätherleibes dem Kosmos übergeben hat, wenn die Rückschau auf das soeben verflossene Erdenleben abgeflutet ist und wenn er sich schon ein wenig in die neuen Verhältnisse eingewöhnt hat, macht er sich auf seinen langen ›Weg‹, der viele Jahrhunderte dauern *kann* und der ihn schließlich wieder zu einer erneuten irdischen Inkarnation führen wird.

Er ›durchläuft‹ zunächst einmal die *»astrale Welt«* oder *»Seelenwelt«*. In dieser kann man in Abhängigkeit von dem, was er dort jeweils innerlich empfindet und erlebt, sieben »*Regionen*« unterscheiden. Die Seelenwelt muss er durchleben, weil er noch eine zu starke Hinneigung zu seinem abgelegten physischen Leib sowie zu allem, was er nur in diesem erleben konnte, hat. Nach seiner ›Wanderung‹ durch die Seelenwelt kann er die erste Region der »*geistigen Welt*« oder »*Geisteswelt*« ›betreten‹, in der man insgesamt auch von sieben Regionen sprechen muss.

Somit hat der Mensch insgesamt bis zu vierzehn Regionen zu ›durchlaufen‹. In den oberen Regionen der Geisteswelt kann er aber nur dann ein *bewusstes* Erleben haben, wenn er schon einen recht hohen spirituellen Entwicklungsstand aufweist.

Viele religiös gesinnte Menschen sind der Ansicht, es gäbe nur *einen* Himmel bzw. nur *eine* geistige oder übersinnliche Welt. Dass das nicht den Tatsachen entspricht, geht aber schon aus der Bibel hervor, da hier in *sachgemäßen* Übersetzungen sehr häufig die Pluralform »Himmeln« vorkommt.[48] Auch der Apostel Paulus wusste, dass es mehrere Himmel gibt. So schreibt er etwa: »*Ich weiß einen Menschen in Christus, vor vierzehn Jahren [...], dieser wurde in den dritten Himmel entrückt.*«[49] Der Koran erwähnt in mehreren Suren explizit einen *siebten* Himmel.

Wir kennen doch auch den Ausspruch »im siebenten Himmel sein« als Bezeichnung für einen Ausdruck der allerhöchsten Glückseligkeit! Diesen kann man durchaus als Indiz dafür werten, dass die Menschen früherer Tage wussten oder zumindest ahnten, dass es sieben Himmel bzw. sieben Regionen in der geistigen Welt gibt.

> Vers 26 des Lazarus-Gleichnisses kann man ebenfalls entnehmen, dass es in den übersinnlichen Welten mehrere Regionen oder Sphären gibt, die nicht so ohne weiteres überschritten werden können. Für diese muss man erst eine gewisse Anwartschaft erwerben.
>
> Sigwart drückte es in einer seiner zahlreichen postmortalen Mitteilungen an seine Geschwister so aus: »*Die Welt, die mir jetzt Himmel und Heimat geworden, besteht aus 7 Stufen. Jede dieser Stufen hat wieder ihre Unterstufen, welche alles einschließen, was man zur Erreichung der höheren Stufe braucht.*«[50]
>
> In vielen Jenseitsbotschaften ist ebenfalls die Rede davon, dass man die höheren Welten in mehrere Regionen einteilen müsse. Häufig wird von *insgesamt* sieben Regionen berichtet. Anstelle von »Regionen« wird manchmal auch von »Stufen« oder »Ebenen« gesprochen. Die wichtige Unterscheidung zwischen der Seelenwelt und der eigentlichen geistigen Welt oder Geisteswelt wird in vielen dieser Botschaften nicht getroffen.

Wir haben ja schon darauf hingewiesen, dass der Mensch sich immer mehr im Kosmos ausbreitet. Dieses Ausdehnen geht einher mit den verschiedenen inneren Erlebnissen, die er in den jeweiligen Regionen der Seelenwelt und der Geisteswelt haben kann.

Die *»geistig-seelische Wesenheit«* des Menschen dehnt sich nach allen Seiten sphärisch immer mehr aus. Vor seinem Tod war er ein Erdenmensch, jetzt wird er also gewissermaßen zum »Sphärenmenschen«. Er wächst bis zu einer extremen Verdünnung seiner geistigen Substanz. Seine Innenwelt wird dadurch immer größer und mächtiger. Dieses permanente Ausdehnen widerspricht keineswegs der Tatsache, dass die Toten immer um uns herum sind. Es ist so zu verstehen, dass sie ihren ›Bewusstseinsradius‹ ständig erweitern, ohne die Fähigkeit zu verlieren, auch dasjenige wahrnehmen zu können, was sich im Astralen der Erdensphäre abspielt.

Solange der Mensch die Erlebnisse durchzumachen hat, die er in den ersten vier Regionen der Seelenwelt haben kann, dehnt er sich so weit aus, bis er in etwa den kugelförmigen Raum ausfüllt, der sich durch die Umlaufbahn des Mondes um die Erde als äußere Grenze ergibt. Für ihn entsteht der Eindruck, wie wenn der Erdenkörper bis dahin erweitert wäre, wo der Mond die Erde umkreist. Der Mensch wird so groß, dass seine äußerste Grenze mit der Sphäre zusammenfällt, die durch die Stellung des Mondes markiert wird. So wie er sich im Erdenleben durch seine Haut begrenzt und abgeschlossen gefühlt hat, fühlt er sich jetzt durch die Mondenbahn begrenzt. Er wird also in gewisser Weise zum ›Mondbewohner‹. Das ist natürlich nicht etwa so zu verstehen, dass er nun auf dem Mond herumspaziert, sondern dass sich sein Bewusstseinshorizont bis zu dem Umkreis erweitert, den der Mond um die Erde nimmt, so dass er einen Zugang zu allem erhält, was sich in dieser Sphäre abspielt, was dort webt und west. Völlig analog ist auch der Zusammenhang zwischen den übrigen Regionen der Seelenwelt bzw. der Geisteswelt und den anderen Planeten zu denken. (Einen Überblick aller Welten und Sphären finden Sie im Anhang A.2, Tabellen 4 und 5, S. 531f.)

Die Regionen der Seelenwelt und auch die der Geisteswelt darf man sich nicht wie abgeteilte oder voneinander abgegrenzte Gebiete oder Schichten vorstellen. Sie durchdringen sich vielmehr. Die oberste Region zum Beispiel durchdringt alle niedrigeren; die unterste wird von allen höheren durchdrungen. Die Begriffe *»Begierdenglut«*, *»fließende Reizbarkeit«* usw., die Rudolf Steiner für die Regionen der Seelenwelt geprägt hat, stellen Strömungen, »aurische Strömungen« dar, die man dort unterscheiden kann. **»Diese aurischen Strömungen konstituieren, wie Sie wissen, die Seelenwelt; sie konstituieren aber auch den seelisch-geistigen Menschen, der etwa so aufgebaut ist aus den Ingredienzien dieser Seelenwelt.«**[51]

Während der Sphärenmensch also beispielsweise seine Erlebnisse in der siebten Region der Seelenwelt, der *»Region des eigentlichen Seelenlebens«*, hat, hat er sich so weit ausgedehnt, dass er bis zur *scheinbaren* Sonnenbahn aus *geozentrischer Sicht* reicht. Wenn er seine Erfahrungen zum Beispiel in der zweiten Region der Geisteswelt, der *»Meeresregion«*, sammelt, hat er sich bis zu der Sphäre ausgebreitet, die durch den Jupiter begrenzt wird.

Der Mensch muss sich in seinem nachtodlichen Leben zum Kosmos erweitern. Jedes Mal, wenn der Mensch sich auf der Erde inkarniert, haben sich die Erdenverhältnisse verändert, so dass er Neues aufnehmen kann. Das Gleiche gilt auch für die Planeten bzw. Planetensphären. Bei jedem erneuten Durchgang, also nach jedem irdischen Tod, kann er neue Impulse und Kräfte aufnehmen, die er dann ins nächste Erdenleben mitbringen kann. Diesen ›Gang‹ des Menschen durch die Planetensphären hat *Rudolf Meyer*, Gründungsmitglied und Priester der Christengemeinschaft, in seinem Gedicht *»Der Weltenpilger«* sehr schön und trefflich beschrieben (☞ Anhang A.3, S. 539).

Solange der Mensch auf der Erde verkörpert ist, ist er zu jedem Zeitpunkt an einen ganz gewissen Ort gebunden. Er nimmt nur einen kleinen Raum in den Grenzen seiner Haut ein. In der Zeit zwischen seinem Tod und der neuen Geburt ergießt er sich in den Makrokosmos, von dem er im Erdenleben nur ein mikrokosmisches Abbild darstellt. Er wird nun ein makrokosmisches Wesen. Manche Menschen können es in einigen Momenten ihres irdischen Daseins dazu bringen, in einer sternklaren Nacht den Blick zum Sternenhimmel zu richten und ihn einige Zeit ruhen lassen. Dabei überkommen sie häufig große und erhabene Gefühle. Diese rühren davon her, dass sie in ihren Seelentiefen wissen, dass sie ihre wahre Heimat in diesen Sphären haben, dass sie sich alle Kräfte und Impulse von dort ins Erdendasein mitgebracht haben. Dieses zu Lebzeiten verhüllte Wissen kann sich in solchen Augenblicken zu einer Ahnung verdichten.

Wenn der Mensch sich also immer mehr in den Kosmos ergießt, wenn er immer größer wird, wenn er immer mehr zum Sphärenmenschen wird, so folgt daraus natürlich, dass sich alle Wesenheiten in der jeweiligen Sphäre gegenseitig *durchdringen*, ähnlich wie sich die verschiedenen übersinnlichen Welten und Regionen auch durchdringen. Die Vorstellung, dass sich viele Menschen durchdringen können, fällt nicht ganz leicht, solange man an die Verhältnisse denkt, die man von der Erde her gewohnt ist. Auf der Erde sind die Menschen in ihre festen physischen Leiber ›eingesperrt‹. Feste Körper können sich bestenfalls berühren, sie können aneinander stoßen, sich aber niemals durchdringen. In eine solche feste Hülle ist der Mensch nun aber nicht mehr eingeschlossen. Seine geistig-seelischen Hüllen (☞ Kapitel 7, S. 337ff.), die ihn nun bekleiden, sind feinstofflicher Art. Diese können sich sehr wohl durchdringen, ähnlich wie sich in unserer Welt etwa verschiedene Luftströmungen oder Flüssigkeiten durchdringen können. **»Wenn der Mensch durch den Tod geschritten ist, so hat er zunächst ein Gefühl, dass er in eine Welt hineinwächst, in der er immer größer und größer wird, und dass er nicht mehr wie in dieser physischen Welt außerhalb aller Wesenheiten sich befindet, nicht allen anderen Dingen gegenübersteht, sondern gewissermaßen innerhalb derselben, als ob er in alle Dinge hineinkrieche. In dem Zeitpunkte unmittelbar nach dem Tode fühlen Sie kein Hier und Da, sondern ein Überall; es ist, als wenn Sie selbst hineinschlüpften in alle Dinge.«**[52]

Aus der Tatsache, dass sich die Wesen gegenseitig durchdringen, folgt aber nicht zwangsläufig, dass sie sich auch untereinander wahrnehmen und ein Beisammensein pflegen können. Es ist durchaus möglich, dass zwei Seelen gar nichts voneinander wissen, obwohl sie denselben ›Raum‹ ausfüllen. Inwieweit diese sich vereint fühlen können, hängt nicht von äußeren, sondern von inneren Verhältnissen ab, die wir an späterer Stelle noch erläutern werden.

Auf seinem Weg bis hin zur Sonnensphäre, welche die Grenze der Seelenwelt markiert, ist der Mensch ganz wesentlich mit der Aufbereitung und Verarbeitung seines abgelegten Erdenlebens beschäftigt. Auch bei seinem weiteren ›Aufstieg‹ bis hin zur Saturnsphäre ist er noch stark auf sein letztes Erdenleben fokussiert. Nach der sogenannten *»Weltenmitternacht«* geht er diesen Weg durch die Planetensphären wieder zurück, wobei er auf diesem Rückweg in erster Linie mit der Vorbereitung seiner nächsten Inkarnation befasst ist. Alles, was ein Mensch *nach* der Weltenmitternacht in den höheren Welten erlebt, soll in Kapitel 6 beschrieben werden.

Dass man Formulierungen wie »Der Mensch ›*betritt*‹ die Region« oder »Der Mensch ›*befindet*‹ sich in der Sphäre«, nicht so verstehen darf, als handelte es sich dabei um Räumlichkeiten, dürfte ja mittlerweile klar sein. Richtiger müsste man sagen, dass er das Bewusstsein, die Anwartschaft oder die Reife für eine bestimmte Region oder Sphäre hat, in der er nun befähigt ist, die dortige geistige Realität wahrzunehmen. Anstelle von »Regionen« oder »Sphären« könnte man auch von »Seinsebenen« oder »Erfahrungswelten« sprechen. Vielleicht kann man es noch verständlicher darstellen, wenn man etwas Bekanntes aus unserer physischen Welt heranzieht. In der Sinneswelt ist es doch so, dass Kleinkinder in einer ganz anderen Erfahrungswelt leben als Schulkinder. Diese leben wieder in einer ganz anderen Erfahrungswelt als Heranwachsende, Erwachsene oder alte Menschen. Das, was etwa ein Kleinkind erfahren und verstehen kann, ist doch zum weitaus größten Teil etwas ganz anderes als das, was beispielsweise ein Erwachsener erlebt und versteht. Das, was im Bewusstsein eines Schulkindes lebt, ist sehr verschieden von dem, was im Bewusstsein eines alten Menschen lebt. Dennoch gibt es keine Trennung zwischen diesen Ebenen, Regionen oder Welten. Sie durchdringen sich gegenseitig.

Mit einem schönen *Bild* könnte man auch sagen, dass dem Menschen, wenn er in eine neue Region oder Sphäre kommt, ein neues ›Himmelsfenster‹ geöffnet wird, durch das er einen bestimmten neuen Ausschnitt der höheren Welten wahrnehmen kann.

Wenn Rudolf Steiner über die *Regionen* sprach, so schilderte er mehr aus der Sicht der inneren Erlebnisse und Empfindungen, die der Mensch dort jeweils hat. Bei der Schilderung von den *Planetensphären* liegt der Schwerpunkt mehr auf den makrokosmischen Verhältnissen. Diese strenge Unterscheidung soll im Folgenden nicht immer eingehalten werden, da dadurch eine halbwegs chronologische Darstellung zusätzlich erschwert würde.

Das, was der Mensch in den einzelnen Regionen bzw. Sphären erleben und erfahren wird, soll nun in einiger Ausführlichkeit dargestellt werden.[53]

5.3.1 Das Leben in der unteren Seelenwelt (Kamaloka) bzw. in der Mondensphäre

Der Mensch ist, wenn er durch die Pforte des Todes geschritten ist, mit einem Bewusstsein begabt, das ungleich klarer und heller ist als das, was er jemals im Erdenleben haben konnte. **»Wir erwachen nach dem Tode, unmittelbar nach dem Tode, zu stark, und wir müssen erst dieses zu starke Erwachen herabmindern, herabdämpfen bis zu dem Grade, der den Fähigkeiten entspricht, die wir uns zubereitet haben durch die Erfahrungen, die wir in den verschiedenen Erdeninkarnationen durchgemacht haben. So ist es ein Ringen, uns selbst zu behaupten in dem von allen Seiten über uns hereinbrechenden Bewusstsein.«**[54] Er muss nun erst lernen, sich in diesem übermäßig hellen Bewusstsein zu orientieren und zurechtzufinden. Es *kann* nun durchaus der Fall eintreten, dass er dieses überaus helle Bewusstsein nicht sofort ertragen kann, dass dieses ihn regelrecht blendet und überfordert. In diesem Fall muss es *nach der Lebensrückschau* erst herabgedämpft und seinen individuellen Verhältnissen angepasst werden. Dadurch tritt für ihn eine Art Anpassungsschlaf oder – besser gesagt – Dämmerzustand ein, der nach irdischer Zeitrechnung Wochen, Monate, unter Umständen sogar ein paar Jahre andauern kann.

Auch die Schilderung des Lazarus-Gleichnisses macht deutlich, dass es keineswegs selbstverständlich ist, dass jeder Mensch sofort nach dem Tod das helle Bewusstsein ertragen und zu seinem Ich-Bewusstsein finden kann. Während Lazarus in den »Schoß Abrahams« getragen wird, also sofort zu dem Bewusstsein seiner selbst finden kann, gibt es über den reichen Mann zunächst nichts aus der Seelenwelt zu berichten. Er dämmert dahin; die übersinnliche Welt erschließt sich ihm noch nicht. Erst geraume Zeit später ›erwacht‹ er im Kamaloka.

Sigwart teilte seinen Geschwistern mit, wie er die ersten Tage nach seinem Tod erlebt hat: *»Die erste Zeit im Juni* [1915, kurz nach seinem Tod] *war mir alles rätselhaft; ich lebte eine Art Traumleben, von Wachmomenten unterbrochen; ich fühlte mich immer umgeben von euch, als ob sich nichts verändert hätte. Manchmal begriff ich nicht, was mit euch vorgefallen war, ich war doch oft so fröhlich, ihr aber stumm. Dann kam die Beisetzungsfeier in der Heimat, und da wurde mir erst klar, dass sich alles um mich drehte, doch fiel es mir immer noch schwer, genau* *zu erkennen, was sich mit mir vollzogen hatte. Als dann der Augenblick eintrat, wo ich alles wusste, da fühlte ich zum ersten Mal eure ganze Liebe und eure Trauer, verbunden mit erhebenden Himmelsempfindungen.«*[55]

Wenn der Mensch dann schließlich aus dieser möglichen Bewusstseinsdumpfheit ›erwacht‹, befindet er sich im sogenannten *»Kamaloka«* der Seelenwelt. Durch das Sanskritwort *»Kamaloka«* werden die ersten vier Regionen der Seelenwelt mit einem zusammenfassenden Namen bezeichnet, der mit *»Ort der Begierden«* oder *»Ort des Verlangens«* übersetzt werden kann. Natürlich darf man den Begriff »Ort« auch hier nicht wörtlich nehmen. Selbstverständlich ist auch mit Kamaloka wieder ein bestimmter Bewusstseinszustand bzw. eine bestimmte Erfahrungs- oder Seinsebene gemeint.

Man könnte auch sagen, solange sich der Mensch in der Mondensphäre bewegt, hält er sich im Kamaloka oder in der *»unteren Seelenwelt«* auf. In dieser Sphäre kommt er im Wesentlichen mit den geistigen Wesenheiten der dritten Hierarchie, den Engeln, Erzengeln und Urbeginnen (Archai), in Berührung. Von den Wesen der beiden höheren Hierarchien hat er hier noch keine Wahrnehmung.[56]

Alles, was der Mensch in dieser Phase durchzumachen hat, ist in gewisser Weise von höchstem erzieherischen Wert. Während seines Erdenlebens hat er sich vieles zu Schulden kommen lassen. Insbesondere war sein Verhalten zu seinen Mitmenschen nicht immer nur von Liebe, Hilfsbereitschaft und Wohlwollen getragen. Vieler Verschuldungen und Versäumnisse ist er sich zu Lebzeiten gar nicht bewusst geworden. Nun hat er *unter anderem* die Gelegenheit, sein komplettes abgelegtes Leben noch einmal zu ›durchlaufen‹, so dass ihm alle Verfehlungen und Unzulänglichkeiten deutlich vor das Seelenauge treten können. Dadurch kann er hier schon die ersten Impulse finden, um im nächsten Leben für den karmisch notwendigen Ausgleich sorgen zu können.

Zu Lebzeiten war seine Seele das *Bindeglied* zwischen seinem physischen Leib und seinem Geist. Sie hatte die Aufgabe, dem Geist die Richtung nach dem Physischen zu geben, um dort alles aufzunehmen, was eben nur im Physischen erlebt und aufgenommen werden kann. Mit dem Tode ist der Leib weggefallen. Nun müsste es sogleich die Aufgabe der Seele sein, nur noch nach dem Geistigen zu streben. Diese Aufgabe könnte sie auch erfüllen, wenn sie nicht im Leben in ihren Neigungen *zu sehr* zum physischen Leib und allem, was dieser sowie die Sinneswelt ihr bieten konnten, hingezogen worden wäre. Sie nimmt also noch eine mehr oder weniger starke Hinneigung zum Sinnlichen mit in die höheren Welten, in denen Sinnliches keine Berechtigung mehr hat. In dem Astralleib des verstorbenen Menschen stecken ja noch all diejenigen Begierden, Triebe, Wünsche und Vorstellungen, die nur im Physischen befriedigt werden können. Diese müssen nun abgestreift werden. All dieser Wünsche, Triebe und Begierden muss der Mensch sich nun entwöhnen; er muss sie überwinden, um zunächst in die höhere Seelenwelt und dann in die geistige Welt eintreten zu können. Da sein Astralleib noch mit dem Rest des Ätherleibes, den er nicht abgelegt hat, verbunden bleibt, hat der Mensch auch noch die *Erinnerung* an all dasjenige, was er im Erdenleben an Sinnlichem geliebt und genossen hat. Das muss er jetzt mehr und mehr vergessen. Dieser Prozess des Vergessens und Abgewöhnens kann – wie wir noch sehen werden – durchaus qualvoll sein. **»Was ist denn im Grunde genommen Kamaloka, jene Durchgangszeit des Menschen, die da liegt vor seinem Eintritt in das Devachan, in die eigentliche geistige Welt? Dieses Kamaloka ist da, weil der Mensch unmittelbar nach dem Tode nicht vergessen kann seine Neigungen, seine Begierden, seine Genüsse, die er im Leben gehabt hat.«**[57]

Die Offenbarung der höheren Welten in all ihrer Fülle ist schon vorhanden; allerdings schieben sich die Begierden, die nur in der physischen Welt Erfüllung finden können, wie eine verfinsternde Wolke vor sie hin. Wie Rudolf Steiner in einem seiner Vorträge sagte, könne die Kamalokazeit für einen Menschen auch äußerst angenehm sein, falls er es in seinem Erdenleben bereits gelernt habe, zu entbehren und Verzicht zu leisten. **»Das Gefühl des Entbehrens im physischen Leben wird zur Seligkeit in der Kamalokazeit. Es treten also die entgegengesetzten Gefühle ein, denn alles, was man im Leben gelernt hat, gern zu entbehren, wird in der Kamalokazeit zum Genuss.«**[58] Hier muss man sicherlich nicht unbedingt an Asketen denken, sondern an solche Menschen, die sich ganz bewusst die Befriedigung bestimmter *niedriger* sinnlicher Begierden versagen, was einer gewissen Einsicht und großer Willenskräfte bedarf. Aber auch Menschen, die aufgrund einer langen schweren Erkrankung oder Behinderung vieles entbehren mussten, dürfte die Kamalokazeit viel leichter werden.

5.3.1.1 Das karmische Gericht – die zweite Konfrontation mit der eigenen Biografie

Ganz zu Beginn des Kamalokalebens hat der Mensch ein überaus bedeutsames Erlebnis. Es kommt zur zweiten Konfrontation mit seiner Biografie. Er tritt zwei geistigen Gestalten gegenüber. Sofern er in seinen letzten Inkarnationen in einem Zusammenhang mit der Kultur des Abendlandes stand, wird er in dem einen Wesen Moses erkennen können. Moses hält ihm nun die Gesetzestafeln vor. Der Mensch weiß in seiner Seele genau, ob und inwieweit er sich an diese Gesetze gehalten hat. Das andere Wesen ist ein Repräsentant der Cherubim und wird im Okkultismus **»der Cherub mit dem feurigen Schwert«**[59] genannt. Der Cherub entscheidet über die Abweichungen des Menschen von dem Gesetz. Dem Menschen wird also gewissermaßen sein ›Sündenregister‹ oder – wie man auch sagen könnte – sein *»karmisches Kontobuch«* vorgehalten. Auf der einen Seite dieses ›Buches‹ sind alle schönen, guten, konstruktiven, auf der anderen alle hässlichen, bösen, destruktiven Taten notiert. Es handelt sich hierbei nicht etwa um einen bildlichen, sondern um einen äußerst realen Vorgang.

Es gibt ja in unserem vom Christentum geprägten Kulturraum eine ganze Reihe alter Bräuche und Riten, deren tieferen esoterischen Sinn man heute kaum noch versteht. Sie kennen sicherlich den schönen Brauch, der in vielen Familien am Nikolausabend gepflogen wird. Zwei Männer, einer als heiliger Nikolaus und einer als Knecht Ruprecht verkleidet, kommen ins Haus und suchen die kleinen Kinder auf. Nikolaus trägt ein goldenes Buch unter dem Arm und einen Sack mit Geschenken auf seinem Rücken. Aus dem Buch liest er dem jeweiligen Kind vor, was dieses sowohl an Gutem als auch an Schlechtem im ganzen Jahr getan hat. Für die bösen Taten bekommt das Kind dann ein paar Schläge mit der Rute Knecht Ruprechts. Für die guten Taten erhält es Geschenke vom heiligen Nikolaus. Es ist durchaus möglich, dass dieser Brauch von einem alten Wissen oder zumindest von einer Ahnung zeugt, was den Menschen nach dem Tod im karmischen Gericht erwartet. Nikolaus übernimmt bei diesem Brauch also die Rolle des Moses, Knecht Ruprecht die des Cherubs.

Dieses karmische Richteramt, das bis dahin von Moses ausgeübt wurde, ist vor knapp 100 Jahren an keinen geringeren als Christus übergegangen. Heute ist der Christus der »Herr des Karma«. Wenn der Mensch zu Lebzeiten einen Weg zum übersinnlichen Christus gefunden hat, so wird er dieses Wesen auch als den Christus wahrnehmen und *erkennen* können. Der Christus wächst immer mehr mit unserem Karma zusammen. Dadurch wird unser Karma zu etwas Wesenhaftem. Dieses christliche Karmaverständnis macht einen wesentlichen Unterschied zu dem des Buddhismus aus, in dem das Karma als etwas absolut Unpersönliches betrachtet wird. Man darf sich dieses karmische Gericht aber gewiss nicht so vorstellen, dass der Mensch nun von Moses bzw. Christus oder dem Cherub abgeurteilt würde, wie man das in Analogie zu weltlichen Gerichten vermuten könnte. Es handelt sich hier eher darum, dass dem Menschen urbildlich gezeigt wird, dass er sich im Leben häufig nicht im Sinne der Weltenordnung verhalten hat. Dadurch dass der göttliche Sohn selbst drei Jahre auf der Erde wandelte, kennt er alles, was eine menschliche Seele während ihres Erdenlebens durchzumachen hat. Als Mensch, als Christus-Jesus, war er selbst Versuchungen, Trauer und Schmerz ausgesetzt. Er kennt die unzähligen Schwierigkeiten, Sorgen und Probleme, mit denen ein Erdenmensch laufend konfrontiert wird. Wir dürfen davon ausgehen, dass der Christus, der unser Freund und Bruder ist, uns nach dem Tod mit größter Liebe und Gnade empfängt und uns nicht verurteilt, sondern uns vielmehr zu einer Selbst-Reflexion anhält, um uns unserer vielen Schwächen, Abirrungen und Verfehlungen bewusst werden zu können, die wir dann in unserem nächsten Erdenleben wieder gutmachen können und sollen.

Iris Paxino beschreibt ihre übersinnlichen Wahrnehmungen dieser Begegnungen mit Christus so: *»Es findet nun ein inniges, zutiefst wesensberührendes Zwiegespräch statt. Die Seele schaut dabei, gemeinsam mit Christus, ein zweites Mal auf ihr vergangenes irdisches Leben. Hier spielt sich keine Abfolge von Lebensszenen ab, entsprechend des ›Lebensfilms‹ [Lebenspanorama] in der Äthersphäre, sondern der*

Mensch steht vor dem ›Gemälde‹ seines Erdenlebens. Die Essenz seines irdischen Seins, alles, worauf es ankam, die Dinge, die das Lichte und das Dunkle seines Erdenweges ausgemacht haben, zeigen sich nun wie die plastische Ausgestaltung eines Gesamtkunstwerks. In der Gegenwart des Christus-Wesens wird die Seele in einem weit stärkeren Maße mitfühlend und einsichtig. Das, was im ätherischen Lebensrückblick lediglich gestreift wurde, wird hier intensiver, fokussierter und bewusster erlebt.«[60]

Die weitere Beurteilung seines abgelaufenen Erdenlebens wird der Mensch im Verlauf seines Lebens in der Seelenwelt dann weitgehend selbst vornehmen, wobei allerdings sein persönlicher Engel sowie auch andere geistige Wesenheiten maßgeblich beteiligt sind. Dieses Ereignis, dass nun dem Menschen das »Sündenregister« vorgehalten wird, ist nichts anderes als das, was in der Bibel und den kirchlichen Lehren das »besondere Gericht« genannt wird.

Iris Paxino, die zu den wohl nur sehr wenigen Menschen der Gegenwart gehört, die nicht nur in der Lage sind, das Leben der Verstorbenen imaginativ und inspirativ zu verfolgen, sondern sich auch intuitiv mit den Seelen Verstorbener zu verbinden, schreibt, was ihr eine Frau, die im Alter von 27 Jahren bei einem Autounfall verstarb, ›berichtete‹. Die Seele dieser Frau befand sich am Anfang ihrer Zeit in der Astral- bzw. Seelenwelt, die sie als eine Welt aus tanzenden, strömenden, webenden, sich bewegenden und sich durchdringenden Farbspielen beschrieb. Dann schilderte die Verstorbene von ihrer zweiten Konfrontation mit ihrer Biografie, der Begegnung mit Christus: *»Ich bin dem Christus begegnet! Ich habe mit Ihm mein Leben geschaut. Liebevoll wie ein innigster Freund hat Er in den Bildern des Gewesenen Knospen und Blüten meines Schicksals hervorgeholt und sie mir einzeln gezeigt: lauter Wunder in allen Falten und Ecken meines Seins, verborgene, wundersame Geheimnisse. Sie waren wie unsichtbare Perlen bestickt auf meinem kostbaren Lebensmantel. Und durch Ihn wurden sie jetzt sichtbar für mich. Er hat mir gezeigt, wie diese Blüten in späteren Jahren ganz als Blumen aufgehen werden und sich dann zu Früchten meines Wesens, zu wirklichen Ergebnissen meines Werdens entfalten werden. So vieles war in meinem Leben angelegt, sanft verborgen unter der Decke des Tagesbewusstseins und des Alltagsgeschehens. Christus ließ mich all das neu erkennen, zutiefst begreifen, mich selbst und mein Schicksal. Ich wusste nicht, wie viel ein Menschenleben bedeuten kann, wie unendlich viel Weisheitsvolles, Kostbares da hineingetröpfelt wird von den Schicksalskräften. All das ist über Jahrtausende hinweg mit dem weiteren Werden unseres Wesens verbunden. Der Bogen unserer Menschwerdung ist immens! Er hat mir in die Augen geschaut – der Christus! ... So viel Milde und Licht, die unendliche Liebe hat mich angeschaut! Unbeschreiblich, unbeschreiblich schön und erhaben! Er ist uns allen Bruder, ein Bruder voller Verständnis und Mitgefühl – jedoch mit einem anderen Blick auf unser Sein. Väterliche Weisheit spricht aus Seinem Haupt, heilende Liebe strömt aus Seinem Herzen. Erkannt-Werden vermittelt*

Seine ganze Gestalt. Und aus Seinen Augen spricht der Urgrund der All-Liebe. All mein Kummer und Schmerz ist vergangen, ein heilendes und heiligendes Durchströmt-Werden, das von Ihm ausging, hat mein ganzes Wesen gereinigt. Ich fühle mich nun wie neu geboren, wie neu ›geschöpft‹, obwohl mein Wesen schon so lange besteht! Befreit von allen Sorgen und dem Ballast, den ich meinte, im Menschsein mittragen zu müssen. Und ich bejahe nun neu das Menschsein mit innigster Liebe und mit dem lebendigen Willen, mich auf ein neues [Menschsein; Anm. IP] *vorzubereiten. Ganz JA bin ich geworden, eins mit dem Himmel und mit meinem Weg!«*[61]

Es gibt nur sehr wenige Berichte von Nahtod-Erlebnissen, in denen sich ein deutlicher Anklang an das karmische Gericht findet. Das, was ein Mann erlebte und später erzählte, bezieht sich ganz offensichtlich auf dieses Ereignis, wenngleich die Schilderung ein wenig mit der Lebensrückschau vermischt ist. Es ist sogar von einem »Buch« die Rede. Freilich darf man sich dieses nicht ähnlich einem denken, das wir aus der Sinneswelt kennen. Auch darf der Begriff »Tisch« nicht im üblichen Sinne verstanden werden. Wie ja bereits ausführlich erläutert wurde, ist es sehr schwierig, etwas in Worte einer Menschensprache zu kleiden, was man in übersinnlichen Welten wahrgenommen hat. Dieser Mann schildert: *»Auf einem endlosen Tisch lag ein Buch von der Größe einer Zeitungsseite. Das war das legendäre Buch der Aufzeichnungen, das für jede Seele existiert. Es wird gesagt, dass in jedem Buch alle Gedanken der Seele aufgezeichnet sind, jedes Wort und jede Tat der Seele von ihrem Uranfang und von ihren Existenzen in dieser und in anderen Welten. Die Seiten meines Buches breiteten sich schnell von selbst aus, der normalen Richtung entgegengesetzt, um jedes Detail meines gesamten Lebens der zeitlichen Reihenfolge nach in dreidimensionalen, lebendigen Farben zu offenbaren. Das faszinierte mich, obwohl ich mein halbes Jahrhundert langes Leben in kaum zehn Sekunden vergleichbarer irdischer Zeit beobachtete und aufnahm. Meine Nachlässigkeiten wurden durch den Rückblick enttäuschend offensichtlich; noch erschrockener jedoch war die Erkenntnis, dass ich mein Ziel des irdischen Lebens nicht erreicht hatte.«*[62]

An diese zweite Konfrontation mit der eigenen Biografie fühlt man sich auch erinnert, wenn man bei George G. Ritchie liest: *»Wenn ich sage, er* [der Christus] *wusste alles über mich, dann war das ganz einfach eine sichtbare Tatsache.«* Dann vernahm Ritchie die Frage: *»Was hast du aus deinem Leben gemacht?«* Ihm war sofort klar, dass es nicht darum ging, eine Auskunft über sein Leben zu geben, denn das wusste Er viel besser. Als Christus die Frage wiederholte, ahnte er, dass es darum ging, wie er seine kostbare Zeit, die ihm bisher auf der Erde geschenkt wurde, genutzt hat, was er für andere Menschen getan hat. Nachdem Ritchie in seinem Lebensrückblick noch einmal bis ins Einzelne alles sehen konnte, was er in seinem Leben bewirkt hatte, wurde ihm klar, dass er zwar keine großen Sünden auf sich geladen, aber auch nichts wirklich Wesentliches geleistet hatte. Dann fiel ihm ein, dass er einmal voller Stolz eine Pfadfinderauszeichnung bekommen hatte. Und wieder schienen – so schreibt er – Worte von dem Licht neben ihm auszugehen: *»Das ehrte dich.«* Ritchie wurde offenbar, dass irgendwelche weltlichen Verdienste vor Christus nicht zählen. Weiter wird Ritchie bewusst, dass er sich in seinem bisherigen Leben nur um sich selbst kümmerte und nichts vorweisen konnte, das auch für andere Menschen von Wert gewesen wäre. Die Frage Christi hätte er mit »Nichts« beantworten müssen. Aber Christus verurteilte ihn nicht; er tadelte ihn nicht einmal. Er wollte George Ritchie anhalten, sich selbst Rechenschaft abzulegen und selbst eine Beurteilung vorzunehmen. Von einem »Gericht« im weltlichen Sinne konnte also keine Rede sein.[63]

5.3.1.2 Erneutes Durchleben des letzten Erdenlebens – die dritte Konfrontation mit der eigenen Biografie

Als der Mensch noch auf der Erde weilte, hat er jede Nacht im Schlaf noch einmal alles durchlebt, was er so am Tage in der physischen Welt erlebt und erfahren hat. Diese Tatsache ist ihm natürlich nie bewusst geworden. Davon wusste er zu Lebzeiten nichts. Sie lässt sich nur durch die hellsichtige Forschung herausfinden. Der Schlaf wird ja im Okkultismus als der »kleine Bruder des Todes« bezeichnet. Während wir das, was wir im Schlaf erleben, nicht mit unserem Bewusstsein beleuchten können, werden uns unsere Erlebnisse, die wir nach dem Tod haben, bewusst. Das macht einen wesentlichen Unterschied zwischen Schlaf und Tod aus.

Wenn wir während des Schlafes erneut alles durchmachen, was uns am Tage widerfahren ist, so geschieht das allerdings nicht in der Weise, dass wir es von unserem subjektiven Standpunkt aus erleben. Vielmehr erleben wir es aus dem Blickwinkel unserer Umwelt, aus der Sicht unserer Mitmenschen. Hierbei wägen wir ab, welchen Wert unsere Taten für die anderen, ja für die ganze Welt hatten. Oftmals können wir nach dem Aufwachen anhand unserer Stimmung einen Nachklang dieser eigenen moralischen Beurteilung verspüren. Wenn wir mit einer eigenartig bedrückten Stimmung in den Tag gehen, so *kann* das daran liegen, dass wir in dem nächtlichen Erleben unserer Taten des Vortages erkennen mussten, dass diese unseren Wert verringert haben, den wir in der Welt besitzen. Selbstverständlich kann auch der entgegengesetzte Fall eintreten, dass wir unsere Handlungen nämlich als gut und wertvoll empfinden konnten, was sich nun an einer besonders freudigen und aufgeräumten Stimmung zeigen kann. Wir haben doch alle schon des Öfteren erlebt, dass uns irgendwelche Tageserlebnisse ziemlich bedrücken, ja niederschmettern können. Wenn wir dann eine Nacht darüber geschlafen haben, sieht die Welt oft schon ganz anders aus. In dem erneuten nächtlichen Durchleben und Beurteilen dieser Erlebnisse ist uns dann womöglich klar geworden, dass diese ihren Sinn und ihre Berechtigung hatten, dass sie für uns notwendig waren. Dieses Erleben dauert nicht unbedingt die ganze Nacht hindurch. Es können bisweilen schon einige Minuten hinreichend sein.

Nun nach dem Tod entwickelt die Seele ein starkes Verlangen, auf das zurückzuschauen, was ihr das Leben geboten hat und wie sie dieses genutzt hat. Dadurch kommt zustande, dass die gesamte Biografie in einem zurückschauenden *Erleben* auftritt. Der Mensch *durchlebt* gewissermaßen noch einmal alles dasjenige *bewusst* und auf eine äußerst intensive Weise, was er im Erdenleben während seiner Schlafphasen unbewusst durchlebt hat. Das ist der wesentliche Unterschied zu der Lebensrückschau, die er unmittelbar nach dem Tod hatte und der er sich nur passiv und emotionslos hingegeben hat. Bei seiner Lebensrückschau sah er in einem großen Panorama alles, was er in seinem abgelegten Erdenleben während der Zeiten, in denen er *wach* war, erlebt hat, auch wenn manches davon zu Lebzeiten die Bewusstseinsschwelle nicht überschritten hat. Jetzt macht er noch einmal alles durch, was er im Erdendasein während des *Schlafes* erlebt hat, als er – ohne es mit seinem Bewusstsein durchleuchten zu können – seine Tageserlebnisse *verarbeitete*. Er ›durchwandert‹ noch einmal sein ganzes Leben, und zwar rückwärts, beginnend mit seinem Todestag bis hin zum Tage seiner Geburt. Er muss also gewissermaßen wieder zum Kind werden. Das ist auch eine der *vielen* esoterischen Bedeutungen des Bibelverses *»Ehe ihr nicht umkehret und werdet wie die Kinder, so werdet ihr nicht in die Reiche der Himmel kommen!«*[64] Vorher ist der Mensch noch nicht reif, die geistige Welt, den Himmel, zu betreten. Sein gesamtes Erdenleben durchlebt der Mensch jetzt noch einmal in der unteren Seelenwelt, im Kamaloka. Dieses Durchleben wird nach irdischer Zeitrechnung in etwa so lange dauern, wie er im Erdenleben geschlafen hat, also im Durchschnitt etwa ein Drittel seiner Lebensdauer. **»Man kann** [als Geistesseher] **mit dem Toten weiterhin gehen. Man sieht, das, was er in den Tagen vor seinem Sterben hier auf Erden erlebt hat, das erlebt er zurück, das Letzte zuerst, das Vorletzte als zweites und so weiter. Er lebt alles zurück. Bis zu dem Zeitpunkte seiner Geburt lebt er sich zurück in einem Drittel der Lebenszeit. Wenn einer sechzig Jahre alt geworden ist, lebt er ungefähr zwanzig Jahre zurück, das ganze Leben rückwärts durchlaufend. Da kann man ihm folgen.«**[65]

Jetzt ist es natürlich auch wieder so, dass er während dieser Phase nur eine bestimmte Zeit mit diesem nochmaligen Durchleben verbringt. Es treten ja in diesem Zeitraum noch viele andere Erlebnisse und Erfahrungen an ihn heran.

Dieses ganze Rückerleben hat einen ungleich realeren und innigeren Charakter als alles, was das Erdenleben ihm jemals bieten konnte. Gemessen an der Tiefe und Eindringlichkeit dieses Erlebens erscheint das gesamte Erdenleben fast wie ein Traum. Auch Ereignisse und Begebenheiten, die ihm zu Lebzeiten gar nicht recht zu Bewusstsein gekommen sind, stehen jetzt klar und deutlich vor dem Seelenauge. Er kann nun auch alles durchleben, von dem er fühlt, dass er es auf der Erde *hätte* erleben können, was ihm das Leben *hätte* bringen können. Insbesondere das, was die Seele nach ihrer Empfindung zu tun versäumt hat, tritt als starke und intensive innere Erlebnisse auf. Alles, was die Seele im Erdenleben aus mangelnder Liebe anderen Menschen schuldig geblieben ist, alles, was sie anderen angetan hat, wird intensiv empfunden. Es wurde ja in Kapitel 3 schon darauf hingewiesen, dass ein Mensch in seinem Erdenleben gar nicht weiß, was ihm alles hätte passieren können, wenn er beispielsweise an einem bestimmten Tag fünf Minuten eher das Haus verlassen hätte. In sein Tagesbewusstsein tritt nur dasjenige herein, was ihm *tatsächlich* widerfahren ist. Der unzähligen möglichen Begebenheiten, die er *stattdessen* hätte erleben können, wird er sich nicht bewusst. Diese sind aber in die Seele eingeschrieben. Jetzt nach dem Tod wird ihm offenbar, was ihm alles *hätte* geschehen können. Jetzt tritt vor sein Seelenauge, dass er vielleicht in große Lebensgefahr geraten wäre, wenn er an einem gewissen Tag das Haus fünf Minuten früher verlassen hätte. Ihm wird deutlich, welchen Gefahren er in seinem Leben entgangen ist. Nun wird ihm aber auch klar, welche Chancen und Möglichkeiten er verpasst hat.

Alles, was der Mensch im Zusammensein mit anderen Menschen konkret erlebt hat, durchlebt er in dieser dritten Konfrontation mit seiner Biografie erneut in intensivster Weise. Dieses rückwärts verlaufende Erleben nimmt sich so aus, dass er es nicht aus seiner Sicht erlebt, sondern aus der der Mitmenschen. **»Dass man so sein vergangenes Leben in allen Einzelheiten zurücklebt, das hat den Sinn, dass man jetzt erst seine eigenen Handlungen wahrhaft kennenlernt, indem man deren Wirkungen an sich selber erlebt. Denn nun stellt sich für den Menschen bei jeder Handlung der Seelenzustand ein, den derjenige gehabt hat, gegen welchen die Handlung sich gerichtet hat. Sie erleben die Schmerzen und Freuden, die sie anderen Menschen bereitet haben, von innen aus. Nichts von dem, was man anderen zugefügt hat, gibt es, das nicht in Kamaloka eigenes Erlebnis wird. Hier gilt der Satz: Was du säest, das wirst du ernten.«**[66]
Wenn er also beispielsweise einmal einen anderen Menschen beleidigt oder beschimpft hat, so erlebt er das jetzt zum entsprechenden Zeitpunkt aus der Sicht des anderen. Er ›steckt‹ gewissermaßen im anderen Menschen ›drin‹. So kann er fühlen, wie sich sein Gegenüber damals gefühlt hat. Wenn er etwa einen anderen Menschen beleidigt hat, so empfindet er in seinem eigenen Inneren, wie dem anderen damals zumute war, wie ihn das geschmerzt hat. Wenn er beispielweise jemandem eine Ohrfeige gegeben hat, so fühlt er jetzt den Schmerz und alle anderen Gefühle, die sein Mitmensch zu jener Zeit hatte. Man kann sich leicht ausmalen, was ein verstorbener Mensch, der anderen Menschen weitaus Übleres angetan hat, alles zu ertragen hat. Selbstverständlich durchlebt er nicht nur die Schmerzen, sondern auch die Freuden und Wohltaten, die er einem Mitmenschen bereitet hat. Erst jetzt kann er wirklich wissen, welche Bedeutung seine Handlungen und Worte für seine Mitmenschen hatte. Es sind ja oftmals scheinbare Kleinigkeiten, die wir im irdischen Dasein verrichten und die dann aber für andere sehr segensreich sein können. Das wird ihm nun alles

bewusst. Das tritt in aller Deutlichkeit und Klarheit vor sein Seelenauge. Die Wirkungen seines eigenen Verhaltens haben sich in den Kosmos eingeschrieben. Jetzt kommt diese Wirkung auf ihn selbst zurück. In dieses Erleben der Biografie mischt sich eine moralische Beurteilung, die ganz wesentlich von seinem Engel ausgeht.[67] Der Mensch kann erkennen, welchen objektiven Wert seine Handlungen, Gedanken und Gefühle für seine Umwelt und die übersinnlichen Welten hatte. Es ist nun sein innigster Wunsch, sein Fehlverhalten wieder gutmachen zu können. Diese Möglichkeit ist aber in den höheren Welten im Leben nach dem Tod nicht gegeben. Diese Erkenntnis kann ihm noch mehr Leid bereiten als die Schmerzen, die er einem anderen Menschen zugefügt hat und die er nun selbst empfindet. Er fühlt, dass er seine Verschuldungen erst im nächsten Erdenleben wieder ausgleichen kann. Auch alle Schmerzen, die er den Wesen der Tierwelt angetan hat, muss er jetzt selbst aushalten und durchmachen.[68] Dieses erneute Erleben der eigenen Biografie bringt ihm eine gewisse Selbsterkenntnis, die eine der wichtigsten Grundlagen für das nachtodliche Bewusstsein darstellt.

Während dieses nochmaligen Durchlebens hat der Mensch das Gefühl, wie wenn er im Raume ›aufgeteilt‹ wäre. Er fühlt sich stückweise überall da, wo er sich durch sein Rückerleben zu befinden hat. Er fühlt sich möglicherweise mit einem Teil seines Wesens in München, mit einem anderen in Berlin und mit einem wiederum anderen vielleicht außerhalb der Erde. **»Man fühlt sich sozusagen zerstückelt und die dazwischenliegenden Räume als nicht zu sich gehörig.«**[69] Wenn also der Mensch, den er beleidigt und beschimpft hat, zum gegenwärtigen Zeitpunkt etwa in München wohnt, so fühlt er einen Teil seines astralischen Leibes in München und empfindet dort, wie das auf den anderen gewirkt hat. Wenn derjenige, dem er eine Ohrfeige versetzt hat, selbst schon gestorben ist, so fühlt er sich mit einem anderen Teil des Astralleibes im Kamaloka, wo er jetzt selbst ist.

Durch dieses rückwärtige Durchleben des letzten Erdenlebens, kann der Mensch erkennen, welche seiner Taten, Worte und Gedanken gut, konstruktiv und gerecht und welche schlecht, destruktiv und ungerecht waren. Er entwickelt nun den starken Wunsch, seine schlechten, destruktiven und ungerechten Handlungen wieder gutzumachen. Dadurch wird schon sein Karma, also alles, was er im nächsten Leben auszugleichen hat, keimartig veranlagt. Der Mensch beginnt zu ahnen, dass er diesen Menschen, denen gegenüber er sich schuldig gemacht oder lieblos verhalten hat, in einem folgenden Erdenleben wieder begegnen muss. Es erwächst in ihm der Wille, das wieder gutzumachen. Diese Tatsache, dass der Mensch jetzt alle seine irdischen Taten und ihre Folgen noch einmal in aller Deutlichkeit erlebt, bestätigt die Wahrheit des Bibelwortes *»denn ihre Werke* [bzw. Taten] *folgen ihnen* [den Toten] *nach«*[70] in eindrucksvoller Weise.

Rudolf Steiner erläuterte anhand eines *konkreten* Beispiels die ›Technik‹, wie beim Menschen der Trieb geschaffen wird, im nächsten Erdenleben für einen karmischen Ausgleich zu sorgen. **»Nehmen wir also an, wir hätten jemanden zu einer gewissen Zeit auf dem physischen Plan angelogen, dann kommt bei unserem Aufenthalt in der geistigen Welt, sei es, dass wir durch Initiation hineinkommen oder durch den Tod, ein Zeitpunkt, wo wir mit unserer Seele in der geistigen Welt ganz, ganz erfüllt sind von der Wahrheit, die wir hätten sagen sollen. Aber diese Wahrheit, die quält uns, diese Wahrheit steht vor uns, in demselben Maße uns quälend, als wir von ihr abgeirrt waren bei der Lüge. Man braucht also nur zu lügen auf dem physischen Plan, um einen Zeitpunkt herbeizuführen in der geistigen Welt, in dem wir durch die entsprechende Wahrheit, die der Lüge entgegengesetzt ist, gequält werden dadurch, dass diese Wahrheit in uns lebt und uns brennt und wir sie nicht ertragen können. Unser Leiden besteht namentlich darin, dass wir einsehen: das ist die Wahrheit. Wir sind aber so, dass uns diese Wahrheit keinen Genuss, keine Freude, keine Lust bereitet, sondern uns quält. Von den guten Sachen gequält zu werden, von dem, wovon man weiß, dass es einen erheben sollte, gequält zu werden, das gehört zu den Eigentümlichkeiten der Erlebnisse in der geistigen Welt.«**[71]

Durch dieses Gequältwerden keimt in dem Menschen mehr und mehr die Tendenz auf, dem anderen im nächsten Leben wieder auf der Erde zu begegnen und dann etwas zu tun, was das durch die vollzogene Lüge begangene Unrecht wieder ausgleicht. In den übersinnlichen Welten kann ein Unrecht nicht wieder gutgemacht werden. Das kann erst in einer folgenden Inkarnation geschehen. Im Kamaloka kann und muss der Mensch sich allerdings völlig klar über die Wirkung seiner Lüge sowie seiner anderen destruktiven Taten werden.

Die geisteswissenschaftlichen Forschungsergebnisse über dieses erneute Durchleben des letzten Erdendaseins werden auch von einigen Menschen, die Nahtod-Erfahrungen hatten, bestätigt. Wir wollen hier Auszüge einiger Berichte zitieren: *»Es war, als wäre ich wieder dort gewesen [...] als hätte ich es noch einmal durchlebt [...] Es war wirklich, wie noch einmal zu leben.«*[72]

»Man spürt seine Gefühle und auch die der anderen, denen man wehgetan hat, auch ihren Schmerz und ihre Gefühle spürt man. Das dient dazu, dass man nun aus einer anderen Perspektive erkennt, was für ein Mensch man war und wie man andere behandelt hat. Dabei beurteilt man sich selbst härter als jeder andere.«[73]

»[...] dazu kamen all die kleinen Beleidigungen, die ich anderen unbewusst angetan hatte, durch meine gedankenlosen Worte und Blicke und Versäumnisse. In diesem Albtraum der Kränkungen war offenbar nichts ausgelassen, aber das Schrecklichste an ihm war, dass ich jeden Schmerz, den ich anderen verpasst hatte, nun selbst an mir erlitt [...]«[74]

»Ich sah, wie ich meiner Freundin in der Kriegszeit ein Bonbon schenkte. Das fand ich damals eine ganz normale Geste. Ich hatte mir dabei nicht viel gedacht.

Doch sie war so glücklich mit dem einen Bonbon. Ich spürte ihre Freude voll und ganz, als sei ich auch sie selbst. In gleicher Weise spürte ich auch die Freude eines jeden Menschen in seinem persönlichen Umfeld – die Freude seiner Eltern, seiner Oma seines Opas. [...] Ab diesem Moment wusste ich, dass auch das Kleinste, was man für einen anderen tut, Auswirkung auf das Ganze hat. Ich erhielt die Einsicht, dass wir alle miteinander verbunden sind und an dem Guten wachsen, das wir füreinander tun. Wieder spürte ich Staunen, dass eine solche Geste so viel bedeuten kann! Dieses Verständnis hatte ich niemals zuvor gehabt.«[75]

Einige Geistwesen sprechen in ihren sogenannten Jenseitsbotschaften ebenfalls von dieser dritten Konfrontation mit der eigenen Biografie. Elia sagte durch die Stimme von Frau Hierke-Sackmann zu diesem Thema: *»[...] Hier* [in dieser nachtodlichen Phase] *erleben sie* [die Verstorbenen], *dass sie noch offene Dinge im Irdischen hinterlassen haben, zurückgelassen haben. Sie erleben, dass sie Dinge nicht gesagt, nicht getan haben, die sie lieber getan hätten, bei denen ihnen wohler wäre. Ihr müsst verstehen: Ein Verstorbener, der zurückblickt auf Momente seiner Inkarnation, ist sich nicht nur dieses Augenblickes bewusst, so wie ihr euch erinnert an bestimmte Situationen, sondern er ist sich gleichzeitig seines Handelns oder Nichthandelns an anderen bewusst. Das bewirkt in ihm das Bedürfnis, Dinge gerade zu rücken, Dinge nachzuholen, die ihn verstimmen, die ihn nicht entspannt sein lassen. [...] Die Erinnerung an erlebte Ereignisse in der irdischen Inkarnation ist ein wesentlicher Bestandteil für die Entwicklung [...], eine Aufarbeitung, eine Reflexion dessen, was geschehen ist, was es bewirkt hat in anderen. Das Bedürfnis, diese Erlebnisse zu verstehen, kann sehr groß sein. Einige suchen nach Erklärungsmodellen, suchen nach Alternativen. Sie stellen fest, dass sie jede Alternative, über die sie nachdenken, erleben. Also, sie erleben Varianten ihres irdischen Daseins, sie erleben dies in sehr vielen unterschiedlichen Strukturen, sie erleben die Variante für sich und damit die Erfahrung für die anderen.«*[76]

Die letzten beiden Sätze machen deutlich, dass der Mensch jetzt auch all diejenigen Ereignisse real erlebt, die in seinem Erdenleben eingetreten sein *könnten.* Elia weist im Folgenden auch darauf hin, dass dieses Erleben sehr schmerzliche Aspekte beinhalten kann: *»Dies ist eine große Aufgabe: Stellt euch euer Leben vor und überlegt euch, dass ihr jeden Moment eures Lebens wieder vergegenwärtigt, dass ihr daraus lernt, welche Entscheidungen ihr daraus getroffen habt und dass dabei sehr wohl sehr schmerzliche Erlebnisse zutage treten können. Ein sehr schmerzliches Empfinden, das der Reue gleichkommt. [...] bei der Reflexion der Inkarnation kann es wirklich so sein wie Jesus sagte: Durch Feuer werdet ihr gerettet werden. Es kann sehr brennen, wenn wir uns Situationen vergegenwärtigen, in denen wir Dinge getan oder auch nicht getan haben, die folgenschwer waren. Darum: Gerade dieser Prozess führt uns zu unserem eigentlichen Potential.«*[77]

Es wird auch deutlich, dass dieses ganze erneute Durchleben mit all seinen leidvollen Aspekten letztlich zur geistig-seelischen Entwicklung oder zum *»eigentlichen Potential«* – wie Elia es nennt – beiträgt. Dem folgenden Passus kann entnommen werden, dass der Mensch nicht permanent damit befasst ist, sein letztes
Leben auf die geschilderte Art zu verarbeiten. Es gibt noch eine ganze Reihe
anderer Erlebnisse, die er jetzt hat. *»Diese Phase als Ebene zu bezeichnen, scheue
ich zurück. Denn es ist ein Prozess, der in einer Pendelbewegung stattfindet. Keine
Seele könnte es jemals ertragen, ununterbrochen mit diesen Dingen konfrontiert zu
werden. Sondern sie wird pendeln zwischen Erlebnissen, die ihr gut tun, die ihr
Freude bereiten, die sie in eine innere Ausgeglichenheit und Freude bringen mit
Vergegenwärtigung von Inkarnationserlebnissen, die schwerer zu verstehen sind,
die vielleicht sogar schmerzhafter in ihrer Erkenntnis sind. Wer dort drüben ist,
muss aber auch die schmerzhaften Seiten erkennen und begreifen, um sich weiterzuentwickeln, um mit einem Bewusstsein in das Gesamtselbst* [vgl. *»höheres Selbst«*]
*einzugehen, dass es noch Dinge gibt, die es zu entwickeln gibt, die es zu verwirk-
lichen gibt.«*[78]

✶✶✶✶✶✶✶✶✶✶✶✶✶✶✶

Wir müssen nun noch kurz auf eine weitere Gruppe geistiger Wesenheiten zu
sprechen kommen, die für den Menschen, wenn er sich in der Mondensphäre, also im
Kamaloka befindet, von großer Bedeutung sind. Diese Wesen können als *»Mondenwesen«* bezeichnet werden, da der Mond ihr Schauplatz ist. Diese standen in einer
urfernen Vergangenheit, nämlich auf der vorigen Entwicklungsstufe unserer heutigen
Erde, die im Okkultismus *»alter Mond«* genannt wird (☞ Anhang A.1, Exkurs 3, S.
482f.), genau wie die heutigen Engel auf der Menschheitsstufe. Unter dem Begriff
»Menschheitsstufe« versteht man diejenige kosmische Entwicklungsstufe, auf der ein
Wesen sein Ich und somit auch sein Selbstbewusstsein erwirbt, wodurch es eines
urfernen Tages vom Geschöpf zum Schöpfer aufsteigen kann. Freilich darf man sich
das nicht so vorstellen, als hätten die Engel und die Mondenwesen dazumal eine
Gestalt angenommen, die der eines heutigen Menschen auch nur ähnlich gewesen
wäre. Etwas Mineralisch-Stoffliches hat es auf dem alten Mond noch gar nicht gegeben.

Die Mondenwesen hatten genau wie die luziferischen Wesen auf dem alten Mond
ihre Menschheit schon zum Teil durchgemacht, aber im Gegensatz zu den heutigen
Engeln nicht ganz abgeschlossen.[78a] Allerdings wurden sie später, auf der heutigen
Erde, nicht zu Widersachern der Menschen. Vielmehr wurden sie ganz im Gegenteil
zu wichtigen Helfern und Lehrern der noch jungen Menschheit, der sie die Urweisheit
brachten. Daher bezeichnete Rudolf Steiner die Mondenwesen auch als die *»Urlehrer
der Menschheit«*. Diese Urlehrer bewohnten vor reichlich mehr als 15.000 Jahren
genau wie die Menschen die noch junge Erde. Sie waren gewissermaßen die Genos-

sen der Menschen. Allerdings nahmen sie keinen physischen Leib an. Ihr unterstes Wesensglied war der Ätherleib. Da die damaligen Menschen noch hellsichtig waren, konnten sie dasjenige wahrnehmen, was die Urlehrer ihnen an Weistümern gaben. »Diese Lehrer wanderten in einem Ätherleibe auf der Erde herum. Der Mensch, dem sie Führer wurden, der fühlte ihre Nähe in seiner Seele. Er fühlte in seine Seele etwas hineinkommen, was wie eine Inspiration war, wie ein innerliches Aufleuchten von Wahrheiten, auch von Anschauungen. Auf eine geistige Weise lehrten sie. Aber es war in der damaligen Zeit der Erdenentwickelung so, dass man unterschied Menschen, die man sehen kann, und Menschen, die man nicht sehen kann. Man machte nicht Anspruch darauf, Menschen, die man nicht sehen kann, sehen zu wollen, denn man hatte die Gabe, von ihnen die Lehren zu empfangen, auch wenn man sie nicht sah. Man hörte diese Lehren aus dem Innern der Seele heraus kommen und man sagte sich: Wenn diese Lehren kommen, dann hat sich mir genaht ein großer Urlehrer der Menschheit. – Und man hatte auch nicht etwa äußerlich Anschauungen von diesen Urlehrern; man begegnete ihnen im geistigen Schauen. Man schüttelte ihnen nicht physisch die Hand, aber begegnete sich doch und fühlte so etwas wie einen geistigen Händedruck. Diese Urlehrer haben der Menschheit die ursprünglichen großen Weistümer gegeben, die nur im Nachklang erhalten sind selbst in solchen Schöpfungen, wie es die Veden sind und die Vedantaphilosophie.«[78b]

Später haben die ehemaligen Urlehrer dann den Schauplatz ihres Wirkens von der Erde zum Mond verlegt, so dass sie »Mondenwesen« genannt werden können. Wenn der Mensch nach dem Tod in die Mondensphäre aufsteigt, kommt er in ihren Bereich. »Wir sind in der Mondensphäre, und in dieser Mondensphäre verbleiben wir nun eine längere Zeit nach dem Tode. Da aber kommen wir zunächst wiederum zusammen mit denjenigen geistigen Wesenheiten, die im Ausgangspunkt des Erdendaseins des Menschen die großen Urlehrer waren. Die ersten Wesenheiten, denen wir nach unserem Tode im Kosmos sozusagen begegnen, sind diese ersten Urlehrer der Menschen; in deren Bereich kommen wir wieder.«[78c]

Die Mondenwesen, die heute in ihrer Entwicklung zwischen Engeln und Menschen stehen, haben eine große Aufgabe für den Menschen zu übernehmen, wenn dieser sich kurz nach seinem Schwellenübertritt in der Mondensphäre befindet. Es wurde ja schon gesagt, dass auf allen Entwicklungsstufen Wesen zurückbleiben und somit ihr Entwicklungsziel nicht erreichen. Damit bringen sie im Normalfall ein großes Opfer, um etwas für die Menschheit und die Weltentwicklung leisten zu können, um Aufgaben übernehmen zu können, die Wesen, die ihre Entwicklung auf einer bestimmten Stufe in der rechtmäßigen Weise abgeschlossen haben – also insbesondere die geistigen Wesen der höheren Hierarchien –, nicht übernehmen könnten. Um welche Aufgabe handelt es sich nun bei den Mondenwesen? Nun, eine Aufgabe besteht darin, dass sie dafür sorgen, dass dem Menschen das ganze erneute Durchleben seines letzten

Erdenlebens – so wie wir es in diesem Abschnitt beschrieben haben – nicht wie ein Traum, sondern wie intensive und kraftvolle Realitäten erscheinen. Das könnten etwa die Engel nicht leisten. Da diese niemals im Erdendasein waren, haben sie wenig mit den Gedanken zu tun, die der Mensch sich durch alles, was im äußeren Erleben an ihn herangetreten ist, bilden konnte. **»Man könnte sich leicht vorstellen, das Dasein nach dem Tode, das eben eine Zeit lang dauert [...], habe etwas Schattenhaftes gegenüber dem Erdenleben. Das Erdenleben kommt uns ja so robust vor, wir können überall die Dinge anpacken, sie sind dicht; der Mensch ist dicht, kompakt. Wir bezeichnen etwas als wirklich dann, wenn wir es recht angreifen können. Dieses robuste Erdenleben erscheint uns, wenn wir durch die Todespforte gegangen sind, eigentlich wie ein Traum. Denn wir treten, indem wir auf die geschilderte Weise in den Mondenbereich eintreten, in ein Dasein, das uns nunmehr viel realer, viel mehr von Wirklichkeit durchsättigt erscheint, und das aus dem Grunde, weil diese Urlehrer der Menschheit, die ihr Dasein in der Mondenregion fortsetzen, uns mit ihrem eigenen Sein durchdringen und uns alles viel realer erscheinen lassen, als wie wir hier als Erdenmenschen die Dinge der Welt erleben.«**[78d]

Dann übernehmen die Mondenwesen noch eine zweite wichtige Aufgabe. Sie haben mit dem Karma, mit der Karmabildung des Menschen außerordentlich viel zu tun. Sie schaffen die Grundlagen, sozusagen den ersten Keim für das menschliche Karma.[78e]

5.3.1.3   Die Region der Begierdenglut

In der ersten Zeit seines Kamalokalebens befindet sich der Mensch in der *»Region der Begierdenglut«*, wie Rudolf Steiner sie nannte. Diese Region ist die niedrigste der Seelen- bzw. Astralwelt. Der Mensch empfindet nun, wie er von Wärme, die aus ihm selbst entströmt, durchglüht wird. **»[Die] Kamalokazeit ist eigentlich im Grunde genommen eine Zeit, in der die Seele sich berufen fühlen muss, sich nach und nach alles abzugewöhnen, was noch in ihr lebt an unmittelbaren Zusammenhängen mit der letzten Erdenverkörperung.«**[79]

Was muss sich die Seele nun in dieser Region abgewöhnen? Neben dem bereits geschilderten rückwärtigen Durchleben des letzten Erdenlebens geht es hier darum, die niedrigsten und gröbsten Begierden auszutilgen, die mit dem Leben im physischen Leib zusammenhängen.

Der durch die Pforte des Todes geschrittene Mensch hängt immer noch an den Sinneseindrücken, die er in seinem Leben haben konnte. Er kann für lange Zeit immer noch die Begierde, immer noch den Wunsch haben, sinnlich wahrnehmen und empfinden zu können. Er sehnt sich danach, mit Augen sehen, mit Ohren hören, mit Zunge und Gaumen schmecken zu können usw. Die Organe, die ihm solche Eindrücke bescheren könnten, hat er aber im Augenblick des Todes mit seinem physischen Leib abgelegt. In der Welt, in der er nun ist, haben Sinneseindrücke keine Bedeutung mehr. Solange er noch ein Verlangen nach diesen Sinneseindrücken, nach diesen sinnlichen Genüssen hat, verbleibt er in dieser Region. Es ist hier die Aufgabe der Seele, sich dieses Begehren abzugewöhnen. Dieses Entwöhnen, das mit einer Entziehungskur verglichen werden könnte, kann für die Seele einen schmerzlichen Prozess darstellen.

Selbst solche Seelen, die in ihrem Erdenleben nicht allzu stark an sinnlichen Eindrücken Wohlgefallen hatten, müssen sich von ihrer Hinneigung zur sinnlichen Wahrnehmung befreien. Dieser Prozess kann bei einem Menschen, der zu Lebzeiten eine starke Begierde nach sinnlichen Genüssen hatte, äußerst schmerzhaft und mit großen Qualen verbunden sein. Ein solcher hat das Gefühl, als würde er innerlich brennen. Seine Begierden werden wie durch Feuer verzehrt. Diese Tatsache gibt dem Namen dieser Region – »Begierdenglut« – seine Berechtigung.

Rudolf Steiner brachte als Beispiel immer wieder einen genusssüchtigen Menschen, einen extremen Feinschmecker.[80] Stellen Sie sich vor, der Verstorbene wäre ein Mensch gewesen, dem der Gaumenkitzel sehr viel bedeutet hat, der also die Begierde nach erlesenen Speisen und Getränken hatte. Diese Begierde konnte er aber nicht mit seinem physischen Körper einfach ablegen. Sie sitzt in seinem Astralleib, den er in der gesamten Kamalokazeit noch trägt. Somit hat er auch jetzt in der ersten Zeit nach seinem Tod nach wie vor die Begierde nach diesen Genüssen. Er findet aber keine Möglichkeit mehr, diese zu befriedigen, denn dazu bräuchte er eine Zunge, einen Gaumen usw. Nun ›schaut‹ er in die physische Welt, die er verlassen hat, ›hinunter‹ und hält ›Ausschau‹ nach etwas, was ihm Genuss bereiten könnte. Aber die Möglichkeit des Genusses ist nicht mehr gegeben. Die fehlende Möglichkeit, seine Begierden befriedigen zu können, bereitet ihm ein Gefühl, das man mit einem brennenden Durst vergleichen könnte. Man mag sich gar nicht vorstellen wollen, wie stark nun jemand leiden könnte, der – wie das in der heutigen Zeit ja fast schon zu einer Art Ideal geworden ist – ein ausschweifendes und zügelloses Sexualleben hatte. Diese Phase ist auch für jemanden, der alkoholabhängig oder drogensüchtig war, besonders hart.

So bekommt auch die Mahnung des Apostels Paulus, die er im *»Brief an die Römer«* formulierte, eine konkrete Bedeutung im Hinblick auf das nachtodliche Leben: *»Und wenn ihr euch um die Angelegenheiten des Leibes kümmert, so tut es so, dass eure Begierde euch nicht daran bindet.«*[81] Das ist selbstverständlich nicht so zu verstehen, als sollte sich ein Erdenmensch kasteien. Er darf seinen physischen Leib, der ja der »Tempel Gottes« ist, auch nicht geringschätzen. Es ist vielmehr seine Pflicht, ihn zu pflegen, damit er ein würdiges und tragfähiges Gefäß für seinen Geist, sein Ich, sein kann.

Auch diese qualvollen Erlebnisse, die der Mensch jetzt durchzumachen hat, sind nicht als Strafe aufzufassen. Sie stellen eine Notwendigkeit dar, damit er sich solche

Begierden und Triebe abgewöhnt, die in übersinnlichen Welten keine Berechtigung haben und die ihm den Eintritt in die höhere Seelenwelt und später in die Geisteswelt verwehren würden. Es mag nun durchaus vom Erkenntnisstand des Menschen, den er sich zu Lebzeiten erworben hat, abhängen, inwieweit er mit dieser harten Situation zurechtkommt. Man darf vermuten, dass ein Materialist diese als sinnlose Bestrafung auffassen könnte. Jemand, der sich, während er noch verkörpert war, Kenntnis vom Kamaloka erworben hat, wird die Leiden als einen notwendigen und förderlichen Reinigungsprozess ansehen und – vielleicht sogar dankbar – akzeptieren. Er weiß, dass seine ungeläuterten Begierden der Vervollkommnung seiner Seele im Wege stehen. Er wird regelrecht nach dieser Läuterung verlangen. Die Dauer dieser Phase hängt natürlich davon ab, wie viele solcher Begierden der Mensch zu Lebzeiten hatte und wie stark diese waren.

Dieser Zustand, dieser ›Aufenthalt‹ in der ersten Region der Seelenwelt dauert so lange, bis die Seele gelernt hat, nicht mehr nach etwas zu verlangen, was nur durch einen physischen Leib befriedigt werden kann. Bei einem Menschen, der nur wenige solcher Begierden, Triebe und Leidenschaften hatte, wird die Läuterung nur kurze Zeit dauern. Wie bereits erwähnt, kann diese Zeit für einen Menschen sogar sehr angenehm werden, falls er es im Erdenleben schon gelernt hat, auf die Befriedigung bestimmter sinnlicher Genüsse zu verzichten. Bei jemandem, der zu Lebzeiten ganz in den Genüssen aufgegangen ist, die ihm die Sinneswelt bieten konnte, kann diese Zeit lang und äußerst qualvoll sein.

Schon in der griechischen Mythologie war bekannt, dass die Seele nach dem Tod sehr darunter zu leiden hat, dass sie ihre sinnlichen Bedürfnisse nicht mehr befriedigen kann. Sehr deutlich kann man das dem »11. Gesang« der *Odyssee* entnehmen. Hier schreibt *Homer*: *»Auch den Tantalos sah ich, mit schweren Qualen belastet. Mitten im Teiche stand er, das Kinn von der Welle bespület, lechzte hinab vor Durst, und konnte zum Trinken nicht kommen. Denn so oft sich der Greis hinbückte, die Zunge zu kühlen, schwand das versiegende Wasser hinweg, und rings um die Füße zeigte sich schwarzer Sand, getrocknet vom feindlichen Dämon. Fruchtbare Bäume neigten um seine Scheitel die Zweige, voll balsamischer Birnen, Granaten und grüner Oliven, oder voll süßer Feigen und rötlich gesprenkelter Äpfel. Aber sobald sich der Greis aufreckte, die Früchte zu pflücken, wirbelte plötzlich der Sturm sie empor zu den schattigen Wolken.«*

Solche leidenden Seelen vermochten auch einige Menschen, die Nahtod-Erfahrungen machten, wahrzunehmen. Sie vermuteten, dass diese sich wohl in der Hölle befinden müssten. Offensichtlich befanden sich diese Seelen aber gerade in der ersten Region des Kamaloka. Besonders eindrucksvoll beschreibt George G. Ritchie seine Wahrnehmungen, von denen wir eine zitieren wollen: *»Wiederholt* *beobachtete ich dieses Phänomen, Menschen, die sich nicht der Gegenwart anderer direkt neben ihnen bewusst waren. Ich sah eine Gruppe von Fließbandarbeitern, die sich in der Kantine versammelt hatten. Eine der Frauen bat eine andere um eine Zigarette, sie bettelte regelrecht so, als wünschte sie sich diese mehr als alles andere auf der Welt. Aber die andere, die mit ihren Freundinnen sprach, beachtete sie gar nicht. Sie nahm eine Packung Zigaretten aus ihrer Arbeitskleidung, und ohne sie der Frau überhaupt anzubieten, die so begierig danach griff, nahm sie eine und zündete sie an. Zielbewusst, wie eine vorwärtsschnellende Schlange, griff die Frau, die nicht beachtet worden war, nach der angezündeten Zigarette in dem Mund der anderen. Wieder griff sie zu. Und wieder [...] Mit einem Schauder der Erinnerung sah ich, dass sie unfähig war, danach zu greifen.«*[82] Diese Seelen – so schreibt Ritchie weiter – waren *»voller Wünsche, brennend vor Verlangen und trotzdem kraftlos [...] Diese Kreaturen schienen an Gewohnheiten der Sinne und Gefühle, an Hass, Lust und zerstörerischen Gedanken und Vorstellungen gebunden zu sein [...]«*

Es ist ganz offenkundig, dass es sich bei der Gruppe der Fließbandarbeiterinnen um verkörperte, also lebende Menschen handelt. Bei der Frau, die um die Zigarette bettelt, die ihr aber aus naheliegenden Gründen natürlich nicht angeboten wird und die sie trotz mehrerer Versuche nicht ergreifen kann, haben wir es hingegen mit der Seele eines Verstorbenen, also eines entkörperten Menschen zu tun.

Freilich können die Fließbandarbeiterinnen die entkörperte Seele nicht sehen. Nur ein hellsichtiger Mensch könnte eine solche Seele wahrnehmen. Dass ein Verstorbener sowohl andere Verstorbene als auch lebende Menschen wahrzunehmen vermag, haben wir bereits gesehen bzw. werden wir noch sehen.

Dr. Paxino schreibt zu dem Kamaloka-Erleben der entkörperten Seelen aufgrund ihrer Geistesforschungen: *»Süchte und Zwänge, die einen der ausgeprägtesten Prototypen von Abhängigkeiten darstellen, haben überaus starke Auswirkungen nach dem Tod. Sowohl die stoffgebundenen Süchte, wie Alkohol-, Drogen- und Esssucht, als auch die stoffungebundenen Süchte, wie Spielsucht, Sexsucht, Kaufsucht, Genusssucht, Computersucht, Arbeitssucht etc. entspringen tief liegenden, verdrängten und nicht gelösten psychischen Problemen. Dieses gesamte Abhängigkeitsfeld fällt also in den Bereich des unverarbeiteten Seelischen eines Menschen und zeigt in der Astralwelt gravierende Folgen auf. Der physische Leib kann nun nicht mehr als Instrument der Suchtbefriedigung dienen, doch die seelische Abhängigkeit bleibt nach dem Tod weiterhin bestehen. So kommt es recht häufig vor, dass der Verstorbene bestrebt ist, seine noch immer bestehende Sucht durch die Besetzung von inkarnierten Menschen zu stillen, bei denen er sich eine gewisse Befriedigung seiner Sucht erhofft. Seine unerlösten Seelenanteile haften sich an die astralische Aura des inkarnierten Menschen, sie nähren sein Abhängigkeitsgefühl und verstärken sein Suchtverhalten; oder sie hängen sich an Orten mit entsprechenden Schwingungen fest, wie beispielsweise Dro-*

5.3.1.4   Die Region der fließenden Reizbarkeit

Mit der Region der Begierdenglut ist das Kamalokaleben noch keinesfalls erschöpft. Auch in den nächsten drei Regionen geht es für den Menschen noch darum, sich zu ›reinigen‹ und alles abzustreifen, was in den übersinnlichen Welten nicht mehr gebraucht werden kann.

Wenn der Seele das Bewusstsein für die *»Region der fließenden Reizbarkeit«* aufgeht, wird sie sich schon von der Begierde nach Sinneseindrücken geläutert haben. Sie begehrt aber immer noch nach solchen *Gedanken*, die sie im Erdenleben gewohnt war, also solchen, die sie nur durch das Instrument des physischen Gehirns haben konnte. Sie möchte immer noch so denken können, wie sie auf der Erde gedacht hat. Ebenso wie sie in den höheren Welten nicht mehr sinnlich wahrnehmen kann, kann sie jetzt auch nicht mehr auf die gewohnte Art denken. Schließlich fehlen ihr nun nicht nur die Sinnesorgane, sondern auch das physische Gehirn. Die Seele muss erkennen lernen, dass das ihr so vertraute abstrakte, schattenhafte Denken nur in der Zeit zwischen Geburt und Tod eine Berechtigung hat und dass es in den übersinnlichen Welten nicht mehr möglich ist. Sie muss lernen, es zu entbehren.

Eine *besondere* Verwandtschaft zu dieser Region weisen diejenigen Menschen auf, die sich im Erdenleben sehr stark von Äußerlichkeiten beeinflussen ließen, die in den vielen Nichtigkeiten, die das Leben bietet, aufgingen. Solche Seelen konnten ihre Sympathien keiner Sache in besonderem Maße zuwenden. Sie zeigten mal für dieses, mal für jenes Interesse, sie gingen heute diesem, morgen jenem Zeitvertreib nach. Auch hier fehlen natürlich wieder die physischen Möglichkeiten, um diesen Drang zu befriedigen, was die Seele wiederum eine Zeit lang als sehr schmerzlich erleben wird.

5.3.1.5   Die Region der Wünsche

Nachdem sich die Seele ihrer Begierden nach Sinneseindrücken und nach der Art des Denkens, wie es nur in der physischen Welt möglich und berechtigt ist, entledigt hat, bleibt ihr immer noch ein Zusammenhang mit dem Erdenleben durch ihre *Wünsche*, und zwar durch solche, die sich ausschließlich auf Sinnliches beziehen.

Diese Wünsche haben eine viel tiefere Verwandtschaft zu der Seele als etwa die Gedanken. Was und wie ein Mensch denkt, hängt sehr stark von seiner ganz normalen irdischen Entwicklung ab. Wenn er in seinen mittleren Jahren ist, wird er ganz andere

Gedanken bewegen als in seiner Jugend oder Kindheit. Im Alter wird er wiederum eine andere Gedankenwelt um sich herum haben. Natürlich werden sich auch seine Wünsche im Laufe seines Lebens ändern, aber nicht so radikal. Die Wünsche haben häufig während des ganzen Lebens eine sehr ähnliche Färbung. So kommt es beispielsweise oftmals vor, dass ein Mensch fast sein ganzes Leben hindurch den Wunsch hegt, bestimmte Dinge, die ihm gefallen, besitzen zu wollen, vielleicht sogar einmal wohlhabend oder eine anerkannte und geachtete Persönlichkeit zu werden.

Die Seele sehnt sich nun immer noch danach, so wünschen zu können, wie sie das im irdischen Leben gewohnt war. Dieses Wünschen wird in der *»Region der Wünsche«* überwunden. Zu ihr fühlen sich diejenigen Seelen hingezogen, die im Erdenleben eine starke Sympathie zu irgendwelchen sinnlichen Dingen oder dringende Wünsche hatten, die sich ausschließlich auf Sinnliches, Materielles bezogen. Nun fehlt auch hier wieder die Möglichkeit, diese Wünsche zu erfüllen, was der Seele wiederum leidvolle Erfahrungen beschert. Alles, was die Seele in diese Region gezogen hat, muss aus ihr getilgt werden.

5.3.1.6   Die Region von Lust und Unlust

Die *»Region von Lust und Unlust«* ist die vierte Region der Seelenwelt. Es ist die letzte der unteren Seelenwelt, des Kamaloka. Hier muss noch die letzte gröbere Hinneigung zum Sinnlichen, das nur im Erdenleben befriedigt werden kann, überwunden werden. Die Seele verspürt immer noch eine Sehnsucht, wieder eine Verbindung mit dem abgelegten physischen Körper einzugehen. Sie fühlt sich immer noch zu ihm hingezogen. Sie hat immer noch eine gewisse Sehnsucht nach ihrem letzten Erdenleben, auch wenn diese jetzt längst nicht mehr so stark ist, wie sie noch zu Beginn der Kamalokazeit sein konnte.

Viele Menschen identifizieren sich zu Lebzeiten sehr stark mit ihrem physischen Leib. Er ist es, der ihnen ihr Selbstgefühl verleiht. Die Seele nahm, solange sie mit dem Leib verbunden war, an allem teil, was diesen Leib betrifft und was dieser ihr bieten konnte. Die Gefühle von Lust und Unlust, Wohlbehagen und Unbehagen waren an den physischen Leib geknüpft, der sie ihr bescherte. Nun ist dieser Leib schon seit geraumer Zeit nicht mehr da; die Seele muss ohne ihn auskommen. Er fehlt als der Vermittler des Selbstgefühls. Die Seele fühlt sich jetzt **»wie ausgehöhlt«**.[84] Sie fühlt, **»wie wenn sie sich selbst verloren hätte«**.[84] Dieses schmerzliche Empfinden dauert so lange, bis sie erkannt hat, dass der physische Leib nicht den wahren Menschen repräsentiert. Das kann eine sehr harte Prüfung sein, die der Seele auferlegt wird. Sie muss die Illusion verlieren, dass der physische Leib das entscheidende Wesensglied des Menschen sei. Sie muss lernen, diesen als nicht mehr so wesentlich zu begreifen. Wenn sie diesen Lernprozess durchgemacht hat, kann sie mit ihrer ganzen Sympathie an der allgemeinen Seelenwelt teilnehmen.

****

Das Kamaloka, also die untere Seelenwelt mit ihren vier Regionen, ist nichts anderes als das, was in den Lehren der katholischen Kirche als »Fegefeuer« bezeichnet wird. Dass die Kirchenvertreter, die in früheren Zeiten diesen Zustand als sehr qual- und leidvoll beschrieben haben, wohl keineswegs übertrieben haben, wird besonders deutlich, wenn man das berücksichtigt, was zumindest *manche* Menschen in der Region der Begierdenglut durchzumachen haben. Es ist allerdings nicht so, dass die Quälerei von außen, etwa durch den ›Teufel‹, ausgelöst würde. Es ist vielmehr die Qual der fehlenden Möglichkeit, sinnliche Begierden und Wünsche befriedigen bzw. erfüllen zu können. Dennoch *kann* der Mensch in dieser Zeit von dämonischen oder tierartigen Wesen umgeben sein, die einen furchteinflößenden Eindruck auf ihn machen können. **»Hat man sehr niedere Gelüste, sehr tiefstehende Begierden, dann treten grauenvolle Tiere dem Menschen entgegen, wenn er aus dem Leib heraus ist. Diese furchtbaren Tiere sind das Symbolum für diese niedrigsten Gelüste. Hat man aber Entsagung gelernt, [...] wird das Tier durch die Entsagungskräfte verschwinden, und ein edles Gebilde der astralischen Welt wird erscheinen.«**[85]

Im Kamaloka wirken nicht nur diejenigen Wünsche, Begierden und Leidenschaften in der skizzierten Weise, die der Mensch in seinem Ich-Bewusstsein hatte und die er zu Lebzeiten zu befriedigen wusste. Es wirken auch diejenigen, die er nur in seinem Unterbewusstsein, dem astralischen Bewusstsein, hatte, in der gleichen brennenden Weise. Wenn also ein Mensch in seinem Erdenleben gewisse Begierden oder Leidenschaften, die er ablegen wollte, nur verdrängt hat, anstatt sie mit seinem Ich-Bewusstsein anzuschauen und zu überwinden, so wirken diese jetzt ebenso wie diejenigen, die er ausgelebt hat.

Der Begriff »Purgatorium«, den die katholische Kirche heute an die Stelle des Begriffes »Fegefeuer« setzt, hat sicherlich insofern seine Berechtigung, als es hier ja um einen Prozess der Reinigung und Läuterung geht. Er verniedlicht aber die Leiden, die auf die eine oder andere Seele zukommen können.

> Kommen wir wieder auf das Lazarus-Gleichnis zurück. In diesem wird sehr schön geschildert, dass sich der reiche Mann offensichtlich gerade im Fegefeuer, also im Kamaloka aufhält. Seine Charakterisierung in diesem Gleichnis macht hinreichend deutlich, dass er ein Mensch war, der ganz in dem aufgegangen ist, was ihm die Sinneswelt an Freuden und Genüssen bieten konnte. Nun muss er sich unter starken Qualen von dieser Hinneigung lösen. Der arme Lazarus führte ein erbärmliches Leben in äußerster Armut. Ihm konnte das Erdenleben nichts bieten, was ihm nach dem Tod in seiner Seele noch als erstrebenswert erscheinen könnte. Er hat es gelernt, zu entbehren. Somit konnte er in den Regionen des Kamaloka, die er vermutlich sehr schnell durchlaufen konnte, auch viel Erfreuliches und Beseligendes erleben.

Nachdem wir uns nun ein wenig mit den Leiden und Qualen, die ein Mensch im Kamaloka erleben kann, befasst haben, kann auch verständlich werden, warum ein Buddhist in seinem Erdenleben alles als Leiden auffasst, was mit der Befriedigung von solchen Begierden und Wünschen zusammenhängt, die an den physischen Leib gekoppelt sind. Er weiß, dass es sich hierbei um Ursachen handelt, die ihm das nachtodliche Leben erschweren und die ihn insbesondere in eine neue irdische Inkarnation zwingen. Somit wird er sehr bestrebt sein, sich dieser Begierden und Wünsche schon im Erdendasein weitgehend zu entwöhnen, so dass zumindest dieser Grund für weitere Erdenleben entfällt.

5.3.1.7   Verbindung zu anderen Seelenwesen – Beziehung und Wahrnehmung

Der Mensch ist in seiner Kamalokazeit noch sehr stark mit sich selbst beschäftigt, um sein letztes Erdenleben zu verarbeiten und sich seiner Begierden, Triebe, Leidenschaften usw. zu entwöhnen. Er kann aber darüber hinaus auch schon zu anderen Seelen finden, die bereits durch die Pforte des Todes geschritten sind. Dass ihm das sogar schon ganz kurz nach dem Tod möglich ist, haben wir bereits gesehen. Er ist also nicht ausschließlich mit seinem eigenen Läuterungs- und Reifungsprozess befasst. Sobald er im Kamaloka ›aufgewacht‹ ist, kann er Seelen finden, denen er im irdischen Leben nahestand, also insbesondere Verwandte und Freunde. Mit diesen kann er ein inniges Zusammenleben führen.

> Dem Lazarus-Gleichnis ist ganz deutlich zu entnehmen, dass ein Toter andere Tote wahrnehmen kann (Vers 23).
>
> Fast alle Menschen, die von ihren Schwellen-Erlebnissen Kunde geben, erzählen, dass sie Verstorbenen aus ihrem Lebensumfeld begegnet seien. Bei diesen habe es sich meistens um Familienmitglieder gehandelt. Betrachten wir zwei Beispiele solcher Berichte: *»Nebelartige, durchsichtige, dennoch klar erkennbare Menschen kamen freudig auf mich zu. Längst verstorbene Verwandte, Nachbarn, Freunde, alle freuten sich, lebhaft, doch lautlos. Keiner sprach, doch redeten alle, und ich verstand sie. Alle waren in Bewegung, aber ohne Unruhe und Hektik. Es gab viel Betrieb ohne Betriebsamkeit. [...] Wesenhaft ohne Körper, alle lichtvoll durchsichtig.«*[86]
>
> *»Ich kam an irgendeinen Ort, und dort waren alle meine [verstorbenen] Verwandten, meine Großmutter, mein Großvater, mein Vater und ein Onkel, der kurze Zeit vorher Selbstmord begangen hatte. Sie kamen alle auf mich zu und begrüßten mich. [...]«*[87]

Der Mensch schließt sich oft aber auch seinen Vorfahren an, die er im Erdenleben gar nicht mehr treffen konnte, weil sie schon längst verstorben waren. Auch mit diesen

Blutsverwandten, also mit seinen Ahnen, kann der verstorbene Mensch jetzt zusammen sein.[88]

> Von der Tatsache, dass Verstorbene mit ihren Ahnen ein Zusammenleben haben
> können, ist auch in einigen Nahtod-Berichten die Rede. Hier sei nur ein Beispiel
> angeführt: *»Das allererste war eine liebevolle und herzliche Begrüßung durch
> verstorbene Menschen, die mir sehr wichtig waren. Vor allem waren das die
> Freundin [...] sowie meine Großmutter väterlicherseits. Was mich im nachhinein
> sehr frappiert hat, ist, dass ich sie gar nicht gekannt habe, da sie vor meiner
> Geburt verstorben war. Aber sie war da, um mich zu begrüßen. [...] Diese Begrü-
> ßung durch die Gestalten war sehr überwältigend, im Grunde genommen war es
> ein Meer von Liebe.«*[89]
>
> Das Geistwesen Elia ging in einer seiner Botschaften ebenfalls darauf ein: *»Diese
> Liebe* [zu den Ahnen] *spiegelt sich auch im Jenseits wider, die Verbundenheit, die
> auf der Genetik beruht, bleibt im Jenseits erhalten.«*[90]

Die Möglichkeit, mit anderen Seelen ein gemeinschaftliches Zusammenleben in den
höheren Welten pflegen zu können, ist immer abhängig von bestimmten Voraussetzungen, die von Region zu Region bzw. von Sphäre zu Sphäre sehr unterschiedlich
sein können. Diese Voraussetzungen werden wir an den entsprechenden Stellen
jeweils näher charakterisieren. Grundsätzlich ist es so, dass ein Mensch nicht permanent ein solches Zusammenleben pflegen wird. Ähnlich wie sich im Erdenleben
Wachen und Schlafen rhythmisch abwechseln, wechseln sich im Leben nach dem
Tod Phasen der Geselligkeit mit solchen ab, in denen sich der Mensch ganz in sich
zurückzieht, in denen er eine gewisse Einsamkeit oder Selbstbesinnung bevorzugt.

> Sigwart ging in einer seiner Mitteilungen darauf ein, dass ihm bisweilen Momente
> der Einsamkeit und Selbstbetrachtung angenehmer waren: *»Ich bin augenblicklich
> wieder sehr viel allein, was mir aber angenehm ist, kann man doch immer nur in
> der stillen Selbstbetrachtung wirklich vorwärts kommen. Darauf aber verzichten
> meist alle, obgleich man ihnen sagt, es wäre das einzige zu einer schnellen Ent-
> wicklung. Doch wer liebt die Einsamkeit? Ein ganz kleiner Prozentsatz der
> Menschheit auf der Erde und in der hiesigen Welt. Ich war immer gern allein und
> habe daher auch hier oft ein starkes Bedürfnis zur Einsamkeit. Nur in diesen
> Augenblicken tiefster Versenkung ahnt man die allerheiligste Ewigkeit Gottes. Das
> ist ein Erkennen des Ewigen, und mag dies Erkennen noch so klein sein, noch so
> unbestimmt empfunden, es kommt doch aus dem Urquell der Wahrheit. Ist das
> nicht Liebe genug, die einem zufließt? Meine ganze Glückseligkeit ist es, wenn ich
> so, versunken in die reinste Lichtesfülle, nachdenke über den großen ewigen
> Werdegang der Zeit, da es kein Stehenbleiben, kein Verweilen in jeder Entwick-*

lungsstufe gibt, da man mit muss, mitgerissen von dem großen Strom der Ewig-keit!«[91]

Von den meisten Seelen, die sich in der Seelenwelt befinden, hat der Mensch überhaupt keine Wahrnehmung, denn diese hängt nicht von der ›räumlichen‹ Nähe ab.

Die Raumes- und Zeitverhältnisse sind ja in den übersinnlichen Welten völlig anders, als wir diese aus der Sinneswelt kennen. Damit ein verstorbener Mensch einen anderen Toten in der unteren Seelenwelt finden und wahrnehmen kann, ist es notwendig, dass er mit ihm karmisch verbunden ist. Mit diesen Seelen, also insbesondere denjenigen, die ihm im Leben nahegestanden sind, fühlt er sich während des größten Teils des nachtodlichen Lebens immer zusammen. Ein Mensch, der zu Lebzeiten stark in seinem Egoismus aufgegangen ist, der vorwiegend bemüht war, seine Bedürfnisse, Begierden und Triebe zu befriedigen, wird im Kamaloka sehr stark damit beschäftigt sein, sich dieser zu entwöhnen. Ein solcher **»wird in der Mondsphäre nicht leicht die Wesen finden können, die ihm auf der Erde nahegestanden haben«.**[92] Er wird hier sehr einsam sein. Ein Mensch, der in seinem irdischen Dasein nicht nur seinen egoistischen Interessen und Bedürfnissen nachgejagt hat, der sich auch mit etwas, was es außer ihm noch gab, etwa mit seinen Mitmenschen, befasst hat, wird im Kamaloka kein ganz einsamer Mensch sein. Er wird hier seine Angehörigen, Freunde und Bekannten treffen. Er lebt also bald inmitten der Seelen, die seinen Schicksalskreis bilden.

Nun ist, was das Zusammenkommen der Seelen anbelangt, noch ein ganz wichtiger Aspekt zu erwähnen. Die Verhältnisse und Beziehungen, die solche Seelen jetzt untereinander haben, richten sich noch ganz nach denen, die sie im Erdendasein ausgebildet haben. **»Natürlich ist der Anblick der Menschen, die mit einem schicksalsmäßig verbunden sind, ein sehr mannigfaltiger. Da erscheinen einem zum Beispiel die Menschen, die einen über alle Berge gewünscht haben, mit denen man aber doch schicksalsmäßig verbunden ist. Man erkennt ganz genau, was sie im Schilde geführt haben, und was sie einem angetan haben. Dieser Anblick der Menschen ist ganz verschieden, ist ein ganz mannigfaltiger.«**[93]

Wenn sich Seelen nach dem Tod begegnen, so wissen sie sofort, wie ihre Beziehung im Leben war. Sofern zwei Menschen im gemeinsamen Erdenleben ein angespanntes oder schlechtes Verhältnis hatten, so können sie dieses im Kamaloka nicht mehr ändern. Sie können es nicht mehr verbessern, wie es noch auf der Erde jederzeit möglich gewesen wäre. Es muss so bleiben, wie es ist. Die Konsequenzen müssen ausgelebt werden. Das kann der Seele sehr bedrückende Gefühle bescheren.

Selbstverständlich gilt auch der umgekehrte Fall. Menschen, die zu gemeinsamen Lebzeiten ein gutes, freundschaftliches und liebevolles Verhältnis gepflegt haben, können dieses nach dem Tod fortsetzen.

Kommen wir wieder auf das Lazarus-Gleichnis zurück. Nachdem der reiche Mann sich seiner misslichen Situation bewusst geworden ist, bittet er Abraham, er möge ihm den Lazarus senden, damit dieser seine Qualen lindern möge (Vers 24). Nur zu gern würde er jetzt ein gutes und inniges Verhältnis zu Lazarus haben. Das lässt sich jetzt aber nicht mehr finden. Im Erdenleben hat er sich um ihn nicht gekümmert; er hat ihn mit all seinen Problemen ignoriert. Nun in der nachtodlichen Welt hat er aber nicht mehr die Möglichkeit, ein anderes Verhältnis zu Lazarus zu finden, als er das im Erdendasein gepflogen hatte. Diese Tatsache bereitet ihm zusätzliche Qualen. Die Kluft, die jetzt zwischen den beiden besteht, kann nicht überwunden werden (Vers 26).

Ähnlich wie ein Mensch im Laufe seines irdischen Daseins seinen Bekanntenkreis erweitert, ist es auch nach dem Tod. In den Regionen der oberen Seelenwelt und in der Geisteswelt wird er dann auch mit anderen Seelen zusammentreffen können. Es können dann spirituelle Bekanntschaften zwischen einem großen Teil der Menschheit geschlossen werden.

Wir müssen jetzt noch etwas genauer erörtern, *wie* ein Mensch nach dem Tod andere Seelenwesen wahrnehmen kann. Der entkörperte Mensch kann sowohl andere Tote als auch noch lebende Menschen wahrnehmen, sofern er mit ihnen ein gemeinsames Schicksal hat. So wie uns auf der Erde alles durch die Wahrnehmung unserer Sinne vermittelt wird, werden uns nach dem Tod alle Dinge und Wesenheiten durch *»Visionen«* bzw. *»Imaginationen«* übermittelt. Man darf natürlich – wie ja bereits erwähnt worden ist – die Begriffe »Vision« bzw. »Imagination« nicht in dem trivialen Sinne verstehen, wie man das vielleicht in der heutigen Zeit gewohnt ist. Diese Visionen zeigen etwas absolut Reales, ähnlich wie uns im Erdenleben die Augen etwas absolut Reales zeigen. Sie sind **»Abbilder von Wirklichkeiten«**[94], genau wie das Bild einer Rose, das auf der Netzhaut erzeugt wird, ein Abbild der wirklichen Rose darstellt, auf die das Auge sich richtet. So wie man in der physischen Welt vermöge der Augen wahrnimmt, nimmt man in den übersinnlichen Welten durch Imaginationen wahr. Das Wahrnehmen durch diese Imaginationen könnte man auch als »Sehen mit geistigen Augen« bezeichnen.

Es muss nun nochmals darauf hingewiesen werden, dass die Verhältnisse und Bedingungen in den übersinnlichen Welten radikal verschieden – geradezu umgekehrt – sind von denen, die wir aus unserem Erdenleben kennen. Wenn uns in der physischen Welt ein anderer Mensch gegenübertritt, so nehmen wir diesen zunächst vermöge unserer Augen wahr; es taucht also das Bild seiner Gestalt auf. Erst dann – was natürlich im Bruchteil einer Sekunde geschieht – wird uns bewusst, dass da ein anderer Mensch vor uns steht. Falls wir diesen kennen, wird uns sofort offenbar, um wen es sich handelt. In den höheren Welten ist die Reihenfolge genau umgekehrt: Der Verstorbene hat zunächst das Bewusstsein, dass sich ihm eine andere Seele naht, dass eine andere Seele bei ihm ist. Es steigt eine Vision auf. Dann muss er sich das Bild dieser Seele durch eine innere Aktivität erzeugen. Nur so kann er wissen, um welche Seele es sich handelt.[95] Er muss sich also in eine rechte Beziehung zu der Vision versetzen, genau wie er auf der Erde in eine Beziehung zu einem anderen Menschen getreten ist, indem er seine Augen und Ohren auf ihn gerichtet hat. Es ist natürlich nicht so, dass er der anderen Seele ›gegenübertritt‹, wie er das auf dem irdischen Schauplatz gewohnt war. Er hat das innere Erlebnis, dass die andere entkörperte Seele ›da‹ ist. **»Es tritt das Bewusstsein auf: Du bist jetzt nicht allein, eine Seele naht dir.«**[96] So erlebt er die Gegenwart einer anderen Seele. Er muss ganz aktiv mithelfen, diese imaginative Erscheinung mitzuerzeugen. Erst durch diese Eigenaktivität, durch die er sich mit dieser anderen Seele in Verbindung setzt, steigt das Bild in einer Imagination auf. In einem Vortrag in Leipzig im Jahre 1916 verdeutlichte Rudolf Steiner diesen Prozess anhand eines vergleichenden Beispiels: *»Sie bekommen etwa eine Vorstellung von dem, wie die Erfahrung der Seele nach dem Tode ist, wenn Sie sich denken: Sie sehen das nicht, sondern Sie greifen es nur, und Sie bilden sich, indem Sie es nach und nach greifend umfassen, ein Bild. Sie bauen sich das Bild auf. So müssen Sie tätig, innerlich tätig sich das Bild der Seele, der Sie begegnen, aufbauen. Gewissermaßen wissen Sie: Jetzt begegne ich einer Seele. – Da hat sie noch nicht Geistgestalt! Welche Seele ist das? Das ist die Seele, zu der ich – das taucht jetzt auf in Ihrer eigenen Seele – die Empfindung des Sohnes zur Mutter gehabt habe. Jetzt fangen Sie an zu fühlen: Mit dieser Seele kann ich mich erleben. – Jetzt bauen Sie sich die Geistgestalt auf. Da müssen Sie tätig sein darinnen, und dann wird das zum Bilde. Und dadurch, dass Sie so die Geistgestalt zusammen aufbauen müssen, sind Sie mit dem Toten schon, bevor Sie die Geistgestalt aufgebaut haben, zusammen.«*[97]

Wenn nun die Imagination einer Seele auftaucht, bei der er nicht in dieser aktiven, schaffenden Weise tätig war, so weiß der verstorbene Mensch, dass es sich um die eines noch verkörperten Menschen handelt. Eine solche Seele tritt in ähnlicher Weise in sein ›Blickfeld‹, wie er das zu Lebzeiten gewohnt war. Die Seelen der lebenden Menschen erscheinen ihm in dem Bild, das er sich im gemeinsamen irdischen Zusammenleben formen konnte. Dieses Bild trägt er immer noch in sich.[98] So wird er allmählich unterscheiden lernen, ob sich ihm durch die Visionen ver- oder entkörperte Seelen nahen. Er lebt sich mehr und mehr in diese visionäre Welt ein.

Das ganze nachtodliche Leben – insbesondere in der Seelenwelt – ist eigentlich ein Leben in Visionen, man ist umgeben von Visionen. Man darf sich das natürlich nicht etwa so vorstellen, dass der Mensch einen anderen Verstorbenen jetzt so ›sehen‹ kann, wie er ihn in seiner Leiblichkeit auf der Erde sehen konnte. Er sieht ihn in seiner Geistgestalt. Er weiß ganz genau, um welche Individualität es sich handelt. Die bekannte Seele ›steckt‹ in der Vision ›drin‹. Sie lebt in der Realität dieser Vision bzw.

Imagination. Der Mensch nimmt das Wesen also nicht unmittelbar wahr, sondern über das visionäre Bild. Er weiß ganz genau, dass er mit dem anderen zusammen ist und wie er mit ihm zusammengehört. Die Seelen können jetzt ein viel realeres und innigeres Verhältnis pflegen, als es im Erdenleben zwischen zwei Menschen jemals möglich sein könnte.

Diese Visionen knüpfen an alle Erinnerungen desjenigen, was der Sphärenmensch zu Lebzeiten, als er also noch ein Erdenmensch war, gemacht, gedacht und gefühlt hat, an. Es kann daher zunächst einmal so sein, dass ihm eine solche Vision nichts anderes wiedergibt als die Empfindungen, die er zu dem anderen Menschenwesen zu gemeinsamen Lebzeiten hatte, also seine Sympathien oder Antipathien, seine Liebe oder seinen Hass usw. Dadurch kann es zunächst möglich sein, dass er sich durch seine eigenen Empfindungen ›umnebelt‹, so dass er keinen rechten Zugang zu dem anderen bekommen kann. Da er an diesen Verhältnissen nun nichts mehr ändern kann, ist es möglich, dass er zu keinem *innigen* Zusammenleben mit diesem finden kann.

Die ›Wolke‹ von Visionen, die den Menschen umhüllt, ist abhängig von dem, was er im letzten Erdenleben veranlasst hat. Mit zunehmender Zeit, wenn er die Anwartschaft für die höheren Regionen der Seelenwelt gewinnt, wird diese Wolke, die zunächst noch recht düster ist, mehr und mehr beleuchtet, ähnlich wie eine physische Wolke vom Sonnenlicht beleuchtet wird. Dieses Licht kommt von den geistigen Wesen der höheren Hierarchien, die jetzt immer mehr an ihn herankommen können. In deren Welt sowie in die ganze Geistigkeit kann er sich nun mehr und mehr einleben, insbesondere wenn er dann der Mondensphäre entwächst.

5.3.2 Das Leben in der oberen Seelenwelt

Wenn die Seele ihre Kamalokazeit, die man in gewisser Weise mit der Embryonalzeit eines Erdenmenschen vergleichen kann, hinter sich hat, beginnt sie, sich langsam über die Sphäre hinaus auszubreiten, die von der Umlaufbahn des Mondes um die Erde begrenzt wird. Sie hat sich jetzt von ihren gröbsten Begierden, Trieben, Leidenschaften und Wünschen gereinigt, die nur im Erdenleben befriedigt werden konnten. Diese sind vom Läuterungsfeuer ausgetilgt worden. Der Mensch wird mit seiner ›Rückwärtswanderung‹ durch sein letztes Erdenleben jetzt am Tage seiner Geburt angekommen sein. Wenn er in seinem letzten Erdenleben also etwa 75 Jahre alt geworden ist, so wird er im Durchschnittsfall nach irdischer Zeitrechnung jetzt schon 25 Jahre in der Seelenwelt zugebracht haben. Nun legt er denjenigen Teil seines Astralleibes ab, der nur im Bewusstsein der Sinneswelt leben kann. Nachdem er im Augenblick des Todes den physischen Leib und nach der etwa dreitägigen Lebensrückschau den ätherischen Leib abgelegt hat, tritt jetzt auch der dritte Leichnam aus. Mit dem astralischen Leichnam entschwindet ihm alles, was in der geistigen

Welt nicht brauchbar ist. **»Geradeso, wie für den eigentlichen Menschen nach dem Austritt des ätherischen Leichnams ein Extrakt, eine gewisse Essenz für alle Ewigkeit zurückbleibt, so bleibt auch für ihn nach dem Austritt des astralischen Leichnams für alle Ewigkeit eine gewisse Essenz zurück als Frucht der letzten Verkörperung.«**[99]

Es wäre also – wie bereits angedeutet – falsch, von einer *radikalen* Auflösung des ätherischen und astralischen Leibes zu sprechen. Die abgelegten Teile dieser beiden Leiber werden vielmehr in den Kosmos ›ausgegossen‹, sie werden in ihn einverwoben. Alle Einprägungen von dem, was der Mensch durchgemacht hat, prägen sich dem Kosmos ein und wirken kräftemäßig weiter.

Nachdem der Mensch das Kamaloka durchlaufen und sich dadurch eine bestimmte Reife erworben hat, kann er nun mit voller Hingabe an die höheren Welten eine neue Daseinsstufe betreten. Er kommt jetzt in die *»obere«* oder *»höhere Seelenwelt«*, in welche die eigentliche Geisteswelt schon hineinleuchtet. Hier beginnt schon eine Art *geistiger* Bezirk der Seelenwelt. Das Empfinden und Erleben, das die Seele nun haben kann, hat eine ganz andere Qualität. Während der Kamalokazeit war die Seele noch stark mit sich selbst beschäftigt und in ihre Leiden verstrickt. Nun kann sich für sie mehr und mehr der Horizont für andere Wesen öffnen, insbesondere für andere menschliche Seelen, die sich auch in der Seelenwelt befinden. Dass diese dem Menschen in Form von Visionen bzw. Imaginationen vor das Seelenauge treten und dass er nur dann imstande ist, sie wahrzunehmen, wenn er schon im Erdenleben eine Verbindung zu ihnen hatte, haben wir schon erläutert.

Das, was der Mensch jetzt noch in den restlichen drei Regionen der Seelenwelt durchzumachen hat, kann auch noch eine läuternde, reinigende Funktion haben. Er ist immer noch nicht reif, die Geisteswelt zu betreten. Die Seele muss sich jetzt noch von solchen Angewohnheiten befreien, die zwar nicht mehr egoistischer oder grob-sinnlicher Natur sind, aber doch noch ganz wesentlich auf Sinnliches bezogen sind. Allerdings sind die Erfahrungen, die sie hier macht, nicht mehr durch so starke Leiden und Qualen gekennzeichnet, wie es im Kamaloka der Fall sein konnte. Einige Erlebnisse können sogar als äußerst angenehm, als geradezu beglückend empfunden werden. Für manche Menschen können aber auch gewisse Erfahrungen, die sie jetzt machen müssen, immer noch recht leidvoll sein. Die Dauer des Aufenthaltes in der jeweiligen Region hängt ganz wesentlich von der Verwandtschaft ab, die der Mensch zu dem hat, was dort erlebt werden kann oder noch ausgetilgt werden muss.

Nun müssen wir noch einmal auf einen gewichtigen Aspekt zurückkommen, der das Erdenleben von dem Leben unterscheidet, das sich in der Seelenwelt und auch später in der geistigen Welt abspielt. Wenn wir auf der Erde die Einsicht gewinnen, dass wir etwa einem anderen Menschen nicht genügend Liebe und Zuwendung geschenkt haben, so können wir das jederzeit ändern. Wir können unser Verhalten zu diesem

Menschen ändern, solange er noch verkörpert ist. Wir können unser liebloses Verhalten in der einen oder anderen Form wieder ausgleichen, wieder gutmachen. So können wir etwa um Verzeihung bitten oder uns mit diesem Menschen aussprechen. Wir können darüber hinaus diesem Menschen anschließend mehr Zuneigung und Hinwendung schenken.

In der Seelenwelt erinnert sich die Seele noch sehr wohl an solche Defizite. Wenn sie jetzt durch ihre Erinnerung die Einsicht erhält, einem anderen Menschen Zuneigung schuldig geblieben zu sein, so fehlt ihr jede Möglichkeit, das wieder auszugleichen, das wieder gutzumachen. Wenn dieser Mensch mittlerweile auch durch die Pforte des Todes geschritten ist, so trifft sie ihn wieder. Der Mensch trifft den anderen so wieder, wie er zu Lebzeiten zu ihm gestanden ist. An diesem Status kann er jetzt nichts mehr ändern; dieser ist wie ›eingefroren‹. Er verspürt in seinem Inneren den Vorwurf, sich zu Lebzeiten falsch verhalten zu haben, ihm nicht genügend Liebe und Aufmerksamkeit geschenkt zu haben. Aber er kann es nicht mehr kompensieren. Dadurch, dass jetzt nichts mehr gutgemacht werden kann, obwohl der Mensch den dringenden Wunsch dazu verspürt, bildet sich in seiner Seele **»die Kraft aus, durch welche sich das Karma ordnet«**.[100] Der Mensch bildet dadurch die Kraft aus, es in seiner nächsten Inkarnation besser zu machen, es karmisch wieder auszugleichen. Ein Mensch, der sich zu seinen Lebzeiten ein Wissen vom Karmagesetz angeeignet hat, wird seine unangenehmen Erlebnisse und Erfahrungen, die er im Kamaloka haben konnte und auch noch in der höheren Seelenwelt haben kann, richtig einordnen. Diese Einsicht kann schon die Schmerzen lindern. Er kann diese als eine Notwendigkeit zur eigenen Weiterentwicklung erkennen und bejahen. Ein anderer wird nicht verstehen können, warum er alle diese Leiden und Misslichkeiten ertragen muss.

In der gesamten Seelenwelt – bis einschließlich der Sonnensphäre – erlebt der Mensch alles das wieder, was er in der letzten Inkarnation erlebt, gedacht, gefühlt und gewollt hat. Er erfühlt zwar mehr und mehr das kosmische Sein, sein Interesse richtet sich aber stark auf die Verarbeitung dessen, was ihm das letzte Erdenleben, an das er immer noch Erinnerungen hat, gebracht hat. Insbesondere hat er jetzt noch kein großes Interesse an dem, was seit seinem Tod auf der Erde passiert ist und welche Veränderungen diese erfahren hat.

Nachdem der Sphärenmensch nun seine neue Daseinsstufe angetreten hat, kann er sich zurückerinnern, was er im Kamaloka durchgemacht hat. Seine ans Erdenleben gebundenen Begierden und Leidenschaften, die er dort überwinden und zurücklassen musste, bleiben in der Mondensphäre ›eingeschrieben‹.[101] Aber der Mensch nimmt das mit als Kraft und Antrieb für seinen weiteren Weg. Alles, was unrechtmäßig war und in den höheren Welten nicht gebraucht werden kann, muss er hier zurücklassen. Er findet es aber wieder vor, wenn er am Ende seines Rückweges wieder die Mondensphäre erreicht. Er muss also einen Teil von sich hier zurücklassen. Er geht in gewissem Sinne als ›unvollständiger Mensch‹ in die nächste Sphäre.

Nun dehnt sich der Mensch weiter bis zur *»Merkursphäre«* aus. Dieser »Merkur« wird in der heutigen Astronomie »Venus« genannt. Die Namen »Merkur« und »Venus« sind nach Aussage Rudolf Steiners von den Astronomen vertauscht worden. Der *»okkulte Merkur«* ist die *»astronomische Venus«* und umgekehrt.[102]

Er betritt die erste Region der oberen Seelenwelt, also die fünfte Region der gesamten Seelenwelt, die *»Region des Seelenlichtes«*, wie Rudolf Steiner sie nannte. Die Seele hat sich mittlerweile von *nahezu* allem befreit, was nur in der Sinneswelt berechtigt ist. Sie hat aber immer noch ein Verhältnis zur Erde und zu ihrem letzten Erdenleben. So wie wir uns heute an etwas erinnern können, was wir beispielsweise vor zwanzig oder dreißig Jahren gemacht oder gedacht haben, so kann sich die Seele jetzt noch an alles erinnern, was sie im Erdenleben gemacht und gedacht hat. Dass der Mensch andere Seelen in Form von Visionen wahrnimmt, haben wir schon gesehen. In der Mondensphäre können diese Visionen noch verdunkelt, verfinstert sein. Nun leuchten die geistigen Wesenheiten der höheren Hierarchien immer mehr heran. Sie treten an ihn heran, so dass er sie kennenlernen kann, sobald er in die Merkursphäre eintritt. **»Der Mensch ist über den Mond hinaus wie eine Wolke aus Geist gewoben und wird beleuchtet von den geistigen Wesenheiten, sowie er in den Merkur kommt. Daher haben die Griechen den Merkur den Götterboten genannt, weil in dieser Sphäre hohe geistige Wesenheiten den Menschen beleuchten.«**[103]

Es ist allerdings keine Selbstverständlichkeit, dass jeder Mensch nun in der Merkursphäre ein *Verständnis* für diese geistigen Wesenheiten finden könnte. **»Heute, in diesem unserem Zeitalter ist es so, dass wirklich derjenige, der mit imaginativer Anschauung nach diesen Dingen hinsieht, recht tragische Empfindungen hat. Denn wie man sich gerade in diese Merkursphäre hineinfindet als Toter, das hängt schon etwas davon ab, ob man hier auf der Erde als Materialist alles Übersinnliche in Denken und Tun abgewiesen, oder ob man sich hier Verständnis für das Übersinnliche erworben hat. Man steht schon ziemlich verständnislos den Wesenheiten in der Merkursphäre gegenüber, wenn man hier auf der Erde alles, was über das Materielle hinausgeht, abgewiesen hat.«**[104]

Ob und inwieweit der Sphärenmensch jetzt die Möglichkeit eines engen Zusammenlebens mit anderen Seelen finden kann, hängt ganz wesentlich von seiner Moralität und seinen sittlichen Begriffen ab, die er in seinem Erdendasein ausgebildet hatte. Ein Mensch, **»der sein Leben hindurch in seinem Gemüte eine moralische, gute Stimmung hervorgerufen hat, der eine moralische Seelenverfassung durch den Tod hindurchträgt«**,[105] wird jetzt ein geselliges Beisammensein mit den Menschen, die ihm im Leben nahegestanden sind, haben können. Er wird die Verbindung zu ihnen finden. Wenn er mit einer moralischen Seelenverfassung durch den Tod gegangen ist, wenn er im Leben ein rechtes Maß an Mitleid und Wohlwollen anderen Menschen gegenüber an den Tag gelegt hat, wird er in der rechten Weise mit seinen Verwandten und Freunden vereint sein, mit denen er ein geselliges Leben führen kann. *Immanuel Kant* hatte von diesem Zusammenhang zwischen den Planetensphären und der Moralität wohl eine Ahnung, wie man seinem bekannten Ausspruch entnehmen kann: **»Der bestirnte Himmel über mir und das moralische Gesetz in mir.«**[106]

Jemand, der ein zutiefst unmoralischer, unsittlicher Mensch war, kommt zwar auch mit den ihm bekannten Seelen zusammen, **»aber es ist immer durch seine eigene Wesenheit etwas geschaffen wie eine Mauer, durch die er nicht hindurch kann bis zu den anderen Wesen«,**[105] so dass er zu einem recht öden und einsamen Leben in dieser Sphäre verurteilt sein kann. Er wird hier zum Einsiedler. Diese Wirkung seiner unmoralischen Taten kann für ihn sehr qualvoll sein. Die moralische Seelenverfassung entscheidet auch darüber, ob der Mensch nun ein helles Bewusstsein haben bzw. aufrechterhalten kann. **»So zum Beispiel verdunkelt sich das Bewusstsein leichter bei einem Menschen mit unmoralischer Seelenverfassung. Das wichtigste also ist, durch den Tod mit moralischen Kräften hindurchzugehen, denn das moralische Bewusstsein hält unsere Seele offen für das Licht der Hierarchien. Es war mir in der letzten Zeit möglich zu untersuchen Menschen nach dem Tode mit moralischer wie auch Menschen mit unmoralischer Seelenverfassung, und es stellte sich immer dabei heraus, dass die Menschen mit moralischer Seelenverfassung ein Bewusstsein erhalten nach dem Tode, das hell und klar ist; die Menschen mit unmoralischer Seelenverfassung verfallen in eine Art dunkler Bewusstseinsdämmerung.«**[107]

Nun könnte man ja vermuten, dass ein solcher ›Dämmerzustand‹ dem Menschen zum Vorteil gereichen könnte, da er dann die Folgen seines unmoralischen Lebenswandels nicht zu spüren bekäme. **»Das kann man aber nicht einwenden aus dem Grunde, weil diese Verdunkelung des Bewusstseins verknüpft ist mit ungeheuren Angstzuständen, die sich als Folge der Unmoralität ergeben. Nach dem Tode gibt es keine größeren Angstzustände als diese Verdunkelung des Bewusstseins.«**[107]

Der Mensch muss sich, wenn er durch die Planetensphären wandert, die richtigen Kräfte aus dem Kosmos heranziehen, die er zum Aufbau seines Äther- und Astralleibes für seine nächste Inkarnation benötigt. Ein in hohem Maße unmoralischer Mensch kann nun nicht die richtigen Kräfte an sich ziehen, die er für seine Leiber benötigt. **»Die werden dann** [im nächsten Leben] **verkümmert sein. Man wird schwächlich sein und dergleichen.«**[108]

Auch in der Region des Seelenlichtes gibt es für einige Menschen noch die Notwendigkeit, sich zu läutern. Das sind beispielsweise solche Seelen, die im Erdenleben Lust und Freude an der Natur gehabt haben. Man kann hier an die sogenannten »Naturschwärmer« denken, denen es viel bedeutet hat, in der freien Natur zu sein und diese zu genießen. Es sind aber nicht diejenigen gemeint, die den Geist zu finden versuchten, **»der sich in den Dingen und Vorgängen der Natur offenbart«,**[109] sondern vielmehr diejenigen, die mehr aus schwärmerischen Gründen ihre Freude an der Natur hatten, deren Grund für die Naturliebe nur ein rein sinnlicher war. Auch noch etwas anders geartete Seelen haben eine spezielle Verwandtschaft mit dieser Region. Es gibt Menschen, die im Erdenleben nach gewissen Idealen streben, die keineswegs ihren egoistischen Trieben dienen müssen, die aber letztlich doch wieder nur auf die Sinneswelt gerichtet sind. Eine solche Seele muss nun lernen, dass ihre Sympathie, die sie bisher auf solche sinnliche Dinge gerichtet hat, nicht mehr befriedigt werden kann, weil die physischen Mittel dazu fehlen. Sie muss nun eine ganz andere Richtung einschlagen. Sie muss nun eine Sympathie mit ihrer ganzen seelischen Umgebung finden.

Es ist ja bisher schon klar herausgearbeitet worden, dass man sich die übersinnlichen Welten, weder die Seelenwelt noch die Geisteswelt, nicht so vorstellen darf, dass man sie mit etwas vergleichen könnte, was wir von unserer Erde her kennen. Erst recht darf man sie sich nicht wie ein ›Paradies‹ vorstellen, wie wir das möglicherweise in unseren Kindertagen noch geglaubt haben. Es gibt aber immer noch viele erwachsene Menschen, die es nie geschafft haben, eine solche naive Vorstellung zu überwinden. Es gibt sogar Sekten, die diese Anschauung propagieren. Nun sagt Rudolf Steiner etwas schier Unfassbares; er sagt, dass solche Seelen in dieser Region der Seelenwelt ein solches ›Paradies‹, so wie sie sich das zu Lebzeiten immer vorgestellt haben, *tatsächlich* vorfinden werden! **»Auch diejenigen Seelen, welche von ihren religiösen Verrichtungen zunächst eine Erhöhung ihrer sinnlichen Wohlfahrt verlangen, werden hier geläutert. Sei es, dass ihre Sehnsucht auf ein irdisches, sei es, dass sie auf ein himmlisches Paradies gehe. Sie finden im ›Seelenlande‹ dieses Paradies; aber nur zu dem Zwecke, um die Wertlosigkeit desselben zu durchschauen.«**[110]
Man muss wohl davon ausgehen, dass es sich dabei nicht einmal nur um eine Illusion handelt. Eine mit solchen Vorstellungen behaftete Seele wird sich also in der Tat eine Zeit lang in einem solchen Dasein befinden. Das kann natürlich eine sehr ›angenehme‹ Zeit sein. Aber was ist der Sinn dieses ›paradiesischen Lebens‹? Es geht hier nicht etwa um eine Belohnung, sondern um eine *Läuterung*! Die Seele muss nun langsam erkennen lernen, dass ein solches Paradies völlig wertlos und nichtig ist, dass ein solches Leben, so erfreulich das auch immer sein mag, diese Seele niemals weiterbringen könnte! Man kann sich vorstellen, dass das ein recht schmerzlicher Erkenntnisprozess sein dürfte.

Wie die folgenden Zitate deutlich machen, nahmen einige Menschen, die temporär exkarniert waren und Nahtod-Erlebnisse hatten, die übersinnliche Welt als eine wunderschöne Landschaft wahr. *Vermutlich* handelte es sich bei diesen Wahrnehmungen um Projektionen dessen, wie sie sich den Himmel immer vorgestellt haben.

»Ich ›sah‹ eine wunderschöne Landschaft mit grünem Gras und vielen Blumen, eine idyllische Landschaft, so ruhig, mit einem wunderbaren, mehr oder weniger

zerstreuten Licht.«[111]

»Ich kam in einen Garten, der in wunderschönen Farben schillerte, die ich aber nicht beschreiben kann. Es war pastellfarbig, obwohl diese Beschreibung nicht zutrifft. Ich befand mich in einer Welt von Farben, die im Grunde Vibrationen waren. In diesen wunderschönen Garten, bin ich einige Schritte hineingegangen und habe mich auf eine Bank gesetzt. Das hört sich vielleicht merkwürdig an, denn ich hatte schließlich keinen physischen Leib mehr, aber ich erlebte es so. [...] Da der Garten lichterfüllt war, suchte ich nach einer Sonne oder einer anderen Lichtquelle, aber wohin ich auch schaute, stand ich im Licht selbst. Man konnte nicht sehen, woher das Licht kam. Es war ein sanftes Licht, das überhaupt nicht blendete, und es war angenehm und schön.«[111]

»Ich sah schöne Landschaften und herrliche Felder. [...] Ich ging zu einem kleinen Haus am Ende des Waldes. [...] Ich sah eine breite, riesige Straße, die mit funkelndem Sand bedeckt war und leuchtete wie Diamanten. [...] Ich sah die schönsten Blumen, die man sich vorstellen kann. [...] Ich habe am Ende auf einer hohen Klippe gestanden, weit unterhalb war ein grünes Tal. [...] Die Luft war so klar, ein herrlicher blauer Himmel, und ein schwacher Hauch einer warmen Brise. Es war ein sehr schöner Tag. Die Felder schwangen mit einem Gemisch aus Farben. Sie sahen aus wie weicher goldener Hafer oder Weizen mit Flecken aus leuchtend farbigen Blumen. Immer war da dieses weiche Licht und das überwältigende Gefühl der Liebe.«[111]

Bei diesen Beschreibungen fühlt man sich unwillkürlich an das »Sommerland« der Spiritisten erinnert. Wie schon zu Beginn dieses Buches erwähnt wurde, erzählen viele Verstorbene durch die Stimme eines Mediums von solch einem wunderschönen Leben, das sich zumeist in einer Umgebung abspielt, die man als ›irdisches Paradies‹ bezeichnen könnte. Es darf also vermutet werden, dass sich solche Berichterstatter gerade in der Merkursphäre aufhalten, wo sie etwas erleben ›dürfen‹, was sie früher oder später als wertlos erkennen und hinter sich lassen müssen. *In dieser Sphäre* gibt es also offensichtlich die unterschiedlichsten ›Wirklichkeiten‹, in denen viele Seelen in Abhängigkeit von ihren irdischen Vorstellungen und Sympathien jetzt mit ihren ›Gesinnungsgenossen‹ leben.

Die diesbezüglichen Forschungsergebnisse Steiners stehen völlig in Einklang mit dem, was viele heutige Jenseitsforscher behaupten. Diese sagen nämlich, dass ein Mensch vieles nach dem Tod wirklich genauso erleben würde, wie er sich das zu Lebzeiten vorgestellt hätte. Das nachtodliche Leben wäre also eine Projektion der irdischen Vorstellungen.

Auf diese Thematik soll am Ende dieses Buches (☞Anhang A.1, Exkurs 6, S. 514ff.) noch näher eingegangen werden.

5.3.2.2 Die Region der tätigen Seelenkraft bzw. die Venussphäre

Ein wichtiges Kriterium dafür, wie der Mensch sich nun in der nächsten Region eingewöhnen und wie er dort zurechtkommen kann, stellt seine Liebe dar, die er in seinem Erdenleben anderen Wesen entgegengebracht hat. Wer sich die Fähigkeit des Liebenkönnens nicht angeeignet hat, kommt in eine für ihn urfremde Sphäre, für deren Wesen er kein Verständnis entwickeln kann.[112] Wer es im Erdenleben dazu bringen konnte, seine Handlungen nicht nur aus einem Pflichtgefühl heraus, sondern aus Liebe und Hingabe zu verrichten, hat sich dazu vorbereitet, jetzt **»ein Diener der guten Mächte von Gesundheit, von allen heilsamen Kräften zu werden«**.[113] Ein solcher wird nun von den kosmischen Liebeskräften der Venus bestrahlt.

Während schon ab der Merkursphäre die Moralität ein gewichtiges Kriterium darstellte, inwieweit der Mensch zu einem Zusammenleben mit den ihm aus gemeinsamen Erdentagen bekannten Seelen finden kann, ist es für die *»Venussphäre«* ganz entscheidend, ob er im Leben ein religiös gesinnter Mensch war. Dieses Kriterium kommt noch zu dem der Moralität und der Fähigkeit des Liebenkönnens hinzu. Der Mensch kann jetzt ein ganz anderes Leben führen, wenn er im Erdenleben religiöse Vorstellungen aufgenommen hat. **»In dieser Venus-Sphäre werden wir Einsiedler, wenn wir hier unreligiös gestimmt waren. Gesellige Wesen werden wir durch religiöse Stimmung, die wir mitbringen. Je nachdem wir in der Lage waren zu fühlen hier in der physischen Welt unsere Hingabe an den heiligen Geist, finden wir alle diejenigen, die die gleiche Stimmung dem Geist-Göttlichen gegenüber haben. [...] In der Venus-Sphäre ist die Gruppierung lediglich nach Religions- und Weltanschauungs-Bekenntnissen. Diejenigen, welche die gleiche Weltanschauung haben, sind in großen, mächtigen Gemeinden in der Venus-Sphäre; sie sind nicht Einsiedler. Einsiedler sind diejenigen, die gar keine religiösen Empfindungen und Impulse entwickeln können. Also diejenigen, die wir in unserer Zeit Monisten, Materialisten nennen, werden nicht zu geselligen, sondern zu einsamen Wesen werden.«**[114]

Entscheidend ist also, dass der Mensch sich im Erdensein mit dem Gefühl durchdrungen hat, dass er in einem ganz engen Zusammenhang mit dem Übersinnlichen, dem Göttlichen steht, dass er eine Verbindung zu dem Göttlich-Geistigen gesucht hat. Diejenigen Menschen kommen jetzt vermehrt zusammen, die in den gleichen religiösen oder weltanschaulichen Gemeinschaften lebten. Sie sind gruppiert nach diesen Verhältnissen, die sie im Erdendasein hatten. Man darf wohl annehmen, dass der Sphärenmensch nun auch im Rahmen dieser Gemeinden mit solchen Sphärenmenschen zusammenkommen kann, die er im Leben nicht persönlich kannte. Von einer solchen religiösen Haltung hängt es jetzt also sehr stark ab, ob die Seele ein geselliges oder ein einsames Leben in dieser Region der Seelenwelt führen kann. Je religiöser die Gesinnung war, desto geselliger verläuft nun das Leben. Man darf vermuten, dass es neben der religiösen Stimmung und Gesinnung auch förderlich sein kann, wenn er im Leben des Öfteren an kultischen Handlungen, wie etwa der »heiligen Messe« in der katholischen Kirche oder der »Menschenweihehandlung« der Christengemeinschaft teilgenommen hat. Der Mensch erntet jetzt gewissermaßen die Früchte seines religiösen Bekenntnisses, seines religiösen Lebens.

An einen solchen Sphärenmenschen treten nun auch vermehrt die geistigen Wesen der höheren Hierarchien – insbesondere die Engel, Erzengel und Urbeginne – heran, mit denen er nun auch eine Lebensgemeinschaft bilden kann. Ein Mensch, der sich keine religiösen Empfindungen zu eigen machen konnte, der es im Leben nur zu sinnlichen Vorstellungen bringen konnte, wird den Wesen der höheren Hierarchien mit großem Unverständnis gegenüberstehen. Auch zu den Seelen der verstorbenen Menschen findet er keinen rechten Zugang. Obwohl er sie durchaus wahrnimmt, kommt er nicht an sie heran, so dass er nun in dieser Region bzw. Sphäre ein sehr einsames und trostloses Leben haben wird. **»Wie wenn wir in eine Kapsel eingeschlossen wären, wie in einem Gefängnis fühlt sich eine solche unreligiöse Seele.«**[115] Namentlich bei einem Atheisten oder Materialisten wird durch diese Einsamkeit das Bewusstsein stark herabgedämpft, was ihm wiederum große Angstzustände bereiten kann.

Es gibt einige Menschenseelen, die zu dieser sechsten Region der Seelenwelt, der *»Region der tätigen Seelenkraft«*, eine *spezielle* Affinität haben, die eine notwendige Läuterung zur Folge hat. In dieser Region **»findet die Läuterung des tatendurstigen Teiles der Seele statt«**.[116] Diese Affinität ist beispielsweise bei solchen Menschen vorhanden, die sich in der physischen Welt voller Kraft und Tatendurst auf ihre Aufgaben und Tätigkeiten gestürzt haben, die aber bei all ihren Aktivitäten letztlich nur auf eine Erhöhung ihres sinnlichen Lustgefühls bedacht waren. Viele waren sich dessen gar nicht bewusst und haben nach außen hin den Anschein eines idealistischen und aufopferungsvollen Menschen erweckt. Unter anderen kann man etwa an solche Wissenschaftler und Künstler denken, die der Meinung waren, ihr Schaffen habe nur eine Berechtigung, um sich ein sinnliches Wohlgefühl und eine Bedeutung in der Welt zu verschaffen.

5.3.2.3   Die Region des Seelenlebens bzw. die Sonnensphäre

Wenn der Mensch in die letzte Region der Seelenwelt, die *»Region des (eigentlichen) Seelenlebens«* – wie Rudolf Steiner sie nannte – eintritt, hat er sich bis zu unserer Sonne ausgedehnt. Er wird zu einem ›Sonnenwesen‹. Sein Erfahrungshorizont umfasst jetzt alles, was von der Erde bis zur Sonnensphäre reicht. Diese Region bzw. Sphäre ist schon ein durchaus *geistiger* Bereich. In dieser Sphäre kann das absolut Böse eines Menschen nicht aufgenommen werden. Daher könnte ein Mensch, der in seinem Leben ein *absoluter* ›Bösewicht‹ war, dieses Dasein gar nicht erst antreten.

Ein solcher müsste sich anschicken, baldmöglichst zu einer neuen Inkarnation zu schreiten. Auf die weitaus meisten Menschen wird das ja nicht zutreffen, so dass sie dieses geistige Sonnendasein in der rechten und notwendigen Weise mitmachen können.

Zusammen mit denjenigen Seelen, mit denen der Sphärenmensch im Erdendasein gemeinsame Erlebnisse hatte, mischt er sich unter die geistigen Wesen, die in der Sonnensphäre versammelt sind. Er kommt nun in eine Sphäre, in der diejenigen geistigen Wesen weben und wesen, deren großer Abgesandter der Christus ist. Während die geistigen Wesenheiten der Mondensphäre mehr die Vergangenheit der Erdenentwicklung betreffen, haben diese mit der Gegenwart und der Zukunft der Erdenentwicklung zu tun.[117]

In dieser Phase des nachtodlichen Lebens genügt es nicht mehr, ein moralisch-sittliches und religiöses Leben geführt zu haben, um sich in der rechten Weise einleben und um sein Bewusstsein aufrechterhalten zu können. Hierzu ist es jetzt zunächst einmal ganz wichtig, dass der Mensch sich im Erdendasein auch um ein gewisses Verständnis für *andere* Religionen bemüht hat, dass er in *allen* Religionen etwas Berechtigtes zu sehen vermochte und nicht etwa sein Bekenntnis für das ›alleinseligmachende‹ gehalten hat. Eine religiöse Stimmung und Gesinnung prägt sich dem Ätherleib, von dem der Mensch ja auch jetzt in den übersinnlichen Welten noch einen Extrakt besitzt, ein. Rudolf Steiner sagte dazu: **»Dasjenige, was wir in unseren Ätherleib hineingießen können, dasjenige, was wir dann brauchen in der Seele, damit sie fruchtbar durchlaufen kann die Sonnensphäre, das kann uns nur werden aus dem Gemeinsamen, das in allen menschlichen Religionen fließt«.**[118] Der Mensch muss sich zu Lebzeiten ein Verständnis für das, was man das ›Allgemein-Menschliche‹ nennen könnte, erworben haben; er muss sich mit dem urchristlichen Impuls der Brüderlichkeit durchdrungen haben, damit er nun die richtigen Anknüpfungspunkte finden kann. Schon die Voreingenommenheit für ein spezielles Religionsbekenntnis kann jetzt hinderlich sein. Wer sich zu Lebzeiten kein Verständnis für das Berechtigte anderer Religionen angeeignet hat, kann nicht an Seelen anderer Bekenntnisse herankommen. Obwohl solche Seelen sich durch das gegenseitige Durchdringen äußerlich nahe sind, sind sie durch ihr Inneres getrennt. Eine solche Trennung kann wiederum als sehr schmerzhaft erlebt werden.[119]

In der Sonnensphäre steht der Mensch gewissermaßen vor einem tiefen Abgrund, den er nur überwinden kann, wenn er es in seinem Erdenleben geschafft hat, eine Verbindung zu dem großen »Sonnenwesen«, dem Christus, zu gewinnen, in dessen Bereich er nun angekommen ist. Er muss verstanden haben, **»wie er uns durch das Mysterium von Golgatha zur Sonne geleitet«**.[120] Judith von Halle schreibt dazu: *»Der Christus muss im Erdenleben gefunden werden! – nicht nach dem Tod. Er kann nach dem Tod nur gefunden werden, wenn Er im Erdenleben erkannt wurde. Sich mit der Auferste-*

hung im Sinne Christi zu befassen, macht uns mit dem Christus, den wir in uns tragen, vertraut. Das ist der direkteste Weg für ein nachtodliches Christus-Verständnis.«[121]

Damit ist in keiner Weise gesagt, dass jemand, der im letzten Erdenleben ein christliches Bekenntnis hatte, nun einen Vorteil haben müsste. Der Christus ist kein ›konfessioneller Gott‹, also ein Gott, der nur den Katholiken, Protestanten usw. ›gehört‹. Seine Taten stellen *objektive Tatsachen* dar, die *allen* Menschen zum Segen gereichen. Seine unermessliche Liebe und Gnade ergießt sich über die gesamte Menschheit. Ein *wahrer* Christ ist man nicht dadurch, dass man sich einer christlichen Kirche anschließt. **»Der ist ein Christ, der weiß, dass mit dem Mysterium von Golgatha etwas Reales geschehen ist, [...] und dass der Christus für alle Menschen gestorben ist.«**[122] Schon Paulus hat geschrieben, dass Christus nicht nur für die Juden, sondern auch für die Heiden gestorben sei.[123] Auch etwa ein Buddhist kann somit ein wahrer Christ sein, auch wenn das für christliche oder buddhistische Ohren sehr sonderbar klingen mag. Das wahre Christentum ist kein Bekenntnis, das nur für ein bestimmtes Volk da ist, wie etwa der Hinduismus. Das Christentum hat sich notwendigerweise über den ganzen Erdball verbreitet, weil es im eminentesten Sinne *alle* Menschen angeht. Christus ist nicht nur für ein bestimmtes Volk, einen bestimmten Erdteil oder ein bestimmtes Zeitalter gekommen. Christ sein heißt aber nicht, anderen Menschen in missionarischem Eifer ein Bekenntnis einzuimpfen, sondern das Christliche, den Christus, in allen Menschenseelen aufzufinden. Das Christus-Prinzip und die objektiven Taten Christi kann jeder Mensch unabhängig von seinem religiösen Bekenntnis anerkennen. So wie die physische Sonne im Erdenleben allen Menschen scheint, so kann sich jeder mit dem Christus-Impuls verbinden. Wenn ein Mitglied einer nicht-christlichen Religion diese Anerkennung etwa mit dem Argument, in seinen heiligen Schriften stehe nichts über Christus, ablehnen würde, so wäre es das Gleiche, wie wenn er den »Satz von Pythagoras« nicht anerkennen würde, weil dieser in seinen heiligen Büchern und Schriften nicht zu finden ist.

Es ist jedem Menschen selbst überlassen, wie er die Taten Christi auf sich wirken lässt, wie weit er sie annehmen und verinnerlichen kann. **»Darin haben wir wiederum etwas, worin das große Bedeutsame des Mysteriums von Golgatha, des Christentums, liegt, dass es für die neuere Menschheit, für den jetzigen Menschheitszyklus die Möglichkeit gibt, auf der Erde sich so vorzubereiten, dass der Mensch zu einem allgemeinmenschlich geselligen Leben während der Sonnensphäre kommt.«**[124] Dadurch, dass der Sphärenmensch in seinem Erdendasein eine Beziehung zu dem Christus geknüpft hat, kann er in dieser Sphäre sein Bewusstsein aufrechterhalten. Bis einschließlich zur Venussphäre ist es für den Menschen noch ziemlich einfach, sich an sein letztes Erdenleben zu erinnern und die Verbindung zu den ihm nahestehenden Seelen zu finden. Nun, in der Sonnensphäre wird das immer schwieriger. Jetzt ist ihm das nur noch dann möglich, wenn er **»an das Mysterium von Golgatha anknüpft. Je mehr man** von diesem durchdrungen ist, desto leichter erkennt man seine Umgebung wieder.«[125] Ohne die Erinnerung an das Mysterium von Golgatha kann er sein Gedächtnis nicht mehr bewahren. Dadurch, dass wir uns ein Verständnis für das Mysterium von Golgatha zu Lebzeiten erworben haben, können wir in der Sonnensphäre an diese Empfindungen anknüpfen und über den Abgrund geführt werden.

Die Seele fühlt sich in der Sonnensphäre der Erde völlig entrückt. Das Interesse für das eigene verflossene Erdenleben und auch für die mit ihr verbundenen Menschen, das sie vorher in höchstem Maße hatte, verliert sie mehr und mehr. Die Erinnerungen fallen **»gleichsam wie Schuppen von uns ab«**.[126] Sie weiß nun, dass die Erinnerungen, die sie jetzt behält, kein anderer als der Christus weiterträgt. Würde Christus sie nicht begleiten, müsste sie die Erinnerungen verlieren. Der Mensch bekommt nun aber ein reges Interesse, das mitzuerleben, was sich *aktuell* auf der Erde zuträgt. Ähnlich wie die übersinnlichen Welten an einen Erdenmenschen herankommen können, kommt jetzt die irdische Welt an den Toten heran. Im Erdenleben hat er die übersinnlichen Welten als »Jenseits« empfunden. Jetzt ist die Erdenwelt für ihn eine jenseitige. Wir haben ja schon gesehen, dass es heute viele Menschen gibt, die von Déjà-vu-Erlebnissen berichten. Es kann durchaus möglich sein, dass in einem solchen Fall wirklich spontan eine Erinnerung aus einem früheren Erdenleben aufblitzt. Wie Rudolf Steiner sagte, seien diese Eindrücke aber in vielen Fällen darauf zurückzuführen, dass der Mensch sich an etwas erinnert, was nach seinem Tod, wenn er in der Sonnensphäre den lebhaftesten Zusammenhang zu dem hat, was sich auf der Erde abspielt, an ihn herangetreten sei, was er also von dem, was auf der Erde in dieser Zeit passierte, wahrgenommen habe.[127]

Der Mensch fängt nun langsam an, mit »Geistverstand« dasjenige verstehen zu lernen, was um ihn herum geschieht. Er kann nun immer mehr begreifen, was ihn mit anderen Seelen verbindet. Er bekommt nun ein Gefühl dafür, dass seine Lebensverhältnisse einen ganz bestimmten Fortgang seines Schicksals zur Folge haben werden. **»Man schaut wie in einer Perspektive, wie sich in die Zukunft hinein diejenigen Lebensschicksalsfäden gestalten werden, die angeknüpft worden sind.«**[128] Er fühlt sich ganz eins mit seinem Schicksal und dem derjenigen Seelen, die im Erdenleben mit ihm verbunden waren. Wenn er das eine gewisse Zeit durchlebt hat, kommt er immer mehr in den Bereich der geistigen Wesen der ersten und höchsten Hierarchie hinein. Jetzt kann er auch ein Interesse entwickeln für menschliche Seelen, mit denen er karmisch bisher nicht verbunden war, mit denen er aber in der Zukunft schicksalsmäßig zu tun haben wird. Für diese Schicksalszusammenhänge entwickelt er mehr und mehr ein Gespür.[129]

Man darf sich das Leben des Menschen in der Sonnensphäre nicht so vorstellen, dass er hier recht passiv oder gar untätig wäre. Das Gegenteil ist der Fall. So ist er in der ersten Hälfte seines Sonnendaseins schon erstmals damit beschäftigt, an dem geistigen *»Urbild«* seines physischen Leibes, der ihn im nächsten Erdenleben umhüllen wird, zu arbeiten. Hierbei handelt es sich um eine ungleich großartigere und gewaltigere Arbeit als jede, die Menschen auf der Erde auf irgendeinem Gebiet jemals verrichten könnten. Selbstverständlich wird er bei dieser herausragenden Arbeit von den geistigen Wesen der höheren Hierarchien angeleitet und geführt. **»Es würde etwas Klägliches herauskommen, wenn der Mensch im Zusammenhang mit anderen Menschenseelen allein an diesem Wunderbau, den er darstellt im Erdenleben, arbeiten würde. Da muss er zusammenarbeiten mit allen höheren Hierarchien. Denn dasjenige, was durch die Mutter des Menschen geboren wird, das ist ja nicht auf der Erde entstanden, nur sozusagen der Schauplatz ist auf der Erde entstanden. In demjenigen, was durch die physische Vererbung gegeben wird, verkörpert sich ein wunderbares Weltengebilde, das in übersinnlichen Welten im Sonnendasein geformt ist.«**[130] Nur wenn ein Mensch in der richtigen Weise die Sonnensphäre durchlaufen kann, ist es ihm auch möglich, die notwendigen Kräfte aus dem Kosmos zu ziehen, die er für den Aufbau seiner neuen Leiblichkeit benötigt.

Vorwiegend in der zweiten Hälfte des Sonnendaseins arbeitet der Sphärenmensch im Verein mit den Wesen der höheren Hierarchien, insbesondere mit denen der zweiten Hierarchie, an dem Grundmuster seines nächsten Erdenlebens. Er wird sich mittlerweile immer mehr seiner Unvollkommenheiten und unrechtmäßigen Taten bewusst. Er weiß nun, dass diese im nächsten Erdenleben karmisch ausgeglichen werden müssen. Nun wird gewissermaßen gemeinsam erarbeitet, wie in der nächsten Inkarnation das, was er karmisch verursacht hat, in seinem zukünftigen Schicksal zur Offenbarung kommen kann.[131] Das neue Erdenleben wird in seinen *großen Zügen* geplant. Diese Vorbereitungen der nächsten Inkarnation werden im weiteren Verlauf des nachtodlichen Daseins verfeinert.

Man kann in der Sonnensphäre zwar nicht mehr von einer Läuterung im eigentlichen Sinne sprechen, allerdings muss die Seele sich hier noch die letzte Hinneigung zur physischen Welt abgewöhnen. **»Es gibt hochbegabte Persönlichkeiten, die aber über nicht viel anderes nachsinnen als über die Vorgänge der physischen Welt.«**[132] Die Seele erkennt nun, dass in den höheren Welten keine Gegenstände und Grundlagen für eine materialistische Gesinnung mehr vorhanden sind. **»Wie Eis in der Sonne schmilzt dieser Glaube der Seele hier dahin.«**[132]

In einigen Botschaften jenseitiger Wesen wird ebenfalls ganz deutlich gesagt, dass ein Mensch nach seinem Tod ganz wesentlich *selbst* daran mitwirke, seine nächste Inkarnation zu planen. So sagt etwa Guide Josef durch die Stimme von Uta Hierke-Sackmann: *»Wer legte den Inkarnationsauftrag fest? Ein ominöses, fernes, nicht greifbares, nicht erreichbares Über-Ich? Welch eine unsinnige Vorstellung! Natürlich ihr! Ihr selbst habt eure Inkarnationsaufträge festgelegt!«*[133]

****

Wie lange der Sphärenmensch in den jeweiligen Regionen der Seelenwelt verbleibt, hängt von den Vorbedingungen ab, die er sich im Erdenleben geschaffen hat. **»Man sieht aus dieser Darstellung, dass die Erlebnisse der seelischen Welt, und damit auch die Zustände des seelischen Lebens nach dem Tode, ein immer weniger der Seele widerstrebendes Aussehen gewinnen, je mehr der Mensch von dem abgestreift hat, was ihm von der irdischen Verbindung mit der physischen Körperlichkeit an unmittelbarer Verwandtschaft mit dieser anhaftet. – Je nach den im physischen Leben geschaffenen Vorbedingungen wird die Seele länger oder kürzer der einen oder anderen Region angehören. Wo sie Verwandtschaft fühlt, bleibt sie so lange, bis diese getilgt ist. Wo keine Verwandtschaft vorhanden ist, geht sie unfühlend über die möglichen Einwirkungen hinweg.«**[134]

Das Leben eines verstorbenen Menschen, also eines Sphärenmenschen, der sich noch in der Seelenwelt befindet, kann von einem Geistesseher imaginativ und inspirativ verfolgt werden. Im Folgenden werden wir über das Leben der Sphärenmenschen in der Geisteswelt schildern. Damit ein Seher einen solchen finden und verfolgen kann, muss er fähig sein, sich zur intuitiven Wahrnehmung zu erheben. Iris Paxino schreibt dazu: *»Der Umgang mit devachanischen Verstorbenen* [Verstorbene, die schon im Devachan, also in der Geisteswelt sind] *setzt allerdings die Fähigkeit voraus, sich in ihr Wesen hineinversetzen zu können. Dies wird erst auf der Stufe der Intuition möglich. Devachanische Wesen sind nicht mehr seelenhaft, sondern ich-haft, entsprechend müssen wir hier von Ich zu Ich arbeiten. Sie sind reine Geister, ›allverbunden‹, eins mit der Welt und leben unmittelbar in der Einheit mit anderen Devachantoten. Ein solcher Verstorbener ist uns, zumindest in der Regel, kein Gegenüber, sondern er lebt als unser Umraum. Damit wir ihn erfassen können, müssen wir in der Lage sein, uns unmittelbar in sein Wesen hineinzuversetzen. Und dies ist erst intuitiv möglich. Bei der Intuition geht es also nicht mehr darum, die Eigenheiten und Bedeutungen bestimmter geistiger Wesenheiten zu erleben, sondern sich in einer solchen Weise mit ihnen zu verbinden, dass man eins mit ihnen wird. Man verschmilzt sozusagen mit einem anderen Wesen und mit seinen Auswirkungen. So steht man nicht mehr außerhalb eines bestimmten Zusammenhangs, sondern innerhalb dessen.«*[135]

5.3.3   Das Leben in der unteren Geisteswelt

Nachdem der Sphärenmensch die Seelenwelt durchlaufen hat, was im Durchschnitt sehr viele Jahrzehnte dauern wird, ist er reif, in die eigentliche geistige Welt, die in den meisten Religionen als »Himmel« bezeichnet wird, einzutreten. Rudolf Steiner verwandte für diese Welt meistens die Begriffe *»Geisteswelt«* oder *»Devachan«*, was wörtlich übersetzt »Gottesgebiet« heißt. Manchmal sprach er auch vom »Geisterland«. **»Sie [die Geisteswelt] ist eine ebenso mannigfaltige und gegliederte wie unsere physische Welt. Ebenso, wie wir in unserer physischen Welt feste Gebilde unterscheiden, Kontinente, wie wir um das Feste herum eine Wassermasse haben, dann die Luft und darüber hinaus feinere Zustände, ebenso haben wir auch eine solche Gliederung im Devachan, im geistigen Reich. Man hat in Analogie mit den Verhältnissen auf der Erde die Dinge, die man im Devachan findet, mit ähnlichen Namen belegt.«**[136]

Es sei nochmals ausdrücklich erwähnt, dass man sich die Geisteswelt nicht als ein abgesondertes Gebiet fernab der Erdenwelt und der Seelenwelt vorstellen darf. Die Erdenwelt, die Ätherwelt, alle Regionen der Seelenwelt sowie die Geisteswelt mit ihren Regionen sind vielmehr miteinander verwoben; sie durchdringen sich gegenseitig. Auch sollte man nicht die naive Vorstellung haben, dass in der Geisteswelt lediglich eine ›Stofflichkeit‹ anzutreffen sei, die zwar viel feiner als die der materiellen Welt, aber im Grunde doch ganz gut mit dieser zu vergleichen sei.

In der Seelenwelt hat der Mensch alles abgestreift, was ihn noch an sein letztes Erdenleben gekettet und was in der Geisteswelt keine Berechtigung hat. Auch sein künftiges Schicksal wurde schon keimartig veranlagt. Er hat erkannt, dass seine Leiden, die er in der Seelenwelt ertragen musste, als Folge seiner Unzulänglichkeiten und Unvollkommenheiten aufgetreten waren. Mittlerweile hat er alle Impulse und Willenskräfte aufbringen können, durch die er sich das nächste Erdenleben so gestalten kann, dass er in diesem im Sinne eines Ausgleichs und seiner geistig-seelischen Evolution wirken kann.[137] Die durchschnittliche Verweildauer in der Geisteswelt ist stark davon abhängig, wie weit der Mensch schon in seiner geistig-seelischen Entwicklung vorangekommen ist. Wenn er nur wenig an spirituellen Gedanken und Vorstellungen mitbringt, so kann die Geisteswelt ihm nicht viel bieten. Je höher er bereits entwickelt ist, desto länger und intensiver wird sein Aufenthalt in diesen Sphären sein. Während er in der Seelenwelt noch vorwiegend mit sich und der Verarbeitung seines letzten Lebens beschäftigt war, kann er nun vergessen, was ihm die Kamalokazeit möglicherweise so schwer gemacht hat. Er kann sich jetzt ›öffnen‹ und völlig Neuartiges erleben und dieses Erleben aktiv mitgestalten. Insbesondere muss er hier die Kräfte erringen, die er zum Aufbau und zur Gestaltung seiner Leiblichkeit für die nächste Inkarnation benötigt. Auch wird er hier die Ausgestaltung des Planes seiner nächsten Inkarnation verfeinern. Alle Fähigkeiten, die er sich aufgrund seiner irdischen Erlebnisse und deren Aufbereitung in der Seelenwelt erworben hat, verbleiben ihm als eine Essenz. Diese unvergängliche Essenz nimmt er auch in die Geisteswelt mit.

Jetzt kommt noch etwas sehr Bedeutsames in Betracht. Er lernt auch das Wesen real kennen, das traditionell Luzifer genannt wird, also diejenige Wesenheit, die durch ihre Verführungskünste die Menschen viel zu früh zur Erlangung ihrer Erkenntniskräfte gebracht und viel zu tief in die Materie verstrickt hat. Zu Lebzeiten ist Luzifer für die Menschen ein sehr schädliches Wesen, das man berechtigterweise als Widersacher bezeichnet. Im Erdendasein kann uns Luzifer zum Verderben gereichen. *Ab* der Sonnensphäre kann er *zunächst* für den Menschen keinen Schaden mehr anrichten. Erst wenn der Mensch der Sonnensphäre langsam entwächst, lernt er Luzifer so kennen, wie er in urferner Vergangenheit war, als er noch ein **»Bruder des Christus«**[138] gewesen ist, bevor er sich von der rechtmäßigen Entwicklung im Kosmos losgelöst hat. Jetzt hat er seine gute Berechtigung und Bedeutung. Luzifer muss dem Menschen nun beistehen. Der Mensch muss ihm begegnen. **»Zwischen Luzifer und Christus muss er den weiteren Weg machen.«**[139] Jedes Wesen hat seine gute Berechtigung und seinen Stellenwert im göttlichen Weltenplan! Während Christus all dasjenige bewahrt, was sich der Mensch an Seelischem erworben hat, ist es die Aufgabe Luzifers, **»den Menschen zu unterstützen, dass er in der berechtigten Weise auch die Kräfte der anderen Wesenheiten der Hierarchien für seine neue Inkarnation verwerten lernt«.**[139] Wenn der Mensch sich dann über die Sonnensphäre hinaus ausdehnt, um die Geisteswelt zu betreten, hat er die Sonne, die ihm früher alles beleuchtet hatte, unter sich. Jetzt braucht er einen neuen ›Lichtträger‹, der den weiteren Weltenraum geistig beleuchtet. Dieser ist kein anderer als Luzifer. Nun kann der Name »Luzifer«, den man ja wörtlich mit »Lichtträger« übersetzen muss, begreiflich werden.

Das Verständnis für Luzifer wird der Mensch recht leicht finden. Das Verständnis für Christus kann er hingegen nur finden, wenn er sich schon im Erdenleben vorbereitet hat, ihn verstehen zu lernen.[140] Jemand, der zu Lebzeiten nichts von dem Christus und seiner Mission wissen wollte, kann ihn jetzt nicht finden, was ihm schon ein rechtmäßiges Durchleben der Sonnensphäre nahezu unmöglich macht oder zumindest sehr erschwert.

In den Sphären der geistigen Welt muss der Mensch die Kräfte sammeln, die er braucht, um gewissermaßen sein neues Erdenleben ›zimmern‹ zu können. Dort muss er sich das Rüstzeug erwerben, das er dann in sein neues Erdenleben mitbringen kann, um in diesem in der rechten Weise schaffen und seine Aufgaben erfüllen zu können. Insbesondere dann, wenn es ihm im Erdendasein gelungen ist, ein liebevolles Verhältnis zu seinen Mitmenschen und eine religiöse Gesinnung zu gewinnen sowie sich mit Spiritualität zu durchdringen, kann er diese Eigenschaften nun so ausleben und vertiefen, dass er im nächsten Erdenleben in dieser Hinsicht noch vollkommener sein kann.

Rudolf Steiner führt in seinem Buch »Theosophie«[141] zur Verdeutlichung ein vergleichendes Beispiel an, das hier sinngemäß wiedergegeben werden soll. Wenn jemand ein Haus errichten möchte, so wird er sich nicht einfach mit ein paar Arbeitern auf dem Bauplatz einfinden, um dann gleich planlos mit der Arbeit anzufangen. Er wird zunächst einen Architekten beauftragen, der in seinem Büro den Bauplan entwirft. Gemäß diesem Plan wird dann später das Haus errichtet. Bei der Ausführung des Baues werden sich noch gewisse Unzulänglichkeiten herausstellen. Der Architekt wird also seine Erfahrungen sammeln und dazulernen. Beim nächsten Plan wird er es schon besser machen. Je öfter er dann ein Haus geplant und gebaut hat, je mehr Erfahrungen er also gemacht hat, desto gelungener und vollkommener wird das Haus werden. Genau das ist aber auch der Sinn der vielen menschlichen Inkarnationen. Die Erdenwelt entspricht dem Bauplatz, auf dem der verkörperte Mensch seine Erfahrungen und Lernprozesse machen kann. Nach seinem Tod, wenn er in der geistigen Welt ist, die dem Büro des Architekten entspricht, kann er seine Erfahrungen auswerten und das Rüstzeug erwerben, um es im nächsten Leben besser zu machen. Auf diese Art kann der Mensch durch die Impulse und Kräfte, die er sich jeweils aus der Geisteswelt holt, in folgenden Erdenleben immer vollkommener werden.

Man kann den Himmel, die Geisteswelt, wieder in sieben verschiedene Regionen unterteilen. Die ersten vier Regionen werden als *»untere Geisteswelt«* oder *»niederes Devachan«*, die oberen drei als *»obere Geisteswelt«* oder *»höheres Devachan«* bezeichnet. Diese Regionen durchdringen sich sowohl gegenseitig als auch mit allen Regionen der Seelenwelt sowie der Sinneswelt.

Auch in der Geisteswelt korrespondieren die ersten drei Regionen wieder mit Planetensphären. In den vier höchsten Regionen überschreitet der Mensch den planetarischen Kosmos und kommt in den Bereich des *»Fixsternhimmels«* bzw. in die *»Tierkreisregion«* (☞ auch Anhang A.2, Tabellen 4 und 5, S. 531f.). Der Mensch dehnt sich also, wenn er in die Geisteswelt kommt, über die Sonnensphäre hinaus weiter aus.

Diese Geisteswelt ist unserer physischen Welt noch sehr viel unähnlicher als es schon die Seelenwelt war. Vergleiche zu unserer Sinneswelt können nur noch in Form von Bildern oder Andeutungen gezogen werden. Wie Rudolf Steiner betont, kann die Beschaffenheit dieser Welt mit keinen passenden Worten einer menschlichen Sprache wiedergegeben werden. Anders schaut es natürlich aus, wenn es für ihn darum ging, das zu beschreiben, was der Mensch in seiner Zeit nach dem Tod dort *erlebt* und *erfährt*. Das lässt sich durchaus mit Worten ausdrücken, wenngleich vieles unseren Verstand auf das Äußerste herausfordern dürfte.

Dennoch sollen hier auch einige Andeutungen gemacht werden, welche die Beschaffenheit der Geisteswelt *ein wenig* charakterisieren. Mit diesen Andeutungen sind die Dinge, die es hier gibt, natürlich nicht erschöpft. Wie Steiner sagte, ist die geistige Welt aus dem gleichen ›Stoff‹ gewoben, aus dem die menschlichen Gedanken bestehen. Allen Gedanken, die in den Köpfen von Erdenmenschen auftauchen, entspricht in der Geisteswelt eine reale Wesenheit, eine *»Gedankenwesenheit«*. Dem Sphärenmenschen kann sich nun diese Umgebung offenbaren als eine **»Welt lebendiger Gedanken oder Geistwesen«**.[142] Darüber hinaus sind in dieser Welt **»die geistigen**

Urbilder aller Wesen und Dinge«[142] zu ›sehen‹. Alles, was in der physischen Welt und auch in der Seelenwelt vorhanden ist, hat hier sein geistiges *Urbild*, von denen die Dinge in den niederen Welten nur Abbilder sind.

Sehr charakteristisch für die geistige Welt ist, dass es hier kein Ruhen, kein Verweilen, kein Pausieren wie in der Sinneswelt gibt. Alles ist in fortwährender Tätigkeit, in fortwährendem Schaffen. Auch **»die Urbilder sind schaffende Wesenheiten. Sie sind die Werkmeister alles dessen, was in der physischen und seelischen Welt entsteht.«**[143] Diese Urbilder, die in ständiger Bewegung sind, ähneln nur sehr wenig dem, was sie in den unteren Welten hervorgebracht haben. *»Das Reich des Geistes ist ganz und gar schaffendes Bewegen, die Urbilder sind in immer neuen, wechselnden Konstellationen schaffend miteinander verbunden. Immerwährend ›sprießen‹ sie, und kaum haben sie eine Gestalt aus sich hervorsprießen lassen, kündigt sich schon ein nächstes Wesen an. Ein Urbild kann, normalerweise zusammen mit anderen, eine nie endende Zahl einzelner Gestalten hervorbringen, Gestalten, die ›gesehen‹ werden können, doch auch ›gehört‹. Urbilder sind zugleich ›Urtöne‹, Meere von Klängen, in welche der Wahrnehmer eingebettet ist.«*[144]

Im Devachan ist auch das Geistig-Musikalische zu hören, das die *Pythagoreer* die *»Sphärenmusik«* nannten. Diese Musik ist nicht zu vergleichen mit einer solchen, die an ein physisches Ohr dringen kann. **»Der Beobachter** [Hellseher oder Sphärenmensch] **fühlt sich wie in einem Meere von Tönen. Und in diesen Tönen, in diesem geistigen Klingen drücken sich die Wesenheiten der geistigen Welt aus. In ihrem Zusammenklingen, ihren Harmonien, Rhythmen und Melodien prägen sich die Urgesetze ihres Daseins, ihre gegenseitigen Verhältnisse und Verwandtschaften aus. Was in der physischen Welt der Verstand als Gesetz, als Idee wahrnimmt, das stellt sich für das ›geistige Ohr‹ als ein Geistig-Musikalisches dar. [...] Dem Besitzer des ›geistigen Ohres‹ ist diese ›Sphärenmusik‹ nicht bloß etwas Bildliches, Allegorisches, sondern eine ihm wohlbekannte geistige Wirklichkeit. Man muss nur, wenn man einen Begriff von dieser ›geistigen Musik‹ erhalten will, alle Vorstellungen von sinnlicher Musik beseitigen, wie sie durch das ›stoffliche Ohr‹ wahrgenommen wird. Es handelt sich hier eben um ›geistige Wahrnehmung‹, also um eine solche, die stumm bleiben muss für das ›sinnliche Ohr‹. [...] Man hat sich nur vorzustellen, dass alles, was als ›Bild‹, als ein ›Leuchtendes‹ beschrieben wird, zugleich ein Klingendes ist. Jeder Farbe, jeder Lichtwahrnehmung entspricht ein geistiger Ton, und jedem Zusammenwirken von Farben entspricht eine Harmonie, eine Melodie und so weiter. Man muss sich nämlich durchaus vergegenwärtigen, dass auch da, wo das Tönen herrscht, das Wahrnehmen des ›geistigen Auges‹ nicht etwa aufhört. Es kommt eben das Tönen zu dem Leuchten nur hinzu.«**[145]

Grundsätzlich ist es auch in der Geisteswelt wieder so, dass der Mensch die Seelen der Menschen wiederfinden wird, mit denen er im Erdenleben eng verbunden war. Alle Seelen hängen durch ihre gemeinsamen irdischen Erlebnisse und Berührungspunkte wie in einem großen Geflecht zusammen. Nun, nachdem sie sich von den letzten irdischen und auch seelischen Fesseln und Schranken befreit haben, kann ihr Zusammensein noch viel inniger und intensiver sein, als es in der Seelenwelt oder gar im Erdendasein der Fall war. Auch hier gibt es weder den dreidimensionalen Raum noch die irdischen Zeitverhältnisse, die ein Zusammenkommen erschweren könnten. Von »Zeit« im üblichen Sinne kann spätestens in der Geisteswelt nicht mehr die Rede sein. Hier herrscht nur *Dauer*. Man könnte auch von *»Zeitlosigkeit«* oder *»Gleichzeitigkeit«* sprechen.

Die Seelen stehen sich jetzt – völlig unverschleiert – *selbst* gegenüber. Das Mitfühlen und Mitleiden ist hier ungleich tiefer und inniger, als wir das von unserem physischen Dasein her kennen. Jeder Schmerz, den ein anderes Wesen hat, wird hier selbst als solcher empfunden. Im Gegensatz zu den Verhältnissen auf der Erde ist es im Devachan unmöglich, dass ein Wesen auf Kosten anderer ein persönliches Glück erfahren kann. Dadurch werden die Impulse der Brüderlichkeit empfangen, die sich fruchtbar in weiteren Inkarnationen auswirken können. Es wird dem Menschen auch nicht schwer fallen können, einen anderen, der ihm lieb und teuer war, wiederzuerkennen, selbst dann, wenn dieser erst sehr viel später gestorben ist. In der geistigen Welt werden die Veranlagungen getroffen, dass diese Menschen sich auch in folgenden Inkarnationen wieder begegnen und ihre Beziehungen noch vertiefen können.

Auch jetzt hat der Mensch noch eine Wahrnehmungsmöglichkeit für die Menschen, die auf der Erde verkörpert sind. Natürlich hat er längst keine physischen Organe mehr, so dass er deren Gestalten nicht sehen kann. Physische Farben und Formen kann er nicht mehr wahrnehmen. Das, was er von einem auf der Erde wandelnden Menschen wahrnehmen kann, ist dessen ›geistiges Gegenbild‹. Alles, was man mit physischen Sinnen wahrnehmen kann, hat in der Geisteswelt ein solches Gegenbild. Wenn der Erdenmensch irgendeine Verrichtung macht oder eine Veränderung erfährt, so kann der Sphärenmensch das entsprechende geistige Gegenbild sehen. Auf diese Art kann er gewahr werden, was der Erdenmensch tut und wie es ihm ergeht.

Viele spirituell gesinnte Menschen sagen, dass die Seelen der verstorbenen Menschen nach einer gewissen Zeit der Läuterung bzw. Anpassung an die Verhältnisse der höheren Welten »ins Licht« gehen. Dass diese Aussage vielleicht etwas plakativ, aber keineswegs falsch ist, kann folgender Darstellung Rudolf Steiners entnommen werden: »Wenn wir fragen: Wo ist Devachan, wo ist die geistige Welt? — so antworte ich: Immerfort um uns herum. — Es ist wirklich so. Also sind auch all die Seelen der Menschen, die entkörpert sind, um uns herum. Sie arbeiten um uns herum. Während wir Städte bauen, Maschinen konstruieren, arbeiten aus dem geistigen Gebiet heraus, um uns herum, die Menschen, die zwischen Tod und neuer Geburt stehen. Sie arbeiten um uns herum. Wenn wir als Seher sie aufsuchen, können wir finden, wenn wir das Licht nicht bloß sinnlich wahrnehmen, innerhalb des Lichtes die toten Menschen. Das Licht, das uns umgibt, bildet den Körper der Toten. Das Licht, das die Erde umspült, ist Stoff für die Wesen, die im Devachan leben. Sehen wir draußen eine Pflanze, die von Sonnenlicht sich nährt; sie empfängt nicht nur das physische Licht, sondern in Wahrheit die Tätigkeit geistiger Wesen, und unter ihnen sind auch diese [entkörperten] Menschenseelen. Sie selbst strahlen als Licht auf die Pflanzen nieder, sie umschweben die Pflanzen als geistige Wesenheiten.«[146]

Auch Sigwart sprach in seinen postmortalen Mitteilungen oftmals von diesem »Licht«. Obwohl er sich dessen bewusst war, dass es nahezu unmöglich ist, seine Wahrnehmungen und Erlebnisse im Devachan, die so mit rein gar nichts vergleichbar sind, was wir aus unserer physischen Welt kennen, mit Worten einer Menschensprache auszudrücken, unternahm er zu unterschiedlichen Zeitpunkten in einigen Mitteilungen den Versuch, zumindest gewisse Aspekte zu beschreiben:
»Ich hörte vorhin, was ihr beim Lesen meiner Mitteilung gesagt habt, und will euch die Sache erklären. Devachan ist der Himmel. Eintritt haben dort nur diejenigen, die alles überwunden und abgestreift haben. Über das Devachan zu schreiben bin ich kaum fähig, da ich dafür keine Ausdrucksweise finde. Ihr müsst wissen, dass ich diese Sphäre noch nicht ganz erreicht habe. Es ist eine Übergangsstufe zwischen der letzten Astralsphäre und dem Devachan, auf der ich mich befinde. Ich könnte glauben, schon dort zu sein, weil ich ein Vorgefühl davon in mir trage und innerlich schaue, was jenseits dieser Sphärenschicht ist. Diese Himmelswelt übertrifft alle Vorstellungen, die ihr Menschen euch machen könnt, denn sie ist so reich an umfassendem Erleben und höchstem Schauen, dass man diese gewaltigen Eindrücke nie in Worte wird kleiden können. Ihr wundert euch sicher, dass ich davon spreche, ohne selber in der Sphäre zu sein, das verhält sich aber so: Ich sehe hier, was dort ein- und ausgeht, und nachdem ich in kürzester Zeit selber im Devachan aufgenommen werde, fühle ich die Erlebnisse der anderen, die oft für kurze Augenblicke zurückkommen, um sich nach ihren Freunden umzusehen. Ich sagte euch schon vor einiger Zeit, ich sei im Devachan. Damals glaubte ich wirklich, es wäre die Himmelssphäre, als ich meine jetzige Sphäre erreichte. Erst mit der Zeit merkte ich, dass es noch etwas anderes gab, was mir bis jetzt verschlossen ist. Darum müsst ihr den Irrtum verzeihen. Ihr werdet aber nun verstehen, dass ich es glauben konnte, denn schon hier hat man alles, was einem zur höchsten Seligkeit gereicht. Nur das vollkommene Schauen und Erkennen aller Lichtwesenheiten muss ich mir noch erarbeiten. Das fehlt mir noch. – Dennoch ist es ein Lichtmeer, das mich umgibt, [...]«[147]
»Ich, Sigwart, spreche und will euch heute Großes berichten von der neuen Welt, in die ich eingegangen bin. Licht, alles nur Licht! Die Sterne durchwandere ich, die Sonnensysteme überblicke ich. Ich verstehe das Werden, das Vergehen, das All mit seinen Millionen Entwicklungsstufen. Ich verharre in Schweigen, wenn sich alles vor mir abspielt. Ich bin ganz Ich! Nicht mehr behaftet mit störenden

Aus der ersten der beiden oben angeführten Mitteilungen geht hervor, dass Sigwart bereits zu einem ›Zeitpunkt‹, als er noch in der Astral- bzw. Seelenwelt weilte, den Eindruck hatte, sich bereits im Devachan, also in der Geisteswelt, zu befinden, in die er schon einen gewissen Einblick hatte. Wie er sagte, trug er ein Vorgefühl von dieser Seinsebene in sich und konnte innerlich schauen, was in dieser ist. Wir haben ja bereits mehrfach erwähnt, dass sich alle übersinnlichen Welten und Sphären gegenseitig durchdringen und durchziehen und somit *überall* sind. Daher ist es auch nicht verwunderlich, dass ein Sphärenmensch, der noch nicht alle Regionen der Seelenwelt durchlebt hat, schon gewisse Einblicke oder Vorgefühle von dem haben kann, was in der Geisteswelt webt und west, obwohl er noch nicht die Reife oder – wie man auch sagen könnte – die Erlaubnis hat, in dieser bewusst zu leben.

Um einen etwas simplen Vergleich aus dem Erdenleben heranzuziehen, könnte man vielleicht an ein Kleinkind denken, dass gewisse Gespräche der Erwachsenen aufschnappt und gewisse Handlungen beobachtet, ohne den Sinn dergleichen verstehen und einordnen zu können, weil es noch nicht die dazu nötige Reife besitzt.

Sigwart stand schon auf einer sehr hohen Stufe seiner geistig-seelischen Entwicklung und hatte nur wenige Begierden, Triebe und Wünsche, die im Kamaloka einer Läuterung bedurft hätten. Daher hatte er schon deutlich früher als die meisten Menschen die Anwartschaft für die Geisteswelt erworben, in die er dann schließlich bereits wenige Jahre nach seinem Schwellenübertritt aufgenommen werden konnte.

5.3.3.1   Die Kontinentalregion bzw. die Marssphäre

Während der Mensch sich in der Geisteswelt einzugewöhnen beginnt, hat sich seine Wesenheit bis zur *»Marssphäre«* ausgeweitet. Er befindet sich in der ersten Region der geistigen Welt. In dieser Region sind diejenigen Urbilder der physischen Welt zu finden, die das Materielle, das Körperliche betreffen, also die Urbilder der Minerali-

en, aber auch die der Pflanzen-, Tier- und Menschenformen, soweit nur das Physische
in Betracht kommt. Diese Region stellt das ›Grundgerüst‹ der geistigen Welt dar,
ähnlich wie in der Sinneswelt der feste Erdboden das Grundgerüst dieser Welt bildet.
In Analogie zu den Erdenverhältnissen bezeichnete Rudolf Steiner diese Region als
»*Kontinentalland*« oder »*Kontinentalregion*« der Geisteswelt.

Der Mensch ist hier umgeben von den sinnlichen Urbildern der physischen Welt.
Während er auf der Erde weilte, lernte er nur den schattenhaften Abdruck dieser Urbilder kennen, die er mit seinen an das Werkzeug des physischen Gehirns gebundenen
Gedanken erfassen konnte. Nun aber erlebt er, dass hinter diesen Gedanken reale
Wesenheiten stehen. **»Was auf der Erde bloß gedacht wird, das wird in dieser Region
erlebt.«**[149] Der Sphärenmensch wandelt unter diesen Gedankenwesenheiten. Er befindet sich in einer ›Werkstatt‹, in der alles geformt und gebildet wird, was sich an physischen Dingen auf der Erde befindet. Nun lernt er erkennen, wie diejenigen Dinge,
von denen er im Erdendasein eine Anschauung haben konnte, wirklich entstehen, wie
sie gebildet werden. Seinen abgelegten physischen Leib, an den er noch eine Erinnerung hat, erkennt er jetzt ebenfalls als eine Gedankenwesenheit und somit als
etwas, was der äußeren Welt angehört. Er sieht in den physischen Urbildern eine Einheit, der er mit seinem Leib selbst angehört hat. Er erkennt seine Verwandtschaft mit
allen physischen Dingen. In gleichem Maße fühlt er aber immer deutlicher, dass er in
seinem geistigen Wesen der Geisteswelt angehört.

Die Visionen bzw. Imaginationen, die ihm in der Seelenwelt gegenübertraten, werden nun mehr und mehr unbedeutend. Dafür nimmt das, was er nun geistig hören
kann, kontinuierlich an Bedeutung zu. Die geistigen Töne und Klänge, die er nun inspirativ zu vernehmen vermag, stammen unter anderem von dem Gang, dem Zusammenwirken und Zusammenklingen der Planeten. Das Tönen des Kosmos, das Lauschen der Sphärenmusik, macht seine ganz wesentliche Wahrnehmung aus. **»Alles was
ist, wird wahrgenommen, indem es uns aus dem Umkreis des Kosmos entgegentönt.
Doch so, wie wenn man lauter Harmonien vernehmen würde, tönt es heraus aus dem
Kosmos, nicht wie die Klänge aus der physischen Welt. Man gelangt zu einem Punkte
des Erlebens, wo man sich selbst wie im Mittelpunkte des Kosmos fühlt, und von allen
Seiten hereinklingend nimmt man die Weltentatsachen durch diese Sphärenmusik
wahr.«**[150]

Diese himmlische ›Musik‹ vermochten auch einige Menschen, die Nahtod-Erlebnisse hatten, zu vernehmen: *»In meinen Ohren erklang noch die für mein Gefühl
überirdische Musik, die ich während meines Schlafes gehört hatte. Es war, als ob
ein großes Orchester musizierte, ohne dass ich jedoch einzelne Instrumente unterscheiden konnte, auch war kein Leitmotiv in dem Ganzen, es war alles ein einziger
harmonischer Wohllaut, eine Sphärenmusik von der höchsten Schönheit und Reinheit. Nie hatte ich eine Ahnung von solcher Musik gehabt.«*[151]

»Es war eine Art Instrumentalmusik oder Stimmen, ich weiß wirklich nicht. Ich erinnere mich aber, dass ich zuhörte und dachte: Ich wusste gar nicht, dass es neben all den Noten, die wir kennen, noch so viele andere gibt. Sie alle ergaben einen harmonischen Klang. Ich hörte zu, und die Musik machte mich sehr glücklich. Es war wirklich wunderschöne Musik.«[152]

»Ich schien durchs Weltall zu schwirren! Dort war auch ein ungeheurer Lärm. Es war, als ob all die großen Orchester der Welt auf einmal spielen würden; keine spezielle Melodie, und sehr laut, kraftvoll, aber irgendwie beruhigend. Es war eine schnelle, bewegte Musik, anders als all jenes, an das ich mich erinnern kann, und doch vertraut, wie aus der Ecke meiner Erinnerungen.«[153]

Die Klänge verwandeln sich für den Sphärenmenschen immer mehr in Sprache, nicht aber in die Sprache der Menschen, sondern in die *»Sprache der Götter«*, jene Sprache, mit der alles geschaffen wurde, wie ja auch die Schöpfungsgeschichte erzählt.[154] Es ist für den Menschen nun sehr wichtig, diese Sprache zu vernehmen und zu verstehen. Je besser ihm das gelingt, desto mehr Kräfte kann er sammeln, um im nächsten Erdendasein seine Spiritualität zu bewahren bzw. zu erhöhen.

Das letzte Erdenleben des Menschen, der jetzt in der geistigen Welt weilt, war zunächst dadurch geprägt, dass er in eine ganz bestimmte Familie, ein ganz bestimmtes Volk und eine ganz bestimmte Kulturepoche hineingeboren wurde. Dadurch kam er mit ganz bestimmten Menschen zusammen, zu denen er vielleicht ein besonders herzliches und liebevolles Verhältnis gewinnen konnte. Dann ging er diesen oder jenen Beschäftigungen oder Tätigkeiten nach. In diesem Zusammenhang traf er wiederum andere Menschen, mit denen er auch freundschaftliche Bande knüpfen konnte. Diese Verhältnisse und Beziehungen treten ihm in der ersten Region der Geisteswelt noch einmal entgegen, und zwar als *»lebendige Gedankenwesenheit«*.[155] Diese Verhältnisse durchlebt er jetzt noch einmal. Dieses erneute Erleben hat nun nichts mehr mit Läuterung oder einer moralischen Bewertung zu tun, wie das in der Seelenwelt der Fall war. Er erlebt es jetzt vielmehr von einer ›tätigen‹ Seite, aus einer höheren, geistigen Warte. Alle diese positiven Beziehungen, die er im Erdenleben gepflogen hat, werden in ihm lebendig, seine Familienliebe, seine Freundschaften und Kameradschaften. Dadurch werden seine Fähigkeiten, solche Verhältnisse pflegen zu können, noch gesteigert, so dass er in dieser Hinsicht im nächsten Leben noch vollkommenere, noch liebevollere, noch freundschaftlichere Beziehungen pflegen kann. Insbesondere alles, was in der Familienliebe und in freundschaftlicher Liebe wirkt, wird hier noch gestärkt. Die alltäglichen Verhältnisse, die sein irdisches Dasein ausgemacht haben, können hier reifen. Mit all den Menschenseelen, zu denen er im Erdenleben ein Verhältnis gewinnen konnte, lebt er in der geistigen Welt nach wie vor zusammen. In gleichem Maße, wie sich von der Seele alles gelöst hat, was sie nur dadurch haben konnte, dass sie mit einem physischen Leib vereinigt war, lösen sich jetzt auch diejenigen Bindungen zwischen den menschlichen Seelen, die nur im Physisch-Sinnlichen des Erdendaseins eine Bedeutung haben können.

In dieser Phase hat aus seinem Erdenleben nur noch dasjenige einen Wert, was er an spirituellen Gedanken, Vorstellungen und Impulsen aufgenommen hat. Das ist das Einzige, was ihm in dieser Region noch bleibt. Das fühlt er immer deutlicher. Über alles Persönliche, über alles, was die Persönlichkeit in der letzten Inkarnation ausgemacht hat, ist er nun hinausgekommen. Er wird immer geistiger. **»Unser früheres menschliches Interesse wird jetzt immer kosmischer.«**[150] Um hier ein geselliges Leben führen zu können, ist es notwendig, dass der Mensch sich im Erdendasein mit einem gewissen Maß an Spiritualität durchdrungen hat, dass er gewisse geisteswissenschaftliche Erkenntnisse und Vorstellungen aufgenommen hat. Er muss die großen Wahrheiten kennengelernt haben, die allen Religionsbekenntnissen und Weltanschauungen zugrunde liegen. Nur dadurch kann er Bekanntschaft mit den Wesen dieser Sphäre machen und zu einem geselligen Geist werden. Ein Materialist oder Atheist wird – sofern er diese Sphäre überhaupt mit einem gewissen Bewusstsein erreichen kann – ein sehr einsamer Geist.

5.3.3.2   Die Meeresregion bzw. die Jupitersphäre

Wenn der Mensch über die Marssphäre hinausgewachsen ist, tritt er in die *»Jupitersphäre«* ein. Er hat sich also so weit ausgedehnt, dass die äußerste Grenze seiner Wesenheit mit der Sphäre zusammenfällt, die durch die Stellung des Jupiters markiert wird. Nun ist er in der zweiten Region der Geisteswelt. In dieser Region befinden sich die Urbilder des *»Lebens«* und somit auch die der Ätherleiber. Als flüssiges Element durchströmt das Leben, das auch die Ätherleiber bildet und entwickelt, die Geisteswelt. Daher gab Rudolf Steiner ihr in Analogie zu den Erdenverhältnissen den Namen *»Meeres-«* oder *»Flussregion«*.

Solange der Mensch noch auf der Erde weilte, erschien ihm das, was man »Leben« nennt, an einzelne Lebewesen gebunden zu sein. Nun erkennt er in dieser Himmelsregion, dass dieses von einzelnen Wesen losgelöst ist und dass dieses **»gemeinsame Leben der irdischen Welt als Gedankenwesenheit gleichsam als ›Lebensblut«**[156] die ganze Region durchfließt. Der Mensch wird gewahr, dass alles Vergängliche nur ein Gleichnis eines Ewigen ist, zu dem er nun in Anbetung und Verehrung aufschaut. Er kann sich hier mit dem Göttlichen, das er auf der Erde verehrt hat, vereinigen. Während er in der Marssphäre die Göttersprache vernehmen konnte, nimmt er hier die *»Gedanken der Götter«* wahr. Die Sphärenmusik tönt immer lauter, sie steigert sich in hohem Maße, so dass er bald regelrecht betäubt wird.

Im Gegensatz zu allen bisherigen Sphären ist es in unserem Zeitalter einem Menschen noch nicht möglich, die Jupitersphäre *vollständig* zu betreten und zu durchlaufen, er kann sie nur ›berühren‹. Erst in ferner Zukunft kann er diese Sphäre voll durchleben. Die nächste Sphäre, die Saturnsphäre, wird er erst in noch fernerer Zukunft *voll-bewusst* durchlaufen können. Damit aber auch ein heutiger Mensch, der diese Regionen noch nicht vollständig durchleben kann, die Kräfte aufnehmen kann, die er von diesen Planeten bzw. den dort befindlichen Geistwesen empfangen kann, sind von der göttlichen Weltenordnung die vielen Planetoiden zwischen Mars und Jupiter einge-streut. **»Sie sind in ihren geistigen Wesenheiten Kolonien von Jupiter und Saturn. We-sen von Jupiter und Saturn sind zurückgegangen zu den Planetoiden.«**[157]

Es wurde ja schon mehrfach gesagt, dass man sich die einzelnen Regionen nicht wie voneinander abgetrennte oder abgegrenzte Gebiete vorstellen darf. Der Sphären-mensch weiß, dass er nun in einer neuen Region angekommen ist, weil er jetzt die inneren Fähigkeiten erlangt hat, die es ihm erlauben, dasjenige wahrzunehmen, was ihm zuvor noch verhüllt war. Bisher konnte er in der Geisteswelt *vorwiegend* nur mit solchen Menschen zusammenkommen, zu denen er Bande im Erdenleben anknüpfen konnte. Nun kann sich sein Bekanntenkreis mehr und mehr erweitern. Ausschlagge-bend dafür, dass er nun auch mit anderen Seelen zusammenkommen kann, sind seine religiösen und moralischen Empfindungen und Stimmungen, die er aus seinem letzten Erdenleben mitbringt. Er fühlt sich nun – ähnlich wie das bereits in der Venussphäre der Fall war – eins mit allen Seelen, die ein gemeinsames Religionsbekenntnis oder eine gemeinsame Verehrung hatten. Jetzt treten die Früchte eines religiösen Lebens hervor. Alle Kräfte, die man braucht, um sich als Glied einer solchen Gemeinschaft aufzufassen, die religiösen Empfindungen und die moralischen Bestrebungen werden aus dieser Region geschöpft und können somit in der nächsten Inkarnation noch er-höht werden.

Hier wird nun entschieden, ob der Mensch in seinem abgelegten Erdenleben bereits alles Wesentliche aus seinem letzten Religionsbekenntnis für sich herausgezogen und fruchtbar gemacht hat. Davon hängt es ab, ob er in seiner nächsten Inkarnation ins gleiche Bekenntnis ›gezogen‹ wird oder ob er ein anderes Bekenntnis durchmachen kann, das ihm neue Anregungen und Impulse zu geben vermag und das ihn mit ande-ren gleich gesinnten Menschen zusammenbringen kann, so dass er dadurch in seiner gesamten Entwicklung weiterschreiten kann. Auf dem Rückweg durch die Planeten-sphären kommt die Seele noch einmal in die Jupiterregion. Dann bereitet sie sich die Anlagen, die sie dazu braucht.

Auch hier mag man es wieder mit einer Weltentatsache zu tun haben, die vielen nicht gerade sympathisch sein dürfte. Welch überzeugter und begeisterter Anhänger einer christlichen Kirche mag sich vorstellen, im nächsten Leben vielleicht Buddhist zu sein! Welcher Buddhist kann es für erstrebenswert halten, dereinst etwa dem isla-mischen Bekenntnis anzugehören! Aber – wie schon des Öfteren erwähnt – nach dem Tod sind unsere Seelen um ein Vielfaches weiser und weitsichtiger als während unseres in vielerlei Hinsicht begrenzten Erdendaseins. Man kann sich jetzt schon vorstellen, dass die Notwendigkeit, im nächsten Leben ein bestimmtes Religionsbekenntnis zu haben, auch einen gewissen Einfluss auf das Land hat, in dem man sich inkarniert. So ist es ja gar nicht so einfach, etwa zum Hinduismus zu finden, wenn man in Mitteleuropa oder Amerika geboren wird. Angesichts all dieser ›planerischen Schwierigkeiten‹, die sich da zu ergeben scheinen, kann man nur immer wieder mit tiefster Ehrfurcht auf die Weisheit und Macht der Weltenlenker blicken, die jeden menschlichen Verstand übersteigen.

5.3.3.3   Die Luftregion bzw. die Saturnsphäre

Wenn der Mensch das Jupiterdasein hinter sich gelassen hat, befindet er sich an der Grenze unseres Sonnensystems. Er kommt mit der *»Saturnsphäre«* in ›Berührung‹. Es ist dies die dritte Region der Geisteswelt. In dieser Region sind die Urbilder alles Seelischen zu finden. Das Element, in dem man sich hier befindet, ist viel feiner und dünner als in den ersten beiden Regionen. Alles, was in den Seelen der verkörperten Menschen und denen in der Seelenwelt vorgeht – also das Astralische wie Gefühle, Empfindungen, Leidenschaften usw. – hat hier sein ›geistiges Gegenstück‹. **»Wie ein leises Wehen erscheint hier das Sehnen einer Menschenseele; wie ein stürmischer Luftzug ein leidenschaftlicher Ausbruch.«**[158] Vergleichsweise nannte Rudolf Steiner daher diese Region *»Luftregion«*. Der Mensch wird gewahr, dass alles Seelische, alle Gefühle, Empfindungen, Begierden, usw. eine Einheit bilden, dass *alle* diese Gefühle *aller* Wesen *eine gemeinsame* Welt darstellen. Die Sphärenmusik wird hier immer mehr zum Ausdruck des *»Weltenwortes«*, aus dem heraus alles geschaffen wurde. Dieses Weltenwort ist im Prolog des Johannes-Evangeliums gemeint, wo es heißt: *»Im Urbeginne war das Wort [...]«*.[159] In dieser Sphäre enthüllt sich ihm das *»Weltengedächtnis«*, das *»Gedächtnis der Götter«*. Er kann aufnehmen, was vom Lauf der Welt hier aufgezeichnet ist.

Der Mensch nimmt zunächst das wahr, was im verflossenen Leben in seiner Seele lebte: Leid, Lust, Freuden, Schmerzen usw. Er nimmt also all diese Gefühle und Empfindungen aus seinem letzten Erdendasein erneut wahr. Diese Wahrnehmung hat jetzt aber eine andere Qualität als im Kamaloka. Nun sind alle seelischen Erlebnisse aus dem letzten Erdenleben als Außenwelt für lange Zeit vor seiner Seele ausgebreitet. Dieses Wahrnehmen seiner Gefühle ist aber nicht etwas, was ihn jetzt traurig machen würde. Alle Leiden und Schmerzen sind dort um ihn vorhanden wie ein Gewitter, und alle Freuden sind dort wie herrliche Wolkenerscheinungen vorhanden. **»Es ist so um uns herum, als ob es in Bildern, Tönen oder atmosphärischen Erscheinungen um uns wäre; es ist objektiviert als himmlisches Gebilde. Dass zum Beispiel die Schmerzen uns entgegenstrahlen, sagte ich, ist nicht traurig, so wenig es hier im Leben** traurig ist, wenn Blitz und Donner uns umgeben; denn der, welcher den Zusammenhang einsieht, der weiß, was wir gerade den Schmerzen verdanken. Gerade wer Leid und Schmerz erfahren hat, wird immer sagen, dass zwar Freuden und Lust dankbar hingenommen werden, dass man aber die Schmerzen und Leiden nie missen möchte. Alle unsere Weisheit verdanken wir den Leiden und Schmerzen der verflossenen Erdenleben.«[160]

> An diese Darstellung Rudolf Steiners erinnert das, was Eben Alexander, der während seines siebentägigen Komas einen ganzen Ansturm von Nahtod-Erlebnissen hatte, schreibt: *»Gefühle sind anders dort oben* [in der Geisteswelt]. *Alle menschlichen Emotionen sind präsent, aber sie sind tiefer, weiter. Sie sind nicht nur innen, sondern auch außen. Stellen Sie sich vor, dass sich jedes Mal, wenn sich hier auf der Erde Ihre Stimmung verändert, sofort auch das Wetter mit verändert. Dass Ihre Tränen einen sintflutartigen Regenguss auslösen und Ihre Freude auf der Stelle die Wolken zum Verschwinden bringt. Das gibt uns eine Vorstellung davon, wie viel riesiger und folgenschwerer als hier unten Stimmungsschwankungen dort oben sind, wie seltsam und wie kraftvoll, und dass das, was wir uns als ›innen‹ und ›außen‹ denken, überhaupt nicht wirklich existiert.«*[161]

Eine Anwartschaft auf diese Region haben sich diejenigen Seelen erworben, die es im Erdenleben dazu bringen konnten, sich in selbstloser Weise und voller Hingabe in den Dienst ihrer Mitmenschen zu stellen. Je mehr sie sich um andere Menschen gekümmert haben, je mehr sie um das Wohl der menschlichen Gemeinschaft besorgt und bemüht waren, desto eher werden sie die Wahrnehmung für diese Region gewinnen. Dieses Verhalten trägt hier seine Früchte.

Wie auch in den anderen Sphären kann der Mensch in der Saturnsphäre durchaus zu anderen Wesen finden, mit denen er ein inniges Beieinandersein führen kann. Die Bedingungen dafür sind ja von Sphäre zu Sphäre unterschiedlich. Um nun mit anderen ein Zusammenleben pflegen zu können, ist es notwendig, dass er bis zu einem gewissen Grad fähig sein muss, eine vorurteilsfreie Selbsterkenntnis zu üben. Das mag auf den ersten Blick eine leicht zu erfüllende Bedingung sein. Dass dem nicht so ist, kann aber schnell deutlich werden. Wie schwer fällt es den meisten von uns bereits, wenn es um eine objektive Selbsterkenntnis bei ganz banalen alltäglichen Dingen geht! Wie sehr lassen wir Objektivität und Vorurteilslosigkeit vermissen, wenn es etwa darum geht, unseren Wert als Mitarbeiter eines Unternehmens, als Ehepartner, Freund oder dergleichen zu erkennen! Um diese vergleichweise trivialen Dinge geht es bei der Selbsterkenntnis, von der hier die Rede ist, nur am Rande. Es geht hierbei um viel mehr. Das »Erkenne dich selbst!« war schon ein Leitsatz in den alten Mysterienstätten. Es geht hier darum, den Wert zu erkennen, den man als menschliches Wesen im Kosmos hat. Es geht darum, all seine Fehler und Schwächen zu sehen, durch die man noch von dem Erreichen des Menschheitsideals entfernt ist. Wenn der

Mensch nicht einmal in geringem Maße zu dieser Selbsterkenntnis fähig war, wird er nun ein äußerst trauriges und einsames Leben zu führen haben. In der Seelenwelt hat der Mensch ja noch einmal sein komplettes abgelegtes Erdenleben durchleben dürfen. Dadurch sind ihm alle Schwächen und Unzulänglichkeiten deutlich vor das Seelenauge getreten. Durch diesen Prozess ist seine Fähigkeit, Selbsterkenntnis zu üben, gesteigert worden, so dass er jetzt zumindest ein gewisses Maß dieser Fähigkeit besitzen dürfte.

Der Christus hat unsere Erinnerungen an das frühere Erdenleben für uns aufbewahrt und uns dadurch vor dem schwindenden Bewusstsein und den damit verbundenen Angstzuständen bewahrt. Nun erkennt der Mensch, selbst dann, wenn er ein einigermaßen moralisches Leben geführt hat, wenn er sich mit Religiosität und Spiritualität durchdrungen hat, wie wenig sein ganzes Leben und alles, was er da durchgemacht hat, den höheren moralischen Forderungen und dem majestätischen göttlich-kosmischen Sein angemessen war. **»Wie ein Vorwurf berührt uns das Leben, das wir hinter uns gelassen haben.«**[162] Dann tritt ein bedeutsames Ereignis auf: Der Mensch sieht noch einmal sein abgelaufenes Erdenleben von einem höheren, kosmischen Standpunkt aus. Er erkennt alles, was sich karmisch gebildet hat und fühlt deutlich, was er an der letzten Inkarnation auszusetzen und zu bemängeln hat.

****

Über das Leben in der Saturnsphäre kommen die meisten Menschen noch nicht hinaus. Sie werden zwar auch der Saturnsphäre entwachsen, aber während dieser Zeit notwendigerweise in einem dämmerigen Bewusstseinszustand und ganz mit sich selbst beschäftigt sein (☞ 5.3.5, S. 314ff.). Von dem, was um sie herum geschieht, bekommen sie nichts mit. Dennoch können sie die benötigten Kräfte aus dem Kosmos empfangen. Nur wer in hohem Maße fähig ist, objektive und vorurteilsfreie Selbsterkenntnis zu üben, kann sich in den noch höheren Gebieten einfinden. Die anderen gehen unbewusst bzw. in einem Dämmerzustand durch diese Sphären hindurch. Die Seelen, die die Reife für diese Sphären haben, können von hier dann später dasjenige mitbringen, was den wahren Fortschritt im Erdendasein bewirkt. Wenn nicht genügend Seelen mit Bewusstheit über das Saturndasein hinauskommen könnten, so würde es auf der Erde niemals einen wirklichen Fortschritt geben können. Nur dadurch, dass sich genügend viele Seelen aus diesen kosmischen Gefilden die entsprechenden Kräfte mitbringen, kann es im Erdenleben neue Einschläge und Kulturimpulse geben. Diejenigen Seelen, die sich in den höheren Regionen einleben können, blicken auf die Planeten zurück und erkennen in ihrem höheren Bewusstsein, das sie dann haben, den Saturn als den größten Wohltäter für das nachtodliche Leben an. **»Dem, was Saturn da hinausstrahlt an Geiststrahlen, verdanken wir es, dass wir entkleidet werden der irdi-**

schen Schwere, entkleidet werden dessen, was die physischen Sprachkräfte sind, dessen, was die physischen Denkkräfte sind.«[163]

5.3.3.4   Die vierte Region der Geisteswelt

Nachdem der Sphärenmensch das Leben in der Saturnsphäre durchlaufen hat, wenngleich das wohl in einem herabgedämpften Bewusstseinszustand geschehen ist, ist
sein Wesen so weit ausgedehnt, dass es die Grenze des planetarischen Kosmos überschreitet. Die drei Planeten Uranus, Neptun und Pluto haben übrigens für das nachtodliche Leben des Menschen keine Bedeutung.[164] Nun kommt der Mensch in die
vierte Region der Geisteswelt, der Rudolf Steiner keinen besonderen Namen gab.

Die ersten drei Regionen der Geisteswelt stehen noch in einem bestimmten Verhältnis
zu der Seelenwelt bzw. der physischen Welt. Das ist in der vierten Region nicht mehr
in dieser Weise der Fall. Auch in der vierten Region der geistigen Welt sind wieder
Urbilder vorhanden, allerdings nicht solche, die in unmittelbarem Zusammenhang mit
den Dingen und Wesenheiten der anderen Welten stehen. Hier hat man es in gewisser
Weise mit übergeordneten Urbildern zu tun, die damit beschäftigt sind, die untergeordneten zu ordnen und zu gruppieren. **»Sie** [die vierte Region der Geisteswelt] **unterscheidet sich von den drei unteren Regionen dadurch, dass in diesen die Urbilder jener
physischen und seelischen Verhältnisse angetroffen werden, die der Mensch in der
physischen und seelischen Welt vorfindet, bevor er selbst in diese Welten eingreift. Die
Verhältnisse des alltäglichen Lebens knüpfen sich an die Dinge und Wesen, die der
Mensch in der Welt vorfindet; die vergänglichen Dinge dieser Welt lenken seinen Blick
zu deren ewigem Urgrund; und auch die Mitgeschöpfe, denen sich sein selbstloser Sinn
widmet, sind nicht durch den Menschen da. Aber durch ihn sind in der Welt die
Schöpfungen der Künste und Wissenschaften, der Technik, des Staates und so weiter,
kurz alles das, was er als originale Werke seines Geistes der Welt einverleibt. Zu alledem
wären, ohne sein Zutun, keine physischen Abbilder in der Welt vorhanden. Die Urbilder
nun zu diesen rein menschlichen Schöpfungen finden sich in der vierten Region des
Geisterlandes.«**[165] Daher bezeichnete Rudolf Steiner diese Region bisweilen als *»reines Geisterland«*, obwohl er einräumte, dass selbst dieses Gebiet immer noch kein
vollständig geistiges sei.

Hier finden sich also insbesondere die Urbilder der Schöpfungen, die der Mensch
durch die Kunst, die Wissenschaften und die Technik der Sinneswelt einprägt. Nichts
von dem, was ein großer Mensch auf der Erde leisten kann, keine noch so geniale
Idee entspringt diesem menschlichen Wesen. Alles hat hier seine Ur- und Vorbilder.
Der Mensch sorgt lediglich dafür, dass diese Urbilder in der physischen Welt ein
Abbild haben können. Dafür muss er sorgen. Daher haben diejenigen Menschen, die
im Erdenleben ihre künstlerischen oder wissenschaftlichen Fähigkeiten ausgebildet

haben, eine *besondere* Anwartschaft auf diese Region. Künstler, Gelehrte, große Erfinder und Entdecker bekommen bei ihrem Aufenthalt in dieser Region die Kräfte und Impulse, um ihre Fähigkeiten und ihr Genie zu steigern, so dass sie im nächsten Erdenleben in noch höherem Maße am Erdenfortschritt mitwirken können. Es wäre ein materialistischer Aberglaube, wenn jemand annehmen würde, dass ein gescheiter Mensch urplötzlich aus dem ›Nichts‹ oder nur aus den Kräften der Vererbungsströme heraus einen neuen Impuls in die Erdenwelt bringen würde, der für diese einen wirklichen Fortschritt bedeuten könnte. Die entsprechende Befähigung musste er sich vielmehr aus dieser Sphäre der Geisteswelt mitbringen. Damit er diese in der dazu notwendigen Weise bewusst durchleben konnte, musste er wiederum die dazu erforderlichen Voraussetzungen in seinem letzten Erdenleben schaffen.

Es ist aber nun keineswegs so, dass diese Region nur für die großen Genien eine Bedeutung hätte. Sie ist vielmehr für alle Menschen von Bedeutung, sofern sie sich in ihrem Erdendasein mit etwas beschäftigt haben, das sie über das Wünschen und Wollen des alltäglichen Lebens hinausgeführt hat. Wenn ein Mensch dieses Gebiet *gar nicht* betreten oder zumindest berühren könnte, so wäre es für ihn im nächsten Erdenleben sehr schwierig, ein Interesse für etwas zu gewinnen, was über die Ebene seiner persönlichen Lebensführung hinausginge. Natürlich kann hier jeder nur die Früchte von dem genießen, was er aufgrund seiner individuellen Begabung sowie des Volkes und der Zeit, in die er hineingeboren wurde, zu leisten imstande war. Dasjenige, was die Menschen in dieser Region durchleben können, kann letztlich ganz wesentlich für den kulturellen Fortschritt der Erde sorgen.

Man ist ja immer geneigt zu glauben, dass etwa die großen Dichter, Künstler und Komponisten ihre wundervollen und viele Menschen erhebenden Werke während ihres irdischen Daseins aus ›heiterem Himmel‹ schaffen würden. Das kann durchaus der Fall sein, wenn sie sich – wie bereits erwähnt – die dazu notwendigen Voraussetzungen aus ihrem letzten Aufenthalt in der geistigen Welt mitgebracht haben. Wenn sie dann im Erdenleben stehen, bedürfen sie im Normalfall noch gewisser Inspirationen aus der Geisteswelt – sei es von den Wesen der höheren Hierarchien oder aber von bereits sehr hochentwickelten Menschenseelen. Das Gleiche gilt für vieles von dem, was unsere Wissenschaftler und Technologen erforschen und erfinden. Diese Inspirationen können sie in begnadeten Momenten empfangen. Oftmals sagt man: »Dieser oder jener Mensch hatte einen guten *Einfall*.« Das deutsche Wort »Einfall« drückt sehr treffend aus, um was es sich dabei handelt: Es *fällt* etwas aus der Geisteswelt in die Erdenwelt *ein*.

Der deutsche Arzt und Philosoph *Benedict Franz Xaver* Ritter *von Baader* hatte im 19. Jahrhundert dazu gesagt: *»Wer Musik macht, erzeugt sie nicht, sondern öffnet nur mehr oder minder die Türe, durch welche wir die immerwährende Ur-Musik hören.«*[166]

Der berühmte deutsche Komponist und Pianist *Johannes Brahms* wurde einmal gefragt, wie er mit der göttlichen Allmacht in Verbindung trete. Seine Antwort zeigt, auf welche Weise er aus der Geisteswelt inspiriert wurde: *»Es kann nur durch die inneren Seelenkräfte geschehen – durch das wirkliche Ich, das den Tod körperlich überlebt. [...] Wenn ich den Drang in mir spüre, wende ich mich zunächst direkt an meinen Schöpfer und stelle ihm zuerst die drei in unserem Leben auf dieser Welt wichtigsten Fragen – woher, warum, wohin? Ich spüre unmittelbar danach Schwingungen, die mich ganz durchdringen. Sie sind der Geist, der die inneren Seelenkräfte erleuchtet, und in diesem Zustand der Verzückung sehe ich klar, was bei meiner üblichen Gemütslage dunkel ist; dann fühle ich mich fähig, mich wie Beethoven von oben inspirieren zu lassen. Vor allem wird mir in solchen Augenblicken die ungeheure Bedeutung der höchsten Offenbarung Jesu bewusst: ›Ich und der Vater sind eins.‹ Diese Schwingungen nehmen die Form bestimmter geistiger Bilder an, nachdem ich meinen Wunsch und Entschluss bezüglich dessen, was ich möchte, formuliert habe – nämlich inspiriert zu werden, um etwas zu komponieren, was die Menschheit aufrichtet und fördert – etwas von dauerhaftem Wert. Sofort strömen die Ideen auf mich ein, direkt von Gott; ich sehe nicht nur bestimmte Themen vor meinem geistigen Auge, sondern auch die richtige Form, in die sie gekleidet sind, die Harmonien und die Orchestrierung. Takt für Takt wird mir das fertige Werk geoffenbart, wenn ich mich in dieser seltenen, inspirierten Gefühlslage befinde [...] Ich muss mich im Zustand der Halbtrance befinden, um solche Ergebnisse zu erzielen – ein Zustand, in welchem das bewusste Denken vorübergehend herrenlos ist [...] Ich muss jedoch darauf achten, dass ich das Bewusstsein nicht verliere, sonst entschwinden die Ideen. [...] Alles, worüber wir hier sprechen, betrifft genau das, was Sie über meine geistigen und psychischen Vorgänge beim Komponieren wissen möchten, nämlich dass die Kraft, aus der alle wirklich großen Komponisten, wie zum Beispiel Mozart, Schubert, Bach und Beethoven, ihre Inspirationen schöpfen, die gleiche ist, die es Jesus ermöglichte, seine Wunder zu wirken. [...] Wenn ich komponiere, fühle ich immer, dass ich mir den gleichen Geist aneigne, auf den Jesus so oft hinwies.«*[167]

Die Tätigkeiten und Aufgaben der Sphärenmenschen, die sich mit wachem Bewusstsein in der Geisteswelt befinden, beziehen sich auf die mannigfaltigsten Gebiete. Sie hängen natürlich davon ab, was sie an Voraussetzungen mitbringen. Rudolf Steiner konnte schon als junger Mann das Wirken einiger großer deutscher Dichter im Devachan wahrnehmen: **»Dann werden Sie etwas verspüren davon, wie eigentlich diese Seele doch etwas ganz anderes wird in ihrem Erleben, wenn sie aus der physischen in die geistige Welt aufsteigt. Und ein Teil der Aufgabe, die die Verstorbenen haben, besteht darin, dass sich ihr Blick, ihr geistiger Blick wendet zu den auf der Erde noch Lebenden, dass sie gleichsam mit ihren Kräften die auf der Erde Lebenden betrachten, dass die auf der Erde lebenden Seelen von den toten Seelen wahrgenommen werden. Und die Bedeutung des Ausdruckes werden die Menschen durch Geisteswissenschaft lernen: Die** durch die Pforte des Todes Gegangenen schauen mich an, sie beleben mich, sie sind mit mir, ihre Kräfte strahlen auf mich hernieder. – Und das werden die Menschen lernen, von den Toten als von Lebenden zu sprechen, von geistig Lebenden. [...] denn wahrhaftig Lessing, Goethe, Schiller, Herder sind nicht untätig in der geistigen Welt nach dem Tode, sie beschäftigen sich mit denen, die da unten auf der Erde sind, sie schauen sie an, nehmen sie wahr, beleben sie nach Maßgabe der Kräfte, die sie von den höheren Hierarchien erhalten.«[168]

> Sigwart sagte in einer Kundgebung aus der Geisteswelt: *»Das ist eine Sphäre* [in der Geisteswelt], *aus der alle großen Erfinder und Komponisten schöpfen. Beide, so sonderbar euch das erscheinen mag, tauchen dort unter, um die Fähigkeiten zu erlangen, in ihrem Geist ein tönendes oder wirkendes Modell zu schaffen, das auf dem physischen Plan – vom Gedanken zur Tat gebracht – sein eigenes, schwingendes Dasein beginnt. [...] Auch wir holen uns mit unseren in höchste Sphären gerichteten, sehnenden Gedanken die lichtesten und binden sie zu den welterschütternden Harmonien, die aus unseren Reichen in eure Welt dringen. – Und so macht es jeder, auch der, der im irdischen Kleid die Fähigkeit hat, sich hineinzufühlen in diese Welt der Urklänge. – Oft geschieht es, dass die Mentalität des Musikers an sich schon in die Klangwelt hineinwirkt und dort Verbindungen schafft, die weit über sein Vermögen, weit über das gehen, was sein Geist auszudenken imstande wäre. Das ist dann das, was ihr transzendental nennt. Er hat dann nicht das Werk geschaffen, sondern durch den Impuls ein mentales Abbild seiner eigenen Seele ohne sein Zutun geformt.«*[169]

An dieser Stelle sei noch kurz erwähnt, dass es selbstverständlich auch Erfindungen bzw. technische Innovationen gibt, die alles andere als förderlich sind und der Menschheit gewiss nicht zum Segen gereichen. Um ein konkretes Beispiel zu haben, kann man an die geradezu untermenschlichen Pläne der Transhumanisten denken (☞ Anhang A.1, Exkurs 4, S. 505ff.). Diese greifen die Impulse auf, die von den dunklen oder bösen Geistwesen, den Widersachern herrühren. Diese wollen nicht, dass die Entwicklung der Erde und der Menschheit denjenigen Verlauf nimmt, der in den Absichten der guten Götter liegt.

5.3.4 Das Leben in der oberen Geisteswelt bzw. in den Tierkreisregionen

Die drei höchsten Regionen der Geisteswelt ergeben die *»obere Geisteswelt«* oder das *»höhere Devachan«.* Diese Gebiete, die sich *außerhalb* des planetarischen Kosmos in den *»Tierkreisregionen«* bzw. im Bereich des *»Fixsternhimmels«* befinden, unterscheiden sich noch einmal gewaltig von den unteren vier. In den drei höchsten Partien des Devachan kann man wirklich von der *reinen* Geisteswelt sprechen. Die

Wesenheiten, die hier ihr Wirkungsfeld haben, sind die Schöpferkräfte der Urbilder. Sie liefern den Urbildern der unteren Regionen den Antrieb zu ihrer Tätigkeit. Hier kann man die Absichten gewahr werden, die unserer Welt zugrunde liegen. Hier ist der Menschengeist *endgültig* von allen irdischen Fesseln befreit. Nichts von dem, was ihn in der physischen Welt oder in der Seelenwelt noch einengte oder begrenzte, kann ihn jetzt noch einschränken oder behindern. Hier kann er die erhabenen Ziele kennenlernen, die der Geist sich mit dem irdischen Leben gesetzt hat.

Alles, was in der Erdenwelt verwirklicht worden ist, alle Wesen und alle Produkte des menschlichen Schaffens sind ja nur schwache und matte Abbilder der geistigen Ziele und Absichten, die dahinter stehen. Diese Ziele und Absichten werden ihm nun klar. Auch *er selbst* kann in seiner irdischen Verkörperung nur ein schwaches Abbild von dem sein, was an Absichten in der Geisteswelt hinter *ihm* steht. So wie er sich in der fünften Region jetzt selbst erlebt und erfährt, das, was er hier ist, das ist *er selbst*, so wie er beabsichtigt war, so wie er immer schon gewesen ist und wie er immer sein wird. Das ist der ewige göttliche Wesenskern, der in all seinen irdischen Verkörperungen ein äußeres Dasein erhält. Dieser Wesenskern, dieses *wahre* oder *höhere Selbst*, das sich jetzt hier frei ausleben kann, ist das, was gewissermaßen in verhüllter und verschleierter Form von Inkarnation zu Inkarnation schreitet. Dieses Selbst trägt die Früchte der früheren Lebensläufe in die folgenden hinüber. Dieses Selbst streift nun von den Resultaten seiner früheren Inkarnationen alles ab, was mit den Unvollkommenheiten der beiden unteren Welten – der Erden- und Seelenwelt – zusammenhängt, und **»befruchtet die Absichten des ›Geisterlandes‹, mit denen es nunmehr zusammenlebt, mit den Ergebnissen seiner früheren Lebensläufe«**.[170] Der Mensch schaut auf seine Vergangenheit und fühlt, dass alles, was er schon erlebt hat, in die Absichten, die er zukünftig zu verwirklichen hat, aufgenommen und einverwoben wird.

In Kapitel 4 wurden die drei höheren Wesensglieder kurz beschrieben, die der Mensch in Zukunft entwickeln und ausgestalten muss. Dasjenige Wesensglied, das die meisten Menschen schon bis zu einem gewissen Grad entwickelt haben, ist das *Geistselbst*, der umgestaltete, geläuterte Astralleib. Dieses Geistselbst des Menschen lebt in den Regionen der reinen Geisteswelt. Es ist ja im Grunde nichts anderes als das wahre oder höhere Selbst. Wenn der Mensch schon sehr häufig diese Regionen durchlaufen hat, so wird das Geistselbst sich schon so weit entwickelt haben, dass es sich hier frei ausleben kann. Es wird sich mehr und mehr als ein Glied der göttlichen Weltenordnung empfinden, so dass die Anforderungen und Absichten der geistigen Welt für es immer maßgebender werden. Diese kann es dann in zunehmendem Maße – meist noch mehr unbewusst – in die folgenden Erdenleben tragen und verwirklichen. Der Mensch erkennt immer mehr, wie er aus den ewigen Tatsachen des Weltenseins die Richtung für die Zukunft bestimmen kann. Wenn er diese Entwicklungsstufe erreicht hat, kann er sich immer mehr selbst die Ziele für seine zukünftigen Verkörperungen geben.

Die Anwartschaft, um diese Region bewusst und fruchtbringend durchlaufen zu können, muss sich der Mensch wiederum in seinem Erdenleben errungen haben. Wenn er nur immer in dem Alltäglichen und Vergänglichen aufgegangen ist, wenn er den Blick nie auf das Ewige im Weltensein zu richten vermochte, wird er sich keine besondere Anwartschaft auf diese Region erworben haben. Wer es aber dazu bringen konnte, durch seine Gedanken und Vorstellungen oder durch seine Hingabe an die Umwelt und Mitmenschen die Absichten der Geisteswelt zu verwirklichen, der hat die notwendigen Voraussetzungen, um nun hier seine Früchte zu ernten. Dabei ist gar nicht so sehr an solche Menschen zu denken, die sich im Erdendasein Ruhm erworben haben. Es geht vielmehr um solche, die in ihrem engen Lebenskreis mit dem Bewusstsein, dass alles, was sich im Dasein abspielt, eine Bedeutung für den ewigen Werdegang hat, wandelten und wirkten.

Es muss immer wieder darauf hingewiesen werden, dass der Mensch im nachtodlichen Leben, wenn er sich mit seinem höheren Selbst verbunden hat, ein ganz anderes, viel weiseres und weitsichtigeres Urteilsvermögen aufweist, als das im physischen Dasein jemals der Fall sein könnte. Wenn er jetzt erkennt, dass er sich im letzten Leben keine Anwartschaft für diese Region erworben hat, so wird in ihm der Drang aufkeimen, sich die notwendigen Impulse einzuprägen, welche seine nächste Verkörperung schicksalsmäßig so gestalten, dass dieser Mangel als karmische Wirkung hervortritt. Das, was ihn dann im nächsten Leben ereilt, kann aus irdischer Sicht als ein schweres und leidvolles Schicksal empfunden werden. Solange er sich aber in dieser Region des Devachan aufhält, weiß er von seinem höheren Standpunkt aus, dass dieses Schicksal notwendig ist, um nach seinem nächsten Tod die Anwartschaft auf diese Sphäre zu erwerben. Auf diese Art könnten auch viele schwere Schicksale eines heute verkörperten Menschen eine Erklärung finden. Es wurde ja schon in Kapitel 3 gesagt, dass ein solches keineswegs daraus resultieren muss, dass er im letzten Erdenleben ein regelrecht schlechter Mensch gewesen sein müsse.

In der reinen Geisteswelt – insbesondere ab der sechsten Region – befindet sich der Mensch inmitten aller derjenigen erhabenen geistigen Wesenheiten, **»vor deren Blicken die göttliche Weisheit unverhüllt ausgebreitet liegt«.**[171] In dieser Region wird er keine Handlungen mehr vollbringen, die nur für ihn selbst eine Bedeutung haben. Alles, was er nun vollbringt, ist dem wahren Wesen der Welt angemessen, das er jetzt verstehen kann. Mit der siebten Region kommt er an die Grenze der drei Welten, der physischen Welt, der Seelenwelt und der geistigen Welt. **»Die siebente Region des ›Geisterlandes‹ führt an die Grenze der ›drei Welten‹. Der Mensch steht hier den ›Lebenskernen‹ gegenüber, die aus höheren Welten in die drei beschriebenen versetzt werden, um da ihre Aufgaben zu vollbringen. Ist der Mensch an der Grenze der drei Welten, so erkennt er sich somit in seinem eigenen Lebenskern. Das bringt mit sich, dass die Rätsel dieser drei Welten für ihn gelöst sein müssen. Er überschaut also das ganze Leben dieser Welten. Im physischen Leben sind die Fähigkeiten der Seele, durch welche sie die hier** geschilderten Erlebnisse in der geistigen Welt hat, unter den gewöhnlichen Lebensverhältnissen nicht bewusst. Sie arbeiten in ihren unbewussten Tiefen an den leiblichen Organen, welche das Bewusstsein der physischen Welt zustande bringen. Dies ist gerade der Grund, warum sie für diese Welt unwahrnehmbar bleiben. Auch das Auge sieht nicht sich, weil in ihm die Kräfte wirken, welche anderes sichtbar machen.«[172]

Es gibt noch höhere Welten, aus denen die ›Lebenskerne‹ der Wesenheiten stammen, die über dem Menschen stehen. Diese höheren Welten haben aber für den heutigen Menschen noch keine Bedeutung.

5.3.5   Die Weltenmitternacht

Irgendwann kommt für die weitaus meisten Sphärenmenschen auf ihrer großen ›kosmischen Wanderung‹ der Zeitpunkt, dass sie kein helles Bewusstsein mehr aufrechterhalten können, dass ihre Leuchtkraft schwächer und schwächer wird. Es wird jetzt etwa die Hälfte des nachtodlichen Lebens vorüber sein. Es *können* mittlerweile durchaus ein paar Jahrhunderte vergangen sein, seitdem die Pforte des Todes passiert wurde. Es kommt schließlich zu der *»Mitternachtsstunde des geistigen Daseins«*, kurz *»Weltenmitternacht«*, wie Rudolf Steiner es nannte.

Die Seelen, die sich hierzu nicht besonders vorbereitet haben, werden nun keine hinreichenden Kräfte finden, um jetzt noch ihr Bewusstsein bewahren zu können. Sie werden gewissermaßen ›schlafen‹. Es handelt sich hierbei allerdings nicht um einen Zustand, der mit dem Schlafen im Erdendasein vergleichbar wäre, sondern eher um ein ›Benommensein‹. Für einen Menschen, der in seiner geistig-seelischen Entwicklung noch nicht sehr weit vorangekommen ist, kann dieser Zustand des Benommenseins bereits in der Saturn- oder gar schon in der Jupitersphäre beginnen. Diejenigen, die sich in der rechten Weise im Erdenleben vorbereitet haben, können auch jetzt in der Weltenmitternacht noch bei wachem Bewusstsein bleiben. Eine solche wache Seele kann nun außergewöhnlich bedeutsame und tiefgreifende Ereignisse erleben. Sie hört nun alles, was sie an Selbsterkenntnis in sich findet, alles, was sie als noch unvollkommen in sich erkennt, **»wie verwoben in hinrollendem Weltendonner«**.[173]

Für die meisten Seelen wird jetzt allerdings eine Herabdämpfung des Bewusstseins, eine kosmische Dämmerung, eintreten. Weder der Christus noch Luzifer können jetzt noch das Bewusstsein des Menschen aufrechterhalten. Gerade wegen dieses Dämmerzustandes können aber nun die notwendigen Kräfte des gesamten Kosmos auf die Menschen wirken, die diese Kräfte aufnehmen können, obwohl ihnen das nicht zu Bewusstsein kommt. Der Mensch ist in dieser Phase ganz auf sich konzentriert und hat ein sehr starkes und erfülltes Erleben in seinem Inneren. Aber es fehlt ihm die Leuchtkraft, um die geistige Welt beleuchten zu können. Er hat nur noch ein Bewusstsein von sich selbst. Von dem Sein anderer Wesenheiten hat er jetzt kein Bewusstsein mehr. Das, was in den höheren Regionen der Geisteswelt erlebt und erfahren werden kann, ist nur den wenigen Seelen vorbehalten, die aufgrund ihres hohen geistig-seelischen Reifegrades die Weltenmitternacht bewusst durchleben können. Der Mensch behält aber alles in der Erinnerung, was er in der geistigen Welt in der Zeit, als seine Leuchtkraft noch stark genug war, erleben konnte. Insbesondere bewahrt er die Erinnerung an die Sprache, die Gedanken und das Gedächtnis der Götter. Alles, was er erleben konnte, wird nun zu einem Wissen verdichtet.[174]

Trotz des rhythmischen Wechselns zwischen seinem Ausbreiten in die Raumessphären und seinem Zusammenziehen in die Einsamkeit war es dem Menschen in der ganzen Zeit nach seinem Tod bis zur Weltenmitternacht möglich, die Erinnerung an sein Ich zu bewahren, sofern er sich zu Lebzeiten mit dem Christus-Impuls durchdringen konnte. Durch diese Christus-Kraft hat er sich selbst nie verloren. Nach der Weltenmitternacht benötigt der Mensch ein neues ›Weltenlicht‹, um wieder ›erwachen‹ und sein Dasein ergreifen zu können. **»Aber die Kraft, die in der Weltenmitternacht an uns herankommt, um unsere Sehnsucht leuchtend zu machen über unsere ganze Vergangenheit hin, die gibt es nur in der geistigen Welt, die gibt es nur da, wo keine Leiber leben können. Und hat uns der Christus-Impuls bis in die Weltenmitternacht gebracht, und ist die Weltenmitternacht in geistiger Einsamkeit von der Seele erlebt worden, weil das Seelenlicht jetzt nicht erstrahlen kann von uns selber aus, ist Weltenfinsternis eingetreten, hat uns der Christus bis dahin geführt, so tritt jetzt aus der Weltenmitternacht, aus unserer Sehnsucht, ein Geistiges heraus, erschaffend ein neues Weltenlicht, über unsere eigene Wesenheit hin ein Leuchten verbreitend, durch das wir uns neu ergreifen im Weltendasein, durch das wir neu erwachen im Weltendasein. Den Geist der geistigen Welt, der uns erweckt, wir lernen ihn kennen, indem aus der Weltenmitternacht ein neues Licht hervorleuchtet, über unsere verflossene Menschheit erstrahlend. In dem Christus sind wir gestorben – durch den Geist, durch den leiblosen Geist, der mit einem technischen Wort der Heilige Geist genannt wird, das heißt, der ohne den Leib Lebende, denn das ist mit dem Wort ›heilig‹ gemeint, ohne die Schwächen eines im Leibe lebenden Geistes, durch diesen Geist werden wir in unserer Wesenheit wiedererweckt aus der Weltenmitternacht heraus. Durch den Heiligen Geist werden wir also in der Weltenmitternacht erweckt.«**[175]

So wie jeder Mensch aus Gott, dem Vatergott, geboren wird und in Christus stirbt, wird er jetzt von der göttlichen Wesenheit, die im Christentum als »Heiliger Geist« bezeichnet wird, ›erweckt‹, also wieder mit einem hellen Bewusstsein seiner selbst begabt. Möglicherweise hat die im Urchristentum wohl bekannte Tatsache, dass der Mensch nach der Weltenmitternacht durch die Kraft des Heiligen Geistes ›auferweckt‹ wird, zu den kirchlichen Lehren geführt, die von einer »Auferweckung der Toten« sprechen.

Kapitel 6

Das Leben vor der neuen Geburt –
Der Abstieg durch die Planetensphären

Der kleinste Erdenmensch,
ein Sohn der Ewigkeit,
er wird in Zukunft stets
sich blühend finden
als Zeuge der Vergangenheit.

Rudolf Steiner [1]

Es wurde in Kapitel 3 bereits darauf hingewiesen, dass sich gemäß den Vorstellungen der meisten westlichen Menschen, Kulturen und Religionen der Begriff »ewiges Leben« nur in *eine* Richtung auszudehnen scheint, was man etwa daran ablesen kann, dass es zwar das Wort »Unsterblichkeit«, nicht aber ein Wort »Ungeborenheit« gibt. Über das Thema »Leben nach dem Tod« wird heute viel nachgedacht, geredet und geschrieben. Sie werden aber kaum ein Buch mit dem Titel »Leben vor der Geburt« finden. Vielen würde ein solcher Titel immer noch sehr sonderbar erscheinen.

Einem Menschen, der den Reinkarnationsgedanken annehmen und verstehen kann, dürfte allerdings klar sein, dass es keinen Unterschied macht, ob man vom Leben *nach dem Tod* oder vom Leben *vor der Geburt* spricht. Jedes menschliche Leben in den höheren Welten ist sowohl ein Leben nach dem (letzten) Tod als auch eines vor der (nächsten) Geburt. Entsprechend macht es auch keinen Unterschied, ob man vom *nachtodlichen* oder *vorgeburtlichen* Leben redet. Da Formulierungen wie »Leben nach dem Tod« bzw. »nachtodliches Leben« heute immer noch üblicher sind und auf weniger inneren Widerstand stoßen, ist ihnen in diesem Buch auch der Vorzug gegeben worden.

Die weitaus meisten Erlebnisse und Erfahrungen eines verstorbenen Menschen – wie sie im vorigen Kapitel geschildert worden sind – haben noch ganz wesentlich mit der Aufarbeitung des letzten Erdenlebens, das mit dem *Tod* beendet wurde, zu tun. Nun nach der Weltenmitternacht geht es insbesondere darum, die Vorbereitungen für das nächste Erdenleben, das mit der *Empfängnis* bzw. *Geburt* eingeleitet werden wird, zu treffen bzw. zum Abschluss zu bringen. Daher haben wir für dieses Kapitel doch die

Überschrift »Das Leben vor der neuen Geburt« gewählt. Es geht in diesem vorgeburtlichen Leben für den Sphärenmenschen im Wesentlichen darum, an dem *»Geistkeim«*
seines physischen Leibes zu arbeiten, der ihn in der nächsten Inkarnation bekleiden
soll, sowie das neue Erdenleben so weit zu planen, dass sich das notwendige Karma
erfüllen und dass er seine Lebensaufgabe erkennen und ergreifen sowie im Idealfall
auch erfüllen kann.

Spätestens ab dieser Phase lassen sich die Schilderungen *nicht* mehr in ein ›chrono-
logisches Korsett‹ pressen. Die folgenden Darstellungen sind also nicht im Sinne
eines »zeitlichen Nacheinanders« aufzufassen. Zu sehr greifen die Erlebnisse und die
Erfahrungen, um die es nun geht, ineinander.

6.1 Blick auf das Menschheitsideal

W enn die Weltenmitternacht überschritten ist, hat der Mensch ein Erlebnis,
dessen Erhabenheit und Eindruckstiefe ihn gewaltig berührt. Es kommt zum
Höhepunkt dessen, was er in der Geisteswelt erleben kann: Seinem Blick enthüllt sich
nun immer deutlicher das großartige *Menschheitsideal*. Vor seinem Geistesauge
offenbart sich in einer mächtigen, gloriosen Imagination, wie der Mensch nach den
Absichten der Schöpfermächte eines ur-urfernen Tages sein *kann*.

Dieses Menschheitsideal, dieses Götterziel ist gewissermaßen die Religion der göttlichen Wesen. Es ist unmöglich, diese Imagination zu übersehen. Zu deutlich taucht sie
jetzt für lange Zeit vor dem Geistesauge des Sphärenmenschen auf. Er kann erkennen,
was die Götter mit ihm vorhaben, wie er eines ur-urfernen Tages *selbst* sein kann.
Dadurch kann er immer mehr seinen Willen befeuern, diesem Ideal nachzueifern. Er
wird von göttlichen Kräften durchglüht, um selbst die Kräfte finden zu können, diesen Weg zu gehen und das Ziel der Götter zu erfüllen. Die Kräfte, die in ihn durch
seine **»göttlich-geistigen Erzieher«**[2] gelegt werden können, sind davon abhängig, wie er
seine bisherigen Inkarnationen genutzt und wie er seine Entwicklung vorangetrieben
hat. Die göttlich-geistigen Wesen der höheren Hierarchien sprechen eindringlich in
sein Inneres, um ihn mehr und mehr darin zu bestärken und zu befeuern, diesem Ideal
nachzueifern.

Dieses Schauen des erhabenen Menschheitsideals ist in gewisser Weise das ›Schauen
Gottes‹. Der Mensch schaut also Gott *»von Angesicht zu Angesicht«*, wie es in der
Bibel heißt. Er erkennt jetzt, dass die Schöpfermächte seit unerdenklich langen Zeiten
an ihm gewirkt haben und jetzt *in ihm* wirken. Er spürt aber auch, wie weit er noch
von dem Erreichen dieses Ideals, ein Ebenbild Gottes sein zu können, entfernt ist.

6.2 Der Rückweg durch die Planetensphären

Nachdem der Mensch wieder aus seinem Dämmerzustand erwacht ist, wenn also die Weltenmitternacht vorüber ist und das Menschheitsideal vor seinem Geistesauge aufgeleuchtet ist, tritt er sozusagen seinen ›Rückweg‹ an, der ihn schließlich – nach langer Zeit – wieder zu einer neuen Inkarnation führen wird. Er durchläuft noch einmal alle Planetensphären, jetzt natürlich in umgekehrter Reihenfolge.

Während in der ersten Hälfte des nachtodlichen Lebens von einem ›*Aufstieg*‹ durch die Planetensphären gesprochen werden konnte, findet jetzt ein ›*Abstieg*‹ statt. Erstmals keimt nun in dem Sphärenmenschen der Drang auf, sich wieder auf der Erde zu inkarnieren. **»Aber zu gleicher Zeit erleben wir auch am stärksten in uns: Da unten in der Planetensphäre steht ja alles dasjenige, was du als Mensch verrichtet hast; das darfst du nicht verlassen – sagt man sich –, das kannst du hier nicht ändern, das kannst du nur ändern, wenn du wieder auf die Erde hinuntersteigst. Da beginnt der Drang, der Trieb, wiederum nach der Erde hinunterzusteigen, gewissermaßen die Entscheidung zu treffen zwischen Saturn und Mond. Man folgt wiederum den aufdämmernden Mondenkräften, um den Weg nach der Erde zurück anzutreten, bei einem Menschen, der im vorigen Leben erwachsen war** [als er starb]**, eben nach Jahrhunderten.«**[3]

So wie der Mensch sich nach seinem Tod immer mehr in den planetarischen Kosmos ausgedehnt hat, so zieht er sich jetzt langsam mehr und mehr zusammen. Es findet also bei diesem ›Abstieg‹, der mit einer langsamen und ganz allmählichen Herabdämpfung seines Bewusstseins verbunden ist, eine permanente Verdichtung seines Wesens statt. Während er sich immer mehr in sich zusammenzieht, geht er durch die einzelnen Sphären zurück (☞ auch Anhang A.2, Tabelle 6, S. 533). Die zeitliche Dauer dieses Rückweges ist von seinem Karma abhängig. Es kommt jetzt ganz wesentlich darauf an, all dasjenige, was er sich in der geistigen Welt an Kräften und Fähigkeiten erworben hat, in den Geistkeim seiner zukünftigen Leiblichkeit, mit der er sich im nächsten Erdenleben umhüllen wird, hineinzuarbeiten. Es wird hier gewissermaßen ein ›geistiges Modell‹ des zukünftigen Erdenmenschen ausgestaltet. Diese Arbeit kann er natürlich nicht allein ausführen. Neben den geistigen Wesen der höheren Hierarchien, die diese Arbeit lenken und leiten, wird er dabei auch von Menschenseelen unterstützt, mit denen er karmisch verbunden ist. Bei der späteren Wahl der Eltern muss natürlich neben vielem anderen darauf geachtet werden, dass diese ihm aus den Vererbungsströmen alles dasjenige mitgeben können, wodurch seine spätere Leiblichkeit möglichst gut diesem Modell entsprechen kann.[4]

Als der Mensch noch mit recht dämmerhaftem Bewusstsein in den Tierkreisregionen verweilte, wurden bereits die geistigen Anlagen seines späteren physischen Körpers differenziert. Diesen Geistkeim muss er tatsächlich aus allen Einzelheiten des Weltalls aufbauen. Dieser ist zunächst, wenn der Mensch noch in der Geisteswelt ist, so majestätisch groß wie das gesamte Weltall. Während er langsam den Rückweg durch die Seelenwelt antritt, wird er immer kleiner, bis er schließlich wiederum zur Erde zum nächsten Leben heruntersteigt.[5] Die Gestaltung der einzelnen Partien dieses Geistkeims hat er unter Führung und Anleitung der göttlich-geistigen Wesen ausgeführt, die im Zusammenhang mit den zwölf Sternbildern stehen. So hat er etwa im Bereich der geistigen Wesenheiten, deren physischer Abglanz das Sternbild des Widders ist, mit diesen zusammen an seinem zukünftigen Haupt gearbeitet. Dieses Haupt ist zunächst gewissermaßen ein Kosmos, das sich dann erst später im physischen Leibe zusammenzieht. Während er im Bereich der geistigen Wesen des Stieres weilte, arbeitete er mit ihnen an der Kehlkopf- und Lungenpartie usw. (☞ auch Anhang A.2, Tabelle 7, S. 534).[6]

6.2.1   Der Rückweg durch die Saturn-, Jupiter- und Marssphäre

Im gegenwärtigen Zeitalter kann der Mensch, sofern er nicht schon auf einer besonders hohen geistig-seelischen Entwicklungsstufe steht, nur eine *bewusste* Wahrnehmung von den Ereignissen haben, die sich *bis* (beim Aufstieg) bzw. *ab* (beim Abstieg) der Saturnsphäre abspielen.

Auf seinem Rückweg kommt er in dieser Sphäre in Gemeinschaft mit den höchsten geistigen Wesen, denen der ersten Hierarchie, also den Thronen, Cherubim und Seraphim. Er kann nun miterleben, wie diese Götter sein Karma ausgestalten, das er aufgrund seiner Biografie veranlagt hat. Er kann verstehen, warum er mit bestimmten Menschen im nächsten Erdenleben wieder zusammenkommen muss, um die Beziehungen fortführen zu können, die er angeknüpft hat. Er erlebt also, wie sich sein Karma erfüllen muss.

Hier wird ihm nun auch die Grundlage für seine Erinnerungsfähigkeit, die er im nächsten Leben brauchen wird, eingepflanzt. Das Weltengedächtnis, das er beim Aufstieg durch die Sphären hier in der Saturnsphäre wahrgenommen hat, wird zurückverwandelt in das Menschengedächtnis. Das Weltengedächtnis wird ›verirdischt‹.

Wenn er dann bei seinem Rückweg wieder in der Sphäre des Jupiter angekommen ist, wird es wichtig, was er bei seinem Hinweg hier von den Göttergedanken vernehmen und verstehen konnte. Dieses Vermögen wird nun zurückverwandelt in die Fähigkeit, wieder menschliche Gedanken fassen zu können, wie das in seinem nächsten Leben vonnöten ist, wenn sich die keimartige geistige Anlage seines Kopfes später mit dem physischen Embryo verbindet. Dadurch leben dann die Göttergedanken als Schatten ihrer selbst im Menschen und bilden dessen Gedankenwelt.[7]

Im erneuten Marsdasein wird das geistige Modell seiner Leiblichkeit weiter ausgearbeitet und verfeinert. Hier werden gewissermaßen die Geistanlagen des Oberkörpers und der Gliedmaßen ›angesetzt‹. Das, was ihn beim ersten Durchgang durch die Marsregion befähigt hat, die Göttersprache, das Weltenwort zu vernehmen, wird in diejenige geistige Substanz verwandelt, in der sich im nächsten Erdenleben das Ich offenbaren kann und aus dem die Sprachfähigkeit fließt.

6.2.2   Der Rückweg durch die Sonnensphäre

Bevor der Mensch wieder in die Seelenwelt zurückkehrt, kommt es zu einem wichtigen, ja dramatischen Ereignis. Es tritt nun erneut Luzifer an ihn heran. Während dieser für die Menschen *vor* der Weltenmitternacht ein wichtiger Lichtträger war, wird er nun wieder – genau wie im Erdenleben – zu einem großen Verführer, zum Widersacher. Luzifer säuselt dem Menschen zu, sich mit dem, was und wie er sich bereits entwickelt hat, zufriedenzugeben und darauf zu verzichten, dem Menschheitsideal nachzustreben. Er versucht ihn dazu zu verführen, als geistiges Wesen – so wie er jetzt bereits geworden ist – in der geistigen Welt zu verbleiben und auf eine weitere Verkörperung und somit auf eine Vervollkommnung zu verzichten. **»Diese Versuchung tritt um so mehr heran, als in keinem Moment der Menschheitsentwickelung Luzifer eine größere Gewalt hat über den Menschen als in diesem Augenblick, wo er ihm einbläst: Ergreife jetzt die Gelegenheit, du kannst im Geiste bleiben, du kannst alles das, was du entwickelt hast, in das geistige Licht überführen!«**[8]

Ähnlich wie ein Mensch – wenn Sie diesen plakativen Vergleich gestatten –, der nie eine Schule besucht und keinen Beruf erlernt hat, auch in der menschlichen Gesellschaft ›mitschwimmen‹ könnte, könnte der Mensch in der Tat als geistiges Wesen mit seinen bis dahin erworbenen Fähigkeiten, aber auch mit all seinen Unvollkommenheiten und Unzulänglichkeiten in der Geisteswelt verbleiben. Allerdings wäre es ihm dann nicht mehr möglich, eines fernen Tages das großartige und höchst erhabene Götterziel zu erfüllen. Der heutige Durchschnittsmensch ist noch nicht stark genug, dieser äußerst verlockenden Versuchung Luzifers zu widerstehen. Er würde der Empfehlung des Versuchers folgen, ja er würde *zu diesem Zeitpunkt* nur zu gern seinen bereits verspürten Drang, sich wieder zu verkörpern, preisgeben und in der geistigen Welt verbleiben.

Nun treten die göttlich-geistigen Wesen, die sich im Gegensatz zu Luzifer in der rechtmäßigen Weise entwickelt haben, die nicht aus der fortschrittlichen Entwicklungslinie gefallen sind, auf den Plan und übernehmen die Angelegenheit des Menschen. Es kommt nun zu einem regelrechten Kampf zwischen diesen guten Göttern und den luziferischen Wesen um die jeweilige Menschenseele. Das Resultat dieses Kampfes ist, dass die Seele letztlich wieder aus der Zeit in den Raum ›hinausgeworfen‹ wird.

Diesen Prozess des ›Hinauswerfens‹ darf man sich nicht als einen abrupten Vorgang vorstellen. Man muss ihn vielmehr über einen sehr langen Zeitraum ausgedehnt denken. Er beginnt etwa in dem Moment, in welchem der Mensch wieder die Seelenwelt, also die Sonnenregion, erreicht, und er endet erst im Augenblick der neuen physischen Empfängnis bzw. Geburt, die ja erst sehr viel später stattfindet. Durch diesen Prozess werden die geistige Welt und die geistigen Wesen vor der Anschauung des Menschen verhüllt. Er kann sie nicht mehr wahrnehmen.[9] Er hat jetzt nicht mehr den unmittelbaren Anblick der geistigen Wesen, wie sie wirklich sind, sondern nur noch ihre ›Abbilder‹; er hat jetzt nur noch ein Bewusstsein ihrer Offenbarungen.[10]

Bei seinem ersten Durchgang durch die Sonnensphäre und die Sphären der Geisteswelt hat der Mensch sich immer mehr in die geistige Welt und ihre Verhältnisse einleben können. Er hat sich ganz eins mit ihr und den geistigen Wesen gefühlt. Er hat die Göttersprache gelernt und die Göttergedanken aufgenommen. Er lebt jetzt noch ganz in der Erinnerung dessen, was er dort erfahren und erleben konnte. Die Erinnerung an sich selbst, an seine Biografie kommt erst später wieder.

Nun durchlebt er erneut die Sonnensphäre. Allmählich beginnt er wieder, sich **»als Einzelwesen abzuschließen«**.[11] Er fühlt, dass er sich mehr und mehr aus der geistigen Welt, aus dem Kosmos herausgliedert. Er erlebt sich wieder als ein Selbst. Dieses Gefühl geht einher mit der Tatsache, dass ihm die geistige Uranlage des Herzens eingegliedert wird. Das geschieht schon recht lange Zeit, bevor er wieder ins Erdenleben eintritt. Während nun über einen längeren Zeitraum die Geistesanlage für das spätere Herz veranlagt wird, tritt für ihn ein wichtiger Schicksalszusammenhang auf. Die Anlage des Herzens ist verbunden mit allem, was die menschliche Individualität sich in ihren bisherigen Erdenleben an Wert erworben hat, wie sie sich bisher *insbesondere* in moralischer Hinsicht entwickelt hat. Wir kennen doch alle Redensarten wie »ein gutes Herz haben«, »Herzensgüte zeigen«, usw. Es ist wohl anzunehmen, dass diese Redensarten von einer alten Ahnung zeugen, dass das menschliche Herz in der Tat einen Zusammenhang mit der moralisch-sittlichen Gesinnung hat. Diese moralisch-seelisch-geistige Herzanlage verbindet sich dann später mit der Embryoanlage des künftigen Menschenleibes. Diesen Vorgang, dieses Schaffen an der geistigen Herzanlage, erlebt der Sphärenmensch in Gemeinschaft mit den hohen Sonnenwesen. In sein geistig-seelisches Wesen dringt nun hinein, wie die geistigen Wesen der zweiten Hierarchie ihn richtend beurteilen. Er blickt jetzt auch schon erstmals auf die Generationenreihe, an deren Ende seine zukünftigen Eltern stehen.

So wie in der Sonnensphäre das Herz und der Blutkreislauf geistig veranlagt werden, steht die Veranlagung der übrigen inneren Organe im Zusammenhang mit den anderen Planetenregionen. Der Mensch bringt aber auch bestimmte Kräfte dieser Planeten – je nachdem in welchem Maße und mit welcher Intensität er ihnen begegnet ist – als *seelische Eigenschaften* mit ins neue Erdenleben. Der Einfluss der Planeten auf den Menschen ist bei seinem Abstieg äußerst komplex, zumal die Kräfte der Planeten mit denen des Tierkreises zusammenwirken. Diese bestimmenden Einflüsse sorgen ganz wesentlich dafür, dass der zuvor ausgearbeitete karmische Plan verwirklicht werden kann. Beim Aufstieg durch die Planetensphären hat sich alles, was der Mensch in Folge seines Erdenlebens nach dem Tod durchzumachen hatte, in den Planetenregionen eingeschrieben. Jetzt beim Rückweg kommt es wieder auf ihn zurück, so dass er die Einflüsse und Kräfte erhält, die *von ihm selbst* verursacht worden sind (☞ auch Anhang A.2, Tabelle 8, S. 534).[12]

6.2.3   Der Rückweg durch die Venus-, Merkur- und Mondensphäre

Damit sich das notwendige Karma, dessen Plan ja schon ausgearbeitet worden ist, im nächsten Erdendasein erfüllen kann, ist es erforderlich, dass diese Notwendigkeiten zusammenpassen müssen mit den äußeren Gegebenheiten, etwa mit der Familie und dem Volk, in das der Mensch hineingeboren wird. Während er erneut durch die Venus- und Merkursphäre geht, kann er hierbei mitbestimmen und mitarbeiten. In diesen Sphären wird also ganz wesentlich entschieden, in welches Volk, in welche Kultur und in welche Familie er geboren wird. Dazu heißt es in einer Engelsbotschaft: *»Du musst dir vorstellen, dass von oben ein Plan gemacht wird. Wer wird in welches Land geschickt? Wo ist welcher Entwicklungsstand, welches Bewusstsein? Wer von den Seelen muss mit welchen Seelen wieder zusammentreffen? In welchem Land sind für ihren Karmaausgleich die besten Bedingungen? Und auch weiterentwickelte Menschenseelen haben in der geistigen Welt* ein *Mitspracherecht.«*[13]

Beim Rückgang durch die Sphären wird das überaus helle Bewusstsein des Menschen, das er nach der Weltenmitternacht hatte, stufenweise abgedämpft. Aber selbst dann, wenn er in der Merkursphäre angelangt ist, ist dieses immer noch heller, als es im Erdenleben jemals der Fall sein kann.[14]

Beim erneuten Eintritt in die Mondensphäre begegnet der Mensch den Mondenwesen, den einstigen Urlehrern der Menschheit wieder. Diese waren für ihn schon von großer Bedeutung, als er kurz nach dem Tod in die Mondensphäre eintrat. Sie prägen ihm nun dasjenige ein, was er als Talente und Begabungen für sein künftiges Erdenleben benötigt. **»Wir steigen sozusagen aus den geistigen Welten herab in unser irdisches Dasein, indem wir die Sphäre des Mondes passieren, indem wir durchkommen durch das Mondendasein. Und so wie einstmals diese Mondenwesen auf der Erde selbst hier für uns Menschen tief bestimmend waren, so sind sie heute noch bestimmend für die Erdenmenschen, indem sie dem menschlichen Ich und dem menschlichen astralischen Leib dasjenige einprägen, was sich dann überträgt in den physischen Leib, wenn der Mensch physischer Erdenmensch wird. Nicht wahr, man kann ja nicht beschließen, ein Talent zu sein, auch nicht ein Genie zu sein. Man kann nicht einmal beschließen, so ohne weiteres ein guter Mensch zu sein. Dennoch, es gibt Talente, es gibt Genies, es gibt sozusagen durch die Geburt gute Menschen. Das ist etwas, was der Verstand nicht** machen kann, was mit dem inneren tiefen Wesen des Menschen zusammenhängt, wovon er sich ein gut Teil mitbringt, indem er durch die Geburt aus einem vorirdischen Dasein in das irdische eintritt. Dieses seinem Ich und seinem astralischen Leib einzuprägen, was dann sozusagen in sein Blut, in seine Nerven schießt als Talent, als Begabung, als der Wille zum Guten oder zum Bösen, dieses ihm einzuprägen, das ist die Aufgabe der Mondwesen, wenn der Mensch in seinem vorirdischen Dasein die Mondensphäre passiert. [...] Und so hängen heute noch diese Mondenwesen dadurch mit unserer Vergangenheit zusammen, dass sie es sind, die nach unseren früheren Erdenleben uns prägen, sozusagen im vorirdischen Dasein, damit wir als dieser bestimmte Mensch im irdischen Dasein auftreten können.«[14a]

In der Mondensphäre wird das Bewusstsein des Menschen weiterhin herabgedämpft. In dieser Sphäre verbleibt er nur sehr kurze Zeit. Der Eintritt in diese Sphäre fällt zusammen mit dem Zeitpunkt der Empfängnis. Somit wird er sich hier zehn Mondenmonate lang aufhalten. Es ist dieselbe Zeit, die auf der Erde zwischen Empfängnis und Geburt eines Menschen verläuft. In dieser Sphäre wird sein Bewusstsein so weit herabgedämpft, dass es jetzt bloß noch Wachstumskraft sein kann. Seine Entwicklung in dieser kurzen Zeit besteht also darin, sein Bewusstsein, das in der Merkursphäre noch recht hell war, zu jenem Traumbewusstsein herabzudämpfen, das ein Mensch hat, wenn er ins Erdenleben eintritt.[15] Der Mensch ist bei seinem Rückweg für die Mondensphäre nicht empfänglich. Er geht gewissermaßen unberührt durch sie hindurch. Er zieht sich so zusammen, dass er sich vereinigen kann mit dem Menschenkeime im mütterlichen Schoß, der ein Abbild des gesamten Kosmos darstellt.[16]

Wenn der Mensch von den Mondenkräften ergriffen wird, entfällt ihm der Geistkeim des physischen Leibes, an dem er selbst so lange mitgearbeitet hat. Kurz darauf tritt auf der Erde die Empfängnis für den physischen Leib ein. Da hinunter strömt nun sein geistig-physischer Organismus, der sich in den winzigen physischen Menschenleib zusammenzieht.[17]

6.3   Die Vorbereitung der neuen Inkarnation

Wir haben ja schon gesehen, dass es beim Abstieg bzw. Rückweg durch die Planetensphären ganz wesentlich darauf ankommt, dass der Mensch im Verein mit anderen Menschenseelen und insbesondere mit den geistigen Wesen der höheren Hierarchien seine neue Inkarnation gründlich vorzubereiten hat.

Zu diesem Prozess der Inkarnationsvorbereitung sollen im Folgenden noch ein paar wichtige Aspekte zusammengetragen und beleuchtet werden. Auch hier muss wieder darauf hingewiesen werden, dass man die Erlebnisse und Empfindungen, die hier beschrieben werden sollen, nicht in eine strenge chronologische Reihenfolge pressen kann.

6.3.1 Impulse für die neue Inkarnation

Zunächst einmal sollen die *unterschiedlichen* Impulse bzw. Triebfedern betrachtet werden, welche die Seele letztlich wieder in eine neue Inkarnation führen.

Es wurde bereits erläutert, dass die Seele kurz nach der Weltenmitternacht erstmals den leisen Drang verspürt, erneut auf die Erde hinabzusteigen und dass sie dann später als Folge des Kampfes der Götter wieder in den Raum geworfen wird. Ohne diese Hilfe der göttlich-geistigen Wesen würde der Mensch der Verlockung Luzifers, in der geistigen Welt zu verbleiben, erliegen. Natürlich darf man das nicht als ein Diktat oder gar eine Strafe der Götter auffassen. Auch die Seele selbst entwickelt jetzt immer mehr von sich aus den Wunsch, wieder ins Erdendasein zu steigen. Sie wird nun wie magnetisch von der Raumessphäre und dem Elternpaar angezogen. Es kommt also schon bald zur erneuten Verkörperung. Die Seele umhüllt sich schließlich wieder mit einer Leiblichkeit. Wenn der Mensch dann erneut mit physischen Organen ausgestattet und auf das an das Gehirn gebundene Denken angewiesen ist, hat er nicht mehr die Möglichkeit, auf das hinzuschauen, was Luzifer ihm so schmackhaft gemacht hat. Die geistige Welt wird für den Menschen langsam und allmählich wieder so verhüllt, wie sie es vor seinem Tod war.[18]

Während der letzten Zeit vor der neuen Verkörperung empfindet der Mensch in seinem Inneren als Folge des Götterkampfes eine Art Überdruss gegenüber seinem geistigem Wissen, das mehr theoretischer Natur ist. Sein ursprüngliches Interesse für die geistige Welt wandelt sich nun immer mehr zum Interesse an einer Generationenfolge, an deren Ende er selbst steht.

Beim Begräbnis eines Menschen kann man auf vielen Kranzschärpen oder in Todesanzeigen lesen: »Ruhe in Frieden«, »Ruhe sanft«, »Zur letzten Ruhe« o.ä. Dass das nachtodliche Leben eines Menschen mit Ruhen, Pausieren, Verweilen oder gar Nichtstun absolut nichts zu tun hat, dürfte mittlerweile schon sehr deutlich geworden sein. Gemessen an der Vielzahl der Erlebnisse und der Fülle der Tätigkeiten, die der Mensch im Leben zwischen Tod und neuer Geburt zu leisten hat, erscheint das gesamte Erdenleben – selbst wenn dieses äußerst arbeitsreich und mühsam war – fast wie ein langer Urlaub. *»Wer weiß denn, ob das Leben nicht Totsein ist und das Totsein Leben?«*, fragte schon der große griechische Tragödiendichter *Euripides*. Rudolf Steiner drückte es wie folgt aus: **»Nun, dadurch vervollständigt sich das Bild der geistigen Entwickelung der Menschheit, wenn man immer die sogenannten Toten dazunehmen kann, denn sie sind ja eigentlich viel lebendiger als diejenigen, die die sogenannten Lebendigen sind.«**[19] Ähnlich wie ein spirituell oder religiös gestimmter Mensch im Erdenleben sehnsuchtsvoll in die geistige Welt hinaufschaut, weil er in der physischen Welt für so manches keine Erfüllung und Befriedigung finden kann, so schaut ein Sphärenmensch gegen Ende seines vorgeburtlichen Lebens in die physische Welt hinunter, weil die Fülle der Ereignisse in der geistigen Welt so ungeheuer groß ist. In der

Geisteswelt geschieht eigentlich immer zu viel im Verhältnis zu dem, er fassen und ertragen kann.

Mit zunehmender Zeit, die nach der Weltenmitternacht verstreicht, empfindet er ein immer stärker werdendes Verlangen, wieder ins Erdenleben zurückzukehren. Er erwartet mit immer größer werdender Sehnsucht, erneut durch eine Geburt ins physische Dasein zu gelangen. Nun kommt noch etwas Wichtiges hinzu: In seinem letzten Erdendasein hatte er eine mehr oder weniger große Furcht vor dem Tod empfunden, die darauf basierte, dass er über dasjenige, was ihn nach dem Tod erwarten würde, in großer Ungewissheit war. Jetzt – kurz vor der neuen Inkarnation – herrscht eine übergroße *Gewissheit* über das kommende Erdenleben. Diese Gewissheit ist so groß, dass sie ihn regelrecht betäubt und geradezu ohnmächtig macht. Aus diesen **»ohnmachtstraumähnlichen Zuständen«**[20] fließt eine Sehnsucht, sich wieder auf der Erde zu inkarnieren.

Obwohl der Mensch während der Weltenmitternacht ein unendlich reiches inneres Leben hat, erlebt er sich in der geistigen Welt wie abgeschlossen. Es wird in ihm langsam die Sehnsucht wach, wieder eine Außenwelt um sich herum zu haben. Diese Sehnsucht ist eine schöpferische Kraft, die sich in eine neue Art von Seelenlicht verwandelt, die ihm eine Außenwelt beleuchten kann, die aber doch eine Innenwelt ist. Diese Innenwelt gibt nun den Blick auf seine vergangenen Erdenleben frei. Diese früheren Inkarnationen sind jetzt vor seinem Geistesauge ausgebreitet. Diese Bilderwelt seiner früheren Erdenleben steht jetzt zwar als Außenwelt da, aber als eine Außenwelt, die doch nur eine *vergangene* Außenwelt ist.

In seinem neu erwachten Bewusstsein erkennt der Sphärenmensch jetzt sehr deutlich, was in diesen früheren Erdenleben noch an Schwächen, Mängeln und Unvollkommenheiten vorhanden war. Es entsteht nun ein starkes Verlangen, diese Unzulänglichkeiten wieder auszugleichen. Die Seele empfindet den instinktiven Drang nach einer neuen Verkörperung. Aus dem Dämmerdunkel der Geisteswelt treten nun immer mehr Erlebnisse an die Seele heran. Insbesondere tauchen jetzt die Verbindungen und Beziehungen zu den nächststehenden Mitmenschen auf. An der Art und Weise ihres Auftauchens kann die Seele erkennen, was sie ihnen gegenüber noch schuldig geblieben ist, was sie wieder gutmachen muss. Durch dieses Anschauen des namentlich letzten Erdenlebens mit all denjenigen ›Überbleibseln‹, die einer Korrektur bedürfen, bildet sich eine gewaltige Kraft aus, welche die Seele schließlich wieder in eine neue Inkarnation treibt.

Gegen Ende seines Erdenlebens war der Mensch durch die Abnützung und die zunehmende Schwäche seiner Leibesorganisation des irdischen Lebens müde geworden. In ähnlicher Weise wird der Mensch, wenn das Ende des Lebens zwischen Tod und neuer Geburt naht, des kosmischen, außerirdischen Lebens müde. Dieses Müdewerden drückt sich nicht als Müdigkeit aus, sondern als Furcht vor dem Weltall. Dieses All ist ihm mittlerweile fremd geworden; es kann ihm nichts mehr bieten. Es ist eine Furcht vor der majestätischen Größe des Alls, eine Furcht vor dem Unendlichen. Er will sich aus diesem All heraus- und in die kleine menschliche Leiblichkeit zusammenziehen. Diese Leiblichkeit übt jetzt eine starke Anziehungskraft auf ihn aus. Bevor der Mensch wieder den physischen Plan betritt, hat er in dem riesigen All, in der gesamten Sternenwelt gelebt. Dasjenige, was sich dann später in den Formen seines Gehirns bis in dessen kleinste Windungen hinein ausbildet, ist eine Art Nachbildung des Sternenhimmels, des Weltalls, das der Mensch vor seinem Heruntersteigen ins Irdische in seiner Geistigkeit umfasst hat und das er jetzt fürchtet und dem er fliehen möchte. **»Er zieht sich zusammen nach dem, was wie ein irdisches Abbild dieses Sternenraumes im menschlichen Gehirn ist.«**[21] Das Gehirn wird also zu einem Abbild der Sternenkonstellation, die sich zu dem Zeitpunkt ergab, als der Mensch in das Physische heruntergestiegen ist.

6.3.2 Auswahl der Eltern

Man kann im ganz alltäglichen Leben ja immer wieder feststellen, dass viele Kinder ihren Eltern recht ähnlich sehen. Manche sind ihrem Vater oder ihrer Mutter geradezu wie ›aus dem Gesicht geschnitten‹. Die Begründung scheint auf der Hand zu liegen: Die Ähnlichkeit ist eine Folge dessen, was sie von ihren Eltern an Erbgut mitbekommen haben. Aus der begrenzten Sicht der Sinneswelt ist diese Argumentation durchaus richtig. Der wahre, geistige Grund schaut aber anders aus: Die Ähnlichkeit ist deshalb vorhanden, weil das Kind sich in der vorgeburtlichen Zeit für diejenigen Eltern entschieden hat, die *ihm* am meisten ähnlich sind! So unglaublich es zunächst auch immer klingen mag, ist es wirklich so, dass der Mensch sich im Normalfall seine Eltern auswählt! Die Seele empfindet für den Erdenmenschen, der die Mutter werden soll, schon lange Zeit vor der Empfängnis eine extrem starke Sympathie und Liebe. Das, was man als Mutterliebe bezeichnet, ist somit eine – wenngleich unbewusste – Erwiderung dieser Kindesliebe.[22]

Die Auswahl der ›richtigen‹ Eltern ist natürlich nicht so einfach, da sie mit sehr vielen Anforderungen zusammenstimmen muss. Zunächst einmal müssen die Kräfte aus den Vererbungsströmen der Eltern möglichst gut geeignet sein, damit der neue Erdenbürger das geistige Modell seines physischen Leibes, an dem er in der vorgeburtlichen Zeit so lange gearbeitet hat, bestmöglich im Physischen ausgestalten kann. Es ist sogar möglich, dass der ungeborene Mensch die richtigen Menschen, die seine Eltern werden sollen, zusammenführt. Wenn sich zwei Menschen im Leben auf ›wundersame‹ Weise begegnen, die dann später eine Lebensgemeinschaft eingehen, so können es – wie wir in Kapitel 3 gesehen haben – natürlich deren Engel sein, die diese Begegnung ›arrangiert‹ haben. Es könnte aber auch diejenige Seele sein, die Jahre oder gar Jahrzehnte später als deren Kind auf dem physischen Plan erscheint, die durch entsprechende Impulse für das Zusammenkommen gesorgt hat.

In vielen Fällen verhält es sich sogar so, dass die Seele etliche Jahrzehnte oder gar Jahrhunderte, bevor sie geboren wird, durch ihre Kräfte auf die Ahnen wirkt. Sie wirkt dann so, dass jeweils die richtigen Menschen zusammenkommen, die dann nach langer Zeit, über mehrere Generationen hinweg, diejenigen Kräfte geben können, die diese Seele benötigt. An dieser Arbeit sind natürlich auch alle dadurch betroffenen Seelen, die ja selbst noch in der geistigen Welt sind, beteiligt. Diese Seelen müssen mitwirken, müssen sich verständigen. **»Nehmen Sie die Seele Goethes. Lange, lange, ehe sie geboren wird, wirkt sie schon aus den übersinnlichen Welten heraus auf ihre Ahnen, steht schon durch ihre Kräfte mit den Ahnen in Beziehung. Sie wirkt sogar so, dass in entsprechender Weise zusammenkommen diejenigen Männer und Frauen, die nach langer Zeit die richtigen Eigenschaften geben können, die die Seele braucht. Es ist dies keine leichte Arbeit, denn es sind viele Seelen daran beteiligt. Wenn Sie sich vorstellen, dass von den Seelen des sechzehnten Jahrhunderts im achtzehnten Jahrhundert Menschen abstammen und dass alle diese schon vorher zusammenarbeiten, so müssen Sie begreifen, dass eine solche Verständigung eine wichtige Sache ist. Seelen, die im achtzehnten, neunzehnten Jahrhundert geboren werden, müssen sich schon im sechzehnten Jahrhundert verständigen, damit die ganzen Netze von Verwandtschaften hergestellt werden können.«**[23] Mit all diesen Seelen der Generationenfolge, an deren Ende schließlich die Eltern stehen, fühlt die Seele sich schon lange Zeit vor der Geburt verwandt.

Dann müssen die ganzen karmischen Bedingungen sowie die Lebensaufgaben – sowohl die des Kindes als auch die der Eltern – berücksichtigt werden. All diese Planungen könnte der Mensch in der vorgeburtlichen Zeit niemals durchführen, wenn er jetzt nicht viel weiser wäre, als er es später im Erdenleben sein wird, und wenn er insbesondere dabei nicht von den geistigen Wesen der höheren Hierarchien angeleitet und geführt würde. Dennoch wird die Seele fast immer gewisse Kompromisse eingehen müssen. Dasjenige Elternpaar, das geeignet wäre, *allen* Anforderungen gerecht zu werden, wird es oftmals nicht geben. Die Seele muss also regelrecht selektieren. So kann es etwa sein, dass sie ein Elternpaar vorzieht, das ihr eine sehr strenge Erziehung angedeihen lässt oder bei dem sie eine gewisse Art von Kenntnissen aufnehmen kann, obwohl sie bei anderen Eltern vielleicht ein glücklicheres Leben haben könnte. Diese Entscheidung kann zu heftigsten inneren Kämpfen führen. Wenn die Seele aber erkennt, dass die strenge Erziehung oder die Kenntnisse für ihre weitere Entwicklung von eminenter Bedeutung sind, wird sie sich letztlich für diese Eltern entscheiden.[24]

Vielen Zeitgenossen, die ein äußerst schwieriges Verhältnis zu ihren Eltern haben, die vielleicht andauernd mit ihnen im Streit liegen oder sogar von ihnen abgelehnt werden, mag die Vorstellung, dass sie sich diese selbst ausgesucht haben, wie ein Hohn erscheinen. Es muss aber auch hier wieder darauf hingewiesen werden, dass die Seelen in der geistigen Welt, wenn sie diese Entscheidung treffen, ungleich weitsichtiger sind als im Erdenleben und dass sie bei ihrer Wahl von geistigen Wesen unterstützt werden, deren Weisheit ein Menschenverstand nicht begreifen kann. Wenn diese Seelen im Vorgeburtlichen zusammen mit den geistigen Wesen der höheren Hierarchien ihre Auswahl treffen, ist ihnen klar, dass genau diese Eltern ihnen später das geben können, was sie zur Erfüllung ihrer Lebensaufgabe und zu ihrer geistig-seelischen Evolution benötigen.

Judith von Halle schildert dazu aus ihrer Geistesschau: *»Ich sah jenseits des ›Tores‹ wie der (bewusste oder unbewusste) Impuls der Eltern, ein Kind zu zeugen, in der ›Herstellung‹ einer leiblichen Behausung mündete, die gewissermaßen so lange frei verfügbar blieb, bis sich der entsprechende Menschenwesenskern in der Sphäre der Welt der Wirklichkeiten [geistige Welt] gegen Ende seines rein geistigen Zwischen-Lebens für eine neuerliche Inkarnation, und zwar in der betreffenden leiblichen Hülle entschied. Ich sah, wie in jenem (überzeitlichen) gerade stattfindenden Augenblick unzählige Menschen-Iche sich anschickten, eine bestimmte, soeben auf Erden entstehende Leiblichkeit zu beziehen, und wie die Entscheidung für eine bestimmte Leiblichkeit unter der weisen Führung höherer Wesen gefällt wurde, so dass das jeweilige Menschen-Ich genau diejenige Leiblichkeit beziehen würde, die ihm die Anwendung seiner aus dem Geistgebiet mitgebrachten seelisch-geistigen Errungenschaften und Eigenschaften aus früheren Leben auf Erden am ehesten ermöglichte. Bis in die Physiognomie, bis in die Handlinien hinein wurde so die stofflich-physisch-leibliche Gestalt zum Ausdruck sowohl der mitgebrachten Eigenarten als auch des sich noch zu vollziehenden Schicksals – der physische Leib als selbstgewähltes Werkzeug zur Erfüllung des eigenen, vollständig individuellen Schicksals.«*[25]

Im Normalfall bringt ein Kind sogar seinen (Vor-)Namen mit in die Inkarnation. *»Die sich in die Inkarnation begebende Individualität wählt also genau denjenigen Namen aus, mit welchem sie ihrem Karma am besten entsprechen kann, und in der Regel wird ihr dieser Name dann auch von Seiten der Eltern (un- oder halbbewusst) gegeben. Nicht selten träumen Eltern den Namen des ungeborenen Kindes. Dabei ist es oft ein Name, den die Eltern von sich aus gar nicht ausgesucht hätten. Manche Eltern suchen zwei oder drei Namen für ihr Neugeborenes aus und stellen oft schon wenige Tage nach der Geburt fest, dass der vorgesehene erste Name unmöglich der Rufname werden darf, weil sie merken, dass dieser der Individualität ihres Kindes einfach nicht ganz entspricht, sodass man stattdessen kurzerhand den zweiten oder dritten Namen zum Rufnamen erwählt.«*[26]

6.3.3 Die Empfängnis

Wie wir schon gesehen haben, hatte der Mensch wenige Tage nach seinem Durchgang durch die Pforte des Todes seinen Ätherleib und am Ende der Kamalokazeit seinen Astralleib abgelegt. Er hat diese beiden Leiber aber nicht zur Gänze abgelegt. Sowohl von seinem ätherischen als auch von seinem astralischen Leib hat er einen Extrakt behalten und auf seinen weiteren nachtodlichen Weg mitgenommen. Diese beiden unvergänglichen Extrakte, bei welchen es sich um die bereits zum Geistselbst bzw. Lebensgeist umgearbeiteten Teile des Astral- bzw. Ätherleibes handelt, stellen gewissermaßen die Früchte seiner bisherigen Inkarnationen dar. Nur über diese Teile ist er Herr. **»Aber das, was er noch nicht umgearbeitet hat, das muss ihm von außen her ankristallisiert werden. Andere Wesenheiten müssen ihm das angliedern.«**[27]

In den ersten Tagen nach der Empfängnis steigt das Ich, das dem Menschen als einziges Wesensglied immer vollständig erhalten bleibt, mit den bis dahin erworbenen unvergänglichen Extrakten des Äther- und Astralleibes aus der Mondensphäre herab.[28] Zunächst zieht es alle **»astralen Qualitäten«**[29] zu seinem neuen Astralleib, den es im Erdenleben tragen wird, zusammen. Diese müssen natürlich der bisherigen Entwicklung des Menschen und dem, was er sich bis dahin erarbeitet hat, entsprechen. Kurz darauf wird der neue Ätherleib gebildet, der sich um den ätherischen Extrakt herumkristallisiert. **»[...] und erst vom achtzehnten bis zwanzigsten Tag darnach arbeitet der neue Ätherleib selbständig an der Entwickelung des physischen Menschenkeimes, während vorher der Ätherleib der Mutter das vollzieht, was später vom Ätherleib zu besorgen ist. Erst mit diesem achtzehnten bis zwanzigsten Tag nach der Empfängnis nimmt sozusagen die Individualität, die sich da verkörpern will und die bis dahin ihr Ich mit einem neuen Astralleib und Ätherleib umkleidet hat, Besitz von dem bis dahin von der Mutter gebildeten physischen Leibe.«**[29]

Indem der Mensch seinen eigenen Ätherleib formt, schafft er mit diesem gewissermaßen ein Abbild desjenigen, was er vorher selbst in den höheren Welten war.[30] Durch die Mondenkräfte werden auch die Erinnerungen an die ganzen karmischen Verhältnisse als wirkliche Kräfte in den Ätherleib eingegliedert.

Wir haben ja bereits erwähnt, dass der Mensch im Verein mit den höchsten geistigen Wesen seinen karmischen Plan mit allen Schicksalsoptionen für die anstehende Inkarnation ausgestaltet hat. Judith von Halle schreibt: *»Der Mensch webt im Vorgeburtlichen – aus der Überschau des reinen Geistgebiets und in Freiheit – ein bestimmtes Schicksalsnetz, um das, was er sich vorgenommen hat, in dem von diesem Netz durchzogenen, ja von diesem Netz gewissermaßen konstruierten physischen Leib erreichen zu können. Sein karmisches Netz hat er aus der vollständigen Freiheit veranlagt. Nämlich aus jener Weisheit und Schaffenspotenz heraus, die ihn durchdringt und ausmacht, wenn er im reinen Geistgebiet im Zustand seiner göttlichen Vollkom-*

menheit lebt, wo sein ewiges Ich [höheres Selbst] *auch stets verbleibt. Dort, in jenem Zustand, ist es ihm ein Bedürfnis, sich unter den von ihm selbst (infolge der Taten seines vorherigen Lebens) geschaffenen Bedingungen wieder zu inkarnieren.«*[31]

Dieses karmische Netz wird dem Ätherleib einverwoben. Diese zunächst noch rein geistige individuelle karmische Information wird dann auf den physischen Menschenkeim übertragen. Dadurch wird bewirkt, dass im Erdenleben das Karma ausgelebt werden kann.[32]

6.3.4 Vorschau auf das neue Erdenleben

Unmittelbar bevor die zur neuen Inkarnation schreitende Individualität Besitz von dem physischen Leib im Schoße der Mutter ergreift, besteht der Mensch aus den gleichen Wesensgliedern, die er unmittelbar nach Eintritt des Todes hatte: Das Ich, der Astralleib und der Ätherleib. **»Daraus wird Ihnen leicht verständlich sein, wie im Moment, da der Mensch seinen neuen physischen Leib betritt, etwas Analoges zu dem Moment auftritt, wo er diesen ablegt.«**[29]
Als der Mensch im Augenblick des Todes den physischen Körper ablegte, tauchte ein riesiges Panorama vor ihm auf, das ihm alle Bilder seines abgelegten Erdenlebens zeigte. Analog zu dieser Lebens*rückschau* erlebt er jetzt im Beisein seines Engels eine Lebens*vorschau*, eine Vorschau auf sein kommendes Erdenleben. Er kann nun sehen, in welche Familien-, Volks- und Kulturzusammenhänge er hineingeboren wird. Diese Vorschau zeigt ihm auch, welche Schicksale ihm bevorstehen. Ihm wird sowohl gewahr, welche leidvollen als auch welche freudigen Erlebnisse er im künftigen Erdensein haben wird. Es herrscht eine große Gewissheit über das kommende Erdenleben. Er wird alles, was auf ihn zukommen wird, bejahen, da er an der Ausarbeitung seines Lebensplanes selbst beteiligt war und nun weiß, warum er auch bestimmte schlimme Erfahrungen machen und auf vielen Ebenen für einen karmischen Ausgleich sorgen muss, was gewiss nicht immer leicht ist. Dennoch könnte nun in etwas extremen Fällen eintreten, dass er, wenn er etwa sehen sollte, dass ihn ein besonders hartes Schicksal erwartet, einen Schock bekommt. Dann könnte es sein, dass sich der Ätherleib nicht in der richtigen Weise mit dem physischen Leib vereinigt. Dadurch *könnten* schwere ›geistige‹ Behinderungen auftreten.[33] Allerdings wird ihn diese Lebensvorschau niemals von seinem Plan abbringen, da sein Inkarnationswille sehr stark ist. *Hermann Hesse* hat hierzu sein wundervolles Gedicht *»Das Leben, das ich selbst gewählt...«* verfasst (☞ Anhang A.3, S. 540).

Wenn der Mensch dann geboren wird, hat er diese Vorschau wieder vergessen, weil bei den weitaus meisten Erdenmenschen die derzeitige Konstitution des physischen Leibes noch nicht geeignet ist, sie im Gedächtnis zu behalten.[29] Diejenigen Kräfte, die zu Erinnerungskräften werden könnten, werden aufgebraucht, um den physischen Leib zu organisieren. Es kann aber durchaus Fälle geben, in denen ganz spontan so etwas wie eine Ahnung von Ereignissen, die er in der Vorschau gesehen hatte, aufblitzen kann. Das könnte auch eine weitere Erklärung für manche Déjà-vu-Erlebnisse sein, von denen einige Menschen berichten.

Die gesamte kosmische Weisheit, welche der Mensch sich in den höheren Welten erworben hat, wird ihm nicht etwa weggenommen, wenn sein Bewusstsein verhüllt wird, sondern in Lebenskräfte umgewandelt. Diese in Lebenskräfte verwandelte Weisheit wird genutzt, um die elterliche Vererbungssubstanz in der richtigen Weise organisieren zu können.[34]

6.4 Das Erbe aus der vorgeburtlichen Zeit

Dass der Mensch in seiner vorgeburtlichen Zeit in der Tierkreisregion sowie in den Planetensphären sich alle Kräfte erwirbt, um seine Leiblichkeit, die er im folgenden Erdenleben benötigt, im Geistigen zu veranlagen, wurde schon dargestellt. Der Mensch ist also im wahrsten Sinne des Wortes seines »Glückes Schmied«. Er baut sich seine drei Leiber, den Astralleib, den Ätherleib und insbesondere den physischen Leib, unter Anleitung hoher göttlicher Wesen selbst auf. Diese Leiber können nur dann gesund und kraftvoll sein, wenn er es verstanden hat, die notwendigen Kräfte und Impulse, die ihm von den göttlichen Wesen gereicht werden, in Empfang zu nehmen. Dazu ist es notwendig, dass er die jeweiligen Sphären in der rechtmäßigen Weise und mit angemessenem Bewusstsein durchlaufen hat. Wenn etwa ein Erdenmensch niemals eine Schule besuchen oder aber in seiner Schulzeit nur träumen würde, so könnte er das, was ihm die Lehrer geben können, auch nicht empfangen. Die Sphären kann der Mensch nur dann in rechtmäßiger Weise durchlaufen, wenn er sich in seinem Erdendasein dazu in gewisser Weise vorbereitet hat.

Es könnte nun die Frage auftauchen, was mit all den großen göttlich-geistigen Wissensschätzen und all der kosmischen Weisheit, welcher der Mensch in der Geisteswelt teilhaftig wurde, geschehen ist, nachdem er wieder ins Erdendasein getreten ist. Dass davon nicht mehr allzu viel übrig zu bleiben *scheint*, dürfte die alltägliche Erfahrung deutlich machen. Man könnte noch allgemeiner fragen: Welche Eigenschaften, Fähigkeiten und dergleichen, die sich im Leben eines verkörperten Menschen offenbaren, kann man in gewisser Weise als ›Erbstücke‹ des vorgeburtlichen Daseins auffassen?

Wie wir schon gesehen haben, geht die Weisheit nicht verloren; sie wird dem Menschen nicht genommen, sondern in solche Kräfte verwandelt, die er für sein Erdendasein braucht, insbesondere in Wachstums- und Lebenskräfte. Man kann durchaus davon sprechen, dass das, was der Mensch in der Geistes- und Seelenwelt war, bei der

Empfängnis, beim Übergang in die physische Leiblichkeit *stirbt*. Bei jedem Sterben bleibt ein Leichnam übrig. Dieser Leichnam ist die Gedankenwelt, in welcher der Mensch sein ganzes folgendes Erdenleben lang lebt. Die trockenen, abstrakten Gedanken, zu denen der Erdenmensch befähigt ist, stellen eigentlich einen Leichnam dessen dar, was als Wirkliches, als geistiges Leben vorhanden war, bevor er in die Leiblichkeit hinuntergestiegen ist.[35] Daher haben die Gedanken, zu denen sich ein Erdenmensch erheben kann, auch dieses Schattenhafte an sich, weil sie wirklich nur einen abgestorbenen Teil der vorgeburtlichen Erlebnisse des Menschen darstellen.

Es kehrt aber in den Menschen auch etwas als Lebendiges aus seinem vorgeburtlichen Dasein ein, was man im weitesten Sinne als Gefühl bezeichnen könnte. Hier ist sowohl an solche Gefühle zu denken, die man anderen Menschen gegenüber, als auch an solche, die man der Natur gegenüber haben kann. Alles, wodurch der Mensch sich empfindend in die ihn umgebende Außenwelt einleben kann, stellt eine lebendige Nachwirkung des vorgeburtlichen Daseins dar. Wenn der Mensch einen Mitmenschen, ein Tier oder eine Blume lieb hat, so handelt es sich dabei um eine lebendige Kraft, die aus dem vorirdischen Dasein stammt.

Die schon erwähnte Furcht gegenüber der gewaltigen und unermesslichen Größe des Weltalls, die der Mensch gegen Ende des vorgeburtlichen Lebens hat, verwandelt sich in zwei Elemente. Zum einen wird aus ihr das Selbstgefühl und zum anderen der Wille. Alle Willensimpulse, die den Menschen im Erdenleben zu irgendeiner Handlung führen, sind im Vorgeburtlichen als Furcht vorhanden.[36]

Dann bringt der Mensch noch etwas aus der Geisteswelt ins neue Erdenleben mit, das jedem bekannt ist: sein *Gewissen*. Die menschliche Wesenheit unterliegt ja – wie bereits erwähnt wurde – einem gewaltigen Evolutionsprozess. In ferner Vergangenheit, im Zeitalter der alten urindischen Kultur, von deren geistiger Blüte die *Veden* nur noch einen schwachen Nachklang darstellen, war der Mensch noch ganz anders organisiert. Wenn er damals ins Erdenleben stieg, so hatte er eine ganz konkrete und lebhafte Erinnerung an seinen letzten Aufenthalt in der geistigen Welt. Er wusste, dass er da unter den Göttern gelebt hatte und dass er selbst ein geistiges Wesen ist. Ihm war voll bewusst, was die Götter mit ihm vorhatten und welche Aufgaben er sich für sein neues Erdenleben gestellt hat. Als ›gut‹ erkannte er alles an, was die Götter wollten. Das, was dem Willen und den Zielen der Götter widerstrebte, erkannte er als ›böse‹. Diese Fähigkeit, sich an das Leben in der geistigen Welt erinnern zu können, ging nach und nach verloren. Diese Fähigkeit *musste* der Mensch verlieren, um aus sich selbst heraus zwischen ›gut‹ und ›böse‹ unterscheiden zu lernen und um sich mit freiem Willen letztlich für das ›Gute‹ entscheiden zu können. Seit einigen Tausend Jahren kann sich ein Durchschnittsmensch nicht mehr daran erinnern, dass er in einer geistigen Welt war, bevor er auf die Erde kam. Dennoch ist es eine Tatsache, dass der Mensch in seiner vorgeburtlichen Zeit in der Geisteswelt in der Sphäre der Wahrheit und der Liebe gelebt hat. Die Erfahrungen von dem, was wahr und gut ist, trägt er als einen Erbteil in sich, wenngleich ihm das im Normalfall nicht zu vollem Bewusstsein kommt. Das, was ihm von dem einstigen *Wissen* geblieben ist, ist sein *Gewissen*. Das Gewissen könnte man als ein Vermächtnis der geistigen Welt bezeichnen, das der Mensch mit ins Erdenleben bringt.

Es ist eine Art verhüllten Wissens von dem, was er vor seiner Geburt in den übersinnlichen Welten erleben und erfahren konnte. Man kann sich stets dessen *gewiss* sein, dass das, was das Gewissen einem sagen möchte, wahr ist.

Kapitel 7

Das Leben zwischen Tod und neuer Geburt – besondere Aspekte

Ich kann nie aufhören zu wirken
und mithin nie aufhören zu sein.
Das, was man Tod nennt,
kann mein Werk nicht abbrechen,
denn mein Werk soll vollendet werden,
mithin ist meinem Dasein keine Zeit bestimmt –
und ich bin ewig.
Johann Gottlieb Fichte [1]

In diesem Kapitel sollen in Ergänzung zu dem, was in den beiden vorigen Kapiteln über das Leben nach dem Tod bzw. vor der Geburt in *einigermaßen* chronologischer Reihenfolge geschildert wurde, noch einige Aspekte dieses nachtodlichen bzw. vorgeburtlichen Lebens hinzugefügt werden. Diese Gesichtspunkte sind bisher nur angedeutet worden oder ganz unberücksichtigt geblieben, um die halbwegs lineare, chronologische Darstellung des Lebens zwischen Tod und neuer Geburt nicht zu unterbrechen. Viele der Aspekte, um die es hier gehen soll, können nicht bestimmten Phasen zugeordnet werden; sie weisen vielmehr einen eher allgemeingültigen Charakter auf.

7.1 Das Erinnern nach dem Tod – die Akasha-Chronik

Wie in Kapitel 4 dargestellt worden ist, sind ja die Erinnerungen an den Ätherleib gebunden. Dieser ist der Träger des Gedächtnisses und somit auch der Erinnerungen. Nun wurde in Kapitel 5 einerseits dargelegt, dass der Mensch wenige Tage nach dem Tod den größten Teil seines Ätherleibes dem allgemeinen Weltenäther übergibt; andererseits wurde gesagt, dass er trotzdem in der weitaus meisten Zeit seines Lebens zwischen Tod und neuer Geburt die Erinnerung an seine früheren Erdenleben – namentlich an das letzte – behält. Dass das kein Widerspruch ist, soll im Folgenden erläutert werden.

Auch wenn der Mensch nach wie vor eine Anschauung von seinem abgelegten Ätherleib haben kann, so bekommt das Erinnern einige Zeit nach dem Tod doch eine andere Gestalt als es im Erdenleben der Fall ist. An die Stelle des gewöhnlichen Erinnerns tritt jetzt das ›Lesen‹ in der sogenannten *»Akasha-Chronik«*. Nachdem im Kamaloka die Erinnerung an den Zusammenhang mit dem Erdenleben schwindet, tauchen alle Ereignisse aus diesem Leben nun so auf, dass sie sich dem Menschen in der Akasha-Chronik entgegenstellen, so dass er der gewöhnlichen Erinnerung nicht mehr bedarf.[2]

Was hat man sich unter dieser ›Chronik‹ vorzustellen? *»Akasha«* ist ein Sanskritwort, das man mit »leuchtend« oder »strahlend« übersetzen kann. Akasha ist eine der subtilsten Substanzen, die dem geistigen Streben eines hellsichtigen Menschen noch zugänglich ist. In diese Substanz ist alles ›eingeschrieben‹, was sich von Anbeginn der Weltentwicklung abgespielt hat.

Nichts von dem, was jemals im Kosmos geschehen ist, geht verloren. Alle Taten, Gedanken, Worte, Gefühle usw. prägen sich in die *»Akasha-Substanz«* ein. Hierbei ist nicht nur an die großen Taten und Gedanken der göttlich-geistigen Wesen, sondern auch an alle großen und kleinen Taten und Gedanken eines jeden einzelnen Menschen zu denken. Da man in dieser kosmischen Substanz in gewisser Weise wie in einem Geschichtsbuch lesen kann, spricht man von der *»Akasha-Chronik«*, die man auch als *»kosmisches Gedächtnis«* oder *»Weltengedächtnis«* bezeichnen könnte. **»Was ist Akasha-Chronik? Wir machen uns den besten Begriff davon, wenn wir uns klar sind, dass alles, was auf unserer Erde oder sonst auf der Welt geschieht, einen bleibenden Eindruck auf gewisse feine Essenzen macht, der für den Erkennenden, der eine Einweihung durchgemacht hat, aufzufinden ist. Es ist keine gewöhnliche Chronik, sondern eine Chronik, die man als eine lebendige bezeichnen könnte. Nehmen wir an, ein Mensch lebte im ersten Jahrhundert nach Christo. Das, was er damals gedacht, gefühlt, gewollt hat, das, was in seine Taten übergegangen ist, ist nicht ausgelöscht, sondern es ist aufbewahrt in dieser feinen Essenz. Der Seher kann es ›sehen‹. Nicht etwa so, wie wenn es aufgeschrieben wäre in einem Geschichtsbuche, sondern so, wie es sich zugetragen hat. Wie man sich bewegt, was man getan, wie man zum Beispiel eine Reise gemacht hat, kann man sehen in diesen geistigen Bildern. Man kann auch die Willensimpulse, die Gefühle, die Gedanken sehen. Doch wir dürfen uns nicht vorstellen, dass diese Bilder sich so ausnehmen, als wenn sie Abdrücke der physischen Persönlichkeiten hier wären; das ist nicht der Fall. Um ein einfaches Bild zu gebrauchen: Wenn man seine Hand bewegt, so ist der Wille des Menschen überall in den kleinsten Teilen der sich bewegenden Hand, und diese Willenskraft, die sich hier versteckt, die kann man sehen. Das, was jetzt geistig wirkt in uns und im Physischen ausgeflossen ist, das sieht man dort im Geistigen. Suchen wir zum Beispiel Cäsar auf. Wir können alles, was er unternommen hat, verfolgen. Doch machen wir uns klar, dass wir mehr die Gedanken des Cäsar sehen können in der Akasha-Chronik. Wenn er sich vorgenommen hat, etwas zu tun, sieht man die ganze Folge von Willensentschlüssen bis zu dem Punkte, wo die Tat ausgeflossen ist ins Leben.«[3]**

In der Akasha-Chronik ist nicht nur alles verzeichnet, was von Anbeginn der Welt bis heute geschehen ist, sondern auch dasjenige, was gemäß den Absichten der guten Götter zukünftig verwirklicht werden wird. Natürlich kann hier nicht in Einzelheiten stehen, was etwa ein bestimmter Mensch in der Zukunft erleben wird. Das ist auch bis zu einem gewissen Grad offen, da es ja nicht zuletzt dem freien Willen des Menschen unterliegt. Aber die großen ›kosmischen Verhältnisse‹, die längst im göttlichen Plan vorgezeichnet sind, sind hier einverwoben. Rudolf Steiner machte in einem seiner unzähligen Vorträge anhand eines Beispiels deutlich, wie man sich das ›Einschreiben‹ in diese Chronik vorstellen kann: **»Während ich hier spreche, ist dieser ganze Luftraum ausgefüllt mit Schallwellen. Denken Sie sich, diese Schallwellen könnten durch irgendein Mittel fixiert werden** [Anmerkung des Verfassers: Was ja heute längst möglich ist], **dann würden Sie eine Aufzeichnung haben von alledem, was hier gesprochen wird. Ebenso wie das Wort, das ich hier spreche, einen Eindruck macht auf das Medium, auf das Mittel um uns herum, so machen es auch die anderen Äußerungen der Menschennatur, allerdings nicht auf die Luft, (sondern) auf die Akasha-Materie, in der sich nicht nur die gesprochenen Worte abdrücken, sondern alle Gedanken, Gefühle und Willensimpulse des Menschen.«**[4]

Man könnte die Akasha-Chronik auch anhand eines vielleicht etwas trivialen und platten materiellen Vergleiches verdeutlichen. Stellen Sie sich eine gigantische Festplatte mit einer unbegrenzten Kapazität vor, auf der vertonte Filme über alles, was jemals auf der Erde geschehen ist, gespeichert sind. Nun könnte jeder, der über die entsprechende Technik und das Know-how verfügt, jederzeit einen gewünschten Film abrufen und anschauen.

Zu Lebzeiten ist es nur einem hohen Geistesseher möglich, in dieser ›Chronik‹ zu ›lesen‹. Diesen Vorgang könnte man etwas plakativ formuliert auch als ›geistige Zeitreise‹ bezeichnen. Nur auf diese Art kann ein solcher beispielsweise wissen, wie sich bestimmte Entwicklungen im Weltenprozess abgespielt haben. Nach dem Tod lebt der Mensch gewissermaßen in dieser Akasha-Substanz, etwa so, wie wir hier auf der Erde innerhalb der uns umgebenden Atmosphäre leben.[5]

Wie bereits erwähnt war es Moses nur durch das Lesen in der Akasha-Chronik möglich, die Schöpfungsgeschichte aufzuschreiben. Die Evangelisten haben ebenfalls ganz wesentlich aus dieser Chronik geschöpft.

Aus diesem großen Weltengedächtnis konnte Rudolf Steiner im Übrigen noch sehr viele Erkenntnisse über das gewinnen, was vor 2.000 Jahren in Palästina geschah. In den vier Evangelien ist nur ein Bruchteil dessen vorhanden, was in dieser Zeit passiert ist. Johannes schreibt am Ende seines Evangeliums ja selbst, dass alle Bücher der Welt nicht ausreichen würden, um alles aufschreiben zu können, was geschehen ist.[6] Insbesondere über die Kindheit und Jugend des Jesus von Nazareth kann man in den Evangelien kaum etwas finden. Lediglich bei Lukas[7] und bei Matthäus[8] wird kurz die Geburt Jesu geschildert. Zudem sind diese beiden Schilderungen sehr unterschiedlich, ja sie *erscheinen* geradezu widersprüchlich. Ansonsten gibt es nur noch eine Stelle, die vom jungen Jesus erzählt. Es ist die Tempelszene, in der der zwölfjährige Jesus, der von seinen Eltern drei Tage vermisst wurde, im Tempel inmitten der Schriftgelehrten sitzend wiedergefunden wurde.[9] Dann setzt die Berichterstattung über Jesus von Nazareth erst wieder ein, als er im Alter von 30 Jahren am Jordan getauft wurde und das Christus-Ich in sich aufnahm. Alle die vielen und wichtigen Begebenheiten aus Jesu Leben bis zu seinem dreißigsten Lebensjahr findet man nicht in der Bibel. Rudolf Steiner hat diese aus der Akasha-Chronik rekonstruiert. Erst durch die so gewonnenen Erkenntnisse kann man heute langsam ein Verständnis für die Wesenheit Jesu, die später zur Hülle des Christus wurde, gewinnen. Ein Leser, der hierzu Näheres erfahren möchte sei auf unser Buch *»Das Christus-Mysterium und die Mission des Jesus von Nazareth«* hingewiesen (☞ S. 579).

7.2 Die Wesensglieder des Menschen nach dem Tod

W ir haben in Kapitel 4 bereits gesehen, dass das Wesensgefüge des heutigen Menschen, wenn er auf der Erde wandelt, aus vier Wesensgliedern besteht: physischer Leib, Ätherleib, Astralleib und Ich. Beim Durchgang durch die Todespforte legt der Mensch endgültig und unwiderruflich seinen physischen Leib ab. Etwa drei Tage später, wenn die gewaltigen Bilder der Lebensrückschau abgeflutet sind, übergibt er seinen Ätherleib dem Kosmos. Im Durchschnitt nach einigen Jahrzehnten, wenn die Kamalokazeit beendet ist, legt er schließlich auch noch seinen Astralleib ab. Von diesen beiden Leibern behält er jeweils nur einen unvergänglichen Extrakt. Diese beiden Extrakte, welche die Früchte seiner bisherigen Inkarnationen darstellen, nimmt er auf seinem weiteren Weg mit. Das, was ihm dann noch als *vollständiges* und *ureigenstes* Wesensglied bleibt, ist sein Ich.

Als der Mensch sich im Erdendasein befand, war sein Ich noch sehr ›flüssig‹ und flexibel. Es hatte die Kraft, ständig anders, ständig besser zu werden. Nun nach dem Tod ist diese Möglichkeit nicht mehr vorhanden. Das Ich hat bestimmte Eigenschaften angenommen, die es behalten muss; es ist ein **»festes Geistgebilde«**[10] geworden. Nach dem Tod kann sich dieses Ich nicht weiterentwickeln. Dieses Ich, in das der Sphärenmensch nun wie hineingebannt ist, ist für ihn von ungeheurer Wichtigkeit. Wenn er nicht imstande wäre, dieses erstarrte Ich im Anblick zu haben, täte sich ein großer Abgrund des Nichts auf, wie das bei einem Lebenden etwa dann der Fall wäre, wenn die ihn umgebende Sinneswelt entschwände.[11]

Nun ist es aber nicht so, dass sein Ich das einzige Wesensglied in den höheren Welten bleibt. Ähnlich wie der Mensch seinen Wesenskern mit dem ätherischen, astralischen und physischen Leib umhüllt, wenn er ins Erdenleben tritt, umhüllt er sein Ich nach dem Tod nach und nach mit *»Geistgliedern«*, die ihm von der geistigen Welt *verlie-*

hen werden, und zwar mit denjenigen, die beim Erdenmenschen erst im Keim veranlagt sind: Geistselbst oder Manas, Lebensgeist oder Buddhi und Geistesmensch oder Atma. Diese drei Glieder sind aber nicht genau dasselbe, was der Mensch – wie wir in Kapitel 4 erörtert haben – in der Zukunft noch entwickeln und erwerben muss. Das Geistselbst, das der Mensch zukünftig dadurch ausbilden muss, dass er mit seinem Ich den Astralleib veredelt, wird eine Art äußeres Abbild desjenigen Geistselbst sein, in das er sich nun nach dem Tod einhüllt. Das Gleiche gilt völlig analog auch für die beiden anderen Wesensglieder. Nun nach dem Tod wird das Ich zu etwas mehr Äußerem, auf das der Mensch immerfort schauen kann. Das Bewusstsein für das Geistselbst geht ihm von innen auf, so dass man sagen kann, dass er jetzt mehr und mehr im Bewusstsein seines Geistselbst bzw. höheren Selbst lebt.

Während des Erdenlebens ist das Ich das höchste Wesensglied des Menschen. Nachdem er schon geraume Zeit in den übersinnlichen Welten weilte, ist sein Ich das unterste Wesensglied. Darüber hinaus hat er die drei Glieder, die er im physischen Dasein erst in ferner Zukunft haben wird, so dass er auch nach dem Tod wieder ein viergliedriges Wesen ist. Das Geistselbst, den Lebensgeist und den Geistesmenschen, die im gegenwärtigen Erdenleben nur der Anlage nach vorhanden sind, entwickelt er im Leben zwischen Tod und neuer Geburt in geistiger Beziehung.

Unmittelbar nach dem Tod muss der Mensch sich eingewöhnen in eine Welt, die voller Weisheit ist, in der das Licht der Weisheit ihn zu überwältigen droht. Diese Welt mit ihrer strahlenden Weisheit würde ihn vollends überwältigen, wenn er ihr nicht das einverweben könnte, was er selbst an Weisheit während seines Erdenlebens in seinen Ätherleib hineinverwoben hat. Dadurch dämpft sich für ihn die Überfülle an Licht ab, und er beginnt ein Verständnis dafür zu gewinnen, was im allgemeinen Weltenäther die Welt durchpulst und durchgeistigt. Für das, was er nach einigen Tagen dem Weltenäther dann in Form seines Ätherleibes abgibt, hüllt er sich nun in das Geistselbst ein, das jetzt gewissermaßen ein äußeres Wesensglied ist. **»Der Ätherleib wird unterworfen dem allgemeinen Weltenäther. Der Mensch geht seinen Weg weiter. Für das, was er dem Weltenäther als seinen Ätherleib nun abgibt, für das hüllt er sich ein in dasjenige, was wir genannt haben das Geistselbst. Das ist gewissermaßen jetzt ein äußeres Glied. Es dringt heran unbestimmter Äther an ihn; der umhüllt ihn mit einer Art von Geistselbst.«**[12] Erst das Geistselbst ermöglicht es ihm, in den höheren Welten überhaupt leben zu können. Dieses Geistselbst, das von allen Seiten an ihn herandrängt und in dessen Mitte er sich fühlt, ist die Triebfeder, die ihn wieder zurückführt, so dass er nun sein komplettes Erdenleben nochmals in rückwärtiger Folge – beginnend mit dem Todestag bis hin zum Tage der Geburt – durchleben kann, wie das ja in Kapitel 5 näher beschrieben worden ist. Diese Verbindung mit dem Geistselbst ist auch der wesentliche Grund dafür, dass der Mensch nach seinem Tod sehr viel weiser und weitsichtiger ist, als das im Erdenleben der Fall war.

Dann umhüllt er sich auch mit dem Lebensgeist. Dieser Umhüllung wird er sich aber erst so recht bewusst, wenn er den Astralleib abgelegt hat, wenn also die Kamalokazeit vorüber ist. Die Bilder, die der Mensch zuvor imaginativ geschaut hat, werden durch den Lebensgeist zu *Inspirationen*; sie werden sprechend. Im Erdenleben sind wir zu einem Zeitpunkt immer an einen bestimmten Ort gebannt. In den geistigen Welten ist es unmöglich, nur an einem einzigen ›Ort‹ zu leben. Alle Wesen müssen vielmehr in dem lebendigen Zusammenhang des ganzen Universums leben. Hier bestünde nun für den Verstorbenen die Gefahr, dass er gewissermaßen auf einmal ins gesamte Universum ›ausfließen‹ würde, wodurch auch sein Selbstbewusstsein ins Nebulöse ausflösse. Er bedarf immer einer Instanz, die ihn gewissermaßen ›herumführt‹, die ihn von einem ›Ort‹ zum nächsten ›trägt‹. Dadurch entsteht ein geistig-bewegtes Leben. Das bewirkt der Lebensgeist.[13]

Zuletzt, wenn der Mensch sich schon allmählich zur neuen Inkarnation vorbereitet, erhält er als höchstes Wesensglied den Geistesmenschen. Durch diesen kann sich der Mensch bereits *intuitiv* mit der Vererbungsströmung, die ihn später zu einer neuen Inkarnation herabführen soll, verbinden.[14]

7.3 Die menschliche Geistgestalt nach dem Tod

Es wurde schon gesagt, dass ein Mensch, der durch die Pforte des Todes gegangen ist, die anderen entkörperten Menschen durch Visionen bzw. Imaginationen wahrnehmen kann. Zu Lebzeiten ist das nur solchen Menschen möglich, die hellseherische Kräfte haben. Man kann sich nun fragen, *was* man da eigentlich genau ›sieht‹. Wie nehmen Seelenwesen andere Seelenwesen wahr? Wie erscheinen sie ihnen? Oder fragen wir ganz naiv: Wie sieht eigentlich ein Toter aus, wenn man ihn mit Geistesaugen schaut?

Dazu müssen wir zunächst noch einen Blick auf den physischen Körper eines Menschen werfen. Dieser besteht aus einer Vielzahl unterschiedlicher chemischer Substanzen, solchen, die seine Knochen, seine Haut, seine Organe usw. bilden. Diese Substanzen sind natürlich nicht in der Lage, dem menschlichen Körper seine spezifische Form und Gestalt zu geben. Die *Gestalt* des Menschen ist ein ›geistiger Kraftkörper‹, der die Substanzen in der rechtmäßigen Weise zusammenhält, die ansonsten willkürlich auseinander fallen würden, wie das ja nach dem Tod auch geschieht. Man kann diese Geistgestalt vielleicht plakativ mit einem Netz vergleichen, das irgendwelche Früchte zusammenhält, die man hineingesteckt hat. Dieses bildlich gesprochene ›Netz‹ löst sich unmittelbar nach Eintritt des Todes gewissermaßen aus den Umhüllungen des physischen und ätherischen Leibes heraus. Wer mit der imaginativen Erkenntnis begabt ist – also ein Verstorbener oder ein Hellseher – nimmt dieses als eine Gestalt war, die der physischen Gestalt des Menschen noch durchaus ähnelt.[15] Da diese Gestalt etwas Geistiges ist, entzieht sie sich der sinnlichen Anschauung und kann von einem Materialisten genauso geleugnet werden wie etwa der Ätherleib.

Diese Geistgestalt glänzt und schimmert in vielen Farben. Erst allmählich verliert sich diese Gestalt. Sie verändert und wandelt sich fortwährend. Sie wird zunächst ganz *»Physiognomie«*. An der Geistgestalt kann man ersehen, wie es etwa um die Moralität des jeweiligen Menschenwesens bestellt ist. Ein böser Mensch schaut jetzt ganz anders aus als ein guter, ein fleißiger anders als ein fauler. Die ganze Innerlichkeit drückt sich in der Geistgestalt aus. Dies kommt nicht nur im Antlitz, sondern in der gesamten Gestalt zum Vorschein. In der Brustgegend kommen beispielsweise die Charaktereigenschaften zum Ausdruck, an den Händen kann man geradezu die Biografie ablesen. **»Der Mensch trägt nach dem Tode seine moralisch-geistige Physiognomie an sich.«**[16]

Natürlich darf man sich diese geistige Gestalt nicht einer physischen ähnlich denken. So steht jeder vor dem anderen, unverhüllt und ungeschminkt. In dieser Phase des nachtodlichen Lebens, wenn der Mensch also ganz Physiognomie ist, macht er auch die erste Bekanntschaft mit den geistigen Wesen der dritten Hierarchie, also mit den Engeln, Erzengeln und Urbeginnen. **»Denn diese Wesen sind ihrer dauernden Natur nach immer Physiognomie.«**[17] Ihre ganze geistig-seelische Natur prägt sich in ihrer Geistgestalt aus. Ihre Gestalten sind ungleich strahlender und glänzender als die der verstorbenen Menschen. Wie schon an einer anderen Stelle erwähnt, kann ein Sphärenmensch zunächst nur diejenigen Menschenseelen wahrnehmen, die in moralischer Hinsicht genauso waren wie er selbst, die also die gleiche Physiognomie haben. Danach kann er für eine lange Zeit nach dem Tod nur solche entkörperten Menschen in ihrer Geistgestalt wahrnehmen, mit denen er schicksalsmäßig im Erdenleben verbunden war. Die Gestalten aller übrigen sind für ihn wie unsichtbar. Nur das gemeinsame Schicksal verleiht die Kraft zu diesem Schauen, zu dieser Wahrnehmung.

Wenn der Mensch dann später in die Sonnensphäre kommt, wandelt sich seine Geistgestalt gewaltig. Sie verliert diesen physiognomischen Einschlag. Die Gestalt nimmt allmählich gewissermaßen selbst die Form der Sonne an. Sie wird zur *»Geistkugel«*. **»Jeder einzelne Mensch ist zur Geistkugel geworden. Und das Weltenall spiegelt sich in dieser Geistkugel.«**[18]

7.4 Verkehr mit den Wesen der übersinnlichen Welten

W enn man Menschen, die an ein Leben nach dem Tod glauben, fragt, welche Hoffnungen oder Wünsche sie mit einem solchen Leben verknüpfen, so hört man meistens, dass sie hoffen, kein einsames Leben in den übersinnlichen Welten führen zu müssen. Insbesondere wünschen sie sich, nach dem Tod wieder mit denjenigen Menschen vereint zu sein, die ihnen lieb und teuer waren. Auch hoffen viele, endlich Gott schauen zu können und sich in seiner Nähe aufhalten zu dürfen. Letzteres wird durch die Lehren der großen christlichen Kirchen genährt.

7.4.1 Verkehr mit anderen Verstorbenen

Dass die Hoffnung, nach dem Tod diejenigen Menschen wiederzutreffen, mit denen man im Erdenleben verbunden war, erfüllt werden wird, haben wir bereits ausführlich erläutert. Schon recht kurze Zeit, nachdem der Mensch die Pforte des Todes durchschritten hat, kann er sich der Anwesenheit anderer Verstorbener, die er in Imaginationen bzw. Visionen wahrnimmt, bewusst werden. Solange das Bewusstsein des Menschen noch auf die Monden- und Merkursphäre beschränkt ist, wird er nur eine Wahrnehmung für solche Menschenseelen haben, denen er im Erdenleben nahestand, die also mit ihm karmisch verbunden sind. Das Zusammenleben, das Beieinandersein, das die Menschen nach dem Tod pflegen können, wird nun ungleich inniger, intensiver und realer sein, als das im Erdendasein jemals möglich war. Jetzt gibt es keine physischen oder räumlichen Barrieren mehr, die ein solches Zusammensein behindern oder einschränken könnten. Keiner kann sich mehr verstellen oder dem anderen etwas vorspielen. Das Seelenleben eines jeden ist offen ausgebreitet. Es bedarf keiner Sprache mehr, um miteinander kommunizieren zu können. Die Gedanken und Gefühle des einen sind für den anderen unmittelbar wahrnehmbar. Menschensprachen spielen schon kurze Zeit nach dem Tod in den übersinnlichen Welten eigentlich keine Rolle mehr.

Etliche Menschen, die Nahtod-Erfahrungen hatten, berichten, wie die Kommunikation mit den Seelen Verstorbener ablief: *»Die Kommunikation mit den Gestalten geschah ohne Worte, es war so, als wäre ein Gedanke der Gedanke aller.«* [19]

»Alle Unterhaltung muss auf einer rein geistigen Ebene stattgefunden haben, weil ich mir dessen bewusst war und verstehen konnte; doch wurde keine Sprache gesprochen.« [19]

»Es gibt dort ein unmittelbares Verstehen ohne Worte, weil es ›dort‹ nicht die Beschränkungen von Zeit und Raum gibt wie ›hier‹. Man kann sich zur gleichen Zeit mit jedem und allem unterhalten, es gibt keine Loyalitätsprobleme wie hier, wo man zu einem Zeitpunkt nur eine Sache erledigen kann und andere sich vernachlässigt fühlen könnten.« [19]

Freilich möchten die leibbefreiten Seelen nicht, dass *jeder* ihre Gedanken wahrnehmen kann.

Sigwart deutete in einer seiner Mitteilungen, die er nach seinem Tod seinen Geschwistern machte, an, mit welcher ›Technik‹ das verhindert werden kann: *»Wenn wir nicht wollen, dass jeder unsere Gedanken liest, können wir mit unserem Willen eine Verdichtung hervorrufen, die sie unsichtbar macht. Doch das sind alles Kräfte, die man sich erst aneignen muss, und da brauchen manche lange dazu.«*[20]

Genau wie ein Mensch im Erdenleben einem anderen helfen kann, ist es auch nach dem Tod möglich. Ein Sphärenmensch, der sich schon ganz gut in die neue Seinssphäre eingelebt hat, kann einem anderen, der sich noch nicht so recht an die neuen Verhältnisse gewöhnt hat, wertvolle Unterstützung angedeihen lassen.

Davon berichtete Sigwart in mehreren Mitteilungen. Seine Ausführungen zeigen auch, dass die Versuche, anderen Seelen zu helfen, bisweilen recht enttäuschend sein können: *»In der Nacht wird es bei euch still und bei uns rege. Da haben wir alle mehr Zeit den Verstorbenen zu helfen, die jetzt zu Tausenden* [gemeint sind die vielen Gefallenen des 1. Weltkrieges] *bei uns einstürmen.«*[21]

»G. [ein Kriegskamerad] *ist auch dabei, der gute Junge. Endlich kommt er zu mir. Es hat lange gedauert, aber er wollte nicht vernünftig werden und einsehen, dass er keinen physischen Leib mehr hat. Was nutzte da alles Reden – ich ließ ihn dann allein. Aber heute kam er selig zu mir. Ich freue mich aufrichtig, nun wird er wohl oft bei mir sein.«*[22]

»Ich habe heute etwas sehr Sonderbares erlebt. Ich war damit beschäftigt, jemandem zu helfen, der sich in einer sehr unangenehmen Lage befand. [...] Es handelte sich um einen armen, durch sich selbst gequälten Menschen, dessen Leben nur Leid gekannt hat und dessen Entwicklung daher eine geradezu erstaunliche Richtung genommen hatte. Er starb im Wahne seiner selbstgepeinigten Seele; unerfahren, unverdorben kam er zu uns, wie ein Kind, nichts ahnend, und doch von einer Welt selbstgeschaffener Leidensgedanken umgeben. Wie schwer war es, diesem so ganz verrannten und verirrten Menschen klar zu machen, dass es nun an der Zeit sei, an sich und seine Entwicklung zu denken. Er verstand es gar nicht. Durch unendliche Geduld habe ich ihn endlich so weit gebracht, dass er an mich glaubt, mir mit vollem Vertrauen zuhört und alles annimmt, was ich ihm sage. Schon darüber bin ich froh, denn jetzt öffnet er sich unbewusst den geistigen Strömen, und das andere kommt dann von selber. Es gibt da oft ganz sonderbare Fälle bei denen man wie vor einem Rätsel steht. Im Allgemeinen entspringen diese entweder einer grenzenlosen Dummheit oder einer verbohrten Gelehrtheit, welch letztere weit schwerer zur Vernunft zu bringen ist. Bei der Dummheit hat man fast stets Erfolg, wenn man den Weg der Liebe wählt. Doch bei einer hochgradig verbohrten Gelehrtheit ist Hopfen und Malz verloren. Nur wenige Fälle von Erfolg könnte ich nennen, die mir in der doch langen Zeit seit meiner Trennung vom physischen Leib vorgekommen sind.«[23]

»Ich kann heute wieder etwas über mein Leben erzählen. Ich bin in der letzten

*Zeit viel damit beschäftigt gewesen, jüngst verstorbenen Menschen zu helfen, und
das ist mir immer eine interessante Aufgabe, hält man es doch nicht für möglich,
dass fast die ganze zur Zeit auf der Erde lebende Menschheit auf einem so materialistischen, tiefen Niveau steht. [...] Trotzdem bin ich über die meisten, die zu
uns kommen, sehr enttäuscht. Statt voll Interesse auf unser Leben hier einzugehen,
wollen sie immer wieder alles genau so wie auf Erden haben, und ziehen Vergleiche und beurteilen ihr Leben hier nach dem Erdenleben. Doch ich bin jetzt viel
ruhiger über diese ständigen Enttäuschungen, die man bei dieser Arbeit erleben
muss.«*[24]

Wie bereits angedeutet darf bei aller Erhabenheit, die das nachtodliche Zusammensein der Menschenseelen auszeichnet, allerdings ein Quell für mögliches großes Leid
nicht außer Acht gelassen werden. Die Menschen müssen in der gesamten Zeit zwischen Tod und neuer Geburt in den Verhältnissen miteinander leben, die sie im gemeinsamen Erdenleben angeknüpft haben. Daran kann in den höheren Welten nichts
mehr geändert werden. Wenn also zwei Menschen, die im Erdendasein beispielsweise
Mutter und Sohn waren, ein angespanntes Verhältnis hatten, so können sie diesem
jetzt keine andere Richtung mehr geben. Beiden wird nun deutlich, was sie dem jeweils anderen an Liebe und Hinwendung schuldig geblieben sind. Nur zu gerne würden sie, nachdem ihnen nun ihre Lieblosigkeit offenbar geworden ist, ihre Beziehung
verbessern. Die fehlende Möglichkeit, diesen starken Wunsch zu realisieren, kann für
sie sehr leidvoll sein. Dieses Leid ist aber notwendig, damit der Impuls aufkommen
kann, im nächsten gemeinsamen Erdenleben, wenn diese beiden Individualitäten dann
vielleicht als Freunde oder als Geschwister auf der Erde wandeln, dem anderen mehr
Liebe, Aufmerksamkeit usw. zu schenken.

Je weiter sich das Bewusstsein des Menschen in die Planetensphären ergießt, desto
größer wird der Kreis der Menschenseelen, mit denen er jetzt ein Zusammenleben
pflegen kann. In der Geisteswelt wird die Intensität und Reinheit dieser Lebensgemeinschaft nochmals gesteigert. Jetzt haben sich die Menschen nicht nur der letzten
physischen, sondern auch aller seelischen Fesseln entledigt.

Es findet im Übrigen immer eine wichtige Begegnung zwischen denjenigen Menschen statt, die erst vor recht kurzer Zeit gestorben sind, mit denen, die im Begriff
sind, bald wieder durch die Geburt ins physische Dasein zu steigen. Dasjenige, was
die Menschen, die kürzlich gestorben sind, mit in die höheren Welten bringen, wird
zu einem ganz wesentlichen Erlebnis für diejenigen, die vor ihrer neuen Inkarnation
stehen. Diese erleben jetzt etwa wie die Erde war, bevor jene diese verlassen haben.
Dieses Erleben stellt für sie eine gewisse Vorbereitung auf ihr neues Erdenleben
dar.[25]

7.4.2 Verkehr mit den geistigen Wesen der höheren Hierarchien und ihre Bedeutung für den Menschen nach dem Tod

Die Hoffnung, Gott schauen und sich in seiner Nähe aufhalten zu können, mag etwas naiv sein. Die geistigen Wesen der höheren Hierarchien, mit denen der Mensch nach dem Tod immer wieder eng zusammenkommt, dürften aber wohl von größerer Erhabenheit sein, als es Gott in den Vorstellungen vieler Menschen ist. Auf die ungeheuer große Bedeutung, die diese geistigen Wesen für den Menschen nach dem Tod haben, sind wir ja schon eingegangen. Hier sollen noch ein paar wichtige Aspekte zusammengefasst, ergänzt und vertieft werden.

Es ist in der Tat von unermesslich großer Bedeutung, dass der Mensch in den übersinnlichen Welten die Wesen der höheren Hierarchien, die man auch als »göttliche Wesen« oder »Götter« bezeichnen könnte, wahrzunehmen und zu verstehen vermag und dass es ihm gelingt, sich in eine rechte Beziehung zu ihnen zu setzen. Man kann nicht oft genug betonen, dass das keine Selbstverständlichkcit ist! Nur ein Mensch, der sich schon im Erdenleben bemüht hat, zumindest ein gewisses Verständnis für diese Wesen sowie für die übersinnlichen Welten zu erwerben, wird diese nach dem Tod mit seinem Erkenntnislicht beleuchten können. Einem Menschen, der es in seinem Erdenleben versäumt hat, solche Vorstellungen und Begriffe aufzunehmen, wird in den höheren Welten vieles finster oder zumindest unverständlich bleiben müssen. Im Erdenleben ist es also erforderlich, dieses Verständnis zu gewinnen, damit man nach dem Tod ein rechtes Verhältnis zu den göttlichen Wesen finden kann. Dieses Verhältnis ist im Leben nach dem Tod von großer Bedeutung, damit man die Kräfte und Fähigkeiten, die einem diese Wesen reichen wollen, empfangen kann. Diese Kräfte und Fähigkeiten sind wiederum vonnöten, um für das nächste Erdenleben beispielsweise eine kräftige und gesunde Leiblichkeit veranlagen zu können.

Es soll nun etwas näher dargestellt werden, auf welche Art ein Mensch in den übersinnlichen Welten die Wesen der höheren Hierarchien kennenlernen kann. Solange der Mensch auf der Erde lebt, ist die gesamte Welt, also die Mineralien, die Pflanzen, die Tiere und alle anderen Menschen, außerhalb seiner und bildet somit seine Außenwelt. Nach dem Tod wird die Außenwelt zur Innenwelt. Wenn also der Mensch durch die Pforte des Todes gegangen ist, so sind unter anderem auch die geistigen Wesen der höheren Hierarchien *in ihm*, in seinem Inneren. Er ist mit ihnen verbunden; sie erfüllen ihn. Der Mensch breitet sich mit zunehmender Zeit, die nach dem Tod vergangen ist, immer mehr im Kosmos aus. Seine Innenwelt wird also immer größer, mächtiger und reicher. Er ist also schon bald **»vollgepfropft mit den Wesen der höheren Hierarchien und mit dem, was diese Hierarchien tun«.**[26] Aber er kann sich nicht von ihnen – und auch nicht von allem anderen, was in ihm ist – unterscheiden. Er kann sich davon nicht so abgrenzen, wie er sich im Erdendasein von seiner Außenwelt abgrenzen konnte. In dieser Fülle von Wesenheiten und vielem anderen mehr, was er *in* *sich* hat, kann er zunächst nicht differenzieren und nichts erkennen. Er muss nun die Kraft finden, dasjenige, was er erkennen will, aus diesem undifferenzierten ›Wirrwarr‹ herauszulösen, damit es außer ihm steht. Nur dadurch kann er etwas erkennen und in seiner Art bestimmen und verstehen lernen. Ohne diese Unterscheidungskraft käme er zu keinem ordentlichen Ich-Bewusstsein. Er muss zunächst einmal die Wesen der nächsthöheren Hierarchie, die Engel, Erzengel und Urbeginne, von den Wesen der beiden noch höheren Hierarchien loslösen, damit er sie kennenlernen kann.[27]

Vielleicht kann ein simpler Vergleich aus der physischen Welt diese Situation etwas verdeutlichen. Stellen Sie sich vor, Sie befänden sich in einer großen, dunklen Kiste, die so mit den unterschiedlichsten Dingen und Gegenständen vollgestopft ist, dass Sie sich kaum noch rühren könnten. Da hätten Sie zunächst auch einmal keine Möglichkeit, diese Dinge zu erkennen. Sie wüssten nicht, was da so alles in der Kiste drin ist. Sie müssten irgendein Ding oder einen Gegenstand herauslösen, um ihn erkennen zu können. Sie müssten diesen ergreifen und ihn außerhalb der Kiste ans Licht halten. Erst dann könnten Sie wissen, um welchen Gegenstand es sich handelt.

Es kann also leicht verständlich werden, dass der Mensch nach dem Tod nun das, was er erkennen will, aus seinem Inneren herauslösen und in seine Außenwelt überführen muss. Denken Sie etwa an das Lebenspanorama. Dieses bildete für den gerade Verstorbenen für etwa drei Tage seine *Außenwelt*. Daher konnte er mühelos diese gewaltigen Bilder wahrnehmen. Wie wir schon gesehen haben, ist jetzt das Ich des Menschen außerhalb seiner. Dieses Ich stellt für ihn eine feste Größe dar, auf die er immerfort schauen kann. Während also sein Ich mehr eine Art äußeren Anblicks darbietet, geht ihm das Bewusstsein für sein Geistselbst bzw. höheres Selbst wie von innen auf. In demselben Maße, in dem er nun fühlt, dass sich dieses Geistselbst belebt, treten aus seinem Bewusstsein die Wesenheiten der höheren Hierarchien herauf, so dass er ganz genau weiß, dass sie da sind. Rudolf Steiner sagte: **»Ich nenne dieses Glied also: ›das Geistselbst, Manas gerichtet durch die Hierarchien auf das Ich‹; ich muss es genau so definieren. Das gibt ungefähr den Tatbestand ganz richtig.«**[28] Der Mensch hat jetzt das Gefühl, dass da ein Wesen der höheren Hierarchien, etwa ein Engel, anwesend ist, das den Blick des Menschen auf sein Ich richtet. Indem der Mensch seinen Blick auf sein eigenes Ich richtet, mal durch ein Wesen der einen Hierarchie, mal durch ein Wesen einer anderen Hierarchie veranlasst, lernt er die verschiedenen Hierarchien kennen. Er lernt sie also kennen durch das Wirken seines Geistselbst, also durch seine eigene Betätigung. In der ersten Zeit nach dem Tod hat er noch den Eindruck, als beschäftige nur er selbst sich damit, seinen Blick auf sein eigenes Ich zu richten. Wenn dann aber sein Geistselbst aufleuchtet, bekommt er immer deutlicher das Gefühl, dass sich immer mehr Wesen der höheren Hierarchien um ihn kümmern, die sich in sein Schauen hineinmischen und seine Blicke lenken. Rudolf Steiner gab dazu ein sehr plastisches vergleichendes Beispiel: **»Denken Sie sich einmal, Sie stünden hier am Fenster und schauten hinaus und sollten die Umgebung betrachten. Einer** von Ihnen stellte sich dahin und wollte die Umgebung betrachten, und der erste, der hier sitzt, geht hin, dreht Ihnen den Kopf nach der einen Seite, damit Sie irgend etwas betrachten nach jener Richtung; ein zweiter geht hin, dreht Ihnen den Kopf ein bisschen hinauf, damit Sie etwas anderes betrachten; ein dritter wiederum ein bisschen herum, damit Sie wieder etwas anderes betrachten, und so würde die ganze Gesellschaft, die hier sitzt, von hinten Ihnen sich nähern, und Sie würden nur dadurch den Aspekt Ihrer Umgebung draußen haben, dass dasjenige, was hier herinnen sitzt, Ihnen den Kopf fortwährend darnach hinrichtet. Denken Sie das jetzt nicht von außen angesehen, sondern als inneres Erlebnis, als inneres Empfinden, dann haben Sie aber etwas, was recht analog ist diesem Erleben, das Sie als Ihr Geistselbst haben. Sie leben sich in das Leben der höheren Hierarchien dadurch immer mehr hinein, dass diese höheren Hierarchien in Ihre Blickrichtung hineinkommen.«[29]

Dass nun andere Wesen seine Blicke lenken und leiten, wäre im Erdenleben für jeden Menschen unerträglich. Jetzt nach dem Tod wird es geradezu zum Lebenselement. Indem der Sphärenmensch seine höhere Sinnestätigkeit entwickelt, fühlt er durch das Geistselbst immer deutlicher, dass diese göttlichen Wesen in dieser ›Sinnestätigkeit‹ mittätig sind. Diese kommen gewissermaßen in seine Blickrichtung hinein. Auf diese Art lernt er sie allmählich und stufenweise immer besser kennen. Der Mensch hat also nach dem Tod in den übersinnlichen Welten das Gefühl, gelenkt und geleitet zu werden.[30]

Wie wir schon gesehen haben, gehört es in der zweiten Hälfte des nachtodlichen Daseins – also im Leben vor der erneuten Geburt – zu den wichtigsten Aufgaben des Menschen, seine Leiblichkeit für sein neues Erdenleben geistig zu veranlagen. In gewissen Grenzen baut der Mensch seine zukünftige Leiblichkeit bis in die kleinsten Windungen seines Gehirns selbst auf. Es gehört auch zu seinen Aufgaben, seinen Plan für die nächste Inkarnation auszuarbeiten. Er weiß nun, was er im nächsten Leben gutmachen muss und welche Erfahrungen er benötigt, um in seiner geistig-seelischen Entwicklung voranschreiten zu können. Selbst seine leiblichen Eltern sucht er sich aus. Dazu erwählt er die beiden Menschen, die ihm die bestmöglichen Voraussetzungen bieten können, um seine Ziele zu erreichen. All diejenigen Kräfte, die der Mensch braucht, um diese gewaltigen Aufgaben erfüllen zu können, muss er sich aus der geistigen Welt holen. Diese übersinnlichen Kräfte erhält er im Wesentlichen von den geistigen Wesen der höheren Hierarchien, mit denen er zwischen Tod und neuer Geburt in Zusammenhang kommt. So wie er in seinem Erdenleben nach und nach an die unterschiedlichen Pflanzen, Tiere und Menschen herangetreten ist und ein Verständnis für diese gewinnen konnte, muss er in den übersinnlichen Welten Schritt für Schritt an diese geistigen Wesenheiten herantreten, damit sie ihm die notwendigen Kräfte geben können. Diese Kräfte kann er aber nur dann von diesen Göttern bekommen, wenn er ihnen mit einem gewissen Verständnis begegnet, wenn er versteht und gewahr wird, was diese ihm reichen wollen.[31]

Die hohen geistigen Wesen sind aber auch noch aus anderen Gründen von großer Bedeutung für den Menschen, der durch die Pforte des Todes geschritten ist. So können sie dem Menschen etwa die tiefsten Geheimnisse der sinnlichen Welt enthüllen. Die Schönheiten der sinnlichen Natur sind viel großartiger, als es dem Bewusstsein eines Erdenmenschen jemals gewahr werden könnte. Der Mensch besitzt, wenn er in den höheren Welten ist, ja immer noch Erinnerungen an die Erde und die Erdenverhältnisse. Diese Erinnerungen, die nun aufsteigen, finden erst dann eine richtige Beleuchtung, wenn er alles, was er im Erdendasein mit seinen physischen Sinnen wahrnehmen durfte, von den Wesen der dritten Hierarchie beschrieben und erklärt bekommt. **»Ja, die tiefsten Geheimnisse [...] aller sinnlichen Wahrnehmungen enthüllen uns in wunderbaren Gesprächen die Wesenheiten, mit denen wir zusammen sind zwischen Tod und neuer Geburt.«**[32]

Je mehr der Mensch es in seinem Erdenleben gelernt hat, sich an der physisch-sinnlichen Welt, die ja das Werk der Götter ist, zu erfreuen, ohne dabei in Schwärmerei zu versinken, je gründlicher er auf alles eingegangen ist, was ihm die Sinneswelt an Freuden geben konnte, desto mehr Verständnis bringt er jetzt nach dem Tod insbesondere der Engelwelt entgegen. Die Engel wollen ihm erzählen, was er auf der Erde noch nicht verstehen konnte, was er erst verstehen kann, nachdem er die Todespforte passiert hat. Auch die Wesen der zweiten Hierarchie, mit denen der Mensch ja ebenfalls in einer gewissen Zeit nach dem Tod zusammenkommt, wollen dem Menschen etwas über die Sinneswelt mitteilen. Wenn es dem Menschen gelingt, sich in ein rechtes Verhältnis mit ihnen zu setzen und ihre ›Sprache‹ zu verstehen, so können sie ihm die größten Geheimnisse der Welt enthüllen.[33]

> Sigwart teilte seinen Geschwistern über seine Wahrnehmung der geistigen Wesen der höheren Hierarchien folgendes mit: *»[...] kommt jetzt Schönes, Friedlicheres wieder an die Reihe. Das sind die Schöpfungen der verschiedenen Hierarchien. Es sind Taten von ungeheuren Ausmaßen, von der Urzeit der menschlichen Wesen an bis jetzt. Hierarchien, so nennen sie sich. Es sind all die verschiedenen Geistwesen, die mir früher nur Begriffe waren, jetzt sehe ich aber alle, die im Devachan leben. Es sind ihrer eine größere Zahl; zu Zeiten steigen sie auch hinab zur Erde, doch immer nur, um Großes zu verrichten. [Mit] diesen Göttern lebe ich jetzt und begeistere mich an ihren Schöpfungen. Die meisten Menschen wissen nichts von ihrer Existenz, und wenn diese Götter sich nahen, segenbringend, dann verstehen sie nicht, woher der Einfluss kommt.«*[34]

Mit zunehmender Zeit, die nach dem Tode verstrichen ist, kommt der Sphärenmensch auch mit den Wesen der zweiten und ersten Hierarchie in Beziehung. **»[Dann] kommen wir immer mehr und mehr in die Sphäre der ersten Hierarchie hinein, der Seraphim** und Cherubim und Throne. Wir verbinden uns mit dieser ersten Hierarchie. Zuerst also verbinden wir uns mit der dritten Hierarchie, wo wir wandeln unter den uns schicksalsverbundenen Mitmenschen, wo wir da wandeln in unserer moralisch-geistigen Physiognomie. Dann werden wir mitgenommen von den Planetenkräften in das geistige Sonnendasein, da sind wir [...] mit der zweiten Hierarchie verbunden. Und jetzt, wo wir uns durch unser eigenes Sonnendasein drinnenfühlen wie im ganzen Weltenall, jetzt sind wir mit der ersten Hierarchie verbunden, den Seraphim, Cherubim und Thronen. Und da stellt sich dann immer mehr und mehr heraus, dass wir beginnen, auch ein Interesse haben zu dürfen nicht nur für diejenigen Menschen, die mit uns von vorher schicksalsmäßig verbunden sind, sondern da treten jetzt weitere Seelen auf, die erst jetzt in diesem Leben zwischen dem Tode und der nächsten Geburt in unsere Schicksalssphäre eintreten. Da beginnen wir, andere Menschenseelen als diejenigen sind, mit denen wir schicksalsmäßig verbunden waren, beobachten zu können – Menschenseelen, die dann im weiteren, zukünftigen Leben mit uns schicksalsmäßig werden verbunden sein.«[35]

Zu den Höhepunkten des nachtodlichen Daseins gehört die erhabene Begegnung mit Christus, der sich der Mensch bewusst werden kann, sofern er im Erdenleben bemüht war, ein Verständnis für den Gottessohn zu gewinnen und sich mit ihm zu verbinden suchte.

Sigwart beschrieb diese Begegnung in einer Kundgebung wie folgt: *»Unermessliches habe ich heute schauen dürfen. Ich erzählte schon von den wunderbaren Klängen, die hinabquellen bis in die innersten Schichten der Erde. Aber nun habe ich noch etwas anderes erschaut, was viel höher ist und weit tiefer als alle Gesänge. Ich habe meinen Erlöser fühlen dürfen! Meinen Erlöser ›Christus-Jesus‹. Wellen, die von ihm ausgingen, durchströmten mich, und ich empfing sie mit dem heiligsten Erkennen: Wellen von Ihm, von Ihm! Ich musste ganz ruhig verharren, nichts wurde mir vorher erklärt. Da kam ein Strom der Liebe an mir vorbei, ich wusste gleich: der war Gott, der war von IHM! Ich aber verlor in seligstem Taumel das Bewusstsein. – Er kam vorbei, um weiter zu rauschen, andere zu beglücken, andere zu beseligen.«*[36]

7.5   Hineinwirken der Toten in die Welt der Lebenden

In diesem Abschnitt geht es um die Frage, inwieweit ein Mensch nach seinem Tod überhaupt noch ein Interesse an der Erde und den dort lebenden Menschen hat und inwieweit er noch in die Erdensphäre hineinwirkt. Es soll insbesondere dargestellt werden, woran sein Wirken erkennbar ist und was er aus dem Erdensein an Wahrnehmungen empfangen kann.

7.5.1 Spukerscheinungen

Im Augenblick des Todes verlässt der Mensch seinen physischen Leib und geht, während er sich mehr und mehr sphärisch auszudehnen beginnt, während die Außenwelt immer mehr zu seiner Innenwelt wird, in allem auf, was außerhalb dieses soeben abgelegten Leibes ist. Er ist also zunächst gewissermaßen nur in allem, was in seinem Sterbezimmer ist, in den Tischen, Schränken, Stühlen usw. Etwas später ist er dann quasi in allem Physischen, unabhängig von der geographischen Lage, bevor er sich mehr und mehr im Kosmos auszudehnen beginnt. Alles, was zuvor seine Außenwelt war, wird jetzt seine Innenwelt.[37] Dadurch kann es sein, dass man ein Geräusch, eine Art Klopfen hört, das aus den physischen Gegenständen dringt. **»Er ist mit seiner Seele zunächst noch ans feste Erdreich gebunden. Da entstehen die Töne, die von ihm ausgehen. Der Mensch verlässt tönend das irdische Dasein. Das können Sie natürlich geradeso gut in der Weite hören, wie Sie in der Weite lesen können, was einer in Amerika aufgibt.«[38]** In früheren Zeiten galt es den Menschen noch als fester Glaube, dass die Toten kurze Zeit, nachdem sie die Erdenwelt verlassen haben, durch Klopfgeräusche auf sich aufmerksam machen wollten. Dieses Klopfen wurde als »Totenuhr« bezeichnet. Es gibt eine Reihe durchaus glaubwürdiger Schilderungen, in denen Menschen erzählen, dass sie genau in der Todesminute eines bekannten Menschen ein solches Klopfen vernommen hätten. Diese Wahrnehmung sei häufig damit einhergegangen, dass sie plötzlich ›gewusst‹ hätten, dass diese Person gestorben sei. Auch wird häufig berichtet, dass genau im Augenblick des Todes eine Wand- oder Standuhr, die sich in der Wohnung des Verstorbenen befand, stehen geblieben sei.

Es soll hier nicht gesagt werden, dass die Toten auf diese Art immer *bewusst* oder *gezielt* die Aufmerksamkeit auf sich lenken wollen. Aber ein solches Klopfen kann durchaus von den Toten herrühren, deren Wesenheit jetzt alles durchdringt, was außerhalb ihres abgelegten Leibes ist. **»Und in den Zeiten, in denen man eben achtgegeben hat auf solche Sachen, hat man den Zusammenhang des Geistigen mit dem Irdischen durchaus gewusst. Das ist nicht bloß ein Märchen, das ist tatsächlich etwas, was in früheren Zeiten eben wahrgenommen worden ist. Also Sie sehen, man kommt da in ganz bestimmte Dinge hinein, die heute als Aberglaube gelten, die man ebenso wissenschaftlich, wie andere wissenschaftliche Dinge nachweisen kann.«[38]**

Einige Menschen berichten, dass sie einen ihnen nahestehenden Menschen, der kurze Zeit zuvor gestorben ist, als eine Art Gespenst ›gesehen‹ hätten. Dieses sei dem abgelegten physischen Leib des Verstorbenen sehr ähnlich gewesen. Es sei lediglich feiner und ein wenig durchsichtig. Hierbei muss es sich keineswegs um eine Einbildung handeln. Das, was diese Menschen wahrgenommen haben, war gewiss die geistige Gestalt, die dem stofflich-mineralischen Leib seine typische Form gibt (☞ S. 324). Diese Geistgestalt ähnelt dem physischen Leib noch eine Zeit lang. Sofern jemand zumindest spontan mit einem gewissen Grad an Hellsichtigkeit begabt wird, kann er diese Gestalt, die ihm wie ein ›Gespenst‹ erscheint, durchaus wahrnehmen.

In unserem heutigen Zeitalter gibt es für einen Verstorbenen kaum die Möglichkeit, sich denjenigen *klar* und *unmissverständlich* mitzuteilen, die noch auf der Erde weilen. Das liegt ganz wesentlich daran, dass die heutigen Menschen ganz in ihrem Ich-Bewusstsein leben. Damit ein Toter sich einem lebenden Menschen kundtun könnte, müsste der Lebende in der Lage sein, in das Bewusstsein einzutauchen, das an den Astralleib gebunden ist. Diese Fähigkeit besitzt der heutige Mensch aber nicht mehr.[39]

7.5.2 Wahrnehmung der Lebenden sowie Verbindung und Beziehung zu ihnen

Viele Menschen, die an ein Leben nach dem Tod glauben, vertreten die Ansicht, dass ein Verstorbener keinerlei Verbindung mehr zur Erdenwelt und zu den auf der Erde lebenden Menschen hätte. Das entspricht aber keineswegs den Tatsachen.

Besonders in den ersten Jahren und auch noch Jahrzehnten nach dem Tod wird der Sphärenmensch ein durchaus reges Interesse an seinen Hinterbliebenen haben. Er hat allerdings im Wesentlichen nur eine Wahrnehmung für die Lebenden, mit denen er karmisch verbunden ist, also insbesondere für seine Angehörigen, Freunde und guten Bekannten. Die anderen sind für ihn quasi gar nicht vorhanden.

> Schon das Lazarus-Gleichnis macht deutlich, dass die Verstorbenen noch ein großes Interesse an dem haben, was sich auf der Erde abspielt. Insbesondere sind sie an dem Wohlergehen der Menschen interessiert, die sie zurücklassen mussten. Der reiche Mann bittet Abraham darum, dass er Lazarus zu seinen Brüdern schicken möge, damit er ihnen von seinen Qualen berichten könne (Verse 27 ff.). Er möchte also, dass seine Brüder noch rechtzeitig vor ihrem Tod erfahren, welche Folgen ein unmoralisches Erdenleben, das nur in den Genüssen aufgeht, welche die Sinneswelt bietet, für das nachtodliche Leben hat. Er möchte sie also auf diese Art zu einer Umkehr bewegen.
>
> Sigwart sprach davon, dass es zu den schönsten nachtodlichen Erlebnissen gehöre, wieder mit seinen Liebsten vereint sein zu können: *»Das ist ja wohl das Schönste an dieser Himmelswelt, dass man stets sofort mit seinen Lieben vereint ist, wenn nur ein leiser Wunsch sich regt, mögen sie auf Erden oder sonst wo sein, das ist ganz gleich.«*[40]

Es wurde schon gesagt, dass man sich den ›Aufenthaltsort‹ der Toten nicht irgendwo fernab im Universum vorstellen darf. Auch wenn sie sich in ihrer geistig-seelischen Wesenheit sphärisch immer mehr ausbreiten, so ist es dennoch richtig zu sagen, dass sie ständig *um uns herum* sind. Etwas Räumliches wie etwa Entfernungen spielen ja in den höheren Welten keine Rolle. Das ›Bewusstseinszentrum‹ eines Toten kann also in Blitzeseile erst etwa irgendwo in den Weiten der Mondensphäre und dann sogleich auf irgendeinem Fleck der Erde sein. Viele Menschen erzählen, dass sie des Öfteren das Gefühl hätten, ein Verstorbener, mit dem sie im Leben eng verbunden waren, sei in ihrer Nähe. Ohne eine wirkliche Wahrnehmung zu haben, seien sie einfach sicher, dass er da sei.

Die Seelen aller Menschen, die sich sehr nahestehen, sind durch ein ›geistiges Band‹ bzw. durch ›geistige Fäden‹ miteinander verbunden. Diese Verbindung bleibt auch erhalten, nachdem ein Mensch gestorben ist. **»Denn darüber müssen wir uns nur klar sein: Die geistigen Fäden zwischen den toten Seelen und uns selber, die mit ihnen verbunden waren, die werden durch den Tod nicht abgerissen, die bleiben, sind sogar viel inniger nach dem Tode, als sie hier gewesen sind.«**[41]

> Sigwart sagte zu dieser unzertrennlichen Verbindung in einer seiner zahlreichen postmortalen Mitteilungen an seine Geschwister: *»Es ist ein feiner Faden, der die Menschen, die sich seelisch nahestehen, miteinander verbindet. Dieser Faden wird mit den Zeiten so unzerreißbar stark, dass die gleiche Verbindung später auch zwischen Lebenden und denen, die hinübergehen, bestehen bleibt. Solche Verbindung hat immer große Bedeutung und Kraft, wenn ein Kreis geschlossen wird in gemeinsamen Denken und Fühlen und mit den gleichen Wünschen.«*[42]

Für den Verstorbenen ändert sich das Verhältnis zu den Menschen, die er auf der Erde zurücklassen musste, nicht in so gravierender Weise. Er kann noch ganz unmittelbar an ihrem Leben teilhaben. Dieses Miterleben ist nun sogar sehr viel inniger als es zu Lebzeiten der Fall war, als dieses noch durch die Schranken seines physischen Leibes eingeengt war. **»Ja, derjenige, der wirklich die geistigen Welten zu untersuchen vermag auf solche konkrete Fälle hin, dem wird es klar, dass von Seiten desjenigen, der drüben ist, das bewusste Zusammensein mit Seelen, die hier zurückgeblieben sind, ein intensiveres, ein innigeres ist, als es hat sein können im physischen Leibe.«**[43] Ein Verstorbener lebt *insbesondere* in dem mit, was als Schlaf oder Traum in das gewöhnliche Leben hineinspielt. Er ist aber auch mit den Gefühlen, Affekten, Vorstellungen und Willensimpulsen der Menschen, denen er im Erdenleben nahestand, auf das Innigste verbunden. Selbst die Gedanken seiner Hinterbliebenen vermag er bis zu einem gewissen Grad zu schauen. In alledem lebt er gewissermaßen fort. Er bekommt also insbesondere auch die Trauer mit, die seine Hinterbliebenen empfinden. Wenn diese über die Trauer nicht hinauskommen können, so kann ihn das in seiner nachtodlichen Entwicklung sehr hemmen. Das Reich, in dem die Toten sind, ist wirklich nur dadurch von dem der Lebenden getrennt, dass man von einem jeweils anderen Bewusstseinszustand ausgehen muss.

Je konkreter und inniger die Beziehung zweier Menschen im Erdenleben war, desto konkreter und inniger ist sie auch, wenn einer der beiden durch die Pforte des Todes geschritten ist.

> Sigwart drückte es in zwei Kundgebungen wie folgt aus: *»Ja, ich bin wieder in eurer Mitte! [...] Und dieser Sigwart bin ich noch, nur noch viel mehr ›Ich‹ als damals! Auch der Zusammenhang mit euch ist viel näher als je auf Erden, wenn ihr es auch nicht fühlen könnt. [...] Mir kommt es oft sonderbar vor, dass ihr mich nicht seht, wenn ich so vor euch stehe, euch zulächle, ihr mich anseht und doch nichts davon wisst.«*[44]
>
> *»Ich kenne euch eigentlich jetzt erst wirklich, denn das, was ich zu Lebzeiten an euch liebte, war so stark eingehüllt in Materie, dass ich eigentlich gar nicht wusste, was ich an euch so liebe. Jetzt ist das anders. Jetzt sehe ich euch, wie ihr wirklich seid. Ihr könnt mir nichts verbergen: Nein, meine Lieben, wie ein offenes Buch liegen nun eure Leben vor mir, und ich weiß, wer ihr seid! Wie schön ist es, wie herrlich, wenn man alles das überblicken kann, immer mit der seligen Gewissheit, dass es keine Trennungen mehr zwischen uns gibt, dass unsere Leben eine Kette verschiedener Erden- und Himmelsdaseinsepochen sind. – Himmelsepochen schon jetzt in dem Sinne, dass ihr euch nachts loslöst und freimacht. Denn das ist gegen euer Erdenbewusstsein ein himmlischer Zustand, trotzdem ihr noch die Erdenfesseln an euch tragt.«*[45]

Wir haben in Kapitel 5 bereits erläutert, *wie* ein Verstorbener, der ja keine physischen Organe mehr hat, einen Lebenden wahrzunehmen vermag (☞ S. 297f.).

> Trotz der schier unüberwindbaren Schwierigkeit, solche Wahrnehmungen eines Verstorbenen oder seine Begegnungen mit Lebenden in Worte zu kleiden, versuchte Sigwart mehrmals, es seinen Geschwistern andeutungsweise zu erläutern: *»Ich sehe euch jetzt anders: Es ist mehr ein Sehen und Fühlen alles Hohen und Geistigen in euch. Jede Gefühlsregung verursacht Schwingungen, die euch umgeben, und danach empfinde ich euch und eure Liebe.«*[46]
>
> *»Es ist mir doch auch von dieser Sphäre aus alles, was euch umgibt und alles, was euch beglückt, ganz bewusst fühlbar. Wenn ich zu euch komme, so komme ich mit dem Interesse eines Menschen, wie ich es war, als ich noch sichtbar unter euch weilte. [...] Bin ich bei euch und ihr fühlt z. B. etwas, was euch Vergnügen bereitet, dann habe ich genau dieselbe Empfindung wie ihr. Denkt daran, dass ich mich mit euch freue und alles das schaue, was euch bereichert an hohen Gefühlen.«*[47]
>
> *»Der geistige Körper, den ich jetzt trage, ist so intensiv auf feinste Gefühle eingestellt, dass ich auf jeden eurer Rufe reagiere wie die zarteste Saite, die erklingt, wenn auch nur ein Hauch sie berührt. Nichts geht mir daher verloren von euren tiefsten Empfindungen, denn sie sind meinem Zustand gleich.«*[48]

Ein Sphärenmensch kann die Lebenden auf vielfältige Art inspirieren. Dadurch tauchen bestimmte Impulse im Inneren des auf der Erde weilenden Menschen auf, von denen dieser natürlich glaubt, dass sie aus seiner *eigenen* Seele aufsteigen würden. Hierbei ist nicht nur an Künstler, Musiker, Dichter und Wissenschaftler zu denken, die – wie in Kapitel 5 dargestellt – Inspirationen von Wesen aus der Geisteswelt, bei denen es sich durchaus auch um die Seelen Verstorbener handeln kann, empfangen können. So kann etwa ein Verstorbener, der zu Lebzeiten in einer Gemeinschaft gleichgesinnter Menschen engagiert war, die sich wirklich wichtigen, namentlich sozialen, religiösen oder spirituellen Zielen verpflichtet fühlt, auch jetzt nach dem Tod noch großen Anteil an dieser Arbeit nehmen und sogar gewissermaßen mitarbeiten, indem er die Mitglieder mit Ideen, Anregungen und dergleichen unterstützt.

Es gibt heute eine ganze Reihe von Menschen, die sinngemäß die folgende Meinung vertreten: »Daran, dass es ein Leben nach dem Tod gibt, glaube ich eigentlich nicht. Aber ich werde in meinen Kindern weiterleben.« Auch wenn der zweite Satz häufig nur wie eine Floskel klingt, so hat er doch eine gewisse Berechtigung. Die sogenannten Toten können den Hinterbliebenen, besonders denen, welchen sie zu gemeinsamen Lebzeiten sehr nahestanden, gewisse Neigungen und Fähigkeiten ›schicken‹ – insbesondere solche, die sie selbst im Erdendasein nicht ausleben konnten –, so dass zumindest etwas von ihnen in den auf der Erde Zurückgebliebenen weiterleben kann. Man kann bei einem Kind, das früh ein Elternteil durch Tod verliert, oftmals beobachten, dass es nach einiger Zeit Eigenschaften zeigt, die zwar auch vorher schon in ihm gelebt haben, die aber nicht so recht herauskommen konnten. Der Verstorbene bleibt also mit seinen Kräften mit denjenigen verbunden, die ihm im Erdenleben nahe waren.[49] In früheren Zeiten hat man davon zumindest noch eine instinktive Ahnung gehabt. Das war auch der wesentliche Grund dafür, dass ein Vater so viel Wert darauf legte, dass sein Sohn den gleichen Beruf erlernt, weil er eben ahnte, dass er ihn nach seinem Tode aus der geistigen Welt inspirieren könnte.

Wie wir bereits geschildert haben, werden einem verkörperten Menschen nur diejenigen Ereignisse bewusst, die *wirklich* eingetreten sind. Von der schier unendlichen Fülle der *möglichen* Ereignisse, die auch hätten eintreten können, wenn er irgendetwas geringfügig anders gemacht hätte, hat er kein Bewusstsein. Denken Sie etwa daran, was alles möglich gewesen wäre, wenn jemand wenige Minuten früher oder später mit dem Auto losgefahren wäre oder wenn er eine andere Strecke gewählt hätte, als er es üblicherweise zu tun pflegt. Möglicherweise wäre er in einen Unfall verwickelt worden. Vielleicht hätte er dadurch aber auch etwas Erfreuliches erleben können, was ihm nun entgangen ist. Das Spektrum der möglichen Ereignisse ist den Lebenden nicht bewusst. Darüber sinnen sie nicht nach. Dieses Spektrum ist aber den Wesen der übersinnlichen Welten durchaus bekannt und bewusst. Dadurch kann uns ja unser Schutzengel einen bestimmten Impuls geben, der uns veranlasst, früher oder später loszufahren oder eine andere Strecke zu nehmen.

Es sind aber nicht nur die Engel, sondern auch die Sphärenmenschen, denen wir im Leben nahestanden, die uns solche Impulse geben können, die uns dadurch etwa vor einem karmisch nicht indizierten Unglück bewahren wollen. Diese Eingebungen, die wir leider meistens nicht richtig wahrzunehmen oder zu deuten in der Lage sind, können sich in merkwürdigen Gedanken oder Empfindungen niederschlagen. Vielleicht haben wir plötzlich wie ein Blitz aus heiterem Himmel den Gedanken, aus mit dem Verstand nicht erklärbaren Gründen eine andere Strecke zu fahren, als wir das sonst tun. Das ist die Art, wie die Toten in unsere Welt ›hereinreden‹. Solche Impulse sollte man ernst nehmen, auch wenn es keine dem Verstand erkennbaren Gründe gibt, ihnen zu folgen.

Etliche Menschen versichern glaubhaft, dass sie durch so etwas wie eine ›innere Stimme‹ zu einer Reaktion veranlasst wurden, durch die sie vor einer drohenden Gefahr bewahrt wurden. Einige waren sich ganz sicher, dass dieser Impuls von einem verstorbenen Verwandten oder Freund herrührte.

Wie wir bereits erörtert haben, kann es sich in manchen Fällen durchaus so verhalten, dass es dem Wirken eines Toten zu verdanken ist, wenn sich zwei Menschen auf äußerst wundersame und verwickelte Weise erstmals im Leben begegnen. Wenn Menschen darüber nachsinnen, auf welche Art sie etwa ihre späteren Ehepartner kennengelernt haben, so stellen sie häufig fest, dass unglaublich viele ›zufällige‹ Ereignisse und Umstände nötig waren, damit es zu dieser ersten Begegnung kommen konnte. Unser begrenzter – häufig zudem noch materialistisch verseuchter – Erdenverstand suggeriert uns, dass es eben eine Kette von ›Zufällen‹ gewesen wäre, die das Aufeinandertreffen der beiden Menschen ermöglicht hätte. Jedem, dem etwas von geistigen Tatsachen, etwa vom Karmagesetz oder vom Wirken der Schutzengel bekannt ist, weiß natürlich, dass es einen Zufall im landläufigen Sinne nicht gibt. Wenn also zwei Menschen im Erdenleben zusammenkommen, so ist dies häufig deren Schutzengeln zu verdanken, die auf sehr subtile Art ihren Beitrag leisten, damit sich ein notwendiges Karma erfüllen kann. Es kann aber durchaus auch sein, dass ein Sphärenmensch die beiden zueinander führt, etwa weil er sich diese beiden als Eltern oder Ahnen für sein nächstes Leben ausgewählt hat.

Wenn der Mensch die Mitte des Lebens zwischen Tod und neuer Geburt überschritten hat, richten sich die Aufmerksamkeit und das innere Erleben der Seele mehr und mehr auf dasjenige, was unten auf der Erde geschieht. Der Sphärenmensch bekommt jetzt immer mehr Eindrücke von allem, was auf der Erde getrieben wird, was die Menschen denken und fühlen. Je näher der Zeitpunkt der neuen Inkarnation heranrückt, desto größer wird seine Anteilnahme an den Geschehnissen, die sich auf der Erde aktuell abspielen. Jetzt hat er ein besonderes Interesse an den kreativen, geistig regsamen Menschen, die mit ihren Ideen und Impulsen gewissermaßen das spätere Zeitalter vorbereiten. Diese Menschen, auf die er immer mehr hinunterblickt, werden von ihm nun auch in gewisser Weise beeinflusst, allerdings ohne deren Freiheit zu beeinträchtigen. Die Wirkung dieser Einflussnahme kann man sich so vorstellen, dass gewisse Ideen, die bereits in den Untergründen der Seelen der verkörperten Menschen leben, dadurch leichter ins Bewusstsein gehoben werden können. Auf diese Art werden also bestimmte Erdenmenschen zu einem Schaffen, zu bestimmten Tätigkeiten angeregt, deren Intention schon vorhanden war, die aber möglicherweise ansonsten nicht realisiert worden wären.

Die Sphärenmenschen blicken allen voran auf diejenigen Menschen hinunter, die sie besonders verehren, deren Lehren sie vielleicht hören oder deren Schriften sie vielleicht lesen wollen, nachdem sie sich selbst wieder verkörpert haben werden. *Alle heutigen Erdenmenschen können sich dessen sicher sein, dass in der geistigen Welt Seelen leben, die gerade jetzt auf sie hinunterschauen und in ihren Seelen dasjenige erblicken, was sie für ihre Vorbereitung auf das Erdenleben brauchen.*[50]

Wie ausführlich dargelegt, sind die Möglichkeiten, wie ein Verstorbener auf die noch auf der Erde weilenden Menschen einwirken kann, ungleich vielfältiger als sich das selbst diejenigen Menschen, die von einem Leben nach dem Tod überzeugt sind, vorstellen können. Nun kann dieses ›Hinschauen‹ eines Verstorbenen auf seine noch im Erdendasein weilenden geliebten Familienangehörigen für ihn selbst auch dann noch sehr leidvoll sein, obwohl diese ihn nicht mehr in übermäßiger Weise betrauern. Es kann nun durchaus der Fall eintreten, dass er nicht mehr an sie herankommen kann, dass sie jetzt für ihn quasi nicht mehr da sind, obwohl er mit ihnen schicksalsmäßig auf das Engste verbunden ist.

Was ist nun der Grund für dieses Dilemma? Der Grund ist, dass seine Hinterbliebenen sich *ausschließlich* mit Sinnlichem beschäftigen, dass sie keinerlei Interesse an spirituellen Gedanken und Vorstellungen haben. Ihr ganzer Tagesablauf, ihr ganzes Denken, Fühlen und Wollen ist ausschließlich auf etwas gerichtet, was nur die Sinneswelt bieten kann, was also in den höheren Welten keinerlei Bedeutung hat. Der Tote macht also die schmerzliche Erfahrung, dass er kaum noch Anteil an dem Leben seiner geliebten Hinterbliebenen haben kann. Er hat im Wesentlichen nur noch die Erinnerung an Erlebnisse aus dem gemeinsamen Erdenleben. Jetzt sind seine Lieben aber für ihn im Extremfall wie ausgelöscht. Er muss warten, bis auch sie eines Tages über die Schwelle des Todes gehen. Gedanken, Gefühle und Willensimpulse, die sich nur auf Sinnliches beziehen, entziehen sich der Wahrnehmungsfähigkeit eines Verstorbenen.

Sigwarts Geschwister und Freunde befassten sich sehr intensiv mit spirituellen Themen und standen der Anthroposophie nahe. Daher war es für ihn ein Leichtes, ihre diesbezüglichen Gedanken und Gefühle wahrzunehmen: *»[...] ebenso dringt auch jedes eurer tiefgeistigen Gespräche zu mir, weil der Grundton doch wieder mit mir, meinem Fortgehen und meinem jetzigen Leben zusammenhängt. Sobald ihr über Geistiges sprecht, bin ich da, höre zu und freue mich über das tiefe Interesse und das vollkommen richtige Empfinden eurerseits.«*[51]

»Ich habe gut gehört, worum sich eure Gespräche drehten. Ich habe nicht nur den Sinn gehört, denn ich sehe und fühle jetzt die Gedanken in euch.«[52]

7.5.3 Mitwirken am Erdenfortschritt

Die Sphärenmenschen entfalten – insbesondere wenn sie in der Geisteswelt sind – sehr viele Aktivitäten und Tätigkeiten. Diese beziehen sich nicht nur auf die Ausgestaltung der künftigen Leiblichkeit sowie auf die Planung und Vorbereitung ihrer nächsten Inkarnation, sondern auch auf vieles, was in dieser Zeit auf der Erde geschieht.

Der ach so zivilisierte und gescheite Mensch ist es ja heute gewohnt, alle Naturerscheinungen – denken Sie etwa an die Planetenbewegungen, an meteorologische Phänomene, an geologische Umwälzungen und dergleichen – auf »wesenlose Kräfte«, auf »wesenlose Energien« zurückzuführen. Solche *wesenlosen* Kräfte bzw. Energien sind aber ein Hirngespinst! Alle diese Phänomene werden vielmehr von »kraftvollen *Wesen*«, etwa von den geistigen Wesen der höheren Hierarchien bewirkt.

Aber es sind nicht nur die hohen göttlich-geistigen Wesen, die auf diesem Gebiet wirken. Auch die Menschen, die durch die Pforte des Todes gegangen sind, können hier in einigen Teilbereichen mitwirken. Sie haben wichtige Arbeiten zu leisten, die für den Fortbestand der Erdenentwicklung vonnöten sind. Wenn diese Seelen später wieder geboren werden, so hat sich in der Zwischenzeit die Erde in vielerlei Hinsicht gewandelt. An diesen Wandlungen, an diesen Umgestaltungen arbeiten sie selbst mit, während sie sich in der Geisteswelt aufhalten. Sie verwandeln das Antlitz der Erde. Die Toten arbeiten an der Umgestaltung der Tier- und Pflanzenwelt sowie insbesondere an der Umgestaltung der festen Erde. **»Erdenarbeit ist Totenarbeit. Auch in den Naturkräften haben wir die Handlungen der entkörperten Menschen zu sehen. Und wie gewaltig arbeiten diese Naturkräfte die Erde um!«**[53] Wenn also beispielsweise irgendwelche Landmassen im Laufe langer Zeiten zu Ozeanen werden – wie das etwa beim Atlantischen Ozean der Fall war –, so ist darin auch das Werk der Toten zu sehen. **»Alle Tätigkeit, alles Arbeiten hat einmal vor Zeiten einen Anfang genommen. Da gab es noch keine Pyramiden, da gab es auch noch keine Werkzeuge. Alles war da, wie die Götter, oder wie die Materialisten sagen, die Naturkräfte es gegeben hatten, und der Mensch war in das hineingesetzt. Jetzt ist rund um uns her die Erde durch äußere Menschenarbeit umgestaltet; und was hier** [im Erdenleben] **nicht erreicht werden kann, was der Mensch hier nicht tun kann, das tut er in der Zeit zwischen Tod und neuer Geburt. Somit hängt unsere eigene Entwickelung zusammen mit der Veränderung der ganzen Erde. Der Bau und die Evolution der Erde ist die Arbeit des Menschen auf den höheren Planen, und je höher sich der Mensch selbst entwickelt, um so rascher und vollkommener schreitet die Umgestaltung der physischen Erde und der Fauna und Flora vorwärts. Je höher er entwickelt ist, desto länger hat er zu arbeiten in den höheren Partien des Devachan. [...] In vielen Sagen und Märchen hat der scheinbar kindliche, in Wirklichkeit aber von hohen Kräften inspirierte Menschengeist diese Tatsachen zum Ausdruck gebracht.«**[53] Für die Toten ist das keineswegs ein wundersames Geschehen, sondern eine ganz natürliche Arbeit.

Auch in den Kräften der Natur haben wir die Arbeit der Toten zu suchen. Bei all diesen Arbeiten werden sie von hohen Geistwesen angeleitet und geführt. In ähnlicher Weise wie für die Lebenden die Luft, die sie atmen müssen, wirkt, wirkt in der Welt der Toten das Licht. Die Toten weben und wesen im Licht. **»In dem ausgebreiteten Licht sieht der Eingeweihte die Wesen der Toten. So sind zum Beispiel für den Seher die Pflanzen umgeben von den Geistern der Verstorbenen, und indem das Licht die Pflanze wandelt und wachsen lässt, sind es die Geister der Toten, die das vollbringen.«**[54] Man muss zugeben, dass diese Tatsache für jemanden, der sich die heute übliche materialistische Weltauffassung zu eigen gemacht hat, wie ein schlechtes Märchen anmuten dürfte.

Wie bereits erwähnt wird einigen Menschen für eine gewisse Zeit ihres nachtodlichen Lebens, wenn sie in der Venussphäre weilen, die Aufgabe zuteil, an der Mission mitzuwirken, alles dasjenige in die physische Welt ›hineinzugießen‹, was die Erde zum Blühen und Gedeihen bringen und ihre Wesen in ihrer Gesundheit fördern kann. Diese Sphärenmenschen werden zu Dienern der guten Mächte von Gesundheit und allen heilsamen Kräften. Insbesondere solche Menschen, deren Denken und Tun in ihrem Erdenleben nicht bloß aus einem Pflichtgefühl heraus, sondern aus Liebe und Hingabe geboren war, haben eine Anwartschaft auf diese beseligende Tätigkeit.[55]

Der Vollständigkeit halber muss noch erwähnt werden, dass einige Menschen − vorwiegend in der Merkursphäre − aber auch zu Dienern der bösen Mächte werden können, die schlimme Krankheiten, etwa Seuchen, oder anderes Unglück und Ungemach in die Welt bringen. Auch wenn diese unheilvollen Dinge alle ihre karmische Berechtigung haben, so ist es doch eine sehr schlimme Arbeit, die diese Toten jetzt unter dem Sklavenjoch der bösen Mächte leisten müssen. Ein solches Schicksal droht insbesondere solchen Menschen, die sich in ihrem Erdenleben als sehr gewissenlos erwiesen haben.[56]

7.6   Besondere Todesarten und Todesumstände

Nicht jeder Mensch stirbt, nachdem er schon ein gesegnetes Alter erreicht hat, friedlich in seinem Bett. In diesem Abschnitt sollen spezielle Aspekte und Folgen betrachtet werden, die sich ergeben, falls ein Mensch schon in jungen Jahren oder eines plötzlichen, nicht-natürlichen Todes stirbt.

7.6.1   Früher Tod

Der Tod eines Kindes gehört gewiss zu den härtesten Schicksalsschlägen, die Eltern treffen können. Er stellt diese auf eine zuvor nicht gekannte Lebensprobe. Die übergroße Trauer ist nur allzu verständlich.

Wann immer ein Kind oder ein Jugendlicher stirbt, will die verzweifelte Frage nach dem Sinn dieses Todes nicht verstummen. Man ist schnell bei der Hand, Gott oder den Kosmos eines Irrtums oder Fehlers zu bezichtigen. Nun haben wir an einigen Stellen dieses Buches aber schon gesehen, dass es sehr ›gute‹ Gründe dafür geben kann, dass sich eine Seele – oder besser gesagt das höhere Selbst – entscheidet, die Inkarnation frühzeitig zu beenden. Vielleicht hat sich diese Menschenseele ja schon vor der Inkarnation vorgenommen, nur kurze Zeit im Körper zu verweilen, um etwa ihren Eltern durch die damit verbundene tiefe Trauer einen Impuls zu bescheren, der für deren spirituelle Entwicklung sehr förderlich sein kann. Möglicherweise hat die Seele aber auch erkannt, dass sie in dieser Verkörperung ihrer Lebensaufgabe nicht gerecht werden kann, so dass sie sich entscheidet, wieder in die geistige Welt zurückzugehen. Vielleicht waren die geistig-seelischen Entwicklungsmöglichkeiten innerhalb der Gegebenheiten und Verhältnisse, in welche die Seele hineingeboren wurde, doch zu begrenzt, so dass sie wieder in die geistigen Sphären zurückkehren wollte, um ihrem Schicksal eine Wendung geben zu können.[57] Auf einen etwas speziellen, aber sehr konkreten möglichen Grund wies Rudolf Steiner in einem seiner Vorträge hin: »Es zeigt uns nun die okkulte Wissenschaft, dass ein so kurzes Leben doch einen Sinn hat. Oft hat das Wesen, das in diesem Kinderleibe ist, vieles ausbilden können, aber bisweilen hat es eines nicht ausbilden können, zum Beispiel ganz gesundes Sehen. Nehmen wir an, jemand ist in einer Inkarnation ein vorzüglicher Mensch gewesen, hatte aber ein schwaches Sehvermögen. Dann wird es geschehen, dass ein solcher später in einer Inkarnation nur wenige Tage lebt, nur um das, was ausgeblieben ist in dem vorigen Leben wegen seiner schwachen Augen, auszugleichen. In diesem Falle muss man diese Inkarnation zu der vorigen mitrechnen. Man unterschätzt im allgemeinen sehr die Bedeutung des Lernvermögens von dem Kinde in den ersten Tagen. Wenn das Kind lernt ins Licht zu sehen, so ist dazu mehr Kapazität notwendig, als zu alledem, was man lernt im ersten akademischen Semester.«[58]

Alle diese Gründe sind natürlich mit unserem schwachen Erdenverstand nur schwer zu begreifen. Einem materialistisch gesinnten Menschen mögen sie sogar wie der reinste Unsinn erscheinen.

Sie kennen sicherlich die Redensart: »Wenn ein Kind stirbt, so nimmt der liebe Gott es sofort zu sich in den Himmel auf.« Diese hat durchaus ihre Berechtigung. Wenn ein Erwachsener stirbt, so geht er durch die ›Pforte des Todes‹, sozusagen ›nach vorne‹, ›in die Zukunft hinein‹. Kinder sind noch sehr eng mit der Geisteswelt verbunden, aus der sie ja erst vor relativ kurzer Zeit heruntergestiegen sind, die sie eigentlich noch gar nicht zur Gänze verlassen haben. Ein Kind geht im Augenblick des Todes gewissermaßen ›rückwärts‹ wieder durchs ›Himmelstor zurück‹, durch das es erst vor kurzer Zeit ins Erdenleben geschritten ist und das für es noch offen steht. Kinder, die vor dem 14. Lebensjahr sterben, sind im spirituellen Sinne noch nicht schuldfähig. Daher ist klar, dass ihnen all diejenigen leid- und qualvollen Erlebnisse und Erfahrungen, die viele verstorbene Erwachsene in der Seelenwelt durchmachen müssen, erspart bleiben. Insbesondere müssen sie das Kamaloka nicht durchlaufen. Sie kehren sofort in den vorgeburtlichen Zustand, also in die Geisteswelt, zurück.

Zu den hervorragendsten inneren Erlebnissen eines in jungen Jahren verstorbenen Menschen, die er in die geistige Welt trägt, gehört ein starkes inneres Vorstellungsbewusstsein von dem Wunderbau des physischen Leibes, an dessen Gestaltung er vor noch nicht so langer Zeit in seiner vorgeburtlichen Phase selbst mitwirken durfte. Durch das Erfülltsein mit dieser Vorstellung kommt die Seele mit hohen geistigen Wesen zusammen. Verstorbene Kinder werden nun insbesondere von den Geistern der Form (Exusiai) mit großer Huld und Gnade empfangen. Das sind keine geringeren Wesen, als diejenigen, die in der Genesis *»Elohim«* genannt werden, also die göttlichgeistigen Wesen, die maßgeblich an der Schaffung des Erdenmenschen beteiligt waren.[59] Da viele Menschen diese Schöpfermächte mit Gott gleichsetzen, ist im Übrigen auch verständlich, wenn gesagt wird, dass verstorbene Kinder nach ihrem Tod sofort wieder *von Gott* aufgenommen würden. Ein verstorbenes Kind hat noch ein besonderes Interesse, an dem Leben seiner Eltern und Geschwister teilzuhaben. Es wird sich lange Zeit in ihrer Nähe ›aufhalten‹. Die Eltern verlieren sozusagen ihr Kind nicht.

Ein noch sehr junger Mensch trägt nach seinem Durchgang durchs Himmelstor einen Äther- und Astralleib in die geistigen Sphären hinein, die noch viele Jahrzehnte im Sinne der menschlichen Organisation hätten wirken können. Diese unverbrauchten Kräfte können zum Segen für den Kosmos und insbesondere für andere Tote werden. Diese Kräfte können nun etwa in die Waagschale geworfen werden, um denjenigen Seelen zu helfen, die ihre Verhaftung mit der Erdenwelt, die eine Folge ihres Verhaltens und ihrer Gesinnung im Erdenleben ist, nicht überwinden konnten.[60] Diese *»erdgebundenen Seelen«* (☞ Kapitel 8, S. 373ff.), die durch ihre zumeist materialistische Gesinnung eine viel zu große ›Seelenschwere‹ haben, um in die höheren Welten aufsteigen zu können, können durch die Wesen der höheren Hierarchien *allein* nicht gerettet werden. Diese benutzen nun die noch unverbrauchten Kräfte der Jungverstorbenen, um diejenigen Seelen zu retten, die sich nicht durch eigene Kraft retten könnten. **»So helfen die Seelen, die frühzeitig zugrunde gehen, ihren Mitmenschen, die sonst im Morast des Materialismus versinken würden.«**[61]

Die Seelen vieler verstorbener Kinder und Jugendlicher suchen einige Zeit nach dem Tod die Gesellschaft solcher Seelen auf, die sich gerade auf ihre neue Inkarnation vorbereiten, die also kurz vor ihrer Wiederverkörperung stehen. Diesen Seelen kommt das zugute, was die Seelen der Jungverstorbenen ihnen als Kraft von der Erde hinauftragen können, um ihrerseits die Kräfte besser finden zu können, die sie für ihre Verkörperung benötigen.[62] Das, was die Frühverstorbenen durch die Todespforte tragen, wird allen Seelen, die sich zu ihrer neuen Inkarnation anschicken, zu einem wichtigen Erlebnis.

Aus dem Tod sehr junger Menschen entstehen auch die Keime für die seelischen Anlagen, welche die ganze Menschheit für ihre Weiterentwicklung benötigt. **»Derjenige, welcher jung stirbt, gibt, indem er seinen Ätherleib hinopfert in seiner Jugend, dem ganzen Kosmos einen fruchtbaren Boden für die Ausreifung der inneren seelischen Anlagen der Menschen.«**[63] Diesem fruchtbaren Boden, diesen Keimen verdanken besonders geniale Menschen häufig ihre Genialität im nächsten Erdenleben. Diese Tatsache widerspricht natürlich nicht derjenigen, dass der jeweilige Mensch sich in vorausgegangenen Inkarnationen so entwickelt haben muss, dass sich diese Genialität dann manifestieren kann.

Man kann wohl sagen, dass ein Mensch, der in den ersten Jahren seines Lebens stirbt, sich in gewisser Weise hinopfert. Ein solcher früher Tod kann anderen Verstorbenen und der ganzen Menschheit zu einem unermesslich großen Segen gereichen. Da ein verstorbenes Kind die Seelenwelt nicht durchlaufen muss, wird es sich im Normalfall deutlich früher wieder verkörpern als jemand, der als Erwachsener gestorben ist. Es kann durchaus vorkommen, dass es schon nach einigen Jahren oder wenigen Jahrzehnten wieder auf dem physischen Plan erscheint. In einigen Fällen wird es sich wieder im Lebensumfeld der ›ehemaligen‹ Eltern – vielleicht als deren Enkel oder Nachbarskind – inkarnieren.

7.6.2 Gewaltsamer Tod

Wenn Rudolf Steiner über das Thema »gewaltsamer« oder »plötzlicher Tod« sprach, differenzierte er, was die Ursache angeht, meistens zwischen zivilisatorischen – also von Menschen oder Menschenwerk verursachten – Katastrophen, Selbstmord und Naturkatastrophen. Unabhängig von der genauen Ursache kommen einige Auswirkungen auf das nachtodliche Leben eines jeden Menschen in Betracht, der eines gewaltsamen Todes gestorben ist.

Wenn ein Mensch in fortgeschrittenem Alter eines natürlichen Todes stirbt, so hatte die Seele die Möglichkeit, allmählich auf den Tod zuzuleben. Der Astralleib ist reif geworden, sich endgültig vom physischen Leib zu trennen. Er hat sich sozusagen in angemessener Weise darauf vorbereitet. Wenn ein Mensch plötzlich stirbt, so ist der Astralleib nicht dazu vorbereitet, außerhalb des physischen Leibes zu leben. Dadurch wird der Mensch in der ersten Zeit nach dem Tod noch ein großes Verlangen nach seinem auf abrupte Art abgelegten physischen Leib verspüren.[64] Ein großes Gefühl der Leere kann ihn überkommen. Auch die Gefühle des Brennens und des ›Ausgehöhltseins‹ werden im Kamalokaleben viel schlimmer empfunden, als das bei einem Menschen der Fall ist, der eines natürlichen Todes gestorben ist. Ein solcher Sphärenmensch fühlt sich zu seinem physischen Leib und zu seinem Erdenleben noch stark hingezogen, so dass es ihm besonders schwer fallen kann, sich derjenigen Begierden,

Gedanken und Wünsche zu entwöhnen, die in den höheren Welten keine Berechtigung mehr haben. In vielen Fällen wird es nun so sein, dass ein auf gewaltsame Art gestorbener Mensch nach seinem physischen Leib und nach seinem Selbst bzw. Ich sucht. Er kann *sich* nicht finden. Diese Suche nach sich selbst dauert etwa so lange, wie er noch im Erdenleben verblieben wäre, wenn er nicht auf diese plötzliche Art, sondern später auf eine natürliche gestorben wäre.[65]

Insbesondere jemand, der in der Blüte seiner Jahre, wenn die Lebenskräfte noch weitgehend unverbraucht sind, auf gewaltsame Art den Tod findet, erlebt *unmittelbar* nach dem Tod ungeheuer viel. Die Erfahrung des Gestorbenseins wird nun viel intensiver, als das bei einem Menschen der Fall ist, der in hohem Alter eines natürlichen Todes stirbt. Die Lebensrückschau hat eine ganz andere Qualität. In einem kurzen Augenblick zusammengedrängt erlebt er jetzt Ereignisse, die sich sonst über einen sehr langen Zeitraum ausdehnen würden. Er sieht insbesondere, was er in seinem Leben noch alles hätte erleben und erfahren können, wenn er dieses nicht vorzeitig hätte beenden müssen.[66]

Nach dem Tod wird ja alles, was ansonsten außen ist, zu etwas Innerem. So wird auch das äußere Erlebnis des gewaltsamen Todes zu einem inneren Erlebnis. Dieses zeigt sich im nächsten Erdenleben als eine besondere Kraft, die es dem Menschen ermöglicht, seinem ganzen Leben eine neue Richtung zu geben oder etwas Besonderes zu leisten.[67] Viele hingebungsvolle, dem Spirituellen zugeneigte Menschen, die heute auf der Erde wandeln, verdanken dieses häufig **»ihrem ein Martyrium zu nennenden Leben in einer vorhergehenden Inkarnation«.**[68] Die Erde und die Menschheit könnten sich nicht weiterentwickeln, wenn es keine Menschen gäbe, die sich dafür opfern würden.

Nach allem, was wir in Kapitel 3 erörtert haben, als wir über den Sinn der wiederholten Erdenleben nachgedacht haben, muss man wohl bei einem so schweren Schicksal – wie es ein gewaltsamer Tod darstellt – sehen, dass auch so etwas zu den Erfahrungsschätzen gehören kann, die ein Mensch in einem seiner vielen Erdenleben gewinnen muss. Es kann durchaus im Karma eines Menschen liegen, einen solchen plötzlichen Tod erleiden zu müssen.[69]

7.6.2.1   Opfer von zivilisatorischen Katastrophen

Hiermit sind diejenigen Menschen gemeint, die durch Kriegsereignisse, durch ein Attentat oder durch einen Unfall hinweggerafft worden sind. Aber auch an Menschen, die einem Verbrechen zum Opfer gefallen sind, ist hier zu denken.

Bei einem Menschen, der gewaltsam durch die Hand eines anderen zu Tode gekommen ist, kann sich nun dieses bereits erwähnte Suchen nach dem eigenen Selbst in schlimmen Reaktionen äußern. In manchen Fällen wird in dem Getöteten eine ungeheure Wut gegenüber denen, die seinen Tod verursacht haben, hervorgerufen. So konnte Rudolf Steiner in seiner Geistesschau beispielsweise beobachten, dass die Seelen vieler Russen, die im Russisch-Japanischen Krieg im Jahre 1904 aus politischen Gründen hingerichtet worden waren, von der Astralwelt aus auf Seiten der Japaner, also gegen die eigenen Landsleute, ›gekämpft‹ haben. Solche krassen Beispiele wollte er aber nicht als eine allgemeine Regel verstanden wissen.[70]

Wenn ein Mensch dadurch den Tod erleidet, dass von außen etwas in den Organismus eingreift – wie das etwa bei einer Kugel, die ihn tödlich trifft, der Fall ist –, so **»geschieht ein plötzliches Aufleuchten, ein Auffeuern von unendlich viel Geistigkeit. Es ist ein Überflammen einer geistigen Aura, welches sich da vollzieht«.**[71] Der Verstorbene schaut nun auf dieses Aufleuchten zurück, das dem sehr ähnlich ist, was ansonsten nur dann zustande kommt, wenn die Menschen sich mit spirituellen Ideen und Begriffen befassen. Gerade bei großen zivilisatorischen Katastrophen wie Kriegen können die dabei getöteten Menschen regelrecht in eine spirituelle Weltanschauung *hineingezwungen* werden. Viele große Katastrophen wären der Menschheit erspart geblieben, wenn diese rechtzeitig zu einem spirituellen Leben gefunden hätte. Das, was geschehen ist, hätte, sofern es karmisch notwendig war, geschehen müssen. Aber es hätte sich in einer völlig anderen Form vollzogen.[72] Die genaue Art oder Form, wie sich eine notwendige karmische Wirkung vollzieht, ist – wie wir in Kapitel 3 schon gesehen haben – nicht determiniert.

Ein Unglück muss aber keine karmische Wirkung darstellen. Es kann durchaus spontan eintreten. Dann wird es natürlich seine Folgen im nachtodlichen Leben sowie im nächsten Erdenleben haben. In einem Menschen, der durch eine Katastrophe innerhalb der von Menschen geschaffenen Welt sein Leben lassen muss, steigen Fragen nach dem unverwirklichten Schicksal, nach dem, was er gemäß seinem Karma noch alles hätte erleben können, auf. Durch dieses unverbrauchte Karma werden seine Willenskräfte gestärkt.[73]

7.6.2.2 Suizid

Der Suizid stellt die dramatischste Ausprägung eines gewaltsamen Todes dar. Das, was ein Mensch, der sich selbst das Leben genommen hat, in der ersten Zeit nach seinem Tod durchzumachen hat, gehört zu den besonders schlimmen und harten Schicksalen, die eine Seele ertragen muss. Man muss hier allerdings diejenigen Menschen weitgehend ausnehmen, die diese Tat nicht in voller Bewusstheit und aus eigenem Willen begangen haben, weil sie etwa an einer schweren psychischen Krankheit litten oder weil sie mit Gewalt zum Selbstmord gezwungen wurden.

Bei einem Menschen, der selbst Hand an sich gelegt hat, der im Grunde sowohl Täter als auch Opfer ist, stellt sich die Loslösung des Astralleibes, der nicht darauf vorbereitet ist, außerhalb des physischen Leibes zu leben, als noch viel dramatischer dar. Das Gleiche gilt wohl auch bei Menschen, die durch »aktive Sterbehilfe« durch die Pforte des Todes gegangen sind, sofern es ihr eigener, freier und voll bewusster Entschluss war, auf diese Art zu sterben.

Der Astralleib reißt sich unter Schmerzen von der physischen Organisation los. Das Gefühl der Leere und des brennenden Durstes kann bei einem, der sich selbst das Leben genommen hat, besonders schrecklich sein. Ein solcher Mensch hat auf abruptem, künstlichem Weg seinen physischen Leib verlassen. In der Seele verbleiben noch alle Gefühle, die mit dem Leib zusammenhängen, in unveränderter Weise. Eine solche Seele wird im Kamaloka das Gefühl, wie ausgehöhlt zu sein, besonders drastisch und qualvoll erleben. Wenn ein psychisch unauffälliger Mensch Hand an sich legt, so hat er dafür ja Gründe, die er für hinreichend hält, um eine solche Tat zu begehen. In vielen Fällen begeht er die Tat, weil er gewisse Wünsche, Triebe oder Begierden nicht befriedigen konnte. Diese unbefriedigten Wünsche, Triebe und Begierden verschwinden jedoch nach dem Tod nicht; sie bereiten der Seele vielmehr noch zusätzliche Qualen.[74]

Jeder Selbstmord ist immer ein erschütterndes Missverständnis. Schließlich kann man sein Selbst, sein Ich, nicht umbringen. Das, was man töten kann, ist lediglich der physische Leib. Genau nach diesem Leib hat ein Selbstmörder nach dem Tod eine unsägliche Gier, die ihn in der Nähe der physischen Welt festhält.[75] Er kann zu einer erdgebundenen Seele (☞ Kapitel 8, S. 373ff.) werden. Der auf diese Weise Verstorbene wird sich schwer tun, zu einem angemessenen Ich-Bewusstsein zu finden und sich alle nötigen Kräfte und Weisheiten, welche die geistigen Wesen der höheren Hierarchien darbieten wollen, zu empfangen. Menschen, die sich selbst das Leben genommen haben, verdienen unser größtes und aufrichtigstes Mitgefühl und unseren Beistand. Es gehörte zu den größten Verirrungen der Kirche, dass sie diesen noch bis weit ins letzte Jahrhundert hinein nicht einmal ein kirchliches Begräbnis gewährten.

Einen Menschen, der sich selbst entleibt hat, wird nach dem Tod eine tiefe Reue überkommen. Insbesondere tun ihm die Menschen aus seinem Lebensumfeld, denen er mit seiner Tat großen Schmerz bereitet hat, nun unendlich leid. Er wird sich oft in ihrer Nähe aufhalten, um sich bei ihnen zu entschuldigen. Allerdings wird er freilich nicht wahrgenommen. Seine Bemühungen sind vergeblich.

Einige Menschen, die Nahtod-Erlebnisse hatten, konnten die Seelen von Selbstmördern wahrnehmen, die ihre Hinterbliebenen verzweifelt um Verzeihung bitten wollten. Eine Frau berichtet: *»Sie hätten gerne rückgängig gemacht, was sie getan hatten, konnten es aber nicht. Sie kannten die ganze Wahrheit, den Zweck des Lebens und waren sich der Schmerzen bewusst, die ihre Entscheidungen, als sie* *noch auf der Erde waren, ihnen selbst und anderen verursacht hatten. Sie waren sich des großen Leides bewusst, das sie erzeugt hatten.«*[76]

George Ritchie nahm ebenfalls einige dieser bedauernswerten Menschen wahr: *»In einem Haus folgte ein junger Mann einem älteren von einem Raum in den anderen. ›Es tut mir leid, Pa!‹, sagte er immer wieder. ›Ich wusste nicht, dass es Mama so treffen würde! Ich habe es nicht besser verstanden.‹ Aber obwohl ich ihn ganz klar hören konnte, war es offensichtlich, dass der Mann, zu dem er sprach, ihn nicht verstand. Der alte Mann trug ein Tablett in einen Raum, in dem eine ältere Frau im Bett saß. ›Es tut mir leid, Pa‹, sagte der junge Mann wieder. ›Es tut mir leid, Mama.‹ Ohne Ende, immer wieder, in Ohren, die nicht hören konnten.«*[77]

»Ein Junge verfolgte ein Mädchen durch die Gänge der Schule. ›Es tut mir leid, Nancy!‹ Eine junge Frau in mittleren Jahren bat einen grauhaarigen Mann, ihr zu vergeben. ›Was tut ihnen so leid, Jesus?‹, bat ich. ›Warum hören sie nicht auf, mit Menschen zu reden, die sie nicht verstehen können?‹ Von dem Licht neben mir kam der Gedanke: ›Sie sind Selbstmörder, gebunden an die Folgen ihres Handelns.‹ Dieser Gedanke schockierte mich, obwohl ich wusste, dass er von ihm und nicht von mir kam, denn ich sah keine Szenen dieser Art mehr, so, als ob ich die Wahrheit gelernt hatte, die er mich hatte lehren wollen.«[78]

Das, was Iris Paxino aufgrund ihrer jahrelangen geistigen Forschungen über das Schicksal von Selbstmördern schreibt, passt genau zu obigen Nahtod-Schilderungen: *»Nicht nur auf der ätherischen Ebene, sondern auch in der Seelenwelt haben sie [Selbstmörder] meist große Schwierigkeiten, die Auswirkungen ihrer Tat auszuhalten und sich selbst zu vergeben. Sie realisieren, dass sie sich durch die Selbsttötung von der geistigen Welt abgewandt und das Schöpfungsprinzip missachtet haben. [...] Ihre verdunkelte Innenwelt umgibt sie über längere Zeiträume in düsteren, erschreckenden Bildern, gleichzeitig erleben sie ›am eigenen Leib‹ den tiefen Schmerz der Hinterbliebenen. Das erfüllt sie mit Trauer und Bedauern und zieht sie häufig zu ihren Angehörigen zurück.«*[79]

Die Erkenntnisse, die Geistesforscher über das Schicksal eines Selbstmörders gewinnen können, klingen äußerst hart. Man darf aber wohl annehmen, dass in einem solchen Fall etwas differenziert werden darf. Es dürfte zunächst einmal nachvollziehbar sein, dass jemand, der sich das Leben genommen hat, in der ersten Zeit nach dem Tod und in der gesamten Kamalokazeit aus den geschilderten Gründen unsagbar Leid- und Qualvolles durchzumachen hat. Bei einem Menschen, der in seinem Leben vor dieser schrecklichen Tat sehr viele positive Akzente gesetzt haben sollte, der sich etwa sehr um das Wohl seiner Mitmenschen gekümmert hat, ist aber durchaus anzunehmen, dass er doch irgendwann zu einem rechtmäßigen Leben finden und sich die notwendigen Kräfte, Impulse und Weisheiten aneignen kann. Schließlich geht im Kosmos nichts verloren, so dass auch seine guten Taten wieder in segensreicher Weise auf ihn zurückwirken dürften.

7.6.2.3   Opfer von Naturkatastrophen

Es ist in den letzten Jahrzehnten kaum einmal ein Monat vergangen, in dem man nicht durch die Massenmedien über ein Erdbeben, einen Vulkanausbruch oder eine Flut- oder Sturmkatastrophe informiert worden wäre, bei der Hunderte, Tausende oder gar Zigtausende Menschen zu Tode kamen. Bei all diesen Katastrophen kommen Menschen aller Altersstufen ums Leben, die *scheinbar* zufällig am Ort des Geschehens wohnen oder weilen. Kaum einer kann sich, wenn er davon Kenntnis erhält, von einer großen Bestürzung, Ohnmacht und Hilflosigkeit freisprechen. Immer wieder hört man auch in diesem Kontext die Klage: »Wie kann Gott so etwas zulassen? Wie kann er zulassen, dass unschuldige Menschen auf diese Art zu Tode kommen?« Nicht wenige verlieren nun endgültig ihren letzten Glauben an einen gerechten Gott. Ein Mensch, der nicht mit der Reinkarnations- und Karmalehre rechnet, muss einen solch tragischen Tod zwangsläufig für sinnlos halten und an der Liebe und Gerechtigkeit Gottes zweifeln. Wer sich allerdings mit diesen Gesetzen ein wenig vertraut gemacht hat, wird einsehen, dass auch solche Katastrophen sehr wohl mit Karma zu tun haben. Allerdings darf man sich hier im Allgemeinen nicht auf den fatalen Standpunkt stellen, dass ein solches Unglück die karmische Folge eines wie auch immer gearteten Fehlverhaltens in einem früheren Leben darstellen müsse. **»Ein Unglück braucht sogar gar nicht aus dem vorhergehenden Leben irgendwie verursacht zu sein. Es kann spontan eintreten; es wird nur seine Folgen für das folgende und auch alles Leben zwischen den Erdenleben haben, weil wir sehr häufig sehen, dass aus Unglück, aus Leid und Schmerz dasjenige herauswächst, was andersgestaltetes Bewusstsein in der geistigen Welt ist.«**[80]

Auch wenn das für unseren begrenzten Erdenverstand schier unglaublich klingen mag, *kann* es sich bei solchen Naturkatastrophen in einigen Fällen so verhalten, dass die Opfer sich diese Art zu sterben in ihrem vorgeburtlichen Dasein ausgesucht haben. Sie haben sich vorgenommen, in ihrem kommenden Erdenleben bei einer bestimmten Naturkatastrophe, die, was Ort und Zeitpunkt angeht, im Geistigen schon lange Zeit feststand, ums Leben zu kommen.

Eine dem Verfasser bekannte Holländerin erzählte Folgendes: »Mitte Dezember 2004 lud meine Freundin Anne mich und weitere fünf Freundinnen zu sich ein. Wie wir alle wussten, hatte sie vor, zwei Tage später ihren Traumurlaub anzutreten. Es war schon seit Jahren ihr größter Wunsch, einmal nach Thailand zu fliegen und dort Land und Leute kennen zu lernen. Immer wieder erzählte sie uns von diesem Herzenswunsch, auf den sie lange hingespart und hingefiebert hatte. Nun sollte es also endlich so weit sein. Anne war an diesem Tag besonders gut aufgelegt und redselig. Gegen Abend begann sie, die ansonsten nie viel Aufhebens um ihre Person und ihr Leben machte, plötzlich, aus ihrem Leben zu erzählen. Manches, was sie erzählte, war den meisten Anwesenden bekannt, vieles nicht. Sie ließ nahezu keine Etappe ihres Lebens aus. Mir kam das schon ein wenig seltsam vor. – Als ich dann im Januar 2005 die traurige Nachricht bekam, dass Anne Ende Dezember zu den vielen Opfern des Tsunami gehörte, wurde mir einiges klar.«

Man kann es fast mit Händen greifen, dass dieser Frau, die hier Anne genannt wurde, ihr vorgeburtlicher Entschluss in den letzten Wochen ihres Lebens bis an die Grenze ihrer Bewusstseinsschwelle gespült wurde. **»[...] in zahlreichen Fällen zeigt sich für den Geistesforscher, dass in der Tat während eines Lebens, das als geistiges Erleben unserer jetzigen Geburt vorangegangen ist, unsere Seele in einem rein geistigen Bewusstsein ein solches Schicksal schon herbeigeführt hat, das mit einer gewissen Notwendigkeit zu diesem Unglücksfall hingeführt hat. Das zu entscheiden, steht uns nach der Geburt nicht zu. Vor der Geburt dirigieren wir unser Dasein nach dem Unglück hin, damit unsere Seele sozusagen durchschreitet durch die Möglichkeit der äußeren physischen Tätigkeitsweisen, uns den physischen Leib zu zerschellen, und so gleichsam im Moment des Überganges das Erlebnis hat: wie wirkt unsere Menschheit im Zerschellen, wenn sich dieser Leib nicht in natürlicher Weise fortentwickeln wird? Es hat einen guten Sinn – aber nicht vor dem alltäglichen Bewusstsein, sondern vor unserem Überbewusstsein –, dass Menschenleben auch sozusagen vor dem Erreichen des normalen Alters durch Unglücksfälle zugrunde gehen können.«**[81]

Es muss natürlich die Frage gestellt werden, warum sich Menschen in ihrem vorgeburtlichen Leben entschließen, auf eine solche Art ums Leben zu kommen. Welche Wirkungen erfahren Menschen, die durch eine Naturkatastrophe ihr Leben verlieren? Diese werden *»zur abrupten Einsicht in die Wahrheit von der Existenz des lebendigen Geistes kommen, welcher ihnen aufgeht als der die Naturgewalten, durch welche sie ums Leben kommen, bewirkende und in ihnen wirkende mächtige Verursacher.«*[82] Diese Erkenntnis hätten sie in ihrem Leben auf keine andere Art mehr gewinnen können. Ein solches Unglück – unabhängig davon, ob es gesucht wurde oder spontan eingetreten ist – kann dann zunächst einmal zu einem anders gestalteten Bewusstsein im nachtodlichen Leben führen.[83] Wenn ein blühendes Menschenleben durch eine Naturkatastrophe abrupt hinweggerafft wird, so kann die Seele dadurch Kräfte aufnehmen, die geeignet sind, für das folgende Erdenleben höhere intellektuelle Fähigkeiten vorzubereiten. Ein solcher Mensch wird in seiner nächsten Inkarnation oftmals viel intelligenter sein, als er es geworden wäre, wenn er eines natürlichen Todes gestorben wäre.[84] Eine solche Seele wird in ihre nächste Verkörperung häufig auch ein größeres kreatives Potential und eine größere spirituelle Veranlagung mitbringen können. **»Bei den Menschen, die infolge von Erdbeben oder vulkanischen Eruptionen starben, kann man im Laufe ihrer folgenden Inkarnation ganz andere Eigenschaften beobachten. Sie** bringen bei ihrer Geburt große spirituelle Veranlagungen mit, denn sie sind durch ihren Tod in Beziehung getreten zu einem Element, das ihnen das wahre Gesicht der Dinge und das Illusionäre eines bloß materiellen Lebens gezeigt hat.«[85]

In einigen Fällen werden sich die Menschen, die bei ein und derselben Naturkatastrophe ums Leben kamen, in der geistigen Welt zusammenfinden und gemeinsame Pläne für ihre nächste Inkarnation schmieden. In diesem neuen gemeinsamen Erdenleben bilden sie dann häufig eine Vereinigung oder Gruppierung, die sich eine soziale, humanitäre oder spirituelle Zielsetzung gibt.

Vielleicht ahnen wir ja alle zumindest etwas davon, dass solche Seelen sich ihr Schicksal, bei einer bestimmten Naturkatastrophe zu sterben, im Vorgeburtlichen selbst gewählt haben. Wenn Menschen bei einer solchen Katastrophe ums Leben kommen, so sagt man doch: »Sie *fanden* den Tod.« Finden kann man aber streng genommen nur etwas, was man zuvor *gesucht* hat. Diese Menschen haben aber genau diese Art und diesen Zeitpunkt zu sterben gesucht, auch wenn das natürlich nicht ihre Bewusstseinsschwelle überschritten hat. Wenn man diesen spirituellen Hintergrund solcher Todesfälle ernst nimmt, wird deutlich, wie unsinnig es wäre, Gott entrüstet zu fragen, warum er so etwas zulasse. Wenn Gott den Ausbruch einer solchen Katastrophe verhindert hätte, wäre ganz im Gegenteil die Frage angebracht, warum er es nicht zugelassen hätte, dass sich diese Menschen in der für sie so wichtigen und notwendigen Weise weiterentwickeln können.

7.7 Quell der Seligkeit im Himmel – das Schaffen der Sphärenmenschen

In den kirchlichen Lehren ist immer wieder von der Seligkeit, die man im Himmel – also in der Geisteswelt – erleben könne, die Rede. Allerdings können die Vertreter dieser Lehren nicht viel dazu beitragen, wie man sich diese Seligkeit vorzustellen habe. Dass ein Mensch in der Geisteswelt in der Tat dieses großartige Empfinden haben kann, geht auch eindeutig aus den Mitteilungen Rudolf Steiners sowie den postmortalen Kundgebungen Sigwarts hervor.

Der Mensch steht, solange er auf der Erde wandelt, dauernd unter den Einflüssen der äußeren Atmosphäre. In ähnlicher Weise steht er auch in der Geisteswelt unter den Einflüssen einer ›Atmosphäre‹, die aus dem ganzen Seelenleben – sowohl dem eigenen als auch denen der Mitmenschen – gebildet wird. Die Gefühle sind in der Geisteswelt etwas Äußerliches. Der Sphärenmensch nimmt etwa die Schmerzen der noch verkörperten Menschen in ähnlicher Weise wahr, wie er im Erdenleben Blitz und Donner oder Farben wahrgenommen hat. Dadurch, dass diese seelische Atmosphäre permanent auf ihn einwirkt, kann er die ihm verwandten astralen Kräfte seiner Umgebung an sich ziehen und auf sich wirken lassen. Durch diese Kräfte ist es ihm möglich, bestimmte Talente und Fähigkeiten auszubilden, die sich im nächsten Erdenleben manifestieren können. Wenn ein Mensch in seinem Erdenleben Schmerzen ertragen muss, so kann das für ihn außerordentlich schlimm und niederschmetternd sein. Aber in der Geisteswelt sind selbst Schmerzen etwas Beseligendes. Jetzt ist der Sphärenmensch sich dessen bewusst, dass alle Schmerzen, die er oder andere Menschen im Erdendasein erleiden mussten, letztlich zu einer Vervollkommnung beitragen, insbesondere führen sie dazu, dass man sich Weisheit aneignen kann. Durch die Schmerzen, die er im letzten Erdenleben ertragen musste, kann er durch seine Erfahrungen in der Geisteswelt Talente, Fähigkeiten und Begabungen für sein nächstes Erdenleben keimartig veranlagen.

> Sigwart sagte über die Glückseligkeit in der Geisteswelt: *»Das Wesen des sogenannten Devachan oder der höheren Himmelssphäre, wie wir es nennen wollen, besteht hauptsächlich aus der harmonischen Ruhe, die aus den gleichmäßigen Empfindungen entsteht. Das ist das erste so herrlich wohltuende Gefühl, das man hier hat. Da ist nichts mehr, was gegeneinander fließt, keine Ströme, die nur halb sind, keine Gedanken, die sich verkörpern wollen zu allen möglichen Zwecken, wie man es oft erlebt und als große Unruhe empfunden hat. Unendlich wohltuend ist die plötzliche Ruhe inmitten der Millionen Strömungen, Farbenspiele, Klänge, Gedanken, die aber alle ganz harmonisch ineinander übergehen. Das ist ein Zustand der höchsten Glückseligkeit. Nie ein störender Gedanke, nie etwas Unharmonisches – einfach unbeschreiblich!!«*[86]

Wie bereits erörtert gibt es in der geistigen Welt kein Pausieren und Verweilen; alles ist in fortwährender schaffender Tätigkeit. Auch der Sphärenmensch ist aufgerufen, an diesem Schaffen mitzuwirken. So schafft er etwa an der Ausgestaltung des Geistkeimes seiner Leiblichkeit sowie an dem Lebens- bzw. Schicksalsplan für seine nächste Inkarnation. Menschen, die schon eine höhere Stufe in ihrer geistig-seelischen Entwicklung erreicht haben, wirken – wie wir schon erläutert haben – sogar am Erdenfortschritt mit. Dieser Prozess des Schaffens, des Hervorbringens ist ein ganz wesentlicher Quell dafür, dass der Mensch in der Geisteswelt das Gefühl der Seligkeit verspürt. **»Was tritt zunächst vor dem Menschen auf, wenn er auf dem Erkenntnispfad aufsteigt von der astralischen Welt zum Devachan, oder wenn er den Weg des einfachen Menschen geht und er nach dem Tode hinaufgeführt wird, was erlebt er dann im Devachan? Seligkeit erlebt er! Das, was sich aus den Farbennuancen in Töne herausdifferenziert, das ist unter allen Umständen Seligkeit. Im Devachan ist auf der heutigen Stufe der Entwickelung alles ein Hervorbringen, Produzieren, und in Bezug auf die Erkenntnis ein geistiges Hören. Und Seligkeit ist alles Produzieren, Seligkeit ist alles Hören der Sphärenharmonie. Der Mensch wird im Devachan nur Seligkeit, lauter Seligkeit empfinden. Wenn er [...] im Falle des gewöhnlichen Menschen nach dem Tode hinaufgeführt wird: Er wird immer Seligkeit dort erleben.«**[87]

Bedenken Sie etwa, wie beglückend es für uns Erdenbürger schon sein kann, wenn wir auf dem physischen Plan etwas schaffen dürfen. Wie sehr kann es uns erfüllen, wenn wir etwa in unserem Garten ein neues Beet oder ein Biotop oder dergleichen anlegen, wenn wir also irgendeine Idee oder einen Plan in die Tat umsetzen und somit der Erdenwelt einprägen. Wie erfüllend ist es für viele Menschen, wenn sie etwas nach eigenen Ideen und Vorgaben basteln. Wie sehr können manche Frauen ganz darin aufgehen, ihren Kindern oder Enkeln einen Pullover oder dergleichen zu stricken. Wenn schon ein solches Schaffen als beglückend empfunden werden kann, fällt die Vorstellung nicht schwer, dass die großartigen und erhabenen Werke, die man in der geistigen Welt vollbringen darf, zu einem Gefühl höchster Seligkeit führen können.

Sigwart, der in seinem Erdenleben eine sehr große musikalische Begabung aufwies, konnte auch in der Geisteswelt in Gemeinschaft mit anderen an dem Schaffen einer geradezu himmlischen Musik mitwirken. Darüber sprach er in einigen Mitteilungen: *»Heute war ein großer Tag für mich! Ich habe sehr viel erlebt, bin um einen Grad weiter gekommen und wurde wieder aufgenommen in eine große Gemeinschaft, der ich schon früher angehörte, der ich aber durch mein Erdenleben entfremdet worden war. Darin muss ich die Mission erfüllen, von der ich euch auch schon in meinem Erdenleben oft sprach. Es handelt sich um die Musik! – Ich habe etwas zu schaffen, das höher ist als alles das, was ihr unter Musik versteht. Hier ist das Arbeiten ganz anders, viel intensiver.«*[88]

»Von meinem Leben hier wollt ihr sicher etwas wissen: Ich lebe nur für die große Arbeit, von der ich euch schon oft gesprochen habe. Die heilige Musik, die der Menschheit von großem Nutzen sein wird.«[89]

»Heute kann ich euch erzählen, woran ich gerade arbeite. Es ist eine Reihe ungeheuer schwerer Symphonien, die ich zu schaffen habe. Die eine ist fast vollendet. Ihr würdet staunen, wenn ihr sie hören könntet, denn diese Musik ist doch ganz anders als alles, was ich auf Erden schuf, nur der Grundton ist der gleiche. Ich habe im Ganzen 7 Symphonien zu schaffen, dann ist der kleinste Teil der großen Dichtung vollendet. Natürlich arbeiten auch viele andere daran, aber mir wurde etwas ganz Besonderes zuteil: Ich habe sozusagen die Oberaufsicht mit noch zwei großen Meistern. Alles war bereit für mich. Das war auch der Grund meines frühen Sterbens. Begreift ihr nun, dass ich glücklich bin, dies machen zu dürfen? – Der Hauptzweck ist, die Gesinnung auf der Erde in eine andere Bahn zu leiten. Diese Musik verteilt sich in die verschiedensten Sphären, die eure Welt umgeben, und dieser Einfluss ist gewaltig. Vielleicht könnt ihr nicht recht begreifen, dass durch Musik die Menschheit durchgeistigter werden soll, aber es ist so. Die Musik ist die höchste Kunst, nur sie kann indirekt auf den Menschen einwirken. Er weiß und hört nichts davon, da seine irdische Umgebung ihn ganz erfüllt, und doch muss er auf diese Stimme hören. Das sind wir, unser Werk! Ihr werdet es spüren, wenn ihr noch einige Grade weiter gekommen seid. Hören könnt ihr es

| *noch nicht, das geschieht aber nach eurem Tod.«*[90]

Es wurde bereits gesagt, dass die großen auf der Erde verkörperten Komponisten ihre die Menschen beglückenden und erhebenden Werke häufig aus der geistigen Welt inspirativ empfangen.

Nun könnte sich ja jemand auf den Standpunkt stellen: »Ich habe in meinem Leben schon so viel gearbeitet und geleistet, dass ich des Arbeitens müde bin. Nach meinem Tod möchte ich mich nicht mehr anstrengen und plagen müssen.«
Dieses Schaffen in der Geisteswelt ist aber nicht mit Mühen und Plagen verbunden; es ist vielmehr beseligend.

Darauf ging auch Sigwart in einigen Kundgebungen an seine Geschwister ein: *»Ich, Sigwart, will euch wieder einmal von mir berichten, von meinen verschiedenen Arbeiten, wie wir es nennen wollen, obgleich ein Arbeiten im eigentlichen Sinne immer mit gewisser Mühe verbunden ist; diese Mühe fällt hier vollständig fort. Trotzdem ist es ein Arbeiten, ein Schaffen mit der vollsten Kraft, mit dem ganzen Bewusstsein.«*[91]

»Es gibt hier keinen Tag, keine Nacht, nur glückliches Genießen, aber in dem Genießen gibt es ein ewiges Schaffen, nicht das Schaffen der sich plagenden Menschen und auch nicht das Schaffen der sich viel mühenden Wesen (auch Menschen nach dem physischen Tod), sondern ein Schaffen, das nur mit Freude erfüllt ist, da es nie mit irgendeiner Schwierigkeit verbunden ist. Oh, das ist so wunderbar! Man ist der Beherrscher seiner Taten und Gedankenwelt, man schöpft aus dem höchsten, eigenen Inneren, das man erst jetzt in seiner ganzen Fülle aufnehmen kann. Man ist selbst Gott! Fühlt ihr, wie ich das meine? Alles Große, Schöne strömt einem zu, und alles, was man in sich trägt an höchsten Empfindungen, strahlt aus in die Welt, die einen umgibt. So schwebt man in seiner Welt, in seinem Himmel, in dem man sich selbst ›in Gott‹ fühlt.«[92]

Ein anderer Quell für die Seligkeit, die der Sphärenmensch in der geistigen Welt erleben kann, ist, dass er hier alle Verbindungen und Verhältnisse, die er in seinem Erdendasein mit anderen Menschen eingegangen ist, wieder erlebt. Er erlebt sie jetzt sogar viel inniger und intensiver, als das im Erdendasein jemals möglich sein könnte. Die Lebensgemeinschaft, die er nun mit anderen Menschenseelen haben kann, kann jetzt weder durch physische noch durch seelische Schranken, wie das auf dem physischen Plan und zum Teil auch noch in der Seelenwelt der Fall war, getrübt werden. Hier begegnen sich die Menschen in ihrer reinsten Form; sie treffen sich als Geister mit Geistern. Eine besondere Seligkeit kann der Mensch in der Geisteswelt dadurch erfahren, dass er jetzt auch mit den geistigen Wesen der höheren Hierarchien zusammenkommt, deren Erhabenheit Worte einer Menschensprache nicht erfassen können.

Es gibt noch unbeschreiblich viele weitere Erlebnisse und Erfahrungen, die ein Mensch im Devachan haben kann, die man als unermesslich beseligend bezeichnen könnte. Rudolf Steiner sagte in einem Vortrag in Stuttgart im Jahre 1906: **»Wer davon etwas kennt, wird wenig Worte machen, weil das Geistige nicht zu schildern ist mit der physischen Sprache.«**[93]

Kapitel 8

Fürchterliche nachtodliche Schicksale

Hölle heißt:
»Mein Gott, warum habe ich Dich verlassen?!«
Stefan Fleischer

Nachdem wir am Ende des letzten Kapitels von den beglückenden und beseligenden Erlebnissen eines Menschen in der Geisteswelt gehört haben, wollen wir noch einmal auf das Leben im Kamaloka (☞ Kapitel 5, S. 254ff.) zurückkommen. Wie wir gesehen haben, kann vieles von dem, was die wohl meisten Menschen dort erleben und durchzumachen haben, sehr leid- und qualvoll sein.

Diese Leiden und Qualen sind aber durchaus notwendig, damit sich der Mensch läutert und von allem befreit, was in der geistigen Welt keine Berechtigung hat. Das Kamalokaleben gehört zu den *regulären* Phasen des nachtodlichen Daseins. Anschließend ist der Mensch reif, zunächst in die Sphären der oberen Seelenwelt und schließlich in die der Geisteswelt aufzusteigen, wo er als Geist unter Geistern insbesondere sein nächstes Erdenleben vorbereiten kann.

Etliche Zeitgenossen, die an ein Leben nach dem Tod glauben und sich sogar mehr oder weniger intensiv damit befassen, betrachten nur die erfreulichen und erbaulichen Seiten des nachtodlichen Lebens. Dass das Leben nach dem Tod auch sehr schlimme Erfahrungen bereithalten kann, ignorieren sie. Auch wenn diese Zeitgenossen es vermutlich nicht gerne hören oder wissen wollen, darf nicht verschwiegen werden, dass es Menschen gibt, die aufgrund ihrer Einstellungen und ihres Verhaltens im Erdendasein – zumindest zunächst – nicht einmal bis in die Mondensphäre aufsteigen und ihr notwendiges Kamalokaleben antreten können. Gerade in unserer heutigen vom Materialismus geprägten Zeit warten auf unzählige Menschen nach ihrem Schwellenübertritt sehr schlimme, ja fürchterliche Schicksale. Diese können aufgrund ihrer schlechten Gedanken und Taten, insbesondere aber aufgrund ihrer materialistischen Einstellung und ihrer mangelnden Moralität kein ›reguläres‹ nachtodliches Leben durchmachen.

8.1 Erdgebundene Seelen

Es gibt heute etliche Verstorbene, die keine rechte Beziehung zu den höheren Welten finden können, die sich noch viel zu stark mit dem abgelegten physischen Leib identifizieren und noch eine zu starke Hinneigung zu der verlassenen Erdenwelt haben. Bisweilen realisieren sie nicht einmal, dass sie gestorben sind. Sie können sich noch nicht zu der Erkenntnis aufschwingen, dass das, was nur mit der irdischen Welt zu tun hat wie etwa Besitz, Macht, Wohlstand und dergleichen, nun nicht mehr von Bedeutung ist. Diese Seelen waren in ihrem Leben zumeist solche, die eine materialistische Gesinnung hatten und die von einem Leben nach dem Tod nichts wissen wollten. Jetzt, nachdem sie dieses nachtodliche Leben angetreten haben, kommen sie mit diesem nicht zurecht. Sie wollen mit der Seelenwelt nichts zu tun haben. Am liebsten würden sie sich wieder mit ihrem physischen Leichnam verbinden. Nun schweben sie für lange Zeit über der irdischen Sphäre, in einem erdnahen Bereich und versuchen, die unterschiedlichsten – meist negativen – Einflüsse auf die lebenden Menschen auszuüben. Man spricht hier von *»erdgebundenen«, »erdgebannten«* oder *»erdverhafteten Seelen«*.

Nach den geistigen Forschungsergebnissen Rudolf Steiners können solche Menschen zu erdgebundenen Seelen werden, die sich im Erdenleben keine spirituellen Erkenntnisse angeeignet haben, die geeignet wären, nun nach dem Tod das Leben in der Seelenwelt beleuchten zu können. Diese Menschen haben sich in ihrem Leben ausschließlich Vorstellungen, Begriffe und Empfindungen über materielle, sinnliche Tatbestände, Begebenheiten und Zusammenhänge gemacht und haben es verschmäht, spirituelle Vorstellungen zu erwerben. Daher ist es für solche Menschen lange Zeit unmöglich, rechtmäßig in die übersinnlichen Welten einzuziehen. Sie können die höheren Welten nicht mit ihrem Erkenntnislicht beleuchten. Sie verbleiben in der Erdensphäre und ›laufen‹ gewissermaßen noch als Tote auf der Erde herum. Man fühlt sich unweigerlich an die sogenannten ›Untoten‹ erinnert, von denen in alten Sagen die Rede ist und die heute in vielen Büchern und Filmen eine Rolle spielen. Dadurch, dass sich diese Verstorbenen nicht aus der physisch-ätherischen Umgebung lösen können, um sich in die höheren Sphären des Daseins zu erheben, bleiben sie für lange Zeit an die Erde gefesselt und werden zu Dienern der ahrimanischen Wesen.[1] **»Also, ob wir hier geistige Begriffe aufnehmen oder nicht, das bestimmt unsere Umgebung drüben. Viele von denen, die – man kann es nur mit Mitleid sagen – sich gesträubt haben oder verhindert waren, geistige Begriffe hier im Leben aufzunehmen, die wandeln auch noch als Tote auf Erden umher, bleiben mit der Erdensphäre in Verbindung. Und da wird dann die Seele des Menschen, wenn sie nicht mehr abgeschlossen ist von der Umgebung durch den Leib, der nun nicht mehr verhindert, dass sie zerstörerisch wirkt, da wird die Seele des Menschen, wenn sie in der Erdensphäre lebt, zum zerstörenden Zentrum. Also betrachten wir diesen, ich möchte sagen, mehr normalen Fall, dass unter den gegenwärtigen Verhältnissen Seelen nach dem Tode in die geistige Welt hinüber-**

kommen, die ganz und gar nichts wissen wollten von spirituellen Begriffen und Empfindungen: sie werden zu zerstörerischen Zentren, weil sie in der Erdensphäre aufgehalten werden. Nur Seelen, welche schon hier durchdrungen sind von einem gewissen Zusammenhang mit der geistigen Welt, gehen durch die Pforte des Todes so, dass sie in der richtigen Weise in die geistige Welt aufgenommen, der Erdensphäre entrückt werden und jene Fäden spinnen können auch zu den hier Zurückgebliebenen, welche fortwährend gesponnen werden.«[2]

Diese erdgebundenen Seelen müssen so lange in diesem Zustand bleiben, bis sie hinreichend viele geistige Begriffe aufgenommen haben, dass sie dadurch **in die geistigen Welten getragen werden«**[3] können. Es ist aber in den übersinnlichen Welten nicht so ohne weiteres möglich, ein geistiges Wissen zu erwerben, also etwas nachzuholen, was man im Erdenleben versäumt hat.

Vieles, was an zerstörerischen, destruktiven Kräften und Impulsen innerhalb der Erdensphäre wirkt, rührt von diesen erdgebannten Toten her. Auch die eine oder andere Spukerscheinung mag auf sie zurückzuführen sein.

Man muss mit diesen Menschen Mitleid haben, denn die Erfahrung, jetzt in einer Sphäre bleiben zu müssen, die dem Verstorbenen nicht angemessen ist, kann äußerst schlimm und bedrückend sein. Sie kommen an das *rechtmäßige* Erleben in den höheren Welten nicht richtig heran. Sie nähern sich ihm mit einer gewissen Scheu und Furcht und fallen immer wieder in das Reich zurück, für das alleine sie sich im Erdenleben Begriffe und Vorstellungen gebildet haben.

Es gibt allerdings auch viele Verstorbene, die nach ihrem Schwellenübertritt geraume Zeit in der physisch-ätherischen Sphäre verharren, obwohl sie keineswegs eine materialistische Gesinnung hatten. Es kann also auch andere Gründe für dieses Schicksal geben. **»Es braucht nicht einmal immer daran gedacht zu werden, dass solche Seelen durch ganz unedle Motive, obwohl das meist der Fall ist, an die Erde gebunden bleiben; es können auch Sorgen sein, welche für das empfunden werden, was man auf der Erde zurückgelassen hat.«**[4]

Auch solche verstorbenen Menschen, die sich im Leben noch wichtige Aufgaben vorgenommen hatten, die sie aber nicht mehr erfüllen konnten, tun sich häufig schwer, sich in der rechten Weise in den höheren Welten einzuleben.

Es handelt sich also durchaus um eine erhebliche Anzahl von Seelen, die aus unterschiedlichen Gründen in dieser erdnahen Sphäre verbleiben müssen und unter Umständen sogar schädlich auf die Lebenden einwirken können. Das wird auch durch die aktuellen geistigen Forschungsergebnisse von Judith von Halle und Dr. Iris Paxino bestätigt: Eine besondere Disposition, der erdnahen Sphäre verhaftet zu bleiben, haben nicht nur Materialisten und Atheisten. Selbst durchaus religiös gesinnte bzw. spirituell interessierte Menschen können unverhältnismäßig lange in der physisch-ätherischen Welt hängenbleiben, sofern ihre Vorstellungen über geistige Themen, also auch ihre Gedanken über das Leben nach dem Tod, zu dogmatisch, starrsinnig oder autoritätsgläubig waren. Das gleiche Schicksal kann auch Drogentoten, Selbstmördern und Schwerverbrechern drohen.[5]

Viele bleiben auch durch die übergroße Trauer ihrer Hinterbliebenen an die Erdenwelt gebunden. Das kann insbesondere dann der Fall sein, wenn diese den starken Wunsch haben, den Dahingeschiedenen wieder bei sich haben zu wollen und ihn geradezu festzuhalten versuchen.

Einige Menschen, die Nahtod-Erlebnisse hatten, vermochten erdgebundene Seelen wahrzunehmen. Wir wollen nur Auszüge zweier solcher Berichte zitieren: *»Sie schienen von gar nichts ein Bewusstsein zu haben, weder von der Körperwelt [physische Welt] noch von der Geisterwelt. Sie schienen irgendwo dazwischen festzusitzen, weder im Geistigen noch im Körperlichen. Es muss auf einer Zwischenstufe gewesen sein, nicht mehr ganz hier und noch nicht ganz dort – jedenfalls hatte ich diesen Eindruck. Es kann sein, dass sie noch Berührungspunkte haben mit der Körperwelt. Sie werden von irgendetwas niedergezogen, denn allesamt schienen vornübergeneigt und abwärts zu schauen, hinunter auf die Körperwelt [...] Vielleicht erblickten sie auch etwas, was sie nicht getan hatten oder was sie hätten tun sollen. Sie konnten sich nicht für etwas entscheiden, was sie nun tun wollten, das sah man an ihren tieftraurigen Gesichtern, aus denen jeder Lebensfunke entwichen war.«*[6]

George Ritchie schreibt: *»Die Ebene wimmelte, ja sie war gedrängt voll von Horden körperloser Wesen; nirgends war eine irdische, lichtumgebene Person zu sehen. Alle diese Tausende von Menschen waren anscheinend nicht mehr körperlich, wie ich selbst. Und sie waren die enttäuschtesten, ärgerlichsten, rundum miserabelsten Wesen, die ich jemals gesehen hatte. [...] Hier gab es keine Dinge oder Menschen aus festen Substanzen, die die Seele fesseln konnten. Diese Kreaturen schienen an Gewohnheiten der Sinne und Gefühle, an Hass, Lust und zerstörerischen Gedanken und Vorstellungen gebunden zu sein. [...] Es war unmöglich zu sagen, ob das enttäuschte Geheul, das uns erreichte, wirkliche Töne waren oder nur eine Übertragung der verzweifelten Gedanken. In dieser körperlosen Welt schien es egal zu sein. Was jemand dachte, ob flüchtig oder unwillig, war sofort um ihn herum für alle sichtbar, vollständiger, als Worte es hätten ausdrücken können, schneller als der Schall.«*[7]

In vielen Jenseitsbotschaften ist von diesem Phänomen ebenfalls die Rede. *»Also in diesem Sinne kann es länger dauern, wenn jemand an seine alte Inkarnation sehr verhaftet ist. Das typische Beispiel dafür, dass jemand sehr verhaftet ist, das ist der Zustand, den andere Belt nennen oder erdnaher Bereich. Das bedeutet, dass sich der Verstorbene von seinem Leben und den Umständen und den Menschen, die damit zu tun haben, nicht lösen kann.«*[8]

8.2 Das fürchterliche Dasein in der untersinnlichen Geisteswelt

Wir müssen nun auf ein Thema zu sprechen kommen, von dem viele glauben, dass es sich dabei um einen längst überwundenen Aberglauben früherer Jahrhunderte handelt. Es geht um die *unter*sinnliche Sphäre, die traditionell als *»Hölle«* bezeichnet wird. Dieser Begriff leitet sich von der Unterweltsgöttin *Hel* aus der germanischen Mythologie ab.

Obwohl heute kaum noch einer so richtig an die Hölle glaubt, gibt es doch noch zahlreiche – namentlich ältere religiös aufgewachsene – Zeitgenossen, die sich vor dem möglichen Schicksal, nach dem Tod in die Hölle geworfen zu werden, fürchten.

8.2.1 Gibt es die Hölle überhaupt?

In den weitaus meisten spirituellen Kreisen glaubt man *nicht* an die Hölle bzw. an ewige Höllenstrafen, weil sich das nicht mit der Liebe und Güte Gottes vereinbaren lasse. Auch unter den heutigen Anthroposophen wird dieses Thema sehr kontrovers diskutiert. Der Verfasser vertrat ebenfalls immer die Auffassung, dass es so etwas wie eine Hölle – zumindest im überlieferten Sinne – nicht gäbe. So hat er es auch in den ersten beiden Auflagen dieses Buches sowie in einigen anderen Werken dargestellt. Die erdnahe Sphäre, in welche die Seelen vieler Verstorbener hineingebannt werden, hielt er schon für ein sehr fürchterliches und kaum noch zu steigerndes Schicksal. Nachdem er dann das Ende 2022 erschienene fünfbändige Werk *»Das Wort in den sieben Reichen der Menschwerdung«* der Eingeweihten und Geistesseherin Judith von Halle studiert hatte, sah er sich veranlasst, seine Meinung grundlegend zu ändern.

Rudolf Steiner selbst hat im Grunde über die Hölle nur immer mehr andeutungsweise gesprochen. Im Wesentlichen hat er über die Vorstellungen, die in alten Völkern über die Hölle herrschten sowie über das, was Philosophen und Dichter darüber geschrieben haben, berichtet. Einmal hat er sogar gesagt, dass es die Hölle *im Sinne der Religionen* nicht gebe. Das scheint ja auf den ersten Blick ein Widerspruch zu den sehr ausführlichen und schonungslosen Mitteilungen über diese Sphäre bei Judith von Halle, denen wir uns in den folgenden Abschnitten zuwenden wollen, zu sein. Könnte es dafür eine Erklärung geben? Nun, wir haben ja bereits gesehen, dass es in jedem Zeitraum geistige Wahrheiten gibt, über die Eingeweihte noch nicht sprechen dürfen, weil es die Menschen noch nicht fassen und ertragen können. Deshalb lehrte der Christus-Jesus vor 2.000 Jahren auch nicht die Reinkarnation. Im Grunde gibt es in wohl jedem Jahrhundert Wahrheiten, die der großen Masse noch nicht mitgeteilt werden dürfen. Rudolf Steiner hat des Öfteren darauf hingewiesen, dass vieles von dem, was er geschaut und erforscht habe, *noch* nicht der Öffentlichkeit verkündet werden dürfe, da dieses Wissen für die Menschen schädlich sein könne. Dazu gehörte *möglicherweise* auch die Lehre über die Hölle, zu der er noch keine – zumindest keine detaillierten – Mitteilungen geben durfte. Mittlerweile sind aber immerhin 100 Jahre vergangen. Vermutlich ist die Zeit jetzt reif, dass die Wahrheit über die Hölle in die Welt kommen *muss*. Judith von Halle hat von der geistigen Welt den Auftrag bekommen, darüber zu schreiben.

In den Weisheitsbüchern fast aller Religionen ist von der Hölle die Rede. Die *althergebrachte* Vorstellung der Hölle sieht in dieser Sphäre einen finsteren Bereich, irgendwo in den Tiefen der Erde, in dem die abgrundtief schlechten Menschen wie Mörder und sonstige Schwerverbrecher sowie Atheisten in ein Feuer geworfen werden, das sie aber nicht verzehrt. Dort müssen sie die Ewigkeit ›absitzen‹, während sie vom Teufel auf das Heftigste gequält und gepeinigt werden. Schon die Tatsache, dass in allen religiösen und vielen alten philosophischen Schriften von der Hölle gesprochen wird, legt nahe, dass es einen solchen Bereich gibt.

8.2.2   Was ist die Hölle und was erwartet die Seelen dort?

Erste Anhaltspunkte können uns die religiösen Urkunden liefern. In der Bibel gibt es 20 Verse, im Koran sogar 101 Suren, die von der Hölle handeln. Unabhängig von der Quelle sind die Aussagen einigermaßen einheitlich.

In der Tat wird auch hier oftmals von einem nie verlöschenden Feuer gesprochen, aus dem es kein Entrinnen gebe. Dieses Schicksal ist gemäß den Versen bzw. Suren insbesondere den Seelen der Ungläubigen und Sünder vorbehalten. So heißt es in der Heiligen Schrift beispielsweise: *»Wenn dich aber deine Hand verführt, so haue sie ab! Es ist besser für dich, dass du verkrüppelt zum Leben eingehst, als dass du zwei Hände hast und fährst in die Hölle, in das Feuer, das nie verlöscht.«*[9]

Schauen wir noch auf zwei Suren aus dem Koran: *»Und einige von ihnen glaubten daran, andere aber wandten sich davon ab. Und die Hölle ist stark genug als ein Flammenfeuer.«*[10]

»Die aber, die ungläubig sind, für die ist das Feuer der Hölle. Tod wird nicht über sie verhängt, dass sie sterben könnten; noch wird ihnen etwas von ihrer Strafe erleichtert. So lohnen wir jedem Undankbaren.«[11]

Wie wir schon gesehen haben, gehört die Lehre von der Hölle zum Glaubensgut der katholischen Kirche, wenngleich die meisten Pfarrer in ihren Predigten kaum noch darauf zu sprechen kommen.

Das, was wir im Folgenden über diese dunkle Sphäre schreiben werden, dürfte für viele Leser nur schwer verdaulich und etwas verstörend sein. Dennoch halten wir es für unsere Pflicht, es nicht zu verschweigen. Judith von Halle schreibt, dass man sich *nicht* – aus welchen Gründen auch immer – beirren lassen dürfe, diese Sphäre für existent zu halten. *»Es ist ganz gleich, wie dieser Bereich genannt wird. Wer sich aber in der Einsicht, dass es diese untersinnliche Sphäre und das überwältigende Leiden und Wirken des Bösen in ihr tatsächlich gibt, beirren lässt, weil er sich zum Beispiel an Begriffen stößt, die für diese Sphäre und ihre Beschaffenheit in der Vergangenheit verwendet worden sind, oder weil Menschen von ihnen gezeugt haben, die Angehörige einer christlichen Institution waren, mit deren institutionell ordiniertem Vorgehen im Laufe der Geschichte man nicht einverstanden ist, der übersieht das hier in Betracht kommende Wesentliche. Denn er überlässt dann die Bedürftigen ihrem Elend und gibt letztlich nicht weniger als sein Einverständnis zur Erstarrung der höheren moralischen Entwicklung der Menschheit und zur Preisgabe der Zukunft des ganzen Weltendaseins.«*[12]

»Die ›Hölle‹ für nicht existent, für eine Erfindung, für Illusion zu halten [...] diese einfältige Anschauung, die in der Gegenwart weit verbreitet ist, ist der größte Sieg des Widersachers! Denn durch sie ist der Menschheit auch die Möglichkeit genommen, das Leiden der im untersinnlichen Erdbereich gefangenen Seelen zu mildern oder gar eines Tages aufzulösen und so die schwarze Sphäre in eine von moralischer Weisheit erleuchtete neue Welt zu verwandeln, welche sich ihrem eigentlichen Ziel, dem Reich des Vaters, annähert und in der Menschheit eine reale Zukunft hat. – Dass die Ablehnung oder Unfähigkeit zur Selbsterkenntnis, zur Schuld-Einsicht, durch welche sich die realen geistigen Tatsachen vor den Augen der Beteiligten verbergen, auf eine Schwäche des höheren Geistes im Menschen, auf einen erfolgreichen Angriff der Widersachermächte zurückzuführen ist, welche sich mit dem Inneren der Erde verbunden haben und die zur göttlichen Bewusstseinswachheit unfähigen Seelen der Toten begierig aufnehmen, ist schon in vorchristlichen Zeiten gewusst worden. Davon zeugt etwa die germanische Sprachwurzel des Wortes ›Hölle‹, welche ›verbergen‹ bedeutet.«[12]

Was ist aber nun die Hölle eigentlich, und was kommt auf die Menschen, die in diese hineingebannt werden, zu?

So wie es *über*sinnliche Welten gibt, gibt es auch *unter*sinnliche Welten. Beiden gemein ist, dass sie mit den üblichen Sinnen eines Erdenmenschen nicht wahrnehmbar sind und somit für nicht existent gehalten werden können. Der Geheimen Offenbarung kann entnommen werden, dass nicht nur im Himmel, also in den übersinnlichen Welten, und auf der Erde, sondern auch *unter der Erde* Wesen existieren. *»Aber niemand im Himmel noch auf der Erde noch unter der Erde vermochte die Rolle zu öffnen und zu lesen.«*[13] Während sich – wie wir bereits wissen – die übersinnlichen Welten sphärisch in den Kosmos ausweiten, befinden sich die untersinnlichen Welten in den okkulten Schichten des Erdinneren. Der Bereich, den man traditionell »Hölle« nennt, befindet sich in der neunten, der tiefsten Erdschicht. Diese okkulte Erdschicht ist gewissermaßen das Gegenbild oder das ›Gegenstück‹ zu den übersinnlichen Sphären des Devachan.

Wie bereits erwähnt verdanken wir das Wissen über diesen finsteren Bereich in allererster Linie den aktuellen geistigen Schauungen und Forschungen der Eingeweihten Judith von Halle. Zahlreiche Anklänge an das, was sie über die Hölle in den Erdentiefen schreibt, findet man schon in der *»Göttlichen Komödie«*, die der italienische Dichter *Dante Alighieri* im frühen 14. Jahrhundert schrieb. Dantes Schilderungen wurden ganz wesentlich von den geistigen Schauungen seines Lehrers *Brunetto Latini* beeinflusst, die er dann in einer poetischen und dem damaligen Zeitgeist entsprechenden Weise niederlegte.[14]

Im Zusammenhang mit dem Erleben der Seelen in dieser Sphäre, die man auch als *»Unterwelt«* bezeichnen könnte, schreibt Judith von Halle von der Qual derer, *»die in die geistige Wirklichkeit eintreten, ohne nach ihr verlangt oder auch nur zweifelnd fragend nach ihr gesucht, sie zumindest für möglich gehalten haben und sich nun im Jenseits auf die schmerzlichste Weise körperlos zu fühlen. Denn im Jenseits kann die seelische Empfindung, sich in sich beheimatet zu fühlen, ausschließlich der eigene höhere Geist verleihen, der die geistige Umgebung als seine eigene Natur erkennt. Doch eben diesen Geist entbehren die betreffenden Seelen, weil sie ihn im Erdenleben nicht für wahr gehalten haben und kennenlernen wollten. Er ist noch da, ihr geistiger Wesenskern, denn die Seelen selber sind noch als solche vorhanden, aber er ist ihnen unsichtbar und zur Untätigkeit erstarrt, wie betäubt, unfähig gemacht, ihnen die Augen für die geistige Wirklichkeit, für die Schönheit einer aus Bewusstsein gewobenen Welt aufzuschließen. Die Leere, die sich in solchen Menschenseelen ausbreitet, ist maßlos, und ebenso maßlos ist ihr Leiden unter dieser Leere. Es gibt keine Worte, die beschreiben vermöchten, was die Leere, die Abwesenheit des Geistes bedeuten, was eine Seele empfindet, die sie erleben muss. [...] Wahrlich, jeder andere Schmerz verblasst im alles Wahrnehmen und Begreifen vertilgenden Schein der Schwärze geistiger Entbehrung, die [...] so abgrundtief und alles umfassend ist, dass sie für das geistige Schauen einem vernichtenden Gleißen gleicht.«*[15]

Wir haben ja schon über die zwei Gruppen von Widersacherwesen, die luziferischen und die ahrimanischen geschrieben. Es gibt noch eine dritte Gruppe, die von den *»Asuras«* oder *»asurischen Wesen«* gebildet wird. Die Asuras sind extrem böse Wesen, die für den Menschen besonders gefährlich sind. Sie sind Geister des allerstärksten Egoismus, welche die Menschen zur *»schwarzen Magie«*, wozu insbesondere auch sexuelle Riten und Praktiken sowie satanische Kulte gehören, verführen wollen. Die Überhöhung der Sexualität sowie die vielen sexuellen Verirrungen der Gegenwart sind auf die starken Einströmungen der Asuras zurückzuführen. Auch das Lustgefühl, das einige Menschen am Quälen und Töten von Tieren oder gar Menschen haben, geht letztlich auf die Einflussnahme der asurischen Wesen zurück. In einem noch viel stärkeren Maße, als das bei den ahrimanischen Wesen der Fall ist, ist es das Ziel der Asuras, den Menschen von allem Geistigen fernzuhalten und ihn ganz tief in die Materie zu verstricken. Die Asuras wollen die Materie immer mehr verdichten und erstarren, so dass sie nicht wiederum ihrem geistigen Urzustand zugeführt werden kann. Sie wollen, dass der Mensch auf die Stufe der rein tierischen Triebhaftigkeit und somit in die Tierheit zurückgeworfen wird. Dadurch wäre es dem Menschen auch unmöglich, zur wirklichen Freiheit zu gelangen. Die Tatsache, dass schon heute viele Zeitgenossen glauben, der Mensch sei lediglich ein hochentwickelter Affe, weist auf das Wirken der Asuras hin.

Ihr Reich ist die Hölle, in der die Seelen, die sich dort befinden, ihnen wehrlos ausgesetzt sind. Judith von Halle schreibt weiter über das Erleben der Seelen in der Höllensphäre: *»Doch anders als im physischen Sinnesbereich, wo der atomare Blitz und die Folgen der Explosion das in deren Nähe befindliche Leben mit einem Schlag zunichtemachen, ist in der schwarzen Sphäre der Asuras die Vernichtung des geistigen Lebens, der dort gefangenen Seelen eine ununterbrochen anhaltende, weil jenseits der Sinneswelt die Zeit nicht ist. Wie ein unaufhörliches Blitzen endlos einander folgender atomarer Explosionen ist das durchgängige Gleißen der geistigen Schwärze in der betroffenen Seele in der untersinnlichen Zeitlosigkeit. [...] Wenn der Mensch die Qual der Verbrennung seines materiellen Leibes* [bei der Kremation] *durch die Hitze der atomaren Explosion in zeitloser Dauer erfahren müsste, so erlebt die materialistisch selbstbetäubte Seele in ihrer Existenz nach dem Tod in der schwarzen Sphäre der neunten Erdschicht die Abwesenheit des geistigen Lebens als unaufhörlichen exorbitanten seelisch-geistigen Schmerz.«*[16]

Einige Menschen, die an der Schwelle des Todes standen und Nahtod-Erlebnisse hatten, vermochten die armen Seelen derjenigen Verstorbenen wahrzunehmen, die in der untersinnlichen finsteren Sphäre fürchterliche Qualen erlitten. Wir wollen hier nur zwei Berichte zitieren. Beachten Sie, dass es den betreffenden Persönlichkeiten nahezu unmöglich war, das Wahrgenommene, das im Grunde Unaussprechliche, in Worte zu kleiden. So mussten sie immer wieder Begriffe aus der Sinneswelt verwenden, um das real Erlebte überhaupt irgendwie ausdrücken zu können. *»Ich wurde an den Ort in der Geisterwelt geführt, der Hölle heißt. Es ist ein Ort der Strafe für alle, die Jesus Christus ablehnen. Ich sah nicht nur die Hölle, sondern spürte die Qualen, die alle, welche dorthin kommen, erleiden werden. Die Finsternis in der Hölle ist so intensiv, dass sie buchstäblich auf jeden Quadratzentimeter drückt. Es ist eine extrem schwarze, bedrückende, trostlose, schwere, düstere Form von Finsternis. Sie verleiht dem Menschen ein überwältigendes, verzweifeltes Gefühl von Einsamkeit. Die Hitze ist von einer trockenen, ausdörrenden Art. Die Augäpfel sind so trocken, dass sie sich anfühlen wie glühende Kohlen in ihren Höhlen. Zunge und Lippen sind ausgedörrt und von der fürchterlichen Hitze aufgesprungen. Die Luft, die man einatmet, wie auch der Atem, den man ausstößt, kommen einem vor wie Hitze aus einem Hochofen. Von außen fühlt sich der Körper an, als wäre er in einem weißglühenden Ofen eingeschlossen. Von innen hat man das Gefühl, als würde glühendheiße Luft durch einen hindurchgepresst. Die*

Qual und die Einsamkeit der Hölle lässt sich mit Worten nicht deutlich genug beschreiben, dass der Mensch sie im Innersten erfassen könnte. Man muss sie erlebt haben.«[17]

»Es dauerte kurze Zeit, da wurde ich angezogen, bzw. angesaugt, wie immer man das nennen will. Ich kam in eine Art schwarzes Loch hinein. [...] Ich rauschte in eine Sphäre hinein, die war rot-schwarz. Ich sah einen roten Schein am Ende des Tunnels. Auf dem Boden sah ich eine Art Schwamm und es brodelte, ich sah Feueradern. Ich befand mich wie in einer Glaskugel, wie in einer Art Plastikkugel. Ich schwebte über diesen Feueradern. Dann sah ich etwas ganz Entsetzliches: Aus diesen Feueradern tauchten menschliche Gestalten auf, die auftauchten und wieder untergingen und wieder auftauchten und wieder untergingen. Ich hörte in meiner Glaskugel ein Stimmengewirr in vielen Sprachen, die ich komischerweise alle verstand. Das waren alles Menschen, die entweder Gott fluchten oder Gott lästerten oder aber Gott um Gnade anflehten, dass er sie doch erlösen möge von ihrer Pein und ihren Schmerzen. Sie waren vor Schmerzen einfach von Sinnen. Meine Reise ging eine ganze Weile über diesen Abgrund hinweg. Die Leute schienen eine Art Asbesthaut zu haben; sie hatten Gesichter, in denen die Augen tief in den Höhlen lagen. Das Feuer tat ihnen keinen Schaden. Offenbar war unter der Asbesthaut ein Nervensystem. Dieses Nervensystem verursachte bei ihnen offenbar diese schlimmen Schmerzen. Wie ich diese Menschen schreien, leiden und betteln sah, da konnte ich mir vorstellen, dass ein Tropfen Wasser auf ihrer Zunge sehr viel Linderung gebracht hätte. Es ging noch weiter, ich sah Orte, die mehr Höhlen glichen, aber diese Höhlen waren hervorragend und phantastisch eingerichtet. Dort standen Leute in weißen Kleidern, die überlegten, wie sie die Menschen auf der Erde am besten verführen könnten. Sie machten regelrecht Pläne. Sie starteten Werbefeldzüge. Was ich so im ›Vorbeifliegen‹ mitnahm, waren Aussprüche wie: ›Es gibt keinen Gott, mit dem Tod ist alles aus. Esst und trinkt, denn morgen seid ihr tot.‹ Sie hatten nur das eine Ziel: Die Leute dazu zu bringen, dass sie sterben. Je eher sie tot waren, um so eher waren sie im Besitz desjenigen, der auch der Fürst der Hölle ist. Das war die ganze Strategie. Was ich sah, war so abscheulich, dass ich es hier nicht wiedergeben will. Wenn die Gequälten keine Schmerzen mehr empfanden, dann holte man sie aus diesem Schwamm heraus, ließ sie sich regenerieren, damit sie dann die Schmerzen neu spürten. Die Hölle wurde von einem Einzigen regiert, der nur eines im Sinn hatte: Die Menschen zu quälen. Er hat nur eine einzige Freude: Je mehr Menschen gequält werden, je mehr Schmerzen sie leiden müssen, um so besser geht es ihm. Ich sah diesen Obersadisten auf einem Thron aus Menschenleibern.«[18]

Judith von Halle schreibt weiter, dass es seit der Zeitenwende vor 2.000 Jahren immer wieder Menschen gegeben habe, die im Zuge einer Einweihung mit ihrem Geist-Bewusstsein durch die Erdentiefen bis in diese Sphäre hinabgedrungen seien. Sie hätten den unbeschreiblichen Schmerz der dort gefangenen Seelen wahrgenommen und mit ähnlichen Worten beschrieben, um ihre Mitmenschen wachzurütteln und sie auf die unbedingte Notwendigkeit hinzuweisen, dass sie sich ihr wahres geistiges Wesen und ihre göttliche Heimat bewusst machen müssten, damit ihnen nach ihrem Tod ein solch grausames Schicksal erspart bliebe.

Iris Paxino schreibt ebenfalls über diese Sphäre. Sie verwendet allerdings nicht den Begriff »Hölle«. Sie spricht von *»dunklen Geisteswelten«* oder von einem Reich *»welches einen anderen Ursprung hat und von geistiger Warte aus gesehen, das rein Böse und somit die Gegenmaxime der Göttlichkeit verkörpert«.*[19]

So fürchterlich und untermenschlich das Dasein einer Menschenseele, das sie in der Hölle fristen muss, auch immer ist, wäre es falsch von einer göttlichen Strafe zu sprechen. Wenn jemand im Erdenleben nichts von seinem wahren Menschsein, das ja darin begründet ist, dass er ein geistiges Wesen ist, wissen will, so hat er – zumindest zunächst – auch keinen Anspruch auf die übersinnlichen Sphären, die den *Menschen* vorbehalten ist.

8.2.3   Welche Menschen kommen in die Hölle?

Man ist vielleicht geneigt zu glauben, dass die Hölle insbesondere den Schwerverbrechern vorbehalten sei. Es muss aber keineswegs so sein, dass ein Schwerverbrecher in die Hölle kommt. Sofern ein solcher nicht zusätzlich noch ein krasser Materialist war, ist es sogar durchaus möglich, dass er ein reguläres nachtodliches Leben antreten kann. Dass dieser dann im Kamaloka extrem viele Leiden ertragen muss, liegt auf der Hand. Insbesondere muss er beim erneuten Durchleben seiner Inkarnation alle Schmerzen, die er seinen Opfern zugefügt hat, selbst ertragen. Allerdings fällt er im Normalfall *nicht* aus der normalen Entwicklungslinie heraus.

Nach geisteswissenschaftlichen Erkenntnissen kommen in diesen fürchterlichen Bereich *insbesondere* – vielleicht sogar ausschließlich – solche Menschen, welche die wohl schlimmste Sünde begangen haben, die es überhaupt gibt, nämlich *»die Sünde wider den Heiligen Geist«*. Dieses Vergehen kann im Gegensatz zu allen anderen Sünden und Verfehlungen nicht einfach vergeben oder nach der Läuterung im Kamaloka im nächsten Erdenleben ausgeglichen werden. Darauf wies auch Jesus Christus ganz deutlich hin: *»Darum sage ich euch: Jede Sünde und Lästerung wird den Menschen vergeben werden; aber die Lästerung des Geistes wird nicht vergeben werden. Auch wenn jemand ein Wort gegen den Menschensohn spricht, wird ihm vergeben werden; wenn aber einer gegen den heiligen Geist spricht, wird ihm nicht vergeben, weder in diesem noch im künftigen Zeitenkreis.«*[20]

Was versteht man unter dieser schweren Sünde?

Eine solche Sünde begeht derjenige, der alles Göttlich-Geistige ablehnt oder gar verhöhnt und bekämpft, der seinen eigenen göttlichen Wesenskern verleugnet und sich somit im Grunde als ein hochentwickeltes Tier, einen ›Tier-Menschen‹, betrachtet, wenngleich er das gewiss niemals so formulieren würde. Freilich ist nicht jeder dieser Materialisten bzw. Atheisten ein ›Kandidat‹ für die Hölle, zumal viele im letzten Winkel ihrer Seele etwas Geistiges zumindest für möglich halten. Hier ist wohl eher an solche zu denken, die sich zudem *voll bewusst* gegen das Gute und alles Moralische engagieren und *ganz gezielt* spirituell oder religiös gesinnte Menschen bekämpfen, indem sie diese verspotten und als Zurückgebliebene, welche die Erkenntnisse der modernen Wissenschaft leugnen, diffamieren. *»Dies* [Dasein in der Hölle] *kommt zustande als nachtodliche Entsprechung ihres vorangegangenen Lebensinhalts, der nicht allein in einer materialistischen Gesinnung und aus dieser hervorgehenden Gottesleugnung bestand, sondern in einem fortgesetzten, willenerfüllten Wüten gegen alles spirituelle Leben, das heißt im bewussten Bekämpfen des individuellen göttlichen Geistes im anderen Menschen.«*[21] Durch ihre Bestrebungen haben sich diese Menschen zu Handlangern der Widersacher – namentlich der ahrimanischen und asurischen – gemacht. Da sie nicht an solche Wesen glauben, werden sie sich dessen freilich nicht bewusst.

Man kann in diesem Zusammenhang *vielleicht* an einige Protagonisten des sogenannten *»Transhumanismus«* (☞ Anhang A.1, Exkurs 4, S. 505ff.) denken.

Gemäß den Forschungsergebnissen von Iris Paxino drohen die fürchterlichen Erlebnisse in diesem finsteren Reich nicht nur Menschen, die alles Göttlich-Geistige verleugnet haben, wenngleich diese Verleugnung letztlich die tiefere Ursache für viele andere Missetaten ist. *»Wenn die Selbstliebe und der Egoismus eines Menschen über den Belangen der anderen steht, wenn seine Habgier und sein Machtbestreben ihn in einer lebensverachtenden Weise über andere bestimmen lässt, wenn er den Moralinstinkt, der in jedem menschlichen Wesen angelegt ist, übergeht, wenn er das Leben anderer in welcher Form auch immer missbraucht, dann ist er dem Bösen sehr nahe. Solche Menschen können dumm oder intelligent, naiv oder wohlüberlegt, wissend oder unwissend sein; gemeinsam ist ihnen ein fehlendes Mitempfinden mit dem anderen Geschöpf und ein mangelhaftes Einfühlungsvermögen. Sie sind sich selbst die ganze Welt geworden, alles andere hat für sie kaum noch Wert und Gültigkeit. Ihr Wesen erkennt nicht mehr, dass alles Leben göttlichen Ursprungs ist. Ihr Herz ist ausgehöhlt, es hat vergessen zu staunen, zu achten, zu verehren, zu glauben und zu lieben. Ihr Handeln dreht sich egozentrisiert nur noch um das eigene Selbstprinzip. So wie unsere tiefste Menschlichkeit im Christus-Wesen gründet, so gründet die Entmenschlichung in Wesenheiten, die Gegenprinzipien vertreten. Somit ist das Ich solcher Menschen nicht im Christus verankert, sondern in den dunklen Hierarchien.«*[22]

Das meiste, was hier aufgrund geisteswissenschaftlicher Forschungen über die Hölle gesagt wurde, stimmt mit der traditionellen Höllenlehre, wie sie auch von der katholischen Kirche vertreten wird, noch ganz gut überein. Aber jetzt kommt der große Unterschied: Es ist ein Irrtum, dass der Aufenthalt in dieser Sphäre *ewig* dauert. Nach einer Aussage von Rudolf Steiner sei es *Aristoteles* gewesen, der gelehrt habe, dass ein schlechter Mensch ewig mit seiner Schlechtigkeit leben müsse. Daraus sei später die Lehre von den »ewigen Höllenstrafen« entstanden, die auf einem Konzil festgelegt worden sei.

Wie konnte es überhaupt zu dieser Lehre kommen?

Nun, zu der abstrusen Vorstellung, dass gewisse Seelen bis ›in alle Ewigkeit‹ in der Hölle leiden müssen, in der sie sozusagen die Ewigkeit ›absitzen‹ müssen, ohne auch nur die geringste Chance zu haben, ihre Entwicklung in eine andere Richtung zu lenken, kann man nur gelangen, wenn man die Wahrheit von den wiederholten Erdenleben ignoriert. Wenn jeder Mensch wirklich nur *ein einziges* Erdenleben durchlaufen würde, so gäbe es ein Problem: Was macht man mit den abgrundtief schlechten Menschen? Da diese dann keine Gelegenheit hätten, in folgenden Inkarnationen sich zu ändern, sich zu veredeln, muss man zu einer Krücke greifen. Diese Krücke ist die Hölle, in die man solch böse Seelen *für alle Zeiten* einsperren muss! In Wahrheit hat jeder Mensch viel mehr die große Chance, sich im Verlaufe seiner folgenden Erdenleben zu ändern, zu bessern und sich immer mehr zu vervollkommnen, um sich so mehr und mehr dem Menschheitsideal anzunähern. Es ist von unermesslicher Wichtigkeit, dass die Menschen die geistigen Gesetze der Reinkarnation und des Karma annehmen und zu verstehen lernen. Ohne diese beiden Gesetze kann man insbesondere vieles von dem, was der Mensch in den übersinnlichen Welten zwischen Tod und neuer Geburt erlebt und zu leisten hat, nicht verstehen.

Der Aufenthalt in der Hölle *kann* sehr lange dauern. Aber auch wenn er nicht ewig dauern wird, so ist es für die Seelen nicht leicht, aus diesem qualvollen Zustand erlöst zu werden, um schließlich in die höheren Welten aufsteigen und zum Sphärenmenschen werden zu können. Was jeder Einzelne von uns dazu beitragen kann, werden wir in Kapitel 10 (☞ S. 443ff.) erläutern.

Kapitel 9

Spirituelle Begleitung Sterbender

Der Tod macht dich so still,
dass Gott dich hören kann.
Im Tod fängt unser Ich
ja erst zu klingen an.

Der Tod, was ist der Tod?
Ein Spender tiefsten Seins.
Man fällt nicht aus der Welt,
man wird mit ihr erst eins.

Theowill Uebelacker

Aus den Darstellungen, die wir in diesem Buch über das nachtodliche Leben des Menschen geben konnten, kann man vielleicht schon ein wenig ableiten, dass wir als Angehörige oder Begleiter sehr viel Fruchtbares tun können, um einem sterbenden Menschen den Übergang in seine andere Daseinsform spürbar zu erleichtern.

Es gibt mittlerweile eine Vielzahl – vorwiegend ganz ausgezeichneter – Bücher, die das Thema »Sterbebegleitung« behandeln. In diesen werden in erster Linie die eher ›weltlichen‹, also psychologischen, sozial-pädagogischen, rechtlichen, pastoralen und medizinischen Aspekte wie etwa Pflegedienst, Gesprächstherapie, Schmerzbehandlung und *vieles mehr* geschildert. Die Bedeutung all dieser Maßnahmen kann man nicht hoch genug einschätzen. Diesen soll in diesem Buch aber nichts hinzugefügt werden. Hier geht es ausschließlich darum, wie wir über diese Maßnahmen hinaus einen Sterbenden aus *spiritueller* Sicht begleiten können.

9.1 Die letzten Wochen vor Eintritt des Todes

Das Sterben ist kein abrupter Vorgang, sondern vielmehr ein dynamischer Prozess. Bei Menschen, die eines natürlichen Todes sterben, setzt der Sterbeprozess schon geraume Zeit vor dem Schwellenübertritt ein. Es kann als ein Ideal betrachtet werden, wenn es dem Sterbenden gelingt, ganz bewusst auf dieses große Ereignis zuzuleben.

Wir wollen in diesem Kapitel zunächst erörtern, was man als Begleiter eines Sterbenden in diesen letzten Wochen – es können auch Monate sein – für ihn leisten kann.

9.1.1 Der Umgang mit spirituellen Themen in der Begleitung

Wie Sie sicher wissen, gibt es seit geraumer Zeit in vielen Teilen der Welt die sogenannte »Hospiz-Bewegung«, die ganz sicher einen Segen für viele leidgeprüfte Menschen und Familien darstellt. In diesem Zuge schließen sich Menschen in regionalen – vorwiegend überkonfessionellen – »Hospiz-Vereinen« zusammen, um sich dann – in den meisten Fällen ehrenamtlich – in vorbildlicher Weise um die Begleitung Sterbender und deren Angehörigen zu kümmern. In der Hospiz-Bewegung gibt es ein ungeschriebenes Gesetz, ein Motto, an dem sich die Hospizhelfer orientieren: »Man muss den (sterbenden) Menschen da abholen, wo er gerade steht.« Dieses Leitmotiv kann gar nicht ernst genug genommen werden, erst recht, wenn es um eine *spirituelle* Begleitung geht.

Sofern man einen Menschen begleiten darf, der noch bei Bewusstsein ist, der noch ansprechbar ist und der selbst noch reden kann und will, wird man, ohne ihn irgendwie drängen zu müssen, schon recht bald heraushören, ob dieser eine Affinität zu spirituellen Themen hat. Auch seine religiöse Orientierung und Gesinnung wird man schnell erfahren.

Nun kann man unabhängig davon einige grundsätzliche Empfehlungen geben. Die Einstellung, die der Sterbende zur Spiritualität und Religion hat, ergibt sich aus seiner Biografie und entspricht letztlich seinem geistig-seelischen Entwicklungsstand. Es würde keinen Sinn machen, wenn man ihn da mit den eigenen spirituellen Erkenntnissen konfrontieren wollte. Ihm etwas von geistigen Tatsachen *aufdrängen* zu wollen, würde einen unzulässigen Eingriff in dessen Freiheit darstellen. Es gibt aber einiges, was man *immer* tun kann und sollte, unabhängig davon, ob der Betreffende spirituelle oder religiöse Neigungen zeigt.

So kann man zunächst einmal den eigenen Schutzengel bitten, dass er einem die richtigen Impulse gibt, um sich in der jeweiligen Situation angemessen verhalten zu können. Man sollte auch den Christus, unseren großen helfenden Führer, um Unterstützung bitten. Christus schafft und wirkt durch *jeden* Menschen. Bevor man an das Krankenlager des Sterbenden tritt, kann man sich sagen: *»Nicht ich, sondern der Christus in mir!«*[1] Damit bittet man darum, dass es letztlich der Christus ist, der durch unsere äußere Vermittlung die Begleitung führt und uns die richtigen Worte finden lässt. Er wird durch uns wirken. Auch der Christus respektiert die menschliche Freiheit. Er wird nur dann eingreifen, wenn Er darum gebeten wird. Alles, was man darüber hinaus in spiritueller Hinsicht leisten kann, hängt von dem ab, was der Patient wünscht und was er vertragen kann.

Es kann natürlich für einen Begleiter, der spirituell orientiert ist, häufig sehr frustrierend sein, wenn er erkennen muss, dass der Patient zu solchen Themen überhaupt keinen Draht hat, wenn er es im Extremfall mit einem krassen Materialisten oder Atheisten zu tun hat, der als solcher natürlich auch ein Weiterleben nach dem Tod streng bestreitet. In diesem Fall kann es im Allgemeinen wohl keinen Sinn machen, über die grundsätzlichen Empfehlungen hinaus noch besondere Aktivitäten zu entfalten. Auch wenn es für die eigene Seele sehr schmerzhaft sein kann, muss man einfach einsehen, dass sein derzeitiger Entwicklungsstand es wohl noch nicht zulässt, über spirituelle Themen zu reden, zumal man ja in den meisten Begleitungen nur noch eine sehr begrenzte Zeit zur Verfügung hat. Sofern der sterbende Mensch keinerlei Beziehung zu religiösen oder spirituellen Themen hat, so kann man aber immerhin noch für ihn im Stillen des Öfteren ein Gebet sprechen, wobei insbesondere das Vaterunser zu empfehlen ist. Man kann sich auch an dessen Schutzengel wenden und ihn bitten, seinem Schützling beizustehen. Möglicherweise könnte es eine gute Idee sein, diesen Menschen zu ermuntern, einmal ganz ungezwungen und hypothetisch ein Leben nach dem Tod in Erwägung zu ziehen. Selbst wenn er es dann nur zu sehr wenigen und völlig unzureichenden Vorstellungen bringen sollte, besteht die Hoffnung, dass dadurch gewisse Kräfte in seiner Seele angeregt werden können, die ihm nach dem Übergang eine völlige Desorientierung sowie den ›Schock‹, doch noch existent zu sein, ersparen können.

Die Angelegenheit wird natürlich schwierig, wenn dieser Mensch große Angst vor dem Tod hat. Mit welchen nicht-spirituellen Argumenten könnte man diese Angst überwinden helfen, ohne zu Floskeln greifen zu müssen? Vielleicht kann es in einem solchen Fall hilfreich sein, dem Patienten in ganz ungezwungener Weise etwas über Christus zu erzählen. Dieses Erzählen darf in keinem Fall einen belehrenden oder missionierenden Charakter aufweisen. Man könnte ihm auch schildern, wie man selbst zu Christus gefunden hat, welche Erfahrungen usw. man dabei gemacht hat. Sofern die Bemühungen auf fruchtbaren Boden fallen, könnte man ihm auch ein wenig aus den Evangelien vorlesen, wobei Evangelist und Kapitel eher sekundär sind. Die Kraft der Bibelworte kann einiges in der Seele des Sterbenden bewirken, auch wenn das nicht in äußeren Reaktionen zum Ausdruck kommen muss. Es gibt im Übrigen auch einige Bücher, in denen Geschichten zu finden sind, die in einer sehr schönen Weise über den Tod, den Sinn desgleichen sowie Phasen des nachtodlichen Lebens erzählen. Das Vorlesen solcher Geschichten ist ebenfalls dazu angetan, bestimmte Kräfte in der Seele des Patienten anzuregen. Besonders empfehlenswert ist das Buch *»Begegnungen mit dem Tod«* von *Gudrun Stoewer*, in dem eine ganze Reihe solcher – zumeist sehr kurzer – Geschichten nachzulesen sind. Diese Geschichten verschiedener Autoren weisen unter der Oberfläche der Erzählung einen tiefen esoterischen Gehalt auf. Das Gleiche gilt auch für die im Anhang nachzulesenden Geschichten *»Die fromme Martha«* und *»Das Kind, das ein großes Opfer brachte«* (☞ Anhang A.4, S. 542ff.).

Die meisten Sterbenden in unserem Kulturraum werden sich zwar noch nicht zu eigenen nennenswerten spirituellen Erkenntnissen aufgeschwungen haben, aber zumindest dürften sie religiös orientiert sein. Vermutlich sind sie sogar Mitglied einer der großen christlichen Kirchen. Selbst dann, wenn man als Begleiter die Meinung vertritt, dass die kirchlichen Lehren nur eine völlig unzureichende Vorbereitung auf das nachtodliche Leben geben können, sollte man die Ein- und Vorstellungen solcher Menschen sehr ernst nehmen. Bei einem gläubigen Katholiken sollte man nachfragen, ob der Wunsch besteht, die Krankenkommunion oder das Sakrament der »Letzten Ölung« bzw. der Krankensalbung zu empfangen. Man sollte die Kraft der Sakramente – insbesondere die der Letzten Ölung die man auch »Sterbeweihe« nennen könnte – nicht unterschätzen. Die Letzte Ölung hilft dem Sterbenden, sich langsam und friedvoll aus seiner körperlichen Hülle zu lösen, wodurch ihm der Übergang deutlich erleichtert werden kann. Sollte der Priester nicht rechtzeitig eintreffen, kann man als Begleiter auch eine laienhafte Ölung vornehmen. Man kann ihm mit Haushaltsöl drei Kreuze auf die Stirn – je eines über beiden Augen und eines in der Mitte der Stirn – zeichnen und dabei das Vaterunser sprechen. Anschließend kann man das *»Hohepriesterliche Gebet«* (17. Kapitel des Johannes-Evangeliums), das Christus nach dem letzten Abendmahl sprach, lesen. Natürlich hat die von einem Laien durchgeführte Ölung nicht die Kraft eines Sakramentes. Dennoch dürfte auch von ihr eine positive Wirkung ausgehen. Die Letzte Ölung kann unabhängig vom Bewusstseinszustand des Patienten gespendet werden. Es macht allerdings keinen Sinn mehr, die Ölung an einem bereits verstorbenen Menschen vorzunehmen.

Mit einem religiös orientierten Menschen kann man natürlich in völlig unverkrampfter Weise beten oder ihm aus der Bibel vorlesen. Wenn der sterbende Mensch darüber hinaus den Wunsch äußern sollte, über seinen Tod und alles, was ihn danach erwartet, reden zu wollen, *kann* es etwas problematisch werden. Hier kann zunächst einmal die Empfehlung geäußert werden, dass man ihn von seinen Vorstellungen erzählen lässt. Eigene Fragen sollte man so offen formulieren, dass sie ihm viel Raum geben, um das zu schildern, was ihn bewegt und was seine Vorstellungen sind. Nun könnte die Schwierigkeit eintreten, dass er etwa seine Erwartung oder Hoffnung äußert, sofort nach dem Tod in den Himmel aufgenommen zu werden, weil er doch ein anständiger Christenmensch gewesen sei. Aber auch dieser Mensch wird, nachdem er seinen Leib abgelegt haben wird, zunächst einmal in der Seelenwelt landen und einige leidvolle Erfahrungen im Kamaloka machen. Man darf wohl befürchten, dass er dann, wenn er im Kamaloka zu Bewusstsein findet, etwas irritiert und orientierungslos sein könnte. Die schwierige Frage lautet nun: »Soll man ihn in seinem Glauben lassen oder soll man ganz zart und vorsichtig auf die tatsächlichen Verhältnisse hindeuten?« Diese Frage kann natürlich nur individuell, von Fall zu Fall, entschieden werden. Auch hier sollte man sich von seinem Gefühl bzw. der eigenen Führung leiten lassen. Allerdings sollte man einem Katholiken oder Protestanten nicht unbedingt mit der Reinkarnations- und Karmalehre kommen, aber ein paar Hinweise auf das, was ihn in seiner allerersten Zeit nach dem Tod erwartet, könnten durchaus angemessen erscheinen. Man muss sich aber bei allem, was man über spirituelle Erkenntnisse mitteilen möchte, der ungeheuren Verantwortung bewusst sein, die da auf einem lastet.

Diejenigen Menschen, die ähnliche spirituelle Erkenntnisse, wie sie in diesem Buch dargestellt worden sind, ihr Eigen nennen, werden keiner besonderen *spirituellen* Begleitung bedürfen. Aber auch diese werden dankbar sein, wenn man mit ihnen ein Gebet gemeinsam spricht, wenn man ihnen aus der Bibel, namentlich den Evangelien, vorliest oder wenn man mit ihnen ganz ungezwungen über das redet, was sie in der ersten Zeit nach dem Tod erwarten wird.

Das Sprechen eines Gebetes und das Vorlesen aus den Evangelien hat im Übrigen auch dann eine große Bedeutung, wenn der Patient sich in einem komatösen Zustand befinden sollte. Die immer noch weit verbreitete Meinung, dass ein Mensch im Koma nichts von dem, was die Mitmenschen sagen, denken und fühlen, mitbekäme, ist im Allgemeinen keineswegs zutreffend.

Etliche Komapatienten hatten zwar im Gegensatz zu Eben Alexander keine Nahtod-Erlebnisse, bekamen aber alles mit, was die Menschen, die an ihrem Bett standen, sprachen. So ist der Fall einer Frau überliefert, die in einem tiefen Koma lag und für hirntot erklärt wurde. Trotz ihres komatösen Zustands konnte sie ein Gespräch, das ihr Ehemann mit dem Arzt führte, ›hören‹: »*Während sie offensichtlich in tiefem Koma lag und keine Gehirnaktivität mehr zu erkennen war, führten der zuständige Facharzt und ihr Ehemann an ihrem Bett ein Gespräch. Der Facharzt prognostizierte seiner Patientin ein Leben wie eine ›Treibhauspflanze‹ und schlug ihrem Mann vor, in Betracht zu ziehen, sie von den lebenserhaltenden Geräten zu trennen. Ihr Mann hatte noch Hoffnung, dass sich ihr Zustand bessern würde, daher blieb sie an den Geräten angeschlossen. Trotz der düsteren Prognose erwachte die Frau nach einigen Monaten aus dem Koma. Da trat zutage, dass sie fast die ganze Zeit ihres Komas alles wie gewohnt gehört hatte, auch das Gespräch zwischen dem Arzt und ihrem Mann über die passive Sterbehilfe! Sie erzählte, wie schrecklich das gewesen sei. Während sie herausschreien wollte, dass sie noch da ist, dass sie leben möchte, dass sie bei ihrem Mann und ihren Kindern sein möchte, wurde über ihr mögliches Sterben gesprochen.*«[2]
Noch erstaunlicher mag vielen erscheinen, dass einige Komapatienten später berichteten, dass sie sogar die Gedanken und Gefühle anderer Menschen wahrzunehmen vermochten. Ein junger Mann, der im Koma lag, war innerlich gerade da-

bei, sich zu entscheiden, ob er in der übersinnlichen Welt bleiben oder doch wieder in seinen Körper zurückkehren sollte. Seine Wahrnehmungen fasste er in die folgenden Worte: *»Mit Erstaunen konnte ich spüren, wahrnehmen, wie viele Menschen in dieser Zeit an mich gedacht haben. Ich habe gespürt, dass meine ganze Familie für mich gebetet hat, und diese Liebe, diese Gedanken, die an mich gerichtet waren, die habe ich so empfunden, dass sie mir behilflich waren. [...] Diese Liebe wirkte wie Wellen, wie Vibrationen, wie Schwingungen, das tat mir gut. Sie hatten auf jeden Fall eine [...] ja, heilende Wirkung für meinen Zustand. Auch Menschen, von denen ich es überhaupt nicht gedacht hatte, also junge Menschen, da konnte ich auch wahrnehmen, dass sie für mich eine Kerze in der Kirche angezündet haben oder so.«*[3]

Gerade in einem komatösen Zustand ist die Seele sehr offen und empfänglich für spirituelle Gedanken. Gebete und liebende Gedanken werden ihre Wirkung nicht verfehlen.

9.1.2 Lebensschilderungen

Menschen, die schon des Öfteren Patienten in ihren letzten Lebenswochen und -monaten begleitet haben, konnten immer wieder die Erfahrung machen, dass es vielen Dahinscheidenden ein Bedürfnis ist, aus ihrem Leben zu erzählen. Die Motive dafür können sehr unterschiedlicher Art sein. Häufig freuen sie sich einfach, dass ihnen jemand interessiert und aufmerksam zuhört, was ihnen den Eindruck vermitteln kann, dass ihr Leben mit allen Erfahrungen, mit allen Höhen und Tiefen doch eine gewisse Bedeutung hatte.

Solche Lebensschilderungen können sehr fruchtbar sein. Zunächst einmal kommen dem Patienten die geschilderten Erlebnisse viel klarer und deutlicher zu Bewusstsein, als wenn er sie nur gedanklich erinnern würde. Man sollte diese Schilderungen niemals unterbinden, selbst dann nicht, wenn sie häufig von den gleichen Begebenheiten handeln. Wenn man als Begleiter es versteht, ganz genau zuzuhören, wird man oftmals feststellen können, dass bestimmte Erlebnisse bei jedem erneuten Erzählen etwas anders dargestellt werden. Der Unterschied liegt darin, dass der Patient die geschilderte Situation von Mal zu Mal selbstkritischer sieht. Während er beim ersten Erzählen eine Begebenheit meistens noch ziemlich neutral, vielleicht sogar etwas ›blauäugig‹ betrachtet, wird bei jedem erneuten Erzählen deutlich, dass er seine Rolle in der Geschichte realistischer und selbstkritischer sieht. Das kann für die im nachtodlichen Leben so wichtige Selbsterkenntnis sehr förderlich sein.

Man sollte den Patienten vielleicht sogar *immer wieder* bitten, aus seinem Leben zu erzählen. Das kann durchaus eine ganz gute Vorbereitung für gewisse Phasen seines nachtodlichen Lebens darstellen. Unmittelbar nach dem Tod läuft ja noch einmal sein ganzes Leben in den Bildern des gewaltigen Lebenspanoramas vor seinem Seelenauge ab. Dann etwas später im Kamaloka durchläuft er sein ganzes Leben nochmals in rückwärtiger Folge, vom Tage des Todes bis hin zu dem der Geburt. Vielleicht kann man ihn sogar durch gezielte Fragen oder Bitten dazu ermuntern, dass er aus seinem Leben auch in annähernd rückwärtiger Reihenfolge erzählt. Man könnte ihn ja etwa zunächst nach Erlebnissen aus der jüngeren Vergangenheit fragen, dann nach solchen, die schon ein paar Jahre zurückliegen, bis man schließlich in seiner Kindheit angelangt ist. Vielleicht kann man sogar den zarten Hinweis wagen, dass er nach dem Tod etwas Ähnliches erleben wird. Natürlich ist das alles nur zu empfehlen, solange man den Eindruck hat, dass er es gern und freudig tut. Nichts von dem, was man ihm über das nachtodliche Leben schildern möchte, darf einen belehrenden oder gar dogmatischen Charakter aufweisen.

9.1.3 Akzeptanz der Hilflosigkeit

Viele Menschen sind in den letzten Wochen ihres Lebens fast vollständig auf die Hilfe anderer Menschen angewiesen. Oftmals können sie sich nicht einmal mehr aus ihrem Bett erheben. Nun ist es absolut nachvollziehbar, wenn sie unter dieser Hilflosigkeit stark leiden. Es kann ihnen sehr unangenehm sein, dass ihre Angehörigen oder auch andere Menschen sie nun hegen und pflegen müssen wie einen Säugling. Das kann sich zu Zuständen größter Verzweiflung oder auch heftiger Wut ausweiten. Nicht selten hört man dann Fragen wie: »Was hat mein Leben noch für einen Sinn?«, »Warum holt der liebe Gott mich nicht endlich zu sich?« o.ä. In etwas extremen Fällen wird auch der Wunsch nach aktiver Sterbehilfe geäußert.

Einem Begleiter, der mit dem Karmagesetz vertraut ist, wird klar sein, dass auch diese äußerst schlimme und bedrückende Lage ihren guten Sinn hat und dass auch diese Art des Leidens ihre Früchte tragen wird. Für diejenigen Menschen, die den Sterbenden mit großer Aufopferung und manchmal bis an die Grenzen ihrer Belastbarkeit pflegen und betreuen, hat die aus weltlicher Sicht so missliche Situation natürlich ebenfalls eine große karmische Bedeutung. Durch diese extreme Hinwendung und Hingabe an den pflegebedürftigen Menschen werden sie in spiritueller Hinsicht wachsen und reifen können. Es kann auch möglich sein, dass sie dadurch einen notwendigen karmischen Ausgleich schaffen. Nun sind wir aber wieder bei dem Problem, dass der Sterbende vermutlich nichts von Reinkarnation und Karma weiß oder wissen will und dass es auch nicht mehr unbedingt ratsam ist, ihn jetzt noch mit diesen Gesetzen bekannt zu machen. Dennoch gibt es vielleicht Möglichkeiten, dem Betreffenden eine Antwort auf seine Fragen zu geben, die durchaus mit dem Karmagesetz in Einklang stehen kann, ohne dass er explizit von diesem Gesetz etwas wissen müsste. Natürlich muss man solche Antworten oder Erklärungen von Fall zu Fall genau abwägen und den jeweiligen individuellen Gegebenheiten anpassen.

So wäre es etwa möglich, dass man einem Patienten, der beispielsweise von einem oder mehreren seiner Kinder gepflegt wird, die Situation dadurch erträglicher gestalten könnte, dass man ihm in Erinnerung ruft, dass er über viele Jahre das Gleiche für seine Kinder getan habe, als diese noch im Säuglings- und Kleinkindalter waren, und dass diese nun die große *Chance* hätten, davon etwas zurückzuzahlen. Man könnte – sofern die Kinder da ›mitspielen‹ – herausstellen, dass diese durch ihre aufopferungsvolle Pflege auch für sich selbst etwas Wichtiges leisten, dass sie eine Aufgabe übernommen hätten, an der sie wachsen können.

9.1.4 Aufarbeitung karmischer Verstrickungen

Es dürfte wohl eher wenige Menschen geben, die am Ende ihres Lebens mit sich und ihren Mitmenschen *völlig* im Reinen sind. Vielen wird gerade im Angesicht des nahenden Todes deutlich vors Seelenauge treten, dass sie noch mit einem Angehörigen, Freund oder Bekannten zerstritten sind oder dass sie sich einem Menschen gegenüber aus irgendwelchen Gründen noch schuldig fühlen. Hierbei kann es sich durchaus um Verfehlungen handeln, die schon viele Jahrzehnte zurückliegen. Kurz vor dem Tod werden sich viele dieser Verschuldungen bewusst, die sie in gesunden Tagen verdrängt haben. Nun kommt es nicht selten vor, dass diese Patienten sich ihre ›Sünden‹ noch von der Seele reden wollen; sie wollen ihrer Seele regelrecht Luft verschaffen. Gerade ein außenstehender Begleiter wird dann häufig ins Vertrauen gezogen. Diese Chance sollte man beim Schopfe fassen.

Nicht jeder Patient wird von sich aus ein solches Gespräch beginnen wollen. Oftmals spürt man als Begleiter aber, dass ihm noch etwas schwer auf der Seele lastet. In einem solchen Fall könnte man ganz behutsam versuchen, ihn zum Erzählen zu ermutigen. Sich absolut jeder Wertung oder Beurteilung enthaltend, sollte man dem Patienten ausführlich Gelegenheit geben, sich durch sein Erzählen ›freizureden‹. Sofern er es wünscht, sollte man alles daransetzen, dass es vielleicht noch rechtzeitig zu einer Aussprache oder gar Versöhnung mit dem betroffenen Menschen kommen kann. Solange er noch auf der Erde weilt, kann er die Verhältnisse zu seinen Mitmenschen noch ändern. Diese Möglichkeit hat er nach seinem Durchgang durch die Todespforte nicht mehr. Sollte es noch zu einer Aussöhnung kommen, so wird der sterbende Mensch das auch in seinen letzten Lebenstagen noch als eine große Erleichterung empfinden. Eine solche Erleichterung basiert darauf, dass er instinktiv ahnt, dass er sich dadurch von etwas befreit hat, was ihn ansonsten nach seinem Übergang in die übersinnlichen Welten sehr belastet hätte.

Vielleicht ist es ja dem ›Opfer‹ sogar möglich, ihm wirklich zu *verzeihen*. Dadurch würde dem ›Täter‹ – wie wir an früherer Stelle dieses Buches schon erörtert haben – sogar der karmische Ausgleich im nächsten Erdenleben erspart bleiben. Natürlich darf hierbei nicht übersehen werden, dass eine mögliche Versöhnung für den anderen Betroffenen auch sehr wohltuend sein dürfte. Selbst wenn es nur beim Gespräch bleibt und nicht zur Versöhnung kommen sollte, kann das bewusste Anschauen seiner Tat zu einer besseren Selbsterkenntnis führen, die dem Sterbenden wiederum gewisse nachtodliche Phasen erleichtern dürfte. Als Begleiter sollte man ein solches ›Beichtgespräch‹ so zu führen suchen, dass es dem Patienten gelingen kann, auf seine Verfehlungen möglichst objektiv und ohne jede Scham zu schauen. Wenn sein Anschauen von Scham begleitet wird, so kann das die notwendige Erkenntnis verhindern. Diese Praxis kann für die spätere Aufarbeitung im Kamaloka sehr hilfreich sein. Es kann natürlich auch der Fall eintreten, dass der Sterbende einem anderen etwas zu verzeihen hat. Auch dann kann es empfehlenswert sein, eine Aussprache zu arrangieren.

Viele Menschen, die, wenn sie dem nahenden Tod ins Auge sehen, sich früherer Verfehlungen bewusst werden, überkommt ein tiefes Gefühl der Reue. Die Reue *allein* hat aber keinen großen Wert. Sofern es sich noch irgendwie machen lässt, sofern es noch irgendwie realisierbar ist, sollte man den Patienten ermutigen, seine Verfehlung noch in diesem Leben wieder gutzumachen. **»Reue hat keinen Wert. Gutmachen muss man; das kürzt das Kamaloka ab.«**[4]

Selbst wenn man es nur aus einer ganz weltlichen Warte zu sehen vermag, gehört es zu den befriedigendsten, ja beglückendsten Erfahrungen, die man als Begleiter eines Sterbenden machen kann, wenn man erkennt, dass er durch eine solche Aussprache oder gar durch eine Versöhnung mit seinen Mitmenschen von einer schweren Last befreit werden konnte.

9.1.5 Der Umgang mit Schmerzen in der finalen Phase

Wir müssen nun auf ein Thema zu sprechen kommen, das in unserer heutigen Zeit etwas einseitig gesehen wird. Viele Sterbende werden in den letzten Tagen und Wochen vor Eintritt des Todes von heftigen physischen Schmerzen heimgesucht. Das gilt insbesondere für nahezu alle, die an Krebs im Endstadium leiden. An dieser heimtückischen Krankheit stirbt heute fast jeder vierte Mensch in der westlichen Welt. Die Palliativmedizin ist mittlerweile so weit fortgeschritten, dass kein Sterbender diese starken Schmerzen mehr ertragen muss. Ein Arzt oder eine erfahrene Palliativkraft ist in der Lage, die schmerzlindernden Substanzen so gezielt zu dosieren, dass der Patient bis zum Augenblick des Todes permanent *weitgehend* schmerzfrei sein kann, ohne dass er das mit einer starken Herabdämpfung des Bewusstseins bezahlen müsste. Diese Tatsache stellt gewiss einen Segen für viele Patienten und ihre Angehörigen dar.

Dennoch soll an dieser Stelle ein wenig hinterfragt werden, ob diese radikale Schmerzbekämpfung auch aus *spiritueller* Sicht als *Ideal* gelten kann. Auf den ersten – und vielleicht auch noch auf den zweiten Blick – mag es höchst sonderbar klingen, eine solche medizinische Errungenschaft in Frage zu stellen. Die Vorteile einer Schmerztherapie in der finalen Phase des Lebens liegen zu deutlich auf der Hand. Schließlich könnte sich ein Sterbender, der noch stärkste Schmerzen auszuhalten hätte, vermutlich nicht mehr in einer angemessenen Weise aus seinem Lebensumfeld und von seinen Angehörigen verabschieden. Er hätte vielleicht nicht mehr die Kraft, noch bestimmte Dinge zu klären und zu regeln.

Bevor wir wieder auf die Schmerztherapie bei Sterbenden zurückkommen wollen, soll hier noch über das Thema »Umgang mit Schmerzen« in einem viel weiteren Rahmen nachgedacht werden. Wir leben seit Jahrzehnten in einer Gesellschaft, in der nur derjenige etwas zählt, der etwas zu leisten bzw. zu schaffen imstande ist. Vielen anderen – insbesondere jungen Leuten – gilt als die erstrebenswerteste Maxime, möglichst viel Spaß und Vergnügen zu haben. Man könnte also von einer »Leistungs- und Spaßgesellschaft« sprechen, wobei die Tendenz wohl immer mehr von der Leistungs- zur Spaßgesellschaft zu gehen scheint. Unabhängig davon, ob jemand nun etwas schaffen möchte oder ob er seinen Spaß haben möchte, muss vorausgesetzt werden, dass er ›funktioniert‹. Er muss fit sein und kann sich keine Unpässlichkeiten leisten. Tag für Tag gaukeln uns die unterschiedlichsten Werbespots vor, dass ein Mensch nur dann ein lebenswertes Leben führen könne, wenn er fit, agil und aktiv sei. Da liegt es auf der Hand, dass man schon bei kleineren Wehwehchen schnell zur Schmerztablette greift. Die Fähigkeit und die Bereitschaft, ein gewisses Maß an Schmerzen bewusst auszuhalten, ist heute nicht mehr stark ausgeprägt. Die meisten Zahnärzte dürften wohl bestätigen, dass die überwiegende Mehrheit der Patienten um eine lokale Anästhesie bittet, wenn es lediglich darum geht, eine kleine Aushöhlung für eine Füllung in einen Backenzahn zu bohren. Wie sollte da jemand, der an Krebs im Endstadium leidet und wirklich ›unerträgliche‹ Schmerzen hat, ohne ein starkes Schmerzmittel zurechtkommen?

Nun muss man aber – ohne schon auf spirituelle Aspekte eingehen zu müssen – konstatieren, dass die Schmerzsensibilität individuell sehr unterschiedlich ausgeprägt sein kann. Es gibt Menschen, die schon bei geringen Kopfschmerzen völlig handlungsunfähig sind oder zu sein glauben, während andere noch mit einer mittelschweren Migräne ihrem Tagwerk nachgehen. Nun darf man sicherlich Kopfschmerzen nicht auf eine Stufe mit den krassen Schmerzen stellen, die jemand im Endstadium einer Krebserkrankung hat. Dennoch dürfte es Menschen geben, die auch solche Schmerzen wegstecken und trotzdem noch eine angemessene Verabschiedung aus ihrem Lebensumkreis schaffen. Man sollte im Zusammenhang mit Schmerzen auch vorsichtig mit dem Attribut »unerträglich« sein. Aufgrund der von Mensch zu Mensch sehr unterschiedlichen Schmerzsensibilität kann ein bestimmtes Maß an Schmerzen, das viele als unerträglich oder gar vernichtend empfinden, für den einen oder anderen durchaus noch erträglich sein. Manchmal sind die Sterbenden sogar bereit, auf eine Schmerzbehandlung zu verzichten und die Schmerzen zu ertragen. Letztlich beugen sie sich aber dem Wunsch ihrer Angehörigen, die für eine solche Therapie plädieren, weil *diese* es nicht aushalten können, den lieben Sterbenden stöhnend und mit schmerzverzerrter Miene erleben zu müssen.

Wie sind nun Schmerzen und Leiden aus spiritueller Sicht zu werten? Wie wir ja schon gesehen haben, ist es der Astralleib, der die Schmerzen empfindet. Natürlich bedarf der *verkörperte* Mensch des Nervensystems, damit die Schmerzen die Bewusstseinsschwelle überschreiten können. Wenn nun im physischen Leib – sagen wir im Bereich des Magens – ein Defekt oder eine Unregelmäßigkeit auftritt, so kann der Äthermagen nicht mehr in der rechtmäßigen Weise das tun, was seine Aufgabe ist. Diese Unmöglichkeit, organisierend einzugreifen, empfindet der entsprechende Teil des Astralleibes als Schmerz. Jede unterdrückte Tätigkeit im gesamten Kosmos führt zum Schmerz.[5]

Am Rande sei noch kurz erwähnt, dass sich auf diese Weise auch die sogenannten »Phantomschmerzen« erklären lassen. Es gibt viele Menschen, die oftmals noch Jahre, nach denen ihnen ein Körperglied amputiert werden musste, an der jeweiligen Stelle Schmerzen verspüren. Das entsprechende Ätherglied ist natürlich immer noch da und umfasst das verlorene physische Glied. Es kann jetzt aber nicht mehr in der gewohnten Art eingreifen und wirken. Das wiederum empfindet der Astralleib als Schmerz.

Mit den Schmerzen verhält es sich ähnlich wie mit dem Tod. Aus unserer begrenzten irdischen Sicht erscheinen sie uns als etwas Schreckliches und Furchterregendes, als etwas, das es mit aller Macht zu bekämpfen gilt. Gerade in unseren Tagen gibt es einige ganz offensichtlich von Ahriman inspirierte Forscher, welche die Unsterblichkeit des physischen Menschen als möglich erachten und diese regelrecht anstreben (☞ auch Anhang A.1, Exkurs 4, S. 505ff.). Den guten Göttern zum Dank muss man doch wohl konstatieren, dass an der Sterblichkeit des Menschen nicht gerüttelt werden kann. Wie bereits erwähnt ist es ein Segen, dass wir sterben dürfen; ansonsten würden wir uns immer mehr von allem Geistigen entfernen und entfremden. Den Tod kann also letztlich kein Arzt erfolgreich bekämpfen. Das mögen einige Mediziner als eine Niederlage auffassen. Also investieren sie ihre ganze Kraft, um zumindest das andere ›Übel‹, also die Schmerzen, zu bekämpfen.

Aus spiritueller Sicht, aus der Warte der geistigen Welt, sind aber Schmerzen und Tod etwas Beseligendes, wie wir bereits ausgeführt haben. Der Schmerz ist ein für die Entwicklung notwendiger Faktor. Würden wir niemals Schmerzen erleiden, so ginge es uns wie einem Kind, das weder laufen lernen noch zu seinem Ich-Bewusstsein finden könnte, wenn es bei seinen ersten Laufversuchen nicht häufig hinfallen oder an etwas anstoßen würde, wodurch es Schmerzen empfindet.[6] Jedes Leid bereitet eine Entwicklung und Reifung vor, deren fruchtbare Auswirkungen sich noch im selben Leben, im Leben zwischen Tod und neuer Geburt oder im nächsten Erdenleben zeigen.

Nun könnte ja jemand einwenden, das sei alles ganz gut und schön, aber deshalb müsse doch ein Mensch nicht noch in seinen letzten Lebenstagen Schmerzen ertragen. Die Frage ist nun: Was geschieht mit den Schmerzen, die durch entsprechend verabreichte Mittel ›verschwinden‹? Verschwinden sie wirklich? Das ist eigentlich kaum anzunehmen. Die Physik lehrt, dass Kräfte oder Energien niemals verschwinden, sondern lediglich eine andere Form annehmen bzw. umgewandelt werden. Rudolf Steiner sagte, dass jeder anästhesierte körperliche Schmerz in einen *seelischen Schmerz* verwandelt werde.[7] Damit ist natürlich nichts gegen die Notwendigkeit und absolute Berechtigung einer Anästhesie – etwa vor einem operativen Eingriff – gesagt.

Wenn nun also ein Sterbender die durch seine Krankheit bedingten körperlichen Schmerzen auszuhalten bereit ist, so ist gewiss, dass diese nach dem Tod, nachdem also der physische Leib abgelegt worden ist, verschwunden sind. Sind diese Schmerzen aber durch eine Schmerztherapie betäubt und in seelische Schmerzen verwandelt worden, so ist anzunehmen, dass er diese nach dem Übergang noch eine Zeit lang empfindet, was ihm die erste Zeit nach dem Tod erschweren *könnte* (☞ auch Anhang A.4, S. 551, Geschichte »Das Kreuz des Menschen«). Es gibt Menschen, die in ihren letzten Lebenstagen ganz bewusst ihre Schmerzen ertragen wollen, weil sie instinktiv spüren, dass damit ein Sinn verbunden ist. Einige berichten glaubhaft, dass ihnen gerade in den Augenblicken, in denen die Schmerzen unerträglich zu werden drohten, der Christus begegnet sei. Er hat sich durch sein Leiden und seinen Tod ganz eng und unauflösbar mit dem Leiden und Sterben der Menschen verbunden. In solch kritischen Situationen kann man sich ihm also besonders nah fühlen.

Wie Iris Paxino aufgrund ihrer jahrelangen übersinnlichen Erfahrungen mit Verstorbenen mitteilt, kann sich nach dem Tod eines Menschen, dem zuvor starke bewusstseinsdämpfende Medikamente verabreicht wurden, noch ein anderes Problem ergeben: *»Die betroffenen Menschen befinden sich in einem schlafenden oder schläfrigen Zustand und haben keinen Zugriff mehr auf ihr Bewusstsein. Somit bemerken sie im Augenblick des Todes gar nicht den vollzogenen Ebenenwechsel. Sie ›verschlafen‹ also ihren eigenen Tod.«*[8] Zu dieser misslichen Situation kann es im Übrigen auch bei Menschen kommen, die drogenabhängig oder über lange Zeiten bettlägerig waren und dadurch den Bezug zu Raum und Zeit verloren haben. Diese können genau wie Menschen, die zu Lebzeiten nichts von einem Leben nach dem Tod wissen wollten, sogar zu erdgebundenen Seelen werden, die eine Zeit lang an die physische Welt gekettet bleiben, bevor sie in die höheren Sphären aufsteigen können.

Kommen wir jetzt wieder auf den Boden unserer gesellschaftlichen Realität zurück. Auch wenn es als ein spirituelles Ideal aufgefasst werden könnte, dass ein Mensch selbst in der finalen Phase seines Lebens bestrebt sein sollte, seine Schmerzen – wenigstens bis zu einem gewissen Grad – zu ertragen, darf nicht übersehen werden, dass die weitaus meisten Menschen noch nicht so weit sind, dieses einsehen und aushalten zu können. Für diese Menschen stellen die Möglichkeiten der Palliativmedizin in der Tat einen großen Verdienst dar. Es wäre allerdings wünschenswert, wenn ein Arzt oder ein Begleiter sehr sensibel mit dieser Problematik umgehen würde. Man sollte vielleicht einem Sterbenden eine Schmerztherapie nicht *unbedingt* empfehlen oder gar aufdrängen. In vielen Fällen kann man ein Gespür dafür entwickeln, bis zu welchem Grad jemand noch stark genug und vor allem bereit ist, seine Schmerzen auszuhalten. Besonders ältere Leute, die es in ihren jüngeren Jahren noch gelernt haben, bei gewissen Schmerzen auf die Zähne zu beißen, anstatt zur Schmerztablette zu greifen, sind oftmals fähig, auch jetzt noch zumindest ein *gewisses Maß* an Schmerzen ertragen zu können. Man sollte also vielleicht mit der Schmerzbehandlung zumindest so lange warten, bis der Betreffende an die Grenze seiner subjektiven ›Schmerzerträglichkeit‹ angestoßen ist. Insbesondere sollten die Angehörigen sich hinterfragen, ob sie um eine Schmerztherapie bitten, weil sie den Eindruck haben, dass der Sterbende seine Schmerzen nicht mehr aushalten kann und will, oder ob sie es nur deshalb tun, weil *sie selbst* dessen Leiden nicht ertragen wollen oder können.

Was nach Möglichkeit unbedingt vermieden werden sollte, ist eine ›finale Sedierung‹, also eine Verabreichung von Medikamenten, die das Bewusstsein kurz vor Eintritt des Todes *komplett* betäuben. Nur wenn auf eine solche Sedierung verzichtet wird, kann es dem Patienten möglich sein, den Schwellenübergang unter der so wichtigen Aufrechterhaltung seines Bewusstseins zu vollziehen. Es empfiehlt sich, im Familienkreis beizeiten darüber zu reden und sich auf ein gemeinsames Vorgehen zu einigen sowie den Arzt bzw. die Palliativkraft davon in Kenntnis zu setzen.

9.2 Kurze Zeit vor Eintritt des Todes

In diesem Abschnitt werden wir erörtern, was viele Sterbende in den letzten Tagen und Stunden vor dem Tod erleben und wie wir diese Phase begleiten können.

In sehr vielen Fällen hat ein Mensch ein feines Gespür dafür, wann er diese Welt zu verlassen hat. Er fühlt – natürlich mehr unbewusst –, dass es nur noch wenige Tage oder gar nur noch Stunden dauern wird. Der Sterbende zeigt nun kein Interesse mehr für irgendwelche banalen, alltäglichen Angelegenheiten. Zu sehr ist er in dieser Phase mit sich selbst sowie den neuen Eindrücken, die er jetzt schon haben kann, beschäftigt. Verschiedene Menschen haben in dieser finalen Situation verschiedene Bedürfnisse, die sie häufig nicht mehr artikulieren können. Es gehört für den Begleiter schon etwas Feingefühl und Sensibilität dazu, diese richtig erkennen und einordnen zu können. Manche wünschen, dass möglichst alle engen Angehörigen in der Todesstunde im Sterbezimmer weilen. Andere möchten, dass vielleicht nur ein besonders lieber und vertrauter Mensch in ihrer Nähe ist. Wiederum andere bevorzugen es, in der Sterbestunde ganz allein zu sein. Dass diese Wünsche uneingeschränkt zu respektieren sind, muss wohl nicht erwähnt werden.

Als Begleiter kann man den kurz bevorstehenden Übergang zumeist an gewissen Symptomen ablesen. Zum einen erscheint der Sterbende jetzt – zumindest zeitweise – von einer gewissen Ruhe und Gelassenheit durchdrungen zu sein. Häufig wirkt er wie ›entrückt‹ und scheint durch alles Physische hindurchzuschauen. Vielleicht verweigert er die Aufnahme der Nahrung und der Medikamente. Dann können in dieser meistens nur noch sehr kurzen Zeitspanne bei dem Sterbenden gewisse Verhaltensauffälligkeiten oder Phänomene beobachtet werden, die etwas sonderbar, grotesk und unverständlich erscheinen könnten.

Bevor wir diese Phänomene betrachten wollen, sei noch erwähnt, dass hier freilich nichts verallgemeinert werden darf. Bei manchen Sterbenden zeigen sich alle, bei anderen nur einige dieser Phänomene; bei wiederum anderen kann man gar keines beobachten. Allerdings kann es auch sein, dass die Angehörigen bzw. Begleiter diese nur nicht richtig wahrnehmen.

9.2.1 Aggressives und trotziges Verhalten

Einige Menschen legen in den letzten Tagen vor dem Tod – meistens nur für eine kurze Zeit – ein äußerst befremdliches Verhalten an den Tag, das für sie eigentlich sehr ungewöhnlich ist, das nicht mit ihrem Charakter und ihrer Mentalität vereinbar scheint und das für die Angehörigen und Begleiter bisweilen sehr beunruhigend, ja furchteinflößend sein kann. Dieses Verhalten zeigt sich häufig darin, dass Sterbende widerwillig jede gut gemeinte und notwendige Hilfe ablehnen, dass sie sich zu irgendwelchen Aktivitäten aufraffen wollen, die sie in ihrem schwachen Zustand gar nicht mehr bewältigen könnten, und dass sie äußerst trotzig, ja sogar sehr aggressiv und bösartig werden können. Dabei kommt es durchaus vor, dass sie ihre Angehörigen und Begleiter wüst beschimpfen oder mit drastischen Worten von sich weisen. Es kann auch sein, dass sie Obszönitäten aussprechen oder einen ganz sonderbaren und eigenwilligen Humor an den Tag legen. Dabei können Stimme und Tonfall völlig verändert klingen. Die Ursache für dieses ungewöhnliche Verhalten liegt meistens darin, dass sie gewisse Emotionen aufwühlen, dass unbewältigte Probleme hochkommen, über die sie aber nicht mehr reden wollen oder können. Auch die quälende Angst, die in der Sterbephase sehr häufig zu beobachten ist, mag ein Grund sein. Gemäß Rudolf

Steiner darf ein solches Verhalten nicht dem Ich des Menschen, also nicht der menschlichen Individualität zugeschrieben werden, sondern seinem sogenannten »Doppelgänger«.[9]

Wie kann man ein Verständnis für dieses sonderbare ›Wesen‹ finden? Nun, jeder Mensch hat so seine ›Schattenseite‹, seine vielen kleinen und großen Schwächen, Fehler und Verirrungen. Es gehört zu seinen Aufgaben, diese immer wieder mit seinem Ich ganz bewusst anzuschauen und aufzuarbeiten. Zu dieser Selbstreflexion sind viele Menschen nicht fähig oder nicht bereit. Sie ziehen es vor, ihre Schattenseite zu verdrängen, was natürlich viel einfacher ist. Von allem, was im menschlichen Unterbewusstsein lebt, greift dieses Wesen, der Doppelgänger, Besitz. Dieser Doppelgänger ›steckt‹ ebenso in der menschlichen Organisation drin wie die eigene Seele. Wenn man ihn verleugnet, macht man ihn stark. Auch während des Lebens, das noch nicht dem Ende entgegengeht, ist es möglich, dass sich dieser Doppelgänger ›meldet‹. Wer hätte nicht schon einmal erlebt, dass einem in manchen extremen Situationen, in denen man sich beispielsweise sehr gereizt, verärgert oder provoziert fühlt, drastische Reaktionen oder Worte herausplatzen, über die man keine Kontrolle zu haben scheint. Schon wenige Augenblicke später, wenn das Ich wieder die Oberhand gewonnen hat, weiß man oft gar nicht so genau, was eigentlich passiert ist und schämt sich ›seines‹ Verhaltens. Es ist durchaus anzunehmen, dass in vielen Fällen auch psychopathische Phänomene wie etwa Schizophrenie oder Besessenheit durch ein Überhandnehmen des Doppelgängers verursacht werden können. Bei vielen Menschen meldet sich der Doppelgänger zeit ihres Lebens nicht zu Wort, selbst dann, wenn sie in ihrem Unterbewusstsein viele unaufbereitete Dinge gespeichert haben. Sobald aber der Tod naht, so weiß der Doppelgänger, dass auch er den physischen Leib verlassen muss, was ihm überhaupt nicht behagt. Sofern er dadurch, dass der Mensch ihn jahrelang verleugnet und ignoriert hat, stark genug geworden ist, beginnt er jetzt häufig heftig zu rumoren, was sich in dem oben skizzierten Verhalten äußern kann.

Was kann man in einem solchen Fall als Begleiter machen? Zunächst einmal sollte man sich ganz deutlich ins Bewusstsein rufen, dass dieses unflätige Verhalten nicht dem sterbenden Menschen angelastet werden darf. Da die Sterbenden in diesem Zustand meistens nicht bereit und fähig sind, konstruktiv zu reden, und häufig auch nicht mehr richtig zuhören wollen oder können, kann ein klärendes Gespräch im Allgemeinen keinen Sinn mehr machen. Freilich sollte man versuchen, den Patienten durch angemessene Worte und Berührungen zu beruhigen. Man sollte sich in einem solchen Fall insbesondere der heilenden Macht des Gebetes anvertrauen, das man ja durchaus auch still sprechen kann. Neben den üblichen Gebeten – wie etwa dem Vaterunser – könnte man sich auch wieder mit eigenen Worten bittend an den Schutzengel des zu Begleitenden oder an Christus wenden.

9.2.2 Symbolträchtige Gebärden und Formulierungen

Das, was nun geschildert werden soll, kann bei durchaus vielen Menschen, die schon ganz nah an der Schwelle des Tode stehen, beobachtet werden.

Obwohl der Dahinscheidende schon seit geraumer Zeit sehr schwach ist und das Sterbelager seit Tagen oder gar Wochen nicht mehr verlassen konnte, erweckt er jetzt den Anschein, als wollte er sich mit aller Kraft aufrichten und aus seinem Bett aufstehen. Dieses Verhalten ist meistens ein ganz sicheres Zeichen dafür, dass er spürt, dass er diese Welt in Bälde verlassen wird. In der Fachsprache der Mediziner wird der Eintritt des Todes als »Exitus« bezeichnet, was wörtlich übersetzt »Er ist hinausgegangen« bedeutet. Dieses Hinausgehen möchte er nun durch die Bemühungen des Aufrichtens, ›Aufstehen-Wollens‹ und ›Hinausgehen-Wollens‹ geradezu körperlich unterstützen.[10] Zu sehr ist noch in seinem Bewusstsein verankert, dass es eines körperlichen Willensaktes bedarf, um etwas verlassen zu können.

Was man ebenfalls häufig wenige Tage vor dem Tod beobachten kann, ist, dass der Sterbende Formulierungen wählt, die einen tiefen Symbolcharakter aufweisen. So sind immer wieder Sätze zu hören wie: »Ich werde jetzt bald abgeholt«, »Die große Fähre wartet auf mich«, »Ich muss jetzt über die Brücke gehen«, »Ich muss zum Bahnhof«, »Ich muss jetzt nach Hause gehen« o.ä. In diesen Fällen wird geradezu greifbar, dass er in seinen Seelengründen *weiß*, dass der Übergang in eine andere Daseinsebene kurz bevorsteht. In sein Tagesbewusstsein tritt dieses Wissen in einer verschleierten Form ein. Dieses hüllt den Übergang in das Bild einer Reise, wie er sie aus seinem Erdenleben kennt.

9.2.3 Sterbebett-Visionen

Zahlreiche Menschen, die schon einmal einen Sterbenden betreut und begleitet haben, werden dessen Wahrnehmungen, die wir in diesem Abschnitt erörtern wollen, vermutlich für Halluzinationen oder Phantastereien gehalten oder sie auf eine große Verwirrtheit zurückgeführt haben. Ähnlich wie viele Eltern es als bloße und reine Phantasie ihres Kleinkindes abtun, wenn dieses wie ganz selbstverständlich mit seinem ›unsichtbaren Spielkameraden‹, bei dem es sich häufig um seinen Engel handelt, spricht, glaubt man auch nach dem Motto »Was nicht sein kann, das darf nicht sein!«, die übersinnlichen Wahrnehmungen eines Sterbenden nicht ernst nehmen zu müssen.

Unzähligen Menschen, die im Sterben liegen und somit dem Übergang in eine andere Daseinsform schon sehr nahe sind, die also gewissermaßen unmittelbar vor der Pforte des Todes stehen, können sich bereits einige derjenigen Wahrnehmungen erschließen, die ansonsten nur Menschen im Rahmen von Nahtod-Erfahrungen oder Verstorbene haben. Man spricht bei diesen den Nahtod-Erlebnissen verwandten Phänomenen von *»Sterbeerlebnissen«* oder *»Sterbebett-Visionen«*. Im Gegensatz zu den Nahtod-Erlebnissen, bei denen das Gehirn der betreffenden Menschen im Prinzip ›ausgeschaltet‹ ist und eine tiefe ›Bewusstlosigkeit‹ vorliegt, vollziehen sich die Sterbeerlebnisse in Phasen, die immer wieder von mehr oder weniger klarem Wachbewusstsein abgelöst werden.

Während ein Mensch, der Nahtod-Erlebnisse hatte, *später* darüber anderen ausführlich berichten kann, muss man als Begleiter eines Sterbenden sehr wach und aufmerksam sein, um dessen Wahrnehmungen, die freilich noch nicht so konkret und klar sind, wie sie sich einem ›Beinahe-Verstorbenen‹ oder gar Verstorbenen erschließen, mitzubekommen und einordnen zu können. In manchen Fällen sind die im Sterben liegenden Menschen noch – zumindest phasenweise – durchaus fähig, in voller Bewusstheit auf ihre reale physische Umgebung zu reagieren und Fragen ihrer Begleiter ganz ›normal‹ zu beantworten.

9.2.3.1 Wahrnehmung des Lichtes oder ›Lichtwesens‹

Ähnlich wie fast alle Menschen, die Nahtod-Erlebnisse hatten, von einem hellen strahlenden Licht oder Lichtwesen, das viele als Christus oder einen Engel erkannt zu haben glauben, berichten, können auch Sterbende schon kurz vor ihrem Schwellenübertritt diese Wahrnehmung haben.

Genau wie einige temporär exkarnierte Menschen dieses Licht nicht mit einem Wesen in Verbindung brachten, werden auch einige Sterbende dieses Licht wahrnehmen, ohne es als etwas Wesenhaftes zu beschreiben. In der Literatur kann man von solchen Fällen lesen. Hier sei nur ein Beispiel zitiert: *»Meine Nichte starb mit zehn Jahren an Krebs. Zum Schluss war sie so krank, dass sie den Kopf nicht mehr vom Kissen heben konnte. Doch wenige Stunden bevor sie starb, setzte sie sich plötzlich im Bette auf und sagte zu ihrer Mutter: ›Du kannst nicht mit mir mitgehen! Das Licht kommt jetzt und holt mich, aber du kannst nicht mit! Wenn du es nur sehen könntest! Es ist so wunderschön!‹ Kurz darauf ist sie gestorben.«*[11]

Die weitaus meisten Menschen, über deren Lichtwahrnehmung uns ein Bericht vorliegt, sahen in diesem Licht einen Engel. Iris Paxino schreibt über eine Patientin, die dem Sterben nahe war: *»Eines Tages betrat ich ihr Zimmer, und das Erste, was sie sagte, war: ›Ich werde erwartet, wissen Sie? Ich werde erwartet‹, und ein Lächeln erhellte ihr grau gewordenes Gesicht. Ihr Körper war stark von der Krankheit gezeichnet, sie atmete schwer, die Schmerzen wurden von Tag zu Tag unerträglicher. ›Ja, ich werde erwartet‹, wiederholte sie. Ihre Augen leuchteten dabei, und von ihrem Wesen ging ein freudevoller Glanz aus. ›Möchten Sie mir davon erzählen?‹, fragte ich sie. ›Es ist mein Engel. Ich weiß, dass er es ist. So liebend ist er, er wartet gedul-*

dig. Meistens am Kopfende steht er, sehen Sie? Hier...‹, sagte sie und deutete auf die Wand hinter ihrem Bett. ›So liebend ist er [...] Und manchmal sehe ich ihn in der rechten Ecke des Zimmers, dort am Fenster, neben dem Vorhang, sehen Sie? Aber das ist seltener. Meistens spüre ich ihn hier hinten, bei mir.‹«[12]

Für die Patienten ist die Wahrnehmung des Engels so real, dass sie oftmals ganz überrascht sind, dass ihre Mitmenschen ihn nicht sehen können. Dr. Paxino, die in einem sehr hohen Grade hellsichtig ist, kann, wenn sie ihren imaginativen Blick auf geistige Wesen richtet, diese höchst klar und deutlich wahrnehmen. Einer Patientin, die noch sehr mit ihrer Erkrankung haderte, fiel es schwer zu akzeptieren, dass ihr Leben schon so früh zu Ende gehen sollte. Iris Paxino schreibt über deren Engelwahrnehmung: *»Eines Tages flüsterte sie mir unerwartet zu: ›Ich sehe ständig eine Gestalt am Fenster. Ich habe nie an so etwas geglaubt, aber sie ist immer wieder da. Ich bin zwar krank, aber nicht verrückt. Können Sie sie auch sehen?‹ Ich sehe hin und schaue ihren Engel. ›Ja, da ist jemand. Können Sie selbst erkennen, wer das ist?‹ ›Sie kommt mir so vertraut vor, die Gestalt, als ob ich sie schon immer kennen würde. Aber ich habe sie bisher noch nie gesehen.‹ Sie dachte und spürte nach, und nach einem langen Schweigen erhellte sich das Gesicht der Patientin. Ganz leise sagte sie: ›Es ist meine Engelin. Man spricht sonst immer von Engeln, aber für mich erscheint sie wie eine Engelin.‹«*[13]

9.2.3.2   Begegnung mit bereits Verstorbenen

Die Wahrnehmung geistiger Wesen – wie etwa Engel oder gar Christus – scheint bei eher wenigen Sterbenden zu beobachten zu sein. Möglicherweise wollen oder können aber viele auch nicht über diese erhabene Wahrnehmung sprechen. Ungleich häufiger kommt es vor, dass ein Sterbender andere, nicht-göttliche Wesen im Raum ›sieht‹ – meistens an einem Fenster, in einer Zimmerecke, oder am Kopfende des Bettes –, die ihn ansprechen, ihm zuwinken und ihn abholen wollen. In den meisten Fällen handelt es sich hierbei um nahe Verwandte oder gute Freunde, die bereits vor einiger Zeit die Pforte des Todes durchschritten haben. Man muss hierbei in der Regel von *wirklichen* Wahrnehmungen ausgehen, die der Sterbende in seiner neuen Erfahrungswelt macht, die ihm mehr und mehr zugänglich wird. Diese neue Welt kann auf ihn bereits einen viel realeren Eindruck machen als die Sinneswelt, die er sich zu verlassen anschickt.

Über einen ganz konkreten Fall schreibt Iris Paxino: *»Eine andere Patientin, eine recht ruppige und wenig freundliche ältere Frau, die schon längere Zeit bettlägerig war, empfing mich eines Tages zwar wie immer in ihrem Bett, aber wie zum Ausgehen fertig angezogen. Sie hatte ihren Schmuck angelegt, ihr schönes gestricktes Wolljäckchen angezogen, die Schuhe standen fein nebeneinander direkt am Bett. ›Was ist denn los?‹, fragte ich sie, ›wo möchten Sie denn hin?‹ ›Wissen Sie, ich werde abgeholt.*

Meine Mutter ist gekommen.‹ Mein Verstand fing kurz an nachzurechnen: Die Patientin ist Anfang achtzig, die Mutter müsste mindestens hundert Jahre alt sein, das kann sie also nicht gemeint haben. Mir wurde klar, um was es ging, ich wollte aber nicht vorgreifen und fragte: ›Wie meinen Sie das? Lebt Ihre Mutter noch?‹ ›Nein, natürlich nicht‹, antwortete sie barsch, ›aber sie ist trotzdem gekommen! Heute Morgen, da [..].‹ und zeigte auf das Eck des Zimmers, ›da stand sie. Ich habe sie ganz deutlich gesehen.‹ ›Ach ja? Und was hat denn Ihre Mutter gesagt?‹ ›Sie hat gesagt: Ich komme dich holen. Wir warten schon auf dich [...]«[14]

Von einer Frau, die kurz nach der Geburt ihres Kindes starb, ist das folgende Sterbeerlebnis dokumentiert: »*Plötzlich sah sie aufgeregt in eine Ecke des Zimmers, während ein strahlendes Lächeln ihren Gesichtsausdruck erhellte. ›Oh, wie schön, wie schön‹, sagte sie. ›Was ist schön‹, fragte ich [ihr Begleiter] sie. ›Das, was ich sehe‹, erwiderte sie in verhaltenem, leidenschaftlichen Ton. ›Was sehen Sie?‹ – ›Eine wunderschöne Helligkeit – allerliebste Geschöpfe.‹ Es ist schwer, den Eindruck der Wirklichkeit zu beschreiben, die bei ihr durch die starke Versenkung in die Vision hervorgerufen wurde. Dann, während sie ihre Aufmerksamkeit noch intensiver einem bestimmten Punkt zuwandte, stieß sie eine Art fast glücklichen Schrei aus und rief: ›Wirklich, es ist mein Vater! Oh, er ist froh, dass ich komme; er ist so froh.‹*«[15]

Wenn ein Skeptiker so etwas hört, wird er höchstwahrscheinlich sagen, dass diese Menschen halluziniert oder phantasiert hätten, weil man ihnen vielleicht zu viel Morphium oder dergleichen verabreicht hätte. Neben den bereits erwähnten Schilderungen von Iris Paxino gibt es allerdings viele verbürgte Fälle, die deutlich machen, dass es sich gewiss *nicht* um Halluzinationen oder Phantastereien gehandelt haben kann. Von einem solchen Fall schildert Elisabeth Kübler-Ross: »*Das Besondere dabei war jedoch – abgesehen von der großen Pracht und der einfach phantastischen Lichtfülle und Liebe, die uns auch von den meisten anderen beschrieben worden sind –, dass ihr Bruder bei ihr gewesen war und sie mit Liebe und Zärtlichkeit in seine Arme geschlossen hatte. Nachdem sie all dies ihrem Vater berichtet hatte, fügte sie hinzu: ›Das Einzige, was mich stutzig macht, ist die Tatsache, dass ich gar keinen Bruder habe.‹ Daraufhin brach der Vater in Tränen aus, und er gab zu, dass sie tatsächlich einen Bruder gehabt habe, der allerdings schon drei Monate vor ihrer Geburt verstorben sei. Darüber hatte man ihr gegenüber jedoch nie etwas verlauten lassen.*«[16]

Dr. Kübler-Ross erzählt, dass keines der von ihr begleiteten Kinder kurz vor dem Tod jemals vorgegeben habe, irgendeinen Menschen mit den Seelenaugen wahrgenommen zu haben, der *nicht* schon jenseits der Schwelle war.[17]

Sie berichtet auch von einer ganzen Reihe von Fällen, in denen ein Sterbender die übersinnliche Anwesenheit eines Angehörigen oder Freundes wahrnahm, der, wie sich später herausstellte, kurz zuvor – oftmals an einem weit entfernt liegenden Ort – gestorben war. Um einen Sterbenden nicht zu belasten, wird er häufig von seinen Familienmitgliedern darüber in Unkenntnis gelassen, wenn ein lieber Mensch aus seinem Umkreis durch die Pforte des Todes geschritten ist. Elisabeth Kübler-Ross schildert von einigen solcher Fälle. Das Besondere daran war, dass die Sterbenden sich gerade von *diesen* Verstorbenen empfangen fühlten.[18]

Eben Alexander schreibt in seinem Buch, dass er etwa zwei Jahre nach seiner Rückkehr aus dem Koma einen guten Freund und Kollegen, der eine weltweit führende Forschungsabteilung für Neurowissenschaften leitet, besucht habe. Er erzählte ihm einen Teil seiner Erlebnisse, die er in seinem tiefen Koma hatte. John, so nennt er den Kollegen, war sehr erstaunt, nicht etwa, weil er Eben für verrückt hielt, sondern, weil seine Schilderungen endlich etwas erklärten, was ihm lange Zeit ein Rätsel war. Dann schreibt Dr. Alexander weiter: *»Es stellte sich heraus, dass Johns Vater vor etwa einem Jahr nach fünfjähriger Krankheit seinem Ende entgegengesehen hatte. [...] ›Bitte‹, hatte sein Vater John auf dem Totenbett angefleht. ›Gib mir ein paar Pillen oder irgendetwas. Ich kann so nicht weitermachen.‹ Dann plötzlich wurde sein Vater klarer, als er es in den letzten beiden Jahren gewesen war, und teilte John einige tiefe Beobachtungen über sein Leben und ihre Familie mit. Dann änderte er seine Blickrichtung und begann mit der Luft am Fußende seines Bettes zu reden. Während er zuhörte, merkte John, dass sein Vater mit seiner Mutter sprach, die 65 Jahre zuvor gestorben war, als Johns Vater noch ein Teenager war. Sein Vater hatte sie John gegenüber kaum erwähnt, aber nun führte er ein fröhliches und lebhaftes Gespräch mit ihr. John konnte sie nicht sehen, aber er war fest davon überzeugt, dass ihr Geist anwesend war und den Geist seines Vaters zu Hause willkommen hieß. Nach ein paar Minuten wandte sich Johns Vater wieder ihm zu und hatte jetzt einen völlig anderen Ausdruck im Gesicht. Er hatte ein Lächeln auf den Lippen und war deutlich sichtbar voller Frieden, mehr, als John es je zuvor an ihm erlebt hatte. ›Schlaf jetzt, Papa‹, hörte John sich sagen. ›Lass einfach los. Es ist alles in Ordnung.‹ Sein Vater tat genau das. Er schloss die Augen und dämmerte mit einem vollkommen friedlichen Ausdruck auf dem Gesicht ein. Kurz darauf segnete er das Zeitliche.«*[19]

Eben Alexander erzählt weiter, dass sein Freund die Begegnung seines Vaters mit seiner Großmutter als äußerst real empfunden hatte. Nur hatte er überhaupt keine Ahnung, was er damit anfangen sollte, da er als Arzt zu wissen glaubte, dass solche Dinge unmöglich sind...

Wie schon angedeutet können oder wollen viele Menschen, die im Sterben liegen, nicht von ihren Wahrnehmungen erzählen. Auch wenn jemand nicht von diesen Wahrnehmungen bzw. Visionen berichtet, kann man es als ein recht sicheres Indiz dafür, dass er einem bereits verstorbenen Verwandten, Freund oder Bekannten ›begegnet‹ ist, werten, wenn er in solchen Momenten, in denen er zumindest halbwegs wieder im ›Hier und Jetzt‹ ist, viel von diesen spricht, insbesondere dann, wenn er in den Jahren zuvor kaum von ihnen geredet hat.

9.2.3.3   Erstaunliche Lebensreminiszenzen

Bei einem Menschen, der auf einen natürlichen Tod hinzulebt, löst sich der Ätherleib nicht abrupt und ruckartig erst bei Eintritt des Todes aus der Leibesorganisation. Vielmehr beginnt dieser schon Tage vorher, sich langsam mehr und mehr herauszulösen. Das gesamte leiblich-seelisch-geistige Wesensgefüge des Sterbenden lockert sich umso mehr, je mehr er sich dem Schwellenübergang nähert. Somit könnte man davon sprechen, dass der Sterbende bereits ›partiell exkarniert‹ ist – ähnlich wie das bei Menschen, die Nahtod-Erlebnisse hatten, der Fall ist. Dadurch lebt er teilweise schon in einer anderen Erfahrungswelt oder Seinssphäre, so dass sich ihm die oben geschilderten geistigen Wahrnehmungsmöglichkeiten erschließen können.

> Sigwart machte post mortem folgende Mitteilung über den Sterbeprozess: *»Wenn die Zeit gekommen ist, da der Mensch seinen Erdenweg vollendet, treten gewisse Veränderungen bei ihm ein; natürlich nicht fühlbar für die Menschen, außer vielleicht für den Hellseher. Wir aber, die wir den physischen Körper schon überwunden haben, wir fühlen sofort, wenn der Übergang stattfinden soll; etwa 8 Tage vorher fängt das an. Man kann es mit gewissen Verschiebungen vergleichen, so dass die einzelnen Körper* [Wesensglieder] *dieses Menschen nicht mehr ordentlich ineinander ruhen.«*[20]

Die Tatsache, dass sich der Ätherleib schon einige Zeit vor dem Schwellenübertritt vom physischen Leib zu trennen beginnt, kann auch noch etwas anderes verständlich machen.

Wie bereits geschildert ist es vielen Sterbenden ein großes Bedürfnis, sich immer wieder an Stationen ihres Lebens zu erinnern und ihren Begleitern davon zu erzählen. Kurze Zeit vor dem Tod werden oftmals Erinnerungen an die Oberfläche gespült, die aus frühester Kindheit stammen, solche, die sie noch vor Tagen niemals hätten abrufen können, da sie aus einer Zeit stammen, in der das Ich-Bewusstsein noch nicht erwacht war.

Manchmal kann jetzt höchst Erstaunliches ans Tageslicht kommen. So wird von einem Fall berichtet, in dem eine 81-jährige Frau wenige Tage vor ihrem Dahinscheiden plötzlich immer wieder etwas in französischer Sprache vor sich hinmurmelte. Diese Sprache hatte sie nachweislich nie gelernt oder gesprochen. Ihre Kinder und Enkel standen vor einem Rätsel. Spätere Recherchen im Familienumfeld ergaben, dass die Frau in ihren ersten drei, vier Lebensjahren von einem französischen Kindermädchen betreut wurde. Dieses hatte ihr immer wieder Kindergebete in ihrer Muttersprache vorgesprochen.

Es ist sogar möglich, dass dem Sterbenden diese Erinnerungen in bildhaften Szenen erscheinen, wie das unmittelbar nach dem Tod der Fall ist, wenn sich dem Verstorbenen die grandiose Lebensrückschau darbietet.

Einen solchen Bericht verdankt der Verfasser einer guten Freundin, die sich in einem Hospizverein der Begleitung Sterbender widmete: *»Nach einer Weile wurde Herr Husarek [der Patient] plötzlich unruhig, beruhigte sich aber schnell wieder. Dann fing er an, einige sehr detaillierte Erlebnisse aus seiner frühen und frühesten Kindheit zu erzählen, wobei ihm das Sprechen schon sichtlich schwer fiel. Es ging zum Teil um Begebenheiten, die in seinem zweiten, dritten Lebensjahr stattfanden. An solche frühen Erlebnisse kann sich ein Mensch, der nicht kurz vor der Schwelle des Todes steht, üblicherweise gar nicht erinnern! Anschließend schwieg er einige Minuten. Plötzlich wurde er wieder unruhig. Seine Unruhe steigerte sich binnen Sekunden gewaltig. Er riss die Augen weit auf, starrte zur Decke und stammelte mit größtem Entsetzen in der Stimme: ›Da – an der Decke – die ganzen Bilder! – Ich tanze mit meiner Frau. – Ich sitze auf der Schulbank. – Ich werde gerade getauft.‹ Er beruhigte sich sehr schnell und sagte nach mehrmaligem, kräftigen Durchschnaufen: ›Der Teufel schickt mir Zerrbilder!‹ Da er schon nicht mehr so ganz im Hier und Jetzt war, machte es keinen Sinn, ihm seine Erlebnisse zu kommentieren oder gar zu erklären. So versuchte ich ihn nur zu beruhigen: ›Sie müssen keine Angst haben, Herr Husarek! Das war nicht der Teufel!‹«*[21]

Dass es sich in diesem Fall schon um den Beginn des Lebensrückblicks handelte, ist naheliegend. Der Patient, der im Übrigen ein tiefgläubiger Katholik war, konnte diese Szenen, die sich ihm nun darboten, nicht einordnen. Sie verwirrten und verängstigten ihn. Er hielt sie sogar für ›Zerrbilder‹, die ihm der Teufel schickte.

9.2.4 Geistesklarheit kurz vor dem Tod

Bei einigen Menschen ist in den Tagen und Stunden vor dem Tod eine große Geistesklarheit zu beobachten, die neurophysiologisch absolut nicht erklärbar ist. Hier kann man oftmals die erstaunlichsten Wahrnehmungen machen. Von einem besonders beeindruckenden Fall wird in dem Buch *»Wenn die Dunkelheit ein Ende findet. Terminale Geistesklarheit und andere ungewöhnliche Phänomene in Todesnähe«* von *Michael Nahm* berichtet. Es geht um die im Jahre 1922 mit 26 Jahren verstorbene Käthe, die in einem Behindertenheim lebte. Ihr behandelnder Arzt hat ihre Geschichte ausführlich beschrieben:

»Zu den tiefstehendsten Pfleglingen, die wir je hatten, gehörte Käthe. Sie war von Geburt an völlig verblödet und hat nie ein Wort zu sprechen gelernt. Stumpf vegetierte Käthe dahin. Stundenlang starrte sie auf einen Punkt, dann zappelte sie wieder stundenlang ohne Unterbrechung. Sie schlang Nahrung hinunter, schied das Aufge-

nommene wieder aus, stieß einmal einen tierischen Laut aus und schlief. Andere Lebensregungen haben wir in den langen Jahren an ihr nie wahrgenommen. Nie haben wir gemerkt, dass sie auch nur eine Sekunde an dem Leben ihrer Umgebung teilnahm. Auch körperlich wurde das Mädchen immer elender; ein Bein musste amputiert werden, und das Siechtum wurde immer stärker. Ich habe es durch gar manche geradezu erschütternde Erlebnisse [...] erfahren, dass auch der armseligste Idiot ein verborgenes inneres Leben führt, das so viel wert ist wie mein eigenes inneres Leben. Die zerstörte Oberfläche hindert ihn nur, nach außen hin viel davon zu zeigen. Oft in den letzten Stunden vor dem Tode fielen alle krankhaften Hemmungen weg, und es offenbarte sich ein inneres Leben von solcher Schönheit, dass wir nur ganz erschüttert davorstehen konnten. Des Öfteren habe ich es erlebt, dass bei tiefstehenden Kranken in der Sterbestunde, wenn die Seele sich aus der Erdgebundenheit löste, Gefühlsregungen und Äußerungen auftraten, die ich vorher nie an ihnen beobachtet und die ich nie für möglich gehalten hatte und die ich mir medizinisch schlechterdings nicht erklären kann. Unter anderem habe ich Folgendes erlebt: Als ich am Morgen des 1.3.1922 auf die Isolierstation kam, sagte mir die Schwester, es werde wohl bald mit Käthe vorbei sein, sie singe aber schon eine Zeit lang vor sich hin. Ungläubig trat ich in das Zimmer; aber zu meiner größten Verwunderung hörte ich, wie das Mädchen deutlich sang: ›Wo findet die Seele die Heimat, die Ruh.‹ Ich benachrichtigte schnell noch den pädagogischen Leiter der Anstalt, Herrn Pfarrer Happich, der dann tief ergriffen mit mir Zeuge dieses jedem medizinischem Verstehen unverständlichen Vorgangs war. ›Ruh, Ruh, himmlische Ruh‹, hauchte der Mund, ein verklärtes Lächeln flog über das sonst so verblödete Gesicht, und die Seele schwand aus den Banden des Körpers.«[22]

Der erwähnte Pfarrer ergänzte noch: *»Als wir gemeinsam das Sterbezimmer betraten, trauten wir unseren Augen und Ohren nicht: Die von Geburt an völlig verblödete Käthe, die nie ein Wort gesprochen hatte, sang sich selbst die Sterbelieder. Vor allem sang sie immer wieder: ›Wo findet die Seele die Heimat, die Ruh? Ruh, Ruh, himmlische Ruh!‹ Eine halbe Stunde lang sang Käthe. Das bis dahin so verblödete Gesicht war durchgeistigt und verklärt. Dann schlief sie still ein. – Immer wieder sagte der Arzt, dem ebenso wie der pflegenden Schwester und mir die Tränen in den Augen standen: ›Medizinisch stehe ich völlig vor einem Rätsel. Durch eine Sektion kann ich, wenn es verlangt wird, nachweisen, dass Käthes Hirnrinde restlos zerstört und anatomisch Denkfähigkeit nicht mehr möglich war.‹ Käthe hatte also nur scheinbar an alledem, was in der Umgebung vor sich ging, nicht teilgenommen. In Wirklichkeit hatte sie aber sichtlich gar manches in sich aufgenommen. Denn woher hatte sie Text und Melodie des Liedes, wenn nicht aus der Umgebung? Und sie hatte den Inhalt des Liedes richtig verstanden und wandte ihn in der entscheidenden Stunde ihres Lebens an. Das war schon wie ein Wunder. Noch größer aber erschien uns das Wunder, dass die bis dahin völlig stumme Käthe plötzlich klar und deutlich Worte des Liedes wie-*

*dergeben konnte, obwohl durch zahlreiche Hirnhautentzündungen solche anatomi-
sche Veränderungen in der Hirnrinde vor sich gegangen sind, dass es dem Verstand
nicht begreiflich ist, dass das sterbende Mädchen plötzlich klar und deutlich und mit
Verständnis singen kann.«*[23]

Genau wie die autoskopischen Beobachtungen, von denen in vielen Nahtod-Berichten
geschildert wird, ist auch der Fall der ›verblödeten‹ Käthe ein Beweis dafür, dass das
menschliche Bewusstsein *nicht* durch das physische Gehirn hervorgebracht wird, wie
es die materialistische Wissenschaft immer noch lehrt. Wer behauptet, dass, wenn das
Gehirn tot ist, auch das Bewusstsein tot ist, gleicht jemandem, der von einem Kla-
viervirtuosen, den man an ein Klavier setzt, dem keine Töne mehr zu entlocken sind,
sagt, er habe das Spielen verlernt. Das Gehirn ist vielmehr nur ein Werkzeug, das der
geistig-seelische Wesenskern, das Ich, benutzt, um sich in der äußeren Sinneswelt zu
betätigen. In dem Moment, in dem Käthe dem Tod schon sehr nahe war, zog sich
auch ihr Ätherleib langsam aus dem physischen Leib heraus, so dass die Erinnerung
an das Lied, das sie vermutlich in ihrer Kindheit gehört hatte, auflebte.

✶✶✶✶✶✶✶✶✶✶✶✶✶✶

Es gibt also eine ganze Reihe von Anzeichen, die einem Begleiter deutlich machen
können, dass der Sterbende spürt oder sogar weiß, dass er bald seinen materiellen
Leib und die physische Welt zurücklassen wird. Wenn er nun zumindest zeitweise
noch bei normalem Tagesbewusstsein ist, kann es für ihn sehr schmerzlich sein, wenn
er das Gefühl gewinnen muss, dass die Angehörigen ihm oder sich selbst immer noch
Hoffnungen machen, dass vielleicht doch noch eine Genesung eintreten könnte. Den
meisten Dahinscheidenden wäre es eine Wohltat, wenn alle das akzeptieren würden,
was sie – zumindest im Normalfall – selbst längst akzeptiert haben und wenn alle sie
auf ihrem Weg in angemessener Weise unterstützen würden, anstatt die verbleibende
Zeit mit Banalitäten oder unrealistischen Hoffnungen zu verschwenden.

Es kann grundsätzlich eine ganz wunderbare Aufgabe für jeden Menschen sein, einen
Mitmenschen in seinen letzten Tagen und Stunden vor dem Tod begleiten zu dürfen.
Dr. Elisabeth Kübler-Ross, die viele tausend Stunden an den Betten unzähliger Sterbender saß, mit ihnen sprach, sie betreute und tröstete und den Sterbeprozess studierte, sagte am Ende eines ihrer Vorträge dazu: *»Zum Schluss möchte ich Ihnen noch
versichern, dass es ein Geschenk ist, am Bett von Sterbenden zu sitzen, dass das Sterben keine traurige und furchtbare Angelegenheit sein muss, dass Sie dabei ganz, ganz
herrliche, liebe Dinge erleben können.«*[24]

9.3 Der Todesaugenblick

Jeder Mensch besitzt eine mehr unbewusste Kraft, die es ihm ermöglicht, den Todesaugenblick ein Stück weit *selbst* zu bestimmen. So kommt es etwa gar nicht einmal so selten vor, dass jemand, der nach Auskunft der Ärzte die nächste Nacht mit höchster Wahrscheinlichkeit nicht mehr überleben dürfte, noch ein paar Tage in seinem Körper bleibt, weil er mitbekommen oder gespürt hat, dass ein entfernt wohnender lieber Verwandter oder Freund auf dem Weg an sein Sterbebett ist. Oftmals tritt der Tod dann wirklich ganz kurze Zeit, nachdem der Besucher eingetroffen ist und sich von dem Sterbenden verabschiedet hat, ein.

Auch das folgende Phänomen kommt recht häufig vor. Ein sterbender Mensch, der rund um die Uhr von besorgten und sich rührend um ihn kümmernden Angehörigen begleitet wird, möchte in seinem Todesaugenblick lieber allein sein. Weil er diese nicht vor den Kopf stoßen wollte, hat er seinen Wunsch für sich behalten. In diesem Fall ist es dann oftmals so, dass er eine geeignete Zeitspanne abwartet, in der seine Begleiter gerade mal nicht im Raum sind, um in die andere Welt zu gehen. Viele Menschen, die nahezu ununterbrochen stunden- und tagelang am Bett des Sterbenden weilen, sind dann oftmals etwas frustriert, wenn der Tod just in dem Moment eingetreten ist, in dem sie aus irgendwelchen Gründen kurz das Sterbezimmer verlassen mussten. Sie machen sich bisweilen sogar Vorwürfe, dass der ihnen anvertraute Mensch im Todesaugenblick ohne ihren Beistand auskommen musste. Diese Vorwürfe sind völlig unberechtigt. In den wohl meisten Fällen hat der Sterbende – natürlich mehr unbewusst – diesen Augenblick genau abgepasst, weil er in diesem großen Moment allein sein *wollte*.

Üblicherweise sind liebevolle Berührungen für den Sterbenden eine Wohltat, die ihm das Gefühl von Geborgenheit schenken. Kurz vor dem Tod sind diese nicht mehr uneingeschränkt anzuraten, da es für ihn jetzt darum geht, unabhängig von seinem physischen Leib zu werden. Daher sollte man ihn in den letzten Augenblicken nicht mehr durch Berührungen, sondern durch liebevolle Gedanken aus seinem Leib in seine neue Daseinssphäre begleiten. *»Wenn es* [den am Sterbebett Weilenden] *gelingt, in die letzten Atemzüge hinein, das Vaterunser zu sprechen, also die Christusworte, die die Brücke zwischen den beiden Seiten der Welt bauen, kann dadurch – vor allem, wenn sie dem Menschen schon von früher her vertraut sind – die sicherste Grundlage geschaffen werden, den Christus zu finden und zu erkennen.«*[25]

Menschen, die schon vielen Sterbenden bei ihrem Übergang beistehen durften, erzählen häufig, dass bei einigen eine kurze Zeit – meistens Minuten, selten länger als ein paar Stunden – vor ihrem letzten Atemzug eine außergewöhnliche innere Ruhe eingekehrt sei. Selbst dann, wenn der Patient kurz zuvor noch sehr aufgeregt, vielleicht sogar etwas aggressiv gewesen sein sollte, wirkte er plötzlich wie völlig entrückt, und ein tiefer Friede schien in ihn eingekehrt zu sein. Das *kann* ein Zeichen dafür sein, dass er seinem Engel oder sogar dem Christus begegnet ist, der nun zu seinem Führer über die Todesschwelle wird. Wenn man als Begleiter diese Wahrnehmung hat, sollte man diesem erhabenen Vorgang in Andacht und Ehrfurcht beiwohnen und den Sterbenden durch absolut nichts in seinem außergewöhnlichen Erlebnis stören.

Im Sterbezimmer sollte nach dem Schwellenübertritt größtmögliche Ruhe einkehren und geraume Zeit herrschen. Es gibt jetzt absolut nichts, was eilt! Hektik und unnötige Aktivitäten können für den Verstorbenen sehr störend sein. Auch sollten sich die Angehörigen noch keinen Gedanken an Organisatorisches, etwa an die Bestattung, hingeben. Sofern der Tod in einem Krankenhaus eingetreten ist, sollten mögliche Gespräche mit dem Arzt sehr behutsam geführt werden.[26]

In früheren Zeiten, als die Menschen noch sehr viel unbefangener mit dem Tod umgegangen sind und noch gewisse Kenntnisse hatten, war es üblich, dass man im Zimmer des Sterbenden – *spätestens*, wenn der Tod eingetreten war – alle Spiegel und größeren Glasflächen mit einem Tuch oder dergleichen abgedeckt hat. Dieser alte Brauch hat nichts mit Aberglauben zu tun; er ist durchaus sinnvoll. Es gibt nämlich bestimmte Spiegelungen, die auch im Ätherischen wirken und die den Verstorbenen irritieren können, solange er noch seinen Ätherleib trägt. Man sollte die Abdeckung deshalb erst nach frühestens drei Tagen wieder abnehmen.

Ein weiterer Brauch aus vergangenen Tagen sah vor, dass man unmittelbar nach Eintritt des Todes ein Fenster des Sterbezimmers weit öffnete. Damit wollte man der Seele *symbolisch* den Weg ebnen, um sich in die Himmelswelt erheben zu können. Auch wenn das Öffnen eines Fensters natürlich keine konkrete Bedeutung hat, so mag es doch eine schöne Geste sein, die dem erhabenen Vorgang, dass die sich aus dem Körper lösende Seele nun in ihre eigentliche Heimat zieht, einen würdigen äußeren Rahmen verleiht.

In unserem Buch *»Spirituelle Begleitung an der Schwelle des Todes«* (☞ S. 553) erzählt eine Hospizhelferin von ihren berührenden Erfahrungen, die sie in den vielen Jahren, in denen sie Sterbende begleitete, gesammelt hat.

Kapitel 10

Spirituelle Begleitung Verstorbener

Die Toten starben nicht. Es starb ihr Kleid.
Ihr Leib zerfiel, es lebt ihr Geist und Wille.
Vereinigt sind sie dir zu jeder Zeit
in deiner Seele tiefer Tempelstille.

In dir und ihnen ruht ein einiges Reich,
wo Tod und Leben Wechselworte tauschen.
In ihm kannst du, dem eigenen Denken gleich,
den stillen Stimmen deiner Toten lauschen.

Und reden kannst du, wie du einst getan,
zu deinen Toten lautlos deine Worte.
Unwandelbar ist unsres Geistes Bahn
und ewig offen steht des Todes Pforte.

Schlagt Brücken in euch zu der Toten Land,
die Toten bau'n mit euch am Bau der Erde.
Geht wissend mit den Toten Hand in Hand,
auf dass die ganze Welt vergeistigt werde.

Manfred Kyber

Es dürfte wohl zu den größten Tragödien unserer Zeit gehören, dass uns eine tiefe, schier unüberwindbare Kluft von unseren Toten zu trennen *scheint*. Selbst diejenigen Menschen, die davon überzeugt sind, dass ihre lieben Verstorbenen in einer anderen Welt weiterleben, vermögen ihnen außer einem mehr oder weniger würdigen Begräbnis und ihrer Trauer, die zudem für die Toten noch sehr bedrückend und hinderlich sein kann, nichts zu geben. Das, was im Folgenden beschrieben werden soll, kann mit dazu beitragen, eine Brücke zwischen den Lebenden und den sogenannten Toten zu bauen.

Wir haben in Kapitel 7 schon gesehen, dass Verstorbene aus ihren übersinnlichen Welten heraus den Lebenden, insbesondere solchen, mit denen sie im Erdenleben verbunden waren, sehr viele Wohltaten erweisen können, auch wenn die Lebenden sich dessen im Normalfall gar nicht bewusst werden. Es kann für einen Verstorbenen zu einer sehr schlimmen, ja unerträglichen Erfahrung werden, wenn er erkennen muss, dass seine Hinterbliebenen nicht mehr ganz real mit seiner Existenz rechnen und keinerlei Verbindung mehr zu ihm suchen.

Das beklagte auch eine verstorbene Frau, mit der Iris Paxino aufgrund ihrer inspirativen Wahrnehmungsmöglichkeit kurz nach dem Schwellenübertritt ein ›geistiges Zwiegespräch‹ führen konnte. Frau Paxino schreibt: *»Sie wirkte still, schwächlich und betrübt, das Licht ihrer Erscheinung war ein wenig matt. Ich frage sie, was ich für sie tun könnte. Zunächst antwortete sie mir nicht. Ich fragte sie erneut und wartete geduldig. Und dann sagte sie ganz zaghaft: ›Niemand zündet ein Licht für mich an, niemand.‹ ›Meinen Sie eine Kerze? Ihre Familie zündet keine Kerze für Sie an? Auch ihre Eltern nicht?‹ ›Nein, sie glauben nicht daran, dass es mich noch gibt. Ich stehe daneben und sie sehen mich alle nicht, sie schauen nie hin.‹ ›Und Ihr Mann?‹ ›Er weiß nicht damit umzugehen. Er verdrängt es. Alle kümmern sich um die Kleine und versuchen zu verdrängen. Alle blicken von mir weg. Sie haben Angst, an mich zu denken, mich zu sehen.‹ ›Es fehlt Ihnen also nicht nur das Licht einer Kerze. Sie meinen, das Herzenslicht Ihrer Familie fehlt Ihnen.‹ ›Ja, auch.‹ ›Wenn ich kann, helfe ich Ihnen gerne. Was brauchen Sie? Was kann ich tun?‹ ›Könnten Sie einfach eine Kerze für mich anzünden? Das würde reichen.‹ Ich versprach es ihr, dies so lange zu tun, wie sie es bräuchte. Ab da zündete ich jeden Abend eine Kerze für sie an und sprach dabei ein Gebet.*

Nach zwei Monaten erschien sie wieder, für mich erneut sehr überraschend, doch dieses Mal wirkte sie nicht mehr so tief bedrückt. Sie bedankte sich in ihrer leisen Art und sagte, das habe ihr geholfen. Sie brauche das Kerzenlicht nun nicht mehr, sie könne ab jetzt selbst weiter ins Licht gehen.

So nahmen wir Abschied voneinander und sie verließ die Ätherwelt.«[1]

10.1 Im Umkreis des Todes

In diesem Buch soll auf die meisten spirituellen Aspekte, die sich auf den Umkreis des Todes, namentlich auf die Aufbahrung, die Totenwache, die Aussegnung und die Bestattung beziehen, nicht eingegangen werden. Einem an diesem Themenkomplex interessierten Leser können die Bücher *»Das Ereignis des Todes«* von *Johannes Lenz*, *»Den Tod als Freund erleben lernen«* von *Ursula Hausen* sowie unser Buch *»Eine Brücke zwischen Lebenden und Verstorbenen«* (☞ S. 552) empfohlen werden, über deren Ausführungen hinaus hier nichts Wesentliches mehr beigetragen werden soll.

Lediglich einige besondere Aspekte sollen im Folgenden näher beleuchtet werden.

Ungefähr am Tage der Beerdigung schwindet für den Verstorbenen das Lebenstableau dahin. Etwa drei Tage lang hat er sein ganzes abgelegtes Leben noch einmal in großen Bildern verfolgen können. In diesen gewaltigen Bildern hat er gewissermaßen gelebt. Das war für ihn sehr wichtig, damit sein nachtodliches Ich-Bewusstsein angefacht werden konnte. Nachdem er in dieser kurzen Zeitspanne vorwiegend damit beschäftigt war, sein soeben beendetes Erdenleben anzuschauen, kann er sich jetzt langsam für andere Wahrnehmungsmöglichkeiten öffnen. Im Normalfall wird er nun erstmals auf seine auf der Erde zurückgelassenen Angehörigen und Freunde blicken.

> Sigwart berichtete seinen Geschwistern von diesem höchst freudigen Erlebnis: *»Als ich erwachte, wart ihr alle da. Das war ein herrliches Erwachen, da fühlte ich das erste Mal, was wir uns waren und wie stark das geistige Band ist, das uns bindet. Denn ob ihr es glaubt oder nicht, ihr habt mich emporgetragen und ihr habt mich getröstet, als ich bei dem Wiedererkennen so ergriffen war. Das war das erste, völlig klare Erlebnis, das ich in der geistigen Welt hatte. [...] Ich kann es nicht beschreiben, wie schön der Augenblick war, als ich nach allem Vorangegangenen in dieser Welt ganz erwachte und euch alle im Kreis um mich sah; ich sage euch, der Augenblick war überwältigend.«*[2]

Es ist für den Verstorbenen von nun an von großer Bedeutung, wenn man sich im Familien- oder Freundeskreis des Öfteren über ihn und sein Leben unterhält, wenn man Stationen seines Lebens Revue passieren lässt. Das sollte spätestens bei der Traueransprache, der Grab- bzw. Leichenrede, wie sie insbesondere in der evangelischen Kirche eine große Tradition hat, seinen Anfang nehmen. Solche Ansprachen können und sollten genutzt werden, um charakteristische Eigenschaften und wesentliche Lebensstationen des Verstorbenen zu beleuchten.

Diese Reden sollten frei von Sentimentalitäten und Pathos sein. Auch eine Schönfärberei sollte vermieden werden. Wichtig ist, dass der ›rote Faden‹ seines Lebens sichtbar gemacht wird. Hervorzuheben sind solche Handlungen und Beziehungen, die für seine Mitmenschen eine Bedeutung hatten.

Solange der Verstorbene noch das Lebenstableau vor sich hat, also gewissermaßen in den unzähligen Bildern seines abgelegten Lebens lebt, kann er die Gedanken und Gefühle, welche die Hinterbliebenen an ihn richten, noch nicht wahrnehmen. Diese gehen aber keineswegs verloren. *»Was in diesen Tagen unmittelbar nach dem Tod innerlich durch uns an Erinnerungen und Bildern aus den Evangelien für den Verstorbenen bereitet wird, das findet er vor, wenn er aus seinem Lebenstableau erwacht ist. Das gilt auch für das, was während der Bestattungs- und Kremationsfeier gesprochen wird.«*[3]

Alle unsere Gedanken, Gebete, Gefühle usw., die wir an den Toten in den ersten Tagen nach seinem Übergang gerichtet haben, bekommt er sehr wohl mit, allerdings – wenn wir so sagen dürfen – mit einer zeitlichen Verzögerung. Erst wenn er nach etwa drei, vier Tagen seinen Ätherleib abgelegt hat, hat er – zumindest im Normalfall – ganz zu sich selbst gefunden. Dann kann er quasi im Nachhinein durch die Grabrede sowie die Gedanken und Erinnerungen seiner Angehörigen und Freunde erkennen, wie sich sein Dasein im Erleben seiner Mitmenschen gespiegelt hat. Es ist also – wenn wir diesen banalen Vergleich heranziehen dürfen – so ähnlich, wie wenn wir einem Freund, der am anderen Ende der Welt wohnt, einen Brief schreiben. Das, was wir ihm auf diese Weise mitteilen, kann er auch erst erfahren, wenn er den Brief ein paar Tage später bekommen hat und lesen kann.

Ein solcher ›Lebensrückblick‹, wie er durch die Trauerrede gegeben wird, kann dem Verstorbenen dabei helfen, sein Ich-Bewusstsein entfachen und bewahren zu können. Diese Rede kann man durchaus so auffassen, dass der Verstorbene damit den übrigen ›Himmelsbewohnern‹ vorgestellt wird.

Leider hört man heute von vielen Pfarrern der großen christlichen Kirchen immer noch Leichenreden, bei denen allzu deutlich wird, dass die Redner weder eine Ahnung vom Karma – was leider klar ist – noch von der Weisheit der geistig-göttlichen Wesen haben. Nur so sind Formulierungen wie etwa »Wie konnte Gott nur diesen Kindern den Vater nehmen?«, »Kann Gott gerecht sein, wo er doch diesen guten Menschen aus der Mitte seines Lebens gerissen hat?«, »Gott muss sich geirrt haben, als er diesen Menschen zu sich nahm!«, »Ich zweifle an der Güte und Gerechtigkeit unseres Gottes, da er diesen jungen Menschen sterben ließ!« und viele mehr zu erklären. Auch wenn man keine großen Erkenntnisse sein Eigen nennen kann, sollte man sich solche Formulierungen verkneifen. Abgesehen davon, dass sie in allerhöchstem Maße unsinnig sind, helfen sie weder den Hinterbliebenen noch dem Verstorbenen.

Es ist ein guter alter Brauch, dass die Trauergemeinde – oder zumindest der innere Kern – sich anschließend zum »Leichenschmaus« begibt. Leider scheint die Unsitte immer mehr um sich zu greifen, dass während dieser Zeit über alles Mögliche gesprochen wird, nur nicht über den Toten, und dass der Alkoholkonsum bisweilen bedenkliche Ausmaße annimmt. Natürlich ist es häufig so, dass man entferntere Verwandte fast nur auf Beerdigungen zu sehen bekommt und nun den Wunsch hat, mit ihnen auch über andere Dinge zu reden. Dennoch sollte bei solchen Anlässen der Tote im Mittelpunkt des Interesses und der Gespräche stehen.

Einen sehr schönen Leichenschmaus hat der Verfasser vor Jahren bei einer Nachbarsfamilie, die einer Baptistengemeinde angehörte, erleben dürfen. Die etwa 15 Personen umfassende Trauergesellschaft saß um einen Tisch herum. Es gab Kaffee und Streuselkuchen, keinen Tropfen Alkohol. Während des Kaffeetrinkens und auch noch anschließend war es dann so, dass jeweils einer aus dem Kreis völlig ungezwungen aufstand und einige Minuten von gemeinsamen Erlebnissen mit dem Verstorbenen erzählte. Alle anderen lauschten aufmerksam. Je nach Art der Erlebnisse wurde bisweilen geweint oder auch herzlich gelacht. Nachdem der eine seine Schilderungen beendet hatte, stand der nächste auf und berichtete von seinen gemeinsamen Erlebnissen. In all der Zeit – es dürfte sich um annähernd zwei Stunden gehandelt haben – wurde kein Wort gesprochen, das nicht den Verstorbenen betraf. Auch der Witwe schien diese Runde gut zu tun.

10.1.2   »De mortuis nihil nisi bene«

Diese Art, im Familien- oder Freundeskreis über charakteristische Begebenheiten aus dem gemeinsamen Erleben mit dem Toten zu erzählen und seiner in Liebe zu gedenken, kann man deutlich über den Tag der Beisetzung ausdehnen. Man darf annehmen, dass der Verstorbene das *zumindest* solange noch ›hören‹ kann, wie er im Kamaloka weilt, also etwa eine Zeitspanne, die einem Drittel seines Erdenlebens entspricht. Auch jetzt kann es für den Toten noch eine Bedeutung haben, auf diese Weise seinen ›Lebensfaden‹ und die Einschätzung seiner Mitmenschen erkennen zu können. Auch hierdurch könnte seine für das nachtodliche Leben so außerordentlich wichtige Selbsterkenntnis gefördert werden.

Sigwart sprach noch viele Jahre, nachdem er die Schwelle des Todes überschritten hatte, davon, dass es für ihn äußerst fruchtbar und segensreich war, dass seine Geschwister oftmals seiner gedachten: *»Tage und Jahre vergingen, in denen ich die lichtgesponnenen Fäden eurer Seelen in meinen Händen hielt. Nun kommt ihr oft, und durch die Gemeinsamkeit eures Mein-Gedenkens fließen die Wellen wie breite, leuchtende Bänder zu mir und landen klingend in Akkorden schönster Harmonien an den Ufern meiner jetzigen Heimat. Das ist ein Tönen, ein Weiterklingen und wieder Zurückschwingen, das für euch unbegreiflich sein würde. Habt Dank, ihr alle, die ihr mir so Großes zu geben vermögt! Ich hülle mich in diese lichten Wellen. Sie umspülen mich und – entsteige ich ihnen –, bleibt ihr Leuchten mir zurück. Es haftet wie Flitterstaub an dem feinen Gewebe meiner jetzigen Welt. – Das ist eurer Liebe Segen, der mein eigen geworden ist und mich begleitet. – Ihr seid die Segenspender eures Sigwart.«*[4]
»Als ihr vorhin im Saal vereint wart und so vieles über mich spracht, da hat mein Herz gelacht, denn ich erlebe all die Begebenheiten und Stunden meiner Erdenzeit wieder. Danken muss ich euch dafür, denn wisset, solche Stunden tun mir wohl, solche Stunden sind mir Labsal. Ist es nicht ein Von-Neuem-Zusammen-Gebunden-Werden in gemeinsamen herzerquickenden Stunden? Gerade wenn ihr öfters über die Zeiten, die ich mit euch noch im Erdenkleide verlebte, sprecht und

dabei freudig seid, so ist das für mich immer etwas ganz Besonderes, da sonst in solche Erinnerungen sich doch gar zu gerne Schmerzgedanken mischen.«[5]

Sie kennen sicher das lateinische Sprichwort *»De mortuis nihil nisi bene«*, der *ganz wörtlich* übersetzt werden kann mit: »Über Tote nichts, wenn nicht gut«. Etwas freier und geschliffener wird er üblicherweise mit »Über Tote soll man nur Gutes reden« übersetzt. Dieser Spruch führt bei vielen Menschen dazu, dass sie die Schattenseiten, die gewiss jeder Mensch hat, ausklammern, wenn sie über einen Verstorbenen reden oder seiner gedenken. Das führt auch zu den schöngefärbten Trauerreden, die man immer wieder hören kann. Es ist aber für einen Sphärenmenschen nicht hilfreich, wenn man ihm auf diese Weise sein Erdenleben in einer im Grunde verzerrten Weise spiegelt. Die Bedeutung des Spruches kann und *sollte* man eher so auffassen, dass man über einen Toten nur in einer »guten Gesinnung« oder in einer »guten Absicht« oder nur in »guter Weise« redet. Wenn man ihm also gewisse negative Eigenschaften oder gar Verfehlungen spiegelt, so sollte man das in der guten Absicht machen, dass ihm dadurch solche deutlich werden können, dass er erkennen kann, wie diese auf seine Mitmenschen gewirkt haben, wie sie bei ihnen angekommen sind. Das, was man dann sagt oder denkt, sollte nicht den Charakter des Verurteilens haben und frei von Zorn sein. Vielmehr sollte man dem Toten seine Schattenseiten liebevoll beleuchten.

Sofern der Verstorbene schon vor vielen Jahren über die Schwelle des Todes geschritten ist, wird er im Normalfall nicht zuletzt durch seine dritte Konfrontation mit seiner Biografie, also durch das erneute Durchleben seiner Inkarnation (☞ Kapitel 5, S. 248ff.), schon ein hohes Maß an Selbsterkenntnis gewonnen haben. Er weiß nun selbst um seine vielen Schwächen und Fehler. Er hat die Wirkungen seiner Worte und Taten auf seine Mitmenschen in der eigenen Seele durchlebt und durchlitten. *»Und wenn die auf Erden lebenden Menschen nur die positiven Seiten seines Wesens und Wirkens im Bewusstsein tragen, dann leben sie nicht in Übereinstimmung mit der Wirklichkeit, und es entsteht eine tiefe Differenz zu dem Bewusstsein des Verstorbenen, die gewiss nicht förderlich ist.«*[6]

10.1.3 Der Umgang mit der eigenen Trauer

Jeder von uns, der schon einmal den Tod eines ihm sehr nahestehenden Menschen zu beklagen hatte, weiß um die Gefühle, die einen in einer solchen Situation überfallen. In den ersten Tagen nach Eintritt des Todes ist man manchmal noch in einer Art Schockzustand; man ist wie paralysiert. Aber spätestens nachdem der Körper oder die Asche des geliebten Menschen der Erde übergeben worden ist, wird einem nach und nach bewusst, was eigentlich passiert ist. Der liebe Verstorbene hat eine Lücke gerissen, die durch nichts und niemanden ausgefüllt werden kann. Man scheint seiner Trauer ohnmächtig und hilflos ausgeliefert zu sein. Dass ein solcher Hinterbliebener nun seine Trauer nicht allein bewältigen kann, kommt häufig genug vor. Er bedarf unter Umständen professioneller psychologischer und seelsorgerischer Hilfe. Auch hier sind wieder die Hospiz-Vereine zu würdigen, die ihm in vielerlei Form solche Unterstützung angedeihen lassen.

Nun ist der Trauernde aber nur der *eine* Mensch, der hier zu berücksichtigen ist. An die Situation des Betrauerten wird oftmals kaum gedacht, was wieder einmal deutlich macht, dass viele wohl doch nicht ganz ernsthaft und bewusst damit rechnen, dass dieser nach wie vor – und zwar realer denn je – existiert! *»Wir sterben, um zu leben!«*, sagte *Friedrich Hölderlin.* So beachtet man nicht, dass die Gefühle der Hinterbliebenen auch eine Auswirkung auf den Verstorbenen haben. Dieser kann ja nach wie vor das Astralische, also insbesondere auch die Gefühle der Menschen, die er zurückgelassen hat, wahrnehmen. Wie schon geschildert wurde, erscheinen ihm die noch lebenden Menschen in einer Vision in dem Bild, das er aufgrund seines früheren Zusammenseins mit ihnen noch in sich trägt. Mit diesem Bild erscheinen auch deren Gefühle, Gedanken, ihre Freude, Dankbarkeit, aber auch ihre Trauer und ihr Schmerz.[7]

Nun kann man sich leicht vorstellen, dass es für den Menschen, nachdem er durch die Pforte des Todes gegangen ist, sehr bedrückend sein kann, wenn er diese tiefe Trauer seiner Hinterbliebenen verspürt. Sie kann ihm sogar die ersten Phasen seines nachtodlichen Lebens gewaltig erschweren.

> Sigwart sagte seinen Geschwistern in einer Kundgebung: *»Heute war wieder ein schwerer Tag für mich. Ich habe mit euch gelitten, ich hatte nicht die Kraft gehabt, mich euren starken Stimmungen zu entziehen, und so habe ich all eure Gefühle mitempfunden, und diese Gefühle waren heute mehr Gefühle des Schmerzes als der Größe. Es muss besonders schwer für euch sein, gerade an solchen Tagen darüber zu stehen, wie ihr es jetzt für gewöhnlich tut. Ich kann es euch aber nicht übel nehmen, wäre ich denn anders gewesen?«*[8]

> In einer anderen Mitteilung gab Sigwart einen Rat für eine ihm und seiner Familie bekannte Frau, die sehr unter dem Tod ihres Kindes litt: *»Sagt ihr von mir: Es wäre besonders wichtig, dass sie alle Gedanken und Situationen vermeidet, die sie mit dem Leiden, dem Sterben oder mit der irdischen Hülle ihres Kindes in nähere Berührung bringen. Das soll nicht sein, denn dieser Schmerz verzögert seine Entwicklung. Er hindert es, zu seiner Mutter zu kommen und sie mit seiner Liebe zu umgeben. – Ich weiß, es sind schwere Opfer, die ich von ihr verlange, aber ich muss es ihr sagen, weil ich weiß, dass ihre Liebe Opfer bringen kann.«*[9]

Besonders hinderlich für die weitere Entwicklung eines Verstorbenen kann es sein, wenn er den Wunsch wahrnehmen kann, dass man ihn am liebsten wieder auf der Erde zurückhaben möchte. Den Toten ist es eine große Erleichterung, wenn sie wahrnehmen können, dass die Trauernden sich in ihr Schicksal fügen und sich zu der Einsicht erheben können: **»Die waltende Weisheit hat ihn uns in der rechten Stunde nehmen wollen, weil sie ihn auf anderen Gebieten des Daseins braucht, als hier das Erdendasein ist.«**[10]

Es ist verständlich, dass wir unsere lieben Toten beweinen, aber über dieses Weinen müssen wir hinauskommen. Und wenn wir sie beweinen, dann sollten wir es in dem freudigen Bewusstsein tun, dass sie *leben*, ja sogar *realer* leben als wir! Wenn uns ein lieber Mensch wegstirbt, so sollten wir das lebendige Empfinden in uns rege machen, dass er uns lediglich vorangegangen ist, dass er lediglich eine andere Daseinsform angenommen hat. Der Verstorbene steht unserem Fühlen so gegenüber, wie ein Mensch, der in ein fernes Land gezogen ist, in das wir ihm erst später folgen können. Das Einzige, was wir zu ertragen haben, ist eine gewisse Zeit, in der wir durch unseren Bewusstseinszustand von ihm getrennt sind.[11]

10.2   Ganz konkrete Hilfe für Verstorbene

B evor wir recht ausführlich erläutern wollen, was wir als Hinterbliebene für diejenigen Menschen, die uns vorausgegangen sind, tun können, wie wir sie unterstützen und ihnen helfen können, wie wir sie auf ihrem nachtodlichen Weg begleiten können, müssen wir uns noch einmal über eine grundlegende Tatsache Klarheit verschaffen.

Wie wir bereits gesagt haben, ist es ja nicht etwa so, dass die sogenannten Toten in einer Welt weilen, die fernab der Erdenwelt liegt. Vielmehr durchziehen und durchdringen sich die übersinnlichen Welten, in die sie nach ihrem Tod aufgenommen worden sind, mit unserer physischen Welt. Somit ist es absolut richtig zu sagen, dass die Toten immer um uns herum sind. Insbesondere werden sie sich häufig in der Nähe ihrer noch auf der Erde lebenden engen Angehörigen und guten Freunde bewegen. Selbstverständlich werden sich die weitaus meisten Menschen der Anwesenheit ihrer Dahingeschiedenen nicht bewusst. Nur ein hellsichtiger Mensch kann ihre Präsenz wahrnehmen. Allerdings kann eine gewisse Hell*fühligkeit* schon ausreichend sein, um die Anwesenheit eines Toten zu erspüren.

Wir alle haben eine ständige Verbindung zu den Sphärenmenschen aus unserem Lebensumfeld. Je konkreter diese Verbindung, diese Beziehung zu Menschen im gemeinsamen Erdenleben war, desto konkreter ist sie jetzt, nachdem sie gestorben sind. Selbst wenn wir uns nur hin und wieder an sie erinnern würden, wenn wir nur von

Zeit zu Zeit an sie denken würden, würde diese Verbindung nicht abreißen! »Die auf dem physischen Plan gebliebenen Menschen haben fortwährend eine Verbindung mit den Menschen, die abgeschieden sind und in der übersinnlichen Welt sind, wenn sie nur irgendwie die Gedanken an sie richten, und auch in den Momenten, wo sie die Gedanken nicht an sie richten, wenn sie nur irgend einmal die Gedanken an sie richten, bleibt die Beziehung bestehen. Bei der gegenwärtigen Menschheitsorganisation kann der auf dem physischen Plan Lebende in sein Wachbewusstsein nicht hereinbringen sein Wissen von diesen Banden. Daraus aber, dass man etwas nicht weiß, darf man nicht schließen, dass das Betreffende nicht da wäre. Das wäre ein sehr oberflächlicher Schluss. Sonst würden diejenigen, die jetzt hier in diesem Raum sitzen und Nürnberg nicht sehen, leicht beweisen können, dass es Nürnberg nicht gibt. Wir müssen uns also klar sein, dass zwar durch die Organisation des gegenwärtigen Menschen der Mensch nichts weiß von der Verbindung mit den Toten, dass diese aber vorhanden ist.«[12]

Wenn ein Mensch gestorben ist, der einem besonders lieb und vertraut war, so kann man durchaus bei nahezu allem, was man tut, die Vorstellung in sich rege machen, dass er bei einem ist. Das ist er ja tatsächlich auch sehr häufig. »Alles in unserer heutigen Zeit hängt davon ab, dass die Menschenseelen die Möglichkeit finden, gewissermaßen den Weg zu den Toten hinzugehen. Dann kommen ihnen die Toten entgegen. Man muss sich in einer gemeinschaftlichen Sphäre finden.«[13]

10.2.1 Gedenkfeier für Verstorbene im privaten Kreis

In der katholischen Kirche kennt man die sogenannten »Seelenmessen« oder »Seelenämter«, die Angehörige für ihre Verstorbenen lesen lassen können. Meistens macht man das an besonderen Jahrestagen, etwa dem Geburts- oder Todestag. Dagegen soll hier nichts eingewendet werden. Allerdings ist die Praxis, für solche Messen ein – wenngleich geringes – Entgelt zahlen zu müssen, etwas fragwürdig, da sie doch stark an gewisse längst für überwunden gehaltene Ablasspraktiken erinnert. Es könnte somit der Eindruck entstehen, dass sich das ›Seelenheil‹ des Verstorbenen erkaufen ließe. Es wäre zu begrüßen, wenn die Verstorbenen – wie es in der Menschenweihehandlung der Christengemeinschaft geschieht – bei jeder Feier des Messopfers ausdrücklich und bewusst zum Mitvollzug des Gottesdienstes ›eingeladen‹ würden.

In vielen katholischen Pfarrgemeinden gibt es die sogenannten »Allerseelenbruderschaften«. Hierbei handelt es sich um Vereinigungen von Gemeindemitgliedern mit eigener Satzung. Diese Bruderschaft hat es sich zur Aufgabe gemacht, täglich daheim sowie an besonderen Festtagen des Jahres in der Kirche für die Verstorbenen zu beten. Das Motto lautet: »Für andere Verstorbene beten, damit später auch für uns gebetet wird.« Die grundsätzliche Intention dieser Initiative ist sicherlich begrüßenswert. Allerdings kann dem Leitmotiv eine durchaus egoistische Bestrebung entnommen werden.

Dann gibt es in der Tradition der christlichen Kirchen noch die speziellen Gottesdienste und Bräuche an den besonderen »Totengedenktagen« wie »Totensonntag«, »Allerheiligen« und »Allerseelen«, von denen, wenn sie würdig begangen werden, eine äußerst positive Wirkung für die Verstorbenen ausgehen kann. Rudolf Steiner sagte aufgrund seiner Geistesschau: **»Wenn man auf einen Friedhof geht, am Totensonntag oder am Allerseelentag, und dort viele Menschen sieht, die in dieser Zeit erfüllt sind von dem Bilde ihrer teuren Toten, und man blickt dann hinauf in die Seelen derer, an die da erinnert wird, dann sind das die Dome, die Kunstwerke für diese Toten. Dann durchleuchtet das, was ihnen da von der Erde hinaufstrahlt, für diese Toten die Welt wie ein herrlicher Dom, der uns Geheimnisse kündet, uns die Welt durchleuchtet, oder wie ein Bild, das uns lieb und wert ist, einen lieben Menschen vergegenwärtigt.«**[14]

Hier soll es aber nicht um diese kirchlichen Veranstaltungen gehen, die gewiss eine gute Berechtigung haben, sondern darum, wie man daheim als Einzelner oder in kleinem Kreis mit Familienmitgliedern oder Freunden für einen Verstorbenen beten, wie man seiner gedenken, wie man eine *Gedenkfeier* oder *Andacht* für ihn gestalten kann. Bedauerlicherweise hat ein solches Gedenken im privaten Kreis in unserem Kulturkreis keine große Tradition. Es ist für unsere Verstorbenen von eminenter Bedeutung, dass wir des Öfteren ganz gezielt und bewusst Kontakt zu ihnen aufnehmen. Es wäre für sie in der Tat fatal, wenn sie erkennen müssten, dass sie uns gleichgültig wären oder dass wir nicht ganz real mit ihrer Existenz rechneten.

10.2.1.1 Die richtige Vorbereitung und Einstimmung

Es ist zunächst einmal wichtig, dass man sich vor einer solchen Gedenkfeier oder Andacht, in der man sich an den Toten wendet, durch eine gezielte Vorbereitung in die rechte Gemüts- bzw. Seelenstimmung zu bringen versucht. Man sollte einen Zeitpunkt wählen, der einem wirklich gestattet, sich ohne Zeitdruck und mit Muße auf den Verstorbenen einzustimmen. So sollte man sich einen Raum suchen, in dem man eine Zeit lang wirklich ungestört sein kann. Manchmal können schon zehn oder fünfzehn Minuten durchaus hinreichend sein. Auf einen Tisch *könnte* man etwa eine brennende Kerze und vielleicht noch ein Foto des Verstorbenen stellen. Zu Beginn der Gedenkfeier sollte man den Verstorbenen *einladen*. Das kann dadurch geschehen, dass man sich ganz auf ihn konzentriert, dass man sich ganz auf ihn einlässt. Vielleicht vertieft man sich in sein Foto, vielleicht ruft man sich eine ganz bestimmte Mimik oder Geste, die ihm zu Lebzeiten eigen war, oder ganz bestimmte Worte oder Aussprüche, die für ihn charakteristisch waren, in Erinnerung. Vielleicht erinnert man sich so lebhaft wie möglich an ein gemeinsames Erlebnis oder ein Gespräch, das man mit dem Sphärenmenschen hatte, als dieser noch ein Erdenmensch war. Je intensiver man sich da hineinversetzen kann, desto leichter wird der Tote einen finden und der Einladung folgen. Hierbei sollte man es dazu bringen, mit Gedanken der Liebe und Dankbarkeit zu ihm aufzuschauen. Wenn man es nicht zu einem innigen Gefühl der Dankbarkeit dafür bringt, dass man mit dem lieben Verstorbenen einige Zeit lang zusammen sein, dass man mit ihm ein gemeinsames Schicksal haben durfte, wird der Tote einen nicht leicht finden. Man muss ganz selbstlos an das denken, was der Verstorbene vor seinem Tod für einen bedeutet hat, und nicht an das, was man durch seinen Verlust empfindet.[15] **»Gute Gedanken sind wie Balsam für die Toten. Nicht egoistische Liebe soll man ihnen senden, nicht trauern, dass man die Toten selbst nicht mehr hat; das stört den Toten und ist für ihn wie Bleigewicht. Die Liebe, die bleibt, die nicht Anspruch macht darauf, den Toten noch hier haben zu wollen, die nützt dem Toten und vermehrt seine Seligkeit.«**[16]

Wenn der Tote ein schwieriger Mensch war, mit dem man so seine Probleme hatte, sollte man sich dennoch bemühen, sich in seine liebenswerten Vorzüge hineinzuversetzen, die zweifelsohne jeder Mensch hat. Es ist durchaus auch möglich, dass man mehrere Verstorbene, die einem teuer waren, zu dieser Andacht einlädt. Sofern man eines Menschen gedenken möchte, der erst vor wenigen Tagen oder Wochen verstorben ist, so ist aber zu empfehlen, dass man sich dann *nur diesem* zuwendet. Wenn die Toten die liebenden Gedanken, die die Hinterbliebenen im wachen Tagesbewusstsein zu ihnen hinaufsenden, wahrnehmen, so sind ihnen diese genauso teuer wie etwa einem lieben Menschen, der in der Ferne lebt, ein Foto von uns, das wir ihm schicken, lieb und teuer ist. Das, was an solchen Gedanken und Gefühlen hinaufstrahlt, durchleuchtet ihre Welt.[17]

Nun wollen wir uns der Frage widmen, wie die Gedenkfeier gestaltet werden kann, welche Gebete, Sprüche oder dergleichen besonders gut geeignet sind, um unseren lieben Toten zu helfen.

10.2.1.2 Das freie Gespräch

Trotz der unermesslich großen Bedeutung und Wirkung, die bestimmte Gebete oder Sprüche aufweisen, muss es nicht *immer* und *ausschließlich* ein Gebet oder ein bestimmter Spruch sein, mit dem man sich an die Verstorbenen wendet. Es kann grundsätzlich gesagt werden, dass man mit allem, was man verbal und emotional an die Toten richtet, eigentlich nichts falsch machen kann. Alles, was mit gutem Willen und in bester Absicht gesagt, gedacht und gefühlt wird, wird seine fruchtbare Wirkung nicht verfehlen. Es macht im Übrigen keinen Unterschied, ob man sich hörbar oder innerlich, gedanklich an den Toten wendet. Wer zu einem freien Gespräch tendiert, sollte allerdings darauf achten, dass in diesem keine Wünsche formuliert werden, die egoistische Tendenzen haben oder völlig unrealistisch sind. Bei dem, was gesagt wird, muss es sich nicht unbedingt um große spirituelle Weisheiten handeln. Freilich macht es keinen Sinn, über materielle Dinge zu sprechen, die nur im Erdensein eine Bedeutung haben. Würden wir dem Verstorbenen beispielsweise sagen, dass unser Fernseher kaputt ist oder dass wir uns ein neues Auto gekauft haben, so wäre das für ihn ein Nichts. Solche Dinge spielen in seiner Welt nicht die geringste Rolle. Um eine konkrete Gemeinschaft mit dem Verstorbenen haben zu können, dürfen wir ihm keine abstrakten, materiellen Gedanken schicken.

Insbesondere in der ersten Zeit nach dem Tod könnte man dem Toten, dessen man gedenken möchte, etwa einfach *erzählen*, wie es einem geht, wie man sich fühlt, usw. Diese Vorgehensweise kann aber nur dann empfohlen werden, wenn man schon weitgehend über die tiefe Trauer des Verlustes hinweggekommen ist. Ansonsten könnte das für den Toten sehr belastend sein. Sofern man den Verstorbenen wirklich von Herzen geliebt hat, so könnte es sehr förderlich sein, wenn man ihm das des Öfteren ganz deutlich sagt. Wenn man zu dem Toten ein eher angespanntes Verhältnis hatte, so kann man ihm jetzt vielleicht darzulegen versuchen, warum man keine bessere Beziehung finden konnte. In jedem Fall sollte man sich bei den Seelen, die nun in einer anderen Welt weilen, aufrichtig bedanken, dass man mit ihnen sein Leben teilen durfte. Ein solcher Dank gebührt auch denjenigen, mit denen man so seine Probleme hatte. Diese Probleme hatten ganz gewiss ihre gute Berechtigung und Bedeutung. Vielleicht ist man gerade durch diese Schwierigkeiten ein wenig gereift und in seiner geistig-seelischen Entwicklung gewachsen.

Überhaupt sollten wir viel häufiger ein mehr allgemeines Dankbarkeitsgefühl in uns rege machen. Die Welt verdient unseren Dank für so viele Geschenke, die sie uns jeden Tag, an dem sie unser Leben mit neuen Erfahrungen und Eindrücken bereichert, beschert. Wenn wir es nicht zu einer solchen allgemeinen Empfindung des Dankes bringen können, **»so finden die Toten nicht die gemeinsame ›Luft‹ mit uns«.**[18]

Oftmals sind Hinterbliebene todtraurig und verzweifelt, weil sie noch in der Schuld des Verstorbenen stehen oder zu stehen glauben. Nicht selten wird man sich erst dann dessen bewusst, was man einem Mitmenschen an Kummer zugefügt oder an Unterstützung unterlassen hat, wenn dieser durch die Pforte des Todes geschritten ist. In einem solchen Fall kann es von Bedeutung sein, dem Dahingeschiedenen seine Motive für das lieblose Verhalten darzulegen und aufrichtig um Verzeihung zu bitten. Insbesondere kann man aber auch einem Verstorbenen noch etwas verzeihen, sofern dieser sich einem gegenüber schuldhaft verhalten haben sollte. Auch ein postmortales Verzeihen dürfte noch sehr positive Auswirkungen haben, wenngleich es die Konsequenzen des schuldhaften Verhaltens wohl nur mildern kann.

Es wurde ja schon erwähnt, dass Menschen, die vor ihrem Tod starke bewusstseins-dämpfende Medikamente eingenommen oder über lange Zeit – mehr schlafend als wachend – ans Bett gefesselt waren oder die im Erdenleben nichts vom nachtodlichen Leben wissen wollten, sich nach ihrem Übergang nicht gleich bewusst sind, dass sie nun auf einer ganz anderen Daseinsebene angekommen sind. In einem solchen Fall weist Iris Paxino darauf hin, dass es ungeheuer wichtig sei, dass die Hinterbliebenen dem Verstorbenen unmittelbar nach seinem Tod ›sagen‹, dass er die physische Welt verlassen hat. Dies kann in einem inneren Zwiegespräch erfolgen, etwa mit den Worten: *»Du bist jetzt gestorben. Du kannst von deinem Leib loslassen und dich frei fühlen, ohne Schmerzen und ohne körperliche Einschränkung. Schau dich um und du wirst andere, geistige Gestalten wahrnehmen... «*[19]

Übrigens, wenn es ›nur‹ darum geht, mit dem Verstorbenen ein ›Gespräch‹ zu führen, so muss das nicht unbedingt im Rahmen einer Andachtsfeier sein. Ein solches Ge-spräch kann freilich jederzeit und überall geführt werden. Allerdings sollte man sich vorher zumindest ein wenig auf den Toten in der oben skizzierten Weise einstimmen, wie das für den Beginn einer Andacht empfohlen wurde. Auch kann man ihm zu jeder Zeit und an jedem Ort gute und liebevolle Gedanken oder Gebete schicken.

10.2.1.3   Gebete und Sprüche für Verstorbene

Das in gewisser Weise wichtigste Gebet für *alle Lebenslagen* ist das »Vaterunser«, das Christus selbst den Menschen geschenkt hat. Diesem Gebet wohnt – wie Rudolf Steiner einmal sagte – eine magische Kraft inne. Sofern man das Vaterunser mit großer Aufmerksamkeit, Andacht und Würde spricht, wird diese Kraft ihre positive Wirkung nicht verfehlen, selbst dann, wenn der Betende den Sinn der ungeheuer tie-fen Worte dieses Gebetes nicht gänzlich zu verstehen vermag.[20] Das Vaterunser kann also grundsätzlich immer empfohlen werden, insbesondere als Einleitung oder Aus-klang der Andacht. Also auch, wenn man sich mit einem freien Gespräch an seine lie-ben Verstorbenen wenden möchte, kann empfohlen werden, zu Beginn oder am Ende das Vaterunser zu sprechen.

In den ersten Tagen und Wochen nach dem Tod kann es besonders hilfreich und wirksam sein, aus den Evangelien vorzulesen. Welches Evangelium bzw. welches Kapitel man wählt, ist gar nicht so entscheidend. Die meisten Evangelientexte stellen einen urbildlichen Hintergrund *jeder* menschlichen Biografie dar.

Neben den Gebeten oder Evangelientexten gibt es noch eine Fülle von Sprüchen, die man auch als *»Gebets-« oder »Meditationssprüche«* bezeichnen könnte, die für einen Verstorbenen eine äußerst segensreiche Wirkung haben können. Wir wollen hier nur ein paar besonders wichtige aus der großen Sammlung der Sprüche, die uns Rudolf Steiner gegeben hat, betrachten. Bei diesen Sprüchen handelt es sich nicht um irgendwelche Texte, die sich ein kreativer Mensch ausgedacht hätte und die ein anderer schön oder weniger schön, ansprechend oder weniger ansprechend finden könnte. Alle diese Texte hat Rudolf Steiner unmittelbar aus der geistigen Welt empfangen. Diese Sprüche werden genau wie das Vaterunser ihre Wirkung nicht verfehlen, auch wenn man die tiefe Bedeutung nicht ganz verstehen sollte.

Ein besonders wichtiger Meditationsspruch, der hier vorgestellt werden soll, lautet:

> **Geist Deiner Seele, wirkender Wächter,**
> **Deine Schwingen mögen bringen**
> **meiner Seele bittende Liebe**
> **Deiner Hut vertrautem Sphärenmenschen,**
> **dass, mit Deiner Macht geeint,**
> **meine Bitte helfend strahle**
> **der Seele, die sie liebend sucht.** [21]

Dieser Spruch hat einen besonders *universellen* Charakter. Man kann ihn nicht nur für Verstorbene, sondern auch für Lebende zitieren. Somit kann er auch etwa für Menschen gesprochen werden, die man in ihren letzten Lebenstagen und -wochen begleiten darf oder die sich in einer schwierigen Lebenslage befinden. Spricht man ihn für einen lebenden Menschen, muss in der vierten Zeile das Wort »*Sphären*menschen« durch das Wort »*Erden*menschen« ausgetauscht werden.

Die oben abgedruckte Fassung ist zu sprechen, wenn sich ein *einzelner* Mensch an einen *einzelnen* Verstorbenen wenden möchte. Wendet man sich an mehrere Verstorbene, so müssen natürlich die entsprechenden Pluralformen verwendet werden. Das Gleiche gilt, falls mehrere Menschen ihn an einen bzw. mehrere Verstorbene richten möchten.

Wenn sich ein *Einzelner* an *mehrere* Verstorbene wenden möchte, muss gesprochen werden:

> **Geister Eurer Seelen, wirkende Wächter,**
> **Eure Schwingen mögen bringen**
> **meiner Seele bittende Liebe**
> **Eurer Hut vertrauten Sphärenmenschen,**
> **dass, mit Eurer Macht geeint,**
> **meine Bitte helfend strahle**
> **den Seelen, die sie liebend sucht.**

Wenn sich *mehrere* an einen *einzelnen* Verstorbenen wenden möchten, muss gesprochen werden:

> Geist Deiner Seele, wirkender Wächter,
> Deine Schwingen mögen bringen
> unserer Seelen bittende Liebe
> Deiner Hut vertrautem Sphärenmenschen,
> dass, mit Deiner Macht geeint,
> unsere Bitte helfend strahle
> der Seele, die sie liebend sucht.

Wenn sich *mehrere* Menschen mit diesem Spruch an *mehrere* Verstorbene wenden möchten, muss gesprochen werden:

> Geister Eurer Seelen, wirkende Wächter,
> Eure Schwingen mögen bringen
> unserer Seelen bittende Liebe
> Eurer Hut vertrauten Sphärenmenschen,
> dass, mit Eurer Macht geeint,
> unsere Bitte helfend strahle
> den Seelen, die sie liebend sucht.

Wie wir ja schon wissen, ist jedem Erdenmenschen ein Engelwesen zugeteilt. Dieser Mensch ist seinem Engel anvertraut worden, in dessen Obhut er sich zeit seines Erdenlebens befindet. Auch nachdem der Mensch durch die Pforte des Todes geschritten ist und sich mehr und mehr in die Planetensphären auszudehnen beginnt, also zum »Sphärenmenschen« wird, bleibt es die Aufgabe seines Engels, ihn zu führen und zu leiten. Der Engel wird seinen ihm anvertrauten Menschen nie verlieren. *»Er* [der Engel] *schaut nicht nur auf das, was geworden ist, was einzelne Ereignisse sind, sondern auf das, was dieser Mensch werden kann, denn er trägt das Urbild des Menschen in sich. Alles, was er tut, hat das Ziel, dass dieses wahre Wesen sich entfalten kann.«*[22]

Mit obigem Spruch wendet man sich also an diesen führenden Engel und ersucht ihn, die Liebe und die Bitten für den Verstorbenen gewissermaßen zu ihm hinaufzutragen. Der Engel, mit dem wir zusammenarbeiten dürfen, gibt seine Kraft zu unserer Liebe, die wir dem Wesen des Engels hingeben, hinzu.[23] Es sollte eine möglichst konkrete *Bitte* dem Spruch vorausgehen. Diese muss natürlich realistisch sein und mit dem, was der Verstorbene in den übersinnlichen Welten gemäß den geisteswissenschaftlichen Erkenntnissen erlebt, in Einklang stehen. So könnte man etwa darum bitten, dass der Sphärenmensch sich mehr und mehr in sein jetziges Dasein einzuleben versteht, oder dass er die möglichen Leiden im Kamaloka als notwendig und förderlich zu erkennen und zu ertragen vermag, oder dass er die Wesen der höheren Hierarchien und dasjenige, was sie ihm an Kräften und Wohltaten reichen wollen, verstehen lernt, o.ä.

Es kann hilfreich sein, wenn man sich den Engel vorher ganz konkret vorzustellen versucht. Auf die Frage, wie man sich eigentlich einen Engel vorzustellen habe, antwortete Rudolf Steiner einmal ganz lapidar: **»Tun Sie es einfach! Er wird es schon korrigieren, wenn es fehlerhaft ist.«**[22]

Obiger Spruch eignet sich also insbesondere, um bestimmte Fürbitten, Gebete, Gedanken oder dergleichen, die man dem Verstorbenen senden möchte, einzuleiten.

Die beiden folgenden Sprüche weisen einen etwas spezielleren Charakter auf. Sie berücksichtigen bestimmte Erlebnisse und Empfindungen, die der Verstorbene kurz nach dem Tod und dann etwas später in der unteren Seelenwelt, dem Kamaloka, hat. Beide Sprüche wird man vorwiegend an einen *einzelnen* Verstorbenen richten. Die hier verwandten Fassungen sind zu sprechen, falls sich *mehrere* Menschen an *einen* Verstorbenen wenden möchten. Wenn man als *Einzelner* diese Sprüche zitieren möchte, müssen natürlich die Worte »uns(e)re«, »wir«, »uns« und »unsrer« durch »meine«, »ich«, »mich« und »meiner« ausgetauscht werden.

> **Unsre Liebe folge Dir,**
> **Seele, die da lebt im Geist,**
> **die ihr Erdenleben schaut;**
> **schauend sich als Geist erkennt.**
> **Und was Dir im Seelenland**
> **denkend als Dein Selbst erscheint,**
> **nehme unsre Liebe hin,**
> **auf dass wir in Dir uns fühlen,**
> **Du in unsrer Seele findest,**
> **was mit Dir in Treue lebet.** [24]

Dieser Spruch wendet sich ganz offensichtlich an einen Menschen, der erst vor ganz kurzer Zeit die Todespforte durchschritten hat. Er eignet sich also insbesondere für die ersten Tage nach dem Tod, wenn der Mensch noch sein Erdenleben in dem gewaltigen Panorama schaut. Er kann allerdings durchaus auch noch viel später gesprochen werden.

> **Unsere Liebe sei den Hüllen,**
> **die Dich jetzt umgeben –**
> **kühlend alle Wärme,**
> **wärmend alle Kälte –**
> **opfernd einverwoben!**
> **Lebe liebgetragen,**
> **Licht beschenkt nach oben!** [25]

Mit diesem Spruch wendet man sich an Sphärenmenschen, die gerade ihr Kamalo-kaleben durchmachen. Wenn man diesen spricht, kommt es sehr darauf an, dass man bei den Worten »Wärme« und »Kälte« die richtigen Empfindungen hat. Damit sind natürlich nicht physische »Wärme« und »Kälte« gemeint, die ein Mensch, der über die Schwelle des Todes geschritten ist, auch gar nicht mehr verspüren könnte. Das, was hiermit gemeint ist, könnte man am ehesten mit »Gefühlswärme« und »Gefühls-kälte« bezeichnen. Der Verstorbene hat im Kamaloka noch das Verlangen, mit physi-schen Organen wahrnehmen zu wollen. Diese Organe hat er aber mit seinem physi-schen Leib abgelegt. Die starken »Hitzeempfindungen«, die er jetzt zeitweise hat, sind die Folge davon, dass er diese Wahrnehmungen nicht mehr haben kann, dass er sie entbehren muss. Auch seine eigenen Begierden, Triebe und Egoismen erlebt er wie eine große Hitze. Sein Wille verlangt noch danach, sich physischer Organe und Werkzeuge zu bedienen, wie er es im Erdenleben gewohnt war. Die Unmöglichkeit, sich nun dieser Organe und Werkzeuge bedienen zu können, führt zu einer weiteren großen Entbehrung, die einem seelischen Kältegefühl gleichkommt. Wenn dem Ver-storbenen nun gewahr wird, was er seinen Mitmenschen an Lieblosigkeit entgegen-gebracht hat, kommt das ebenfalls als eine Kälte-Erfahrung auf ihn zurück. Er lernt verstehen, was diese dadurch erlebten und kann den Entschluss fassen, in seiner nächsten Inkarnation für einen Ausgleich zu sorgen.[26]

Der letzte Spruch, der hier vorgestellt werden soll, ist von einer ganz herausragenden Bedeutung. Er wendet sich *besonders* an Menschen, die schon vor längerer Zeit die Pforte des Todes durchschritten haben. Er bezieht in seinen drei Sätzen ausdrücklich alle geistigen Wesen der höheren Hierarchien (☞ Anhang A.2, Tabelle 1, S. 528) mit ein, die hier explizit mit ihren griechischen bzw. hebräischen Namen angesprochen werden. Mit diesen erhabenen Wesen kommen die Sphärenmenschen immer mehr zu-sammen. Dieser Spruch handelt davon, wie die geistigen Wesen der dritten Hierarchie das Schicksalsnetz bzw. die Schicksalsfäden des Menschen aufnehmen, wie diese es später in den Bereich der Wesen der zweiten Hierarchie hintragen, die wiederum um-fangen werden von den Wesen der höchsten Hierarchie, in deren Tatenwesen, also in das Tun der Throne, Cherubim und Seraphim das irdische Tun des Menschen aufge-nommen wird.

     Es empfangen Angeloi, Archangeloi, Archai
     im Ätherweben
     das Schicksalsnetz des Menschen.

     Es verwesen in Exusiai, Dynamis, Kyriotetes
     im Astralempfinden des Kosmos
     die gerechten Folgen des Erdenlebens des Menschen.

Es auferstehen in Thronen, Cherubim, Seraphim
als deren Tatenwesen
die gerechten Ausgestaltungen des Erdenlebens des Menschen.[27]

In den alten Mysterien wurde den Menschen, die dort eingeweiht wurden, zugerufen: »Machet mit die Schicksale der Toten!«. Davon ist heute nur noch das abstrakt gewordene »Memento mori!«, das mit »Gedenke des Todes!« oder »Bedenke, dass du sterben wirst!« übersetzt werden kann, übrig geblieben. Dieser Satz kann jedoch auf den gegenwärtigen Menschen nicht mehr in der tiefen Weise wirken. Er vermag nicht, das Bewusstsein in ein viel lebendigeres Leben hinauszudehnen, als es ihm aus der Sinneswelt bekannt ist. Mit obigem Spruch, sofern wir ihn richtig verstehen, können wir die Sphärenmenschen mit Gedanken, die Abbilder dessen sind, was in jenem Reich, in dem sie nun weilen, geschieht, ganz konkret begleiten.

Wenn man die einzelnen Strophen zitiert, kann man dasjenige, was Rudolf Steiner aus seiner Geistesschau geben konnte, als Gedanken und Vorstellungen in sich rege machen:

1. Satz:

Es empfangen Angeloi, Archangeloi, Archai
im Ätherweben
das Schicksalsnetz des Menschen.

»Und was da der Empfang des menschlichen Schicksalsnetzes ist durch Angeloi, Archangeloi, Archai, das entwickelt sich so, dass man den Eindruck hat: das webt und lebt in violett-blauer Ätheratmosphäre. Es ist Weben und Leben in violett-blauer Ätheratmosphäre. Und wenn sich der Ätherleib auflöst, das heißt, wenn die Gedanken eingeatmet sind von Angeloi, Archangeloi, Archai, dann tritt der Mensch nach einigen Tagen in dieses Zurückleben [☞ Kapitel 5, S. 248ff.] ein, wie ich es Ihnen geschildert habe. Da erlebt der Mensch seine Taten, seine Willensimpulse, seine Gedankenrichtungen so, wie sie gewirkt haben in den anderen Menschen, denen er irgend etwas Gutes oder Böses zugefügt hat. Er lebt sich ganz ein in die Gemüter der anderen Menschen, er lebt nicht in seinem eigenen Gemüte. Mit dem deutlichen Bewusstsein, dass er es ist, der mit diesen Dingen etwas zu tun hat, erlebt er die Erlebnisse, die in den Tiefen der Seelen der anderen Menschen vor sich gegangen sind, mit denen er in karmische Verbindung getreten ist, denen er überhaupt irgend etwas in Gutem oder Bösem zugefügt hat. Da zeigt es sich wieder, wie nunmehr dasjenige aufgenommen wird, was der Mensch so erlebt. Er erlebt es in voller Wirklichkeit, in einer Wirklichkeit, die ich ja schildern musste als wirklicher noch als die Sinneswirklichkeit zwischen der Geburt und dem Tode. Er erlebt also eine Realität, in der er, ich möchte sagen, glutvoller drinnen steht als hier im Erdenleben.«[28]

2. Satz:

> Es verwesen in Exusiai, Dynamis, Kyriotetes
> im Astralempfinden des Kosmos
> die gerechten Folgen des Erdenlebens des Menschen.

»Schaut man das wiederum mit dem Blick der Initiationseinsicht von der anderen Seite an, so sieht man, wie jetzt das, was da der Mensch erlebt, in die Wesenhaftigkeit, in die Realität der Kyriotetes, Dynamis, Exusiai aufgenommen wird. Die saugen die Negative der menschlichen Taten auf. Die durchdringen sich damit. Und dieser Blick, dieser Initiiertenblick, der nun auf dieses ganz Wunderbare hinschaut, wie der Menschen in Gerechtigkeit umgesetzte Tatenfolgen aufgesogen werden von Exusiai, Dynamis, Kyriotetes, dieser ganze Anblick versetzt denjenigen, der ihn hat, in ein solches Bewusstsein, dass er sich weiß im Mittelpunkt der Sonne, und damit im Mittelpunkte des Planetensystems. Er schaut vom Gesichtspunkt der Sonne aus auf dasjenige, was geschieht. Und er sieht ein lilaartiges Weben und Leben, er sieht das Aufsaugen der in Gerechtigkeit umgesetzten Menschentaten durch Exusiai, Dynamis und Kyriotetes in dem Weben und Leben einer hellvioletten, einer lilafarbigen Astralatmosphäre. Sehen Sie, da hat man die Wahrheit, dass der Sonnenanblick, so wie er sich dem Erdenmenschen darstellt, ja nur von der einen Seite her ist, von der Peripherie her. Vom Mittelpunkte erscheint die Sonne als das Feld, wo die Geisteswirkungen, die Taten von Exusiai, Dynamis, Kyriotes vor sich gehen. Da ist alles geistige Tat, geistiges Ereignis. Da finden wir, ich möchte sagen, die Rückseite der Bilder des Erdenlebens, das wir hier zwischen der Geburt und dem Tode erleben.«[29]

Wir denken bei dem Wort »verwesen« richtig, wenn wir es nicht im Sinne von »vergehen« oder »vernichtet werden«, sondern im Sinne von »das Wesen hinleiten« auffassen.

3. Satz:

> Es auferstehen in Thronen, Cherubim, Seraphim
> als deren Tatenwesen
> die gerechten Ausgestaltungen des Erdenlebens des Menschen.

»Dann, wenn dieses vollbracht ist, wenn der Mensch dieses Drittel des irdischen Lebens verlebt hat nach dem Tode, zurückgewandert ist, sich nun wiederum am Ausgangspunkte des Erdenlebens, aber im Geistesraum fühlt, in dem Momente [...] da tritt der Mensch, man kann sagen, durch den Mittelpunkt der Sonne in das eigentliche Geisterland ein. Da drinnen werden nun diese ins Gerechte umgesetzten Erdentaten aufgenommen in die Tätigkeit der ersten Hierarchie. Da gelangen sie in den Bereich der Seraphim, Cherubim und Throne. Da tritt der Mensch ein in ein Reich, bei dessen Betreten er fühlt: was auf der Erde durch mich geschehen ist, das nehmen in ihr eigenes Tatenwesen auf Seraphim, Cherubim und Throne.

Bedenken Sie nur, meine lieben Freunde, wir denken richtig über dasjenige, was mit dem Toten vorgeht im weiteren Leben nach dem Tode, wenn wir den Gedanken hegen: Das, was er hier auf der Erde am Schicksalsnetz gesponnen hat, das wird zunächst aufgefangen von Angeloi, Archangeloi, Archai. Die tragen es hin, in dem nächsten Abschnitt zwischen dem Tod und einer neuen Geburt, in den Bereich der Exusiai, Dynamis, Kyriotetes. Diese werden umfangen, umsponnen von den Wesenheiten der ersten Hierarchie. Und immer wird in diesem Umspinnen, Umfangen in das Wesen, in das Tatenwesen, in das Tun der Throne, Cherubim und Seraphim des Menschen Tun auf Erden aufgenommen.«[30]

Dieser Meditationsspruch eignet sich insbesondere, wenn man sich an *viele* Tote wenden möchte, etwa an *alle* Verstorbenen aus seiner Familie oder seinem Lebensumfeld, unabhängig davon, in welcher Region oder Sphäre diese sich gerade befinden. Er kann etwa gesprochen werden, um eine Andacht oder den Gräbergang an einem der Totengedenktage zu beschließen.

10.2.1.4 Den Verstorbenen vorlesen oder vortragen

In fast allen esoterischen Lehren wird mit großem Nachdruck darauf hingewiesen, dass es zu den Aufgaben eines Menschen gehöre, sich während seines Erdenlebens geistige Erkenntnisse zu erwerben, um nach dem Tod die höheren Welten in rechtmäßiger Weise durchlaufen und um ein Verständnis für alles, was er dann wahrnehmen und erfahren kann, gewinnen zu können. Rudolf Steiner sagte darüber hinaus immer wieder in aller Deutlichkeit, dass es für einen Verstorbenen unmöglich oder zumindest äußerst schwierig sei, ein geistiges Wissen, das er im Erdenleben sich anzueignen versäumt habe, in den übersinnlichen Welten nachzuholen. Auch die anderen Verstorbenen, die sich in ihrem Erdendasein ein solches Wissen angeeignet haben, können jetzt nur einen eher geringen Einfluss auf ihn ausüben, indem sie ihn etwa über geistige Erkenntnisse unterrichten. Einen ungleich größeren Einfluss als andere entkörperte Seelen können aber die noch Lebenden, die Zurückgebliebenen auf einen Verstorbenen ausüben. Menschen, die noch auf der Erde weilen, haben aus ihrer eigenen Willkür heraus die Möglichkeit, Veränderungen bei den Verstorbenen, mit denen sie zu gemeinsamen Lebzeiten ein gewisses Verhältnis angeknüpft hatten, eintreten zu lassen.[31] Die Lebenden können insbesondere die Toten in gewisser Weise über geistige Erkenntnisse ›unterrichten‹. Nach dem Tod kann ein Mensch selbst schwierige Themen viel leichter verstehen, als es während seiner Inkarnation der Fall war. Zum einen wird er jetzt nicht mehr durch das viel zu starre physische Gehirn eingeschränkt, zum anderen kann er das, was er nun hört, mit seinen eigenen geistigen Wahrnehmungen, die er nun hat, verbinden und vergleichen.

Dieses Unterrichten kann in der Weise geschehen, dass man den Toten etwas aus geisteswissenschaftlichen Büchern – oder aber auch aus der Bibel – *vorliest*. Welchen Text man sich vorzulesen entschließt, mag gar nicht einmal so wichtig sein. Man macht gewiss nichts falsch, wenn man einen der zahllosen Vorträge Rudolf Steiners, in denen es um das nachtodliche Leben des Menschen geht, auswählt. Auch ein Vortrag, in dem er über die geistigen Wesen der höheren Hierarchien, mit denen der Mensch ja nach seinem Tod in vielfältiger Weise zusammenkommt, schildert, kann sehr förderlich sein. Besonders zu empfehlen sind Steiners Grundlagenwerke *»Theosophie«* (GA 9) und *»Die Geheimwissenschaft im Umriss«* (GA 13). Das vorliegende Buch mag durchaus ebenfalls eine geeignete Quelle sein. Natürlich kann man auch seinen Schutzengel bzw. sein höheres Selbst oder den Schutzengel des Verstorbenen, dem man vorlesen möchte, bitten, bei der Auswahl des Textes behilflich zu sein. Wenn es gelingt, sich auf diese Bitte einzustimmen, wird man schon die richtige Wahl treffen.

Dieses Vorlesen kann wieder im Rahmen einer Andacht geschehen. Ob man nun laut, leise oder still liest, ist völlig unerheblich. Wichtig ist, dass man nicht gedankenlos liest, sondern dass man alle Sätze selbst durchdenkt und mit entsprechenden Gefühlen durchpulst. Man kann sich ruhig vorstellen, der Tote sitze einem dabei gegenüber. Einer solchen ›Sitzung‹ werden sich auch viele andere Tote, die man möglicherweise gar nicht einmal kennt, anschließen und das Gehörte, das ihnen zu einem Lebenselixier werden kann, dankbar und geradezu begierig aufsaugen.

Bevor man mit dem Vorlesen beginnt, könnte man den Meditationsspruch »Geist Deiner Seele ...« (☞ S. 404) zitieren. Als Bitte könnte man vorher formulieren, dass die Sphärenmenschen, die das Vorgelesene empfangen wollen, dieses möglichst gut verstehen und für sich fruchtbar machen können.

Es gibt ja zahlreiche Menschen, die in ihrem Oberbewusstsein eine starke Abneigung gegen alle spirituellen Themen und Bestrebungen haben. Viele von ihnen machen keinen Hehl daraus, indem sie alles Geistige als Unfug und spirituell interessierte Zeitgenossen als Spinner bezeichnen. Rudolf Steiner sagte mehrmals, dass es sich häufig so verhalte, dass dasjenige, was sich als starke Abneigung im Oberbewusstsein zeige, eine starke Neigung im Unterbewusstsein sei.[32] Diese Menschen haben also in ihren Seelentiefen eine starke Sehnsucht nach spirituellen Erkenntnissen. Ihr Ich weiß von diesem Wunsche nichts. Nach dem Tod tritt ihnen nun aber nicht nur das vor ihr Seelenauge, was ihnen im Erdenleben bewusst geworden ist, sondern auch alles, was sie mit ihrem Tagesbewusstsein niemals beleuchten konnten. Nun wird ihnen also ihre große Sehnsucht, die sie nach spirituellen Erkenntnissen hatten, voll bewusst und brandaktuell. Diese Sehnsucht können sie nicht so ohne weiteres stillen. Die Unmöglichkeit, diese Sehnsucht zu stillen, kann sehr qualvoll werden. Jetzt kann es für sie zu einem großen Labsal werden, wenn sie sich einer Sitzung anschließen können, in der den Toten von einem Lebenden aus geisteswissenschaftlichen Büchern in der geschilderten Weise vorgelesen wird.

Dieses Vorlesen kann selbstverständlich auch für solche Dahingeschiedene fruchtbar sein, die sich im Erdenleben schon mit spirituellen Themen befasst haben.

Zu dem hier skizzierten Vorlesen gibt es noch eine Alternative. So könnte man einem oder mehreren Verstorbenen auch von seinen Erkenntnissen, die man sich selbst – im Idealfall durch das Studium der anthroposophischen Literatur – angeeignet hat, *erzählen*. Man könnte ihnen also gewissermaßen einen Vortrag halten.

Das mag den Nachteil haben, dass es vielleicht nicht immer gelingt, alles objektiv und ganz korrekt darzustellen. Dafür hat es den großen Vorteil, dass man, wenn man etwas mit eigenen Worten vermittelt, zwangsläufig das Thema mehr durchdenken muss, wodurch der Verstorbene es besser verstehen kann. Dieses Erzählen bzw. Vortragen kann man natürlich auch wieder daheim im ›stillen Kämmerlein‹ machen. Man könnte es allerdings auch während eines Spazierganges in einer Umgebung, die wenig Ablenkung bietet, etwa in einem Wald, einem Park oder auf einem Friedhof durchführen.

Ebenfalls sehr förderlich und fruchtbar kann es für die Verstorbenen sein, wenn sich ihre Angehörigen oder Freunde des Öfteren versammeln und spirituelle Themen gedanklich bewegen.

Sigwart sprach mehrmals darüber, wie segensreich es für ihn immer war, wenn sich seine Geschwister und Freunde gemeinsam über geisteswissenschaftliche Themen austauschten. *»Ich hörte eure Gespräche gestern Abend. Wie ist das schön, wenn ihr zusammen seid und geistige Fragen erörtert. Ich antworte euch dann – oft vernehmt ihr es, aber leider auch manchmal nicht. Ich kann sehen, wie ungemein lehrreich für jeden von euch diese Stunde ist, weil ich bei jedem einzelnen die Wirkung fühle. Es ist nicht nur unser Kreis, der dann beisammen ist, sondern eine Menge anderer schließen sich an, die auch ihre Meinungen austauschen, sich, mich und euch begleiten. Wenn ihr fortsetzt, immer um die gleiche Zeit geistige Dinge zu lesen und euch mit übersinnlichen Fragen zu beschäftigen, kann sich eine gewaltige Kraft in der Zukunft entwickeln, weil immer höhere Wesenheiten daran teilnehmen, die euch beeinflussen und euch auf diese Art die schwierigsten Fragen lösen.«*[33]

»Ich durchschaue vieles, aber ich weiß noch längst nicht alles, ich habe aber

den intensiven Wunsch, weiter zu kommen. Dieses Wünschen hilft hier natürlich viel mehr als auf Erden im physischen Körper, da man viel aufnahmefähiger ist. Aber sonst ist man eben doch noch genau wie auf Erden. Wenn ihr mit geistig hochstehenden Menschen Fragen über die übersinnliche Welt erörtert, profitiere und lerne ich auch bei euch manches, was ich hier nicht erfahre. [...] Es ist der größte Irrtum zu denken, dass der Mensch vollkommen ist, wenn er seinen Körper abgestreift hat. Eure Gespräche, zum Beispiel heute, haben mir genauso viel geholfen wie euch, ja vielleicht noch mehr, weil ich mit meinen jetzigen Sinnen rascher erfasse und aufnehme, während das menschliche Gehirn doch oft sehr langsam funktioniert. Darum müsst ihr begreifen, dass ich glücklich bin, wenn ihr mit solchen Menschen wie heute zusammen kommt, weil ich dann auch viel lernen kann und euch während dieser Zeit viel näher stehe als im gewöhnlichen Leben, wenn ihr euch mit gleichgültigen Dingen beschäftigt.«[34]

10.2.1.5 Das Problem mit der Sprache

Man muss sich bei jeder ›verbalen Kommunikation‹ mit den Verstorbenen dessen bewusst sein, dass eine Menschensprache in den übersinnlichen Welten keine große Bedeutung mehr hat. *Spätestens* dann, wenn der verstorbene Mensch in der Geisteswelt ist, wird er eine menschliche Sprache kaum noch verstehen können. Solange er noch im Kamaloka weilt, stellt die Sprache kein unüberwindbares Hindernis dar.[35] Dennoch darf nicht übersehen werden, dass der Tote schon recht bald die Beziehung zur menschlichen Sprache mehr und mehr verliert. Insbesondere abstrakte, scharf umrissene Begriffe, die nichts Lebendiges, nichts Bewegliches haben, werden von den Toten nicht geliebt.[36] Auch Substantive kann er einige Zeit nach dem Tod nicht mehr gut verstehen. In der Welt, in der er nun weilt, herrscht eine fortwährende intensive Regsamkeit, Tätigkeit und Beweglichkeit. Daher wird er noch eine viel längere Zeit in der Lage sein, Verben, die eine Tätigkeit ausdrücken, zu verstehen.[37] Mit zunehmender Zeit, die nach dem Tod vergangen ist, wird es immer wichtiger, dass die Hinterbliebenen ihre Worte bzw. Gedanken, die sie an ihre lieben Verstorbenen richten, mit den rechten innigen Gefühlen und möglichst konkret vorgestellten ›inneren Bildern‹ verbinden. Für diese hat der Tote noch ungleich länger einen Sinn.

✱✱✱✱✱✱✱✱✱✱✱✱✱✱✱✱

Einige Menschen, die häufiger in der hier skizzierten Weise ihrer lieben Verstorbenen gedenken oder ihnen vorlesen, berichten, dass sie die Anwesenheit der gestorbenen Menschen fast körperlich spüren könnten. Es sei geradezu so, wie wenn sie ihnen gegenübersäßen. Wenn man dieses Gefühl nicht gewinnen sollte, so ist das aber keineswegs als Indiz dafür zu werten, dass man die Toten nicht erreicht hätte. Die Praxis eines solchen Gedenkens kann man durchaus sehr lange beibehalten, mindestens so lange, wie sich der Verstorbene noch im Kamaloka aufhält.

Man sollte nicht etwa glauben, dass man den Toten durch eine solche Andachtsfeier zur Teilnahme *zwingt*. Wenn er dieser Zuwendung nicht bedarf – was im Allgemeinen aber eher unwahrscheinlich ist –, wird er einfach nicht teilnehmen.

Genau wie viele Erdenmenschen neigen auch viele Sphärenmenschen dazu, sich an andere Menschen zu ›klammern‹. Wenn jemand sehr sensitiv ist, kann er es regelrecht spüren, wenn ein Toter nicht loslassen kann und einen zu häufigen Kontakt haben möchte. Das kann sehr belastend sein. Daher ist es, nachdem man die Andacht beendet hat, sehr empfehlenswert, wenn man sich mit dem Verstorbenen wieder ›verabredet‹, indem man ihm etwa sagt, morgen um die gleiche Zeit oder nächsten Samstag um 19 Uhr werde ich mich dir wieder mit ganzer Kraft und Liebe zuwenden. Auch mit einem Toten kann man solche Vereinbarungen treffen, obwohl in seiner Welt andere Zeitverhältnisse gelten. *Ursula Hausen*, Priesterin der Christengemeinschaft, schreibt dazu: *»Man kann, wenn man für ihn gebetet hat und vielleicht ein paar persönliche Worte anschließt, mit der Verabredung enden: ›Und morgen Abend zur gleichen Zeit treffen wir uns wieder! Jetzt gehst du deinen Weg, suche des Christus Gnade. Und ich habe hier meine Arbeit auf der Erde.‹ Das kann man mit ihm gemeinsam üben – zwischendrin lassen wir ganz los und konzentrieren uns auf unsere hier anstehenden Aufgaben.«*[38]

10.3 Verbindung mit den Verstorbenen während des Schlafes

Es wurde schon darauf hingewiesen, dass die sogenannten Toten selbst lange Zeit, nachdem sie durch die Pforte des Todes geschritten sind, noch ungleich mehr von dem mitbekommen, was sich auf der Erde abspielt und was in den Seelen ihrer Hinterbliebenen vorgeht, als viele – selbst durchaus religiös oder spirituell gesinnte Zeitgenossen – annehmen. Insbesondere haben sie noch eine sehr deutliche Wahrnehmung der Gefühle und Gedanken, die in den Seelen der Menschen leben, die sich noch im Erdendasein befinden. Wenn also ein Erdenmensch über eine grüne Wiese spazieren geht oder des Nachts den Sternenhimmel betrachtet, so kann der Verstorbene etwa die Freude, die dieser Mensch dabei erlebt, voll miterleben. Er könnte aber beispielsweise die üblichen naturwissenschaftlichen Vorstellungen, die sich der verkörperte Mensch dabei zu Bewusstsein bringt, nicht wahrnehmen.[39] Der Sphärenmensch hat überhaupt keine Wahrnehmung mehr für irdische Gedanken, die sich *nur* auf rein Sinnliches und Alltägliches beziehen.

Er kann nur dann an dem Leben seiner lieben Angehörigen noch teilhaben, wenn diese es zumindest hin und wieder zu spirituellen Gedanken und Vorstellungen bringen können. Alle Gedanken und Vorstellungen, die wir uns während des Tages über geistige Welten, Wesen und Begebenheiten machen, sind für die Verstorbenen von großer Bedeutung. Diese können von den Toten wahrgenommen werden; daran können sie ganz intensiv teilhaben.[40] Es liegt also ganz wesentlich an uns, inwieweit wir unsere lieben Dahingeschiedenen – und natürlich auch alle anderen Verstorbenen – noch an unserem Leben teilnehmen lassen möchten. Man muss sich immer wieder vergegenwärtigen, dass das bewusste Zusammensein der Verstorbenen mit den auf der Erde zurückgebliebenen Menschen ungleich inniger und intensiver sein kann, als das im Erdendasein jemals möglich sein konnte.[41]

Die Sphärenmenschen brauchen zwischen dem Tod und der neuen Geburt auch noch eine ›Nahrung‹, natürlich eine geistig-seelische Nahrung. Die schlafenden Menschen stellen in gewisser Weise das ›Saatfeld‹ für die Toten dar. Diese eilen gleichsam zu den Seelen der schlafenden Menschen hin, mit denen sie im Erdenleben verbunden waren, und suchen in ihnen nach den Gedanken, Ideen und Vorstellungen. Wie wir schon wissen, können die entkörperten Seelen materielle Gedanken, Ideen und Vorstellungen nicht wahrnehmen. Wenn die Lebenden es also tagsüber und insbesondere kurz vor dem Einschlafen nur zu solchen bringen könnten, müssten die Verstorbenen regelrecht ›verhungern‹. Rudolf Steiner sagte dazu: **»Oh, es hat etwas Erschütterndes, wenn man den hellsichtigen Blick richtet auf hingestorbene Menschen, die allnächtlich zu den schlafenden Zurückgebliebenen kommen – wir müssen da sowohl die Freunde als auch besonders die Blutsverwandten in Betracht ziehen – und wollen sich gleichsam laben, nähren an den Gedanken und Ideen, die diese mit in den Schlaf genommen haben – und finden nichts, was für sie nahrhaft ist. [...] Wenn wir den ganzen Tag über uns nur beschäftigen mit den materiellen Ideen des Lebens, wenn wir die Blicke nur richten auf dasjenige, was in der physischen Welt vor sich geht und dort verrichtet werden kann, und wenn wir nicht einmal vor dem Einschlafen einen Gedanken haben an die geistigen Welten [...], so bieten wir keine Nahrung für die Toten.«**[42] Wenn wir nachts einschlafen, so beginnen die Gedanken, Ideen und Vorstellungen, die wir tagsüber in unserem Bewusstsein hatten, zu leben; sie **»werden gleichsam lebendige Wesen«.**[42] Wenn die Toten, die nun an unsere Seelen herantreten, spirituelle Gedanken und Ideen, die wir mit in den Schlaf hineingenommen haben, finden können, so werden diese für sie regelrecht zur Nahrung, zu einer Kraftquelle, zum Lebenselixier. Insbesondere für die Seelen derjenigen Verstorbenen, die sich im Erdenleben nicht mit spirituellen Themen befasst haben, können diese zu einem großen Labsal werden. Auch auf diese Art können sie noch geistige Erkenntnisse erwerben, die sie sich im Erdendasein anzueignen versäumt haben.

Man muss sicherlich nicht Tag für Tag Gedanken über große geisteswissenschaftliche Erkenntnisse wälzen. Darum geht es gar nicht so sehr. Wir sollten uns aber beispielsweise immer wieder einmal klarmachen, dass wir aus einer geistigen Sphäre stammen, dass wir einen geistig-seelischen Wesenskern in uns tragen, der unsterblich ist. Wir sollten des Öfteren ein Gefühl der Ewigkeit, der Ungeborenheit und der Unsterblichkeit, in uns rege machen. Auch unseren Schutzengel, der immer in unserer Nähe ist, sollten wir viel öfter in unser Bewusstsein heben. Wir sollten auch ein wenig lernen, zwischen den ›Zeilen des Lebens‹ zu ›lesen‹. Was könnte uns Tag für Tag alles geschehen, wenn wir irgendetwas geringfügig anders gemacht hätten, als wir es dann letztlich tatsächlich gemacht haben. Wenn uns also beispielsweise ein gewisses Gefühl oder ein merkwürdiger Impuls veranlasst, von einer geplanten Handlung Abstand zu nehmen oder sie zeitlich zu verschieben, so sollten wir uns bewusst machen, dass uns dadurch möglicherweise etwas Schlimmes erspart bleiben konnte. Dadurch können wir den Toten, die in dieser Sphäre der möglichen Ereignisse weben, besonders nahe sein. Vielleicht war es sogar ein uns nahestehender Verstorbener, der uns diesen Impuls gegeben hat.

In den Augenblicken kurz vor dem Einschlafen und kurz nach dem Aufwachen sind uns unsere lieben Verstorbenen so nah wie sonst nur ganz selten. Gerade in diesen Momenten sollten wir uns dazu aufschwingen, ihnen zumindest einige Gedanken der Liebe und des Dankes zu schicken.

Für die Toten ist es von größter Bedeutung, wenn insbesondere die Menschen, mit denen sie ein gemeinsames Erdenleben verbringen durften, darüber hinaus spirituelle Gedanken und Vorstellungen mit in den Schlaf hinübertragen. Nun muss man aber wohl zugeben, dass es nicht immer leicht fällt, sich vor dem Einschlafen mit spirituellen Gedanken und Empfindungen zu durchdringen, selbst wenn man sich das ernsthaft vorgenommen haben sollte. Zu sehr fordern noch die vielen kleinen und großen Probleme und alltäglichen Sorgen, die uns den Tag über beschäftigt haben, ihr Recht. Es bedarf schon einer gehörigen Willenskraft, diesen Gedanken nicht die Oberhand zu überlassen.

Während des Schlafes befinden wir uns in den übersinnlichen Welten, also in den Sphären, in denen die Verstorbenen und die geistigen Wesen der höheren Hierarchien weben und wesen. Der Schlaf vereinigt uns mit den geistigen Welten und Wesen. In diesen Welten haben wir mannigfaltige Erlebnisse und Erfahrungen, die zu Lebzeiten die Bewusstseinsschwelle nicht überschreiten. Erst nach unserem Tod werden uns diese Erlebnisse bewusst, während wir noch einmal unser ganzes Erdendasein durchleben. Das Wissen und Bewusstmachen dieser Tatsachen kann uns schon in die richtige Stimmung versetzen, die für die Toten ein guter Nährboden sein kann. Rudolf Steiner wies auf die »Heiligkeit« des Schlafes hin und empfahl, folgende Gedanken vor dem Einschlafen in sich rege zu machen: **»Ich schlafe ein. Bis zum Aufwachen wird meine Seele in der geistigen Welt sein. Da wird sie der führenden Wesensmacht meines Erdenlebens begegnen, die in der geistigen Welt vorhanden ist, die mein Haupt umschwebt, da wird sie dem Genius** [Schutzengel bzw. höheres Selbst] **begegnen. Und wenn** ich aufwachen werde, werde ich die Begegnung mit dem Genius gehabt haben. Die Flügel meines Genius werden herangeschlagen haben an meine Seele.«[43]

Mit etwas gutem Willen und ein wenig Übung kann es durchaus gelingen, eine solche Empfindung vor dem Einschlafen rege zu machen. Auch das Sprechen eines Gebetes oder eines Meditationsspruches kann hier förderlich sein. Wir können uns dessen gewiss sein, im Schlaf nicht nur mit unserem Genius, sondern auch mit den Seelen der Verstorbenen aus unserem Schicksalskreis vereint zu sein.

Auch Sigwart sprach davon, dass seine Geschwister nachts, wenn sie schlafen, mit ihm vereint seien: *»Als ich heute Nacht bei euch war, habe ich gesehen, wie nahe verwandt das Einschlafen mit dem Sterben ist. Die Materie hängt nur mit einem Faden an dem Geiste, und dieser ist so glücklich, frei zu sein. Ganz wie im Erdenleben verkehren wir dann zusammen, und ich erzähle euch viel. Aber ihr dürft den Augenblick nicht versäumen, wo ihr zurück müsst in den physischen Leib. Das alles geht nach genauen Gesetzen, die die Menschen automatisch erfüllen. Bei eurem Erwachen ist der Geist wieder ganz erdgebunden, und ihr wisst nichts mehr von unserem Zusammensein, auch wenn ihr euch jedes Mal vornehmt, eine Erinnerung daran zu haben.«*[44]

10.4 Kommunikation mit Verstorbenen

Es wurde bereits des Öfteren gesagt, dass unsere lieben Dahingeschiedenen, mit denen wir im Erdendasein verbunden waren, immer um uns herum sind, dass wir eigentlich *immer* mit ihnen zusammen sind. Da diese Tatsache unsere Bewusstseinsschwelle im Allgemeinen nicht überschreitet, wissen wir davon nichts. Wir können sie verleugnen, ja für einen Unsinn halten. Wir sind aber nicht nur ständig von unseren Toten umgeben, wir *kommunizieren* sogar mit ihnen. Selbst wenn ein Mensch eine solche Kommunikation für möglich halten sollte, ist es in den weitaus meisten Fällen so, dass er sich dieser nicht bewusst wird. Das liegt daran, dass man nicht weiß, wie eine solche Kommunikation abläuft. Die Art der Kommunikation, um die es hier gehen soll, ist *jedem* Menschen möglich. Dass es Menschen, denen sich die inspirative Wahrnehmungsmöglichkeit erschlossen hat, möglich ist, ein regelrechtes *Zwiegespräch* mit Verstorbenen zu führen, ist unbestritten, aber hier nicht von Belang.

Werfen wir zunächst einmal einen Blick darauf, wie auf dem physischen Plan ein ganz normales Gespräch zwischen zwei Menschen vonstatten geht. Der eine möchte eine Frage stellen, einen Gedanken oder eine Empfindung äußern. Dazu muss er sie vermittels seiner Sprechwerkzeuge aussprechen. Das Gesagte entströmt dem Munde des Senders und dringt an das Ohr des anderen Menschen, des Empfängers. Dieser kann dann recht unverzüglich eine Antwort geben oder Stellung beziehen. Jetzt wird er zum Sender. Diese Art der Kommunikation sind wir von Kindesbeinen an gewöhnt. Wir sind so daran gewöhnt, dass wir uns eine ganz anders geartete Kommunikation mit einer menschlichen Seele kaum vorzustellen vermögen. Nun ist aber klar, dass ein Toter keine Sprechwerkzeuge mehr besitzt. Somit ist auch nicht zu erwarten, dass seine Mitteilungen an unsere physischen Ohren dringen können. Dieser Unterschied ist ja noch leicht einzusehen. Nun sind aber noch weitere Unterschiede, die vielleicht nicht so leicht zu verstehen sind, in Betracht zu ziehen. Wie wir bereits an vielen Stellen dieses Buches erläutert haben, sind ja die Bedingungen und Verhältnisse in den übersinnlichen Welten radikal verschieden von denen, die wir aus unserer Sinneswelt kennen. Vieles ist in diesen höheren Welten im Vergleich zu unserer materiellen Welt sogar völlig umgekehrt. Denken Sie etwa daran, dass die Innenwelt eines Menschen nach dem Tod zur Außenwelt wird. Wir müssen auch eine geradezu umgekehrte, entgegengesetzte Vorstellung ausbilden, wenn wir verstehen wollen, wie eine Kommunikation mit einem Verstorbenen verläuft.

Wenn ein sogenannter Toter uns etwas mitteilen möchte, so dürfen wir nicht erwarten, dass von außen eine Stimme oder dergleichen an uns herankommt. Das, was er uns zu sagen hat, steigt aus unserem *Inneren* empor. Es äußert sich meistens als ein Gedanke, der durch keine Sinneswahrnehmung und keine anderen Gedankengänge, die wir bewusst bewegt haben, veranlasst ist. Dieser Gedankenblitz hat häufig so wenig mit dem zu tun, was wir gerade in unseren Vorstellungen haben, dass man ihn nur allzu leicht als unsinnig verwirft und gar nicht beachtet. Da dieser gedankliche Impuls aus unseren eigenen Seelentiefen aufsteigt, sind wir zudem sicher, dass *wir* die Urheber sind. Wie wir schon an früherer Stelle erwähnt haben, ist das die ›Technik‹, wie die Sphärenmenschen – oder aber auch unser Schutzengel – in unsere Welt ›hereinreden‹, um uns etwa vor einem karmisch nicht angezeigten Unglück bewahren zu wollen.

Nachdem wir nun gesehen haben, wie wir das empfangen können, was ein Verstorbener uns mitzuteilen hat, muss jetzt noch die Frage geklärt werden, wie wir einem Toten etwas mitteilen können, auf das wir eine Antwort erwarten. Wie können wir ihm eine Frage stellen, etwa die Frage, was wir ganz konkret leisten können, um ihn zu unterstützen und zu fördern? Bevor man diese Frage *gedanklich* stellt, sollte man sich – ähnlich wie im Rahmen einer Andachtsfeier – wieder ein wenig auf den Toten einstimmen, indem man sich liebevoll etwa eine ganz konkrete Geste oder Mimik des Verstorbenen, die ihm eigen war, so lebhaft wie möglich in Erinnerung ruft. Der beste Zeitpunkt für eine solche Frage ist der Moment vor dem Einschlafen. In der ganz kurzen Zeitspanne des Einschlafens werden die Fragen von dem Toten empfangen. Das gilt auch für Fragen, die man schon während des Tages gestellt hat und die bis zum Einschlafen im Unterbewusstsein leben. Der ideale Zeitpunkt, die Antworten auf dem bereits geschilderten Weg zu empfangen, ist der Moment des Aufwachens. Wenn es gelingt, sich nicht gleich wieder von den Eindrücken der Sinneswelt gefangen nehmen zu lassen, können die Antworten aus den eigenen Seelentiefen aufsteigen. Es ist aber durchaus auch möglich, dass diese Antworten erst im Laufe des Tages aus den Seelengründen emporsteigen.

Es kommt ja sehr häufig vor, dass wir des Nachts von Verstorbenen, die uns im gemeinsamen Erdenleben nahestanden, träumen. Dass solche Träume keine ganz realen Erlebnisse widerspiegeln, liegt auf der Hand. Dennoch sind Träume, in denen ein Toter auftaucht, meistens ein ganz sicheres Indiz dafür, dass wir mit diesem während des Schlafes zusammen waren, dass wir mit ihm kommuniziert haben. Dieses Zusammensein wird natürlich in eine Geschichte eingekleidet, deren Bilder den irdischen Verhältnissen entlehnt sind. Eine solche Geschichte kann oftmals sogar recht abstrus erscheinen. Häufig hören wir den Toten in einem solchen Traume sprechen. Nun liegt es nahe, anzunehmen, dass es wirklich der Tote wäre, der da spricht. Das ist aber nicht der Fall. Die ganze Komposition des Traumes und das, was der Tote spricht, ist eine bildhafte Umgestaltung desjenigen, was wir vor dem Einschlafen dem Toten mitgeteilt bzw. als Frage an ihn gerichtet haben. Die Antworten, die Botschaften des Toten können sich erst einstellen, nachdem wir wieder aufgewacht sind. Im Moment des Aufwachens können sie besonders leicht hereinkommen. Lassen wir zum Abschluss wieder Rudolf Steiner zu Wort kommen: **»Und sie würden sich viel leichter einstellen für die sogenannten Lebenden, wenn diese in unserer gegenwärtigen Zeit nur überhaupt Zeit hätten, Neigung hätten, ein wenig achtzugeben auf dasjenige, was zwischen den Zeilen des Lebens aus tiefen Untergründen des Bewusstseins heraufkommt.«**[45]

10.5 Hilfe für Verstorbene in *besonderen* Fällen

A lles, was wir bisher empfehlen konnten, um Verstorbenen zu helfen, bezog sich – wenn wir so sagen dürfen – auf einen ›Durchschnittstoten‹, also einen, der nach dem Schwellenübertritt die Sphären der übersinnlichen Welten in der rechtmäßigen Weise durchlaufen wird, wie es für die weitaus meisten Menschen der Fall sein dürfte.

Nun gibt es aber – wie in Kapitel 8 geschildert – viele Menschen, die nach ihrem Tod ein schlimmes, ja fürchterliches Schicksal erwartet. Denken Sie an die erdgebundenen Seelen oder gar an die, welche sich in der Hölle befinden.

10.5.1 Hilfe für erdgebundene Seelen

In Kapitel 8 wurde gesagt, dass es in unserem heutigen materialistischen Zeitalter vielen Verstorbenen nicht gelingt, sich in den höheren Welten einzuleben. Sie wollen mit der Welt, in der sie jetzt sind, nichts zu tun haben. Am liebsten würden sie sich wieder mit ihrem Leichnam verbinden. Dieses schlimme Schicksal droht *insbesondere* solchen Seelen, die sich in ihrem Erdenleben niemals mit spirituellen Themen befasst haben und die somit auch ein Leben nach dem Tod für einen Unsinn hielten, an den sie keinen Gedanken verschwendeten.

Natürlich wäre es eine Anmaßung, wenn wir das Urteil fällen würden: »Dieser Tote war ein krasser Materialist. Er wird jetzt eine erdgebundene Seele sein und zerstörerisch auf die Erdensphäre wirken.« Dennoch darf als sicher angenommen werden, dass sich ein solcher Verstorbener, der in seinem irdischen Dasein alle geistigen Gedanken von sich gewiesen hat, in der ersten Zeit nach seinem Schwellenübertritt schwertun wird, in der höheren Welt zurechtzukommen. Er wird vieles von dem, was nun auf ihn einströmt, nicht verstehen können. Er kann nicht realisieren, dass er jetzt auf einer ganz anderen Daseinsstufe, die er zu Lebzeiten niemals für möglich gehalten hat, angekommen ist. Das kann zu einer gewaltigen Verunsicherung bis hin zu quälenden Angstzuständen führen.

Wie bereits angedeutet gibt es jedoch auch Seelen, die keineswegs eine materialistische Gesinnung hatten und sich trotzdem aus unterschiedlichen Gründen in den höheren Welten nicht so recht eingewöhnen können. Dieses Schicksal kann etwa Drogensüchtige und eventuell auch Selbstmörder ereilen. Auch Menschen, die sich völlig falsche oder zu naive Vorstellungen über das nachtodliche Leben gebildet haben, werden möglicherweise geraume Zeit benötigen, bis ihre falschen Vorstellungen durch die Wirklichkeit, die sie jetzt erleben, korrigiert worden sind. Dann gibt es etliche Menschen, die in den letzten Tagen und Wochen vor ihrem Tod starke bewusstseinsdämpfende Medikamente eingenommen oder über lange Zeit – mehr schlafend als wachend – ans Bett gefesselt waren.

Diesen Verstorbenen können die Hinterbliebenen durch besonders häufige liebevolle Hinwendung in Gedanken und Gebeten und durch Vorlesen geisteswissenschaftlicher Bücher zur Erlösung aus diesem Zustand verhelfen. Man könnte einem solchen Toten – nachdem man sich auf die bereits beschriebene Weise auf ihn eingestimmt hat – beispielsweise folgende Worte sagen: »Du hast jetzt deinen Leib abgelegt. Den brauchst du nicht mehr. Da, wo du jetzt bist, bist du am richtigen Ort. Du brauchst keine Angst zu haben. Alles ist in bester Ordnung. Du wirst deine Verwandten und Freunde sowie deinen Engel treffen. Vertraue dich ihm an. Versuche zu verstehen, wo du jetzt bist und was nun für dich richtig ist. Ich werde dir immer wieder helfen, indem ich dich über die Welt, in der du jetzt bist, zu unterrichten versuche. – Suche den Christus! Suche Seine Gnade, die dir den Frieden schenkt! – Lebe liebgetragen, lichtbeschenkt nach oben!« Dieser Text ist freilich nur ein Beispiel und kann beliebig modifiziert werden.

Erst wenn diese Seelen hinreichend viele geistige Begriffe aufgenommen haben, können sie aus ihrem Zustand erlöst und in die übersinnlichen Welten getragen werden.

Nun gibt es auch Menschen, die sich nicht so recht aus der Erdensphäre lösen können, obwohl sie durchaus spirituell gesinnt waren. Hier ist zunächst einmal an solche zu denken, die sich große Sorgen um ihre Hinterbliebenen machen. Vielleicht mussten sie ein Kind oder einen kranken oder behinderten Ehepartner unversorgt zurücklassen. Diese Sorgen können sie so stark vereinnahmen, dass sie sich nicht auf ihre neue Daseinssphäre einlassen können. **Solche Sorgen für zurückgelassene Freunde, Verwandte, Kinder, können auch in gewisser Weise wie eine Art Schwere wirken und die Seele in der Erdensphäre zurückhalten.«**[46] Diese Sorgen können und sollten die Hinterbliebenen den Verstorbenen allerdings in vielen Fällen abnehmen, um sie so von diesen zu befreien. **Man erleichtert das Leben eines Toten in der Tat dadurch, dass man ihm zum Beispiel abnimmt die Sorge um ein Kind, das er unversorgt zurückgelassen hat. Wenn man also etwas tut für das Kind, so nimmt man in der Tat dem Toten eine Sorge ab, und es ist dies gerade ein rechter Liebesdienst. Denn stellen wir uns nur einmal die Situation vor. Solch ein Toter hat ja nicht die Mittel an der Hand, seinen Sorgen auch tatsächlich abzuhelfen; er kann oftmals nicht das tun, was die Lage irgendeines zurückgelassenen Kindes, Verwandten, Freundes, erleichtern könnte von seiner Welt aus, und er ist oftmals – das ist ein in vielen Fällen außerordentlich bedrückendes Gefühl für den seherischen Beobachter – verurteilt, diese Sorge so lange zu tragen, bis sich von selbst oder durch Umstände die Lage des Zurückgelassenen bessert. Wenn wir also etwas dazu tun, sie zu bessern, so ist die Folge diese, dass wir dem Toten einen rechten Liebesdienst erwiesen haben.«**[47]

Auch solche verstorbenen Menschen, die sich im Leben noch wichtige Aufgaben vorgenommen hatten, die sie aber nicht mehr erfüllen konnten, tun sich häufig schwer, sich in der rechten Weise in den höheren Welten einzuleben. Es quält sie der Gedanke, dass diese Arbeiten oder Aufgaben unvollendet bleiben könnten. **Es ist oftmals sogar beobachtet worden, dass irgendeine Persönlichkeit hingestorben ist, die sich das oder jenes für das Leben noch vorgenommen hatte. Sie hing an einem solchen Vorsatz. Wir helfen ihr, wenn wir versuchen, unsererseits das zu tun, was sie gerne getan hätte. Das alles sind Dinge, die eigentlich gar nicht schwierig zu begreifen sind, die aber wirklich einmal ins Auge gefasst werden sollen, weil sie mit der seherischen Beobachtung durchaus übereinstimmen.«**[47]

So ist etwa von einigen Menschen bekannt, dass sie ein Buch geschrieben haben, das ihnen sehr wichtig war. Dieses konnten sie aber nicht mehr zum Abschluss bringen, da sie zuvor gestorben sind. In solchen Fällen sollten Verwandte oder Freunde alles daran setzen, die noch ausstehenden Arbeiten vorzunehmen und das Werk zu veröffentlichen.

Freilich kann es sich bei den unvollendeten Aufgaben auch um eher banale Dinge handeln.

Es sei nochmals daran erinnert, dass die geistigen Wesen der höheren Hierarchien ebenfalls einen Beitrag leisten können, um diese bedauernswerten erdgebundenen Seelen zu retten, indem sie die unverbrauchten Kräfte Jungverstorbener benutzen.

10.5.2   Hilfe für Selbstmörder

Auch wenn ein Mensch, der sich selbst das Leben genommen hat, zwar nicht unbedingt zu einer erdgebundenen Seele werden muss, wird er sich doch meistens noch lange Zeit nicht aus der Erdensphäre lösen können. *»Oftmals ist die Orientierungslosigkeit so groß und der Verstorbene ist noch so verstrickt in die ungelösten Schwierigkeiten, die ihn zum Aufgeben seines Lebenswillen brachten, dass ein klares Bewusstsein seiner neuen Situation [...] noch nicht entstehen kann.«*[48]

Wie in Kapitel 7 gesagt wurde, überkommt viele Selbstmörder kurz nach dem Tod eine tiefe Reue. Mit drückender Gewalt tauchen Schuldgefühle auf, die sie kaum bewältigen können. Ihnen wird langsam bewusst, welch großen Schmerz sie ihren Hinterbliebenen mit ihrer Tat zugefügt haben. Sie halten sich nun häufig in der Nähe dieser Menschen auf und versuchen, sie um Verzeihung zu bitten. Freilich kann das von einem Durchschnittsmenschen nicht wahrgenommen werden. Die Tatsache, dass all ihre diesbezüglichen Versuche fehlschlagen, bereitet ihnen noch zusätzliches Leid.

Jeder Erdenmensch, der einen lieben Angehörigen oder Freund verloren hat, der sich selbst getötet hat, kann sich dessen sicher sein, dass dieser nichts dringlicher wünscht, als dass ihm verziehen wird. Freilich fällt das nicht gerade leicht, zumal die Hinterbliebenen an diesem Schicksal schwer zu tragen haben und mit dem Leid und dem Kummer, der ihnen durch diese Tat bereitet wurde, oftmals noch Jahre lang nicht fertig werden können. Sie können diese Tat nicht verstehen und sind wütend auf den Verstorbenen, der sich auf diese abrupte und grausame Weise aus ihrem Lebensumfeld verabschiedet hat. Auch wenn dieses Verhalten aus irdischer Sicht bis zu einem gewissen Grad verständlich ist, darf nicht übersehen werden, wie sich das auf den Toten auswirkt. Diese Gefühle und Gedanken seiner Hinterbliebenen sind für ihn wie ein Bleigewicht, das ihn daran hindert, in die Sphären der übersinnlichen Welt aufsteigen zu können.

Es ist für ihn eine große Wohltat, wenn ihm nun tatsächlich ganz konkret gesagt würde, dass man ihm verzeiht. Es wäre wünschenswert, wenn es seinen Angehörigen und Freunden möglichst bald gelingen würde, sich aus diesem Gefühlschaos zu lösen und sich dem auf so schreckliche Art aus dem Erdenleben Verschiedenen ohne Arg und mit ganzer Liebe zuzuwenden.

In der Tat bedarf ein Selbstmörder in besonderem Maße unserer verständigen und liebevollen Hinwendung. Neben Gebeten sind hier zwei Meditationssprüche zu empfehlen, die Rudolf Steiner speziell für die Begleitung von Menschen gab, die sich selbst entleibt haben. Bei dem ersten Spruch müssen natürlich die Worte »ich« und »mein(e)« durch »wir« und »unser(e)« ersetzt werden, falls *mehrere* Menschen ihn sprechen.

Dein Wille war schwach
Stärke Deinen Willen
Ich schicke Dir
Wärme für Deine Kälte
Ich schicke Dir
Licht für Deine Finsternis
Meine Liebe Dir
Mein Gedanke Dir
Werde weiter.[49]

Der zweite Spruch lautet:

Seele im Seelenlande
suche des Christus Gnade,
die dir die Hilfe bringet,
die Hilfe aus Geisterlanden,
die auch jenen Geistern Friede
verleiht, die im friedelosen
Erleben verzweifeln wollen.[49]

Diese Meditationssprüche lassen erahnen, wie sehr jemand, der sich selbst getötet hat, der Hilfe bedarf.

10.5.3 Hilfe für die Seelen in der Hölle

Es wäre selbstverständlich eine gewaltige Anmaßung, wenn man sich zu dem Urteil versteigen sollte, dass *ein ganz bestimmter* Verstorbener aus seinem persönlichen Umfeld zu den Seelen gehören würde, denen ein Dasein in der untersinnlichen Sphäre, die traditionell »Hölle« genannt wird, nicht erspart bleibt.

Hier geht es also mehr darum, die göttlichen Wesen um Hilfe für *beliebige* oder *gar alle* Menschen, die ein solch fürchterliches nachtodliches Schicksal ereilt hat, zu bitten.

Dieses Erbitten der Hilfe ist unerlässlich, da es – wie Judith von Halle schreibt – für die Seelen in der Unterwelt kaum möglich ist, sich aus diesem Dasein *selbst* zu befreien. Sie können sich nicht selbst helfen. Auch der Christus und die geistigen Wesen der höheren Hierarchien werden die Erlösungsarbeit der Seelen aus diesem finsteren Bereich *von sich aus* – also ohne darum gebeten zu werden – nicht leisten. Diese Aufgabe, dieses Bitten kann nur von Menschen ergriffen werden. *»Die Menschheit muss sich zu der Einsicht durchringen, dass es aus dem konsequenten Respekt vor der vollständigen, unantastbaren, göttlichen Freiheit des Menschen keine höhere geistige Wesenheit, nicht einmal die höchste Hierarchie vermag, diejenigen menschlichen Seelen, die nach der Hilfe Christi nicht selbst rufen können, nach dem Erdentod aus ihrem Elend zu befreien! Dies kann einzig ein anderer Mensch vollbringen! [...] Und damit erreicht der Mensch in Wahrheit seine Ich-Stufe.«*[50]

Auch Iris Paxino weist darauf hin, dass diese Verstorbenen nur durch die Hilfe anderer Menschen aus ihrer dunklen Seinssphäre befreit werden können: *»Das einzig Hilfreiche hier ist, mit Ich-Bewusstsein einzugreifen. Je mehr wir die Wirklichkeiten und die Nöte der Welt erkennen und uns vergegenwärtigen, dass wir mit unserem Ich, im Christus gründend, das Gute bewirken können, so können wir es auch erlernen, diese besetzten und verdunkelten Bereiche unserer Welt zu erkennen, zu durchlichten und zu befreien.«*[51]

Nun könnte sich ja jemand auf den Standpunkt stellen und sagen: »Nun ja, die verstorbenen Menschen aus meiner Familie sowie aus meinem engeren Freundes- und Bekanntenkreis waren keine schlechten Menschen. Die meisten waren sogar durchaus fromme Christen. Von denen wird gewiss keiner in der Hölle sein. Und was scheren mich diejenigen, die ich nicht kenne und vielleicht in der Hölle sind?! Die werden ihr Schicksal schon verdient haben! Also, was geht mich das an?!«

Freilich haben diese Menschen ihr Los in gewisser Weise ›verdient‹. Auch in einem solchen Fall wäre es allerdings falsch, von einer göttlichen Strafe zu sprechen. Diese beklagenswerten Seelen haben sich im Netz der ahrimanischen und asurischen Wesen verfangen, wodurch sie letztlich zu ihren Werkzeugen wurden und Schlimmes in die Welt gebracht haben, so dass ihre Situation, in der sie sich nach dem Tod befinden, nur eine konsequente Folge ihres Gebarens sowie ihrer Taten ist. Dennoch wäre es nicht nur höchst unchristlich, diesen Seelen nicht zu helfen, sondern aus einem ganz bestimmten Grund geradezu fatal. Die in der Hölle verhafteten Menschenseelen können nämlich in einem noch viel größeren Ausmaß, als es bei den erdgebundenen Seelen der Fall ist, äußerst schädliche Einflüsse auf die Erdenmenschen ausüben. Sie können diese besetzen und zu den übelsten Verrichtungen anstiften und sie immer tiefer in den Materialismus verstricken. Würden nicht hinreichend viele Seelen aus der Hölle erlöst werden, so könnte es zu einer fürchterlichen Spirale kommen: Immer mehr Menschen würden sich im Sumpf des Materialismus verlieren, so dass ihnen nach ihrem Tod ein finsteres Dasein bevorstehen würde. Dadurch wären die Entwicklungsziele, welche die guten Götter für die Menschen und die Menschheit vorgesehen haben, in höchstem Maße gefährdet. *»Dass der Materialismus die Seelen heute mehr und mehr erfasst, hat nicht zuletzt seine Ursache darin, dass ein großer Teil der Menschheit diesen so bitter notwendigen Dienst der Hingabe nicht versieht, weil die jenseitige Welt als nachtodliche Daseinssphäre von vielen Menschen von vornherein nicht für real gehalten wird. Man erkennt nicht, dass man für viele sogenannte Verstorbene etwas tun muss. Die Menschheit ist daher diesseits wie jenseits gegenwärtig in großer Not!«*[52]

Viele Seelen, die sich in der Hölle befinden, können nicht einmal empfinden, dass sie etwas Wichtiges, nämlich Geistig-Göttliches, entbehren. Die pure Qual dieser Entbehrung ist der einzige Inhalt ihres Daseins, *»an dem sie aber wie magnetisiert selbstwollend festhalten.«*[53] Es gibt aber auch unzählige dieser Seelen, *»welche ihren Verlust zumindest ahnend bemerken, bis hin zu solchen, die in der Lage sind, ihn verzweifelt zu beklagen und nach Hilfe zu ›rufen‹, was schon den ersten Schritt aus diesem Zwischenreich hinaus und hinauf in lichtere Bewusstseinsgefilde vorbereitet.«*[53]

Dieser Hilferuf, dieser verzweifelte Ruf »Mein Gott, warum habe ich Dich verlassen!«, ist wohl die Voraussetzung dafür, dass diesen Seelen überhaupt von Erdenmenschen, die sich mit ihren Bitten an Christus oder die Engelwelt wenden, geholfen werden *kann*. Bei diesem Hilferuf ist es wohl gar nicht einmal entscheidend, an ›welchen Gott‹ die gequälte Seele dabei denkt, ob sie an den göttlichen Vater, den Christus, ihren Engel, das Göttliche in ihr oder ganz allgemein an das Göttliche in der Welt denkt.

Nun ist die Frage, *wie* jeder Einzelne von uns *ganz konkret* zu dieser so dringend notwendigen Erlösung der in der untersinnlichen Sphäre festsitzenden Seelen beitragen kann. Diese Arbeit kann von *jedem* Menschen verrichtet werden, der bereit ist, die geistige Wirklichkeit anzuerkennen und sich für die geistige Entwicklung der Welt und der Menschheit im Sinne der göttlichen Weltenlenker zu begeistern. *»[Man] braucht nichts weiter zu tun, als sein teilnahmsvolles Herz und seine von dieser Seelenstimmung geweihten Gedanken den aus der Sinneswelt Verstorbenen zuzuwenden; und zwar vor allem jenen, die sich im schier undurchdringlichen Dickicht der Versündigungen und Übel verfangen haben, welches nicht allein aus ihren eigenen, sondern aus unser aller Sündenkeimen aufgewuchert ist und aus welchem sie sich nicht mehr selbst befreien können. Diese Hinwendung unserer Herzen zu den im Untersinnlichen verstrickten Seelen ist unentbehrlich! [...] Jeder für das große Weltenziel zu begeisternde Mensch [...] kann nun seine Freiheit dazu verwenden, für die in den untersinnlichen Sphären leidenden Menschenseelen an ihrer statt bei den höheren Geistern, bei Christus um Hilfe zu bitten.«*[54] Wenn eine Menschenseele um die Heilung einer

anderen, in die Irre gegangenen Seele eines Menschenbruders an ihrer statt innig
fleht, so geht davon eine für den materialistischen Verstand unbegreifliche und unermessliche Kraft aus. *»Ein solches von ganzem Herzen ausgehendes Gebet ist wie das
Darbringen einer Opfergabe, welche die göttlichen Geister anzieht. Es ist, als bestünde das Labsal der höheren Geister darin, mit Freuden dem Ruf der bittenden Menschenseele Folge zu leisten. Ihr Verzehren dieser Opfergabe ist die ihnen durch diese
Gebets-Gabe eingeräumte Möglichkeit, ihrem ganzen Daseinsgrund und -inhalt entsprechen zu dürfen, nämlich für die höhere Entwicklung der Welt wirksam einzutreten. Denn nur dann, wenn die göttlichen Geister zu dieser Arbeit der Heilung und
Verwandlung eingeladen werden, wenn also der Mensch es will und wenn er bereit
ist, selbst daran mitzuwirken, können sie mit ihrer Arbeit beginnen [...]«*[52]

Die Gebete und Fürbitten zur Erlösung der Seelen aus ihrem Daseinsdunkel sollten
wir mit mindestens der gleichen Intensität darbringen, wie wir für unser eigenes
Seelenheil und unsere eigene spirituelle Entwicklung bitten. *»Indem sich ein Mensch
vorurteilslos mit solchen Versäumnissen und Nöten eines Verstorbenen in seinem
stillen Inneren beschäftigt, so als wären sie seine eigenen, empfängt er auch einen
großen Nutzen für sich selbst. Denn er wird sich über seine eigenen diesbezüglichen
Schwächen klarer und sieht seine Schulden ebenso deutlich wie seine Verantwortung
für die Zukunft. Auf diese Weise aber arbeitet er den Engeln zu, die er um Hilfe an-
ruft.«*[55]

Es gibt viele Mitmenschen, die durchaus spirituell oder religiös gestimmt sind, sich
aber aus unterschiedlichen Gründen genieren, Engelwesen oder gar den Christus
anzurufen und um Hilfe zu bitten. Manche halten das für etwas Kindliches, manche
halten sich nicht für würdig, sich an solch erhabene Wesenheiten zu wenden. Aber
genau darauf warten die göttlichen Wesen. Christus, der Repräsentant der Menschheit, ist unser aller Helfer, Freund und Bruder. Wir dürfen mit ihm genauso ›sprechen‹, wie wir mit einem menschlichen Freund sprechen. Selbstverständlich kennt der
Christus alle unsere Gedanken und Er weiß, was wir ihm sagen bzw. worum wir ihn
bitten wollen. Dennoch bedarf es unseres Willensaktes, ihm unsere Bitten vorzu-
tragen. Freilich kann man sich nicht nur dann an die Engelwelt, Christus oder gar den
göttlichen Vater wenden, wenn man Fürbitten für Verstorbene, die in der Hölle sind,
richten möchte. Das kann man grundsätzlich immer tun, wenn es um *Menschen* geht,
unabhängig davon, ob es sich um Sphären- oder Erdenmenschen handelt.

Abschließend sei noch kurz erwähnt, was es bedeutet, wenn eine Seele aus der Hölle
erlöst werden kann. Nun, das bedeutet, dass sie zunächst ihr Kamalokaleben antreten
und dann später in die Sphären der oberen Seelenwelt und schließlich in die Geisteswelt aufsteigen kann. Dort kann sie dann ihre folgende Inkarnation planen und vorbereiten. Auf diese Weise kann sie sich wieder in den von den Weltenlenkern vorgegebenen Entwicklungsstrom einordnen.

Kapitel 11

Schlussbetrachtung

Unsterblichkeit – Ungeborenheit;
erst wer beides versteht,
versteht die Ewigkeit.
Rudolf Steiner[1]

In diesem letzten Kapitel wollen wir zunächst noch einmal auf die in der Einleitung aufgeworfenen Fragen zurückkommen. Dann werden wir erläutern, warum es für jeden Einzelnen von uns so wichtig ist, sich auf das Leben zwischen Tod und neuer Geburt vorzubereiten, indem er sich mit den entsprechenden geisteswissenschaftlichen Erkenntnissen vertraut macht.

11.1 Antworten auf die in der Einleitung formulierten Fragen

Erinnern wir uns an die eingangs formulierten Fragen, die sich viele Menschen stellen, wenn ein ihnen nahestehender Mensch sich anschickt, die Schwelle des Todes zu überschreiten oder sie bereits überschritten hat. Es wurde gesagt, dass es in diesem Buch *im Wesentlichen* darum gehe, geistige Erkenntnisse zu erarbeiten, die diese Fragen zu beantworten vermögen. Nun soll kurz verifiziert werden, inwieweit sich die Antworten aus den Darstellungen dieses Buches ergeben.

➤ *Was ist der Sinn dieses Todes und aller damit verbundenen Leiden?*

Diese häufig gestellte und absolut berechtigte Frage, lässt sich – wie die meisten spirituellen Fragen auch – natürlich nicht in wenigen Sätzen beantworten. Sie ließe sich aber gar nicht beantworten, wenn man nicht das Karmagesetz und die geistig-seelische Entwicklung des Menschen in Betracht ziehen würde. Beiden Themen ist in Kapitel 3 ein breiter Raum gegeben worden. Wer diese Darstellungen annehmen konnte, wird zumindest das Rüstzeug haben, um sich diese Frage in einem konkreten Fall selbst weitgehend beantworten zu können (☞ auch letzte Frage).

Dass uns große Trauer umfangen kann, wenn ein geliebter Mensch stirbt, ist absolut berechtigt und verständlich. Wir sollten aber bemüht sein, uns nicht in dieser Trauer zu verlieren, um dem Verstorbenen sein nachtodliches Leben nicht zu erschweren.

Vielmehr sollten wir uns mit der Gewissheit durchdringen, dass unsere Toten immer in unserer Nähe sind und dass wir, sobald wir selbst eines Tages durch die Pforte des Todes gegangen sind, wieder mit ihnen vereint sein werden.

➤ *Wo wird die Seele des Verstorbenen jetzt sein?*

Insbesondere in Kapitel 5 wurde versucht, recht ausführlich zu beschreiben, in welchen Welten, Regionen bzw. Sphären sich die Verstorbenen nach ihrem Übergang bewegen.

➤ *Was wird der Mensch nach seinem Tod alles erleben können und durchzumachen haben?*

Auch die Erlebnisse, Erfahrungen und Empfindungen, die ein sogenannter Toter in den übersinnlichen Welten haben kann, wurden insbesondere in den Kapiteln 5 und 6 und auch noch in den Kapiteln 7 und 8 sehr ausführlich geschildert.

Es ist wichtig, dass wir uns immer wieder einmal denkend und empfindend in die nachtodlichen Sphären sowie das, was ein verstorbener Mensch dort erleben und erfahren kann, hineinversetzen. Schließlich werden wir eines Tages auch wieder in diesen Welten sein. Je besser wir uns jetzt schon darauf vorbereiten, desto leichter wird es uns dann fallen, uns dort einzuleben und zurechtzukommen.

Wir können bei dieser ›Übung‹ etwa eines ganz konkreten Verstorbenen gedenken, der uns zu gemeinsamen Lebzeiten lieb und teuer war. In Abhängigkeit davon, wann er durch die Pforte des Todes gegangen ist, wissen wir ja *in etwa*, in welcher Region bzw. Sphäre er sich gerade befindet. Wenn beispielsweise die Zeit seit seinem Übergang noch nicht etwa ein Drittel seiner Lebzeit überschritten hat, so können wir wissen, dass er sich jetzt im Kamaloka aufhält. Nun können wir ganz konkret und intensiv daran denken, was er jetzt so alles durchmacht, dass er sein abgelegtes Erdenleben noch einmal in rückwärtiger Reihenfolge durchlebt, dass er sicherlich das eine oder andere Leidvolle zu ertragen hat, dass er aber auch mit den Verstorbenen, die er aus gemeinsamen Erdentagen kennt, ein Zusammensein pflegen wird, dass er mehr und mehr eine Beziehung zu den erhabenen Wesen der höheren Hierarchien gewinnen kann, usw.

➤ *Wie können wir ihn als Hinterbliebene auf seinem nachtodlichen Weg unterstützen?*

Wir müssen endlich unser von Unwissenheit geprägtes Vorurteil, dass die Verstorbenen sich in einer Welt befänden, die fern der Erdensphäre liegt, und an den Gedanken, Gefühlen, Ideen und Vorstellungen ihrer Hinterbliebenen nicht mehr teilhaben

könnten, überwinden! Wir müssen endlich den naiven Glauben, dass die Toten beim
›lieben Gott‹ wären, wo es ihnen ›paradiesisch‹ gut ginge und wo sie nichts zu entbehren hätten, aufgeben! Wir sollten uns immer dessen bewusst sein, dass wir für den
Verstorbenen nicht verloren sind. Er bekommt unsere Gefühle sowie unsere Gedanken, die wir über Geistiges anstreben, ganz real und lebhaft mit. Wir dürfen uns sicher
sein, dass er ganz in unserer Nähe ist, wenn wir unsere Gedanken und Empfindungen
zu ihm erheben.

Wir müssen verstehen lernen, dass unsere lieben Dahingeschiedenen immer um
uns herum sind und auf unsere liebevolle Unterstützung angewiesen sind. Insbesondere in den ersten Jahren und Jahrzehnten nach dem Tod können die verkörperten
Menschen – wie in Kapitel 10 darzustellen versucht wurde – den Toten ungeheure
Wohltaten erweisen, die ihnen andere entkörperte Seelen, ja selbst die Wesen der
höheren Hierarchien nicht erweisen können.

Es muss wirklich als eine Tragödie unseres stark materialistisch gefärbten Zeitalters
betrachtet werden, dass die große Mehrheit der Menschen in der amerikanisch-euro-
päischen Welt es nicht (mehr) vermag, eine Art ›Lebensgemeinschaft‹ mit den Verstorbenen zu bilden. Wenn wir die Erkenntnisse, die wir der Geisteswissenschaft Rudolf Steiners verdanken, ernst nehmen, könnten wir eine ganz neue Kultur, was den
Umgang mit unseren Toten anbelangt, begründen.

➢ *Wird er vielleicht eines Tages auf der Erde wiedergeboren werden?*

In Kapitel 3 wurde versucht zu zeigen, dass diese Frage eindeutig zu *bejahen* ist.
Ohne dogmatisch sein zu wollen, muss man wohl einräumen, dass viele Weltentatsachen – insbesondere auch das nachtodliche Leben eines Menschen – nicht im richtigen Licht gesehen werden können, falls man nicht bereit ist, von der Reinkarnationslehre auszugehen. Mit der Lehre der wiederholten Erdenleben rechnen fast alle
fernöstlichen Religionen sowie alle spirituellen Strömungen und Gruppierungen.

Voraussetzung dafür, dass ein Wesen wiedergeboren wird, ist, dass es *insbesondere*
einen physischen Leib und ein Ich besitzt. Während der physische Leib in jedem
Erdenleben ein anderer ist, bleibt das Ich erhalten; es geht von Inkarnation zu Inkarnation. Somit ist auch klar, dass man weder bei den Engelwesen noch bei den Tieren
von Reinkarnation bzw. Wiedergeburt sprechen kann. Die Engelwesenheiten der
höheren Hierarchien haben keinen physischen Leib, die Tiere besitzen kein Ich. Der
Inkarnationskreislauf hat in urferner Vergangenheit begonnen und wird in ferner Zukunft enden.

Die Erkenntnis, dass die Reinkarnation des Menschen eine Weltentatsache ist, lässt
sich nicht mehr lange verborgen halten. Sie wird immer mehr um sich greifen. Unter

den Jugendlichen und jungen Erwachsenen unseres Landes ist es schon heute eine Mehrheit, welche die Reinkarnation zumindest für wahrscheinlich hält, wenngleich viele damit noch recht phantastische Vorstellungen verknüpfen. Sofern der Materialismus sich nicht noch mehr in die Seelen der Menschen frisst, darf man wohl die Prognose wagen, dass es nicht mehr allzu lange dauern dürfte, bis eine Generation herangewachsen sein wird, welche die heutigen Menschen, die mehrheitlich immer noch nicht an die Reinkarnation glauben, so belächeln wird, wie wir die Menschen früherer Tage belächeln, welche die Erde für eine Scheibe hielten.

Die Reinkarnationslehre kann man eigentlich nur in Verbindung mit der Karmalehre verstehen. Damit die wiederholten Erdenleben überhaupt einen Sinn ergeben können, damit sich der Mensch durch die vielen Aufenthalte auf dem physischen Plan weiterentwickeln kann, haben die Weltenlenker das Karmagesetz geschaffen. Es ist das große kosmische Gesetz von Ursache und Wirkung, das eine allwaltende Gerechtigkeit gewährt. Die hinter dem Karmagesetz ausgebreitete Weisheit übersteigt den menschlichen Verstand. Nichts von dem, was wir in unseren vielen Leben tun bzw. getan haben, geht verloren. Alles wird in der Akasha-Chronik, dem großen Weltengedächtnis eingeschrieben und wird in unserer nächsten Inkarnation eine Wirkung zeitigen. Vieles von dem, was uns jetzt widerfährt, ist eine Wirkung einer unserer Taten in einem unserer früheren Leben. Es kann aber auch eine neue erste Ursache darstellen, die dann in einem späteren Leben eine entsprechende Wirkung nach sich ziehen wird.

Auch hier kann man sich – wie bereits erwähnt – durch entsprechende Gedanken und Empfindungen dazu erziehen, ein gewisses Gespür für das Wirken des Karma zu gewinnen. Wenn es uns also wieder einmal nicht so gut geht oder wenn uns gar ein kleiner oder großer Schicksalsschlag ereilt, so sollten wir nicht versuchen, anderen Menschen oder äußeren Umständen die Schuld in die Schuhe zu schieben. Vielmehr sollten wir uns bewusst machen, dass dieses nur *mit uns* zu tun und eine gute Berechtigung hat. Ein solches Ungemach kann eine karmische Wirkung sein, zu der wir in einem unserer letzten Leben die Ursache geliefert haben; es kann aber auch eine *erste* Ursache darstellen, die dann in einem der folgenden Leben ihre zumeist positive Wirkung zeitigen wird. Wir sollten uns des Weiteren stets klarmachen, dass wir dadurch in unserer geistig-seelischen Entwicklung vorwärts kommen.

Der uns anvertraute Engel sowie der eine oder andere Verstorbene, der uns im gemeinsamen Erdenleben nahestand, haben ein wachendes Auge auf uns. Sie setzen alles daran, uns auf sehr subtile Weise vor karmisch nicht notwendigen Schicksalsschlägen zu bewahren. Wie bereits – insbesondere in Kapitel 3 – ausführlich geschildert wurde ist die Anzahl der Ereignisse, die im Leben eines Menschen *tatsächlich* eintreffen, im Vergleich zu der Fülle derer, die *hätten* eintreffen können, geradezu

armselig. Auch das sollten wir in unserem Alltagsleben immer wieder einmal bedenken. Wenn wir beispielsweise aus irgendwelchen, zumeist banalen Gründen nicht
rechtzeitig zur Arbeit oder zu einem wichtigen Termin erscheinen können, sollten wir
nicht ungehalten werden. Vielmehr sollten wir etwa folgenden Gedanken in uns rege
machen: »Dass ich jetzt zu spät kommen werde, ist ärgerlich. Aber es hat seinen Sinn.
Wäre ich früher losgefahren, so wäre ich *möglicherweise* in einen schlimmen Unfall
verwickelt worden. Ich danke meinem Engel, dass er mich davor bewahrt hat.« Natürlich können die Wesen der höheren Welten nur ein Interesse daran haben, uns vor
solchen Unannehmlichkeiten zu bewahren, die karmisch nicht indiziert sind.

Wenn wir uns solcher Gedankenübungen öfters befleißigen, können wir mehr und
mehr ein Gespür dafür bekommen, wie das Karma wirkt und waltet.

11.2   Die notwendige Vorbereitung auf das nachtodliche Leben

W ir wollen in diesem letzten Abschnitt auf ein ganz essentielles Thema zu sprechen kommen, über das wir bereits in den vorausgegangenen Kapiteln an vielen Stellen einige Andeutungen gemacht haben.

Es handelt sich darum, noch einmal in aller Deutlichkeit zu zeigen, wie wichtig es
für *jeden* von uns ist, sich in angemessener Weise auf das Leben nach dem Tod vorzubereiten.

Es gibt – wie wir schon in der Einleitung erwähnt haben – immer noch viele Menschen, die zwar einerseits von einem Leben nach dem Tod überzeugt sind, die aber
andererseits die Meinung vertreten, es sei nicht notwendig, sich schon zu Lebzeiten
damit zu befassen, was da so alles auf sie zukommen werde. Die einen sagen, da könne man ohnehin nichts Genaues wissen; andere vertreten die Ansicht, dass sie schon
noch früh genug erfahren würden, wie es dann ›da‹ so sei. Wiederum andere lassen
sich durch schöngefärbte Darstellungen, die ihr Gemüt befriedigen, in eine schwärmerische und unkritische Vorfreude versetzen. Vielleicht ist es ja gelungen, deutlich
zu machen, dass man sehr wohl vieles von dem, was uns nach dem Tod erwartet, *wissen* kann. Wir haben verschiedene Quellen – allen voran die Anthroposophie Rudolf
Steiners – herangezogen, die uns hier zu recht genauen Vorstellungen bringen können. Die Einstellung, man würde schon früh genug erfahren, wie es ›da‹ so sei, haben
wir auch schon zu Beginn dieses Buches als recht sonderbar entlarvt. Wie absurd
diese Ansicht ist, kann man sich anhand eines Beispiels verdeutlichen. Wenn jemand
plant, an einer Himalaya-Expedition oder gar an einer Reise zum Mond teilzunehmen,
würde er gewiss nicht sagen, dass er schon sehen werde, wie es da so sei. Vielmehr
würde er sich über viele Monate auf das Gründlichste vorbereiten.

Schwärmerischen Gemütern ist allerdings mit sachlichen Argumenten nur schwer
beizukommen.

Wenn ein Mensch – um einmal ein sehr extremes Beispiel zu wählen – in seinem Erdendasein überhaupt keinen Kontakt zu anderen Menschen pflegen würde, so gäbe es in seinem nachtodlichen Leben auch keine menschlichen Seelen, mit denen er so verbunden sein könnte, dass er mit ihnen ein Zusammenleben pflegen könnte. Er hätte dann nichts anderes zu tun, **»als nur fortwährend sich selbst anzuschauen.«**[2] Nun wird das ja kaum eintreten, dass ein Erdenmensch keine Beziehungen zu anderen Menschen pflegt, so dass ihm diese krasse Form der Einsamkeit nach dem Tod erspart bleibt. Aber in den höheren Welten leben nicht nur die entkörperten Menschenseelen. Hier weben und wesen insbesondere auch die geistigen Wesen der höheren Hierarchien, die Engel, Erzengel, usw. Nun ist es keinesfalls eine Selbstverständlichkeit, dass ein Verstorbener diese sofort als solche sowie die große Bedeutung, die sie für ihn haben, zu erkennen vermag.

Man sollte sich überhaupt von der Vorstellung lösen, dass man nach dem Tod fast zwangsläufig alles richtig erkennen, beurteilen und einordnen könnte. Stellen Sie sich ein fiktives, mit Intelligenz begabtes außerirdisches physisches Wesen vor. Wenn dieses plötzlich auf die Erde versetzt würde, so hätte es doch wohl auch die allergrößten Schwierigkeiten, dasjenige, was es dort wahrnehmen könnte, zu verstehen, einzuordnen und zu bewerten. Wie sollte es da einem Menschen leicht fallen, die übersinnlichen Welten, die ja ungleich komplexer als alles Physische sind, zu verstehen? Das, was der Mensch jenseits der Todespforte erleben kann, ist so außerordentlich, so überraschend anders als alles, was er aus seinem Erdenleben kannte.

Man kann in die übersinnlichen Welten nichts hereintragen, was nicht bereits im Erdenleben angeknüpft wurde. Rudolf Steiner wurde nie müde, auf die Notwendigkeit hinzuweisen, dass die Menschen sich schon in ihrem Erdendasein gewisse Erkenntnisse sowie richtige Vorstellungen und Begriffe für die übersinnlichen Welten erwerben müssen. **»Die Sinne, die wir für das Geistige ausgebildet haben, hängen von dem Leben auf dieser Erde ab. Hier reifen wir aus für das Jenseits, hier bereiten wir uns die geistigen Augen und Ohren für das Jenseits.«**[3] Wenn wir es verschmähen, solche Vorstellungen und Begriffe aufzunehmen, wird uns vieles von dem, was sich in den höheren Welten abspielt, unverständlich bleiben müssen. Auch zu den Wesen der höheren Hierarchien könnten wir uns dann nicht in das rechte Verhältnis setzen, das erforderlich ist, um von ihnen die notwendigen Kräfte und Impulse für unsere nächste Inkarnation empfangen zu können.[4] Die geistigen Welten würden uns weitgehend verhüllt bleiben. Nun sollte man nicht sagen: »Was ich (nach dem Tod) nicht weiß, macht mich nicht heiß.« Zum einen kann ein schwaches Bewusstsein nach dem Tod zu grausamen Angstzuständen führen, zum anderen können wir dann nicht in der rechtmäßigen Weise unser abgelegtes Erdenleben aufarbeiten und unser nächstes vorbereiten.
Das Leben jeder menschlichen Individualität umschließt nicht nur alle Erdenleben, sondern auch die jeweiligen Aufenthalte in den höheren Welten, die zwischen zwei irdischen Leben verlaufen, also die Leben zwischen Tod und neuer Geburt. Somit ist

auch jedes Erdenleben nicht nur eine Vorbereitung für das nächste irdische Leben, sondern in erster Linie eine Vorbereitung für das folgende Leben in den übersinnlichen Welten. In jedem Leben kann man nur an das anknüpfen, was man im Leben zuvor veranlagt hat.

Nun zeigt sich das bereits angedeutete Problem: Ein hinreichendes Verständnis für die Wesenheiten und Geschehnisse der geistigen Welten kann man im Leben nach dem Tod eigentlich nur dann gewinnen, wenn man sich schon während seiner irdischen Inkarnation darum bemüht hat. Einem Menschen, der in seinem Erdenleben ein krasser Materialist war, der also geistige Welten und Wesen sowie ein Leben nach dem Tod für einen Unsinn gehalten hat, werden die höheren Welten weitgehend finster und stumm bleiben. Es wird dann nicht etwa so sein, dass er sich seiner Existenz nicht bewusst wäre, aber er kann vieles, was dort geschieht, nicht wahrnehmen und das wenige, was er wahrnimmt, nicht verstehen und einordnen. Diese gewaltige Verunsicherung kann quälende Ängste nach sich ziehen. Auch ein Mensch, der zwar von einem Leben nach dem Tod überzeugt ist, diesem aber im vorhinein keinen gedanklichen Raum gegeben hat, wird vielleicht die Geschehnisse wahrnehmen, aber überhaupt nicht verstehen können. Wenn sich etwa ein Mensch niemals bemüht hat, über die Wesenheiten der höheren Hierarchien, namentlich über seinen persönlichen Engel, zu gewissen Vorstellungen zu kommen, wird er diese göttlichen Wesen nach dem Tod zwar wahrnehmen, aber er wird nicht wissen, um welche Wesenheit es sich handelt und die große Bedeutung, die sie für ihn haben, nicht erkennen können.

Die weitaus meisten Menschen werden nach dem Tod sowohl erhabene und beseligende Erlebnisse als auch leidvolle haben. Wir sollten unsere mögliche Furcht vor dem Tod nicht dadurch besiegen, dass wir das nachtodliche Leben zu beschönigen versuchen. Die Furcht können wir nur dadurch überwinden, dass wir uns so gut wie eben möglich klarzumachen versuchen, was uns nach dem Tod in Abhängigkeit davon, wie wir unser Leben gestaltet haben, ganz folgerichtig und gesetzmäßig erwarten wird. Jemand, der sich zu Lebzeiten nicht um die Erkenntnis spiritueller Wahrheiten bemüht hat, darf natürlich nicht damit rechnen, einen ›Unwissenheits-Bonus‹ zu erhalten. Wenn dieser mit der Begründung, er habe sich nie mit der Gravitation befasst, von einem Hochhaus springt, darf er wohl auch kaum damit rechnen, den Sturz unbeschadet zu überstehen, weil er die Folgen nicht geahnt hätte. Die geistigen Gesetzmäßigkeiten sind genauso unbestechlich wie die der Physik.

Lassen wir wieder den großen Eingeweihten Rudolf Steiner zu Wort kommen: **»Es gehört geradezu zu den notwendigen Vorbedingungen eines rechten Lebens nach dem Tode, dass die Menschen immer mehr und mehr hier vor dem Tode gewisse Vorstellungen sich erwerben über das Leben nach dem Tode, denn nur, wenn sie sich erinnern an diese Vorstellungen, die sie sich hier erworben haben, können sie sich orientieren in der Zeit zwischen dem Tod und einer neuen Geburt. Es ist sachlich unrichtig, wenn be-**

hauptet wird, man könne warten bis zum Tode mit solchen Vorstellungen, denn dieses leibfreie Leben würde für sie ein finsteres werden, ein unorientiertes werden.«[5] »Wäre der Christus nicht in der physischen Welt erschienen, so würde der Mensch versinken in der physischen Welt, könnte nicht in die geistige Welt eintreten. So aber wird er hinaufgehoben durch den Christus in die geistige Welt, dass er darinnen bewusst wird, darinnen sehen kann. Das hängt davon ab, dass er sich auch zu verbinden weiß mit dem, den der Christus gesandt hat, mit dem Geist; sonst ist er unbewusst. Der Mensch muss sich seine Unsterblichkeit erwerben, denn eine Unsterblichkeit, die unbewusst ist, ist noch keine Unsterblichkeit.«[6]

Ein Mensch, der sich in seinem Erdenleben bemüht hat und ernsthaft bestrebt war, die richtigen Begriffe und die richtigen Vorstellungen von dem, was er nach dem Tod erleben kann, zu erwerben, wird sich, wenn er durch die Pforte des Todes gegangen ist, dessen erinnern und kann dann seine Erlebnisse – zumindest weitgehend – richtig einordnen. Es kommt gar nicht einmal so sehr darauf an, dass die Vorstellungen, die man sich im Vorhinein bildet, *völlig* mit den tatsächlichen Verhältnissen übereinstimmen. Die Vorstellungen, die nicht ganz den Tatsachen entsprechen, werden sich nach dem Tod gewissermaßen von selbst korrigieren.

Als vergleichendes Beispiel kann man hier vielleicht wieder an eine Reisevorbereitung denken. Wenn ein Mensch plant, ein fernes, exotisches, ihm unbekanntes Land zu bereisen, so wird er sich auf diese Reise über Monate gezielt vorbereiten. Er wird Reiseführer lesen, im Internet recherchieren und vielleicht auch noch mit Menschen sprechen, die dieses Land bereits kennen. Auf diese Art und Weise ist es ihm durchaus möglich, schon vor Reiseantritt recht genaue Vorstellungen über das ferne Land zu gewinnen. Wenn er dann dort angekommen ist, so wird seine sorgfältige Vorbereitung ihm helfen, sich orientieren und einleben zu können. Alles, was er dann wahrnehmen und erleben wird, kann er mit seinen Vorstellungen vergleichen, die er sich vorher gebildet hat. In den meisten Fällen wird er seine Wahrnehmungen und Erlebnisse nun richtig einordnen können, weil sie sich mit diesen Vorstellungen decken. In einigen Fällen wird sich erweisen, dass die eine oder andere Vorstellung nicht ganz mit dem übereinstimmt, was er nun real erfährt. Diese Vorstellung korrigiert sich nun durch die konkrete Erfahrung aber von selbst.

Es wird im Übrigen nicht nur in der Anthroposophie mit Nachdruck darauf verwiesen, dass man schon zu Lebzeiten zu weitgehend richtigen Begriffen, Vorstellungen und Ideen über die geistigen Welten und Wesen kommen müsse, um sich nach dem Tod zurechtfinden und gewisse leidvolle Zustände ersparen zu können. Auf diese Notwendigkeit wird in *allen* Quellen, die etwas über das nachtodliche Leben vermitteln, ausdrücklich hingewiesen!

Wenn man das Lazarus-Gleichnis betrachtet, wird deutlich, dass eine gewisse

Kenntnis der höheren Welten, die man zu Lebzeiten gewinnen kann, von großer
Bedeutung ist. Der reiche Mann wünscht, dass Lazarus zu seinen Brüdern gesendet wird, damit er ihnen von den entsetzlichen Qualen berichten kann, die er jetzt
im Kamaloka ertragen muss. Der reiche Mann ist sich darüber im Klaren, dass
seine Brüder – genau wie er vor seinem Tod selbst – nicht wissen, was sie in
Abhängigkeit von ihrer irdischen Lebensführung in der Seelenwelt erwartet. Das
möchte er ändern. Er möchte, dass sie Kunde von der Seelenwelt bekommen, damit sie ihr Leben ändern können, um später nicht auch so schreckliche Erfahrungen machen zu müssen. Abraham weist diese Bitte ab, indem er darauf verweist,
dass die Lebenden Moses und die Propheten hätten. Das ist ja wohl so zu verstehen, dass die noch Lebenden sich das notwendige Wissen durch die Lehren großer Eingeweihter aneignen sollten.

Sigwart wies in mehreren Mitteilungen darauf hin, dass es von unermesslicher Bedeutung sei, dass ein Mensch sich schon im Erdenleben mit spirituellen Themen
befasst: *»Ich war auf Erden manchmal traurig darüber, dass es einige von euch so
kühl ließ, wenn wir über geistige Dinge sprachen, weil ich so felsenfest an all das
glaubte. – Nun, da ich von euch ging, habt ihr erst den wirklichen innerlichen
Wunsch zu wissen, was nach dem Tode geschieht, was mit mir vorgeht. Das ist so
begreiflich, aber nur zu schade, dass wir nicht noch auf Erden vielmehr miteinander über all die geistigen Dinge gesprochen haben! Es wäre manchen von euch
jetzt nicht so fremd und ferne liegend. Ich fühle, dass wir uns so nahe sind, und
das wird stärker, je mehr ihr euch in diese Richtung versenkt. Euer Leben ist noch
lang, ihr habt mehr Zeit, euch zu entwickeln, als ich es gehabt habe. Ich   habe
mich erst die letzten zwei Jahre vor meinem Tode ganz versenkt in die geistige
Welt, und nun kommt mir das alles zugute. Ich bin so dankbar, dass ich damals
schon diese Interessen hatte. Was nützt alles Gelehrtentum, wenn der Mensch
nicht weiß, was mit ihm nach dem Tode geschieht! – Jetzt würde ich – wenn ich
noch auf Erden wäre – lieber auf alles irdische Wissen verzichten, wenn mir das
Eine genommen würde: der Glaube an die Zukunft nach dem Tode! – Das ist der
Grundgedanke und das einzig Wahre, alles andere ist im Vergleich dazu ein
Nichts! Ich verfolge jetzt genau eure verschiedenen Entwicklungen, damit ich
dann später weiß, wie ich euch leiten soll, wenn einst die Reihe an euch kommt.«*[7]
   *»Wie leicht wird für euch das Sterben sein, wenn ihr weiter wie in den letzten
Monaten geistig strebsam seid. Dann ist alles so einfach. Mich schaudert, wenn
ich an Menschen denke, die ohne Glauben von der Erde abgerufen werden. Das
ist das Schlimmste.«*[8]
   *»Wüsste die Menschheit, wie unendlich viel der Mensch in seiner Erdenzeit
durch Gedanken, die von Gott und der geistigen Welt handeln, sich vervollkommnen, sich vorbereiten und sich vor allem ein gutes Karma schaffen kann, wie würde sie anders sein!«*[9]

»Dass ist oft der große Irrtum, dass die Menschen glauben, es könne ihnen in ihrer geistigen Entwicklung geholfen werden, ohne dass sie etwas dazu tun. Oh nein, alles muss von ihnen aus geschehen! Wir können nur bitten, vielleicht auch anspornen, aber nicht direkt helfen. Daher kann ich euch immer nur sagen und euch bitten: seid fleißig! Je mehr ein Mensch sich mit den Problemen der geistigen Welt beschäftigt, desto mehr dürfen wir ihm zur Erkenntnis derselben verhelfen. Ihr z.B. wisst doch jetzt schon viel mehr über diese Dinge als ich, als ich in die Welt des Geistes einging, darum wiederhole ich euch heute wieder: So licht ist es um euch geworden, denn ihr geht den rechten Weg!«[10]

Dann berichtete Sigwart noch über den gemeinsamen Freund Deinhard, der wenige Tage zuvor über die Schwelle des Todes gegangen ist. Dieser hatte sich aufgrund seines Wissens über das nachtodliche Leben, das er sich im Erdendasein erworben hatte, schnell in seiner neuen Daseinssphäre einleben können: *»Es ist etwas Großes, eine so weit entwickelte Wesenheit hier empfangen zu können, der nur noch das intensive, ständig wache Bewusstsein fehlt. Aber sonst ist D. von einer Regsamkeit, die geradezu unglaublich ist bei einem Menschen, der erst vor so kurzer Zeit herüberkam. Ja, das ist der Segen des Wissens!«*[11]

Dann sind es die jenseitigen Wesen, die sich durch die Stimme eines Mediums kundtun, die immer wieder sagen, dass eine entsprechende Vorbereitung auf das nachtodliche Leben notwendig sei, um etwa Zustände der Verwirrung oder ein dämmerhaftes Bewusstsein zu vermeiden.[12]

Auch in den buddhistischen Lehren wird ausdrücklich darauf hingewiesen, dass eine Beschäftigung mit spirituellen Themen als Vorbereitung auf das nachtodliche Leben von größter Wichtigkeit sei.

Bereits *Platon* war diese Notwendigkeit bekannt: *»Wer sich der Lust hingibt, der wird auch nur sterbliche Gedanken haben. Wer aber aus Liebe zur Wahrheit bestrebt ist, Unsterbliches und Göttliches zu denken, der wird zur Unsterblichkeit gelangen, und er wird die höchste Glückseligkeit erreichen, weil er das Göttliche in sich gepflegt und in seiner Seele getragen hat.«*[13]

Freilich ist es nie zu spät, sich mit dem zu befassen, was uns nach dem Tod erwartet. Dennoch sollte man damit nicht zu lange warten. Je eher wir uns mit diesen Gedanken beschäftigen, desto mehr können wir sie in der notwendigen Weise verinnerlichen, so dass sie sich nach unserem Schwellenübertritt als fruchtbar erweisen können. Viele Menschen vertreten die Meinung: »Wenn ich mich zu sehr mit dem Tod und allem, was danach kommt, befasse, verliere ich die Freude am Leben.« Im Grunde ist aber das Gegenteil der Fall: Wenn wir uns in angemessener Weise mit diesem Themenkomplex sowie anderen geisteswissenschaftlichen Erkenntnissen beschäftigen, so kann uns erst der Sinn der ganzen menschlichen Existenz verständlich werden, was dazu führen dürfte, dass wir unsere gegenwärtige Inkarnation richtig schätzen und leben können! Das Wissen darüber, dass wir nach dem Tod auch Schlimmes erleben können, sollte uns nicht erschrecken oder gar dazu führen, es zu verdrängen. Es sollte uns vielmehr anspornen, unser jetziges Erdenleben in der richtigen Weise einzurichten und uns um die notwendigen Erkenntnisse strebend zu bemühen.

****
****
****
****
****

Anhang: Exkurse, Tabellen, Gedichte und Geschichten

A.1 Exkurse

Wir wollen nun noch auf einige besondere Aspekte zu sprechen kommen, die in unmittelbarem Zusammenhang mit den Themen dieses Buches stehen und diese ergänzen und vertiefen. Da wir die elf Kapitel nicht unnötig aufblähen wollten, sollen sie hier in Form kleiner Exkurse behandelt werden.

Da die einzelnen Exkurse inhaltlich *nicht* aufeinander aufbauen, können sie in beliebiger Reihenfolge gelesen werden.

Exkurs 1: Wer oder was sind die Guides?

Wie wir in Kapitel 3 dargestellt haben, ist jedem Menschen ein Wesen aus der Engelhierarchie als persönlicher Schutzengel zugeordnet. Dieser Engel hat sämtliche Inkarnationen seines Schutzbefohlenen in seinem Bewusstsein, so dass er den ›roten Faden‹, der die einzelnen Verkörperungen zu einem sinnvollen Ganzen verbindet, verfolgen kann. Der Schutzengel wirft ein ›wachendes Auge‹ auf den ihm zugeteilten Menschen, so dass er ihn vor Gefahren, die nicht in dessen Karma begründet sind, bewahren kann. Der Engel bleibt auch im Leben zwischen Tod und neuer Geburt immer an der Seite seines Schützlings.

Von diesem Schutzengel wird auch in der christlichen und esoterischen Literatur sehr häufig geschrieben. In den Jenseitsbotschaften (☞ Kapitel 2, S. 49ff.) ist von einem solchen Engelwesen oder überhaupt von den geistigen Wesen der höheren Hierarchien kaum die Rede. Viele Geistwesen, die sich gerade in der heutigen Zeit durch die Stimme eines Mediums Gehör verschaffen, bezeichnen sich als »geistige Führer« oder »Guides« des Mediums oder des Menschen, dem die jeweilige Botschaft gilt. Es ist sehr schwierig zu beurteilen, was man sich unter diesen Guides vorstellen, als was man sie identifizieren kann.

Einige Guides behaupten, dass sie selbst vor einiger Zeit – meistens vor mehreren Jahrhunderten oder gar Jahrtausenden – als Mensch oder als »humanoides«, also menschenähnliches Wesen auf der Erde inkarniert gewesen seien und dass sie nun den Auftrag hätten, eine bestimmte menschliche Individualität zu leiten und zu führen. Einige sehen ihre Mission auch darin, der Menschheit insgesamt zu einer spirituellen Weltanschauung und zu größerer sozialer Verantwortlichkeit zu verhelfen. Oftmals sagen sie, dass sie vor langer Zeit mit dem Menschen, den sie nun zu leiten hätten, ein gemeinsames Erdenleben geführt hätten. Sie legen Wert auf die Feststellung, dass sie *keine* höheren Wesenheiten seien und behaupten, dass *jedem* Menschen, ob er nun ver- oder entkörpert ist, ein Guide zugeordnet sei.

Wenn sie dann ihre Aufgaben näher beschreiben, fällt auf, dass diese zum Teil die gleichen sind, die wir hier den Schutzengeln zugeschrieben haben. Wie wir in Kapitel 7 erörtert haben, berichtet Rudolf Steiner zwar auch, dass verstorbene Menschen den noch verkörperten Menschen, mit denen sie karmisch verbunden sind, Hilfe und Unterstützung angedeihen lassen können, aber von einem solchen persönlichen, *menschenähnlichen* Guide hat er nie gesprochen. Wie *könnten* diese Guides aus anthroposophischer Sicht gedeutet werden? Wer *könnten* sie *wirklich* sein?

Die Annahme, dass ein solcher Guide ein normales menschliches Wesen sein könnte, das vor geraumer Zeit auf der Erde inkarniert gewesen ist, scheint nur schwer haltbar zu sein. Selbst wenn es sich um eine bereits sehr hochentwickelte menschliche Individualität handeln sollte, wäre die Weisheit, die aus vielen dieser Botschaften strömt, höchst erstaunlich. Nun könnte man ja immerhin noch einsehen, dass es *einige wenige* Menschenwesen geben könnte, die über einen solch hohen Entwicklungsstand verfügen. Aber nach Aussagen der Guides besitzt ja *jeder Mensch* einen solchen geistigen Führer. Aus den dem Verfasser bekannten Jenseitsbotschaften geht nicht hervor, dass ein Guide mehrere Menschen zu betreuen hat. Somit müsste es ja viele Milliarden Menschenseelen geben, die auf einem solch hohen Entwicklungsniveau stehen, um als geistige Führer wirken zu können.

Warum geben sich dann aber einige Guides als Menschen aus? Wir haben ja schon gesehen, dass die Geistwesen, die ihre Botschaften aus geistigen Welten über ein Medium geben, sich häufig stark an den Vorstellungen, Weltanschauungen und den Verständniskräften der Menschen orientieren, für welche die Botschaften gedacht sind. *Möglicherweise* gehen sie davon aus, dass man ihren Mitteilungen eher Glauben schenken könne, wenn sie vorgeben, etwas zu sein, was sich jeder Empfänger vorstellen könne, nämlich ein ganz normales menschliches Wesen.

In den höheren Welten leben unvorstellbar viele Wesen, die mit unseren Sinnen gar nicht und mit unserem Verstand nur schwer zu erfassen sind, sowohl konstruktive bzw. gute als auch destruktive bzw. böse. Für die Zwecke dieses Buches war es hinreichend, neben den Seelen der verstorbenen Menschen noch die göttlich-geistigen Wesen der höheren Hierarchien zu betrachten und auf die luziferischen, ahrimanischen und asurischen Wesenheiten zu verweisen. Um welche Wesen *könnte* es sich nun bei den Guides wirklich handeln?

Werfen wir zunächst einen Blick auf drei Gruppen geistiger Wesenheiten, von denen Rudolf Steiner sprach, die zumindest in *einigen* Punkten mit den Charakteristika der Guides übereinstimmen.

Da sind zunächst einmal die sogenannten *»Mondenwesen«* zu erwähnen, über die wir in Kapitel 5 (☞ S. 266ff.) geschrieben haben. Diese waren in ferner Vergangenheit – vor mehr als 15.000 Jahren – Erdenbewohner, wenngleich sie keinen fleischlichen Leib annahmen. Ihr niedrigstes Wesensglied war der Ätherleib. Sie waren die großen Führer und Inspiratoren der noch jungen Menschheit. Sie gaben den Menschen die ursprünglichen Weistümer, von denen selbst die großen Lehren des Orients nur noch Nachklänge sind.[1] Daher bezeichnete Rudolf Steiner sie als die *»Urlehrer«* der Menschheit. Diese Urlehrer haben eine Weisheit, ein Wissen, das weit über das dem Menschen mit dem heutigen Bewusstsein mögliche Wissen hinausgeht. Von ihnen ist viel über die Geheimnise des Kosmos zu lernen.[2] Diese Wesen, die heute den Mond bewohnen, haben – wie in Kapitel 5 geschildert – eine große Bedeutung für den Menschen, sobald dieser durch die Pforte des Todes geschritten ist.

Die Vermutung, dass es sich bei den Guides um diese Urlehrer handeln könnte, würde zumindest ein wenig damit übereinstimmen, dass einige Guides behaupten, inkarniert gewesen zu sein, wenngleich es sich bei den Urlehrern nicht um eine *fleischliche* Verkörperung gehandelt hat. Auch könnte man ja annehmen, dass diese, nachdem sie vor Urzeiten die junge Menschheit gelehrt haben, heute wieder als Lehrer auftreten. Dass sie dazu aber die nicht zeitgemäße Form des Mediumismus wählen, scheint doch sehr fragwürdig zu sein. Hinzu kommt, dass Rudolf Steiner sagte, dass diese Wesen nicht in der Lage seien, ihr Wissen in abstrakten Gedanken zu formulieren. Sie drücken vielmehr alles in poetischen Formen, in künstlerischen Bildern aus.[3] Außerdem muss man auch bei dieser Spekulation wieder einräumen, dass es wohl kaum so viele Urlehrer wie Menschen gibt.

In einem Vortrag in Dornach (Schweiz) im Jahre 1921 sprach Rudolf Steiner von den *»künftigen Übermenschen«*. Diese charakterisiert er als überirdische Wesenheiten, als *»Vulkanwesen«*, die sich seit dem Ende der 80er Jahre des 19. Jahrhunderts anschickten, sich in das Erdendasein zu begeben. Hierbei handele es sich nicht um Menschenwesen, die sich in einem menschlichen Leib verkörpern wollen, sondern um geistige Wesen, deren Aufgabe es sei, den Erdenmenschen die Geisteswissenschaft zu bringen, die dann in eine soziale Handlungsweise umgesetzt werden könne. **»Und diesem Umstand, dass überirdische Wesenheiten die Botschaften herunterbringen in dieses irdische Dasein, diesem Umstande ist zu verdanken, dass wir überhaupt eine zusammenhängende Geisteswissenschaft haben können. Aber im ganzen, wie benimmt sich das Menschengeschlecht? Es benimmt sich in einer, man möchte sagen, kosmisch-rüpelhaften Weise gegen diese aus dem Kosmos, auf der Erde erst langsam, aber eben doch erscheinenden Wesenheiten. Es kümmert sich nicht um sie, es ignoriert sie, dieses Menschengeschlecht. Und das ist dasjenige, was die Erde in immer tragischere und tragischere Zustände bringen wird; denn unter uns werden im Laufe der nächsten Jahrhunderte immer mehr und mehr Geistwesen wandeln, deren Sprache wir verstehen sollten. Und wir verstehen sie nur, wenn wir dasjenige zu verstehen suchen, was von ihnen kommt: der Inhalt der Geisteswissenschaft. Das wollen sie uns geben, und sie wollen, dass im Sinne der Geisteswissenschaft gehandelt werde, dass umgesetzt werde die Geisteswissenschaft in die soziale Handlungsweise des Erdendaseins. Wir haben es zu tun mit einem Hereindringen von geistigen Wesen aus dem Weltenall, zunächst von solchen Wesenheiten, die in der Sphäre zwischen Mond und Merkur wohnen, die aber** durchaus, ich möchte sagen, schon hereinstürmen ins Erdendasein und versuchen im Erdendasein dadurch Fuß zu fassen, dass die Menschen sich erfüllen mit dem Gedanken an die geistigen Wesenheiten des Weltenalls. So schildert man es abstrakt. Konkret schildert man es, wenn man sagt: Geisteswesen wollen herunter ins irdische Dasein, und sie sollen empfangen werden. Erschütterung über Erschütterung wird es geben, und zuletzt müsste das Erdendasein in das soziale Chaos einmünden, wenn diese Wesenheiten herunterkommen und das Menschendasein nur Opposition gegen das Herunterkommen dieser Wesenheiten wäre. Nichts anderes wollen ja diese Wesenheiten, als die Vorposten sein für dasjenige, was mit dem Erdendasein geschehen wird, wenn der Mond sich wiederum mit der Erde vereinigen wird.«[4]

Auch hier lassen sich wieder einige Übereinstimmungen mit dem, wie sich die Guides selbst charakterisieren, finden. Das, was einige Guides über ihre Mission sagen, ist ja den Intentionen der Vulkanwesen sehr ähnlich. Allerdings handelt es sich bei diesen hohen Wesen nicht um solche, die in früheren Zeiten auf der Erde inkarniert waren. Außerdem scheint auch in diesem Fall fraglich, ob sich diese auf medialem Weg der Menschheit kundtun.

Zu den zentralen Lehren Rudolf Steiners gehört die *»Christologie«*. Immer wieder verweist er auf die ungeheuer große Bedeutung, die der Christus für die Erde, die ganze Menschheit sowie für das Erdenleben und das nachtodliche Leben eines jeden einzelnen Menschen hat. Auch wir haben uns in diesem Buch bemüht, den unermesslich segensreichen Einfluss Christi auf Menschheit und Welt zu vermitteln. Von dieser Bedeutung Christi ist in den medialen Botschaften nicht in diesem Maße die Rede. Oftmals wird der Christus mit Jesus von Nazareth *gleichgesetzt* und somit lediglich als Menschheitsführer oder besonders hochentwickelter Mensch bezeichnet und folglich auf eine Stufe etwa mit Zarathustra, Moses, Elias oder Buddha gestellt. Wie kann man eine Erklärung dafür finden, dass viele der Geistwesen, die sich durch die Stimme eines Mediums Gehör verschaffen, die Bedeutung, die der Christus hat, nicht hinreichend würdigen?

Das lässt natürlich schon ein wenig die Vermutung aufkeimen, dass es sich bei den Guides – zumindest in einigen Fällen – um Wesen handeln *könnte*, die unter der Herrschaft Luzifers oder Ahrimans stehen. *Sollten* diese Guides wirklich luziferisch oder ahrimanisch tingiert sein, so wäre es auch verständlich, dass sie nicht auf den großen Stellenwert der geistigen Wesen der höheren Hierarchien, deren Gegenspieler sie ja sind, sowie auf die ungeheuer große Bedeutung des Christus eingehen. Das, was Rudolf Steiner in einem Vortrag im Jahre 1924 sagte, *kann* man durchaus als Indiz dafür auffassen: »Ein medialer Mensch ist derjenige, welcher gewisse Gehirnpartien so entwickelt hat, dass sie aus seiner Gesamtwesenheit ausgeschaltet werden können. So dass also zu gewissen Zeiten bei einem Medium gerade diejenigen Gehirnpartien nicht als die Grundlage für die Ich-Tätigkeit da sind, die diese Ich-Tätigkeit besonders unterstützen. Wenn wir so recht zu uns Ich sagen, wenn wir unser Ich so recht ins Bewusstsein hereinbringen, dann ist immer diese Bewusstseinsentwickelung, diese Ich-Entwickelung gestützt auf ganz besondere Gehirnteile. Diese Gehirnteile werden ausgeschaltet bei demjenigen, der ein Medium ist. Dadurch bekommen gewisse Wesenheiten Appetit, statt des Menschen-Ich in diese Gehirnteile hineinzukriechen. Und ein solches Medium wird dann der Träger derjenigen Wesenheiten, die eigentlich die Zivilisation in die Zukunft hinübertragen sollten. Und wenn ein Medium in Trance ist, wie man sagt, wenn also das Gehirn ausgeschaltet ist, dann kriecht solch ein Wesen, das unter ahrimanischem Einflusse steht und die Zivilisation in zukünftige Zeiten hinübertragen sollte, in das Gehirn hinein, und ein solcher Mensch ist dann in dieser Zeit statt eines Menschen-Ich der Träger eines elementarischen Wesens, das im Kosmos seine Pflicht versäumt. [...] Diese elementarischen Wesenheiten müssen schon einmal an unserer Zivilisation Anteil haben, weil die Menschen nicht alles von einem Erdenleben in das andere hinübertragen können. Diese Wesenheiten sind wirkliche Geschöpfe der ahrimanischen Wesenheiten. Sobald wir in der unmittelbar an der unsrigen anstoßenden Welt, oder auch, wenn wir das Schauen entwickeln, noch in dieser physischen Welt an die ahrimanischen Wesen herankommen, sind wir erstaunt über ihre ungeheure Intelligenz, über ihre überragende Intelligenz. Weit intelligenter sind sie, als irgendein Mensch es sein kann. Und wir bekommen erst Respekt vor solchen Wesenheiten, wenn wir eben einsehen, wie unendlich intelligent sie sind. Etwas von dieser Intelligenz geht dann über auf diese ihre Geschöpfe, diese Elementarwesen, die in Mediengehirne hineinkriechen, hinuntertauchen, so dass also allerlei Bedeutsames auf diesem Wege durch die Medien herauskommen kann. Man kann allerlei Bedeutsames erfahren, insbesondere wenn man mit vollem, gut entwickelten Bewusstsein hinschauen kann auf das, was solche Medien produzieren. Es ist nicht so, dass man, wenn man in richtigem Sinne die Konstitution, die Beschaffenheit der geistigen Welt versteht, ableugnet, dass durch Medien allerlei Richtiges herauskommen kann aus den geistigen Welten in die physische Welt herein. Wichtiges, Bedeutsames kann durch Medien erfahren werden; aber es ist kein richtiger Weg.«[5]

Spekulieren wir noch ein wenig weiter, was das Wesen dieser Guides anbelangt. Auch das berühmte Medium Jane Roberts sann über die Frage nach, wer oder was ihr Guide sein könnte, der sich Seth nennt und sich selbst als »Energiepersönlichkeitskern« charakterisiert. Dabei kam sie zu keinem endgültigen Ergebnis. Eine ihrer Vermutungen war, dass es sich bei ihm um die »Personifizierung« ihres eigenen höheren Selbst handeln könnte.[6] Etwas Ähnliches sagt auch ein anderes Medium unserer Tage, *Safi Nidiaye*. Sie unterscheidet im Vorwort ihres Buches *»Ihr höheres Selbst«* auch für die heutige Zeit strikt zwischen *Spiritismus* und *Channeling*. Während ein spiritistisches Medium ausschließlich mit Menschenseelen kommuniziere, die vor einiger Zeit gestorben seien, gehe es beim Channeling darum, Botschaften aus höheren »Bewusstseinssphären« bzw. aus »anderen Dimensionen« des eigenen Bewusstseins zu kanalisieren.[7] Damit ist wohl nichts anderes gemeint, als dass ein solches Medium die Botschaften des höheren Selbst empfängt. Das Geistwesen Elia, das wir auch schon kennengelernt haben, drückt es so aus: »*Denn habt ihr Kontakt, der euch bewusst ist, so ist es völlig irrelevant, ob ihr diesen Kontakt zu jener Wesenheit, die ihr als nicht zugehörig begreift, als Guide bezeichnet oder als Schutzengel oder als Maria oder als innere Stimme oder als höheres Selbst oder als inneres Kind, unwichtig.*«[8] Das höhere Selbst charakterisiert er im Übrigen so: »*Dieses Höhere Selbst ist im Grunde genommen nichts anderes als dein erlöstes ICH außerhalb von Zeit und Raum. Dieses ist erreichbar, dieses ist kontaktierbar und dieses kann sehr weise sein und man kann als Medium Kontakt mit diesem Wesen aufnehmen, wenn man in der Lage ist, sich in diese Schwingungsfrequenz hineinzuversetzen.*«[9]

Rudolf Steiner sprach 1917 in einem Vortrag in Berlin über den »*Genius des Menschen*«. Damit griff er eine Tatsache auf, über die schon der griechische Schriftsteller *Plutarch* schrieb und von der auch Paracelsus und Goethe Kenntnis hatten. Plutarch beschreibt diesen Genius als einen »reinen Teil der menschlichen Seele«, der sich im Gegensatz zu dem anderen Teil nicht in den irdischen Leib versenkt habe und der den Menschen führe und leite.[10] Nach eigenen geistigen Forschungen beschreibt Steiner dann diesen Genius näher. Dieser sei nichts anderes als das werdende *Geistselbst*, getragen aber von einem Wesen aus der Engelhierarchie[11], oder das *höhere Selbst* des Menschen, wie es hier in Kapitel 4 zu beschreiben versucht wurde. Somit können die Begriffe »Genius«, »Geistselbst« und »höheres Selbst« wohl nicht als synonym, aber doch zumindest als vergleichbar betrachtet werden. Dieses »Wesensglied« des Menschen, mit dem er immer verbunden ist, obwohl es die Inkarnation nicht mitgemacht hat, sondern in der geistigen Welt verblieben ist, hat natürlich eine ganz andere Reife, Weisheit und Weitsicht als der inkarnierte Teil der Seele, das Ich. Dieser Genius weiß, was das Ich des Menschen an Erfahrungen und Erlebnissen im Erdenleben nötig hat, um in der Entwicklung vorwärts kommen zu können. Er ist wirklich so etwas wie unser »großer geistiger Führer«, der immer bereit ist, uns zu leiten und zu inspirieren, der alles über uns weiß und natürlich auch unser Karma kennt. So ziemlich genau das Gleiche, was hier soeben über diesen Genius bzw. das Geistselbst oder das höhere Selbst gesagt wurde, ist in Kapitel 3 über unseren Schutzengel gesagt worden.

Hat der Mensch nun *zwei* geistige Führer, seinen Engel *und* seinen Genius? Diese Frage muss man wohl *verneinen*, wenn man berücksichtigt, dass Rudolf Steiner ja sagt, dass es im Grunde genommen *geistig* dasselbe sei, ob man vom höheren Selbst oder von seinem Engel spreche (☞ Kapitel 4, S. 222f.). Auch wenn diese Aussage schwer zu fassen ist, *könnte* es sich ja *vielleicht* so verhalten, dass ein solcher Guide nichts anderes als das höhere Selbst, der Genius – oder in *gewisser Weise* sogar *doch* der Schutzengel – des jeweiligen Menschen ist! Das würde zwar nicht mit der Aussage einiger Guides, als Mensch inkarniert gewesen zu sein, übereinstimmen, aber es würde immerhin hinreichend erklären, dass *jeder* Mensch einen solchen Guide hat.

Dieses Erklärungsmodell *scheint* durchaus stimmig zu sein. Es muss aber betont werden, dass es nicht zu den üblichen und rechtmäßigen Gepflogenheiten des Schutzengels bzw. des höheren Selbst gehört, sich in materialistischer Weise über die physische Stimme eines Menschen Gehör zu verschaffen. Ihr Eingreifen in die Sinneswelt ist – wie wir schon erörtert haben – von subtiler, geistiger Art. Sie bedienen sich dazu zarter Eingebungen bzw. Impulse.

Es muss eingeräumt werden, dass die Frage nach dem wahren Wesen der Guides hier nicht wirklich geklärt werden konnte. Der interessierte Leser mag sich darüber seine eigenen Gedanken machen. Er mag selbst darüber nachsinnen. Dazu konnten die obigen Ausführungen vielleicht eine Anregung geben.

Um welche Entitäten es sich letztlich auch immer bei den sogenannten Guides handeln mag, können durch ihre Mitteilungen viele stimmige Erkenntnisse über das Leben nach dem Tod gewonnen werden. In vielen Punkten stimmen diese mit den Forschungsergebnissen Rudolf Steiners zumindest weitgehend überein. Dennoch sind – wie bereits mehrfach erwähnt – die auf medialem Weg empfangenen Botschaften immer mit einer gesunden Skepsis zu betrachten.

Exkurs 2: Inkarnationsreihen namhafter Persönlichkeiten der Weltgeschichte

Die wohl meisten Darstellungen, die man in einem Buch zu den Themen »Reinkarnation und Karma« geben kann, mögen – selbst wenn sie absolut wahrheitsgetreu sind – recht theoretisch oder abstrakt anmuten.

Vieles wird deutlich greifbarer, wenn ein Geistesseher über die verschiedenen Erdenleben einer ganz *konkreten* Individualität berichtet.

Im Jahre 1924 – also ein Jahr vor seinem Tod – hielt Rudolf Steiner die *»Karmavorträge«*, die später in einer 6-bändigen Ausgabe unter dem Titel *»Esoterische Betrachtungen karmischer Zusammenhänge«* (GA 235 bis GA 240) veröffentlicht wurden.

Er beleuchtete in diesen Vorträgen die Grundlagen seiner Karma- und Reinkarnationsforschung. Insbesondere zeigte er die karmischen Beziehungen zahlreicher bekannter Persönlichkeiten auf. In diesem Rahmen schilderte er auch von früheren Erdenleben einiger dieser Persönlichkeiten. Hierbei ging es ihm nicht darum, über möglichst viele frühere Inkarnationen zu berichten. Sein Fokus lag vielmehr darauf, zu zeigen, wie ein Erdenleben, das jemand antritt, von seinen früheren Verkörperungen abhängig ist, wie gewisse Kräfte von einem Erdenleben in das andere herüberspielen und wie die kosmische Technik der Schicksalsgestaltung wirkt. **»Wer   begreift denn überhaupt mit dem gewöhnlichen Bewusstsein ein Erdenleben! Es ist ja nur zu begreifen, wenn man weiß, was auf dem Grunde einer Seele ist. Theoretisch wird es von vielen gewusst, dass da aufeinanderfolgende Erdenleben abgelagert sind auf dem Grunde der Seele. Aber real, konkret wird das ja erst, wenn man es eben auch wirklich im konkreten Fall beschaut.«**[12]
In manchen Fällen ging Rudolf Steiner nur auf *eine* zurückliegende Verkörperung, in anderen auf mehrere ein. Insbesondere ließ er meistens mögliche weniger bedeutsame Inkarnationen, sogenannte ›Zwischeninkarnationen‹, unberücksichtigt. Er sagte, dass es ihm bei manchen Persönlichkeiten ganz leicht gefallen sei, den geistigen Blick auf eine oder mehrere frühere Verkörperungen zu richten, bei manchen sei es schon viel schwieriger, bei manchen nahezu unmöglich oder zumindest äußerst schwierig gewesen. Oftmals waren es scheinbar unbedeutende Äußerlichkeiten, die für ihn den Ausgangspunkt bildeten, um auf frühere Inkarnationen einer bestimmten Persönlichkeit schauen zu können. **»Und als ich in der richtigen Weise mit der ganzen Persönlichkeit das Kniegebrechen zusammenbringen konnte, da eröffnete sich mir der Blick auf das, was an dieser Persönlichkeit eigentlich als Schicksalsgemäßes aufgetreten ist. Da konnte ich zurückgehen. Nicht vom Kopfe Eduard von Hartmanns, sondern von seinem Knie aus fand ich den Weg zu seinen früheren Inkarnationen. Bei anderen Menschen geht es von der Nase aus und so weiter. Es ist in der Regel nicht dasjenige, was man für das Erdenleben zwischen Geburt und Tod als das Wichtigste nimmt.«**[13]
Wie bestimmte dieser Menschen gedacht und gehandelt haben, kann erst dann so recht verständlich werden, wenn man weiß, wie diese in einer früheren Inkarnation

gelebt haben, was sie damals durchgemacht und wie sie gedacht und gehandelt haben. **»[...] denn gewöhnliche Aufeinanderfolgen von Erdenleben zeigen uns in der Regel nicht historische Persönlichkeiten, zeigen uns auch nicht Persönlichkeiten so, dass wir mit oberflächlicher Betrachtung eine fortlaufende Kette sehen würden. Aber es gibt tatsächlich Erdenleben, die so aufeinanderfolgen, dass man, indem man sie zusammenfasst, gleichzeitig Geschichte darstellt.«**[14]

Bei der Aufzählung oder Auflistung der verschiedenen *Persönlichkeiten*, die ein und dieselbe ***Individualität*** in verschiedenen Inkarnationen im Laufe von Jahrhunderten oder Jahrtausenden angenommen hat, spricht man von *»Inkarnationsreihen«*, bisweilen auch von *»karmischen Reihen«*.

Wir wollen im Folgenden *nur einige* dieser überaus interessanten und aussagekräftigen Reihen in übersichtlicher Form darstellen.

Individualität A

Persönlichkeit 1 ➡ **Persönlichkeit 2** ➡ **Persönlichkeit 3** ➡ **Persönlichkeit 4**
❶ ② ③ ④

Weiß hinterlegte Ziffern (①,②, ...) stehen für historisch bekannte Persönlichkeiten, schwarz hinterlegte (❶,❷, ...) für solche, deren Namen historisch nicht überliefert sind.

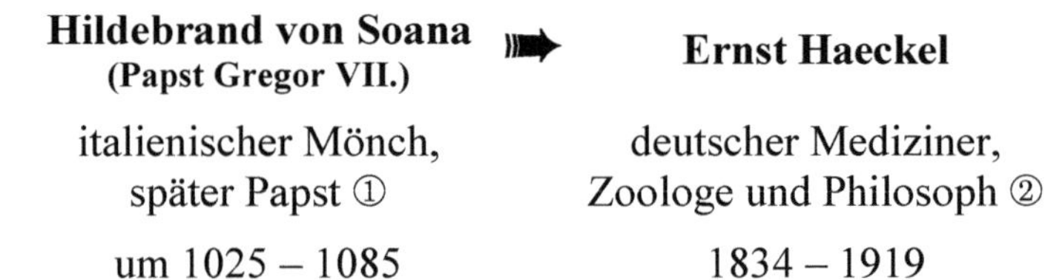

Hildebrand von Soana
(Papst Gregor VII.) ➡ **Ernst Haeckel**

italienischer Mönch,
später Papst ①   deutscher Mediziner,
Zoologe und Philosoph ②

um 1025 – 1085   1834 – 1919

① wurde 1073 Papst (*Gregor VII.*), war aufgrund seiner Kirchenreformen durchaus bedeutend; galt dennoch aber schon zu Lebzeiten als einer der umstrittensten Päpste der Kirchengeschichte; starb mit etwa 60 Jahren in Salerno, ohne seine umstrittenen Überzeugungen preisgegeben zu haben

② baute die Lehren von **Charles Darwin** zu einer speziellen Abstammungslehre aus; trug mit seinen Schriften und Vorträgen zur Verbreitung des *»Darwinismus«* in Deutschland bei; wurde im Alter sehr gebrechlich und konnte sich nur noch mit Krücken fortbewegen; starb mit 85 Jahren in Jena[15]

<table>
<tr><td align="center">Ovid</td><td align="center">➡</td><td align="center">N. N.</td><td align="center">➡</td><td align="center">Laurence Oliphant</td></tr>
<tr><td align="center">antiker römischer
Dichter ①</td><td></td><td align="center">historisch nicht überlieferte
weibliche Persönlichkeit ❷</td><td></td><td align="center">britischer Schriftsteller,
Diplomat und Okkultist ③</td></tr>
<tr><td align="center">43 v. Chr. – 17 n. Chr.</td><td></td><td align="center">nicht eindeutig datierbar</td><td></td><td align="center">1829 – 1888</td></tr>
</table>

① voller Name: (**Publius**) **Ovidius Naso**; zählt zu den drei größten Poeten der klassischen Epoche; noch heute gehören seine Werke zur Pflichtlektüre im Lateinunterricht der Oberstufe an vielen Gymnasien; war der Führer in der geistigen Welt für viele Initiaten; starb im Alter von ungefähr 60 Jahren im Exil in der Nähe von Tomis

❷ für die Außenwelt unbedeutende Inkarnation als Frau

③ war nach kurzem Rechtsstudium von 1865 bis 1868 Abgeordneter und Mitglied des britischen Unterhauses; nach seiner Begegnung mit dem US-amerikanischen Okkultisten *Thomas Lake Harris* folgte er diesem in dessen Kommunität *»Brotherhood of the New Life«* im Bundesstaat New York; 1871/72 arbeitete er als Korrespondent für *»The Times«* in Paris; war auch als Reiseschriftsteller tätig; 1879 plante er die Gründung einer jüdischen Siedlung im nördlichen Palästina; 1882 zog er mit seiner Frau und seinem Sekretär nach Haifa; starb mit 59 Jahren in Twickenham, einem heutigen Stadtteil von London[16]

<table>
<tr><td align="center">Plinius der Jüngere</td><td align="center">➡</td><td align="center">Beatrix von Tuszien</td><td align="center">➡</td><td align="center">Hermann Grimm</td></tr>
<tr><td align="center">römischer Senator
und Schriftsteller ①</td><td></td><td align="center">Prinzessin von
Tuszien ②</td><td></td><td align="center">deutscher Kunsthistoriker
und Schriftsteller ③</td></tr>
<tr><td align="center">61/62 – um 113</td><td></td><td align="center">ca. 1015 – 1076</td><td></td><td align="center">1828 – 1901</td></tr>
</table>

① voller Name: **Gaius Plinius Caesilius Secundus**; war Anwalt und Senator in der römischen Kaiserzeit unter den Herrschern *Domitian*, *Nerva* und *Trajan*; wurde durch seine schriftstellerischen Werke, insbesondere die »Plinius-Briefe« bekannt; war ein Freund von **Tacitus**, den er sehr bewunderte; starb etwa 52-jährig

② auch bekannt als **Beatrix von Lothringen**; Mutter der **Mathilde**; fungierte nach dem Tod ihres Mannes als Regentin der Markgrafschaft von Toskana; starb etwa 60-jährig

③ war ein Bewunderer von **Ralph Waldo Emerson**; übersetzte aus dessen Werk *»Representative Men«* die Abschnitte über *Goethe* und *Shakespeare* und nahm sie in seine *»Fünfzehn Essays«* auf; starb im Alter von 73 Jahren in Berlin[17]

Pineas ben Eleasar	➠	Elias	➠	Johannes der Täufer	➠	Raffael	➠	Novalis
Gestalt des Alten Testaments ①		Prophet des Alten Testaments ②		Prediger und Wegbereiter des Herrn ③		italienischer Maler und Architekt ④		deutscher Schriftsteller und Philosoph ⑤
ca. 12. Jh. v. Chr.		9. Jh. v. Chr.		ca. 1 v. Chr. – ca. 31 n. Chr.		1483 – 1520		1772 – 1801

① war Sohn des *Eleasar* und Enkel des Hohepriesters *Aaron*, dem ältesten Bruder *Moses*; wird im 3. Buch Mose erwähnt

② wirkte in der Zeit der Könige *Ahab* und *Ahasja* im Nordreich Israel; repräsentiert die geistige Stärke, ein Erbe der alten Sonne (☞ Anhang A.1, Exkurs 3, S. 458f.) und ist neben der vom alten Mond (☞ Anhang A.1, S. 459f.) stammenden Weisheit einer der tragenden Säulen der Erdenentwicklung

③ war eine der tragenden Gestalten des Christentums; taufte am Jordan *Jesus von Nazareth*; dabei zog der Geist Christi in die leiblichen Hüllen des Jesus; wurde auf Befehl des *Herodes* enthauptet

④ voller Name: **Raffaelo Sanzio da Urbino**; gilt als einer der bedeutendsten Künstler der italienischen Hochrenaissance; erlangte vor allem durch seine Madonnenbilder Berühmtheit; war auch Bauleiter des Petersdoms in Rom; starb im Alter von 37 Jahren an einem Karfreitag in Rom

⑤ eigentlicher Name: **Georg Philipp Friedrich von Hardenberg**; gilt als einer der bedeutendsten Vertreter der deutschen Frühromantik; verfügte über umfassende Kenntnisse der Naturwissenschaften, der Rechtslehre, der Philosophie, der Politik und der Wirtschaft; litt seit seiner Kindheit an Lungenentzündungen und allgemeiner Körperschwäche; starb mit 28 Jahren an einem Blutsturz infolge der Tuberkulose in Weißenfels[18]

Viele weitere Inkarnationsreihen berühmter Persönlichkeiten der Weltgeschichte finden Sie in unserem Buch *»Inkarnationsreihen namhafter Persönlichkeiten gemäß Rudolf Steiner und anthroposophische Grundbegriffe«* (☞ S. 576).

❀ ❀ ❀ ❀ ❀ ❀ ❀ ❀ ❀ ❀

Wir wollen nun noch etwas ausführlicher über frühere Erdenleben und schicksalhafte Begegnungen zweier besonders berühmter Persönlichkeiten schildern: Franz Schubert und Johann Wolfgang von Goethe.

Unterbewusste Dankbarkeit – Joseph Freiherr Ritter von Spaun, Freund und Gönner Franz Schuberts

Wohl jeder von uns kennt aus seinem Lebensumfeld einen Menschen, der ihm oder dem er viele Wohltaten angedeihen lässt, dem er sprichwörtlich »sein letztes Hemd« schenken würde, wenn es nötig sein sollte. Freilich hat das oftmals mit Sympathie oder mit einer grundsätzlich starken Veranlagung zur Hilfsbereitschaft zu tun.

In vielen Fällen liegen die Ursachen für dieses altruistische, bisweilen sogar aufopfernde Verhalten aber in tiefen unbewussten Seelenschichten verborgen. Die Persönlichkeit, die in diesem Erdenleben zum großen Helfer wird, wurde in einem früheren Leben durch die Persönlichkeit, der sie jetzt hilft, große Hilfe und Unterstützung zuteil. In der nachtodlichen Zeit erinnert sich die Seele daran und nimmt sich vor, wieder mit der anderen zusammenzukommen, um – trivial gesprochen – zu danken oder dem anderen etwas ›zurückzuzahlen‹.

Rudolf Steiner erforschte mehrere solcher Fälle. Einen wollen wir jetzt näher betrachten.

Es geht um den berühmten Komponisten *Franz Schubert*, der am 31. Januar 1797 im heutigen Wien geboren wurde. Obwohl er nur 31 Jahre alt wurde, hinterließ er ein gigantisches und sehr vielfältiges Werk. So komponierte er über 600 Lieder, weltliche und geistliche Chormusik, mehrere Sinfonien, Ouvertüren, Bühnenwerke, Klavier- und Kammermusik.

Franz Schubert bekam schon im Vorschulalter bei seinem Vater, einem Lehrer und Schulleiter, den ersten regelmäßigen Musikunterricht. Nachdem er ihm das Violinespielen beigebracht hatte, bekam er mit sieben Jahren von dem Kapellmeister der Pfarrkirche Orgelunterricht. Wegen seiner schönen Stimme wurde er etwas später als Sängerknabe in die Wiener Hofmusikkapelle und in das kaiserliche Konvikt aufgenommen. Im Konvikt gewann er neben dem Kompositionsunterricht vielfältige musikalische Anregungen. Auch lernte er dort viele seiner späteren Freunde kennen.

Bald zeigte sich seine Begabung für das Komponieren. Mit dreizehn Jahren schrieb er seine ersten Werke. Da mit Komponieren kaum Geld zu verdienen war, besuchte er eine Lehrerbildungsanstalt und wurde Schulgehilfe seines Vaters. Da sich diese Tätigkeit mit der des Musikschaffens auf Dauer nicht vereinbaren ließ, unternahm er zahlreiche Versuche, sich als Komponist zu etablieren. Aber die Verlage lehnten die Publikationen seiner Werke ab. Auch seine Bewerbung um den Posten eines Kapellmeisters war nicht von Erfolg gekrönt.

Franz Schubert blieb eigentlich sein ganzes Leben lang arm. Nach seinem Tod und nachdem er und seine Kompositionen immer bekannter wurden, brüsteten sich viele damit, ihn zu Lebzeiten unterstützt und ihm Geld geborgt oder geschenkt zu haben, was aber in den meisten Fällen nicht der Wahrheit entsprach.

Im Grunde hatte er nur einen *wirklichen* Freund, den am 11. November 1788 in Linz geborenen und somit acht Jahre älteren *Joseph von Spaun*, der später – sechs Jahre vor seinem Tod – in den österreichischen Freiherrnstand erhoben wurde.

Dieser studierte zunächst Rechtswissenschaften in Wien und trat dann in den Staatsdienst ein. Obwohl er nicht die geringste Ader dazu hatte, war er sein Leben lang als Finanzbeamter tätig und hatte Geld zu verwalten. In einem gewissen Alter wurde er Lotterie-Direktor und hatte als solcher die Lotterie in Österreich zu versorgen, was ihm eigentlich sehr unsympathisch war. **»Aber denken Sie doch nur einmal, was eigentlich der Realität nach ein Lotterie-Direktor verwaltet! Sie müssen nur bedenken: ein Lotterie-Direktor verwaltet Leidenschaften, Hoffnungen, zerstörte Hoffnungen, Enttäuschungen von unzähligen Menschen. Ein Lotterie-Direktor verwaltet in allergrößtem Stil den Aberglauben der Menschen, ein Lotterie-Direktor verwaltet in allergrößtem Stil die Träume der Menschen! Denken Sie nur, was alles eigentlich da in Betracht kommt, wenn ein Lotterie-Direktor, ein oberster Lotterie-Direktor seine administrativen Maßregeln trifft! Gewiss, wenn man ins Büro hereintritt und wieder heraustritt, bemerkt man das nicht so; aber die Realität ist da. Und derjenige, der die Welt als real betrachtet, der muss eben durchaus so etwas in Betracht ziehen.«**[19]
Von Spaun, der eine außerordentlich edle Persönlichkeit war, stand also in einem Beruf, der ihm im Grunde ganz und gar fremd war. **»Spaun war ein feingebildeter Mensch, der jede Art von Kunst liebte, der außer mit Schubert noch mit Moritz von Schwind eng befreundet war, ein Mensch, auf den wirklich in einer zarten Weise alles Künstlerische einen großen Eindruck machte.«**[20]

Das Verhältnis zwischen Schubert und von Spaun, die sich schon aus ihrer Schulzeit im Konvikt kannten, war von schicksalhafter Bedeutung. Joseph von Spaun sorgte und kümmerte sich von frühester Jugend in einer sehr zarten Weise um seinen Freund. Dieser Mann, der so rein gar nichts zu tun hatte mit dem Aberglauben, den er in seiner Position als Lotterie-Direktor verwaltete, war der intime Freund Schuberts, der an dessen materiellem und geistigem Wohlergehen in höchstem Maße Anteil nahm.

Franz Schubert war finanziell alles andere als gut bestückt, ja, er war fast mittellos. **»Schon das Abendbrot, das er zumeist mit dem Freiherrn von Spaun zusammen einnahm, wurde meistens in zarter Weise von Spaun eben bezahlt.«**[19] Erst recht hatte er nicht das Geld, um sich etwa ein Klavier für sein Komponieren zu mieten.
Schubert komponierte meistens am Morgen unmittelbar nach dem Aufstehen. **»Aus dem Schlafe heraus setzte er sich hin und schrieb seine schönsten musikalischen Motive in dieser Weise auf.«**[19] Das hatte auch sein Freund, bei dem er oftmals ein Nachtquartier bekam, des Öfteren erleben können. **»Und da war Freiherr von Spaun oftmals wirk-**

lich Zeuge, wie, aufstehend, Schubert sich einfach hinsetzte und seine schönsten musikalischen Motive aus dem Aufwachen heraus hinschrieb.«[21] Wie wir in Kapitel 5 erörtert haben, ist es ja häufig so, dass die wirklich großen Komponisten die Inspirationen zu ihren Werken aus der geistigen Welt, in der die Musik urständet, empfangen. Franz Schubert bekam vermutlich diese Inspirationen während des Schlafes, wenn der Mensch – wenngleich unbewusst – in der geistigen Welt weilt. Diese Eingebungen sind ihm dann nach dem Aufwachen wohl bis an die Bewusstseinsschwelle gespült worden, und er musste sie sofort aufschreiben, damit sie nicht verloren gehen.

Was sein äußeres Auftreten anging, war Schubert eigentlich ein ruhiger, fast sogar phlegmatischer Mensch. **»Aber in einer merkwürdigen Weise konnte ein innerlich Vulkanisches aus seiner Natur hervorbrechen. [...] Aus den verhältnismäßig ruhigen Gesichtszügen geht nicht hervor, wie vulkanisch es eigentlich in den Untergründen dieser Schubert-Seele aussah. Aber es war vulkanisch, und gerade diese besondere Art der Persönlichkeit muss ich Ihnen schildern als Grundlage der Karmabetrachtung.«**[21] Rudolf Steiner berichtete von einer konkreten Situation, in der dieses aufbrausende Temperament zum Vorschein kam, in der – bildlich gesprochen – der ›innere Vulkan‹ ausbrach.

Gemeinsam mit seinem Freund von Spaun ging Schubert in die Wiener Oper. Zur Aufführung kam *»Iphigenie auf Tauris«* von *Christoph Willibald von Gluck.* Franz Schubert war ganz hingerissen. **»Sein Enthusiasmus entlud sich seinem Freunde Spaun gegenüber während und nach der Vorstellung stark, großartig, aber eben doch in gemessener Art. Er wurde sozusagen zart emotionell, nicht vulkanisch emotionell.«**[21] Er hielt dieses Stück für das wunderbarste musikalische Kunstwerk. Besonders entzückte ihn die Sopranistin *Pauline Anna Milder-Hauptmann.* Von dem Sänger *Johann Michael Vogl* sagte er gar, dass er ihn gern kennenlernen möchte, um ihm vor lauter Bewunderung zu Füßen fallen zu können.

Anschließend gingen die beiden Freunde noch in das sogenannte »Bürgerstübl«. Beide sprachen noch zuweilen durchaus enthusiastisch über das, was sie in der Oper erlebt hatten. Am Nachbartisch saß ein ihnen bekannter Hochschulprofessor. Als dieser auf die Lobeshymnen hinhorchte, verfärbte sich sein Gesicht rot, und er begann vor sich hin zu brummen. Nachdem er einige Zeit gebrummt hatte, fing er an, fürchterlich zu schimpfen und zu toben. An Schubert und Spaun gerichtet bezeichnete er die Oper gar als einen »Dreck« und belegte die Sänger mit extrem abfälligen Bezeichnungen. **»Nun war Schubert nicht mehr zu halten. Es drohte in jedem Moment die schlimmste Konsequenz der Handgreiflichkeit. Schubert, der sonst völlig ruhig war, ließ alle seine Vulkanität los, und die anderen hatten tatsächlich alle Mühe, ihn nur zu beruhigen.«**[22]

Aufgrund seiner Armut lebte Schubert in sehr beschränkten gesellschaftlichen Verhältnissen. Wenn nicht gerade sein Freund und Gönner bei ihm war, konnte er sich einen Gasthausbesuch oder dergleichen nicht leisten. Somit kam er auch nur höchst selten in eine vergleichbare Situation, in der es einen Anlass geben konnte, dass sein aufbrausendes Temperament zum Vorschein kam. Rein theoretisch kann man die Frage stellen, was völlig anders hätte laufen können, **»wenn die Verhältnisse anders gewesen wären [...], wenn Schubert nicht Gelegenheit gehabt hatte, dasjenige, was an musikalischer Begabung in ihm war, aus sich herauszutreiben, wenn er nicht diesen hingebungsvollen Spaun als Freund gefunden hätte, hätte er nicht auch ein Raufbold werden können in einer untergeordneten Stellung? Man kann schon die Frage aufwerfen: Lag das nicht als Anlage in ihm, was da in einer so vulkanischen Weise an jenem Abend im Bürgerstübl zum Ausdruck gekommen ist? Und das menschliche Leben ist nicht durchsichtig, wenn man sich nicht die Frage beantworten kann: Wie geschieht da eigentlich die Metamorphose, dass man in einem Leben karmisch die Rauflust nicht auslebt, sondern ein feiner Musiker wird und sich die Rauflust in feine musikalische Phantasie verwandelt? Es klingt paradox, es klingt grotesk, aber es ist eine Frage, die, wenn man das Leben in größerem Maße betrachtet, durchaus aufgeworfen werden muss, denn aus der Betrachtung von solchen Dingen entstehen eigentlich erst die tieferen Karma-Fragen.«**[23]

Das tief freundschaftliche und gönnerhafte Verhältnis, das von Spaun zu seinem Freund pflegte, kann seine tieferen Ursachen wohl nur in einer früheren Inkarnation haben. In der Tat konnte Rudolf Steiner ein früheres *gemeinsames* Erdenleben der beiden finden.

Man könnte ja glauben, dass ein so begnadeter Musiker wie Franz Schubert schon in seinem vorigen oder einem seiner letzten Erdenleben mit Musik zu tun gehabt habe, damit sich bei ihm dieses Genie manifestieren konnte. Das muss aber ganz gewiss nicht so sein. **»So darf man sich namentlich nicht vorstellen, dass für das durch die verschiedenen Erdenleben durchgehende Karma der äußere oder innere Beruf eine große Bedeutung habe. Man stelle sich nur vor, wie schon ein verhältnismäßig äußerlich charakterisierter Beruf – sagen wir der Beruf eines Beamten oder dergleichen – mit dem Schicksalsmäßigen des Menschen auch äußerlich zusammenhängt. Aber für die eigentlichen karmischen, für die eigentlichen Schicksalszusammenhänge braucht das, was man von diesem äußeren Beruf aus charakterisiert, gar keine Bedeutung zu haben. Ebenso ist es mit dem inneren Beruf. Wie leicht ist man versucht, bei einem Musiker daran zu denken, dass er wenigstens in einem früheren Erdenleben, wenn nicht wieder ein Musiker, so ein Künstler war. Es ist durchaus nicht immer, es ist sogar in den seltensten Fällen so, wenn man die Dinge wirklich erforscht.«**[24]

Insbesondere hatte Schubert keine frühere Inkarnation, in der die Musik für ihn eine große Rolle gespielt hätte.

Kommen wir nun auf ein früheres Erdenleben zu sprechen, in dem sich die beiden Freunde bereits trafen. Die Namen, welche die beiden in dieser Verkörperung trugen, sind historisch nicht überliefert. Ihre Existenz und ihr Wirken kann nur durch geisteswissenschaftliche Forschung gefunden werden. »Wenn man aber von Schuberts Leben im 19. Jahrhundert geistig zurückschaut in sein früheres Erdenleben, dann verlieren sich die Spuren. Man findet ihn nicht leicht. Dagegen ist es immerhin möglich, verhältnismäßig leicht die Spuren zu finden für den Freiherrn von Spaun.«[25]

Diese Linie führt zurück ins 8. oder 9. Jahrhundert nach Spanien. Die Individualität, die sich im 18. Jahrhundert als Joseph von Spaun inkarnierte, war in dieser früheren Verkörperung ein kastilischer Fürst. Er beschäftigte sich mit Astrologie und Astronomie im Sinne der damaligen Zeit und galt als außergewöhnlich weise.

In einer bestimmten Zeit seines damaligen Lebens war er genötigt, aus seiner Heimat zu fliehen. Ausgerechnet bei den Mauren, die zu den größten Feinden der kastilischen Bevölkerung in jener Zeit gehörten, fand er Zuflucht. Dort musste er sich einige Zeit aufhalten. Er lernte eine maurische Persönlichkeit kennen, zu der er ein außerordentlich zartes Verhältnis gewann. In dieser Persönlichkeit steckte die Individualität des späteren Franz Schubert. »Und ganz gewiss wäre jener kastilische Fürst zugrunde gegangen, wenn dazumal nicht diese feingeistige Persönlichkeit unter den Mauren sich seiner angenommen hätte und ihm entgegengekommen wäre, so dass er doch eben einige Zeit noch das Erdenleben fortsetzen konnte, zur tiefsten Befriedigung der beiden.«[26]

In Franz Schubert steckte also eine wiederverkörperte maurische Persönlichkeit, die weit davon entfernt war, Musikalisches in der Seele zu verarbeiten, die »dagegen mit innerstem Hang alles dasjenige gerade verarbeitete, was in arabischer Kultur an feinem Künstlerischem und feinem, ich will nicht sagen Denkerischem, aber feinem Grübelndem herübergebracht worden ist von Asien, durch Afrika gegangen ist und dann in Spanien endlich gelandet ist. Da bildete sich bei jener Persönlichkeit in der damaligen Inkarnation vor allen Dingen jene anspruchslose und doch wieder energische Seelenweichheit aus, die das, man möchte sagen, künstlerisch Phantasievolle, Somnambule, in der nächsten Inkarnation, in der Inkarnation von Franz Schubert, hervorzauberte.«[27]

Auf der anderen Seite musste diese maurische Persönlichkeit auch an vielen schweren Kämpfen, welche die Mauren namentlich mit der kastilischen, aragonischen Bevölkerung führten, teilnehmen. »Und da bildete sich jene zurückgehaltene emotionelle Ader aus, die dann, ich möchte sagen, wie verhalten nur bei besonderen Gelegenheiten im Schubert-Dasein herauskam.«[27] Unter ungünstigen Umständen und insbesondere ohne die vermittelnde Art von Spauns hätte Schubert zu einem Raufbold werden können.

Die Tatsache, dass der Freiherr von Spaun sich in so außergewöhnlichem Maße für seinen Freund einsetzte, hatte gewiss ihre Ursache darin, dass er sich – trivial gesprochen – für die Hilfe, Gunst und Freundschaft, die ihm ein Jahrtausend zuvor die Individualität Franz Schuberts erwiesen hatte, bedanken wollte. Freilich war ihm das nicht bewusst. Aber – um noch einmal mit Karl Ludwig von Knebel zu sprechen – die »verborgene Hand des Schicksals« führte die beiden zusammen.

❀ ❀ ❀ ❀ ❀ ❀ ❀ ❀ ❀ ❀ ❀

Das Genie Goethes

Wie wir bereits ausführlich erläutert haben, kann man ein Genie nicht aus den Kräften der Vererbungsströme erklären. Damit ein Mensch in seinem Leben als großes Genie aufleuchten und wirken kann, muss er vielmehr in seinen früheren Verkörperungen dazu gewisse Voraussetzungen bzw. Ursachen geschaffen haben. Viele geniale Menschen verdanken ihre Gabe zusätzlich der Tatsache, dass sie sich bei ihrem letzten Aufenthalt in der Geisteswelt, namentlich in der Jupitersphäre, die sie im Verein mit den dort herrschenden Geistwesen sehr bewusst durchlebt haben, die notwendigen Kräfte erworben haben.

Als ein Beispiel für einen solchen Menschen führte Rudolf Steiner den wohl bedeutendsten Schöpfer deutschsprachiger Dichtung an, *Johann Wolfgang von Goethe*, der am 28. August 1749 in Frankfurt am Main geboren wurde und der am 22. März 1832 in Weimar starb. Goethe muss gewiss nicht mehr näher vorgestellt werden. Dennoch sehen viele in ihm nur einen großartigen Dichter. Dass er auch ein großer Denker und ausgezeichneter Naturforscher war, ist weniger bekannt.

Wer sich etwas näher mit Leben und Werk Goethes befasst, muss anerkennen, dass er ein Universalgelehrter war, dass er ein großes Genie war.

Ein voriges – nicht das unmittelbar vorausgegangene – Erdenleben Goethes, über das Rudolf Steiner schildert, lag schon über zwei Jahrtausende zurück. Er lebte in einem späten vorchristlichen Jahrhundert in Griechenland und kam dort viel mit plastischer Kunst und platonischer Philosophie zusammen. Mit riesigem Enthusiasmus hat er in einem Jünglingsdasein die plastische Kunst aufgenommen, **»die zu gleicher Zeit geistig geschaut werden kann, wobei das geistig Geschaute wiederum mit ungeheurem innerem Künstlertum in Künstlerisches übersetzt werden kann.«**[28]

Nachdem die Individualität Goethes nach ihrer Verkörperung im alten Griechenland noch durch andere Zwischeninkarnationen gegangen war, bildete sie in der geistigen Welt vor ihrer Verkörperung als Goethe ihr Karma in besonderem Maße in der Jupitersphäre aus. Der Jupiter ist das Herrschaftsgebiet der Kyriotetes, der Geister der Weisheit. Welche charakteristischen Eigenschaften weisen diese Wesen auf? **»[...] sie sind sozusagen realisierte Weisheit. Sie werden mit der Weisheit geboren und können gar nicht anders als weise sein. Geradeso wie wir Blutzirkulation haben, haben sie Weisheit. Es ist ihre Natur; so sind nun einmal diese Jupiterwesen.«**[28]

Unter diesen Wesen kann in besonderer Weise das Karma geformt werden. **»Diese Individualität, die eines der wichtigsten Erdenleben hatte im alten Griechenland, ging durch die Jupitersphäre, wurde berührt von alledem, was Weisheit des Jupiter ist, bildete sich da ihr Karma und wurde wiederum geboren im 18. Jahrhundert als Goethe.«**[29]

Daher rührte der wunderbare Zusammenschluss von Griechentum und Weisheit bei Goethe. Er hat karmisch dasjenige, was aus früheren Inkarnationen – insbesondere aus der Plato-Strömung – kam, in der Jupiterregion umgewandelt, **»so dass es diejenige Art von Weisheit werden konnte, die eben bei Goethe alles durchdringt.«**[30]

Exkurs 3:   Der göttliche Weltenplan – Die Inkarnationsstufen der Erde

Wir haben an einigen Stellen dieses Buches von einer »fernen« oder »urfernen« Vergangenheit bzw. Zukunft gesprochen. In diesem Exkurs wollen wir präzisieren, was damit gemeint ist.

Es geht um nichts Geringeres, als darum, einen Blick auf den »göttlichen Weltenplan« zu werfen.

Der göttliche Weltenplan im Überblick

Wie die heutige Naturwissenschaft lehrt, ist das Universum vor knapp 14 Milliarden Jahren durch den sogenannten »Urknall« entstanden. Dieser wird als Anfangspunkt der Entstehung von Materie, Raum und Zeit aufgefasst. Vorher habe noch *nichts* existiert. Weiterhin wird angenommen, dass unsere Erde vor etwa 4,5 Milliarden Jahren geboren wurde und in fernerer Zukunft den »Wärmetod« sterben wird. Auch danach wird gemäß wissenschaftlichem Konsens nichts mehr existieren.

Auch wenn nicht alle dieser *Theorien* als falsch zu bezeichnen sind, so muss man sehen, dass die Wissenschaftler nur die *materielle Außenseite* zu erfassen vermögen. Die Annahme, alles sei im Grunde durch einen ›Zufall‹ aus dem ›Nichts‹ entstanden, ohne dass ganz konkrete schöpferische Taten irgendwelcher geistigen Wesenheiten vorausgesetzt werden müssten, ist geradezu absurd.

Was unsere Vorfahren, die vor – sagen wir – 10.000 oder noch mehr Jahren gelebt haben, anbelangt, so weiß die Wissenschaft nur sehr wenig. Vieles liegt im Bereich der Spekulationen. Insbesondere können – wie ja bereits dargestellt – die Wissenschaften nichts dazu beitragen, was die Entwicklung oder gar die *Entwicklungsziele* des Menschen anbelangt.

Wenn man nur einmal auf die Naturreiche unserer Erde – angefangen bei der Welt der Mineralien, über die Pflanzen- und Tierwelt bis hin zum Menschen – sowie auf die Planeten mit ihren exakten Umlaufbahnen und -geschwindigkeiten schaut, so kann doch ein Mensch, der noch nicht ganz vom Materialismus zerfressen ist, nicht umhin zuzugeben, dass hinter alldem ein gewaltiger, über-intelligenter Plan steckt, der nur von hohen und höchsten göttlichen Wesenheiten ausgehen und umgesetzt werden kann. Wie krank – und das ist ganz wörtlich zu nehmen – müssen unsere Wissenschaftler eigentlich sein, dass sie behaupten, alles Ursprüngliche sei durch einen Zufall von selbst entstanden und alles später Hinzugekommene bzw. Veränderte sei lediglich auf die ›Laune‹ eines blinden evolutionären Prozesses zurückzuführen?!

Wir müssen heute unbedingt verstehen lernen, dass hinter allem und jedem, was im Kosmos geschieht, nichts Zufälliges wirkt, wie uns das der Materialismus weismachen will. Alles, was die Entstehung und Entwicklung sämtlicher Welten und Wesen einschließlich des Menschen angeht, unterliegt einem gewaltigen Plan, der unermesslich lange Zeiträume einbezieht und unfassbar komplex ist. Man kann hier von dem

»Göttlichen Weltenplan« sprechen. Die biblische Schöpfungsgeschichte stellt übrigens nur einen recht kleinen Ausschnitt aus dem gigantischen Weltenplan dar.

Zur Umsetzung des göttlichen Weltenplanes, dessen Weisheit jedes menschliche Vorstellungsvermögen sprengt, waren unzählige geistig-göttliche Wesenheiten vonnöten, insbesondere die geistigen Wesen der höheren Hierarchien, die wir schon kennengelernt haben. Die Idee des Weltenplanes, wie sich unser Sonnensystem durch unermesslich lange Zeiträume hindurch bereits entwickelt hat und weiterhin entwickeln soll sowie die damit verbundenen Ziele, entspringen natürlich der göttlichen Trinität, der Heiligen Dreieinigkeit. Dann kommt die Mission der Seraphim, also der geistigen Wesen der höchsten Stufe, welche die Ideen und Pläne von der göttlichen Trinität entgegennehmen. Die Cherubim haben die Aufgabe, in höchster Weisheit die Ziele, Ideen und Pläne, die sie von den Seraphim empfangen, auszugestalten. **»Und die Throne hinwiederum, der dritte Grad der Hierarchie von oben, der hat die Aufgabe, nunmehr, natürlich sehr bildlich gesprochen, Hand anzulegen, damit das, was in Weisheit ausgedacht ist, damit diese hehren Weltengedanken, die die Seraphim von den Göttern empfangen, die die Cherubim durchgedacht haben, in Wirklichkeit umgesetzt werden.«**[31] Selbstverständlich kommen dann auch noch die geistigen Wesen der zweiten und dritten Hierarchie mit ihren ganz konkreten Aufgaben und Arbeiten in Betracht. Über das, was die Elohim sowie die Zeitgeister (Jamim) dabei zu leisten hatten, haben wir bereits in Kapitel 3 (☞ S. 132ff.) geschrieben.

Einen Einblick in den göttlichen Weltenplan, der in die ur-urfernste Vergangenheit und die ur-urfernste Zukunft, von der Wissenschaftler nicht einmal zu träumen wagen, reicht, kann nur ein hoher Eingeweihter durch Lesen in der Akasha-Chronik gewinnen. Das, was Rudolf Steiner auf diese Art erforscht hat, ist äußerst umfangreich und nicht gerade leicht zu fassen.

Alles im Weltenwesen entwickelt sich in Rhythmen. Wie wir im Folgenden sehen werden, liegt dem Weltenplan ein *Siebener-Rhythmus* zugrunde. Die Zahl »7« wurde schon immer als eine *heilige* Zahl betrachtet. Sie gilt als Zahl der Vollkommenheit, aber auch der Wandlung und Veränderung.

Es mag für viele Leser höchst erstaunlich sein, dass das Gesetz der Reinkarnation nicht nur für menschliche Individuen, sondern auch für unsere Erde gilt.

Genau wie der Mensch selbst von Inkarnation zu Inkarnation schreitet, macht auch der Planet, auf dem der Mensch lebt, mehrere *Verkörperungen* durch. Rudolf Steiner konnte in der Akasha-Chronik auf sieben solcher Inkarnationen der Erde schauen, drei vergangene, unsere heutige aktuelle sowie drei zukünftige. Bei diesen jeweils extrem langen Zeiträumen kann man von »Inkarnationsstufen« oder »Entwicklungsstufen« unseres planetarischen Systems sprechen. Die Erde, auf der wir wohnen, ist zunächst einmal ein materieller Körper, der mit dem physischen Leib eines Menschen verglichen werden kann. Aber die Erde ist viel mehr als nur dieser physische Weltenkörper, wie er sich unserer Sinneswahrnehmung offenbart. Genau wie der Mensch einen Ätherleib und einen Astralleib besitzt, hat auch die Erde solche höheren Leiber, die sich natürlich nur dem Blick eines mit Hellsichtigkeit begabten Menschen erschließen. So wie jeder Mensch ein Ich hat, hat auch die Erde ein Ich, einen Geist: den Planetengeist der Erde. Somit müsste man richtiger sagen, dass es dieser Geist der Erde ist, der sich wiederverkörpert. **»Die Entwickelung der Erde kann nur dann richtig verstanden werden, wenn wir uns vergegenwärtigen, dass bei derselben die gleichen Gesetze zur Geltung kommen wie bei der Entwickelung des einzelnen Menschen. Der uns sichtbare Planet ist für die geisteswissenschaftliche Betrachtung nur der Leib des in ihm wohnenden Geistes.«**[32]

Die sieben Stufen der *gesamten* Erdenentwicklung – also die sieben Inkarnationen der Erde – fallen mit der Veranlagung bzw. Bildung der menschlichen Wesensglieder (physischer Leib, Ätherleib, Astralleib, Ich, Geistselbst, Lebensgeist und Geistesmensch) zusammen. *Ein* ganz wesentlicher Sinn der einzelnen Verkörperungen der Erde besteht darin, diese Wesensglieder zu veranlagen bzw. auszubilden. Das wiederum hängt zusammen mit dem Bewusstsein, das der Mensch auf den einzelnen Stufen hat, so dass man diese planetarischen Zustände auch *Bewusstseinsstufen* nennen kann. Jede dieser sieben Stufen oder Zustände charakterisiert einen ganz bestimmten menschlichen *Bewusstseinszustand*.

Diese sieben Inkarnationsstufen werden mit *»alter Saturn«*, *»alte Sonne«*, *»alter Mond«*, *»(heutige) Erde«*, *»neuer Jupiter«*, *»neue Venus«* und *»Vulkan«* bezeichnet (☞ auch Anhang A.2, Tabelle 9, S. 535).

Wenn man einen Blick auf die Namen für die sieben Wochentage in einigen heutigen Sprachen wirft, so kann deutlich werden, dass in früheren Zeiten ein gewisses Bewusstsein für diese sieben Entwicklungsstufen der Erde vorhanden war.

Der Samstag steht für den Saturn, was besonders im Lateinischen und im Englischen sehr deutlich wird: *»dies saturni«* bzw. *»saturday«*. Bei den beiden folgenden Wochentagen ist es offensichtlich: *Sonn*tag für Sonne und *Mon*tag für Mond. Dann wird es etwas schwieriger. Es gibt nämlich *zwei* Wochentage, die unsere *heutige* Entwicklungsstufe betreffen: Dienstag *und* Mittwoch. Wie kann man das erklären? Die Erdentwicklung war zunächst stark vom *Mars*, später vom *Merkur* beeinflusst worden. Alles was nicht von einem dieser beiden Planeten stammt, ist vom alten Mond herübergekommen. Die Erde wird deshalb aufgefasst als Mars *und* Merkur. Diese beiden Planeten stecken unverkennbar in der lateinischen und französischen Namensgebung für diese zwei Wochentage: *»dies martis«* bzw. *»mardi«* (Dienstag) für den Mars und *»dies mercurii«* bzw. *»mercredi«* (Mittwoch) für den Merkur. Was den Donnerstag angeht, muss man wissen, dass der germanische Gott *Donner*, nach dem dieser Tag benannt ist, dem römischen Gott *Jupiter* entspricht. In dem lateinischen und dem französischen Wort für Freitag steckt eindeutig der Name Venus: *»dies veneris«* bzw. *»vendredi«*.

Am Ende einer jeden Inkarnationsstufe löst sich das *Physische* des Planeten vollständig auf; der Planet stirbt. Bis zur neuen Verkörperung, also der Entstehung des Nachfolgeplaneten, spielt sich das Leben ausschließlich im Geistigen ab. Diese Zwischenzustände nennt man *»großes Pralaya«* oder *»Erdennacht«*. In einem solchen Zwischenzustand ist im Äußerlich-Sichtbaren gar nichts vorhanden, aber alle Kräfte, die der Mensch aus dem Planeten herausgezogen hat, sind dann *in* ihm und bilden den Samen für die nächste Planetenstufe.

Selbst ein noch so hoher Eingeweihter kann derzeit ›nur‹ auf *eine* »Planetenkette«, die aus den kurz angeführten sieben Inkarnationsstufen besteht, schauen. Die aktuelle Stufe, unsere heutige Erde, auf der wir gerade stehen, ist die vierte, also die mittlere. Selbstverständlich gab es vor dieser 7-stufigen Planetenkette bereits frühere und wird es nachher weitere geben. Die Entwicklung im Weltensein hört niemals auf. Auch gibt es im Kosmos keine Wiederholungen, so dass auf den jeweiligen Stufen *völlig andere* Bedingungen herrschen und andere Entwicklungsziele anstehen.

Jede der sieben Inkarnationsstufen der Erde lässt sich wiederum in sieben kleinere Zeiträume einteilen, die man *»Hauptzeitalter«* oder *»Hauptzeitraum«* nennt. Auf der heutigen Verkörperungsstufe der Erde werden die ersten vier dieser Zeiträume *»polarisch«*, *»hyperboräisch«*, *»lemurisch«* und *»atlantisch«* genannt. Dann kommt unser heutiges Hauptzeitalter, dem noch zwei folgen werden, das 6. und das 7. Hauptzeitalter.

In diese sieben Hauptzeitalter gliedert sich die eigentliche physische Erdenentwicklung.

Jedes der sieben Hauptzeitalter lässt sich wiederum in sieben noch kleinere Zeiträume, die jeweils einen platonischen Weltenmonat, also 2.160 Jahre dauern, unterteilen. Man spricht bei diesen kleinen Zeiträumen von *»Kulturepochen«*. Vier solcher Epochen sind uns in unserem heutigen Hauptzeitalter schon vorausgegangen: die *»urindische«*, die *»urpersische«*, die *»ägyptisch-babylonische«* und die *»griechisch-lateinische«*. Wir befinden uns heute etwa am Ende des ersten Drittels der *»germanisch-angelsächsischen«* Kulturepoche. Diese begann im Jahre 1413 und wird 2.160 Jahre später, also 3573 enden.

Dann werden noch zwei Kulturepochen folgen: die *»slawische«* und die *»amerikanische«* (☞ auch Anhang A.2, Tabelle 10, S. 536).

Wenngleich wir dieses äußerst komplexe Thema im Rahmen dieses Buches nur ganz kurz streifen können, was natürlich die Gefahr mit sich bringt, dass vieles unverständlich bleiben könnte, wollen wir nun in *chronologischer* Reihenfolge einen *kurzen und mehr aphoristischen* Blick auf die sieben Inkarnationsstufen der Erde werfen. Auf die jeweiligen Hauptzeitalter und Kulturepochen werden wir nicht näher eingehen. Bei den folgenden Betrachtungen stehen die Entwicklung und die Entwicklungsziele des Menschen im Vordergrund.

Einem Leser, der sich intensiv mit dieser ebenso spannenden wie komplexen Thematik beschäftigen möchte, kann unser Werk *»Das Götterprojekt Mensch – Entstehung, Wesen und Ziel des Menschen«* empfohlen werden (☞ S. 576).

Die früheren (vergangenen) Inkarnationsstufen der Erde

Ganz zu Beginn der neuen Planetenkette, die mit dem alten Saturn ihren Anfang nahm, war noch kein physischer Planet vorhanden, nicht einmal in der feinstmöglichen Substanz. Allerdings war die ganze Frucht der vorherigen Planetenkette da. Die sich offenbarenden Geistwesen hatten die Erinnerung an das, was vorher gewesen ist. Alles, was im Verlaufe der ganzen Planetenkette entstehen wird, entstammt dem Bewusstseinsinhalt von etwas, was früher dagewesen ist.

Der alte Saturn

Der *»alte Saturn«*, den man natürlich nicht mit dem heutigen gleichnamigen Planeten verwechseln darf, war die erste Verkörperung unserer Erde bzw. unseres gesamten Planetensystems. Dieser uralte Weltenkörper war ein riesiger reiner Wärmekörper, der sich etwa von der heutigen Sonne bis zum heutigen Saturn, den er umfasst hätte, ausdehnte. Es gab nichts Luftförmiges, Flüssiges oder gar Festes. Wärme war das einzige Element. Es gab weder Licht noch Töne. Es war eine Welt, von der sich nicht sagen lässt, ob sie etwa kugelförmig, eiförmig oder sonst wie geformt war. Der Begriff »Raum« ist auf den alten Saturn nicht anwendbar. In der allerersten Phase des Saturndaseins existierte noch keine Zeit. Es gab nur Ewigkeit bzw. Dauer. Im gesamten Kosmos gibt es nichts Abstraktes. Hinter allem stecken die Wirkungen ganz bestimmter Wesenheiten, vorwiegend derjenigen, die zu den geistigen Wesen der höheren Hierarchien gerechnet werden. Auch die Zeit ist nichts Abstraktes. Die Zeit ist eine Wesenheit, die repräsentiert wird von den Archai, den Zeitgeistern. Geboren wurde die Zeit durch ein Opfer der Throne auf dem alten Saturn.

Bereits in dieser ur-urfernen Vergangenheit wurde der physische Leib des Menschen keimartig veranlagt. Wenn man bedenkt, dass es in dieser Zeit noch keine Stofflichkeit, wie wir sie heute kennen, gab, ist klar, dass diese menschlichen Leiber noch *völlig* anderer Art waren. Es waren reine *Wärmeleiber*. **»Wenn Sie heute alles von sich entfernen könnten außer Ihrer Blutwärme, dann würden Sie jene ersten Anlagen des Menschen wieder vor sich haben. [...] Der Saturn bestand dazumal aus lauter Menschenanlagen, die so zusammengeballt waren, wie die kleinen Beerchen einer Brombeere eine größere bilden: ebenso war die Saturnmasse eine große Beere, aus lauter Beerchen** zusammengesetzt, die Menschen(anlagen) waren.«[33] Die Throne gossen ihre Substanz aus und schufen die Grundlage zu dem physischen Leib. Dieser physische Leib des Menschen hat sich in den folgenden drei Inkarnationsstufen (alte Sonne, alter Mond, heutige Erde) immer weiter, immer höher entwickelt.

Der Mensch hatte auf dem alten Saturn ein *»tiefes Trancebewusstsein«*, das noch viel dumpfer war als das, was er heute im traumlosen Schlaf hat. Es ist das Bewusstsein, das in unserer Zeit die Mineralien haben. Heute wäre man geneigt, von Bewusstlosigkeit zu sprechen. Aber eine Bewusstlosigkeit gibt es nicht; es gibt nur Abstufungen. Selbst das trübste und dumpfste Bewusstsein ist eben doch ein Bewusstsein.

So wie *heute* die Erde die Heimat des Erdenmenschen ist, war der alte Saturn die Heimat der Archai, der Geister der Persönlichkeit, die man auch Urbeginne oder Urkräfte nennt. In der Genesis werden sie als Jamim bezeichnet. Sie waren im Wärmestoff verkörpert und wirkten wie ein Wärmestrom, der sich dahinbewegte. Sie standen dazumal gewissermaßen auf der Menschheitsstufe, also auf der Stufe, auf der wir heute stehen. So wie *heute* das Ich das höchste Wesensglied des Menschen ist, war das Ich damals das höchste Prinzip der Archai. So wie *heute* der physische Leib das niedrigste, wenn auch in seiner Art vollkommenste und ausgereifteste, Wesensglied des Menschen ist, so ist das Ich der Archai *heute* ihr niedrigstes. Darüber hinaus haben sie bereits die drei Geistglieder, Geistselbst, Lebensgeist und Geistesmensch, welche der Mensch erst in ur-urferner Zukunft bekommen wird. Sie stehen also schon heute auf der Entwicklungsstufe, die der Mensch erst auf dem Vulkan erreichen wird. Daher sind die Archai auch um ein so Vielfaches mächtiger und weiser als die heutigen Menschen. Noch deutlich mächtiger und weiser sind die geistigen Wesen der höheren Reiche, die über den Archai stehen. Diese haben den Entwicklungsprozess, den die Archai auf dem alten Saturn durchlaufen haben, bereits in noch früherer Vergangenheit durchgemacht.

Diejenigen Archai, die auf dem alten Saturn ihr Entwicklungsziel nicht erreicht haben, greifen in unserer *heutigen* Zeit auf besonders perfide Art in die menschliche Entwicklung ein. Es sind dies die Asuras, von denen schon in Kapitel 8 die Rede war. **»Die Asuras [...] sind Wesenheiten, die wieder um einen Grad höher stehen in ihrem Willen zum Bösen als die ahrimanischen Wesenheiten und um zwei Grade höher als die luziferischen.«**[34] Es gibt eine geistige Gesetzmäßigkeit, die besagt: Je früher die Wesen in ihrer Entwicklung zurückgeblieben sind, desto später greifen sie mit ihrem für die Menschheit gefährlichen Wirken ein, und umso größer ist ihre Macht. Da die Asuras schon auf dem alten Saturn zurückgeblieben sind, tritt ihre Wirksamkeit erst in unserer gegenwärtigen Zeit ein. Das ist aber auch der Grund für ihre große Machtfülle sowie für ihre Gefährlichkeit. Diese Wesen des allergrößten Egoismus werden mit noch viel gewaltigerer Intensität das Böse entwickeln als die ahrimanischen oder gar die luziferischen Wesen.

Die alte Sonne

Nach dem Untergang des alten Saturn und des darauf folgenden Pralaya entstand ein neuer Weltenkörper, die sogenannte *»alte Sonne«*. Dieser Weltenkörper, den man nicht mit unserer heutigen Sonne verwechseln darf, war der wiedergeborene oder wiederauferstandene alte Saturn. Die Wärme, die als einziges Element den alten Saturn ausmachte, differenzierte sich jetzt in Licht und Rauch. Dadurch bestand die alte Sonne innerlich aus Luft, aus strömendem Gas. Nach außen erglänzte sie in strahlendem Licht.

Auf der alten Sonne wurde der physische Leib des Menschen umgewandelt, verfeinert. Seine Substantialität musste natürlich dem luftförmigen Element des Planeten angepasst werden. Jetzt wurde dem Menschen durch eine Opfertat der Kyriotetes, Dynamis und Exusiai, die die eigentlichen Herren der alten Sonnenentwicklung waren, auch der Ätherleib verliehen. Aus dem Leib der Kyriotetes floss die Substanz dieses Ätherleibes. Die zweite Stufe der Ausbildung des physischen Menschen war die Durcharbeitung des physischen Körpers mit dem ätherischen Leib. Dadurch wurde er ein lebendiger Organismus.

Das Bewusstsein, das der Mensch hatte, war um einen Grad höher, als es auf dem alten Saturn der Fall war. Es war ein *»Tiefschlafbewusstsein«*, vergleichbar mit dem, das wir heute in einem traumlosen Schlaf haben. Es ist das Bewusstsein, das gegenwärtig die Pflanzen haben.

Aus dem Sonnennebel heraus entwickelte sich auch die erste Anlage für das Tierreich. Es kann also keine Rede davon sein, dass die Tiere schon vor dem Menschen existiert hätten. Somit ist auch die These, der Mensch stamme vom Tier ab, absurd.

Auf der alten Sonne machten die geistigen Wesen, die heute zu den Erzengeln gehören, ihre Menschheitsstufe durch, das heißt sie erwarben bereits in dieser fernen Vergangenheit ihr Ich.

Die ahrimanischen Wesen sind diejenigen Erzengel, die auf dieser Stufe ihr Entwicklungsziel nicht erreicht haben. Auf dem alten Mond wurden sie zu den Versuchern der Engel. Heute gehören sie zu den Widersachern der Menschen.

Der alte Mond

Die nächste Wiederverkörperung unserer Erde wird in der Geisteswissenschaft *»alter Mond«* genannt. Sie folgte der Inkarnation der alten Sonne und ging unserer heutigen Erdeninkarnation unmittelbar voraus. Der alte Mond war ein zähflüssiger Körper mit einer von Feuchtigkeit durchzogenen Atmosphäre aus Feuerluft. Es gab noch keine dichten, materiellen Stoffe, noch nichts Mineralisches, also auch noch keinen festen Erdboden. Das dichteste Element war das Wässrige. Die geistigen Wesen der dritten

Hierarchie, also die Archai, Erzengel und Engel, wirkten ganz wesentlich an der Entwicklung des alten Mondes mit.

Während der physische Leib des Menschen nun schon auf der dritten Stufe stand, stand der Ätherleib auf der zweiten. Neu hinzu kam jetzt der Astralleib. Gegen Ende der alten Mondenentwicklung wurde dem Menschen die Weisheit eingeprägt.

Das höchste Bewusstsein, das der Mensch auf dem alten Mond hatte, könnte als *»Traum-«* oder *»Bilderbewusstsein«* bezeichnet werden, welches aber nicht mit dem vergleichbar ist, das wir heute während eines Traumes haben. Es war damals noch viel lebendiger und hatte nicht das Wirre der heutigen Träume. Es entsprach vielmehr genau dem, was in der seelisch-geistigen Umgebung vorhanden war.

Nachdem der Mensch auf der alten Sonne noch einer Pflanze gleich auf dem Kopf stand, bückte er sich jetzt. Das Vertikale wurde zum Horizontalen, wie es bei den heutigen Tieren noch der Fall ist. Es entstand in ihm die Anlage zum Rückgrat. Erst später auf der Erde drehte er sich vollkommen um. Der Mensch hatte schon ein wenig die Fähigkeit, die beiden vorderen Gliedmaßen als Greiforgane zu verwenden. **»Das Pflanzenreich stand zwischen dem heutigen Mineralreich und dem Pflanzenreich, ähnlich wie jetzt ein Torfmoor halb mineralisch und halb pflanzenartig ist. Der Mond war im Grunde genommen eine große Pflanze. Sein Boden bestand aus ineinandergeschlungenen Pflanzen. Felsen gab es damals noch nicht. Dieses pflanzenartige Mineralreich verdichtete sich erst auf der heutigen Erde zu dem jetzigen Mineralreich.«**[35]

Wenn man heute vom »Menschen« spricht, so meint man damit ein solches viergliedriges Wesen, wie es im gegenwärtigen Erdendasein steht, also ein Wesen, das einen physischen, ätherischen und astralischen Leib sowie ein Ich besitzt. In diesem Sinne waren die Saturn-, Sonnen- und Mondenmenschen natürlich noch *keine* Menschen. Sie hatten noch kein Ich und eine *völlig* andere Leiblichkeit. Sie waren allerdings die *Vorfahren* der heutigen Menschheit.

In einer vergleichbaren Weise wie wir heute Menschen sind, waren die heutigen Engel auf dem alten Mond Menschen. Sie standen also auf der Stufe, auf der die heutigen Erdenmenschen stehen. Natürlich konnte man sie nicht mit einem gegenwärtigen Menschen gleichsetzen. Sie hatten eine ganz andere Gestalt sowie gänzlich andere Daseinsbedingungen und Aufgaben als wir heute. Aber sie haben eine Stufe in ihrer Entwicklung durchlaufen, die man mit der, die wir heute durchmachen, ein wenig vergleichen kann. Sie standen also auf der Menschheitsstufe und erwarben ihr Ich. Die heutigen Archai standen auf dem alten Mond auf der Erzengel-, die heutigen Erzengel auf der Engelstufe.

Die luziferischen Wesen sind diejenigen Engel, die auf dem alten Mond ihre Entwicklung nicht abgeschlossen haben und somit zu zurückgebliebenen Wesen und zu den heutigen Widersachern der Menschen wurden.

Die gegenwärtige Verkörperung der Erde – unsere heutige Erde

Nach dem Untergang des alten Mondes folgte wieder eine Weltennacht. Im Physisch-Sichtbaren war nichts vorhanden. Alles Leben spielte sich im Geistigen ab. Dann kam es zu der nächsten Verkörperung, unserer *heutigen* Erde und dem zu ihr gehörigen planetarischen System. Unsere Erde wurde – wie auch die Naturwissenschaftler herausgefunden haben – vor etwa 4,5 Milliarden Jahren ›geboren‹.

Die Erde ist der Schauplatz des Menschen, wenn er sich in der Zeit zwischen Geburt und Tod befindet. Jeder Mensch betritt diesen Schauplatz viele Male. Er ist hier die wichtigste *physisch* verkörperte Wesenheit. Auf der heutigen Erde macht der Mensch seine eigentliche *Menschheitsstufe* durch. Hier kann er erst so richtig *Mensch* werden. Als viertes Wesensglied hat er hier – vor nicht einmal allzu langer Zeit – sein Ich erhalten. Erweckt wurde dieses Ich erst durch Christi Tat auf Golgatha. Während dem Menschen vorher alles von den Göttern verliehen wurde, wessen er bedurfte, ist es nun seine ureigene Aufgabe, vermöge seines Ichs für seine weitere Entwicklung selbst zu sorgen. Dieses Wesensglied ermöglicht ihm, aus seiner menschlichen Freiheit heraus und ohne äußere Veranlassung seine geistig-seelische Entwicklung selbst in die Hand zu nehmen. Durch sein Ich ist der Mensch berufen, zum Schöpfer seiner selbst zu werden! Es ist die Aufgabe des Menschen, aus seinem Ich heraus seine drei unteren Leiber ›umzuarbeiten‹, zu veredeln und zu verwandeln. Auf diese Art kann es ihm gelingen, in der Zukunft die drei höheren Wesensglieder, Geistselbst, Lebensgeist und Geistesmensch, zu entwickeln. Dadurch kann er in seiner geistig-seelischen Evolution immer weiterschreiten. Der Mensch hätte im Verlaufe der Erdenentwicklung niemals ein Ich aufnehmen können, er hätte niemals ein Ich-Wesen – also *Mensch* – werden können, wenn er nicht die drei vorausgegangenen Inkarnationsstufen der Erde durchlaufen hätte, in denen ihm seine unteren drei Wesensglieder, mit denen das Ich sich, wenn es ins irdische Dasein tritt, bekleidet, nach und nach verliehen worden sind.

Die Erde und das gesamte zu ihr gehörige planetarische System sind von der göttlichen Weltenordnung nach den Erfordernissen, die der Mensch für seine höhere Entwicklung braucht, ein- und ausgerichtet.

Auf der Erde nahm der Mensch erstmals einen mineralischen Körper an. Übrigens, das was man »mineralisch« oder »Mineralreich« nennt, gibt es *nur* auf der heutigen Erde. Auf den vergangenen Verkörperungen unseres Planeten hat es noch nichts Mineralisches gegeben, und auf den zukünftigen wird nichts Mineralisches mehr existieren.

Von der Schaffung des *Erden*menschen schildert die Genesis, die Schöpfungsgeschichte Mose. Erst in dieser Zeit begann der Inkarnationskreislauf, also die Notwendigkeit, dass sich der Mensch bis in eine fernere Zukunft hinein immer wieder auf der

Erde verkörpert. Aber selbst die ersten Erdenmenschen waren nicht nur, was ihre intellektuellen und kulturellen Fähigkeiten, ihre Art des Wahrnehmens und Empfindens usw. anbelangt, sondern auch, was ihre Leiblichkeit angeht, einem heutigen Menschen noch sehr, sehr unähnlich. Der physische Leib, der nun schon in sein viertes Entwicklungsstadium getreten war, hat sich im Laufe der Jahrmillionen immer weiter entwickelt und wird sich in die Zukunft hinein immer weiter entwickeln. Es ist noch gar nicht einmal so lange her, dass diese Leiber den heutigen erstmals ähnlich wurden. Nur wenn man berücksichtigt, dass der physische Leib in seinen ersten Anlagen schon auf dem alten Saturn entstanden ist und heute schon auf der vierten Stufe seiner Entwicklung steht, kann verständlich werden, dass er ein so komplexes und vollkommenes Wunderwerk ist.

Die höchste Stufe des Bewusstseins eines heutigen Menschen ist das uns allen bekannte *»helle Tagesbewusstsein«* oder *»Wachbewusstsein«*, das man auch *»Gegenstandsbewusstsein«* nennt.

Hauptzeitalter und Kulturepochen

Es sei noch einmal kurz daran erinnert, dass man *jede* Inkarnationsstufe der Erde in jeweils sieben *»Hauptzeitalter«* und jedes Hauptzeitalter wiederum in sieben *»Kulturepochen«*, die jeweils etwa 2.160 Jahre dauern, unterteilen kann (☞Anhang A.2, Tabelle 10, S. 536).

Auf der gegenwärtigen Inkarnationsstufe der Erde befinden wir uns heute seit rund 10.000 Jahren im *fünften* Hauptzeitalter. Vier sind bereits vergangen, zwei werden in der Zukunft noch folgen. Unserem Hauptzeitalter unmittelbar vorausgegangen ist das *»atlantische«* und diesem wiederum das *»lemurische«*. Die lemurische Zeit ist diejenige, aus der die Genesis von der Schaffung des Erdenmenschen erzählt.

Innerhalb unseres fünften Hauptzeitalters leben wir seit dem Jahre 1413 in der *fünften* Kulturepoche. Diese wird bis 3573 dauern. Dann werden noch zwei folgen. Vorausgegangen sind uns zunächst die *»urindische«,* dann die *»urpersische«*, die *»ägyptisch-babylonische«* und die *»griechisch-lateinische«*. Folgen werden noch die *»slawische«* und die *»amerikanische«* Epoche. In der griechisch-lateinischen Epoche fand das Mysterium von Golgatha, das größte und wichtigste Ereignis der Weltgeschichte, statt. Ohne diese Opfer-Liebes-Tat Christi wäre der Fortbestand der Erde und der Menschheit nicht möglich gewesen.

Wir alle werden uns in unserer heutigen Kulturepoche noch *mindestens* einmal – vermutlich sogar mehrere Male – inkarnieren. Selbstverständlich werden wir auch in den zwei folgenden Kulturepochen sowie im zukünftigen Hauptzeitalter wieder auf der Erde erscheinen. Wir sollten uns die Frage stellen, was wir in unserem *jetzigen*

Leben dafür leisten können, damit diese zukünftigen Epochen zu unserem eigenen geistig-seelischen Fortschritt und dem der gesamten Menschheit gereichen.

Auf die wesentlichen Aufgaben, die wir heute und auch noch in der Zukunft zu leisten haben, wurde bereits in Kapitel 3, als es um die »globalen Lebensaufgaben« ging, hingewiesen (☞ S. 177ff.).

Die zukünftigen Verkörperungen der Erde

Nach Ablauf unserer heutigen Erdenzeit wird sich die komplette Erde und mit ihr das gesamte planetarische System auflösen; alles Physische wird verschwinden. Es kommt zum sogenannten »Jüngsten Tag«, wie es in der Bibel genannt wird.

Dann wird die Erde in den geistigen Übergangszustand (Pralaya) eingehen, der sich wie ein Aufenthalt in der geistigen Welt darstellt, um nach geraumer Zeit in verwandelter Gestalt wieder hervorzutreten.

Der neue Jupiter

Auf die fünfte Verkörperung unserer Erde, die der jetzigen unmittelbar folgen wird, finden wir auch im Neuen Testament einen Hinweis. Der Evangelist Johannes schreibt in der *»Geheimen Offenbarung«*: *»Und ich sah einen neuen Himmel und eine neue Erde. Denn der erste Himmel und die erste Erde sind vergangen. [...] Und ich sah die heilige Stadt, das Neue Jerusalem [...]«*[36] Der Apokalyptiker bezeichnete diese »neue Erde« als »Neues Jerusalem«. Einige Theologen glauben, dass mit diesem Begriff ein Bezirk in der geistigen Welt gemeint sei. Aber das widerspricht den Ergebnissen aller geisteswissenschaftlichen Forschungen. Wirklich gemeint ist damit die nächste Verkörperung der Erde. Die Eingeweihten nennen diese neue Erde *»neuer Jupiter«* oder *»Jupitererde«*. Auch dieser Begriff hat wenig mit dem heutigen gleichnamigen Planeten zu tun.

Auf dieser neuen Erde wird es das, was wir heute als Mineralreich bezeichnen, nicht mehr geben. Das Pflanzenreich, das auf der Jupitererde eine völlig andere Form haben wird als auf der heutigen Erde, wird das unterste Reich sein. Um eine Stufe höher wird das ebenfalls verwandelte Tierreich stehen.

Das Menschengeschlecht wird sich in *zwei* Reiche, ein niederes und ein höheres, aufspalten. Das niedere Reich wird von den Menschen gebildet, welche sich als die Nachkommenschaft der auf der Erde entstandenen bösen Gemeinschaft erweist. In dem höheren Reich erscheinen dann die Nachkommen der guten Gemeinschaft der Erdenmenschen, die sich mit dem Christus-Impuls durchdrungen haben. Diejenigen Menschen, die zu dem höheren Reich gehören, werden die Aufgabe haben, daran zu arbeiten, den anderen noch den Übergang in das höhere, das eigentliche Menschenreich, zu ermöglichen. **»Ein großer Teil der Arbeit dieses** [höheren] **Menschenreiches besteht darin, die in die böse Gemeinschaft gefallenen Seelen so zu veredeln, dass sie den Zugang in das eigentliche Menschenreich noch finden können.«**[37]

In Analogie zu den Archai, Erzengeln und Engeln, die auf den vorausgegangenen Entwicklungsstufen der Erde ihr Ziel nicht erreicht haben und in ihrer Entwicklung zurückgeblieben sind, könnte man bei den Menschen, die auf der Jupitererde dem niederen Reich angehören, von auf der heutigen Erde ›zurückgebliebenen‹ Menschen sprechen.

Wie wir wissen, gehört es schon heute zu den Aufgaben des Menschen, aus seinem Ich heraus seinen Astralleib zu veredeln, um dadurch das Geistselbst zu entwickeln. Erst auf dem neuen Jupiter kann dieses Wesensglied voll und ganz entstehen. Während ein heutiger Mensch als höchste und hellste Form des Bewusstseins sein Tages-, Wach- bzw. Gegenstandsbewusstsein hat, wird er auf der Jupitererde noch ein höheres haben, das Rudolf Steiner *»selbstbewusstes Bilderbewusstsein«* oder *»psychisches Bewusstsein«* nannte. Man könnte es auch als *»imaginatives Bewusstsein«* bezeichnen. Ein solches Bewusstsein hat heute nur ein hellsichtiger Mensch. Zu der heutigen Selbstbewusstheit kommt hinzu, dass er nicht nur äußere Gegenstände wahrnehmen kann, sondern auch geistig-seelische Bilder, die ins helle Tagesbewusstsein eingebettet sind. Der Mensch wird dann mit Wesen in Verkehr treten können, welche seiner heutigen Sinneswahrnehmung vollständig verborgen bleiben; er wird aus ganz anderen Reichen als jetzt ihm vollkommen erkennbare Einflüsse empfangen.

Die Menschen, die auf der Erde ihr Entwicklungsziel erreicht haben, werden auf dem neuen Jupiter auf der Stufe stehen, auf der heute die Engel stehen. Sie können ihren Engel dann von seiner Aufgabe, sie zu leiten, entbinden, so dass die Engel ihre Erzengelstufe durchmachen können. Von dem, was wir heute »Geburt« und »Tod« nennen, kann dann nicht mehr die Rede sein. Heute ist das menschliche Bewusstsein auf eine Außenwelt angewiesen, mit der es durch die Sinnesorgane in Beziehung tritt. Versagen die physischen Sinnesorgane, hört jede Beziehung zur Außenwelt auf. Das ist das, was wir heute als »Tod« bezeichnen. Auf dem neuen Jupiter wird die Seele aber imstande sein, ihren Verkehr mit der Außenwelt nicht nur durch die Sinnesorgane, sondern durch *Bilder*, die sie aus ihrem eigenen Inneren schafft, zu regeln.

Die neue Venus

Die Schauungen, die Johannes hatte und in der Apokalypse niederlegte, gingen nur bis zum Beginn des neuen Jupiters. Nur ein extrem begnadeter Geistesseher kann heute auf zwei weitere Erdinkarnationen blicken. Die auf den neuen Jupiter folgende Verkörperung unseres Planeten wird *»neue Venus«* genannt.

Nachdem es schon auf der Jupitererde kein Mineralreich mehr geben wird, wird auf der neuen Venus auch das Pflanzenreich verschwunden sein. Das unterste Naturreich wird das Tierreich in nochmals verwandelter Form sein. Über dem Tierreich wird es *drei* Menschenreiche geben, die sich durch ihren Grad an Vollkommenheit unterscheiden werden. Bis gegen Ende des Venusdaseins wird es den höchstentwickelten Menschen noch möglich sein, den übrigen dabei zu helfen, doch noch den Anschluss an die fortschreitende Entwicklung finden zu können.

Das zweite geistige Wesensglied des Menschen, der Lebensgeist, kann hier zur Reife kommen. Das höchste Bewusstsein, das der Mensch auf der neuen Venus haben kann, wird in der Geisteswissenschaft *»inspiriertes«* oder *»überpsychisches Bewusstsein«* genannt. Der Mensch kann dann nicht nur wahrnehmen, was in seiner Seele an Gefühlen, Leidenschaften und dergleichen vorhanden ist, sondern er kann den ganzen Charakter der Seele als einen einheitlichen Ton wahrnehmen.

Aus der neuen Venus wird sich schließlich ein Weltenkörper abspalten, der alle Wesen mitnimmt, die sich der notwendigen Entwicklung widersetzt haben. **»Während desselben [Venuszeit] spaltet sich aus der Venus ein besonderer Weltenkörper heraus, der alles an Wesen enthält, was der Entwickelung widerstrebt hat, gleichsam ein ›unverbesserlicher Mond‹, der nun einer Entwickelung entgegengeht mit einem Charakter, wofür ein Ausdruck nicht möglich ist, weil er zu unähnlich ist allem, was der Mensch auf Erden erleben kann. Die entwickelte Menschheit aber schreitet in einem völlig vergeistigten Dasein zur Vulkanentwickelung weiter.«**[38]

Der Vulkan

Schließlich wird es in ur-urferner Zukunft zur (vorläufig) letzten Verkörperung der Erde kommen, auf die ein Eingeweihter heute noch seinen Geistesblick lenken kann. Diese Erdinkarnation wird als *»Vulkan«* bezeichnet.

Materialisten sehen in unserer heutigen Erde nichts weiter als ein eher unbedeutendes *Staub*korn im unendlichen Universum. In Wirklichkeit ist sie aber ein *Samen*korn, aus dem in urferner Zukunft etwas unfassbar Großartiges, eine Über-Sonne, entstehen wird. Die Menschheit, die sich auf der neuen Venus nicht der notwendigen Entwicklung widersetzt hat, wird in einer völlig vergeistigten Form das Vulkandasein antreten können.

Auf diesem Planeten wird das *vorläufige* Ziel der Menschheitsentwicklung erreicht sein.

Der Mensch kann hier sein höchstes Wesensglied, den Geistesmenschen, sowie ein noch höheres Bewusstsein erlangen, das Rudolf Steiner als *»intuitives«* oder *»selbstbewusstes Allbewusstsein«* bezeichnete. Obwohl die menschliche Seele ihre Individualität vollständig beibehalten wird, kann sie sich mit allen Wesenheiten vereint fühlen. Sie steckt gewissermaßen in allen Dingen und Wesenheiten ihres Blickfeldes.

Die Menschen werden dann auf der Stufe stehen, die mit der vergleichbar ist, auf der heute die Geister der Persönlichkeit, die Archai, stehen.

Wenn es dem Menschen eines ur-urfernen Tages – während seines Vulkandaseins – gelungen sein sollte, sein höchstes Wesensglied, den Geistesmenschen, auszubilden, so wird er vollständig vergeistigt, vollständig Geist sein.

Dazu sei noch einmal eine Aussage Judith von Halles zitiert: *»Geht der Mensch mit ausgebildetem Atman* [Geistesmensch] *ins Vatergöttliche ein, würde das die Verherrlichung der Entwicklung schlechthin bedeuten, denn dann würde der Mensch selbst zu einer Leben erweckenden, schaffenden Gottheit werden und sein Planet zur Sonne, zum Leben spendenden Fixstern eines neuen planetarischen Entwicklungsstromes.«*[39]

Exkurs 4: Wie heute den Schicksalsmächten ›ins Handwerk gepfuscht‹ wird

Wie in den zentralen Kapiteln dieses Buches ausführlich dargestellt wurde, tritt der Mensch nicht als ein ›unbeschriebenes Blatt‹ ins irdische Dasein. Vielmehr bringt er alle seine Erfahrungsschätze, die er in seinen früheren Inkarnationen gesammelt hat, sowie sein ganz individuelles Schicksal mit ins Erdenleben.

Dieses Schicksal, also sein Karma, hat er sich in seinem vorgeburtlichen Leben selbst gewählt. Er konnte es im Verein mit den geistigen Wesen der höheren Hierarchien planen bzw. veranlagen, weil er in dieser Zeit noch wusste, welche Erlebnisse und Erfahrungen er im kommenden Erdenleben benötigt, um für den einen oder anderen karmischen Ausgleich zu sorgen oder um in seiner geistig-seelischen Entwicklung vorwärtsschreiten zu können. Selbst wenn er kurz vor der Empfängnis in der Lebensvorschau gesehen haben sollte, dass ihm auch leidvolle, schlimme und schlimmste Schicksale bevorstehen, so hat er es doch voll bejaht. Es ist von großer Bedeutung, dass jeder Mensch in seinem irdischen Dasein dieses aus einer höheren Warte selbst gewählte Schicksal lebt, damit es sich verwirklichen kann.

Nun gibt es aber in unserem heutigen Zeitalter, das auf allen Ebenen stark von der materialistischen Ideologie durchzogen ist, eine ganze Reihe von technischen Errungenschaften, medizinischen Möglichkeiten und Bestrebungen, die einem materialistisch gesinnten Zeitgenossen als erstrebenwert und sogar als ein großes Ideal erscheinen.

Wer sich jedoch zu einer spirituellen Weltanschauung erheben konnte und die Gesetze der Reinkarnation und des Karma anerkennt und einigermaßen versteht, wird erkennen, dass es sich in vielen Fällen um sehr bedenkliche, ja fatale Entwicklungen handelt, die zum Teil sogar dazu führen können, dass den Menschen ihre notwendige geistig-seelische Evolution unmöglich gemacht oder zumindest gewaltig erschwert wird.

Auf eine dieser Entwicklungen, nämlich die pränatale Diagnostik, die vielfach dazu führt, dass man das Ungeborene abtreibt, falls eine wahrscheinliche oder sichere Behinderung zu erwarten ist, sind wir in Kapitel 3 schon zu sprechen gekommen. Auf einige weitere dieser Entwicklungen, bei denen man plakativ davon sprechen könnte, dass man den Schicksalsmächten, also den geistigen Wesen der höheren Hierarchien, die an der Ausarbeitung und Erfüllung des Karma arbeiten, regelrecht ›ins Handwerk pfuscht‹, wollen wir in diesem Exkurs einen Blick werfen.

Einseitigkeiten der Schulmedizin

Die Leistungen unserer heutigen Schulmedizin sind zunächst einmal aus zwei Gründen absolut anerkennenswert. Zum einen gibt es mittlerweile zahlreiche – zumeist technologische – Möglichkeiten, mit denen die meisten *gängigen* Krankheiten oder

Beschwerden recht zuverlässig diagnostiziert werden können. Zum anderen gibt es Operationstechniken, mit denen vielen Menschen das Leben gerettet oder lebenswerter gemacht werden kann. Auch die Leistungen der Notfallmedizin und der Palliativmedizin sind lobenswert.

Dass unsere Schulmedizin aber als absolut einseitig bezeichnet werden muss, ist eine zwangsläufige Folge davon, dass man ein völlig falsches Menschenbild hat. Wie kann man einen *Menschen* behandeln oder gar wirklich heilen, wenn man nicht weiß, was der Mensch ist, was ihn ausmacht, welche Wesensglieder er hat?! Im Grunde sehen auch die wohl weitaus meisten Mediziner in dem Patienten ein reines Körperwesen. Zwar faseln einige von »seelischen« bzw. »psychischen« Faktoren, an die Existenz einer Seele bzw. übersinnlicher Wesensglieder glauben sie allerdings nicht ernsthaft.

Nun gibt es aber etliche Krankheiten oder Beschwerden, die ihre Ursache im Äther- oder im Astralleib haben. Wie kann nun jemand solche Ursachen finden oder auch nur für möglich halten, die durch eine gewisse Unregelmäßigkeit in Wesensgliedern, die er nicht kennt oder gar für nicht existent hält, verursacht werden?!

Die wahren Ursachen von Krankheiten

Über den Sinn und die Heilbarkeit von Krankheiten haben wir bereits in Kapitel 3 einiges geschrieben. Dort haben wir auch gesehen, dass man in vielen Fällen Krankheiten durchaus als Geschenke des Schicksals auffassen kann. Dieses Thema wollen wir hier noch einmal aufgreifen und vertiefen.

Was die *wahren* Ursachen von Krankheiten angeht, die *ausnahmslos* im Geistigen zu finden sind und mit dem individuellen Karma des Betreffenden zu tun haben, so ist ein großer Teil der heutigen Schulmediziner nicht sehr viel weiter fortgeschritten als es im Mittelalter der Fall war. Bis vor einigen Jahrhunderten war man noch davon überzeugt, dass es der Teufel sei, der den Menschen die Krankheiten schickt. Heute hält man sich für so aufgeklärt, dass man den Teufel ins Reich der Fabeln verweist und den Ausbruch bestimmter Krankheiten, die einen Menschen ereilen, letztlich auf den Zufall schiebt.

Natürlich weiß man über gewisse Risikofaktoren und *äußere* Ursachen, die das Auftreten einer Krankheit verursachen oder begünstigen können. Aber dass der eine Mensch erkrankt, der andere nicht, obwohl er die gleichen Risikofaktoren und die gleiche Disposition aufweist, kann man sich nicht anders erklären, als auf ein mysteriöses, ›teuflisches‹ Zufallsprinzip zurückzugreifen. An die wirklichen *geistigen* Ursachen einer Krankheit verschwendet man heute keinen Gedanken, da man solche nicht-physischen Gründe schlicht und einfach nicht für möglich hält.

Wenn sich bei einem Menschen eine Krankheit geltend macht, so muss man zunächst zwischen *Ursache* und *Auslöser* differenzieren. Das, was allgemein bekannt ist, sind die Auslöser, die zu einer bestimmten Erkrankung führen *können*, also etwa Viren, eine bestimmte ererbte Konstitution bzw. Veranlagung, Umweltgifte, bestimmte Genussmittel, eine ungesunde Lebensweise usw. Das entscheidende ist aber die Ursache, also der *wahre* Grund dafür, dass genau *dieser* Mensch erkrankt. Nur wenn diese Ursache, die – wie gesagt – geistiger Natur ist, vorhanden ist, wird der Mensch erkranken. Ist das nicht der Fall, so wird er es im Allgemeinen nicht, obwohl mögliche Auslöser in Betracht kommen.

Nach Ursachen forscht man gegenwärtig nur im physischen Leib. Man müsste sie aber im Äther- und Astralleib suchen, was allerdings streng genommen nur einem mit Hellsichtigkeit begabten Menschen möglich ist. Die Krankheiten, deren Ursachen man schon heute in den übersinnlichen Wesensgliedern des Menschen finden kann, kommen meistens nicht schon recht bald, sondern erst in einer folgenden Inkarnation zum Ausbruch.

Entsprechend befanden sich die Ursachen von Krankheiten, die in diesem Leben auftreten, in den übersinnlichen Wesensgliedern während einer früheren Verkörperung. »Die Geisteswissenschaft ist nun in der Lage zu zeigen, dass ein großer Teil aller Krankheiten davon herrührt, dass die Verkehrtheiten, die Verirrungen im astralischen Leibe sich auf den Ätherleib fortpflanzen und auf dem Umwege durch den letztern die an sich vollkommene Harmonie des physischen Leibes zerstören. Der tiefere Zusammenhang, auf den hier nur hingedeutet werden kann, und der wahrhaftige Grund vieler Krankheitsvorgänge entziehen sich nämlich derjenigen wissenschaftlichen Betrachtung, die sich nur auf die physisch-sinnlichen Tatsachen beschränken will. Es ergibt sich dieser Zusammenhang in den meisten Fällen so, dass eine Schädigung des Astralleibes krankhafte Erscheinungen des physischen Leibes nicht in demselben Lebenslauf nach sich zieht, in dem die Schädigung geschehen ist, sondern erst in einem folgenden. Daher haben die Gesetze, die hier in Betracht kommen, nur für denjenigen eine Bedeutung, welcher die Wiederholung des Menschenlebens anerkennen kann. Aber selbst, wenn man von solchen tiefergehenden Erkenntnissen nichts wissen wollte, so ergibt doch auch die gewöhnliche Lebensbetrachtung, dass der Mensch sich nur allzu vielen Genüssen und Begierden hingibt, welche die Harmonie des physischen Leibes untergraben. Und Genuss, Begierde, Leidenschaft usw. haben nicht ihren Sitz im physischen, sondern im astralischen Leibe. Dieser letztere ist in vieler Beziehung eben noch so unvollkommen, dass er die Vollkommenheit des physischen Leibes zerstören kann.«[40]

Wenn man früher noch glaubte, der Teufel schicke den Menschen die Krankheiten, so war das natürlich *nicht* die Wahrheit. Aber in der Tat sind es häufig Luzifer und Ahriman, deren Verlockungen der Mensch in einem früheren Leben gefolgt ist, wodurch der Äther- oder Astralleib verdorben wurde, so dass es im gegenwärtigen oder nächsten Leben zum Ausbruch einer bestimmten Krankheit kommt. In der alttestamentarischen Zeit hatten die Menschen noch dieses Wissen. Man war der Auffassung, dass letzten Endes die Sünde die geistige Ursache von Krankheiten ist. Das, was man als

»Sünde« bezeichnet, ist eine Abirrung von dem richtigen Weg, also entweder eine zu starke Hinwendung zu Luzifer oder zu Ahriman.

Allerdings sind es nicht die Widersacher, welche die Krankheit bringen, sondern die guten Götter! Wie bereits geschildert können Krankheiten auch unverursacht auftreten, so dass durch sie eine *erste Ursache* in das Karma des Menschen hineinkommt, die dann in einem späteren Leben ihren Ausgleich finden wird. In den wohl meisten Fällen haben sie aber – wie oben dargestellt – eine Ursache, die in einem früheren Leben liegt. Krankheiten sind im Grunde Gaben der guten Götter, die sie uns im Hinblick auf einen karmischen Ausgleich oder als Hilfe zu unserem Fortschreiten auf dem geistig-seelischen Felde zusenden. Oftmals ist es das einzige Mittel der guten Mächte, uns vor den Fängen der Widersacher zu retten.

Also die Ursachen dafür, dass uns eine Krankheit ereilt, haben wir in vielen Fällen in einer *früheren Verkörperung* selbst gelegt. Natürlich kann diese Krankheit, welche diese Verirrung ausgleicht und somit für uns sehr förderlich ist, nicht ohne geeignete Auslöser zum Ausbruch kommen. Da wir in unserer vorgeburtlichen Zeit in der geistigen Welt ungleich weiser sind als im Erdenleben, wissen wir, dass uns, wenn wir wieder auf dem physischen Plan erscheinen, eine gewisse Krankheit treffen muss. Wenn wir dann zusammen mit den geistigen Wesen der höheren Hierarchien in dieser Zeit unser nächstes Leben in groben Zügen planen, werden wir uns beispielsweise Vorfahren wählen, welche uns die Disposition für diese Krankheit vererben können oder wir werden uns etwa in einer Gegend inkarnieren, in der wir am ehesten auf die notwendigen Krankheitserreger stoßen können usw. Natürlich kann es auch sein, dass der Mensch dann später aus einem inneren Drang heraus erst die Gegend aufsucht, in der die entsprechenden Erreger verbreitet sind. Häufig wird der Mensch durch eine höhere Vernünftigkeit zu den Gelegenheiten geführt, die ihm eine für seine Evolution notwendige Krankheit bringen können. Das Durchmachen der betreffenden Krankheit ist so etwas wie ein ›Erzieher‹, der uns in der Entwicklung vorwärts bringt.

Behandlung und Prävention von Krankheiten

Zur Bekämpfung vieler Krankheiten – man kann hier im Grunde eigentlich nicht von Behandlung oder gar von Heilung sprechen – verabreicht man heute vorwiegend ›chemische Keulen‹, die das Auftreten fataler, kaum zählbarer Nebenwirkungen zur Folge haben können, was letztlich nur den Pharmakonzernen und deren Aktionären nützt. Bekanntlich kann weder die Ärzteschaft noch die Pharmaindustrie an einem gesunden Menschen verdienen. *»Man kann sich denken, dass die Krankheit, wie sie einmal als Gabe der guten Götter im Hinblick auf einen karmischen Ausgleich oder als eine Hilfe zum Fortschreiten auf geistigem Felde dem Menschen zugeführt wurde, nicht mehr voll zum Tragen kommen kann und womöglich sogar in verschlimmerter Weise in ein nächstes Leben hinübergeführt werden wird.«*[41]

Homöopathische Arzneimittel werden von vielen Schulmedizinern als nutzlos verworfen, da man im Labor feststellen könne, dass diese nicht einmal Spuren der betreffenden Substanz enthalten. Damit beweisen diese Mediziner nichts anderes, als dass sie das geistige Prinzip der Homöopathie nicht verstanden haben oder nicht verstehen wollen.

Was die Prävention von Krankheiten angeht, ist insbesondere an die heutige Impfpolitik zu denken. Neben vergleichsweise wenigen Gegnern gibt es heute viele glühende Verfechter einer allgemeinen Impfpflicht für Kleinkinder. Diese Impfungen sollen im Grunde den Ausbruch *aller* Kinderkrankheiten verhindern.

Allen typischen Kinderkrankheiten wie etwa Masern, Röteln, Windpocken, Scharlach, Mumps und Keuchhusten ist gemein, dass sie mit hohem Fieber und zum Teil mit unterschiedlichen Hautausschlägen einhergehen. Schon der Begriff »*Kinder*krankheit« macht deutlich, dass sie *vorwiegend* im Kindesalter auftreten und somit etwas mit der *Entwicklung* eines Kindes zu tun haben.

In der modernen Schulmedizin sieht man in ihnen lediglich ein Übel, das es – möglichst schon im Vorfeld durch Impfungen – zu bekämpfen gilt.

Wie sind nun Kinderkrankheiten aus geisteswissenschaftlicher Sicht zu bewerten?

Es wurde bereits gesagt, dass der Mensch in seiner vorgeburtlichen Zeit im Verein mit den erhabenen geistigen Wesen der höheren Hierarchien ein *geistiges* Modell seiner späteren physischen Leiblichkeit ausarbeitet. Nun ist er aber darauf angewiesen, dass die von ihm erwählten Eltern ihm das bestmöglich passende Erbgut mitgeben können, so dass die Leiblichkeit, die er benötigt, um sein Karma und seine Lebensaufgabe erfüllen zu können, *möglichst genau* diesem Modell entsprechen kann. Das wird aber in den weitaus meisten Fällen nicht möglich sein! Die Leiblichkeit, in die er sich bei der Geburt einkleidet, weicht zunächst von diesem Ideal noch mehr oder weniger stark ab, so dass man auch hier noch von einem Modell, einem »physischen Modell«, sprechen kann, das in den ersten sieben Lebensjahren heranwächst.

Nach diesem Modell muss sich das Kind richten. Darauf ist es angewiesen. Als vergleichendes Beispiel könnte man an einen Bildhauer denken, der plant, eine Skulptur zu schaffen. Der Künstler wird zunächst ein ›geistiges‹ Modell der Skulptur aufzeichnen oder plastizieren. So wie die Seele im Vorgeburtlichen ihre Eltern auswählt, wählt er einen geeigneten Stein, den er gemäß seinem Modell bearbeiten kann. Nun wird er, nachdem das Kunstwerk fertig ist, oftmals mit dem Ergebnis noch nicht zufrieden sein. Zu sehr weicht das jetzige ›physische‹ Modell noch von dem ›geistigen‹ ab. Vielleicht war der Stein, den er bearbeitet hat, an manchen Stellen doch zu spröde oder rissig, vielleicht hatte er ihn an einigen Stellen noch nicht genügend ausgemeißelt. Somit muss er womöglich noch über einen langen Zeitraum Hand anlegen, um die Skulptur doch noch so zu gestalten, dass sie zumindest weitestgehend dem geistigen Modell entspricht.

Dieses Nacharbeiten am physischen Modell muss in den wohl meisten Fällen auch die Seele des Kindes leisten. Darin kommen die Kinderkrankheiten zum Ausdruck. »Nun, sehen Sie, meine lieben Freunde, alle Dinge habe ihre geistige Seite. Was der Mensch da hat als seinen Körper in den ersten sieben Lebensjahren, das ist eben einfach ein Modell, nach dem er sich richtet. Entweder es gehen seine geistigen Kräfte in einem gewissen Grade in dem unter, was ihm da durch das Modell aufgedrängt wird, und er bleibt ganz vom Modell abhängig, oder er arbeitet in den ersten sieben Lebensjahren durch das Modell dasjenige durch, was das Modell verändern will. Dieses Arbeiten, dieses Durcharbeiten findet seinen äußeren Ausdruck. Denn es handelt sich ja nicht bloß darum, dass da gearbeitet wird und dass dieses hier das ursprüngliche Modell ist; sondern das ursprüngliche Modell löst sich ja los, schuppt sich ab sozusagen, fällt ab, wie die ersten Zähne abfallen; alles fällt ab. Es handelt sich da wirklich darum, dass von der einen Seite die Formen, die Kräfte das Modell drücken; auf der anderen Seite will der Mensch ausprägen, was er heruntergebracht hat. Das gibt einen Kampf in den ersten sieben Lebensjahren. Vom geistigen Gesichtspunkte aus gesehen, bedeutet dieser Kampf dasjenige, was dann äußerlich symptomatisch in den Kinderkrankheiten zum Ausdrucke kommt. Kinderkrankheiten sind der Ausdruck dieses inneren Kampfes.«[42]

Wir wollen nun noch eine spezielle Kinderkrankheit betrachten: die Masern. Die Tatsache, dass Kinderkrankheiten eine Folge des Kampfes gegen das nicht hinreichend passende physische Modell des Leibes, der aus der elterlichen Vererbung stammt, darstellt, widerspricht ja nicht derjenigen, dass es eine geistige Ursache dafür geben muss, dass sich eben diese oder jene Krankheit geltend macht. Rudolf Steiner erforschte eine sehr häufige Ursache für das Auftreten der Masernerkrankung. Auch hier ist die wahre, die geistige Ursache für diese Wirkung (Masern) in einem früheren Leben zu finden. Oftmals ist es so, dass die Individualität, die jetzt an Masern erkrankt, in einer früheren Inkarnation jemand war, der sich nicht sonderlich um die äußere Welt gekümmert hat, der sich vorwiegend mit sich selbst beschäftigt hat und ein gewisses Maß an Egoismus zeigte.

Wenn dieser nun Masern bekommt, so ist das freilich nicht als eine Strafe aufzufassen. Vielmehr ist es der vorgeburtliche Entschluss der Seele, durch das Durchmachen dieser Krankheit eine organische Selbsterziehung zu üben. »Und was ich jetzt gesagt habe über eine Masernerkrankung, das kann zu Gesichtspunkten führen, die erklären, warum Masern gerade zu den gebräuchlichen Kinderkrankheiten gehören. Denn die Eigenschaften, die genannt worden sind, kommen in sehr vielen Leben vor. Insbesondere in gewissen Zeitperioden haben sie in vielen Leben grassiert. Und wenn dann eine solche Persönlichkeit ins Dasein tritt, wird sie so schnell wie möglich Korrektur üben wollen auf diesem Gebiet und in der Zeit zwischen der Geburt und dem gewöhnlichen Auftreten der Kinderkrankheiten, um organische Selbsterziehung zu üben, die Masern durchmachen; denn von einer seelischen Erziehung kann ja in der Regel in diesem Alter nicht die Rede sein.«[43]

Wie sieht die heutige gesellschaftliche Realität aus? Obwohl die Wahrscheinlichkeit, dass ein Kind an Masern stirbt, gegen Null konvergiert, werden Kinder geimpft, damit die Masernkrankheit nicht zum Ausbruch kommen kann. Seit 2020 gibt es sogar eine Impfpflicht! Man will dadurch mittelfristig eine Elimination der Masern in Deutschland erreichen. Damit entzieht man den Kindern die so wichtige Möglichkeit, ihr im Vorgeburtlichen selbst gewähltes Schicksal zu leben und sich durch das Durchmachen der Masern in dem skizzierten Sinne selbst zu erziehen. Es ist sehr wahrscheinlich, dass diese Kinder später andere – vermutlich viel schwerere – Schicksale erleben werden, um das Ziel eben auf andere Weise doch noch zu erreichen.

Judith von Halle schreibt über das Dilemma der Impfung: *»Bei der Impfung wird in den menschlichen Leib ein Keim derjenigen Krankheit hineingegeben, die es zu bekämpfen gilt. Das Kind soll sich dadurch immunisieren lernen. Und doch trägt dieses Kind, das sich selbst nicht schützen kann, diesen Krankheitskeim fortwährend in sich. So wird etwas von außen her kommend in den einzelnen Menschen hineingelegt, was ohne die Impfung unter Umständen gar nicht hineingekommen wäre. Die Idee der Impfung ist ja nicht von vornherein schlecht zu heißen, entspricht ja geradezu dem homöopathischen Ansatz, ein Ähnliches mit dem Ähnlichen zu therapieren. Doch die Art, wie dieses heute praktiziert wird – nämlich nicht nach Auftreten der Krankheit wie in der Homöopathie, sondern bereits vor ihrem Ausbruch, so dass man im Grunde von einer ›Therapie‹ gar nicht sprechen kann –, berücksichtigt eben kaum die geistigen Hintergründe der Krankheiten in den einzelnen Menschen.*

So kann ein Kind heute durch die Impfpflicht mit einem Schicksal konfrontiert werden, das gar nicht sein eigenes ist – entweder dadurch, dass es einen Krankheitskeim eingepflanzt erhält, der aus karmischen Gründen gar nicht mit ihm in Berührung gekommen wäre, oder dadurch, dass durch die Immunisierung sein Schicksal gar verhindert wird, weil die für ihn aus karmischen Gründen vorgesehene Krankheit gar nicht erst zum Ausbruch kommt und so für ein nächstes Leben aufgespart werden muss, in welchem sich eigentlich bereits ganz anderes vollziehen sollte durch neue, im gegenwärtigen Leben verursachte Verhältnisse.«[44]

So etwas wie die Idee einer flächendeckenden Masernimpfung, die von vielen als große Errungenschaft gefeiert wird, kann nur auf dem Boden einer durch und durch materialistisch infizierten Gesellschaft erwachsen. Verschärfend hinzu kommt noch, dass es keinen Einzelimpfstoff mehr gibt. Es gibt nur noch Kombinationsimpfstoffe, die vor mindestens drei Krankheiten (Masern, Mumps und Röteln) schützen sollen. Man kann nur hoffen, dass genügend viele Eltern vor Gericht ziehen, damit die Impfpflicht gekippt werden kann.

Es soll noch kurz ein weiteres Beispiel betrachtet werden, das auch wieder zeigt, wie kontraproduktiv etliche Ansätze der modernen Schulmedizin sind.

Seit einigen Jahrzehnten leiden immer mehr Kinder an dem sogenannten »Aufmerksamkeitsdefizit-Syndrom« (kurz: »ADS«). Wie Judith von Halle schreibt, sei diese *vermeintliche* Krankheit aber in vielen Fällen die Folge von etwas im Grunde höchst Erfreulichem: Die betroffenen jungen Erdenbürger haben Wahrnehmungen aus geistigen Welten. Wie bereits erwähnt sind die meisten Kleinkinder noch in der Lage, ihren Engel wahrzunehmen, mit dem sie sich bisweilen angeregt ›unterhalten‹. Insbesondere dann, wenn ihre Eltern nicht verstehen, um was es sich handelt, und ihren Kindern sogar ihre Wahrnehmungen ausreden, kann es den Kindern schwer fallen, diese richtig einzuordnen und mit ihrem normalen Leben in Einklang zu bringen, so dass sie sich unruhig, unaufmerksam, unkonzentriert und bisweilen hyperaktiv gebärden. *»[...] so wird man finden, dass die Behandlung selbst kleiner Kinder mit einer Dauerverabreichung von chemischen Beruhigungsmitteln dazu dient, die zarten, dem überwiegenden Teil der Elterngeneration fremd oder ›anormal‹ anmutenden Bekundungen und Wahrnehmungen geistiger Welten zuzudecken, herabzudämpfen, statt wohltuend zu kanalisieren und zu fördern. [...] Der Schaden, welcher der Menschheit in Zukunft entstehen wird dadurch, dass einem ganzen Teil einer Generation durch die Verabreichung chemischer Mittel etwas in die Seele gepflanzt wird, das demjenigen, was schon in ihr zu keimen begann und man als kostbares geistiges Gut hätte hegen und pflegen können, vollkommen entgegensteht, ist heute noch nicht absehbar für denjenigen, der die Zusammenhänge nicht sieht.«*[45]

Zum Abschluss dieses Themas sei noch erwähnt, dass mittlerweile viele unserer Mitmenschen die Dienste der Schulmedizin nur dann noch in Anspruch nehmen, wenn es – wie etwa im Falle einer notwendigen Operation – unerlässlich ist. Ansonsten bevorzugen sie es, einen Arzt, der anthroposophisch, naturheilkundlich oder nach dem Prinzip der traditionellen chinesischen Medizin arbeitet, oder einen Heilpraktiker, zu konsultieren.

❀ ❀ ❀ ❀ ❀ ❀ ❀ ❀ ❀ ❀ ❀

Aktive Sterbehilfe

Ohne jeden Zweifel gibt es zahlreiche Mitmenschen, die ihr Leben kaum mehr ertragen können, weil sie an einer schlimmen unheilbaren Krankheit leiden, die zu so starken Beeinträchtigungen und so extremen Schmerzen führt, dass diese auch durch die Möglichkeiten, welche die Palliativmedizin bietet, nicht mehr in erträglichen Grenzen gehalten werden können, oder weil sie nahezu bewegungsunfähig sind und nur noch im Bett liegen können und von anderen Menschen wie ein Säugling gepflegt werden müssen.

Aus weltlicher Sicht ist es durchaus verständlich, dass manche von ihnen ihr leid- und qualvolles Leben nicht mehr aushalten können und den Tod herbeisehnen, dass sie von ihren Leiden erlöst werden wollen. In einigen europäischen Ländern, so in den Niederlanden, in Luxemburg und in Belgien, ist die sogenannte »aktive Sterbehilfe« schon vor Jahren legalisiert und zu einer üblichen Praxis geworden. Hierunter versteht man, dass einem Patienten, der ausdrücklich nach der Tötung seiner selbst verlangt, eine tödliche Substanz durch einen anderen Menschen, bei dem es sich im Normalfall um einen Arzt handelt, verabreicht oder injiziert wird, wodurch unmittelbar der Tod herbeigeführt wird. Wie Statistiken zeigen, werden es von Jahr zu Jahr mehr Patienten, die in diesen Ländern um aktive Sterbehilfe bitten. So stieg in den Niederlanden die Anzahl der Menschen, die sich auf diese Art ›ins Jenseits katapultieren‹ ließen, von ca. 1.900 im Jahre 2007 auf über 6.000 im Jahre 2019.

Bei der aktiven Sterbehilfe muss man eigentlich von einem ›Einschläfern‹ sprechen, wie es bei Tieren üblich und auch durchaus vernünftig ist, um sie von Leiden zu erlösen. Dass viele diese Vorgehensweise auch bei einem Menschen für angemessen halten, zeigt wieder einmal, dass im Unterbewusstsein zahlreicher Zeitgenossen die absurde Ansicht, der Mensch wäre nichts weiter als ein hochentwickeltes Tier, fest verankert ist. Wie bei so vielen anderen Themen auch kann man bei der aktiven Sterbehilfe nur dann zu einem *wirklichen* Urteil gelangen, wenn man die spirituellen Hintergründe kennt. Es ist verständlich, dass jemandem, der nicht an ein Leben nach dem Tod glaubt, die aktive Sterbehilfe als ein Ideal erscheint. Das Gleiche gilt für jemanden, der zwar an ein Leben nach dem Tod glaubt, aber keine Ahnung davon hat, wie das postmortale Leben verläuft, wie sich diese Art des *widernatürlichen* Sterbens auf das nachtodliche Leben auswirken kann.

Wie bereits angedeutet wird ein Mensch, der auf diese künstliche Art vorzeitig stirbt, in der ersten Zeit nach dem Tod vermutlich ähnlich schlimme Erfahrungen machen müssen wie jemand, der sich selbst getötet hat. Er kann sogar zu einer erdgebundenen Seele werden (☞ Kapitel 8, S. 373ff.). Auch das Schicksal des Arztes, der die tödliche Spritze aufzieht und verabreicht, darf nicht unberücksichtigt bleiben. Er ist es ja, der den Schicksalsmächten ins Handwerk pfuscht.

In Kapitel 3 haben wir erläutert, dass auch schlimme und schlimmste Erfahrungen, die wir im Erdenleben machen müssen, ihren Sinn haben. So unendlich leid- und qualvoll die Situation einiger Menschen, die den Wunsch nach aktiver Sterbehilfe äußern, auch immer sein mag, kann selbst eine solche Phase für die geistig-seelische Entwicklung des Betreffenden von unermesslicher Bedeutung sein. Auch die Angehörigen, die den schwerkranken Menschen pflegen und begleiten, können durch diese Aufgabe, so beschwerlich sie auch sein mag, reifen. Dann haben wir gesehen, dass sich die Seele in ihrer vorgeburtlichen Zeit ihr Schicksal gewissermaßen selbst wählt. In dieser Zeit ist sie ungleich weiser, so dass sie weiß, welche Erlebnisse und Erfahrungen sie benötigt, um sich vervollkommnen zu können. Es ist durchaus *möglich*, dass sie sich sogar vornimmt, ein solch krasses Leiden zu durchleben. Sie hat es also quasi selbst bestimmt.

Was das nachtodliche Schicksal eines Menschen, der auf diese angeblich so humane Weise entleibt wird, anbelangt, lässt der Bericht des niederländischen Arztes Dr. *Zoltán Schermann* in ganz besonderer Weise aufhorchen. Dr. Schermann sprach in einem Vortrag am 16. November 2014 in Dornach im Rahmen einer Ärztetagung über eine ganz außergewöhnliche Erfahrung, die er mit der aktiven Sterbehilfe machte.

Er schilderte zunächst, dass in seiner langjährigen Praxis als Hausarzt die Frage oder gar der Wunsch nach aktiver Sterbehilfe regelmäßig aufgetaucht sei, die er als Anthroposoph stets mit einem klaren »Nein« beschieden habe. Im Rahmen seiner ärztlichen Tätigkeit hat Dr. Schermann natürlich sehr viele Menschen sterben sehen. Da er einen gewissen Grad an Hellsichtigkeit aufweist, konnte er stets imaginativ wahrnehmen, wie sich im Augenblick des *natürlichen* Todes der Ätherleib vom physischen Leib trennt. Er beschrieb diesen Prozess folgendermaßen: *»Wenn ich den Ätherleib anschaue, kann ich wahrnehmen, dass der Ätherleib genauso groß oder vielleicht etwas größer ist als der physische Leib. Physischer Leib und Ätherleib sind in meiner Anschauung fast gleich groß. Das ist während des ganzen Lebens so. Während meiner Arbeit als Hausarzt habe ich etliche Male das Sterben eines Menschen miterleben können, meistens nach einer tödlichen Krankheit. Immer habe ich wahrnehmen können, dass der Ätherleib im Sterbemoment sich auf eine bestimmte Art ändert. In dem Moment, da die Seele den Körper verlässt, ändert sich der Ätherleib. Er dehnt sich einigermaßen, sodass er sich über den physischen Leib ausdehnt, aber die Form des menschlichen Leibes beibehält. Ungefähr auf Nabelhöhe beginnt der Ätherleib sich zusammenzuziehen und gleich einem Faden aufzusteigen, aufzuströmen. Als dünner Faden fließt der Ätherleib hinauf und verschwindet irgendwo in der Höhe.«*

Dann erläuterte Zoltán Schermann, wie die aktive Sterbehilfe in Holland konkret durchgeführt wird: *»Es ist genau vorgeschrieben, wie der Arzt vorzugehen hat. Man muss dazu zwei Medikamente verwenden, welche sonst für die Narkose und bei Operationen verwendet werden. Das eine, Thiopental, ist ein Barbiturat, während das andere, Rocuronium, ein muskelrelaxierendes Mittel ist. Zuerst wird eine sehr hohe Dosis (2 Gramm) Thiopental eingegeben. Damit wird eine Narkose induziert. Danach wird ebenfalls intravenös eine sehr hohe Dosis Rocuronium gespritzt. Bald nach der Eingabe dieser Mittel stirbt der Patient.«*

Nachdem Dr. Schermann sich jahrelang geweigert hatte, Patienten den Wunsch nach aktiver Sterbehilfe zu erfüllen, gab er in einem Fall nach. Diese Patientin befand sich in einer derart unerträglichen und ausweglosen Lage, wie man sie sich kaum vorstellen kann und wie sie nur ganz wenige Menschen jemals ertragen müssen. Nach reiflicher Überlegung und vielen Gesprächen mit ihr und ihrem Gatten entschied er sich dann doch, die tödliche Spritze zu injizieren. Anschließend wartete er auf den Sterbemoment und auf das, was passieren würde. *»Da geschah aber etwas völlig anderes, als was ich erwartet hatte. Statt dem leisen Lösen des Ätherleibes, wie ich es* *vorher beschrieben habe, quoll der Ätherleib auf. Wuchtvoll quoll er auf und explodierte in zahllose Stücke. Das Zimmer war voll von schimmernd leuchtenden und durcheinander wirbelnden Fetzen. Der Vorgang dauerte nur kurz, weniger als eine Minute, dann löste sich alles auf und verschwand.«* Dann fuhr er fort: *»Man glaubt, barmherzig zu sein, jemandem zu helfen, der sein Leiden an der Krankheit nicht mehr ertragen kann. Und nachher sollen alle zufrieden sein. Ihr Mann ist es bis heute. Aber tatsächlich passiert etwas völlig anderes. Man tut etwas, was äußerlich gesehen hilfreich und human erscheint. Was passiert aber? Dieser Mensch wird ohne nachtodliche Erinnerung, ohne nachtodliches Lebenspanorama und ohne geistiges Licht in den Kosmos katapultiert, weil sein Ätherleib explodiert.«*

Es geschah aber noch mehr, wie Zoltán Schermann weiter schilderte: *»Auf einmal wurde ich einer Engelgestalt gewahr. Sie stand links neben der toten Frau. Eine hohe und ernste Gestalt, furchterregend und machtvoll. Ich konnte spüren, wie seine Kraft und Macht über die menschliche Kraft weit hinausragte und damit nicht zu vergleichen war. [...] Es war mir klar, er hatte darauf gewartet, dass ich ihn bemerkte. Er sagte aber nichts, schaute mich nur ernst an. Es wurde mir dadurch klar, dass ich sein Werk durchkreuzt hatte. Er trat auf mich zu, streckte seine Hand aus und zeigte auf mich. Und er schrieb in mir. Ich spürte, dass er in meine Knochen schrieb. Er sah auf mich, prägte etwas in meine Knochen und verschwand dann. In diesem Moment hatte ich gar nicht verstanden, was er in meine Knochen geschrieben hatte. Aber ich fühlte mich irgendwie schon erleichtert, dass er das getan hatte. Ich spürte wörtlich bis in meine Knochen, dass ich einst die Chance bekommen würde, hier etwas wieder gutzumachen. Die Fäden sind schon gesponnen. Er wird uns [in einem nächsten Erdenleben] zusammenbringen. Ich habe die Überzeugung, dass das Explodieren des Ätherleibes unmittelbar zu tun hat mit diesen Medikamenten. In allen anderen Situationen, in denen es mal notwendig war, im Endstadium der Krankheit auch schulmedizinische Medikamente zu verwenden, habe ich nie etwas dergleichen gesehen. Ich meine zum Beispiel Morphin, starke Schlafmittel, Beruhigungsmittel etc. Hier [bei der Prozedur der aktiven Sterbehilfe] kann man sehr genau erkennen, wie das Ahrimanische wirkt. Die Gesellschaft entwickelt eine Prozedur, ein System. Man hat ein genau festgelegtes Verfahren, das ordentlich aussieht und sogar gesetzlich anerkannt ist. Es ist eine Prozedur, die eine Lösung bietet für aussichtsloses Leiden. Sie ist sowohl effektiv, zuverlässig und elegant als auch intelligent, vernünftig und sauber. Wer kann da überhaupt etwas dagegen haben? – Aber im Verborgenen, im Unsichtbaren passiert etwas ganz anderes. Die Menschen, die diesem Verfahren ausgesetzt sind, werden aus ihrem Karma gestoßen, verirren sich im nachtodlichen Bereich. Das Ahrimanische wirkt umso mehr, weil die Prozedur zwingend vorschreibt, dass genau die Mittel verwendet werden müssen, welche das Auseinandersprengen des Ätherleibes bewirken. Aber gerade die materialistische Weltanschauung wird dies nie bemerken. Man kann auch beobachten, wie das System sich verselbständigt und ausdehnt. Es* *gleicht der computergesteuerten Automatisierung, die niemand aufhalten kann.«*

Zum Abschluss seines Vortrages stellte Dr. Schermann eine ganz zentrale Frage in den Raum: *»Wie könnte Sterbehilfe im richtigen Sinne aussehen? Nicht den Tod herbeizuführen, sondern jemandem so beizustehen, dass er im Stande ist, vertrauensvoll und im richtigen Moment seinen physischen Körper abzulegen. Das ist bestimmt nicht nur eine medizinische Frage. Ich denke, dass es sehr notwendig ist, ein Gegengewicht zur aktiven Sterbehilfe zu schaffen.«*

Dieser Vortrag Dr. Schermanns, der im Oktober 2017 in der Zeitschrift *»Der Europäer«* (Jahrgang 21, Nr. 12) ungekürzt veröffentlicht wurde, sollte zur *Pflichtlektüre* aller Menschen, welche die aktive Sterbehilfe befürworten, und insbesondere für alle Ärzte, die sie praktizieren, erklärt werden. Nun ja, falls diese Materialisten sind, werden sie die Ausführungen wohl für einen Unsinn halten...

Es sei noch kurz erwähnt, dass die aktive Sterbehilfe in Deutschland noch verboten ist. Seit einem Urteil des Bundesverfassungsgerichts aus dem Jahre 2020 ist allerdings die »Beihilfe zur Selbsttötung«, die man auch »assistierter Suizid« nennt, legal. In der Schweiz ist diese Form der Sterbehilfe schon vor Jahrzehnten legalisiert worden. In diesem Fall wird die tödliche Substanz *nicht unmittelbar* durch eine andere Person verabreicht oder injiziert. Der Patient wird lediglich bei seinem Suizid durch einen Anderen unterstützt, der ihm das tödliche Medikament anreicht, so dass er es dann eigenständig einnehmen kann.

Im Grunde handelt es sich hierbei um eine bestimmte Form eines Selbstmords, der im nachtodlichen Leben die bereits erläuterten Probleme nach sich ziehen dürfte.

Organspende

Auch das Thema »Organspende« wird in unserer Gesellschaft recht einseitig betrachtet. Viele begrüßen diese medizinische Möglichkeit. Mitmenschen, die keinen Organspende-Ausweis haben, werden in manchen Kreisen als unmoralisch oder gar unmenschlich diffamiert.

Wir wollen hier die Modalitäten und möglichen Folgen einer Organtransplantation erörtern.

Wann ist ein Mensch wirklich tot?

Die Frage, wann ein Mensch *wirklich* tot ist, lässt sich gar nicht so leicht beantworten, wie man das vielleicht glauben könnte. Es gibt keine internationalen Standards für die Feststellung des Todes. So sind etwa in den USA die Ärzte schnell bei der Hand, den Totenschein auszustellen. Das erfolgt oftmals schon wenige Minuten nach dem Herzstillstand. Die Gefahr, dass ein Lebender für tot erklärt wird, ist nicht so gering, wie man das annehmen könnte – und das nicht nur in den USA.

Eine *eindeutige* Definition kann im Grunde nur die Geisteswissenschaft liefern: Ein Mensch ist tot, wenn sich sein Ätherleib *komplett* vom physischen Leib getrennt hat. Der ätherische Leib ist durch ein ›feinstoffliches Band‹, das meistens als »Silberschnur« oder »Lebensfaden« bezeichnet wird, mit dem physischen Leib verbunden. Wenn sich der Ätherleib bis zu einem gewissen Grad aus dem physischen Leib herauszieht – wie das etwa in lebensbedrohlichen Situationen oder auch bei geistigem Schauen der Fall sein kann – so bleibt die Verbindung über die Silberschnur erhalten.

Erst bei definitivem Eintritt des Todes wird die Silberschnur irreversibel durchtrennt. Um das aber wahrnehmen und beurteilen zu können, bedürfte es eines Hellsehers. Da es viel zu wenig zuverlässige Hellseher gibt und da die Wissenschaft solche spirituellen Fakten für einen Unsinn hält, muss man also nach irgendwelchen äußeren Kriterien suchen. Wann gilt also heute ein Mensch aus wissenschaftlicher Sicht als tot?

Die sicherste Definition dafür, dass ein Mensch die Schwelle des Todes unwiderruflich überschritten hat, bezeichnet man als »biologischen Tod«. Das ist der Fall, wenn alle lebenswichtigen Organe und damit der gesamte Organismus *endgültig* versagen. Der biologische Tod kann von einem erfahrenen Arzt sicher diagnostiziert werden, wenn bestimmte Merkmale beobachtet werden können: Die Pupillen sind breit und reagieren nicht auf Licht; es fehlt die Atmung; auf den Hauptarterien ist kein Puls mehr zu spüren; die Körpertemperatur sinkt ab. Des Weiteren entstehen etwa 30 Minuten nach Eintritt des Todes meistens Totenflecken. Wenige Stunden später tritt die Leichenstarre ein, die zwei bis drei Tage anhält. Nach ungefähr 24 Stunden beginnt der Zersetzungsprozess.

Dem biologischen Tod können zwei andere Zustände, welche von den heutigen Medizinern unterschieden werden, vorausgehen.

1. Der klinische Tod

Ein Mensch wird als *klinisch tot* bezeichnet, wenn die sogenannten Vitalfunktionen, also lebenswichtige Vorgänge wie Atmung und Funktion des Herz-Kreislauf-Systems versagen. Das Herz hat aufgehört zu schlagen, es wird kein Blut mehr durch die Adern gepumpt, und der Körper wird nicht mehr mit Sauerstoff versorgt. Die Kriterien sind: Bewusstlosigkeit, Atemstillstand, Herzstillstand und fehlende Pupillenreflexe bei Lichteinfall. Bei einem klinisch toten Menschen besteht innerhalb der ersten etwa zehn Minuten die Möglichkeit, die Vitalfunktionen durch Herzmassage, künstliche Beatmung oder Elektrodefibrillation zu reaktivieren. Viele Menschen, die klinisch tot waren und noch reanimiert werden konnten, hatten während dieser Minuten Nahtod-Erlebnisse.

2. Der Hirntod

Seit erst verhältnismäßig kurzer Zeit gibt es die Definition des »Hirntodes«. Das Gehirn ist das erste Organ, das seine Funktion verliert, wenn Blutversorgung und Sauerstoffzufuhr abbrechen. Schon nach wenigen Sekunden schwindet das Bewusstsein und es fallen die Sinneswahrnehmungen aus. Der Stoffwechsel hört auf zu arbeiten, die Atmung setzt aus. Nach ca. fünfzehn Minuten sterben die Gehirnzellen ab. Der Mensch fällt in ein tiefes Koma. Im Elektroenzephalogramm sind keine Hirnströme mehr messbar.

Man darf aber den Hirntod nicht mit dem biologischen, also definitiven und endgültigen Tod gleichsetzen. Bestimmte Organe bzw. Zellkomplexe können noch eine Weile überleben. Darüber hinaus können die meisten Organfunktionen durch Anschluss an bestimmte Apparate, zum Beispiel an ein Beatmungsgerät, sogar noch sehr lange aufrecht erhalten werden.

Es wäre also völlig falsch zu behaupten, dass in einem Menschen, der als hirntot diagnostiziert wird, kein Leben mehr wäre! So wird etwa häufig berichtet, dass eine Frau, die als hirntot galt, noch ein gesundes Baby zur Welt gebracht hat!
Einen schlagenden *Beweis* dafür, dass »hirntot« alles andere als »tot« bedeutet, liefert der bereits in Kapitel 2 erwähnte amerikanische Neurochirurg und Havard-Dozent Dr. Eben Alexander. Er war jemand, der ein völlig materialistisches Weltbild hatte und alles Geistige für einen Unsinn hielt. Nahtod-Erfahrungen bezeichnete er als Phantasien, die durch bio-chemische Prozesse im Gehirn ausgelöst würden.

Im November 2008 erkrankte er an einer bakteriellen Hirnhautentzündung und fiel für sieben Tage ins Koma. Er wurde als hirntot diagnostiziert. Während dieser Zeit hatte er selbst ganz außergewöhnliche Nahtod-Erlebnisse, über die er in seinem Buch *»Blick in die Ewigkeit«* berichtet. Dann wachte er wie durch ein Wunder auf und kann seitdem ein normales Leben führen. Er, der vorher ein Leben nach dem Tod für Unfug gehalten hat, ist heute von der Existenz einer geistigen Welt und einem Leben nach dem Tod überzeugt. Er wurde gewissermaßen vom Saulus zum Paulus. Es gibt im Übrigen nicht wenige Menschen, die als hirntot galten und dann Nahtod-Erfahrungen machten, bevor sie wieder ins Leben zurückgeholt wurden.

Dass es heutzutage eine übliche Praxis geworden zu sein scheint, einen hirntoten Menschen für tot zu erklären, gehört zu den Auswüchsen des materialistischen Weltbildes, das sich die meisten Wissenschaftler zu eigen gemacht haben. Man geht ja in dieser Ideologie – wie wir bereits geschildert haben – davon aus, dass alle geistig-seelischen Betätigungen eines Menschen lediglich Funktionen seines Gehirns seien. Die Existenz übersinnlicher Wesensglieder wird als Produkt der Phantasie abgestempelt. Der Mensch wird also quasi mit seinem Gehirn gleichgesetzt. Aus dieser verworrenen Sicht ist es natürlich verständlich, dass ein Mensch, dessen Gehirn nicht mehr funktionsfähig ist, als tot bezeichnet wird.

Einem Menschen, der im obigen Sinne als hirntot diagnostiziert wird, können Organe entnommen werden, die einem anderen Menschen gespendet werden können. Das macht ja schon deutlich, dass ein hirntoter Mensch *nicht* biologisch tot ist. Schließlich könnte man keine toten Organe transplantieren. Außerdem wäre es, wenn der Mensch wirklich tot wäre, sinnlos, die Organentnahme unter Vollnarkose durchzuführen, was eine durchaus übliche Praxis ist.

Über die Modalitäten der Organspende wird heute heftig diskutiert und gestritten. Bisher gilt, dass nur dann von einem hirntoten Menschen Organe entnommen werden dürfen, wenn dieser dem vorher ausdrücklich zugestimmt hat. Im Moment wird debattiert, ob man nicht die Organe eines jeden hirntoten Menschen verwenden darf, sofern dieser der Entnahme nicht vorher explizit widersprochen hat.

Wenn jemand für den Fall seines Hirntodes die Erlaubnis zur Organentnahme erteilt, so scheint das ja zunächst einmal ein großes und durchaus brüderliches Opfer für einen anderen Menschen, der ansonsten vermutlich sterben müsste, zu sein. Das ist ganz gewiss der Fall, wenn ein *Lebender* einem anderen etwa eine Niere spendet. Eine solche »Lebendspende« dürfte sich karmisch sehr positiv für den Spender auswirken.

Wenn allerdings einem Menschen an der Schwelle des Todes, also einem sogenannten Hirntoten, Organe entnommen werden, so ist das aus geisteswissenschaftlicher Sicht sehr kritisch zu bewerten. Man muss hierbei an alle drei beteiligten Personen denken: den Spender, den Empfänger und den Entnehmer der Organe.

Sicher ist zunächst einmal, dass eine Organentnahme einen unzulässigen Eingriff in das *Leben* des Spenders darstellt. Sein Sterbeprozess, der sich ansonsten vielleicht noch über einen längeren Zeitraum erstreckt hätte, wird auf abrupte und künstliche Weise beendet. Es wird der Seele die Chance genommen, sich zum *richtigen Zeitpunkt* aus den körperlichen Hüllen zu lösen. Dadurch wird ihm die erste Zeit des nachtodlichen Lebens sicherlich nicht unerheblich erschwert. Schließlich hatte es ja gewiss eine gute karmische Bedeutung, dass er ins Koma gefallen ist. Alles, was er während seines Komas noch hätte erleben können und vielleicht sogar noch hätte erleben müssen sowie die Möglichkeit, eines Tages doch noch aufzuwachen, wird ihm entzogen.

Beim Organempfänger ist zu berücksichtigen, dass er mit dem gespendeten Organ auch in gewisser Weise das entsprechende Ätherorgan empfängt. Zumindest wird er, insbesondere wenn es um die Verpflanzung des Herzens geht, eine Verbindung zu einem Teil des Äther- und auch des Astralleibes des Spenders haben. Es wohnen also quasi zwei Seelen in seiner Brust. Dadurch können sich ätherische und auch astrale Qualitäten bzw. Eigenschaften auf den Empfänger übertragen. Der Empfänger kann also plötzlich beispielsweise Neigungen oder Begierden annehmen, die mit ihm gar nichts zu tun haben. Ohne zu Spekulationen greifen zu wollen, muss man sich schon die Frage stellen: Wie wird sich das auf dessen nachtodliches Leben auswirken?

Schließlich muss man noch den Arzt, der die Organe entnimmt, berücksichtigen. Das, was er macht, ist natürlich gesetzlich abgesichert, also de jure legal, aber de facto tötet er den Spender! Auch das Karma des Arztes dürfte sich durch diese Tat nicht gerade positiv gestalten.

❀ ❀ ❀ ❀ ❀ ❀ ❀ ❀ ❀ ❀ ❀

Verschmelzung von Mensch und Maschine – Trans- bzw. Posthumanismus

Zum Abschluss dieses Exkurses wollen wir noch etwas näher auf eine besonders dystopische Intention zu sprechen kommen, die wir schon an früherer Stelle kurz angedeutet haben, den sogenannten »Transhumanismus«.

Das Zeitalter, in dem wir uns jetzt inkarniert haben, ist ein äußerst wichtiges, ein ganz entscheidendes. Besonders prägend für das 20. und 21. Jahrhundert ist, dass sich der Übergang zum Intellektualismus vollzogen hat. Der Mensch empfängt aus dem Makrokosmos heraus die Kraft, abstrakte Begriffe zu bilden. Allerdings sind die Menschen heute noch nicht fähig, ihre abstrakten Begriffe mit der Wirklichkeit in Einklang zu bringen.

Wir leben also in der Zeit des Intellektualismus. Die intellektuellen Fähigkeiten der heutigen Menschen haben einen großen Höhepunkt erreicht. Diese führten schließlich dazu, dass der Mensch Maschinen bis hin zu den heutigen technischen – zum Teil sehr fragwürdigen – ›Wunderwerken‹ bauen konnte. Diesen Intellektualismus nutzt Ahriman, der nicht nur der Vater der Lüge, sondern auch der Herr des Intellekts ist, als seinen Anknüpfungspunkt. Dieser ist gewissermaßen ein ›Haken‹, an dem er uns packen kann. Wenn man sieht, wie sehr die materialistische Weltanschauung mittlerweile einen großen Teil der Menschheit ergriffen hat, wie kalt und geradezu untermenschlich schon heute viele der technologischen Errungenschaften auf allen Gebieten sind, deren die Menschen sich so rühmen, muss man konstatieren, dass er nicht mehr weit von seinem Ziel entfernt ist, eine völlig geist- und seelenlose Welt, deren Herrscher er sein möchte, zu schaffen. Denken Sie etwa nur an die Auswüchse und Gefahren der Künstlichen Intelligenz, die Genmanipulation, die abstrakt-intellektuelle

Förderung im Vorschulalter, die pränatale Diagnostik usw. **»Auf unsere jetzige Kultur, auf unsere reine Verstandeskultur, auf alles das, was sich in der Gegenwart immer mehr und mehr nach dem Abgrund des Verstandes hin entwickelt — und das können Sie auf allen Gebieten des Lebens erfahren —, wird eine Zeit kommen, in welcher der Mensch ein Sklave der Intelligenz sein wird, in der er als Persönlichkeit untergehen wird. Es gibt heute nur ein einziges Mittel, die Persönlichkeit zu bewahren, das ist die Spiritualisierung.«**[46]

Einen möglichen Höhepunkt aller Verirrungen stellt die Idee des Transhumanismus dar. Wie bereits erwähnt treten in neuerer Zeit immer mehr Wissenschaftler auf, die in dem Menschen nichts anderes als eine komplizierte ›Maschine‹, als einen ›biologischen, emotionsbegabten Roboter‹ sehen. Auf dieser These basieren die Ideen, Forschungen und Bestrebungen der Wissenschaftler und Technokraten, die auf dem Gebiet des Transhumanismus tätig sind. Wenn der Mensch nichts weiter als eine Maschine ist – sagen sie –, so sei es doch ganz naheliegend, dass man die ›Maschine Mensch‹ mit anderen Maschinen verbindet oder dass man elektronische Bauelemente in den menschlichen Körper einpflanzt. Schließlich habe man beispielsweise mit der Implantation von Herzschrittmachern schon große Erfolge erzielt.

Wenn hier von einer angestrebten Verbindung oder gar Verschmelzung von Mensch und Maschine die Rede ist, so geht das allerdings weit über die Implantation eines Herzschrittmachers hinaus. Es geht dabei um viel mehr.

Wie alle Materialisten identifizieren die Transhumanisten das Wesentliche des Menschen mit seinem Gehirn. Sie gehen davon aus, eines nicht allzu fernen Tages einen ›perfekten‹, vielleicht sogar unsterblichen ›Menschen‹ konstruieren zu können, indem sie das menschliche Gehirn in einen hoch-leistungsfähigen Roboter einpflanzen, der nie müde und nie krank werden kann. Diese Forschungen sind schon weiter gediehen, als man vielleicht glauben mag. Die Verschmelzung von Mensch und Maschine schreitet zügig voran, wenngleich man in der Öffentlichkeit davon eher wenig erfährt. *Ray Kurzweil*, Chefentwickler des IT-Giganten *»Google«* sagte schon vor Jahren: *»Ich wage vorauszusagen, dass die Maschinen der Zukunft wie selbstbewusste Wesen auftreten.«* Weiterhin prognostizierte er: *»Wir werden uns mit nichtbiologischer Intelligenz vermischen.«*[47]

Diese Entwicklung wird sich nicht aufhalten lassen.

Die Transhumanisten vertreten die Anschauung, dass der Mensch von der ›Natur‹ *unzureichend* ausgestattet sei und dass man ihn *perfektionieren* könne und müsse, indem man ihn mit entsprechenden elektronischen Bauteilen verschmelze oder gar zu einer Maschine umfunktioniere. Damit unterstellen sie de facto den guten Göttern, deren Weisheit den menschlichen Verstand um Lichtjahre übersteigt – und an die sie freilich nicht glauben –, dass diese nicht in der Lage gewesen seien, den Menschen so zu schaffen und zu entwickeln, wie es im göttlichen Weltenplan vorgesehen ist. Auch ignorieren sie die Notwendigkeit, dass der Mensch sich vermöge seiner Ich-Kräfte, von denen sie ebenfalls keine Ahnung haben, in der Zukunft *selbst* weiter vervollkommnen kann und muss.

Rudolf Steiner wies bereits im Jahre 1917 mehrfach darauf hin, dass es zu einem Verschmelzen zwischen Mensch und Maschine kommen werde. **»Der Mensch wird gewissermaßen seine Intentionen, seine Gedanken hineinleiten können in die Maschinenkräfte. Noch unentdeckte Kräfte in der Menschennatur werden entdeckt werden, solche Kräfte, welche auf die äußeren elektrischen und magnetischen Kräfte wirken.«**[48]

Weiter sagte er, dass diese Entwicklung *sicher* kommen werde und dass die entscheidende Frage sei, wie und zu welchem Zwecke dieses Ziel in Angriff genommen werde: **»An solchen Stellen ist der Wille dazu vorhanden, die Menschenkraft zusammenzuspannen mit Maschinenkraft. Diese Dinge dürfen nicht so behandelt werden, als ob man sie bekämpfen müsste. Das ist eine ganz falsche Anschauung. Diese Dinge werden nicht ausbleiben, sie werden kommen. Es handelt sich nur darum, ob sie im weltgeschichtlichen Verlaufe von solchen Menschen in Szene gesetzt werden, die mit den großen Zielen des Erdenwerdens in selbstloser Weise vertraut sind und zum Heil der Menschen diese Dinge formen, oder ob sie in Szene gesetzt werden von jenen Menschengruppen, die nur im egoistischen oder im gruppenegoistischen Sinne diese Dinge ausnützen. Darum handelt es sich. Nicht auf das Was kommt es in diesem Falle an, das Was kommt sicher; auf das Wie kommt es an, wie man die Dinge in Angriff nimmt. Denn das Was liegt einfach im Sinne der Erdenentwickelung. Die Zusammenschmiedung des Menschenwesens mit dem maschinellen Wesen, das wird für den Rest der Erdenentwickelung ein großes, bedeutsames Problem sein.«**[49]

Wenn es ›nur‹ um eine Verbindung oder ›Zusammenschmiedung‹ des Menschen mit Maschinen geht, so kann man etwa daran denken, dass Menschen in gesundheitlichen Notsituationen nur dadurch noch künstlich am Leben gehalten werden, dass sie an entsprechende Maschinen angeschlossen werden. In diesem Fall kann man gewiss nicht grundsätzlich davon sprechen, dass diese Maßnahme schlecht wäre. Insbesondere bei einem jungen Menschen, bei dem eine gewisse Wahrscheinlichkeit besteht, dass er wieder aus seinem komatösen Zustand erwacht und anschließend ohne diese Maschinen weiterleben kann, ist ja gegen diese Vorgehensweise nichts einzuwenden.

Etwas anders schaut es bei älteren und alten Menschen aus, namentlich dann, wenn die Prognose nicht so günstig ist. Sofern der Patient für diesen Fall im Vorhinein nicht festgelegt hat, wie verfahren werden soll, stellt sich Ärzten und Angehörigen die Frage, ob bzw. wann die Maschinen abgeschaltet werden sollen, damit er sterben kann. Auch aus spiritueller Warte ist die Frage nach dem Sinn und Nutzen dieser lebensverlängernden Maßnahmen kaum eindeutig zu klären. Auf der einen Seite wird dadurch in den natürlichen Sterbeprozess eingegriffen. Der Patient wird daran gehindert, die Schwelle zum möglicherweise für ihn richtigen Zeitpunkt zu überschreiten. Mit technischen, also ahrimanischen Mitteln, geht man damit einen *kleinen* Schritt auf dem Weg zu Ahrimans Ziel, den Menschen unsterblich zu machen und ihn an die Erdenwelt zu ketten. Andererseits kann ein solcher Mensch – wie wir bereits erörtert haben – auch in dieser Phase großartige übersinnliche Erlebnisse haben. Vermutlich ist es so, dass eine gewisse Anzahl von Menschen auch diese Situation einmal durchleben muss, um diese außergewöhnliche Erfahrung später in die geistige Welt tragen zu können.

Jeder Mensch sollte sich *rechtzeitig* mit dieser Frage beschäftigen und seine Entscheidung, die er nach reiflicher Überlegung mit seinem Gewissen vereinbaren kann, treffen und schriftlich festlegen. Freilich kann er bei diesem Entscheidungsprozess auch seinen Engel bitten, ihm bei seinem Entschluss zu helfen.

Während man den heutigen medizinischen Errungenschaften noch durchaus positive Aspekte abgewinnen kann, sieht es bei den meisten der aktuellen Intentionen der Transhumanisten anders aus. Bei diesen kann weder davon die Rede sein, dass sie selbstlos noch dass sie zum Heil der Menschheit sind.

Das gilt in noch stärkerem Maße für die Bestrebungen des sogenannten »Posthumanismus«, den man nicht messerscharf vom Transhumanismus abgrenzen kann. Man kann ihn als eine weitere Ausbaustufe auffassen. Die Posthumanisten gehen nämlich noch einen Schritt weiter. Sie beschäftigen sich mit etwas ganz Absurdem: mit einem Entwicklungszeitalter *nach* der Menschheit. Auch wenn die Forscher hier noch nicht wesentlich über erste Ansätze hinausgekommen zu sein *scheinen*, muss man ihre Intentionen schon heute kennen und sehr ernst nehmen. Im Posthumanismus hat man als völlig pervertiertes Ideal einen »posthumanen Menschen«, dessen intellektuelle Fähigkeiten die eines heutigen Menschen bei weitem übertreffen. Man plant einen ganz neuen Menschen, einen »Mensch 2.0« oder »Homo Deus«. Ein posthumaner Mensch – besser gesagt eine solche Kreatur – soll ähnlich, wie es das Ziel der Transhumanisten ist, durch Verschmelzung von menschlicher und künstlicher Intelligenz geschaffen werden. Sein Bewusstsein soll nach Belieben in einen fremden Körper oder Rechner geladen werden können. Erreichen will man das durch modernste Nanotechnologie oder eine Kombination aus Gentechnologie, neuraler Schnittstellen, Internet-Schnittstellen, gedächtniserweiternder Drogen und implantierter Computertechnologie. Eine solche Kreatur wäre natürlich auch unsterblich. Jeder halbwegs gesund fühlende Mensch müsste schon bei der bloßen Vorstellung dieses ›Zukunftsideals‹ von schauderhaftem Ekel erfüllt werden. Aber genau das gehört zu den Intentionen der ahrimanischen und asurischen Wesen. Sie möchten aus den Menschen maschinenartige Wesen machen, die immer der materiellen Erdenwelt, also der Sphäre Ahrimans, verhaftet bleiben. Außerdem wollen sie verhindern, dass die heutige Erde eines Tages in die neue Jupitererde übergeht. Wenn man die folgende Aussage Rudolf Steiners heranzieht, kann man vermuten, dass er dieses Szenario schon vor über 100 Jahren vorausgeschaut hat. »Es könnte zum Beispiel auch folgendes eintreten: Es könnten die ahrimanischen Mächte, welche unter dem Einfluss der gegenwärtigen Menschenimpulse sehr stark werden, die Erdenentwickelung verkehren; sie könnten die Erdenentwickelung in gewissem Sinne pervers machen. Dadurch würde – gar nicht zum Menschenheile – über diese Jahre im 6. Jahrtausend hinaus die Menschheit in demselben physischen Leben erhalten werden können. Sie würde nur sehr stark vertieren; aber sie würde in diesem physischen Leben erhalten werden können. Das ist eine der Bestrebungen der ahrimanischen Mächte, die Menschheit länger an die Erde zu fesseln, um sie dadurch von ihrer Normalentwickelung abzubringen.«[50] Interessanterweise wird der deutsche Philosoph *Friedrich Nietzsche* (1844 bis 1900) als ›Ahnherr‹ des Trans- und Posthumanismus bezeichnet. Das ist deshalb so interessant, weil wir von Rudolf Steiner wissen, dass Nietzsche zeitweise von Ahriman besetzt war, wodurch er auch in den Wahnsinn getrieben wurde. »Dann erst wurde man bekannt mit dem, was Nietzsche in der Zeit seines Verfalles geschrieben hat. Da sind vor allen Dingen zwei Werke, ›Antichrist‹ und ›Ecce homo‹: das sind zwei Werke, die Ahriman geschrieben hat – nicht Nietzsche, sondern ein ahrimanischer Geist, in Nietzsche inkorporiert. Da trat zuerst Ahriman als Schriftsteller auf Erden auf. Er wird das fortsetzen. Nietzsche ist daran zerschellt. Man denke, welchen Impulsen man gegenübersteht, wenn man jenen Ideen gegenübersteht, die in Nietzsche gelebt haben in der Zeit, wo er aus jenem Geiste heraus jene glänzenden, aber teuflischen Werke geschrieben hat, die Werke ›Antichrist‹ und ›Ecce homo‹ – intelligente Werke!«[51]

Wie die Wissenschaftler und Technokraten, die auf dem Gebiet des Trans- bzw. Posthumanismus tätig sind, über den Menschen denken und welche menschenverachtende Zukunftsvisionen sie haben, kann man dem Buch *»Homo Deus: Eine Geschichte von Morgen«* von *Yuval Noah Harari*, der zu den Vordenkern der Transhumanisten gehört und bekennender Atheist ist, entnehmen. In diesem Pamphlet bezeichnet er die Mehrheit der Menschen als »nutzlose Masse«, »nutzlose Fresser« und »hackable animals«. Das könnte Ahriman höchst persönlich geschrieben haben! Die Bestrebungen dieser Wissenschaftler basieren gewiss auf Ahrimans Inspirationen. Natürlich benötigt er Menschen, die seine perfiden Pläne in die Tat umsetzen. Diejenigen Technologen, Wissenschaftler und Politiker, welche letztlich Ahrimans Pläne verwirklichen, merken gewiss nicht, dass sie wie Marionetten an den Fäden des großen ›Puppenspielers‹, an dessen Existenz sie als ›ordentliche‹ Materialisten ohnehin nicht glauben, hängen.

Könnte es eigentlich auf irgendeinem Gebiet des Weltenseins einen gewaltigeren Unterschied geben als auf dem soeben erwähnten: auf der einen Seite das widerwärtige Ziel Ahrimans, den Menschen zu einer untermenschlichen, roboterartigen Kreatur verkommen zu lassen, und auf der anderen Seite das erhabene Götterziel, dass der Mensch sich zu einem göttlichen, schaffenden Geistwesen entwickeln kann?

Allein schon die Bestrebung, einen *unsterblichen* Menschen zu ›konstruieren‹, kann nur als ein völlig pervertiertes Ideal, als Dystopie bezeichnet werden. Würde der Mensch nicht – oder vielleicht auch erst nach einigen Hundert Jahren – sterben, so würde er sich immer mehr seiner wahren geistigen Heimat und allem Geistigen entfremden. Es ist in der Tat eine Gnade, dass wir überhaupt sterben und anschließend wieder in die geistige Welt gehen *dürfen*!

Heute umgarnen uns die ahrimanischen Wesen vorwiegend noch mit eher ›softer‹ Technologie wie etwa intelligente Handys, »Smart Home«, virtuelle Internetwelten und dergleichen. Diese bringen zum Teil durchaus Vorteile mit sich und können das Arbeits- und Alltagsleben erleichtern. Viele Zeitgenossen sehen diese technischen ›Wunderwerke‹ völlig unkritisch und begrüßen sie uneingeschränkt. Das ist Luzifers ›Verdienst‹, der den Menschen suggeriert, dass diese ihnen das Leben leichter, angenehmer, erfreulicher und erfolgreicher gestalten könnten. Wenn die Menschheit aber nicht langsam aufwacht, wird sie auch den Schritt, den die Trans- und Posthumanisten anstreben, gern mitmachen.

Kurz vor Drucklegung unseres Buches wurde vermeldet, dass das Unternehmen *»Neuralink«* erstmals einem Menschen einen Computerchip ins Gehirn eingepflanzt hat. Die entsprechenden Forschungen und Experimente laufen schon seit Jahren auf Hochtouren. Man möchte durch solche Implantate Menschen, bei denen beispielsweise alle Gliedmaßen gelähmt sind, ermöglichen, Geräte mit ihren Gedanken zu steuern. Unternehmenschef *Elon Musk* schreibt dazu: *»Es erlaubt nur durch das Denken die Kontrolle über Handy oder Computer, und darüber über fast jedes Gerät.«*
Dass diese Technologie für Menschen, die bestimmte Krankheiten oder Behinderungen aufweisen, ein Segen sein kann, ist sicher richtig. Aber diese altruistische Intention ist vermutlich nur ein Köder, um bei der Masse der Bevölkerung eine Akzeptanz erreichen zu können. Unter dem Deckmäntelchen der Gesundheit und des medizinischen Fortschritts lässt sich alles gut verkaufen.
Es bedarf allerdings nicht allzu viel Phantasie, sich vorzustellen, zu welchen perfiden Zwecken diese Technologie eines Tages flächendeckend eingesetzt werden *könnte*.

Die Konfrontation mit diesen Entwicklungen und Bestrebungen gehört ganz gewiss zu den großen und besonders herausfordernden Lernaufgaben der heutigen Menschheit. Es liegt ganz wesentlich an uns, ob diese Technologien zum Heil oder zum Verderben der Menschheit eingesetzt werden.

Exkurs 5: Wie sich eine spirituelle Weltanschauung segensreich auf viele Lebensbereiche auswirken dürfte

Zu all diesen höchst bedenklichen und zum Teil fatalen Entwicklungen und Verirrungen, über die wir im vorigen Exkurs geschrieben haben, wäre es niemals gekommen, wenn die Menschen sich zu einer spirituellen Weltanschauung erheben, wenn sie die zentralen geistigen Wahrheiten kennen und anerkennen würden. Das Anerkennen und Verinnerlichen des Reinkarnations- und des Karmagesetzes allein könnte sich schon segensreich auf viele Lebensbereiche auswirken. Wenn es uns wirklich gelingt, diese großen kosmischen Gesetze sowie die vor der Inkarnation selbst gestellte Lebensaufgabe in vollem Ernste zu berücksichtigen, so wird das auch sehr positive Auswirkungen auf unser ganz normales alltägliches Leben sowie unser gesamtes soziales Umfeld haben.

Zahllose Menschen fühlen sich als *unschuldiges Opfer*, wenn ihnen etwas sehr Unangenehmes zustößt, wenn ihnen etwas misslingt, wenn es ihnen gesundheitlich oder finanziell nicht so gut geht oder wenn sie von Mitmenschen schlecht behandelt werden. Sie vertreten die Meinung, dass andere Menschen oder irgendwelche äußeren Umstände die Schuld an ihrer misslichen Situation tragen. Unglücksfälle und dergleichen werden häufig auf einen blinden Zufall zurückgeführt. Wer das Karmagesetz verstanden hat und anerkennt, weiß, dass der Mensch *niemals* ein Opfer ist und dass es einen Zufall nicht gibt! Vielmehr hat er das meiste, was ihm im Leben widerfährt, in einer vorigen Inkarnation *selbst* verursacht. Betrachten wir dazu ein sehr plastisches und plakatives Beispiel:

Stellen Sie sich eine Individualität vor, die auf ein Dach klettert und einen Dachziegel lockert, der aber noch ein wenig Halt findet. Dann eilt sie nach unten, und sobald sie vor dem Haus steht, löst sich der Dachziegel, fällt herunter und ihr auf die Schulter, wodurch diese bricht.

Sie haben es vermutlich schon geahnt, was durch dieses Beispiel verdeutlicht werden soll: Mit dem Lockern des Dachziegels hat die Individualität in einem Leben eine Ursache geschaffen. Im folgenden Leben folgt die Wirkung dadurch, dass der Ziegel sie trifft. Dieses Getroffen- und Verletztwerden lag im Schicksal dieser Individualität, so dass ihr Engel nicht eingegriffen hat, um es zu verhindern.[52]

Wiederum anderes, was auf einen Menschen zukommt und von ihm als sehr bedrückend oder gar schmerzvoll empfunden wird, hat er sich in seiner vorgeburtlichen Zeit selbst ausgesucht. Er hat das als notwendig erkannt, sei es, um einen karmischen Ausgleich zu schaffen, oder eine erste Ursache zu setzen, die in der Zukunft ihre Früchten tragen kann. Der Mensch ist der *Herr seines Schicksals*.

Wenn wir diese Wahrheit einsehen, werden wir nicht mehr krampfhaft nach irgendwelchen ›Sündenböcken‹ suchen müssen, die uns in die eine oder andere missliche

Lage gebracht hätten. Dann werden wir gewisse Missstände nicht mehr anderen Menschen in die Schuhe schieben. Erst recht werden wir dann nicht mehr an der Gerechtigkeit und Liebe Gottes zweifeln. Insbesondere werden wir dann erkennen, dass es nicht einer göttlichen Laune entspringt, wenn es uns einmal nicht so gut gehen sollte oder wenn wir nicht immer auf der Sonnenseite des Lebens stehen.

Schon das Wissen über das große kosmische Gesetz von Ursache und Wirkung kann unsere unangenehmen und quälenden Lebenslagen lindern. Wenn uns ein anderer etwas antut, wenn uns etwas Unerfreuliches zustößt, so können wir wissen, dass wir es *selbst* sind, die dieses verursacht haben.[53] Wir können dann wissen, dass diese Erfahrungen eine Notwendigkeit darstellen, die uns letztlich in unserer geistig-seelischen Entwicklung weiterbringen. Wie wir ja schon erörtert haben, sehnen wir uns nach dem Tod regelrecht danach, in unserer nächsten Inkarnation solche Erfahrungen machen zu dürfen.

Auch wenn in der heutigen Zeit in unserer Gesellschaft schon ein gewisses Umweltbewusstsein herrscht, muss man doch eingestehen, dass da noch vieles im Argen liegt. Um nicht missverstanden zu werden, hier ist nicht die Rede von dem angeblich menschengemachten Klimawandel. Auch wenn gewisse Politiker, einige Experten und die Systemmedien uns nahezu täglich ihr Narrativ einhämmern, dass wir auf eine Klimakrise oder gar auf eine Klimakatastrophe zusteuern, so kann man nicht umhin, hierbei von einer reinen Panikmache zu sprechen. Klimawandel hat es in den letzten Jahrhunderten und Jahrtausenden immer schon gegeben. Das ist völlig normal und natürlich. Fast im gesamten Mittelalter war es durchschnittlich etwa 2 Grad wärmer als heute. Dass es den Menschen eher besser geht, wenn es etwas wärmer ist, kann auch nicht bestritten werden. Uns geht es um den Schutz unserer Umwelt, der *derzeit* nicht sonderlich im Fokus einer breiten Öffentlichkeit zu stehen scheint. Immer noch wird die Erde in unverantwortlicher Weise ausgebeutet, immer noch nimmt die Verschmutzung der Umwelt drastisch zu, immer noch werden viel zu viele Wälder abgeholzt und zu viele Nutzflächen versiegelt. Allein der Plastikmüll, der durch die Corona-Maßnahmen produziert wurde wie Masken, Test-Kits und Impfampullen belastet die Ozeane in gehörigem Ausmaß. Auch die Entsorgung der Windräder und der Solaranlagen wird eines Tages die Umwelt in hohem Maße in Mitleidenschaft ziehen.

Sie kennen sicher den schönen Spruch, mit dem Umweltschützer das Bewusstsein für die Verantwortung, die *jeder* Mensch für die Umwelt hat, schärfen wollen: »Wir haben die Erde nur von unseren Kindern geliehen.« Menschen, welche die Reinkarnations- und die Karmalehre verinnerlicht haben, wissen, dass sie gewissermaßen *selbst* diese Kinder sind. Sie wissen, dass sie noch viele Male, wahrscheinlich sogar noch in vielen tausend Jahren, wieder auf der Erde leben werden. Dann haben sie es auch noch nötig, lebensfähige und lebenswerte Bedingungen vorzufinden. Dann wollen sie nicht nur Menschenwerke aus Beton, Stahl und Glas sehen, sondern auch noch die Werke der Götter: Berge, saubere Flüsse, Seen und Meere, gesunde Wälder und Wiesen sowie eine mannigfaltige Tier- und Pflanzenwelt.

Wenn die Menschheit diese geistigen Tatsachen voll umfänglich anerkennen würde, wäre wohl die Umwelt-Problematik schon bald kein großes Thema mehr.

Zu den unerträglichen Gepflogenheiten unserer Tage gehört auch, dass immer noch – oder wieder – viele Zeitgenossen andere Menschen aufgrund ihrer Herkunft, Rassen- oder Religionszugehörigkeit diskriminieren oder sogar regelrecht verfolgen und bekämpfen. Jemandem, der von den wiederholten Erdenleben überzeugt ist, ist klar, dass er selbst in einem früheren Leben in einem bestimmten Land, auf das er heute abschätzig schaut, geboren wurde, dass er selbst einer Rasse oder Religion angehörte, die er heute herabwürdigt. Genauso gut kann er sich klarmachen, dass er sich vielleicht in einem späteren Leben in einem Landstrich verkörpern wird, in dem eine bestimmte Rasse beheimatet ist und eine bestimmte Religion ausgeübt wird, über die er heute heftig schimpft.

Wer sich das wirklich bewusst macht, kann gewiss eine größere Toleranz gegenüber *scheinbar* fremdartigen Kulturen, Rassen und Religionen aufbringen. Schließlich war jeder von uns mit hoher Wahrscheinlichkeit schon einmal Angehöriger aller Rassen und Religionen oder wird es in der Zukunft sein.

Exkurs 6:   Projizierte Realitäten im Nachtodlichen

Viele Berichte über die Verhältnisse in den übersinnlichen Welten, die über ein Medium erfolgen, erinnern – insbesondere dann, wenn sie von Verstorbenen stammen – sehr stark an Begebenheiten aus dem ganz normalen Erdenleben, aus dem üblichen Alltagsleben. So wird etwa von dem Genuss köstlicher Speisen und Getränke, von saftig grünen Wiesen, bunten Blumen, Wäldern, Seen und dergleichen geschildert. Manche Berichte, welche die jenseitigen Seelenwesen geben, lassen sogar Assoziationen an ein irdisches Paradies aufkommen. Auch die Tätigkeiten und die Beziehungen, welche die Menschenseelen gemäß diesen Botschaften untereinander pflegen, erinnern stark an solche, die man aus dem Erdendasein kennt.

Man könnte zunächst einmal mutmaßen, dass die Berichterstatter in solchen Fällen vielleicht etwas platte Bilder, die jeder aus der Sinneswelt kennt, heranziehen, um die tatsächlichen Vorgänge und Erlebnisse *vergleichsweise* darzustellen. Das mag sich in einigen Fällen durchaus so verhalten. Es könnte aber auch möglich sein, ja es ist sogar sehr wahrscheinlich, dass einige Verstorbene diese Wahrnehmungen und Erlebnisse nach ihrem Tod *wirklich* haben.

In zahlreichen Jenseitsbotschaften bzw. Channelings wird immer wieder gesagt, dass sehr vieles von dem, was ein Mensch nach seinem Tod in den höheren Welten wahrnehmen, empfinden, erleben und erfahren könne, in hohem Maße davon abhängig sei, was er sich im Erdenleben an Vorstellungen über das Leben in geistigen Welten angeeignet habe. Die tatsächlichen Wahrnehmungen und Erfahrungen, die er nach dem Tod machen könne, seien also eine Projektion seiner persönlichen Vorstellungen und Wünsche. Diese Ansicht vertreten auch einige der sogenannten ›Jenseitsforscher‹, die davon sprechen, dass es in den übersinnlichen Welten schier unendlich viele ›Realitäten‹ gebe. *Arthur Ford* bezeichnete sogar eine bestimmte Region der nachtodlichen Welt als *»Region der Illusionen«*.[54]

Das stimmt ja auch völlig mit den Schilderungen Rudolf Steiners überein, die er über die fünfte Region der Seelenwelt, die Region des Seelenlichtes, gibt. In dieser Phase ist es – wie wir in Kapitel 5 (☞ S. 285f.) schon erläutert haben – so, dass jemand, der in seinem Erdenleben etwa die Vorstellung oder Hoffnung hatte, nach dem Tod in einem irdischen Paradies zu leben, dann wirklich ein solches ›Paradies‹ vorfindet. Alle Schilderungen, die wir hier über das nachtodliche Leben insbesondere aufgrund der anthroposophisch orientierten Geisteswissenschaft geben konnten, stellen gewissermaßen das ›rechtmäßige‹ Wahrnehmen und Empfinden eines Menschen nach dem Tod dar. Es wäre aber ein Trugschluss zu glauben, dass jeder Mensch das auch genau so erleben würde. Wenn man die folgende Aussage von Rudolf Steiner heranzieht, kann man durchaus schließen, dass manche Verstorbene nicht nur in der Region des Seelenlichtes bzw. der Merkursphäre, sondern vielleicht sogar in der gesamten Seelenwelt ihre ›individuellen Realitäten‹ vorfinden können: **»Indem der Mensch unter** den gegenwärtigen Entwickelungsbedingungen durch die Pforte des Todes tritt, nimmt er die Bewusstseinsbedingungen mit, welche er sich selbst hergestellt hat zwischen der Geburt und dem Tode. Derjenige Mensch, welcher unter den gegenwärtigen Verhältnissen ganz und gar sich nur beschäftigt hat mit Vorstellungen und Begriffen und Empfindungen über die materielle, über die Sinneswelt, der verurteilt sich unter den gegenwärtigen Verhältnissen dazu, dass er nach dem Tode nur in einer Umgebung lebt, auf welche die während des leiblichen Lebens ausgeprägten Begriffe Bezug haben. Während der, welcher spirituelle Vorstellungen aufnimmt, rechtmäßig in die geistige Welt einzieht, muss derjenige, der es ablehnt, geistige Vorstellungen aufzunehmen, in gewissem Sinne in irdischen Verhältnissen verbleiben, [...]«[55]

Wenn ein Mensch sich in seinem Erdenleben ausschließlich mit sinnlichen Vorstellungen und Begriffen beschäftigt haben sollte, so bekommt er in sein Bewusstsein und in alles, was sich in seiner Seele abspielt, auch nur sinnliche Vorstellungen und Begriffe aus dem alltäglichen Leben hinein. Mit diesem ›Material‹ muss er sich nach dem Tod ›seine Welt‹ aufbauen. Das, was im Erdendasein die Innenwelt ist, wird ja nach dem Tod zur Außenwelt und umgekehrt. Also diejenigen Vorstellungen, Wünsche, Gefühle usw., die der Mensch in seinem Leben hatte, werden nach außen gekehrt. Somit liegt es auf der Hand, dass die nachtodliche Außenwelt eines Menschen *weitgehend* dem entsprechen wird, was er sich in seinem Erdenleben darüber an Vorstellungen gebildet hat und was er an Wünschen hegte. Wenn also jemand etwa den Wunsch oder die Vorstellung hatte, nach dem Tod in einem Paradies zu leben, so wird ihm seine Außenwelt, also seine nach außen projizierten Wünsche und Vorstellungen, nun auch so erscheinen. So gesehen ist es durchaus richtig zu sagen, dass es nach dem Tod schier unendlich viele ›Realitäten‹ gebe, nämlich so viele, wie es verschiedene Vorstellungen und dergleichen gibt, welche die jeweiligen Menschen haben.

Man kann sich durchaus vorstellen, dass ein Mensch, der es verschmäht hat, sich im Erdenleben richtige Vorstellungen über die übersinnlichen Welten anzueignen, insbesondere in der ersten Zeit nach dem Tod vieles von dem, was er dann wahrnehmen kann, nicht richtig einzuordnen versteht. Denken Sie etwa an die Berichte der Nahtod-Erlebnisse. Fast jeder Mensch, der solche Erlebnisse hatte, schildert die Begegnung mit einem Lichtwesen. Aber darüber, wer dieses Wesen sei, herrscht alles andere als Einigkeit. Manche halten es für Gott oder Christus, andere für einen Engel oder Maria, die Mutter Jesu. Einige sehen darin nur eine wesenlose ›Energieanballung‹. Diese unterschiedlichen Identifizierungsversuche sind wohl eindeutig auf die unterschiedlichen religiösen Vorstellungen dieser Menschen zurückzuführen. Objektiv betrachtet wird es sich bei diesem Lichtwesen in den meisten Fällen um den persönlichen Schutzengel des Menschen handeln. Wenn nun ein Mensch in seinem Erdendasein nicht an Engel geglaubt hat oder keine richtigen Vorstellungen über Wesen und Aufgaben der Engel gewinnen konnte, so ist verständlich, dass er nach dem Tod seinen Engel auch nicht als solchen zu erkennen vermag. In der katholischen Kirche hat die Marienverehrung eine große Tradition. Viele Katholiken glauben oder hoffen, dass die Mutter Jesu ihnen in der Sterbestunde beistehen wird. In einigen Mariengebeten und -liedern wird explizit um diesen Beistand gebeten. Dass ein solcher Mensch, der mit dieser Hoffnung durchdrungen durch die Pforte des Todes schreitet, das Lichtwesen für die Maria hält, ist nachvollziehbar. Für diesen Menschen ist es eine ›Realität‹, dass er soeben der Mutter Jesu begegnet ist, obwohl es sich de facto höchstwahrscheinlich um seinen Engel handelt. Genauso gut kann man nachvollziehen, dass etwa ein Materialist oder Atheist in diesem Lichtwesen nichts anderes als eine wesenlose ›Energieanballung‹ zu sehen vermag.

Damit sind wir wieder bei dem Thema, dass die Bedeutung der Vorbereitung auf das nachtodliche Leben nicht hoch genug eingeschätzt werden kann. Man kann nur das in die höheren Welten hineintragen, was man im Erdenleben bereits erworben hat. Wer sich nicht schon im diesseitigen Leben die richtigen Vorstellungen angeeignet hat, wird sie nach dem Tod nicht – oder wenigstens nicht so leicht und so schnell – gewinnen können.

Ebenfalls sehr wichtig ist es, dass wir nicht träumend durchs Erdenleben schreiten. Vielmehr sollten wir ein Interesse für alle wichtigen Ereignisse und Geschehnisse der Sinneswelt zeigen und versuchen, diese objektiv und realistisch zu beurteilen. Dabei sollten wir niemals unreflektiert die Meinungen irgendwelcher Autoritäten übernehmen. Wir müssen unterscheiden lernen, was wahr ist bzw. was den Tatsachen entspricht und was nicht. Diese Unterscheidungsfähigkeit können wir nur im Erdenleben gewinnen. **»Eignen wir uns nicht in der physischen Welt eine Gesinnung für Tatsächlichkeit an, so werden wir sie nicht finden können für die geistige Welt. Deshalb sind wir in die physische Welt hereingestellt, wo wir angewiesen sind, die Übereinstimmung der Vorstellung mit der Objektivität zu suchen, damit wir dieses uns aneignen, damit dieses eine Gewohnheit werde, und wir dieses hineintragen können in die geistige Welt.«**[56]

In den spiritistischen Geistdurchsagen wird häufig deutlich, dass die Verstorbenen, die *ihre* Realität schildern, diese für eine objektive und absolut angenehme und erstrebenswerte halten. In den neueren Jenseitsbotschaften wird zumindest der Eindruck vermittelt, als habe es eine absolut gute Bedeutung, wenn jemand nach dem Tod eine solche individuelle Realität erlebt. Wer aber die geisteswissenschaftlichen Erkenntnisse Rudolf Steiners ernst nimmt, kann mit diesen individuellen Realitäten keinen positiven Sinn verbinden. Auch wenn die Erlebnisse, die ein Toter gemäß seiner Realität haben mag, ihm sehr angenehm und erstrebenswert erscheinen mögen, so kann man doch nicht umhin festzustellen, dass dieser in einer ›Scheinwelt‹ lebt. Wenn ein Erdenmensch etwa seinem Vater begegnet und diesen beispielsweise für seine Schwester hält, so wird keiner sagen, dass das in Ordnung sei. Wenn ein verkörperter

Mensch mitten auf der Autobahn steht, aber beispielsweise der festen Überzeugung ist, in absoluter Geborgenheit auf einer Wolke zu schweben – wie das ja bei einigen psychischen Krankheiten oder nach dem Konsum bestimmter Drogen durchaus der Fall sein kann –, so würde man keineswegs sagen, dass das eine gute Berechtigung habe. Man würde vielmehr alles dransetzen, dem Betreffenden zu helfen, damit er wieder zu einem Realitätssinn finden kann.

Die Tatsache, dass ein Mensch nach dem Tod in einer ›Realität‹ lebt, die lediglich eine Projektion seiner irdischen Vorstellungen und Wünsche darstellt, ist ein mindestens genauso schlimmes Schicksal, wie wenn ein Lebender aufgrund schwerer Psychosen dauernd in einer Scheinwelt lebt. Ein solcher Verstorbener kann möglicherweise sein nachtodliches Leben nicht so durchmachen, dass er die notwendigen Impulse und Kräfte finden kann, die für seine nächste Inkarnation notwendig sind.

Für einen solchen, der sich etwa im ›Sommerland‹ (☞ Kapitel 2, S. 46) wähnt, kann man nur hoffen, dass er möglichst bald die Sinnlosigkeit und Nichtigkeit seiner erlebten ›Realität‹ zu erkennen vermag, um so in seiner Entwicklung rechtmäßig voranschreiten zu können.

Exkurs 7: Das nachtodliche Leben im Wandel der Zeit

Im Alten Testament gibt es ein paar Verse, die besagen, dass der Mensch – also *alle* Menschen – nach dem Tod bis zur sogenannten Auferweckung am Jüngsten Tag *nicht* mit einem Bewusstsein begabt sei, sondern dass er sich in einer Art Schlafzustand befinde. So heißt es etwa bei *Jesaja*: *»Die Toten werden nicht lebendig, die Verstorbenen stehen nicht auf; denn du hast sie heimgesucht und vertilgt, und zunichte gemacht all ihr Gedächtnis.«*[57] Aus diesem Passus geht hervor, dass das Leben, das die Toten führten, bevor der Christus in der Erdenwelt erschienen ist, ein sehr finsteres war, das man eigentlich gar nicht als »Leben« bezeichnen konnte. Ihr Gedächtnis wurde zunichte gemacht. Sie konnten sich nicht an ihr abgelaufenes Erdenleben erinnern und somit nicht bewusst an der Gestaltung ihres zukünftigen Schicksals mitwirken. Dieser und ähnliche Verse haben wohl dazu geführt, dass in einigen protestantischen Kreisen die Ganztodtheorie aufkam.

Auch die alten Griechen konnten keine Sympathien zu dem »Reich der Toten«, das sie »Hades«, »Unterwelt« oder »Schattenreich« nannten, aufbringen. Sie wollten lieber »ein Bettler in der Oberwelt [irdische Welt] als ein König in der Unterwelt« sein.

Die These, dass der Mensch nach dem Tod *grundsätzlich* und *permanent* ein unbewusstes, schattenhaftes Leben führen müsse, steht in krassem Gegensatz zu den Ausführungen dieses Buches. Wie kann man diesen vermeintlichen Widerspruch auflösen?

Nun, es wäre ein großer Irrtum zu glauben, dass das nachtodliche Leben, wie es hier für unser heutiges Zeitalter zumindest in seinen groben Zügen skizziert werden sollte, sich schon immer genau so abgespielt hätte. Auch das, was der Mensch nach seinem Tod durchzumachen hat, unterliegt einem Wandel. Es verändern sich nicht nur die Verhältnisse der physischen, sondern auch die der seelischen und der geistigen Welt. *Alle* Welten und Wesen machen eine Entwicklung durch.

In der Tat war das Leben nach dem Tod in der vorchristlichen Zeit für *alle* menschlichen Seelen ein sehr schattenhaftes und düsteres. Zur Zeitenwende drohte eine völlige Verfinsterung der Welt, in der sich die Seelen der Verstorbenen befanden. Gerade in der Welt, die der Mensch nach dem Tode betritt, war der Einfluss Ahrimans besonders groß. Seine Machenschaften wirkten mit einer furchtbaren Gewalt und Macht auf die entkörperten Seelen. Die Gefahr der völligen Verfinsterung konnte nur durch Christus gebannt werden. **»Einsam, in finsterer Umgebung fühlten sich die Seelen in der geistigen Welt, bevor das Ereignis von Golgatha eintrat. Die geistige Welt war damals nicht in ihrer ganzen lichtvollen Klarheit durchsichtig für die, die durch das Tor des Todes kommend, in sie hineinschritten. Ein jeder fühlte sich allein, sich in sich zurückgestoßen, wie eine Mauer war es aufgerichtet gegenüber jedem anderen. Und das wäre immer stärker und stärker geworden.«**[58] **»Und wenn nichts anderes eingetreten wäre, so wäre der Mensch zwischen dem Tode und der neuen Geburt in dem Schattenreiche –**

wie es mit Recht der alte Grieche empfunden hat – allmählich verfinstert worden. Eine unendliche Vereinsamung und Zurückführung auf die menschliche Egoität wäre eingetreten in dem Leben zwischen Tod und neuer Geburt. Und der Mensch würde bei der Wiederverkörperung so in sein Leben hineingeboren werden, dass er zu einem krassen, zu einem furchtbaren Egoisten geworden wäre.«[59]

Nach Eintritt seines Todes am Kreuz erschien Christus im Reich der Toten und legte Ahriman gewissermaßen in Fesseln, das heißt, Er setzte seiner Macht über die Verstorbenen und deren Reich Grenzen. In den christlichen Glaubensbekenntnissen wird dieses Ereignis als »Höllenfahrt« angedeutet. In den üblichen Bekenntnissen heißt es: »abgestiegen in die Hölle« oder »hinabgestiegen in das Reich des Todes«. Das Reich des Todes war Ahrimans Reich. Im Credo der Christengemeinschaft heißt es: »Im Tode wurde Er der Beistand der verstorbenen Seelen, die ihr göttliches Sein verloren hatten.«

Dieses »Hinabsteigen« darf man durchaus wörtlich verstehen. Es war den Seelen bis zur Zeitenwende vor 2.000 Jahren noch nicht möglich, nach dem Tod in die Planetensphären aufzusteigen. Sie waren gewissermaßen von Ahriman im Erdinneren – gewissermaßen in der Hölle – gefesselt. Erst seit Christi Tat ist es den Menschen möglich, das nachtodliche Leben mit hellem Bewusstsein zu durchleben.

Durch Christi Erscheinen und Wirken in dem Reich des Todes wich dort die Finsternis. Die Welt, in der die Toten weilten, wurde wie von einem Lichte durchstrahlt. Die Verstorbenen konnten jetzt alles wahrnehmen, was dort zwar schon immer war, sich aber ihrer Wahrnehmung entzog. Es war, wie wenn ein dunkler Raum beleuchtet würde und dadurch alle Gegenstände sichtbar werden. Die Verstorbenen konnten sich mit den Seelen derer, mit denen sie karmisch verbunden sind, vereint fühlen. Seitdem können die Menschen immer besser in die geistige Welt nach dem Tode hineinwachsen. Eine Zeit des Aufblühens in der geistigen Welt hatte begonnen.

Christi Tat war nicht nur ein Segen für die Seelen, die zur Zeitenwende im nachtodlichen Leben weilten, sondern für alle Menschen, die später durch die Pforte des Todes gingen bzw. noch gehen werden. Man darf diese Tat aber nicht als Freifahrtschein für ein helles Bewusstsein und ein geselliges Leben im Nachtodlichen auffassen. Ein krasser Materialist, ein Mensch, der wenig bis gar nichts an spirituellen Gedanken und Ideen in seinem Erdenleben aufnimmt, wird auch heute noch ein recht trostloses Dasein nach seinem Tod fristen. Er wird kaum etwas wahrnehmen, und das Wenige, das er wahrnimmt, nicht verstehen können. Ähnlich wie sich ein Kind in einem dunklen Keller fürchtet, wird er von großer Furcht getrieben sein. Sehr wichtig ist es, dass wir zu Lebzeiten eine Verbindung zu dem Christus gewinnen. **»Diejenigen, welche den Christus in ihr Inneres aufnehmen, erhellen wieder das schattenhafte Leben im Devachan. Je mehr der Mensch hier erlebt von dem Christus, desto heller wird es drüben in der geistigen Welt.«[60]**

Die wohl größten und fruchtbarsten Veränderungen haben sich für die Welt der Toten durch das Mysterium von Golgatha ergeben. Aber auch seitdem findet in den höheren Welten eine Entwicklung statt.

Von einer dieser Änderungen, die sich vor knapp 100 Jahren ereignet hat, haben wir in Kapitel 5 (☞ S. 257f.) geschrieben. Damals hat Christus das karmische Richteramt von Moses übernommen. Seitdem ist der Christus der Herr des Karma.

Das, was ein Mensch, der heute durch die Pforte des Todes geht, erleben und erfahren kann, ist in mancherlei Hinsicht von dem verschieden, was einer erleben konnte, der etwa vor tausend Jahren gestorben ist oder in etwa tausend Jahren sterben wird. Auch für die übersinnlichen Welten hat das Wort »Geschichte« eine ebenso reale Bedeutung wie für den physischen Plan.

Exkurs 8: Bewertung der kirchlichen Lehren über das Leben nach dem Tod

W enn wir in diesem Exkurs den großen christlichen Kirchen, namentlich der katholischen, mit durchaus massiver Kritik begegnen wollen, so geht es uns weder um die Verfehlungen und Verirrungen wie etwa die Inquisition oder die völlig sinnbefreiten Ablasspraktiken, derer sich die Kirche im Mittelalter schuldig gemacht hat, noch um die sehr fragwürdige Rolle, welche der Vatikan im Nationalsozialismus gespielt hat, noch um die fürchterlichen Missbrauchsskandale in den letzten Jahrzehnten.

Bevor wir zu unserem eigentlichen Kritikpunkt kommen, müssen wir aber noch kurz auf die Rolle der Kirchen eingehen, die sie in der Zeit der sogenannten »Corona-Pandemie« gespielt haben.

Zu einem Zeitpunkt, als man, sofern man sich sein Bewusstsein nicht völlig von der Propaganda und der Panikmache in den Systemmedien vernebeln ließ, längst hätte wissen können, dass die sogenannten »Impfungen« weder vor Ansteckung noch vor Weitergabe des Virus schützen und sogar schlimmste Nebenwirkungen nach sich ziehen können, verstieg sich Papst *Franziskus* zu dem folgenschweren Statement: *»Impfen ist ein Akt der Nächstenliebe!«*. Die Ungeimpften wurden von kirchlicher Seite ähnlich diffamiert wie von Seiten der Regierung oder der Systemmedien. Genau wie in der Zeit des Nationalsozialismus hatten nur wenige Kleriker den Mut, öffentlich die Narrative in Frage zu stellen.

In vielen Kirchen herrschten in den Jahren 2020 und 2021 skurrile, ja entsetzliche Zustände. Die Gläubigen durften die Kirche nur betreten, wenn sie eine Maske trugen, von der man schon damals wissen konnte, dass sie keinen Nutzen hat. Selbst die Ministranten und zum Teil sogar die Pfarrer zogen sich während der Gottesdienste eine solche über. An allen Eingängen und selbst auf vielen Altären stand eine Plastikflasche mit einem handelsüblichen Desinfektionsmittel. Diese Substanzen wurden zum modernen Weihwasser.

In einigen Gemeinden wurde zeitweise nur Geimpften der Zutritt zur Kirche gewährt. Manche Kirchen, selbst der Kölner Dom, wurden dadurch entweiht, dass man sie zum Impfzentrum umfunktionierte. Diese Gotteshäuser wurden also zu einem Ort, an dem experimentelle Gensubstanzen gespritzt wurden!

Kommen wir nun langsam zum Kern unserer kritischen Betrachtung.

Es ist ja nicht zu übersehen, dass den beiden großen christlichen Kirchen seit Jahrzehnten die Gläubigen davonlaufen. Allein im Jahre 2022 traten in Deutschland über 900.000 Menschen aus ihrer Kirche aus. Nachdem noch vor rund fünfzig Jahren über 80 Prozent der Deutschen einer der beiden Kirchen angehörte, sind es heute gerade einmal 50 Prozent! Das muss doch Gründe haben.

Wenn man Menschen fragt, warum sie aus ihrer Kirche ausgetreten sind, hört man oftmals, dass es eine Konsequenz sei, die sie aus dem Missbrauchsskandal gezogen hätten. Manche sagen auch, dass sie sich die Kirchensteuer sparen wollen.

Nach unserem Eindruck sind das aber eher äußere oder gar vorgeschobene Gründe. Die vermutlich wahren Gründe liegen tiefer und sind ihnen womöglich gar nicht so sehr bewusst. In ihren Seelentiefen vermissen sie in den Lehren und Ritualen der Kirchen etwas Tragfähiges, etwas, was ihre Sehnsucht nach Spiritualität befriedigen könnte.

In der Tat sollte es die vornehmste Aufgabe einer Religionsgemeinschaft sein, ihren Gläubigen göttlich-geistige Erkenntnisse zu vermitteln und sie auf eine für die heutige Zeit angemessene Weise zu einem religiösen Leben anzuhalten.

Und da setzt unsere Kritik ein: Das, was eigentlich ihre wichtigste Aufgabe ist, vermögen die Kirchen im Großen und Ganzen nicht – oder nicht mehr – zu leisten. Das wollen wir hier nur an einem Punkt festmachen, dem zentralen Thema dieses Buches, das Leben des Menschen nach dem Tod. Auch Sie werden vermutlich noch keinem Kleriker begegnet sein, der Ihnen über das nachtodliche Leben Erkenntnisse schenken konnte, die über das hinausgehen, was wir in Kapitel 2 (☞ S. 35ff.) dazu geschrieben haben. Aber es ist gerade die Frage nach dem nachtodlichen Leben, die viele Menschen bewegt, auf die sie stimmige und glaubwürdige Antworten erwarten.

Wie sicherlich deutlich geworden sein dürfte, ist das menschliche Wesen mit allen seinen heutigen und zukünftigen Wesensgliedern sowie seinen Aufgaben und Entwicklungszielen ein höchst komplexes Geschöpf im Weltensein. Selbst das eher wenige, was im Rahmen dieses Buches über die geistigen Welten mit allen ihren Regionen sowie die geistigen Wesen mit allen ihren Missionen gesagt bzw. oftmals nur grob skizziert werden konnte, ist von schier unergründlicher Tiefe. Ein hoher Eingeweihter könnte niemals fertig werden, darüber zu berichten.

Wenn man die Erkenntnisse, die von besonders begnadeten Menschen aus geistigen Höhen geschöpft werden können, mit den Lehren der großen christlichen Kirchen vergleicht, so kommt man nicht umhin, letztere als äußerst dünn und teilweise geradezu trivial zu bezeichnen. Daran ändert auch die Tatsache, dass die Theologen ihre Lehrsätze gekonnt formulieren und mit vielen Fachausdrücken spicken, nichts. Diese schwammigen Aussagen, die man etwa dem Katechismus der katholischen Kirche entnehmen kann, lassen viel Raum für Spekulationen und persönlich gefärbte Wünsche.

Woher kommt es, dass die Kirchen so wenig Verlässliches über Geistiges lehren können? Nun, das kommt insbesondere daher, dass die Kirchen davon ausgehen, dass die göttlich-geistige Welt sich *ausschließlich* bis vor etwa 2.000 Jahren den Menschen geoffenbart hätte. Somit rechnen sie im Wesentlichen nur mit den Offenbarungen, die

Moses, den alten Propheten sowie den Evangelisten zuteil wurden. Nur diese Persönlichkeiten halten sie für autorisiert, göttlich-geistige Wahrheiten zu verbreiten. Die kirchlichen Lehren basieren vorwiegend darauf, wie die Kirchenväter der ersten nachchristlichen Jahrhunderte diese Texte übersetzt und ausgelegt haben. Diesen Status haben sie eingefroren. Lediglich wurden einige geringfügige Änderungen oder Ergänzungen durch den einen oder anderen Konzilsbeschluss vorgenommen. Alles, was seitdem durch die sogenannten »Neuoffenbarungen«, wie sie in erster Linie in den letzten Jahrhunderten durch hohe Eingeweihte, allen voran Rudolf Steiner, in die Welt gekommen sind, ignorieren sie und lehnen sie auf das Schärfste ab.

Stellen Sie sich vor, unsere Wissenschaften würden genauso verfahren! Dann würde zum Beispiel ein heutiger Astronom sagen: »Das, was die großen Astronomen bis vor gut 500 Jahren erforscht und veröffentlicht haben, war uneingeschränkt richtig. Die Erde ist eine Scheibe, und die Sonne dreht sich um die Erde. Mehr kann man über diese Dinge nicht wissen. Es gibt seitdem nichts mehr, was noch erforscht werden könnte. Alles, was Astronomen in neuerer Zeit gesagt haben, kann nur falsch sein.« Jedem Kirchenvertreter käme das absolut paradox vor, obwohl diese prinzipiell ebenso verfahren.

Bis vor gar nicht einmal allzu langer Zeit war allerdings das wenige, was die Kirchen über spirituelle Themen lehren, noch hinreichend. Da waren die Menschen noch nicht reif, tiefere Erkenntnisse aufnehmen zu können. Diese hätten sie noch nicht fassen und vertragen können. Da war es noch hinreichend und notwendig, dass die Menschen aus tiefstem Herzen *glauben*, ohne wirklich etwas wissen oder verstehen zu können. Diese Zeiten sind aber seit über hundert Jahren vorbei! Heute stellt es eine Notwendigkeit dar, dass gesicherte geistige Erkenntnisse in die Welt kommen! Heute ist es unerlässlich, dass *jeder* Mensch nach der Wahrheit strebt!

In diesem Buch ging es uns in erster Linie um das, was ein Mensch in der langen Zeitspanne zwischen Tod und neuer Geburt erleben und erfahren kann bzw. durchmachen muss. Auch hierzu können – wie wir leider sehen mussten – die großen Kirchen keinen nennenswerten Beitrag leisten.

In ihren Lehren kennt man nur drei ›Bereiche‹ oder ›Regionen‹, in die sich die höheren, übersinnlichen Welten einteilen lassen: Himmel, Hölle und Fegefeuer. Dass die Lehren der katholischen Kirche über das sogenannte Fegefeuer zumindest noch *einigermaßen* den Tatsachen entsprechen, haben wir in Kapitel 5 gesehen. Das, was die Katholiken mit »Fegefeuer« bezeichnen, wurde hier »Kamaloka« genannt. Rudolf Steiner hat diesen fernöstlichen Begriff dem Begriff »Fegefeuer« vorgezogen, weil letzterer stark ›assoziationsbeladen‹ ist. Kann man die kirchlichen Lehren über das Fegefeuer – so dürftig sie auch immer sind – noch als halbwegs stimmig bezeichnen, muss man beim »Himmel«, der hier meistens mit »Geisteswelt« oder »Devachan« bezeichnet wurde, schon einräumen, dass diese Lehren da mehr als dünn, schwammig und nebulös sind. Auch die fragmentarischen kirchlichen Lehren über die Hölle können nicht als grundverkehrt bezeichnet werden. Aber selbst wenn es – wie wir geschrieben haben – für die Seelen, die in die finstere untere Geisteswelt hineingebannt sind, nicht ganz leicht ist, aus diesem Dasein erlöst zu werden, so kann keine Rede davon sein, dass sie trotz all ihrer Schlechtigkeit und Verderbtheit die *Ewigkeit* in dieser Sphäre absitzen müssten.

Man muss wohl konstatieren, dass die Kirchen leider nicht in der Lage sind, dem suchenden und nach Erkenntnis strebenden Menschen eine große Hilfe zu sein. Vielmehr gleichen sie einem Arzt, der mit seinen Patienten nur nett plaudert und ihnen vage Hoffnungen macht, ohne viel zur Linderung oder gar Heilung ihrer Krankheit beizutragen. Trotz allem muss aber immer wieder darauf hingewiesen werden, dass die kirchlichen Lehren – von wenigen Ausnahmen abgesehen – nicht falsch sind; sie sind einfach nur viel zu unergiebig. Wir haben ja zu Beginn dieses Buches die Kriterien der katholischen Kirche ein wenig betrachtet, die von einem Menschen zu erfüllen seien, damit er die ›himmlische Seligkeit‹ erreichen könne. Was immer sich die Kirchenlehrer auch unter dieser Seligkeit vorstellen mögen, dürfte schon klar geworden sein, dass die Vorstellung eines solch beschaulichen und erfreulichen Lebens arg naiv ist. Dennoch soll an den kirchlichen Kriterien nicht grundsätzlich gerüttelt werden. Wer sich an diese Lehren und Auflagen hält, wird sich viele Begierden und Leidenschaften versagen, die nur in seinem Egoismus begründet sind. Schon dadurch kann seine Kamalokazeit nicht mehr allzu qualvoll sein. Ein solcher wird sicherlich auch das eine oder andere für seine Mitmenschen tun, er wird eine gewisse Moral und eine religiöse Gesinnung und Stimmung sowie eine gewisse Verbindung zu Christus gefunden haben. Dieses kann hinreichend sein, damit er in der oberen Seelenwelt ein durchaus angemessenes, geselliges Leben führen kann.

Aber die Beherzigung aller Lehren und Kriterien, welche die Kirchen predigen, sind *nicht* hinreichend, um mit hellem Bewusstsein das gesamte nachtodliche Leben durchlaufen, auf die Hinterbliebenen sowie die ganze Erdenwelt segensreich wirken und in der richtigen Weise die notwendigen Vorbereitungen für die nächste Inkarnation treffen zu können. Dazu ist noch einiges vonnöten, was von den Kirchen – insbesondere von der katholischen – geradezu streng abgelehnt wird. Diese vertreten immer noch die Meinung, alles Göttlich-Geistige könne man sich niemals zum Verständnis bringen. Eine solche Ansicht fällt natürlich bei vielen ihrer Anhänger auf fruchtbaren Boden, da diese sie in ihrer Bequemlichkeit unterstützt. Damit halten sie – wenngleich vermutlich unbewusst – ihre Gläubigen immer noch auf der Kindheitsstufe, indem sie proklamieren, man könne göttlich-geistige Offenbarungen nur aus ›reinstem Kinderherzen‹ *glauben*. Die Notwendigkeit, dass sich jeder Mensch mit ringender Seele selbst um geisteswissenschaftliche Erkenntnisse bemühen muss, streiten sie heftig ab. Das erinnert ein wenig an die alte Anekdote: »Der Pfaffe sprach zum König: *Halte du sie arm – ich halte sie dumm!*«

In den Medien kann man immer wieder kirchliche ›Würdenträger‹ vernehmen, die auf ihre Vorstellungen über das Leben nach dem Tod angesprochen sagen, man könne da nichts Verlässliches wissen und solle sich ganz auf die Gnade und Güte Gottes verlassen. Der ehemalige Weihbischof von Hamburg, Dr. *Hans-Jochen Jaschke*, wird in Deutschlands größtem Boulevardblatt zu der Frage nach dem nachtodlichen Leben wie folgt zitiert: *»Wir sollen nicht neugierig sein. Wenn einer zu viel über das Leben nach dem Tod wissen will, müssen wir sehr kritisch bleiben. Wer sich auf Visionen und Träume von Himmel und Hölle, von Peinigungen im Fegefeuer beruft, verdient kein Gehör.«*[61]

Schließlich appelliert er noch daran, dass man sich an das *Glaubens*bekenntnis der (katholischen) Kirche halten solle. Viel deutlicher kann man wohl nicht zum Ausdruck bringen, dass die katholische Kirche bestrebt ist, alle Bemühungen um Erkenntnisse im Keime zu ersticken!

Viele spirituell interessierte Menschen stellen sich die naheliegende und berechtigte Frage, ob denn die Theologen und Kirchenvertreter, die ja studierte und zumeist kluge Köpfe sind, selbst auch so eine naive Vorstellung über das Leben nach dem Tod hätten, wie sie es nach außen vermitteln.

Diese Frage kann hier sicherlich nicht geklärt werden. Tatsache ist aber, dass man nur dann zu einem Verständnis des nachtodlichen Lebens – und vieler anderer geistiger Tatbestände auch – gelangen kann, wenn man die Reinkarnations- und Karmalehre anerkennt und einigermaßen versteht. Ohne diese Lehren kann man zu keinen klaren Vorstellungen über dasjenige kommen, was der Mensch nach seinem Tod in den höheren Welten erleben und erfahren kann. Da die großen Kirchen – zumindest offiziell – diese Lehren immer noch als Irrlehren bezeichnen, liegt immerhin die Vermutung nahe, dass auch ihre Vertreter nicht über naive Vorstellungen über das nachtodliche Leben hinauskommen.

Natürlich gibt es auch in den Reihen der Kirchen sehr wohl Wissende, vielleicht sogar Eingeweihte, die über geistige Erkenntnisse verfügen, wie man sie etwa der Anthroposophie entnehmen kann. Diese halten sie aber unter der Decke. Vielleicht glauben sie, gute und redliche Gründe dafür zu haben. Man kann sich allerdings nicht des Eindrucks erwehren, dass sie das deshalb tun, um ihre Machtstellung nicht zu verlieren.

Es gibt heute recht viele Zeitgenossen, die Mitglied einer der großen christlichen Kirchen sind und selbst von der Reinkarnations- und Karmalehre überzeugt sind. Diese fragen sich, ob denn die Kirchen nicht irgendwann endlich diese Lehren anerkennen oder zumindest nicht mehr verdammen werden. Bei realistischer Betrachtungsweise muss man wohl konstatieren, dass das zumindest bei der römisch-katholischen Kirche nicht zu erwarten ist. Diese Institution ist so hoffnungslos veraltet und verbohrt, dass sie immer noch Frauen den Priesterberuf verwehrt und lieber Tausende von sexuellen Missbrauchsfällen vertuscht und ungezählte uneheliche, von Priestern gezeugte Kinder billigend in Kauf nimmt, anstatt endlich das absurde Zölibat, das sich nicht aus der Bibel – sofern man die entsprechenden Verse richtig versteht – ableiten lässt, aufzuheben.

Wie wir bereits ausgeführt haben, ist es dem Katholizismus im Grunde gar nicht möglich, seinen verkrusteten Dogmatismus aufzubrechen, ohne dass das gesamte Lehrgebäude einstürzen würde. Somit ist von dieser Seite auch nicht zu erwarten, dass sie jemals substantielle Erkenntnisse über das nachtodliche Leben des Menschen gewinnen oder gar verbreiten kann. Nicht zuletzt liegt es wieder an dem bereits erwähnten Unfehlbarkeitsdogma, über das Rudolf Steiner sagte: **»Ein Geisterkampf, der vorher in den geistigen Welten stattgefunden hat, ist seit 1879 eingeflossen in die irdische Ordnung, in die Michael-Ordnung. Seit jener Zeit sind besondere Gelegenheiten gegeben, dass Spirituelles von den Menschen, die das wollen, aufgenommen werde. Man glaube nur nicht, dass die Eingeweihten der katholischen Kirche solche Dinge nicht wissen! Sie kennen sie natürlich; aber sie richten ihre Dämme dagegen auf. Und gerade im Zusammenhang mit der Tatsache, dass das spirituelle Leben von den geistigen Welten aus ganz besonders gefördert wird vom Jahre 1879 an, hat voraussehend die römisch-katholische Kirche das Infallibilitätsdogma aufgerichtet, um einen Damm aufzubauen gegen etwaigen Einfluss irgendwelcher neuer spiritueller Wahrheiten.«**[62]

Wenn die beiden großen christlichen Kirchen tragfähige, sinnerfüllte religiöse Institutionen in der Zukunft sein möchten, müssen sie sich komplett hinterfragen und neu aufstellen. Dass allein in Deutschland in den letzten 30 Jahren im Durchschnitt Jahr für Jahr – sowohl bei den Katholiken als auch bei den Protestanten – mehrere Hunderttausend Gläubige aus der Kirche austreten, dass es insbesondere unter den jungen Kirchenmitgliedern nur noch eine immer mehr dahinschwindende Minderheit ist, welche die Gottesdienste besucht, kommt ja nicht von ungefähr. Natürlich sind viele Menschen aufgrund ihrer atheistischen und materialistischen Weltanschauung nicht oder nur schwer von den Kirchen zu erreichen. Aber es gibt auch sehr viele Zeitgenossen, die sehr wohl eine religiöse, spirituelle Gesinnung haben, aber mit dem, was die Kirchen bieten, nichts anfangen können.

Die katholische Kirche könnte zunächst einmal die Funktion und den Stellenwert ihres Oberhauptes, des Papstes hinterfragen. Dieser lässt sich mit »Heiliger Vater« oder gar »Heiligster Vater« anreden. Wie passt das mit den Worten zusammen, die Jesus Christus in der Überlieferung nach Matthäus sprach: *»Auch nennet hier auf Erden niemanden Vater; denn einer ist euer Vater, der in den Himmeln.«?*[63] Der Papst gilt als »Stellvertreter Christi auf Erden«. Viele denken gar nicht darüber nach, was das für eine Anmaßung ist! Wie kann sich ein Mensch als Stellvertreter dieses unfassbar hohen und erhabenen Gotteswesens, des wichtigsten Gottes für die Erden-

und Menschenwelt halten?! Das ist noch unfassbarer, als wenn, nachdem ein König sein Schloss verlassen hat, sich der Schlosshund als dessen Stellvertreter aufspielen würde. Auch das macht deutlich, dass die katholische Kirche das Christus-Wesen nicht versteht. Die Kirchen – nicht nur die katholische – haben den Christus und das Verständnis für ihn längst verloren. Sie verstehen – wenn überhaupt – nur den Menschen Jesus, den sie gern als ›schlichten Mann von Nazareth‹ bezeichnen. Eigentlich grenzt es an Etikettenschwindel, dass sie sich »Christen« nennen oder als »christliche Kirchen« bezeichnen. Im Grunde müssten sie sich *»Jesusten«*, *»Jesten«* oder ähnlich nennen.

Den wichtigsten Kultus in der katholischen Kirche stellt die Heilige Messe, das Messopfer dar. Diese ist in den letzten Jahren und Jahrzehnten immer mehr korrumpiert worden. Sie entartet mehr und mehr zu einem reinen Wortgottesdienst, wie er in der evangelischen Kirche von Anfang an üblich war. Die wichtigeren Teile der Messe – Opferung, Wandlung und Kommunion – nehmen schon rein zeitlich nur noch einen geringen Teil in Anspruch. Wenn man so manchen Priester bei der Zelebration beobachtet, kann man sich des Eindrucks nicht erwehren, dass er dies nur noch aus einer gewissen Tradition heraus macht, dass es für ihn nichts weiter als eine ›Amtshandlung‹ ist. Vieles hat einen folkloristischen Charakter. Von spiritueller Substanz ist kaum etwas zu spüren. Man könnte die Gottesdienste eher als eine ›Versammlung‹, in der gepredigt, gesungen und gebetet wird, bezeichnen.

Wenn die Kirchen sich nicht bald in einer *ganz umfassenden* Weise reformieren, werden sie sich vermutlich mittelfristig selbst abschaffen.

Übrigens, der oben zitierte ehemalige Weihbischof des Erzbistums Hamburg ist vor einem halben Jahr über die Schwelle des Todes geschritten. Möglicherweise wird er jetzt denken: »Wäre ich doch neugierig gewesen!«

A.2 Tabellarische Darstellungen

Hierar-chie	Reich (Stufe)	christliche Bezeichnung	*alternative* Bezeichnung (*vorwiegend* nach Rudolf Steiner)	Herrschaftsgebiet bzw. Wirkungskreis
1.	1	**Seraphim**	Geister der Liebe	Tierkreis
	2	**Cherubim**	Geister der Harmonien	Tierkreis
	3	**Thronoi** (Throne)	Geister des Willens	Saturnsphäre
2.	4	**Kyriotetes** (Herrschaften)	Geister der Weisheit, Weltenlenker	Jupitersphäre
	5	**Dynamis** (Mächte, Tugenden)	Geister der Bewegung, Weltenkräfte	Marssphäre
	6	**Exusiai** (Gewalten, Obrigkeiten)	Geister der Form, Offenbarer, Elohim (gemäß Genesis)	Sonnensphäre
3.	7	**Archai** (Urbeginne, Fürstentümer)	Geister der Persönlichkeit, Urengel, Urkräfte, Jamim (gemäß Genesis), **Zeitgeister**	Venussphäre
	8	**Archangeloi** (Erzengel)	Engel des Anfangs, Feuergeister, **Volksgeister**	Merkursphäre
	9	**Angeloi** (Engel)	Söhne des Lebens, Genius, Götterboten, **Schutzengel**	Mondensphäre

Tabelle 1: **Die geistigen Wesen der höheren Hierarchien** (Hierarchie, Stufe, Bezeichnungen und Herrschaftsgebiet)

Die *luziferische* Ausprägung des Bösen	Die ›Goldene Mitte‹ des Guten	Die *ahrimanische* Ausprägung des Bösen
Verschwendungssucht		Geiz
Phantasterei, Illusionismus		abstraktes, trockenes Denken
Selbstüberschätzung		Minderwertigkeitskomplex
Unordentlichkeit		Pedanterie
Sprunghaftigkeit		Starrheit
Genusssucht, Völlerei		Askese
Geschwätzigkeit		Einsilbigkeit
Fieber, fiebrige Krankheiten	**C**	sklerotische Krankheiten
Blauäugigkeit	**H**	Pessimismus, Negativismus
überhelles, blendendes Licht	**R**	Finsternis
manisch	**I**	depressiv
himmelhoch jauchzend	**S**	zu Tode betrübt
Leichtsinn, Tollkühnheit	**T**	Feigheit
sengende Hitze	**U**	Eiseskälte
Leidenschaftlichkeit	**S**	Sturheit, Trockenheit
(blinder) Aktionismus		Behäbigkeit, Trägheit
Tendenz: **Erdflucht**		Tendenz: **Erdsucht**

Tabelle 2: **Beispiele für luziferische und ahrimanische Ausprägungen des Bösen**[64]

So wie der Mensch heute auf der Erde wandelt und vor uns steht, kann er als ein *4-gliedriges Wesen* betrachtet werden, das aus

   physischer Leib,
   Ätherleib,
   Astralleib und
   Ich(-Leib)

besteht.

Die 3 höheren Wesensglieder *durchdringen* den physischen Leib in einer ähnlichen Weise, wie sich etwa die **übersinnlichen Welten** durchdringen.

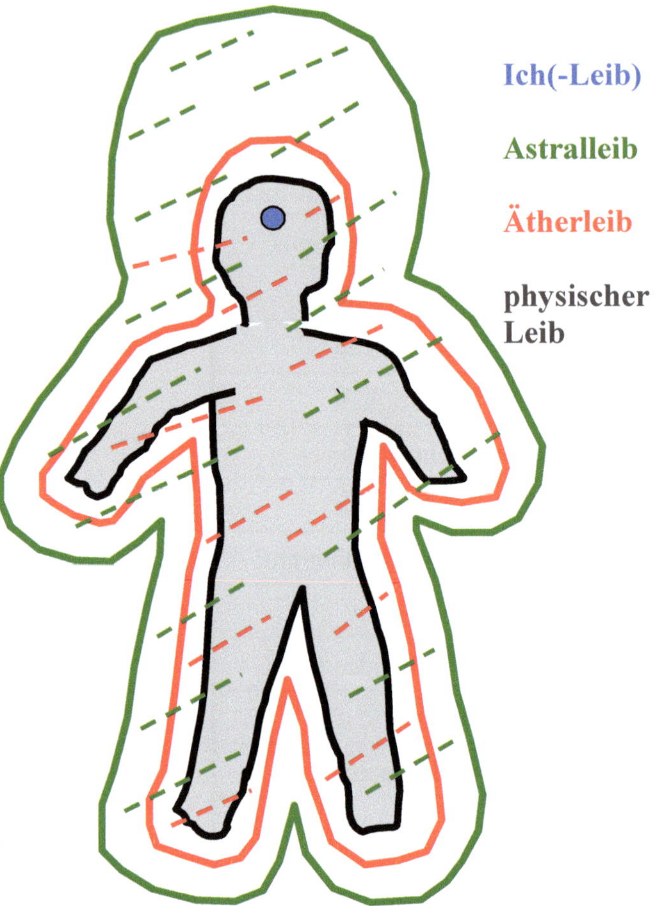

Skizze 1: **Die Wesensglieder des heutigen Menschen**

Die drei zukünftigen Wesensglieder des Menschen	Geistesmensch	umgewandelter physischer Leib			
	Lebensgeist	umgewandelter Ätherleib			
	Geistselbst	umgewandelter Astralleib			
Die vier Wesensglieder des heutigen Menschen	Ich(-leib)				
	Astralleib				
	Ätherleib				
	physischer Leib				
		Mineral	Pflanze	Tier	Mensch

Tabelle 3: **Heutige und zukünftige Wesensglieder des Menschen**

Welt		Region	Sphäre
Geisteswelt (Devachan, Himmel)	obere Geisteswelt (höheres Devachan)	7. Region	Tierkreisregion, Fixsternhimmel
		6. Region	
		5. Region	
	untere Geisteswelt (niederes Devachan)	4. Region	
		Luftregion	Saturnsphäre
		Meeresregion	Jupitersphäre
		Kontinentalregion	Marssphäre
Seelenwelt (Astralwelt)	obere Seelenwelt	Region des eigentlichen Seelenlebens	Sonnensphäre
		Region der tätigen Seelenkraft	Venussphäre
		Region des Seelenlichtes	Merkursphäre
	untere Seelenwelt (Kamaloka)	Region von Lust und Unlust	Mondensphäre
		Region der Wünsche	
		Region der fließenden Reizbarkeit	
		Region der Begierdenglut	

Tabelle 4: **Die Regionen in der Seelen- und Geisteswelt sowie die Planetensphären**

Aus *geistiger Sicht* ist nicht unser heutiges heliozentrisches, sondern das *geozentrische Weltbild*, das die Erde als Mittelpunkt betrachtet, maßgebend. Daher werden auch *Sonne* und *Mond* als *Planeten* gewertet, weil sie genau wie die übrigen Planeten für unser *subjektives* Empfinden um die Erde herum zu kreisen *scheinen*. Aus der geozentrischen Sicht liegt die *Venus* näher zur Erde als der *Merkur*. Somit scheint in dieser Darstellung eine Verwechslung dieser beiden Planeten vorzuliegen. Rudolf Steiner wies aber des Öfteren darauf hin, dass die Namen dieser beiden Planeten von den Astronomen *vertauscht* worden seien, als das heutige heliozentrische oder Kopernikanische Weltbild aufkam.[65]

Die Planeten Pluto, Neptun und Uranus spielen für das nachtodliche Leben des Menschen keine Rolle.

Welt	Sphäre	Region	Erlebnisse		
Geisteswelt (Devachan, Himmel)	**Tierkreisregion** (Fixsternhimmel)	4. bis 7. Region	stark abgedämpftes Bewusstsein bei den meisten Menschen; Mensch ist ganz auf sich konzentriert und hat ein erfülltes Erleben in seinem Inneren; die Kräfte des gesamten Kosmos können auf ihn wirken; alles, was er bisher erleben konnte, wird zu Wissen; der **Heilige Geist** erweckt ihn wieder; geistige Anlagen (›*Geistkeim*‹) des physischen Leibes werden bereits differenziert	*Erwerb des Rüstzeugs für neues Erdenleben*	**Weltenmitternacht**
	Saturnsphäre	3. Region	**Selbsterkenntnis** entscheidet über Geselligkeit; Enthüllung des *Göttergedächtnisses*; Blick aufs letzte Erdenleben vom kosmischen Standpunkt; etwa die Hälfte des nachtodlichen Daseins ist vorüber		*Geistiges Hören nimmt immer mehr an Bedeutung zu*
	Jupitersphäre	2. Region	Ausweitung des ›Bekanntenkreises‹; Wahrnehmung der *Göttergedanken*		
	Marssphäre	1. Region	**Spiritualität** entscheidet über Geselligkeit; alle Beziehungen zu Menschen werden hier noch einmal durchlebt; Vernehmen der *Göttersprache*; **Luzifer** wird zum Lichtträger		
Seelenwelt (Astralwelt)	**Sonnensphäre**	7. Region	Verständnis für das **Allgemein-Menschliche** entscheidet über Geselligkeit; allgemein-menschliches Zusammenleben; **Christus-Impuls** entscheidet über Helligkeit des Bewusstseins; **Christus** bewahrt die Erinnerungen; Beginn der Arbeit an den Urbildern der physischen Leiblichkeit; Arbeiten am Grundmuster des nächsten Erdenlebens	*letzte Läuterungen*	*Ausbildung der Kraft, durch welche sich das Karma ordnet*
	Venussphäre	6. Region	**Religiosität** und **Liebesfähigkeit** entscheiden über Geselligkeit; Zusammenleben mit Menschen aus gleichen religiös-spirituellen Gemeinschaften		*Wahrnehmung anderer Seelen in Visionen*
	Merkursphäre	5. Region	**Moralität** entscheidet über Geselligkeit; Zusammenleben mit nahestehenden Menschen; Wesen der **höheren Hierarchien** kommen mehr heran; mögliches Erleben einer ›Scheinwelt‹ gemäß den irdischen Vorstellungen		
	Mondensphäre (Kamaloka) Dauer: etwa ein Drittel der Lebzeit	4. Region	**Läuterung** von der Illusion, dass der physische Körper das Selbstwertgefühl vermittelt; Ablegen des **Astralleibes**	*Erneutes Durchleben des letzten Erdenlebens* · *karmische Impulse werden keimartig veranlagt* · *Zusammenkunft mit Menschen aus gleichem Schicksalskreis*	
		3. Region	**Läuterung** von Wünschen, die nur auf Sinnliches bezogen sind		
		2. Region	**Läuterung** vom Denken, das nur auf Sinnliches bezogen ist		
		1. Region	**karmisches Gericht**; **Läuterung** von groben sinnlichen Begierden (wie z.B. Genusssucht)		
Ätherwelt	**Die ersten Tage nach dem Tod** (ca. drei Tage)		**Innenwelt** wird ab jetzt zur **Außenwelt** und umgekehrt; **Lebensrückschau** (emotionslos); Blick auf den Todesaugenblick als erhabenes Erlebnis; Ablegen des **Ätherleibes** nach etwa drei Tagen		
	Todesaugenblick		helles Bewusstsein; **Engel** führt ins neue Dasein; mögliche Begegnung mit **Christus**		

Tabelle 5: **Die wichtigsten Erlebnisse nach dem Tod bis zur Weltenmitternacht**

			nach der Welten- mitternacht	
Geisteswelt (Devachan, Himmel)	**Tierkreis-region**	Blick auf das *Menschheitsideal*; Mensch hat überaus **helles Bewusstsein**		
	Saturn-sphäre	Wesen der **1. Hierarchie** gestalten das **Karma** aus; *Welten-* bzw. *Göttergedächtnis* wird in **Menschengedächtnis** umgewandelt	weiteres Schaffen am geistigen Modell der physischen Leiblichkeit sowie am karmischen Plan	Bewusstsein wird stufenweise herabgedämpft
	Jupiter-sphäre	*Göttergedanken* werden in **Menschengedanken** umgewandelt		
	Mars-sphäre	*Geistanlagen* des **Oberkörpers** und der **Gliedmaßen** werden angesetzt; *Göttersprache* wird in **Sprachfähigkeit** und **Ich-Kraft** umgewandelt; **Luzifer** will den Menschen dazu verführen, in der Geisteswelt zu bleiben; es kommt zum ›*Götterkampf*‹ um die Seele		
Seelenwelt (Astralwelt)	**Sonnen-sphäre**	Mensch erlebt sich wieder als ein **Selbst**; er verspürt immer größer werdende Sehnsucht, sich wieder zu verkörpern; *geistige Anlage* des **Herzens** wird eingegliedert; erstmals Blick auf die **Generationenreihe**; Beurteilung durch Wesen der **2. Hierarchie**		
	Venus- und Merkur-sphäre	Auswahl der **Eltern**; trotz der allmählichen Herabdämpfung des Bewusstseins ist es in diesen Sphären noch sehr hell		
	Monden-sphäre	Eintritt in diese Sphäre fällt zusammen mit der **Empfängnis**; daher verbleibt der Mensch hier zehn Mondenmonate; Blick auf das kommende Erdenleben (**Lebensvorschau**); er zieht sich so zusammen, dass er sich mit dem physischen Menschenkeim vereinigen kann; *Bewusstseinskräfte* schwinden und werden in **Wachstumskräfte** umgewandelt		

Tabelle 6: **Die wichtigsten Erlebnisse nach der Weltenmitternacht bis zur Empfängnis**

Sternbild	Geistige Anlagen des Menschenkörpers
Widder	Kopf
Stier	Kehlkopf- und Lungenpartie
Zwillinge	Schultern
Krebs	Brust
Löwe	Herzbereich
Jungfrau	Bauchbereich
Waage	Beckenbereich
Skorpion	Reproduktionsorgane
Schütze	Oberschenkel und Oberarme
Steinbock	Knie und Ellbogen
Wassermann	Unterschenkel und Unterarme
Fische	Füße und Hände

Tabelle 7: **Geistige Anlagen des menschlichen Körpers**

Beim Durchgang durch die *Tierkreisregion* werden bereits die geistigen Anlagen des Menschenkörpers differenziert. Diese Arbeit leisten diejenigen geistigen Wesenheiten, deren physischer Abglanz die jeweiligen Sternbilder sind.[66]

Welt	Sphäre	Innere Organe	Seelische Fähigkeiten
Geistes-welt	Saturn	Milz	Tiefsinn
	Jupiter	Leber	weisheitsstrahlende Tätigkeit
	Mars	Galle	aggressive Fähigkeit
Seelen-welt	Sonne	Herz, Blutkreislauf	harmonisierendes Wesen
	Venus	Nieren	liebendes, hingebendes Wesen
	Merkur	Lunge	Aufrichtekraft, Ich-Kraft
	Mond	Gehirn, Fortpflanzungsorgane	schöpferische Fähigkeit

Tabelle 8: **Geistige Veranlagung der inneren Organe und seelischer Eigenschaften**

Im Zusammenhang mit den *Planetenregionen* werden die inneren Organe geistig veranlagt. Außerdem werden durch die Kräfte der Planeten bestimmte seelische Eigenschaften veranlagt.[67]

derzeitige Planetenkette				
1. **alter Saturn**	Kosmos des Seins	tiefes Trance- oder Allbewusstsein	physischer Leib
2. **alte Sonne**	Kosmos der göttlichen Allmacht	Tiefschlaf- oder traumloses Schlafbewusstsein	Ätherleib
3. **alter Mond**	Kosmos der Weisheit	Traum- oder Bilderbewusstsein	Astralleib
4. *heutige* **Erde**	Kosmos der Liebe	helles Tages-, Wach- oder Gegenstandsbewusstsein	Ich
5. **neuer Jupiter**	Kosmos des göttlichen Feuers	selbstbewusstes Bilder- oder psychisches Bewusstsein	Geistselbst
6. **neue Venus**	●	inspiriertes oder überpsychisches Bewusstsein	Lebensgeist
7. **Vulkan**	●	intuitives oder spirituelles Bewusstsein oder selbstbewusstes Allbewusstsein	Geistesmensch

Tabelle 9: **Inkarnationsstufen der Erde** (höchstes menschliches Bewusstsein und erste Veranlagung der Wesensglieder)

● Nach unseren Recherchen hat Rudolf Steiner hier keine besonderen Namen gewählt.

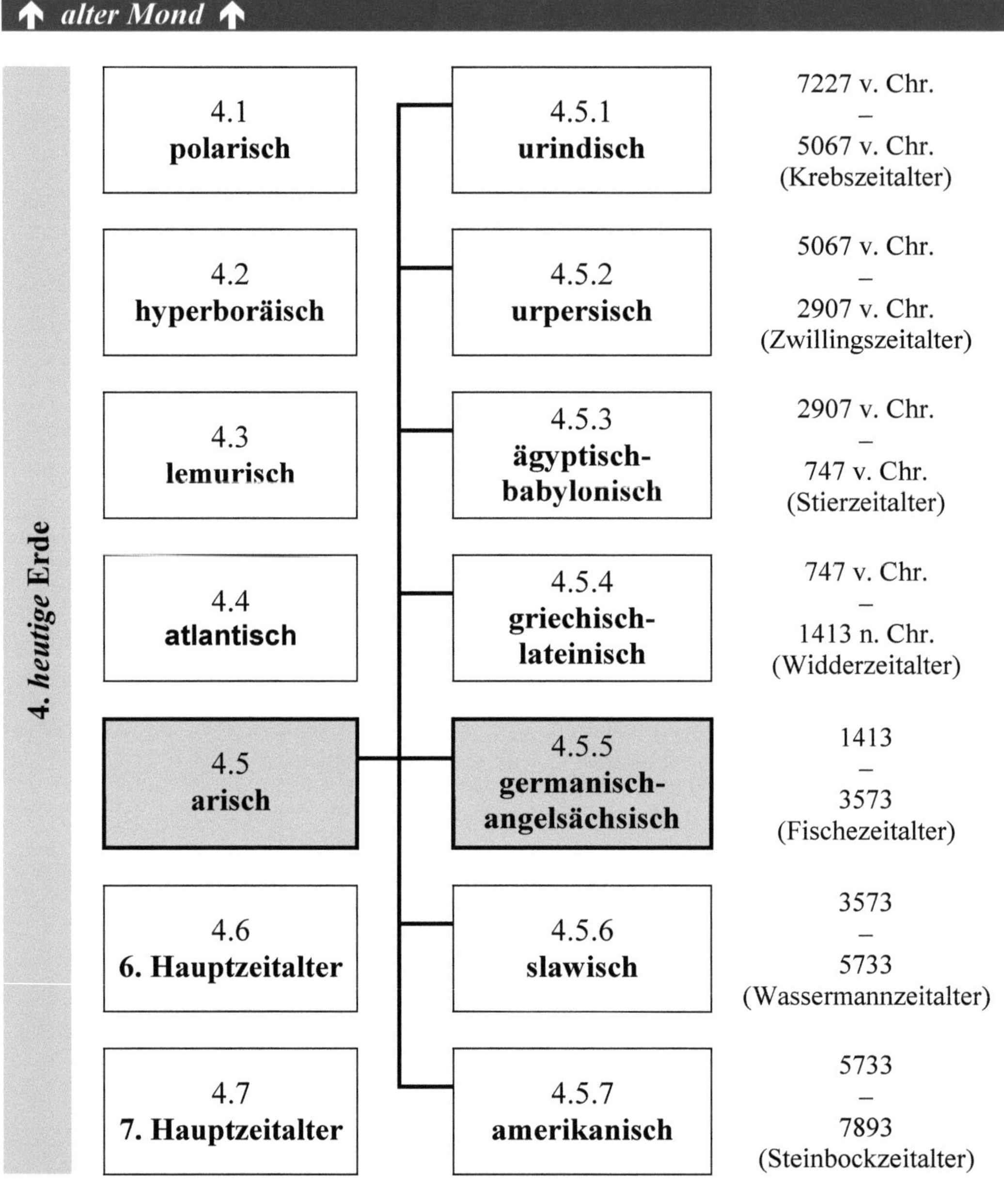

Tabelle 10: **Hauptzeitalter der Erde und Kulturepochen unseres heutigen Hauptzeitalters** (mit zeitlicher Einordnung)

A.3 Gedichte und Sterbegebet

An meinen Engel

Immer bist Du zur Stelle

Lässt mich finden
*   was ich suche*
lässt gelingen
*   worum ich bange*
lässt mich aufhorchen
*   für das, was ansteht*

Wenn mir Tränen fließen
*   wenn ein Druck im Hals*
bist Du gegenwärtig
Wenn ich vor Erregung bebe
*   lenkst Du meinen Atem.*

Vieles ordnest Du im Voraus
*   was mich sonst*
*   überfordern würde*
Froh und dankbar
seuf'z ich dann mein Danke
*   Dank, mein Engel, danke*
dass Du immerfort zur Stelle

Renate Loebner[68]

Die Schöpfung ist
*   auf WERDEN angelegt*

auch wir sind gerufen
*   zu werden*

und jeder von uns trägt in sich
*   womit er der Schöpfung dient*

Renate Loebner[69]

JA

Als der Herr mit mächt'ger Schwinge
Durch die neue Schöpfung fuhr,
Folgten in gedrängtem Ringe
Geister seiner Flammenspur.

Seine schönsten Engel wallten
Ihm zu Häupten selig leis,
Riesenhafte Nachtgestalten
Schlossen unterhalb den Kreis.

»Eh ich euern Reigen löse«,
Sprach der Allgewalt'ge nun,
»Schwöret, Gute, schwöret, Böse,
Meinen Willen nur zu tun!«

Freudig jubelten die Lichten:
»Dir zu dienen, sind wir da!«
Die zerstören, die vernichten,
Die Dämonen, knirschten: »Ja.«

Conrad Ferdinand Meyer[70]

Die Erlösung Ahrimans

Jetzt erst erkenn' ich Ahriman, der selbst
Von hier entflieht, doch seines Wesens Kunde
Gedankenhaft in meinem Selbst erschafft.
Er strebt das Menschendenken zu verwirren,
Weil er in ihm die Quellen seiner Leiden
Durch einen altvererbten Irrtum sucht.
Er weiß noch nicht, dass ihm Erlösung nur
In Zukunft werden kann, wenn er sein Wesen
Im Spiegel dieses Denkens wiederfindet.

Rudolf Steiner[71]

Der Weltenpilger

Tragt ihr mich einst hinaus, sprecht nicht: »Zur ew'gen Ruh!«
Legt mir zum Pilgerkleid ins Grab zwei Wanderschuh!

Drei Tage halt ich Rast, dann schreit ich meinen Weg,
Hie Gletscher und hie Glut: schmal ist der Geistersteg.

Die Höhenluft ist gut; ich werde bald gesunden.
Mein Schritt steigt erdbefreit durch sieben Sternenrunden.

Ich trug ein Erdgewand; es war nicht fleckenrein.
Im Tau der Mondenflut wird's bald geläutert sein.

Geh ich den Büßerpfad, getreu der Silberspur –
Leiht meinem Pilgerschritt die Flügelschuh Merkur.

Des Weges Müdigkeit weicht frohem Geisterschwung:
Der Venus Gnade strahlt und macht den Pilger jung.

Wie Rosen glutverklärt, wie Lilien kinderrein –
Kehrt durch das Sonnentor die Menschenseele ein.

Der Sonnen-Engel winkt: Empfange Speer und Schild!
Dich ruft zum Weltenkampf das weite Marsgefild!

Willst Du, ein Menschengeist, zu Weltengeist erwachen –
Am Glanz des Jupiter musst du dein Licht entfachen!

Der Tod und Leben eint, Saturn wahrt ew'gen Hort,
Aus Schweigen reift Geburt: »Im Anfang war das Wort.«

Das Weltenwort erklingt aus allen Sternengründen,
Die ew'ge Geistgestalt dem Sterben zu entbinden.

So wächst des Menschen Geist, am Gotteslicht verklärt,
Bis er im Liebesdrang zur Erde wiederkehrt.

Er kennt nicht »ew'ge Ruh«, – ihm ziemt das Pilgerkleid,
Dazu zwei Wanderschuh: zum Schicksalsgang bereit.

Rudolf Meyer[72]

Das Leben, das ich selbst gewählt...

Ehe ich in dieses Erdenleben kam,
ward mir gezeigt, wie ich es leben würde:
Da war die Kümmernis, da war der Gram,
da war das Elend und die Leidensbürde,
da war das Laster, das mich packen sollte,
da war der Irrtum, der gefangen nahm,
da war der schnelle Zorn, in dem ich grollte,
da waren der Hass und Hochmut, Stolz und Scham.

Doch da waren auch die Freuden jener Tage,
die voller Licht und schöner Träume sind,
wo Klage nicht mehr ist und nicht mehr Plage
und überall der Quell der Gaben rinnt.
Wo Liebe dem, der noch im Erdenkleid gebunden,
die Seligkeit des Losgelösten schenkt,
wo sich der Mensch der Menschenpein entwunden
als Auserwählter hoher Geister denkt.

Mir ward gezeigt das Schlechte und das Gute,
mir ward gezeigt die Fülle meiner Mängel.
Mir ward gezeigt die Wunde d´raus ich blute,
mir ward gezeigt die Helfertat der Engel.
Und als ich so in mein künftig Leben schaute,
da hört´ ein Wesen ich die Frage tun,
ob ich dies zu leben mich getraute,
denn der Entscheidung Stunde schlüge nun.

Und ich ermaß noch einmal alles Schlimme –
»Dies ist das Leben, das ich leben will!«
gab ich zur Antwort mit entschloss´ner Stimme
und nahm auf mich mein neues Schicksal still.
So ward ich geboren in diese Welt,
so war´s als ich ins neue Leben trat.
Ich klage nicht, wenn´s oft mir nicht gefällt,
    denn ungeboren hab´ ich es bejaht.

Hermann Hesse[73]

Sterbegebet

O mein Herr und mein Gott!
In Deine Hände befehle ich meinen Geist.
Der Du mich durch dieses Erdenleben getragen,
der Du Deinen Engel als Führergenius mir gabst,
der mich von Kindesbeinen an durch alle
Schicksalsprüfungen dieses Lebens geführt.
Heiliger Engel, breite Deine schützenden Schwingen
in dieser Stunde über mich.
Führe mich zu Christus,
meinem göttlichen Führer.
Christus lebe in mir,
Christus walte in mir.
Christus trage mein Ich
sicher über die Todesschwelle
in den Sternenraum,
dass meine Seele ihren Sternenort finde,
den Gott für sie bereitet hat.
Deine Liebe, o Gott,
hülle ihre schützenden Schwingen
um meine Seele
und führe mich in das Licht
zu meinem Gottesstern.
In Christus befehle ich meinen Geist,
jetzt und in Ewigkeit.

Amen[74]

A.4 Geschichten

Die folgenden Geschichten handeln von Menschen, die noch auf der Erde verkörpert sind (*»Erdenmenschen«*), von verstorbenen Menschen (*»Sphärenmenschen«*) und von geistigen Wesen der Himmelswelten (*Engel*). Es mag dem Leser überlassen sein, ob er die geschilderten Begebenheiten für phantastische Fiktionen oder aber für durchaus reale – in leicht verständliche Bilder verpackte – Erlebnisse zu halten geneigt ist.

Die Erzählungen sind unserem Büchlein *»Über das Leben und Wirken der sogenannten Toten – Spirituelle Erzählungen aus dem Reich der Toten«* (☞ S. 579) entnommen. Sie mögen durchaus auch geeignet sein, um sie einem Menschen, der im Sterben liegt, vorzulesen, sofern er sich dafür bereit und offen zeigt. Insbesondere wenn dieser sich bisher nicht mit dem, was nach dem Tod auf ihn zukommt, befasst hat, können sie in seiner Seele viel Fruchtbares bewirken.

Die fromme Martha

Die alte Martha lebte ganz allein in einem kleinen Holzhäuschen in der herrlichen Schweizer Bergwelt, direkt am Fuße eines majestätischen Gipfels. Ihr Mann Urs, mit dem sie eine recht harmonische Ehe geführt hatte, war schon vor fast zwanzig Jahren gestorben. Kinder hatte sie nicht. Gemessen an ihrem hohen Alter – sie hatte die achtzig längst überschritten – war sie noch sehr rüstig. Sie war von einer Frömmigkeit, die in der heutigen Zeit nur noch äußerst selten vorkommt. Es dürften wohl nur wenige Tage vergangen sein, an denen sie sich nicht aufgemacht hätte, um am Gottesdienst in der Dorfkirche teilzunehmen, obwohl der Weg zur Kirche recht lang und beschwerlich war. Jeden Abend las sie mindestens eine halbe Stunde in der Heiligen Schrift.

Eines Morgens suchte sie nach der Heiligen Messe den Pfarrer in der Sakristei auf. »Hochwürden, es ist so weit!«, sprach sie. »Jetzt will der liebe Gott mich endlich bei sich haben. Ich bitte Sie, mir das Sakrament der Letzten Ölung zu spenden.« Der Pfarrer war etwas verdutzt, zumal die alte Martha noch einen durchaus gesunden und agilen Eindruck vermittelte. »Aber liebe Martha! Das hat doch noch ein wenig Zeit. Sie sind doch noch recht gut beieinander«, wollte er sie vertrösten. Schon recht bald merkte er aber, dass es der guten Frau ernst mit ihrer Bitte war. So kamen die beiden überein, das Ritual noch am gleichen Abend in ihrem Häuschen durchzuführen.

Nachdem der Pfarrer ihr das Sakrament gespendet hatte, las er ihr auf ihren Wunsch die Passionsgeschichte aus dem Matthäus-Evangelium vor. Anschließend plauderten die beiden noch ein wenig miteinander. Martha meinte: »Ich habe keine Angst vor dem Tod! Ganz im Gegenteil! Ich freue mich schon so sehr darauf, dann wieder mit meinem Urs vereint zu sein. Noch viel mehr aber freue ich mich darauf, endlich den lieben Gott sehen zu können. Ich werde ihn doch sehen, oder?« Der

Pfarrer antwortete: »Ja, selbstverständlich werden Sie ihn sehen. Sie waren ein so frommer Christenmensch, dass ich mir sicher bin, dass der liebe Gott Sie persönlich am Himmelstor in Empfang nehmen wird!« Dann fuhr er lächelnd fort: »Aber, ich glaube, der kann sie jetzt noch gar nicht brauchen. Sie werden sehen, Sie überleben uns noch alle.«

Am nächsten Morgen wunderte sich der Pfarrer, dass die alte Martha nicht zur Morgenmesse erschienen war. Die fromme Martha war wenige Stunden, nachdem sie die Letzte Ölung empfangen hatte, sanft und friedlich entschlafen.

Als sie durch die Pforte des Todes schritt, war sie zunächst ein wenig verwirrt. Alles war so gänzlich anders, als sie sich den Himmel immer vorgestellt hatte. Sie hatte etliche Wahrnehmungen, konnte diese aber nicht so recht einordnen. Sie war umgeben von einem unfassbar hellen und strahlenden Licht. Sie wusste nicht, wo es herkam. Doch dann fühlte sie plötzlich, dass sich ihr eine Seele näherte. Es war die ihres vor langer Zeit verstorbenen Mannes, der sie auf das Herzlichste willkommen hieß. Die beiden freuten sich ungemein, jetzt endlich wieder vereint zu sein. Jetzt erst realisierte Martha so richtig, dass sie gestorben war. Sie sagte, während sie sich noch von dem golden strahlenden Licht, das nicht von Urs herrührte, wie geblendet fühlte: »So sieht also der Himmel aus! Irgendwie habe ich mir das ganz anders vorgestellt. Aber egal, Hauptsache wir sind wieder zusammen und ich kann bald den lieben Gott sehen. Kannst du mir zeigen, wo ich ihn finden kann?«

Ihr Mann sagte nur: »Gemach, liebste Martha! So einfach ist das nicht!« »Aber du wirst ihn doch schon gesehen haben, oder?«, fragte sie. »Nein, ich habe ihn auch noch nicht sehen können. Das ist wie gesagt nicht so einfach.«

Martha war ganz entsetzt, dass ihr Mann den lieben Gott noch nicht gesehen hatte, obwohl er schon so lange in der Himmelswelt war. Dann dachte sie: »Nun ja, der gute Urs war kein so frommer Christ. Er war nur selten in der Kirche. Da will der liebe Gott ihn wohl nicht so schnell sehen. Aber ich bin mir sicher, dass ich ihn bald treffen werde.«

Nach einiger Zeit wurde Martha gewahr, dass dieses Licht, das noch viel heller leuchtete und strahlte als die Sonne, ein ganz reales Wesen war. Sie war noch so geblendet von der Lichtesfülle, dass sie geraume Zeit benötigte, um den Anblick dieses Wesens ertragen zu können. Dann warf sie sich dem Wesen zu Füßen und sprach mit zitternder Stimme: »Mein Herr und Gott! Endlich bin ich bei dir! Endlich kann ich dich sehen!«

Das Wesen lächelte und sprach: »Mein geliebtes Kind! Ich bin nicht der, für den du mich hältst.« Martha schaute auf und sah, wie anmutig und schön sein Antlitz und seine Gestalt, die sie jetzt nicht mehr so sehr blendeten, waren. Sie konnte gar nicht glauben, dass es nicht der liebe Gott sein sollte. Ein noch schöneres Wesen schien ihr eigentlich nicht vorstellbar. Dann entdeckte sie zwei große goldene Flügel. »Ja bist du etwa ein Engel?«, stammelte sie. »Ja, ich bin dein Schutzengel«, entgegnete der Engel. »Ich weiß, dass es dich gibt. Ich habe immer an dich geglaubt«, sprach Martha. Der Schutzengel sprach weiter: »Solange es dich gibt, war ich immer bei dir.

Und ich werde auch jetzt immer bei dir sein.« »Warum habe ich nur nie gemerkt, dass du immer bei mir warst?«, fragte die fromme Martha. »Ja weißt du, das ist nicht so einfach. Ihr Menschen könnt uns mit euren Augen nicht sehen. Aber ihr könntet unsere Anwesenheit und unser Wirken spüren, wenn ihr nur genügend aufmerksam wäret«, antwortete der Engel um sogleich fortzufahren: »Ich habe dir in deinem Leben so oft geholfen. Du hast es gar nicht wahrgenommen.«

Martha überlegte und musste dem Engel Recht geben. Sie hatte sein Wirken in der Tat nie wahrgenommen. Der Engel fuhr fort: »Erinnerst du dich an den Frühling des Jahres 1936? Du wolltest unbedingt zu deiner Schwester nach Deutschland übersiedeln. Du warst fest entschlossen. Mir aber war bewusst, dass du dann ein paar Jahre später in den dortigen Kriegswirren viel zu früh ums Leben kommen würdest. Da musste ich eingreifen. Ich brachte dich mit der jungen Witwe im Dorf zusammen, die, um ihre Kinder durchbringen zu können, täglich beim Bauern arbeiten musste und kaum Zeit hatte, sich um ihre kleinen Kinder zu kümmern. Diese Aufgabe hast du ja dann für viele Jahre mit großer Begeisterung und Liebe übernommen. Gern gabst du dafür dein Vorhaben auf, nach Deutschland zu emigrieren. Oder du erinnerst dich doch sicher auch an die Adventszeit des Jahres 1988, als du plötzlich schwer krank wurdest. Lange Zeit warst du viel zu schwach, um das Haus verlassen zu können. Du hattest schließlich kaum noch Lebensmut und Hoffnung. Ich war es, der dir wieder Mut gab, aus dem die Kraft zur Genesung fließen konnte.«

Martha war ganz still geworden. Nur zu gut erinnerte sie sich noch an diese Zeiten. Ihr Vertrauen und ihre Liebe zu dem Schutzengel wuchsen sehr schnell. Zu gern hätte sie ihm noch unzählige Fragen gestellt. Der Schutzengel merkte das natürlich und sprach: »Du musst dich gedulden. Wir haben jetzt sehr viel Zeit. Du musst noch so vieles lernen.« »Aber gestatte mir bitte noch eine Frage, lieber Engel!«, bat Martha. »Nur zu, mein liebes Kind!«, ermutigte sie der Engel, der natürlich längst wusste, was ihr auf dem Herzen lag. »Wann kann ich denn endlich den lieben Gott sehen?«, fragte sie ganz unbefangen. Der Engel antwortete mit einem mitleidigen Lächeln: »Da musst du noch unendlich viel Geduld haben. Nicht einmal wir Engel können ihn sehen.«

Martha konnte nicht fassen, dass nicht einmal ein Engel den lieben Gott sehen konnte und wurde etwas traurig. Aber dann fasste sie sich wieder. Schließlich war ihr Schutzengel ja fast noch schöner und weiser, als sie sich immer den lieben Gott vorgestellt hatte. Der Engel führte die fromme Martha durch die Himmelswelt und zeigte ihr vieles, was sie langsam auch zu verstehen lernte. Bisweilen wurden die beiden dabei von Urs und dessen Engel begleitet.

Nach und nach traf Martha etliche andere Menschenseelen, die sie in ihrem Erdenleben kennengelernt hatte.

Nach einiger Zeit begegnete sie einem Wesen, das sie bisher noch nie wahrgenommen hatte. Es war noch größer, heller und strahlender als ihr Schutzengel. Sie warf sich ihm vor die Füße und rief ganz erregt: »Mein Herr und Gott! Endlich bin ich bei dir! Endlich kann ich dich sehen!« Das Wesen entgegnete: »Stehe auf, mein liebes Kind! Ich bin nicht der, für den du mich hältst.« »Ja, aber wer bist du dann? Bist du etwa auch ein Engel?«, wollte sie wissen. »Ja, in gewisser Weise schon«, antwortete das Wesen. »Ich bin ein Engel der zweiten Stufe. Die Christen nennen mich auch Erzengel.«

Martha war tief bewegt. Von diesen hohen Wesen hatte sie oft in der Kirche gehört. »Was ist denn deine Aufgabe? Warst du auch immer in meiner Nähe?«, wollte sie wissen. »Nicht so direkt!«, antwortete der Erzengel. »Wir haben andere Aufgaben zu erfüllen als die Engel.« »Was sind denn eure Aufgaben?«, fragte Martha wissbegierig. Der Erzengel antwortete: »Nun, unsere Aufgaben sind ein wenig verschieden von denen der Engel. Die Engel sind berufen, um einen einzelnen Erdenmenschen, der ihnen anvertraut worden ist, zu beschützen. Unsere Aufgabe ist es, uns um ein ganzes Volk zu kümmern.« »Was? Um ein ganzes Volk?«, rief Martha erstaunt und anerkennend aus. »Für welches Volk bist denn du zuständig?« Der Erzengel antwortete: »Für das Volk, zu dem du in deinem Erdenleben gehört hast, natürlich! Für das Volk der Schweizer!« »Ist es dann auch dir zu verdanken, dass das Volk der Schweizer nicht mit in den schrecklichen Zweiten Weltkrieg verwickelt worden ist?«, fragte sie. »Ein wenig schon. Aber unsere Möglichkeiten sind auch begrenzt. Die Menschen müssen da schon etwas mitspielen. Viele meiner Amtskollegen konnten ihr Volk nicht vor dem Krieg bewahren«, antwortete der Erzengel. Martha begann mehr und mehr zu verstehen.

Ihr Schutzengel begleitete sie weiter durch die Himmelswelt.

Eines Tages – es dürften nach irdischer Zeitrechnung wohl einige Jahre vergangen sein – traf Martha auf ein weiteres Wesen, das sie zuvor nie zu sehen bekam. Dieses Wesen war noch erhabener, schöner und strahlender als der Erzengel. Ehrfürchtig sank Martha zu Boden und rief siegessicher: »Mein Herr und Gott! Du musst der liebe Gott sein. Endlich bin ich bei dir! Endlich kann ich dich sehen!« Das Wesen bat Martha aufzustehen und sprach mit ruhiger und freundlicher Stimme: »Mein geliebtes Kind, auch ich bin nicht der, für den du mich hältst. Auch ich bin nur einer der Diener dessen, den du suchst.« »Ja, wer bist du dann? Gehörst du auch zu den Engeln?«, fragte Martha. Das Wesen antwortete: »Ja, in gewisser Weise schon. Ich gehöre zu den Engeln der dritten Stufe. Ich bin ein Zeitgeist.« »Was? Ein Zeitgeist? Machst du die Zeit?«, fragte Martha verwundert. »Nein, so würde ich das nicht ausdrücken. Die Zeit machen wir nicht. Aber wir sorgen ein wenig dafür, dass die Menschen dasjenige machen, was in den einzelnen Zeitepochen das Richtige und Notwendige ist. Wir achten darauf, dass sie die richtigen Gedanken und Ideen haben. Aber das kannst du jetzt noch nicht so ganz verstehen«, antwortete der Zeitgeist geduldig.

Die fromme Martha war ganz nachdenklich geworden. Sie wollte verstehen, was ihr gezeigt und gesagt worden war. Ihr Schutzengel, der immer in ihrer Nähe blieb, spürte das natürlich. Er nahm sie liebevoll zur Seite und sprach: »Mein liebes Kind! Höre mir bitte einmal ganz genau zu! Fromme Menschen wie du glauben immer, dass es der liebe Gott wäre, der alles persönlich bewirkt. Ihr glaubt, dass er euch beschützt, ganze Völker leitet und vieles mehr. Ja, aber wie sollte er das ganz alleine alles schaffen können? Das wäre völlig unmöglich! Dazu hat er ja vor urfernen Zeiten ganze Scharen von Himmelswesen geschaffen, die diese Aufgaben nach seinem Plan übernehmen. Dazu gibt es uns Schutzengel, die Erzengel und die Zeitgeister. Diese hast du ja nun schon ein wenig kennenlernen dürfen. Darüber hinaus gibt es noch viele weitere Wesen, deren Erhabenheit noch viel größer ist als die der Zeitgeister. Alle diese Wesen haben ihre konkreten Aufgaben zu erfüllen und sind somit Diener des lieben Gottes.«

Martha war ganz still geworden und lauschte andächtig. Der Schutzengel fuhr fort: »Der liebe Gott selbst ist ein so unfassbar hohes Wesen, dass man ihn mit keinen Worten und keinen Bildern beschreiben kann. Selbst uns Engeln, ja selbst den Erzengeln und Zeitgeistern, ist sein Anblick verwehrt. Wir sehen ihn nur in seinen Werken.«

Martha hatte jetzt vieles verstanden. Sie schämte sich fast ein wenig, dass sie eine so kindliche Vorstellung von dem lieben Gott hatte. Es überkam sie eine tiefe Dankbarkeit, dass sie mit diesen erhabenen Wesen zusammen sein durfte. Sie zeigten ihr all die Schönheiten der himmlischen Welt, in die sie sich mehr und mehr einzuleben verstand.

Auch mit der Seele, die sich im Erdenleben als Urs verkörpert hatte, sowie mit zahlreichen weiteren, die sie aus ihrem Lebensumfeld kannte, konnte sie jetzt ein inniges Zusammenleben pflegen.

Das Kind, das ein großes Opfer brachte

Ein Engel nahm das ihm anvertraute Menschenkind bei der Hand, führte es zum Himmelstor und sprach: »Mein geliebtes Kind! Es ist nun bald an der Zeit, dass du wieder einmal auf die Erde gesendet wirst. Komm ganz nah ans Himmelstor heran, dann kannst du die Menschen auf der Erde sehen, die als deine Eltern in Frage kommen könnten.« Ganz aufgeregt trat das Menschenkind, das seinem Erdenleben schon entgegenfieberte, ans Himmelstor und schaute voller Neugier und gespannter Erwartung auf die Erde herunter.

Es sah unzählige Menschen, arme und reiche, fröhliche und traurige. Sein Engel deutete mit einem seiner Flügel auf ein Ehepaar mittleren Alters, das mit seinen sechs Kindern einen Spaziergang durch die Felder machte. »Schau mal die beiden! Die wünschen sich noch sehnlichst ein weiteres Kind. Wenn du dich für sie entscheiden solltest, wirst du von ihnen viel Liebe erfahren. Sie sind allerdings ziemlich arm, so dass es dir später an manchem fehlen wird, was viele Menschen für erstrebenswert halten.« Dann zeigte der Engel auf ein anderes Paar, das gerade auf dem Weg zur Kirche war. »Oder wie wäre es mit jenen? Bei ihnen würdest du eine strenge Erziehung erhalten und vieles lernen können. Das würde aus dir später einen tüchtigen Menschen machen.« Da das Kind keine sichtbare Reaktion zeigte, fuhr sein Engel fort. »Siehst du die beiden dort unten beim Einkaufsbummel? Es sind einigermaßen wohlhabende Leute, bei denen es dir an nichts fehlen würde. Sie werden im Laufe der Jahre noch weitere Kinder bekommen. Aber die Mutter wird schon recht früh sterben, so dass du dann als ältestes Kind deinen Geschwistern die Mutter ersetzen müsstest. Das ist ein hartes Los, das dich aber reifen ließe.«

Das Menschenkind warf jeweils nur einen kurzen Blick auf die vorgestellten Paare. Dann fiel sein Blick auf ein junges Ehepaar, das daheim in der Stube saß und etwas machte, was sich seiner Wahrnehmungsmöglichkeit nicht erschloss. »Wie wäre es denn mit diesen beiden?«, fragte es seinen Engel. »Oh, das geht leider nicht!«, entgegnete dieser. »Die wollen keine Kinder. Und sie tun alles dafür, dass sie keine bekommen. Da sind auch meine Möglichkeiten sehr begrenzt.«

Das Menschenkind zeigte mit seinen Fingerchen auf ein weiteres Menschenpaar, das gerade in einem Gasthaus zu Abend speiste. »Was ist denn mit denen los? Warum kann ich nicht hören, was sie reden? Warum durchschaue ich ihre Gedanken und Gefühle nicht?«, fragte es erstaunt. »Oh, das ist ein schwieriger Fall!«, sagte der Engel etwas frustriert. »Die beiden Menschen glauben nicht an den Himmel und an uns Engel. Das, was sie sprechen, denken und fühlen, können wir hier nicht wahrnehmen.« »Was? Die glauben nicht an den Himmel und auch nicht an Engel? Ja, sind die denn blind und taub?«, fragte das Menschenkind ungläubig und fast entrüstet. Der Engel lächelte und sagte: »Das ist nicht so einfach, mein Kind, wie du dir das vorstellst! Wenn ein Mensch erst einmal auf der Erde ist, kann er den Himmel und uns Engel nicht mehr so ohne weiteres wahrnehmen. Da muss er sich schon sehr darum bemühen.« »Das ist ja schrecklich!«, entgegnete das Kindlein. »Kannst du ihnen nicht zeigen, dass es dich und den Himmel gibt?« »Das ist leider kaum möglich«, sprach der Engel. »Sie müssen uns und den Himmel schon selbst finden. Diese Aufgabe dürfen wir ihnen nicht abnehmen.«

Das Menschenkind ließ nicht locker: »Könntest du nicht den lieben Gott bitten, ihnen den Himmel zu zeigen?« »Nicht einmal der liebe Gott mit all seinen himmlischen Heerscharen könnte das bewerkstelligen. Das heißt, bewerkstelligen könnte er es natürlich schon, aber er würde es niemals tun. Er würde niemals in die Freiheit der Menschen eingreifen«, antwortete der Engel.

Das Menschenkind setzte nach. »Kann denn diesen armen Menschen wirklich niemand helfen?«, wollte es wissen. Sein Engel schwieg eine Weile, bis er dann mit bedächtiger Stimme sprach: »Es gibt schon jemanden, der ihnen helfen kann: andere Menschen. Nur anderen Erdenmenschen könnte es möglich sein, ihnen den rechten Pfad zu weisen.« »Und warum hilft ihnen dann kein anderer Mensch?«, fragte das Menschenkind ein wenig zornig. »Weißt du, mein liebes Kind, die meisten Menschen denken nur an sich und bemerken gar nicht, dass es Mitmenschen gibt, die ihrer Hilfe bedürfen«, entgegnete der Engel. »Vielleicht könntest du ja einen anderen Menschen bitten, den beiden zu helfen und ihnen von dem Himmel zu erzählen«, schlug das Kindlein vor. »Nein, Nein!«, erwiderte sein Engel. »Auch einen solchen Rat dürfen wir anderen Menschen nicht geben. Darauf müssen sie von ganz alleine kommen.« »Aber da muss doch irgendetwas zu machen sein!«, rief das Kind ganz aufgeregt und beinahe fordernd.

Der Engel schwieg ungewöhnlich lange. Dann sagte er etwas zögerlich: »Du könntest ihnen helfen!« und nahm seinen Schützling dabei behutsam in seine Flügelarme.

»Ich?«, rief das Menschenkind. »Ja, aber natürlich, sofort! Was habe ich zu tun?« Dem Engel schien es schwer zu fallen, das zu sagen, was er sagen musste. »Nun, du könntest dich für die beiden als deine Eltern entscheiden. Sie wünschen sich schon seit geraumer Zeit ein Kind. Das wäre machbar.« »Ja, natürlich! Du kannst *mich gleich zu ihnen hinunterschicken!«, platzte es aus dem Kindlein heraus, das dann aber noch nachlegte: »Aber wie könnte ich ihnen helfen? Was müsste ich tun?«*

»Genau das ist das Problem!«, sagte der Engel mit einem mitleidsvollen Blick. »Es ist nicht einfach, den beiden zu helfen. Da müsste schon etwas recht Radikales passieren.« »Ja, was denn? Ich bin zu allem bereit!«, sprudelte es aus dem Kindlein tatendurstig heraus. »Es müsste schon wirklich etwas ganz Dramatisches geschehen. Aber das kann keiner von dir verlangen.«

»Sage mir, was ich zu tun habe!«, sprach das Menschenkind voller Freude. Zögerlich sagte sein Engel: »Du müsstest dich bereit erklären, dein Leben schon als Kind – sagen wir nach etwa zehn Jahren – zu beenden. Dein Tod würde deine Eltern in tiefste Trauer stürzen. Aber aus dieser abgrundtiefen Trauer könnten in ihrer Seele die Kräfte reifen, die ihrem Leben eine ganz andere Richtung geben könnten.« Das Kind war zutiefst betroffen und stammelte: »Was? Nur zehn Jahre sollen mir vergönnt sein? Aber ich freue mich doch schon so auf mein Leben auf der Erde. Ich würde doch gern sehr lange da unten bleiben.« »Ich habe dir ja bereits gesagt, dass das keiner von dir erwarten kann. Vergessen wir es und schauen uns nach einem anderen Elternpaar um«, sprach der Engel verständnisvoll.

»Nein, nein!«, entgegnete das Kindlein. »Ich bin dazu bereit! Ich werde es machen! Die beiden lieben Menschen tun mir unsagbar leid. Einer muss ihnen ja helfen! Aber ich hätte eine Bedingung! Ich möchte ein Knabe werden!« »Das lässt sich machen«, gab ihm sein Engel zur Antwort.

Dann schaute er auf die Weltenuhr und sprach: »Es dauert nur noch wenige Augenblicke, bis ich dich zu deinen Eltern schicken werde.« Er nahm seinen geliebten Schützling noch einmal zärtlich in seine Flügelarme und sagte zum Abschied: »Mach es gut, mein geliebtes Kind! Vergiss nicht, ich bin immer in deiner Nähe. Schon in ganz wenigen Jahren wirst du das nicht mehr bemerken können. Tief in deiner Seele wirst du aber wissen, dass ich immer bei dir bin.«

Darauf entließ er das Menschenkind Gott befohlen durchs Himmelstor.

Neun Monate später brachte die zur Mutter auserkorene Frau einen gesunden, strammen Burschen zur Welt. Die Freude der Eltern war unbeschreiblich! Sie gaben ihm den Namen Johannes. Der Knabe wuchs und gedieh prächtig. Nicht nur die Eltern, deren ganzer Stolz und Lebensinhalt er mittlerweile geworden war, sondern auch alle anderen Menschen, die ihn kannten, hatten ihn von Herzen lieb. Auch er liebte seine Eltern über alles. Sie gaben ihm alles und jedes, was das Herz eines kleinen Knaben begehrt.

Wirklich alles? Nein, eines konnten sie ihm nicht geben. Sie vermochten es nicht, das zur Reife zu bringen, was wie ein zarter Keim aus seinem Leben im Himmel in seiner Seele ruhte.

Die Zeit verging. Als er ungefähr sieben Jahre alt war, beschloss er auf einem seiner Streifzüge durch die Nachbarschaft einen Blick in die Kirche zu werfen, die er zuvor nie betreten hatte. Beim Rundgang durch das Kirchenschiff blieb sein Blick sofort an einem gewaltigen Gemälde hängen, das einen Engel mit mächtigen goldenen Flügeln zeigte. Fasziniert und fast wie entrückt blieb er viele Minuten vor dem Gemälde stehen. Ihm war so, als würde er die dargestellte Figur kennen.

Später zog es ihn immer wieder – manchmal mehrmals in der Woche – geradezu magisch in die Kirche zu diesem Bild. Seinen Eltern erzählte er nichts davon, weil er spürte, dass ihnen die Kirche und Engel nichts bedeuteten.

Der Tag seines zehnten Geburtstages rückte näher. Wenige Tage zuvor bekam der Knabe plötzlich hohes Fieber. Jede Therapie versagte. Das Fieber wollte nicht weichen. Die Ärzte standen vor einem Rätsel. Zwei Wochen später starb der Knabe.

Sofort wurde er wieder durchs Himmelstor hereingelassen. Sein Engel, den er gleich wiedererkannte, erwartete ihn schon voller Freude und schloss ihn in seine Flügelarme.

»Sag bloß, du hast schon auf mich gewartet?«, fragte der Knabe. »Ja, natürlich!«, entgegnete sein Engel. »Ich war all die Jahre immer bei dir. Aber erst jetzt kannst du mich wieder sehen.«

Der Knabe schaute auf seine Beine hinunter und fragte entsetzt: »Wo ist denn meine Lederhose? Ich sehe gar nicht wie ein richtiger Junge aus!« Der Engel lächelte: »Hier im Himmel gibt es weder Jungen noch Mädchen. Hier bist du wieder ein Menschenkind.«

Das Menschenkind gewöhnte sich aber schnell daran, jetzt wieder nur ein Menschenkind zu sein. Irgendwie hatte es den Eindruck, dass im Himmel ein freudiges Treiben herrschte, das er vor seiner kurzen Erdenlaufbahn hier nie erlebt hatte. »Was ist denn hier los?«, fragte es. »Heute ist ein besonderer Tag. Du hast etwas ganz Großartiges vollbracht! Das wird von allen Engeln gefeiert«, antwortete der Engel.

Das Menschenkind fühlte sich immer wieder hin- und hergerissen. Einerseits freute es sich sehr, wieder im Himmel bei seinem geliebten Engel zu sein, andererseits war es aber doch ziemlich traurig, nicht mehr auf der Erde bei seinen Eltern sein zu können. Sein Engel spürte das natürlich und sprach: »Du darfst – so oft du willst – zu deinen Eltern gehen. Sei dir aber dessen bewusst, dass sie deine Anwesenheit nicht bemerken können.«

So machte sich das Menschenkind täglich auf, um sich in der Nähe seiner Eltern aufhalten zu können. Anfangs war es recht deprimiert, dass seine Eltern seine Gegenwart nicht zu spüren vermochten. Als es sich dann daran erinnerte, dass es in seinen Erdenjahren die Anwesenheit seines Engels auch nicht bemerkt hatte, tröstete ihn das ein wenig. Wann immer es sich in der Nähe der Eltern aufhielt, konnte es deren tiefe Trauer um seinen Tod miterleben. Ihre Worte und Gedanken konnte er nur schemenhaft vernehmen.

Nach einiger Zeit sagte es zu seinem Engel: »Lieber Engel, ich kann einfach nicht erkennen, dass ich meinen Eltern wirklich geholfen haben sollte. Sie sind doch nur immer traurig. Ich glaube, unser Vorhaben ist gescheitert.« »Jetzt warst du nur so kurze Zeit bei den Erdenmenschen und hast dich schon von deren Ungeduld anstecken lassen«, sprach der Engel laut lachend. »Warte doch einfach mal ab! ›Gut Ding will Weile haben!‹, sagen kluge Erdenbürger.«

*N*ach irdischer Zeitrechnung waren mittlerweile fast drei Jahre vergangen, seitdem das Erdenkind wieder zum Menschenkind geworden war. Als es eines Tages wieder einmal vom Himmel aus auf seine Eltern schaute, rief es hoch erfreut: »Ich kann sie hören! Ich kann sie hören! Ich kann jetzt deutlich verstehen, was sie sprechen, ja, sogar ihre Gedanken kann ich vernehmen!«

Der Engel lächelte und sprach: »Ja, natürlich! Es ist jetzt genau das eingetreten, was ich erhofft hatte. Die tiefe Trauer um deinen Tod hat ihre Herzen erweicht. Das hat Kräfte in ihren Seelen freigesetzt, die sie veranlasst haben, ihr Leben völlig neu zu organisieren. Sie denken jetzt sogar über den Himmel nach und gehen hin und wieder in die Kirche. Dein Vater kümmert sich in seiner Freizeit um alte Menschen, die er regelmäßig besucht und denen er zur Hand geht. In ihrer Nachbarschaft ist ein junges Ehepaar eingezogen, das bereits drei Kinder hat. Die Frau ist etwas kränklich und mit der Versorgung ihrer Kinder oft überfordert. Da hilft deine Mutter in rührender Weise. Du siehst, deine Mission war von Erfolg gekrönt.«

Das Menschenkind strahlte vor Glück. Wann immer ihm nun danach war, konnte es an dem Leben seiner geliebten Eltern teilhaben.

*E*s vergingen weitere Erdenjahre. Eines Tages kam der Engel auf das Menschenkind zu und sprach: »Komm mit zum Himmelstor! Es ist an der Zeit, dass du wieder auf die Erde hinabsteigst. Lass uns einmal schauen, ob wir geeignete Eltern für dich finden.«

»Da brauche ich nicht lange suchen!«, rief das Kindlein freudig erregt. »Ich möchte wieder zu meinen früheren Eltern!« Sein Schutzengel legte behutsam seinen rechten Flügelarm um seinen Schützling und sprach mit leiser Stimme: »Das ist leider nicht möglich, mein geliebtes Kind. Deine Mutter ist mittlerweile in einem Alter, in dem sie keine Kinder mehr gebären kann. Da können auch wir nichts machen.«

Das Menschenkind wurde ganz traurig, sah aber schließlich ein, dass sein Wunsch nicht zu erfüllen war.

»Aber ich habe da eine Idee!«, sagte der Engel mit leicht verschmitztem Lächeln. »Der neuen Nachbarin deiner Eltern, die mittlerweile wieder bei bester Gesundheit ist, wäre ein viertes Kind nicht unrecht. Dann wärst du immer in der Nähe deiner Eltern und du könntest ihnen sowie deinen neuen Eltern viel Freude bereiten. Dieses Leben würde dir zwar in fernerer Zukunft einige Lasten auferlegen, aber dadurch könntest du weiter reifen.«

»Hurra!«, rief das Kindlein voller Freude. »Schicke mich sofort zu ihnen!«

*K*napp neun Monate später gebar die Nachbarin einen gesunden Jungen. Die neuen Eltern freuten sich sehr. Die frühere Mutter, die sich ja ohnehin schon sehr liebevoll um die anderen Kinder der Nachbarn kümmerte, schloss den neuen Erdenbürger sofort in ihr Herz. Ohne die anderen zu vernachlässigen, widmete sie ihm besonders viel Zeit und Aufmerksamkeit.

»Der Kleine ist genau wie unser Hänschen!«, hörte man sie immer wieder sagen.

Das Kreuz des Menschen

Wenn wir Menschen auf diese Welt kommen, gibt uns Gott unser ganz persönliches Kreuz mit auf den Weg. Dieses Kreuz gehört zu uns. Wir haben es unser Leben lang wie einen schweren Rucksack zu tragen. Bei manchen Menschen ist das Kreuz eher klein und leicht, bei manchen ist es ziemlich groß und schwer. Bei wiederum anderen, die sehr viele Prüfungen zu bestehen und viele Leiden und Schmerzen zu ertragen haben, kann es sogar so schwer sein, dass sie manchmal Mühe haben, es überhaupt zu tragen.

Es war einmal ein Mann, dessen Kreuz, das Gott ihm mitgegeben hatte, ganz besonders schwer war. Viele Male war er in seinem Leben unter der Last des Kreuzes zusammengebrochen. Aber immer wieder stand er auf und nahm es erneut geduldig auf sich. Als er dann schon recht betagt war, hatte er den Eindruck, der schweren Last des Kreuzes nicht mehr gewachsen zu sein. Da er fühlte, dass das Kreuz mit ihm selbst zu tun hatte, wollte er sich nicht des ganzen Kreuzes entledigen. So kam ihm die Idee, ein ganz kleines Stück von diesem abzusägen, so dass das, was er jetzt noch auf seine Schultern zu laden hatte, ein wenig leichter war und er weniger Mühe hatte, es zu tragen.
Gesagt – getan!
Auf diese Art kam er dann noch recht gut durch seine letzten Lebensjahre.

Eines Tages starb der Mann. Er sah in einiger Entfernung bereits das Himmelreich. Freudig lief er auf diese Region zu. Um letztlich ins Reich der Himmel gelangen zu können, musste er jedoch noch einen eher schmalen, aber sehr tiefen, reißenden Fluss überqueren, der die Grenze zwischen dem Dies- und dem Jenseits bildete. Wie sollte er nur den Fluss überqueren können? Da hatte er eine Idee: Das Kreuz könnte ihm als Brücke dienen. Gesagt – getan!
Doch das Kreuz war ein ganz kleines Stück zu kurz...

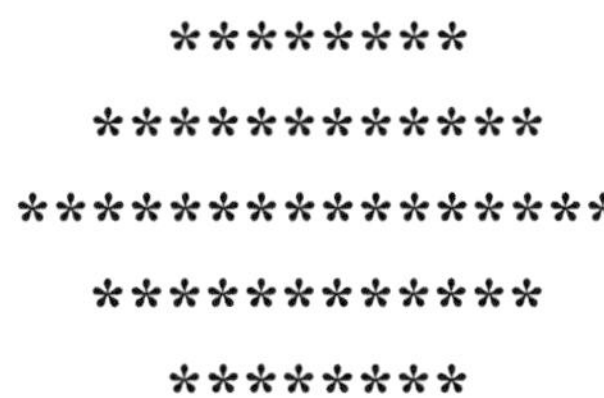

Quellennachweis

Bei den Werken Rudolf Steiners sind im Quellennachweis die offiziellen Nummern der Gesamtausgabe (GA-Nr.) angegeben worden. Titel und Erscheinungsjahr aller Werke finden sich im Literaturverzeichnis.

Vorwort

1 frei nach *»Um an die Quelle zu kommen, muss man gegen den Strom schwimmen«*; geht vermutlich auf Stanislaw Jerzy Lec (polnischer Satiriker) zurück
2 Näheres zu Rudolf Steiner und seiner Geisteswissenschaft: ☞ Kapitel 2, S. 67ff.

Kapitel 1 (Einleitung)

1 Zitat aus Albert Einsteins Werk *»Aus meinen späteren Jahren – Naturwissenschaft und Religion«* aus dem Jahre 1939; entnommen aus *»Weisheiten der Welt – Deutsche Dichter und Denker«*, S. 298
2 In diesem Buch wird des Öfteren von den *»großen* christlichen Kirchen« gesprochen, um diese deutlich von der *Christengemeinschaft* (Bewegung für religiöse Erneuerung) abzugrenzen. Die Christengemeinschaft wurde 1922 nach intensiven Beratungen und Unterstützungen Rudolf Steiners gegründet. Auch wenn es in dieser Kirche keine Dogmen gibt, so rechnet sie im krassen Gegensatz zu den traditionellen Kirchen doch ganz stark mit den menschlichen Erkenntniskräften und der anthroposophischen Lehre.

Kapitel 2 (Geistige Erkenntnisse)

1 Zitat aus Albert Schweitzers Werk *»Verfall und Wiederaufbau der Kultur«* aus dem Jahre 1923; entnommen aus *»Weisheiten der Welt – Deutsche Dichter und Denker«*, S. 290
2 vgl. etwa Steiner, GA 9, S. 102f.
3 https://www.motief.online/wp-content/uploads/holland-motief-19.10.14-michel-gastkemper.pdf (vom 12.11.2018)
4 Alexander, S. 120
5 Alexander, S. 105
6 Moody, S. 42f.
7 vgl. Steiner, GA 122, S. 30ff.
8 vgl. Steiner, GA 130, S. 157f.
9 vgl. Steiner, GA 124, S. 214f.
10 vgl. Steiner, GA 139, S. 30f.
11 vgl. etwa 2. Korinther 5, 10; Johannes 3, 16ff.
12 vgl. etwa 2. Petrus 3, 13
13 *»Katechismus der katholischen Kirche«*, Nr. 1022, S. 292
14 *»Katechismus der katholischen Kirche«*, Nr. 1023, S. 292
15 *»Katechismus der katholischen Kirche«*, Nr. 1024, S. 293
16 *»Katechismus der katholischen Kirche«*, Nr. 1026, S. 293
17 *»Katechismus der katholischen Kirche«*, Nr. 1027, S. 293
18 *»Katechismus der katholischen Kirche«*, Nr. 1033, S. 295
19 *»Katechismus der katholischen Kirche«*, Nr. 1035, S. 295

20 »*Katechismus der katholischen Kirche*«, Nr. 1030, S. 294
21 »*Katechismus der katholischen Kirche*«, Nr. 1031, S. 294
22 »*Das Tibetische Buch vom Leben und vom Sterben*« von Sogyal Rinpoche stellt eine auch für Menschen der westlichen Welt verständliche Aufbereitung einiger Inhalte des *Tibetischen Totenbuches* dar.
23 Lukas 16, 19ff.; vgl. hierzu auch Frieling, S. 58ff.
24 Matthäus 13, 18
25 Matthäus 13, 24
26 Markus 13, 28
27 Lukas 12, 16
28 Lukas 20, 9
29 vgl. etwa Leadbeater, S. 355
30 Kardec: »*Das Buch der Medien*«, S. 308ff.
31 Kardec: »*Das Buch der Geister*«, S. 29 u. 63
32 vgl. Kardec: »*Das Buch der Geister*«, S. 33
33 Kardec: »*Das Buch der Geister*«, S. 298
34 http://jenseitsmedium.de/H05_2Elia_g.htm (vom 15.03.2005)
35 http://jenseitsmedium.de/51_1_1Channeling%20Elia_Jenseits_der_Welt_g.htm (vom 15.03.2005)
36 Roberts, S. 348
37 Roberts, S. 350
38 von Engelhardt, S. 27
39 von Engelhardt, S. 91
40 von Engelhardt, S. 144f.
41 Johanson, S. 89
42 Johanson, S. 90
43 Kübler-Ross, S. 6f.
44 Bücherauswahl zu dieser Thematik: Justen, Kübler-Ross, Ladwein, Moody, Rawlings, Ritchie, Sabom (☞ Literaturverzeichnis)
45 von Halle: »*Das Wort in den sieben Reichen der Menschwerdung*«, S. 2.220
46 Markus 1, 10f.
47 Matthäus 3, 17; Markus 1, 11
48 Lukas 3, 22
49 Matthäus 1, 20
50 Markus 1, 11
51 Apostelgeschichte 8, 26
52 Steiner, GA 12, S. 22
53 Paxino, S. 208f.
54 Meistens wird fälschlicherweise der 27. Februar als Rudolf Steiners Geburtstag angegeben. (vgl. von Halle: »*Rudolf Steiner – Meister der weißen Loge*«, S. 92ff.)
55 Steiner, GA 28, S. 388
56 vgl. Frieling, S. 73
57 Bücher über Werk und Leben Rudolf Steiners: Steiner, GA 28, van Emmichoven, Mees, von Halle: »*Rudolf Steiner – Meister der weißen Loge*« (☞ Literaturverzeichnis)
58 Steiner, GA 183, S. 184

Kapitel 3 (Die wiederholten Erdenleben – Reinkarnation und Karma)

1 Zürrer, S. 167
2 vgl. Steiner, GA 52, S. 79
3 Steiner, GA 196, S. 161f.

4   vgl. Frieling, S. 10f.
5   vgl. Steiner, GA 52, S. 343
6   Zürrer, S. 184
7   Zürrer, S. 181
8   Zürrer, S. 210
9   Zürrer, S. 241
10   Zürrer, S. 228
11   Zürrer, S. 227
12   Zürrer, S. 223
13   Zürrer, S. 40
14   Zürrer, S. 224
15   Zürrer, S. 228
16   Zürrer, S. 229
17   Steiner, GA 196, S. 162
18   *»Katechismus der katholischen Kirche«*, Nr. 1013, S. 290
19   Maleachi 3, 23
20   2. Könige 2, 11
21   Matthäus 16, 14; Markus 8, 28; Lukas 9, 19; Johannes 1, 21
22   Johannes 9, 2
23   Matthäus 17, 1ff.
24   vgl. Steiner, GA 97, S. 21
25   vgl. Steiner, GA 52, S. 78f.
26   Steiner, GA 52, S. 78f.
27   Johannes 16, 12
28   vgl. Steiner, GA 93a, S. 65
29   Steiner, GA 93a, S. 65f.
30   Steiner, GA 137, S. 27
31   Steiner, GA 181, S. 324
32   vgl. Burkart, S. 42
33   von Halle: *»Das Wort in den sieben Reichen der Menschwerdung«*, S. 1.852f.
34   Alexander, S. 19f.
35   Alexander, S. 55ff.
36   Steiner, GA 175, S. 241
37   vgl. Steiner, GA 140, S. 46
38   vgl. Steiner, GA 166, S. 133f.
39   Steiner, GA 54, S. 301
40   Zürrer, S. 77
41   Steiner, GA 166, S. 133f.
42   vgl. etwa: Bernstein und Dethlefsen (☞ Literaturverzeichnis)
43   Seine Forschungsergebnisse hat Ian Stevenson in seinem Buch (☞ Literaturverzeichnis) veröffentlicht
44   vgl. https://www.zeit.de/1999/52/Ein_Kind_zum_Anbeten (vom 10.01.2024)
45   vgl. https://schwabach.de/de/wissenswertes/neuigkeiten/neues-aus-den-aemtern/5111-1740-wunderkind-gestorben.html (vom 03.09.2023)
46   vgl. *»Meyers Enzyklopädisches Lexikon«*, Band 10, S. 42
47   vgl. Steiner, GA 97, S. 256
48   vgl. *»Katechismus der katholischen Kirche«*, Nr. 366, S. 124
49   *»Meyers Enzyklopädisches Lexikon«*, Band 14, S. 311
50   Zürrer, S. 297
51   vgl. Steiner, GA 34, S. 84f.

52 Steiner, GA 9, S. 59f.
53 Steiner, GA 9, S. 60f.
54 Steiner, GA 9, S. 61
55 vgl. etwa »Katechismus der katholischen Kirche«, Nr. 1023, 1024, 1042
56 Zitat aus Goethes Werk »Zahme Xenien – 4. Buch« aus dem Jahre 1821; entnommen aus »Weisheiten der Welt – Deutsche Dichter und Denker«, S. 90
57 vgl. Archiati, S. 7
58 Kolosser 1, 16
59 Römer 8, 38f.
60 Epheser 1, 20f.
61 vgl. Steiner, GA 93a, S. 97
62 Steiner, GA 344, S. 53
63 1. Mose 1, 1
64 Johannes 1, 3
65 Johannes 10, 30
66 1. Mose 1, 26
67 vgl. Steiner, GA 34, S. 240
68 Rudolf Steiner sprach und schrieb sehr häufig über die »Schaffung und Entwicklung des Menschen«, vgl. etwa Steiner, GA 11, GA 13 sowie über die »geistigen Wesen der höheren Hierarchien«, etwa in Steiner, GA 13, GA 15, GA 102, GA 110
69 Lukas 1, 5
70 Lukas 2, 2
71 vgl. Steiner, GA 122, S. 89ff.
72 vgl. Steiner, GA 105, S. 100
73 vgl. Steiner, GA 107, S. 164f.
74 1. Mose 3, 5
75 vgl. Steiner, GA 109, S. 236f.
76 1. Mose 3, 11; vgl. auch Steiner, GA 163, S. 36
77 Das Mysterium der Menschwerdung Christi hat Rudolf Steiner insbesondere in GA 131 ausführlich erläutert.
78 Johannes 10, 34
79 Matthäus 5, 48
80 vgl. Steiner, GA 140, S. 139
81 vgl. Steiner, GA 98, S. 194
82 Dieser Ausspruch geht wohl auf Jakob Böhme zurück; Novalis greift ihn in seinem Werk »Heinrich von Ofterdingen« auf.
83 vgl. 1. Korinther 15, 45 und 47
84 vgl. Frieling, S. 33; Steiner, GA 153, S. 114f.
85 vgl. Steiner, GA 140, S. 157
86 Steiner, GA 196, S. 90
87 Steiner, GA 130, S. 191
88 Steiner, GA 350, S. 21
89 Steiner, GA 63, S. 168
90 vgl. Schröder: »Der Mensch und das Böse«, S. 23ff.
91 Goethe: *Faust I* (Auerbachs Keller)
92 Steiner, GA 266c, S. 178
93 vgl. Steiner, GA 124, S. 246
94 Goethe: *Faust I* (Studierzimmer)
95 Steiner, GA 266c, S. 168
96 vgl. Matthäus 6, 19

97   Steiner, GA 94, S. 117
98   Steiner, GA 34, S. 92
99   Steiner, GA 34, S. 92f.
100 vgl. Steiner, GA 110, S. 92; vgl. Steiner, GA 159, S. 206
101 Steiner, GA 110, S. 92f.
102 Steiner, GA 34, S. 405
103 vgl. Steiner, GA 94, S. 117
104 Steiner, GA 107, S. 252
105 Steiner, GA 275, S. 142
106 Roberts, S. 170ff.
107 von Halle: *»Das Wort in den sieben Reichen der Menschwerdung«*, S. 2.215
108 Steiner, GA 120, S. 89
109 von Halle: *»Das Wort in den sieben Reichen der Menschwerdung«*, S. 2.221
110 Moody, S. 100
111 Steiner, GA 40, S. 252
112 Steiner, GA 100, S. 59
113 von Halle: *»Anna Katharina Emmerick«*, S. 143
114 Johanson, S. 26f.
115 Knebel, S. 452
116 Johannes 8, 44
117 Steiner, GA 141, S. 62
118 https://medialenschule.de/0207-josef-die-organisation-von-ereignissen-mit-massencharakter-im-jenseits-am-beispiel-vom-world-trade-center-vom-11-september/ (vom 14.07.2018)
119 vgl. Steiner, GA 205, S. 108
120 vgl. Schröder: *»Das Gebet«*, S. 55f.
121 Steiner, GA 161, S. 107
122 Steiner, GA 238, S. 28
123 vgl. Hausen, S. 168f.
124 Steiner, GA 94, S. 117
125 Steiner, GA 94, S. 117f.
126 Steiner, GA 127, S. 166
127 vgl. Steiner, GA 107, S. 253
128 Steiner, GA 127, S. 165f.
129 Steiner, GA 155, S. 184
130 vgl. Steiner, GA 155, S. 183ff.
131 vgl. Steiner, GA 120, S. 33
132 Steiner, GA 107, S. 175f.
133 von Halle: *»Von Krankheiten und Heilungen«*, S. 162f.
134 vgl. Steiner, GA 103, S. 133f.
135 Johannes 8, 7
136 vgl. etwa Matthäus 5, 17f.
137 Johannes 1, 17
138 Steiner, GA 103, S. 133

Kapitel 4 (Das anthroposophische Menschenbild)

1   Zitat aus Christoph Martin Wielands Rede *»Über das Fortleben im Andenken der Nachwelt«* aus dem Jahre 1810; entnommen aus *»Weisheiten der Welt – Deutsche Dichter und Denker«*, S. 74
2   Über die Wesensglieder des Menschen hat Rudolf Steiner sehr häufig geschrieben und gesprochen; vgl. etwa Steiner, GA 9, S. 24ff. und GA 13, S. 41ff.

3   Steiner, GA 143, S. 49f.
4   Steiner, GA 143, S. 163
5   Steiner, GA 13, S. 66f.
6   Goethe-Zitat entnommen aus Reuschle, S. 15
7   Steiner, GA 107, S. 267
8   Steiner, GA 112, S. 123f.
9   Steiner, GA 107, S. 265
10 Steiner, GA 107, S. 266
11 vgl. Steiner, GA 175, S. 172
12 Steiner, GA 99, S. 73
13 Steiner, GA 9, S. 16
14 Steiner, GA 9, S. 45
15 Steiner, GA 9, S. 68
16 Steiner, GA 9, S. 17
17 Bock, S. 160
18 Steiner, GA 13, S. 76f.
19 von Halle: *»Der Abstieg in die Erdenschichten«*, S. 128
20 Steiner, GA 175, S. 53
21 vgl. Nidiaye, S. 14f.
22 vgl. Steiner, GA 130, S. 257f.
23 vgl. Steiner, GA 147, S. 109
24 Steiner, GA 53, S. 212
25 vgl. Steiner, GA 293, S. 64
26 vgl. Steiner, GA 93a, S. 153
27 vgl. Steiner, GA 102, S. 141f.
28 Steiner, GA 105, S. 61

Kapitel 5 (Das Leben nach dem Tod – Der Aufstieg durch die Planetensphären)

1   Steiner, GA 157, S. 188
2   Alexander, S. 74
3   vgl. Steiner, GA 99, S. 48
4   vgl. etwa Steiner, GA 140, S. 152
5   von Engelhardt, S. 109
6   Sabom, S. 34
7   Moody, S. 63
8   Alexander, S. 103
9   Sabom, S. 33
10 vgl. Steiner, GA 293, S. 64
11 Paxino, S. 37
12 Ritchie, S. 45
13 vgl. etwa http://jenseitsmedium.de/C0001_Jenseits1.htm (vom 15.03.2005)
14 Paxino, S. 36f.
15 Moody, S. 69
16 Kübler-Ross, S. 48
17 vgl. etwa Kardec: *»Das Buch der Geister«*, S. 77
18 vgl. Steiner, GA 153, S. 145
19 Steiner, GA 153, S. 146
20 vgl. Steiner, GA 239, S. 133
21 Hierke, S. 237

22 Steiner, GA 168, S. 43
23 Steiner, GA 224, S. 57
24 Steiner, GA 99, S. 38
25 Paxino, S. 55
26 Ritchie, S. 39
27 Högl, S. 64
28 Moody, S. 82f.
29 Paxino, S. 52f.
30 http://jenseitsmedium.de/J01_2_Josef1_Annatrilogie1_g.htm (vom 17.03.2005)
31 Steiner, GA 174b, S. 101
32 Steiner, GA 157, S. 188
33 Steiner, GA 168, S. 72
34 vgl. Boogert: *»Wir und unsere Toten«*, S. 17f.
35 Steiner, GA 174a, S. 84
36 Steiner, GA 174a, S. 85
37 Steiner, GA 231, S. 100
38 vgl. Boogert: *»Wir und unsere Toten«*, S. 28
39 Steiner, GA 99, S. 39
40 Steiner, GA 93a, S. 94
41 Steiner, GA 55, S. 111
42 vgl. Steiner, GA 56, S. 300
43 Steiner, GA 112, S. 114
44 Sabom, S. 73
45 Knoblauch, S. 54
46 Steiner, GA 13, S. 97f.
47 von Halle: *»Vom Mysterium des Lazarus und der drei Johannes«*, S. 184
48 vgl. etwa 2. Petrus 3, 13; Matthäus 5, 45 und 7, 21
49 2. Korinther 12, 2
50 von Engelhardt, S. 241
51 Steiner, GA 183, S. 105
52 Steiner, GA 108, S. 53
53 Über die Regionen der Seelen- und der Geisteswelt schreibt Rudolf Steiner insbesondere in GA 9,
    S. 90ff. Hierbei geht es mehr um die Sicht des inneren Erlebens der Toten. Über die Planetensphä-
    ren kann man insbesondere in seinen Vorträgen aus GA 140 lesen. Hier liegt der Schwerpunkt auf
    den makrokosmischen Zusammenhängen. In GA 141, S. 172ff. stellt er die Verbindung zwischen
    diesen beiden Sichtweisen her.
54 Steiner, GA 161, S. 129
55 von Engelhardt, S. 171
56 vgl. Steiner, GA 227, S. 208
57 Steiner, GA 107, S. 92
58 Steiner, GA 108, S. 57
59 Steiner, GA 130, S. 165
60 Paxino, S. 138f.
61 Paxino, S. 139f.
62 Högl, S. 67
63 Ritchie, S. 46ff.
64 Matthäus 18, 3
65 Steiner, GA 243, S. 64
66 Steiner, GA 94, S. 151
67 vgl. Steiner, GA 227, S. 208

68   vgl. Steiner, GA 94, S. 151
69   Steiner, GA 99, S. 75
70   Apokalypse 14, 13
71   Steiner, GA 153, S. 128f.
72   Ladwein, S. 67
73   Ladwein, S. 68
74   Ladwein, S. 287
75   Ladwein, S. 288
76   Hierke, S. 252f.
77   Hierke, S. 253f.
78   Hierke, S. 254
78a vgl. Steiner, GA 232, S. 131
78b Steiner, GA 239, S. 130
78c Steiner, GA 239, S. 131
78d Steiner, GA 239, S. 131f.
78e vgl. Steiner, GA 236, S. 156
79   Steiner, GA 141, S. 173f.
80   vgl. etwa Steiner, GA 9, S. 111
81   Römer 13, 14
82   Ritchie, S. 54f.
83   Paxino, S. 156
84   Steiner, GA 9, S. 98
85   Steiner, GA 107, S. 62f.
86   Ladwein, S. 72
87   Sabom, S. 71
88   vgl. Steiner, GA 140, S. 306
89   Högl, S. 46f.
90   Hierke, S. 152
91   von Engelhardt, S. 125f.
92   Steiner, GA 140, S. 131
93   Steiner, GA 231, S. 81
94   Steiner, GA 140, S. 66
95   vgl. Steiner, GA 157a, S. 77ff.
96   Steiner, GA 174a, S. 91
97   Steiner, GA 168, S. 86
98   vgl. Boogert: *»Wir und unsere Toten«*, S. 33
99   Steiner, GA 108, S. 57f.
100 Steiner, GA 140, S. 131
101 vgl. Steiner, GA 140, S. 129
102 vgl. Steiner, GA 140, S. 68
103 Steiner, GA 140, S. 73
104 Steiner, GA 231, S. 105
105 Steiner, GA 140, S. 48
106 Steiner, GA 140, S. 50
107 Steiner, GA 140, S. 14
108 Steiner, GA 140, S. 122
109 Steiner, GA 9, S. 99
110 Steiner, GA 9, S. 100
111 Högl, S. 52
112 vgl. Steiner, GA 231, S. 105

113   Steiner, GA 141, S. 164
114   Steiner, GA 140, S. 136f.
115   Steiner, GA 140, S. 49
116   Steiner, GA 9, S. 100
117   vgl. Steiner, GA 227, S. 203
118   Steiner, GA 140, S. 52
119   vgl. Steiner, GA 141, S. 42
120   Steiner, GA 140, S. 26
121   von Halle: *»Und wäre Er nicht auferstanden«*, S. 164
122   Steiner, GA 140, S. 95
123   Römer 3, 29
124   Steiner, GA 140, S. 93
125   Steiner, GA 140, S. 25
126   Steiner, GA 140, S. 25
127   vgl. Steiner, GA 231, S. 107f.
128   Steiner, GA 231, S. 83f.
129   vgl. Steiner, GA 231, S. 86
130   Steiner, GA 239, S. 106
131   vgl. Steiner, GA 227, S. 213
132   Steiner, GA 9, S. 101
133   Hierke, S. 260
134   Steiner, GA 9, S. 101f.
135   Paxino, S. 208f
136   Steiner, GA 99, S. 40
137   vgl. Burckhardt, S. 31
138   Steiner, GA 140, S. 73
139   Steiner, GA 140, S. 312
140   vgl. Steiner, GA 141, S. 49
141   vgl. Steiner, GA 9, S. 111f.
142   Steiner, GA 9, S. 103f.
143   Steiner, GA 9, S. 104
144   vgl. Boogert: *»Der Weg der Seele nach dem Tod«*, S. 54
145   Steiner, GA 9, S. 106
146   Steiner, GA 99, S. 48f.
147   von Engelhardt, S. 149f.
148   von Engelhardt, S. 175
149   Steiner, GA 9, S. 113
150   Steiner, GA 140, S. 28
151   Ladwein, S. 77f.
152   Ladwein, S. 78
153   Högl, S. 44
154   vgl. *»Und Gott sprach, es werde ...«*, Genesis, 1. Buch Mose
155   vgl. Steiner, GA 9, S. 115f.
156   Steiner, GA 9, S. 116f.
157   Steiner, GA 227, S. 240
158   Steiner, GA 9, S. 108
159   Johannes 1, 1
160   Steiner, GA 100, S. 59
161   Alexander, S. 144
162   Steiner, GA 140, S. 29

163 Steiner, GA 219, S. 20f.
164 vgl. Steiner, GA 219, S. 21
165 Steiner, GA 9, S. 119
166 Ladwein, S. 79
167 Ladwein, S. 79f.
168 Steiner, GA 261, S. 38f.
169 von Engelhardt, S. 313f.
170 Steiner, GA 9, S. 122
171 Steiner, GA 9, S. 124
172 Steiner, GA 9, S. 124f.
173 Steiner, GA 147, S. 20
174 vgl. Burckhardt, S. 36
175 Steiner, GA 153, 161f.

Kapitel 6 (Das Leben vor der neuen Geburt – Der Abstieg durch die Planetensphären)

 1 Steiner, GA 40, S. 211
 2 Steiner, GA 153, S. 99
 3 Steiner, GA 218, S. 172
 4 vgl. Steiner, GA 140, S. 76f.
 5 vgl. Steiner, GA 227, S. 215
 6 vgl. Steiner, GA 218, S. 170f.
 7 Burckhardt, S. 39
 8 Steiner, GA 153, S. 101
 9 vgl. Steiner, GA 153, S. 100ff.
10 vgl. Steiner, GA 218, S. 172f.
11 Steiner, GA 231, S. 126
12 Burckhardt, S. 42
13 Johanson, S. 93f.
14 vgl. Steiner, GA 231, S. 129
14a Steiner, GA 240, S. 16f.
15 vgl. Steiner, GA 231, S. 128ff.
16 vgl. Steiner, GA 140, S. 77
17 vgl. Steiner, GA 215, S. 102f.
18 vgl. Steiner, GA 153, S. 100ff.
19 Steiner, GA 238, S. 72
20 Steiner, GA 235, S. 51
21 Steiner, GA 210, S. 94
22 vgl. Steiner, GA 95, S. 72
23 Steiner, GA 140, S. 186
24 vgl. Steiner, GA 140, S. 354f.
25 von Halle: »Schwanenflügel«, S. 345
26 von Halle: »Rudolf Steiner – Meister der weißen Loge«, S. 106f.
27 Steiner, GA 109, S. 209
28 vgl. Steiner, GA 100, S. 99f.
29 Steiner, GA 100, S. 100
30 vgl. Steiner, GA 218, S. 41
31 von Halle: »Das Wort in den sieben Reichen der Menschwerdung«, S. 2.229f.
32 vgl. Steiner, GA 218, S. 173
33 vgl. Steiner, GA 100, S. 100

34 vgl. Burckhardt, S. 47
35 vgl. Steiner, GA 210, S. 116ff.
36 vgl. Steiner, GA 210, S. 119f.

Kapitel 7 (Das Leben zwischen Tod und neuer Geburt – besondere Aspekte)

1 Zitat von Johann Gottlieb Fichte, entnommen aus Reuschle, S. 18
2 vgl. Steiner, GA 107, S. 94
3 Steiner, GA 99, S. 44
4 Steiner, GA 54, S. 135f.
5 vgl. Steiner, GA 152, S. 12ff.
6 vgl. Johannes 21, 25
7 vgl. Lukas 2, 6ff.
8 vgl. Matthäus 2, 1ff.
9 vgl. Lukas 2, 41ff.
10 Steiner, GA 183, S. 150
11 vgl. Steiner, GA 183, S. 149f.
12 Steiner, GA 168, S. 45
13 vgl. Steiner, GA 168, S. 49ff.
14 vgl. Steiner, GA 181, S. 192f.
15 vgl. Steiner, GA 231, S. 78
16 Steiner, GA 231, S. 80
17 Steiner, GA 231, S. 81
18 Steiner, GA 231, S. 85
19 Högl, S. 68
20 von Engelhardt, S. 143
21 von Engelhardt, S. 21
22 von Engelhardt, S. 75
23 von Engelhardt, S. 127
24 von Engelhardt, S. 138
25 vgl. Steiner, GA 190, S. 56f.
26 Steiner, GA 178, S. 53
27 vgl. Steiner, GA 178, S. 52f.
28 Steiner, GA 183, S. 151
29 Steiner, GA 183, S. 152
30 vgl. Steiner, GA 183, S. 151ff.
31 vgl. Steiner, GA 141, S. 153ff.
32 Steiner, GA 231, S. 142
33 vgl. Steiner, GA 231, S. 141ff.
34 von Engelhardt, S. 212f.
35 Steiner, GA 231, S. 86
36 von Engelhardt, S. 101
37 vgl. Steiner, GA 239, S. 133
38 Steiner, GA 350, S. 204
39 vgl. Steiner, GA 141, S. 59
40 von Engelhardt, S. 183
41 Steiner, GA 178, S. 177
42 von Engelhardt, S. 89
43 Steiner, GA 168, S. 125
44 von Engelhardt, S. 191

45 von Engelhardt, S. 250
46 von Engelhardt, S. 53
47 von Engelhardt, S. 199
48 von Engelhardt, S. 247
49 vgl. Steiner, GA 155, S. 25f.
50 vgl. Steiner, GA 140, S. 352f.
51 von Engelhardt, S. 195
52 von Engelhardt, S. 247
53 Steiner, GA 95, S. 50
54 Steiner, GA 100, S. 66
55 vgl. Steiner, GA 141, S. 162ff.
56 vgl. Steiner, GA 140, S. 168ff.
57 vgl. Boogert: »Wir und unsere Toten«, S. 108
58 Steiner, GA 150, S. 73f.
59 vgl. Steiner, GA 163, S. 136f.
60 vgl. Boogert: »Wir und unsere Toten«, S. 110
61 Steiner, GA 140, S. 219
62 vgl. Steiner, GA 157a, S. 29
63 Steiner, GA 163, S. 121
64 vgl. Steiner, GA 94, S. 64
65 vgl. Steiner, GA 93a, S. 96
66 vgl. Steiner, GA 174a, S. 232
67 vgl. Steiner, »Der Tod – die andere Seite des Lebens« (Sonderausgabe), S. 28
68 Steiner, GA 157a, S. 71
69 vgl. Boogert: »Wir und unsere Toten«, S. 111f.
70 vgl. Steiner, GA 93a, S. 96
71 Steiner, GA 174a, S. 233
72 vgl. Steiner, GA 174, S. 234
73 vgl. Steiner, GA 236, S. 297
74 vgl. Steiner, GA 9, S. 98
75 vgl. Steiner, GA 94, S. 143
76 Ladwein, S. 75
77 Ritchie, S. 56
78 Ritchie, S. 57
79 Paxino, S. 161f.
80 Steiner, GA 178, S. 36
81 Steiner, GA 63, S. 172
82 von Halle: »Das Wort in den sieben Reichen der Menschwerdung«, S. 2.217
83 vgl. Steiner, GA 178, S. 36
84 vgl. Steiner, GA 63, S. 171
85 Steiner, GA 94, S. 110
86 von Engelhardt, S. 177
87 Steiner, GA 107, S. 63f.
88 von Engelhardt, S. 19
89 von Engelhardt, S. 22
90 von Engelhardt, S. 25f.
91 von Engelhardt, S. 232
92 von Engelhardt, S. 183
93 Steiner, GA 95, S. 48

Kapitel 8 (Fürchterliche nachtodliche Schicksale)

 1 Stegmann, S. 151
 2 Steiner, GA 178, S. 176f.
 3 Steiner, GA 178, S. 176
 4 Steiner, GA 140, S. 267
 5 Paxino, S. 43ff.
 6 Ladwein, S. 140
 7 Ritchie, S. 62f.
 8 http://jenseitsmedium.de/C0002_3_Jenseits2.htm (vom 16.03.2005)
 9 Markus 9, 43
10 Koran 4:55
11 Koran 35:36
12 von Halle: »Das Wort in den sieben Reichen der Menschwerdung«, S. 2.023
13 Offenbarung 5, 3
14 vgl. Steiner, GA 240, S. 155
15 von Halle: »Das Wort in den sieben Reichen der Menschwerdung«, S. 1.997f.
16 von Halle: »Das Wort in den sieben Reichen der Menschwerdung«, S. 1.999
17 Rawlings, S. 92
18 https://www.grenzwissenschaftler.com/2016/12/01/nahtoderfahrung-
    berichte/#Berichte_von_Nahtoderfahrungen_aus_der_Hoelle (vom 05.01.2023)
19 Paxino, S. 190
20 Matthäus 12, 31f.
21 von Halle: »Das Wort in den sieben Reichen der Menschwerdung«, S. 2.154
22 Paxino, S. 189f.

Kapitel 9 (Spirituelle Begleitung Sterbender)

 1 Galater 2, 20
 2 Ladwein, S. 155f.
 3 Paxino, S. 55f.
 4 Steiner, GA 95, S. 151 (Beantwortung einer Teilnehmerfrage)
 5 vgl. Steiner, GA 107, S. 67f.
 6 vgl. Steiner, GA 52, S. 182f.
 7 vgl. Steiner, GA 125, S. 46
 8 Paxino, S. 48
 9 nähere Ausführungen zum »Doppelgänger« etwa in Steiner, GA 178, S. 58ff.
10 vgl. Lenz, S. 35f.
11 Ladwein, S. 29
12 Paxino, S. 26f.
13 Paxino, S. 27
14 Paxino, S. 28
15 Ladwein, S. 30
16 Kübler-Ross, S. 49
17 vgl. Kübler-Ross, S. 50f.
18 vgl. Kübler-Ross, S. 90ff.
19 Alexander, S. 196f.
20 von Engelhardt, S. 140
21 Justen: »Spirituelle Begleitung an der Schwelle des Todes«, S. 215f.
22 Ladwein, S. 151f.

23 Ladwein, S. 152f.
24 Kübler-Ross, S. 29f.
25 Hausen, S. 102
26 vgl. Hausen, S. 103f.

Kapitel 10 (Spirituelle Begleitung Verstorbener)

 1 Paxino, S. 58f.
 2 von Engelhardt, S. 141f.
 3 Boogert, Arie: *»Wir und unsere Toten«*, S. 149
 4 von Engelhardt, S. 297
 5 von Engelhardt, S. 299
 6 Gädeke, S. 17
 7 vgl. Boogert: *»Wir und unsere Toten«*, S. 33
 8 von Engelhardt, S. 107
 9 von Engelhardt, S. 286f.
10 Steiner, *»Der Tod – die andere Seite des Lebens«* (Sonderausgabe), S. 16
11 vgl. Steiner, *»Der Tod – die andere Seite des Lebens«* (Sonderausgabe), S. 15
12 Steiner, GA 130, S. 185
13 Steiner GA 174, S. 191
14 Steiner, *»Der Tod – die andere Seite des Lebens«* (Sonderausgabe), S. 20
15 vgl. Steiner, GA 181, S. 118f.
16 Steiner, GA 95, S. 151 (Beantwortung einer Teilnehmerfrage)
17 vgl. Steiner, *»Der Tod – die andere Seite des Lebens«* (Sonderausgabe), S. 20
18 Steiner, GA 181, S. 118
19 Paxino, S. 48
20 vgl. Steiner, GA 96, S. 218
21 Steiner, GA 157a, S. 11
22 Hausen, S. 149
23 vgl. Hausen, S. 150
24 Steiner, *»Der Tod – die andere Seite des Lebens«* (Sonderausgabe), S. 45
25 Steiner, *»Der Tod – die andere Seite des Lebens«* (Sonderausgabe), S. 37
26 vgl. Steiner, *»Der Tod – die andere Seite des Lebens«* (Sonderausgabe), S. 38 und Hausen, S. 151
27 Steiner, GA 237, S. 35ff.
28 Steiner, GA 237, S. 36
29 Steiner, GA 237, S. 36f.
30 Steiner, GA 237, S. 37f.
31 vgl. Steiner, GA 141, S. 55ff.
32 vgl. etwa Steiner, GA 141, S. 56
33 von Engelhardt, S. 58
34 von Engelhardt, S. 21
35 vgl. Steiner, GA 141, S. 58
36 vgl. Steiner, GA 174, S. 213
37 vgl. Steiner, *»Der Tod – die andere Seite des Lebens«* (Sonderausgabe), S. 23f.
38 Hausen, S. 160f.
39 vgl. Steiner, GA 190, S. 118
40 vgl. Steiner, GA 154, S. 51
41 vgl. Steiner, GA 168, S. 125
42 Steiner, GA 140, S. 330
43 Steiner, GA 175, S. 68

44 von Engelhardt, S. 50
45 Steiner, GA 174b, S. 271
46 Steiner, GA 140, S. 267
47 Steiner, GA 140, S. 268
48 Hausen, S. 170
49 entnommen aus Boogert: *»Wir und unsere Toten«*, S. 120
50 von Halle: *»Das Wort in den sieben Reichen der Menschwerdung«*, S. 2.011
51 Paxino, S. 192f.
52 von Halle: *»Das Wort in den sieben Reichen der Menschwerdung«*, S. 2.012
53 von Halle: *»Das Wort in den sieben Reichen der Menschwerdung«*, S. 2.001
54 von Halle: *»Das Wort in den sieben Reichen der Menschwerdung«*, S. 2.010f.
55 von Halle: *»Das Wort in den sieben Reichen der Menschwerdung«*, S. 2.015

Kapitel 11 (Schlussbetrachtung)

1   Steiner, GA 40, S. 270
2   Steiner, GA 140, S. 305
3   Steiner, GA 97, S. 31
4   vgl. Steiner, GA 141, S. 154f.
5   Steiner, GA 183, S. 160f.
6   Steiner, GA 107, S. 257f.
7   von Engelhardt, S. 20
8   von Engelhardt, S. 90
9   von Engelhardt, S. 157
10 von Engelhardt, S. 228
11 von Engelhardt, S. 231
12 vgl. Kardec: *»Das Buch der Geister«*, S. 77
13 Zitat von Platon; entnommen aus Reuschle, S. 19

Anhang: (Exkurse, Tabellen, Gedichte und Geschichten)

1   vgl. Steiner, etwa GA 227, S. 199ff.
2   vgl. Steiner, GA 243, S. 144ff.
3   vgl. Steiner, GA 243, S. 144ff.
4   Steiner, GA 204, S. 242ff.
5   Steiner, GA 243, S. 163ff.
6   vgl. Roberts, S. 342
7   vgl. Nidiaye, S. 7
8   http://jenseitsmedium.de/20_4_4Guide_g.htm (vom 15.03. 2005)
9   http://jenseitsmedium. de/C0003_3_Jenseits3.htm (vom 15.03.2005)
10 vgl. Steiner, GA 175, S. 54f.
11 vgl. Steiner, GA 175, S. 54
12 Steiner, GA 238, S. 37
13 Steiner, GA 235, S. 158
14 Steiner, GA 238, S. 121
15 vgl. Steiner, GA 235, S. 206f.
16 vgl. Steiner, GA 240, S. 282ff.
17 vgl. Steiner, GA 236, S. 59ff.
18 vgl. Steiner, GA 139, S. 155f. und GA 133, S. 86ff.

19   Steiner, GA 235, S. 123
20   Steiner, GA 235, S. 122
21   Steiner, GA 235, S. 124
22   Steiner, GA 235, S. 125
23   Steiner, GA 235, S. 125f.
24   Steiner, GA 238, S. 28
25   Steiner, GA 235, S. 143
26   Steiner, GA 235, S. 143f.
27   Steiner, GA 235, S. 144
28   Steiner, GA 240, S. 132
29   Steiner, GA 240, S. 132f.
30   Steiner, GA 238, S. 157
31   Steiner, GA 110, S. 81
32   Steiner, GA 100, S. 208
33   Steiner, GA 102, S. 65f.
34   Steiner, GA 110, S. 178
35   Steiner, GA 93a, S. 194
36   Offenbarung 21, 1f.
37   Steiner, GA 13, S. 412
38   Steiner, GA 13, S. 413
39   von Halle: *»Der Abstieg in die Erdenschichten«*, S. 128
40   Steiner, GA 13, S. 154f.
41   von Halle: *»Von Krankheiten und Heilungen«*, S. 159
42   Steiner, GA 235, S. 85f.
43   Steiner, GA 120, S. 104
44   von Halle: *»Von Krankheiten und Heilungen«*, S. 160f.
45   von Halle: *»Von Krankheiten und Heilungen«*, S. 156 f.
46   Steiner, GA 104, S. 152
47   https://www.spiegel.de/wissenschaft/mensch/interview-mit-computerforscher-kurzweil-wir-werden-uns-mit-nicht-biologischer-intelligenz-vermischen-a-328128.html (vom 12.01.2024)
48   Steiner, GA 178, S. 219
49   Steiner, GA 178, S. 218f.
50   Steiner, GA 196, S. 90
51   Steiner, GA 237, S. 175f.
52   vgl. Steiner, GA 135, S. 67
53   vgl. Steiner, GA 140, S. 166f.
54   vgl. Ford, S. 173
55   Steiner, GA 178, S. 176
56   Steiner, GA 170, S. 237
57   Jesaja 26, 14
58   Steiner, GA 107, S. 251
59   Steiner, GA 107, S. 171
60   Steiner, GA 106, S. 156
61   Bildzeitung vom 05.04.2005, S. 4
62   Steiner, GA 184, S. 192
63   Matthäus 23, 8
64   vgl. auch Schröder: *»Der Mensch und das Böse«*, S. 25
65   vgl. etwa Steiner, GA 140, S. 68; Burckhardt, S. 23
66   vgl. Steiner, GA 218, S. 170f.
67   vgl. Burckhardt, S. 41 f.

68 Loebner, S. 14
69 Loebner, S. 59
70 https://www.gedichte7.de/ja-meyer.html vom (13.01.2024)
71 Steiner, GA 14, S. 534f.
72 entnommen aus Hausen, S. 127
73 https://www.egold-konzept.de/wp-content/uploads/2015/12/Das-Leben-das-ich-selbst-gew%C3%A4hlt-Hermann-Hesse.pdf vom (13.01.2024)
74 entnommen aus Stoewer, S. 200f.; der Verfasser ist unbekannt

Literaturverzeichnis

I. Werke von Rudolf Steiner

Alle Werke von Rudolf Steiner wurden herausgegeben von der *»Rudolf Steiner-Nachlass-verwaltung«* und sind im *»Rudolf Steiner Verlag«*, Dornach/Schweiz erschienen. Dort kann auch der *»Katalog des Gesamtwerks«* angefordert werden. Die bisher im Rahmen der Gesamtausgabe des Werkes Rudolf Steiners erschienenen Bücher sind durch die »Freie Verwaltung des Nachlasses von Rudolf Steiner« im Internet unter

http://www.steiner.wiki/Die_Rudolf_Steiner_Gesamtausgabe

frei verfügbar. (Stand 16.06.2024)

Im Folgenden sind nur diejenigen Werke aufgeführt, die der Verfasser für dieses Buch herangezogen hat.

GA   9   *Theosophie – Einführung in übersinnliche Welterkenntnis und Menschenbestimmung.* (1904) 2000

GA   11   *Aus der Akasha-Chronik – Schilderungen vergangener Entwicklungsstufen des Menschen und der Erde aus übersinnlicher Anschauung.* (1904-1908) 1986

GA   12   *Die Stufen der höheren Erkenntnis.* (1908) 1993

GA   13   *Die Geheimwissenschaft im Umriß.* (1910) 1989

GA   14   *Mysteriendramen.* (1910-13) 1998

GA   15   *Die geistige Führung des Menschen und der Menschheit – Geisteswissenschaftliche Ergebnisse über die Menschheits-Entwicklung.* (1911) 1987

GA   28   *Mein Lebensgang.* (1923-25) 2000

GA   34   *Lucifer-Gnosis.* (Grundlegende Aufsätze zur Anthroposophie und Aufsätze aus den Zeitschriften »Lucifer-Gnosis« von 1903 bis 1908) 1987

GA   40   *Wahrspruchworte.* (ca. 1886 bis 1925) 1998

GA   52   *Spirituelle Seelenlehre und Weltbetrachtung.* (1903/04) 1986

GA   53   *Ursprung und Ziel des Menschen – Grundbegriffe der Geisteswissenschaft.* (1904/05) 1981

GA   54   *Die Welträtsel und die Anthroposophie.* (1905/06) 1983

GA   55   *Die Erkenntnis des Übersinnlichen in unserer Zeit und deren Bedeutung für das heutige Leben.* (1906/07) 1983

GA   56   *Die Erkenntnis der Seele und des Geistes.* (1907/08) 1985

GA   63   *Geisteswissenschaft als Lebensgut.* (1913/14) 1986

GA 93a   *Grundelemente der Esoterik.* (1905) 1987

GA   94   *Kosmogonie. Populärer Okkultismus – Das Johannes-Evangelium – Die Theosophie an Hand des Johannes-Evangeliums.* (1906) 2001

GA   95   *Vor dem Tore der Theosophie.* (1906) 1990

GA   96   *Ursprungsimpulse der Geisteswissenschaft – Christliche Esoterik im Lichte neuer Geist-Erkenntnis.* (1906/07) 1989

GA   97   *Das christliche Mysterium.* (1906/07) 1998

GA   98   *Natur- und Geistwesen – ihr Wirken in unserer sichtbaren Welt.* (1907/08) 1996

GA   99   *Die Theosophie des Rosenkreuzers.* (1907) 1985

GA 100   *Menschheitsentwickelung und Christus-Erkenntnis – Theosophie und Rosenkreuzertum – Das Johannes-Evangelium.* (1907) 1981

GA   166   *Notwendigkeit und Freiheit im Weltengeschehen und im menschlichen Handeln.*
             (1916) 1982
GA   168   *Die Verbindung zwischen Lebenden und Toten. (1916) 1995*
GA   170   *Das Rätsel des Menschen – Die geistigen Hintergründe der menschlichen Geschichte.*
             (1916) 1992
GA   172   *Das Karma des Berufes des Menschen in Anknüpfung an Goethes Leben. (1916) 2002*
GA   174   *Kosmische und menschliche Geschichte – Zeitgeschichtliche Betrachtungen: Das Karma*
             der Unwahrhaftigkeit. (1917) 1983
GA   174a   *Mitteleuropa zwischen Ost und West – Kosmische und menschliche Geschichte, Band VI.*
             (1914-18) 1982
GA   174b   *Die geistigen Hintergründe des Ersten Weltkrieges – Kosmische und menschliche*
             Geschichte, Band VII. (1914-21) 1994
GA   175   *Bausteine zu einer Erkenntnis des Mysteriums von Golgatha – Kosmische und menschliche*
             Metamorphose. (1917) 1996
GA   178   *Individuelle Geistwesen und ihr Wirken in der Seele des Menschen. (1917) 1992*
GA   181   *Erdensterben und Weltenleben – Anthroposophische Lebensgaben –. Bewußtseins-*
             Notwendigkeiten für Gegenwart und Zukunft. (1918) 1991
GA   183   *Die Wissenschaft vom Werden des Menschen. (1918) 1990*
GA   184   *Die Polarität von Dauer und Entwicklung im Menschenleben. (1918) 2002*
GA   190   *Vergangenheits- und Zukunftsimpulse im sozialen Geschehen. (1919) 1980*
GA   196   *Geistige und soziale Wandlungen in der Menschheitsentwickelung (1920) 1992*
GA   204   *Perspektiven der Menschheitsentwicklung – Der materialistische Erkenntnisimpuls und die*
             Aufgabe der Anthroposophie. (1921) 1979
GA   205   *Menschenwerden, Weltenseele und Weltengeist – Erster Teil: Der Mensch als leiblich-*
             seelische Wesenheit in seinem Verhältnis zur Welt. (1921) 1987
GA   210   *Alte und neue Einweihungsmethoden – Drama und Dichtung im Bewusstseins-Umschwung*
             der Neuzeit. (1922) 2001
GA   215   *Die Philosophie, Kosmologie und Religion in der Anthroposophie. (1922) 1980*
GA   218   *Geistige Zusammenhänge in der Gestaltung des menschlichen Organismus. (1922) 1992*
GA   219   *Das Verhältnis der Sternenwelt zum Menschen und des Menschen zur Sternenwelt.*
             Die geistige Kommunion der Menschheit. (1922) 1994
GA   224   *Die menschliche Seele in ihrem Zusammenhang mit göttlich-geistigen Individualitäten –*
             Die Verinnerlichung der Jahresfeste. (1923) 1992
GA   227   *Initiations-Erkenntnis – Die geistige und physische Welt- und Menschheitsentwickelung in*
             der Vergangenheit, Gegenwart und Zukunft, vom Gesichtspunkt der Anthroposophie.
             (1923) 2000
GA   231   *Der übersinnliche Mensch, anthroposophisch erfaßt. (1923) 1999*
GA   232   *Mysteriengestaltungen. (1923) 1998*
GA   235   *Esoterische Betrachtungen karmischer Zusammenhänge, Erster Band. (1924) 1994*
GA   236   *Esoterische Betrachtungen karmischer Zusammenhänge, Zweiter Band. (1924) 1988*
GA   237   *Esoterische Betrachtungen karmischer Zusammenhänge, Dritter Band. (1924) 1991*
GA   238   *Esoterische Betrachtungen karmischer Zusammenhänge, Vierter Band. (1924) 1991*
GA   239   *Esoterische Betrachtungen karmischer Zusammenhänge, Fünfter Band. (1924) 1985*
GA   240   *Esoterische Betrachtungen karmischer Zusammenhänge, Sechster Band. (1924) 1992*
GA   243   *Das Initiaten-Bewusstsein. Die wahren und die falschen Wege der geistigen Forschung.*
             (1924) 2004
GA   261   *Unsere Toten –Ansprachen, Gedenksworte und Meditationen. (1906-24) 1984*
GA   266c   *Aus den Inhalten der esoterischen Stunden – Band III (Gedächtnisaufzeichnungen von*
             Teilnehmern und Meditationstexte nach Niederschriften Rudolf Steiners: 1913, 1914 und
             1920 bis 1923) 1998

GA   275   *Kunst im Lichte der Mysterienweisheit* (1914/15) 1990
GA   293   *Allgemeine Menschenkunde als Grundlage der Pädagogik (I).* (1919) 1992
GA   344   *Vorträge und Kurse über christlich-religiöses Wirken III –*
             Vorträge bei der Begründung der Christengemeinschaft (1922) 1994
GA   350   *Rhythmen im Kosmos und im Menschenwesen – Wie kommt man zum Schauen der geistigen*
             Welt? (1923) 1991
SA   *Der Tod – die andere Seite des Lebens – Wortlaute und Sprüche.* Sonderausgabe 1994

II. Werke anderer Autoren

Alexander, Eben: *Blick in die Ewigkeit – Die faszinierende Nahtoderfahrung eines Neurochirurgen.*
        München: Heyne (2016)
Archiati, Pietro: *Mit Engeln und Verstorbenen leben (Vortragsnachschrift).* München: Archiati 2003
Bernstein, Morey: *Protokoll einer Wiedergeburt.* Bern, München: Scherz 1973
Bock, Emil: *Der Kreis der Jahresfeste.* Frankfurt: Fischer Verlag 1982
Boogert, Arie: *Wir und unsere Toten.* Stuttgart: Urachhaus 1993
Boogert, Arie: *Der Weg der Seele nach dem Tod – Unser Leben nach dem Leben.*
        Stuttgart: Freies Geistesleben & Urachhaus 2005
Burckhardt, Martin: *Die Erlebnisse nach dem Tod – Der nachtodliche Weg des Menschen durch die*
        übersinnliche Welt. Dornach: Die Pforte 1998
Burkart, Axel: *Das große Rudolf Steiner Buch.* Kreuzlingen/München: Heinrich Hugendubel 2003
Dethlefsen, Thorwald: *Das Erlebnis der Wiedergeburt.* München: Bertelsmann 1976
Dethlefsen, Thorwald: *Schicksal als Chance.* München: Bertelsmann 1979
von Engelhardt, Wilfried und Evamaria und Gutland (Herausgeber): *Brücke über den Strom –*
        Sigwarts Mitteilungen aus dem Leben nach dem Tod. Oratio Verlag (2018)
van Emmichoven, F. W. Zeylmans: *Rudolf Steiner.* Stuttgart: Freies Geistesleben o.J.
Ford, Arthur: *Bericht vom Leben nach dem Tode.* Bern: Scherz 1971
Frieling, Rudolf: *Christentum und Wiederverkörperung.* Christengemeinschaft in der Deutschen
        Demokratischen Republik, später Urachhaus 1986
Gädeke, Wolfgang: *Marie Steiner und die Christengemeinschaft – Eine tragische Beziehung.*
        Stuttgart: Urachhaus 2018
von Halle, Judith: *Anna Katharina Emmerick – eine Rehabilitation.*
        Dornach: Verlag für Anthroposophie 2013
von Halle, Judith: *Das Wort in den sieben Reichen der Menschwerdung – Band IV.*
        Dornach: Verlag für Anthroposophie 2022
von Halle, Judith: *Der Abstieg in die Erdenschichten – auf dem anthroposophischen Schulungsweg.*
        Dornach: Verlag für Anthroposophie 2016
von Halle, Judith: *Rudolf Steiner – Meister der weißen Loge – zur okkulten Biographie.*
        Dornach: Verlag für Anthroposophie 2011
von Halle, Judith: *Schwanenflügel – Eine spirituelle Autobiografie – Kindheit und Jugend.*
        Dornach: Verlag für Anthroposophie 2016
von Halle, Judith: *Und wäre Er nicht auferstanden – Die Christus-Stationen auf dem Weg zum geistigen*
        Menschen. Dornach: Verlag für Anthroposophie 2009
von Halle, Judith: *Vom Mysterium des Lazarus und der drei Johannes.*
        Dornach: Verlag für Anthroposophie 2009
von Halle, Judith: *Von Krankheiten und Heilungen und von der Mysteriensprache in den Evangelien.*
        Dornach: Verlag für Anthroposophie 2015

Hausen, Ursula: *Den Tod als Freund erleben lernen – Begleitung im Sterben und darüber hinaus.* Stuttgart: Freies Geistesleben & Urachhaus 2003

Hierke, Uta und Sackmann, Hans-Jürgen E.: *Weisheiten eines Schutzengels: Anleitungen zum Glücklichsein – Die Entwicklung der Seele im Diesseits und Jenseits.* Vierkirchen: Magic Buchverlag 2005

Högl, Stefan: *Leben nach dem Tod – Menschen berichten von ihren Nahtod-Erfahrungen.* Rastatt: Moewig (1998)

Johanson, Irene: *Was Engel uns heute mitteilen wollen.* Stuttgart: Urachhaus 2002

Justen, Josef F.: *Spirituelle Begleitung an der Schwelle des Todes – Eine Hospizhelferin erzählt von ihren Sterbebegleitungen* Norderstedt: BoD – Books on Demand 2020

Justen, Josef F.: *Blick hinter die Schwelle des Todes – Sterbeerlebnisse, Nahtod-Erfahrungen und Leben nach dem Tod aus geisteswissenschaftlicher Sicht.* Norderstedt: BoD – Books on Demand 2023

Kardec, Allan: *Das Buch der Geister – Grundsätze der spiritistischen Lehre.* Freiburg: Hermann Bauer 1999

Kardec, Allan: *Das Buch der Medien – Grundsätze der spiritistischen Lehre.* Freiburg: Hermann Bauer 1964

von Knebel, Karl Ludwig: *K. L. von Knebel's literarischer Nachlaß und Briefwechsel.* Legare Street Press 2023

Knoblauch, Hubert: *Berichte aus dem Jenseits – Mythos und Realität der Nahtod-Erfahrung.* Freiburg: Verlag Herder 2002 (Herausgegeben von K. A. Varnhagen von Ense und Th. Mundt; Dritter Band) Leipzig 1836

Kübler-Ross, Elisabeth: *Über den Tod und das Leben danach.* Güllesheim: Die Silberschnur 2021

Ladwein, Michael: *Unsterblich – Über das Leben nach dem Tod.* Stuttgart: Urachhaus 2022

Leadbeater, C. W.: *Theosophische Gespräche zu Adyar, Band I: Das innere Leben.* Grafing: Aquamarin 1990

Lenz, Johannes: *Das Ereignis des Todes – zum Umkreis der Bestattung.* Stuttgart: Urachhaus 1997

Loebner, Renate: *Blatt für Blatt Zuversicht.* Mühldorf: Selbstverlag 2005

van Lommel, Pit: *Endloses Bewusstsein: Neue medizinische Fakten zur Nahtoderfahrung.* München: Droemer Knaur 2013

Mees, L. F. C.: *Wie Rudolf Steiner sprach – Erinnerungen an Selbsterlebtes und Gehörtes.* Basel: Die Pforte 1988

Moody, Raymond A.: *Leben nach dem Tod- Die Erforschung einer unerklärlichen Erfahrung.* Reinbek: Rowohlt Verlag (2021)

Nidiaye, Safi: *Ihr höheres Selbst – Wie Sie mit ihm Verbindung aufnehmen, Zwiesprache halten, eins werden.* Kreuzlingen: Ariston 1996

Paxino, Iris: *Brücken zwischen Leben und Tod – Begegnungen mit Verstorbenen.* Stuttgart: Freies Geistesleben 2018

Prokofieff, Sergej O.: *Die okkulte Bedeutung des Verzeihens.* Stuttgart: Freies Geistesleben 1995

Rawlings, Maurice S.: *Zur Hölle und zurück.* Hamburg: C. M. Fliß 1998

Reuschle, Frieda Margarete: *Tod wird Leben.* Stuttgart: J. Ch. Mellinger 1994

Rinpoche, Sogyal: *Das Tibetische Buch vom Leben und vom Sterben.* Bern, München, Wien: Scherz 1996

Ritchie, George G.: *Rückkehr von morgen.* Marburg: Francke 2021

Roberts, Jane: *Das Seth-Material.* Genf: Ariston (Lizenzausgabe für Bertelsmann Club GmbH, Gütersloh) 1986

Roszell, Calvert: *Erlebnisse an der Todesschwelle.* Stuttgart: Verlag Freies Geistesleben 1993

Sabom, Michael B.: *Erinnerungen an den Tod.* München: Wilhelm Goldmann 1982

Schröder, Hans-Werner: *Das Gebet – Übung und Erfahrung.*
	Stuttgart: Freies Geistesleben & Urachhaus 1998
Schröder, Hans-Werner: *Der Mensch und das Böse – Ursprung, Wesen und Sinn der Widersacher-
	mächte.* Stuttgart: Freies Geistesleben & Urachhaus 2001
Stegmann, Carl: *Das andere Amerika.* Dornach: Verlag am Goetheanum 1991
Stevenson, Ian: *Reinkarnation – Der Mensch im Wandel von Tod und Wiedergeburt.*
	Braunschweig: Aurum 1994
Stoewer, Gudrun: *Begegnungen mit dem Tod – Geschichten von Sterben, Tod und Abschiednehmen.*
	Verlag am Goetheanum 1998
Teichmann, Frank (Herausgeber): *Das Leben nach dem Tod – ausgewählt und herausgegeben von Frank
	Teichmann.* Stuttgart: Freies Geistesleben 1997
Zürrer, Ronald: *Reinkarnation – Die umfassende Wissenschaft der Seelenwanderung.*
	Zürich: Sentient Press 1992

III. Nachschlagewerke, Enzyklopädien

Katechismus der katholischen Kirche. Neuübersetzung aufgrund der Editio Typica Latina.
	München: Oldenbourg 2003
Meyers Enzyklopädisches Lexikon. Mannheim: Bibliographisches Institut AG 1971
Weisheiten der Welt – Deutsche Dichter und Denker. Berlin: Haude & Spenersche Verlags-Buchhand-
lung

Der Autor

Josef F. Justen wurde 1950 in eine Bergarbeiterfamilie in Gelsenkirchen geboren.

Nach der Mittleren Reife absolvierte er eine Ausbildung zum Kaufmann in der Grundstücks- und Wohnungswirtschaft. Dieser Beruf befriedigte ihn in keiner Weise, so dass er nach der Ausbildung nur noch wenige Monate dieser Tätigkeit nachging.

Dann besuchte er das Abendgymnasium in Gelsenkirchen, auf dem er 1973 das Abitur nachholte. Gleichzeitig wurde er in einem Unternehmen zum Programmierer für mathematisch-technische Anwendungen ausgebildet. Anschließend studierte er Mathematik und Informatik an den Universitäten Dortmund und Hagen.

Von 1980 bis 2008 war er bei verschiedenen Unternehmen und Schulen als Dozent, Lehrer und Ausbilder im IT-Bereich tätig.

Schon in seiner Kindheit und Jugend wurde er in seinem privaten Umfeld mit vielen Todesfällen konfrontiert. Die Frage, wie es mit diesen Verstorbenen nun weitergehe, beschäftigte ihn sehr stark und ließ ihm keine Ruhe. Er musste erkennen, dass weder die Lehren der Wissenschaften noch die der katholischen Kirche die ihn bewegende Frage befriedigend zu beantworten vermochten. So machte er sich schon als junger Mann auf den Weg, spirituelle Erkenntnisse zu gewinnen. Auf diesem Weg kam er mit vielen religiösen, okkulten und esoterischen Strömungen in Berührung, deren Lehren er studierte und miteinander verglich. Diese konnten seinen Erkenntnishunger allerdings nicht zur Gänze stillen.

Schließlich kam ihm das Schicksal zu Hilfe. In der Schaufensterauslage eines kleinen Buchgeschäftes fiel sein Blick auf eine völlig unscheinbare Broschüre mit dem Titel »*Rudolf Steiner: Anthroposophie*«. Obwohl ihm weder der Autor noch der Titel etwas sagten, nahm er eine ›innere Stimme‹ wahr, die ihm nahelegte, das Buch zu kaufen. So fand er zur *Anthroposophie*, der Geisteswissenschaft *Rudolf Steiners*, deren Erkenntnisse seinem Naturell, auch spirituelle Themen mit nüchternem Verstand und ohne Schwärmerei zu behandeln, besonders gut entsprechen.

Schon bald wurde ihm klar, dass Rudolf Steiner mit den Resultaten seiner Geistesforschung eine schier unfassbare Fülle spiritueller Weisheiten in die Welt gebracht hat und dass ein einziges Erdenleben kaum ausreichen dürfte, um auch nur annähernd *alles* verstehen zu können.

Aber bekanntlich ist ja oftmals der Weg das Ziel...

Der Verfasser war lange Zeit als ehrenamtlicher Hospiz-Helfer in der Sterbe- und Trauerbegleitung tätig.

Heute sieht er es als seine Aufgabe an, Bücher für Menschen zu schreiben, die Sehnsucht nach wahrhaften spirituellen Erkenntnissen haben und die sich bisher noch nicht mit der so eminent wichtigen anthroposophisch orientierten Geisteswissenschaft Rudolf Steiners befasst haben.

Buchempfehlungen

Das Götterprojekt »Mensch«

**Entstehung, Wesen und
Ziel des Menschen**

**Einführung in die grundlegenden
Erkenntnisse der Anthroposophie
Rudolf Steiners**

© Justen, Josef F. (2021)
BoD-Books on Demand, Norderstedt
ISBN: 978-3-7534-6343-8
Hardcover; 632 Seiten (17 × 22 cm)
Print: 28,99 €; E-Book 12,99 €

Dieses Buch gibt eine sehr umfangreiche Einführung in die wichtigsten Erkenntnisse der anthroposophisch orientierten Geisteswissenschaft.

In diesem wird auch das Thema *»göttlicher Weltenplan«* bzw. die *»Inkarnationsstufen der Erde«* sehr ausführlich behandelt, welches in diesem Buch nur kurz skizziert wurde (☞ Anhang A.1, Exkurs 3, S. 476ff.).

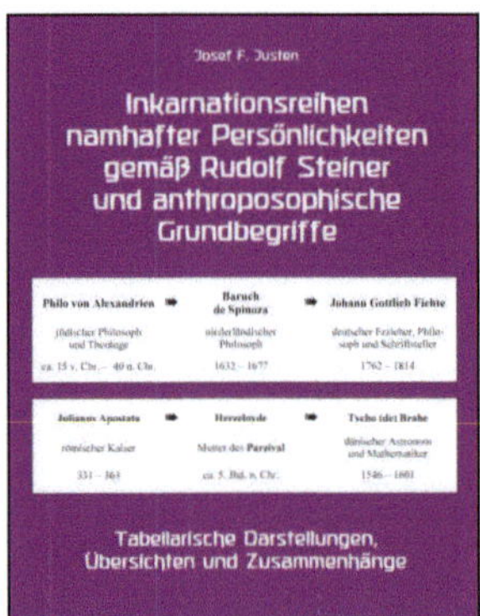

**Inkarnationsreihen namhafter
Persönlichkeiten gemäß Rudolf Steiner
und anthroposophische Grundbegriffe**

**Tabellarische Darstellungen,
Übersichten und Zusammenhänge**

© Justen, Josef F. (2023)
BoD-Books on Demand, Norderstedt
ISBN: 978-3-7543-1593-4
Paperback; 88 Seiten (17 × 22 cm)
Print: 15,99 €; E-Book 9,99 €

Im Anhang haben wir ja einige Inkarnationsreihen namhafter Persönlichkeiten vorgestellt (☞ Anhang A.1, Exkurs 2, S. 465ff.). In diesem Buch finden sich Darstellungen früherer Inkarnationen zahlreiche weiterer Persönlichkeiten der Weltgeschichte (u.a. von Johann Gottlieb *Fichte,* Guiseppe *Garibaldi,* Heinrich *Heine,* Gotthold Ephraim *Lessing,* Karl *Marx,* Friedrich *Nietzsche,* Kronprinz *Rudolf,* Friedrich *Schiller,* Leonardo *da Vinci*).

Blick hinter die Schwelle des Todes

**Sterbeerlebnisse, Nahtod-Erfahrungen
und Leben nach dem Tod
aus geisteswissenschaftlicher Sicht**

© Justen, Josef F. (2023)
BoD-Books on Demand, Norderstedt
ISBN: 978-3-7347-5418-0
Hardcover; 308 Seiten (17 × 22 cm)
Print: 24,99 €; E-Book 9,99 €

Für dieses Buch haben wir äußerst spannende und berührende Nahtod-Berichte von rund 400 Persönlichkeiten studiert, nach ihren wichtigsten Motiven geordnet und analysiert. Das wohl Einzigartige dieses Buches ist, dass wir diese Schilderungen mit den Erkenntnissen verglichen haben, die wir Geistessehern – allen voran Rudolf Steiner – über dasjenige, was der Mensch nach dem tatsächlichen und unwiderruflichen Tod in den übersinnlichen Welten erlebt, erfährt und durchzumachen hat, verdanken.

Eine Brücke zwischen Lebenden und Verstorbenen

**Das Erleben und Wirken
der Seele nach dem Tod und ihre
Beziehung zu den Hinterbliebenen**

© Justen, Josef F. (2022)
BoD-Books on Demand, Norderstedt
ISBN: 978-3-7568-4376-3
Paperback; 144 Seiten (17 × 22 cm)
Print: 9,99 €; E-Book 5,49 €

In diesem Buch wird *insbesondere* gezeigt, dass ein sogenannter Toter noch ein sehr großes Interesse an der Erdenwelt und an den Menschen, die er dort zurückgelassen hat, aufweist. Er kann seine Hinterbliebenen beschützen und auf vielfältige Art inspirieren. Schließlich werden zahlreiche Möglichkeiten aufgezeigt, wie die Lebenden ihren lieben Verstorbenen Hilfe angedeihen lassen können, was diesen ein großes Labsal ist. Es kann mit dazu beitragen, eine Brücke zwischen den Lebenden und den Verstorbenen zu bauen, wodurch es zu einer ganz realen Gemeinschaft zwischen den Menschen, unabhängig davon, in welcher Welt sie gerade weilen, kommen kann.

**_Spirituelle_ Begleitung
an der Schwelle des Todes**

**Eine Hospizhelferin erzählt
von ihren Sterbebegleitungen**

© Justen, Josef F. (2020)
BoD-Books on Demand, Norderstedt
ISBN: 978-3-7504-3590-2
Hardcover; 268 Seiten (14,8 × 21 cm)
Print: 19,99 €; E-Book 7,99 €

In diesem Buch schildert eine langjährige Hospizhelferin über ihre spannenden und bewegenden Erfahrungen aus einigen ihrer insgesamt mehr als sechzig Sterbebegleitungen, die sie – aus unterschiedlichen Gründen – besonders gefordert oder berührt haben.

Dieses Buch kann insbesondere allen Menschen, die Sterbende begleiten möchten, sehr empfohlen werden.

**Zeitreise durch
meine früheren Erdenleben**

**Wie ich mein jetziges Leben
verstehen lernte**

© Justen, Josef F. (2021)
BoD-Books on Demand, Norderstedt
ISBN: 978-3-7534-9041-1
Paperback; 120 Seiten (13,5 × 21,5 cm)
Print: 7,99 €; E-Book 4,99 €

Die Protagonistin dieser Erzählung hatte in ihrem Leben viele Erlebnisse und Erfahrungen gemacht, für die sie keine Erklärung fand. Das änderte sich, nachdem sie sich bei einem Reinkarnations-Therapeuten in einige ihrer früheren Erdenleben rückführen ließ.

Dadurch fand sie die gewünschten Erklärungen und begann nun immer mehr, ihr aktuelles Erdenleben zu verstehen.

Über das Leben und Wirken
der sogenannten »Toten«

Spirituelle Kurzgeschichten
aus dem Reich der Toten

© Justen, Josef F. (2021)
BoD-Books on Demand, Norderstedt
ISBN: 978-3-7557-3578-6
Paperback; 112 Seiten (14,8 × 21 cm)
Print: 8,99 €; E-Book 4,99 €

Auch wenn es sich in diesem Buch um fiktive Geschichten handelt, so stehen sie doch in vollem Einklang mit den geisteswissenschaftlichen Erkenntnissen. Sie zeigen, dass die sogenannten »Toten« noch ein großes Interesse an ihren Hinterbliebenen haben, dass sie diese auf vielfältige Weise inspirieren und dass sie selbst auf deren Unterstützung und Hilfe warten.

Die Geschichten eignen sich ausgezeichnet, um alten oder kranken Menschen und auch Sterbenden vorgelesen zu werden.

Das Christus-Mysterium
und die Mission
des Jesus von Nazareth

Bausteine zum Verständnis
des Wesens und Wirkens Christi

© Justen, Josef F. (2020)
BoD-Books on Demand, Norderstedt
ISBN: 978-3-7519-9978-6
Hardcover; 244 Seiten (14,8 × 21 cm)
Print: 19,99 €; E-Book 8,99 €

An einigen Stellen des vorliegenden Buches haben wir auf die unermesslich große Bedeutung, die der Christus für uns Menschen hat – auch nachdem wir die Schwelle des Todes überschritten haben, hingewiesen. Wichtig ist, dass wir schon im *Erdenleben* versuchen, dieses erhabene Gotteswesen verstehen zu lernen und eine Beziehung zu ihm zu gewinnen. Dazu leistet dieses Buch einen wichtigen Beitrag.

**Verschaffen Sie sich selbst einen ersten Eindruck,
indem Sie die sehr ausführlichen Leseproben auf
unserer Autoren-Website studieren.**

www.Justen-Buecher.com

**Dort finden Sie auch umfassende Informationen
zu allen anderen Büchern
von Josef F. Justen**

*Es ist ein großer Unterschied,
ob ich lese zu Genuss und Belebung
oder zu Erkenntnis und Belehrung.*

Johann Wolfgang von Goethe

*Es ist ja das Anschauen der Welt unendlich bereichernd,
wenn man, wenn ich es so ausdrücken darf,
bei der Betrachtung der in der Welt wirkenden Seelen
– und das sind ja zum Schluss alle Menschen –
nicht immer anzufangen hat da,
wo die Menschen auf die Erde hereintreten,
und aufzuhören hat da, wo sie sterben;
denn sie fangen da ja gar nicht an zu wirken,
sie hören da ja gar nicht auf zu wirken.
In dem, was sich geistig abspielt,
wirken ja nicht bloß etwa diejenigen Seelen,
die auf Erden heute verkörpert sind,
sondern andere Seelen, die heute zwischen dem Tode
und einer neuen Geburt stehen und die Strahlen
ihres Wirkens hereinsenden auf die Erde.*

Rudolf Steiner

Es ist für jeden Autor sehr wichtig zu erfahren, welche Resonanz seine Bücher bei der Leserschaft hervorgerufen haben. Sollte Ihnen dieses Buch gefallen oder missfallen oder sollte es etwas Besonderes bei Ihnen bewirkt oder ausgelöst haben, so würde sich der Verfasser über einen Kommentar sehr freuen.

Auch können Sie sich mit Fragen an uns wenden, die wir gern beantworten werden.

Justen-Buecher@gmx.de